高麗史

（三）

高麗史第三目錄

列傳五十卷

第一　高麗史八十八

第二 高麗史八十九

第三 高麗史九十

宗室一

第四 高麗史九十一

公主……四九

第五　高麗史九十二

第六 高麗史九十三

第七 高麗史九十四

第八 高麗史九十五

第九　高麗史九十六

第十　高麗史九十七

第十一　高麗史九十八

第十二　高麗史九十九

第十三　高麗史一百

第十四　高麗史一百一

第十五　高麗史一百二

第十六　高麗史一百三

第十七　高麗史一百四

第十八　高麗史一百五

第十九　高麗史一百六

第三十六 高麗史一百二十三

第三十七 高麗史一百二十四

第三十八 高麗史一百二十五

高麗史八十八

列傳卷第一

正憲大夫工曹判書集賢殿大提學知　經筵春秋館事兼成均大司成臣鄭麟趾奉
敎修

后妃一

高麗之制王母稱王太后嫡稱王后妾稱夫人貴妃淑妃德妃賢妃是爲夫人秩並正一品自餘尚宮尚寢尚食尚針皆有員次靖宗以後或稱宮主或稱院主或稱翁主改復不常未可詳也太祖法古有志化俗然狃於土習以子聘女諱稱外姓其子孫視爲家法而不之怪惜哉蓋夫婦人倫之本也國家理亂罔不由之可不愼歟故作后妃傳而嬪嬙夫人幷各附于其次

太祖神惠王后柳氏貞州人三重大匡天弓之女天弓家大富邑人稱爲長者太祖事弓裔爲將軍引兵過貞州息馬古柳下后立路傍川上見其有德容問汝誰氏女對曰此邑長者家女也太祖因至宿焉其家饗一軍甚豐以后侍寢厥後絕不相聞后守志貞潔剃髮爲尼太祖聞之召以爲夫人弓裔末洪儒裴玄慶申崇謙卜智謙詣太祖第將議廢立不欲令后知之謂后曰園中豈有新瓜乎可摘來后知其意出從北戶潛入帳中於是諸將遂言推戴之意太祖作色拒之甚堅后遽從帳中出謂太祖曰舉義代虐自古而然今聞諸將議妾猶奮發況大丈夫乎手提甲領以被之諸將扶擁而出遂即位太祖十六年後唐明宗遣太僕卿王瓊等來冊后宮告曰爲人之妻能從夫以貴者是爲宜其家矣封邑之制彝典所垂俾增伉儷之光以稱國君之爵大義軍使特進檢校太保使持節玄菟州都督上柱國高麗國王妻河東柳氏內言必正同奬固多賛虎幄之嘉謀保魚軒之寵數輔成忠節諒屬柔明爰降殊榮載踰常等勉助勤王之志是謂報國之規可封河東郡夫人薨謚神惠王后祔葬顯陵

莊和王后吳氏羅州人祖富伅父多憐君世家州之木浦多憐君娶沙干連位女德交生后后嘗夢浦龍來入腹中驚覺以語父母共奇之未幾太祖以水軍將軍出鎭羅州泊舟木浦望見川上有五色雲氣至則后浣布太祖召幸之以側微

不欲有娠宜于寢席后即吸之遂有娠生子是爲惠宗面有席紋世謂之襵主常以水灌寢席又以大瓶貯水洗臂不厭眞龍子也年七歲太祖知有繼統之德恐母微不得嗣位以故笥盛柘黃袍賜后后示大匡朴述熙述熙揣知其意請立爲正胤后薨謚莊和王后

神明順成王太后劉氏忠州人贈太師內史令兢達之女生太子泰定宗光宗文元大王貞證通國師樂浪興芳二公主薨謚神明順聖太后

神靜王太后皇甫氏黃州人太尉三重大匡忠義公悌恭之女生戴宗及大穆王后初封明福宮大夫人成宗二年七月薨成宗早喪宜義太后長於后故哀慕盡禮率百僚臨于殯殿上謚曰神靜大王太后冊文曰德侔附寶功比姜嫄會表異於手文亦炳靈於胎教端逢聖祖始卜好逑膺妙選於六宮贊昌基於庶政克修婦道爰備坤儀節儉之風行乎閨閫箴規之義播在朝廷樊姬之不食鮮禽楚王改過衛女之不聽淫樂齊主知非矧乃辭輦之謙群情所伏破環之智列辟攸尊霸業之興由其儆誡洪圖之盛仗乃賢謀旋屬禍枉商山天崩杞國嫠居四紀鞠育諸孫名在景鍾事光彤管顧惟眇質早遘閔凶纔當齠齔之年旣違慈母比及幼冲之歲又喪嚴親便歸祖妣之懷中似接高堂之膝下旨甘輟口每加吐哺之恩軟暖附身幾沐字孤之惠盖因撫養以至長成幸承門蔭之功叨獲禪傳之位欲報祖先之德誓輸孫子之誠豈期太史書氛靈臺告祲松齡未享蘭質俄捐魚軒靜兮鑑殿並空十亂缺兮百身難贖九族茹靡依之歎衆民含罔極之悲今則遠日已臻玄宮欲閟啓殯堂兮殮儀必備仍泉隧兮窆具將加特命禮宮致徵茂實考前芳而累行表徵號以易名今遣某官某謹上謚曰神靜大王太后葬壽陵穆宗五年四月加謚定憲顯宗五年三月加懿敬十八年四月又加宣德文宗十年十月加謚慈景冊文曰燕石開祥嬀洲協德漲家成國內伸弼贊之勞翼子謀孫旁及慈和之訓嬪風載蹕王化由宣所以契二儀合配之尊處百代不遷之廟但臣因叨慶系彌注孝思奉群序以合升執薄羞而親饋屬玆龜獻仍益鴻稱謹奉冊加上尊謚曰慈景仁宗十八年四月加柔明高宗四十年十月加貞平

神成王太后金氏新羅人匝干億廉之女新羅王金傅遣使請降太祖待以厚禮使歸告曰今王以國與寡人其爲賜大矣願結昏宗室以永甥舅之好傅報曰我伯父億廉有女德容雙美非是無以備內政太祖遂取之生安宗顯宗即位追謚神成王太后陵曰貞

貞德王后柳氏貞州人侍中德英之女生王位君仁愛君元莊太子助伊君文惠宣義二王后

獻穆大夫人平氏慶州人佐尹俊之女生壽命太子貞穆夫人王氏溟州人三韓功臣太師三重大匡景之女生順安王大妃東陽院夫人庾氏平州人太師三重大匡黔弼之女生孝穆太子義孝隱太子肅穆夫人史失其姓氏鎭州人大匡名必之女生元寧太子天安府院夫人林氏慶州人太守彥之女生孝成太子琳珠孝祗太子興福院夫人洪氏洪州人三重太匡規之女生太子稷公主一後大良院夫人李氏陜州人大匡元之女大溟州院夫人王氏溟州人內史令乂之女廣州院夫人王氏廣州人大匡規之女小廣州院夫人王氏亦規之女生子廣州院君東山院夫人朴氏昇州人三重大匡英規之女禮和夫人王氏春州人大匡柔之女大西院夫人金氏洞州人大匡行波之女小西院夫人金氏亦行波之女行波善射御太祖賜姓金太祖幸西京行波率獵徒道謁請至其家留信宿以二女各侍一夜後不復幸二女皆出家爲尼太祖憐之召見曰爾等旣出家志不可奪也命於西京城中作大小西院兩寺置田民令各居之故稱大小西院夫人西殿院夫人史失其氏族信州院夫人康氏信州人阿飡起珠之女生一子早卒養光宗爲子月華院夫人大匡英章之女史失姓氏小黃州院夫人元甫順行之女史失姓氏聖茂夫人朴氏平州人三重大匡智胤之女生孝悌孝明二太子法登資利二君義城府院夫人洪氏義城府人太師三重大匡儒之女生義城府院大君月鏡院夫人朴氏平州人太尉三重大匡守文之女夢良院夫人朴氏平州人太師三重大匡守卿之女海良院夫人海平人大匡宣必之女史失姓氏

惠宗義和王后林氏鎭州人大匡曦之女太祖四年十二月冊惠宗爲正胤以后爲妃生興化君慶化宮夫人貞憲公主

薨謚義和王后葬順陵祔惠宗廟穆宗五年四月加謚成懿顯宗五年三月加景信十八年四月加懷宣高宗四十年十月加靖順

後廣州院夫人王氏廣州人大匡規之女清州院夫人金氏清州人元甫兢律之女宮人哀伊主慶州人大干連乂之女生太子濟明惠夫人

定宗文恭王后朴氏昇州人三重大匡英規之女薨謚文恭王后葬安陵祔定宗廟穆宗五年四月加淑節顯宗五年三月加孝愼十八年四月加景信後又加宣穆順聖文宗十年十月加貞惠高宗四十年十月加安淑

文成王后朴氏亦英規之女生慶春院君公主一

清州南院夫人金氏元甫兢律之女

光宗大穆王后皇甫氏太祖之女生景宗孝和太子千秋寶華二夫人公主一光宗七年命按檢奴婢辨其是非奴背主者甚衆陵上之風大行人皆嗟怨后切諫之光宗不納薨謚大穆王后祔光宗廟穆宗五年四月加安靜顯宗五年三月加宣明十八年四月加懿正後又加信敬文宗十年十月加恭平高宗四十年十月加靜睿

慶和宮夫人林氏惠宗之女惠宗二年王規譖王弟堯及昭有異圖惠宗乃以女妻昭以强其勢語在規傳

景宗獻肅王后金氏新羅敬順王之女也薨謚獻肅王后祔景宗廟穆宗五年四月加溫敬顯宗五年三月加恭孝十八年四月加良惠後又加懿穆順聖文宗十年十月加懷安高宗四十年十月加仁厚

獻懿王后劉氏宗室文元大王貞之女

獻哀王太后皇甫氏戴宗之女生穆宗穆宗即位冊上尊號曰應天啓聖靜德王太后穆宗年已十八太后攝政居千秋殿世號千秋太后與金致陽通而生子欲以其子嗣王位時顯宗爲大良院君太后忌之强令出家寓居三角山神穴寺時稱神穴小君太后屢遣人謀害一日使內人遺以酒餠皆和毒藥內人到寺求見小君欲親勸食寺有僧輒匿小君於地穴中紿之曰小君出遊山中安知去處耶及內人還散之庭中烏雀食而即斃凡忠臣義士尤所忌憚多以非罪陷之穆宗不能禁十二年正月千秋殿災太后入長生殿後康兆

殺致陽父子流太后親屬于海島又使人弒穆宗於是太后歸居黃州者二十一年顯宗二十年正月薨于崇德宮壽六十六葬幽陵

獻貞王后皇甫氏亦戴宗之女景宗薨出居王輪寺南私第嘗夢登鵠嶺旋流溢國中盡成銀海卜之曰生子則王有一國后曰我旣寡何以生子時安宗第與后第相近因與往來通焉有娠彌月人莫敢言成宗十一年七月后宿安宗第家人積薪于庭而火之火方熾百官奔救成宗亦亟往問之家人遂以實告乃流安宗后慚恨哭泣比還其第纔及門胎動攀門前柳枝免身而卒成宗命擇姆以養其兒是爲顯宗顯宗即位追尊爲孝肅王太后陵曰元陵八年五月加惠順十二年六月改惠順爲仁惠十八年四月加宣容高宗四十年十月加明簡

大明宮夫人柳氏宗室元莊太子之女

成宗文德王后劉氏光宗之女初適弘德院君後配成宗薨謚文德王后祔成宗廟穆宗五年四月加孝恭顯宗五年三月加順聖十八年四月加英容後又加肅節文宗十年十月加元獻高宗四十年十月加宣威

文和王后金氏善州人贈侍中元崇之女初稱延興宮主或稱玄德宮主生貞元王后顯宗二十年四月封爲大妃九月贈元崇特進守大尉兼侍中上柱國和義郡開國侯食邑一千五百戶母王氏和義郡大夫人祖光義尙書左僕射上柱國和義縣開國伯食邑七百戶祖母金氏和義郡大夫人后薨謚文和王后

延昌宮夫人崔氏右僕射行言之女生元和王后

穆宗宣正王后劉氏宗室弘德院君圭之女薨謚宣正王后祔穆宗廟顯宗五年三月加懿節後加安獻貞愼文宗十年十月加襄聖高宗四十年十月加元貞

宮人金氏有寵號邀石宅宮人慶州人融大詐稱新羅元聖王遠孫認良民五百餘口爲奴婢以贈金氏及平章韓藺卿侍郎金諾爲援御史臺按問得實奏請罪之穆宗命罰金氏銅一百斤流藺卿諾于外聞者皆賀

顯宗元貞王后金氏成宗之女顯宗即位納爲后稱玄德王后元年王避契丹兵南幸后從行九年四月薨謚元貞葬和

陵十八年加懿惠
元和王后崔氏亦成宗之女生孝靜公主天壽殿主初稱恒春殿王妃後改常春殿亦從王南幸八年十二月贈后外祖崔行言尙書左僕射外祖母金氏豐山郡大夫人母崔氏樂浪郡大夫人薨諡元和王后
元城太后金氏安山人侍中殷傅之女生德宗靖宗仁平王后景肅公主初顯宗南幸及賊退還至公州殷傅時爲節度使使后製御衣以進因納之稱延慶院主九年七月生靖宗改院號爲宮遣使賜禮物十三年九月追贈殷傅爲推忠守節昌國功臣開府儀同三司守司空上柱國安　郡開國侯食邑一千戶妣安山郡大夫人尋冊后爲王妃十五年又贈祖肯弼爲尙書右僕射上柱國安山縣開國侯食邑一千五百戶祖妣安山郡大夫人外祖李許謙尙書左僕射上柱國邵城縣開國侯食邑一千五百戶十八年九月賜后舊宅號爲長慶宮十九年七月薨諡元成王后葬明陵祔顯宗廟德宗即位追尊爲王太后後加容懿恭惠文宗十年十月加英穆後又加良德信節順聖仁宗十八年四月加慈聖高宗四十年十月加廣宣
元惠太后金氏亦殷傅之女生文宗平壤公基孝思王后初稱安福宮主顯宗十一年五月改安福爲延德十三年六月卒諡元惠葬懷陵十六年四月追贈王妃十八年五月加諡平敬王后文宗時尊爲太后
元容王后柳氏宗室敬章太子之女顯宗四年五月納爲妃薨諡元容王后
元穆王后徐氏利川人內史令訥之女顯宗十三年八月納爲淑妃稱興盛宮主十七年三月追贈母崔氏爲利川郡大夫人繼母鄭氏利川郡大君文宗十一年五月卒有司奏禮庶母有子者緦麻三月興盛宮主無子上不宜服制可輟朝三日又制興盛宮主火殯訖令有司瘞骨置陵定侍衞員吏及守陵戶歲時奉祀中書省奏伏審乙未十二月判旨景興院主貴妃依文和大妃例葬除其陵號興盛景興皆是聖考妃追孝之禮不宜有異況興盛無後上旣無服請除陵號及歲時奉祀制從之贈諡元穆王后
元平王后金氏亦殷傅之女生孝敬公主顯宗十九年十月

贈元平五后陵號曰宣

元順淑妃金氏史失其鄕平章事因渭之女生敬成王后初稱景興院主顯宗十五年正月冊爲德妃九月授因渭尙書左僕射叅知政事柱國京兆縣開國男食邑三百戶仍令致仕

元質貴妃王氏淸州人中書令可道之女

貴妃庾氏史失世系初爲宮人顯宗十六年封貴妃宮人韓氏名萓英楊州人平章事蘭卿之女生檢校太師忠宮人李氏給事中彥述之女宮人朴氏全州人內給事同正溫其之女生一女阿志

德宗敬成王后金氏顯宗之女德宗三年二月納爲王后宣宗三年七月薨謚敬成葬質陵肅宗元年六月祔德宗廟仁宗十八年四月加柔貞高宗四十年十月加寬肅

敬穆賢妃王氏中書令可道之女德宗即位納爲妃尋冊爲賢妃生殤懷公主卒謚敬穆孝思王后金氏顯宗之女

李氏扶餘郡人工部侍郞稟焉之女劉氏忠州人檢校少監寵居之女史皆失其稱號

靖宗容信王后韓氏湍州人贈門下侍中祚之女靖宗初爲平壤君納以爲妃及即位號延興宮主元年后生子賜名詗冊爲惠妃後封定信王妃二年七月薨八月葬玄陵文宗二年三月追謚容信王后十年十月加定懿仁宗十八年四月加明達高宗四十年十月加禧穆

容懿王后韓氏亦祚之女靖宗四年四月冊爲麗妃號昌盛宮主後改玄德宮六年二月冊爲王后生哀殤君昉樂浪侯璥開城侯暟容穆王后李氏扶餘郡人工部侍郞稟焉之女號昌盛宮生悼哀公主

容節德妃金氏慶州人門下侍中元冲之女號延興宮主肅宗七年三月卒王降弔慰教書追封德妃謚容節

延昌宮主盧氏未詳世系初靖宗聞其美潛納宮中遂專房宴文宗立以遺命賜盧氏延昌宮門下省及御史臺駁奏盧氏納不以禮且先王亂命不可從也王終不允二年三月卒

文宗仁平王后金氏顯宗之女

仁睿順德太后李氏仁州人中書令子淵之長女號延德宮主文宗六年二月封爲王妃冊曰王化興邦首述關雎之義

坤元立配固推神馬之占盖所以敎序二儀甄揚四德彪簡
編而可久東賢淑以爲先盍據前修用旌殊寵咨爾延德宮
主李氏含章有順飾性無虧覆以玉衣早膺嘉瑞貯之金屋
亮協幽求爰將五可之稱來演六宮之慶葛覃之詠采著於
睦和蘭夢之徵誕彰於蕃衍執組紃之妙致景慕共姜守閨
壼之令猷思齊大姒願惟弘懿宜示正封遂頒命於鷴銜俾
加榮於翟服今遣使某官某持節備禮冊爲王妃於戲后妃
之職國家所宗勵乃柔規效餘芳於翼夏竟令彤史免專宍
於熙殷永孚于休毋忘厥訓以父子淵爲太尉母樂浪郡君
金氏爲大夫人后生順宗宣宗肅宗大覺國師煦常安公琇
普應僧統規金官侯丕卞韓侯愔樂浪侯忱聰慧首座璟積
慶保寧二宮主宣宗三年二月冊封爲太后諸道皆表賀州
縣並獻布無慮十萬餘匹乇羅亦來賀獻方物九年九月薨
于西京歸葬戴陵后性好佛創國淸寺又願銀書瑜伽顯揚
論至肅宗乃成仁宗十八年四月加謚聖善高宗四十年十
月加孝穆
仁敬賢妃李氏亦子淵之女號壽寧宮主文宗三十六年正
月封淑妃生朝鮮公燾扶餘公燧辰韓公愉卒謚仁敬
仁節賢妃李氏亦子淵之女號崇敬宮主文宗三十六年七
月卒謚仁節
仁穆德妃金氏侍中元冲之女號崇化宮主宣宗十一年六
月卒謚仁穆
順宗貞懿王后王氏宗室平壤公基之女
宣禧王后金氏慶州人大卿良儉之女順宗在東宮選入宮
有寵然文宗惡之勑還外第故終無子號延福宮主仁宗四
年二月卒追謚宣禧王后八年四月命有司祔于大廟祔順
宗廟仁宗十八年四月加謚恭懿高宗四十年十月加和順
長慶宮主李氏仁州人戶部郎中顥之女順宗即位納以爲
妃王薨在外宮與宮奴通事覺廢
宣宗貞信賢妃李氏仁州人平章事預之女宣宗爲國原公
納以爲妃生敬和王后而卒謚貞信
思肅太后李氏仁州人工部尙書碩之女號延和宮妃初宣
宗爲國原公納之生獻宗及遂安宅主宣宗即位冊爲王妃
獻宗嗣位尊爲太后殿號中和置府曰永寧王幼弱不能聽

決機務太后稱制凡軍國大小事咸取決焉獻宗薨有司奏
罷永寧府及中和殿號薨謚思肅太后睿宗二年四月王欲
以貞信賢妃祔宣宗諫官奏曰貞信爲國原公妃年月不久
思肅自嬪公府以至踐祚内助居多及太子繼統臨朝稱制
者三年獻宗遜位于肅宗乃退居舊宮終無失德宜以思肅
升祔制曰嫡庶之分不可不別更詳禮典以聞諫官復奏曰
春秋之義國君即位未踰年者不合列序昭穆國君尙如此
況后妃乎請以思肅升祔王從之仁宗十八年四月加謚貞
和高宗四十年十月加匡肅

元信宮主李氏仁州人平章事顗之女號元禧宮妃生漢山
侯昀獻宗立妃兄中樞使資義欲奉昀爲王事覺誅肅宗即
位流宮主及昀于慶源郡

肅宗明懿太后柳氏貞州人門下侍中洪之女號明福宮主
後改號延德宮主肅宗二年宮主生子王遣使下敎賜銀器
匹段布穀鞍馬四年三月封爲王妃冊曰殷聘有莘而作配
周徽太任以爲妃而皆致王業之勃興載史編而彪煥合遵
舊制特擧寵章咨爾延德宮主李氏霽月儲精曾沙協慶結
禖外邸行婦道以有聞鳴珮中闈贊皇猷而匪懈旋被神明
之福祐得諸胤嗣之蕃昌今遣某官某持節備禮冊命爲王
妃於戲絲綸降命俾正位於璇宮褕翟加儀永流芳於彤管
敎訓斯在敬愼勿忘后生睿宗及上黨侯佖圓明國師澄儼
帶方公俌大原公侼齊安公偦通義侯僑大寧興壽安壽福
寧四宮主睿宗即位尊爲王太后殿曰天和府曰崇明生辰
曰至元節三年正月冊曰臣聞冊后之制歷代相因稱皇太
者秦漢之通規以子貴者春秋之格語凡爲後胤合効前修
伏惟我聖母德備母儀位居坤極神資淑哲丕儲沙麓之祥
性蘊貞明獨稟塗山之訓遂令大業永保中興臣叨膺顧命
嗣守宗祧自承鞠育之恩誓奉慈嚴之敎雖凹以萬錢之養
未能盡於孝誠而尊加三字之封庶永光於信牒虔尋舊典
率籲群情爰撰吉辰用上尊號臣不勝大願謹遣某官某奉
玉冊金寶上尊號曰王太后伏願遵前古之憲章順上天之
眷佑府迴睿鑑誕受嘉稱七年七月病革王馳詣請入大内
行至信朴寺薨王率百官上謚明懿王太后冊曰禮以飾終
爲子之達孝謚以旌德歷代之成規合擧舊章用申哀懇伏

惟大行王太后柔嘉賦性恭儉律身自先王之在藩作好仇
而宜室輔佐志存於卷耳肅和德茂於穠華於文祖有逮事
之勤於戴陵有思齊之敬屬君臨於大寶黎后服於六珈吉
協黃裳美流彤管顧惟冲昧仰荷劬勞洎襲丕圖動煩慈訓
罄海宇奉長樂之養以寶冊稱太上之尊八載母臨萬姓孩
慕今聞動於中夏異恩浹於東朝何其不憖之深罹此乃殂
之酷攀號莫及創鉅奚勝今有禮官恭稽謚法獨見先識曰
明溫和聖善曰懿以彰莫大之德垂永無窮之傳謹奉冊上
尊謚曰明懿王太后伏惟誕膺典冊幽贊邦家八月葬崇陵
八年遼遣使致祭其文曰惟靈溫惠毓德柔嘉成儀以母道
敎于一方以親恩睦于九族荃蘭香氣本自芬芳桃李有華
加之舊實先臣謝世長嫡承家棘風方丞於吹噓薤露遽悲
於零落人生至此天道難知朕方撫存侯藩知恤臣意彼死
生雖以數至于母子其如哀何爰遣介輶往陳奠禮魂兮不
昧歆我殊私百官奏曰本朝自祖宗以來太后升遐鄰國未
嘗遣使弔祭今始見是禮又前夕雨雪暴作及車駕行禮日
色清明人心喜悅宜令百僚朝賀王從之仁宗十八年四月
加謚柔嘉高宗四十年十月加光惠
睿宗敬和王后李氏宣宗之女長於外家封延和公主睿宗
納爲妃容儀淑麗甚有寵年三十一薨葬慈陵謚敬和王后
文敬太后李氏朝鮮國公資謙第二女還入宮號延德宮主
睿宗四年生元子於私第是爲仁宗王遣使下詔曰汝肅穆
以著儀柔順以迪性有俔天之德主於內朝應彌月之期誕
我元子固祖宗之基構得臣庶之歡欣宜示寵嘉以彰眷遇
仍賜銀器綾羅錦絹鞍馬布米妃上表謝九年冊爲王妃冊
曰在天成家尙有軒星之躔理國齊家必崇坤極之位上以
承宗廟下以厚人倫永惟興替之本靡不由此焉夏之興也
以塗山殷之興也以莘野朕若稽於典憲祈協于神民咨爾
延德宮主李氏性惠而明儀靜而肅惟乃烈祖克勤王家累
爲姻親積有善慶篤生聖后世繼哲王覃及後昆產玆懿媛
粤朕登位來嬪于京關雎之化行樛木之恩逮常有進賢之
志固無私謁之心以至協熊夢之祥誕生冢嗣申鷄鳴之戒
密輔朕躬宜加顯號以表中闈今遣某官某持節備禮冊命
爾爲王妃夫惟先王釐厥士女始自內理御于邦家於戲予

思大賓之人褒升令德爾以相成之道益礪芳猷同濟宏休永綏遐福后生仁宗承德興慶二宮主十三年薨后性柔嘉聰彗有寵於王自寢疾王親調藥餌及薨慟擧哭臨謚順德王后葬綏陵王親祖送于神鳳門外後又幸魂堂諫官上䟽曰前日初喪悲哀過度及葬祖祭親拜獻爵臣民瞻望竊謂過禮今又守小信屈至尊以臨靈帳恐傷大體王曰祖庭之事非自朕起嘗聞宋帝祖送靖和皇后出端門外親酌拜奠故倣而爲之況一幸魂堂何害於義仁宗即位追尊爲文敬王太后十八年四月加謚慈靖

文貞王后宗室辰韓侯愉之女選入宮王薨出居永貞宮仁宗七年封貴妃十六年薨王避正殿素服三日百官亦素服三日謚文貞王后

淑妃崔氏叅政湧之女選入宮號長信宮主仁宗七年封淑妃二十二年贈其父湧守司空尙書右僕射叅知政事明宗十四年卒

仁宗廢妃李氏朝鮮國公資謙第三女資謙恐他姓爲妃權寵有所分强請納之仁宗不得已納之册爲延德宮主資謙敗諫官累䟽言宮主於上爲從母不可以配極王乃出之賜以資謙故出恩賚優渥十七年卒

廢妃李氏資謙第四女資謙圖不軌置毒餠中以進妃密白王以餠投烏烏斃又送毒藥令妃進于王妃捧椀陽蹶而覆之資謙敗亦以諫官言廢王念覆椀之功賜田宅奴婢恩眷甚厚毅明二王亦事之謹明宗二十五年卒葬以后禮

恭睿太后任氏中書令元厚之女門下侍中李瑋之外孫妃誕夕瑋夢有黃大旗竪於其第中門旗尾飄縈於宣慶殿鴟尾妃生瑋奇愛之曰此女後當遊宣慶殿及笄平章事金仁揆子之孝聘之婚夕之孝至門妃暴疾幾死乃謝遣卜人占病曰勿憂此女貴不可言必爲國母時李資謙已納兩女于王聞其言惡之即奏貶元厚爲開城府使歲餘府倅夢太守聽事樑棟坼作大竇黃龍從竇而出詰朝倅具朝服詣元厚具陳其夢以賀曰使君家必有異慶公其識之仁宗嘗夢得荏子五升黃葵三升以語拓俊京俊京對曰荏者任也納任姓后妃之兆也其數五者誕五子之瑞也黃者皇也與皇王之皇同葵者揆也與道揆之揆同所謂黃葵者皇王執道揆

御邦家之瑞也其數三者五子之中三子御國之兆也王旣出賚謙二女四年選入宮號延德宮主五年生毅宗王遣使下詔曰汝任氏起自德門入司陰敎受儆戒相成之道無險陂私謁之心得純震之長男協斯干之吉夢爰勑邇臣式將好賜賜銀器彩段布穀鞍馬七年冊爲王妃詔曰古先哲王之有天下也非獨由己德之茂蓋亦有內助之賢朕叨承景命嗣守丕基王假有家重人倫之大義天作之合宜君子之好俅咨爾任氏夙以婦才起於德閥動必由於禮節居不忘於女功自初作嬪爰得有子豈特室家之好實增邦國之休是用舉以典章加之位號今遣某官某持節冊命爲王妃於戲儉約可以保厥身肅恭可以共其職當體朕意永孚于休八年生大寧侯暻王又遣使下詔曰汝以俔天之賚居儷極之貴樂關雎之窈窕服卷耳之勤勞乃符帶韣之祥載見弄璋之慶歎嘉無已恩禮當優仍賜禮物九年生明宗王又遣使下詔曰茲爾任氏典予內職正位中宮震索得男旣主其器螽斯多子亦由爾賢謂玆能熊之祥協彼燕媒之后宜膺寵數永保洪休十六年妃母李氏卒王素服避正殿百官表慰素衣三日贈李氏辰韓國大夫人后生毅宗及大寧侯暻明宗元敬國師冲曦神宗承慶德寧昌樂永和四宮主毅宗即位尊爲王太后殿曰厚德立府曰善慶置官屬初后愛次子欲立爲太子以故王惡之一日侍坐語侵后跣下殿仰天而誓忽雷雨大震電光入座王驚懼俛入太后衣下俄而震殿柱王悔悟遂爲母子如初明宗十二年冲曦死王恐后悲痛不白居數月后聞之意諸將害之憤恚得氣攻鬲病時神宗封平諒公亦患痔久不入覲后疑神宗與曦同禍王命腰輿入謁后且喜且泣曰吾以爲死不意復見爾面平諒公曰母后之疾勞心致然請張樂悅解於是奏管絃王與平諒公上壽爲樂氣少下未幾復篤薨壽七十五葬純陵上謚恭睿太后明年金遣使來祭其文曰惟靈早自慶閥來嬪侯藩始以婦道相其夫終以母慈保厥子逮違榮養良可哀憐宜加賻贈之恩仍致酒殽之奠貞魂如在寵數其歆

宣平王后金氏兵部尙書璿之女仁宗五年納爲次妃毅宗尊爲王太妃延壽宮主明宗九年卒謚宣平王后

毅宗莊敬王后金氏宗室江陵公溫之女毅宗爲太子時納

爲妃仁宗遺使下詔仍賜禮物毅宗即位封爲興德宮主生孝靈太子祈敬德安貞和順三宮主高宗四十年十月加謚惠資

莊宣王后崔氏叅知政事端之女

明宗光靖太后金氏江陵公溫之女封義靜王后生康宗延禧壽安二宮主薨康宗立追冊爲光靖太后冊曰貴以子春秋之成式謚知行戴禮之格言欲伸永慕之懷須舉追尊之典恭惟我聖母姿凝偃月慶洽玄雲妙齡作配於先皇婦道正儀於中饋謂當眉壽以長生坐膺至理乃乘莽渺而奄棄已積流年而臣今居莫大之崇高實本難名之鞠育雖殫九州之富而無以致養唯極天下之美而庶幾薦名謹遣某官某奉玉冊追尊爲太后謚曰光靖俯納丕稱曲垂陰援高宗四十年十月加謚恭平

神宗宣靖太后金氏江陵公溫之女神宗爲平諒公納之及即位立爲元妃三年封爲宮主冊曰朕聞自古有國有家立政立事非獨咨謀於外輔亦先求助於中闈咨爾金氏星婺分精銀潢聯派貞明之性本自天成柔靜之儀不煩姆訓動而中節於環佩居則專精於組紃緊朕躬之在藩以淑質而作配早協坤貞之吉不顯其光果符震長之尊則篤其慶豈獨室家之正始實惟社稷之延休共潛光於二十年聿修婦道今踐祚於九五位盡贊皇猷今遣使某官某持節冊命爲宮主於戲能以儉約率其身克紹關睢之化亦以法度供其職遠頒彤管之風祗服訓辭永膺天祿后生熙宗及襄陽公恕孝懷公主敬寧宮主熙宗立尊爲王太后府號慶興殿號長秋俄改府號爲膺慶殿號爲綏福后自幼勤女功當忠獻廢立之際備嘗艱難謹愼自守高宗九年薨王哀悼命有司以禮葬于眞陵上謚宣靖太后高宗四十年十月加信獻

熙宗成平王后任氏宗室寧仁侯禎之女諱稱任氏熙宗七年封爲咸平宮主冊曰朕聞易贊坤元所以配乾剛之道詩稱后德所以明王化之基故塗山適而夏業興大任歸而周室盛盖賴內助之美以臻外理之功布在前書貽爲後範朕祗承景命纘守宏圖理國先家所重人倫之本自天作合豈無君子之逑咨爾元妃任氏婺宿分輝天潢毓粹夙著肅雍之德而無險詖之心朕初在藩乃爲嘉耦比登大寶益贊洪

歆允協斯干之吉夢長發其祥果符紝震之得男克昌厥後豈特室家之慶實惟邦國之光旣婦德之若斯宜恩章之特厚肆頒爵號俾正宮庭今遣某官某持節備禮冊命爾爲王妃咸平宮主於戲躬勤儉以保身循法度以供祀宜思厥服罔或不祗后生昌原公祉始寧侯禕慶原公祚大禪師鏡智冲明國師覺膺安惠太后永昌德昌嘉順貞禧四宮主高宗三十四年薨葬紹陵上謚成平王后冊曰功崇則禮優德盛則謚重爰稽古典式薦鴻休伏惟大行王后宗室之英王姬之女聖皇知其有相留養後宮上皇納以爲妃俾專中壼篤生邦媛升配朕躬夢幻倏然縱有千秋之痛子孫多矣已符萬葉之傳凡此嬪功職由母訓何上壽未滿卽大期奄臻冥冥難可愬漠漠不可問但於疇昔歷諸險難恐積心勞因以疾化徒洒無從之泣追揚不朽之芬謹遣某官某奉冊上謚曰成平王后惟冀上靈俯膺嘉冊四十年十月加貞章

康宗思平王后李氏義方之女康宗爲太子義方納之生壽寧宮主義方誅見黜

元德太后柳氏宗室信安侯瑊之女生高宗康宗元年冊爲延德宮主詔曰爲君克艱理內尤劇大舜之化天下也蓋賴娥皇之釐降王季之肇邦基也亦因摯仲之思齊顧予天匹之賢明有古后妃之輔弼盍加顯冊以答潛功今遣某官某持節備禮冊命爾爲王妃延德宮主兼賜印綬衣襨金銀器匹段布穀奴婢鞍馬冊曰后妃之德王化所基周文迎渭水以立嬪本支益茂夏禹娶塗山而作匹曆數遐昌宜用前規特擧彝典咨爾王妃柳氏天生淑質玉潤奇姿內無險陂之心外有柔嘉之行感赤龍之入寢誕得元良歆黃鳥之集林廣施仁惠顧陰功之旣著合徽號之優加茲擇蕙時載頒竹冊今遣某官某持節備禮冊命爾爲王妃延德宮主於戲能循厥度淑愼其身高宗二十六年薨葬坤陵上謚元德太后四十年十月加貞康

高宗安惠太后柳氏熙宗之女熙宗七年冊爲承福宮主高宗五年納爲妃生元宗安慶公淐壽興宮主十九年薨百官玄冠素服三日上謚安惠元宗元年追尊爲王太后忠宣王二年元武宗降制曰崇德報功法擧追榮之典分邦列爵恩頒及內之章酬我舊勳同茲顯號高麗國王王璋曾祖母柳

氏傳芳令族作配高門屬皇祚之興隆借名藩而臣附明賢所化貞信無頗傳子至孫極富與貴三韓保國位同異姓之侯王五等疏封名亞寡君之宗室聿新殊渥庸慰淑靈可追封高麗王妃

元宗順敬太后金氏慶州人莊翼公若先之女封爲敬穆賢妃高宗二十二年元宗爲太子納爲妃生忠烈王而薨元宗三年追封爲靜順王后忠烈王卽位追尊順敬太后忠宣王二年元武宗降制曰昭令德于前人爵以隆于三世受介福于王母恩特侈于再傳高麗國王王璋祖母金氏淑愼其儀柔嘉維則東藩作儷北闕聯姻不墜簪圭功有武公之父子親承盥饋禮如王氏之舅姑一則彰夙夜之勤一則示閨門之肅嗣爲貴壻況有賢孫諄襲請疏之來聞赫奕徽彝之並擧鳳綈鸞檢翟茀魚軒於戲重莫重於傳家有懿含飴之訓榮莫榮乎錫號往欽加襚之章可追封高麗王妃

慶昌宮主柳氏宗室新安公佺之女號慶昌宮主元宗元年冊爲王后生始陽侯珆順安公悰慶安咸寧二宮主王欲封忠烈爲太子后譖於王曰太孫聞殿下東還稍無喜色且儲副繼體者也豈可立權臣之甥乎王頗信之金俊力諫疑乃釋忠烈王三年誣坐呪詛廢爲庶人

列傳卷第一

列傳卷第二　高麗史八十九

正憲大夫工曹判書集賢殿大提學知經筵春秋館事兼成均大司成臣鄭麟趾奉
教修

后妃二

忠烈王齊國大長公主名忽都魯揭里迷失元世祖皇帝之女母曰阿速眞可敦元宗十五年忠烈以世子在元尙公主元宗薨王嗣位東還遣樞密院副使奇蘊逆公主于元王幸西北面迎之又令妃嬪諸宮主及宰樞夫人出迎宰樞百官迎于國淸寺門前王與公主同輦入京父老相慶曰不圖百年鋒鏑之餘復見大平之期時帝令脫忽送公主脫忽先至張穹廬祓以白羊膏明年正月册爲元成公主百官皆賀宮曰敬成殿曰元成府曰膺善置官屬以安東京山府爲湯沐邑九月生元子于離宮是爲忠宣王諸王百官皆賀公主從者在門凡入者悉褫其衣謂之設比兒貞和宮主宴賀生男宮人小尼者布席于東廂王曰不如正寢小尼不告公主就正寢置平牀爲公主坐式篤兒曰平床之坐欲使同於宮主也公主大怒遽令移席西廂盖以西廂舊有高榻也及宮主行酒王顧見公主公主曰何白眼視我耶豈以宮主跪於我乎遂命罷宴下殿大哭曰將往吾兒處遂促輦式篤兒將進輦王杖走之公主乳母曰主若出老婢必死于此手搤其吭視將自絕公主乃止時王遣式篤兒如元請朝式篤兒將行謂大將軍印公秀曰公主使我奏宮主事若奏之必不利於國如何則可公秀曰伉儷之閒妬娼之言何足上聞君旣奏之脫公主後悔將何及已式篤兒然之二年公主以安平公女許嫁忻都子王欲不許公主邀慶昌宮主及安平公妃令與忻都妻面約婚宮主安平公之姨也有吐蕃僧自元來自言帝師遣我爲公主國王祈福宰樞備旗盖出迎閭巷皆焚香其僧食肉飮酒常言我法不忌酒肉唯不邇女色無何潛宿倡家又請設曼陁羅道場令備金帛鞍馬雞羊以粇爲人長三尺置壇中又以粇作小兒及燈堵各百八列置其傍吹螺擊鼓凡四日僧戴花冠手執一箭繫皀布其端周回踴躍車載粇人令旗者二甲者四弓矢者三十曳弃城門外公主

施錢甚厚其徒爭之訴曰僧非帝師所遣其佛事亦僞也公主詰之皆伏遂黜金郊外公主取興王寺黃金塔入內其裝嚴多爲忽剌歹三哥等所竊公主將毁用之王禁之不得但涕泣而已後王與公主如興王寺僧乞還金塔公主不許又令忽剌歹括大府寺銀入內郞將王涓宗室疏屬也廣平公譓奪其奴婢涓壻密直金侁訟而得之後征倭溺死譓獻其奴婢于公主公主召老奴問其奴婢與譓奴婢連婚接派者幾三百人公主幷取之譓扣頭宮門請還之不許有一尼獻白苧布細如蟬翼雜以花紋公主以示市商皆云前所未覩也問尼何從得此對曰吾有一婢能織之公主曰以婢遺我如何尼愕然不得已納焉公主嘗以松子人參送江南獲厚利後分遣宦官求之雖不産之地無不徵納民甚苦之三年以將入朝預設燃燈公主先出閱樂於彩棚前王將如奉恩寺宰樞不及王怒囚僉議府吏既而令右承旨薛公儉語宰樞曰公主請我夙駕而卿等後至恐公主責我且囚府吏卿等毋以我爲躁也是年夏以公主生女設滿月宴俄而母訃音至以才免身祕之後五日乃告公主痛哭食肉如舊翼日

達魯花赤設收淚宴王疾革宰樞請公主停營繕縱鷹鶻又請曰凡可以禬禳者無不盡心唯興王寺金塔在宮中願還之公主皆許之王聞之大喜令承旨李尊庇還其塔于興王寺王將移御天孝寺王先至山下公主繼至以陪從少怒而還王不得已亦還公主以杖迎擊之王投帽其前逐忽剌歹罵曰此皆汝曹所爲予必罪汝公主怒稍弛至天孝寺又以王不待而先入且詬且擊欲上馬往竹坂宮文昌裕謂薛公儉曰辱豈有大於此者乎公主嘗請工匠于元至是木匠提領盧仁秀使三哥告公主曰宮室之役既罷盍歸我乎公主大怒詰宰樞曰我只罷役徒奈何亦遣工匠乎宰樞曰罷役是日官之言臣等何知公主益怒曰豈蔑視我耶必懲一宰樞以警其餘宰樞難其對李槢曰向者臣等以王疾篤請罷役修省幸而見聽工匠妄謂役罷辭去耳今召而復作亦未晚也公主意解既而日官又面請勿構三層閣不聽發諸道役夫督之愈急四年公主生男群臣宴賀夏王及公主如元嘉林縣人告達魯花赤曰縣之村落分屬元成殿及貞和院將軍房忽赤巡軍唯金所一村在今鷹坊巡剌望又奪而有

之我等何以獨供賦役達魯花赤曰非獨汝縣若此者多矣將使巡審諸道以蠲其弊請王遣人偕往宰樞令李之氐白王曰達魯花赤使人巡審諸道得其實以報朝廷非細事也乞以王旨與宮旨籍民歸本役王從之公主不肯乃止王及公主到京師謁帝帝宴慰之王率群臣入自東南隅立庭中公主張小紅傘率永寧公王惣管夫人及諸姬媵入自東北隅獻金銀器皿細苧布拜訖由東西上殿永寧公及從臣元傅李汾禧朴恒宋玢康允紹從之玢以下坐東偏軍僚皆與焉公主以世子及小王女謁皇后獻銀十錠細苧布二十匹后見世子愛之賜酒屬刀子公主又抱世子見于太子妃妃名之曰益智禮普化皇后賜公主彩段一車及東還公主請王欲令入京日兩殿牽龍著金花帽宰樞文武百官以禮服迎謁王遣李槢傳旨印公秀以謂不可請用時服從之只令牽龍巡檢白甲指諭都將校樂官禮服迎駕王與公主入京百官致仕宰樞及三品諸宮院副使班迎于郊及宣義門王與公主同輦國學七管諸徒東西學堂諸生進歌謠五年王在元公主出內府樂器命伶官奏樂竟日鷹坊忽赤三番連

日設宴又結層棚于宮中燃千燈且令伶人奏樂達曙又禿哥押生虎至公主登園亭觀之六年帝流皇子愛牙赤于大青島公主迎于城外遂張樂宴于館從者止之曰皇子以帝命之貶所豈可耽樂遂罷九月以世子生辰置宴新殿時東征事急除女樂雜戲但奏漢樂群臣各以贄見世子奉觴舞王與公主歡甚序元使也速達于僉議宰相下崔仁著于上將軍下也速達謂盧英曰吾與崔知事一也何令坐下也公主聞之曰仁著蒙漢耶高麗耶坐上將軍之下足矣也速達慙七年皇后訃音至公主將奔喪科歛銀苧布又選良家處女以行至懿州帝勑還國乃還八年王與公主畋于忠淸道渡臨津公主怒責王曰遊畋非急務何爲引我至此王無以對次安南責尹秀曰此地無鵝鶬何誘王遠來又謂王曰惟遊田是務奈國事何王慚憤露坐於外王火獵民有焚禾者償其直公主謂趙仁規曰民之病已不可言扈從者亦勞矣盍歸乎遂還十一年王以內僚上將軍金子廷爲東京副使公主謂王曰予聞東京是王之母鄉然乎王曰然公主曰家奴爲邑宰可乎南班人得居中外重任始自何代王曰自元

廟始公主曰王眞元王之子也王有慚色王留意音律嘗使內竪與伶人鼓樂公主遣人告王曰以絲竹而理國家非所聞也遂罷之十三年公主將入覲命選良家子女使忽赤搜索人家雖無女者亦驚擾怨泣聲徧閭巷遂選西原侯瑛大將軍金之瑞侍郎郭蕃別將李德守女又遣中郎鄭允耆于江華搜奪民家所藏白金五十斤乃與世子如元次溫泉世子有不豫色忽刺歹問其故曰吾將娉西原侯女今在選中以故不悅忽刺歹以告公主即遣其女公主至西京聞賊起咸平府道梗遂還有告中郎將金仲卿以美女獻王者公主遂囚仲卿巡馬所初世祖以亡宋醫鍊德新賜王德新能合助陽丸得幸於王及公主伍允孚嘗痛憤以爲此藥不宜胎產使三韓支胤不蕃者必此人也公主連歲有身及王得德新藥更不姙娠十七年元將辟闍干平哈丹謁公主獻所俘男女五十良馬五匹王與公主置宴慰之公主坐當中那蠻歹坐其右王坐其左都歡大王阿石駙馬河西國王重慶郡王薛闍干闍梨帖木兒塔出等皆以次坐翼日亦如之十九年王與公主如元次金郊王怒供億稽緩杖西海按廉使庾瑞至鳳州瑞享王温言慰之公主曰前日金郊則受譴今日鳳陽則取悅所進膳羞盡是民膏還駕時勿以歛民取悅爲事二十年世祖崩成宗即位冊公主曰朕嗣有令緒時庸展親睠先朝帝女之賢視今日宗藩之貴肆揚煥號用秩彝章釐降高麗國王公主忽都魯揭里迷失毓秀天潢承徽宸極孝恭有則早閑壼範之慈警戒無違特借公宮之重正嬪儀於貳館敦王化於三韓車服不係其夫義方以敎其子既優既渥是惟茅土之分來歸來寧與覲邦國之慶因廷臣之建議即邑國以疏封于以錫丹闈紫禁之恩于以彰赤屬軿車之寵於戲周王姬爲婦道之準以成其肅雍唐漢陽以皇姑之尊深戒乎驕侈罔俾前代得專令名可封安平公主二十二年王與公主如元明年晉王將之國帝幸其邸餞之王與公主侍宴酒酣公主歌王起舞是年五月還國時壽寧宮芍藥盛開公主命折一枝把玩良久感泣尋得疾薨于賢聖寺壽三十九遣副知密直元卿如元告喪元遣火魯忽孫來弔喪皇太后賜賻又轉藏經追福公主嘗入朝親命畫工寫眞至是來自元安于仁和殿九月葬高陵謚莊穆仁明王后二

十四年晉王遣使致祭高唐王亦遣使歸賻是年忠宣王受禪追尊爲仁明太后二年武宗降制曰三韓爲國五季已王雖居東海之濱實享南面之奉由其先有功於太祖許帝室以連姻故季女鍾愛於世皇即公宮而命醮方穠靑軒之桃李俄晞白露於蒹葭永懷懿親用隆恤典高麗王璋妣皇姑安平公主高麗王妃發祥坤掖分派天潢以舜妃癸比之胥明爲古公亶父之姜女善於媲德車服不矜其夫家樂有娠賢茅土已纘其父服可謂全妻道之終始苟不因湯沐之安平原進大封曷彰尊屬於戲自他邦而北闕最道路之五千移近甸於東秦盡山河之十二明靈可作殊報是承可追封皇姑齊國大長公主高麗國王妃

貞信府主宗室始安公絪之女忠烈即位冊爲貞和宮主二年有人投匿名書于達魯花赤石抹天衢館又呼於道曰有衣則衣有食則食勿爲他人所得明日達魯花赤以告王及齊國公主其書曰貞和宮主失寵使女巫呪詛公主公主遣忽刺歹三哥車古歹等囚宮主于螺匠家封其府庫賴柳璥力辨得釋宮主自公主薨降恒居別宮與王絶不相通公主薨忠宣受內禪奉迎王及宮主上壽宮主生江陽公滋靜寧明順兩院妃忠肅六年卒

淑昌院妃金氏尉衛尹致仕良鑑之女有姿色嘗嫁進士崔文早寡齊國公主薨忠宣爲世子疾幸姬無比專寵斬之欲慰解忠烈意以金氏納之後封淑昌院妃忠烈薨忠宣祭殯殿遂幸妃兄金文衍家與妃相對移時人始訝之後十餘日移御文衍家烝焉未幾進封淑妃妃日夜百態妖媚王惑之不親聽政遂命停八關會元皇太后遣使賜妃姑姑蒙古婦人冠名時王有寵於皇太后故請之妃戴姑姑宴元使宰樞以下用幣賀妃嘗以四月八日張燈後園設火山具絃管以自娛其黃廡繡幕皆供御之物觀者如市三日乃罷妃嘗居母憂遊宴宰樞又如銀字院設法會宰樞亦與焉時王在元妃或宴元使或遊朴淵或如寺院飯僧出入無度車服衣仗與公主無異

忠宣王薊國大長公主寶塔實憐元晉王甘麻剌之女忠烈二十二年忠宣以世子在元尙主二十四年公主自元來帝使太子阿木罕丞相雍吉剌歹護行忠烈幸金郊百官郊迎

儀仗妓樂如迎王禮是年忠宣受禪號公主宮曰中和府曰崇敬置官僚公主妬趙妃專寵作畏吾兒字書付隨從闊闊不花闊闊歹二人如元達于皇太后畏吾兒古回鶻也元古無字八思巴始制蒙古字然往來書多用畏吾兒字其書云趙妃詛呪公主使王不愛王使朴景亮問二人書中事二人不應反敺之王懼白忠烈忠烈幸公主所慰安之又以所籍都成器金孺玄宗柱張祐等家產人口賜闊闊不花闊闊歹章吉徹里等又以孺妻賜闊闊不花欲解公主怒公主猶遣闊闊不花闊闊歹與大將軍金精吳挺圭等如元告之頃之有人貼匿名書於宮門云趙仁規妻事神巫呪詛使王不愛公主而愛其女公主下仁規及其妻于獄又囚仁規子瑞璉瑚女壻朴義盧穎秀等及妻又遣徹里如元告貼榜事貼榜者乃司宰注簿尹彥周也上洛伯金方慶等諸致仕宰相詣公主乞留徹里不從王又使人請之亦不聽闊闊不花等與太后使者還自元以帝命囚崔冲紹及將軍柳温于巡馬所又囚趙妃元又遣使來鞫仁規凡乘傳者百餘遂以仁規如元又鞫仁規妻極慘酷妻不勝苦誣服元又遣使執趙妃及宦者李溫以歸太后遣蕃僧五人道士二人來祓公主呪詛又遣洪君祥享王欲使王與公主合懽人謂王自尙主以來有歉夫婦之道然嬪妾或進御有身故致妬忌之釁是年忠烈復位王與公主如元二十七年忠烈遣都僉議司使閔萱表請改嫁公主萱不敢進而還語在世家三十二年王惟紹等譖于皇后欲以瑞興侯琠改尙公主琠貌美忠烈使之袨服數往來以覩公主公主素不謹每與內僚諸人亂王益不屑故遂屬意於琠語在惟紹傳王復位二年元封爲韓國長公主五年與王還國王使順妃淑妃迎于金巖驛觀用幣宰樞亦如之僧徒亦迎拜獻幣公主所乘車二兩飾以金銀錦綺後車五十兩氈帳有大小大者可載十四車金瓮一鐘二大鍾子六只里麻鍾子孛鑾只鍾子及盞兒各十銀札思麻十四番瓶二大鍾子只里麻鍾子各十孛鑾只鍾子十四察剌盞兒察渾盞兒各六灌子二猪觜瀃子及胡蘆各一捴金四十錠二十九兩銀六十八錠三十四兩諸器名皆蒙古語也車服斷送之盛前世所未有忠肅二年公主如元帝遣院使闊闊歹等迎之忠宣時在元請返于道帝許之乃至薊州

之南迎之公主在元尋不豫太后遣院使唐古歹問疾仍令侍疾未幾薨奉柩東還帝命中書省御史臺百官奠于道明年喪至自元百官玄冠素服迎于郊殯永安宮葬以禮忠惠四年元追封薊國大長公主

懿妃也速眞蒙古女生世子鑑忠肅王忠肅三年薨于元還葬于國追贈懿妃

靜妃宗室西原侯瑛之女忠穆元年薨追贈靜妃

順和院妃洪氏南陽人府院君奎之女

趙妃祥原郡人平壤君仁規之女忠烈王十八年忠宣爲世子納以爲妃二十四年韓國公主妬妃專寵譖于元語在薊國公主傳

順妃許氏孔巖縣人中贊珙之女嘗嫁平陽公眩生三男四女眩死忠烈王三十四年忠宣納之及即位冊爲順妃後淑妃得幸順妃之女入侍皇太子謀辱淑妃白太子令淑妃赴都中郎將尹吉甫以氍毹得出入東宮故請於太子止之後元遣使賜妃姑姑百僚宴妃弟用幣以賀妃與淑妃不平至是王令淑妃往賀終宴之間二妃五出更衣以服飾相高忠肅後四年卒元遣完者來會葬

忠肅王濮國長公主亦憐眞八剌元營王也先帖木兒之女忠肅三年王在元娶之是年冬與王來六年薨殯于延慶宮追贈靖和公主遣元尹任子松如元告訃郞將李麟告訃于營王營王遣使來弔喪皇太后亦遣中使於伉不花來弔七年葬明年元中書省遣宣使李常志來囚公主宮女胡剌赤女子及饔人韓萬福問公主薨故萬福云去年八月王昵御德妃於延慶宮公主妬被王歐鼻衄又於九月王如妙蓮寺歐公主於伉夫介等救之常志遂執胡剌赤女子及萬福等以歸白元恒朴孝脩等上書中書省辨萬福誣告是年冬奉安公主眞于順天寺忠惠四年元追封濮國長公主

曹國長公主金童元順宗子魏王阿木哥之女忠肅十一年王在元娶之明年與王來從王幸漢陽龍山生子是爲龍山元子未幾公主薨于行宮年十八元遣左司郞脫必歹來致奠忠惠四年元追封曹國長公主

慶華公主伯顏忽都蒙古女王在元娶之後二年與王來五年開府曰慶華置官屬王薨忠惠再宴公主于永安宮公主

亦邀忠惠宴及酒罷忠惠佯醉不出暮入公主臥內公主驚起忠惠使宋明理輩扶之使不動且掩其口遂烝焉翌日公主恥之欲還于元使買馬忠惠命李儼尹繼宗等禁馬市不得賣馬元使頭麟等來進御酒于公主執忠惠以歸公主囚賛成事鄭天起于征東省仍命金之謙權征東省金資提調都僉議使司忠惠五年薨葬以禮恭愍十六年元贈謚肅恭徽寧公主

明德太后洪氏南陽人府院君奎之女生而聰慧端恪王卽位選入宮冊爲德妃動遵禮法王甚重之二年生子禎百官賀是爲忠惠王又生恭愍王後忠肅尙元濮國長公主以公主妬忌后出居定安公第王數夜幸之尹碩孫奇等密白王移御定安公第遷后於隣家以便往來有女巫以妖言出入后宮頗見信愛后尋知妖妄籍其財產令左右榜殺之忠惠旣卽位忠肅聽鄭萬吉姜融金元祥讒間逐勒后歸田里不許母子相見元執忠惠以歸宰相享后以慰之后引見政丞蔡河中曰卿爲首相見君之惡何不匡救以至於此其阿諛順旨不一諫者徒欲固其祿位也今王被執而去卿曾不遣一介奔問起居靦然無恥今雖具酒食予何忍下咽泣而却之初立府曰德慶及恭愍卽位改號文睿尊爲大妃元年王欲躬祼大室判書雲事姜保以陰陽拘忌言今年不可親祀都堂責之曰祀大事汝何沮之有姦臣告于后后固止之十年王以紅賊逼京奉后南狩十五年德寧公主享后于文睿府時辛旽方得幸勢甚熾從王入見后不賜坐旽趨出王曰僉議國之柱石何不賜坐后正色曰吾未亡人安敢與外僧共坐王默然旽銜之讒間百計十七年侍中柳濯以諫馬巖役繫獄后使人諭王釋之王不聽十八年夏旱王謁后語及旱災后曰王知天之所以旱耶去年不雨百姓餓死今又大旱民不聊生王孰與爲君奈何委政臣下多殺有功無罪之人大興土木以傷和氣乎王爲元子時百姓屬望惟恐王不爲君怨忠惠無道我亦以爲然忠惠時歲屢豐而殺人少今何反不及耶且王年非幼何假國柄他人手乎因泣下王有不豫色曰母后何彰子之過若是歟多殺人非臣之罪但禁亂臣耳目是王怨后旽之讒間亦行孝遂衰十九年太祖高皇帝遣尙寶司丞偰斯來錫王命又賜后叚線羅紗王構佛

宇上樑壓死者二十六人肢體異處不可忍視后聞之請罷役不聽二十年旽伏誅王以瀣爲旽黨將殺之后使人請赦王怒縛使者繫獄王久闕定省及后有疾乃往省之二十一年正月王上尊號赦二罪以下冊曰王化之本莫先於孝人子之職宜顯其親況聖善之有恩盍封崇之以禮恭惟王大妃夙傳家業克著母儀貞靜本乎天資柔順形於日用配先考專治于內警戒無違保小子式至于今劬勞罔極年垂八袠位冠東闈以言其德則宗社之所由安以言其功則臣民之所共賴持蠡抱管雖未足以形容檢玉泥金庶小伸於愛敬考本朝之舊典遵歷代之通規謹率百官奉金寶玉冊上尊號曰崇敬王太后茂對鴻名誕膺鉅慶躋于萬壽祚我三韓改文睿府爲崇敬其年夏旱后使人告王曰天之久旱由人所召辛旽黨人妻妾沒爲官婢者可令放之婦人何與焉王從之惟旽妻妾不赦二十二年王欲以辛禑爲嗣請就學命成均直講李崇仁授書后不欲托辭曰兒尙幼稍長就學未爲晚王曰臣今數窮當死今不立嗣社稷誰托且影殿之役誰繼吾志后曰影殿壯麗天下罕比勞民傷財莫甚焉水

旱災變靡不由此宜罷其役又曰人臣出從王事入治家產而金興慶等諸子弟日夜在內不得歸家豈不怨王王嘗偏信賊旽不聽予言幾至誤國今又若爾何耶宜令子弟輪番宿衛且萬機至煩宵旰勤政猶懼不及今王日中而起罕國之務豈無稽滯王宜夙興夜寐親聽國政以孝老母王不悅欲辭去后再三言之王對曰謹從命又問何不御妃嬪王曰無如公主者因泣下后笑曰一死理之常王亦終不免矣何慟之甚也恐爲人笑愼勿復然后數對王言過失王不悅宮人宦官相戒毋得言王過失於后后亦知其然及聞王殺忠惠王孽子釋器佯不知乃曰昨夢見死屍心不平令膳夫備素膳以進二十三年九月甲辰王見弑后欲擇立宗室侍中李仁任率百官立禑三年倭寇江華恣殺虜后遣揚伯顏言於都堂曰倭賊肆暴屠害生民不可坐視今倭僧良柔等奉使而來可遣說賊曰汝亦人耳何殘忍之甚也汝欲金銀粟帛則我何惜焉雖土地亦當與之無徒殺人爲也以此開曉之如何侍中慶千興曰是示弱也乃止五年禑乳媼張氏有罪百官請下獄禑使人問於后曰古亦有出乳母者乎后曰

豈可以古今有無論但因時制宜耳百官固請禑不聽后曰豈可使一女之故令擧國缺望召張氏趣下獄張氏在禑前不出后怒命輦欲幸別宮禑由是竟出張氏六年春正月戊戌薨壽八十三前夕執禑手曰我國傳世之久將五百年大抵人君率不聽臣僚言願王稽大疑決大事必咨侍中慶復興李仁任判三司崔瑩及諸相愼勿徑情直行又君擧必書不可數出遊觀二月葬令陵謚曰恭元恭讓王三年禮曹請曰忠肅王妃洪氏乃忠惠王恭愍王之母后忠惠王妃尹氏乃忠定王之母后以正統君王有後之妃迄今不祀實爲闕典乞二妃忌祭及眞殿祭悉倣近代先后禮從之

壽妃權氏福州人左常侍衡之女初嫁密直商議全信子衡以全家不肖欲離之而未果惠蕭後四年托內旨絕婚遂納于王冊爲壽妃忠肅薨忠惠蒸焉後元年卒

忠惠王德寧公主亦憐眞班元鎭西武靖王焦八之女忠肅十七年忠惠在元尙公主生忠穆王長寧翁主公主嘗請乾洞社主於旻天寺受戒忠惠薨忠穆幼冲即位公主方盛年居中裵佺與康允忠出入得幸有人錄佺罪惡貼闕名狀于版圖門公主召諸宰相曰自今裵佺勿復近侍後佺猶在公主宮中用事忠穆不豫公主徙居密直副使安牧第庶務皆取決王薨公主命德城府院君奇轍政丞王煦攝行征東省事忠定時公主頗與政王不能沮二年如元恭愍三年還王以主屬爲嫂事之甚謹供奉視三殿十六年元封貞順淑儀公主辛禑元年薨葬頃陵三年祔神孝寺忠惠王眞殿恭讓王二年祔大廟

禧妃尹氏坡平縣人贊成事繼宗之女生忠定王忠定元年立府曰敬順置丞注簿各一舍人二忠定遜于江華供膳不充徃來又絕憂愁號泣妃請恭愍往見之留數日還辛禑六年薨恭讓三年禮官建白妃之忌祭及眞殿祭悉倣近代先后從之

和妃洪氏評理鐸之女鐸爲慶尙道鎭邊使王聞其女有姿色賜鐸衣酒後三年未納而冊爲和妃置于宰臣尹忱第以便往來然臨幸數日而寵絕

銀川翁主林氏商人信之女丹陽大君之婢也賣沙器爲業王見而幸之有寵三年王將納和妃林氏妬之乃封爲銀川

翁主以慰其意時稱沙器翁主王起三峴新宮其制度不類
王居庫屋百間實穀帛廊廡置綵女有二女被選當入泣下
王怒以鐵椎擊殺之又多置碓磑皆翁主意也王好熱樂諸
妃嬪皆不能當御唯翁主得幸生釋器開福宴奪市人帛爲
幣王被執如元高龍普等封內帑翁主泣曰王只著禮服不
服重裘今寒甚願獻王裘龍普許之龍普又放翁主等宮人
百二十六人

恭愍王徽懿魯國大長公主寶塔失里元宗室魏王之女王
在元親迎于北庭元封承懿公主王即位與之東還置府曰
肅雍元年王欲躬祼大室公主勅王侍臣曰若等侍王詣大
廟則吾必罪之由是王不得行五年王幸奉恩寺聽僧普虛
說法公主從太后繼至侍女僧徒雜遝無別王又邀普虛于
內殿公主太后喜泣下霑襟親侑茶果公主施瑠璃盤瑪瑙
匙等物八年宰相白公主曰王即位九年未有太子願選良
家女充後宮公主許之乃納李齊賢女爲妃寔非王意公主
復悔之不進膳於是閹豎女謁譏謗百端公主遂有妬志十
年避紅賊從王南幸事出倉卒去輦而馬見者皆泣下明年
與王之變王入太后密室蒙毯而匿公主坐當其戶亂定王
乃出十四年二月王以公主有身彌月赦二罪以下及難産
病劇令有司禱于佛宇神祠又赦一罪王焚香端坐暫不離
側公主尋薨王悲慟不知所爲贊成事崔瑩請移御他宮王
曰吾與公王約不如是不可遠避他處以圖自便命王福命
主喪事輟朝三日百官玄冠素服設殯殿國葬造墓齋四都
監各置判事使副使判官錄事又設山所靈飯法威儀喪帷
轜車祭器喪服返魂服玩小造棺槨墓室舖陳眞影等十三
色各置別監以供喪事令諸司設奠賞其豐潔者於是爭務
華侈至有稱貸以辦者王素信釋敎至是大張佛事每七日
令群僧梵唄隨魂輿自殯殿至寺門幡幢蔽路鐃鼓喧天或
以錦繡蒙其佛宇金銀彩帛羅列左右觀者眩眼遠近諸僧
聞者皆爭赴遣密直副使楊伯顏如元告喪四月壬辰葬正
陵群臣上號曰仁德恭明慈睿宣安王太后將葬王命畫儀
衛次第山陵制度觀之不覺涕泗喪事依齊國大長公主例
窮奢極侈以此府庫虛竭王惑浮屠說欲火葬侍中柳濯不
可乃止王手寫公主眞日夜對食悲泣三年不進肉膳令朝

臣除拜及出使者皆詣陵下如閣門行禮十五年大起公主影殿于王輪寺之東南令百官輦木石數百夫挽一木尙不能進呼耶聲動天地晝夜不絕牛死者相繼于道十六年元遣前遼陽理問忽都帖木兒賜公主謚曰魯國徽翼大長公主王幸魂殿告錫命設大享敎坊奏新撰樂詞王坐對公主眞侑食如平生後又幸正陵巡視塋域徘徊悲思御丁字閣奏胡歌獻酬詩命改公主謚孝仁復李穡遂改徽懿以聞從之十九年置守陵戶納上田臧獲于雲岩寺王與群臣同盟曰有國有家配匹莫重矧玆內助之賢宜在不忘惟仁德恭明慈睿宣安徽懿魯國大長公主分派天潢連芳戚畹禮從親迎來嬪我家潛邸燕京旣同甘苦迨及東旋再定禍亂辛丑妖賊犯京播遷于南贊成克復癸卯興王倉猝之變賊在跬步橫身障蔽又其兇謀攘竊國璽乃能出奇密令收護俾我國家式至今日比功提甲亦無忝焉溫恭小心循蹈婦則慈祥惠愛克著母儀儆戒相成多所匡救是宜終始共守宗祧乃以彌月之辰竟殞厥身興言及此痛楚尤深上國贈徽懿魯國大長公主之號群臣獻慈睿宣安之謚葬于雲岩寺東麓號曰正陵神御之所在城中者曰仁熙仰稽太祖以來歷代成規增益光大期盡予心肆與群臣同發誓願於仁熙殿立千手道場又以德泉庫寶源庫延德宮永和宮永福宮永興宮屬之以備供用又於寶源車別置解典庫又將宮中所御之物買布一萬五千二百九十三匹分給州郡隨本多少以取息諸道諸色人匠合納貢布幷委寶源庫收掌雲岩寺納田二千二百四十結奴婢四十六口以資冥福置陵戶百有十四期至不替佛天在上宗社在下今我同盟及後代君臣不遵此盟或有侵奪盜用者神必殛之雲岩元係敎宗今改昌化屬禪宗又改光岩

惠妃李氏雞林人府院君齊賢之女魯國大長公主無子宰相請納名家女宜子者於是選入封惠妃洪倫韓安之强辱諸妃也妃拒不從恭愍旣見弑剃髮爲尼

益妃韓氏宗室德豐君義之女以選入封益妃王嘗宴內殿妃起爲壽王怡然顧謂近臣畏人譏欲以自掩也十三年立府曰慈惠置官屬明年禑遜于江華百官奉傳國璽獻于妃遂以妃敎立禑子昌昌即位臺臣以妃及惠妃愼妃俱非正

嫡請只給歲祿明年我
太祖與諸大臣定策奉妃教迎立恭讓王王尊妃爲貞淑宣
明敬信翼成柔惠王大妃冊曰爲之後者爲之子當推孝敬
之心有是實者有是名盍擧尊崇之典此春秋之大義而古
今之通規恭惟王大妃系出蟬聯德符窈窕先朝作配壽遭
中否之運一旦主盟座定再安之策旣廓除異姓之禍仍遂
立宗親之賢顧以眇末之資獲叨艱大之托化家爲國實蒙
補鍊之功順色承顔恒奉怡愉之養然不進其嘉號曷足酬
其至恩率籲衆情爰擇穀旦謹奉冊寶上尊號曰貞淑宣明
敬信翼成柔惠王大妃殿曰敬愼誕膺休慶丕敍彝倫象服
是宜化益敦於正始眉壽無害福自享於大平
禹確曰美如何耶及王得心疾令洪倫韓安等强辱妃妃拒
之王怒抽劍欲擊妃懼從之自是倫等矯旨數往來妃亦知
其詐然不拒遂有身語在倫等傳辛禑時臺諫交章請殺妃
所生子從之初中郎將金元桂收其子養于家至是鞫之乃
女也臺諫又請鞫妃禑不許曰是彰先君之失也恭讓王卽
位以王女敬和宮主養于妃家命有司賜妃田

定妃安氏竹州人竹城君克仁之女十五年以選入封定妃
克仁爲同知密直與侍中柳濯等上書諫馬巖役王大怒出
妃歸第曰非惡汝也惡汝父也尋召妃還洪倫韓安之强辱
諸妃也妃被髮徒跣欲縊死王懼而止辛禑卽位妃年少美
而艶禑每戲之曰予後宮人何無如母氏者乎數如妃所或
一日兩三至或夜至或至而不得入頗有醜聲聞於外禑一
日如妃所妃以有疾不梳不見妃見其弟判書安淑老女於
禑禑納爲賢妃人謂妃愼妃廉氏瑞原縣人曲城府院君悌
臣之女以選入封愼妃洪倫韓安之强辱諸妃也妃拒不從
恭愍旣見弑剃髮爲尼
恭讓王順妃盧氏交河郡人昌城君稹之女元年十一月立
爲順妃開府曰懿德置僚屬三年三月都評議使司奏曰殿
下受命中興以正大位奉承宗廟社稷之祀中宮所以助祭
祀東宮所以重國本宜令有司擧行冊禮以正名號又請追
贈王大妃國大妃中宮三代祖考以彰孝理從之七月追諡
妃三代八月授妃竹冊金印妃生世子奭肅寧貞信敬和三
宮主

列傳卷第二

列傳卷第三　　高麗史九十

正憲大夫工曹判書集賢殿大提學知經筵春秋館事兼成均大司成臣鄭麟趾奉教修

宗室一

高麗封宗室之親且尊者曰公其次爲侯疎者爲伯幼者爲司徒司空摠稱曰諸王皆不任事所以保親親也今據舊錄作宗室傳公主別附其後

太祖二十五子莊和王后吳氏生惠宗神明王太后劉氏生太子泰定宗光宗文元大王貞證通國師神靜王太后皇甫氏生戴宗旭神成王太后金氏生安宗郁貞德王后柳氏生王位君仁愛君元莊太子助伊君獻穆大夫人平氏生壽命太子東陽院夫人庾氏生孝穆太子義孝隱太子肅穆夫人生元寧太子天安府院夫人林氏生孝成太子珠琳孝祗太子興福院夫人洪氏生太子稷小廣州院夫人王氏生廣州院君聖茂夫人朴氏生孝悌太子孝明太子法登君資利君

義城府院夫人洪氏生義城府院大君
太子泰無嗣
文元大王貞史逸封贈之由子千秋殿君尙光宗女阿志君
早卒史皆逸其名
證通國師史逸其名
戴宗旭光宗二十年卒子孝德太子成宗敬章太子成宗即
位追尊睿聖宣慶太王廟號戴宗即故葬號泰陵祔享大廟
穆宗五年加號和簡顯宗五年加恭愼十八年又加顯獻
安宗郁居第在王輪寺南與景宗妃皇甫氏私第近景宗薨
妃出居其第郁遂烝有身事覺成宗流郁泗水縣謂曰叔犯
大義故流之愼勿焦心命內侍謁者高玄押送玄還郁贈詩
曰與君同日出皇畿君已先歸我未歸旅檻自嗟猿似鏁離
亭還羨馬如飛帝城春色魂交夢海國風光淚滿衣聖主一
言應不改可能終使老漁磯初流郁之日皇甫氏免身而卒
成宗爲擇傅姆養其兒兒至二歲姆常誨之曰爺一日成宗
召見姆抱以入兒仰視成宗呼云爺就膝上捫衣襟又再呼
爺成宗憐之下淚曰此兒深慕父也遂送泗水以歸郁是爲
顯宗郁工文辭又精於地理嘗密遺顯宗金一囊曰我死以
金贈術師令葬我縣城隍堂南歸龍洞必伏埋成宗十五年
郁卒于貶所顯宗如其言將葬請伏埋術師曰何大忙乎明
年二月顯宗還京及即位追尊孝穆大王廟號安宗八年四
月移葬乾陵五月加號憲景十二年改孝穆爲孝懿十八年
加聖德後稱武陵
王位君史逸其名無嗣
仁愛君史逸其名無嗣
元莊太子史逸其名子興芳宮大君亦逸其名
助伊君史逸其名無嗣
壽命太子史逸其名子弘德院君圭
孝穆太子義生一子出家
孝隱太子史逸其名或稱東陽君性險戾交結群小潛懷異
圖光宗賜死子琳禎孝隱之死琳禎以幼獲免逃竄糊口民
間康兆用事奏授琳禎爵給臧獲田莊屬宗籍琳尙書左僕
射卒禎太子詹事上輕車都尉顯宗三年卒謚溫潔贈工部
尙書

元寧太子史逸其名子孝當太子

孝成太子琳珠無嗣

孝祗太子史逸其名無嗣

太子稷無嗣

廣州院君史逸其名惠宗二年外舅王規欲立以爲王謀逆見誅院君亦不知所終

孝悌太子史逸其名早卒無嗣

孝明太子史逸其名早卒無嗣

法登君史逸其名早卒無嗣

資利君史逸其名早卒無嗣資利方言季子義城府院大君史逸其名無嗣

惠宗二子義和王后林氏生興化宮君宮人哀伊主生太子濟

興化宮君史逸其名

太子濟無嗣

定宗一子文成王后朴氏生慶春院君

慶春院君史逸其名

光宗二子大穆王后皇甫氏生景宗孝和太子

孝和太子史逸其名無嗣

顯宗五子元成太后金氏生德宗靖宗元惠王后金氏生文宗平壤公基宮人韓氏生檢校太師忠

平壤公基顯宗十二年命名賜禮物二十二年冊爲弘仁崇孝光德功臣守太尉兼尙書令開城國公靖宗初冊加守太保冊曰固本枝而永世往代令猷分寶玉以展親先王美範是封崇於戚里作藩屏於王家旣有元功合加寵數咨爾基靈源誕跡偉器推名志篤忠貞身勤夾輔爰遵規於九錫乃授職於三公賜以奇珍兼之命服今遣某官某備禮冊命汝爲守太保階勳餘並如故體予不訓勵乃深誠文宗初基病下制遣醫視疾又其生日賜禮幣後改封平壤公三年加守太師兼內史令十五年又加中書令二十三年卒後追封靖簡王子璡琚瑛璡太尉琚司空早卒初校尉巨身謀廢王立基二十六年兵士張善上變告命誅巨身夷其族基已死乃流璡于海南瑛以幼免又以平章王懋崇長寧宮主李氏遂安宅主李氏與其謀乃放懋崇及其子理于安東長寧宮主

遂安宅主于谷州擢善爲將軍子孫各賜職一級璡尋卒瑛
尙靖宗女保寧宮主封樂浪伯加守司徒獻宗時拜開府儀
同三司進爲侯肅宗加輸忠功臣守太尉食邑二千戶食實
封三百戶睿宗七年卒年七十諡敬安子禎禔禎授檢校尙
書右僕射進檢校司空尙肅宗興壽公主加特進檢校司徒
守司空承化伯食邑二千戶食實封三百戶賜贊化功臣號
仁宗八年卒子梓杞梓檢校右僕射守司空毅宗十八年卒
杞尙睿宗女承德公主子珹璞玶珹封信安伯康宗爲太子
納其女爲妃後進爲侯明宗八年卒子沅稹沅封桂城侯子
璟瑃禧禥璟封淸化侯高宗四十六年卒子溫楷綧珽溫封
承化侯元宗十一年三別抄叛逼溫爲王據珍島蒙古遣綧
子雍熈等來討綧囑雍熈曰救溫死及破珍島洪茶丘先入
殺之及其子守司徒桓楷封丹陽伯子瑨封長陽公綧封永
寧公美容儀慷慨有志略善騎射讀書通大義高宗二十八
年稱爲王子入質蒙古四十年從蒙古也窟大王圍攻忠州
王賜綧書曰昔爾入侍天庭之日出自誠心决然獨斷以一
介孤身代三韓萬姓而往者豈以一身之安危憂樂爲慮哉
但爲國爲家庶全忠孝耳十餘年閒險阻艱難千態萬狀殆
不可容說雖然夙志如彼能不益殫誠懇永安社稷乎且邈
在萬里外猶望庇於本國幸今至此三韓萬姓冀蒙力護想
爾意何如也矧又孝誠所格天地尙有感動今大王以寬仁
字小爲任苟或見爾孝懇哀哀有不可忍之者則其有不動
心哉汝當切迫陳達俾大軍解圍反旆則非特老人悅懌擧
一國更生矣其忠孝兩全流名萬世正在此時四十一年蒙
古帝知綧非王親子謂綧曰汝雖非王子本王族久處吾土
即吾黨也乃奪阿母侃馬三百匹賜之綧又與車羅大帥兵
五千來攻諸郡至尙州而還郎將蔡取和謂曰捐妻子從公
絕域者欲安國家耳今無一毫事利國與叛臣無異遂逃還
逆豎鄭子明以告綧綧遣人追斬之初綧之入質也寓於東
京捴管洪福源積不平綧妻奏于帝殺福源語在福源傳後
福源子茶丘訴綧於帝曰眞金太子中書令也永寧公高麗
尙書令故自謂秩等於皇太子帝大怒奪綧所領兵馬子雍
熈誠禔和琳雍封信安侯子亹司空熈封光化侯子珩玖皆
司空誠封寧仁侯子元司空禔守司徒和司徒子衍正尹衍

子彬永寧君恭愍十七年來自元曰元朝政亂民饑群盜日盛元祚不久矣琳和義君子琚和義大君恭愍五年流南海子瑄義瓊瑄封襄陽君子珪封壽延君恭讓四年流遠地子評元尹義封德豐府院君瓊封壽興君子福封保寧君恭讓四年流遠地珽守司空子維封咸寧侯瑃封河源公子佺封新安公元宗二年卒禧守司徒子珪守司徒珪子敬封漢南君稹有容儀尙明宗女延禧宮主封寧仁侯好文學尤嗜釋老孜孜爲善得保終始高宗七年卒謚肅懿子侹尙神宗女敬寧宮主初封始興伯後進爲侯又進封淮安公高宗十八年遣侹如蒙古軍以土物遺其帥撒禮塔侹至見撒禮塔遙拜階下不荅侹以酒饌餉之撒禮塔饋以湩酪侹隨所勸能飲啖撒禮塔大悅二十一年卒子梴玶諟樾封桂陽侯佺封新陽伯褒端麗尙高宗女壽興宮主高宗四十三年卒追封公子淑瀓淑封齊安公爲人廉正諳練典故時稱宗室儀表初尙元宗女慶安宮主後尙忠烈王女靖寧院妃忠烈二十一年錄三司事後進封大君忠烈薨忠宣卽位如元命淑權署征東省事明年王在元遣郎將申彥卿傳旨曰齊安大君

於屬爲叔翁主亦是大姊供上依睿殿淑妃例又明年加三重大匡府院大君四年卒年七十五子昡封平陽公慶安宮主出也忠烈二十六年卒子璹楨璹忠宣二年封順正君後進封大君元仁宗在東宮璹妹伯顏忽篤得幸璹赴召如元尋授翰林學士三年奉御香還國故事迎御香不用禮服璹始遣人强百官用禮服忠肅三年西海道民多流移州郡空虛者五六海州亦納其印于都堂以璹奪州田五千餘結故也命執璹家奴在海州擾百姓者流遠島璹嘗矯制起驛馬又於遼陽瀋海等地影占八戶二百餘口憑宮掖勢多行不法見王亦踞傲無禮六年元遣斷事官中欒哈里哈赤令史丘友直等執璹以來王與元使鞫于行省杖五十七楨忠宣二年封懷仁君亦依妹勢恣行不法子瑞封順仁大君瀓封帶方公忠烈元年率衣冠子弟十八人如元爲禿魯花王賜景靈殿五室白銀祭器十八年卒子昷封中原公昷子珣瑀琇珣封淮安大君珣子詵讜諝詗詵元尹讜史逸其封諝益城府院君諝子緩緝緩封益昌君緝一名叙初封益川君後封益山君尙恭讓王女肅寧宮主恭讓四年流遠地詗封昌寧

君子琦封寧原君恭讓四年流遠地瑀封昌原君琇封樂浪
君琇子昉封順安君恭讓元年與同知密直司事趙胖如
京師告即位子髙聃髙封永福君恭讓四年與賛成事權仲
和如　京師謝恩子回元尹聃封順寧君恭讓三年與司藝
柳伯淳犯造言謗國之罪臺省刑曹會慈恩寺鞫之伯淳等
不服及栲訊伯淳曰嘗與聃言諸將受命攻遼逗遛返旆宜
若無功而今反受褒賞其回軍也沮王氏立子昌者亦勢之
然也大臣以此繫獄昔毅宗武臣之亂宜可鑑也今儒者鄭
道傳等謀弄國柄儻有前日之亂則吾等恐陷其禍聃亦具
服臺省刑曹請加聃罪王曰聃宗室不忍加刑削屬籍流見
州杖流伯淳基州四年聃流遠地諟守司徒璞尙毅宗女安
貞宮主加守司徒封咸寧伯宮主召伶人學琴遂私之明宗
朝以璞不能治家詔削職居二年復職十五年卒玶神宗初
守大尉上柱國延昌公玶子縝守司空縝婢爲崔忠粹所嬖
明宗末忠粹與兄忠獻謀廢立乃曰宗室中唯縝博通經史
聰明有度量若立爲主國可中興矣崔忠獻及朴晉材有異
議不果覘睿宗朝授檢校戸部尙書柱國尋加檢校司徒守
司空上柱國

檢校太師忠史逸

靖宗三子容懿麗妃韓氏生哀殤君昉樂浪侯璥開城侯璒

哀殤君昉史逸

樂浪侯璥文宗六年冊爲開府儀同三司守太保兼尙書令
上柱國樂浪侯食邑三千戸賜輸誠協理奉德功臣號

開城侯璒文宗六年冊開府儀同三司守太尉兼尙書令上
柱國開城侯食邑二千戸賜賛仁保理佐化功臣號十六年
卒謚愼殤

文宗十三子仁睿太后李氏生順宗宣宗肅宗大覺國師煦
常安公琇道生僧統竄金官侯丕卞韓侯愔樂浪侯忱聰惠
首座璟仁敬賢妃李氏生朝鮮公燾扶餘侯燧辰韓侯愉

大覺國師煦字義天避宋哲宗諱以字行文宗一日謂諸子
曰孰能爲僧作福田利益耶煦起曰臣有出世志惟上所命
王曰善遂隨師出居靈通寺煦性聰慧嗜學始業華嚴便通
五敎旁涉儒術莫不精識號祐世僧統煦欲入宋求法王不
許至宣宗時數請宰臣諫官極言不可二年四月煦潜與弟

子二人隨宋商林寧船而去王命御史魏繼廷等分道乘船追之不及遣禮賓丞鄭僅等問過海安否煦至宋帝引見垂拱殿待以客禮寵數渥縟煦請遊方問法詔以主客員外楊傑爲館伴至吳中諸寺皆迎餞如王臣王上表乞令還國詔許東還煦至禮成江王奉太后出奉恩寺以待其迎迓導儀甚盛煦獻釋典及經書一千卷又於興王寺奏置敎藏都監購書於遼宋多至四千卷悉皆刊行始創天台宗置于國淸寺已而南遊徧歷名山後退居海印寺及肅宗卽位遣使迎還住持興王寺遼使王蕚見興王寺小鐘歎美曰我朝所未有煦謂蕚曰吾聞皇帝崇信佛敎請以此鐘獻之蕚曰可煦請鑄金鐘二簴將獻于遼帝遂屬回謝使孔目官李復先奏其意遼帝以蕚奉使妄有求索加峻刑令勿獻及復還刑部奏治其罪煦病王幸摠持寺問疾尋卒王欲謚大覺中書門下省奏大覺者佛也僭佛號非煦意王不從政堂文學李頫言煦於上雖周親而按禮出家無服然才行俱優名重遼宋欲追贈國師不可不服於是王與群臣玄冠素服輟朝三日賜賻甚厚遂冊贈大覺國師又賜敎門徒弔慰

常安公琇文宗二十五年授開府儀同三司檢校尙書令守司空上柱國平壤侯食邑一千戶二十七年王遣中書侍郞金行瓊衛尉卿李靖恭于尙書省行冊禮幷賜印綬衣帶鞍馬匹段銀器布貨等物冊曰周開五等之封增恢茂業漢置七王之輔永耀丕圖伊制理之惟艱必宗藩而是賴宜遵縟矩益闡芬猷咨爾王子琇天縱藝能生知仁孝劉睦之謙恭育性孚体至和始興之淸素飭躬雅符僉矚克膺德懋高暎戚流乃推敦睦之懷俾示旌庸之眷授之大邑進以崇資今遣使某官某等持節備禮冊爲開府儀同三司檢校尙書令守司空上柱國平壤侯食邑一千戶於戲朕則擧不由私致加於公望爾則動無違禮勉奉於官常保以恩榮愼厥終始宣宗三年加守司徒食邑二千戶進封常安公獻宗卽位加守太保元年卒謚英良

道生僧統竀文宗二十四年命祝髮後住俗離寺睿宗七年或告竀與尙書右丞金仁碩全州牧使李汝霖交通圖不軌王流竀于巨濟縣及其黨汝霖仁碩殿中少監河彥碩刑部尙書任申幸大卿李仲平刑部員外郞李日肅將軍金澤臣

宋英漢別將金有成知南原府事李綏寧朔鎭使李日衍崇教寺僧資尙并仁碩汝霖申幸彥碩等子流遠地誅資尙于中路竄尋卒竄財累鉅萬厚施於人故貪利者多附之終以此敗

金官侯丕文宗三十一年授特進檢校司空上柱國金官侯食邑一千戶丕有學術扶餘公燧嘗娶積慶宮主丕與愔愉等諫以爲不可娶同姓王不從宣宗三年進檢校尙書令守司徒食邑二千戶九年卒贈守太尉兼中書令食邑三千戶食實封五百戶王曰曩者章順侯無後而卒依浮屠法散骨今金官侯無嗣宜准章順例然此法出於釋氏不足依據宜卜地厚葬以永春秋之饗有司竟奏不行謚莊憲

卞韓侯愔文宗三十一年授特進檢校司空上柱國卞韓侯食邑八百戶宣宗三年進檢校尙書令守司徒食邑二千戶九月卒謚章順

樂浪侯忱文宗三十七年卒追封樂浪侯

聰惠首座璟

朝鮮公燾文宗十五年冊爲崇仁廣義功臣開府儀同三司檢校尙書令守司徒上柱國朝鮮侯食邑二千戶三十一年進封公宣宗三年加守太保食邑三千戶獻宗即位加守太師肅宗立增封食邑五千戶食實封五百戶四年卒贈謚襄憲爵其子滋檢校太保上柱國源檢校司空柱國溫檢校工部尙書柱國六年滋以檢校太師守司空卒源肅宗加輸忠功臣特進檢校太尉守司徒尙肅宗女安壽公主封廣平伯進開府儀同三司封爲侯仁宗加守太保廣平公食邑二千戶食實封五百戶子璥封安平伯尙睿宗女興慶公主明宗七年卒性恬靜好學經藝方技無不該貫書畫亦妙然好釋典臨終效禪僧作偈卒年六十一溫睿宗授上柱國仁宗加守太尉江陵侯食邑七百戶食實封三百戶尋卒生三女爲毅宗明宗神宗妃子瑛鷟瑛字玄虛性沉靜寡欲篤志于學毅宗初爲殿中內給事請赴試王嘉其志然以侯王之子下從貢士非例不允尙仁宗女承慶宮主封恭化伯恩顧甚渥明宗即位進爲侯晚年酷好浮屠法十六年卒年六十一謚定懿子沔尙毅宗女和順宮主神宗授守司空上柱國廣陵侯後進爲公高宗五年卒性純厚沉靜工筆札多技能尤精

醫術以畜藥活人爲事凡有疾癰者皆造其門略無憚色人
皆歎服贊殿中內給事同正
扶餘侯燧文宗三十四年冊爲扶餘侯冊曰周樹維藩所以
保縣輿之運漢崇盤石所以臻炎盛之期將圖社稷之寧必
賴本支之固盍涓景範用擧寵章咨爾王子燧克嶷挺姿至
穌稟粹讀書俱下於十行摛藻敏成於七步聲華旣洽獎賁
可稽是用迥陟五侯之列擢陞八座之榮疏以土茅賜之戶
食今遣使某官某等持節備禮冊命汝爲開府儀同三司檢
校司空守尙書令上柱國扶餘侯食邑一千戶於戲恩雖立
愛義亦在公論德授官朕罔踰於制度出忠入孝汝祇率於
典彝恒守貴以勿驕益礪誠而匪懈敬佩嘉訓不其韙歟宣
宗三年加守司徒食邑二千戶十一年進守太保肅宗即位
制授守太傅食邑三千戶食實封三百戶四年以罪流京山
府若木郡王以儒釋書賜之睿宗七年又以罪移巨濟縣流
其子沔于進禮縣差內侍官遞守之燧道卒王聞之輟朝三
日百官上表陳慰明年召沔還授司空
辰韓侯愉宣宗三年授檢校太尉守司空獻宗初進守司徒
肅宗時加尙書令食邑六千戶食實封四百戶四年卒謚和
信子沂演沂睿宗授檢校尙書右僕射柱國進檢校司空尙
睿宗女大寧公主加檢校司徒守司空淮安伯食邑二千戶
食實封三百戶賜贊化功臣號沂與及第崔道元進士白思
允承旨權思道及吳世英等遊道元學陰陽術思允等皆無
賴薄行沂與道元設醮山寺事聞鞫道元等不服沂與道元
皆坐流沂尋召還仁宗四年卒演睿宗授檢校戶部尙書柱
國尙肅宗福寧宮主加檢校司徒守司空上柱國晉康伯食
邑三百戶仁宗二十四年卒
宣宗四子思肅太后李氏生獻宗元信宮主李氏生漢山侯
昀二子天史逸其名
漢山侯昀獻宗即位拜守司徒李資義欲奉昀爲王伏誅肅
宗流元信宮主及昀兄弟二人于慶源郡
肅宗七子明懿太后柳氏生睿宗上黨侯泌
圓明國師澄儼帶方公俌大原公侾齊安公偦通義侯僑
上黨侯泌肅宗三年冊爲守仁輔德佐理功臣開府儀同三
司檢校太保守太尉兼尙書令上柱國上黨侯食邑二千戶

食實封三百戶四年卒謚順殤

圓明國師澄儼肅宗三年出家以祐世僧統煦爲師仁宗十九年卒贈謚圓明國師

帶方公俌肅宗七年下敎命名賜禮物睿宗元年授推忠廣義功臣開府儀同三司檢校太尉守司徒兼尙書令上柱國帶方侯食邑二千戶食實封三百戶四年封爲公冊曰興祖業者必固本支壯王室者須資藩輔眷言同氣時乃懿親稽典訓之文採臣工之議乃擇吉日特頒寵章咨爾大弟俌膺帝拇之祥發靈源之粹仁義忠信曰天爵秉自生知詩書禮樂謂人文敏於時習口不言利欲之事身不近憸諛之人靜必修誠動斯中節居宗室則睦友之道盛奉慈闈則愛敬之意深厥德茂焉朕心嘉止宜出綸而錫命寔備物以申恩分以上茅爵高於五等賜之袞冕制及於九章遣某官某等持節冊命爾爲推忠廣義功臣開府儀同三司檢校太保守司徒兼尙書令帶方公食邑三千戶食實封三百戶於虖恩莫深於骨肉義莫重於君臣爾其念骨肉之恩体君臣之義光賛我祖業尊奬我王室不其韙歟敬哉勗哉五年加輸忠功臣守太尉帶方公食邑三千戶食實封三百戶俌表讓不允九年加奉順功臣守太保食邑三千五百戶食實封三百五十戶後爲李資謙所構放京山府及資謙敗仁宗欲召還六年卒于貶所王聞之哀悼輟朝三日贈謚良簡追封開府儀同三司守太師中書令帶方公食邑五千戶食實封五百戶子瑜娶通義侯女仁宗十九年卒瑜子珙尙仁宗女永和宮主封邵城伯明宗十二年進守司徒邵城侯珙性貪鄙凡市物遣家奴占奪不與直雖至樵蘇菜果亦如之賣者或就索其直輒遭歐辱民間多苦之樞密副使曹元正家奴入市賣二死雉珙奴奪之元正誣告法官曰我家奴持犀帶二腰過市珙奴强奪請取還法官囚其奴栲掠甚酷奴誣服珙當並坐賂元正白金六斤得免聞者雖疾元正誣妄亦喜珙挫辱也年四十八疽發背死國人皆喜曰吾儕得活矣珙子祐璿祐尙明宗女壽安宮主封昌化侯神宗卽位拜守司徒上柱國祐子泣守司空璿守司徒柱國爲人寡慾侫佛不營產業高宗三年卒有二女家貧未嫁不克襄事崔忠獻聞于王官庀葬事

大原公倖肅宗七年下敎命名賜禮物睿宗元年授奉義同
德功臣開府儀同三司檢校太保守司徒兼尙書令上柱國
大原侯食邑二千戶食實封三百戶四年冊封大原侯冊曰
昔者仁君之於弟親愛故莫不欲其富貴之也於是冊立襃
崇之典擧矣朕祗承大統若涉深淵載惟永圖奬進同氣非
特私骨肉之好思以奉宗廟之靈咨爾倖迪哲溫文体仁寬
博岐嶷之姿日秀孝友之美夙成忘勢而樂乎道克己而從
於師宜崇胙土之封以固維城之望是用衍之邑采峻以階
資仍加九錫之儀陞以五等之貴今遣某官某等命爾爲奉
義同德功臣開府儀同三司檢校太保守司徒兼尙書令上
柱國大原侯食邑三千戶食實封三百戶於戲敦族所以厚
風俗立侯所以屛王家汝其居寵祿以當思危謂宴安而猶
懷毒往愼乃位永孚于休五年加廣孝功臣守太尉倖表讓
不允九年加守仁功臣進爲公食邑三千五百戶食實封三
百五十戶十七年進太保尋爲李資謙所陷竄南裔仁宗七
年召還授奉順同德守節贊化功臣開府儀同三司檢校太
師守太保兼尙書令上柱國食邑三千五百戶食實封五百
戶八年王賜敎曰卿負時偉望爲世宗親貶在嶺南本非寡
人之意今還闕下乃伸猶子之情錫之第宅之新加以物般
之渥益修忠藎當体眷懷賜甲第一區及金銀器匹段鞍馬
布貨毅宗二十四年卒子瑊授檢校司空上柱國封江陽伯
毅宗二十二年進封侯

齊安公偦肅宗八年下敎命名賜禮物睿宗元年授翊聖致
理功臣開府儀同三司檢校尙書令守司空上柱國封齊安
侯食邑二千戶食實封二百戶五年加奉化功臣守司徒食
邑三千五百戶偦表讓不允九年加同德功臣檢校太保守
太尉食邑三千戶食實封二百五十戶十年冊爲翊聖致理
奉化功臣檢校太保守太尉食邑三千戶食實封二百五十
戶十七年進爵爲公仁宗九年卒時李資謙用事奏貶帶方
大原二公及諸有名望者偦恐不免請去諸侍衛軍士杜門
不接賓客縱酒自晦故終免於禍謚思節子璋司空素無賴
好弓馬與直長同正李龜禱飮博擊毬毅宗弟僧冲曦在興
王寺數往還遊戲與王寺管勾內侍朴懷俊奏二人意叵測
毅宗九年削璋爵流龜壽于仁州璋憤恚死

通義侯僑肅宗八年下教命名賜禮物睿宗元年封推仁贊化功臣開府儀同三司檢校尙書令守司空上柱國通義侯食邑二千戶食實封二百戶五年加奉節功臣守司徒食邑二千五百戶僑表讓不允九年加推誠功臣檢校太保守太尉食邑三千戶食實封二百五十戶十年冊爲推仁贊化奉節功臣開府儀同三司檢校太保守太尉上柱國食邑三千戶食實封二百五十戶冊曰睦九族平百姓者堯之仁也蓋言自邇以及遐立萬國親諸侯者易之象也所以取法而垂訓故周詩有麟趾之詠漢制有犬牙之封者是其義也肆予一人稽若先憲乃眷天倫之屬實惟宗室之賢特擧寵章方行冊禮非敢私於骨肉將以固於本支咨爾弟僑生則英奇妙有淑質少而莊重儼若成人孝悌之行成於內俊偉之聲達於外先君矜幼以最愛母后恤孤而至慈况茲藩翰之褒崇實乃朝家之典故宜頒明命而備物爰講縟儀以申恩是用授茅土以疏封爲湯沐而賜邑於戲貴不期驕而驕自至祿不期侈而自至有勢榮必兼義榮得人爵勿弃天爵復斯言而無忽愼有終而如初衞社稷以盡忠奉君親而思孝往踐乃位永孚于休十四年卒年二十三謚英章性聰銳好學愛賓客

仁宗五子恭睿太后生毅宗大寧侯暻明宗元敬國師冲曦神宗

大寧侯暻毅宗二年冊爲侯暻有度量得衆心宦者鄭諴謀陷臺諫密誘散員鄭壽開誣告臺省及臺吏李份等怨王謀推戴暻爲主王惑其言欲去之諫臣金存中請令有司按問果無驗黜壽開配黑山島流份於雲梯縣諴思欲免咎又譖云外戚朝臣出入大寧侯家誠不誣矣先是存中與太后妹婿內侍郎中鄭敍及后弟承宣任克正有隙敍性輕薄有才藝交結大寧侯常與遊戲存中諴等構飛語以聞王疑之宰相崔惟淸文公元庾弼等率諫官崔子英王軾金永夫朴修等伏閤請曰鄭敍交結大寧侯邀其第宴樂遊戲罪不可赦御史臺又以敍陰結宗室夜聚宴飮囚敍及秘書正字梁碧戎器色判官金義鍊大寧府典籤劉遇錄事李施王宥五人罷大寧府流暻奴金昆於懷仁笞樂工崔藝等流之臺諫伏閤更請知臺事崔允儀直入王所爭之召還李份杖流敍于

東萊碧于會津義錬于淸州昆于㯷島初敍餉暻惟淸借以器至是臺諫又論惟淸失大臣体貶南京留守使雜端李綽升在家不叅劾貶爲南海縣令皆敍妹婿也未幾吏部請錄敍惟淸綽升罪于政簿制可十一年流暻于天安府更貶惟淸爲忠州牧使克正爲梁州防禦使敍妹壻右副承宣金貽永知昇平郡事綽升爲南海縣令徙配叙于巨濟縣時崔藝遇赦還京與妻不協妻誣告藝尙不悛往來大寧侯第王命崔褒偁鞫之無驗王素信圖讖不友諸弟疑猶不釋密諭諫臣論劾大寧侯及克正等罪又恐太后救之先遷太后於普濟寺陽若不得已而允之流矢之變王詔責宰樞不得賊於是逮捕絡繹疑大寧侯家僮羅彥有成黃益等鞫問深刻彥等誣服諸王宰樞百僚耆老詣闕賀得罪人斬羅彥有成黃益及有成妻又以禁衛不謹流牽龍巡檢指諭十四人于田里

元敬國師冲曦一名玄曦明宗七年與王寺僧上變告僧統冲曦潛結僧徒謀逆鞫冲曦從者無驗釋之十年太后患乳瘇召冲曦侍疾冲曦多亂宮女又通公主穢聲聞外右司諫崔詵上疏諷冲曦穢行請出之王覽書大驚曰不意司諫離間我兄弟遂罷詵自後臺諫無敢言者朝臣皆附冲曦賄賂公行十三年死

毅宗一子莊敬王后生孝靈太子祈

孝靈太子祈初名泓毅宗七年冊封王太子二十四年鄭仲夫作亂遷迎恩館尋放珍島縣

明宗庶子十餘人善思洪機洪樞洪規洪鈞洪覺洪貽皆諸嬖所生俱剃髮爲僧號小君餘史逸

善思年甫十歲明宗命爲僧衣服禮秩與適無異出入禁中頗張威福時諸小君直授三重擇住名寺用事納賄僥倖者多附

洪機洪樞洪規洪鈞洪覺洪貽明宗之廢同配海島

列傳卷第三

列傳卷第四　高麗史九十一

正憲大夫工曹判書集賢殿大提學知經筵春秋館事兼成均大司成臣鄭麟趾奉教修

宗室二

神宗二子宣靖太后金氏生熙宗襄陽公恕

襄陽公恕神宗三年封德陽侯後封襄陽公崔忠獻廢熙宗遷于江華放恕于喬桐縣恕子瑋玶絪僖瑋守司空高宗三年卒性溫裕相貌奇厖有文雅好賢樂士謚懷敬玶守司空子翊裕禧翊守司徒裕禧皆守司空絪封始安公子禎瑛源禎守司空瑛封西原侯忠烈王十七年卒子玢琠玢封益陽侯子瑮熙璉瑮封淳化侯恭愍九年五月卒子鈞珦珆鉦鈞初封定原君恭愍四年與大護軍金瑨如元獻方物五年奉御酒來進封定原伯七年如元賀正後改封府院君子恭讓王瑀恭讓二年追加四親爵謚鈞爲三韓國仁孝大公瑮爲馬韓國仁惠公妃申氏馬韓國明睿妃玢爲辰韓國仁肅公妃朴氏辰韓國莊敬妃瑛爲卞韓國英憲公妃皇甫氏卞韓國順安妃瑀初封定陽君恭讓元年進府院君判門下改領三司宗簿寺事王既追尊四親以瑀主其祀三年領門下府事至　本朝封麻田郡歸義君卒謚景禧子珇瑄珇封定康君瑄元尹珦初封鶴城侯後封鶴城府院君恭愍十年如元賀正道梗不果行王避紅賊幸福州珦與其弟平安君等二人謁行在辛禑三年宦者金壽萬妻與珦爭田民謀害之乃與宦者金元老妻誣告珦將不利於上禑命巡軍守珦家鞫壽萬元老妻服誣妄禑以明德太后請竟不治勑有司禁宗室擅出入子和琚和封南平君恭讓四年流遠地子根元尹琚封寧平君珆封益原府院君子瑱封永原君瑱子璵玫皆元尹鉦封平安府院君子琮璔環珣琮封慶平君璔封保定君環珣皆元尹熙封寶域君子瑜環瑜封永昌府院君後封慶昌大君恭愍十八年卒子順城君斑永安君正尹璞永安君史逸其名環封永興君妻弟辛珣附辛旽伏誅緣坐流武陵島不知存沒者十九年妻辛氏聞環飄風至日本國請都堂私備金銀令家奴隨回禮使物色求之者數四辛昌元年

其奴以所謂環者來爲人形容不類甚癡不知祖父名及所居田里辛氏從弟前判事克恭及其姻親前判開城府事朴天祥前密直副使朴可興知密直李崇仁河崙曰吾等識環甚熟此實非環也辛氏自京山府來見喜甚曰知夫莫若妻遂訟于憲府憲府與門下府郎舍典法司巡軍雜治聚宗室及天祥等對辨環二子及兄僧昆髓宗室諸君皆曰眞永與也環女壻前判書李崇文崇仁弟也當初對以不知眞僞及鞫之乃曰眞吾婦翁也於是天祥克恭可興崙等坐誣流遠地子珊珩瑾璉珊順平君珩元尹瑾正尹璉封益興君子愼封福安君愼子禔譜諮禔封定安君子璇珍璇封福康君珍元尹譜封福昌君諮封福原君恭讓四年六月流遠地瑛封瑞興君忠烈朝以禿魯花在元王惟紹宋邦英譖于王欲廢忠宣令瑛繼尙寶荅實憐公主以爲後瑛貌美王使之衣袪服數往來以觀公主公主素不謹行遂屬意於瑛及惟紹等伏誅忠宣欲宥瑛丞相不可使刑部幷斬於文明門外諒守司徒僖封永安公元宗四年卒

熙宗五子成平王后任氏生昌原公祉始寧侯褘慶原公祚大禪師鏡智冲明國師覺膺

昌原公祉熙宗七年加元服册爲太子册曰昔者聖人之作易也震以一索而爲長男離以重明而照四方故先王之有天下莫不立元嗣以定群黎咸仰之懷以承萬世不朽之業咨爾元子祉素稟聰靈之性夙凝岐嶷之姿寬博而謹愼恭敬而溫文肆朕稽諸方册之訓言兼聽士夫之僉議爰擇良辰俾加寶册今遣某官某等持節備禮册命爾爲王太子嗚呼勉玆諸善允蹈丕彝疎斥憸佞之人樂聞方正之言上念祖宗積累之休永享富貴康寧之慶豈不偉歟及崔忠獻廢王遷于江華祉放于仁州後封昌原侯元宗三年卒

始寧侯褘熙宗七年封爲侯册曰封立皇親藩屛王室蓋古今之常典亦邦國之宏規朕纘守丕圖欲光先業爰擧褒崇之禮大闡册命之儀咨爾褘毓德謙勤秉心恭儉弱不好弄但將書史以爲娛居無求安自得威儀之卒度學有緝熙之美志存忠孝之全定省不怠於親闈信厚見稱於公族德行旣著容止可觀肆布寵靈特頒爵號今遣某官某等持節備禮册命爾爲檢校太尉守司徒上柱國始寧侯於戲驕奢淫

侯勿虧戒愼之心富貴功名善保久長之慶祇承厥服永孚
于休崔忠獻放于白翎縣子宏司空
慶原公祚忠烈五年卒明習典故世稱知禮元宗有所疑必
問於祚號宗室龜鑑及葬王許用紅大燭自是士庶人家皆
用之子諝昫諝初名恂封廣平公尙元宗女咸寧宮主忠烈
五年偕元使納塔哈伯那監督東征戰艦于慶尙道十一年
卒王沒入財物于內昫封定安侯
大禪師鏡智
冲明國師覺膺
高宗二子安惠太后柳氏生元宗安慶公淐
安慶公淐初名侃初封安慶侯高宗四十年進爲公使蒙古
乞罷兵明年還先遣人奏臣久染腥膻之臭請經宿進見王
曰自爾去後祈天禱佛庶幾速見今既無恙還何用宿外悉
焚爾所著衣更衣即來淐夜入謁王爲之流涕左右皆泣下
四十六年王薨淐居喪哀毁扶杖乃得行林衍廢元宗立淐
爲王未幾蒙古遣使詰衍擅廢立衍復立元宗廢淐後追諡
爲英宗子儇封漢陽侯尙忠烈王女明順院妃子侊封桂陽
侯
元宗三子順敬太后金氏生忠烈王慶昌宮主生始陽侯珆
順安公琮
始陽侯珆元宗四年賜名加元服封爲侯册曰欲理其國先
齊其家況子弟之廣封實國家之令則咨爾珆學就日將德
與年豐肆縻我之好爵用立爾于上公無淫于逸于遊博究
皇王之墳典非禮勿言勿動蔚爲宗室之表儀茂綏福履之
休翊致泰平之業今遣某官某等持節備禮命爲開府儀同
三司檢校太尉守司空上柱國始陽郡開國侯食邑三百戶
食實封一百戶於戲恩雖父子義兼君臣體朕意之睠憐肩
乃心於忠孝府曰始陽置典籤錄事各一人七年卒
順安公琮元宗四年賜名加元服封爲侯册曰廣置侯封以
藩王室是古之常典非朕之私恩咨爾琮挺岐嶷之資蘊聰
明之質朕之所以愛汝保汝汲汲望其成人者不惟天性之
自然蓋爲本支之益固肆頒位號用示寵光今遣某官某等
命爾爲開府儀同三司檢校守司徒上柱國順安郡開國侯
食邑二百戶食實封一百戶於戲惟仁可以下獲民心惟德

可以上承天命日愼所守時敏厥修夙夜惟寅服勤於子職明哲以保對揚於王休府曰大寧置典籤錄事各一人十年王如蒙古命琮監國十四年琮如元賀冊封帝以琮王愛子賜白金五百斤苧布八百匹他物比世子行尤多後進封爲公琮素多病忠烈三年母慶昌宮主召盲僧終同問度厄之術遂設醮以禱埋奠饌內豎梁善大守莊等誣告慶昌宮主與其子琮謀令盲僧終同呪咀上欲使琮尙公主爲王王命李槢印公秀李之氏印侯張舜龍車信鞫終同又命中贊金方慶密直使許珙監察侍丞趙仁規等鞫慶昌宮主及琮不服王召琮親鞫宰樞詣宮門請釋王欲籍琮母子家贇成柳璥曰今琮猶不服宮主亦曰非敢呪咀但問禍福宜奏上國詔許然後籍之可也王遣仁規侯表奏公主請籍之王不可公主强之不得已從焉元宗愛琮賜以貨寶無筭至是公主盡取之及仁規還自元帝曰順安公母子事任王處置於是廢慶昌宮主爲庶人流琮終同于海島十一年召還二十一年開府置屬

忠烈王三子齊國大長公主生忠宣王貞信府主生江陽公滋侍婢盤珠生小君湑

江陽公滋居長以非公主出不得立忠烈五年遣滋忠淸道牙州東深寺以避世子九年召還公主賜衣後封爲公開府置屬三十四年卒子琄暠璝琄忠宣二年封丹陽府院大君忠肅後二年王在元琄爲權省初貞和宮主兄僧住桐華寺冒良人爲隷蕃至千數百戶琄等世役之整治都監申理歸良琄挾憾欲訴于元過鴨綠江宰樞命忽赤等捕還紅賊陷京城琄與典理判書印安等降于賊及賊平監察司劾奏琄等降賊凡沃土可居之處畿縣米穀所在無不指導棄國忘親罪莫大焉不可與愚民一視若以罪經赦宥則乞禁錮子孫籍沒田民以懲後人王從之子封陽原君史逸其名仕于元爲御史暠蒙古名完澤禿忠宣愛暠如己子養之宮中封延安君忠宣在元傳位忠肅以暠爲世子因留爲禿魯花忠宣嘗爲瀋王忠肅三年奏帝傳瀋王位于暠自稱太尉王遂封暠瀋王尙元梁王女梁王薊國公主兄也暠因得公主寶物寵幸無比忠宣愛護愈篤暠遂懷覬覦國人大半歸心暠又得幸英宗皇帝曹頔蔡河中等左右暠謀奪王位譏訴萬

端詔徵王入朝先是忠宣在元以從臣司僕正白應丘能殖貨令幹藩王府事應丘逃還本國暠奏帝遣員外郎阿都刺勑王發應丘還都王不時奉行暠譖云王手裂其勑及王入朝帝怒詰責之收國王印遣翰林待制沙的等來訊之使者絡繹暠先遣其臣前護軍朴龜寄書宰相曰爾王嗣位以來酣酒嗜音不迎帝使不親庶務夜與群小變服微行使幸臣尹碩李宜風孫琦等假稱王命逞其私欲又信譖言枉殺無辜官人以私不以賢勞父王勳舊之臣皆置散地或至流放籍沒其家爾等反爲逢迎至使國綱大毀事大之禮後於諸國爾等自今其省察之前者阿都刺賚去　聖旨爾國王非唯不行又失所在沙的到日明推以對沙的在行省鞫式目都監錄事李允緘等允緘言臣賚　聖旨至王宮授代言安珪時有別駕徐允公見之沙的執阿都刺及允緘允公以歸帝命宗正寺鞫珪等珪辭及於王王未能自明丞相伯顏疑慮久而不決暠惡本國多輸錢財于王所遣其臣楊成柱以帝命責宰相金利用徵所輸錢財又以慶斯萬甄成裕嘗管輸送取其辭恐喝之暠又遣人稱釣旨曰國王入朝時中外倉庫皆已告匱乃抽斂大小人戶備盤纏以來及被天譴至嚴規免罪辜賂事權貴費盡錢物又遣孫琦安均等于本國重斂于民帝聞之命刑部推徵國王曾不懲艾與惡小前護軍李恭謀遣代言安文凱郎將桓允全宰相金忻百戶金成萬等復加橫斂割取民膏連續轉運帝怒已囚文凱于宗正府遂押恭及允全成萬等發還宜即杖流海島汝宰樞不能諫正反爲之助至使民怨益深卿等雖聚斂以送固非國王所得擅用徒增國怨耳自今一皆禁斷違者奏聞痛懲於是杖流允全成萬恭及護軍康呂于島恭性抗直王在東宮屢進直言忽蹴其目眇及即位念其忠直驟加拔擢與呂爲王覘暠動靜允全成萬船載布二萬匹獻王暠以故皆惡之暠黨十餘人忽自都下來言暠已得國國人盡狀王過惡以達于朝於是權漢功等上書中書省請立暠語在漢功傳王留元五年財用匱乏暠知其然遣其臣祭酒白文珏郎將李淑貞以帝命封諸倉庫十年泰定帝立明年勑王還國復賜國王印章忠宣戒諭國人曰從臣引曹頔構國王及藩王以致鬩墻之變其聽姦臣誑誘請立藩王者予已諭國王毋念舊

惡一皆原宥其悉知之於是宰樞召民部典書致仕李伯經前司憲掌令李東吉前民部議郎趙湜前成均樂正權賀等諭之皆爲暠謀議上書者也後二年王如元還國暠來謁行宮遂從王還王薨暠復如元止平壤陰與曹頔謀暠臣朴全自平壤來詐言暠已爲國王忠惠遣鷹房忽只六十餘騎於平壤欲止暠不及而還忠惠後五年暠還國忠穆元年卒葬以公主例子德壽封江陵大君子篤朶不花帖古不花篤朶不花襲暠封瀋王奇后兄轍太子妃父盧頙等謀亂伏誅后與太子憾恭愍欲廢恭愍立篤朶不花篤朶不花固辭曰叔父無子百歲後國將焉往今叔父無恙吾而可奪叔父位耶乃以德興君塔思帖木兒爲王天下莫不賢之李公遂還自元言於王王嘉之問遺甚厚十五年八月遣使來王引見其使厚禮遣之帳古不花仕元爲中書平章事塤忠宣封延德君忠肅進封府院大君後坐奸衛士金永長妻下巡軍永長妻內侍閔元濟女本有穢行元中書省差脫脫帖木兒樞密院差脫隣御史臺差也素不花等來鞫塤于行省塤既服當抵罪以兄暠私謁釋不治忠穆二年卒

小君湑初忠烈爲太孫金俊以崔竩婢盤珠納之得幸生湑公主亦愛之出入禁中號王小君拜中郎將欲襲王宿衞賂康守衡以請守衡以丞相安童言來告曰令湑率禿魯花來二年王以湑驕恣剃髮爲僧

忠宣王三子懿妃生世子鑑忠肅王德興君塔思帖木兒史失其母氏位

世子鑑小字宜忠嘗爲廣陵君後封世子忠宣二年王在元殺鑑及其從者金義重等口年返葬城南百官素服送之

德興君塔思帖木兒嘗爲僧忠定三年逃奔于元及奇轍誅皇后怨恭愍會本國人崔濡在元與群不逞說后謀構恭愍廢之立塔思帖木兒爲王奇三寶奴爲元子凡國之人在元者咸署僞官且請發遼陽省兵一萬渡鴨綠江至隨州㺚川爲我軍所敗語在濡傳帝尋詔放遣遼陽兵達達將吏並赴朝廷塔思帖木兒止帶素領傔從人等歸止永平王遣密直副使金庾如元請執送塔思帖木兒庾至遼陽知樞密院事黑驢謂庾曰帝勑臣杖塔思帖木兒百七還其本國今方背疽待其愈杖而歸之庾乃還初護軍裴自富與塔思帖木兒

交通僞授密直副使事覺斬之
忠肅王三子曹國長公主生龍山元子明德太后洪氏生忠
惠王恭愍王
龍山元子史失其名忠肅王與曹國公主幸漢陽富原龍山
生故稱龍山元子卒于元返葬年十七
忠惠王一子銀川翁主林氏生釋器
釋器忠定祝髮置萬德寺恭愍時元將召釋器王聞之遂召
還五年王聞前護軍林仲甫欲奉釋器潛圖不軌囚巡軍按
治辭連前政丞孫守卿前密直洪峻監察大夫孫湧黃淑卿
典校令鄭世功李大年姜不花前判事洪桂金成前內園丞
朴蘭等十餘人悉繫獄時湧方坐臺承命者來欲執湧以去
同坐者皆錯愕不知所爲獨持平金遇祥正色曰臺官雖有
罪當罷臺後就獄爾不可直入臺中治事如常湧詣巡軍獄
官詰仲甫曰汝識孫湧乎對曰不知遂釋之斬守卿桂成仲
甫等貶贊成事康允忠爲東萊縣令杖世功及漢城尹洪仲
元辞起宗姜贊張萬林朱雲等皆守卿黨也安置釋器于濟
州令李安鄭實等押送至海中擠之於水釋器不死亡匿十
二年西北面都巡撫使田祿生報有稱釋器者在平壤府謀
逆遣慶復興林堅味等捕之又分遣人諸道調兵爲備祿生
與西海道都巡問使金庾獲所謂釋器者斬之傳首于京梟
市又斬銀川翁主父林信及李安鄭寶幷斬其黨金蒔徐天
吉等六人然釋器事覺未著徒黨未集而遽殺人頗疑之乃
大赦下教曰釋器非止庶孽實丹陽大君家婢所出往者孫
守卿等倚以謀變旣伏厥辜群臣皆謂宜除禍本予不忍寘
刑命李安鄭寶安置濟州水精寺安等回言乘舟時墜海死
已布告中外今西北面都巡問使田祿生密認釋器在部內
誘集兇徒謀不軌與西海道都巡問使金庾捕獲傳首至京
予初疑之逮問釋器舅林言乃知其實非予失於保全自取
顚覆耳李安鄭寶指生爲死欺罔不忠林信縱其亡命不即
首告俱正典刑其兇徒金光秀金玉鏡崔黑驢李仁並不赦
自餘詿誤一皆除之祿生之捜捕也釋器走亡匿安峽民白
彥麟家辛禑元年慶復興李仁任等聞之密奏以睦仁吉素
識釋器貌與密直副使趙仁璧率兵同往捕之仁吉仁璧奄
至彥麟家有英俊者捕釋器仁吉見之慘然釋器形貌奇偉

言語不凡觀者皆謂此眞王子也來至兔山仁吉遣人於朝請赦之時太后老不視事禑亦年幼仁任疑有變詭曰伏誅平壤者即釋器也今何妄稱耶乃與復興崔瑩等議累遣中使督殺之然猶未忍殺崔仁哲至叱之曰庸僧妄稱王子敢惑亂人心令亟斬之始知死於平壤者乃釋器同行僧之歸俗者也禑賜仁吉仁璧等鞍馬以彥麟自首杖流之又以前判事鄭良輔前牧使李玖知而不告下巡衛府鞫之玖曰良輔語予云王子釋器生在安峽予云此必僞也古亦有此等事不可不察宜告宰樞雖栲訊甚慘竟不服乃斬良輔杖玖一百釋器嫐民家女生一子潛寓前評理梁伯益田廬事覺髠之置雞龍山未至陰使吏殺之流伯益

恭讓王一子順妃盧氏生世子奭

世子奭初名瑞封定城君恭讓即位册爲世子諫官請開書筵乃以趙浚徐鈞衡李至爲師傅李舒金子粹禹成範姜淮季趙庸爲侍學三年聘前政堂文學李元紘女爲妃王下敎賜禮物尋命如　京師賀正　帝寵待序次公侯下宴內殿者五又命朝官日開宴慰之賜黃金二錠白金十錠段絹百匹從官以下賜銀帛有差明年乃還世子在　京師以支俸之餘密令貿布遺嬖妾

公主

太祖九女

安貞淑儀公主神明王太后劉氏所生新羅王金傅入朝以公主歸之稱樂浪公主一云神鸞宮夫人

興芳宮主亦神明太后所生適元莊太子

大穆王后神靜王太后皇甫氏所生事見后妃傳

文惠王后貞德王后柳氏所生適文元大王貞

宣義王后亦貞德王后所生適戴宗旭生成宗后薨謚宣義祔戴宗廟穆宗五年加謚貞淑顯宗五年加靜穆十八年加匡懿高宗四十年加益慈

公主史失其號亦貞德王后所生適義城府院大君

順安王大妃貞穆夫人王氏所生

公主史失其號興福院夫人洪氏所生適太子泰

公主史失其號聖茂夫人朴氏所生適金傅

惠宗三女

慶華宮夫人義和王后林氏所生事見后妃傳

貞憲公主
明惠夫人宮人哀伊主所生

定宗一女
公主史失其號文成王后朴氏所生適孝成太子

光宗三女
千秋殿夫人大穆王后皇甫氏所生適千秋殿君
寶華宮夫人亦大穆王后所生
文德王后亦大穆王后所生事見后妃傳

成宗二女
元貞王后文和王后金氏所生事見后妃傳
元和王后延昌宮夫人崔氏所生事見后妃傳

顯宗八女
孝靖公主元和王后崔氏所生初封積慶公主顯宗二十一年卒謚孝靖
天壽殿主亦元和王后所生
仁平王后元成王太后金氏所生事見后妃傳
景肅公主亦元成王太后所生
孝思王后元惠王后金氏所生事見后妃傳
孝敬公主元平王后金氏所生
敬成王后元順淑妃金氏所生事見后妃傳
阿志宮人朴氏所生適檢校少監井民相

德宗二女
殤懷公主敬穆賢妃所生蚤卒
公主史失其號劉氏所生適檢校太師王忠

靖宗一女
悼哀公主容穆王后李氏所生文宗十一年卒謚悼哀

文宗七女
積慶宮主仁睿太后李氏所生宣宗三年適扶餘公燧
保寧宮主亦仁睿太后所生適樂浪公瑛睿宗八年卒陵曰溫諡慶順其餘仁睿所生二公主仁淑賢妃李氏所生二公主仁穆德妃金氏所生公主皆蚤卒

宣宗三女
敬和王后貞信賢妃李氏所生事見后妃傳

公主史失其號思肅太后李氏所生蚤卒
遂安宅主亦思肅太后所生生而盲年四十不嫁仁宗六年
卒
肅宗四女
大寧宮主明懿太后柳氏所生適淮安伯沂肅宗八年册爲
公主賜禮物睿宗九年卒謚貞穆
興壽宮主亦明懿太后所生適承化伯禎肅宗八年册爲公
主睿宗六年生子遣承宣金沾賜禮物仁宗元年卒
安壽宮主亦明懿太后所生適廣平公源肅宗十年册爲公
主
福寧宮主亦明懿太后所生適晉康伯演睿宗九年册爲公
主性婉順爲兩宮所愛富爲宗室第一崇信佛法營飾塔廟
甚勤仁宗十一年卒謚貞簡
睿宗二女
承德公主文敬太后李氏所生適漢南伯杞仁宗二年册爲
長公主賜衣帶匹段金銀器鞍馬等物
興慶公主亦文敬太后所生適安平公璥仁宗二年封公主
明宗六年卒
仁宗四女
承慶宮主恭睿太后任氏所生適恭化侯瑛
德寧宮主亦恭睿太后所生適江陽公瑊天姿艷麗擧止閑
雅又善談笑毅宗每於花朝月夕召入內日夜酣歌醜聲聞
外明宗二十二年卒
昌樂宮主亦恭睿太后所生適信安侯珹毅宗五年封宮主
高宗三年卒及葬以王外祖母素服減膳百官縞素一日
永和宮主亦恭睿太后所生適邵城侯琪熙宗四年卒年六
十八謚敬和
毅宗三女
敬德宮主莊敬王后金氏所生毅宗十一年册爲宮主十六
年適司空評
安貞宮主亦莊敬王后所生毅宗十一年册爲宮主十七年
適守司徒咸寧伯璞明宗五年與殿前加桀通事覺流加桀
于海島
和順宮主亦莊敬王后所生毅宗十一年册爲宮主適廣陵

侯沔

明宗二女

延禧宮主光靖太后金氏所生明宗三年冊爲公主九年適寧仁伯稹

壽安宮主亦光靖太后所生明宗三年冊爲公主九年適昌化伯祐

神宗二女

孝懷公主宣靖太后金氏所生適河源公瑃神宗二年卒年十七王及后悼甚追封爲興德宮主

敬寧宮主亦宣靖太后所生神宗二年冊爲公主四年適始興伯侹

熙宗五女

安惠太后成平王后任氏所生事見后妃傳

永昌公主亦成平王后所生適丹陽伯楕

德昌宮主亦成平王后所生適永嘉侯崔瑼

嘉順宮主亦成平王后所生適新安公佺

貞禧宮主亦成平王后所生適永安公僖

康宗一女

壽寧宮主思平王后李氏所生康宗元年封爲宮主適河源公瑃卒謚敬烈

高宗一女

壽興宮主安惠太后柳氏所生適新陽公玶

元宗二女

慶安宮主慶昌宮主所生適齊安公淑

咸寧宮主亦慶昌宮主所生適廣平公譓

忠烈王二女

靖寧院妃貞和宮主所生適齊安公淑

明順院妃亦貞和宮主所生適漢陽公儇

忠惠王一女

長寧公主德寧公主所生適元魯王元之亡也失於北平恭愍王遣尙書成准得告中書省索之

太祖高皇帝遣宦者訪天下軍前得於北京賜衣食遣還王聞而不悅辛旽密令左司議大夫吳中陸等上書曰婦人從一而終義不敢他適長寧公主本麟趾之孫其在元朝嘗有

帷簿之譏我國之恥也當元朝離亂之際又不能守節徇身爲虜獲于大明亦可恥也　大明猶念我祖宗之裔以歸于我殿下何以待之若優容而列於五殿以供奉如宗廟何如國人耳目何請竄邊遠以保其生不聽召入京命百寮出迎居德寧公主殿

恭讓王三女

肅寧宮主順妃盧氏所生適益川君緝

貞信宮主亦順妃所生適丹陽君禹成範

敬和宮主亦順妃所生適晉原君姜淮季

列傳卷第四

列傳卷第五　高麗史九十二

正憲大夫工曹判書集賢殿大提學知經筵春秋館事兼成均大司成臣鄭麟趾奉教修

洪儒　裴玄慶　申崇謙　卜智謙

洪儒初名術義城府人弓裔末年與裴玄慶申崇謙卜智謙同爲騎將密謀夜詣太祖第言曰自三韓分裂群盜競起今王奮臂大呼遂夷滅草寇三分遼左據有大半立國定都將二紀餘今不克終縱虐太甚淫刑以逞殺妻戮子誅夷臣僚民墜塗炭疾之如讎桀紂之惡無以加也廢昏立明天下之大義請公行殷周之事太祖作色拒之曰吾以忠義自許王雖暴亂安敢有二心以臣伐君斯謂革命予實不德敢效湯武之事乎恐後世以爲口實古人云一日爲君終身爲主況延陵季子曰有國非吾節也乃去而耕焉吾豈過季子之節乎儒等曰時難遭知易失天與不取反受其咎國中民庶受毒痛者日夜思欲復之且權位重者並遭虐殺略無所遺今

之德望未有居公右者衆情所以望於公也公若不從吾等死無日矣況王昌瑾鏡文如彼豈可違天死於獨夫之手乎於是諸將扶擁而出黎明坐於積穀之上行君臣之禮令人馳且呼曰王公已擧義旗矣裔聞之驚駭亡去太祖即位詔策推戴功以儒玄慶崇謙智謙俱爲一等賜金銀器錦繡綺被褥綾羅布帛太祖慮靑州反側儒與庾黔弼率兵千五百鎭鎭州以備之由是靑州不克叛遷大相二年改鳥山城爲禮山縣遣儒及大相哀宣安集流民五百餘戶十九年從太祖擊百濟滅之卒謚忠烈玄慶初名白玉衫慶州人膽力過人起行伍累進大匡太祖以靑州人玄律爲徇軍郎中玄慶與崇謙駁曰往者林春吉爲徇軍吏圖爲不軌事泄伏辜此乃典兵權而恃本州故也今又以玄律爲徇軍郎中臣等竊惑之太祖善之改授兵部郎中太祖征討四方玄慶功居多十九年疾篤太祖幸其第執其手曰嗟乎命矣夫卿子孫在予其敢忘太祖出門而玄慶卒遂駐駕命官庀葬事而後還謚武烈子般祐崇謙初名能山光海州人長大有武勇十年太祖與甄萱戰於公山桐藪不利萱兵圍太祖甚急崇謙時爲大將與元甫金樂力戰死之太祖甚哀之謚壯節以其弟能吉子甫樂弟鐵並爲元尹創智妙寺以資冥福智謙初名砂瑰桓宣吉林春吉之謀反也智謙皆密告誅之卒謚武恭成宗十三年四人皆贈太師配享太祖廟庭

庾黔弼

庾黔弼平州人事太祖爲馬軍將軍累轉大匡太祖以北界鶻岩鎭數爲北狄所侵會諸將議曰今南兇未滅北狄可憂朕寤寐憂懼欲遣黔弼鎭之如何僉曰可乃命之黔弼即日率開定軍三千以行至鶻岩於東山築大城以居招集北蕃酋長三百餘人酒盛設食饗之乘其醉脅以威酋長皆服遂遣使諸部曰既得爾酋長爾等亦宜來服於是諸部相率來附者千五百人又歸被虜三千餘人由是北方晏然太祖特加褒奬八年爲征西大將軍攻百濟燕山鎭殺將軍吉奐又攻任存郡殺獲三千餘人太祖與甄萱戰於曹物郡萱兵銳甚未決勝負太祖欲與相持以老其師黔弼引兵來會兵勢大振萱懼乞和太祖許之欲召萱至營論事黔弼諫曰人心難知豈可輕與敵相狎太祖乃止仍謂曰卿破燕山任存功

既不細待國家安定當策卿功十一年以王命城湯井郡時百濟將金萱哀式漢丈等領三千餘衆來侵靑州一日黔弼登郡南山坐睡夢一大人言明日西原必有變宜速往黔弼驚覺徑趣靑州與戰敗之追至禿岐鎭殺獲三百餘人馳詣中原府見太祖具奏戰狀太祖曰桐藪之戰崇謙金樂二名將死深爲國家憂今聞卿言朕意稍安十二年甄萱圍古昌郡黔弼從太祖往救之行至禮安鎭太祖與諸將議曰戰若不利將如何大相公萱洪儒曰若不利不可從竹嶺還宜預修閒道黔弼曰臣聞兵凶器戰危事有死之心無生之計然後可以決勝今臨敵不戰先慮折北何也若不及救以古昌三千餘衆拱手與敵豈不痛哉臣願進軍急擊太祖從之黔弼乃自猪首峯奮擊大破之太祖入其郡謂黔弼曰今日之捷卿之力也十四年被讒竄于鵠島明年甄萱海軍將尙哀等攻掠大牛島太祖遣大匡萬歲等往救不利太祖憂之黔弼上書曰臣雖負罪在貶聞百濟侵我海鄕臣已選本島及包乙島丁壯以充軍隊又修戰艦以禦之願上勿憂太祖見書泣曰信讒逐賢是予不明也遣使召還慰之曰卿實無辜見謫曾不怨憤惟思輔國予甚愧悔庶將賞延于世報卿忠節又明年爲征南大將軍守義城府太祖使人謂曰予慮新羅爲百濟所侵嘗遣大匡能丈英周烈弓忩希等鎭之今聞百濟兵已至榫山城阿弗鎭等處刦掠人物恐侵及新羅國都卿宜往救黔弼選壯士八十人赴之至槎灘謂士卒曰若遇賊於此吾必不得生還但慮汝等同罹鋒刃其各善自爲計士卒白吾輩盡死則已豈可使將軍獨不生還乎因相與誓同心擊賊既涉灘遇百濟統軍神劒等黔弼欲與戰百濟軍見黔弼部伍精銳不戰自潰而走黔弼至新羅老幼出城迎拜垂泣言曰不圖今日得見大匡微大匡吾其爲魚肉乎黔弼留七日而還遇神劒等於子道與戰大克擒其將今達奐弓等七人殺獲甚多捷至太祖驚喜曰非我將軍孰能如是及還太祖下殿迎之執其手曰如卿之功古亦罕有銘在朕心勿謂忘之黔弼謝曰臨難忘私見危授命臣職耳聖上何至如斯太祖益重之十七年太祖自將征運州黔弼爲右將軍甄萱聞之簡甲士五千至曰兩軍相鬪勢不俱全恐無知之卒多被殺傷宜結和親各保封境太祖會諸將議之黔

弼曰今日之勢不容不戰願上觀臣等破敵勿憂也遂乘萱未陣以勁騎數千突擊之斬獲三千餘級擒術士宗訓醫師訓謙勇將尙達崔弼熊津以北三十餘城聞風自降十八年太祖謂諸將曰羅州界四十餘郡爲我藩籬久服風化嘗遣大相堅書權直仁壹等往撫之近爲百濟劫掠六年之閒海路不通誰爲我撫之洪儒朴述熙等曰臣雖無勇願補一將太祖曰凡爲將貴得人心公萱大匡悌弓等奏曰黔弼可太祖曰予亦已思之但近者新羅路梗黔弼往通之朕念其勞未敢再命黔弼曰臣年齒已衰然此國家大事敢不竭力太祖喜垂涕曰卿若承命何喜如之遂以爲都統大將軍送至禮成江賜御船遣之因留三日候黔弼下海乃還黔弼至羅州經略而還太祖又幸禮成江迎勞之十九年從太祖擊百濟滅之二十四年卒黔弼有將略得士心每出征受命即行不宿於家及凱還太祖必迎勞始終寵遇諸將莫及諡忠節成宗十三年贈太師配享太祖廟庭子曰兢曰官儒曰慶

崔凝

崔凝黃州土山人父大相祐達初凝母有娠家有黃瓜蔓忽結甜瓜邑人以告弓裔裔卜之曰生男則不利於國愼勿擧父母匿而養之自幼力學旣長通五經善屬文爲裔翰林郎草制誥甚愜其意裔曰所謂聖人得非斯人耶一日裔召太祖誣以謀叛太祖辨之凝爲掌奏在裔側佯墜筆下庭取之因趍過太祖微語曰不服則危太祖悟遂誣服由是得免及太祖即位仍舊職知元鳳省事俄拜廣評郎中凝有公輔器曉達吏事甚獲時譽遇知太祖夙夜勤恪多所獻替太祖每嘉納之嘗謂曰卿學富才高兼識治體憂國奉公匪躬蹇蹇古之名臣無以過也還內奉卿未幾轉廣評侍郎凝辭曰臣之同僚尹逢長於臣十年請先授之太祖曰能以禮讓爲國乎何有昔聞其語今見其人遂以逢爲廣評侍郎凝恒齋素嘗寢疾太祖遣東宮問疾勸令食肉曰但不手殺耳食肉何害凝固辭不食太祖幸其第謂曰卿不食肉有二失不保其身不得終養其母不孝也不永命使予早喪良弼不忠也凝乃始食肉果平復他日太祖謂凝曰昔新羅造九層塔遂成一統之業今欲開京建七層塔西京建九層塔冀借玄功除群醜合三韓爲一家卿爲我作發願疏凝遂製進十五年卒

年三十五時太祖在燕山郡聞訃痛悼贈元甫賻贈甚厚累贈大匡太子太傅諡熙愷顯宗十八年配享太祖廟庭德宗二年加贈司徒子彬

崔彥撝

崔彥撝初名愼之慶州人性寬厚自少能文新羅末年十八游學入唐禮部侍郎薛廷珪下及第時渤海宰相烏炤度子光贊同年及第炤度朝唐見其子名在彥撝下表請曰臣昔年入朝登第名在李同之上今臣子光贊宜升彥撝之上以彥撝才學優贍不許年四十二始還新羅拜執事省侍郎瑞書院學士及太祖開國挈家而來命爲太子師傅委以文翰之任宮院額號皆所撰定一時貴遊皆歸事之官至大相元鳳大學士翰林院令平章事惠宗元年卒年七十七訃聞王痛悼贈政匡諡文英子光胤行歸光遠行宗光胤嘗以賓貢進士遊學入晉爲契丹所虜以才見用拜官奉使龜城知契丹將侵我爲書付蕃人以報於是命有司選軍三十萬號光軍行歸亦遊吳越國其王授秘書郎後還本國事光宗爲倖臣坐死光遠官至秘書少監子沆自有傳

王儒 字之

王儒本姓名朴儒字文行光海州人性質直通經史初仕弓裔爲員外遷至東宮記室見裔政亂乃出家隱於山谷聞太祖卽位來見太祖以禮待之謂曰致理之道惟在求賢今卿之來如得傅巖渭濱之士仍賜冠帶令管機要有功遂賜姓王玄孫字之字元長初名紹中由胥吏進其妹壻王國髦之誅李資義也字之衛宮門以功補都校令肅宗召入內侍再轉殿中侍御史睿宗朝以兵馬判官從尹瓘征女眞累戰有勞語在瓘傳遷殿中少監歷左散騎常侍吏兵部尙書樞密院使十七年以參知政事卒年五十七諡章順配享睿宗廟庭後諫官奏曰古之大臣有大功德於國家然後乃得陞配字之雖有戰功其遇睿廟但以恩倖上無所匡救於君下無所利澤於民非所以尊祀典示將來請令有司擇可者代之制可子穀其女適李資謙子公儀及資謙敗以姻黨坐流

朴述熙

朴述熙槥城郡人父大丞得宜述熙性勇敢嗜啗肉雖蟾蜍螻蟻皆食之年十八爲弓裔衛士後事太祖累樹軍功爲大

匡惠宗生七歲太祖欲立之以其母吳氏側微恐不得立乃以故笥盛柘黃袍賜吳吳以示述熙述熙揣知太祖意請立惠宗爲正胤正胤卽太子也太祖臨薨托以軍國事曰卿扶立太子善輔佐述熙一如遺命及惠宗寢疾述熙與王規相惡以兵百餘自隨定宗疑有異志流于甲串規因矯命殺之後謚嚴毅贈太師三重大匡配享惠宗廟庭子精元

崔知夢

崔知夢初名聰進南海靈巖郡人元甫相昕之子性淸儉慈和聰敏嗜學學於大匡玄一博涉經史尤精於天文卜筮年十八太祖聞其名召使占夢得吉兆曰必將統御三韓太祖喜改今名賜錦衣授供奉職常從征伐不離左右統合之後侍禁中備顧問惠宗二年王規謀害王弟知夢時爲司天官奏云流星犯紫微國必有賊後惠宗寢疾在神德殿王規將謀亂知夢卜之又奏近將有變宜以時移御定宗卽位誅規褒知夢密奏事機賜臧獲鞍馬銀器光宗朝從幸歸法寺被酒失禮貶于隈傑縣凡十一年景宗五年召還授大匡內議令東萊郡侯食邑一千戶柱國賜銀器錦被褥帳衣馬幞頭犀帶一日知夢奏曰客星犯帝座願王申戒宿衛以備不虞未幾王承等謀逆伏誅賜御衣金帶成宗元年加左執政守內史令上柱國賜弘文崇化致理功臣號爵其父母三年知夢年七十八三上表乞骸不允又上書固請乃命除朝參赴內史房視事如舊六年知夢疾病成宗命醫賜藥親臨問疾以馬二匹施歸法海安二寺飯僧三千以禱凡可以己疾者靡所不爲卒年八十一訃聞震悼賻布千匹米三百碩麥二百碩茶二百角香二十斤官庀葬事贈太子太傅諡敏休加贈太師十三年配享景宗廟庭子玄同懷遠

王式廉

王式廉三重大匡平達之子太祖之從弟爲人忠勇勤恪初爲軍部書史多所遷曆太祖以平壤荒廢徙民實之命式廉往鎭之又城安水興德等鎭有功累轉佐丞式廉久鎭平壤常以衛社稷拓封疆爲己任惠宗寢疾王規有異志定宗密與式廉謀應變及規作亂式廉自平壤引兵入衛規不敢動於是誅規等三百餘人王倚賴益重下詔褒奬曰式廉三代元勳一邦柱石量吞海嶽氣蘊風雲昨者當先王疾篤之秋

是涇渭未分之際懷忠秉義表節歲寒翊戴眇冲嗣臨軍國尋有姦臣暴逆結構兇頑忽自簫墻俄興變亂卿玉入火而彌冷松冒雪以轉青按劒衛冠忘生徇難兇狂殄殲逆黨伏誅朝綱欲墜而復興宗社將傾而再鑿若非公之效死予曷致於今辰可謂板蕩識誠臣疾風知勁草昔聞斯語今見其人縱加萬石之封並授九州之牧豈足酬玆勳績報彼功名今賜匡國翊贊功臣號加大丞崇資將表予懷以旌不朽匪獨展君臣義分唯望共生死同期予不食言有如皎日更希予無忘責躬儉己公常務知足養廉愛育黎元賞罰平中使國祚而天長地久貽富貴於百子千孫四年卒謚威靜贈虎騎尉太師三重大匡開國公配享定宗廟庭子含允含順

朴守卿

朴守卿平州人父大匡尉遲胤守卿性勇烈多權智事太祖爲元尹百濟數侵新羅太祖命守卿爲將軍往鎭之値甄萱再至守卿輒以奇計敗之曹物郡之戰太祖部分三軍以大相帝弓爲上軍元尹王忠爲中軍守卿殷寧爲下軍及戰上軍中軍失利守卿等獨戰勝太祖喜陞元甫守卿曰臣兄守文見爲元尹而臣位其上寧不自愧遂幷爲元甫勃城之役太祖被圍賴守卿力戰得出又從太祖討神劒後定役分田視人性行善惡功勞大小給之有差特賜守卿田二百結定宗初即位削平內難守卿功居多尋轉大匡光宗十五年子佐丞承位承景大相承禮等被讒下獄守卿憂恚而卒後累贈司徒三重大匡

王順式

李悤言 堅金 尹瑄 興達 善弼 泰評

王順式溟州人爲本州將軍久不服太祖患之侍郞權說奏曰父而詔子兄而訓弟天理也順式父許越今爲僧在內院宜遣往諭之太祖從之順式遂遣長子守元歸款賜姓王仍賜田宅又遣子長命以卒六百入宿衛後與子弟率其衆來朝賜姓王拜大匡長命賜名廉拜元甫小將官景亦賜姓王授大丞太祖討神劒順式自溟州率其兵會戰破之太祖謂順式曰朕夢見異僧領甲士三千而至翼日卿率兵來助是其應也順式曰臣發溟州至大峴有異僧祠設祭以禱上所夢者必此也太祖異之又有李悤言堅金尹瑄興達善弼泰評等皆歸附太祖李悤言史失世系新羅季保碧珍郡時群

盜充斥忩言堅城固守民賴以安太祖遣人諭以共戮力定禍亂忩言奉書甚喜遣其子永率兵從太祖征討永時年十八太祖以大匡思道貴女妻之拜忩言本邑將軍加賜傍邑丁戶二百二十九又與忠原廣竹堤州倉穀二千二百石鹽一千七百八十五石且致手札示以金石之信曰至于子孫此心不改忩言乃感激團結軍丁儲峙資糧以孤城介於羅濟必爭之地屹然爲東南聲援二十一年卒年八十一子達行及永堅金青州人爲本州領軍將軍太祖即位以青州人多變詐不早爲備必有後悔乃遣州人能達文植明吉等往覘之能達還奏彼無他志足可恃也唯文植明吉私謂州人金勤謙寬駿曰能達雖奏無他然新穀熟恐有變堅金與副將連翌與鉉來見太祖各賜馬綾帛有差堅金等上言臣等願竭愚忠庶無二心但本州人與勤謙寬駿金言規等在京都者其心異同去此數人可無患矣太祖曰朕心存止殺有罪者尙欲原之況此數人皆有宣力扶衛之功欲得一州而殺忠賢朕不爲也堅金等慚懼而退勤謙言規等聞之奏曰日者能達復曰無他臣等固以爲不然今聞堅金等所言不

可保其無他請留之以觀變太祖從之既而謂堅金等曰今雖不從爾言深嘉爾忠可早歸以安衆心堅金等言臣等欲露忠誠輒陳利害反類誣譖不以爲罪惠莫大焉誓赤心報國然一州之人人各有心如有始禍恐難制也請遣官軍以爲聲援太祖然之遣馬軍將軍洪儒庾黔弼等率兵千五百鎭鎭州以備之未幾道安郡奏青州密與百濟通好將叛太祖又遣馬軍將軍能植將兵鎭撫由是不克叛尹瑄鹽州人爲人沉勇善韜鈐初以弓裔誅殺無厭慮禍及己遂率其黨走北邊聚衆至二千餘人居鶻巖城召黑水蕃衆久爲邊郡害及太祖即位率衆來附北邊以安興達爲甄萱高思葛伊城主太祖徇康州行過其城興達遣其子歸款於是百濟所置軍吏皆降附太祖嘉之賜興達青州祿子俊達珍州祿雄達寒水祿玉達長淺祿又賜田宅以賞之甄萱將攻其城與達聞之欲出戰而浴忽見右臂上有滅字恠而禳之至十日病死善弼爲新羅載巖城將軍時群盜競起所至奪掠太祖欲通好新羅以路梗患之弼觀太祖威德遂歸款以計使通好新羅因捍賊屢有功後以其城內附太祖厚加待遇以年

老稱爲尙父泰評鹽州人博涉書史明習吏事初爲其州賊帥柳矜順記室弓裔破矜順評乃降裔怒其久不服令屬卒伍遂從太祖開國之際與有力焉擢授徇軍郞中

龔直

龔直燕山眛谷人自幼有勇略新羅末爲本邑將軍時方亂離遂事百濟爲甄萱腹心以長子直達次子金舒及一女質于百濟直嘗朝百濟見其無道謂直達曰今見此國奢侈無道吾雖密邇不願復來聞高麗王公文足以安民武足以禁暴故四方無不畏威懷德予欲歸附汝意何如直達曰自入質以來觀其風俗唯恃富强競務驕矜安能爲國今大人欲歸明主保安弊邑不亦宜乎直達當與弟妹俟隙而歸矣縱不得歸賴大人之明餘慶流於子孫則直達雖死無恨願大人勿以爲慮直遂決意來附太祖十五年直與其子英舒來朝言曰臣在弊邑久聞風化雖無助天之力願竭爲臣之節太祖喜拜大相賜白城郡祿廐馬三匹彩帛拜其子咸舒爲佐尹又以貴戚正朝俊行女妻英舒曰卿灼見理亂存亡之機來歸於我朕甚嘉之聯姻公族用示厚意卿其益竭心力鎭撫邊境藩屛我家直謝因言曰百濟一牟山郡境接弊邑以臣歸化常加侵掠民不安業臣願往攻取使弊邑之民不被寇竊專務農桑益堅歸化之誠太祖許之萱聞直降怒甚囚直達金舒及其女烙斷股筋直達死百濟滅後羅州以俘囚百濟將軍具道子端舒換金舒還於父母二十二年直以佐丞卒太祖遣使致弔贈政匡謚奉義以咸舒爲嗣後又贈司空三重大匡

朴英規

朴英規昇州人娶甄萱女爲萱將軍及神劒爲逆萱來投英規密語其妻曰大王勤勞四十餘年功業垂成一旦以家人之禍失地投於高麗夫貞女不事二夫忠臣不事二主若舍吾君以事賊子則何顏以見天下之義士乎况聞高麗王公仁厚勤儉以得民心殆天啓也必爲三韓之主盍致書以安慰我王兼致慇懃於王公以圖將來之福乎其妻曰子之言是吾意也太祖十九年二月英規遂遣人歸款且曰若擧義兵請爲內應以迎王師太祖大喜厚賜其使令歸報英規曰若蒙君惠道路無梗則先謁將軍升堂拜夫人兄事而姊尊

之必終有以厚報之天地鬼神悉聞此言九月太祖討神劒滅百濟謂英規曰自萱失國遠來其臣子無一人慰藉者獨卿夫婦千里嗣音以致誠意兼歸款於寡人義不可忘授以佐丞賜田千頃以驛馬三十五匹迎致家人官其二子英規後官至三重大匡

列傳卷第五

列傳卷第六　高麗史九十三

正憲大夫工曹判書集賢殿大提學知經筵春秋館事兼成均大司成臣鄭麟趾奉敎修

徐弼

徐弼利州人性通敏始以刀筆進累官至大匡內議令光宗賜宰臣王咸敏皇甫光謙及弼金酒器弼獨不受曰臣謬居宰輔已叨寵恩又賜金器愈懼踰分且服用明等衰奢儉關理亂臣用金器君將何用光宗曰卿能不以寶爲寶予當以卿言爲寶弼嘗進見曰願上莫賞無功無忘有功光宗嘿然翼日遣近臣問有功無功者爲誰對曰有功者元甫式會是也無功者若輩是也其以此奏時光宗厚待投化漢人擇取臣僚第宅及女與之一日弼奏曰臣居第稍寬願以獻焉光宗問其故對曰今投化人擇官而仕擇屋而處世臣故家反多失所臣愚誠爲子孫計宰相居第非其有也及臣之存請取之臣以祿俸之餘更營小第庶無後悔光宗怒然卒感悟

不復奪臣僚第宅又內廐馬死光宗欲罪主者弼引孔子不問馬之說爭之主者得免其謇諤如此十六年卒年六十五謚貞敏累贈三重大匡太師內史令後配享光宗廟庭子廉淵英淵自有傳

崔承老 齊顏

崔承老慶州人父殷含仕新羅至元甫久無嗣禱而生承老性聰敏好學善屬文年十二太祖召見使讀論語甚嘉之賜鹽盆命隷元鳳省學生賜鞍馬例食二十碩自是委以文柄成宗元年爲正匡行選官御事上柱國時王求言承老上書曰臣生長草野性禀愚暗且無學術幸値明時久叨近職累竊殊榮雖微長策可以匡時猶有片心期於報國竊見開元史臣吳兢撰進貞觀政要欲勸玄宗勤修太宗之政蓋以事體相近不出一家而其政休明可爲師範也臣伏見太祖之創業垂統所謂祖有功也諸宗之嗣位守成所謂宗有德也祖既有國有家以啓子孫之福慶宗乃或興或廢未免一時之過愆所以然者政有理荒事有善惡多不愼終如始至於危亂是誠可痛也自我太祖開國以來臣所及知者皆誦在心今謹錄五朝政化善惡之跡可鑑可戒者條奏以聞伏審我太祖神聖大王之御極也時當百六運協一千當初翦亂夷凶天生前主而假手在後膺圖受命人知聖德以歸心於是値金雞自滅之期乘丙鹿再興之運不離鄉井便作闕庭定遼浿之驚波得秦韓之舊地十有九載統一寰瀛可謂功莫高矣德莫大焉若契丹者與我連境宜先修好而彼又遣使求和我乃絕其交聘者以彼國嘗與渤海連和忽生疑貳不顧舊盟一朝殄滅故太祖以爲無道之甚不足與交所獻駱駝亦皆弃而不畜其深策遠計防患乎未然保邦于未危者有如此也渤海旣爲丹兵所破其世子大光顯等以我國家舉義而興領其餘衆數萬戶日夜倍道來犇太祖憫念尤深迎待甚厚至賜姓名又附之宗籍使奉其本國祖先之禋祀其 文武參佐以下亦皆優沾爵命其急於存亡繼絕能使遠人來服者又如此也百濟甄萱兇悖好亂殺主虐民太祖聞之不遑寢食行師討罪卒成匡復其不忘舊主定傾扶危者又如此也自新羅之季至我國初西北邊民每被女眞蕃騎往來侵盜太祖斷自宸衷遣一良將鎭之不勞寸刃

反令蕃衆來歸自是塞外塵清邊境無虞其知人善任柔遠能邇者又如此也新羅君臣以運盡數窮自求歸化讓至再三然後許之東自溟州至興禮府其閒百十餘城莫不懷于有仁應時來服其能以禮讓而人無不服者又如此也唯南平百濟不得已而用兵凡大興師前後數次然旌麾之下戎馬之前或有臨陣投降或有望風慴伏雖交鋒刃不欲殺傷可謂仁者無敵也及甄萱積惡數十餘年然後終爲逆豎所囚逃犇于我而請兵誅逆太祖聞之厚禮迎致及其殞沒亦優賻贈其道貫幽明義周存沒者又如此也洎平百濟車駕入城哀恤窮民厚加慰諭下令諸軍秋毫無犯且南北久分新舊又別太祖撫之如一終始不渝其含弘寬簡又如此也自成一統以來勤政八年事大以禮交隣以道居安無逸接下思恭貴道德崇節儉卑宮室而期於粗庇風雨惡衣服而取其但禦寒暑好賢樂善捨己從人恭儉禮讓之心發於天性況生長民閒備嘗艱險衆人情僞無不具知萬事安危亦能先見所以賞罰不失其時邪正不同其路知其勸懲之道得帝王之體者又如此也加以知人不失其才御下必得其力任賢勿貳去邪勿疑尊釋敎重儒術爲君之令德斯備有國之嘉猷可遵但以創業之初致平日淺宗廟社稷且未光崇禮樂文物猶多闕乏凡百官司之品式及諸內外之規儀未及修定忽遺弓劒蓋國人之不幸寔天道之難諶深可惜也惠宗久在東宮累經監撫尊禮師傅善接賓僚由是令名聞於朝野及初即位衆擧欣然時有人譖定宗兄弟謂有異圖惠宗聞而不荅亦無所問恩遇愈豐待之如初故人皆服其大度旣而不修德政過惜身命左右前後常以甲士相隨盖爲疑人太甚大失爲君之體加以偏賞將士恩澤不均故內外怨嗟人心攜貳又即位踰年便致沉痾牀枕之閒淹延歲月於是朝臣賢士不獲近前鄕里小人常居臥內厥疾彌篤嗔恚日增三年之閒民不見德至于晏駕之日粗得免其橫禍可不痛哉定宗在藩邸時早有令聞及惠宗寢疾彌留宰臣王規等潛有所圖窺覦王室定宗先認之密與西都忠義之將定計而爲備及內難將作衛兵大至故姦計不成群兇受誅雖由天命亦在人謀豈不偉歟自定宗至今三十有八年其閒洪祚之不絕亦定宗之力也定宗旣以連枝得繼

夙夜孜孜銳情求理或燃燭而引見朝士或旰食而聽斷萬機故即位之初人皆相慶及乎誤信圖讖決議遷都又天性剛毅固執不移暴徵作役勞動人夫雖上慮爲然乃群情不服怨讟由是而興災應速於影響未及西遷永辭南面誠可痛也光宗以英奇之表岐嶷之姿偏承太祖之眷憐親受定宗之顧命鴿原襲慶鳳扆傳華禮有加於接下鑒不失於知人不阿親貴而常抑豪强無弃踈賤而惠鮮鰥寡自即位之年至于八載政教清平刑賞不濫及雙冀見用以來崇重文士恩禮過豐由是非才濫進不次驟遷未浹歲時便爲卿相或連宵引見或繼日延容以此圖歡怠於政事軍國要務壅塞不通酒食議遊聯縣靡絕於是南北庸人競願依投不論其有智有才皆接以殊恩殊禮所以後生爭進舊德漸衰雖重華風不取華之令典雖禮華士不得華之賢才於百姓則益消膏血之資於四方則剩得浮虛之譽因此不復憂勤庶政而接見賓僚故猜忌日深都俞日阻時政得失無敢言者加以酷信佛事過重法門常行之齋設既多別願之焚修不少專求福壽但作禱祈窮有涯之財力造無限之因緣自輕至尊好作小善又於出入宴遊莫不窮奢極侈以其目前無事將謂法力使然凡所作爲不欲悛改宮室必踰於制度服食須極於珍纖土木之功不以時伎巧之作無休日略計常時一歲之費足爲太祖十年之費又及末年多殺無辜臣愚以爲若使光宗恒思恭儉節用勤政如初豈其祿命不永纔得享年五十而已哉其不克終誠爲可惜也況自庚申至乙亥十六年間姦兇競進讒毁大興君子無所容小人得其志遂至子逆父母奴論其主上下離心君臣解體舊臣宿將相次誅夷骨肉親姻亦皆翦滅而況惠宗之克全兄弟定宗之能保邦家若論恩義可謂重也兩朝皆唯有一子亦不使保其性命非但不報其德亦復深結其冤又至末年於己一子亦生疑忌故景宗方在東宮每不自安幸而得嗣其位嗟乎何其善於前而早得令名不善於後乃至斯乎深可痛也景宗生於深宮之中長於婦人之手門外之事不曾見知但以天性聰明當其光考末年能免悔尤得嗣天位及其嗣位焚積年讒毁之書放累歲無辜之獄冤憤悉除朝野稱慶但以不諳政體專任權豪害及宗親咎徵先見後雖覺悟責無所

歸自此邪正不分賞刑不一未及手理復倦于勤遂至色荒喜觀鄕樂繼以博奕終日無厭左右唯中官內豎而已由是君子之言無自而入小人之語有時而從亦早有美名而晚無令德所謂靡不有初鮮克有終忠臣義士誰不痛之此乃聖上親所見知者也然景宗亦有足稱美者焉蓋其當初遘疾未及危篤遂於臥內引見聖上執手與言付囑軍國不唯社稷之福亦是人民之幸也唯惠景二宗嗣位皆自春宮入無異望至於兄弟之閒非有分明付托則爭端必起惠宗兩年寢疾而終有子曰興化郎君而年少又不能囑後事於諸弟定宗自被群臣翊戴以纂大業臨終亦早傳位於光宗以安宗社定景二宗之遺命可謂明矣又曾見惠定光三宗相繼之初百事未寧之際兩京文武半已殺傷況屬光宗末年世亂讒興凡繫刑章多是非辜歷世勳臣宿將皆未免誅鋤而盡及景宗踐祚舊臣之存者四十餘人耳其時亦有人遇害衆多皆是後生讒賊誠不足惜唯天安鎭州二郎君本皇家之枝葉也光宗猶自寬容竟不置之於法至景宗朝足爲藩屛却被權臣之賊害沒爲地下之冤魂在於宗盟寧不痛惜先朝不保永年多因此禍後世可以爲鑑誡伏惟殿下以上聖之德遇中興之期因先君遜讓之恩纂列聖厖鴻之業無一物不樂其生無一夫不獲其所內外同歡人神相慶所謂天授人與者也聖上若克遵太祖之遺風何異玄宗追慕文皇之故事耶聖上又能取捨四朝之近事則惠宗有保全骨肉之功可謂友于之義也定宗先知亂萌克定蕭墻之難而再安宗社傳授至今可謂智謀之明也光宗八年之理可方三代又朝廷儀制頗有可觀所謂善否之均也景宗放先朝冤獄數千燒積年讒毁之文所謂寬仁之至也凡四朝爲政之跡大略如是聖上宜取其善者而行之見其不善而誡之除不急之務罷無善之勞但要君安於上民悅於下因善始之心慮克終之美日愼一日雖休勿休雖貴爲君主而不自尊大富有才德而不自驕矜唯敦恭己之情不絕憂民之念則福不求而自至災不禳而自消聖壽胡不萬年王業豈唯百世而已哉臣雖愚昧忝職樞機旣奏陳之有心又廻避之無路謹錄鄙懷不出時務計二十有八條隨狀別封以進我國家統三以來四十七年士卒未得安枕糧餉未免糜費

者以西北隣於戎狄而防戍之所多也願聖上以此爲念夫以馬歇灘爲界太祖之志也鴨江邊石城爲界大朝之所定也乞將此兩處斷於宸衷擇要害以定疆域選土人能射御者充其防戍又選其中二三偏將以統領之則京軍免更戍之勞芻粟省飛挽之費矣竊聞聖上爲設功德齋或親碾茶或親磨麥臣愚深惜聖體之勤勞也此弊始於光宗崇信讒邪多殺無辜惑於浮屠果報之說欲除罪業浚民膏血多作佛事或設毗盧遮那懺悔法或齋僧於毬庭或設無遮水陸會於歸法寺每値佛齋日必供乞食僧或以內道場餠果出施丐者或以新池穴口與摩利山等處魚梁爲放生所一歲四遣使就其界寺院開演佛經又禁殺生御廚肉膳不使宰夫屠殺市買以獻至令大小臣民悉皆懺悔擔負米穀柴炭芻豆施與中外道路者不可勝紀然以旣信讒愬視人如草芥誅殺者堆積如山常竭百姓膏血以供齋設當是時子背父母奴婢背主諸犯罪者變形爲僧及遊行丐乞之徒來與諸僧相雜赴齋者亦多有何利益今聖上在位所行之事與彼不同但此數事只勞聖體無所得利願正君王之體不爲無益之事我朝侍衛軍卒在太祖時但充宿衛宮城其數不多及光宗信讒誅責將相自生疑惑增益軍數簡選州郡有風彩者入侍皆食內廚時議以爲繁而無益至景宗朝雖稍減削洎于今時其數尙多伏望遵太祖之法但留驍勇者餘悉罷遣則人無嗟怨國有儲積聖上以醬酒豉羹施與行路臣竊謂聖上欲效光宗消除罪業普施結緣之意此所謂小惠未遍也若明其賞罰懲惡勸善足以致福如此碎事非人君爲政之體乞罷之我太祖情專事大然猶數年一遣行李以修聘禮而已今非但聘使且因貿易使价煩夥恐爲中國之所賤且因往來敗船殞命者多矣請自今因其聘使兼行貿易其餘非時買賣一皆禁斷凡佛寶錢穀諸寺僧人各於州郡差人勾當逐年息利勞擾百姓請皆禁之以其錢穀移置寺院田莊若其主典有田丁者幷取之以屬于寺院莊所則民弊稍減矣王者之理民非家至而日見之故分遣守令往察百姓利害我聖祖統合之後欲置外官盖因草創事煩未遑今竊見鄕豪每假公務侵暴百姓民不堪命請置外官雖不得一時盡遣先於十數州縣幷置一官官各設兩三員

以委撫字伏見聖上遣使迎屈山僧如哲入內臣愚以爲哲果能福人者其所居水土亦是聖上之有朝夕飲食亦是聖上之賜必有圖報之心每以祝釐爲事何煩迎致然後敢施福耶曩者有善會者規避徭役出家居山光宗致敬盡禮卒之善會暴死道傍曝露其尸如彼凡僧身且取禍何暇福人請放哲還山免致善會之譏新羅之時公卿百僚庶人衣服鞋襪各有品色公卿百僚朝會則著公襴具穿執朝退則逐便服之庶人百姓不得服文彩所以別貴賤辨尊卑也由是公襴雖非土產百僚自足用之我朝自太祖以來勿論貴賤任意服着官雖高而家貧則不能備公襴雖無職而家富則用綾羅錦繡我國土宜好物少而麤物多文彩之物皆非土產而人人得服則恐於他國使臣迎接之時百官禮服不得如法以取恥焉乞令百僚朝會一依中國及新羅之制具公襴穿執奏事之時着襪靴絲鞋革履庶人不得着文彩紗縠但用紬絹臣聞僧人往來郡縣止宿館驛鞭撻吏民責其迎候供億之緩吏民疑其銜命畏不敢言弊莫大焉自今禁僧徒止宿館驛以除其弊華夏之制不可不遵然四方習俗各隨土性似難盡變其禮樂詩書之敎君臣父子之道宜法中華以革卑陋其餘車馬衣服制度可因土風使奢儉得中不必苟同諸島居民以其先世之罪生長海中土無所食活計甚難又光祿寺徵求無時日至窮困請從州郡之例平其貢役我國春設燃燈冬開八關廣徵人衆勞役甚煩願加減省以紓民力又造種種偶人工費甚多一進之後便加毁破亦甚無謂也且偶人非凶禮不用西朝使臣嘗來見之以爲不祥掩面而過願自今勿許用之易曰聖人感人心而天下和平語曰無爲而治者其舜也歟夫何爲哉恭己正南面而已聖人所以感動天人者以其有純一之德無私之心也若聖上執心撝謙常存敬畏禮遇臣下則孰不罄竭心力進告謀猷退思匡贊乎此所謂君使臣以禮臣事君以忠者也願聖上日愼一日不自驕滿接下思恭儻或有罪者輕重並論如法則大平之業可立待也太祖除內屬奴婢在宮供役外出居外郊耕田納稅至光宗多作佛事役使日繁乃徵在外奴婢以充役使內宮之分不足支給幷費倉米及乎聖朝弊猶未除且內廄養馬數多糜費甚廣民受其害如有邊患糧餉

不周願聖上一依太祖之制酌定宮中奴婢廐馬之數餘悉分遣於外世俗以種善爲名各隨所願營造佛宇其數甚多又有中外僧徒欲爲私住之所競行營造普勸州郡長吏徵民役使急於公役民甚苦之願嚴加禁斷以除百姓勞役禮云天子堂九尺諸侯堂七尺自有定制近來人無尊卑苟有財力則皆以營室爲先由是諸州郡縣及亭驛津渡豪右競構大屋踰越制度非但盡一家之力實勞百姓其弊甚多伏望命禮官酌定尊卑家舍制度令中外遵守其已營造踰制者亦令毁撤以戒後來寫經塑像只要傳久何用珍寶爲飾以啓盜賊之心古者經皆黃紙且以旃檀木爲軸其肖像不用金銀銅鐵但用石土木故無竊毁者新羅之季經像皆用金銀奢侈過度終底滅亡使商賈竊毁佛像轉相賣買以營生產近代餘風未殄願加嚴禁以革其弊昔晉德衰而欒郤胥原狐續慶伯降在皂隷我三韓功臣子孫每宥旨必云襃錄而未有受爵者混於皂隷新進之輩多肆凌侮怨咨以興且光宗末年誅黜廷臣世家子孫未得承家請從累次恩宥隨其功臣等第錄其子孫又庚子年田科及三韓後入仕者亦量授階職則寃屈得伸而災害不生矣崇信佛法雖非不善然帝王士庶之爲功德事實不同若庶民所勞者自身之力所費者自己之財害不及他帝王則勞民之力費民之財昔梁武帝以天子之尊修匹夫之善人以爲非者以此是以帝王深慮其然事皆酌中弊不及於臣民臣聞人之禍福貴賤皆稟於有生之初當順受之況崇佛敎者只種來生因果鮮有益於見報理國之要恐不在此且三敎各有所業而行之者不可混而二之也行釋敎者修身之本行儒敎者理國之源修身是來生之資理國乃今日之務今日至近來生至遠舍近求遠不亦謬乎人君惟當一心無私普濟萬物何用役不願之人費倉庫之儲以求必無之利乎昔德宗妃父王景先駙馬高恬爲聖壽延長鑄金銅佛像獻之德宗曰朕以有爲功德謂無功德還其佛像於二人是其情雖不實然欲令臣民不得作無利事者如此我朝冬夏講會及先王先后忌齋其來已久不可取舍其他可減者請減之若不得減則依月令所說五月中氣陰陽爭死生分君子齋戒處必掩身無躁止聲色薄滋味節嗜欲定心氣百官靜事無刑以定晏

陰之所成十一月中氣陰陽爭諸生蕩君子齋戒處必掩身無躁去聲色禁嗜欲安形性事欲靜以待陰陽之所定此時則可以停之何也極寒則役使者苦而食物不精潔極熱則汗出淋漓或誤傷群虫齋供不淨潔有何功德且今日作善來日未必獲善報以此而觀莫如修政敎請以一年十二月分半自二月至四月自八月至十月政事功德參半行之自五月至七月自十一月至正月除功德專修政事逐日聽政宵旰圖治每日午後乃用君子四時之禮修令安身如此則順時令安聖體減臣民之勞苦豈不爲大功德乎語曰非其鬼而祭之諂也傳曰鬼神非其族類不享所謂淫祀無福我朝宗廟社稷之祀尙多未如法者其山嶽之祭星宿之醮煩瀆過度所謂祭不欲數數則煩煩則不敬雖聖上齋心致敬固無所怠然其享官視爲尋常事厭倦而不致敬則神其肯享之乎昔漢文帝凡祭祀使有司敬而不祈其見超然可謂盛德也如使神明無知則安能降福若其有知私己求媚君子尙難悅之況神明乎祭祀之費皆出於民之膏血與其力役臣愚以爲若息民力而得歡心則其福必過於所祈之福

願聖上除別例祈祭常存恭己責躬之心以格上天則災害自去福祿自來矣本朝良賤之法其來尙矣我聖祖創業之初其群臣除本有奴婢者外其他本無者或從軍得俘或貨買奴之聖祖嘗欲放俘爲良而慮動功臣之意許從便宜至于六十餘年無有控訴者逮至光宗始令按驗奴婢辨其是非於是功臣等莫不嗟怨而無諫者大穆王后切諫不聽賤隷得志凌轢尊貴競構虛僞謀陷本主者不可勝紀光宗自作禍胎不克遏絶至於末年枉殺甚多失德大矣昔侯景圍梁臺城近臣朱异家奴踰城投景景授儀同其奴乘馬披錦袍臨城呼曰朱异仕宦五十年方得中領軍我始仕侯王已爲儀同於是城中僮奴競出投景臺城遂陷願聖上深鑑前事勿使以賤凌貴於奴主之分執中處之大抵官貴者識理鮮有非法官卑者苟非智足以飾非安能以良作賤乎惟宮院及公卿雖或有以威勢作非者而今政鏡無私安能肆乎幽厲失道不掩宣平之德呂后不德不累文景之賢唯當今判決務要詳明俾無後悔前代所決不須追究以啓紛紜承老見王有志而可與有爲乃進此書餘六條史逸二年轉門

下侍郎平章事上章辭不允七年拜門下守侍中封淸河侯食邑七百戶累表乞致仕皆不允八年卒謚文貞年六十三王慟悼下敎褒其勳德贈太師賻布一千匹麪三百碩粳米五百碩乳香一百兩腦原茶二百角大茶一十斤穆宗元年配享成宗廟庭德宗二年加贈大匡內史令子肅肅子齊顏事顯德靖文四朝官至太師門下侍中及疾篤文宗親臨問疾齊顏具服拜謝翼日卒輟朝三日謚順恭制曰故侍中崔齊顏一子雖年未及仕可特授八品職賜名繼勳以示優眷宣宗三年配享文宗廟庭初太祖信書訓要失於兵燹齊顏得於崔沆家藏以進由是得傳于世

雙冀

雙冀後周人仕周爲武勝軍節度巡官將仕郎試大理評事光宗七年從封冊使薛文遇來以病留及愈引對稱旨光宗愛其才表請爲僚屬遂擢用驟遷元甫翰林學士未逾歲授以文柄時議以爲過重九年始建議設科遂知貢擧以詩賦頌策取進士甲科崔暹等二人明經三人卜業二人自後屢典貢擧獎勸後學文風始興十年父侍御哲時爲淸州守聞冀有寵隨回使王兢來拜佐丞此後史逸

崔亮

崔亮慶州人性寬厚能屬文光宗朝登第爲攻文博士成宗在潛邸引爲師友及即位遂加擢用甚協人望累授左散騎常侍參知政事兼司衛卿以疾解官旣而王謂左右曰亮在告百日御事選官依例請解職朕已允之然念亮自我潛邸竭其忠貞以匡眇昧言念勳勞未敢忘也乃命復職未幾拜門下侍郎遷內史侍郎兼民官御事同內史門下平章事監修國史十四年卒王痛悼贈太子太師賻米三百石麥二百石腦原茶一千角以禮葬之謚匡彬後配享成宗廟庭累贈太尉太保太師內史令三重大匡子元信元佐元億元偉元偘元保元俊元信擢甲科歷戶部侍郎禮賓卿顯宗朝與李守和如宋賀正及還以奉使汚辱坐流

韓彥恭

韓彥恭湍州人父聰禮光祿少卿彥恭性敏好學光宗朝年十五屬光文院書生未幾爲本院承事郎轉內承旨請赴進士擧不第進累內議承旨舍人成宗時再轉刑兵二官侍郎

如宋謝恩宋以彥恭儀容中度授金紫光祿大夫檢校兵部尙書兼御史大夫彥恭奏請大藏經帝賜藏經四百八十一函凡二千五百卷又賜御製秘藏詮逍遙蓮花心輪還王授御史禮官侍郎判禮賓省事彥恭奏宋樞密院即我朝直宿員吏之職請置其官於是始設中樞院置使副各二人以彥恭爲副使俄轉爲使殿中監知禮官事進叅知政事上柱國穆宗即位授內史侍郎平章事四年拜門下侍中王巡省州郡至長湍縣謂彥恭曰此卿本貫也念卿功勞可陞爲湍州時全用錢幣禁麤布民頗患之彥恭上疏論其弊王納之後累加特進開國侯食邑一千戶監修國史贈其父聰禮內史令王嘗幸平州日暮寒甚駐輦道傍酣飮不行彥恭進曰臣等醉飽柰軍士何王嘉之賜貂鼠裘趣駕入行宮遇事直言多類此六年彥恭病王賜醫藥及車二乘往浴溫泉命州縣供給疾篤遣近臣問疾又賜廐馬三匹以資祈禱竟不愈明年卒年六十五訃聞王悼甚賻米五百石麥三百石布一千二百匹茶二百角贈內史令謚貞信以禮葬之顯宗十八年配享穆宗廟庭德宗二年加贈太傅子祚

柳邦憲

柳邦憲全州承化縣人登第事成宗爲禮部侍郎穆宗朝授翰林學士右諫議大夫十二年拜門下侍郎平章事卒輟朝三日諡貞簡性仁恕雖在倉卒未嘗疾言遽色不事産業在諫官或責以久不言徐對云訐以爲直非吾所取

金審言

金審言靜州靈光縣人初從常侍崔暹學暹坐寐夢審言頂上出火氣屬于天心異之妻以女成宗朝登第進累右補闕兼起居注九年七月上封事王下敎褒奬曰朕自御洪圖思臻盛業內設百寮外分牧守無曠分憂之任欲施利俗之方柰冲人之庸昧想政敎之陵夷昨省右補闕兼起居注金審言所上封事二條其一曰周開盛業姬旦上無逸之篇唐啓中興宣宗製百僚之誡按說苑六正六邪文曰夫人臣之行有六正六邪行六正則榮犯六邪則辱何謂六正一曰萌芽未動形兆未見明然獨見興亡之機預禁乎未然之前使主超然立于顯榮之處如此者聖臣也二曰虛心白意進善通道勉主以禮義諭主以長策將順其美臣救其惡如此者良

臣也三曰夙興夜寐進賢不懈數稱往古之行事以勵主意如此者忠臣也四曰明察成敗早防而救之轉禍爲福使君終已無憂如此者智臣也五曰守文奉法任官職事辭祿讓賜飮食節儉如此者貞臣也六曰國家昏亂所爲不諛敢犯主之嚴顔面言主之過失如此者直臣也是謂六正何謂六邪一曰安官貪祿不務公事與世沉浮左右觀望如此者具臣也二曰主所言皆曰善主所爲皆曰好隱而求主之所好而進之以快主之耳目偷合苟容與主爲樂不顧其後害如此者諛臣也三曰中實陰詖外貌小勤巧言令色妬善嫉賢所欲進則明其善而隱其惡所欲退則明其過而匿其美使主賞罰不當號令不行如此者姦臣也四曰智足以飾非辯足以行說內離骨肉之親外構亂於朝廷如此者讒臣也五曰專權擅勢以爲輕重私門成黨以爲富家擅矯主命以自貴顯如此者賊臣也六曰諂主以佞邪陷主於不義朋黨比周以蔽主明白黑無別是非無閒使主惡布於境內聞於四隣如此者亡國之臣也是謂六邪賢臣處六正之道不行六邪之術故上安而下理又按漢書刺史六條政一則察民庶疾苦失職者二則察墨綬長吏以上居官政者三則察盜賊民之害及大奸猾四則察田犯律四時禁者五則察民有孝悌廉潔行修正茂才異者六則察吏不簿入錢穀放散者請將六正六邪文及刺史六條俾委收司於二京六官諸署局及十二道州縣官廳堂壁各寫其文出入省覽以備龜鑑其二曰設職分司帝王令典開都列邑古今通規我國家以西京境壓鯨津地連鴈塞寫金湯而設險模鐵瓮以築城署百官置萬戶分司文武甚多而廉恥者無人薦奏非達者無人糺彈涇渭同流薰蕕一致請依唐東都置知臺御史例分司憲一員使得糺理則下情上達黜陟惟明物泰時雍非朝即夕所奏如是予甚嘉之汝心敦補政志切匡時錄正邪二理諷我襟懷令內外諸司用爲勸戒其下內史門下頒示內外司存依所奏施行穆宗朝出爲州牧務農恤民甚獲時譽顯宗即位擢右散騎常侍遷禮部尙書五年轉內史侍郎平章事出爲西京留守九年卒輟朝三日謚文安

崔沆

崔沆字內融平章事彥撝之孫成宗朝年二十登甲科王嘉

其才擢授右拾遺知制誥累遷內史舍人穆宗時再知貢舉所取多知名士王尤倚重政無大小必與圖議轉吏部侍郎中樞院使王寢疾金致陽謀不軌沆與蔡忠順等定策迎立顯宗顯宗拜沆翰林學士承旨左散騎常侍尋下敎曰王者父事三老兄事五更所以籍賢輔德也朕少値閔凶未聞義訓仰遵古典思得其人具官崔沆明識高才諒絕儕等可授政堂文學以爲寡人師傅初成宗以八關會雜伎不經且煩擾悉罷之但幸法王寺行香還御毬庭受文武朝賀而已至是沆請復設會三年遷吏部尙書參知政事監脩國史七年拜內史侍郎平章事十一年賜推忠盡節衛社功臣號明年檢校太傅守門下侍郎同內史門下平章事淸河縣開國子食邑五百戶加守正功臣號沆不樂仕宦年未七十表請致仕王累起不就性酷信浮屠請修黃龍寺塔身自監督頗傷農務又於私第造置經像如僧居竟捨爲寺十五年病篤王親臨問疾授其子有孚秘書省校書郎賜女壻李作忠章服以慰其意及卒王悼甚贈諡節義賻絹三百匹布五百匹米麥各一千石有孚以父遺命固辭不受沆聰悟沉訥寡言善斷世業儒以淸儉持家久秉鈞一介不取於人手不接金玉婦女不粉黛計月請俸家無甔石之儲後配享顯宗廟庭德宗二年贈正匡靖宗加贈侍中値沆忌日命有司設道場玄化寺薦冥福文宗十四年有孚以司宰卿出爲西京副留守內史門下奏其父沆在聖考朝以淸節直道匡扶社稷國家追念厥功嘗於玄化寺納財以供忌齋之費歲遣有孚詣寺燒香其弟永孚嘗守天安今有孚又守西都則深恐忌祭上塚之禮將闕殆忘其功也請授有孚三品職勿令補外從之二十一年又加贈守太師兼中書令

蔡忠順

蔡忠順史失世系穆宗朝累遷中樞院副使王寢疾忠順與劉瑨崔沆直宿銀臺一日王召忠順入臥內辟左右語曰寡人疾漸就平聞外間有窺覦者卿知之乎對曰臣試聞之未得其實王取枕上封書與之乃劉忠正所上也云右僕射金致陽覬覦非望遣人致遺深布腹心仍求內援臣曉譬拒之不敢不奏又取書一封與之乃大良院君詢所上也云姦黨遣人圍逼遺酒食臣疑毒不食與烏雀烏雀斃謀危若此願

聖上憐救忠順見畢奏曰勢急矣宜早圖之王曰朕疾漸危篤朝夕入地太祖之孫唯大良院君在卿與崔沆素懷忠義宜盡心匡扶使社稷不屬異姓忠順出以語沆沆曰臣常以爲憂今上意如此社稷之福也忠正遣監察御史高英起謂忠順沆曰今上寢疾姦黨伺隙恐社稷將屬異姓疾如大漸宜以太祖之孫爲嗣忠順等陽驚曰太祖之孫安在曰大良院君是也可以主鬯忠順等荅曰吾等亦聞此久矣當聽天所命忠正更遣英起曰我欲躬往議之嫌從繁恐爲旁人所疑冀兩君見枉忠順與沆議曰此非私事實關宗社可往見之遂詣定議時大良院君在三角山神穴寺忠順入奏王曰宜擇文武各一人率軍校往迎之忠順與沆及英起等議遂擧宣徽判官皇甫俞義以聞忠順等又議奏軍校多則行必遲恐姦黨先圖宜遣十餘人徑往迎來王然之曰予欲親禪可亟遣不可緩也若疾瘳如成宗封朕故事早定名分則無窺伺之人矣朕無子而繼嗣未定衆心搖動是吾過也宗社大計無過於此卿等其各盡心王遂泣下忠順亦泣王命忠順草與大良君書親自研墨忠順曰臣自研以書請勿勞聖體王曰意甚忙不覺勞也其書曰自古國家大事素定於前則人心乃安今予寢疾姦邪窺覦以寡人不豫爲之所名分未定故爾卿太祖嫡孫宜速上道寡人未至大期得面付宗社沒無遺恨若有餘齡則使處東宮以定群心王又命書其尾曰道路險阻恐姦人潛伏變起不虞可戒愼而來時閤門舍人庾行簡不欲迎立王慮事泄戒忠順勿令行簡知之以書授俞義等往迎于神穴寺遂即位是爲顯宗顯宗以忠順直中臺俄遷吏部侍郎兼左諫議大夫王避契丹南行忠順扈駕王次廣州從行諸臣聞河拱辰等被執皆驚懼散走唯忠順與侍郎忠肅張延祐周佇柳宗金應仁不去累轉吏部尙書參知政事賜推忠盡節衞社功臣號封濟陽縣開國男食邑三百戶忠順奏軍士有父母年八十已上者免軍就養諸文武員僚父母年七十已上無他兄弟者不許補外其父母有疾給告二百日護視王從之十二年檢校太尉濟陽縣開國子食邑五百戶加輔國功臣號尋拜內史侍郎平章事兼西京留守加太子少師十八年遷門下侍郎平章事二十一年判西京留守事以疾表請解職不允明年致仕靖宗二

年卒謚貞簡

列傳卷第六

列傳卷第七　高麗史九十四

正憲大夫工曹判書集賢殿大提學知經筵春秋館事兼成均大司成臣鄭麟趾奉教修

徐熙　訥　恭

徐熙小字廉允內議令弼子也性嚴恪光宗十一年年十八擢甲科超授廣評員外郞累遷內議侍郞二十三年奉使如宋時不朝宋十數年熙至容儀中度宋太祖嘉之授檢校兵部尙書成宗二年由佐丞拜兵官御事從幸西京成宗欲微行遊永明寺熙上疏諫乃止賜鞍馬以賞之後改內史侍郞十二年契丹來侵熙爲中軍使與侍中朴良柔門下侍郞崔亮軍于北界備之成宗欲自將禦之幸西京進次安北府契丹東京留守蕭遜寧攻破蓬山郡獲我先鋒軍使給事中尹庶顔等成宗聞之不得進乃還熙引兵欲救蓬山遜寧聲言大朝旣已奄有高勾麗舊地今爾國侵奪疆界是以來討又移書云大朝統一四方其未歸附期於掃蕩速致降款毋涉

淹留熙見書還奏有可和之狀成宗遣監察司憲借禮賓少卿李蒙戩如契丹營請和遜寧又移書云八十萬兵至矣若不出江而降當須殄滅君臣宜速降軍前蒙戩至營問所以來侵之意遜寧曰汝國不恤民事是用恭行天罰若欲求和宜速來降蒙戩還成宗會群臣議之或言車駕還京令重臣率軍乞降或言割西京以北與之自黃州至岊嶺畫爲封疆成宗將從割地之議開西京倉米任百姓所取餘者尙多成宗恐爲敵所資令投大同江熙奏曰食足則城可守戰可勝也兵之勝負不在强弱但能觀釁而動耳何可遽令弃之乎況食者民之命也寧爲敵所資虛弃江中又恐不合天意成宗然而止之熙又奏曰自契丹東京至我安北府數百里之地皆爲生女眞所據光宗取之築嘉州松城等城今契丹之來其志不過取北二城其聲言取高勾麗舊地者實恐我也今見其兵勢大盛遽割西京以北與之非計也且三角山以北亦高勾麗舊地彼以谿壑之欲責之無厭可盡與乎況割地與敵萬世之恥也願駕還都城使臣等一與之戰然後議之未晚也前民官御事李知白奏曰聖祖創業垂統洎于今日無一忠臣遽欲以土地輕與敵國可不痛哉古人有詩云千里山河輕孺子兩朝冠劒恨焦周盖謂焦周爲蜀大臣勸後主納土於魏爲千古所笑也請以金銀寶器賂遜寧以觀其意且與其輕割土地弃之敵國曷若復行先王燃燈八關仙郎等事不爲他方異法以保國家致大平乎若以爲然則當先告神明然後戰之與和惟上裁之成宗然之時成宗樂慕華風國人不喜故知白及之遜寧以蒙戩旣還久無回報遂攻安戎鎭中郎將大道秀郎將庾方與戰克之遜寧不敢復進遣人促降成宗遣和通使閤門舍人張瑩往契丹營遜寧曰宜更以大臣送軍前面對瑩還成宗會群臣問曰誰能往契丹營以口舌却兵立萬世之功乎群臣無有應者熙獨奏曰臣雖不敏敢不惟命王出餞江頭執手慰藉而送之熙奉國書如遜寧營使譯者問相見禮遜寧曰我大朝貴人宜拜於庭熙曰臣之於君拜下禮也兩國大臣相見何得如是往復再三遜寧不許熙怒還臥所館不起遜寧心異之乃許升堂行禮於是熙至營門下馬而入與遜寧分庭揖升行禮東西對坐遜寧語熙曰汝國與新羅地高勾麗之地我所有

也而汝侵蝕之又與我連壤而越海事宋故有今日之師若割地以獻而修朝聘可無事矣熙曰非也我國即高勾麗之舊也故號高麗都平壤若論地界上國之東京皆在我境何得謂之侵蝕乎且鴨綠江內外亦我境內今女眞盜據其間頑黠變詐道途梗澁甚於涉海朝聘之不通女眞之故也若令逐女眞還我舊地築城堡通道路則敢不修聘將軍如以臣言達之天聰豈不哀納辭氣慷慨遜寧知不可强遂具以聞契丹帝曰高麗旣請和宜罷兵遜寧欲宴慰熙曰本國雖無失道而致上國勞師遠來故上下皇皇操戈執銳暴露有日何忍宴樂遜寧曰兩國大臣相見可無歡好之禮乎固請然後許之極歡乃罷熙留契丹營七日而還遜寧贈以駝十首馬百匹羊千頭錦綺羅紈五百匹成宗大喜出迎江頭即遣良柔爲禮幣使入覲熙復奏曰臣與遜寧約盪平女眞收復舊地然後朝覲可通今纔收江內請俟得江外修聘未晚成宗曰久不修聘恐有後患遂遣之轉平章事十三年率兵逐女眞城長興歸化二鎭郭龜二州明年又率兵城安義興化二鎭又明年城宣孟二州熙嘗扈駕海州成宗幸熙幕欲入熙曰臣之幕非至尊所當臨命進酒曰臣之酒不堪獻也成宗乃坐幕外進御酒共飲而罷供賓令鄭又玄上封事論時政七事忤旨成宗會宰相議曰又玄敢越職論事罪之何如皆曰惟命熙曰古者諫無官越職何罪臣以不才謬居宰相竊位素餐使官卑者論政敎得失是臣之罪也况又玄論事甚切宜加褒奬成宗感悟擢又玄監察御史賜熙繡鞍廐馬酒果以慰之拜太保內史令十五年熙患疾在開國寺成宗駕幸問疾以御衣一襲馬三匹分施寺院又以穀一千石施開國寺凡所以祈命者無所不爲明年頒祿熙病尙未愈命有司曰熙年雖未及致仕以疾病未得侍朝宜給致仕祿穆宗元年卒五十七聞訃震悼賻布一千匹麥三百石米五百石腦原茶二百角大茶十斤栴香三百兩以禮葬之謚章威顯宗十八年配享成宗廟庭德宗二年加贈太師子訥側室子周行

訥成宗十五年擢甲科顯宗朝累遷尙書吏部侍郞兼左諫議大夫移國子祭酒知吏部事王納訥女爲妃授訥中樞使右散騎常侍驟拜門下侍郞同內史門下平章事判尙書吏

部事德宗初加檢校太師進門下侍中靖宗時判都兵馬使王遣戶部郎中庾先如契丹謝安撫訥奏曰往歲契丹欲於鴨江東加築城堡今復和親可因庾先附表請罷王從之七年賜几杖加重大匡明年再上表乞退不允訥遘疾寓地藏寺王遣右承宣金廷俊問疾以御衣二襲穀一千碩馬二匹納寺祈福疾篤親臨視之制加三重大匡內史令賜子孫永業田及卒王哀悼贈謚簡敬後配享靖宗廟庭宣宗三年避先王謚改元肅初弼父神逸郊居有鹿犇投神逸拔其箭而匿之獵者至未獲而返夢有神人謝曰鹿吾子也賴君不死當令公之子孫世爲卿相神逸年八十生弼弼熙訥果相繼爲宰相

恭熙玄孫毅宗朝蔭補景靈殿判官扈駕西都王命兩京文武官射至暮揷大燭侯上射之西都人多中之從臣無中者王頗不平恭一箭中燭二箭中的王大喜賜帛累官至平章事明宗元年卒爲人有膽略善騎射六爲兩界兵馬使士卒樂附及拜宰相志益謙遜疾文士驕傲禮遇武人鄭仲夫之亂重房令巡檢軍二十二人環衛其第不及於禍

劉瑨

劉瑨忠州大原縣人后妃之姓劉者皆出其宗故世爲戚里爲人廉介美風儀光宗末筮仕爲內承旨穆宗朝累遷至吏部尙書參知政事顯宗卽位授尙書左僕射由門下侍郎拜檢校太師守門下侍中與同列奏民庶疫癘陰陽愆伏皆由刑政不時也謹按月令三月節省囹圄去桎梏無肆掠止獄訴四月中氣挺重囚出輕繫七月中氣繕囹圄具桎梏斷薄刑決小罪又按獄官令從立春至秋分不得奏決死刑若犯惡逆者不拘此令然恐法吏未盡詳審伏請今後內外所司皆依令施行從之十年卒輟朝三日贈內史令瑨自累朝以來恒居近職未嘗補外雖無獻替頗有公輔之望

姜邯贊

姜邯贊舊名殷川衿州人五世祖餘淸自新羅來居始興郡卽衿也父弓珍事太祖爲三韓壁上功臣邯贊少好學多奇略成宗朝擢甲科第一累遷禮部侍郎顯宗元年契丹主自將攻西京我軍敗報至群臣議降邯贊獨曰今日之事罪在康兆非所恤也但衆寡不敵當避其鋒徐圖興復耳遂勸王

顯宗二年遷國子祭酒再轉翰林學士承旨左散騎常侍進中樞使請修社稷壇令禮官議定儀注改吏部尙書邯贊有田十二結在開寧縣白王給軍戸九年除西京留守內史侍郞同內史門下平章事王手書告身曰庚戌年中有虜塵干戈深入漢江濱當時不用姜公策擧國皆爲左衽人世多榮之契丹蕭遜寧來侵兵號十萬時邯贊爲西北面行營都統使王仍命爲上元帥大將軍姜民瞻副之內史舍人朴從儉兵部郞中柳參爲判官帥兵二十萬八千三百屯寧州至興化鎭選騎兵萬二千伏山谷中以大繩貫牛皮塞城東大川以待之賊至決塞發伏大敗之遜寧引兵直趨京城民瞻追及於慈州來口山又大敗之侍郞趙元又擊於馬灘斬首萬餘級明年正月邯贊以契丹兵逼京遣兵馬判官金宗鉉領兵一萬倍道入衛東北面兵馬使亦遣兵三千三百入援於是契丹回兵至漣渭州邯贊等掩擊斬五百餘級二月契丹兵過龜州邯贊等邀戰於東郊兩軍相持勝敗未決宗鉉引兵赴之忽風雨南來旌旗北指我軍乘勢奮擊勇氣自倍契丹兵奔北我軍追擊之涉石川至于盤嶺僵尸蔽野俘獲人口馬駝甲冑兵仗不可勝數生還者僅數千人契丹之敗未有如此之甚契丹主聞之大怒遣使責遜寧曰汝輕敵深入以至於此何面目見我乎朕當皮面然後戮之邯贊帥三軍凱還獻俘獲王親迎于迎波驛結綵棚備樂宴將士以金花八枝親揷邯贊頭左執手右執觴慰嘆不已邯贊拜謝不敢當遂改驛名爲興義賜驛吏冠帶與州縣吏同邯贊上表請老不允賜几杖令三日一朝加檢校太尉門下侍郞同內史門下平章事天水縣開國男食邑三百戸賜推忠協謀安國功臣號十一年又表請致仕從之加特進檢校太傅天水縣開國子食邑五百戸邯贊以京都無城郭請築羅城王從之令王可道築之二十一年拜門下侍中德宗即位授開府儀同三司推忠協謀安國奉上功臣特進檢校太師侍中天水郡開國侯食邑一千戸尋卒年八十四輟朝三日謚仁憲命百官會葬弔誄賻贈一依侍中劉瑨例世傳有使臣夜入始興郡見大星隕于人家遣吏往視之適其家婦生男使臣心異之取歸以養是爲邯贊及爲相宋使見之不覺下拜曰文曲星不見久矣今在此耶邯贊性淸儉不營產業體貌矮陋

衣裳垢弊不踰中人正色立朝臨大事决大策屹然爲邦家柱石時歲豐民安中外晏然人以爲邯贊之功也致仕歸城南別墅著樂道郊居集又著求善集後配享顯宗廟庭文宗贈守太師兼中書令子行經

崔士威

崔士威事穆宗累官刑部尚書顯宗初爲統軍使與康兆等禦契丹士威率諸將分軍出龜州北愿頓湯井暏星三道與契丹戰敗績二年叅知政事轉吏部尚書後與張延祐皇甫俞義獻議罷東京留守置慶州防禦使又廢十二州節度使置五都護七十五道安撫使俄遷內史侍郎平章事賜推忠佐理同德功臣號封清河縣開國男食邑三百戶尋加檢校太師守門下侍中爵進伯食邑七百戶又加匡國功臣號判吏部事上疏論時政得失王命有司商確行之又奏諸州縣長吏稱號混雜自今郡縣以上吏稱戶長鄉部曲津亭驛吏只稱長從之臺官劾論士威與左僕射朴忠淑於毬庭禮會醉舞不敬請罪之不允加太子太師贈其父融乂守司空上柱國漢南郡開國男食邑三百戶母庾氏國大夫人契丹東京將軍大延琳叛自稱興遼國刑部尚書郭元請乘機取鴨江東岸士威與徐訥等上書以爲不可元固執攻之竟不克延琳所署太師大延定引東北女眞與契丹相攻遣使乞援王議諸輔臣士威與平章事蔡忠順言兵者危事不可不愼彼之相攻安知非我利耶但可修城池謹烽燧以觀其變王從之二十一年士威請老不聽令五日一朝明年加內史令仍令致仕德宗即位命五日一朝入省視事卒贈太師諡貞肅文宗六年制曰檢校太師內史令崔士威在聖考朝以清節直道屢有裨益弘濟艱難保安宗祏以致中興可配享廟庭其甥姪未官者超授八品職

皇甫俞義　張延祐

皇甫俞義史失其世系穆宗朝歷官至宣徽判官王寢疾金致陽謀變王知之命選文武各一人率軍校往迎顯宗於是蔡忠順崔沆等議曰皇甫俞義志存宗祏且其父祖有勳勞於國當不墜家業以盡心力盍遣此人幷擧武班郞將文演以聞乃命忠順草與顯宗書授俞義文演及別將李成彥高積等十人往迎于三角山神穴寺又命開城府叅軍金延慶

領卒一百郊迎俞義等至寺僧疑爲姦黨所遣匿不出俞義等具道所以迎立之意遂奉以還顯宗即位授殿中侍御史進吏部侍郎改內史舍人壽爲中樞院日直員自庚戌用兵以來增置軍額由是百官祿俸不足俞義與中樞院使張延祐建議奪京軍永業田以充祿俸武官頗懷不平上將軍崔質又以邊功累拜武職而不得爲文官居常怏怏遂與上將軍金訓朴成李協李翃李暹石邦賢崔可貞恭文林猛等以奪田激衆怒誘諸衛軍士鼓譟闌入禁中縛俞義及延祐捶撻垂死詣閤中面訴云俞義等占奪我輩田實謀自利殊非公家之利若截趾適屨柰四體何諸軍洶洶不勝憤怨請除國蠹用快群情王重違衆志除俞義延祐名流配後起授給事中累轉御史大夫與參知政事王可道築開京羅城拜中樞使歷參知政事吏部尙書陞內史侍郎同內史門下平章事判戶部事靖宗二年改門下侍郎八年卒延祐瀛州尙質縣人新羅末父儒避亂吳越後還國光宗以解華語累授客省每中國使至必使儒擯接之延祐長於吏事以幹能稱後以戶部尙書卒贈尙書右僕射

楊規

楊規事穆宗累官刑部郎中顯宗元年契丹主自將來討康兆圍興化鎭規爲都巡檢使與鎭使戶部郎中鄭成副使將作注簿李守和判官廉艤令張顥嬰城固守契丹主獲通州城外收禾男婦各賜錦衣授紙封一箭以兵三百餘人送興化鎭諭降其箭封有書曰朕以前王誦服事朝廷其來久矣今逆臣康兆弑君立幼故親率精兵已臨國境汝等擒康兆送駕前便即回兵不然直入開京殺汝妻孥又以勑書繫矢揷城門曰勑興化鎭城主幷軍人百姓朕以前王誦紹其祖服爲我藩臣捍禦封陲忽被姦兇所害朕將精銳來討罪人其餘脅從皆與原免況汝等受前王撫綏之惠知歷代順逆之由當體朕懷無貽後悔守和等上表曰戴天履地者合去姦兇資父事君者須堅節操若違此理必受其殃伏乞俯循民情用回睿略大開天網何求鳥雀之先投載戢轄兵車可獲貔貅之率服契丹主以錦衣銀器等物賜鎭將有差仍勑曰省所上表具悉朕纂承五聖臨禦萬方忠良則必示旌褒兇逆則須行誅伐以康兆弑其故主挾彼幼君轉恣姦豪

大示威福故親行誅伐特正刑名方擁全師以臨近境比特頒於綸音盖式示於招懷遽覽封章未聞歸款陳瀝靡由於誠實詞華徒見於敬恭況汝等早列簪裾必知逆順豈可助謀於逆黨不思雪憤於前王宜顧安危預分禍福守和又回表云臣等昨奉詔泥輒陳心石望賜泣辜之惠切祈解網之仁凌霜耐雪加安百姓之心灰骨粉身永奉千年之聖契丹主見表知其不降乃解圍更傳勑旨曰汝等慰安百姓而待之以二十萬兵屯于麟州南無老代以二十萬兵進至通州契丹主移軍銅山下兆引兵出通州城南戰敗就擒行營都統副使李鉉雲行營都統判官盧戩監察御史盧顗楊景李成佐等亦皆被執行營都兵馬副使盧頲司宰丞徐崧注簿盧濟等死于陣下我軍大亂契丹兵乘勝追奔數十里斬首三萬餘級所棄糧餉鎧仗不可勝計於是契丹兵長驅而前左右奇軍將軍金訓金繼夫李元申寧漢伏兵于緩項嶺皆執短兵突出敗之契丹兵小却契丹詐爲兆書送興化鎭諭降規曰我受王命而來非受兆命不降契丹又使盧戩及其閤門使馬壽持檄至通州諭降城中皆懼中郞將崔質洪淑投袂而起執戩及壽乃與防禦使李元龜副使崔卓大將軍蔡溫謙判官柴巨雲閉門固守衆心乃一契丹兵入郭州防禦使戶部員外郞趙成裕夜遁寧漢及行營修製宮乘里仁大將軍大懷德工部郞中李用之禮部郞中簡英彥皆死城遂陷契丹留兵六千餘人守之規自興化鎭率兵七百餘人至通州收兵一千夜入郭州擊契丹所留兵悉斬之徒城中男女七千餘人于通州明年契丹主入京焚宮闕而退龜州別將金叔興與中郞將保良擊契丹兵斬萬餘級規掩擊契丹兵於無老代斬二千餘級奪被虜男女三千餘人又戰於梨樹追至石嶺斬二千五百餘級奪俘虜千餘人後三日又戰於余里站斬千餘級奪俘虜千餘人是日三戰皆捷復邀其前鋒於艾田擊之斬千餘級俄而契丹主大軍奄至規與叔興終日力戰兵盡矢窮俱死於陣契丹兵爲諸將鈔擊又因大雨馬駝疲乏甲仗皆失渡鴨綠江引去鄭成追之及其半渡尾擊之契丹兵溺死者甚衆諸降城皆復之規以孤軍旬月間凡七戰斬級甚衆奪被虜人三萬餘口獲駝馬器械不可勝數以功贈工部尙書給規妻殷栗郡君洪氏粟授子

帶春校書郎王手製敎賜洪氏曰汝夫才全將略兼識治道常效節於松筠竟輸誠於邦國忠貞罕比夙夜忘勞昨於北境有戎中軍鼓勇指揮士卒威騰矢石追捕仇讎力靜封疆抽一劒而萬夫爭走挽六鈞而百旅皆降自此城鎭得全情懷益壯累多捷勝不幸隕亡常思出衆之功已加勳秩更切酬勞之念增及頒宣歲賜汝稻穀一百碩以終其身贈叔興將軍又命給其母李氏粟敎曰贈將軍叔興自守邊城勇於赴敵旣成功於破竹終致命於伏弢言念舊勞合加優賞可歲給其母粟五十碩以終其身十年賜規叔興功臣錄劵十五年又俱賜三韓後壁上功臣號文宗卽位制曰大中祥符三年契丹入寇西北面都巡檢使楊規副指揮金叔興等挺身奮擊連戰破敵矢集如蝟毛具沒陣下追念其功合行褒奬可圖形功臣閣以勸後來帶春靖宗六年爲安北大都護府副使左僕射崔冲奏帶春立志岐拔多智略閑軍事若有邊虞非此人無可遣者不宜補外不聽後至直門下省衛尉卿文宗初有疾制免常朝只令視事兼官

智蔡文 祿延

智蔡文鳳州人顯宗元年補中郎將王聞契丹兵至遣蔡文將兵鎭和州以備東北及康兆敗兆及李鉉雲盧顗等皆被執命蔡文移兵援西京蔡文卽與軍容使侍御史崔昌進次剛德鎭顗爲契丹鄕導與契丹人劉經賫檄至西京諭降副留守元宗奭與僚佐崔緯咸質楊澤文晏等已修降表蔡文等聞之引兵至西京城門閉昌呼分臺御史曹子奇曰吾等奉王命倍道來今不納何也子奇具告顗經諭降事遂開門蔡文入屯故宮南廊昌諷宗奭拘留顗經固守宗奭不從昌密與蔡文謀遣兵城北候顗等還掩殺之取其表焚之時城中疑貳蔡文出鎭城南獨大將軍鄭忠節從之俄而東北界都巡檢使卓思政率兵至遂與合軍復入城王以三軍敗衂州郡陷沒上表請朝契丹主許之遂禁俘掠以馬保佑爲開城留守王八副之遣乙凜將騎兵一千送保佑等又遣其閤門引進使韓杞以突騎二百至西京北門呼曰皇帝昨遣劉經盧顗等賫詔曉諭何至今無消息也若不拒命留守官僚來聽我指諭思政聞杞語與蔡文謀使麾下鄭仁等將驍騎突出擊斬杞等百餘人餘悉擒之無一人還者思政以蔡文

爲先鋒出與乙凛戰乙凛保佑敗走於是城中人心稍安思政還入城蔡文與李元出屯慈惠寺契丹主復遣乙凛擊之邏卒報敵兵來屯安定驛勢甚盛蔡文馳告思政遂與思政及僧法言率兵九千迎擊于林原驛南斬首三千餘級法言死翼日蔡文復出戰契丹兵敗走於是城中將士登城以望競出逐之至馬灘契丹回兵擊之我軍敗遂圍城契丹主次城西佛寺思政懼紿將軍大道秀曰君自東門吾自西門出前後夾攻蔑不勝矣遂以麾下兵夜遁道秀出東門始知見紿又力不可敵遂率所部降于契丹諸將皆潰城中恟懼統軍錄事趙元陰守鎭將姜民瞻郎將洪叶方休等莫知所措乃共禱神祠簽得吉兆於是衆推元爲兵馬使收散卒閉城固守蔡文奔還京奏西京敗軍狀群臣議降姜邯贊獨勸王南行蔡文請曰臣雖駑怯願在左右效犬馬勞王曰昨李元崔昌奔還自請扈從今不復見爲臣之義果如是乎今卿旣勞于外又欲捍衛予甚嘉之賜酒食及銀鞍是夜王與后妃及吏部侍郎蔡忠順等率禁軍五十餘人出都行至積城縣丹棗驛武卒堅英與驛人張弓矢將犯行宮蔡文馳射之賊

徒奔潰復自西南山突出遮道蔡文又射却之王至昌化縣有吏告曰王識吾名面乎王陽不聞吏怒將構亂使人呼曰河拱辰將兵來矣蔡文曰何故來耶吏曰欲擒蔡忠順金應仁等耳應仁及侍郎李正忠郎將國近等皆遁獨蔡文忠順周佇等留侍夜賊又至侍從臣僚宦官宮嬪御皆亡匿唯玄德大明二王后侍女二人承旨良叶忠弼等侍蔡文隨機應變賊不敢近及曉蔡文請二后先自北門出手控御馬閒行入道峯寺賊不之知忠順繼至蔡文奏曰去夜賊疑非拱辰臣請往跡之王恐其亡不許蔡文曰臣若背君言與事違天必誅之王乃許即往昌化縣通逢國近國近曰吾衣裝盡爲賊奪蔡文曰汝爲臣不忠獲保首領足矣適拱辰柳宗赴行在蔡文遇諸道具言賊變且詰之果非拱辰所爲也拱辰道見中軍判官高英起敗軍南走與俱來時拱辰所領卒二十餘人蔡文遂以其卒搜昌化縣得賊所盜馬十五匹鞍十部將還蔡文謂拱辰等曰吾與諸君偕進王必驚動請諸君少後遂獨行忠弼在寺門望之入奏智將軍來矣王喜出門迎之蔡文奏曰臣已得賊實非拱辰所爲且偕拱辰來王引見拱

辰宗勞之遂遣拱辰往契丹營請和明年正月王次廣州失二王后所之令蔡文往尋之至饒呑驛乃得奉還王喜爲留三日王發廣州踰嶺宿鼻腦驛蔡文奏扈從將士皆托尋妻子四散昏夜恐有賊竊發請爲幟揷將士冠以辨從之宗曰臣鄕陽城去此不遠請幸之王悅遂幸陽城夜宗應仁等矯旨毁御鞍以賜縣人遲明縣吏皆遁宗應仁等又請遣二王后各歸其鄕遣扈從將卒往東邊備急王以問蔡文蔡文大哭曰今君臣失道橫罹殃禍播遷如此正當勤由仁義以收人心弃王后以求生其可忍乎王曰將軍言是也遂行過蛇山縣蔡文見群鴈在田欲慰悅王心躍馬而前鴈驚飛翻身仰射應弦而墮王大悅蔡文下馬取鴈進曰有臣如此何憂盜賊王大笑慰奬至天安府宗應仁奏臣等請往石坡驛供頓以迎遂逃至巴山驛王謂蔡文曰玄德王后有娠不宜遠行其鄕善州距此不遠可以遣之蔡文固執前議王曰勢不獲已遂遣之次礪陽縣將卒有離心蔡文奏曰聖祖統合之時有功者雖小必賞况今方涉險艱要得衆心宜先懋賞王從之授玄安之等十六人爲中尹至參禮驛全州節度使趙容謙野服迎駕朴暹奏曰全州即古百濟聖祖亦惡之請上勿幸王然之宿長谷驛容謙謀欲止王挾以號令與轉運使李載巡檢使崔檝殿中少監柳僧虔以白幟揷冠鼓噪而進蔡文使人閉門堅守賊不敢入王與后乘馬在驛廳事蔡文登屋問曰汝等何得如是柳僧虔來否賊曰來矣又問汝爲誰賊曰汝亦爲誰蔡文荅以他語賊曰智將軍也蔡文認其聲曰汝是親從馬韓兆也仍以王命召僧虔僧虔曰汝不出吾不敢入蔡文出門呼僧虔引至王前僧虔泣奏曰今日之事容謙所爲臣不知也請奉旨召容謙來王許之僧虔出遂逃王命良叶召容謙載既至諸將欲殺之蔡文呵止之使二人牽大明宮主馬而行既而遣還全州王入羅州夜候人誤報契丹兵至王大驚走出外蔡文奏曰大駕夜行百姓驚擾願還御行宮臣詗知然後動猶可及也蔡文出候之通事舍人宋均彥別將丁悅賫契丹前鋒元帥駙馬書及拱辰奏狀來蔡文率詣行宮王見拱辰狀知兵已退喜以均彥爲都兵馬錄事丁悅爲親從郞將駙馬書無解契丹字者莫曉其意二月還至公州賜蔡文田三十結敎曰朕因避寇狼狽遠塗

所從臣僚罔不逃散唯蔡文豪犯風霜跋涉山川不辭羈靮之勞終保松筠之節諒多殊效何惜異恩七年以武職兼右常侍十七年拜右僕射卒德宗即位制曰故上將軍左僕射智蔡文當聖考南幸獨全忠節功在第一宜錄功科以勸將來曾縣祿延

祿延蔭補內謁者出爲東北面兵馬判官以材幹稱肅宗九年征女眞有功陞殿中侍御史仁宗朝累遷同知樞密院事與內侍金粲安甫麟上將軍崔卓吳卓大將軍權秀高碩謀去李資謙拓俊京不克資謙殺吳卓等使子之甫縛栲祿延於順天館慘酷幾死令其黨尹翰押流遠地行至忠州病不能與氣尙未絕翰斷支體埋路傍而還妻子沒入州郡爲奴婢資謙敗賜祿延子壻爵一級得改葬祿延爲人荒恣無學術行檢自謂有智計欲除李拓謀拙反陷於禍子之勇後與李深謀變伏誅

河拱辰

河拱辰晉州人成宗朝爲鴨江渡勾當使穆宗時除中郎將王寢疾拱辰與親從將軍庾方中郎將卓思政等常直近殿門尋遷尙書左司郎中及康兆擧兵至拱辰遂與思政奔于兆拱辰嘗在東西界擅發兵入東女眞部落見敗顯宗初坐流遠島尋召還復職未幾王避契丹南幸拱辰追謁于道奏曰契丹本以討賊爲名今已得康兆若遣使請和彼必班師王筮得吉卦遂遣拱辰及高英起奉表狀往契丹營拱辰行至昌化縣以表狀授郎將張旻別將丁悅先往契丹軍言曰國王固願來覲第懼兵威又因內難出避江南遣陪臣拱辰等陳告事由拱辰等亦惶懼不敢前來請速收兵旻等未至契丹先鋒已至昌化拱辰等具陳前意契丹問國王安在荅曰今向江南不知所在又問遠近荅曰江南太遠不知幾萬里追兵乃還明年拱辰與英起至契丹營乞班師契丹主許之遂留拱辰等拱辰旣被留內圖還國外示忠勤契丹主甚加寵遇拱辰與英起密謀奏曰本國今已喪亡臣等願領兵點檢而來契丹主許之尋聞王返國使英起居中京拱辰居燕京皆妻以良家女拱辰多市駿馬列置東路以爲歸計人告其謀契丹主鞫之拱辰具以實對且曰臣於本國不敢有二心罪當萬死不願生事大朝契丹主義而原之諭令改節

效忠拱辰辭益厲不遜遂殺之爭取心肝食之後王下敎錄功加其子則忠祿賚文宗六年制曰左司郎中河拱辰在統和二十八年契丹兵入侵臨敵忘身掉三寸舌能却大兵可圖形閣上超授其子則忠五品職尋又錄其功贈尙書工部侍郎

金殷傅

金殷傅水州安山縣人性勤儉成宗朝授甄官丞穆宗時累遷御廚使顯宗初爲公州節度使王避契丹南下次公州殷傅備禮郊迎曰豈意聖上跋涉山川凌冒霜雪至於此極獻衣帶土物王遂更衣以土物分賜扈從官王至巴山驛吏皆遁御廚闕膳殷傅又進膳羞分供朝夕契丹兵退王還次公州殷傅使長女製御衣以進因納之是爲元成王后元惠元平二王后亦其女也尋除刑部侍郎如契丹賀生辰還至來遠城契丹甚女眞執之以歸數月乃得還進知中樞事轉戶部尙書拜中樞使上護軍八年卒以王后故贈推忠守節昌國功臣開府儀同三司守司空上柱國安山郡開國侯食邑一千戶妻封安山郡大夫人又贈其父尙書左僕射上柱國安山縣開國侯食邑一千五百戶母安山郡大夫人妻父李許謙亦贈尙書左僕射上柱國邵城縣開國侯食邑一千五百戶

周佇

周佇宋溫州人穆宗時隨商舶來學士蔡忠順知其有才密奏留之初授禮賓省注簿不數月除拾遺遂掌制誥顯宗避契丹南幸佇扈從有功由是大顯驟遷禮部侍郎中樞院直學士歷內史舍人秘書監右常侍拜翰林學士承旨崇文輔國功臣左散騎常侍上柱國海南縣開國男食邑三百戶尋進禮部尙書十五年卒性謙恭工文翰交聘辭命多出其手恩遇無比

姜民瞻

姜民瞻晉州晉康人穆宗朝登第顯宗時東女眞寇淸河迎日長鬐縣民瞻與文演李仁澤曹子奇爲都部署往督州郡兵擊走之拜內史舍人又以大將軍副姜邯贊大破契丹蕭遜寧於興化鎭遜寧引兵直趍京都民瞻追及於慈州來口山又大敗之擢鷹揚上將軍柱國轉右散騎常侍賜推誠致

理翊戴功臣號明年知中樞事兵部尚書十二年卒輟朝三日贈太子太傅民瞻起自書生射御非其所長然志氣剛果屢立戰功遂顯達後下敎錄功加其子旦祿資文宗即位制曰大中祥符十一年契丹闌入兵部尚書知中樞院事姜民瞻奮擊大捷於盤嶺之野契丹奔北投戈委甲行路險塞俘斬萬級追念其功合行褒奬可圖形功臣閣以勸後來

郭元

郭元淸州上黨縣人成宗十五年登甲科累遷起居舍人顯宗二年拜中樞直學士六年如宋獻方物仍告契丹連歲來侵會女眞亦訴爲契丹侵擾累年不得朝帝以契丹既受盟難於荅辭學士錢惟演草詔曰念卿本道固深軫於懷思睦乃隣封亦久從於盟好所期輯睦用泰黎蒸帝覽之喜曰如此則雖契丹見之無妨仍勑元遊開寶寺密使館伴員外郎張師德開諭師德與元登寺塔從容謂曰今京都高屋大廈捴是軍營陛下一統寰海猶且養卒日令習戰以備北方天子尚如此況貴國與之連境結好息民是遠圖也明年還拜刑部侍郎右諫議大夫又明年再轉禮部侍郎翰林學士十三年改右散騎常侍歷中樞使刑部尚書賜推誠文理功臣號十八年參知政事王謂宰相曰女眞屢犯東陲爲害滋甚宜招諭渠首厚加賞賜此所謂以德懷人也元曰女眞人面獸心與其懷之以惠曷若震之以威王然之二十年與遼反契丹遣使求援元密奏王曰鴨江東畔契丹保障今可乘機取之崔士威徐訥金猛等皆上書言其不可元固執遣兵攻之不克慚恚發疽而卒性淸廉工文詞歷位臺省以吏能稱然不自重與李作仁善人以此譏之德宗即位以元有勳勞擢用其子拯

王可道

王可道初名子琳淸州人本姓李成宗朝擢魁科補西京掌書記顯宗五年上將軍金訓崔質等作亂由是武臣用事悍夫兇豎並帶文官羊頭狗尾布列臺閣政出多門朝綱紊亂可道以和州防禦使秩滿還京在私第心懷憤激密謂日直金猛曰王何不效漢高雲夢之遊乎猛喩其意密奏王納之以可道嘗爲書記頗得人心即權授西京留守判官趣令先往設備明年王幸西京宴群臣於長樂宮乘訓等醉以兵襲

之遂誅訓質及李協崔可貞石邦賢李暹金貞悅孝邑林猛崔龜等十九人龜儒士以兵部郎中扈從性麤鄙與質等交故及尋以訓等子若同產兄弟歸之本貫常赦不原其父母妻姊妹祖孫叔伯緣坐者皆放之後累歷尙書右丞同知中樞事戶部尙書賜致盛功臣號十八年參知政事二十年與左僕射異膺甫御史大夫皇甫兪義尙書左丞黃周亮等築開京羅城可道令人持傘環立登高而進退之均其闊狹以定城基以功進檢校太尉行吏部尙書兼太子少師參知政事上柱國開城縣開國伯食邑七千戶加輸忠創闕功臣號賜姓王給開城縣庄田封其妻金氏開城郡夫人德宗即位可道請納妃於是納其女爲妃改門下侍郞同內史門下平章事以有疾免朝時遣工部郞中柳喬郞中金行恭如契丹會葬且賀即位可道奏契丹與我通好交贄然每有幷吞之志今其主殂駙馬匹梯叛據東京宜乘此時請毀鴨綠城橋歸所留我行人若不聽可與之絕乃附表請之契丹不從王命群臣議徐訥等二十九人曰彼既不從我言宜勿通好皇甫兪義等三十九人駁云今若絕交必貽禍害不如繼好息民王從可道及訥等議停賀正使仍用聖宗大平年號平章事柳韶請攻破丹城王下宰執議訥及兪義黃周亮崔齊顏崔冲金忠贊等皆曰不可可道與李端奏時不可失固請出軍王命有司卜於大廟不果出兵可道尋乞骸歸鄉養疾三年卒官庀喪事謚英肅後贈太師中書令配享顯宗廟庭

金猛

金猛字貞固梁州宜春縣人祖衍徙居平壤官至通事舍人父贊以詞章見稱累授給事中兼直翰林院性嗜酒使氣屢罷免猛登第官累左拾遺顯宗即位擢置近侍俾掌劇權累拜中樞使賜爵宜春縣開國男食邑三百戶二十一年病革加參知政事卒王痛悼謚文定德宗以猛有勳勞擢敍其子德符文宗贈太子太師門下侍中

柳韶

柳韶史失其世系顯宗朝歷司憲中丞諫議大夫進累平章事二十年王命韶於興化鎭西北四十里修古石城置威遠鎭又修興化鎭北古石堡置定戎鎭徙永平民實之契丹東京將軍大延琳叛自稱興遼來求援王不許時韶以西北面

判兵馬事遭喪王下敎起復曰古者三年之喪卒哭金革之事無避漢丞相翟方進遭喪旣葬三十日除服視事今興遼來請師恐有邊警卿宜馳往邊上以備之除吏部尙書叅知政事德宗卽位授中軍兵馬元帥尋遷門下侍郎同內史門下平章事二年詔始置北境關防起自西海濱古國內城界鴨江入海處東跨威遠興化靜州寧海寧德寧朔雲州安水淸塞平虜寧遠定戎孟州朔州等十三城抵耀德靜邊和州等三城是役契丹來爭校尉邊柔奮身先登擊却之以功授中郎將明年王宴群臣於文德殿以勞詔等開拓關城之勤賜詔推忠拓境功臣號進階銀靑興祿大夫上柱國官至大尉門下侍郎平章事謚襄懿配享德宗廟庭

尹徵古

尹徵古初名元載樹州守安縣人成宗末登第穆宗朝拜監察御史顯宗卽位超授侍御史轉內史舍人充國史修撰官進累中樞使右散騎常侍檢校司徒上柱國十二年加檢校大尉賜推忠佐理功臣號卒性沈重嚴毅美風儀善楷書所至裁決平允口不言人短而人畏愛之訃聞王曰世豈復有斯人朕將疇依歎惜者久贈尙書右僕射謚莊景德宗卽位以徵古有勳勞擢用其子希旦

韋壽餘

韋壽餘沁州江華縣人端慤守法自光宗朝在司膳久不調穆宗時累遷爲門下侍郎平章事顯宗初請老不許賜几杖王以壽餘於朝臣最老欲大用其明年授門下侍中上柱國江華縣開國子食邑五百戶卒謚安恭贈內史令

田拱之

田拱之靜州靈光縣人成宗朝登進士科穆宗末授大學博士時耽羅奏瑞山湧出海中遣拱之往視耽羅人言其形狀奇異可懼拱之躬至山下圖其形以進顯宗初進刑部侍郞拜中樞院副使吏部侍郎卒拱之善辭命歷仕中外二十餘年以勤恪稱贈左散騎常侍

李周憲

李周憲洞州土山縣人初以小吏起頗稱勤幹成宗嘗云鐵中錚錚者授監察司憲穆宗時轉內史舍人兼典三司職務顯宗朝拜殿中監進累尙書右僕射卒

李周佐

李周佐慶州人家世單微幼聰悟左僕射李成功留守東京一見器之及還携至京使隸國學穆宗朝登第調尙州牧記室參軍事拜監察御史顯宗時遷起居舍人出爲東北面兵馬使奏朔方道登溟州管內三陟霜陰鶴浦派川連谷羽溪等十九縣並被蕃賊侵擾生業甚艱請加撫恤命蠲租賦德宗初授右諫議大夫靖宗二年除右散騎常侍六年以刑部尙書判御史臺事卒王悼惜贈司空尙書右僕射賻米麥四百石賜茶及衣著令百官會葬周佐襟懷倜儻儀表瓌偉立朝四十餘年有大臣之體

安紹光

安紹光洞州土山縣人世爲將體貌魁偉使氣好鷹馬穆宗即位以有翼戴功令掌宿衛寵待無比顯宗朝累拜尙書右僕射卒輟朝三日謚敬剛

趙之遴

趙之遴白州銀川縣人有吏幹性嗜酒日夜娛樂穆宗朝拜吏部侍郎知銀臺事時以朋比乾沒譏之然覰金諾李周禎輩有聞顯宗二年以左僕射參知政事卒輟朝三日謚恭華

列傳卷第七

列傳卷第八　高麗史九十五

正憲大夫工曹判書集賢殿大提學知經筵春秋館事兼成均大司成臣鄭麟趾奉敎修

崔冲 惟善 思齊 瀹 允儀

崔冲字浩然海州大寧郡人風姿瑰偉性操堅貞少好學善屬文穆宗八年擢甲科第一顯宗時累歷拾遺補闕翰林學士禮部侍郞諫議大夫德宗初轉右散騎常侍同知中樞院事奏成宗時內外諸司廳壁皆書說苑六正六邪之文漢刺史六條之令今世代已遠宜更書揭之使在位者知所飭勵從之俄授刑部尙書中樞使靖宗朝除尙書左僕射叅知政事判西北路兵馬事王命冲行邊境拓定城池賜衣遣之冲置寧遠平虜等鎭及諸堡十四還陞內史侍郞平章事加守司徒修國史上柱國尋遷門下侍郞平章事文宗卽位拜門下侍中命考定律令書算加守太保四年又加開府儀同三司守太傅賜推忠贊道功臣號冲以侍中爲都兵馬使奏去歲西北州鎭禾穀不登百姓貧乏男困徭役女困徵糴請修繕城池外凡工役悉令禁斷從之又奏東女眞酋長鹽漢等八十六人累犯邊境今勒留京館有日夷狄人面獸心不可以刑法懲不可以仁義敎勒留旣久首丘之情必深怨且供費甚多請皆放還從之明年爲式目都監使與內史侍郞王寵之等奏及第李申錫不錄氏族不宜登朝門下侍郞金元冲判御史臺事金廷俊奏氏族不錄乃其祖父之失非申錫之罪况積功翰墨擢第龐前身無痕咎合列簪紳制曰冲等所奏固是常典然立賢無方不宜執泥其依元冲等奏七年冲以年滿七旬乞退制曰侍中崔冲累代儒宗三韓耆德今雖請老未忍允從宜令攸司稽古典賜几杖視事復加推忠贊道協謀同德致理功臣開府儀同三司守太師兼門下侍中上柱國致仕尋加內史令仍令致仕冲聞王將遣使就第賜告身禮物上章辭曰臣立朝以來未有輔佐方耗齒衰敢乞骸骨坐尸優俸已荷殊私今又蒙特下明綸將降使於雲霄俾及榮於閭里循涯揆分情所未安招損害盈臣之所懼乞回成命追寢新恩不允遣內史侍郞平章事金元鼎同

知中樞院事王懋崇就第賜詔曰卿儒宮圭臬神化丹青事累聖以濡毫文章華國位三階而調鼎功績紀常雖在退閑未忘舊德更進黃扉之秩暨榮綠野之堂今授卿內史令致仕告身一道并賜衣帶銀器綵段布貨鞍馬等物官誥曰良臣惟聖姚皇舉以八元得士者昌姬室延其四子或授之以相位或委之以宰衡採忠懿之謀丹青帝化賴挾維之智黼黻宸謀臻於變之期開無疆之祚誰肩往喆朕得伊人惟卿顒墨存誠該明禀性唐雄首於聖彀禰鶚立於天庭萬丈金山梁代誰踰於朱异一枝丹桂晉臣僉仰於郄詵語多能則叔向扶輪論博物則張華避席而自顯應芝詔擢入槐司軒夢開祥允協吹塵之契周詩濟美載揚瞻石之謠臺閣規模衆推如晦人倫領袖時許魏舒藹馳咸有之稱總正惟幾之務邇者年非耄矣齒未踊然早辭當軸之權歸遂懸輿之願賀知章之湖畔雖愁佳遊陶弘景之山中常諮大事昔勵爲民槩今坐作也師不墜極摯之資奚表難名之德遂中書而冠秩俾上列以翹榮於戲量能授職者君親之常寵獎朕茲無忝論道經邦者宰相之務彌綸汝所克勤茂宣翼亮之猷用致肱康之運俾齊休於姚皇姬室不專美於四子八元後改內史門下省爲中書門下省以冲爲中書令致仕冲雖居家軍國大事悉就咨焉累加推忠贊道佐理同德弘文懿儒保定康濟功臣號二十二年卒王遣大醫監李鹽下詔弔其子惟善等曰卿父人中威鳳朝右元龜抱夔齊至魯之文章夙登大輔振咀業吞釁之謀畫歷贊昌辰懿厥績庸光于編冊追其蟬瑺遺慶附諸冠子冕孫鳩杖退閑樂乃琴墳笙典臥扶宸極蔚爲干木之偃藩坐奠夢楹忽感宣尼之摧棟顧百身而難贖傾萬乘以荐悲卿等橫遘家艱尤深宅恤宜勉孝追之禮莫興過毀之哀顯宗以後干戈纔息未遑文敎冲收召後進敎誨不倦學徒坌集塡溢街巷遂分九齋曰樂聖大中誠明敬業造道率性進德大和待聘謂之侍中崔公徒凡應學子弟必先隷徒中學焉每歲暑月借歸法寺僧房爲夏課擇徒中及第學優未官者爲敎導授以九經三史間或先進來過刻燭賦詩牓其次第唱名以入設小酌童冠列左右奉樽俎進退有儀長幼有序相與酬唱及日暮皆作洛生詠以罷觀者莫不嘉歎及卒謚文憲後凡赴擧者亦皆隷名

九齋籍中謂之文憲公徒又有儒臣立徒者十一弘文公徒侍中鄭倍傑一稱熊川徒匡憲公徒參政盧旦南山徒祭酒金尙賓西園徒僕射金無滯文忠公徒侍郎殷鼎良愼公徒平章金義珍一云郎中朴明保貞敬公徒平章黃瑩忠平公徒柳監貞憲公徒侍中文正徐侍郎徒徐碩龜山徒未知爲何人世稱十二徒冲徒爲最盛東方學校之興盖由冲始時謂海東孔子宣宗三年配享靖宗廟庭子惟善惟吉惟吉官至尙書令子思諏自有傳冲子孫以文行登宰輔者數十人惟善顯宗朝擢乙科第一授七品入翰林院文宗時累遷知中樞院事王命創興王寺于德水縣移縣于楊川惟善諫曰昔唐太宗神聖英武千百年以來未有倫比不許度人爲僧創立寺觀以遵高祖之志史傳美之我太祖神聖王訓要曰國師道詵察國內山川順逆凡可以創造寺院之地無不營建後世嗣王及公侯貴戚后妃臣僚無得爭修願宇虧損地德今陛下承祖宗積累之基昇平日久固宜節用愛人持盈守成以傳後嗣柰何罄民財竭民力供不急之費以危邦本耶王優荅之異日入侍閑讌王從容慰奬曰諫諍是忠從好佞惟善對曰創垂猶易守成難拜中書侍郎同中書門下平章事權吏部尙書事侍御史盧旦奏事不稱旨王怒謂左右曰此非忠蹇之臣命曳出脫公襴縛之惟善奏人臣有犯當付憲司王意解惟善後爲中書令弟惟吉守司空攝尙書令父冲年高尙無恙一日王賜國老宴惟善惟吉扶以入赴時稱盛事翰林學士金行瓊作詩賀曰尙書令侍中書令乙狀元扶甲狀元王以重九宴松嶽亭命詞臣賦詩覽惟善詩稱奬不已賜尙乘馬尋判尙書吏部事賜推忠贊化康靖綏濟功臣號加開府儀同三司守太師上柱國進門下侍中二十九年卒謚文和惟善繼世儒宗匡輔兩朝雖無赫赫之稱人皆重之宣宗朝配享文宗廟庭子思齊登文宗八年科官至守司空門下侍郎同中書門下平章事監修國史判吏部事上柱國卒謚貞平子淪

淪登第事睿宗時國家閑暇王尙詞賦好遊宴嘗宴西京大同江與侍臣唱和淪亦以知制誥從上書諫曰昔唐文宗欲置詩學士宰相奏詩人多輕薄若承顧問恐撓聖聰文宗乃止帝王當好經術日與儒雅討論經史咨諏政理安有事童

子雕篆數與輕薄詞臣吟風嘯月以喪天吏之淳正耶王優納之有一詞臣乘隙曰淪所謂儒雅除臣等別有何人淪短於詩故有此言王怒左遷春州府使和人詩云吾家世受聖朝恩欲繼忠清不墜門但把螢輝增聖日敢將蠡測議詞源自慚風月無功業姻望雲霄已夢魂駭汗未收還感淚謫來猶得駕朱轓王聞之召還後官至禮部尙書翰林學士

允儀冲玄孫初名天祐登第官至門下侍郎平章事判吏部事毅宗十六年卒年六十一生長閥閱揚歷華要論事明白慷慨典銓選注擬平允任用賢才又能文章再掌貢與時稱得人嘗奉詔撰古今詳定禮五十卷行于世配享毅宗廟庭

李子淵 資諒 預 資仁 公壽 奕蕤 之氏 資玄 顗 資德 光縉

李子淵仁州人其先新羅大官奉使入唐天子嘉之賜姓李子孫徙居邵城縣即仁州也有李許謙者封邵城伯生尙書右僕射翰翰生子淵子祥子祥贈尙書右僕射子淵擢魁科靖宗初補給事中累轉中樞院副使文宗朝授吏部尙書參知政事陞內史侍郎平章事王納其女爲妃加守太尉妻樂浪郡君金氏爲大夫人授子顗軍器主簿顥顓並九品職後

加門下侍郎平章事守太傅封金氏雞林國大夫人賜衣襨進門下侍中判尙書吏部事奏曰天地災祥每與刑政得失相應賞罰不可不愼臣伏見吏刑部務要辨理而日陵月替稽留未决者多若令兩部員寮精覈事理考官吏勤怠而黜陟之則合聖上勤政恤刑之意庶冤抑可銷而休祥可致也從之又奏近因創造興王寺移德水縣於楊川百姓營葺廬舍未遑寧處男負女提道路相繼貧者有塡壑之憂富者無安堵之所請蠲德水縣民一歲賦役使得蘇息制特蠲二歲王以子淵功高任重又賜衣襨銀器鞍馬穀帛爲式目都監使奏曰製述業康師厚十擧不中例依甲午赦詔當脫麻然師厚儒林郎堂引上貴之曾孫堂引是騶史官伏見戊子年制電吏所由注膳幕士騶史門僕子孫工製述明經律書算醫卜地理學業登科或兵陣之下成大功者許陞朝行又見丙申年制上項人子孫得蒙恩入仕者依祖父仕路量授今師厚不宜脫麻參知政事金顯等五人奏曰師厚曾祖上貴職雖堂引得兼儒林郎父序應擧十度亦得脫麻入仕師厚十載螢雪之功不可不念伏望亦許脫麻王從子淵等議後

賜推誠佐世保社功臣號加開府儀同三司守太師兼中書令監修國史上柱國慶源郡開國公食邑三千戶卒諡章和配享文宗廟庭子顥贈慶源伯頲門下侍中卒諡貞憲顗顓皆宰相三女皆配文宗長仁睿太后次仁敬賢妃次仁節賢妃顥子資謙資諒資謙自有傳顗子資仁資義資義自有傳曾孫奕蕤顗子資玄資德子祥子預頫資諒初名資訓以外戚補左右衛錄事參軍事睿宗朝從尹瓘征女眞有功授監察御史累遷刑部侍郎樞密院知奏事奉使如宋徽宗御睿謀殿召一行人賜宴作詩示之命和之資諒卽製進云鹿鳴嘉會宴賢良仙樂洋洋出洞房天上賜花頭上艷盤中宣橘袖中香黃河再報千年瑞綠醑輕浮萬壽觴今日陪臣參盛際願歌天保永無忘徽宗大加稱賞將還密諭曰聞汝國與女眞接壤後歲來朝可招諭數人偕來資諒奏曰女眞人面獸心夷獠中最貪醜不可通上國宋幸臣聞之曰女眞地多產珍奇高麗素與互市不欲分利於我故沮之陛下於高麗愛之如子今負憑始此可遣一介之使招女眞不必借高麗竟交通致靖康之禍後轉樞密院副使太子賓客仁宗卽位拜刑部尙書樞密院使病革進守司空中書侍郎平章事卒輟朝三日資諒好讀書常討孫吳兵法以功名自喜娶資仁女生二女無子

資仁文宗朝登第累遷侍御史文順相繼薨宣宗卽位遣資仁如遼告喪遼主不許入京館詰曰二君連逝必有其故宜奏以實資仁曰國公夙有疾恙加以哀毀遂至大漸實無他故願留臣等遣使本國究問臣若誣罔當服重罪語甚切直遼主出城外氈殿引見慰諭後拜兵部侍郎遷右諫議大夫王以八關會幸神衆院雨雪侍宴群臣皆霑服及夕將還天霽月明駐輦昌德門外命宗親奉觴爲壽資仁與左諫議金上琦補闕魏繼廷等諫止之改尙書左丞陞殿中監中樞院副使卒

奕蕤初名應誼少登第累遷直門下省獻議多稱旨官至中書侍郎平章事卒諡貞簡生長閥閱不以富貴驕人人多重之故得免鄭仲夫之亂至晚年嬖賤妾不能理家身沒未幾諸姪孫輩爭財相訟時論少之

資玄字眞精容貌魁偉性聰敏登第爲大樂署丞忽棄官入

春州清平山葺文殊院居之蔬食布衣以禪道自樂睿宗遣內臣賜茶香金帛累詔徵之資玄曰臣始出都門誓不復踐京華不敢奉詔遂上表曰以鳥養鳥庶無鍾鼓之憂觀魚知魚俾遂江湖之性王覽之知不可致幸南京遣其弟尙書資德諭赴行在作詩手書賜之資玄赴召王曰朕慕此老道德久矣不宜以臣禮見令上殿拜賜坐從容與語命留三角山淸涼寺再見問養性之要對曰莫善於寡欲遂進心要一篇王歎賞待遇甚厚旣而固請還山乃賜茶湯道服以寵其行仁宗即位亦傾嚮之有疾遣內醫胗視賜茶藥卒年六十五性吝多畜財貨擧物積穀一方厭苦之賜諡眞樂資德字觀止恭謹孝友喜讀書又好佛蔭補京市署丞進累中書侍郞平章事資謙敗坐貶黃州使後復拜平章事卒年六十八輟朝一日諡莊懿

預文宗朝登第官累尙書工部員外郞宣宗時歷禮部侍郞翰林學士知中樞院事兵部尙書翰林學士承旨獻宗初拜政堂文學刑部尙書初宣宗爲國原公娶預女是爲貞信賢妃生延和宮主睿宗立納延和爲妃預嘗以李資義之黨罷免至是以妃故召見含元殿賜酒食衣服鞍馬授檢校太尉刑部尙書政堂文學進中書侍郞平章事卒子公壽

公壽字元老舊名壽少時外祖侍中崔惟善撫其頂曰此兒當爲大器及長力學登科直翰林院遷左拾遺轉西京留守判官睿宗幸西京公壽供頓不擾民王嘉之駕還命扈從辭曰故事旋駕惟知留一人扈行安可要異恩以撓常典王從之秩滿拜禮部員外郞轉兵部侍郞王委以選軍卒凡十四年以稱職聞累遷工部尙書一時輩流多踐宰府人或以爲晩公壽處之恬然仁宗即位擢檢校司徒守司空參知政事進中書侍郞平章事李資謙作亂公壽據義鎭定賜推忠衛社同德功臣號拜開府儀同三司門下侍中上柱國公壽素患風痺乞退表四上優詔許之卒輟朝一日諡文忠天資宏厚勤儉然吝嗇好佛子之氐

之氐字子固好讀書屬辭如宿構擢魁科直翰林院仁宗初授右正言時論公正忤時宰改殿中內給事出按西海道時資謙當國嗜利者爭附之氐獨不相比資謙使者交午州郡爭取財賄之氐痛禁資謙惡之除平州使資謙敗召還累遷

為起居注妙清白壽翰結近侍以妖術惑衆之氏獨深斥之曰此輩必誤國王幸西京鄭知常金安與妙清誣言大同江有瑞氣此神龍吐涎千載罕逢請順天心稱尊號以厭金國王以問之氏對曰金強敵不可輕也況兩府大臣留守上都不可偏聽一兩人言以決大議王從之拜中書舍人西京叛久不下之氏與左常侍李仲上疏曰虎兕出於柙龜玉毀於櫝是誰之過西賊之謀久矣一二大臣非獨不防閑反信其謀而張之致今日之患請賜明斷誅其黨與盖指文公仁林景清輩也公仁景清由是罷陞御史大夫同知樞密院事歷禮部尚書政堂文學守司空左僕射進參知政事二十三年卒年五十四王遣使弔祭贈中書侍郎平章事謚文正之氏風標英雅秉心寬厚文章事業為一時傑但吝嗇父沒不分弟妹財產其家奴肆橫或至盜劫不檢制為時所譏

類登第直翰林院事文順宣獻肅睿六朝累官開府儀同三司檢校太師守太保門下侍郎同中書門下平章事判尚書禮部翰林院事修國史上柱國年六十九卒輟朝三日謚文良類恬靜寡欲俸祿之外不營產業酷信浮屠遍覽諸經章疏尤喜金剛經自號金剛居士孫光縉

光縉初名元休蔭補良醞丞揚歷中外遂躋樞府鄭仲夫之亂以溫謹獲全明宗初參知政事加中書侍郎門下平章事權執銓衡未幾乞骸卒謚貞懿子惟仁惟誼惟直惟諒惟卿惟溫

朴寅亮 景仁 景伯 景山

朴寅亮字代天竹州人或云平州人文宗朝登第多所敭歷遼嘗欲過鴨綠江為界設船橋越東岸置保州城顯宗以來屢請罷不聽二十九年遣使請之寅亮修陳情表曰普天之下既莫非王土王臣尺地之餘何必曰我疆我理又曰歸汝陽之舊田撫綏弊邑回長沙之拙袖抃舞昌辰遼主覽之寢其事累遷右副承宣轉禮部侍郎三十四年與戶部尚書柳洪奉使如宋至浙江遇颶風幾覆舟及至宋計所貢方物失亡殆半帝勑王勿問王乃釋洪等有金覲者亦在是行宋人見寅亮及覲所著尺牘表狀題詠稱嘆不置至刋二人詩文號小華集歷翰林學士承旨同知中樞院事肅宗元年以右僕射參知政事卒謚文烈寅亮文詞雅麗南北朝告奏表狀

皆出其手嘗撰古今錄十卷藏秘府子景仁景伯景山
景仁初名景綽字介裕少力學登科累遷左拾遺言論勁直無所依違時議重之睿宗朝授中書舍人以兵馬副使從尹瓘征女眞墜馬傷脛留定州聞瓘將築九城寄書曰武功已成國威已振宜戢師旅以圖萬全更深入賊地列置城池今雖已成後恐難守瓘不能用卒如其言王欲遣使如宋景仁時以殿中監直門下上疏諫止言甚剴切王不得已從之然以忤旨除國子祭酒後爲西北面兵馬使陞辭王賜名景仁仍賜茶藥歷吏戶禮刑四部尙書翰林學士承旨判三司事以老病屢乞退加檢校太子太保守司空尙書左僕射參知政事修國史致仕卒年六十七謚章簡子孝廉孝先景伯宣宗朝擢魁科官至尙書景山睿宗朝擢第二名仕至大卿以三子登科例賜母大倉米歲三十碩

黃周亮

黃周亮登第顯宗朝累轉侍御史歷拾遺中丞進累中樞院副使德宗朝拜政堂文學判翰林院事靖宗朝歷吏戶禮三部尙書參知政事威雞州女眞仇屯高刀化二人與其都領將軍開老爭財乘其醉歐殺之事下輔臣議侍中徐訥等六人議曰女眞雖是異類然旣歸化名載版籍與編氓同固當遵率邦憲今歐殺其長罪不可原請論如法周亮等十一人議曰此輩雖歸化爲我藩籬然人面獸心不慣風敎不可加刑且律文云諸化外人同類自相犯者各依本俗法況其隣里老長已依本俗法出犯人二家財物輸開老家以贖其罪何更論斷王從周亮等議進門下侍郎平章事九年加推忠盡節文德匡國功臣特進守太保兼門下侍中判尙書吏部事上柱國卒謚景文初契丹兵陷京城燒宮闕書籍盡爲煨燼周亮奉詔訪問採掇撰集太祖至穆宗七代事跡共三十六卷以進配享靖宗廟庭宣宗贈開府儀同三司

柳伸

柳伸初名仁狀貌不踰中人而有膽量少登第以淸謹名由起居舍人出牧淸州民畏而敬之國家欲移都南京宰相及庶僚皆以爲可伸與左散騎常侍庾祿崇獨言其不可凡論國事悉主忠義時論多之事文順宣憲肅五朝官至尙書右僕射政堂文學卒贈參知政事謚忠愼

王寵之

王寵之顯宗朝登第累遷起居舍人靖宗朝爲右承宣給事中與都兵馬副使朴成傑等奏東路靜邊鎭蕃賊窺覘之處百姓不得安居請俟農隙築設城池從之轉知奏事禮賓卿十年與東北路兵馬使參知政事金令器城長定二州及元興鎭文宗初以中樞使爲西北面中軍使兼行營兵馬使加守司空上柱國未幾以吏部尙書爲都兵馬使奏傳曰安不忘危又曰無恃敵之不來恃吾有備故國家每當仲秋會東西班員吏於效外敎習射御而況諸衞軍士國之爪牙宜於農隙敎以金鼓旌旗坐作之節又軍馬皆不練習請先選前鋒馬兵每一隊給馬甲十副俾習馳逐仍令御史臺兵部六衞掌其敎閱從之尋拜內史侍郞轉門下侍郞平章事上章辭兵馬使不允開城監牧直李啓以事私遣旗頭李仁驅史加達捕府軍金祚祚投河死尙書刑部奏啓罪應律畏懼致死宜以鬪殺論准今制旨杖脊配有人島仁及加達以從流三千里李子淵議亦與刑部同寵之等以爲畏懼致死者謂如臨水履嶮因恐迫致死也今祚自溺與此不同當以仁爲首減絞罪半加達爲從啓以事理重論制曰以畏懼致死論啓恐非正條可除名收田餘依所奏進安太尉門下侍郞同中書門下平章事尋陞門下侍中判尙書吏部事二十一年以中書令致仕卒輟朝三日謚景肅後追念其賢下詔褒美贈守太師中書令配享文宗廟庭

魏繼廷

魏繼廷史失其世系文宗朝登第以文章名累遷左補闕知制誥宣宗朝爲御史中丞王嬖妾萬春起第壯麗繼廷奏萬春誑惑丘意勞役百姓大起私第請毁之不報又爲樞密承宣王以燈夕置宴酒酣命繼廷起舞辭曰有伶人何用臣舞王不得强乃止肅宗時歷吏禮二部尙書轉中書侍郞同中書門下平章事進門下侍郞平章事兼太子少師睿宗初爲門下侍中上表乞退不允再乞退又不允命左承宣柳仁著至私第宣諭繼廷固稱疾上表乞退又手詔不允曰卿貪邪所忌忠亮不回先考尙賢早授洪鈞之任寡人受命以爲同德之臣自春已來稱疾求免雖嘉止足之義未符倚注之心知予至誠無或遜避前已曲諭夫復何言遂命內人韓皦如

敎諭尋加守太保繼廷入省視事御史奏繼廷寢疾彌年不能視事數請告上待益厚賜假二百日假已盡乃復遷延累旬然後扶起入省非大臣意請罷之不許二年復三上表乞退詔曰卿淸規重德鎭服百寮直節令名聳動群聽文祖擢爲詞臣英考命作首相惟予冲人方賴耆哲之輔乃稱有疾遽辭機務之煩再下書詔朕已諭於至懷七上封章卿不移於確志重違勤請許遂便安宜加調攝速副登庸尋遣中使慰諭賜茶藥二銀合又上表辭祿詔曰卿久積股肱之勤偶嬰勝理之疹朕以謂身若不安疾難速愈雖深惜去之意勉從告退之誠何復奏於章牘請不支於祿錢乞骸之後賜廩有常當體眷懷無煩固遜再上表辭祿又詔曰卿博學攻文詞林宗匠匪躬直節爲世名臣因疾解官甚惜其去又從而辭祿非朕所以優賢敬老之意令三司給二分祿未幾卒諡忠烈繼廷淸儉寡直嘗副李資義奉使如宋資義多市珍貨繼廷一無所求至登兩府不改素節又不徇俗好佛國人想望大用及爲相已老病且知勢之不可爲循默無所建明仁宗詔曰魏繼廷嘗受肅宗遺命左右先君淸儉正直終始一節宜令配享睿宗廟庭

邵台輔 王國髦 高義和

邵台輔史失世系文宗末授戶部侍郞宣宗時官累參知政事進中書侍郞平章事判刑兵部事奏北路邊城將士多自山南州縣充入故丁田在遠貲產貧乏脫有兵事並爲先鋒請自今令入遼使臣揀壯健者爲傔從因使偵察疆域事勢且有互市之利人必競勸制從之獻宗初拜門下侍郞平章事上柱國李資義謀亂台輔使王國髦率兵入衛令壯士高義和斬資義及其黨以功權判吏部事轉特進守司徒判吏部事肅宗受禪擢拜守太尉門下侍中賜金銀器衣襨錦罽綾羅布帛鞍馬及樂部花酒宴于其第台輔嘗奏國學養士縻費不貲實爲民弊且中朝之法難以行於我國請罷之不報八年年七十上表乞退不允遣尙書兵部郞中許慶賜几杖制曰禮大夫七十而致事若不得謝則必賜之几杖蓋以圖任舊人諮諏大政也卿吏幹秀而飾以儒雅兵機深而兼揔刑名加以中和理其身方正率其道眞所謂王佐之才也文考用卿爲腹心宣宗任卿爲宰輔朕在宗邸熟聞卿名受

禪以來惟卿是賴凡所施設必資訪問擢置上宰以授大柄何遽引年而告老乎昔太公望七十而遇文王今卿年纔至此而再三求退朕所不喜也况卿精神氣力强健不衰宜在廊廟論經爕理是用稽諸古典特示殊恩尋守太傅判戶部西京留守事加門下侍中致仕明年加守太師賜協謀功臣號卒謚忠謙配享肅宗廟庭國髦宣宗時直門下省獻宗即位權尙書兵部事議者以爲王室微弱權歸武將政將柰何旣誅資義以功權判兵部事陞右僕射參知政事判兵部事柱國尋判都兵馬事病不視事而威振朝廷肅宗初加守司徒卒子幼妻弟王字之服喪王弔慰贈謚景烈國髦惟事弓劒敎書有資兼文武之語時議譏之配享肅宗廟庭義和全州高山縣人性沉鷙有膂力應選爲軍補隊正斬資義以功陞散員進累上將軍睿宗朝拜兵部尙書加守司空尙書左僕射判兵部事十二年上書言臣年六十九戶籍誤減二年且臣病不能從事請致仕從之賜衛社功臣號十四年卒

文正

文正長淵縣人文宗初登第累遷兵部侍郞左諫議大夫歷刑部尙書參知政事進中書侍郞平章事東蕃作亂正爲判行營兵馬事與兵馬使崔奭廉漢兵馬副使李顗將步騎三萬出屯定州夜分道直趣賊巢穴遲明乃至鼓譟震地賊大懼遂麾兵奮擊斬三百九十二級擒渠帥三十九人獲牛馬百餘委棄器械塡積攻破廬落凡十餘所晡後凱還奏捷王喜遣左司員外郞裴緯勑曰近緣邊事未息宵旰軫慮今省所奏婉畫降戎掃除民害使朕無東顧之憂惟乃之功特賜正銀合一副重一百兩奭漢顗銀合各一副重各五十兩並盛丁香尋賜正推忠贊化蕩寇靜塞功臣號加特進檢校司徒門下侍郞平章事判尙書禮刑部事兼太子太傅上柱國長淵縣開國伯食邑二千戶食實封二百戶正奏曰今時雨旣洽農務方殷願上體天養民罷興王寺土木之役及十二所監倉巡察使以除民弊從之進士魯隼其父娶大功親而生者崔奭爲吏部尙書請依律禁錮不敍王曰選用人才當不拘常局可與諸進士並授官秩以通朝籍正等曰家齊然後國治隼父不正婚禮瀆亂人倫然方今崇尙儒術用士是急宜降授階職從之宣宗十年以守太尉門下侍中致仕卒

謚貞獻配享宣宗廟庭

鄭文

鄭文字懿德草溪縣人父倍傑擢魁科官至禮部尙書中樞使以儒術相文宗卒贈弘文廣學推誠贊化功臣開府儀同三司守大尉門下侍中上柱國光儒侯倍傑妻崔氏賢而無子養其族女及笄勸倍傑以爲妾未幾倍傑死遺腹生文年甫十五六嶷然若老成赴國子監試作君爲民天賦曰物如憔悴我則施雨露之恩俗若頑兇我則布雷霆之怒文宗聞之屢加稱歎登第拜秘書郎時宣宗爲國原公文爲其府錄事及即位擢直翰林院兼四門助敎尋轉右拾遺臺諫駁奏文外祖系出處仁部曲不宜諫官乃改授殿中內給事知制誥出知開城府事入爲刑部員外郎肅宗十年拜刑部尙書政堂文學兼太子賓客加檢校司空禮部尙書在公暴疾舁歸其第王遣內醫診視尋卒王震悼贈特進左僕射參知政事謚貞簡官庀葬事文爲人恭儉朴訥不事生產居室僅庇風雨莅官謹愼典刑曹十餘年未嘗妄出入人罪嘗扈駕西京請立箕子祠奉使入宋所賜金帛分與從者餘悉買書籍以歸宋人多之子福公福卿福儒

金元鼎

金元鼎德宗朝官累監察御史靖宗時除右司郎中東北路兵馬使金令器築長定二州元興鎭城元鼎等率兵出屯要路以備之遇賊戰有功令器還奏請加褒賞從之文宗朝歷御史大夫中樞院使尙書左僕射參知政事時兵部請遣兵東西兩界以備邊元鼎奏曰近因送迎北朝封冊使士卒已疲又赴興王寺役不得休息資糧殆乏乞依封冊軍例賜物以遣乃命侍御史秦仲依所奏行之進內史侍郎同內史門下平章事庾仲卿工部尙書逵之子也制降等授蔭職式目都監使侍中李子淵等十一人駁曰仲卿舅平章李襲奸兄少卿蒙女生仲卿母仲卿不宜齒朝列元鼎等四人議曰此乃李襲之罪非仲卿父子所犯且功臣黜弼之裔不宜塞仕途請依前制降授蔭職王從元鼎等議加守司徒尋陞門下侍郎同中書門下平章事上柱國兼太子太保嘗遙領西京奏事忤旨出爲西京留守使未幾召還十七年進守太尉門下侍中卒後三司奏元鼎卒已四年猶闕賻贈謹按工部尙

書鄭僐之喪既經大祥制責有司稽緩即加追贈請從前制賻贈從之賜穀一百三十石

孫冠

孫冠字知足安峽縣人性行清純樸古幼好學以文學名文宗朝擢第累遷左補闕自是揚歷清要宣宗時爲右諫議與門下侍郎金良鑑掌試取進士李景泌等景泌程文不合格時議譏其主司不明獻宗時歷知中樞院事尙書右僕射參知政事判戶部事致仕睿宗四年卒年八十六謚章簡

崔思諒

崔思諒字益甫海州人年十八登第文宗朝累遷至工部侍郎宣宗時歷中樞院使參知政事檢校太子太師修國史進左僕射參知政事因疾乞退制以致仕例給半俸有司駁奏人臣年七十致仕者給半祿所以養國老也未聞病廢而家食者王曰思諒累代元臣文章器識有異常倫豈拘恒例竟不從九年卒思諒儀表端雅沉靜寡言秉國鈞主文柄名重一時王聞訃悼甚賜子洙等弔書官庀葬事謚康敬

金先錫

金先錫廉毅有吏才文宗時除戶部郎中獻宗朝累授知樞密院事肅宗初拜左僕射判戶部事進中書侍郎平章事年至七十乃三上表請老許之時人議其顧戀爵位卒謚忠簡

任懿

元厚 克忠 克正 溥 濡 翊 沆

任懿定安縣人少力學登第宣宗在藩邸聞其名奏爲典籤及即位累遷右承宣肅宗初立內人挾宿憾屢譖之王雅知其純正無他讒言卒不行遷諫議大夫宋哲宗崩懿與侍郎白可臣奉使弔慰一行人皆黷貨利懿獨廉謹宋人稱之賫帝所賜神醫普救方來王曰此方濟世要術其賫來使副僚佐宜並加爵賞未幾拜御史大夫歷禮兵吏部尙書左僕射參知政事睿宗初進開府儀同三司上柱國尋判尙書刑部事後以中書侍郎平章事權判東北面兵馬事兼行營兵馬使右諫議大夫金緣副之懿等辭王御重光殿親授鈇鉞賜鞍馬衣服彩段遣近臣餞于郊及還引見重光殿時崔弘正等已收入九城軍民兵仗懿等行緩疆場之事一無措置徒煩傳騎時人譏之後加守太尉門下侍郎同中書門下平章事上柱國仍令致仕賜佐理功臣號十二年卒年七十七謚

貞敬仁宗贈中書令子元厚元濬元濬平章事
元厚初名元敳登第仁宗初累遷殿中內給事出守陜州移開城府俱有政績王納元厚女爲妃遂授禮賓少卿御史雜端驟擢參知政事改同知樞密院事妙淸白壽翰以邪說惑衆元厚上書請誅之以絕禍萌不報復爲參知政事判工部事進中書侍郎平章事西京叛詔以元厚及金富軾爲中軍帥尋命元厚留衞都城後賜同德佐理功臣號開府儀同三司檢校太傅尋判兵部事改門下侍郎平章事表讓崔溱不報未幾判吏部事銓注甚公人稱之曰山濤蔑以加矣加守太保判西京留守事毅宗即位拜門下侍中封定安侯令朝會上殿行禮諫官論駁遂加宣忠安社佐理同德功臣三重大匡開府儀同三司守太尉上柱國定安公食邑二千戶食實封六百戶開府曰壽寧置僚屬十年卒年六十八元厚器宇宏深風彩嚴重博通經史爲宰相勤儉淸白享富貴十餘年妙淸妖說宰執皆傾信元厚獨擯之不從人服其明子克忠克正溥濡沆克忠擢第累官至中書侍郎平章事風姿魁偉有器識克正以戶部尙書辭連鄭叙貶梁州防禦使移忠州牧使卒
溥幼穎悟善屬文元厚卒毅宗抑外戚待太后甚薄故年二十猶未補官明宗立授禮賓注簿遷閤門祗候乞免職應擧遂擢乙科第累遷吏部侍郎卒贈吏部尙書翰林學士姿儀醞藉尤愛山水之遊世目爲神仙中人
濡初名克仁明宗時登第官累參知政事神宗初拜中書侍郎平章事進守太傅門下侍郎平章事康宗元年卒年六十四謚良淑性恬淡慈和不以家世勢位驕人雖臧獲賤隷未嘗詬罵歷事五朝居官勤恪處决明允掌制誥十六年一時高文大冊皆出其手四闢文闈所擧皆當世名士若趙冲李奎報金敞兪承旦其尤者也晚年奉佛彌篤金書大藏經幾半識者譏之配享熙宗廟庭子景肅景謙孝順景恂景肅官至同中書門下平章事修文殿大學士判吏部事景謙同知樞密事翰林學士承旨孝順樞密副使景恂判司宰事景謙子翊
翊登第忠烈朝累遷大司成以明習禮度改判閤門事進密直副使同修國史官至僉議侍郎贊成事致仕卒翊博聞强

記譜錄典故有質疑者辨之如響嘗奉敎撰璿源錄又撰元
世祖事跡
沆幼能文姿朗秀可愛不以富貴驕人登第仕至禮部侍郎
嘗奉使如金主客侍郎李陽名人也愛沆風誼待甚款

金漢忠

金漢忠新羅大輔閼智之後高祖庾廉從敬順王歸太祖爲功臣漢忠少雄偉力學登第宣宗朝官累閤門引進使上輕車都尉出守安西都護府爲政不苛民慕之獻宗初除刑部侍郎肅宗封太子以漢忠兼左庶子累授禮部尙書宋使來漢忠航海迎候宋使卒遇颶風船幾敗賴漢忠拯救得全活睿宗初拜尙書左僕射判秘書省事尹瓘之伐女眞也漢忠爲中軍兵馬使力戰有功又爲行營兵馬使瓘等命諸軍撤內城材瓦以築九城徙南界民實之漢忠執不可曰如外城未畢而卒有緩急內無完城民將何保元帥雖有命吾不敢從後果如其言遷判工部事轉樞密院使以尙書左僕射致仕卒年七十八遺命薄葬謚元平漢忠妻文宗婢妾之女也以故雖至達官不得入臺省子景初景元景若

列傳卷第八

高麗史九十六

列傳卷第九

正憲大夫工曹判書集賢殿大提學知經筵春秋館事兼成均大司成臣鄭麟趾奉教修

崔思諏

崔思諏字嘉言初名思順後賜今名文憲公冲之孫自少力學工文文宗朝登第王以思諏名家子博學多聞召入內侍省與語對稱旨王悅宣宗朝拜殿中少監知尙書戶部事出爲西京副留守駕幸西京時遼使王鼎來思諏爲館伴聞鼎每夜獨坐爲文以計取其書奏之乃諫疏也其疏極言遼大平日久不修武備又言大宋伐南夏事王嘉其擯接之能手詔褒之令從駕尋除御史大夫改同知中樞院使左散騎常侍獻宗時拜吏部尙書知樞密院事肅宗初參知政事進中書侍郎平章事加守太尉判吏部事大將軍高文蓋張洪占李弓濟將軍金子珍等潛圖不軌思諏按治其罪悉流之南裔以功拜門下侍中賜輔正功臣號九年守太保以老三上表乞骸骨魏繼廷曰崔公在官吾輩仰如山斗軍國大事一聽其議今若告老奈國政何時王曲宴壽春宮召思諏赴宴思諏起爲壽王親酌酬之執其手曰卿若固退誰與共政朕優賢重老不忍從也對曰七十致仕禮也臣已老耄無益於國願遂歸志王許之睿宗朝加守太師中書令致仕賜詔書制牒茶藥衣帛鞍馬以示優恩王嘗賜龍鳳茶思諏進謝詩王和賜之王納思諏壻李資謙之女生木子冊爲王妃以恩加推誠奉國功臣大寧郡開國侯食邑二千五百戶食實封一千五百戶思諏入見王賜宴命不拜待以家人禮思諏奏曰臣年八十無復有望願上享國萬年永保三韓言出至誠王感涕召思諏子壻兒孫賜花酒扶出還家未幾卒王以燃燈御重光殿觀樂聞思諏卒震悼罷宴輟朝三日賜賻優厚令百官會葬謚忠景思諏勤謹公廉不以門地驕人立朝四十餘年無少過失爲相論議務存大体不敢輕改舊章門人子弟有來謁者常訓以事君之道言不及私雖謝事家居憂國之心終始不衰配享肅宗廟庭子源溱源累官尙書右僕射溱門下侍郞平章事資謙及文公美柳仁著皆其女壻門

閥之盛一時無比

金仁存

金仁存字處厚初名緣新羅宗室角干周元之後父上琦登第官至侍郎平章事謚文貞配享宣宗廟庭仁存性明敏少登科直翰林院歷事宣獻肅三朝以內侍掌奏事不欲久在近密懇求外補由尙書禮部員外出爲開城府使秩滿授起居舍人知制誥遷起居郎言事忤旨左授兵部員外郎遼使學士孟初至仁存爲接伴初見其年少頗易之嘗一日並轡出郊雪始霽茫然無所見唯馬蹄觸地作聲初唱云馬蹄踏雪乾雷動仁存即應聲曰旗尾飜風烈火飛初愕然曰眞天才也由是情好日篤相唱和及別解金帶贈之轉吏部郎中兼東宮侍講學士時睿宗在東宮講論語仁存撰新義進講移中書舍人肅宗薨仁存告哀于遼自東京抵京師所經州府皆設宴張樂仁存曰臣來時本國君臣皆服衰哭泣今來上國雖感恩榮臣子之情不忍聞樂言甚切至遼人許之至朝見時又乞除吉服舞蹈孟初至幕曰殿庭服色宜從吉但除舞蹈可矣還拜禮部侍郎諫議大夫王封僧曇眞爲王師以仁存爲封崇使辭曰臣職在諫院已言封王師不可未蒙俞允又從而爲使是欺殿下也王强之再三固辭不奉旨以內侍柳台樹代之王將伐東女眞大臣皆贊成之仁存獨上疏極諫不報及尹瓘等破女眞築九城女眞失窟穴連歲來爭我兵喪失甚多女眞亦厭苦遣使請和乞還舊地群臣議多異同王猶豫未決仁存言土地本以養民今爭城殺人莫如還其地以息民今不與必與契丹生釁王問其故仁存曰國家初築九城使告契丹表稱女眞弓漢里乃我舊地其居民亦我編氓近來寇邊不已故收復而築其城表辭如是而弓漢里酋長多受契丹官職者故契丹以我爲妄言其回詔云遠貢封章粗陳事勢其閒土地之所屬戶口之攸歸已勅有司俱行檢勘相次別降指揮以此思之國家不還九城契丹必加責讓我若東備女眞北備契丹則臣恐九城非三韓之福也王然之遷祕書監奉使如宋徽宗待之甚厚屢賜宴宴器皆甲白玉仁存以爲帝厚我國享禮雖異常然觀時事華侈太甚可嘆還至慶源郡聞父喪以使事付其介遂奔喪不復命時人譏其失禮歷左散騎常侍翰林學士承旨兵禮

戶部尙書政堂文學叅知政事進守司徒中書侍郎同中書門下平章事上柱國金兵攻破契丹州郡幾盡王以仁存判西北面兵馬使措置軍務契丹來遠城刺史常孝孫懼不保率州民泛舟而遁以來遠抱州二城歸于我仁存遣兵據其城收兵仗物貨甚多遂拓地界鴨江爲王宴親王兩府于淸讌閣命仁存記其事其文曰王以聰明淵懿篤實輝光之德崇尙儒術樂慕華風故於大內之側延英書殿之北慈和之南別創寶文淸讌二閣一以奉聖宋皇帝御製詔勅書畫揭爲訓則必拜稽肅容然後仰觀之一以集周孔軻雄以來古今文書日與老師宿儒討論敷暢先王之道藏焉脩焉息焉遊焉不出一堂之上而三綱五常之敎性命道德之理充溢乎四履之閒越今年夏召太傅尙書令帶方公臣俌守太傅尙書令大原公臣倖守太保齊安侯臣偦守太保通義侯臣僑守太保樂浪侯臣景庸門下侍郎瑋門下侍郎臣資謙臣緣中書侍郎臣仲璋叅知政事臣晙守司空臣至和樞密院使臣軌知樞密院事臣字之同知樞密院事臣安仁等置高會于淸讌閣乃從容謂曰予顧德不類賴天降康廟社儲祉

金革偃於三邊文軌同乎中夏凡立政造事大小云爲罔不資稟崇寧大觀以來施設注措之方其於文閣經筵求訪儒雅遵宣和之制也深堂密席迎見輔臣法大淸之宴也雖禮有豐殺而優賢尙能之意其致一也今入朝進貢使資謙實桂香御酒龍鳳茗團珍果寶皿來歸嘉與卿等樂斯盛美臣僚皆惶駭恐懼退伏階陛辭以固陋不敢干盛禮王趣令就坐溫顏以待之備物以享之其供帳之設器皿之列觴豆之實果核之品則六尙之名珍四方之美味無一不具復有上國玻瓈瑪瑙翡翠犀兕瑰奇玩用之物交錯於案上圓箎控揭琴瑟鐘磬安樂雅正之聲合奏於堂下王執爵命近臣監勸曰君臣交際惟以至誠其各盡量不辭而飮左右再拜告旨而卒爵或獻或酬和樂孔皆及觴酒九行且令退息續有中貴人押賜襲衣寶帶以將其厚意焉旣而復召促席而坐使飮食擧措各自便或開懷以言笑或縱目以觀覽欄楯之外疊石成山庭除之際引水爲沼峭崒萬狀淸渟四澈洞庭吳會幽勝之趣生而終宴無憚暑之意盡醉劇飮夜艾而罷於是搢紳士大夫擧欣欣然有喜色而相告曰吾王以慈儉

爲寶而無肆溢之行衣不御文繡器不用彫鏤猶慮一夫之不得所一事之不合度每日焦勞惻怛於宵旰之中至於燕群臣嘉賓則發內府之寶藏傾上國之異恩而窮日之力以火繼之猶不以爲侈其尊賢重禮好善忘勢之心實可謂高出百王之上矣臣嘗聞昔魯公用天子禮樂以化成風俗故於泮宮則先生君子與之爲樂其詩曰魯侯戾止在泮飲酒旣飮旨酒永錫難老燕於路寢則大夫庶士與之相宜其詩曰魯侯燕喜宜大夫庶士邦國是有旣多受祉今吾君奉天子恩意以寵待臣隣故公卿大夫懷天保報上之意言語法從賦我有嘉賓之詩瞽師歌工作君臣相悅之樂懽欣交通禮儀卒度當是時也人靈之和氣天地之休應上下之報施風俗之化原皆出於飮食衎衎載色載笑之閒豈止永錫難老旣多受祉而已耶必當億萬斯年享大平之福而對揚天子永永無彊之休臣愚且拙遭逢萬幸代匱宰府不以臣之不材特有書事之命辭不獲已謹拜手稽首而强爲記乃命寶文閣學士洪瓘書諸石尋加開府儀同三司判東北面兵馬事兼行營兵馬事王在西京欲行太子冠禮仁存奏曰冠者禮之始事之重故冠於阼三加彌尊所以尊其禮而著成人之義也今以元子之貴冠於外非所以法先王示後代王從之仁存文名淸節冠當代王深器之恩禮優重及仁宗幼冲嗣位李資謙用事恐及禍懇辭乞退不許一日將赴衙聞街上童謠因墜馬歸臥求免愈切遂罷相判祕書省事監修國史王密遣內侍金安問於仁存及李壽曰欲奪資謙權置散地如何皆對曰上生長外家恩不可絕況彼黨與滿朝不可輕動請俟其閒王不聽及變起宮闕連燒王避火坐山呼亭歎曰恨不用金仁存之言以至於此尋賜翊聖同德功臣號三重大匡開府儀同三司檢校太師門下侍中金兵入汴邊報妄傳金人敗北宋帥乘勝深入金人不能拒鄭知常金安等奏曰時不可失請出師應宋以成大功使主上功業載中國史傳之萬世時王在西京遣近臣馳問仁存對曰傳聞之事恒多失實不宜聽浮言興師旅以怒强敵且金富軾入宋將還姑待之及富軾還邊報果虛王以睿宗遺命敎諭起爲守太傅門下侍中判吏部事仁存不獲已就職羸老須人扶乃行五年卒輟朝一日命有司賻葬加禮諡文成配享睿

宗廟庭仁存好學老不釋卷一時詔誥多出其手再掌禮闈多得名士嘗與崔瓚李載李德羽朴昇中等刪定陰陽地理諸書以進賜名海東祕錄又與昇中撰時政策要又注貞觀政要子永錫永胤永寬皆登第拜平章事永錫曾孫弁一名琪幼力學登第高宗朝歷正言御史出按忠清日酣飲廢事又橫斂賂權貴人皆切齒仕至判少府監事仁存弟沾風姿雅麗以文學顯於時官至守司空中書侍郞平章事

尹瓘

彥頤　鱗瞻　世儒　商季

尹瓘字同玄坡平縣人高祖莘達佐太祖爲三韓功臣父執衡檢校少府少監瓘文宗朝登第歷拾遺補闕肅宗時累遷東宮侍講學士御史大夫吏部尙書翰林學士承旨女眞本靺鞨遺種隋唐閒爲勾高麗所幷後聚落散居山澤未有統一其在定州朔州近境者雖或內附乍臣乍叛及盈哥烏雅束相繼爲酋長頗得衆心其勢漸橫伊位界上有連山自東海岸崛起至我北鄙險絕荒翳人馬不得度閒有一徑俗謂瓶項言其出入一穴而已邀功者往往獻議塞其徑則狄人路絕請出師平之七年女眞來屯定州關外疑其圖我誘執酋長許貞及羅弗等囚廣州栲問果謀我也遂留不遣會邊將李日肅等奏女眞虛弱不足畏失今不取後必爲患烏雅束又與別部夫乃老有隙發兵攻之來屯近境王命林幹往備之幹邀功引兵深入擊之敗績死者大半女眞乘勝闌入定州宣德關城殺掠無算乃以瓘代幹爲東北面行營都統授鈇鉞遣之瓘與戰斬三十餘級我軍陷沒死傷者過半軍勢不振遂卑辭講和結盟而還王發憤告天地神明願借陰扶掃蕩賊境仍許其地創佛宇瓘還參知政事判尙書刑部事兼太子賓客奏曰臣觀賊勢倔强難測宜休徒養士以待後日且臣之所以敗者賊騎我步不可敵也於是建議始立別武班自文武散官吏胥至于商賈僕隷及州府郡縣凡有馬者爲神騎無馬者爲神步跳蕩梗弓精弩發火等軍年二十以上男子非擧子皆屬神步西班與諸鎭府軍人四時訓鍊又選僧徒爲降魔軍遂鍊兵畜穀以圖再擧進中書侍郞同平章事睿宗即位以喪未遑出師二年邊將報女眞强梁侵突邊城其酋長以一胡蘆縣雉尾轉示諸部落以議事其心叵測王聞之出重光殿佛龕所藏肅宗誓疏以示兩府大

臣大臣奉讀流涕曰聖考遺旨深切若此其可忘諸乃上書請繼先志伐之王猶豫未決命平章事崔弘嗣筮于大廟遇坎之既濟遂定議出師以瓘爲元帥知樞密院事吳延寵副之瓘奏臣嘗奉聖考密旨今又承嚴命敢不統三軍破賊壘拓我疆土以雪國恥延寵頗以爲疑微語瓘瓘慨然曰微公與我誰能出萬死之地以雪國家之恥策已決矣又何疑焉延寵默然王幸西京御威鳳樓賜鈇鉞遣之瓘延寵至東界屯兵于長春驛凡十七萬號二十萬分遣兵馬判官崔弘正黃君裳入定長二州紿謂女眞酋長曰國家將放還許貞羅弗等可來聽命設伏以待酋長信之古羅等四百餘人至飲以酒醉伏發殲之其中壯黠者五六十人至關門持疑不肯入使兵馬判官金富弼錄事拓俊京分道設伏又使弘正帥精騎應之擒殺殆盡瓘自以五萬三千人出定州大和門中軍兵馬使左僕射金漢忠以三萬六千七百人出安陸戍左軍兵馬使左常侍文冠以三萬三千九百人出定州弘化門右軍兵馬使兵部尙書金德珍以四萬三千八百人出宣德鎭安海拒防兩戍之閒船兵別監吏部員外郞梁惟竦元興都部署使鄭崇用鎭溟都部署副使甄應圖等以船兵二千六百出道鱗浦瓘過大乃巴只村行半日女眞見軍勢甚盛皆遁走唯畜産布野至文乃泥村賊入保冬音城瓘遣兵馬鈐轄林彦與弘正率精銳急攻破走之左軍到石城下見女眞屯聚遣譯者戴彦諭降女眞荅曰吾欲一戰以決勝否何謂降歟遂入石城拒戰矢石如雨軍不能前瓘謂俊京曰日昃事急爾可與將軍李冠珍攻之曰僕嘗從事長州過誤犯罪公謂我壯士請于朝宥之今日是俊京殺身報効之秋也遂至石城下擐甲持楯突入賊中擊殺酋長數人於是瓘麾下與左軍合擊殊死戰大破之賊或自投巖石老幼男女殲焉賞俊京綾羅三十匹又遣弘正富弼錄事李俊陽擊伊位洞賊逆戰久乃克之斬一千二百級中軍破高史漢等三十五村斬三百八十級虜二百三十人右軍破廣灘等三十二村斬二百九十級虜三百人左軍破深昆等三十一村斬九百五十級瓘軍自大乃巴只破三十七村斬二千一百二十級虜五百人遣錄事俞瑩若告捷王喜賜瑩若爵七品命左副承旨兵部郞中沈侯內侍刑部員外郞韓皦如賜詔奬諭

兩元帥及諸將賜物有差瓘又分遣諸將畫定地界東至火串嶺北至弓漢伊嶺西至蒙羅骨嶺又遣日官崔資顥相地於蒙羅骨嶺下築城廊九百五十間號英州火串嶺下築九百九十二間號雄州吳林金村築七百七十四間號福州弓漢伊村築六百七十間號吉州又創護國仁王鎭東普濟二寺於英州城中明年瓘延寵率精兵八千出加漢村瓶項小路賊設伏叢薄間候瓘軍至急擊之軍皆潰僅十餘人在賊圍瓘等數重延寵中流矢勢甚危急俊京率勇士十餘人將救之弟郎將俊臣止之曰賊陣牢不可破徒死何益俊京曰爾可歸養老父我以身許國義不可止乃大呼突陣擊殺十餘人弘正冠珍等自山谷引兵來救賊乃解圍而走追斬三十六級瓘等以日晚還入英州城瓘涕泣執俊京手曰自今我當視汝猶子汝當視我猶父承制授閤門祇候酋長阿老喚等四百三人詣陣前請降男女一千四百六十餘人又降于左軍賊步騎二萬來屯英州城南大呼挑戰瓘與林彥曰彼衆我寡勢不可敵但當固守而已俊京曰若不出戰敵兵日增城中粮盡外援不至將若之何前日之捷諸公不見今

日亦出死力以戰請諸公登城觀之乃率敢死士出城與戰斬十九級賊敗衄奔北俊京鼓笛凱還瓘等下樓迎之携手交拜瓘延寵乃率諸將會于中城大都督府權知承宣王字之自公嶮城領兵詣都督府卒遇虜酋史現兵與戰失利喪所乘馬俊京即引勁卒往救敗之取虜介馬以還女眞兵數萬來圍雄州弘正訓勵士卒衆皆思鬪即開四門齊出奮擊大敗之俘斬八十級獲兵車五十餘兩中車二百兩馬四十匹其餘兵仗不可勝記時俊京在城中州守謂之曰城守日久軍饗將盡外援不至公若不出城收兵還救城中士卒恐無噍類俊京服士卒破衣夜縋城而下歸定州整兵道通泰鎭自也等浦至吉州遇賊與戰大敗之城中人感泣瓘又城英福雄吉咸州及公嶮鎭遂立碑于公嶮以爲界遣其子彥純奉表稱賀曰聖人之德允合於乾坤仁義之兵已平其夷狄惟將及卒旣懽且呼竊以東女眞潛伏奧區寔繁醜類遠從爾祖曾之世嘗被我朝家之恩狼貪浸畜其叛心犬吠頻狺於戶外侵軼關塞寇擾士民狃制御之寬而謂之易陵肆覬覦之志而謂之莫禦先皇故憤而欲伐陛下方繼而爲圖

以兵危故始憚裁施以謀衆故終歸滯泥然而策勝負者存
乎熟知變通者貴乎時事機可乘聖智獨照先休吾士卒以
觀其可用繼慮彼虛實以指其必擒乃命元戎亟行大戮而
臣受節鉞之制擧征鼓而行氣動於軍威加於敵江河注壑
寸膠不能以防之碬石轉峰虛卵决然其破矣俘虜踰於半
萬斬獲近於五千委積散於閭閻奔走交於道路山川險阻
城池因得以高深原野膏腴田井亦從而耕鑿在昔人求而
未得者今茲天與而旣取之上足以謝宗廟在天之靈下足
以雪朝廷積年之恥且彼周王玁狁之伐漢帝凶奴之征所
以拓土開邊而得爲民去害比之今日宜在下風此豈微臣
淺智駑材能成巨効實由陛下聖謀神筭坐定遐陬苟非其
然孰使之矣伏乞命書史冊垂耀無窮王遣內侍衛尉注簿
康英俊賜瓘等羊酒幷賜軍人銀鋌鑼一面銀瓶四十事瓘
又使林彥記其事書于英州廳壁曰孟子曰弱固不可以敵
强小固不可以敵大吾諷斯言久矣而今信之矣女眞之於
國家强弱衆寡其勢縣殊而竊覦邊鄙於肅宗十年乘隙構
亂多殺我士民其繫縲爲奴隸者亦多矣肅宗赫然整旅將
欲仗大義以討之惜乎厥功未集永遺弓劍今上嗣位亮陰
三載甫畢祥禫謂左右曰女眞本勾高麗之部落聚居于盖
馬山東世脩貢職被我祖宗恩澤深矣一日背畔無道先考
深憤焉嘗聞古人之稱大孝者善繼其志耳朕今幸終達制
肇覧國事盍擧義旗伐無道一洒先君之恥乃命守司徒中
書侍郎平章事尹瓘爲行營大元帥知樞密院事翰林學士
承旨吳延寵爲副元帥率精兵三十萬俾專征討尹公事業
傑然嘗慕庾信氏之爲人曰庾信六月冰河以渡三軍此無
他至誠而已予亦何人哉其至誠所感靈異之跡屢聞焉吳
公時之重望天性愼謹臨事必三思其良圖大策施無不中
兩公嘗有志於此聞命憤激擁兵東下出師之日躬擐甲胄
未及誓衆洒淚交頤莫不用命曁入賊境三軍奮呼一以當
百摧枯破竹何足喻其易哉斬首六千餘級載其弓矢來降
於陣前者五十千餘口其望塵喪魄奔走窮北不可勝數嗚
呼女眞之頑愚不量其强弱衆寡之勢而自取於滅亡如是
其地方三百里東至于大海西北介于盖馬山南接于長定
二州山川之秀麗土地之膏腴可以居吾民而本勾高麗之

所有也其古碑遺跡尚有存焉夫勾高麗失之於前今上得之於後豈非天歟於是新置六城一曰鎭東軍咸州大都督府兵民一千九百四十八丁戶二曰安嶺軍英州防禦使兵民一千二百三十八丁戶三曰寧海軍雄州防禦使兵民一千四百三十六丁戶四曰吉州防禦使兵民六百八十丁戶五曰福州防禦使兵民六百三十二丁戶六曰公嶮鎭防禦使兵民五百三十二丁戶選其顯達而有賢材能堪其任者鎭撫之詩所謂于蕃于宣以蕃王室者也有以見晏然高枕無東顧之憂矣元帥告予曰昔唐相裴晉公出征淮西及其平幕客韓愈爲之碑以廣其事故後之人知憲宗英偉絶人之德而歌頌之子幸從事于此詳其本末曷不作記使吾聖朝無前之偉績垂于無窮乎彥承命援筆誌之瓘獻俘三百四十六口馬九十六匹牛三百餘頭城宜州通泰平戎二鎭與咸英雄吉福州公嶮鎭爲北界九城皆徙南界民以實之王拜瓘推忠佐理平戎拓地鎭國功臣門下侍中判尙書吏部事知軍國重事延寵協謀同德致遠功臣尙書左僕射參知政事遣內侍郞中韓皦如賫詔書告身及紫繡鞍具廐馬二匹至雄州分賜之凱還王命具鼓吹軍衛以迎之遣帶方侯俌齊安侯偦勞宴於東郊瓘延寵詣景靈殿復命納鈇鉞王御文德殿引見問邊事入夜乃罷未幾女眞又圍雄州王遣延寵救之復遣瓘征之瓘獻馘三十一級尋封瓘鈴平縣開國伯食邑二千五百戶食實封三百戶加延寵攘寇鎭國功臣號又明年女眞圍吉州延寵與戰大敗王又遣瓘救之命近臣餞于金郊驛瓘延寵自定州勒兵赴吉州行至那卜其村咸州司錄兪元胥馳報女眞公兄褭弗史顯等叩城門曰我輩昨到阿之古村太師烏雅束欲請和使我傳告兵馬使然兵交不敢入關請遣人于我場庶以太師所諭詳實傳告瓘等聞之還入城翼日遣兵馬記事李管仲於賊場謂女眞將吳舍曰講和非兵馬使所得專宜遣公兄等入奏天庭舍大悅褭弗史顯等復至咸州告曰我等願入朝時方交戰疑懼不敢入關請以官人交質瓘以孔沃李管仲異賢等爲質褭弗等遂來請還九城地初朝議以得瓶項塞其徑狄患永絶及其攻取則水陸道路無往不通與前所聞絶異女眞旣失窟穴誓欲報復乃引還地群會連歲來爭詭謀兵械無

所不至以城險不猝拔然當戰守我兵喪失者亦多且拓地大廣九城相去遼遠谿洞荒深賊屢設伏抄掠往來者國家調兵多端中外騷擾加以飢饉疾疫怨咨遂興女眞亦厭苦至是王集群臣議之竟以九城還女眞輸戰具資糧于內地撤其城平章事崔弘嗣金景庸參知政事任懿樞密院使李瑋入對宣政殿極論瓘延寵敗軍之罪王遣承宣沈侯於中路收其鈇鉞瓘等不得復命歸私第宰相臺諫請治其罪諫臣金緣李載等伏閤固爭曰瓘等妄興無名之兵敗軍害國罪不可赦請下吏王命沈侯宣諭曰兩元帥奉命行兵自古戰有勝敗豈爲罪哉緣等又爭不已王不得已止免官削功臣號尋拜瓘守太保門下侍中判兵部事上柱國監修國史瓘上表辭不允曰朕聞昔李廣利之伐大宛也僅獲駿馬三十匹而武帝以萬里征伐不錄其過陳湯之誅郅支也矯制擅興師而宣帝以威振百蠻封爲列侯卿之伐女眞受先考之遺旨体寡人之述事身冒鋒鏑深入賊壘斬馘俘虜不可勝計而闢百里之地築九州之城以雪國家之宿恥則卿之功可謂多矣然夷狀人面獸心叛伏不常厥有餘醜無所依處故會長納降請和群臣皆以爲便朕亦不忍遂還其地有司守法頗有論劾遽奪其職朕終不以卿爲咎庶幾有孟明之復濟也今朕之授卿者抑卿之舊職也何足以辭當体眷懷速就乃職瓘再表讓又不允六年卒謚文敬瓘少好學手不釋卷及爲將相雖在軍中常以五經自隨好賢樂善冠於一時仁宗八年配享睿宗廟庭避毅陵諱改謚文肅子彥仁彥純彥植彥頤彥旼二人祝髮彥純睿宗朝以侍御史如遼賀天興節時金兵起路梗又高永昌叛據東京彥純與徐助李德允等爲永昌所拘逼令上表稱賀彥純不能守節一如所言及還匿情不首事洩有司劾治其罪仕至南原府使彥植天資高雅好賓客官至守司空左僕射彥旼聰悟過人善書畫仁宗朝爲尙食奉御

彥頤登第仁宗朝累遷起居郎與左司諫鄭知常右正言權適論時政得失王優納之轉國子司業赴經筵講論經義賜華犀帶一腰遷寶文閣直學士妙淸叛詔以金富軾任元敳爲帥彥頤爲佐討之先是瓘奉詔撰大覺國師碑不工其門徒密白王令富軾改撰時瓘在相府富軾不讓遂撰彥頤心

嗛之一日王幸國子監命富軾講易令彥頤問難彥頤頗精於易辨問縱橫富軾難於應荅汗流被面及彥頤爲幕下富軾奏彥頤與鄭知常深相結納罪不可赦於是貶梁州防禦後爲廣州牧使謝上表因自解云坐廢六年分已甘於萬死銜恩一旦勢若出於再生仰天無言撫己揮涕切以上之馭下莫不欲忠臣之事君期於見信然不可必故或相乖周公不免於流言絳侯尙遭於繫急望之帝之傅也終於飲毒屈原王之親也卒以沉江聖賢猶或如之庸瑣何足筭也如臣賦資朴鄙受性褊剛智謀不足以周身學術豈能於華國少嘗僥倖聖考賜之賢科逮更因緣陛下擢於要路時或預聞國政頻然入侍經筵妄意遭時過於用慮遇事輒言其中否橫身不顧於是非先進爲之寒心後生因而指目媒蘖所短傳會而文彈書屢至於升聞以爲可殺仁后雖知其戇直莫得而寬因竄逐於遐方欲保全其餘命而臣受貶之夕臨行之時罔知得罪之端徒極積憂之念及覩中軍所奏曰彥頤與知常結爲死黨大小之事實同商議在壬子年西幸時上請立元稱號又諷誘國學生奏前件事盖欲激怒大金生事乘間恣意處置朋黨外人謀爲不軌非人臣意臣讀過再三然後心乃得安緊是立元之請本乎尊主之誠在我本朝有太祖光宗之故事稽其往牒雖新羅渤海以得爲大國未嘗加其兵小國無敢議其失奈何聖世反謂僭行臣嘗議之罪則然矣若夫結爲死黨激怒大金語言雖甚大焉本末不相坐矣何則假使强敵來侵我疆夫惟禦難之未遑安得乘間而用事其指朋黨者誰氏其欲處置者何人衆若不和戰之則敗且容身之無地何恣意以爲謀况臣不預大華之言與知常而同異不參壽翰之薦惟陛下所洞明自一落於江湖已六更於寒暑祿廩久闕衣食難周親舊皆絕其交妻孥俱失其所形骸憔悴兀若枯枝精魄驚忪茫如醉夢活至今日有賴聖知重念臣以至弱之資從西征之役忘身以衞其國乃義分之當然成事皆因於人何勤勞之足道今將有說非敢爲功只期微懇之粗伸或乞宸心之一照昨於乙卯年中軍以賊糧盡爲策然兇黨未降日月漸久江冰釋盡計無所出臣於三月始立距堙議爲人所沮未得施行至十一月中軍於揚命門始作距堙令知兵馬使池錫崇與臣彥頤等遞

番到彼檢視積土多少計至數月可附到城上臣又與前軍使陳淑議定火攻令判官安正修等作火具五百餘石越九日早晨以趙彥所制石砲投放其熖如雹其大如輪賊初亦從而滅之至日暮火氣大盛賊不得救通夜打放其揚命門幷行廊僅二十間及賊所積土山悉皆焚盡十二日並潰人馬可以出入臣即至中軍具陳本末請及時攻擊無使賊設備人有忿然以爲不可者臣亦作氣力爭十四日又至前軍議急擊可破人人皆曰候積土畢方可攻賊已於前所設木柵以禦臣懇請急攻猶未之決十六日元帥至前軍悉集五軍僚佐議之人人皆執前議是日賊又築重城其勢不可後之先是池錫崇在軍監役與臣意恊繼有副使李愈判官王洙李仁實等八人和之於是元帥始從其議取十九日分兵三道突入用事破如枯竹一無留難臣於是日顓掌中軍與判官申至冲金鼎黃將軍權正鈞房資守錄事林文璧朴義臣等密整軍旅早至七星門下積木火之火發然後賊覺驚惶倉卒不得救燒蕩門廊計九十七間望之虛豁擬欲直入會天陰雨収兵入營翼日曉頭賊魁鄭德桓維緯侯小官四人潛出城資守令龐下捕至營臣送德桓緯侯於元帥所別令別將金成器等率所捕小官二人往景昌門諭賊賊將洪傑出降是日前軍在廣德舍元門外賊尙閉拒傑與義民商議捉僞元帥崔永仍率二領軍士來歸然後賊大將蘇黃鱗鄭先谷朴應素等文武二十餘人相繼來降其餘雜類不可勝數臣遣資守領李徽正及降賊徐孝寬率兵入城封宮闕倉廩府庫令徽正守闕収其鑰匙六七櫃納營而聞左軍入自北門縱兵發大府財帛臣遣義臣止之不聽更遣正鈞得止大府完於是臣遣臣男子讓於元帥所報以實日午元帥方至中軍更命李仁實李軾等封宮闕倉廩府庫因具表奏此其大略難以具陳當此之時自謂小輸於國事胡爲厥後翻然忽搆於誣辭遂使春愚陷於寃枉永惟平昔之所坐亦是微臣之自貽臣伏讀蘇軾受貶時表曰臣先任徐州日河水浸城幾至淪陷日夜守捍偶獲安全又嘗選用沂州百姓程棐令購捕兇黨致獲謀反妖賊李鐸郭進等十七人庶幾因緣僥倖功過相除以子瞻豪邁之才尙譊譊之若此況彥顧孤危之迹遂嘿嘿而已乎窮迫而然冒陳奚已而又金精

嘗謫於東萊後七月而復顯官惟忠同廢於江南至三年而還舊位惟臣不肖與世多乖名既掛於深文人爭逞其浮議論罪未解歷年于茲敢愛殺身以自明固貪於戀聖久能忍垢而假息有待於求伸豈謂皇慈特推大度憫臣大窮之狀憐臣無二之心每煩訓諭於有司再起孤忠於遠竄仰陶新化漸可齒於平民終滌惡名竊更期於後日此乃至仁無外厚德包荒念犬馬或露盖惟謂簪履不忍捐弃救臣餘生乘怒交興之際取臣殘質幾年流落之中特賜眞除盡還舊祿罔誣僅釋日將出而蔀屋明枯朽其蘇春已還而時雨降固非木石無情之比敢昧乾坤造化之私壯氣已衰無復平生之髣髴丹心尙在誓殫晩節之驅馳雖至眞溝敢忘結草毅宗三年以政堂文學卒輟朝三日諡文康彦頣工文章嘗作易解傳於世晩年酷好佛法請老退居坡平自號金剛居士嘗與僧貫乘爲空門友貫乘作一蒲庵止容一坐約先逝者坐此而化一日彦頣跨牛造貫乘告別徑還貫乘遣人送蒲庵彦頣笑曰師不負約遂取筆書于壁曰春復秋兮花開業落東復西兮善養眞君今日途中反觀此身長空萬里一片閑雲書畢坐其庵而逝彦頣身爲宰輔不以國家風敎爲念敢爲詭異之行以惑愚俗識者譏之子鱗瞻子固惇信子讓以鱗瞻子固惇信皆登第歲廩其母惇信兵部侍郎子商季

鱗瞻字胎兆登第毅宗朝累遷侍御史言事忤權貴降授左司員外郎轉起居注時宮人無比得幸於王生三男九女崔光鈞爲無比女壻因緣內嬖超授八品兼式目錄事士夫莫不切齒諫官不署光鈞告身王召鱗瞻及諫議李知深給事中朴育和司諫金孝純正言梁純精鄭端遇督署之郎舍畏縮唯唯而退有人嘲之曰莫說爲司諫無言是正言口吃爲諫議悠悠何所論後以刑部侍郎出爲西北面兵馬副使鱗靜二州境有島金人多來居兵馬副使金光中擊逐之置防戍金主詰讓王命還其島撤防戍鱗瞻等恥削土不從金大夫營主遣銳卒七十餘人攻其島執防守別將元尙等十六人以歸鱗瞻懼與義州判官趙冬曦密謀移牒請還俘獲翼日還之鱗瞻等祕不奏國家知而詰之鱗瞻畏罪彌縫竟不報入爲右諫議大夫明宗立授國子監大司成驟陞叅知政事判兵部事進中書侍郎平章事出爲東北面兵馬判事行

營兵馬兼中軍兵馬判事金甫當起兵李義方疑鱗瞻與知其謀又以爲當時文臣之長將逮捕害之使巡檢軍執縛鱗瞻賴庾應圭獲免尋兼上將軍參署重房議事加守太師趙位寵起兵王命鱗瞻爲元帥率三軍擊之至岊嶺驛會大風雪西兵從嶺而下急擊之官軍亂遂奔潰鱗瞻被圍欲與敵戰死都知兵馬使鄭筠止之曰主將不宜自輕遂檛鱗瞻馬潰圍突出僅免收兵而還尋又以鱗瞻爲元帥樞密院副使奇卓誠副之知樞密院事陳俊爲左軍兵馬使同知樞密院事慶珍爲右軍兵馬使上將軍崔忠烈爲中軍兵馬使攝大將軍鄭筠知兵馬事上將軍趙彥爲前軍兵馬使攝大將軍文章弼知兵馬事上將軍李齊晃爲後軍兵馬使司宰卿河斯清知兵馬事復攻西京僧軍亦行鱗瞻率諸將治兵西郊筠密誘僧宗旵斬義方王廬軍中驚擾遣近臣庾應圭諭之軍中皆疑文臣嗾僧軍爲變欲殺鱗瞻應圭還告鄭仲夫遣人諭解乃止僧軍以爲義方女不宜配東宮請出之遂聚普濟寺不發鱗瞻等乃行位寵腹心在漣州鱗瞻謂諸將曰我聞招携者附于內伐叛者披其枝若我先攻西京則在漣州者招諭北人共爲掎角我腹背受敵非策之善也今漣州特西都不虞我猝至宜先攻漣州漣州若下北州諸城必皆歸順然後率順攻逆則意全力一蔑不濟矣遂趣漣州攻圍累月漣州請救於位寵位寵遣將救之官軍從間道擊之斬一千五百餘級虜二百二十餘人官軍又遇西兵于莽院掩擊之斬七百餘級虜六十餘人漣州久不下後軍摠管杜景升攻拔之於是西北諸城皆復迎降遂移師攻西京鱗瞻曰西京城險固若以久勞之卒蟻附而攻非計也但久圍之無使出掠且復招懷開示生路則城中被劫者必謀出降若爾位寵乃一餓囚耳何能爲乎乃於城東北築土山守之位寵食盡至啗人屍時出挑戰鱗瞻堅壁不出有擒獲者輒與衣食而遣之城中聞之縋城來附者甚衆既而官軍又與西兵戰大敗之斬獲三十餘取其要害鳳凰頭城之六年鱗瞻攻西京通陽門景升攻大同門破之城中大潰擒位寵殺之囚其黨十餘人餘皆撫慰居民按堵如故謁聖祖眞殿函位寵首遣兵馬副使蔡祥正告捷又送位寵妻孥及俘獲百餘人梟位寵首于市先是鱗瞻忽聞西兵譟噪城上問之云人呼立

龍而賀之鱗瞻曰位寵將死矣去人與頭豈可生乎鱗瞻遣祕書少監庾世績表賀平西王遣吏部侍郞吳光陟詔班師加鱗瞻推忠靖亂匡國功臣上柱國監修國史遣參知政事陳俊迓勞諸將于金郊驛復遣介第平涼侯賜宴于馬川亭及還又賜宴以勞之是年卒年六十七謚文定官庀葬事鱗瞻聰悟過人雖千百人一閱姓名終不忘自鄭仲夫作亂文臣沮喪鱗瞻與武臣同事每被掣肘脂韋自保而已故平西之後賞罰不中措置失宜致使西北降附之民屢叛物議少之後王下制曰往者趙位寵叛於西都元帥尹鱗瞻奇卓誠等同心協力以討平之予嘉厥功曰篤不忘其贈鱗瞻推忠靖亂匡國功臣守太師門下侍中上柱國圖形閣上後配享明宗廟庭子宗諤宗誨宗諴宗諹宗諤以大府注簿死於仲夫之亂宗誨蔭進判禮賓省事宗諹刑部侍郞鱗瞻兄弟三人登第宗諤宗諴宗諹又登第再世廩母時人榮之里閭號其家爲三第宅又號爲二帥宅宗諹重然諾喜施與然廣植田園多受饋遺爲世所譏

世儒瓘之孫熙宗時爲右御史一日王移御延慶宮世儒與左御史崔傅當扈駕二人凌晨詣闕日將晡乘輿未駕飢甚入路傍家飮酒不覺駕出傅犯馳道世儒泥醉使人控馬言語狂亂憲府劾奏左遷傅安東判官世儒梁州副使其後世儒荅傅賀冬至狀云駕後一樽二人同醉嶺南三載千日未醒高宗初拜禮部員外郞謁崔忠獻請命題賦詩忠獻召李奎報陳澕僧惠文同賦觀棊詩四十餘韵使翰林承旨琴儀考閱奎報爲首澕次之世儒自見忠獻得意猖狂期於柄用素與右僕射鄭穎有憾誣告於王曰穎與弟樞密叔瞻將不軌若以臣爲校定別監付以一番巡檢則可掃除矣王驚愕遣承宣車倜密諭忠獻執世儒鞫之依違如醉未能出語遂坐誣配島尋召還道死世儒以文學名世喜酒色朝政有不稱意者輒托詩謗訕時號狂人

商季字受益質直無華淸謹有幹局由門蔭顯所莅有聲績神宗四年以西京副留守卒曾孫珽官至僉議政丞致仕忠肅十六年卒謚文顯子安庇安肅安稿

吳延寵

吳延寵海州人家世寒素少貧賤力學善屬文登第累遷起

居郎兵部郎中肅宗五年與尙書王嘏如宋賀登極以朝旨購大平御覽宋人祕不許延寵上表懇請乃得及還王曰此書文考嘗求之不得今朕得之使者之能也使副僚佐並加爵賞拜延寵中書舍人乞外補時王欲擇人授全淸廣三州令迎候宋使以延寵有補相材將大用欲試臨民遂出知全州牧爲政寬平不苛吏民便之以最聞召拜樞密院左承宣刑部侍郎知御史臺事轉尙書左丞翰林侍講學士睿宗即位拜知樞密院事御史大夫翰林學士承旨出爲東北面兵馬使兼行營兵馬使奏東界徵發內外神騎軍有父母年七十以上獨子者聽免一家三四人從軍者減一人宰臣樞密之子非自應募者亦免從之遷檢校司空刑部尙書初術士以讖勸王就西京龍堰創宮闕以時巡幸遣內人鄭克恭與司天少監崔資顥太史令陰德全吳知老注簿同正金謂磾等相龍堰舊墟命兩府及長齡殿讎校儒臣會議皆以爲可延寵獨曰南京之役甫畢民勞財匱不可起新宮如欲巡御莫如舊宮不報平章事崔弘嗣等又奏據太史官狀稱自御松都今二百餘年欲延基業宜卜西京龍堰舊墟創新闕移御受朝頒下新令延寵駁曰今作龍堰宮有三不可以文宗明睿猶惑術數作西京左右宮旣而悔悟以爲無應終不巡御虛費財力其不可一也近者開創南京八年而無吉應其不可二也西京舊宮與今所求龍堰相去不遠地勢吉凶未必有異況無明訣可徵而棄祖宗舊宮別構新闕毁撤屋廬騷動人民其不可三也伏望英斷勿疑一依老臣所奏巡御舊宮以講社稷長久之策無從臆說妄興工役以致人怨王卒從弘嗣等所言時議惜之王伐女眞以延寵副尹瓘時大臣皆贊成之延寵頗以爲疑微語瓘瓘曰策已决矣又何疑延寵默然遂出師破女眞拓地築九城語在瓘傳錄功爲恊謀同德致遠功臣尙書左僕射參知政事賜廐馬一匹女眞復來爭地圍雄州王授延寵鈇鉞往救之雄州被圍二十七日都知兵馬鈴轄使林彥都巡檢使崔弘正等率諸將分兵固守與戰日久人馬困乏將潰延寵使文冠金晙王字之等率精銳一萬分爲四道水陸俱進至烏音志沙烏二嶺下賊先據嶺頭我兵爭登急擊斬百九十一級賊奔北欲復結陣拒戰官軍乘勝力戰大敗之斬二百九十一級賊遂燒柵而

遲延寵入城責城中將士不得擅兵輒出戰多被殺傷使士氣沮喪罰有差加攘寇鎭國功臣守司徒延英殿大學士凱還王引見于文德殿問邊事賜宴以勞之女眞復聚遠近諸部圍吉州數月去城十里築小城立六柵攻城甚急城幾陷兵馬副使李冠珍等訓勵士卒一夜更築重城且守且戰然役久勢窮死傷者多延寵聞之憤然欲行王復授鈇鉞遣之行至公嶮鎭賊遮路掩擊我師大敗將卒投甲散入諸城陷沒死傷不可勝數延寵具狀自劾與瓘勒兵將再赴吉州會賊遣使請和遂還宰相請治敗軍之罪王遣使收鈇鉞不得復命歸私第王以宰相臺諫屢請罪不已免官削功臣號尋復守司空中書侍郎平章事延寵上表讓王不允曰才雖衆循名責實則可與謀其政者有幾罪雖重不曰欺其心者猶或赦故曹沫割地而魯公不責之孟明敗軍而秦穆復用之向者東夷不恭累世爲害先皇有憤而欲伐寡人繼志以興兵卿以文武之材爲將帥之副初若遲疑而猶豫後能征討以蕩平斬馘旣多俘虜亦夥拓開封境築設城池雖論議之喧喧乃勤勞之可記爰加寵命俾復舊資當体眷懷勿煩謙遜累加守司徒守大尉監脩國史上柱國歷判吏禮兵部事以疾累上章乞退王以耆儒舊德欲終始倚用不許十一年卒謚文襄年六十二飭躬謹行恂恂然以忠儉自許不干譽當官持論務袪時弊未嘗以私害公故王重之命近臣監護喪事百官會葬無子

列傳卷第九

列傳卷第十　高麗史九十七

正憲大夫工曹判書集賢殿大提學知 經筵春秋館事兼成均大司成臣鄭麟趾奉
敎修

金富佾 富儀

金富佾字天與慶州人其先新羅宗姓太祖初置慶州以魏英爲州長即富佾曾祖也父覲國子祭酒左諫議大夫兄弟四人長富弼次富佾次富軾次富儀富佾少力學登第直翰林院隨樞密院使王嘏入宋爲嘏作表辭雅麗帝再遣內臣奬諭肅宗朝拜拾遺知制誥出守原尙二州皆有聲績睿宗時拜禮部郎中遼將伐女眞遣使來請兵王會群臣議皆以爲可富佾與弟富軾及戶部員外郎韓冲右正言閔脩衛尉少卿拓俊京等言國家自丁亥戊子兵亂之後軍民僅得息肩今爲他國出師是自生釁端其利害恐難測也尋以國子司業起居注充寶文閣待制陞直學士時王好文學常與寶文閣儒臣講論經史富佾雄辨折衷人莫之敵名重當世仁宗即位欲大用驟遷同知樞密院事政堂文學翰林學士承旨五年拜中書侍郎同中書門下平章事富佾嘗苦風虛八年累表乞骸骨改授守大尉開府儀同三司判祕書省事柱國十年卒年六十二贈檢校太保守大尉門下侍郎同中書門下平章事判尙書禮部事上柱國謚文簡爲人寬厚儉約不喜臧否人物不事生產文章華贍凡辭命必命富佾潤色嘗製八關致語口號睿宗覽之大悅詔常用勿易宋樂人夔中立來投爲樂官及歸誦其辭於帝前後李資諒入朝帝問八關致語口號誰之所製雖有僭語誠嘉章也睿宗以富佾富軾富轍皆爲文翰侍從封其母大夫人勑有司歲賜廩粟其母以爲既得諸子祿養此亦國恩不貲何敢加辱厚賜遂不受

富儀初名富轍字子由肅宗二年登第舊制三子登科歲廩母三十石富儀兄三人並先登科至是制加一十石遂以爲常在職廉謹累遷直翰林院睿宗六年以書狀從樞密院副使金緣如宋上表乞赴璧雍觀講帝荅詔有覬觀重席往詣橫經誠悃備陳文辭兼麗之語還拜監察御史金新破遼遣

使請結爲兄弟大臣極言不可至欲斬其使者富儀獨上疏曰臣竊觀漢之於凶奴唐之於突厥或與之稱臣或下嫁公主凡可以和親者無不爲之今大宋與契丹迭爲伯叔兄弟世世和通以天子之尊無敵於天下而於蠻胡之國屈而事之者乃所謂聖人權以濟道保全國家之良策也昔成宗之世禦邊失策以速遼人之入寇誠爲可鑑臣伏願聖朝思長圖遠策以保國家而無後悔宰樞無不笑且排之遂不報仁宗在東宮富儀爲詹事府司直以文學被眷遇及即位擢御史中丞歷吏戶禮三部尙書翰林學士承旨王嘗問邊事奏曰杜牧言時事云上策莫如自治宋神宗與文彥博議邊事彥博曰須先自治不可略近勤遠王安石曰彥博言固當若能自治七十里可以王天下孟子曰未有千里而畏人者今以萬里之天下而畏人者由不自治也今我三韓之地豈特七十里而已哉然而不免畏人者其咎在乎不先自治而已良騎野合交鋒接矢決勝當時戎狄之所長而中國之所短也强弩乘城堅營固守以待其衰中國之所長而戎狄之所短也宜務先所長以觀其變此梁商之策甚合於今之形勢宜令京城及諸州鎭高城深池畜强弩毒矢雷石火箭遣使督察主吏以賞罰之妙淸請營新宮於西京富儀上疏極言不可妙淸據西京叛王師討之富儀上平西十策其大槩以爲西京城險糧足不可猝拔當以逸待罷以計取勝耳王嘉納之以爲左軍帥尋知樞密院事及賊平皆如其策賜金帶富儀未顯時家僮治圃得銅印文曰靑幢之印後考新羅故事靑幢乃左軍也至是果爲左軍帥十四年卒王震悼贈守司空尙書左僕射政堂文學判尙書禮部修國史柱國謚文懿性坦蕩不事家產亦未嘗以勢利嬰其心詩文豪邁膾炙人口金使韓昉來富儀爲館伴昉能詩與相唱和往復數十篇富儀略無滯思昉服其敏後內侍崔孝溫如金昉子汝嘉問曰吾父嘗言高麗人金富儀異人也今無恙乎聞其卒嗟歎久之

高令臣

高令臣開州人少孤力學善屬文文宗朝登第進累右諫議大夫論議慷慨無所屈撓睿宗初授散騎常侍慶尙道大水令臣奉使安撫奏蠲公田稅民賴蘇息歷吏禮部尙書拜檢

校司空參知政事時王銳意致理公卿爭進新法令臣以爲祖宗成憲具在不可紛更俱守而勿失可也以年老致仕十一年卒年七十二輟朝三日謚良敬平生以清儉自守及卒家無羨財子湜

金黃元 李軌

金黃元字天民光陽縣人少登第力學爲古文號海東第一清直不附勢與李軌善同在翰林以文章著名時稱金李遼使至黃元作內宴口號有鳳銜綸綍從天降鼇駕蓬萊渡海來之句使驚嘆求寫全篇而去宰相李子威惡其文不隨時所尚曰若此輩久在翰院必註誤後生遂奏斥之尚書金商祐有詩曰學非浮薄終歸古道不回邪豈媚今宣宗聞之擢爲右拾遺知制誥未幾出守京山府有吏捕殺人强盜以至黃元熟視曰此非賊也趣令放之判官李思絳亦名士力爭曰此盜已服宜治罪不聽後獲他盜果向之殺人者也吏民皆服其神在京山二年多惠政以貢銀品不中罷肅宗開延英殿召掌書籍每觀書有所疑則輒質之呼爲先輩而不名睿宗朝累遷中書舍人奉使如遼道見北鄙大饑人相食馳驛上書請發州郡倉廩賑之王從其言及還百姓見之曰此活我相公也歷禮部侍郎國子祭酒翰林學士簽書樞密院事累表請老踰年乃許女眞侵遼盡下東邊諸城惟來遠抱州二城固守不下食盡以財減價貿穀于我邊吏禁民互市黃元上疏曰幸災不仁怒隣不義請糶二城兼許貿易不報十二年卒年七十三性不拘檢頗好聲色禮部郎中金富軾請贈謚當途有不悅者沮之子通理存道通文軌字公濟初名載清州人父攸績禮部侍郎軌宣宗時爲少府注簿承勅校入宋表誤書遼大安年號宋還其表坐免官肅宗六年以禮部郎中奉使如遼大覺國師屬孔目官李復請獻金鐘使還刑部劾治復罪軌以知而不禁亦罷睿宗朝累拜政堂文學戶部尚書修國史進守司空參知政事以疾累上表乞致仕優詔許之十七年卒謚文簡

郭尚 輿

郭尚字元老清州人起小吏夤緣攀附事宣宗于國原邸宣宗即位擢拜監察御史累遷至樞密院左承宣出入禁闥權勢日熾嘗矯傳王旨有司劾請奪職不報肅宗在邸召見遣

犀帶辭不受及宣宗大漸尙侍疾臥內肅宗至寢門欲入問疾尙曰今主上彌留王子若無召命不宜直入遂不納肅宗立以尙事先君無貳心欲大用拜戶部尙書出知西京留守政未滿召爲刑部尙書諫官奏曰尙出守無政可記請終三載不從驟遷尙書右僕射參知政事時平章事尹瓘請行錢幣尙力言以爲非風俗所宜上疏爭之不得尋致仕居家睿宗元年卒年七十三謚順顯尙質直無他技能平生不事生產家無餘貲子垣與

與少時夢有人命名與遂以爲名字夢得自幼不茹葷不從群兒戲常獨處一室力學登第屬內侍以閤門祗候出爲洪州使就野外川上築小菴名曰長溪草堂公暇每往遊息考滿入爲禮部員外郎歸隱金州睿宗在東宮識之卽位遣中使徵之使居禁中純福殿稱爲先生以烏巾鶴氅常侍左右從容談論唱和時人謂之金門羽客王以其久在禁中或思出遊賜別業西華門外與嘗請餞入宋使王字之文公裕于別業王賜酒果命內官主辦供張甚盛物議非之既而固求退居賜城東若頭山一峰構室以居號東山處士名其堂曰虛靜齋曰養志親書額賜之一日王微行至山齋與適入城王徘徊久之賦詩題壁而還後又幸山齋執其手使口號其見寵遇如此仁宗八年卒年七十二王嗟悼遣近臣祭之贈謚眞靜命知制誥鄭知常作山齋記立石與瑰偉無髯目若懸珠涉獵書史至於道釋醫藥陰陽之說見輒成誦不忘射御琴棊靡所不治終身不娶妻在洪州私一妓將還使飮藥詐言仙去潛携至京色衰遣歸又於山齋常以婢妾自隨爲時議所少

劉載 胡宗旦 愼安之

劉載宋泉州人宣宗時隨商舶來試以詩賦授千牛衛錄事參軍睿宗朝歷左散騎常侍吏禮部尙書十三年以守司空尙書右僕射卒載能文性朴素不事生產雖偕商人來自立朝不復相親時議多之

胡宗旦亦宋福州人嘗入大學爲上舍生後遊兩浙遂從商船來睿宗寵顧優厚補左右衛錄事尋權直翰林院驟遷寶文閣待制時王頗好樂妓玲瓏遏雲以善歌屢承恩賚國學生高孝冲作感二女詩諷之中書舍人鄭克永以白王王不

悅會孝冲赴擧王命黜之遂下獄宗旦上書營救乃釋之宗旦性聰敏博學能文楚楚自喜兼通雜藝頗進厭勝之術王不能無惑後事仁宗爲起居舍人

愼安之字元老亦宋開封府人父脩文宗朝隨海舶來有學識且精醫術登第官至守司徒左僕射參知政事致仕謚恭獻安之事睿仁二朝知水州爲政淸肅吏畏民懷累遷兵部尙書三司使判閤門事卒容儀秀美性度寬弘臨事廉平善醫藥曉漢語凡移南北朝文牒多出其手

金景庸

金景庸慶州人父元晃兵部尙書本新羅宗室景庸容儀偉麗有貴介風彩少放逸好聲色嘗與人鬪于道宋商客見之語曰僕好相人今覩子相骨法秀異必富貴而壽請自愛景庸由是頗自負以閤門祗候出爲廣州判官爲政不苛人畏敬之嘗冬月大醉乘駿馬走過漢江馬蹄所觸水破水湧而不溺聞者異之累遷御史中丞肅宗御東池觀射景庸先中鵠心賜銀器廐馬歷吏部侍郎兵戶工三部尙書睿宗初參知政事進開府儀同三司中書侍郎同中書門下平章事陞門下侍中上柱國加協謀衛社致理功臣守大保判尙書吏刑部事樂浪郡開國伯食邑一千戶食實封二百戶累上表請老王遣左副承宣安唐頴賜几杖尋許致仕後召宗室宰樞置酒賞春亭極懽顧謂景庸曰國之元老惟卿在景庸涕泣拜謝累加匡國同德翊聖功臣食邑三千戶食實封七百戶進爵爲公倚勢聚斂殖貨治第壯麗爲世所譏仁宗三年卒年八十五命賻葬贈謚子仁揆中第歷左承宣左諫議大夫睿宗朝進知奏事累遷至守大尉中書侍郞平章事女嫁李資謙子之彥資謙敗貶知春州事後召還守司空左僕射參知政事卒爲人寬厚不喜臧否人物亦未嘗倚勢驕人優游不斷但保祿位而已

崔弘嗣

崔弘嗣字國老中原府人家世單平少力學登科以文行聞歷拾遺補闕出爲平州事有惠政累遷淸要肅宗朝授樞密院使奉使如宋忽爲颶風所飄舟人無不拊心泣弘嗣神色自若及至宋觀者稱其儀度中規帝厚待之加賜金幣口宣云顧惟樞近之臣宜有褒嘉之寵館伴曰此語如待朝廷近

臣可見皇帝寵使臣也還拜守司徒中書侍郎平章事睿宗時轉門下侍郎平章事累加推誠賛化功臣守太保上柱國監修國史三上表請老遂致仕十七年卒年八十謚貞敬王遣使弔祭弘嗣清介寡欲朝無黨援家居不言公事妻子未嘗見戲笑人有饋遺雖蔬果不受王深重之然務苛察少寬容見人小過輒不忘世以此短之

韓安仁

韓安仁字子居舊名皦如端州人父圭以鄉貢中第仕至戶部侍郎安仁登第直翰林院睿宗在潛邸安仁與李永李汝霖等侍學及即位以舊恩密近用事恩寵濡優兄弟親戚皆叅緣分據要路士大夫趨勢利者無不附初與汝霖交若不相負後擠之使不復起累歷右副承宣左散騎常侍翰林學士承旨刑部尚書六上章懇求外補不允改禮部尚書同知樞密院事有金尚磾李惟寅者清直自守所至皆有聲績未嘗干謁權貴故年高未達安仁上疏請加擢用以勵具僚王授尚磾判閤門事惟寅大府卿初御史臺奏遁者風俗日侈公私宴會器皿華麗上下無等請依舊制申行禁止如或有犯僭者奏决卑者先囚後奏王從之八關習儀樞密院果卓踰制臺官囚執事別駕安仁與院使王字之乘醉怒罵使釋之臺官不聽安仁等奏臣等不肖爲小官所辱請罷臣等王重違大臣意左遷侍御史陳淑盧元崇爲都官員外郎遣近臣敦諭安仁等乃視事仁宗即位由參知政事陞中書侍郎平章事奏曰睿宗在位十七年事業宜載史冊貽厥後世請依宋朝故事置實錄編修官從之初安仁與文公美崔弘宰及李資謙弟資諒俱在樞府資諒憑勢安仁公美特寵雖外和而內忌且與弘宰不相得安仁又以資謙爲國上宰事皆關决而惰慢不朝事多壅蔽陽尊資謙封爲上公不令視事陰欲奪其權使承宣韓柱奏之諸吏知其謀銜之及睿宗薨安仁公美以大醫崔思全視疾不謹欲置於法以故思全頗怨之且資謙以崔惟迪爲給事中物議紛然內給事張應樞好干時附勢聞惟迪以奴婢二十口賂資謙得是職密語安仁安仁颺言于省中惟迪聞之訴於資謙資謙大怒請辨于御史臺安仁慙恐告休在家遂與公美及堂弟鄭克永妹壻知御史臺事李永等數相會侵夜而散思全得其閒欲釋舊

惐與嶮人蔡碩譖於資諒弘宰曰安仁公美結黨陰謀將不利於李令公資謙頗以爲疑遂羅織其罪奏流安仁于昇州甘勿島沉殺之流公美于忠州以柱黨於安仁流靈光郡松島又流永及克永于外安仁兄尙書右丞安中弟僧永倫從弟禮部郞中韓冲妻弟侍御史林存壻閤門祗候李仲若子縝等四人公美弟祗候公裕僧可觀克永妹壻右正言崔巨鱗姻婭員外郞任元濬安中子綸等五人永子元長等三人皆緣坐流竄其族類罷職者亦多仲若善醫術故疑之追遣人沉殺之刑部又以左正言李逢原司天監全幹殿直安天餉等常會安仁家必與陰謀劾奪其職安仁明達好學善屬文又善易筮事多奇中爲一時名流然乘勢速富貴謀軋權貴以至於此及資謙敗贈謚文烈

李永

李永字大年安城郡人父仲宣以本郡戶長選爲京軍永幼從師學父沒欲繼永業田爲胥吏以狀付政曹主事揖不拜主事怒且罵永即裂其狀曰吾可取第仕朝何禮汝輩爲肅宗朝擢乙科直史館內侍林彥請討東女眞永曰兵凶器戰危事不可妄動彥當無事時欲用兵生釁甚不可也王不聽命平章事林幹討之永亦從軍師敗坐免官後知京山府以廉勤聞累遷禮部侍郞右諫議大夫仁宗初知御史臺事寶文閣學士及李資謙殺韓安仁永以安仁妹壻坐流珍島或有告永曰公之母子將沒爲奴婢永曰吾內省不疚故忍死以待若老母以予故沒爲賤隷吾苟生何爲乃飮酒一斗憤懣而卒時人惜之資謙遣術士瘞道傍牛馬不敢踐或病瘧者就禱則愈資謙敗永子請改葬掘之屍不變贈簽書樞密院事命吏部削罪案永天資方直不爲權貴所撓然取友不端拓俊京等謀毁李汝霖智祿延等毁斥朴景升永皆與焉

韓冲

韓冲本端州人中第補尙州司錄睿宗朝除右補闕上疏言時政得失轉起居注宋使承信郞許立進武校尉林大容將還王欲許陛階拜辭冲與左司諫崔巨鱗侍御史崔弘略等諫曰今詔使本商人嘗到我國與市井人販賣秩且卑傳詔日拜階上已是過謙今宜拜階下從之尋遷中書舍人崔弘嗣將隨尹瓘伐女眞誓佛云功若成創大藏堂于開國寺及

還私令軍將輸材冲與左正言任元濬劾奏王諭止之冲固執乞罷左遷爲西京副留守仁宗初李資謙殺韓安仁冲以安仁從弟流外及資謙敗召拜禮部侍郎復出爲西京留守民聞其來皆喜歷國子祭酒翰林侍讀學士七年以樞密院副使卒性剛直言無忌諱篤學能文政尙廉惠所至有聲績

林槩 庾祿崇

林槩沃溝縣人淸直廉謹有大臣風文宗朝以內侍管勾大倉有韓順者居倉側盜竊倉穀誣弄官吏家貲鉅萬至有搢紳與之交通者槩發其姦置於法朝議多之歷事順宣獻肅睿五朝累官至門下侍郎平章事致仕卒輟朝三日謚元敬子有謙有文有文登第官至門下侍郎平章事致仕仁宗三年卒年七十有庾祿崇者亦以剛直稱祿崇字龜壽茂松縣人以儒術進莅官四十餘年以公忠自許未嘗枉己徇人其任義直前雖豪右親戚不敢撓肅宗朝累歷右散騎常侍樞密院使尙書右僕射睿宗時進參知政事雖貴顯衣服第宅如布衣時卒輟朝三日謚安貞

金晙

金晙字適中開州人少英銳好學善屬文擢魁科補晉州目錄以淸白累遷左拾遺知制誥睿宗朝拜刑部郎中尹瓘征女眞晙爲左軍判官軍敗瓘怒縛軍卒將戮之晙大言曰今日之敗由知兵馬事林彥之失律也釋不問而戮此輩豈所謂不吐剛不茹柔之意乎瓘愕然解其縛而縱之歷左散騎常侍兵禮二部尙書知樞密院事參知政事進門下侍郎平章事判禮部事仁宗二年卒年六十八謚貞愼

柳仁著

柳仁著貞州人父洪以武略進宣宗時拜侍中通春秋左傳及兵家祕訣每國有虞疑引占決策多中時議重之卒謚匡肅仁著蔭補衛尉注簿中睿宗三年第自閤門祗候歷官至參知政事八年卒王親製文祭之贈守司徒門下侍郎平章事謚貞簡配享睿宗廟庭仁著姊爲肅宗妃門戶貴顯乃與諸生游讀書登科爲宰相不以富貴驕人有儒者風無子

康拯

康拯西海永康縣人家世微無技能然操心勤謹祖仁祐死國事例補良醞史爲吏役十年加軍器注簿同正出爲寧仁

鎭判官鎭溟都部署副使與女眞戰累有功肅宗初除監察御史後爲東北面兵馬判官又與女眞戰于菱島獻四十八級賜絹十四匹陞殿中侍御史睿宗即位授知御史臺事尹瓘征女眞拯以左軍知兵馬事從之有功拜左散騎常侍歷御史大夫刑戶二部尙書左僕射進參知政事十二年以中書侍郎平章事致仕十五年卒年七十二諡景襄子黼與

許慶

許慶孔巖縣人中第以文學顯淸廉忠儉肅宗在潛邸引爲府寮及即位拜樞密院承宣出入禁中恩渥殊異睿宗初歷刑吏二部尙書參知政事八年加門下侍郎同中書門下平章事仍令致仕十年卒輟朝三日諡順平慶雖無赫赫之稱終始一節爲朝廷所重子曰諒曰開先曰謙

文冠

文冠字民章旌善縣人父林幹太子少傅冠文宗朝中第補靜邊鎭副將與女眞戰于草堤有功邊民大飢冠發公私儲賑之所活甚衆肅宗初拜禮部員外郞歷起居注兵部侍郞右諫議大夫睿宗即位授右散騎常侍尹瓘征女眞冠以左軍兵馬使從攻石城克之築福州城語在瓘傳以功遷吏部尙書又從吳延寵復征女眞後王諭之曰卿奉職淸勤宣勞中外用兵東鄙厥績居多予將擢用六年守司空參知政事以老致仕明年卒年七十一諡章敬冠性淸直寬厚不事產業當官執節不撓嘗爲西北面兵馬使韓冲以都部署如遼謁冠于宣州佩劍升拜楹閒冠立受不交一言冲後屢稱之曰冠眞有元帥氣量固非庸庸者先是爲元帥者見命使雖微官必曲爲禮貌以干譽冠不然故冲稱之子子麟子鳳子龜子龍

鄭沆 叙

鄭沆字子臨東萊郡人父穆大府卿沆性潁悟好學肅宗時中第補尙州司錄州人以年少易之及臨事善斷皆歎服州人數司錄二鄭一韓謂沆及鄭克永韓冲也秩滿直翰林院睿宗朝以內侍掌奏事處心平直出納詳明隨李資諒如宋館伴學士王黼見所製表章稱嘆之還拜右正言論事讜直爲權貴所忌通判全州尋召還爲右司諫歷按楊廣忠淸兩道仁宗幼冲即位李資謙威勢震赫郡守及奉使者競聚斂

以媢之流獨不然資謙敗拜樞密院承宣陞知奏事勸王讀書學業日就王以妙淸言幸西京妙淸鄭知常欲王長御西京諷諫官請停修上京宮闕沆再上䟽請修葺舊宮還御言甚切直王從之知貢擧崔滋盛出試題繆誤有司請罷貢擧擧子金貽永沆之女壻王妃母弟也尹英瞻承宣韓惟忠女壻亦妃戚也妃勸王勿罷擧沆與惟忠亦因宦官干請得不罷十四年沆有疾王遣內醫診視疾革進知樞密院事禮部尙書翰林學士承旨命下翼日卒年五十七王震悼輟朝弔祭聞其家無儋石之儲嘆曰三十年近侍十一年承制貧如是可嘉也加賻米百碩布二百匹御筆特謚文安子敍仕至內侍郞中以恭睿太后妹壻有寵於仁宗性輕薄有才藝交結大寧侯暻常與遊戲鄭諴金存中等誣構敍罪以聞毅宗疑之臺諫劾敍陰結宗室夜聚宴飮乃流于東萊語在大寧侯傳敍將行王謂曰今日事迫於朝議也行當召還敍旣流召命久不至乃撫琴作歌詞極悽惋敍自號瓜亭後人名其曲爲鄭瓜亭

金克儉

金克儉字伯儀靈光郡人祖行瓊平章事克儉以祖蔭進肅宗時守安東府入拜監察御史仁宗時由尙書左僕射陞參知政事致仕加守司空太子少師卒謚祁烈克儉雖無學術公勤不懈累歷中外以果辨稱及當鈞軸但敦謹保位而已

金若溫

金若溫字柔勝初名義文光陽縣人侍中良鑑之子力學登第自尙衣奉御通判廣州入拜中書舍人歷閤門使知樞密院事參知政事仁宗即位拜中書侍郞平章事加檢校司徒守司空上柱國十八年以門下侍中致仕卒年八十二謚思靖性恭廉靜未嘗以富貴驕人李資謙以國舅當國士之喜利者爭附之若溫與資謙爲堂兄弟而不相比世多其守正

子璇

列傳卷第十

列傳卷第十一　高麗史九十八

正憲大夫工曹判書集賢殿大提學知經筵春秋館事兼成均大司成臣鄭麟趾奉教修

金富軾 敦中 君綏

金富軾富佾之弟肅宗時登第補安西大都護府司錄參軍事考滿直翰林院歷右司諫中書舍人仁宗即位李資謙以國舅當國王詔資謙於朕爲外祖班次禮數不可與百官同兩府兩制及諸侍從官其會議以聞寶文閣學士鄭克永御史雜端崔濡議曰傳云天子有不臣者三后之父母居其一今資謙宜上表不稱臣君臣宴會不與百官庭賀徑詣幕次拜上荅拜而後坐殿衆議雷同富軾時爲寶文閣待制獨曰漢高祖初定天下五日一朝太公太公家令說太公曰天無二日土無二王皇帝雖子人主也太公雖父人臣也柰何令人主拜人臣高祖善家令言詔曰人之至親莫親於父子故父有天下傳歸於子子有天下尊歸於父此人道之極也今王侯卿大夫已尊朕爲皇帝而太公未有號今上尊太公曰太上皇以此論之雖天子之父若無尊號則不可令人主拜也不其侯伏完獻帝皇后父也鄭玄議曰不其侯在京師禮事出入宜從臣禮若后息離宮及歸寧父母則從子禮故伏完朝賀公庭如衆臣及皇后在宮后拜如子又東晉群臣議穆帝母褚太后見父之禮紛紜不一博士徐禪依鄭玄議曰王庭正君臣之禮私覿全父子之親是大順之道也又魏帝父燕王宇上表稱臣雖父子至親禮數尙如此况外祖乎按儀禮五服制度母之父母服小功五月而已與已父母尊親相遠豈得與上抗禮宜令上表稱臣在王庭則行君臣之禮宮闈之內則以家人禮相見如此則公義私恩兩相順矣宰輔以兩議聞王遣近臣康侯顯問資謙資謙奏曰臣雖無知今觀富軾議實天下之公論也微斯人群公幾陷老臣於不義願從其議勿疑詔可尋與朴昇中鄭克永修睿宗實錄二年轉禮部侍郎王追封資謙祖考昇中欲媚資謙請焚黃日賜敎坊樂富軾以爲宗廟用樂象平生若墳墓則以素服從事至於涕泣豈可用樂昇中又欲號資謙生日爲仁壽節富

軾言生日稱節自古所無唐玄宗時始稱皇帝生日爲千秋節未聞人臣有稱節者平章事金若溫曰侍郞議善四年拜御史大夫歷戶部尙書翰林學士承旨進平章事加守司空十二年王以妙淸言欲幸西京避災富軾奏曰今夏雷震西京大華宮三十餘所若是吉地天必不如此避災於此不亦左乎況今西成未收車駕若出必蹂禾稼非仁民愛物之意又與諫官上疏極言王曰所言至當朕不西行十三年正月妙淸與趙匡柳旵等據西京反王以富軾爲元帥將中軍金正純鄭旌淑盧令琚林英尹彥頤李瑱高唐愈劉英佐之吏部尙書金富儀將左軍金旦李愈李有開尹彥旼佐之知御史臺事李周衍將右軍陳淑梁祐忠陳景甫王洙佐之西人矯詔徵兵兩界急王遣淑周衍景甫洙分將右軍二千人自東路往諭諸城仍搜賊黨命富儀率左軍先趣西京王召問兩府大臣將出師富軾與諸相議曰西都之反鄭知常金安白壽翰等與謀不去是人西都不可得平諸相深然之召知常等三人至密諭正純使勇士曳出三人斬於宮門外乃奏之王御天福殿富軾戎服入見乃命上陛親授鈇鉞遣之曰閫外之事卿其專之以賞罰用命不用命然西人皆吾赤子殲厥渠魁愼勿多殺右軍先行次馬川亭中軍次金郊驛邏騎擒致西京諜者田元稷富軾解縛慰遣之曰歸語城中人大軍已發有能自新放順者可保性命不爾天誅不可久逭時士卒頗驕謂朝夕凱還裝褚單寡會天雨雪士馬凍餒衆心解弛富軾撫循賙給軍情乃安王以洪彝敍李仲孚爲西人黨授詔書往諭之彝敍等緩行四日始至生陽驛懼不能前使驛吏傳詔書而還富軾囚彝敍于平州流仲孚于白翎鎭至寶山驛閱兵三日集將佐問計皆曰兵貴拙速先則制人今大軍已出宜卷甲倍道疾馳掩賊不備蕞爾小醜計日可擒若所至掩留必失機會且使賊益得爲計非我之利富軾曰不然西京謀反已五六年其設計必周戰守之具旣備然後擧今欲掩其不備不已晚乎且我軍有輕敵心器仗未整猝遇伏兵竊發一可危也頓兵堅城之下天寒地凍壁壘未就忽爲賊所乘二可危也又聞賊矯制徵兵兩界列城狐疑莫辨眞僞萬一有姦人應之表裏相結道路梗塞禍無大於此矣莫若引軍從閒道繞出賊背取諸城軍資以餉大軍

告諭順逆使與西人絶然後益兵休士飛檄賊中徐以大兵臨之此萬全之計也遂引兵由平州趣管山驛左右軍皆會聯次以行富軾由射岩驛新城驛曲徑到成州休兵一日馳檄諸城諭以奉辭討賊之意遣軍吏盧仁諧招諭西京且覘城中虛實引諸軍道漣州抵安北大都護府淑周衍等自東界來會前此遣錄事金子浩等懷勑閒行歷兩界城鎮告諭西人反狀人心猶懷顧望及大軍至列城震懼出迎官軍富軾又遣寮椽曉諭至數四匡等知不可抗意欲出降自以罪重猶豫未決平州判官金淳夫賫詔入城西人遂斬妙淸昆及昆子浩等首使分司大府卿尹瞻少監趙昌言大將軍郭應素郎將徐挺等偕淳夫請罪于朝又投書中軍曰謹奉詔旨及元帥之言已斬渠魁馳獻闕下欲以羊酒犒獻敢請日期於是富軾遣錄事白祿珍奏之又貽書兩府曰宜厚待瞻等以開自新之路宰相文公仁崔濡韓惟忠謂祿珍曰汝元帥不直趣西京循迂路以赴安北吾等奏遣單介賫詔諭降非爾元帥之功爾來何爲淳夫至郊面縛瞻等將入京兩府𦋺法司枷鎖請下獄臺諫亦請置極刑王皆不許命解縛襲衣冠入見賜酒食勞慰置客館未幾下獄梟妙淸等首于市賜富軾銀藥合詔曰逆命滔天憤妖人之作亂登壇受鉞嘉大將之請行觸風霜之冱寒憫士卒之辛苦今者王師壓境賊類摧鋒傳首于玆已協藁街之殉戩兵在卽實由蓮幕之謀宜更勉六軍之心卒以圖萬全之計匡等聞瞻等下獄謂必不免復反王遣殿中侍御史金阜內侍黃文裳與瞻往頒詔阜等劫之以威不加慰撫西人怨怒二月諷亂兵殺阜文裳及諸從者瞻奉太祖眞逃出捕殺之嬰城固守富軾遣錄事李德卿往諭又殺之富軾與諸將誓告皇天后土山川神祇曰西京妖人邪說紿人相聚謀反臣等祗奉王命牽師問罪竊念上兵伐謀善智不戰若以萬衆橫行城中則無辜小民橫罹兵刄非弔民伐罪之意玆用按甲休兵說之以逆順諭之以禍福然後斬渠魁詣闕乞罪庶幾革面而惡心不悛反覆不常詔書屢下而不從使臣方至而見害厥罪貫盈理難可宥天地神明臨之在上質之在旁尙克陰騭使三軍增氣元惡授首以安宗社以戢干戈雖不責報豈敢忘恩草芥之誠神其鑒之富軾以西京北負山岡三面阻水城且高險

未易猝拔宜環城列營以逼之乃命中軍屯川德部左軍屯興福寺右軍屯重興寺西又以大同江爲往來之衝賊若先據道梗不通使大將軍金良秀侍郎楊齊寶員外郎金精閤門祗候崔子英直長權景亮等將兵屯守號後軍又使陳淑郎中王毅閤門祗候全鎔安寶龜等將兵屯重興寺東號前軍且城外民戶甚多自兵興丁壯多入城爲戰卒其餘逃竄山谷富軾以爲若不招撫勢必嘯聚爲賊耳目分遣軍吏勞來慰諭逃竄者悉出或負糧餉願助軍費者絡繹不絕皆給衣食使得安居西人沿江築城自宣耀門至多景樓凡一千七百三十四間置六門以拒之先是王遣內侍祗候鄭襲明濟危寶副使許純雜識署令王軾往西京西南海島會弓手水手四千六百餘人以戰艦百四十艘入順化縣南江禦賊船至是又遣上將軍李祿千大將軍金台壽錄事鄭俊尹惟翰軍候魏通元等自西海領舟師五十艘助討祿千至鐵島欲徑趣西京會日暮潮退襲明曰水道狹淺宜乘潮而發祿千不聽行至半塗水淺舟膠西人以小船十餘艘載薪灌油火之隨潮而放先於路旁叢薄閒伏弩數百約以火發同時齊擧及火船相迫延燒戰艦衆弩俱發祿千狼狽不知所圖兵仗皆燒士卒溺沒殆盡台壽俊死祿千蹈積屍登岸僅以身免由是西人始輕官軍選卒鍊兵爲拒守計富軾慮後軍寡弱夜密送步騎一千以益之賊不知黎明渡馬灘紫浦直衝後軍燒營突進僧冠宣應募從軍擐甲荷大斧先出擊賊殺十數人官軍乘勝大破之斬首三百餘級賊皆蹂躪赴江溺死獲兵船甲仗甚多賊勢頓挫時諸軍野屯數月富軾恐春夏之交水潦洊至爲賊所襲欲築城按甲州鎭兵番休就農持久以伺其便議者皆曰西人兵少今擧國興師當指日平盪數月不決尙爲稽緩況築城自固不亦示弱乎富軾曰城中兵食有餘人心方固攻之難克不如好謀而成何必疾戰多殺人乎遂定計以北界州鎭南西近道軍分隷五軍各築一城又於順化縣王城江各築小城數日而畢峙兵積穀閉門休士雖或與賊交兵無大勝敗或分道攻城而城高塹深雖天石所及多所殺傷而官軍亦傷王遣近臣崔褒抗員外郎趙碩等下詔招諭富軾亦遣錄事趙諝榮金子浩康羽及僧品先等百計開諭許以不死每獲賊諜及樵蘇者皆給

衣食遣之臣等殊無降意幸其有外患使王師自罷時金使適至賊欲遮刺之以構釁官軍知之候察甚至故賊不敢發賊人恐其黨降附詐爲我中軍文牒示衆曰諸軍所俘及降人無問老少皆殺之西人頗信之已而聞撫慰降者甚厚稍稍歸順時有朝臣獻議曰自古用兵當觀形勢如何豈校一時之損傷乎國家雖與北朝和親其意難測今興師數萬彌年不決若隣敵乘釁而動加以盜賊不虞之患何以制之請遣重臣不計死傷刻日破賊敢有逗撓者以軍法論王以示富軾富軾奏曰北邊之警寇賊之變不可不虞誠如所議至於不計死傷刻日破賊是何不究當今之利害也臣觀西都天設險固未易攻拔況城中甲兵多而守備嚴每壯士先登僅至城下未有踰城超堞者雲梯衝車皆無所用童稚婦女擲甎投瓦猶爲勍敵設使五軍傳城而攻不出數日驍將銳士盡斃於矢石矣賊知力屈鼓譟而出鋒不可當何暇備外虞哉今聯兵數萬彌年不決老臣當任其咎然邊鄙之警盜賊之變不可不慮故欲以全策勝之不傷士卒不挫國威耳兵固有不期速勝者今以宗社之靈明主之威妖賊負恩行即殄滅願以討賊付老臣使得便宜從事必破賊以報王亦以爲然卒排群議而委之三月五軍會攻不克涉夏至秋與賊相持不決十月賊糧盡簡老弱及婦女驅出之皆羸餒無人色戰卒往往出降富軾知有可取之狀命諸將起土山先於楊命浦山上竪柵列營移前軍據之發西南界州縣卒二萬三千二百僧徒五百五十負土石集材木分命將軍義甫方宰盧冲積先將精卒四千二百及北界州鎭戰卒三千九百爲遊軍以備剽掠十一月諸軍就前軍屯所起土山跨楊命浦抵賊城西南隅晝夜督役賊驚駭以銳士出戰又於城頭設弓弩砲石盡力拒之官軍隨宜捍禦鼓譟攻城以分賊勢有僑人趙彥獻計制砲機置土山上其制高大飛石重數百斤擂城樓靡碎繼投火毬焚之賊不敢近土山高八丈長七十餘丈廣十八丈去賊城數丈富軾會五軍攻城又不克錄事朴光儒死賊夜分軍爲三出攻前軍營富軾令僧尙崇荷斧逆擊殺十餘人賊兵奔潰將軍于邦宰金叔積先金先權正均等率兵追擊之賊弃甲入城明年二月賊以我起土山逼之欲於城內築重城富軾聞之曰賊雖築城何益尹彥

頣池錫崇曰大軍之出今已二年曠日持久事變難料不如潛師突擊破重城可以成功富軾不聽彥頣固請於是分銳兵爲三道陳景甫王洙及刑部員外郞朴正明閤門祗候金禮雄等將三千人爲中道錫崇全鎔殿中內給事李侯等將二千人爲左道李愈及閤門祗候李永章金臣璉等將二千人爲右道將軍公直以所領兵入石浦道將軍良孟入唐浦道又使諸軍分道攻城無令賊專備西南隅部分訖厚賜軍士富軾還抵中軍至夜四鼓輕騎馳入前軍勸諸將大擧丁巳昧爽景甫軍入楊命門拔賊柵進攻延正門錫崇軍踰城入攻含元門李愈軍亦踰城攻興禮門富軾以衙兵攻廣德門賊徒以我土山未就不設備及諸軍突至惶遽無所措富軾與正純督戰將士爭奮諸軍亦鼓譟縱火燒城屋賊兵大潰官軍乘勝恣其斬馘富軾令曰擒賊者賞殺降及剽掠者死士皆歛及而進會日暮雨作麾兵而却生擒及降者送順化縣飮食之是夜城中潰亂匡不知所爲闔家自焚死郞中維偉侯彭淑金賢璉皆縊死鄭璘維漢侯鄭克升崔公泌趙瑄金澤升並自刎戊午西人執賊魁崔永等出降富軾受之下吏慰諭軍民老幼婦女令入城保家室使御史雜端李仁實侍御史李軾御史崔子英封府庫分兵守諸門使正純彥頣金鼎黃率兵三千人入頓觀風殿號令城中禁虜掠己未以郞中申至冲爲收拾兵仗使李侯爲百姓和諭安居使朴正明爲監檢倉庫使閤門祗候李若訥爲客館修營使錄事崔褒稱白思淸爲城內左右巡檢使辛酉富軾備軍儀入景昌門坐觀風殿西序受五軍兵馬將佐賀使人祠諸城隍神廟撫慰城中使按堵遣兵馬判官魯洙奉表獻捷曰王者之師有征無戰天威所被已日乃孚臣聞光武之征隗囂三年乃定德宗之討希烈四載而平蠢爾姦兇據我城邑罪已浮於梟獍惡亦積於丘山惟睿筭之無遺至期年而斯克銜枚踰堞列兵攻門士讒交鋒賊已褫氣步騎奮而霆擊呼譟進而濤崩雲擶雷車直斬鯨鯢之鬣風聲鶴唳渾爲金革之音鼎魚環走以求生林鳥驚翔而迸散其罪重而自知不免者斮產息以燒亡其志刧而不能引決者甘鼎鑊以見俘積日之憂一朝頓釋於是入淮西而宣布上意如解倒懸復長安而撫綏遺黎蓋云歸處豈特市廛之不改巍乎城闕之俱存

毒螫既除腥膻已滌遂掃離宮之氛祲聿瞻原廟之衣冠黼坐儼然仍凡如舊父老士女漁樵芻蕘踴躍爭前讙呼相詡謂不圖於今日乃復得爲王人此乃陛下體天地之常生用神武而不殺三靈薦祉四海輸誠電擊風驅肆揵一戎之定川渟嶽峙允懷萬世之安臣等親承睿謀出管師律賴聖神之造惟以斷成非將帥之才愧無拙速壬戌承朝旨斬崔永及大將軍黄麟將軍德宣判官尹周衡注簿金智趙義夫長史羅孫彥梟首市街三日以分司戶部尙書宋先宥自兵與稱疾闔門掌書記吳先覺佯愚不附賊大倉丞鄭聰以孝行聞旌表門閭初西人斬妙淸等傳首闕下即請中軍差留守官如平時富軾遣盧令琚將入城賊欲伺殺之醫學博士金公鼎密告其謀使令琚不入少監韋璀英以有老母不能背賊與韓儒琯安德偁金永年僞爲轜車若送喪將出門事洩璀英儒琯被執榜掠炮烙至死終不援引故德偁永年得免公鼎璀英儒琯德偁永年及尹瞻親屬與老幼廢疾者皆原之其餘並執送京師下獄其勇悍抗拒者黥西京逆賊四字流海島其次黥西京二字分配鄉部曲其餘分置諸州府郡縣妻子聽任便許爲良人匡永等七人知常壽翰妙淸昆沽鄭璇金信信弟致李子奇趙簡鄭德桓等妻子並沒爲東北諸城奴婢三月王遣左承宣李之氐殿中少監林儀賜富軾衣服鞍馬金帶金酒器銀藥合詔曰逆雛趙匡以瑣瑣小醜據險陸梁逋誅既久非不知乘將卒欲戰之心併力剪除俾無遺種乃緣西都是始祖興業之地又念生齒衆多皆吾赤子不忍一切屠滅之故詔命開慰至于再三庶幾易心歸順以體朝廷矜恤之典此卿之所具知也自從元惡妙淸等見殲於帳下之後呂嶺失策賊情一變戡定之功似不可一二日期也卿以文武之才都將相之任寬得士心沉機妙物凡所制禦之術已定於胸中始築城寨以休士卒終起土山以壓賊壘卒使逆類望風自潰束手出降不頓一戈下全城於反掌決不踰時收萬世之偉績非卿萬全之策不能至此拜輸忠定難靖國功臣檢校太保守太尉門下侍中判尙書吏部事監脩國史上柱國兼太子太保又賜四軍兵馬使副判官以下銀絹綾羅各有差四月凱還賜富軾甲第一區十六年加檢校太師集賢殿大學士太子太師王嘗召富軾置

酒命讀司馬光遺表及訓儉文歎美久之曰光之忠義如是時人謂之姦黨何也富軾對曰以與王安石不相能耳其實無罪王曰宋之亡未必不由此也王遣國子祭酒林光就第勑賜金銀鞍馬米布藥物賞平西之功也二十年三上表乞致仕許之加賜同德賛化功臣號詔曰卿年雖高有大議論當與聞二十三年上所撰新羅高勾麗百濟三國史王遣內侍崔山甫就第奬諭賜花酒毅宗即位封樂浪郡開國侯食邑一千戶食實封四百戶命撰仁宗實錄五年卒年七十七謚文烈爲人豐貌碩體面黑目露以文章名世宋使路允迪來富軾爲館伴其介徐兢見富軾善屬文通古今樂其爲人著高麗圖經載富軾世家又圖形以歸奏于帝乃詔司局鏤板以廣其傳由是名聞天下後奉使如宋所至待以禮三掌禮闈以得士稱贈中書令配享仁宗廟庭有文集二十卷子敦中敦時敦時官至尙書右丞死於鄭仲夫之亂

敦中仁宗朝擢魁科知貢擧韓惟忠等初擬第二王欲慰其父升爲第一屬內侍年少氣銳宮庭儺夕以燭燃鄭仲夫鬚仲夫由是銜之毅宗時累遷殿中侍御史王拜官者鄭誠閤門祗候敦中不署告身左遷戶部員外郎轉侍郎初吏部侍郎韓靖與李元膺構隙罷職王別創佛宇于仁濟院爲祝釐所適元膺死靖復職尤勤祝釐敦中與弟敦時重修富軾所創觀瀾寺亦以祝釐爲稱王謂敦中敦時靖曰聞卿等歸福寡人甚嘉之朕將往見敦中等又以寺之北山童無草木聚旁近民植松栢杉檜奇花異草築壇爲御室飾以金碧臺砌皆用恠石一日王幸寺敦中等設宴于寺之西臺帷帳器皿甚華侈饌羞極珍奇王與宰輔近臣歡洽賜敦中敦時白金各三錠靖二錠羅絹各十匹丹絲各七十斤二十一年敦中拜左承宣燈夕王如奉恩寺夜還至觀風樓敦中馬素不調聞鉦鼓聲益驚突觸一騎士矢房矢躍出落輦傍敦中不遑自首王驚愕以爲流矢以儀衛繖扇擁輦疾馳還宮宮城戒嚴命有司榜街市購捕逮者甚衆王疑大寧侯暻家僮羅彥等所爲酷加鞫問誣服遂斬之又以禁衛不謹流牽龍巡檢指諭等十四人時王數幸延福亭與韓賴李復基許洪材等宴飲一日將移御念賢寺乘輿已駕又置酒舟中相與沈醉夜分忘歸衞士深怨韓李敦中前白王曰自朝至夜扈從軍

卒皆飢倦王何樂之甚夜且晦冥有何觀覽久留此耶王不悅而出已向曉矣普賢之變敦中亦從王行在途聞變佯醉墮馬逃入紺嶽山鄭仲夫挾宿怨購之甚急敦中密使從者入京城候家安否從者利重賞以告殺之于沙川邊敦中臨死嘆曰吾不黨韓李實無罪但流矢之變禍延無辜今日之及宜矣子君綏

君綏年未弱冠文學富軾儕輩推爲巨手明宗朝擢魁科直翰林院高宗初拜侍郎時朝臣出使或有貪冒侵漁者民多怨咨君綏與李宗揆宋安國金周鼎崔正份等十一人被選爲諸道察訪使問民疾苦察吏淸汚適有契丹兵未遑廉按宗揆安國周鼎皆以黜陟不精見貶獨正份激揚得宜君綏後拜左諫議大夫代趙冲爲西北面兵馬使以淸白愛民稱契丹兵至肅州永淸之境君綏率諸城兵擊之斬四百三十餘級虜二十一人獲馬五十餘匹及韓恂多智叛君綏仍知中軍兵馬事討之以計斬恂智函首送于京兵馬使金就礪嗛其不先報已乃囚君綏管下錄事有盧仁綏者素與君綏有隙因數譖就礪又譖崔怡遂流君綏于漢南時人寃之

鄭襲明

鄭襲明迎日縣人倜儻奇偉力學能文以鄉貢登第屬內侍仁宗朝累轉國子司業起居注知制誥與郎舍崔梓宰相金富軾任元敳李仲崔奏等上書言時弊十條伏閤三日不報皆辭職不出王爲罷執奏官減諸處內侍別監及內侍院別庫召梓等令視事襲明獨以言不盡從不起右常侍崔灌獨不與上書供職如常議者鄙之襲明寓居富軾別第諫官劾襲明失諫臣體請罪之落起居注尋陞禮部侍郞毅宗卽位授翰林學士進樞密院知奏事初毅宗爲元子襲明侍讀仁宗慮元子不克負荷任后亦愛次子將立爲太子襲明盡心調護故得不廢襲明久居諫職有諍臣風仁宗深加器重使傅東宮及不豫謂毅宗曰治國當用襲明言襲明自以先朝顧托知無不言毅宗憚之金存中鄭諴日夜短之會襲明告病以存中權代其職襲明揣知王意仰藥而死自是佞倖日進王益縱恣逸遊無度嘗幸歸法寺馳馬至獺嶺茶院從臣皆莫及王獨倚柱謂侍者曰鄭襲明若在吾豈得至此

高兆基

高兆基初名唐愈耽羅人父維右僕射兆基性慷慨涉獵書史尤工五言詩睿宗初登第出守南州清白奉公仁宗朝拜侍御史李資謙修弘慶院以僧正資富及知水州事奉佑幹其事發丁州縣爲害甚巨資謙敗資富坐配島惟奉佑素結宦官僥倖復職兆基上疏論駁至再三忤旨左遷爲工部員外郎後復爲臺官資謙之亂朝臣皆脅從失節其支黨夤緣苟免至宰輔者多兆基欲斥去之屢上書力爭曰雖聖上寬大掩其疵疾何面目立朝廷見日月乎王雖是兆基言不忍盡弃大臣尋擢兆基爲禮部郎中實奪臺職也毅宗即位拜政堂文學轉參知政事進中書侍郎平章事時金存中用事兆基屈己偷合時議非之爲諫官所劾降爲尙書左僕射賴存中救不數月復拜平章事尋致仕十一年卒無子輟朝三日命有司謚襄賜謚

金正純

金正純黃州人起寒素尙氣任俠善射御常語人曰男兒當立邊功以取名位安能齷齪苟活里閭間邪睿宗朝尹瓘征女眞自請從軍有戰功累遷閤門祗候出守和水二州素不閑吏治不以簿書介意但擧大體亦無廢事仁宗朝西京反以都兵馬使從金富軾討平之授樞密院左副承宣賜金帶下詔奬諭曰昔唐近臣守謙以偏將從事於裴度幕下助將淮蔡以今觀之無愧前輩歷同知樞密院事守司空知門下省事二十年參知政事疾篤加推忠定難功臣開府儀同三司守太尉門下侍郎同中書門下平章事上柱國二十三年卒年六十謚忠襄正純天資勇悍意豁如也但不學好貨專事侈靡爲時所短

鄭克永

鄭克永字師古樹州金浦縣人明敏好學擢魁科睿宗時累遷左諫議大夫中書舍人嘗上表請延訪群臣曰臣聞忠無不報信不見疑古嘗爲然今實有望夫厝火於積薪之下而寢其上因未及然而謂之安養病於腹心之內而無其醫後必爲錮而莫之覺竊惟事勢方可痛傷臣謹按前漢書曰天下之患在於土崩陳涉起窮巷偏袒大呼而天下從風其故何也由民困而上不恤下怨而上不知俗亂而政不脩此三者陳涉所以爲資也此之謂土崩臣由是觀亦不可忍國家

政令垢亂君臣道衰習亂安危無有脩省馴致災變不自覺知道貴因循耳蔽箴誨或以疎遠公正爲不肖或以親信權貴爲上賢或猶豫而莫辨所從或偏信而不知所惑縱欺罔而不能制混智愚而不能分况近世以來民苦賦役大兵之後歲仍飢荒獻計者以徒法擾民心當官者以苛政傷國體公私耗竭姦軌熾興上縱弛於王綱下鬱伊於物議若事變之一起雖歎息以何爲伏以陛下聖智天生聰明自負以前古聖賢爲陳迹以當世臣輔爲備員宵旰無稽古之勤几筵無延英之訪內徵宗室維持盤石之勢外鮮腹心承衛社稷之忠唯常與近狎之徒僕隷之輩雜進巧說以成禍基陛下孤立而不自謀朝臣大息而無敢諫臣故扼腕痛心泣血叩閽近與拾遺韓冲各上疏具言此事又宰臣與諫官繼陳延訪之請至今並未見允許施行延頸跂踵彷徨歎息有日矣伏望陛下惕厲虛懷博延群彥稽朝綱之所致紊辨政道之所致疵何施而國勢可安何惠而生靈可活推之原本責以將來使和氣克充於海隅則大平可齊於穹壤者矣臣又未知陛下以微臣爲拙而不足信謂狂言雖切而不足徵弃而不論者臨表尙有可惑故謹幷繕寫唐陸贄奉天論延訪朝臣表一道隨表以聞仁宗初拜翰林學士遷寶文閣學士以韓安仁表弟忤李資謙流南裔資謙敗召還授東京留守五年判尉衛寺事翰林學士知制誥尋卒年六十一克永工文詞嘗從平章事崔弘嗣入宋其著述爲中國人稱許

朴挺蕤

朴挺蕤竹州人性寬洪睿宗時登第調慶源郡判官仁宗初累遷左正言言事忤旨出知仁州仁州即慶源郡前後涖政如一課爲當時最擢殿中侍御史自是出入臺諫幾二十餘年論議務擧大綱不爲苛細嘗與知御史臺事崔灌侍御史印毅崔逑中安淑等論樞密使陳淑嘗討西京受人奴及寶帶伏閤三日不報皆杜門不出仁宗召諭令視事挺蕤與逑中固爭不就職淑由是竟免挺蕤尋遷右副承宣進退都雅應對明敏爲王所重拜樞密院副使兼太子賓客二十三年卒年五十七諡忠質父永侯嘗誡以忠孝之道挺蕤亦以自勵然奪其舅妾田廬臧獲使其母子寒餓而死時議薄之

崔思全

崔思全耽津人初爲內醫累遷少府少監睿宗患背疽召思全視之思全以爲微瘇必無患不即理至不救宰相韓安仁文公美請置於法仁宗止令徒二年思全嗛之遂構安仁公美于李資謙流之語在安仁傳尋授軍器少監時資謙旣擧兵犯闕勢甚橫王密與思全謀之思全曰資謙所以跋扈者惟恃拓俊京若得俊京則兵權內屬資謙特一夫耳王曰俊京爲國公腹心至結昏姻而弟俊臣子純皆爲官兵所害以是疑之乃筮得吉兆思全因往俊京家諭以忠義曰太祖列聖神靈在天禍福可畏資謙特籍宮掖之勢爾無有信義不可與同好惡公宜一心奉國以立永世不朽之功俊京心然之遂決策去資謙王錄俊京功幷賞思全擢兵部尙書賜推忠衞社功臣號加守司空尙書左僕射制曰朕幼年莅政外戚專權作威作福多所中傷殺韓安仁流文公美崔弘宰等五十餘人朝廷爲之一空威振國內寡人至於孤立自是多樹朋黨禍將不測至丙午二月近侍員僚及一二大臣請除其權朕不敢不從而彼乃肆毒犯闕宮殿府庫焚蕩無遺及朕出御延德宮凡在左右侍衞軍士或斬殺之或流竄之凶焰益熾禍變難測卿密諭俊京同心定策以五月二十日掃除凶逆再安宗社功不可忘宜令有司書三韓後壁上功臣之次轉參知政事判尙書刑部事進門下侍郎同中書門下平章事自以起寒地位極寵懇請致仕乃許之賜甲第一區詔曰朕聞疾風知勁草板蕩識貞臣歲丙午禍起蕭墻宗社幾危板蕩之勢已極矣在朕左右忠義之士尙未免於白刃誰能出力以衞社稷惟卿奮不顧身與人好謀辨論逆順開諭禍福雖俊京之悍黠亦揮淚感激知宗所尊轉禍爲福復安宗社卿之功也卿雖退居在予褒奬之心何敢少弛遂加開府儀同三司守太尉柱國十七年卒年七十三輟朝三日贈賻加等謚莊景配享仁宗廟庭子弁烈思全嘗與弁烈金罍各一具及沒妾竊其一弁怒欲鞭之烈曰此人先君所愛當傾家產以恤之況此物耶弟所得者尙存請以遺兄王聞而嘉之曰可謂孝且仁矣御筆賜名曰孝仁

金珦

金珦字富民安東府人起胥吏無學識淸愼能幹事仁宗朝由閤門祗候出爲慶源郡使政尙廉勤召拜監察御史累遷

兵部尙書同知樞密院事女嫁李資謙子之甫然不以姻婭附及資謙謀逆事迫王密遣宦者以手書急召拓俊京俊京以示珣珣下席泣曰君命如此雖亡身滅族豈可不赴之遂與俊京謀執資謙囚之竟不自言人莫知其功王常稱之曰有功不求人知可謂賢矣賜衛社功臣號加檢校司徒知門下省事進中書侍郎同中書門下平章事上表乞退王不許曰卿以不貳心之忠奮不可奪之節屬朕即位遭家多難乃挺身翼衛掃除奸賊旣與共其憂宜與共其樂遽起丘園之與豈朕待卿之意有未至耶表至五上乃許之十三年卒輟朝一日諡元靖

崔滋盛

崔滋盛水州人登第補殿中內給事仁宗朝歷官至特進檢校司徒守司空中書侍郎同中書門下平章事嘗與吏部侍郎林存掌貢舉存出賦題云聖人耐以天下爲一家諫官奏按耐古能字奴登切今以奴代爲韻非是請改命他人再試不允因命滋盛存更試之滋盛又命題云天道不閑而能久法司又奏按禮記云天道不閉而能久家語錯本以閉爲閑今貢院不考正經而據錯本命題請罷兩貢舉職停今年選王重傷大臣意但命簡經義論可取者止二十五人賜第罷滋盛存職命刑部治其罪尋復職加開府儀同三司累上表致仕二十一年卒年七十九諡忠烈性剛敏所歷有能聲李資謙之亂就其第執事人以此少之

金縝

金縝溟州人少力學登第出知靈光郡有善政安撫使崔淯以忠淸自許少許可人特以縝爲最秩滿爲右補闕又爲淸州牧副使其政如靈光入爲秘書少監仁宗朝歷國子大司成御史大夫左散騎常侍進同知樞密院事李資謙拓俊京之亂縝在直廬見宮闕連燒歎曰我平生拙直不畏强禦與李拓有隙出必遇害與其死於賊手不如自盡使從者閉戶逮火而死年五十六亂定嘉其節義贈諡烈直賜子壻爵一級

林完

林完本宋人登第累遷禮部員外郎仁宗置書籍所于壽昌宮側完與金富轍等諸儒臣更直備顧問轉國子司業知制

諧王以灾變下詔求言完上疏曰臣嘗謂進言非難而聽其言者爲難聽言非難而行其言者爲尤難故曰忠臣之事君也言切直則不用而身危不切直則不足以明道昔漢文之世天下可謂無事矣賈誼猶有痛哭流涕長太息之言近者天變異常陛下祇畏天命思聞直言下詔求言此萬世之福也臣嘗觀董仲舒策有曰國家將有失道之敗天乃先出災異以譴告之不知自省又出怪異以警懼之尙不知變而傷敗乃至此見天心之仁愛人君而欲止其亂也自非大無道之世天盡欲扶持而安全之人君所以上答天譴者非勉强以實應之則不可也傳曰應天以實不以文所謂實者德也所謂文者若今之道場齋醮之類是也人君修德以應天不與福期而福自至焉若不修德而徒事虛文則非徒無益適足以瀆天而已書曰皇天無親惟德是輔又曰黍稷非馨明德惟馨所謂德者豈他求哉在人君用心與夫行事而已用心善而見諸行事者若堯舜禹湯文武成康是也故一云爲一注措皆合於天心而能享無疆之休用心不善而見諸行事者若桀紂幽厲秦始皇是也故一云爲一注措皆悖於天道區區一身尙不能保又烏能享天下國家哉且天之於人相去遼絶非言可諭而福善禍淫疾若影響比年以來災變屢作饑饉荐臻近者白虹貫日正陽之月雷震特異此近古未聞也意者陛下應天以文而不以實耶何其醮祭之煩而變異之多耶天之譴告如此足以見天心之仁愛陛下猶父母之譴告其子切欲扶持而安全之也陛下豈可不勉强以實而應之耶勉强以實在乎革當今之弊革今之弊在乎遵太祖之遺訓擧文宗之舊典而已太祖之訓其詳臣不得而聞伏思當時撥亂反正設紀陳綱必有神謀睿筭國史所載可考而知至如文宗之遺風餘烈距今未遠時或聞先生長者之言不覺淚下沾襟觀其躬行節儉進用賢才名器不假於匪人威權不移於近昵雖戚里之親而無功者不妄賞左右之愛而有罪者必加罰宦官給事擇其謹愼少壯者不過十數輩以備洒掃屬內侍必選其功勞才能者不過二十餘人所司庶官各竭其能冗官省而事簡費用節而國富故大倉之粟陳陳相因家給人足時號大平此我朝賢聖之君也近代以來一切反是凡百執事倍數於前驕侈日滋廉恥道

喪挾權恃勢剝削誅求加之以重歛勞役人心胥怨設使賈誼見今日之勢豈特太息流涕痛哭而已哉臣竊爲陛下計責身修省上答天譴莫若行祖宗之良法善政而已今欲行祖宗之法必不利於權貴故雖有善政朝行夕改法度無常實非陛下勉强脩德之意也惟陛下至誠發於聖心責諸輔相質之神明痛抑左右欺蔽之姦絕其陰陽怪誕之說日愼一日行之不已使鴻業增光以爲萬世無疆之休近日怪誕之說大起於妙淸臣觀妙淸惟事姦詐欺君罔上與宋朝林靈素無異也靈素挾左道眩惑上皇躁進之士屈己諂事以求榮顯當是之時災變屢見而上皇不悟及至智盡計窮終於敗亂而後已雖誅靈素何益於事此陛下之所親聞也覆車之轍其可蹈乎陛下寵信妙淸左右近習及諸大臣交相薦譽以爲聖人根深蔕固牢不可拔自太華宮之役勞民動衆百姓怨咨往歲巡幸災發佛塔今年巡幸流星馬禍相繼而作且此宮闕本爲求福今已七八年而無一休祥災變荐至其故何也天意若曰姦邪之人熒惑人主人雖可欺天可欺乎前日之變天其或者警悟陛下耳陛下豈可惜一姦臣而違天意乎願陛下奮乾剛之威斬妙淸之首上以答天戒下以慰民心此天下之公言非愚臣之敢私也惟陛下察之

崔奇遇

崔奇遇字正甫舊名巨鱗中第補尙州司錄以淸勤聞睿宗朝歷齊安大原二侯僚佐爲所敬憚朝廷用兵東鄙以李資諒爲將奇遇上書言資諒王后叔父萬一失律不宜加刑由中書注書出爲淸州通判爲政嚴於御史矜恤小民嘗行部途中遇暴雨避村舍有神托人曰前有猛獸宜小休雨霽行虎果傷人于路王聞而異之秩未滿徵爲右正言上書言六事不報王幸安和寺還將駐蹕王輪寺南街奇遇諫曰爲樂非其所請入宮從之累遷至左司諫遷御史以起居舍人爲西海道按察使李資諒營院館侵奪吏民田園掌其事者因緣謀利爲民害奇遇奏禁之一方大喜李資謙大起屋宇遣使求鐵于海州囑曰勿令崔按察知之仁宗即位資謙專制國命奇遇言陛下新登寶位宜有善政以慰民心而昵近憸佞疎遠學士大夫此臣所缺望乞常御便殿詳延儒臣訪問今古引見兩府咨諏國事一遵太祖遺訓又言朝鮮國公不

宜區區親細務其意欲陽示尊崇而陰奪其權也王留其疏不下或有言國公尊貴百寮宜拜奇遇曰非王氏而拜之如朝廷禮何其年冬雷震開國寺浮圖奇遇又上言漢延光中冬雷屢作實由閻皇后兄弟專秉威權之所召災不妄作願陛下悟皇天之譴告圖所以消變之術言甚切直資謙聞而銜之及韓安仁等被禍奇遇以姻黨竄高城縣資謙敗召拜戶部員外郞尙州牧副使轉吏部郞中起居注賜金紫有疾王遣內醫視疾賜御藥奇遇謂其子曰吾君終始之惠惟汝目見吾未得報萬一命也汝無忝吾志遂卒年五十八奇遇天資魁傑身長七尺自少有文藻負氣槩爲事不肯碌碌隨人卒以流落不得展其志子應淸應時

金守雌

金守雌字谿甫舊名理尙州人少喪父負笈遊學四方中第調金壤縣尉遷國學學諭弃去杜門不出理田園鬻蔬以自給日與兒童講習爲樂仁宗朝直史館李資謙之亂宮闕連燒守雌直禁中負國史至山呼亭北掘地藏之得不焚遷直翰林院未幾有疾不樂在近職又以母老乞郡出爲禮州防禦使卒毅宗時吏部奏守雌於丙午之亂入直史館不惜身命移藏國史昔唐韋述爲史官祿山之亂抱國史藏南山身陷賊中汙僞官賊平流渝州死廣德初以功補過贈右散騎常侍述終汙僞官至於流死猶論其功今守雌一無所累例補外官而死未蒙顯賞深可惜也乞依古例追贈官爵乃贈吏部侍郞翰林侍讀學士知制誥

崔濡

崔濡字元澤本溟州吏少敏悟善屬文年十九中第補校書校勘累遷中書舍人仁宗朝歷翰林學士承旨御史大夫參知政事進門下侍郞同中書門下平章事卒年六十九謚莊敬爲人魁梧有風標歷任中外以公淸聞晩有疾步履甚艱猶不退時人譏之

李璹 瑋

李璹樹州人父靖恭登第官至門下侍中謚文忠配享順宗廟庭璹性貪鄙無行登第席父勢事睿仁二朝累官至參知政事其妻平章事金仁揆姊也仁揆以李資謙親黨流璹幸其災據仁揆第奪家產奴婢及仁揆還責之璹慙懼密與其

子溫卿誣構仁揆謀逆作飛書夜投御史臺爲巡檢所執有司請配流仁宗以妃任氏外王父兄弟止免官卒弟瑋

瑋字直清登第累遷戶部員外郞宣宗聞郡縣守多非其人選瑋及尹瓘崔思悅等分遣諸道撫民疾苦瑋不稱旨免後爲黃州牧副使以清勤撫字聞睿宗朝歷刑部尙書門下侍郞平章事賜佐理功臣號十一年守太保門下侍中明年進太傅封桂陽伯食邑二千戶食實封三百戶尋致仕進爵爲公賜匡國功臣號仁宗納其外孫女爲妃加中書令又賜鎭定功臣號食邑二千五百戶食實封五百戶十一年卒年八十五謚莊肅瑋喜殖貨家居雖米鹽必知出入

許載

許載字壽康孔巖縣人由刀筆吏起積勞出調鐵州防禦判官在官清白有惠政九城之役以中軍錄事守吉州城女眞來攻載與兵馬副使李冠珍等固守數月城幾陷勵士卒一夜更築重城以拒之虜乃退以功拜監察御史又爲行營兵馬判官與金義元等擊女眞于吉州關外斬三十級獲其介役牛馬遷雜端睿宗嘗幸八關會還至閤門前駐蹕唱和命倡優歌舞仗內夜幾至三鼓載與御大夫崔贊進諫王嘉納之三爲兩界兵馬使久在邊知敵情奏守邊策王下兩界諸鎭使遵用載不學無術仁宗朝李資謙拓俊京用事載傾心附之遂登宰輔官至中書侍郞同中書門下平章事王惡其朋比屢與左右言之及資謙敗諫官上疏極言其罪爲俊京所庇久之貶知豐州防禦使又貶其子純爲全州防禦判官物意快之載秩滿除兵部尙書仍令致仕臺諫論駁會西海道按察使奏載在豐州有政績不可弃遂拜戶部尙書致仕尋加開府儀同三司檢校大尉卒年八十三

列傳卷第十一

列傳卷第十二　高麗史九十九

正憲大夫工曹判書集賢殿大提學知經筵春秋館事兼成均大司成臣鄭麟趾奉
敎修

梁元俊

梁元俊字用章忠州人起自胥吏監光州務妻事姑不謹黜之妻與子號哭乞哀終不許至使其妻獨還人或譏其不仁仁宗時累遷殿中侍御史出爲尙州副使政尙廉勤吏民稱之毅宗初拜御史大夫轉知門下事十年進門下侍郎平章事明年致仕又明年卒性淸儉淳直終始一節不事產業不通餽謝門巷蕭然嘗與諫官論鄭誠堅執不變時議重之子文琰淸直有父風官至御史中丞

崔惟淸 讜 璘 詵 宗峻 昷 文本 坪 雍

崔惟淸字直哉昌原郡人六世祖俊邕佐太祖爲功臣父奭初名錫擢魁科事文順宣三朝位至守太保門下侍郎同中書門下平章事判吏禮部事謚譽肅惟淸少孤嗜學睿宗時登第乃曰儒者當學古入官遂杜門讀書不求仕宦有薦者辭以學未就後被薦直翰林院仁宗卽位李資謙謀逆大臣有不附已者輒以計誅竄平章事韓皦如號剛正非罪見流惟淸姊壻鄭克永爲皦如表弟連坐貶斥惟淸亦失職及資謙敗召入內侍累遷左司諫出倅尙州有德政秩滿授侍御史轉御史中丞言事忤旨遷殿中少監尋以諫議大夫如金謝冊命言動中禮金人歎服移牒使加爵祿比還拜戶部侍郎後出爲東北面兵馬副使朔方倚如長城召拜承宣毅宗初陞知奏事出納惟允驟進中書侍郎同中書門下平章事判兵部事時郎中鄭敍坐陰結大寧侯流外惟淸敍妹壻也敍宴大寧惟淸假器皿臺諫劾以失大臣體貶南京留守使連貶忠廣二州牧使雖久淹外寄處之怡然王悟其忠直無他欲復拜平章事有沮之者乃以守司空左僕射致仕鄭仲夫之亂文臣皆被害諸將素服惟淸德望戒軍士勿入其第以至期功之親俱免禍有刑部尙書韓就者淄州人也工術數能言人禍福亦以智保全官至中書侍郎平章事明宗立以惟淸宿德舊望拜中書侍郎平章事尋守司空集賢殿大

學士判禮部事仍令致仕四年卒年八十諡文淑自幼至老手不釋卷經史子集靡不該通又酷好浮圖日誦佛經所至學生沙門質問者坌集嘗奉詔撰李翰林集註柳文事實王覽之嘉賞鏤板以傳又有所著文章數百篇及南都集子八証詡諲讜詵讓二人祝髮証詡讜詵皆登第歲廩母証禮部尙書詡閤門祗候諲錄事讓雜職署令讓孫雍

讜少聰悟善屬文明宗初爲正言論事忤貴倖落職尋起爲吏部員外郎出按東南道有聲績累遷參知政事神宗時拜中書侍郎平章事進守太尉門下侍郎同中書門下平章事上章乞退遂致仕閑居扁其齋曰雙明與弟守太傅詵及太僕卿致仕張白牧東宮侍讀學士高瑩中判秘書省致仕白光臣守司空致仕李俊昌戶部尙書致仕玄德秀守司空致仕李世長國子監大司成致仕趙通等爲耆老會逍遙自適時人謂之地上仙圖形刻石傳於世熙宗七年卒年七十七諡靖安子臣胤尙書臣英郎中臣胤子璘

璘器局宏深少不護細行與豪俠子薄遊葡酒間年幾三十始發憤讀書康宗朝登第歷臺諫高宗時出爲羅州副使時原栗人李延年自稱百賊都元帥嘯聚山林寇掠州郡璘與指揮使金慶孫擊破之以功超拜右副承宣累遷參知政事蒙古大擧入侵宰樞請遣安慶公淐如蒙古乞班師王不允璘獨前奏曰愛子之情無貴賤一也然不幸有死別者殿下何惜一子令民之存者十二三蒙古不還則民失三農皆投於彼雖守一江華何以爲國王不得已領之宰樞欲使僕射金寶鼎從安慶公行王以璘代之先是永寧公綧質蒙古及安慶公至帝以爲實永寧公母弟禮待甚厚黃驪人閔偁訴於帝曰綧非王親子且高麗族誅李峴降城官吏亦皆誅殺帝謂綧曰汝前稱王子何也對曰臣少養宮中以王爲父后爲母不知非眞子也今使臣崔璘實前日以我入質者也請問之帝問璘對曰綧乃王愛子非親子也所進表在可驗帝曰愛子親子異乎曰愛子者養人之子以爲已子也若所生子則何更稱愛乎帝驗前表皆稱愛子遂不問官至門下侍郞平章事嘗再知貢擧號稱得士四十三年卒諡文景臨絕妻子泣曰我輩何依而生璘微笑曰爾輩其爲戎乎後果俱沒戎兵

詵明宗時爲右司諫時恭睿太后患乳癰王召弟僧冲曦侍病冲曦多亂宮女又通公主穢聲聞外詵䟽諷曦穢行請出之於寺王大驚曰不意司諫離間我兄弟遂罷詵自後臺諫無敢言者朝臣皆附冲曦賄賂公行久之判秘書省事與吏部尙書鄭國儉等讎校增續資治通鑑又刊正太平御覽神宗朝累遷參知政事王以詵年高有德超拜守太傅門下侍郞同中書門下平章事判吏部事旣而引年致政熙宗五年卒輟朝三日謚文懿詵以文學聞於世恬淡寡言不以門地自負禮賢下士再知貢擧多得名士配享熙宗廟庭子宗源宗峻宗梓宗蕃宗源檢校太子詹事宗梓左僕射子昷宗蕃承宣子坪

宗峻神宗四年擢魁科高宗朝累官至左承宣舊制國子監以四季月六衙日集衣冠子弟試以論語孝經中者報吏部吏部更考世系授初職宗峻欲令其子試之國子正錄以非試日不聽宗峻屬崔瑀請之乃得試時人譏之歷左散騎常侍知門下省事累拜至門下侍中二十九年乞退王不允曰崔侍中終始一節淸廉奉國比來國家多故議論紛紜臨機善斷遷都衛社功無與比豈循常例遽令謝事遂賜几杖三十三年卒爲人嚴重寡言喜聲色居處飮食過侈靡

昷氣度雄偉倜儻敢言善斷事高宗朝登第官累樞密院使金俊謀誅崔竩邀與計議昷子牽龍行首文本與中郞將李柱敢員庾泰校尉朴瑄隊正兪甫等密爲書通于竩及誅竩籍其家得書一通乃文本洩俊謀也俊與柳璥請殺文本等王曰此輩狂惑唯圖目前何知大義赦之可也然卿等有請可流之璥等固請王曰必欲殺之何更聞爲卿等可自爲之乃起入內璥等伏地謝罪遂流文本于島昷有怨言忌者謂俊曰昷怨公等恐他日生變俊遂白王曰昷恃家世驕傲嘗廷叱上將軍趙日成今又怨臣等臣等皆不自安請罪之王不許俊等力請王不得已流黑山島押行別抄到昷家直入昷叱曰此非賊家乃宰相家也遂坐聽事呼別抄謂曰吾何罪曰不知昷曰汝不知吾又何知談笑自若至江見所乘船小且無帳幄立馬曰宰相乘如此小舸邪別抄卽改之遂乘而去明年將軍李仁柱謂俊曰崔昷大相也非罪遠竄朝野嘆惜宜速召還俊聞于王乃還元宗初復拜樞密院使尋遷

守司空左僕射九年以守太傅中書侍郎平章事致仕卒昷嘗與河千旦李淳牧同在誥院河李俱有文名昷倚其閥閱待之甚輕河李亦不屈有勑撰進荅隣國徵詰書昷當秉筆搔首苦吟未得其意擲筆罵曰此鄉曲布衣輩所以自負者耶子文本文立文立三司使

文本蔭授删定都監判官補牽龍行首累拜親從將軍忠烈初拜承宣鷹坊吳淑富方文大等自草宣傳消息三通因李貞以進曰羅州長興管內諸島民請專屬捕鷹又籍洪州曲楊村民戶口悉屬鷹坊又三道內能捕鷹者勿限名數皆免徭役王命承宣亟寫行之令一聽淑富等指揮文本言淑富等所至虐民逞欲按察守令懲安戢辛佐宣之事莫敢誰何且屬鷹坊者悉免徭役國家安所調發請勿遣淑富等臣以消息諭諸道按察使亦可辨也不從二年以密直副使版圖判書卒年四十四無子文本姿魁梧性高倨沉重不苟俯仰有大臣體嘗有上國使者問於人曰汝國中若此者有幾人乎

坪性沉厚謹言行高宗朝登第累遷侍御史忤權臣出爲定遠副使召還拜刑部郎中累遷樞密院副使以伯父宗峻親嫌不得入省卒年五十五無子

雍字大和初名夔少嗜學與同志十八約十年讀書未數年餘皆弃去雍獨力學十年無書不讀時以博洽稱高宗時登第補大官丞累遷典理佐郎忠烈王自太孫時迎以爲傅及即位留意文學召拜國子司業日與論通鑑歷官國學典酒世子宮令眷遇尤重以目有圓翳終不得典誥十八年進副知密直司事文翰學士致仕卒雍性巧好音律聚學徒授書多公卿貴胄少寒素者時有金保宜者中第雍實借述人譏之子元中元直元直子瑩自有傳

李公升

李公升字達夫清州人六世祖希能五世祖謙宜皆從太祖定三韓爲功臣公升少穎悟能屬文仁宗朝擢第直翰林院累遷右正言毅宗初轉殿中侍御史奉使如金時使金者例收管下軍銀人一斤公升不取一錢人服其清王嘗乘月遊清寧齋目公升曰秋月澄霽無一點塵正如公升胸中官累右承宣左諫議大夫王督署宦官鄭諴告身公升不得已署

之轄知御史臺事王又召公升及中丞宋淸允侍御史吳忠正等曰鄭諴自寡人在襁褓時辛勤阿保以至今日故除權知閤門祗候以酬其勞已經三載卿等不署告身實非臣子愛君之心苟不署之若輩皆葅醢淸允忠正俯伏流汗獨公升不奉旨王怒譴出之後王又召臺諫督署諴告身皆唯唯公升猶不奉旨王責公升曰汝嘗爲諫官旣署諴告身今反不署何也對曰臣悟昨日之非故不奉詔王怒勑公升就舍諫議大夫金諹等又上疏諫不報王尋命公升出視事陞知奏事金遣使賜羊有一羊四角公升以爲瑞獸表賀時人嘲爲四角承宣王親禘大廟公升遽奏祀事已辦王入廟庭則未辦王太怒欲加重責賴右承宣李聃營救遷刑部尙書先是王於館北宮作窟室築臺飾以金玉極侈麗與宦者白善淵王光就等置酒召公升諹聃縱飲王醉入幕命左右唱和公升句云功名富貴盡驅花下之三盃至是見斥人以爲詩讖後同知樞密院事吏部尙書二十二年上箋請老遂以參知政事判工部事致仕園中結茅宇穿沼築塢植花卉幅巾藜杖逍遙其閒賓客子弟有造謁者輒以詩酒相娛不喜食肉殺以蔬果而已明宗三年李義方等搜殺文士公升匿佛日寺有邀功者擒詣義方公升嘗卜延福亭之基遂興大役人多怨之以故義方欲殺之賴門生文克謙免五年王尊舊德拜中書侍郞平章事十三年卒年八十五謚文貞葬日柩未窆子椿老桂長以陰陽拘忌徑還其家克謙竟襄事公升美鬚髯童顏不老操行高潔不事生產性輕躁不能容人之過見輒慢罵初內侍趙剛實家與公升第相對剛實管左倉日受人賂米公升熟見之一日剛實謁公升于樞密院公升於坐中數其事厲聲罵之剛實大慙又僧覵遠好遊公卿閒克謙嘗携謁公升熟視曰此僧無可取不意公偕也遂罵逐之然後飮酒盡歡椿老字固存官至參知政事熙宗五年卒年七十七謚貞肅嘗按西海吏民畏服累歷華要以淸謹稱桂長登第累官至守太傅門下侍郞同中書門下平章事同修國史四掌貢擧所取多知名士

申淑

申淑高靈郡人博覽群書仁宗朝登明經科以淸儉忠直著名累遷御史雜端毅宗初淑與侍御史宋淸伏閤言事三日

不報淑等謝病歸第後除右諫議大夫又伏閤言事平章文公元知門下崔子英始與議不至內侍尹彥文聚怪石築假山于壽昌宮北園構小亭其側號曰萬壽以黃綾被壁窮極奢侈眩奪人目一日王宴于亭將罷假山頹牝雞鳴御史中丞高瑩夫侍御史韓靖崔均深等伏閤三日請黜彥文及韓就李大有榮儀等不聽瑩夫等杜門不出御史大夫崔允儀獨不與伏閤淑乃與給事中林儆等復上䟽切諫王勉從之黜彥文等四人後數月淑又伏閤力陳時弊公元子英及平章庾弼政堂文學金永錫又不至十二年轉知門下省事時王以宦官鄭諴權知閤門祗候淑與諫議大夫金瑒柳公材中書舍人洪源滌起居舍人金于蕃左正言許勢修等上䟽諫之不得淑復獨詣闕上䟽請削諴職王曰古無大臣獨諫者對曰自祖聖創垂以來亦無宦寺拜朝官者至聖朝始有之無乃不可乎臣聞此以還居常憤懣食不知味故敢來請若臣言非請誅臣是則願賜俞允王乃削諴職然惡其彈劾不已月餘左遷守司空明年弃官歸鄉有詩云耕田消白日採藥過青春有水有山處無榮無辱身尋召還以參知政事致仕十四年卒

韓文俊

韓文俊大興郡人父惟忠以勤儉正直見重於時官至平章事文俊性雅正少能屬文有逸氣惟忠嘗謂人曰興吾門者必此兒也仁宗朝登第才名聞於世時方重外寄歷長州長興南原三郡副使南京副留守皆有惠政門人吳世材嘗投詩曰南蘇三郡俗東撫一州民世謂實錄明宗初拜大府卿擢樞密院右承宣陞副使忤宋有仁降授判司宰寺事官累參知政事寶文閣大學士判禮部事遷政堂文學判兵部事十四年進門下侍郎平章事判吏部事銓敍平允明年因星變上劄字請乞退不允及年七十謝事家居日與高人韻士逍遙詩酒二十年卒輟朝三日謚貞懿文俊有識鑑三掌禮闈所取多名士

文克謙

文克謙字德柄南平郡人父公裕知門下省事集賢殿大學士謚敬靖克謙初以伯父公仁蔭補刪定都監判官國制以藍衫就試者例不過三赴克謙屢舉不中嘆曰白衣且十赴

藍衫何止三赴請以五赴爲限朝議從之遂爲恒規克謙從
宦未常廢業毅宗時登第累遷左正言伏閤上䟽曰宦者白
善淵專擅威福密與宮人無比爲醜行術人榮儀執左道取
媚于上置百順舘北兩宮私藏財貨以支祝釐齋醮之費而
與善淵掌其務凡兩界兵馬五道按察陛辭之日必於兩宮
置酒慰餞令各獻方物隨其貢奉多少以爲殿最至使家抽
戶歛以召民怨知樞密事崔褒偁職掌樞要勢傾中外貪黷
無厭不附己者必中傷之財累鉅萬請斬善淵無比黜榮儀
充牧子罷褒偁以謝一國又語及宮禁帷薄之事王大怒焚
其䟽褒偁詣闕請辨王召克謙對辨克謙言甚切至遂貶黃
州判官初克謙草䟽諫議李知深給事中朴育和起居注尹
鱗瞻等不肯署名及克謙見貶又視事自若時人誦並遊英
俊顔何厚之句以譏之克謙在黃州吏民愛慕政聲藹然有
貴近挾宿憾構微過奏請免官王亦怒前事又貶晉州判官
有司奏克謙直臣不宜連貶外官以防言路乃授閤門祗候
遷殿中內給事鄭仲夫之亂克謙直省中聞變逃匿有兵跡
而獲之克謙曰我前正言文克謙也上若從吾言豈至今日
願以利劒決之兵異之擒致諸將前諸將曰此人吾輩素聞
名者勿殺囚于宮城毅宗南行於馬上嘆曰朕若早從克謙
言安有是辱明宗即位授諸臣職釋克謙使書批目李義方
白王拜克謙右承宣御史中丞文臣若李公升等多賴以免
武官亦倚之多咨訪故事尋兼龍虎軍大將軍至爲宰相猶
兼上將軍克謙有女在室義方弟隣娶之由是癸巳之亂一
族皆免左諫議金莘尹等上䟽以爲承宣王之喉舌但出納
惟允可也今李俊儀文克謙職兼臺省居中用事請解兼官
不允翌日諫官伏閤力爭改俊儀爲衛尉少卿克謙爲大府
少卿一日近臣上壽夜分未罷左右稍喧克謙諫曰此前王
之所以廢者可不戒哉因勸王入內遂罷俊儀怒罵之轉禮
部侍郎拜樞密院知奏事累陞知院事與宋有仁有隙左遷
守司空左僕射自拜司空不受祿世服其廉丁母憂踰年起
復還舊職頃之參知政事進中書侍郎平章事判戶部事太
子太保初禮官奏太后忌日在仲冬請於孟冬行八關禮王
以問相府克謙曰太祖始設八關盖爲神祇也後王不可以
他事進退之況太祖禱于神明曰願世世仲冬無令有國忌

若不幸有忌則疑國祚將艾也故自統合以來仲冬無國忌今有之是國之災也而又以孟冬設八關固非太祖意禮官所奏不可許從之十五年判禮部事時韓文俊於班次爲第二次克謙次崔世輔及文俊爲冢宰克謙當遷亞相然不欲居世輔上先自退遜使世輔判兵部登亞相已居其次世輔亦牢讓曰我於文公受恩實多敢居其上王以禮部在兵部之上故拜克謙判禮部爲亞相世輔次之識者多其讓明年兼中書門下兩省判兵部事尋權判尙書吏部事十九年卒年六十八輟朝三日謚忠肅性孝友慈仁忠謇正直食不過數器衣不服文繡三掌禮闈所擧多名士時稱賢宰相然聽權豪干請不察賢否銓注多舛又官其髫齔子弟分遣僕從廣植田園時議惜之王嘗作詩一絶賜克謙曰一寸靈臺萬事侵唯餘憂慮日加深短懷拙智一難斷白髮千莖已滿簪克謙和進曰年光荏苒暗相侵輔國思量日漸深自顧君恩猶未報無情白髮已盈簪人謂二詩俱有衰謝之氣王終見廢克謙未幾而卒蓋未必不爲詩讖配享明宗廟庭子侯軾惟弼惟弼官至知門下省事妻私通家臣事覺崔忠獻配家臣于遠島惟弼五世孫達漢自有傳

柳公權 澤

柳公權字正平儒州人六世祖大丞車達佐太祖爲功臣公權少好學工草隷登第調翼陽府錄事明宗初直史館累遷兵部郞中後以禮賓卿如金賀萬春節金人稱其知禮轉右副承旨陞右散騎常侍知奏事啓事稱旨多裨益進同知樞密院事二十五年以疾乞退王愛其文學不欲去乃曰朝廷有舊德社稷之福卿何退之遽公權三上章從之居一年疾病親屬進藥公權曰死生有命却不飮疾王特拜政堂文學參知政事卒年六十五謚文簡性公廉居官不懈子澤彦琛彦琛同知樞密院事

澤登第官至尙書右僕射翰林學士承旨高宗嘗設藏經會於宣慶殿澤製疏曰雖自篤克勤之念罔敢怠荒不幸遭多難之時未能制御諫議大夫朴玄圭曰所謂未能制御者必指晉康公使告崔忠獻忠獻卽呼澤問之澤大笑自若人以爲玄圭與澤有宿憾以此激之子璥自有傳

趙永仁

趙永仁橫川人少不群有宰相器度博學善屬文毅宗朝登第調全州書記政有聲明宗立命永仁輔導太子累遷爲承宣多所匡救物論歸重驟陞參知政事政堂文學翰林學士承旨守太尉上柱國神宗初加開府儀同三司守太師門下侍郎平章事判吏部事金使詰明宗遜位事曰有勑必以詔親授前王朝議難之永仁曰前王養疾南州計程三十日乃至必欲親授請留待數月金使曰苟如是不必親授翼日傳詔于王永仁以眼昏乞退加門下侍中仍令致仕五年卒年七十王悼甚贈謚文景後配享神宗廟庭子準冲準登第仕至承宣冲自有傳

王世慶

王世慶初名肱開城人八代祖希順佐太祖定三韓爲功臣世慶毅宗時登第倅京山府以淸白稱秩滿罷歸家數年家貧好學手不釋卷隣人欲爲宰相李之茂祈壽請世慶作疏之茂覽其疏奇之補國學學諭改同文院錄事有宋進士籥上達隨商舶來好相人相世慶曰君象眼後必貴勿憂屯蹇明宗立金移牒徵詰使者絡繹世慶撰詞命甚稱旨王嘉之除監門衛錄事累歷左正言起居注中書舍人陞諫議吏部侍郎轉司宰卿仍兼諫議十五年卒年六十四性淳厚好揚人善王常呼爲直臣然在諫省九年無一建白物議少之

李純佑

李純佑字拔之父陽植中書舍人初純佑母朴氏點燈庭中祈嗣于天忽夢有小兒從燈柱而下奉而懷之因有身及生名之曰請以請而得之也後改純佑幼能屬文毅宗時擢魁科調忠州司錄明宗初遷供驛丞兼直翰林院時王太后患乳瘡王命純佑作祈禱文有瘡生母乳痛在朕心之句王覽而嘆曰先得朕心矣由是特加寵眷擢除右正言知制誥累遷國子祭酒諫議大夫翰林學士嘗奏近來因八關煎藥命醫官歲取四畿民乳牛絞取乳汁煎而成酥牸犢俱傷其藥本非備急且損耕牛請罷之制從之民多感悅官至國子大司成爲崔忠獻所殺

林民庇

林民庇字德明甫州人少沉訥以門蔭補禮部主事毅宗朝擢第出守溟州浚渠漑田以廉勤稱入爲大常府錄事孤立

無援九歲乃遷四門博士轉閤門祗候及倅晉州有惠政明宗召拜右正言累遷諫議大夫國子祭酒拜樞密院承宣箴諫出納多所稱旨王恨相知之晚陞知奏事有李居正者少與民庇同學無他才能王欲授正言問民庇曰居正何如人能沈默不臧否人物者乎對曰居正性和平且訥默非耿介者也王曰若爾宜爲正言乃授之民庇後爲樞密使御史大夫性佞佛常寫佛經有僧日嚴在全州自謂能使眇者復視死者復生王遣內侍琴克儀迎之在道冒綵氈巾乘駁馬以綾扇障其面徒衆遮擁人不得正視來寓普賢院都人無貴賤老幼奔走謁見里巷一空凡盲聾躄啞有廢疾者狼藉於前僧以扇揮之迎入天壽寺居南門樓上宰輔大臣亦趍謁士女競布髮以籍僧足僧令唱阿彌陁佛聲聞十里其盥潄沐浴之水苟得涓滴貴如千金無不掬飲稱爲法水能理百病男女晝夜雜處醜聲播聞祝髮爲徒不可勝數時無一人諫止者明宗漸驗僧詐放還其鄕初僧誑人曰萬法唯一心汝若勤念佛曰我病已愈則病隨而愈愼勿言疾之不愈於是盲者言已視聾者亦言已聞以故人易惑中書侍郎文克謙以微服致禮民庇亦拜於樓下十八年參知政事進中書平章事有池得琴者代民庇爲大常錄事得琴尙在大常民庇已爲平章世誇其遷擢之速民庇爲相挺然有古風三掌貢擧得人尤多好善周急確實無華故武夫悍卒亦知景仰年七十三上表乞骸特授守司空中書侍郎同中書門下平章事致仕二十三年卒謚文靖無子

崔陟卿

崔陟卿完山吏登第毅宗初補京山府判官性廉介吏民畏愛秩滿還京足不至權門者十餘年判吏部事崔允儀聞其淸直欲授耽羅令陟卿以其再除外寄地且僻遠固辭允儀曰耽羅地遠俗獷爲守實難故以子補之幸子勿憚往撫遠民不爲國家憂則當報以美官陟卿不得已就任興利革弊民皆安之及還允儀已死陟卿貧甚無以自存將還鄕會全羅按察使馳奏耽羅人苦令尉侵暴以叛乃曰若得陟卿爲令當釋兵王謂宰相崔褒偁曰有賢如此何不用之召賜綾絹即除耽羅令陟卿請挈家以赴王許之任耽羅者與室偕自陟卿始耽羅人聞陟卿來即具輕艦迎之比入境皆投戈

羅拜曰公來吾屬再生矣按堵如故明宗元年以詹事府注簿召還轉監察御史拜左正言知制誥出爲楊廣忠淸二道按察使所至皆有聲績遷兵部員外郞以能治劇又出爲安北都護副使累歷禮部侍郞秘書監淸名勁節老而不衰十六年卒年六十七初侍郞朴椿齡守完山以聯句選群童得陟卿崔均崔松年及還與之偕勸令就學後三人皆爲名士時號完山三崔

咸有一

咸有一恒陽人太祖功臣廣評侍郞規五世孫也父德候尙衣奉御同正有一早孤養於舅年十五至京父執宰相李俊陽憐而客之補吏部記官仁宗十三年西京反有一以胥吏從軍有功調爲選軍記事夙夜刻苦公耳忘私家貧常衣弊履穿時禁軍廚食不如式軍士議曰若得弊衣記事必不如是會兩府舉廉吏樞密使王冲薦之上素聞名得之甚喜召入內侍勾當軍廚事王嘗幸長源亭命近臣射有一中的受金帛不入於家盡賣之具軍廚什器後倅寶城廉勤有聲績毅宗朝復入內侍掌橋路都監有一嘗酷排巫覡以爲人神雜處人多疵癘及爲都監凡京城巫家悉徙郊外民家所畜淫祀盡取而焚之諸山神祠無異跡者亦皆毁之聞九龍山神最靈乃詣祠射神像旋風忽起闔門兩扇以防其矢又至龍首山祠試靈無驗焚之是夜王夢有神求救者翼日命有司復構其祠轉監察御史出爲黃州判官屬郡鳳州有鵂鶹岩淵世謂靈湫有一集郡人塡以穢物忽興雲暴雨雷電大作人皆驚仆俄頃開霽悉出穢物置遠岸王聞之命近臣祭之始載祀典又爲朔方道監倉使登州城隍神屢降於巫奇中國家禍福有一詣祠行國祭揖而不拜有司希旨劾罷之明宗即位召入內侍尋除兵部郞中時武夫執兵橫行街巷閒及見有一莫不倒兵而過遷累尙書左丞有良醞令同正盧若純主事同正韓受圖詐爲有一及平章事李公升內侍郞將少監獨孤孝等書投忠州賊亡伊亡伊欲引與爲亂亡伊執其使送于安撫別監盧若冲若冲收械押還王命承宣文章弼鞫之若純等曰今弑君之賊當路爲大官吾輩不勝憤激欲引外賊與之誅剪顧吾輩名微恐或不從以有一公升等素有物望故詐爲其書耳王聞而義之重房請治其罪皆黥

配遠島若冲以若純之兄亦坐黜中書門下又奏有一罪削內侍籍九年年踰七十乞退以工部尙書致仕十五年卒年八十遺命薄葬有一平生衣用麻布器用陶瓦不事生產其妻謂之曰諸兒欲及公生時頗立產業基址何不慮耶荅曰予孤立無援勤儉守節以立門戶兒輩但當正直節儉以俟命耳何慼慼於貧窶乎子和曦淳淳登第以文章節行名於時

廉信若

廉信若字公可峰城郡人仁宗時登第調廣州掌書記履正奉公丁父憂廬墓三年命有司旌閭還充詹事府錄事明宗即位以潛邸舊恩特授國子祭酒翰林侍講學士轉判大府事掌試所取多名士王益器之信若有田在峰城鄭仲夫奪之既而還之信若遣奴收穫仲夫家奴邀奪與之鬪仲夫捕信若奴付街衢獄殺之令重房劾之王不得已罷信若尋拜吏部尙書後爲西北面兵馬使金遣八將軍來屯義州關外信若遣人詰之荅曰聞西京留守趙位寵請兵於本國及西宋欲伐我故屯兵以備之耳信若又遣人曰位寵已誅宋又阻大海無路請兵此皆虛說請問告者名金將曰龍州人某信若使人往索則已逃矣令諸城物色之得於永清縣鞫之其人果服曰吾父常以國家密事告金人多獲厚利及其死囑諸我故我以此恐愒邀彼厚賞耳遂斬之沒其母爲官婢擢樞密院副使翰林學士承旨累遷至政堂文學禮部尙書仍令致仕二十二年卒年七十五謚孝文爲人體短膽大世比晏嬰分符杖鉞所至有聲績聰警博覽强記尤長於范曄漢書一時高文大冊多出其手

李知命

李知命字樂叟韓山郡人博覽群書善詞賦工草隷年十八擢第調黃州書記居官廉直民有飢者盡心賙恤流氓襁負而至後爲忠州判官政如黃州鄭仲夫之亂內外文臣逃竄無所容州人感知命惠政護之知命獨免及明宗立以知命有文章德行擢尙書右丞尋除右諫議大夫歷右散騎常侍翰林學士承旨出按西海又爲西北面兵馬使所至皆著聲績官至政堂文學太子少傅二十一年卒年六十五謚文平知命爲相有古大臣風再掌禮闈以得人稱若趙冲韓光衍

李奎報俞升旦劉冲基皆其所取子唐髦少有詞藻有父風擢魁科仕至國子司業

庾應圭 資諒

庾應圭字賓王初名元規茂松人父弼以文行顯質直不阿毅宗朝累官至門下侍郎平章事修文殿大學士判吏部事王嘗拜宦官鄭誠爲祗候弼論執不署告身王再三諭之竟不從故終弼之身誠不得拜其剛正類此謚恭肅配享毅宗廟庭有子五人應圭其長也性穎悟美風儀時稱玉人善屬文再擧不第入補內侍驟遷參官持論端方臨事果决若夙成然同列不敢以年少易之出倅南京政尙淸簡一介不取於人其妻因免乳得疾但啜菜羹有衙吏密饋隻雉妻曰良人平生未嘗受人饋遺豈宜以我口腹累淸德耶吏慚而退遷閤門祗候再轉考功員外郎鄭仲夫等廢毅宗立明宗明宗素聞應圭名復召入內侍授工部郎中使賷表如金告奏應圭入境帝詔婆娑路不納令有司移文詳問應圭對曰前王久病昏耗不治以母弟晧權攝國事帝曰讓國大事也何以不先陳請詔有司再詳問應圭至帝覽表曰爾國雖小亦知君臣之義兄弟之序乃何廢兄簒位造飾虛辭欺罔上國宜行天討以懲其罪應圭對曰前王不幸有疾子亦不慧故遵先父王遺命讓位于弟耳小國安敢欺罔天子陪臣雖就湯鑊鈇鉞之誅更無異辭不屈帝猶疑之以問宰執丞相良弼奏曰此不可信晛止一子往年生孫嘗有表自陳生孫之喜一也晧嘗作亂晛囚之二也今晛不遣使晧乃遣使三也朝廷遣晛生日使晧不轉達於晛乃稱未敢奉受四也是必晧簒兄誣請於天子安可忍也右丞孟浩曰當詢彼國士民果皆推服即遣使冊命帝曰封一國之君詢於民衆此與除拜猛安謀克何異其遣使以詔書詳問王晛遂以不允前王讓位回詔授應圭應圭奏陪臣所獻二表也新王之表何無回詔也使於四方不辱君命臣之職也臣今辱命罪不容死與其生還本國寧隕身上國聞於天下因不食具服立庭向闕待命晝夜不移三日館伴以聞帝屢使勸食猶不食從者夜密進水漿應圭叱之曰汝亦人耳何行詐之甚耶及五日形容枯槁氣息將絶力不能立數至僵仆帝憐其忠誠遣大臣慰諭曰爾國雖小有臣若此已寢問罪之議將降詔依允

汝且就食母傷生應圭曰宸眷雖厚臣不受回詔何敢食乎受詔之日乃臣續命之辰不食七日帝益憐之授回詔賜御饌幣帛厚慰而送之及還以功擢軍器監兼太子中舍人賜金紫宰相又請錄應圭子孫以勸後來從之後金人每使介往來必問安否一日宮闕災應圭先詣景靈殿抱五室祖眞以出又至中書省出國印金甫當起兵欲討仲夫等仲夫等搜殺文臣幾盡一卒執宰相尹鱗瞻縛之次縛應圭應圭厲聲叱曰汝賤卒敢辱宰相與郎官乎卒不敢近應圭往見諸將曰未聞無禮義而能保國家者也且古法刑不上大夫公等有志匡國宜法古先柰何使賤卒縛辱大臣況尹公有將略廟謀若國有大事舍此人不可又多殺無辜必有殃禍諸將曰庚寅之事微公告奏吾屬葅醢矣乃迎坐禮之遂解鱗瞻縛轉殿中監四年趙位寵起兵西都諸城響應王以應圭素有名望命宣諭諸城諸城稍稍效順拜工部侍郞明年又與給事中史正儒往西京宣諭見位寵諭以君臣大義辭意慷慨位寵即上表請降應圭將還西京裨將李仁白明等送之攄應圭鞍與語辭頗不恭應圭罵曰汝微卒何得無禮於天使耶仁等拜謝行至生陽驛正儒困且疾請留宿應圭不聽曰幸脫虎口宜達曙亟行至高原洞仙兩驛正儒復固請留宿又不聽翼日入京位寵果遣精騎追至洞仙驛不及憤怒斬其館吏而還是年卒年四十五子禧世謙禧春坊公子世謙戶部侍郞子碩自有傳

資諒字湛然應圭之弟也莊重寡言毅宗朝文臣大盛資諒年十六與儒家子弟約爲契欲倂引武人吳光陟文章弼衆皆不肯資諒曰交遊中文武俱備可矣若拒之後必有悔衆從之未幾鄭仲夫作亂同契者賴光陟章弼營救皆免資諒蔭補守宮署丞尋出守龍岡縣諳練吏治摘發如神一方稱之歷任臺閣所至有聲出鎭東北廉按東南無不畏威讋服然濟以恩信故民便之高宗時累拜尙書左僕射引年乞退與致仕宰相爲耆老會事佛甚篤十六年卒年八十子靖敬玄珪皆登第靖珪早死敬玄累遷至諫議大夫嘗掌監試以相如一奮其氣威信敵國爲題擧子解題意敬玄誤解以誠信之信有一生前詰是非敬玄怒黜之時人譏之

玄德秀

玄德秀延州人鐵面犀骨有膽略以意氣自高言語夸大人
或譏之幼聰悟異常延州分道將軍金稚圭見而奇之携至
京讀書通大義善屬文屢擧不第有疾歸鄕里明宗四年趙
位寵起兵西京岊嶺以北皆應之德秀與其父都領覃胤謂
州將曰昔契丹蕭遜寧侵我列城並降而我州獨屹然固守
功載王府今位寵包藏禍心旅拒王命天地所不容苟懷忠
義者可忍從耶遂與州將望闕拜連呼萬歲閉城固守位寵
遣人牒延州趣之曰今北界四十餘城兵已會于此獨爾城
不至將擧銳兵問罪愼勿聽二三人語宜秣馬興師速赴西
都城中推德秀權行兵馬臺事德秀遣州將彥通等三十餘
人擒賷牒者殺之位寵又牒云今發兵者將以救北蕃列城
也列城兵已至淸川江獨爾城不至將發兵往滅之於是州
人頗洶洶有欲應位寵者德秀詐爲猛州將吏書密令城外
民投城中曰上京兵十領已踰鐵嶺自東界將擣西都凡州
鎭爲位寵詿誤者不可輕發兵其各堅守以待之城中人信
之無二心德秀與其州副使崔博文判官安之彥金公裕等
分兵屯守諸門兵馬使車仲圭趣延州至雲畔驛雲州人殺

之分臺監察御史林權材錄事李唐就等懷印至延州曰兵
馬使旣死吾等無所歸請活我輩於是州人以德秀弟宣旨
別監龍虎軍將軍利厚權行兵馬使事德秀權監倉使事唐
就仍爲兵馬錄事遂易置部署嚴兵守之安北都護都領姜
遇文與三十四城都領致書延州將吏曰上京將發大兵討
北蕃諸城諸城實無罪故西京趙尙書惻然欲救吾等徵召
士馬而貴城獨不至何也若有異謀不從者當赤其族宜率
兵赴西京使無後悔雲州郞將君禹又遣邊孟賷書諭之曰
西京差使員率四十餘城及諸寺院僧萬餘兵欲攻貴城宜
愼思之速赴召權材斬孟梟示城外俄而西兵來攻城權材
擊破之至暮西兵復屯城南呼謂曰東北諸城擧兵欲正三
韓獨爾城不應故擧兵來攻有斬利厚兄弟權材唐就等開
門出降者將加厚賞不爾必屠之德秀自南門出擊之西兵
遂趣京都至京西爲李義方所敗乃曰雖不能得志上都延
州以小城久不下不可不討復趣延州圍數重德秀遣高勇
之唐就等急擊大敗之擒殺甚衆西兵復來攻德秀又出擊
大破獲兵仗無筭明年金遣高羅率兵來屯延州境城中皆

懼高羅曰帝聞爾國列藩拒王命獨爾城不從久爲賊所逼勢甚危命予領兵爲援爾等勿疑覃胤素以恩信聞于金人至其陣以實告之高羅下淚曰帝所聞果信也有急吾當助之爾等宜勵忠義一心王室遂去諸城兵復攻延州德秀又擊敗之王拜覃胤爲將軍安北戶長魯文腴爲閤門祗候使居其鄉德秀爲內侍祗候安北都領宋子淸文臣老姜遇文職賞有差並使居京以安北初附位寵而後背之也德秀上書請納祗候告身赴擧不許尋出爲安南都護副使爲政廉明吏民敬畏尤惡淫祀禁令甚嚴巫覡不得入境有吏執女巫與其夫至德秀訊之顧謂同僚曰此巫非女乃男子也同僚笑曰非女安有夫乎德秀令裸視果男子也先是巫出入士族家潛亂婦女其被汚者亦羞之不以語人故所至恣淫穢至是一方服其神明入爲都官郞中時散員同正盧克淸家貧將賣家未售因事出外其妻受德秀白金十二斤賣之克淸還謂德秀曰予初以九斤買此家居數年無所增飾而得十二斤豈可乎請還之德秀曰爾能守義而獨予未耶遂不受克淸曰予平生不爲非義豈可賤買貴賣以贖于貨子若不從當悉還其直復吾家也德秀不得已受之曰予豈不逮克淸者乎遂施佛寺聞者莫不嘆息曰今世得見如此人耶後拜吏部郞中諫官奏不宜授邊城人乃改授兵部郞中轉司宰少卿德秀妻養母死妄告妻母服事覺劾罷神宗朝起拜殿中監累遷兵部尙書致仕高宗二年卒

崔均 甫淳 允愷

崔均字幹儒全州人自幼才學出群仁宗朝登第累轉少府注簿時宰相崔允儀奉旨擇文士詳定禮儀均首居其選允儀遘疾毅宗遣中人問所欲言者奏曰臣蒙國重恩備位將相至於子壻並居華顯更無所望爲國大用者唯崔均耳王卽授閤門祗候明宗立擢戶部員外郞屬內侍尋遷禮部郞中兼太子文學賜金紫金遣使問王卽位之故命均爲接伴使金使屢致詰隨問辨解無差舛金使服其敏給趙位寵起兵西京以均爲東北路都指揮使往諭諸城均歷抵登和等數十城回至寶龍驛王遣李景伯權授均禮部侍郞充兵馬副使與兵馬使合擊西京均聞命謂景伯曰吾觀諸城皆與位寵連結懷二心敵兵若至向背未可知然君命可避乎卽

入和州營是夜位寵將金朴升趙冠等來攻郎將李琚開門納之均與兵馬使大將軍李儀御史智仁挺被執均罵曰賊帥位寵起自行伍位至八座國恩莫大而乃忘恩背義擧兵構逆天地神人所共憤其覆亡可立待也汝等助其凶惡拘執王人若官軍繼至汝輩皆爲虀粉罵不絕口均儀及幕僚軍僚皆遇害均工草隸文才吏幹俱優未及大用人皆惜之贈禮部尚書後以子貴加贈尚書左僕射子甫淳甫延甫延官至工部尚書

甫淳器識宏深少孤力學登第調黃州掌書記政尚淸白累遷小府監常典制誥撰賀金主即位表云五馬渡江表晉朝之開新主六龍御極符羲易之見大人金主兄弟爭位惡其逼中書省詰云我聖上龍飛非若晉朝渡江之比何用此語遂罷甫淳職未幾拜吏部侍郎右諫議大夫高宗朝累官至守太師門下侍郎平章事判吏部事卒謚文定嘗撰明宗實錄子允偁允愷允偁奉御允愷登科累轉尚書右丞時崔竩累世柄國擧朝趨附允愷獨不至其門金仁俊誅竩以允愷廉平擢爲右副承宣掌吏兵部選官至樞密院使御史大夫

金巨公

金巨公初名子彪北原人性廉謹起自胥吏入內侍毅宗初右常侍崔誠中書舍人崔允儀等論巨公及宦者金昆等七人請黜之王不聽誠等伏閤力爭三日乃從之巨公累官至知門下省事戶部尚書與崔褒偁有隙憂懣而卒爲人美容儀善辭令常兼閤門接賓客進止詳雅遂至宰輔

韓惟漢

韓惟漢史失其系世居京都不樂仕進見崔忠獻擅政賣官曰難將至矣挈妻子入智異山淸修苦節不與外人交世高其風致徵爲西大悲院錄事終不就乃移居深谷終身不返未幾果有契丹之難蒙古兵繼至

列傳卷第十二

列傳卷第十三　高麗史一百

正憲大夫工曹判書集賢殿大提學知 經筵春秋館事兼成均大司成臣鄭麟趾奉

敎修

杜景升

杜景升全州萬頃縣人質厚少文有勇力初補控鶴軍手搏者招景升爲伍其舅上將軍文儒寶聞之曰搏賤技也非壯士所爲景升遂不往後以隊正充厚德殿牽龍鄭仲夫之亂武人多劫奪人財景升獨不離殿門秋毫無犯明宗初再遷散員李義方聞其名引爲內巡檢軍指諭一日退朝步出泰安門變服亡匿家人尋之三日得北山巖石間問其故云嘗入直怳若夢有數人謀殺已懼而微服遁去俄有數萬人逐之因以至此人謂庚寅橫死者爲祟也義方聞景升復出喜曰此人世不多有復授指諭遷郎將東北面兵馬使金甫當起兵南方皆響應義方以其從兄郎將李椿夫及景升爲南路宣諭使椿夫性暴虐多殺邑宰景升從容謂曰受命之日以爲方鎭構逆州郡響應禍亂連結恐難底定今賴公威靈巨魁已殲先聲所至束手請命誅戮既多請自今皆寬之脫有反狀情迹昭著然後誅之椿夫從之南方悅服使還椿夫謂景升曰始以公爲庸怯乃今知公寬厚謹愼能濟大事向非公策豈惟叛逆未息亦使僕陷於不義因結爲刎頸交景升以功拜將軍出爲西北面兵馬副使戍昌州西京留守趙位寵起兵分道將軍朴存偉李彥功等爲位寵所執時景升戍旋至香山洞通路驛遇西兵與戰敗之景升至撫州館方晝食西兵千餘人突至景升開館門西兵爭入景升射一人即仆地西兵敗走景升謂士卒曰賊在前不可從舊路乃由徑夜行至一寺解鞍與僧問路僧指之景升日夜兼行八日而至京時元帥尹鱗瞻已出軍王以景升爲東路加發兵馬副使景升率兵五千餘人至孤山分軍爲三以左右翼急擊西兵大破之斬首千餘級至宜州位寵將金朴升列車城外禦之景升選銳攻拔其城擒朴升斬之傳首于京諸州鎭稍稍歸附定長二州及宣德鎭欲投女眞景升遣人撫安之女眞千餘人到定州門外欲乘危鈔掠景升諭解之女眞乃退

景升至孟州西兵據險以拒與李義旼石鱗等擊破之斬四百級孟德二州兵弃城走景升慰居民令按堵撫州堅拒不服雲中兵又至爲聲援景升分兵擊之雲中兵退撫州遂降時行營兵馬使及四揔管戰不利還京西兵遮路景升迎擊于大同江凡二十戰皆捷西兵大敗景升還至平州王遣知奏事李光挺郊迎勞問及至王曰卿以死許國使兇徒挫氣功不細矣然大憝尙存社稷之恥也卿其勉之仍命爲後軍揔管使復遣之景升踰鐵關從爔德雲中路行所至風靡西兵入保漣州景升積土城外列大砲攻拔之又斬義州都領崔敬若及令猷令英等士卒入城爭取貨寶景升下令禁止之惟聽取釜鼎於是西北諸城皆迎降遂移師攻西京連捷西人負固久不下軍中以漣州釜鼎爲爨器人便之曰公之計遠矣西兵夜出犯陣燒營門景升令曰旣火矣救之何益因取物投之火益熾明如晝兵不敢入景升恩信素著西人多出城投降者遂與鱗瞻破西京擒位寵殺之西京平餘兵尙在復以景升爲西北面兵馬使鎭永清北路處置使李景伯欲與議軍事遣五百騎邀之西人設伏邀擊于路騎兵皆沒唯郎將高勇之等十餘人走免景升已就途聞變馳還八城西人追不及執電吏殺之景伯與景升不愜戰數不利召景伯還以石鱗代知西北路兵馬事景升兼處置使僉使將還西兵梗路不得過景升募士卒掩擊殺之王嘉其功陞上將軍知御史臺事驟遷守大尉參知政事判吏部事修國史掌銓注雖內寵莫敢撓之進平章事封三韓後壁上功臣勑畫工李光弼圖形光弼曰畫法主時畫半像耳景升怒使具體兩府文武百官就第賀重房諸將宴賀酒酣各執樂器景升歌守司空鄭存實吹小管李義旼怒罵曰安有宰相自同伶人歌吹也乃罷歸景升目不知書時有一醫題壁自稱玉堂人有人嘲之曰戰將今爲修國吏不妨醫作玉堂人聞者齒冷景升與同列奏式目都監所藏判案國之龜鏡部秩錯亂漸難稽考宜加檢討謄寫以藏從之又奏祖代諸功臣贊定大業厥功卓然宜追加爵命以示不忘王嘉其奏皆贈爵又爲錄劵各賜其後與義旼同拜門下侍中位在義旼上義旼在中書大詬景升笑而不荅尋加中書令舊制三品以上每遷級例上讓表降詔不允然後表謝上官景升獨曰內不

欲讓而假人筆外爲禮文吾不忍爲也王移御延慶宮訛言變生輦下扈駕百官皆狼狽四散景升獨按轡神色自若崔忠獻謀廢王勒兵市街托議事召景升景升女壻將軍柳森栢疑之自刎死遂流景升于紫燕島又流森栢父得義于南裔景升在島憂憤嘔血卒或云景升有金其奴欲盜密毒之

于學儒

于學儒木州人父邦宰膂力絕人官至右僕射學儒倜儻有氣槩宿衛毅明兩朝忠謹無他李高李義方等將作亂議主兵皆曰在今舍于公復何人哉遂詣其家謀之學儒曰公之志大矣然吾父常戒予曰武官見屈於文官久矣能無憤乎去之易如拉朽然文官見害禍及吾輩亦不旋踵汝宜愼之吾父雖沒言猶在耳死且不從及二李得志謀害之學儒懼求娶義方姊得免官至同知樞密院事卒

盧永淳

盧永淳杞溪人毅宗朝入內侍爲閤門祗候東北面兵馬使及春州道按察使奏京畿伊川安峽東州平康東界永豐宜州西海谷州之境寇盜橫行請捕之王遣永淳及兵部郎中金莊等捕賊首異雙員衣朴等誅之後拜承宣鄭仲夫之亂扈從臣僚多遇害永淳本兵家子且與武臣相善故免官至平章事子孝敦蔭補官歷任中外累立戰功事有利國知無不爲熙宗四年以門下侍郎平章事卒年六十二謚懿貞

趙位寵

趙位寵史失世系毅宗末以兵部尙書爲西京留守鄭仲夫李義方等弑毅宗立明宗明宗四年位寵起兵謀討仲夫等遂檄召東北兩界諸城兵曰側聞上京重房議以北界諸城率多桀驁欲討之兵已大舉豈可安坐自就誅戮宜各糾合士馬速赴西京於是岊嶺以北四十餘城皆應之獨延州閉城固守王遣平章事尹鱗瞻率三軍擊位寵又遣內侍禮部郎中崔均爲東北路都指揮使諭諸城鱗瞻至岊嶺驛位寵遣兵急擊大破之位寵先鋒至京西義方擊敗之奔還至大同江收散卒復嬰城固守義方久屯城外位寵擊却之義方兵獲位寵子卿及將軍禹爲善斬之傳首于京明年位寵遣兵擊耀德縣時義方已伏誅王遣殿中監庾應圭給事中史正儒詔位寵曰朕因臣民推戴奄登大寶于今六年賴文武

臣隣協輔獲守丕基頃有賊臣專擅國政多行不義害及中外民怨兵起至於無知小民殺傷尤多朕甚哀痛其賊臣已從卿等表奏舉義掃蕩卿等又請降使宣諭嘉乃忠誠遣使宣諭體朕至意更勵忠誠位寵上表請降麾圭還位寵悔之遣精騎追至洞仙驛不及不勝其憤斬其館吏而還尋遣左營郎將徐俊明上表賀誅義方王留俊明於法靈寺唯放校尉徐惟挺還上京兵圍漣州數月漣州請救於位寵位寵遣將救之上京兵從間道擊之斬千五百餘級虜二百五十餘人又掩擊于莽園斬七百餘級虜六十餘人時毅宗猶未葬以位寵聲言義方弑君不葬之罪乃發喪葬禧陵將軍朴存威奉使在雲中道每誇納釜之事雲中人應位寵遂斬存威鱗瞻攻西京位寵食盡至啗人屍時出挑戰鱗瞻堅壁不出位寵遣金存心趙規如金奏義方放弑之罪存心中道殺規來泊禮安江王遣中使迎勞拜存心內侍閤門祗候其軍將六十八人職賞有差位寵聞之殺存心妻子位寵復遣徐彥等如金上表曰前王本非避讓大將軍鄭仲夫郎將李義方弑之臣位寵請以岊嶺以西至鴨綠江四十餘城內屬請兵助援金主執送彥等東京路都摠管府牒寧德城云西京留守趙位寵三次遣使九十六人賫告奏表文等事今勘得所遣人徐彥等狀稱大定十年八月前王遊普賢寺大將軍鄭仲夫郎將李義方等執前王及子孫送海島立前王弟翼陽公爲王飾以因病讓位上表大朝大定十三年仲夫等遣人殺前王及子孫官僚等大定十四年位寵上表請王誅仲夫等今年正月王下詔諭賊臣等已誅復有仲夫子筠殺義方等不告國王領兵三萬餘人攻西京相戰至今未決勝否今年六月位寵與北界四十餘城欲屬大朝遣義州都領崔敬若等賫牒婆速路摠管府公文至義州關門爲鄭白臣等所殺又筠等軍馬遮路以此遣大使金存心趙規等各三十餘人泛海來奏不知消息節次再遣彥等其欲屬大朝及請兵問罪等事委是端的欽奉帝命位寵陳乞事則非大國所容將彥等付彼國施行其彥等衣甲諸物差官交割六年位寵使人詐爲居士服請兵於西北州鎭至靜州被執位寵與上京兵戰佯敗走上京兵遂至龍興德部位寵回兵擊之上京兵死者甚多麟州人康夫祿升鄭臣等殺防守將軍蔡允和王

遣內侍祗候崔存往諭之未幾夫等又殺義州分道將軍尹光輔防禦判官李彥升以應位寵位寵遣人署諸城酋豪官麟州都領中郎將洪德謀執位寵所遣人以拒夫等袖刃至德家欲害之德伏兵於門斬之麟踏攻西京通陽門後軍總管杜景升攻大同門破之城中大潰遂殺位寵函其首來獻梟于市又執送位寵妻孥

房瑞鸞

房瑞鸞宣州鄉貢進士趙位寵起兵西北諸城皆附瑞鸞謂其兄孝珍得齡曰位寵脅誘諸城士豪僞署官職令收兵赴西京吾曹亦與其中吾婦翁尹仲瞻以兵馬判官在從兄麟瞻麾下壻攻婦翁情所不忍況位寵所謀不軌終必自敗兄宜熟計孝珍等然之夜密誘州人曰位寵始以誅賊臣爲名故諸城嚮應稱兵向闕及至郊畿交鋒輒敗官軍追擊僵屍相枕欲收餘燼復謀旅拒氣勢已沮不可復振所恃者惟險固耳若王師一朝拔西京移軍臨之闔城必爲虀粉且位寵之志不止討賊若不改圖恐爲同惡流醜後世今欲率先倡義去逆効順於諸君意何州人皆諾有都領郎將義儒受位寵署爲將軍獨不可孝珍狙射斃之卽遣人告義州義州人亦殺位寵所置將景純等以應遣人賫首從間道飛報行營諸城聞之皆罷兵事聞王嘉之賜孝珍爵散員瑞鸞以同正屬內侍得齡留本州爲戶長未幾州人嫉孝珍獨受爵遂殺得齡及其母

朴齊儉

朴齊儉明宗時以大將軍爲西北面兵馬使趙位寵旣敗餘衆復聚分軍爲三有思進軾端進國者爲中軍行首戒訓爲指諭金甫爲前軍行首光秀爲後軍行首散居嘉渭泰漣順等州山谷首尾行劫大爲民患焚慈肅二州居妙德香山諸寺王遣兵討之屢戰失利齊儉始至營與錄事金重甲謀部分諸校發興化雲中道兵爲掩襲計賊依阻山林無定居諸郡人又多爲賊耳目軍中動靜輒先知之戰始交輒敗北士卒氣沮逗留不進裁留五百人爲聲援引還賊乘勝攻寧州靈化寺驅僧爲兵進攻漣州賊勢轉盛然其遊寇日久閭閻無塢壁者劫掠旣盡大城皆堅守未易猝拔由是漸就飢窘謀欲降齊儉聞之遣人招誘諸屯賊相率來降齊儉每見降

者輒拊循之曰汝等亦皆吾赤子開倉賑之前後凡六百餘
斛乃聽其所欲分處龜漣等州使之安業給光秀等傳騎送
京王以光秀爲校尉金甫攝校尉思進軾端戒訓爲隊正獨
進國不降率其黨百五十餘人欲投女眞齊儉遣兵盡擒斬
之龜州別將東方甫等十七人與賊交關往來皆誅之齊儉
後知御史臺事其子葆光年少輕薄初補權務氣驕道遇李
紹膺妻見從婢有持蓋者求之不與葆光毆辱之紹膺妻大
怒率僮僕持刀杖至齊儉家呼噪欲殺葆光葆光及家人皆
逃匿紹膺女壻慶大升弟也紹膺妻憑慶勢訴重房重房奏
葆光道辱宰相妻大無禮宜置於法事下重房治之葆光竟
不出齊儉坐免歷抵諸將家乞憐諸將哀之請復其官王許
之

奇卓誠

奇卓誠幸州人美容儀善射御初補校尉毅宗好馳馬擊毬
擢爲牽龍常在王側善事權貴驟遷衛將軍明宗初累轉參
知政事趙位寵起兵卓誠爲副元帥禦之及還判兵部事進
門下侍郎平章事判吏部事有金平者少有文名金甫當之
亂妻父韓彥國被戮平携妻子隱於昇平郡及卓誠秉政以
平有才擢爲直史館卓誠貪財賣官由是賢者屛跡讒佞競
進家臣高忠全李仁齡皆姦黠貪鄙惡聲遠播九年卒廣平
宮久廢無主卓誠欲請王居之其妻諫止之不聽居數月而
死後王論討位寵功贈推忠協謀佐理同德功臣守大師門
下侍中圖形閣上

洪仲方

洪仲方起自行伍鄭仲夫廢毅宗立明宗仲方與有力驟拜
大將軍性謇直不阿每面折人過王器之人亦倚重時武散
官檢校將軍以下散員同正以上聚議欲奪處東班權務官
重房臺省畏衆口莫敢誰何仲方獨曰國家設官分職唯卿
監外武臣不兼文官自庚寅以後吾儕得處臺省布列朝班
校尉隊正許着幞頭西班散職差任外官固非先王之制若
又遽奪權務官其如東西定制何吾寧死不從議遂寢於是
西班散職群聚於路每見達官控訴不已一日遇仲方遮道
慢罵仲方攘臂跋馬排突至重房曰吾今日幾死矣下之陵
上至如是耶乃密謀捕首謀者四五人配島又流其黨十餘

人時議光重之累官至守司空尙書左僕射掌外官長吏之職進退予奪惟意所恣又蓄嬖妾嗜利者附之爭納賄賂九年卒

慶大升

慶大升淸州人父珍中書侍郞平章事大升膂力絕人早有大志不事家產年十五蔭補校尉累遷將軍珍性貪鄙多奪人田及卒大升悉以田案納選軍一無所取人服其淸明宗八年淸州人與州人係京籍而退居者構隙捕殺幾盡其黨之在京者聞之欲報仇矯旨募死士向淸州王遣將軍韓慶賴等追止之不及與州人戰不克死者百餘人時大升與大將軍朴純弼爲本州事審官以不能禁制見罷牧副使趙溫舒亦罷大升嘗憤鄭仲夫跋扈謀欲討之以其事艱大隱忍未發會仲夫子筠潛圖尙公主王患之大升銳意討仲夫畏其壻宋有仁未得間及有仁斥逐文克謙韓文俊大失人心朝臣皆側目牽龍許升有勇力爲衆所服筠愛之升及隊正金光立俊翼又皆大升所善九年大升謂升曰我欲去兇徒汝能從之事可成矣升諾之大升曰藏經會畢之夜宿衛之士必皆困睡吾令死士三十餘人伏和義門外汝先殺鄭筠於內以嘯聲爲約則我發伏應之夜四鼓升入筠直廬殺之遂發嘯大升率死士踰宮墻入殺大將軍李景伯指諭文公呂所見輒殺宮中呼噪鋒刃交接王驚愕大升至寢殿外大聲曰臣等衛社稷請上無恐王出御宮門召大升等手賜巵酒以慰之大升因請發禁軍分捕仲夫及有仁父子仲夫等聞變逃匿民家悉捕斬之梟首于市王呼大升問曰欲以筠承宣之任授卿大升曰臣不識字非所敢望王曰非卿則誰可者吏部侍郞吳光陟何如對曰承宣出納王命非儒者不可光陟雖稍知書然亦武臣恐似鄭筠王嘿然大升知光陟必拜承宣惡之大升族兄將軍孫碩素與光陟有仇誘大升幷殺之遂分捕四家之黨將軍金光英指諭石和襲連中郞將宋得秀奇世貞等殺之朝士詣闕賀大升曰弑君者尙在爲用賀爲李義旼聞之大懼武官或宣言曰鄭侍中首唱大義沮抑文士雪吾曹累年之憤以張武威功莫大焉今大升一朝而尸四公孰討之耶大升懼招致死士百數十人留養門下以備之號都房爲長枕大被令輪日直宿或自共被以

示誠欵未幾辭職家居然國有大事必就闕决大升自去鄭宋以來心不自保常令數人潛伺里巷偶聞飛語輒拘囚鞫問羅起大獄用刑深峻時京城寇盜多起自稱大升都房有司逮捕囚之大升輒釋之由是公行奪掠無畏忌大升門客殺一良家子於路有司捕之欲治大升力救得免升光立等恃其同功偃蹇自肆陰養惡少又昵侍東宮寢臥後壁歌吹徹夜旁若無人大升忌之召升于其第斬之道見光立殺之以兵自衛奏云升等縱恣非唯欲殺臣且圖不軌事迫不暇奏聞已誅之王命近臣慰諭之宰相以下皆就第或致書而賀大升稍自安罷其兵衛十一年前隊正韓信忠蔡仁靖朴敦純等謀作亂令史同正大公器知之以告大升大升白王捕鞫之辭連石和及別將朴華注簿李敦實乃流信忠仁靖敦純等于島貶和南海縣令華河山島勾當使流敦實于廣州王內忌大升外示優寵日賜珍羞服玩奏請無不曲從故人多趍附然非有學識勇略者大升輒拒之武官皆畏其威不敢縱肆十三年大升忽夢仲夫握劒叱咤因得疾卒年三十及葬道路莫不哀哭初大升之討仲夫也牽龍金子格有力焉大升愛之俾領都房大升卒都房歛錢以葬將散復聚飮子格誣告曰大升都房往往復會者將爲亂也王素忌大升命重房捕之使大將軍鄭存實吳淑等治之苟名在都房者悉捕之其或逃匿縛其父母妻子及族黨困苦之匿者自出或自刃死凡得六十餘人復論存實等嚴加栲掠窮索其黨又令內官伺用刑苛緩於是捶楚甚酷並流遠島多死于路存者不過四五人光陟父挺營爲郎將西都之反仁宗命挺賫詔密諭諸城挺藏詔衣中徒步間行被邏卒執繫獄有一醜女食之挺德之約爲夫婦遂生光陟後挺累官至尙書以老致仕妻無子乃召光陟爲嗣光陟補牽龍隊正喜與儒士遊不好武毅宗末爲別將牽龍行首與李義方有素拜千牛衛將軍改金吾衛將軍吏部侍郎明宗欲授三品職光陟曰臣年少再四品又兼吏部於臣足矣遂辭出爲楊忠州道察訪使時孫碩父爲水州使性貪鄙侵漁無厭百姓苦之碩懼就光陟求哀光陟不聽竟劾罷之碩由是與光陟有隙遂誘大升殺之

陳俊

陳俊淸州呂陽縣人有勇力起行伍積勞拜衛將軍戍北界戍將例不得著正角幞頭獨俊著之知兵馬事梁升庸禁之不從劾罷之起爲大將軍明宗朝累拜知樞密院事進參知政事判兵部事九年卒性質直頗得時譽王亦器重庚癸之亂文臣家賴俊全活者甚多時人謂有陰德後必昌孫湜準溫省登第有文名湜官至御史大夫準選直翰林院以右司諫知制誥出知公州卒善爲詩詞語淸麗少與李奎報齊名時號李正言陳翰林

崔世輔

崔世輔系本寒微不解書毅宗時以禁軍充隊正丁亥流矢之變以世輔在側疑之流南海後武人得志召復舊職明宗初累拜同知樞密院事十四年進門下侍郞平章事判兵部事上將軍有人訴重房曰修國史文克謙直書毅宗被弑事弑君天下之大惡宜令武官兼之使不得直書克謙聞之懼密奏王王重違武臣意然惡其非舊制乃授世輔同修國事世輔擅改事爲史由是毅宗實錄脫略多不實克謙嘗於驪史堂戲世輔曰儒官之爲上將軍自我始武官之同修國史自公始相與一噱時崔連金富亦以將軍並爲禮部侍郞武人兼儒官自三人倡十九年世輔代克謙判吏部事性貪汚視賄賂多寡爲升黜財累鉅萬壽加特進守大師二十三年卒子斐美容儀爲東宮指諭太子嬖婢在宮垣內擲橘挑之斐遂私之事泄王欲置諸法賴李義旼營救獲免太子逐婢婢爲尼斐猶通焉崔忠獻數其罪流南裔初世輔構第遍一坊四面各置第宅爲子孫計未久家門盡滅

朴純弼

朴純弼門地賤微挺姿表美鬚髯進止言語爲人所推許毅宗時以中禁軍入衛頗勤恪始補勇爵明宗立遷左中禁指諭時武人秉政文臣殲盡簿書雲委純弼獨能操筆終始無怠以功授大將軍號令軍府自是不淹旬日踐歷華要至兵部尙書純弼直東宮之旁大營私第太子白王曰術人以爲朴尙書第於東宮爲月建方不宜營造臣力不能禁請上禁之王曰朴尙書必不聽我言但汝修省以消厄患聞者莫不憤嘆後拜樞密院使曹元正之作亂也純弼嘗直逆知之移病以免進中書侍郞平章事二十一年以參知政事卒

李英搢

李英搢初名寵夫高令郡人家世微販魚爲生充選卒性殘忍喜禍鄭仲夫之亂附李義方李高恣其兇暴世之言殘虐者必曰寵夫慶大升用事誅戮兇黨殆盡英搢畏縮及大升卒復橫肆驟遷刑部尙書漁奪無厭以致家富屋宇耽耽人見之曰夥嘗求使于金沿路需索郡縣奔走賂遺萬計穢聲四達金人見之曰汝向爲義州戍卒州人皆呼爲獸心人汝國無人俾汝拜高官銜使命耶所至皆慢罵不禮及還語其子曰汝輩免使異國幸矣轉兵部尙書疾篤在告會有武選力疾而出尋死

白任至

白任至藍浦縣人業農初以驍勇被選至京賃屋居賣薪自給毅宗選充內巡檢軍扈駕出入不離仗側以勞補隊正鄭仲夫之亂武人得志遂貴顯明宗朝累遷刑部侍郎妻具酒饌盛騶從訪舊賃家嫗嫗驚歎曰夥汝之福也轉大將軍兵馬副使有養賢庫記官嘗借庫銀器數事寄郞將李允平家過數日記官取器不返其妻候之聞有髑屍在路旁往視之即其夫也妻意必爲允平所殺訴有司治之允平不服久繫獄以賂免榜掠允平家人及記官親友被榜訊死者數人國人皆曰允平實殺記官法官故緩之允平聞而告曰予實無罪國人皆指予爲言勢不可追請納家貲贖之公議久未決時中軍閱戰馬有注簿同正趙英仁者鞍馬服飾極鮮華求籍神騎班任至曰英仁家素貧今暴富有由執送法司英仁恃其無顯迹略無懼色俄有一僮來告曰我英仁家僮也主與記官素親一日記官賣銀器到家主貪其物毒殺之吾母適在前主恐事洩幷殺瘞後園以滅口銀器亦埋某地我欲告法司復讎恐見害未敢耳有司往掘之皆得任至後拜刑部尙書遷知樞密院事嘗以私事謁王引入內殿優禮以遣舊制大臣非國家大事不詣君門臺諫不劾任至時議譏之二十一年以知門下省事卒

李俊昌

李俊昌明宗時爲刑部侍郎有男子夜投匿名書于壽昌宮門巡檢官捕得之乃譖俊昌兄弟也王性柔弱事皆決於諸將但領之而已諸將信其書乃欲誅俊昌等王聞之召大將

軍鄭邦祐責曰自癸巳以來無辜多見害子不能救咎實在予今俊昌等若謀不軌彼必顯告豈夜投匿名書乎曲在男子諸將何欲誅俊昌耶諸將栲問男子果服其誣流遠島蓋怨俊昌嘗奪其田也後拜太僕卿俊昌母睿宗宮人出也宮人本賤肆舊例宮人子孫限七品唯登科者至五品俊昌至是肆三品臺諫畏縮無敢言者官至樞密院使卒

崔忠烈

崔忠烈明宗時拜司宰卿神虎衛上將軍累遷同知樞密院事與院使李光挺副使文克謙等奏燃燈會舊用二月望近因聖考諱朔改用正月有乖先王之意今三光告異二氣不調恐或由此縱不設會作樂請於二月望令公私隨宜燃燈從之忠烈又建議八關會百官果床與中禁軍衣飾華侈無制請禁之從之尋以星變乞解職不允進中書侍郎平章事太子少傅判刑部事舊制燃燈八關必遣宰相至西京攝行齋祭自甲午之變西京有事詔停遣使後只遣三品官忠烈利其贈遺奏曰先王遣宰相爲使蓋重翼京也乞依舊制王揣知其意遣忠烈如西京行八關會及還多受賄賂輜重至三十餘兩十二年卒

鄭世裕 叔瞻 晏

鄭世裕河東郡人明宗時爲西北面兵馬使歛民財貨數獻內府王遣其子叔瞻齎手詔獎諭世裕還請授其子允當銓曹允當年少無知乃授吏部員外郎世裕累官刑部尙書時參知政事上將軍文章弼等諸將軍劾奏世裕嘗在西北面歛民匱絲及珍玩之物詐稱貢獻驛輸其家又在尙書省署永州吏崔安戶長公牒已成世裕納水州吏崔少路改永爲水安爲少以其牒給少事覺法當流以計獲免今爲刑部先坐衙同列有後至者輒詬罵逐之專權自恣舞文弄法視賄路多少出入人罪請流遠島以戒後人制從之國人大悅後隊正李金大上變告世裕謀不軌乃流世裕允當叔瞻于南裔

叔瞻累官樞密院知奏事高宗初參知政事金山王子兵闌入北鄙叔瞻爲中軍元帥行至興義驛軍中自驚奔還屯國淸寺號令不行部伍無紀律人皆觖望從軍僧徒謀殺崔忠獻忠獻捕鞫之辭連叔瞻乃罷還叔瞻以忠獻子怡爲壻恃

勢頗驕橫大起第宅三四區彌滿數里及爲元帥多受軍卒賄放遣之常語軍中曰崔忠獻斲喪王室自招寇賊反遣我討賊諺所謂人則食醢我反飮水者也至是忠獻欲殺之賴怡營救流河東後拜平章事兄右僕射頏亦貪鄙奪占人田又不能正家妻妾無分乃降授工部尙書叔瞻子晏晏初名奮性聰慧少登第陰陽筭術醫藥音律無不精曉出倅晉陽以母老辭歸養河東怡愛其才奏授國子祭酒晏見怡專權忌克欲遠害退居南海好佛遊遍名山勝刹捨私貲與國家約中分藏經刊之事佛太煩一方厭苦晏既退猶恐及禍養怡外孫爲子以取媚又諂事權貴好奢侈第宅器皿極其華麗崔沆秉政召知門下省陞參知政事一日與門生郎將林葆內侍李德英威州副使石演芬論時事曰人命至重崔令公何殺人乃爾後德英演芬會葆家飮復稱晏語嘆曰恩門之言誠是葆妻兄家奴聞之訴于沆沆與晏素有隙欲收人望外雖禮貌內實精忌至是大怒曰鄭公本有異心誹謗吾事其將構亂乎遂籍其家流白翎島尋遣人沉殺之

鄭國儉 季維城

鄭國儉明宗時屬內侍爲大府少卿八關會賫賜宰相花酒稽緩參政宋有仁怒不受國儉以此被劾削禁籍後附有仁復爲內侍國儉家在水精峯下峯路幽僻高險惡少五六人常聚其峯見婦人有姿色者必劫亂之至奪其衣物一日國儉見一婦人盛飾著袈裟由峯路下袈裟婦人盛飾以緇帛爲之所以蒙頭掩面者賊邀而劫執從婢皆散國儉不能忍視遣女壻內侍李維城令同正崔謙率家僮捕之獲三人四大理乃大將軍李富甥姪及權勢武官子姪也請謁交午法官欲不治刑部員外郎趙聞識獨抗議訊鞫杖殺時議快之國儉累官吏部尙書轉御史大夫惡銓注冗雜罷南班假充者十餘人臺綱稍振進參知政事神宗六年卒維城大將軍幹之子交友以信遇事剛果按全羅守漢山皆有聲績累拜左常侍王濬明之被禍也其弟正言景儀緣坐配流親舊畏崔忠獻莫有送者維城以故舊遣人餞之贐白金三十兩遣押吏得寬陵逼景儀感泣哽咽時人多之高宗初爲西京副留守以絃歌自娛惑於官妓因得疾卒

鄭邦佑

鄭邦佑起自電吏明宗朝累遷大將軍知御史臺事以賤系拜臺官人皆笑之出爲西北面兵馬使重房奏昔陳淑嘗爲其道兵馬使邦佑以電吏從行北蕃吏民尙有記其面者今若出鎭人心不服徒示國家無人也請勿遣王從之後復爲兵馬使臺諫無有言者邦佑公廉奉法威惠並施一方畏服

丁彥眞

丁彥眞神宗五年爲大將軍時慶州人謀反密遣郎將同正裴元祐往將軍石成柱配所古阜郡說曰高麗王業幾盡新羅必復興以公爲主沙平渡爲界何如成柱佯喜留元祐于家潛告郡守惟貞惟貞捕送按察使以聞誅之慶尙道按察使池資深奏慶州賊請降不必發兵崔忠獻怒以大將軍金陟侯爲招討處置兵馬中道使刑部侍郎田元均副之大將軍崔匡義爲左道使兵部侍郎李顧副之攝大將軍康純義爲右道使知閤門事李維城副之趣發兵往討賊聞之募集雲門山及蔚珍草田賊分爲三軍自稱正國兵馬誘脅州郡陟侯師老不戰使賊勢日盛明年徵陟侯以私騎還京遣彥眞代之臺省劾罷陟侯職賊入基陽縣匡義帥兵急擊殺獲甚多忠獻奏遣中使賷詔賜藥以獎之彥眞旣至因祈恩詣城隍祠密以捕賊之謀授覡一日賊徒都領利備父子至祠潛禱覡紿曰都領擧兵將復新羅吾屬喜之久矣今幸得見請獻一盃邀至其家飮之醉遂執送彥眞賊掠杞溪縣維城進兵擊之賊魁孛佐乘高望見將遁將軍房秀精率二子先登奮擊士卒乘之斬一千餘級虜二百五十餘人彥眞又遣隊正咸延壽康淑清往雲門山誘孛佐使安業不聽賊副屢目延壽延壽知其意出持劒入擊孛佐孛佐奮起淑清擊斬之傳首于京賊麾下欲刺延壽等賊副呵禁之得免匡義執太白山賊魁阿之械送于京瘦死獄中匡義又奏興州浮石符仁等寺及松生縣雙岩寺僧徒謀亂命兵馬使鞫之配島又明年忠獻以匡義顧純義維城等平東京功最多奏今先還並加爵秩僚佐以下賞賚有差彥眞元均等還忠獻奏曰賊未盡除宜留中軍判官朴仁碩爲按察使率京兵二百鎭之仁碩擒餘賊金順等二十餘人遣皇甫經以聞王命濫屬內侍加八品職高宗二年彥眞以知門下省事卒

列傳卷第十三

列傳卷第十四　高麗史一百一

正憲大夫工曹判書集賢殿大提學知經筵春秋館事兼成均大司成臣鄭麟趾奉教修

閔令謨 湜

閔令謨黃驪縣人父懿戶部員外郎令謨少好學仁宗朝登第累遷吏部員外郎明宗在潛邸夢一宰相出自廣化門騶從甚盛有人曰此公之宰相也及即位令謨以刑部侍郎掌南省試至放榜王見之與所夢者肖始有大用之志不次遷擢授樞密院副使後判兵部事御史臺劾兵部銓注失當令謨上章自列中書門下及重房反劾御史臺合司乞罪王敦諭諸令出視事尋拜中書侍郎平章事轉門下侍郎平章事判吏部事太子太師令謨性怯訥少斷操履及典政柄請謁公行銓注猥濫十三年乞退二十四年卒年八十謚文景初令謨赴舉所作賦失律同知貢舉李之氐欲不取知貢舉崔濡曰是篇落落有不凡之氣宜署榜尾他日濡謂令謨曰爾賦雖不中律然其辭有遠大之氣爾宜勉之後令謨掌銓注擢用濡孫祇元祇禮令謨妻裴氏娣爲柳益謙妻令謨微時益謙已居顯秩有相者相裴氏兄弟曰兄當享富貴弟則薄命娣以其夫通顯不以爲然後益謙死於鄭仲夫之亂令謨果登冢宰益謙妻寒窘常資兄以生子湜公珪

湜登第籍內侍神宗初爲右散騎常侍同舍起居舍人張允文謂諸郎曰門下錄事及堂後官趁日私辦直宿郎舍承宣供億競事豐侈從人假貸及拜參補外科歛於民以償宿債恬不爲愧冒進者或以參外補外預聚斂以爲他日計故吏皆貪汚鮮有廉謹若除直宿官供億但供燃燈八關宴會則糜費太減然後可責吏淸節宰臣郎舍皆以爲可獨湜與諫議李桂長執不可議遂寢四年卒性豁達有大度雖貴顯視故舊無貴賤一如平日人以是多之明宗孽子僧小君洪機等招權納賂朝士爭附獨湜不往其弟曰兄盍往焉湜曰亦吾志也一日弟請與俱往酒酣忽曰虹沙彌蠹敗國家弟愕然流汗盖以虹一端接地一端屬天喻小君王子而母賤也湜之放曠多類此公珪官至門下平章事修文殿大學士判

兵部事

宋許

宋許見州人少聰悟毅宗時登第累遷閤門祗候鄭仲夫之亂以不忤人免害明宗八年爲御史中丞仲夫家奴犯禁許捕治之仲夫怒遂罷其職尋授衞尉卿右諫議大夫舊制以義州爲兩國關門使价往來文牒出入皆由之必擇文臣調之其分道官亦以常參官有名望者遣之自武臣用事戍邊將軍皆帶兵馬之任爲分道故昌朔二城皆以將軍委之義州則以文牒交通須有儒士兼置文武二人由是州人困於供費及許爲西北兵馬使州人訴曰吾邑本北鄙殘鄉今文武分道並住一城供費不給不數年邑其丘墟矣請馳奏以便宜分管數城許然之具奏請以文官爲義州分道隷靈州威遠鎭武官爲靜州分道隷麟州龍州制從之諸將軍聞之相謂曰此欲因以奪武臣權也大怒請王斬許王驚駭親諭解之遂貶許巨濟縣令識者曰晋政多門魯分三家以至敗滅春秋譏之今重房制事將軍房沮之將軍出議郎將房沮之互相矛盾政令之發民不適從況刑殺人主之柄而臣下擅之自許見貶救民革弊之言無聞矣復拜諫議大夫術士言太白犯上將武官必有厄於是武官欲移災文官將軍李時用等三十餘人詣闕構許及右司諫崔基厚直史館王許召等六人罪請流王雖知無罪然柔弱無斷意從其請並流遠島人多寃之時用等猶慮未足以厭勝追論中郎將金子格嘗助慶大升踰入宮墻之罪亦流于島時御史大夫文章弼屢以太白犯上將執法詐上表辭職既而太白退舍既遠而許又當其災故章弼復就職然尙懷疑每出入立喝道于馬後不欲當執法位其誣天如此久之王念許非罪見謫召還將復用朝論未諧不果十七年以判禮賓省事致仕居數歲疽發背卒年六十七

金光中 子帶

金光中登第毅宗時稍遷給事中爲西北面兵馬副使有島在麟靜二州之境二州民嘗往來耕漁金人乘閒樵牧因多居焉光中欲復地邀功擅發兵擊之火其廬舍仍置防戍屯田後金莊奉使如金金主讓之曰近稍有邊警爾主使然耶若邊吏自爲則固宜懲之莊還奏王命歸其島撤防戍光中

累官至諫議大夫秘書監嘗愛驪使朴光升與衣食畜之請於人補隊校鄭仲夫之亂光升引光中匿人家密告害之後光中子蒂爲順安縣令會裴純碩徵兵蒂諫軍以應聞光升爲祭告使來先遣人捕光升父于蔚州又執光升俱至順安令父子相見先殺其父謂光升曰哀汝父乎光升曰然蒂曰愛父一也柰何背恩殺吾父乎光升無以對遂斷其臂置軍中巡歷數縣然後殺之

安劉勃

安劉勃明宗時累遷侍御史藏經道場參知政事宋有仁行香祗候崔永濡以賛引後至臺監御史欲劾之永濡請劉勃曰吾已乞參政得解願勿奏劉勃曰我未識參政意事須聞奏第君白五寢之耳永濡托王弟僧冲曦以聞五曰此小過可赦柰參政怒何宜告諸參政劉勃後拜吏部郎中吏部點入仕者姓名以奏號曰點奏於是入仕者必賂白金數斤爲贄自判事至令史習以爲常競占下點曰某某皆自我出也唯劉勃毅然不點曰我無所知世服其清官至國子祠業卒

崔汝諧

崔汝諧慶州人性寬厚才學淺短登第補蔚州通判不閑吏事無所可否但署紙而已初明宗爲翼陽公汝諧爲其府典籤一日夢太祖授笏於明宗明宗受之坐御床汝諧與百僚賀覺而奇之以告明宗曰愼勿復言此大事也使上聞之必害我汝諧遂歸心焉後倅羅州求名果海脯厚餽於府明宗深感之及即位汝諧賫表至京隨例赴朝王不之知也陛辭日獨詣禁門因宦官以奏王始驚曰崔典籤來矣朕不省也引見甚慰藉之令留待命乃拜左正言知制誥不數年歷侍御史寶文閣待制年已七十矣奏曰吏部減籍臣年今實滿七十例當致仕王曰吏部錯書天使然也勿復有言驟遷諫議大夫國子祭酒掌監試士林竊笑樞密院使左散騎常侍謝表云西垣備職寔知此日之恩榮北闕朝天始信當年之夢感因乞骸骨時年七十七特授政堂文學仍令致仕十六年卒年八十六輟朝三日謚文貞

崔遇清

崔遇清忠州吏仁宗朝登第調進禮縣尉明宗在潛邸遇清爲府典籤及即位以舊僚寵任累歷臺諫趙位寵起兵遇清

以兵馬副使從軍禦之及還擢國子祭酒左諫議大夫尋出爲西北面兵馬使時靜州都領純夫郎將金崇等屢謀逆朝廷姑息不即討遇淸誘州人斬純夫等王下詔褒之超授判尉衛事進樞密院使翰林學士承旨乞骸骨加守司空左僕射致仕十四年卒遇淸歷任中外有聲績然性癡闇年至七十二乃乞退時人譏之子沇謙

王珪

王珪字叔玠初名承老侍中剛烈公冲之子太祖從弟寧海公萬歲七世孫也年七歲爲東宮學友性溫雅敦厚美容儀有器局未嘗以喜怒妄加人初授軍器注簿同正門下省以幼駁之毅宗曰其父有佐命之功豈可拘常例耶累轉兵部員外郞殿中侍御史鄭仲夫之亂珪乞告覲母故免明宗時留守南京有專政珪娶平章事李之茂女之茂子世延以金甫當妹壻死於其亂李義方欲幷害珪因其妻索之匿仲夫家獲免時仲夫女孀居見珪悅而通焉珪遂弃舊室義方死珪復職奉使如金靜州中郞將金純富嘗欲殺郞將用純用純透至京及珪還至靜州純富等以珪爲權臣壻欲劫留爲質請誅用純因謂珪曰公衣冠之族今背舊室托婚權門以圖苟活名義已虧將何顏與士大夫共立於朝乎珪縮恧無以對賴義州分道王度諭解之乃脫歸神宗朝拜御史大夫進參知政事累拜門下侍郞同中書平章事年六十四有微疾乃曰知足不殆遂上章乞退杜門懸車優游自適世稱耆英以珪爲首高宗十五年卒年八十七輟朝三日謚莊敬

車若松 奇洪壽

車若松父擧首直史館若松與其兄若椿俱幼擧首曰若椿當以文藝立身可勤學若松武才著名若椿果登第仕至兵部侍郞若松出身禁衛明宗時由郞將拜將軍重房奏自庚寅以來武官皆兼文官而內侍茶房獨不得兼請許兼屬王以若松等四十三人皆兼內侍茶房武官兼屬自若松輩始神宗初拜樞密院副使進守司空參知政事若松與奇洪壽同入中書省上訖若松問於洪壽曰孔雀好在乎荅曰食魚鯁咽而死因問養牧丹之術若松具道之聞者曰宰相之職在論道經邦但論花鳥何以儀表百寮若松後拜開府儀同三司守太尉中書平章事卒若松畜妓生二子長入國學補

服膺齋生次入流品崔忠獻陰嗾御史臺奏屬伶官限七品又削學籍

洪善字大古幸州人少善書工文及壯從武班歷事明神熙三朝官至特進璧上三韓三重大匡門下侍郞同中書門下平章事判吏部事以吏部掌銓選讓于忠獻引年乞退琴書自娛卒年六十二輟朝三日諡景懿

鄭克溫

鄭克溫全州尙質縣人父元寧大將軍克溫初調良醞令同正召入內侍以征西功授金吾衛散員累轉將軍得士卒心時國家討南賊克溫以所領軍赴之益訓鍊遇賊輒擊敗之俘獲居多入爲大將軍歷御史大夫知門下省事進參知政事高宗二年卒輟朝三日諡翼烈性溫仁謹愿不露圭角凡所莅威惠得宜當時無赫赫大名及去皆有遺愛無子配享康宗廟庭敎曰卿昴躔毓粹嵩嶽降精氣雄韓信之登壇早紆將印略邁張良之借筯密轉軍籌當寧考之承圖掌中樞而佐命暨參大政逮事寡人故及見爾之平生眞可謂古之遺直朕曩遭憂釁深軫哀傷地隔九天雖未還於仙馭禮終三載將入奉於宗祊顧侑位之難虛與群僚而遹議當代之佐未必乏其人焉衆論所歸固無易於卿者爰擧追崇之典俾躋與享之聯朕將嘉乃丕績誓萬世之不忘卿亦相我先君佑三韓之永固

柳光植

柳光植全州人風儀瓌偉淸儉節欲沉重寡言蔭補良醞署令同正出倅靈巖政尙淸嚴吏畏民懷累遷參知政事揚歷中外皆有聲績高宗八年以門下侍郞同中書門下平章事致仕逍遙自適世稱壽富雙全卒輟朝三日諡戴肅子蕤韶韶性剛亢少許可不事產業官至平章事子能爲寶文閣待制諂事崔竩弄權斂怨及金俊誅竩能亦被誅韶憂憤成疾卒諡莊定人議之曰生不敎死無益

權敬中

權敬中登第補博士嘗學神仙辟穀之術李奎報作詩責之高宗朝累授尙書禮部侍郞知制誥與奎報俞升旦等撰明宗實錄分年秉筆敬中議曰臣所編四年之間記災異者凡若干事謹按春秋二百四十二年記天變者多矣只書日有

食之而不書月食豈以日實也無待而明君象也月闕也有待而明臣象也取詩所謂彼月而食則維其常此日而食于何不臧之說忌陽之虧而不忌月闕故歟丁未七月之日食者即是日而應見矣曹元正石隣之黨夜犯宮闈而作亂豈非陰侵陽臣犯君之効歟魯昭公二十四年五月日食梓愼曰水也昭子曰旱也其言曰日過分而陽猶不克克必甚能無旱乎陽不克莫若積聚也是歲果有旱說者曰二至二分日有食之不爲災日月之行也春秋分日夜等故同道而食輕不爲災水旱而已己酉二月之日食在於春分是以至閏五月而旱此其應也日赤薄無光日旁有背氣外赤內黃日有東西珥者各一按前漢書註云日旁氣在傍直對曰珥向日爲抱向外爲背背者背象也氣往迫之爲薄晉志曰其君無德其臣亂國則日赤無光天之譴告豈不丁寧乎雖去曹石之釁復有東南之賊縱橫煽亂者故譴告如此當此時而覺悟豈非令終之兆乎月犯昴者五月食昴者三月犯心者二月食心者二月犯心前星者一食心後星者二月貫心而行者一按星傳昴旄頭胡星也爲白衣會又天之珥也主獄事心三星天王正位也前星爲太子後星爲庶子中星爲明堂大辰主天下賞罰天下變動心星見祥據此而言上國當有因刑罰失中之事胡兵踐蹂天街波及於外又且天王失位而嫡庶子孫蕩析不振者故罰之所示者如此其多也有國家者宜鑑省焉月犯角左星者三月入羽林者二月犯五車者二月犯箕星者四月入大微者二月入南斗魁者三月食房者一月犯房南星者一月赤如血者一角爲天田亦爲理主刑則恐有刑法失理而不平者羽林爲天軍亦主翼王恐天軍多非其人翼王不謹者乎五車五帝軍舍也恐主軍非人不能嚴毅武勇致撓敗故歟大微天子庭也月五星入大微軌道吉不識月果軌道否乎南斗天廟也丞相大宰之位得非丞相大宰不能褒進賢士稟授爵祿之罰歟房爲天府又爲天駟而月掩食者天閑之廄散於非人故罰之所示者如此月者大陰之精白而明者也今變赤如血者豈非星傳所謂月變色將有殃者乎歲犯執法者二歲與太白同舍者一歲犯房上相者二太白與辰星合者一太白入犯大微者一大白犯南斗者一太白入氐行者一太白經天者二大

白在北熒惑在南犯鎭者一太白在東熒惑在西相犯者一太白在東熒惑在西犯胃者一火入東井者一熒惑入輿鬼者四火犯司恠者一火入軒轅者一塡犯歲者一塡犯亢者一塡入氐者一塡犯大微東上相者一辰現房之東北者一按志曰仁虧貌失逆春令傷木氣則罰見歲星義虧言失逆秋令傷金氣則罰見太白星禮虧視失逆夏令傷火氣則罰見熒惑星智虧聽失逆冬令傷水氣則罰見辰星仁義禮智以信爲主貌言視聽以心爲正故四星皆失塡乃爲之動五星之應大抵如此但仁義禮智之虧與貌言視聽之失果誰之爲歟將爲君天下者之應乎擅一國者之應乎不可知也星傳月食五星其國皆亡註云其國者分野之國也則當以分野論今不書分野則不可以論其應也又曰太白經天天下革民更王則凡五星之變多是上國之事非本國之變不足懼也氣之變者西方赤氣如火又東南竟天自坤竟天者各一坤方赤氣如火者一按周禮有眡祲氏之官掌十煇之法以觀其妖祥辨其吉凶而赤祲乃憂氣之所應則當時必有憂恚而謀亂者乎五色虹南北相衡者一乾坤二方虹蜺垂地者一白虹見西北方者一大廟虹見垂地者二按晉志白虹百殃之本衆亂所基又云白虹霧姦臣謀君擅權立威夜霧白虹臣有憂晝霧白虹君有憂虹頭尾垂地流血之象以此鑑戒可也雨土大霧者各二志曰雨不霑衣而有土名曰霾君臣乖君臣道合廓然成泰霾何有焉霧者衆邪之氣陰來冒陽若白日中天幽枉畢照衆邪之氣安得冒乎流星出入者二十有五星傳曰流星天使也自上而下曰流自下而上曰飛其大者曰奔奔亦流星也漢書註云飛絕迹而去也流光跡相連也其吉凶之應以所出入論大雨雹者八按魯僖二十九年昭公四年皆書大雨雹左氏記季武子問申豐曰雹可禦乎申豐對以聖人在上無雹雖有不爲灾而以藏冰用冰之事演之是故冬則陽入於地陰行於外於是有慫陽故鑿冰而取之洩陽杜陰至春則陽不暴發而無淒風夏則陰入地中陽發於外將有伏陰故出冰而頒之助陰抑陽至秋則陰不暴作而無苦雨今我朝藏冰用冰之法竊恐未盡合於古先請議桒牡秬黍之奠桃弧棘矢之禳藏之周用之遍則雹之灾庶可禦矣物之恠神像頭亡者一宮門鴟

尾自頽者一神者民之主也況智異山南紀之巨鎭其神尤爲靈異今示其像無頭者豈非內外人民咸懷無上之意故示以如此欲其省悟而革心也門者人所出入莫不由之者也今鴟尾自頽尙宜修省木之變則木介者二虫食栗葉者二震殿柱者一傳曰妄興徭役以奪民時則木失其性而爲變怪魯成公十六年正月雨木冰而劉向以謂冰者陰之盛而水滯者也木者少陽貴臣卿大夫之象也此人將有害則陰氣脅木木先寒故得雨而冰也或以木冰爲木介介者甲也甲兵象則憂其兵亂栗北方之果虫食其葉則北方之臣當憂讒賊震柱示棟橈之凶可不戒哉火之變則樞院火者一大倉灾者一平壤祠堂灾者一傳曰弃法律逐功臣以妾爲妻則火不炎上說曰火南方揚光輝爲明者也其於王者南面向明而理或耀虛僞讒夫昌邪勝正則火失其性而爲灾矣明宗早失配耦中無內主七嬖爭寵五孼招權是以火樞密而示謹牝雞女謁失於樞機之密也大倉之火示不復畜養人也平壤祠堂灾者示無神也水之變則井水沸流者一大水者三雪消如血者一傳曰簡宗廟不禱祠廢祭祀逆天時則水不潤下而失其性說曰水北方終藏萬物者也王者即位必郊祀天地望秩山川懷柔百神此所以順陰陽和神人也明宗四時之享不躬行者有年宜水之爲沴也京房易傳曰飢而不損茲謂泰厥灾水水流殺人又曰辟遏有德茲謂狂厥灾水水流殺人已水地生虫往年關東飢而有司莫以告不擧荒政故今茲之水漂屋者一百流殺人者一千餘豈非泰之罰歟戊申之水水已而生黃虫黃鼠豈非辟遏有德之罰歟石之變者自移者一裂隕者三金石同類其自移與裂隕金失其性也故或說石山之骨也骨已裂隕山亦將崩國主山川而山崩則國將危亡可不戒哉鳥之變雞鳴不鼓翅者一按易說卦巽爲大雞酉爲小雞又巽主風風主號令故雞號知時巽木含火火生風火炎上故雄雞有冠乃鳴巽者離之再變兌者離之變而巽爲股隊爲羽翰故雞將號動股擊羽翰而後有聲令雞鳴不鼓翅得非知時者非其人隳官曠職之罰乎獸之怪虎入宮者一豹入城者一犢有兩頭者一虎豹山野之惡獸也今見于宮中與朝路得非將爲惡獸之所窟穴乎犢生兩頭者下民不一之兆也大抵世

治則天變略世亂則天變䆊道勝之君以人理天德衰然後天且譴告王者布德行政以順人心則灾何不銷福何不至哉

金台瑞 若先 敉

金台瑞慶州人系出新羅宗姓父鳳毛美容儀解胡漢語每金使至必令儐接常居東閣神宗朝拜樞密副使累官至門下侍郞平章事卒輟朝三日謚靖平台瑞登第事明神熙康高五朝位至守太保門下侍郞平章事引年致仕台瑞雖業儒不喜文性貪鄙豪奪人土田每出入人遮道呼訴曰公何奪吾食其子若先爲崔怡女壻故有司莫敢劾坐吳承績事籍其家卒謚文莊子若先起孫慶孫起孫門下侍郞平章事慶孫自有傳

若先累官至樞密副使元宗納其女爲妃生忠烈五若先妻因燈夕入内高宗以太子妃母命其府牽龍行首中禁都知及將軍等爲僕從輿蓋服飾一如五妃識者曰下之僭上土自啓之初若先聚怡府中諸娘于望月樓敉丹房縱淫其妻妬訴怡曰吾其弃家爲尼怡卽流若先所私娘及媒者于島壞樓房妻嘗與奴通若先知之妻以他事訴怡怡殺若先怡久之知誣妄殺其奴遂疏其女終身不見後追謚若先莊翼公子敉初名晸又改佾以怡故由内給事拜守司空柱國怡辭以年少不稱乃改授將軍有人譖敉于怡怡召責之田汝集無賴徒欲何爲乎髡其首流河東執其所親將軍金正暉平虜鎭副使孫仲秀荼房安琦等五十五人投之江後怡召敉還歸俗拜司空司空陞諸五爲之敉娶襄陽公女故授之實欲其無權以避流也敉聞流謀害已欲先圖之爲書遺及第洪烈春坊公子鄭瞻遺叔父慶孫慶孫恐禍及以告怡怡囚洪烈等于街衢獄鞫其黨敉之召還也將軍劉鼎指諭奇洪碩閔景咸等聯署狀請怡以敉爲後怡置而不問至是怡出其狀悉囚署名者鞫之沉景咸等于江流敉于高瀾島其餘死流貶黜者四十餘人

文漢卿 權世侯 白敦明

文漢卿溟州人祖儒賓右僕射漢卿性貪鄙怯懦初補隊正累遷大將軍高宗二年出爲西北面兵馬使論軍卒爵賞多受賂金又徵求州郡無厭因失人心明年金山王子兵入寇

漢卿與戰擒八人賊屯藥山南石牛新豐玉兒等驛之野漢卿會諸城兵戰于渭州城外斬五百七十餘級我軍死者三十餘人改中軍兵馬使賊闌入東界漢卿擁兵宜州逗遛不戰聚百工營中造私物利盡錐刀及賊來圍弃城潛逃我軍大敗以罪流海島後召還拜上將軍歷兵工二部尙書進樞密院副使右僕射十三年卒有權世侯者爲西海道椋山城防護別監禦蒙古兵城四面壁立唯一逕僅通人馬世侯恃險縱酒不爲備且有慢語蒙古設砲攻城門碎之天下如雨又梯石壁而上以火箭射草舍延爇城中人家甲卒四入城遂陷世侯自縊死城中死者無慮四千七百餘人屠男口十歲以上擒其婦女小兒分與士卒又有白敦明者爲東州山城防護別監驅民入保禁出入州吏告曰禾未穫迨敵兵未至請迭出刈之敦明不聽遂斬之人心憤怨皆欲殺之及蒙古兵至城下敦明出精銳六百拒戰士卒不戰而走金華監務知城將陷率縣吏而遁蒙古兵遂攻門突入殺敦明及其州副使判官金城縣令等虜婦女童男而去

盧仁綏

盧仁綏高宗三年爲朔州分道將軍金山王子兵數萬來侵仁綏唯事奉佛在山寺邏卒報賊已闌入我境仁綏曰契丹亦人耳可忍殺耶留寺三日賊橫行州境無敢誰何仁綏弃城逃身中數矢僅免還京崔忠獻怒奪其職仁綏有老母卽弃之被緇投邊山僧舍居數年崔怡寄書曰若來當復舊職仁綏大喜卽還京遂復職俄遷大將軍因得幸於怡好論人長短爲禍福人皆側目左僕射崔允匡素以謇直稱一日謁怡仁綏在側允匡呼而數之曰汝何時拜大將帶紅鞓耶汝鎭朔州契丹兵入寇弃城逃奔不忠也弃老母遊方外不孝也不忠不孝天地所不容汝有何功位至三品耶正已而後正人何不自揣妄談人得失耶若爾者宜竄遐裔以戒後來仁綏俯伏汗流洽背聞者快之後與周演之謀殺怡事洩怡執之投水中

金義元

金義元高宗時人起卒伍驍勇少家貧爲無賴行一日有人持錢財衣物過者卽奪掠而走又有隣婦笥戴銀瓶叚帛而去義元從後取之婦不知後義元貴呼其婦給銀瓶叚帛婦

驚怪不受義元不言其故强與之官至門下平章事卒元宗時有允成者居甲串里隣有校尉夜穴壁偷穀一石穴小未能出允成自內推出之校尉乃走允成追及之曰汝迫飢餓以至此亦何傷家人無知者可取去校尉遂負而歸允成終不言妻孥皆謂穿窬所爲後校尉受俸具酒食來致謝

列傳卷第十四

列傳卷第十五　高麗史一百二

正憲大夫工曹判書集賢殿大提學知經筵春秋館事兼成均大司成臣鄭麟趾奉
敎修

琴儀

琴儀字節之初名克儀本奉化縣人後賜籍金浦三韓功臣容式之後儀貌奇爽器度雄偉少力學善屬文屢擧不第出監淸道務剛直不撓民目爲鐵太守明宗十四年中魁科籍內侍崔忠獻當國求文士有李宗揆者薦儀遂詔事忠獻歷敭華要神宗朝拜尙書右丞右諫議大夫太子贊善大夫儀嘗帶二學士又兼三大夫世以爲榮忤執政左遷將作監復拜左諫議大夫熙宗四年以右副承宣掌試取皇甫瓘等瓘等謁忠獻忠獻贈隨從坊廂銀瓶各一事怡亦贈銀瓶又謁王親賜酒果仍觀各坊廂歌吹命瓘等七人屬內侍儀爲忠獻所昵故待以厚禮如此尋遷知奏事知吏部事儀久典機要奏對稱旨王倚以爲重儀頗恃勢驕恣瓘諂儀直廬作詩

諷休官儀以告忠獻流璀于島時議薄之康宗即位金遣使冊命金使欲入儀鳳正門朝議不肯往復相詰王命儀往諭儀問曰天子之巡守方岳者自古有之若大國枉蹕小國當入自何門金使曰天子出入舍中門而何儀曰然則人臣欲入君之正門可乎金使大服乃入自西門王嘉之進簽書樞密院事左散騎常侍翰林學士承旨高宗二年拜政堂文學修國史尋守太尉中書侍郎平章事五年改門下侍郎平章事嘗於八關會臺吏以事拖隊正喉辱之軍將呼噪亂擲瓦礫于御史臺幕有飛石過宰相幕儀大怒下庭立厲聲罵曰若等在君臣大會敢爾耶苟爲亂先殺老夫軍將稍沮亂得不作加守太保門下侍郎同中書門下侍郎平章事判吏部事七年引年乞退加壁上功臣仍令致仕以琴碁自娛十七年卒年七十八王聞訃悼甚命有司庀喪葬謚英烈儀與人面折無所諱以是人多憚之屢典貢舉所選多名士翰林曲有稱琴學士者是也子耆揆暉祺

李奎報 益培

李奎報字春卿初名仁氐黃驪縣人父允綏戶部郎中奎報幼聰敏九歲能屬文時號奇童稍長經史百家佛老之書一覽輒記其赴監試也夢有奎星報以居魁果中第一因改今名明宗二十年登同進士第嫌末科欲辭之父責之切且無舊例不得辭因醉謂賀客曰科第雖下庸詎知不三四度鑄門生者乎坐客掩口竊笑時李仁老吳世才林椿趙通皇甫抗咸淳李湛之等自以爲一時豪俊結爲友稱七賢每飲酒賦詩旁若無人世才死湛之謂奎報曰子可補耶奎報曰七賢豈朝廷官爵而補其闕耶未聞稽阮之後有承乏者皆大笑又令賦詩奎報口號其一句云未識七賢內誰爲鑽核人一坐皆有慍色宰相趙永仁任濡崔詵崔讜等上書薦之爲不平者所抑久不調神宗二年始補全州司錄爲同僚所忌見替東都叛命將討之以及第未官者充修製人皆以計避奎報慨然曰予雖怯懦避國難非夫也遂從軍爲兵馬錄事兼修製及還論賞將士奎報獨未得官後禁省諸儒上書交薦權補直翰林院崔忠獻使作茅亭記覽之嘉賞遂爲眞自是忠獻屢招致走筆賦詩驟遷司宰丞高宗初以詩贊忠獻求參職階除忠獻以其詩示其府典籤宋恂曰此子高亢意

不止此若直除參官則亦人望也乃拜右正言知制誥歷左右司諫八關會有闕賀表者奎報欲彈琴儀固止忠獻聞而劾之貶奎報爲桂陽副使尋以禮部郞中起居注召還累拜左諫議大夫翰林學士判衞尉事以事流猬島踰年召判秘書省事時蒙古兵壓境屢加徵詰奎報久掌兩制製陳情書表帝感悟撤兵王大嘉之特授樞密副使右散騎常侍進知門下省事戶部尙書集賢殿大學士陞政堂文學守太尉參知政事二十三年上表乞退遣近臣敦諭起之明年三上表固辭王重違其志特加守太保門下侍郞平章事致仕辭命猶皆委之俸祿如故二十八年卒年七十四謚文順性豁達不營生產肆酒放曠爲詩文不蹈古人畦徑橫鶩別駕汪洋大肆一時高文大册皆出其手三掌禮闈所得多名士有集五十三卷行于世子灌涵澄濟涵登第仕至司宰少監子益培益培字自天高宗時登第調河東監務選入翰院累遷禮部員外郞元宗復舊都時官府舊物皆棄不收獨益培收禮部文籍以功遷右司諫忠烈朝拜僉議典書累官至副知密直司事版圖判書文翰學士致仕十八年卒益培以文學名於世通敏强記然好色嗜酒無節操嘗受金洪裕賂借述使中第士林鄙之

兪升旦

兪升旦初名元淳仁同縣人沈訥謙遜博聞强記尤工於古文世稱元淳文經史奧義有問者辨釋無疑至於釋典亦能旁通嘗過尙書朴仁碩家仁碩有藻鑑待之盡禮人問其故荅曰此人如照夜神珠求不可得況敢自致康宗爲太子時選補僚屬擢第爲侍學康宗放江華升旦亦被斥不調熙宗朝始授南京司錄參軍與留守崔正華有隙降授深岳監務不赴高宗在幼冲亦受學及卽位除守宮署丞恩眷甚厚遂爲師傅歷禮部侍郞右諫議大夫進參知政事蒙古大擧侵及京畿崔怡會宰樞議遷都江華時昇平旣久京都戶至十萬金碧相望人情安土重遷然畏怡無敢發一言者升旦獨曰以小事大義也事之以禮交之以信彼亦何名而困我哉弃城郭捐宗社竄伏海島苟延歲月使邊氓丁壯盡於鋒鏑老弱係爲奴虜非爲國長計也怡不聽十九年卒謚文安無子

金仁鏡 承茂

金仁鏡初名良鏡慶州人平章事良愼公義珍四世孫父永固爲興郊道館驛使公淸慈惠不笞一人後爲龜州甲仗金甫當起兵敗永固逮繫寧州獄當死興郊吏民詣處置使涕泣請貸使不忍誅械送于京承宣李俊儀素與永固善營救得免然第宅已沒官妻子飢寒無所托興郊吏又斂米帛厚遺之仕至閤門祗候仁鏡才識精敏善隸書明宗時中乙科第二人直史館累轉起居舍人高宗初趙冲討契丹兵于江東城辟仁鏡爲判官時蒙古元帥哈眞東眞元帥完顔子淵請兵粮冲欲詗之難其人仁鏡請行冲曰幕中籌策君所職耳冒險往諜非素習也何敢請爲仁鏡曰嘗聞蒙古布陣取法孫吳予少讀六書熟知之故敢請冲乃許之即遣仁鏡率精兵一千輸米一千石與之會哈眞子淵攻契丹兵于岱州屯州西禿山仁鏡領兵往見之兩元帥張樂宴慰極歡而罷仁鏡就州西門外結方陣兩元帥登高而望蒙古四十六人被甲帶劒相對而立仁鏡使才人列軍前鼓譟作雜戲又使善射者二十餘人一時俱射矢入州城契丹登城望者皆奔避兩元帥歎軍容整肅復邀仁鏡置之上座更宴慰轉禮部郞中論功擢樞密院右承宣十四年東眞寇定長二州仁鏡知中軍兵馬事與戰于宜州敗績明年被譏貶尙州牧使故舊無一人相送者唯門生餞于郊仁鏡有詩云一鞭幾盡掃胡塵萬里南荒作逐臣玉筍門生多出餞感深難禁淚霑巾又題州壁云敢向蒼天有怨情謫來猶自得專城何時鈴閣登黃閣太守行爲宰相行未幾拜刑部尙書翰林學士尋知樞密院事尙書左僕射當時以爲美談十九年進政堂文學吏部尙書監修國史陞中書侍郞平章事二十二年卒諡貞肅仁鏡文武吏材俱贍詩詞淸新尤工近體詩賦世稱良鏡詩賦子鍊成擢魁科官至尙書左僕射翰林學士承旨孫承茂美容儀有才識少登第歷史翰爲金俊所重累遷侍御史時承宣許珙執政諸道按察多行餽遺康軒韓琓亦附珙多受賂承茂皆劾論珙由是惡之

李公老

李公老字去華丹山縣人文章富贍尤工四六明宗朝登第調安邊判官出私財代民賦以最徵爲司儀署丞遷直翰林

院崔忠獻以公老連戚里擯不用者幾十年其父倚材憫之賂忠獻拜監門衛長史高宗初以禮部郎中爲趙冲兵馬判官獻擒賊之策多有中者韓恂之反公老爲宣撫使有功拜秘書少監出爲慶尙道按察使令行禁止部內大理王嘉之授刑部侍郎仍按其道入拜殿中監與選崇威府剖决如流視事五日民多稱服進樞密院右副承宣國子大司成王倚爲腹心將大用之十一年卒家無擔石無子

李仁老 吳世才 趙通 林椿

李仁老字眉叟初名得玉平章事頫之曾孫自幼聰悟能屬文善草隷鄭仲夫之亂祝髮以避亂定歸俗明宗十年擢魁科補桂陽管記遷直史館出入史翰凡十有四年與當世名儒吳世才林椿趙通皇甫抗咸淳李湛之結爲忘年友以詩酒相娛世比江左七賢神宗朝累遷禮部員外郎高宗初拜秘書監右諫議大夫卒年六十九以詩名於時性偏急忤當世不爲大用所著銀臺集二十卷後集四卷雙明齋集三卷破閑集三卷行於世子程穰稫皆登第

世才字德全高敞縣人祖翰林學士學麟世才少力學手寫六經以讀日誦周易明宗時登第性疎雋少檢不容於世仁老三上書薦之竟未得官僑寓東京窮困而卒與奎報爲忘年交奎報私謚曰玄靜先生

通字亦樂玉果縣人軀幹魁梧經史百家無不貫穿明宗聞其名屢召問登第累遷正言轉考功郎中太子文學奉使如金會有徵詰拘留三年金人愛其才遣還後知西北面留守事寬仁恭儉待人以信官至左諫議大夫國子監大司成翰林學士

椿字耆之西河人以文章鳴世屢擧不第鄭仲夫之亂闔門遭禍椿脫身僅免卒窮天而死仁老集遺藁爲六卷目曰西河先生集行於世

趙文拔

趙文拔定戎鎭吏幼聰敏俊逸讀書輒記文詞淸警擢魁科補南京司錄其父年踰六十文拔作詩遺崔怡求官怡告忠獻曰子擢狀元父爲州吏非國家重儒之意且趙生才氣必遠到盍免其父鄕役以勵爲人父者忠獻然之遂聞于王授職時人美之文拔累轉中書注書嘗直宿省中有一小胥寒

甚文拔憐之許入被中小胥狎加足腹上其夜會頒政省吏來報注書作正言小胥徐收其足文拔猶若熟睡歷司諫起居舍人高宗十四年以禮部郞中兼起居注史館修撰官修明宗實錄遘疾卒

李淳牧 李需

李淳牧陝州吏少志學善屬文嘗隨父至京每於文會應韻走筆名動一時時有李需者才識敏悟亦能走筆與淳牧齊名淳牧登第調錦城管記遷直翰林院尋轉詹事府注簿以陰陽伎術往來周演之家及演之死左遷金溝縣令崔怡愛其才未期召還驟加寶文閣待制進判秘書省事性巧詐多疑所莅政不廉平但以文墨技藝不離省闥常典制誥崔沆少時師事之及執政待以殊禮擢尙書左僕射未拜而卒子信孫義孫皆官至判事德孫自有傳

需字樂雲初名宗胄未詳其鄕貫登第爲崔怡所愛嘗不離左右善諧詼戲謔以故不得除臺諫制誥仕至尙書禮部侍郞妻亡服未闋通妻姪之孀婦謀害其夫事覺並流海島又錄其孀遊女籍需以文學知名穢行如此人皆醜之

金敞

金敞初名 〈東人新羅敬順王之後性溫和無忤於人熙宗朝登第直史館累遷尙書右丞崔怡召置政房掌銓選時應吏兵部選者無慮數萬敞一見無不記其姓名有陳訴輒應無少謬人服其强記然銓注一聽於怡不可否或問其故荅曰天假手我晋陽公吾何閒焉其阿諂如此高宗朝拜樞密院副使轉門下平章事敞附權門久典政柄一日可九遷尙循資格年幾六十始拜相世以爲廉於進取四十三年以守太師門下侍郞平章事判吏部事卒無子臨歿語其姪方慶等辭國葬謚文簡

宋國瞻

宋國瞻鎭州人性剛直疾惡如讎善屬文登第直史館高宗朝拜監察御史蒙古元帥撒禮塔大擧入境王遣淮安公侹講和國瞻從行及至與撒禮塔言辭色嚴正撒禮塔嘉歎歷正言判秘書省事與金敞諂事崔怡入政房耿介不阿怡頗憚之朴暄擅權國瞻恥與爲列托以足疾辭政房怡自此疎之然外有大事必遣國瞻治之由刑部尙書出爲慶尙道巡

問使寄書於怡論流事怡然之復以流之謂貶國瞻東京副留守及怡死沆襲權國瞻畏禍屏居沆亦懷宿憾顧嫌物議召爲右散騎常侍未幾出知西北面兵馬事久不召憤懣卒

崔滋 河千旦

崔滋字樹德初名宗裕又名安文憲公冲之後天資淳訥不以表表爲能少力學能屬文康宗朝登第補尙州司錄以政最聞入補國學學諭崔怡品題朝士以文吏俱優者爲第一文而不能吏次之吏而不能文又次之文吏俱不能爲下皆手跣屏風每當詮注輒考閱之滋名在下故十年不調滋嘗作虞美人草歌水精盃詩李奎報見而奇之後怡謂奎報曰誰可繼公典文翰者曰有學諭崔安者及第金坵其次也時李需李百順河千旦李咸任景肅皆有文名怡欲試其才令製書表使奎報第之凡十選滋五魁五副怡又欲試吏才授給田都監錄事亦敏而勤高宗時累遷正言出牧尙州剖决如神吏民愛畏按察使薦之秩未滿召拜殿中少監寶文閣待制連按忠淸全羅有聲績官累國子大司成知御史臺事轉尙書右僕射翰林學士承旨進樞密副使拜中書平章事加守太師門下侍郎同中書門下平章事判吏部事蒙古兵丈至令三品以上各陳降守之策衆論紛紜滋與樞密使金寶鼎曰江都地廣人稀難以固守出降便一日滋邀金俊諸子宴其第時人譏之上章乞退自號東山叟元宗元年卒年七十三謚文淸家集十卷續破閑集三卷行於世子有侯密直副使文翰學士有抷東京留守判官有滸自有傳

千旦利安縣人性質直長於文章一時表箋皆出其手晚好釋典高宗嘗欲移御大寺洞千旦與起居注鄭義白曰此洞白虎張口勢今蒙古兵彌漫君臣入虎口可乎乃止

蔡松年 楨

蔡松年東州平康縣人以御殿行首拜郞將久不改銜崔忠獻問其故不荅旁有人曰其父今未拜參若改銜出朝路恐乃父望見不知其子而下馬避走耳忠獻義之尋拜父參職松年由是爲忠獻所重累歷樞密承宣御史大夫參知政事高宗三十八年以中書侍郎平章事卒姿端秀性和平能終始富貴謚景平子楨容儀峻爽志操謇諤以蔭進累遷樞密副使御史大夫元宗如蒙古楨扈從多所裨益進參知政事

又從世子如蒙古以年老請先還三別抄之難楨留守江都聞亂即馳出賊追不及謁王于西京王慰諭之官至門下侍郎平章事配享元宗廟庭

孫抃

孫抃初名襲卿樹州人登第調天安府判官政最超拜供驛署丞高宗朝累遷禮部侍郎非罪流海島尋授慶尙道按察副使人有弟與姊相訟者弟曰既爲同產何姊獨得父母之財弟無其分耶姊曰父臨絕舉家產付我汝所得者緇衣一緇冠一緉鞋一兩紙一卷而已文契具存胡可違也訟之積年未決抃召二人至前問曰若父沒時母安在曰先亡若等於時年各幾何曰姊已有家弟方髫齔抃因諭之曰父母之心於子均也豈厚於長年有家之女而薄於無母髫齔之兒耶顧兒之所賴者姊也若遺財與姊等恐其愛之或不至養之或不專耳兒既長則用此紙作狀服緇衣冠穿緉鞋以告於官將有能辨之者其獨遺四物意蓋如此弟與姊聞而感悟相對而泣抃遂中分家產與之抃官累樞密院副使三十八年以守司空尙書左僕射卒性剛毅長於吏事剖決如流所至有聲以妻派聯國庶不得拜臺省政曹學士典誥妻謂抃曰公因我系賤不踐儒林淸要敢請弃我更娶世族抃笑曰爲已之宦路弃三十年糟糠之妻吾不忍爲也況有子乎遂不聽子世貞亦不得赴擧

權守平

權守平安東人跡微不知其族譜姿豐美性淳厚質直有古人風嘗爲隊正貧居有郎中卜章漢以非罪見竄守平遞食其田有年及章漢遇赦還守平素不相識且其田租已漕于江守平袖租簿就與之章漢曰當吾竄謫君雖不食豈無他人君今哀我還其田足矣何用租爲守平曰乘人之災食其田猶恐不義今既還尙忍食耶遂投其簿章漢不受閉門而入守平竟以簿繫石擲之而去父老歎曰今爭奪成風不圖獲見若人牽龍職卑而任寵權貴子弟皆願爲之守平由隊正得補辭以家貧親舊曰此榮選也率多易妻求富君若改娶富家誰不願授室守平曰貧富天也何忍弃二十年糟糠之妻以求富室邪言者慙服積官至樞密院副使高宗三十七年卒子踶翰林學士踶子晅自有傳

李純孝 張純亮

李純孝韓山人父實椿衛尉卿純孝高宗朝累官至全羅道巡問使卒爲人清白處決如流嘗使蒙古不賫一物而還囊槖皆空巷婦鄙卒皆服其清節曰眞官人也又有張純亮者性耿介徇公忘私以戰功顯卒官樞密院副使

宋彥琦

宋彥琦鎭州人父恂以知禮聞官至中書侍郎平章事雖在懸車凡國典禮皆就咨焉彥琦少能文有名儕輩閒高宗時登第出倅金州政廉平能斷事姦豪歛迹以最徵爲都兵馬錄事稍遷監察御史監右倉時歲凶告糴請謁者多彥琦一以公分與甚均時稱賢御史蒙古兵二百餘騎聲言捕獺直入嘉朔龜泰四州之境實欲剽掠彥琦率數騎往諭之蒙古兵乃退自是四使蒙古講和七年之閒邊境稍安累官至判將作監事三十三年王欲復使講和適彥琦遘疾宰相相謂曰宋之生國之福宋之亡國之憂也卒年四十三

金守剛

金守剛性精通博物耿介不群高宗朝登第直史館累遷侍御史時移都江華蒙古遣將侵掠督還舊京王遣守剛如蒙古進方物守剛從帝入和林城乞罷兵帝以不出陸爲辭守剛奏譬如獵人逐獸入窟穴持弓矢當其前困獸何從而出又如冰雪慘烈地脉閉塞草木其能生乎帝然之曰汝誠使乎當結兩國之好遂遣徐趾來命罷兵後復來侵掠又遣守剛帝方自將伐宋守剛謁行營懇乞罷兵帝又許之仍遣使與守剛偕來守剛仕至中書舍人卒未至大拜時論惜之

金之岱

金之岱初名仲龍清道人風姿魁梧倜儻有大志力學能文高宗四年江東之役代其父隸軍隊以行隊卒皆於楯頭畫奇獸之岱獨作詩書之曰國患臣之患親憂子所憂代親如報國忠孝可雙修元帥趙冲點兵見之驚問召入內廂器使之明年冲知貢擧之岱擢第一名例補全州司錄恤孤寡抑强豪發摘如神吏民敬畏入拜寶文閣校勘後爲全羅道按察使崔怡子僧萬全住珍島一寺其徒橫恣號通知者尤甚其所請謁之岱皆抑不行嘗至其寺萬全慢罵不見之岱直入升堂堂上有樂器乃橫笛數弄操琴鼓之音節悲壯萬全

欣然出曰適有微疾不知公至此相與歡飮因托以十餘事之岱即行之留數事曰至行營乃可爲耳宜遣通知相候還營數日通知果至之岱命縛之數其不法投之江萬全即流也雖挾前憾以之岱廉謹少過竟莫能害累遷判司宰事時蒙古兵犯北邊知兵馬事洪熙嗜女色不恤軍務一方離心以之岱有才略陞簽書樞密院事代熙出鎭撫以恩信西北四十餘城賴以安元宗初拜政堂文學吏部尙書未幾上章請老加守太傅中書侍郞平章事致仕得疾剃髮坐逝年七十七謚英憲初之岱聞城南有叟善星命往見之叟迎入推占因令少女拜庭下云此公後必貴汝蒙其賜謹識之後二十年之岱按全羅時賊黨多繫獄之岱按囚一婦呼曰舊日城南叟女也不幸至此之岱驚駭命釋厚尉而遣之

李藏用

李藏用字顯甫初名仁祺中書令子淵六世孫父儆淸儉寡欲通經史善斷事官至樞密院使藏用高宗朝登第調西京司錄入補校書郞兼直史館累遷國子大司成樞密院承旨陞副使拜政堂文學元宗元年叅知政事加守太尉監修國史判戶部事進中書侍郞平章事又加守太傅判兵部事太子太傅五年蒙古徵王入朝王命宰相會議皆持疑未決藏用獨曰王覲則和親否則生釁金俊曰旣就徵萬一有變乃何曰我以爲必無事也脫有變甘受孥戮議乃定遂從王入朝時永寧公綧在蒙古言高麗有三十八領領各千人通爲三萬八千人若遣我當盡率來爲朝廷用史丞相召藏用至中書省問之藏用曰我太祖之制盖如此比來死於兵荒雖曰千人其實不然亦猶上國萬戶牌子頭數目未必足也請與綧東歸點閱綧言是斬我我言是斬綧綧在側不敢復言又問高麗州郡戶口幾何曰不知曰子爲國相何爲不知藏用指窓櫺曰丞相以爲凡幾箇丞相曰不知藏用曰小國州郡戶口之數有司存雖宰相焉能盡知丞相默然翰林學士王鶚邀宴其第歌人唱吳彥高人月圓春從天上來二曲藏用微吟其詞中音節鶚起執手歎賞曰君不通華言而解此曲必深於音律者也益敬重帝聞藏用陳奏謂之阿蠻滅兒里干李宰相見者亦謂海東賢人至有寫眞以禮者王還以功進門下侍郞同中書門下平章事慶源郡開國伯食邑一

千戶食實封一百戶又加太子太師八年蒙古遣兵部侍郎黑的等令招諭日本藏用以書遺黑的曰日本阻海萬里雖或與中國相通未嘗歲修職貢故中國亦不以爲意來則撫之去則絕之以爲得之無益於王化弃之無損於皇威也今聖明在上日月所照盡爲臣妾蠢爾小夷敢有不服然蜂蠆之毒豈可無慮國書之降亦甚未宜隋文帝時上書云日生處天子致書于日沒處天子其驕傲不識名分如此安知遺風不存乎國書旣入脫有驕傲之荅不敬之辭欲捨之則爲大朝之累欲取之則風濤艱險非王師萬全之地陪臣固知大朝寬厚之政亦非必欲致之偶因人之上言姑試之耳然取舍如彼尺一之封莫如不降之爲得也且彼豈不聞大朝功德之盛哉旣聞之計當入朝然而不朝蓋恃其海遠耳然則期以歲月徐覬其爲至則奬其內附否則置之度外任其蚩蚩自活於相忘之域實聖人天覆無私之至德也陪臣再覲天陛親承睿渥今雖在遐陬犬馬之誠思効萬一耳盖藏用度日本竟不至將累我國故密諭黑的欲令轉聞寢其事王以其不先告疑有二心卽配靈興島館伴起居舍人潘阜亦坐不告流彩雲島阜方對黑的坐武士突入曳出黑的怒詰問知之乃還藏用書且曰我若歸奏此書幸而聽乎天下之福也如不之聽於汝國亦有何罪固止之由是皆獲免九年拜門下侍中藏用嘗言於朝欲使宗社無虞中外晏然莫如還都舊京金俊及其黨皆不欲之藏用曰若不能席卷以出且令作宮室夏居松京冬返江都如上國之有兩都可也於是置古京出排都監蒙古帝遣使徵兵于我勑令藏用來奏軍額及藏用謁帝帝曰朕命爾國出師助戰爾國不以軍數分明奏聞乃以模糊之言來奏王綧曾奏我國有四萬軍又有雜色一萬故朕昨日勑爾等云王所不可以無軍其留一萬以衞王國以四萬來助戰爾等奏云我國無五萬軍綧之言非實也苟不信試遣使與告者偕往點其軍額若實有四萬陪臣受罪不則反坐誣告者爾等若以軍額分明來奏朕何有此言遂呼綧曰宜與藏用辨又勑藏用曰爾還爾國速奏軍額不爾將討之爾等不知出軍將討何國朕欲討宋與日本耳今朕視爾國猶一家爾國若有難朕安敢不救乎朕征不庭之國爾國出師助戰亦其分也爾歸語王造戰艦

一千艘可載米三四千石者藏用對曰敢不承命但督之則雖有船材恐不及也帝曰三王五帝以來歷代之事爾等所知不必更說朕將取近而言之昔成吉思皇帝時河西王納女請和曰皇帝若征女眞我爲右手若征回回我爲左手後成吉思皇帝將討回回命勘征河西竟不應帝討而滅之爾亦聞之藏用對曰我國昔有四萬軍三十年間死於兵疫殆盡雖有百戶千戶但虛名耳帝曰死者尙有獨無生者乎爾國亦有婦女豈無生者爾乃年老諳事說何妄耶對曰小邦蒙荷聖恩自罷兵以來有生長者然皆幼弱不堪充軍帝又曰爾國於宋風順則可兩三日至日本則朝發夕至此汝國與蠻子人之言也汝國何不生是事乎緈欲復言軍事藏用曰至尊前不當爭辨遣人可驗帝謂緈曰言已畢矣十年林衍謀廢立宰樞莫敢言藏用自度不能止且恐有不測之變乃以遜位爲言衍遂廢王立安慶公淐時世子在蒙古回至鴨綠江聞難還入朝衍懼以藏用充節日使如蒙古欲令說世子而返至則具陳衍廢立未幾王復位入朝明年藏用謁王于道王至東京行省問廢立之故王以有疾遜位對行省知其非實請以藏用從行王惡藏用言與己異故不許藏用追謁于燕具奏衍逆狀帝使頭輦哥率兵衞王還國又明年蒙古斷事官不花等宣言林衍廢立時與謀者尙在朝列不正其罪何以懲惡遂免藏用官藏用曰當時不能死豈非罪乎十三年卒年七十二美風儀性聰明恭儉沈重博覽經史陰陽醫藥律曆靡所不通爲文章淸警優贍又喜浮屠書嘗著禪家宗派圖潤色華嚴錐洞記遺命火葬無子忠烈王元年追謚曰文眞

列傳卷第十五

列傳卷第十六　高麗史一百三

正憲大夫工曹判書集賢殿大提學知經筵春秋館事兼成均大司成臣鄭麟趾奉教修

趙冲 忭

趙冲字湛若侍中永仁之子生一月母亡稍長極哀慕家稱孝童以蔭補官入大學登上舍明宗時登第籍內侍博聞强記諳練典故熙宗朝拜國子大司成翰林士一時典冊多出其手出爲東北面兵馬使還拜禮部尙書高宗三年進樞密副使翰林學士承旨上將軍文臣兼上將軍自文克謙始中廢已久王以冲才兼文武特授之時金山兵闌入北鄙以參知政事鄭叔瞻爲行營中軍元帥冲副之右承宣李延壽都知兵馬事五領軍屬焉又括京都人不論職之有無凡可從軍者皆屬部伍又發僧爲軍共數萬叔瞻等點兵於順天館時驍勇者皆爲崔忠獻父子門客官軍皆老弱羸卒元帥心懈王御崇文殿群臣入謁分立左右叔瞻冲以戎服率諸摠管入庭行禮王親授鉞日官以拘忌諂忠獻出師不由大路自保定門循城南宿狻猊驛會大雪士卒凍縮不能前及霽至興義驛適平州防禦軍還前軍望見槍旗誤謂賊兵至遂奔潰唯冲勒兵整肅叔瞻等聞賊兵至鹽白州退屯興義金郊兩驛閒復退屯國淸寺明年叔瞻免以知門下省事鄭邦輔代之邦輔冲等耀兵鹽州賊兵遁去五軍元帥追賊于安州行至太祖灘遇雨而止置酒宴樂不設備有一人乘白馬突入陣中擧旗而麾俄而賊兵大至急圍五軍前軍先潰遂薄中軍縱火燒壘諸軍士卒散走唯左軍拒戰邦輔冲奔左軍左軍亦敗五軍皆潰大將軍李義儒白守貞將軍李希柱等戰死士卒死者不可勝記輜重資粮器仗皆爲所奪邦輔冲奔還京潰卒絡繹於道賊追至宣義門焚黃橋而退朝野大震御史臺上䟽曰鄭邦輔趙冲望賊畏縮莫有鬪心弃軍驚走以致士卒陷沒又歷代所傳兵書文籍以至器仗盡爲敵奪未副推轂之意請免其職不允御史臺復請罷職從之未幾冲復爲西北面兵馬使俄拜樞密使吏部尙書諫官奏趙冲昨以敗軍被劾免官今無功可賞復除舊職乞收成命

待其成功許除官從之女眞黃旗子軍渡鴨綠來屯麟龍靜
三州境冲與戰斬獲五千一十餘級又戰于麟州暗林平大
敗之殺虜及溺江死者不可勝數僅三百騎遁去即復冲職
明年以守司空尙書左僕射召還賊日熾官軍懦弱不能制
復以冲爲西北面元帥金就礪爲兵馬使借將軍鄭通寶爲
前軍吳壽祺爲左軍申宣冑爲右軍李霖爲後軍李迪儒知
兵馬事授鉞遣之初冲恨敗軍作詩曰萬里霜蹄容一蹶悲
鳴不覺換時節儻敎造父更加鞭踏躪沙場摧古月至是部
伍整齊號令嚴明秋毫不犯諸將莫敢以書生易之冲等道
長湍至洞州遇賊東谷擒其毛克高延千戶阿老夾成州以
待諸道兵慶尙道按察使李勣引兵來遇賊不得前遣將軍
李敦守金季鳳擊之以迎勣旣而賊從二道俱指中軍我張
左右翼鼓而前賊軍望風而潰敦守等與勣來會錄事申仲
諧分其兵輸軍食賊又要之將軍朴義隣敗之于禿山賊散
而復集騎數萬盡銳來攻我又敗之亞將脫剌逃歸賊魁又
欲引還慮我要其歸路入保江東城蒙古太祖遣元帥哈眞
及札剌率兵一萬與東眞萬奴所遣完顏子淵兵二萬聲言

討契丹賊攻和孟順德四城破之直指江東會天大雪餉道
不繼賊堅壁以疲之哈眞患之遣通事趙仲祥與我德州進
士任慶和來牒元帥府曰皇帝以契丹兵逃在爾國于今三
年未能掃滅故遣兵討之爾國惟資粮是助無致欠闕仍請
兵其辭甚嚴且言帝命破賊之後約爲兄弟於是以尙書省
牒荅曰大國興兵救患弊封凡所指揮悉皆應副冲即輸米
一千石遣中軍判官金良鏡率精兵一千護送及良鏡至蒙
古東眞兩元帥邀置上坐宴慰曰兩國結爲兄弟當白國王
受文牒來則我且還奏皇帝時蒙古東眞雖以討賊救我爲
名然蒙古於夷狄最匈悍且未嘗與我有舊好以故中外震
駭疑其非實朝議亦依違未報遂稽往犒冲獨不疑馳聞不
已蒙古怒其緩訶責甚急冲輒隨宜和解之明年冲與哈眞
子淵等攻江東城破之哈眞等還冲送至義州哈眞執冲手
泣下不能別蒙古軍奪我諸將馬以行冲詰之曰此皆官馬
雖死納皮不可奪也蒙古信之有一將軍受銀給馬蒙古以
冲言爲誣復多奪馬去子淵頗知人謂我人曰汝國師奇偉
非常人也汝國有此帥天之賜也冲嘗被酒枕其膝而睡子

淵恐其驚寤略不動左右請易以枕子淵終不肯其忠義恩信之感動人者如此凱還忠獻忌功停迎迓禮拜政堂文學判禮部事尋加守太尉同中書門下侍郎平章事修國史明年卒年五十訃聞王震悼輟朝三日贈開府儀同三司門下侍中謚文正爲人風姿魁偉外莊重內寬和凡遇士愉愉然不施戟級三掌文闈所選皆名士出將入相朝野倚重平時莅事未嘗露稜角故世徒知其爲寬厚豁達長者及持大兵臨大事然後乃知有磊落不常之器爲相開獨樂園于東皐每公餘引賢士大夫以琴酒自娛後配享高宗廟庭子叔昌季珣叔昌別有傳季珣官至門下侍郎平章事謚光定子抃忭席家蔭又籍妻父金方慶勢驟拜郎將兼監察史嘗以行首宿衛一日乘晚入直門已閉元宗聞之命從隙入忭辭曰人臣不宜從隙竟不入有司以闕直劾罷人稱其直方慶之討珍島也白王起忭爲將軍又從方慶征日本有功後元復征日本忠烈請于帝授昭信校尉管軍摠把賜銀牌及印於是從方慶赴征歷右副承旨知密直司事以病免王超拜其壻庾瑞爲郎將慰之尋卒忭容儀偉麗頗通典故性寬平人無怨者子文簡文璉文簡字敬之官至密直副使亦美風儀閑習禮度爲時所稱文璉參知門下政事集賢殿大學士

金就礪 文衍 賆

金就礪彥陽人父富禮部侍郎就礪蔭補正尉選充東宮衛累遷將軍鎭東北界擢大將軍康宗朝巡撫塞上邊民畏愛高宗三年契丹遺種金山王子金始王子脅河朔民自稱大遼收國王建元天成蒙古大擧伐之二王子席卷而東與金兵三萬戰于開州館金兵不克退守大夫營二王子進攻之遣人告北界兵馬使云爾不送粮助我我必侵奪汝疆我於後日樹黃旗汝來聽皇帝詔若不來將加兵于汝至其日果樹黃旗兵馬使不往明日使其將鵝兒乞奴引兵數萬渡鴨綠江攻寧朔等鎭掠城外財穀畜産而去又明日闌入義靜朔昌雲燕等州宣德定戎寧朔諸鎭皆以妻子自隨彌漫山野恣取禾穀牛馬而食之居月餘食盡移入雲中道於是以上將軍盧元純爲中軍兵馬使知御史臺事白守貞知兵馬使左諫議大夫金蘊珠爲副使上將軍吳應夫爲右軍兵馬使崔宗峻知兵馬事侍郎庾世謙爲副使就礪爲後軍兵馬

使崔正華知兵馬事陳淑爲副使十三領軍及神騎屬焉三軍啓行至朝陽鎭朝陽人報賊已近三軍各遣別抄一百神騎四十人至阿爾川邊與賊戰官軍稍却神騎郎將丁純祐突入賊中斬持纛者賊奔潰乘勝斬八十餘級虜二十餘人幷獲楊水尺一人得牛馬數百匹符印器仗甚衆乃拜純祐爲將軍三軍又與賊戰連州東洞斬百餘級賊三百餘人來屯龜州直洞村軍候員吳應儒率步卒三千五百人銜枚擊之散員咸洪宰甄國寶李稷校尉任宗庇等斬二百五十餘級虜三千餘人得牛馬戰具銀牒銅印亦多三軍又戰于龜州三岐驛二日斬二百一十餘級虜三十九人將軍李陽升亦破賊于長興驛賊自昌州移屯延州之開平原林兩驛終日絡繹不絕官軍遣神騎將追之遇賊與戰于新里斬一百九十級官軍進次延州以光裕延壽周氐光世君悌趙雄等六將守獅子岩永麟迪夫文備三將守楊州翼日九將戰于朔宗戍斬獲七百六十餘人得馬騾牛及牌印兵仗無筭賊不復分兵聚屯開平驛諸軍莫敢前右軍據西山之麓中軍受敵于野小退屯獨山就礪拔劒策馬與將軍奇存靖直衝賊圍出入奮擊賊兵潰追過開平驛賊設伏驛北急擊中軍就礪回擊之賊又潰元純夜謂就礪曰彼衆我寡右軍又不至始賚三日粮耳今已盡不如退據延州城以俟後便就礪曰我軍屢捷鬪志尙銳請乘其鋒一戰而後議之賊布陣壓匠之野軍勢甚盛元純馳召就礪且揚黑幟爲信士卒冒白刃爭赴無不一當百就礪與文備橫截賊陣所向披靡三合三克就礪長子死賊奔入香山燒普賢寺官軍追擊之斬獲捴二千四百餘人溺死南江者亦以千數餘衆夜遁昌州婦女小兒委弃路傍號哭聲如萬牛有一人弃兵自稱官人直前請曰我等擾貴國邊疆固有罪矣婦子何知請無庸盡殺且無薄我我則刻日自返矣就礪使謂之曰汝言何可信與之酒快飮而去俄而鵝兒乞奴迭符文陳乞如其所言三軍各遣二千人躡其後見賊所弃資糧器械狼藉於道牛馬或斫其脛或刺其後蓋使得之不可復用也所遣六千人戰于淸塞鎭擒殺過當平虜鎭都領祿進亦擊殺七十餘級賊遂踰淸塞鎭遁去或云香山之戰賊將只奴中箭死金山捴領其衆或云擒一婦人云我是鵝兒妻吾夫初入藥山寺見殺

只奴兼領其軍官軍次延州又聞賊兵後至者大入境唯留內廂自衛其餘悉發後軍獨遇于楊州擒殺數十百級兩軍先回博州就礪護輜重徐行至沙現浦賊突出狙擊就礪告急於兩軍兩軍守便宜不出就礪力戰却之卒護輜重而至元純出迎西門外賀曰卒遇强敵能摧其鋒使三軍負荷之士無一毫之失公之力也馬上舉酒爲壽兩軍將士及諸城父老皆叩頭曰今者與强寇角立而自戰其地可謂難矣而於開平墨匠香山原林之役後軍每爲先鋒以小擊衆使我老弱存其性命顧無以報但祝壽而已賊復聚衆連日耀兵於昌州門外賊百五十人犯昌州官軍擊走之官軍屯博州夜遣卒襲賊于興郊驛虜四十餘人明日夜戰于洪法寺克之又明日將軍金公奭與賊百餘人戰于州城門外殺獲五十餘人公奭手斬帶銀牌者官軍入城休卒賊夜涉淸川江指西京官軍與賊戰于渭州城外敗績將軍李陽升等千餘人死京都聞之哭者滿城賊至西京城外屠安定林原驛及昆華妙德花原等寺官軍不能沮遏賊履冰渡大同江遂入于西海道屠黃州明年就礪金吾衛上將軍又遣承宣金仲龜領南道兵以會仲龜與賊戰陶公驛敗績初中軍奏請濟師以左承宣車倜爲前軍兵馬使大將軍李傅知兵馬事禮部侍郎金君綏爲副使上將軍宋臣卿爲左軍兵馬使將軍崔愈恭知兵馬事刑部侍郎李實椿爲副使幷前三軍爲五軍至是五軍次于安州太祖灘與戰大敗奔還賊乘勝馳突就礪與文備仁謙逆擊之仁謙中流矢死就礪奮劒獨拒槍矢交貫于身病瘡而還賊追官軍至宣義門而退遂寇牛峯趣臨江長湍於是更閱五軍以吳應夫爲中軍兵馬使大將軍李茂功知兵馬事少府監權濬爲副使上將軍崔元世爲前軍兵馬使郭公儀知兵馬事戶部侍郎金奕與爲副使借將軍貢天源爲左軍兵馬使司宰卿崔義知兵馬事將作監李勣爲副使借上將軍吳仁永爲右軍兵馬使借衛尉卿宋安國知兵馬事侍郎秦世儀爲副使上將軍柳敦植爲後軍兵馬使崔宗峻知兵馬事陳淑爲副使以禦之五軍不發唯敦植發向交河應夫使人沮之曰賊在積城場可回軍敦植不聽請四軍合攻賊四軍從之行至積城不見賊賊陷東州忠獻奏曰契丹兵過東州勢將南下五軍逗遛不戰徒

費粮餉請罷應夫奪子壻職以前軍兵馬使崔元世代之以就礪爲前軍兵馬使三從之賊指交河過澄波渡官軍與戰于楮村却走之官軍奏捷云賊至豐壤縣曉星峴官軍欲戰將渡横灘賊兵尾擊之左軍先戰敗走中軍後軍自山外出賊背擊却之追至廬元驛宜義塲斬馘甚多牛馬衣粮盡弃而去時有隊正安彭祖中矢而還曰賊兵被殺唯二人餘死者皆我軍也前軍右軍戰于砥平縣敗之獲馬千餘匹賊陷安陽都護府執按察使魯周翰殺之官屬亦多死賊入原州州人久與賊相持凡九戰食盡力窮無外援城遂陷前軍右軍敗績以大將軍任輔爲東南道加發兵馬使選城中公私奴隷充部伍以遣之前軍右軍遇賊于楊根砥平屢戰取金銀牌及傘子忠獻褒之以郭公儀爲衛尉卿右軍兵馬使吳孝貞爲上將軍公儀曾坐贓免以功復職官軍追賊至黃驪縣法泉寺移次禿岾元世曰明日之路有二岐吾行如何則可就礪曰分軍掎角不亦可乎元世從之翼日會于麥谷與戰斬獲三百餘級追于提州之川流屍蔽川而下後三日追至朴達峴任輔亦將兵來會元世謂就礪曰嶺上非大軍所

止欲退屯山下就礪曰用兵之術雖貴人和地利亦不可輕賊若先據此嶺我在其下猿猱之捷亦不得過況於人乎官軍遂登嶺而宿質明賊果進軍于嶺之南先使數萬人分登左右峯欲爭要害就礪使將軍申德威李克仁當左崔俊文周公裔當右就礪從中鼓之士皆殊死戰官軍望之亦大呼爭前賊大潰老弱男女兵仗輜重狼藉委弃賊由是不果南下皆東走追至溟州大關山嶺將卒怯懦退屯旬日乃進賊已踰嶺矣中軍左軍前軍復追賊至溟州毛老院敗之獲玉帶金銀牌器仗賊圍溟州四軍追之後軍不及屯剛州右軍與賊戰于登州敗績陣主吳守貞死賊趍咸州遂入女眞地官軍退縮莫有追躡者就礪承中軍牒移兵定州使覘賊返曰賊在咸州與我比境雞犬之聲相聞就礪築鹿角垣三周其隍留李克仁盧純祐申德威朴蕤等四將守之移據與元鎭賊得女眞兵復振長驅而來就礪回軍遇於豫州椄川交綏而退忽遘疾將佐請歸就醫藥荅曰寧爲邊城鬼豈可求安於家乎疾甚勑歸京理疾肩輿至京累月乃瘳就礪所留兵戰于渭州敗績賊復聚寇高州和州陷寧仁長平二鎭又

陷豫州於是罷五軍及加發兵置三軍以文漢卿爲中軍兵馬使李實椿知兵馬事李得喬爲副使貢天源爲左軍兵馬使宋安國知兵馬事金奕與爲副使李茂功爲右軍兵馬使權濬知兵馬事金沿亮爲副使明年賊又大至以守司空趙冲爲西北面元帥就礪爲兵馬使借將軍鄭通寶爲前軍吳壽祺爲左軍申宣胄爲右軍李霖爲後軍李迪儒知兵馬事王親授鉞遣之冲就礪等數與賊戰敗之賊勢窮入保江東城哈眞札剌與完顏子淵追討契丹直指江東遣人來請兵粮諸將皆憚於行就礪曰國之利害正在今日若違彼意後悔何及冲曰是予意也然此大事非其人不可遣就礪曰事不辭難臣子之分吾雖不才請爲公一行冲曰軍中之事徒倚公重公去可乎明年就礪乃與知兵馬事韓光衍領十將軍兵及神騎大角內廂精卒往焉哈眞使通事趙仲祥語就礪曰果與我結好當先遙禮蒙古皇帝次則禮萬奴皇帝就礪曰天無二日民無二王天下安有二帝耶只拜蒙古帝就礪身長六尺五寸以長而鬚過其腹每盛服必使兩婢子分擧其鬚而後束帶哈眞見狀貌魁偉又聞其言大奇之引與同坐問年幾何就礪曰近六十矣哈眞曰我未五十既爲一家君其兄而我其弟乎使就礪東向坐明日又請其營哈眞曰吾嘗征伐六國所閱貴人多矣見兄之貌何其奇歟吾重兄之故視麾下士卒亦如一家臨別執手出門扶腋上馬數日冲亦至哈眞問元帥年與兄孰長就礪曰長於我矣乃引冲坐上座曰吾欲一言恐爲非禮然於親情不宜自外吾其坐兩兄之間如何就礪曰是吾等所望但未敢先言耳坐定置酒作樂蒙古之俗好以銛刀剌肉賓主相啗往復不容暫我軍士素號勇者莫不有難色冲就礪跪起承迎甚熟哈眞等極歡哈眞善飮與冲校優劣約不勝者罰之冲引滿輒釂雖多無醉色及閔擧一杯不飮曰非不能飮若勝而如約則公必受罰矣寧我見罰耳主人而罰客可乎哈眞重其言而大悅約詰朝會江東城下去城三百步而止哈眞自城南門至東南門鑿池廣深十尺西門以北委之完顏子淵東門以北委之就礪皆令鑿塹以防逃逸賊勢窘四十餘人踰城降於蒙古軍前賊魁喊捨王子自縊死其官人軍卒婦女五萬餘人開城門出降哈眞與冲等行視投降之狀王子妻息及

僞丞相平章以下百餘人皆斬於馬前其餘悉寬其死使諸軍守之哈眞曰我等來自萬里與貴國合力破賊千載之幸也禮當往拜國王吾軍頗衆難於遠行但遣使陳謝耳哈眞札剌請沖就礪同盟曰兩國永爲兄弟萬世子孫無忘今日沖設犒師宴哈眞以婦女童男七百口及吾民爲賊虜掠者二百口歸于我以女子年十五左右者遺沖就礪各九人駿馬各九匹其餘悉令自隨沖以契丹俘虜分送州縣擇閑曠地居之量給田土業農爲民俗呼爲契丹場是年義州賊韓恂多智殺守將連諸城以叛以樞密副使李克偦將中軍李迪儒將後軍就礪將右軍討之明年拜樞密副使代克偦將中軍恂智等投金元帥于哥下于哥下誘斬二人傳首于京三軍請理諸城從逆之罪就礪曰書云殲厥渠魁脅從罔治大軍所臨如火燎原無辜受禍多矣況因契丹關東爲墟今又縱兵自撤藩籬可乎餘悉不問就礪遣郭元固金甫貞宗周秩宗周賚等往義州安集遺民周賚貪婪多受人賂無賂者借事誅殺州人怨之引賊黨尹昌等踰城而入殺周賚等元固甫貞逃奔以告就礪遣判官崔弘錄事朴文挺諭以禍福繼遣大將軍趙廉卿將軍朴文賁以兵五千討之昌等逃賊黨瓦解時契丹餘衆竄伏寧遠山中時出鈔盜爲民患就礪遣李景純李文彦擊破之北境以安明年陞樞密使兵部尙書判三司事俄遷參知政事判戶部事十五年守太尉中書侍郎平章事判兵部事遂拜侍中二十一年卒諡威烈爲人節儉正直忠義自守持軍嚴士卒不犯秋毫有酒即用一巵與最下者均飲故得其死力江東之役事皆讓於沖至臨陣制敵多出奇計以成大功然未嘗自矜爲相正色率下人不敢欺配享高宗廟庭子佺門下侍郎平章事子良鑑顯仲保昇良鑑子文衍

文衍幼爲僧後歸俗年踰三十不能自振女弟淑昌院妃得幸忠烈王即授左右衛散員驟遷至僉議侍郎贊成事妃又寵於忠宣封王淑妃拜文衍僉議中護元授信武將軍鎭邊萬戶賜王珠虎符本國封彦陽君後率禿魯花如元又加鎭邊萬戶府達魯花赤忠肅元年東還卒于道爲人豁遠無迂曲每見淑妃左右太侈抑止之諡榮信無子

昇字損之蔭補東面都監判官登第累遷禮部郎中忠烈以

世子入元眪從之及忠烈尙公主襲爵東還眪功居多賜誓劵曰爾功之大予賞之微爾雖有罪十犯九宥至于子孫亦如之官累判秘書寺事與同修國史任翊撰元世祖事跡尋遷承旨進副知密直出爲西北面都指揮使歷監察大夫判三司事二十七年以僉議參理卒諡文愼性純厚無華奉公以正能業其家子倫禑倫自有傳禑志操廉靜官至代言

李勣

李勣砥平人父俊善大將軍勣屬內侍轉閤門祗候累遷兵部郎中高宗三年金山兵犯境勣爲右軍兵馬判官與賊戰于象猳驛賊乘勝而進我軍奔北勣獨瞋目直前手斬數級遂叱衆俱進賊乃退拜將作監爲左軍兵馬副使戰于廣灘先登大捷俘獲甚衆王嘉之授將軍固辭不受出爲慶尙道按察使明年賊又大至勑令諸道按察使率兵赴援時賊遮屯要害元帥密諭避之勣曰握兵赴戰惟恐不遇賊遇而避之非勇也直衝賊屯而行果遇賊與戰大勝虜獲無筭勣轉軍餉于順州賊自殷州出其不意急擊之麾下士不滿百人死戰却之元帥登城望之嘆賞至垂涕又明年召拜尙書左丞是時賊入保江東城復以勣爲兵馬使選精銳屬之勣辭以單騎赴之及賊平仍留爲東北面兵馬使六年擢右承宣尋進樞密副使尙書左僕射累陞至樞密使御史大夫十二年卒年六十四爲人平易溫柔喜怒不見平時似無膽氣及臨陣賈勇人莫能及性又儉素雖至貴顯常處陋室晏如也無子

蔡靖

蔡靖本陰城縣吏力學通經登第掌東都書記有淸德秩滿補國學學正七管諸生敬憚之神宗朝出牧晉陽東都與永州作亂議遣安撫使而難其人聞東都人思靖不已乃拜留守副使靖單騎之任東都人聞其至反側悉安高宗初留守西都入拜樞密副使尋致仕卒以平賊功官庀葬事

朴犀 宋文胄

朴犀竹州人高宗十八年爲西北面兵馬使蒙古元帥撒禮塔屠鐵州至龜州犀與朔州分道將軍金仲溫靜州分道將軍金慶孫靜朔渭泰州守令等各率兵會龜州犀以仲溫軍守城東西慶孫軍守城南都護別抄及渭泰州別抄二百五

十餘人分守三面蒙古兵圍城數重日夜攻西南北門城中軍突出擊走之蒙古兵擒渭州副使朴文昌令入城諭降犀斬之蒙古選精騎三百攻北門犀擊却之蒙古創樓車及大床裹以牛革中藏兵薄城底以穿地道犀穴城注鐵液以燒樓車地且陷蒙古兵壓死者三十餘人又爇朽茨以焚木床蒙古人錯愕而散蒙古又以大砲車十五攻城南甚急犀亦築臺城上發砲車飛石却之蒙古以人膏漬薪厚積縱火攻城犀灌以水火愈熾令取泥土和水投之乃滅蒙古又車載草爇之攻譙樓犀預貯水樓上灌之火焰尋熄蒙古圍城三旬百計攻之犀輒乘機應變以固守蒙古不克而退復驅北界諸城兵來攻列置砲車三十攻破城廊五十間犀隨毀隨葺鎖以鐵絙蒙古不敢復攻犀出戰大捷蒙古復以大砲車攻之犀又發砲車飛石擊殺無筭蒙古退屯樹柵以守撒禮塔遣我國通事池義深學錄姜遇昌以淮安公侹牒至龜州諭降犀不聽撒禮塔復遣人諭之犀固守不降蒙古又造雲梯攻城犀以大于浦迎擊之無不糜碎梯不得近大于浦者大刄大兵也明年王遣後軍知兵馬事右諫議大夫崔林壽監察御史閔曦率蒙古人往龜州城外諭曰已遣淮安公侹講和于蒙古兵我三軍亦已降可罷戰出降論之數四猶不降曦憤其固守欲拔劒自刺林壽更諭之犀等重違王命乃降後蒙古使至以犀固守不降欲殺之崔怡謂犀曰卿於國家忠節無比然蒙古之言亦可畏也卿其圖之犀乃退歸其鄉蒙古之圍龜州也其將有年幾七十者至城下環視城壘器械歎曰吾結髮從軍歷觀天下城池攻戰之狀未嘗見被攻如此而終不降者城中諸將他日必皆爲將相後犀果拜門下平章事宋文冑亦從軍龜州者也以功超授郎將二十三年爲竹州防護別監蒙古至竹州城諭降城中士卒出擊走之蒙古復以炮攻城四面城門輒摧落城中亦以砲逆擊之蒙古不敢近蒙古又備人油灌藁縱火攻之城中士卒一時開門突擊之蒙古死者不可勝數蒙古多方攻之凡十五日竟不能拔乃燒攻具而去文冑在龜州熟知蒙古攻城之術其計畫無不先料輒告衆曰今日敵必設某機械我當備某器應之賊至果如其言城中皆謂之神明論功拜左右衛將軍

金慶孫 璭

金慶孫初名雲來平章事台瑞之子母夢五色雲開有衆環擁一青衣童自天墮懷中遂有娠及生美容姿頭上有起骨龍爪性莊重和裕智勇絶人有膽略常處室必著皂衫如對賓怒則鬚髮輒竪早以蔭進歷華顯高宗十八年爲靜州分道將軍蒙古兵度鴨綠江屠鐵州侵及靜州慶孫率衙內敢死士十二人開門出力戰蒙古却走俄而大軍繼至州人度不能守皆奔竄慶孫入城無一人在者獨與十二士登山夜行不火食七日到龜州朔州戍將金仲溫亦弃城來奔兵馬使朴犀令仲溫守城東西慶孫守城南蒙古大至南門慶孫率十二士及諸城別抄將出城令士卒曰爾等不顧身命死而不退者右別抄皆伏地不應慶孫悉令還入城獨與十二士進戰手射先鋒黑旗一騎即倒十二士因奮戰流矢中慶孫臂血淋漓猶手鼓不止四五合蒙古退却慶孫整陣吹雙小笒還犀迎拜而泣慶孫亦拜泣犀於是守城事一委慶孫蒙古圍城數重日夜攻之車積草木輾而進攻慶孫以砲車鎔鐵液以瀉之燒其積草蒙古兵却復來攻慶孫據胡床督戰有砲過慶孫頂中在後衙卒身首糜碎左右請移床慶孫曰不可我動則士心皆動神色自若竟不移大戰二十餘日慶孫隨機設備應變如神蒙古曰此城以小敵大天所祐非人力也遂解圍而去尋拜大將軍知御史臺事二十四年爲全羅道指揮使時草賊李延年兄弟嘯聚原栗潭陽諸郡無賴之徒擊下海陽等州縣聞慶孫入羅州圍州城賊徒甚盛慶孫登城門望之曰賊雖衆皆芒屩村民耳即募得可爲別抄者三十餘人集父老泣且謂曰爾州御鄉不可隨他郡降賊父老皆伏地泣慶孫督出戰左右曰今日之事兵少賊多請待州郡兵至乃戰慶孫怒叱之於街頭祭錦城山神手奠二爵曰戰勝畢獻欲張蓋而出左右進曰如此恐爲賊所識慶孫又叱退之遂開門出懸門未下召守門者將斬之即下懸門延年戒其徒曰指揮使乃龜州成功大將人望甚重吾當生擒以爲都統勿射又恐爲流矢所中皆不用弓矢以短兵戰兵始交延年恃其勇直前將執慶孫馬轡以出慶孫拔劍督戰別抄皆殊死戰斬延年乘勝逐之賊徒大潰一方復定入拜樞密院知奏事有人譖崔怡曰慶孫父子欲蠱相公

且有異志怡檢覆無實乃投譖者于江轉樞密院副使三十六年崔沆忌慶孫得衆心流白翎島後二年沆弒繼母大氏幷投前夫子吳承績于江以慶孫爲承績姻親遣人配所投海中慶孫累立大功朝野倚重遽爲姦賊所害人皆痛惜子琿琿年十八直領陵籍內侍遷監察史忠烈朝爲大將軍與上將軍金文庇善嘗至其家圍棊文庇妻朴氏從窓隙窺覘嘆其美偉琿聞之遂屬意未幾文庇死琿妻又死朴遣人請曰妾無兒願得君一子養之且曰事有回隙幸一來琿遂往通焉監察重房交章極論王以先后族欲原之不得已流海島歸朴于竹山初王以戶口日耗令士民皆畜庶妻庶妻乃良家女也其子孫許通仕路若不顧信義弃舊從新者隨即罪之所司方議施行及琿犯禮遂寢後爲右承旨累轉副知密直司事僉議參理陞侍郎贊成事改檢校守司徒復爲侍郎贊成事進拜中贊引年致仕久之復起爲侍郎贊成事又拜右中贊王如元以琿權署行省事尋罷後封樂浪君賜推誠翊戴功臣號改封雞林府院君開府置官僚忠宣二年以判三司事卒年七十三謚忠宣性寬和美容儀習禮度嘗如元賀正侍宴殿上端笏而坐每行酒者至琿必起揖而飲世祖見之喜曰此誠高麗宰相也以敬順王后從弟得幸忠烈又與淑妃連戚忠宣亦寵遇之嘗請王宴于男山書齋因事淑妃甚勤晚年封拜皆由妃也凡所歷無樹立自奉甚侈衣服飲食務爲華美子子興子昌子延子興美髯豐皙以父任累遷左副承旨元使伯伯來問宋邦英事子興與金元祥吳賢良協謀剪除兇黨歷官至僉議評理封雞林君卒年六十子上琦上琚上瑛上璘

崔椿命

崔椿命文憲公冲之後也性寬和有節操高宗十八年爲慈州副使蒙古兵圍州椿命率吏民固守不下國家以蒙古元帥撒禮塔詰責遣內侍郎中宋國瞻諭降椿命閉門不對國瞻罵而還及三軍將帥降撒禮塔撒禮塔謂淮安公侹曰慈州不降宜遣人諭降侹遣後軍陣主大集成與蒙古官人到城下曰國朝及三軍已降宜速出降椿命坐城樓使人對曰朝旨未到何信而降集成曰淮安公已來請降故三軍亦降此非信耶對曰城中人不知有淮安公遂拒不納蒙古官人

呵責集成入城椿命使左右射之皆奔却如是者數四終不下集成深銜而返撒禮塔必使殺之王以問宰樞皆請未滅集成詣崔怡第曰椿命拒命不降蒙古怒去禍將不小宜殺之以示蒙古今上及宰相皆猶豫未決請公獨斷殺之怡諾於是宰樞皆不得已從之獨俞升旦以爲不可殺聞者歎服怡遣內侍李白全往西京將斬之椿命辭色不變蒙古官人曰此何人白全曰慈州守也官人曰此人於我雖逆命在爾爲忠臣我且不殺爾旣與我約和矣殺全城忠臣可乎固請釋之後論功以椿命爲第一擢拜樞密院副使三十七年卒子恬官至衞尉卿

金希磾

金希磾本群山島人其先隨商舶到開城留居遂以爲籍初以監牧直補散員累遷忠淸道按察使有淸望轉將軍高宗八年蒙古使著古與等怒館待不滿意或射或擊館伴郎中崔珙等走出門即下鑰蒙古使不得出希磾開門入諭怒得解東北面兵馬使報又有蒙古使這可等來王以蒙人谿壑其欲凡所需索與之則財竭否則釁生議未決遣侍中李抗司天監朴剛材卜于大廟又未決這可等二十三人及女使一人來督國贐王以希磾有膽略又知詩禮善辭語命爲類會使這可等曰前此未聞安只女大王遣使而不接待也希磾荅曰往歲蒙大國恩今使价枉臨弊封若其迎迓之禮與國贐等事敢不盡心然君在都護府手射一人死生未可知若生則君之福死則一行必見拘留這可等屈膝慙服一聽希磾處分又蒙古使喜速不花等來王宴于大觀殿喜速不花等將佩弓矢上殿希磾曰自兩國交好皆俱禮服相見今欲以櫜鞬赴宴饗如禮何卽解之又爲東眞使館伴東眞使唱曰東君初報暖希磾即對云北帝已收寒使曰有何意而賦此句也荅曰君以春意唱吾亦以春事和之使歎服不復詰出爲義州分道將軍十年金元帥于哥下屯兵馬山潛寇義靜麟三州希磾奏請往擊不得命乃遣甲士百人掩襲于哥下營擒三人奔潰溺鴨綠江死者頗多取輜重二十二船以還俄改西北面兵馬副使十三年于哥下欲使其兵變蒙古服入寇義靜州知兵馬使李允誠遣別將金利生大官丞白元鳳率兵二百餘人渡鴨綠江攻破石城斬宣撫副統等

五人獲牛馬兵仗不見于哥下而還希磾與判官禮部員外郞孫襲卿監察御史宋國瞻議曰于哥下背我國恩掠我邊民而莫有禦者國之恥也宜相與戮力追討以雪國恥遂選步騎一萬餘人希磾將中軍襲卿將左軍國瞻將右軍賫二十日粮往討石城于哥下遣兵救之希磾等與戰奮擊大敗之斬七十餘級急攻石城城主率兵出降涕泣銜塊誓天乞解圍希磾數于哥下背恩之罪而還至紫布江冰已解不可渡是夜氷合乃渡入自淸虜鎭希磾作詩云將軍杖鉞未雪恥將何面目朝天闕一奮靑蛇指馬山胡軍勢欲皆顚蹶虎賁騰拏涉五江城郭爛爲煨燼末臨杯巳暢丈夫心反而無由愧汗發國瞻和云以仁爲脊義爲鋒此是將軍新巨闕一揮向海鯨鯢奔再擧向陸犀象蹶况彼馬山窮獨兒制之可以隨鞭末朝涉五江暮獻捷喜氣萬斛春光發襲卿和云塞垣無鼎又無鍾欲記元功詩可闕書之板上告後來覰者爭前僵復蹶孟明濟河雪秦恥若比於公當處末明年又可定天山三箭元無一虛發初希磾將發兵密以書告崔怡及還有司欲劾希磾擅興師聞怡知之遂寢然功賞不行明年出爲全羅道巡問使希磾嘗洩術僧演之相崔怡之語有人因譖怡曰希磾等謀害公怡遣人捕希磾等時希磾在羅州捕者至略無懼色從容語曰願一言而死遂口號云欲報淸河百注恩東西南北揔忘身柰何一旦逢天厭紫陌人爲碧海人自投于海幷沉其子弘巳等三人希磾美風儀有智勇通書史爲怡所親信怡病希磾恐不瘳卜於演之家爲妬勢者所譖而死弘巳娶上將軍趙廉卿女廉卿憫弘巳無罪而死擧家爲之茹蔬一日怡宴兩府及諸將軍問廉卿曰何故不食肉曰闔家素饌故也怡變色曰我知之公若無異心宜速納壻廉卿懼欲妻以郞將尹周輔女泣曰夫死幾日而遽欲奪志廉卿强之婚夕周輔夢弘巳擊其勢驚覺俄而陰痛翼日乃死希磾壻鄭相判樞密通輔子也恃勢驕橫嘗奸大將軍池允深妻流南方後召還夜至壽德宮里門閉相怒管鑰者遲來從門隙射殺之法官大集成金得循崔宗蕃洪斯胤等聽希磾通輔囑不問唯郞中李廷翮固執不得遂以輕罪論免未幾廷翮爲晉陽副使崔怡嘉其守法拜紫門指諭

李子晟

李子晟牛峯郡人父公靖兵部尙書子晟性剛烈有勇力善射屢從軍有功累遷上將軍高宗十八年蒙古元帥撒禮塔擧兵入侵王命將帥三軍禦之屯洞仙驛會日暮諜者報無賊變三軍解鞍而息有人登山呼曰蒙古兵至矣軍中大驚皆潰蒙古兵八千餘人突至子晟及將軍李承子盧坦等五六人殊死拒戰子晟中流矢坦中槊墜馬有兵救之僅免三軍始集而與戰蒙古兵稍却復來擊我右軍有散員李之茂李仁式等四五人拒之馬山草賊之從軍者二人射蒙古兵應弦而仆官軍乘勝擊走之明年遷都江華御史臺皂隸李通乘開京虛嘯聚畿縣草賊及城中奴隸以反逐留守兵馬使遂作三軍移牒諸寺招集僧徒掠取公私錢穀王以子晟爲後軍陣主樞密副使趙廉卿爲中軍陣主上將軍崔瑾爲右軍陣主討之賊聞三軍自江華來拒于江三軍與戰于昇天府東郊大敗之別將李甫鄭福綏率夜別抄先至開城賊閉門城守甫紿曰吾等已破官軍而還可速開門門者信之卽開甫福綏等斬守門者引兵至通家斬之子晟等繼至賊魁計窮逃匿悉捕餘黨誅之初忠州副使于宗柱每簿書閒

與判官庾洪翼有隙聞蒙古兵將至議城守有異同宗柱領兩班別抄洪翼領奴軍雜類別抄相猜忌及蒙古兵至宗柱洪翼與兩班等皆弃城走唯奴軍雜類合力擊逐之蒙古兵退宗柱等還州檢官私銀器奴軍以蒙古兵掠去爲辭戶長光立等密謀殺奴軍之魁者奴軍知之曰蒙古兵至則皆走匿不守乃何以蒙古人所掠反歸罪吾輩欲殺之乎盍先圖之乃詐爲會葬者吹螺集其徒先至首謀者家火之凡豪强之有素怨者搜殺無遺且令境內曰敢匿者滅其家於是或有匿者則婦人小兒皆被害王又遣子晟等率三軍討之三軍至達川水深未涉方造橋奴軍賊魁數人隔川告曰吾等欲斬謀首出降子晟口如此則不必盡殺汝輩也賊魁等還入城斬謀首僧牛本以來官軍留屯二日奴軍勇健者皆逃匿官軍入城擒支黨悉誅之以所獲財物牛馬來獻又明年命子晟爲中軍兵馬使討龍門倉賊獲其魁居卜往心等誅之又有東京賊崔山李儒作亂又遣子晟往擊之子晟帥師倂日疾馳據永州城以待時賊傳檄州郡刻日期會諸郡依違聞子晟入永乃定賊以爲子晟軍自遠急來欲乘其勞擊

之集永之南郊官軍登城望之告子晟曰我軍冒熱遠來賊勢盛且銳鋒不可當宜閉門休士數日而後與戰子晟曰不可凡疲卒休則愈怠若曠日持久則賊得我情恐生他變不如急擊遂開門突出及賊未陣奮擊大敗之僵屍數十里斬山等數十人令曰脅從罔治民大悅子晟自平東京後將士日集其門恐爲權貴所忌謝疾杜門人稱知幾三十八年以門下平章事卒王震悼諡義烈

金允侯

金允侯高宗時人嘗爲僧住白峴院蒙古兵至允侯避亂于處仁城蒙古元帥撒禮塔來攻城允侯射殺之王嘉其功授上將軍允侯讓功于人曰當戰時吾無弓箭豈敢虛受重賞固辭不受乃改攝郎將後爲忠州山城防護別監蒙古兵來圍州城凡七十餘日糧儲幾盡允侯諭厲士卒曰若能效力無貴賤悉除官爵爾無不信遂取官奴簿籍焚之又分與所獲牛馬人皆效死赴敵蒙古兵稍挫遂不復南以功拜監門衛上將軍其餘有軍功者至官奴白丁亦賜爵有差出爲東北面兵馬使時東北面已沒於蒙古故不赴官至守司空右僕射致仕

金應德

金應德性勇敢元宗十一年爲羅州司錄時三別抄反據珍島勢甚熾州郡望風迎降或往珍島謁見賊將至羅州副使朴琈等首鼠未決上戶長鄭之呂慨然曰苟不能登城固守寧遁避山谷爲州首吏何面目背國從賊乎應德聞其言即決意守城牒州及領內諸縣入保錦城山樹棘爲柵率勵士卒賊至圍城攻之士卒皆裹瘡死守賊攻城七晝夜竟不得拔羅州遣金敍鄭元器鄭允等來報王嘉之賜應德爵七品敍等攝伍尉又賜米各十五石後應德又與賊戰于珍島獲一艘盡殺之陳子和亦羅州人也長身驍勇按察使權呾遣靈巖副使金須以兵二百守濟州又使將軍高汝霖率兵七十繼之子和時年十九亦從軍及賊攻濟州須汝霖等力戰死之子和直入賊中斬其將郭延壽以出又入又如之士卒喜躍既而復入爲賊所害賊乘勝盡殺官軍遂陷濟州

列傳卷第十六

列傳卷第十七　高麗史一百四

正憲大夫工曹判書集賢殿大提學知經筵春秋館事兼成均大司成臣鄭麟趾奉教修

金方慶 九容 齊顏 忻 恂 永旽 永煦 士衡 朴球

金方慶字本然安東人新羅敬順王之遠孫父孝印性嚴毅少志學善書登第官至兵部尙書翰林學士初方慶母有娠屢夢餐雲霞嘗語人曰雲氣常在吾口鼻兒必神仙中來及生養於祖敏成家小有嗔恚必臥啼街衢牛馬爲之避人異之高宗朝年十六以蔭補散員兼式目錄事侍中崔宗峻愛其忠謇待之以禮有大務皆委之累遷至監察御史監右倉請托不行有宰相訴權臣曰今御史不若前御史奉公會方慶至權臣詰之對曰欲如前御史吾亦能之吾要儲峙國廩不能調衆口訴者大慚權臣亦變色後爲西北面兵馬判官蒙兵來攻諸城入保葦島島有十餘里平衍可耕患海潮不得墾方慶令築堰播種民始苦之及秋大熟人賴以活島又無井泉常陸汲往往被虜方慶貯雨爲池其患遂絕入爲奉龍行首時禁衛爭附權門宿衛甚懈方慶憤其然雖疾不請告直廬湫隘衛士皆寓宿于外同僚姓朴者欲邀致一娼方慶固止之朴慙謝遷御史中丞守法不阿風節凜然元宗四年知御史臺事左承宣俞千遇久執政柄士大夫皆趨附方慶途遇揖于馬上千遇曰我是皂衫奉命三品以下皆避之君何乃爾方慶曰君與我俱三品皂衫奉命我欲行禮耳相詰久之方慶曰日已晏矣遂徑去千遇深銜之凡方慶之族求仕者輒抑之方慶不以芥意後攻珍島至全羅調兵千遇田莊在長沙縣方慶戒勿擾及拜上將軍以事杖重房一校班主田份惡之訴權臣貶守南京方慶嘗爲西北面兵馬使有遺愛至是西北諸城上書請復來鎭時方慶赴南京纔三日命復鎭之入爲刑部尙書樞密院副使十年林衍廢王世子適自元還至義州聞難復入朝奏之世祖遣斡脫兒不花等諭在國群臣及還方慶奉表偕如元世子請兵蒙哥篤領軍將發中書省謂世子曰今蒙哥篤若久駐西京以待大軍林衍旣背命必不給軍食柰何世子宜令不與衍者偕行世

子難其人侍中李藏用等曰方慶再鎭北界有遺愛非此人不可世子曰甚合吾意乃命方慶行方慶言曰官軍到西京若過大同江王京自亂恐將有變宜勿令過江皆曰善遂以聞帝允之詔官軍過大同江者罪之行至東京聞王已復位入朝因留待之時崔坦韓愼叛殺諸城守唯禮待博州守姜份延州守權闡曰金公之德吾豈敢忘以份闡方慶妹壻也明年方慶與蒙哥篤至西京父老爭來餉泣曰如公在豈有坦愼之事坦等亦朝夕來見坦等因蒙兵潛欲乘虛構亂厚遺蒙哥篤誘之方慶每以計沮之先是林衍廢王奏帝請兵還欲拒之令指諭智甫大卒夜別抄屯黃州神義軍屯椒島以備之坦愼等知其謀密具舟楫聚銳兵謂蒙哥篤曰衍等將殺官人及大軍欲入濟州請官人聲言出獵察京軍往來狀相報吾等以舟師進甫晉島末島官人領兵臨窄梁彼不能進退旣得其情具聞于帝王京可取子女玉帛非他有也蒙哥篤喜諾寧遠別將吳繼夫之子得公爲坦內廂知之密告方慶方慶曰豈有此事得公曰若不信可陰偵之詰朝方慶詣蒙哥篤館門諸軍畢至坦愼等似有喜色蒙哥篤謂方慶曰久客無聊擊鮮爲樂公從吾否曰獵何所曰過大同江至黃鳳州入椒島耳方慶曰官人亦聞聖旨何以過江蒙哥篤曰蒙人射獵爲事帝所知君何沮之方慶曰我非禁獵禁過江耳若欲獵何必之彼然後爲樂蒙哥篤曰若以過江爲罪我獨當之方慶曰我在此官人安得過江如欲之須稟帝命方慶密諭智甫大等令退兵蒙哥篤知方慶忠直出於天性大加敬重以實告曰欲滅王京者非獨崔坦等亦有人焉曰爲誰曰某事秘不傳由是讒言不入國家以安是年夏三別抄叛驅掠人民航海而南王遣參知政事申思佺爲追討使又命方慶領兵六十餘人與蒙古宋萬戶等兵一千餘人追討至海中望見賊船泊靈興島方慶欲擊宋萬戶懼止之賊遁去自賊中逃來者男女老弱千餘人宋萬戶以爲賊黨悉虜而歸後請還于行省然不還者頗多賊入據珍島侵掠州郡思佺不以討賊爲意或聞之曰我已爲宰相破賊成功復何爲乎至羅州聞賊出陸奔還于京全州副使李杉亦弃城逃皆坐免方慶代思佺與蒙古元帥阿海帥兵一千討之賊圍羅州分兵攻全州羅人與全議降全人猶豫方慶在道

聞之單騎併日南行先牒全曰某日當帥兵一萬入州宜速備軍餉待之全以牒示羅賊賊聞之遂解圍去自是不復肆掠方慶劾奏討賊使上將軍邊胤將軍曹子一孔愉等見賊攻錦城不救請流于島王宥之止削職愉以交結宦官得免方慶與阿海屯三堅院對珍島而陳賊於所掠船艦皆畫怪獸蔽江照水動轉如飛勢不能當每戰賊軍先鼓譟突進互勝負曠日相持會潘南人洪贇洪機譖于阿海曰方慶孔愉等陰與賊相通阿海執而囚之移牒達魯花赤達魯花赤令方慶還與贇等對辨以參知政事蔡楨代之阿海鞫方慶令卒五十人押送于京見者皆寃以至悲泣達魯花赤言於王曰贇等所言誣妄宜繫牢獄釋方慶王即請達魯花赤復令方慶討賊授上將軍慰諭遣之方慶至珍島賊皆乘船盛張旗幟鉦鼓沸海又於城上鼓譟大呼以助聲勢阿海㤼下船欲退屯羅州方慶曰元帥若退是示弱也而賊乘勝長驅誰敢當鋒帝聞而責之將何以對阿海不敢退方慶獨帥帥攻之賊以戰艦逆擊之官軍皆退方慶曰決勝在今日突入賊中賊圍之驅迫以去方慶士卒殊死戰矢石俱盡又皆中矢不能起已薄珍島岸有賊卒露刃跳入船中金天祿以短矛刺之方慶起曰寧葬魚腹安能死賊乎欲投海衛士許松延許萬之等挽止之創者見方慶危急叫呼復起疾戰方慶據胡床指揮士卒顏色自若將軍楊東茂以蒙衝突擊之賊乃解去遂潰圍而出方慶數將軍安世貞孔愉等不赴救之罪欲斬阿海止之明年王削愉世貞等職又奏阿海畏縮不戰帝命罷阿海以忻都代之仍詔誅贇等方慶與忻都協謀攻珍島方慶忻都將中軍入自碧波亭永寧公之子熙雍及洪茶丘將左軍入自獐項大將軍金錫萬戶高乙麼將右軍入自東面惣百餘艘賊聚碧波亭欲拒中軍茶丘先登縱火挾攻賊驚潰趣右軍右軍懼欲赴中軍賊獲二艘盡殺之先是官軍數與賊戰不勝賊輕之不設備及官軍奮擊賊皆弃妻子遁其所虜江都士女珍寶及珍島居民多爲蒙兵所獲方慶見賊潰追之獲男女一萬餘人戰艦數十艘餘賊走耽羅方慶入珍島得米四千石財寶器仗悉輸王京其陷賊良民皆令復業凱還王遣使郊迎以功加守太尉中書侍郎平章事賊入耽羅築內外城恃險益猖獗時出虜掠擒安南守孔愉

而去濱海蕭然侵及京畿道路不通王甚憂之十四年以方慶爲行營中軍兵馬元帥遣之方慶更鍊卒幷水軍萬餘人與忻都茶丘屯潘南縣將發諸道戰船皆爲風簸蕩獨以全羅道一百六十艘次楸子島候風夜半風急不知所指黎明已近耽羅風濤洶湧進退失據方慶仰天太息曰社稷安危在此一擧今日之事不在我乎俄而風浪止中軍入自咸德浦賊伏兵岩石間踴躍大呼以拒之方慶厲聲趣諸船並進隊正高世和挺身突入賊陣士卒乘勢爭赴將軍羅裕將銳兵繼至殺獲甚衆左軍戰艦三十艘自飛揚島直擣賊壘賊風靡走入子城官軍踰外城入火矢四發烟焰漲天賊衆大亂有自賊中來投者曰賊已勢窮謀遁可急擊之旣而賊酋金通精率其徒七十餘人遁入山中賊將李順恭曹時適等肉袒降方慶麾諸將入子城士女號哭方慶曰只誅巨魁耳汝等勿懼執其魁金允敍等六人斬于通衢擒親黨三十五人分載降衆一千三百餘人而還其居民悉按堵如故於是忻都留蒙軍五百方慶亦使將軍宋甫演中郎將康社臣尹衡領京軍八百外別抄二百留鎭班師至羅州斬所擒親黨餘悉不問大犒師遣其子綬及祇候金瑊別將兪甫等告捷王拜綬爲大將軍瑊爲工部郎中甫爲中郎將以世和先登陷陣拜郎將其餘賞有差及方慶凱還王欲使廣平公譓郊勞遣承宣朴恒諭以明日入京方慶即趣行入謁王慰諭甚厚特賜紅鞓大宴將士敎都兵馬使及省臺曰濟州逆賊實爲難制至請師上朝討之若兵久淹滯則飛輓之費不貲經涉大洋不測之變又可慮也宗社安危在此一擧中軍元帥金方慶自珍島之役至伐耽羅盡心竭力不避艱險措置得宜戰艦兵器糧餉無不周備督率大軍誅除兇渠疲瘵復蘇功業之重帶礪難忘兵馬使邊胤先往南方具辦諸事與方慶同心協力功烈殊異褒賞之典速議以聞其他領兵管船將士及將校典軍至於外別抄科賞條件並宜擧行遂以方慶爲侍中秋被詔如元帝勑閤者趣入使坐丞相之次輟御饌與之仍賜金鞍綵服金銀寵賚無比及還加開府儀同三司十五年帝欲征日本詔方慶與茶丘監造戰艦造船若依蠻樣則工費多將不及期一國憂之方慶爲東南道都督使先到全羅遣人咨受省欿用本國船樣督造是年元宗薨忠

烈即位方慶與茶丘單騎來陳慰還到合浦與都元帥忽敦及副元帥茶丘劉復亨閱戰艦方慶將中軍朴之亮金忻知兵馬事任愷爲副使樞密院副使金侁爲左軍使韋得儒知兵馬事孫世貞爲副使上將軍金文庇爲右軍使羅祐朴保知兵馬事潘阜爲副使號三翼軍忻即綬也以蒙漢軍二萬五千我軍八千梢工引海水手六千七百戰艦九百餘艘留合浦以待女眞軍女眞後期乃發船入對馬島擊殺甚衆至一岐島倭兵陳於岸上之亮及方慶壻趙抃逐之倭請降後來戰茶丘與之亮抃擊殺千餘級捨舟三郎浦分道而進所殺過當倭兵突至衝中軍長劔交左右方慶如植不少却拔一嗃矢厲聲大喝倭辟易而走之亮忻抃李唐公金天祿申奕等力戰倭兵大敗伏屍如麻忽敦曰蒙人雖習戰何以加此諸軍與戰及暮乃解方慶謂忽敦茶丘曰兵法千里縣軍其鋒不可當我師雖少已入敵境人自爲戰即孟明焚船淮陰背水也請復戰忽敦曰兵法小敵之堅大敵之擒策疲乏之兵敵日滋之衆非完計也不若囘軍歐亨中流矢先登舟遂引兵還會夜大風雨戰艦觸岩崖多敗侁墮水死到合浦

以俘獲器仗獻帝及王王遣樞密副使張鎰慰諭命方慶先還加上柱國判御史臺事元年改官制拜僉議中贊上將軍判典理監察司事二年如元賀聖節王上書中書省曰陪臣金方慶奉朝命攻破珍島耽羅及征日本修造戰艦揚兵海上實有力焉請賜虎頭金牌用勸來者方慶奉幣禮畢上殿亡宋幼主後至二人執袂前導帝命幼主坐皇太子下有司請方慶與宋群臣坐次帝曰高麗慕義自歸宋力屈乃降何可同也唯宋福王於幼主大父行年且老賜坐金宰相上其餘皆下坐又曰金宰相有軍功賜虎頭金牌東人帶金符自方慶始及還王出城以迎忻都謂方慶曰帝命我管蒙軍子管高麗軍子每事推王王又推子果誰任之方慶曰閫外則將軍制之閫內則受制於君固也語畢有雀雛在堂下忻都令捕之自弄既而撲殺謂方慶曰如何方慶曰農夫作苦此物一聚啄禾穀殆盡公殺之亦恤民意忻都曰吾見東人皆知書信佛與漢兒相類每輕我輩以謂蒙人業殺戮天必厭之然天賦吾俗以殺戮只當順受天不以爲罪此子等所以爲蒙人奴僕也時公主請工匠于元大興土木之役木匠提

領盧仁秀擇一大木諷方慶柳璥與印侯張舜龍各執鉅斷
其兩端曰人臣盡力於主當如是也方慶嘗享王及公主皆
用新鑄銀器宴罷納于內帑又營五百羅漢堂于普濟寺極
其壯麗大設會以落之達魯花赤及兩府皆會都人士女坌
至識者譏之有人投匿名書于達魯花赤石抹天衢曰齊安
公淑金方慶等四十三人謀不軌復入江華天衢囚淑及方
慶等令宰相雜問之賴柳璥力救得免語在璥傳東征之役
金佺溺死方慶以韋得儒不救主將奏罷其職郎將盧進義
從方慶攻珍島不力戰掠人財產方慶沒入官金福大亦當
時從軍者三人俱有憾於方慶三年方慶往見忻都於碩州
而還將士皆迎于碧瀾渡進義具卮酒而進方慶麾下士惡
其先已止之進義曰諸軍與麾下皆人也何先後之有韓希
愈曰此悖理之人請勿飮方慶遽起進義等銜之得儒謂希
愈曰君何不恤我乎我褫職而君得賞我何罪耶因辱罵遂
以頭再觸希愈胷希愈毆退之得儒怏怏以告宰樞及監察
司方慶曰醉中之失誰復治之遂不問得儒益怨日與進義
福大等陰謀傾軋乃具狀謟於忻都曰方慶與子忻壻趙抃
義男韓希愈及孔愉羅裕安社貞金天祿等四百餘人謀去
王公主及達魯花赤入江華以叛東征之後軍器皆當納官
方慶與親屬私藏於家又造戰艦置潘南昆湄珍島二縣欲
聚衆謀叛自以其第近達魯花赤館移居孤柳洞國家會命
諸島人民入居內地方慶父子不從使居海濱又東征之時
令不習水戰者爲梢工水手致戰不利又以子忻守晉州幕
客田儒守京山府義男安迪材鎭合浦韓希愈掌兵船擬擧
事嚮應凡八條於是忻都以三百騎至與石抹天衢告王王
及公主雖知誣妄不得已命柳璥元傅李汾禧韓康李槢與
忻都天衢雜問之有與得儒同狀者宮得時等四人告曰我
等目不識字得儒紿曰與若俱有功盍連一狀以求爵賞故
署名耳告訐非所知也得儒又告忻都曰歲乙亥方慶語我
曰汝等助我當盡殲官軍入據海島若不之信請與對辨方
慶性沉默又憤怒似不能言璥曰得儒旣以八事告方慶叛
今所言益重何不先載狀中耶諸囚畏韋盧莫敢正視天祿
顧叱曰汝等犬豕也攻珍島時汝二人犯律中贇沒汝贓入
官汝所憾者此耳今飾虛辭欲陷大臣天而不誅無天也福

大等十四人又告曰以得儒故署名非吾本意王益知誣妄止論希愈等十二人藏甲之罪杖而釋之茶丘與本國有宿憾欲伺釁嫁禍聞方慶事請中書省來鞫忻都亦嘗遣其子吉歹以得儒言奏帝詔與國王公主同問於是王與忻都茶丘復鞫方慶及忻茶丘以鐵索圈其首若將加釘又叱杖者擊其頭裸立終日天極寒肌膚凍如潑墨王謂茶丘曰向與忻都已鞫訖何必更問茶丘不聽會郎哥歹還自全羅道王引與同問郎哥歹曰我將還朝帝若問東方事當以所聞見對茶丘頗屈後又鞫之方慶曰小國戴上國如天愛之如親豈有背天逆親自取亡滅吾寧枉死不敢誣服茶丘必欲服之加以慘毒身無完肌絕而復蘇者屢茶丘密誘王左右曰時大寒雨雪不止王亦疲於問訊若使方慶伏辜罪止一人法當流配耳於國何有王信之且不忍視語方慶曰天子仁聖將明其情僞不置於死何自苦乃爾方慶曰王何如是也臣起自行伍致位宰相肝腦塗地不足報國豈愛身誣服以負社稷顧謂茶丘曰欲殺便殺我不以不義屈竟以藏甲論流方慶于大青島忻子白翎島餘皆釋之方慶之流國人皆遮道泣送茶丘遣人誣奏帝曰金方慶積穀造船多藏兵甲以圖不軌請於王京以南要害之地置軍防戍亦於州郡皆置達魯花赤方慶及子壻家屬悉送京師以爲奴隸收其土田以充兵糧及印侯以奏流方慶如元帝問方慶藏甲幾何對曰四十六副耳帝曰方慶恃此謀叛乎高麗州縣之租皆漕輸王京造船積穀又何足疑又方慶起第王京如謀叛何必起第遣令茶丘還國王待草長可來奏得儒進義又謂茶丘曰國家設談禪法會所以詛上國也茶丘以語天衢遣人報中書省王亦遣將軍盧英如元辨對平章哈伯曰此何足上聞汝且歸令王自奏王遂如元道遇帝勑令方慶父子得儒進義等從王入朝王遣張舜龍召方慶等方慶忻自海島還人皆涕泣按手曰不圖今日復見侍中父子面進義至姚家寨舌爛暴死臨死曰吾以得儒至此得儒聞之不寢食常仰天太息而已王上書都堂辨方慶誣曰韋得儒盧進義等告忻都以爲金方慶謀去公主國王及達魯花赤將入江華如其信然得儒宜先告我何以直告帥府忻都栲問方慶未嘗家藏兵甲惟羅裕等四十一人所爲然裕等皆云未嘗聽

方慶謀叛事緣得儒等含怨欲害方慶然得儒等亦稱未嘗親聞方慶謀叛事亦未嘗聽說於人但征東時方慶麾下有不納軍器於官者以此疑其謀叛後更言方慶再說謀叛前後所言不同又言至元十二年十二月日到方慶家方慶言忻都毁我房院而去因說叛事今看帥府鎭撫也速達文字忻都以至元十二年十二月二十八日到王京翼年正月初三日還鹽州得儒何稱十二月去也進義云至元十二年四月詣方慶家方慶在門前說謀叛事後言方慶在政房東廊下說所言前後不同以此觀之並是妄飾忻都與達魯花赤同鞫杖藏甲者餘皆原放惟留方慶以候明降茶丘又稟鈞旨來問韓希愈安迪材金忻等實我所差指稱方慶擅差委與木江積穀實是竹州等郡縣所輸公私之物指稱方慶所畜潘南等處船楫俱是種田軍人所具指稱方慶船隻强取文字酷刑鞫問必欲招伏即今勢難自白要令方慶全其性命姑流海島以待聖慈豈謂聖明曲照勑令方慶赴京伏望詳其前表與達魯花赤文狀一一善奏得儒進義又云談禪法會將不利于上朝呼得儒問之曰隊正金玄言將設談禪寢而不行又軍成一亦言有僧告公主曰談禪不利於上朝公主命成一妹于緊縫衣賞之今問金玄則云得儒喚我問談禪法會何由而寢荅云不知餘無所言問成一則云我寓居進義家進義將我往見得儒得儒曰聞有異事否荅云不聞公主賞僧事不曾見聞何曾說與得儒我若有妹當處其家何故寓居進義之家金玄成一之言皆如此且禪法通行天下本國自國初至今三百六十餘年率以三年一度當孟春設會是年以得儒進義誣告國家騷動欲於四月設會故淹延耳得儒恐親朝奏聞加其罪謀沮我行又復妄說達魯花赤不曾究問遽爾申奏實深兢懼伏望善奏既而省官聞得儒言皆大笑居十餘日得儒亦舌爛而死時人以爲天誅帝諭王曰訴方慶者皆死無可對訟朕已知方慶寃遂赦之命隨王還國復爲中賛賜銀十斤六年秋上章乞退王遣承旨鄭可臣敦諭起之冬復請老王曰卿年雖老勳業殊異豈宜輕許其退且今天子有東征之命我國亦當奏置元帥苟以無功業者請帝以爲何如遂不允後復上章乞退又不允遣右承旨趙仁規上中書省書曰陪臣金方慶盡心供職凡

有朝命恪勤不懈又於珍島耽羅日本隨官軍致討累捷有功宜授虎頭牌奬諭荅勞今復管領正軍一萬水手一萬五千往征日本若不參領軍事竊恐難以號令或致違誤方慶年齡雖邁壯心尙在欲更盡力以荅天恩伏請善奏許參元帥府勾當公事帝下詔授方慶中善大夫管領高麗國都元帥時方慶如元賀正帝御大明殿受賀四品以上得上殿赴宴方慶亦與焉帝溫言慰藉命坐丞相之次賜珍餐又賜白飯魚羹曰高麗人好之仍侍宴三日及還賜弓矢劒白羽甲又賜弓一千甲冑一百胖襖二百令分賜東征將士仍示東征條令丞相安童素與本國有恩者時在朔方故不賫國贐行方慶以銀盂苧布遺其夫人夫人曰莫是金相邪自丞相北去絕無國贐非公誰敷婦人前此進奉使必賫國贐以行或有羡餘爲使者率私用方慶嘗爲進奉使悉還之七年三月出師東征方慶先到義安軍閱兵仗王至合浦大閱諸軍方慶與忻都茶丘朴球金周鼎等發至日本世界村大明浦使通事金貯檄諭之周鼎先與倭交鋒諸軍皆下與戰郎將康彥康師子等死之六月方慶周鼎球朴之亮荊萬戶等與日本兵合戰斬三百餘級日本兵突進官軍潰茶丘弃馬走王萬戶復橫擊之斬五十餘級日本兵乃退茶丘僅免翼日復戰敗績軍中又大疫死者凡三千餘人忻都茶丘等以累戰不利且范文虎過期不至議回軍曰聖旨令江南軍與東路軍必及是月望會一岐島今南軍不至我軍先到數戰船腐糧盡其將奈何方慶默然旬餘又議如初方慶曰奉聖旨賫三月糧今一月糧尙在俟南軍來合攻必滅之諸將不敢復言既而文虎以蠻軍十餘萬至船凡九千艘八月値大風蠻軍皆溺死屍隨潮汐入浦浦爲之塞可踐而行遂還軍九年又上箋乞退以推忠靖難定遠功臣三重大匡僉議中贊判典理司事世子師仍令致仕加僉議令封上洛郡開國公食邑一千戶食實封三百戶一日乞告上冢王遣子恂爲太白山祭告使隨之至鄉爲親舊留數日謂曰秋稼登場民力未暇豈可久煩汝爲遂還二十六年以病卒年八十九方慶忠直信厚器宇弘大不拘小節嚴毅寡言待子姪必以禮多識典故斷事無差撿身勤儉晝不偃臥至老頭髮不白能寒暑無疾不遺故舊有喪輒往弔平生不言君上得失雖致仕

居閑憂國如家有大議王必咨之然當國日久又受金符爲都元帥權傾一國田園遍州郡麾下將士號內廂日擁其門附勢假威者橫行中外而不之禁又第其征倭軍功爵賞頗不均人多觖望又以外甥趙文簡娶車信女人譏其希寵遺命歸葬安東時用事者惡之遂沮禮葬後王悔之忠宣贈宣忠協謀定難靖國功臣壁上三韓三重大匡謚忠烈命立神道碑子愃忻恂愃官至副知密直司事子承用承澤承用登第官至密直使以廉稱子厚恭愍朝累官檢校僉議評理附元朴賽因不花爲合浦萬戶性貪妻亦慳吝慘酷嘗失綾匹意子七祐竊與其妾縛栲竟日七祐死令僕懸頸曰有問者以自縊爲解時人謂綾重於子承澤以中書平章事致仕卒謚良簡子昴上洛君昴子九容齊顏

九容字敬之初名齊閔恭愍朝年十六中進士王命賦牧丹詩九容居首王奇之賜職散員登第授德寧府注簿累遷民部議郎兼成均直講勉進後學訓誨不倦雖休沐在家諸生質問者相踵辛禑元年拜三司左尹時比元遣使來曰伯顏帖木兒王背我歸明故赦爾國弒王之罪李仁任池奫欲迎之九容與李崇仁鄭道傳權近等上書都堂曰若迎此使一國臣民皆陷亂賊之罪他日何面目見玄陵於地下乎慶復興仁任却其書不受諫官李詹全伯英等疏論仁任罪請誅之仁任杖流諫官又以九容崇仁等謀害已並流之九容竄竹州尋移驪興放跡江湖日以詩酒自娛扁其所居曰六友堂七年禑召爲左司議大夫乃上書曰今倭寇侵擾四方受敵干戈未息民失其業飢饉流移貢賦軍旅調發無地況變故屢興誠宜恐懼修省以荅天心殿下與居無節乘醉馳馬閭巷閒若或一蹶恐致毀傷殿下縱自輕柰宗廟社稷何伏望念祖宗艱難之業察皇天譴告之心日接大臣講論治道出入威儀率由舊章不聽明年遷成均大司成尋判典校寺事初義州千戶曹桂龍至遼東都指揮梅義等紿曰我於爾國事每盡心行之爾國何不致謝耶十年以九容爲行禮使奉書兼賫白金百兩細苧麻布各五十匹以行至遼東摠兵潘敬葉旺與義等曰人臣義無私交何得乃爾遂執歸京師帝命流大理衞行至瀘州永寧縣病卒年四十七後禑追治桂龍誤傳義言流之九容善詞章有惕若齋集行於世子明

善理明允

齊顏字仲賢登第恭愍王十三年爲左正言時內竪韓暉李龜壽以邊功超拜僉議評理管機密甚寵幸諫官不署告身二人疑齊顏譖王曰臣等國耳忘家暴露于外齊顏年少謬居言官非惟不署臣等告身凡獶川之役將士告身皆不署是有二心欲使將士解體也王大怒謂侍中慶千興僉書密直元松壽密直副使金達祥曰韓暉李龜壽備嘗艱危宣力有勞故報之以爵齊顏不署告身欲鞫之對曰郎舍衆矣齊顏豈可獨任其責王曰齊顏卿等之族故爲卿等言之又讓松壽曰卿掌銓選引卿族爲諫官欲何爲也松壽伏地流汗不能對王將下齊顏獄千興與密直副使宋仁績爭之不能得達祥進曰齊顏諫官也若下獄後世以殿下爲何如主且告身不時署有何罪王益怒走入內翼日齊顏謝病王遣中使强起令署暉等告身竟罷之十五年以軍簿佐郎從田祿生聘河南王擴廓帖木兒至燕京皇太子惡其通信命東還齊顏謂祿生曰公大臣不可留予且留必達使命遂稱疾留燕寄書其兄齊閔曰燕都雖不如昔丈夫可居之地也王以齊顏有異謀徵例賜錢穀居無何齊顏自燕單騎走河南達國書曰宰相田祿生被令旨還國齊顏以王命不可不達又樂聞大王名不遠萬里而來仍獻玉燭王問何物曰此明燈之具燻而暗修則復明冀王修德若此因上書以爲我王聰明仁武坐殲紅賊百萬之衆以安帝室爲天下倡今大王忠義聞天下欲東西協力削平僭亂夾輔帝室王大喜奏授中議大夫中書兵部郎中簽書河南江北等處行樞密院事齊顏素善儒琴至是爲王彈之王悅未幾遣其幕客郭永錫偕來報聘王欲拜代言辛旽嗛其不謁已沮之乃授內書舍人尋左遷典校副令齊顏常怏怏後與前密直副使金精等謀誅旽事泄繫巡軍杖之旽遣人縊殺

忻以蔭調删定都監判官三轉爲將軍從父討耽羅賊告捷拜大將軍尋改司宰卿又從征日本旣還牧晉州忠烈王五年以禿魯花入元本國人庾賜言於帝曰以蠻夷攻蠻夷中國之勢也請令高麗蠻子征日本勿遣蒙古軍又令高麗備兵糧二十萬石帝許之忻謂賜曰汝非黠弱貧諒之孫耶而欲壞本國如此賜曰汝王如泥塑佛尹秀李貞元卿朴義梁

善大等剝民所取亦足以備軍糧我欲去姦臣復正三韓也後襲父職佩金虎符仍授昭勇大將軍管高麗軍萬戶加鎭國上將軍累遷僉議參理十五年帝以海都兵犯邊遣使徵兵王遣忻率軍赴遼陽哈丹之來忻屯豢猳縣界備之賊將至鐵嶺防守萬戶鄭守琪懼遁還嶺路隘僅通一人賊下馬魚貫而登時賊飢甚及得守琪資糧大饗數日鼓行而前踰嶺闌入交州道忻亦走避賊遂陷楊根城時帝遣元帥薛闍干來討之忻將右軍與薛闍干等屯木州邏卒高文呂報賊屯燕岐縣遣木奴赤等二十八人與文呂往覘之夜半諸軍發木州黎明至燕岐賊陳正左山下諸軍猝圍之賊大驚欲據險登山我軍夾擊之賊腹背受制皆弃馬隱林木間我前鋒二人中矢疑懼不敢進忻叱且令曰敢後者斬於是步卒五百爭先登殊死戰李碩田得賢等突前斬賊先鋒壯士二人乘勝大呼大軍合擊賊勢窮奔潰追至公州江伏屍三十餘里溺死者甚多賊精騎千餘渡江而遁獲其婦女衣服鞍馬寶器不可勝計遣人告捷王又遣忻于竹田追討餘賊授判密直司事帝賜弓矢鞍玉帶銀一錠賞戰功陞判三司事尋知都僉議司事僧日英誣告希愈謀不軌忻與印侯發兵執希愈告左丞哈散鞫之希愈等不服日英亦逃侯忻等將如元訴帝王留之不從王亦遣使如元辨其誣會有赦忻等免丁父憂還國服闋又如元時希愈爲相故忻不肯還居燕凡七年及希愈卒拜贊成事咨議都僉議司事加三重大匡襲封上洛公遂東還以父遺命辭萬戶授兄子承用忠宣即位敎曰大德三年本國無賴之徒將欲搆亂忻與萬戶印侯能先知弊亂其功可賞宜特敍用元年卒年五十九性豁達慈惠尤恤親戚之窮者

恂字歸厚忠烈五年登第以郎將遷學士直講方慶征日本恂欲從之方慶不許潛登船以從及還加殿中侍史累遷密直副使尋辭之忠宣起爲重大匡上洛君忠肅八年判三司事是年卒年六十四謚文英性寬厚工隷書畜聲伎日以絲竹爲樂子永暾永暉永煦

永暾小字那海忠烈王末登第始除江陵府錄事曹頔之亂侍從有勞策勳爲一等賜推誠秉義翊贊號封上洛府院君後忠惠被執于元宰相國老欲上書請赦王罪議不同永暾

曰主辱臣死請之宜急語在金倫傳至忠穆朝爲左政丞與王煦等判整治都監事時以奇三萬之死行省理問所囚整治官徐浩田祿生等永旽告王曰殿下何囚整治官王曰三萬奪人田五結何至於死永旽曰三萬怙勢縱恣奚止奪五結田王召理問河有源問之永旽曰我等親奉帝命先治元惡浩祿生奚罪乃自繫行省獄王命出之語在王煦傳四年卒

永煦忠肅時累遷至三司右尹忠惠以侍從功賜推誠保節同德翊賛功臣號除三司左使忠惠被執于元侍從詳小百官皆走匿獨永煦衞王中粱忠穆即位拜賛成事提調政房尋拜右政丞恭愍時入侍書筵請罷辨整都監王曰予欲聞嘉言設書筵卿言實乖予心遂稱疾入内永煦初封福昌府院君後封上洛侯十年卒年七十謚貞簡性嚴毅沉重親姻故舊有匱乏者無不賙給其孫士安士衡年皆踰冠或謂永煦曰盍爲之求官對曰子弟果賢與國家自用之苟不賢與雖得之可保乎聞者皆服子葳官至密直副使

士衡初以蔭補鶯溪館直累遷監察糾正恭愍時爲考功散郎與直郎劉慶元言按廉守令職掌貢賦近來州縣多闕貢或至三四年請論如法從之辛禑三年爲執義與趙浚安翊金湊崔崇謙等同在臺諫時稱得人累遷開城尹賜端誠輔理功臣號國家議革私田初改按廉爲都觀察使士衡爲交州江陵道都觀察使公明威惠綽有聲稱明年知密直司事同知經筵事恭讓嘗御經筵講無逸士衡曰大抵耽樂者享年短無逸者享年長理固然也天子一身係天下安危諸侯一身係一國安危故爲人上者宜以敬爲心以逸爲戒蓋無逸則百姓以寧故祖宗陰佑天亦保之耽樂則百姓不寧故祖宗陰怒天亦不佑此享國長短之所以異也後知門下府事兼司憲府大司憲王將遷都漢陽與同僚上疏曰彈糾非違臣等之職今天災地恠屢見譴告者由政敎失宜公道或廢上下之情不通而民不安業也殿下尤宜恐懼修省誠信御下虛懷納諫進忠直遠邪佞惠愛斯民以弭天災乃因書雲觀奏欲遷漢陽臣等伏見楊廣諸州之民困於土木秋耕失時漢陽人家皆被奪占老幼飢寒寄寓山野流離顚死侍衞諸司及諸道軍官各領衞卒旅寓辛艱朝不及夕將有凍

餧之患殿下深信讖緯不恤民弊於皇天譴告何古昔聖王以誡小民爲祈天永命之本願停之以固邦本王不納又上疏言尹彝李初之黨皆已遠竄而禹玄寶權仲和張夏慶補等尙在都下不宜罪同罰異請一切逐之王以情狀未明事在赦前不允又再請皆不報於是士衡及執義安景儉崔遠掌令許周崔兢持平趙庸等請辭不允令視事又皆稱疾不出刑曹又上疏請竄玄寶等王下其疏都評議使司使司言宜從憲府刑曹之請唯贊成事鄭夢周言彝初之黨罪固不白又經赦宥不可復論王不得已流玄寶仲和夏等命士衡等就職士衡等嗾刑曹以夢周右彝初黨謀害所司劾之判書安景恭成石珚等劾夢周皆左遷李懃李廷補代之懃等又劾夢周及左常侍鄭寓左司議崔云嗣黨附夢周不論彝初之黨獻納李蟠正言權壎等上言彈劾非刑曹之任懃廷補劾郞舍又彈夢周謀害大臣請鞫之遂罷懃等職蟠又劾掌令崔兢不糾刑曹越職言事憲司以諫省非風憲之任又劾蟠等蟠等反劾景儉遠周庸等憲司刑曹爲之一空士衡時方在告聞之輿疾視事上書論蟠壎身爲諫官阿附夢周不論彝初之黨力攻憲司法官甚不忠請治其罪寓云嗣蟠懃皆見罷尋拜三司左使同判都評議使司事自此以後人
本朝

朴球蔚州屬部曲人其先富商球籍其貲以饒財稱元宗時爲上將軍忠烈還自元至東京球言曰今駕次山谷行夜者疏虞請嚴警備承旨李槢曰子以上將軍領忽赤警衛不嚴是誰之咎球無以對累遷密直副使世祖將征日本王請于中書省賜虎頭金牌及印授佋勇大將軍左副都統從方慶征日本有功後以同知密直司事出鎭合浦以贊成事卒球無他技能以軍功貴

韓希愈

韓希愈嘉州吏善騎射有膽略嘗與鄉人火獵希愈策馬出入火中如飛人相顧驚愕希愈笑曰大丈夫陷陣突敵死且不懼況此乎初補隊正累遷大將軍從金方慶討珍島耽羅皆有功日本之役方慶以希愈爲先鋒短兵相接希愈赤手奪敵刃手傷血流遂奮擊斬數級忠烈時拜副知密直司事王聞乃顔大王叛將助征賜希愈虎頭牌爲右翼萬戶將兵

啓行聞帝已擒乃顔罷兵還後帝賜雙珠金牌授帳前萬戶時元使張守智來一日問希愈曰省今改何號曰僉議府改樞密院何號曰不知守智曰君何從得宰相曰軍功守智掩口而笑歷判密直三司事乃顔黨哈丹來侵元遣薛闍干及那蠻歹大王分兵來救我軍先與薛闍干倂日行遂破賊于燕岐俄而賊精騎復來對陣那蠻歹後至以恨不及燕岐欲與戰賊有勇士一人射我軍每發輒倒希愈援槊躍馬突入賊陣賊辟易扼勇士以出斬之槊其首示賊賊氣褫大軍縱擊大敗之賊盧的父子等二千許騎潰圍遁去遂班師次石破驛那蠻歹使謂薛闍干曰賊魁未擒不可不追薛闍干曰如聖旨則可何用窮追希愈等遣人獻俘薛闍干軍令嚴肅士卒震慴所過秋毫不犯二戰而克皆其力也王命希愈追捕餘賊未幾召還留鎭江都出拜東北面都指揮使帝命爲懷遠大將軍賜三珠虎符弓矢玉帶銀一錠鞍一面以賞戰功尋知僉議府事爲鎭邊萬戶忠宣爲世子在燕邸校尉金臣甫訴曰我初從希愈壻洪綏來燕希愈以我背綏而投邸下陵虐我妻子希愈何人獨不知有邸下乎世子銜之白王褫其職王命趙仁規等訊之令巡馬召希愈希愈方與客飲謂曰吾無罪何使巡馬召爲飮自若巡馬還白王怒命巡馬及衛士二十餘人縛致收所帶虎符希愈性强且廉自度無罪終不屈乃流祖月島希愈屢建軍功知名上國時人冤之後拜守司空中京留守開城府事商議都僉議會議都監事尋改贊成事判版圖事萬戶印侯與希愈素有隙誣告謀叛流海島未幾召還王遣使如元辨侯誣告於是元執希愈以歸會王入朝奏希愈侯曲直乃釋希愈還語在侯傳尋拜僉議侍郞贊成事判軍簿事加重大匡僉議中贊後拜咨議都僉議中贊尋改右中贊宦者李淑自元奉御香來令宰樞會宮門曰與中贊洪子藩者左與希愈者右時希愈用事王倚以爲重故兩府皆右王召僧紹瓊于宮中點眼畫佛讀華嚴經王與淑昌院妃受菩薩戒希愈與承旨崔崇言秘記有國君敬南僧必致覆亡之語願殿下愼之不聽俄遷左中贊從王入朝三十二年卒于元性豁達質直少文家貧屢假貸於人每從王畋射命中賜馬亦不畜輒與人印侯兄事之嘗至其家曰嗟吾兄之貧乃如是耶請王賜粟數百斛自謂有愈

侯門客裴廷芝犯法希愈欲治侯曰忘我德耶希愈怒拔佩刀目侯而前中贊洪子藩在坐屢眴廷芝廷芝奪其刀走希愈逐不及他日廷芝詣希愈謝希愈曰向非汝吾幾殺侯矣門客柳甫通其愛妓希愈覺讓甫甫曰子嘗從軍有炊爨之勞今以妓故遽弃我耶希愈笑遂與其妓平居雖老繕治弓矢甲胄若臨戰每月夜操長槍且走且跳曰吾力尙可用也王自復位以來王惟紹宋璘等用事離間王父子希愈自以起自行伍位至宰輔感王德唯務承順略不規諫忠宣謂希愈黨王宋深有憾及卒竄其子儉于嘉州儉與弟禑祐皆官至護軍

羅裕 益禧

羅裕羅州人三韓功臣大匡聰禮十世孫也父得璜剝民聚斂諂事崔沆爲長興副使沆農莊在臨陂以故陞爲全羅按察使後又爲濟州副使前此宋佋守濟州坐贓免得璜至人語曰濟州昔經小盜今遇大賊官至刑部尙書裕以蔭調慶仙店錄事林衍挾私憾殺裕舅趙文柱脅裕離婚裕以義拒之累遷至將軍從元帥金方慶討三別抄于珍島有功時朝士妻多陷賊率改娶及賊平妻或有還者皆弃之裕亦已娶新妻先入賊中得舊室還復爲夫婦如初聞者義之方慶討耽羅裕又以大將軍從軍將前鋒先下岸殺獲甚衆經略使賞以所獲男女二口奏帝賜中統寶鈔又從方慶與元將忽敦等征日本還鷹揚軍大護軍帝賜金牌授武德將軍管高麗軍千戶以賞軍功忠烈時出鎭合浦以知禮特召還掌八關會儀俄遷知申事進副知密直司事王之請親征乃顏也賜裕虎頭牌爲中翼副萬戶及班師策爲一等功臣賜錄券田一百結臧獲二十口授明威將軍帝賜雙珠金牌乃顏黨哈丹子老的鈔掠平壤將攻江都王命裕禦之裕沿海踰險遇賊于平壤斬哈剌桑哥二賊將賊潰又戰于燕岐大敗之餘衆遁走女眞地王又遣裕于亦州道追捕之老的踰竹田復趣平壤裕將舍舟而陸玄文奕言原隰回互恐有伏裕不聽未成列賊大至裕麾軍退僅得登舟郎將李茂等數十人不及登文奕立舟上呼曰茂勉之能立奇功國有賞孰與委身逆虜妻子爲僇乎茂等走獨山賊將輕之下馬據胡床分其衆環山而登飛矢如雨茂偎樹立日晚飢甚啗囊中乾餱

謂軍士曰男兒當死中求生毋恐鬪弓左射中賊將喉應弦而倒賊自亂茂等大呼追擊斬獲無筭以知密直司事如元賀正帝賜三珠虎符玉帶銀錠弓矢劒鞍馬授懷遠大將軍十八年卒裕勇悍出衆習禮儀明斷獄訟臨難不懼屢立邊功子益禧

益禧年十七受元命帶金符爲上千戶後襲爵拜管軍上萬戶帶三珠虎符忠烈末授神虎衞護軍忠宣好立新法益禧多所封駁或摭以危言不爲動遂落職經十年乃除檢校上護軍三遷爲商議評理封錦城君嘗尹雞林三鎭合浦以廉勤慈惠稱年五十七授其子世爵閑居者又十七年每念民生休戚人材用捨負手蹙鼻獨行園庭若有隱憂忠穆初復爲僉議參理貌甚癯重聽然臨事慷慨不小懈一日語判三司事李齊賢曰吾君幼委政宰相彼負且乘者不誡覆轍吾其引避毋俱爲十手所指公當如何齊賢謝曰僕嘗以二三策曉執政未見施行常愧不能勇退敢不從公言居十餘日病卒益禧幼習武藝不暇讀書而性耿介慕節義恥與人爭毋嘗分財別遺臧獲四十口辭曰以一男居五女閒烏忍苟得以累鳲鳩之仁母義而從之謚良節子英傑

元冲甲

元冲甲原州人短小精悍眼有電光能臨難忘身以鄉貢進士隷本州別抄志烈時哈丹賊踰鐵嶺闌入州縣望風奔潰莫有當者賊來屯原州有五十騎剽掠雉岳城下冲甲率步卒六人逐之奪賊馬八匹還賊都剌闍禿於乃孛蘭等領兵四百又至城下取祿轉米冲甲與敢死士仲山等七人覘之仲山先入賊中斬一人追至荊門外賊弃鞍馬遁走防護別監卜奎大喜悉以所獲馬二十五匹與之賊復來多張旗幟圍城數重使一人賫書來誘冲甲突出斬之繫其書於頭擲之賊退多修攻具城中震懼賊又遣所俘二女來誘冲甲又斬之賊鼓譟而進百計攻之矢下如雨城幾陷興元倉判官曹愼出城與戰冲甲急馳上東峯斬一級賊稍亂別將康伯松等三十餘人助之州吏元玄傳行蘭元鍾秀與國學生安守貞等百餘人下西峯夾攻愼援桴鼓之矢貫右肱鼓音不衰賊前鋒少北後者驚擾自相蹴轢州兵合擊聲振山岳前後十戰大敗之斬都剌闍等六十八人射殺者幾半自是賊

挫銳不敢攻掠諸城亦堅守始有輕賊之心皆冲甲力也以功六轉爲三司右尹吳祈以讒佞得幸離間王父子陷害忠良人皆切齒畏禍莫有言者冲甲率五十餘人極言祈罪惡執送于元語在祈傳忠宣時拜鷹揚軍上護軍忠肅六年式目都監請加褒奬賜推誠奮勇定亂匡國功臣號越二年卒年七十二子大明大材大器

金周鼎 深 宗衍 石堅

金周鼎光州人少好學沉厚寡言不妄交游以蔭調宮城尉時蒙兵大至國家驚擾周鼎措置得宜威惠並著一方稱之巡問使韓就薦之權知都兵馬錄事元宗五年擢魁科補海陽府錄事加典籤海陽公金俊器重之屬內侍入政房累遷至吏部侍郞忠烈元年拜大府卿左司議大夫明年上書請究理廉使守令勤怠貢賦輕重鄕吏附勢逃役等事王納之爲左右所沮事竟不行四年王如元周鼎爲行從都監使建白本國達魯花赤王京留守軍合浦鎭守軍黃鳳鹽白四州屯田軍供億繁重民不堪命且金方慶有大功於朝被誣遠流請奏于帝王入朝奏帝皆允王益重之還國授左副承旨舊制凡國家事宰樞會議承宣稟旨而行周鼎言今宰樞甚多謀政無主宜別置必闍赤委以機務又內僚不可皆令啓事請擇人爲申聞色罷其餘令慶承益李之氐諷王遂置必闍赤申聞色周鼎及參文學事朴恒密直副使薛公儉左承旨李尊庇判禮賓事廉承益大將軍印公秀趙仁規秘書尹鄭興內侍將軍李之氐賓文署待制郭預大府少尹安戩千牛衛錄事李子芬詹事府錄事尹文玉大常府錄事鄭玄繼爲必闍赤內僚郞將鄭承伍金義光姜碩李昶河泲爲申聞色常會禁中參決機務時號別廳宰樞以非祖宗舊制人多譏議時大府以內僚口傳及內侍院傳請財用殫竭有注簿私假貸猶不能支至剃髮爲僧周鼎以爲祗候尹諧舊爲內侍必能撙節傳請且大將軍金子廷將軍車得珪內僚之首可抑群豎口傳之弊請王爲別監與監察別監雜考大府歲入以減其費後口傳愈多傳請愈繁內僚爭援例求爲各司別坐莫之能禁郞將崔宗彥賴公主乳媪爲奉龍行首周鼎以郞將金禧代之禧兄儀及曹淳亦以郞將爲行首皆周鼎姻亞時號一門三行首周鼎嘗以女嫁大將軍尹秀子秀適

遭舅服周鼎請王公除承旨趙仁規謂非禮不奏周鼎因內僚得請人非之又爲鷹坊都監使爲鷹犬媚王頗張權勢語人曰有王命不獲已耳元將征日本王以周鼎有將略拜萬戶上書中書省請賜虎頭牌乃授昭勇大將軍右副都統賜虎頭金牌及印尋同知密直司事及征日本至大明浦忽大風覆舟官軍多溺死周鼎以計拯活甚衆十年知都僉議事王嘗宴群臣周鼎上壽退公主呼謂曰卿子深逼妻縊死父不能懲子耶對曰虎且不食其子公主不悅周鼎退支頤睡公主使人責曰卿醉耶睡耶曰臣無睡公主大怒命曳出明日罷職俄貶清州牧使奪虎頭牌賜朴之亮未幾召還復賜牌十六年卒謚文肅一子深

深忠烈朝以禿魯花入元後爲郞將又以弓箭陪如元累遷密直副使襲父萬戶職尋加同知嘗奉表如元請忠宣還國忠宣特授參理敎曰宰相洪子藩崔有渰柳淸臣金深金利用等圖安社稷重義輕身偕赴朝廷論列利害爲孤請還其功殊異宜特敍用陞贊成事元授高麗都元帥以其女達麻實里得幸於帝故有是拜女後封皇后深自私第入揔部開宣以行省所在國王右丞相水精鈇鉞等議仗陳於馬前開宣畢三官五軍入庭羅拜識者以爲僭禮俄遷密直使封化平君王在元深與密直使李思溫議曰帝及太后屢詔王之國王無意於行令本國歲輸布十萬匹米四百斛他物不可勝紀國人漕轉之弊益甚諸從臣皆羈旅思歸而權漢功崔誠之同掌選法利其賂遺朴景亮爲王腹心累蒙賞賜營置產業王之不歸實由三人盍除之奉王以還乃因太后倖宦買撒言於徽政院使失列門失列門許之於是深等具三人罪狀令大護軍李揆護軍金彥金賞崔之甫甲彥卿等數百人署名呈徽政院失列門矯太后旨下漢功等三人獄王怒甚因太后侍婢也里思班白太后曰從臣愛我者莫如三人深等不告我輒訴徽政院其意不止三人惟陛下憐察漢功等亦以賄求免太后即命釋三人杖流深思溫于臨洮國人聞之莫不憤歎揆彥賞之甫彥卿皆亡匿王命囚彥卿父良揆外祖金貞于巡軍皆籍其家帝尋召還深初深將如元印侯出餞告曰今國王在京師子不待召而往豈無意乎夫善言語以悅上國子孰與侯富錢財行貨權貴子孰與侯侯嘗

得罪國家僅免死而歸子其愼之深不能用忠肅時守僉議
政丞判摠部事賜礪節保安功臣號未幾改輸誠守義忠亮
功臣化平府院君又改都僉議中贊加賜協輔功臣號攝行
征東省事蔣伯祥瀆貨多作威福國人怨之元遣客省太史
都赤來囚伯祥以深及萬戶洪綏權省事卒謚忠肅子承嗣
承漢承晉承魯孼子石堅承嗣子宗衍
宗衍父密直副使精謀誅辛旽事洩爲旽所殺宗衍亡匿及
旽誅乃出辛禑時屢爲元帥擊倭有勞恭讓朝王昉趙胖回
自京師尹彝李初之獄起國家初聞胖言欲鞫之遲疑未決
池湧奇與宗衍善密語曰公之名在彝初書中公其危哉宗
衍懼夜逃於是大索境內獲宗衍于鳳州山中囚巡軍臺省
刑曹鞫問不服翼日夜宗衍從厠竇出率其子伯鈞孟鈞仲
鈞及奴數人又逃大索城中三日不獲以防禁不嚴斬當直
令史四鎭撫李士顒于巡軍西京千戶尹龜澤與千戶楊百
之飮酒酒酣語之曰爾得無作宰相意乎百之曰孰無此心
但爲之難耳龜澤曰金宗衍與趙裕同謀欲害
李侍中爾若率精兵與吾等同心宰相可得也沈侍中亦知
此謀矣百之佯應龜澤恐謀洩至南京告我
太祖曰金宗衍逃至西京約與我舉兵謀害侍中宗衍已潛
入松京與侍中沈德符判三司池湧奇前判慈惠府事鄭熙
啓門下評理朴葳同知密直尹師德漢陽府尹李彬羅州道
節制使李茂全州道節制使陳乙瑞江陵道節制使李沃前
密直副使陳原瑞及李仲和等謀作亂趙裕又謂予曰沈侍
中令其鎭撫曹彥金兆府郭璇魏种張翼與裕等勒麾下兵
將攻
李侍中
太祖以其言告德符德符與
太祖議下裕獄遣千戶鄭乙邦于松京囚宗衍妻及妻父宋
壺山奴波豆于巡軍幷收其族朴天祥朴可與鞫之妻泣曰
假使我知夫所在何忍言之以食夫耶況我不知乎奴曰主
宗衍着喪服入可與家與可與夫婦相話出謂奴曰俟尹龜
澤領兵至則事得濟矣栲問可與乃服初宗衍匿于安峽人
家發軍圍之逃入石窟中又圍之宗衍拔劒擊一卒突圍而
走至平壤匿前判事權忠家與忠子進士格相好至是逮捕

格榜掠問宗衍所與同謀者格指湧奇熙啓葳師德彬等憲府上疏請置湧奇等極刑王不之信留中不下臺諫連日伏閤論請乃流湧奇于三陟葳豐州熙啓安邊師德淮陽彬安峽臺諫又言湧奇等既已流竄但李茂陳乙瑞陳原瑞李沃辭連權格罪同湧奇等尙不抵罪願並正其罪王以茂乙瑞沃有功且宗衍未逃前已授外任情狀可疑止流原瑞于興德絞裕流德符及彥等語在德符傳又鞫宗衍黨金加勿李芳春等加勿曰我到西京芳春家見宗衍謂予曰宗衍入京寓朴可興家與金軾李仲和謀害兩侍中軾仲和乃宗衍舊麾下鎭撫也芳春曰宗衍再逃後到吾家曰

李侍中性本慈仁但以鄭夢周偰長壽趙浚鄭道傳等所誘令我至此我欲與權格入京依朴可興啓定陽君瑀與池湧奇鄭熙啓朴葳尹師德尹龜澤金軾李仲和鄭子連等同謀害之鞫權格曰宗衍語予云初湧奇謂宗衍曰公之名在尹彝李初書中公其危矣予恐及禍逃來因留予家至十月初二日與予赴京留宿婢七寶家復還平壤十一月初一日至李同知家宿翌日同知稱宗衍曰大男兒也安能鬱鬱於此乎害諸宰相則可免矣予謂宗衍曰同知無兵何以害諸宰相宗衍曰此事非惟與同知議西京千戶楊百之尹龜澤等請兵於安州西京吾與湧奇葳熙啓師德乙瑞彬原瑞沃仲和等謀以害

李侍中及夢周道傳長壽浚石璘等何難之有予問孰肯從汝宗衍曰吾與楊百之有蒼赤之隙尙且從之其餘千戶孰敢不應吾在京中與諸公約舉事日已定適乙瑞出外未得發後沃來吾家議之予不應沃怒蹴門板而去予又曰汝若害中興功臣王得不怒乎宗衍曰擁衆舉大事何畏王乎鞫朴天祥天祥曰吳仲華謂予曰宗衍逃自巡軍匿湧奇家四五日熙啓家五六日可與家十餘日然後出城於是追仲華與天祥對辨乃妄也王曰朴吳爲人不實國人所知遂釋之遣巡軍鎭撫任純禮捕宗衍于西海道搜索甚急宗衍所過輒加栲掠囚繫者數百人傳相告引中外喧鬨宗衍飢窘隱於谷州林莽聞見一人曰吾飢將死願救之其人曰在此我將煮粥來遂告官掩捕以來命偰長壽趙浚與臺諫鞫之逃匿經宿處一如格所言又鞫謀亂事宗衍飢憊不能言獄官

詰曰今日之問君命也何不言也宗衍有微聲在喉中曰我不忍死且以薄祐所鍾至此耳實無謀事又問曰所謀事權格李天用已告何隱也宗衍曰與格天用共謀得成何事我無所謀此亦可知飢甚不可栲問飲之粥入溫室即死純禮在途不與食一晝夜馳三百里遂疲困凍餒以死人皆疑之劾純禮支解宗衍以徇諸道斬忠格芳春加勿天用鄭甫朴原實等流可與仲和軾于遠地論龜澤功除判書雲觀事郞舍數月不署告身式目錄事劾郞舍黨宗衍而庇陰謀請治其罪都堂又上䟽請之乃下常侍陳義貴鄭習仁司議李湜權湛舍人禹洪富獻納宋愚孟思誠正言尹珪尹須于巡軍獄鞫之皆流外以湛倡議幷收告身

石堅忠肅朝累轉密直副使忠惠時封化平府院君曹頔之亂侍從有勞策功爲一等爵其父母妻子賜田臧獲王用閔渙言求取諸豪富家婢有姿色者主吏至石堅家索婢石堅歐逐之即詣王宮王迎謂曰政丞得無以臧獲事來耶石堅曰臣家臧獲皆已與子上若索之臣欲明朝如元取來石堅庶子完者帖木兒仕元有寵故因以脅王王賜馬慰諭曰政丞毋怒予將勿取忠穆二年卒完者帖木兒兀授禮部尙書後還國宰樞及宗族爭置酒邀宴時忠惠被執如元政丞蔡河中謂曰尙書旣知上國與本國事矣何故有是變乎完者帖木兒曰王之被譴由左右無其人誰不知惡之不可爲但阿意順旨以固權位耳不然何至此尋被徵還于元

列傳卷第十七

列傳卷第十八　高麗史一百五

正憲大夫工曹判書集賢殿大提學知經筵春秋館事兼成均大司成臣鄭麟趾奉
教修

柳璥　陞　墩　曼殊

柳璥字天年一字藏之政堂文學公權之孫高宗朝登第累遷至國子大司成璥久在政房與俞千遇俱爲崔沆所厚蒙兵之侵沆欲徙三陟山城郡人不欲遺璥銀瓶三十請勿徙璥却不受乃遺千遇千遇受之言於沆得不徙璥謂沆曰三陟之徙實關利害郡人安土重遷嘗餽我銀幣我不敢受今而不徙何也沆以千遇賣己追所賂流海島以故千遇與璥有隙沆子竩累世用事擅威福時又連歲凶荒餓莩相枕竩不發倉賑貸由是大失人心璥遂與金俊等謀誅竩一日俊等詣璥議璥不敢顯言令家人進杏子一椀俊等拜曰已諭蓋杏與幸聲相近也是日誅竩歸政王室王謂璥曰卿等爲寡人立非常之功潸然泣下即拜樞密院右副承宣俄遷知奏事左右衛上將軍璥以近來爲知奏者率皆權臣又恐寵祿盛滿力辭唯以上將軍仍右副承宣賜推誠衛社功臣號又賜米二百石彩段百匹甲第土田後因宰樞奏爵其子六品給田一百結奴婢各十五口陞其鄕儒州監務爲文化縣令璥既誅竩奏置政房于便殿側掌銓注凡國家機務皆決焉俊弟承俊自以爲功高秩卑心常怏怏璥聞之謂承俊曰以公之功雖一日九遷可也然循資除授國家常典公以隊正越四等授中郞將不可謂不超遷也承俊益銜之俊每入闕必謁璥直廬承俊獨不爾璥與俊戱云承俊郞將何樣在璥多置甲第權勢日熾門庭如市承俊林衍等諸功臣忌之譖于俊諷王王欲奪其權罷璥承宣除簽書樞密院事四璥所善將軍禹得圭梁和指諭金得龍郞將慶元祿璥謂俊曰公始與璥同心擧義復政王室親如骨肉善譖者不能閒豈圖今日反如是耶俊愧謝承俊林衍等不言而退遂殺得圭和得龍流元祿于遠島元宗三年命圖形壁上明年守太傅參知政事太子太保進拜門下侍郞同中書門下平章事時衍誅俊號衛社璥與大司成金坵禮部侍郞朱悅將軍金琠

素友善數相過一日璥謂坵等曰頃我以妻服久不視事聞有衞社者今見其人皆群小也又論古史言及當世宦寺之弊宦官金鏡聞而銜之訴于王王曰此人向誅崔竩欲執權柄爲俊等所排志不之遂昨日曲宴宰相皆樂獨璥不悅我親酌以勸竟不樂以是知其有二心右坵切責曰汝交結柳璥憑經史好論國事史傳所載豈可盡信予欲罪之第以汝掌辭命特宥之信勿復爾流璥于黑山島籍其家璥子行首陞及珽悅並流海島璥素富嘗徙宅輸財車馬連亘旬日而止及誅竩頗有權勢富倍於前時稱三韓巨富至籍家產珍寶器玩穀帛不可勝計璥被執赤身不賫一物家人以紅羅襆裹一衣追與之璥取衣還襆曰女子無所衣食可鬻此以生陞先行至金剛院遲之璥至臨分携手泣曰父子之恩未盡當復相見人稱璥之敗富所招也未幾衍釋璥還未至京復流他島三別抄之亂璥在江華挈家舟還古京沒于賊璥載妻子于小舸財寶于大船與賊共處久之璥佯嘔若中熱請就凉小舸賊許之璥斷纜而去賊追不及王聞璥陷賊恐以爲謀主璥徒步謁王王大喜厚奬復拜平章事判兵部事

螺匠木同認良民爲隸賣與達魯花赤宰樞請治其罪王不聽璥與政堂文學俞千遇牒有司免隸爲民達魯花赤憾而告王王亦怒其擅斷罷璥流千遇後千遇母訴於達魯花赤曰吾子與柳璥同罪獨吾子配島請免之達魯花赤怒流璥于哀島尋召還忠烈二年拜僉議侍郞贊成事監修國史判版圖司事先是璥以平章罷元傅繼爲贊成而判軍簿修國史至是璥以判版圖復相位在傅下傅曰吾於柳猶門生安敢居上璥曰判軍簿爲二宰判版圖爲三宰其來尙矣相讓久之王以問許珙對曰璥之言舊制傅之言私恩也後進讓先進禮也若加璥監修國史躋於傅上亦人望也從之有投匿名書於達魯花赤石抹天衢館曰貞和宮主失寵使女巫呪詛公主又齊安公淑中贊金方慶及李昌慶李汾禧朴恒李汾成等四十三人謀不軌復入江華公主囚貞和宮主天衢亦囚淑方慶等乃召宰相雜問之天衢忽言曰春期已近諸君宜賦迎春詩金坵但唯唯璥慨然曰王妃與首相俱在縲絏此豈嘯詠時乎天衢慚赧天衢又諷公主親鞫諸囚公主將從之璥與諸宰相請見公主膝行而前曰近世權臣執

國命若有告人以罪不問虛實輕重即加誅戮如刈草菅人懷戰慄莫保朝夕皇天眷佑蕩除此輩使公主來莅東方臣等以爲無復前日之禍今乃有此事所得匿名書臣請辨之我國人物衰耗官軍屯於四面誰敢逃竄無名之書何足取信若信而罪之我一二臣明日亦恐不免誰敢竭力以供王事貞和宮主呪詛事亦易辨也自公主釐降國人按堵悉感帝德淪入骨髓彼若以私憾呪詛神而有靈背德之禍必反乎身璥自始語涕泗交下言甚切至左右莫不潸然公主感悟皆釋之獨留貞和宰相議請釋畏公主皆默然璥遽起入內力請乃釋王遣內人謝璥甚勤又有韋得儒盧進義者誣告方慶等謀叛元帥忻都白王及公主請栲掠方慶王將許之璥進曰臣生長邊鄙未知上國之制其在本國之法先囚告者次繫被告者白王然後鞫問所告實則賞虛則反坐今不囚告者便欲栲掠被告者於理如何忻都默然語在方慶傳四年判典理司事時王在元公主召宰相令卜曰作宮室伍允孚曰今年興土功不利人主臣不敢卜公主怒將奪官笞之璥曰臣領造成都監事豈不欲速成以順聖意今日官云寧斫頭不敢卜日此無他愛君以誠不顧其身耳臣待罪宰相聞不利於上忍爲之耶請備材瓦待大駕還作之未晚公主默然而止是年上章乞退以匡靖大夫僉議中贊修文殿大學士監修國史上將軍判典理司事世子師致仕自是凡有內宴王必命召八年僧洪坦以私憾告璥及上將軍韓希愈將軍梁公勣林庇等有異謀下巡馬所鞫之璥以老病不逮坦坐誣流海島十五年卒年七十九謚文正璥体肥短人望之儼然天資明敏器度雄深能斷大事善接人言笑款洽有藻鑑元傳許珙皆其薦也嘗領史館撰神熙康高四朝實錄一掌國子監試三典禮闈論文章先體制而後工拙所得皆知名士李尊庇安珦安戩李混皆璥門生與俞千遇同掌試千遇喜自用程文有微疵必欲擯之璥不與較及榜出皆老於場屋者然少至達官璥初掌試坐主平章事任景肅解所帶烏犀紅鞓與之曰公之門下有如公者可傳之及尊庇掌試欲傳之則已失於林衍之亂買之市即其帶也士林傳爲異事子陞

陞字希元官至僉議參理容止可觀久在閤門時禮文散失

陞撰新儀甚詳後人遵用之事親孝居官匪懈不好飲酒嬉戲於聲色貨利淡如也善彈丸必命中嘗與客坐遙見汲婦戴盆曰中人則傷中器則破要令丸墮盆中耳彈發果然忠烈二十四年卒年五十一謚貞愼子仁明仁全仁和仁琦仁明中門使仁琦文化君仁和後改墩中第歷代言大司憲出鎭合浦苛酷少恩民甚苦之忠宣元年以僉議賛成始寧君卒謚章敬子總右副代言總子曼殊

曼殊恭愍朝補寶馬陪行首拜將軍累轉典法判書辛禑時爲密直副使楊伯淵獄起辭連曼殊杖配合浦戍卒後以司知密直事出爲慶尙道元帥又從我

太祖回軍有功遷知門下府事諫官許應等上疏曰曼殊由門蔭致位宰相而不孝於母人皆賤之又强姦少尹崔秀瞻處女又廉與邦嘗奪人平州田及被誅還爲其主所有曼殊公然奪占使其主痛哭含冤請令推鞫以礪風俗近憲司上疏以爲宰相須用燮理陰陽正已以正百官威加敵國者不爾不許入兩府未知曼殊有一於此乎自今新拜兩府者令應敎別爲一批錄其功德使士大夫皆知其拜相之由辛昌只罷其職時人恨之倭二十艘來寇海州昌遣我

恭靖王及曼殊禦之賜弓矢禑之移江陵也曼殊與尹虎等押行恭讓卽位策爲功臣拜門下評理商議又錄回軍功賜田及錄券遂兼鷹揚軍上護軍曼殊嘗爲巡軍萬戶鞫密直使李恬不敬之罪恬謂曼殊曰爾位至宰相負不孝不友之名臺省再論之何鞫我爲曼殊慚赧旣而憲司又劾曼殊不侍母奉養又奪諸弟田民請治其罪不聽憲司再論只削鷹揚軍上護軍尋判開城府事遷門下賛成事鄭夢周旣誅曼殊以

太祖麾下卒二百七十餘人上疏請籍夢周家產幷治其黨從之憲司又言臺諫屢疏曼殊罪上不問寵遇日隆宜改心勵節猶不懲艾驕暴日甚若置而不問無以懲惡請鞫問正罪王止令流外自此以後入本朝

許珙 悰 冠 錦 富 猷

許珙字韞匱初名儀孔巖縣人父遂官至樞密副使珙幼聰敏奇偉高宗末登第承宣柳璥薦珙及崔寧元公植並屬內侍爲政事點筆員時號政房三傑轉國學博士元宗初授閤

門祗候累遷至戶部侍郎與修神熙康實錄十年拜右副承
宣吏部侍郎知御史臺事時林衍執國命擅威福欲以子惟
茂娶琪女琪不聽衍逼之琪固拒衍以告王王召琪曰衍姦
凶不可取怨卿深計之琪曰臣寧受禍不敢嫁女於賊臣之
家王義之曰卿善處之琪退即嫁其女于平章事金佺之子
晪衍深啣之及衍殺金俊文武多遇害琪適葬妻在陽川還
至通津聞亂恐爲所害欲投河而死旣而曰死生天也遂入
京衍多殺朝臣無可與議銓選者問左右曰許琪還否琪聞
之至衍家衍大喜迎入坐謝曰吾有事不能赴葬幸勿過遂
委銓選琪注授得宜衍喜白王賜賚甚厚衍廢王誣王以病
遜位表于蒙古蒙古知其誣趣王入朝面陳情實王行至松
站問從行臣僚曰至東京行省若問林衍廢立將何以對琪
及大將軍李汾禧將軍康允紹等順衍意曰宜以表意對有
庾超者承宣弘之子也嘗爲僧歸俗娶李藏用孫女隨藏用
如元欲媚於帝因訴曰高麗承宣許琪上將軍康允紹將軍
孔愉同謀欲叛上朝帝命不花遝琪等與超對辨超服其誣
遂杖之進簽書樞密院事忠烈元年改官制拜監察提憲琪
嘗娶政堂文學尹克敏女死更娶妻弟之女養於家者憲司
劾之至是朝臣皆以新官制改銜謝恩命唯琪未得謝歷判
密直知僉議府事元世祖征日本五分遣都指揮使督造戰
艦琪往慶尙洪子藩往全羅子藩事未半琪已畢還子藩服
其能遷參文學事修國史與韓康元傅等撰古今錄拜僉議
中贊十六年王在元琪與子藩留守王京哈丹賊將侵東鄙
訛言賊已闌入中外洶洶子藩等議避于江華琪與崔有渰
獨不可曰今王在京師豈可信訛言擅移國都子藩等會者
老宰相議之皆曰當遷琪不能止謂堂吏文証曰衆論如此
不可沮也吾與爾守京以待王命諸宰相皆曰人謂許中贊
鎭定國家今其誤國乎與歸家召子孫曰吾當留此若輩有
不從我者非吾子孫必處之以法未幾印侯自元來曰帝聞
復都江華命王曰其言若實執首謀者以來國人聞之服琪
智識明年元遣兵追討哈丹琪亦擧兵應之積日不下馬因
得氣疾累月不臥至八月疾篤卒年五十九謚文敬王命左
司議大夫金偲誄之琪性恭儉不事產業雖至達官食不過
一器布被蒲薦處之怡然群居愼口燕處不倚坐如見大賓

少也常率一僕掩骼埋胔殆無虛日見弃屍自負瘞之嘗月夜彈琴隣有處女踰墻來奔拱不敢近喩以禮義女慙悔而返忠宣二年配享忠烈王廟子程評冠寵富程東州事評後改嵩官至檢校政丞陽川君卒諡良肅子悰

悰忠烈養之宮中及長尙忠宣女壽春翁主悰少長富貴能守禮好施忠烈朝拜守司空未幾罷以帝命如元留三年忠宣時守司徒封定安君後復如元連遭父母喪還國自是屛居日以醫劑活人爲事忠肅在元召入朝時忠宣自北還燕都握悰手泣曰吾唯一女卿同居二十七年無閒言此寡人所以鍾情也因厚遺之忠肅還國加封定安府院君又從忠惠入元留五年忠穆元年翁主卒哀過遘疾卒

冠忠烈朝登第國制六品以上不許赴試雖拜六品不謝則聽赴擧冠授郎將四年不謝婦翁宋玢曰宦途多何必登第冠曰先人遺子紙令赴試子雖屢擧不中紙尙在何敢躁進廢父命耶王素聞其名及放榜召至簾前賜犀帶仕至戶部散郎贈贊成事子伯陽川君伯子絅知申事絅子錦

錦字在中恭愍朝登第補校書校勘累轉禮儀正郎辛禑時除左常侍尋遷典理判書未幾免性恬靜樂觀書史不喜佛又不阿權貴與趙浚尹紹宗輩爲忘年友自少嬰疾不樂仕宦謹妃雖其姻親未嘗趍附退居田里常傾貲劑藥凡有疾者無問尊卑輒施予所療活甚多禑初立錦作詩曰漢儀自合復三輔秦世應難至萬年誰解在房雙陸夢緬懷擊楫大江船十四年卒年未五十士林惜之子憕

富忠肅時以右代言掌擧子試取鄭乙輔等富不解文字唯選榜頭一人餘皆以拆名先後第之防禁不嚴檢閱劉世與入鏁闈第高下修撰鄭怡潛拆封彌殊無國試體官至選部典書嘗與掌令成乙臣言掌令朴元桂受人賂布百匹元桂訟于王王命蔡河中等鞫之富言聽於判事李仁吉仁吉云我無是言相持不服河中等奏富爲妄子信順猷褚完

猷從恭愍入侍元朝及即位錄功爲三等累遷判閤門事嘗習八關儀猷使酒拳歐速古赤御史臺劾之猷又叱辱臺官王曰猷罪實重然今大會禮官不可闕姑令視事臺官畏勢不敢復劾紅賊之亂爲兵馬使以舊怨殺將軍崔爾良王聞而惡之未幾與諸將平賊及從安祐凱還金鏞使人檛殺祐

又斬金琳文及猷鏞止之流島配烽卒子瑞亦配烽卒尋召
還宦累密直副使策扈從收復功俱一等封陽川君時辛旽
始用事以猷謗訕譖王流淸州又杖流瑞猷性酷暴妾與家
奴通劓妾兩耳傷其兩目又鑿其奴兩目加刵剕刖又劓其
勢令妾啗之聞者竦體事多類此

洪子藩 承緖 永通

洪子藩字雲之左僕射瓘之後父裔官至同知密直子藩敏
達嗜學爲宰相柳璥所知璥嘗謂曰君年未二十已爲堂後
盍應擧以濟世科之美子藩遂應擧不中出爲南京留守判
官尋改廣州通判去必見思又按忠淸慶尙全羅三道入爲
戶部侍郞元宗時拜右副承宣奏曰比來不親聽政有司章
奏悉委宦豎出納中外觖望請親庶政以慰輿望時臺省及
士大夫皆緘默自保子藩獨持讜論時議多之王以天變命
放囚子藩奏輕囚可釋也如奴逆主子不孝者亦免乃天意
何此非修德實招災也如欲修德莫若省大府供御之費禁
市肆侵割之害王默然舊制承宣奉御寶至試院同知貢擧
庭迎知貢擧面北立堂上金坵爲知貢擧子藩奉御寶將往

奏曰承宣奉御寶至貢院知貢擧或下階以迎或否今從何
禮王曰有寶宜下階子藩至貢院詰坵曰予承命奉御寶來
知貢擧不庭迎子不敢入坵曰承宣詣宰相宰相坐而待之
今乃起避尙過禮况庭迎乎子藩曰有旨日將晚坵不得已
下階未盡一級子藩乃入或謂子藩不恭坵起避可也遽爾
下階亦失大臣體忠烈不豫放二罪以下配島者子藩曰去
歲亦有赦赦不已數乎恐犯罪者益衆京中見囚請以口傳
宥之諸道令祈恩別監命界首官放遣從之征日本時以判
密直司事爲全羅道都指揮使督造戰艦時李尊庇輸諸道
兵糧于合浦子藩募水手運以戰艦兵糧與戰艦一擧俱集
民頗得耕種元使哈伯那深服其能子藩馳奏本道饑民多
闔門餓死哈伯那亦涕泣語臣云邦本至此何可忍視請發
兵糧庫賑貸從之未幾知僉議府事陞贊成事哈丹之變王
遷江華或以爲一水險未足恃中外洶洶子藩修城餙備人
賴以安二十年拜僉議中贊明年加僉議令無何以中贊致
仕又明年復爲右中贊條上便民十八事王嘉納之語在食
貨刑法志二十四年忠宣即位改左僕射叅知光政院事俄

復爲中贊忠烈復位賜壁上三韓盡忠同德佐理功臣號封慶興郡開國侯尋復拜左中贊賜象牙杖忠宣在元吳祁石天補得幸用事離間王父子國人患之元遣斷事官帖木兒不花與宰相崔有渰韓希愈柳庇執天補及其父冑弟天卿天琪赴京以子藩年老不堪乘傳令留掌國事詔王事無大小皆聽子藩子藩數祁罪惡告帖木兒不花疑祁害已防備甚嚴祁亦疑懼不離王側子藩與諸宰樞及萬戶金深率三軍將士圍王宮護軍吳玄良直入王所執祁出王使內人請留祁諸宰相持疑子藩厲聲曰上旣許之何疑之有趣護軍崔淑千押送于元初子藩議圍王宮參理鄭瑎不可曰退一奸臣一武夫力耳何至用兵子藩不聽後聞上國以爲言乃悔之忠烈欲沮忠宣還國又請改嫁公主如元至西京帝不許乃還帝不知祁已赴京遣兵部尙書脫脫帖木兒來捕祁帖木兒見王屛左右曰帝有命王雖離國必令還敢問王之入朝諸宰相以爲可乎王曰然子藩在側不敢言帖木兒又言王之入朝欲言何事王不能對帖木兒曰可與宰相議子藩就王議王對曰吳祁及石冑父子多行不法聲聞于天我實不知然孰謂寡人不知以此欲親朝聞奏耳帖木兒之來也宰樞出迎西普通帖木兒問曰洪宰相來否來則可避然後我當進子藩再三固辭於是相揖禮甚恭帖木兒欲與同坐子藩固辭以爲陪臣安敢與帝使並坐帖木兒强之辭不獲就一行折席坐其見重如此子藩復相綢繆調護欲使王父子慈孝如初吳石之黨數短於王三十一年罷相封慶興君咨議都評議司事是年王如元忠宣恐王惟紹宋璘之徒從至京師恣其兇謀諷丞相塔刺罕使子藩有渰庇金深金延壽等從王入朝丞相奏帝召之子藩至元見丞相具陳惟紹等罪惡且欲奉二王還國未就明年卒年七十丞相奏帝傳車歸其柩忠宣遣人祭之以文曰扶桑之表暘谷一隅我祖開生開國定都子承父爵三百餘年胡今之人執迷罔悛卿獨咨嗟履險若夷抗章宸陛深荷聖知姦謀自解邦基不危一身社稷非卿卽誰後敎云子藩功在社稷帶礪難忘可贈推誠同德翊戴功臣壁上三韓三重大匡諡忠正子藩爲人魁梧俊偉才幹絕人自少人皆以公輔期之金俊與子藩之父不協子藩詣俊力辨俊曰異哉世復有寧馨兒乎其在

相府夙夜匪解事有不合義者輒固執已見雖位居其右者
莫敢矯堂吏每白事畏縮不敢舞智子藩旣署則退喜曰洪
公已領餘可易與耳爲亞相每論事必與首相許珙相抗珙
或黽勉從之嘗閱兩制所撰疏詞子藩指摘瑕纇久不已珙
謂文貼錄事曰猶能能鼠足矣蓋譏文翰非其任也子藩作
色而止人謂不相能及珙亡子藩嘆曰公謹正直知無不言
世豈復有如許公者子藩先喪母事父孝雖迫公務不廢定
省性好潔日沐浴或至再每更衣必盥手夜必整衣冠拜星
三爲首相議論持正有大臣風然王信讒任用不專後配享
忠宣王廟子敬順敬官至僉議贊成事謚良順順僉議評理
敬子承緒承演承緒中第累官至正尹美容儀嘗與辛育才
爭田毆殺之其妻告辨僞都監承緒逃乃徵銀瓶人以無狀
目之承演仕至繕工副令子永通
永通恭愍時累遷判典客寺事與金景儒爭田景儒先穫之
永通怒夜抵其家奪六馬景儒訴官鞫永通乃伏遂杖罷永
通附辛旽常饋遺伺候每旽出入必騎從歷監察大夫密直
副使皆旽力也嘗管別軍行八關都省庭壇祭別軍攘奠物
省吏訶止之永通縱別軍亂擊省官左司議申德隣獻納朴
晉祿李竴正言鄭釐安勉俱見傷血濺屛褥右司議卓光茂
劾永通嗾別軍凌轢諫官是可忍孰不可忍請廢爲民籍其
家賴旽營救得免德隣等反以辱命見罷及旽誅憲府以旽
黨請誅之王不從止免官旣而流之辛禑初拜門下評理商
議封南陽君尋陞贊成事商議賜純誠勁節協贊功臣號一
日禑御報平廳謂永通曰任用耆舊欲聞嘉猷卿何無一言
永通汗出不能對未幾判三司事拜門下侍中九年乞退明
年判門下府事永通家奴等酗酒突入贊成事沈德符第捽
其妻髮又與贊成事都吉敷家奴爭田租拔劒相擊其縱奴
不法類此十四年領門下府事人皆謂貪婪如永通尙免林
廉之禍旣不見斥又位上台眞福人也辛昌初領三司事恭
讓卽位郎舍言永通與邊安烈謀逆請置極刑不報復言永
通黨附李仁任與林廉同惡相濟群兇就戮而永通以禑姻
戚獨保首領又與安烈謀戴辛禑是天地所不容願斷以大
義不允諫官力爭罷職尋復領三司事自此以後入本朝

鄭可臣

鄭可臣字獻之初名興羅州人父松壽鄉貢進士可臣生而頴悟讀書作文頗爲時輩所推嘗隨僧天琪來京貧窮無依寄食天琪天琪憐之求贅富家無應者太府少卿安弘祐許之約既定後悔曰吾雖貧士族豈可納鄉貢子未幾弘祐死家日貧乃許天琪執可臣手徒步而往一老嫗迎門然薪照之草屋數間而已天琪歸且哭曰噫鄭生至於此耶高宗朝登第累歷華要忠烈三年除寶文閣待制羅州人稱錦城山神降于巫言珍島耽羅之征我實有力賞將士而不我祿何耶必封我定寧公可臣惑其言諷王封定寧公且輟其邑祿米五石歲歸其祠遷左司議大夫時李汾禧兄弟附洪茶丘醞釀金方慶罪可臣恥與同朝乞歸養母至再三王慰諭以遺物論多之尋召還以秘書尹爲必闍赤拜承旨監察司言諸道按廉使別監職在察吏治問民苦今皆籍上供斂民紬楮皮幣脯果名表級等物賂遺權貴已自不正烏能正人請皆理罪王謂可臣曰楮生於地紙有何弊可臣曰臣嘗管記全州知造紙甚苦今官高用紙亦多不能無愧王只許除名表紙元命我征日本王用尹秀言將令儒士從軍可臣言先王用人各隨其才比之於身如左右手故上國之法儒戶不與軍事今欲使儒生被堅執銳遠從征役恐虧盛德王然之時有天變伍允孚請設消災道場以禳之可臣謂廉承益曰天變豈浮屠法所能禳盍請修德承益曰吾豈不知但難言耳歷密直學士政堂文學十六年世子如元可臣及閔漬等從行一日帝引世子于便殿隱几而臥問爾讀何書對曰有師儒鄭可臣閔漬在此宿衛之暇時從質問孝經論孟帝大悅曰試喚可臣來世子引與俱入遽起而冠責曰爾雖世子吾甥也彼雖陪臣儒者也何得令我不冠以見仍賜坐問本國風俗世代相傳理亂之迹自辰至未聽之不倦後命公卿議征交趾詔與高麗世子師二人同議可臣等曰交趾遠夷勞師致討不若遣使招來如其執迷不服聲罪征之可一舉萬全對稱旨於是授可臣翰林學士嘉議大夫時人榮之自是眷遇日隆數輟珍膳賜之或天寒賜以貂裘帝使翰林學士撒刺蠻問可臣本國歸附年月可臣對曰太祖皇帝肇興朔方有遼孽金山王子者自稱大遼奪掠中都子女玉帛東走江東城拒守朝廷遣哈眞札剌追討時方雪深道險饋饟

不繼我國遣趙冲金就礪濟兵犒師殲其醜虜因奉表請爲東藩太祖遣使優詔荅之仍論汝國人不能寒暑來聘固難其貢獻方物朕當使人取之此事在戊寅至今凡七十有六年帝又召見世子于紫檀殿可臣從帝使之年仍命脫笠曰秀才不須編髮宜著巾御案前有物大圓小銳色潔而貞高可尺有五寸內可受酒數斗云摩訶鉢國所獻駱駝鳥卵也帝命世子觀之仍賜世子及從臣酒命可臣賦詩可臣即獻詩云有卵大如甕中藏不老春願將千歲壽醺及海東人帝嘉之輟賜御羹世子凡入見必令可臣從帝嘗觀遼東水程圖欲置水驛語可臣曰汝國所產唯米布若陸輸道遠物重所輸不償所費今欲授汝江南行省左丞使主海運歲可致若干斛匹豈唯補國用可給東人寓都之資對曰高麗山川林藪居十之七耕織之勞僅支口體之奉況其人不習海道以臣管見恐或不便帝然之尋拜僉議贊成事二十二年加中贊時副知密直崔冲紹以世子命將設公主穹廬就壽昌宮基築壇繚垣大興工役也方凍取土無所掘一穴人輒爭趨壓死者衆又沿路墻屋令皆覆瓦冲紹與可臣李之氐崔有滄朴義等督役甚急民苦之二十四年上章乞退不允命五日一朝加壁上三韓三重大匡守司空旣而暴卒謚文靖性正直端嚴處事精審在政房諳練典故題品銓注皆當物議一時辭命多出其手嘗撰金鏡錄扁所居曰雪齋日與賢士大夫商確古今雖至大官行止如書生及爲冢宰人想望大平及卒國人驚悼或謂王之請禪位也可臣撰表人有言表中語有非王之意者若詰其由撰表者豈得逭責可臣憂懼飮藥死後配享忠宣廟子偉佺佶億儼

安珦 子器 牧

安珦初名裕興州人父孚本州吏業醫出身官至密直副使致仕珦少好學元宗初登第補校書郞遷直翰林院屬內侍三別抄之亂珦陷賊賊素聞名將用之誘且脅令曰縱安翰林者罰珦以計得脫王義之嘉賞十二年奉使西道以廉稱召還內侍院書奏院中宿弊祛之尋遷監察御史忠烈元年出爲尙州判官時有女巫三人奉妖神惑衆自陜州歷行郡縣所至作人聲呼空中隱隱若喝道聞者奔走設祭莫敢後雖守令亦然至尙珦杖而械之巫托神言怵以禍福尙人皆

懼珦不爲動後數日巫乞哀乃放其妖遂絶嘗至安東令吏洗足吏曰吾屬邑吏子何辱我耶謀群吏將詰之有老吏視珦狀貌出語曰吾閱人多此公後必貴顯勿易視居三年廉使褒其政淸遂徵爲版圖佐郎俄遷殿中侍史又選爲禿魯花例陞國子司業由右司議拜左副承旨帝命爲征東行省員外郎尋加郎中本國儒學提擧後以副知密直司事出鎭合浦撫軍恤民州郡以寧累遷僉議參理忠宣卽位拜參知機務行東京留守集賢殿大學士雞林府尹復爲參理及忠烈復位忠宣如元珦從行一日帝召王急王懼丞相出曰從臣爲首者入對珦入丞相傳旨曰汝王何不近公主乎珦曰閨閫之間非外臣所知今日以是爲問豈足於聽聞丞相以奏帝曰此人可謂知大体者庸可以遠人視耶不復問二十六年拜贊成事用事者忌之遂諷王加中贊令引年致仕尋復爲贊成珦憂學校日衰議兩府曰宰相之職莫先敎育人材今養賢庫殫竭無以養士請令六品以上各出銀一斤七品以下出布有差歸之庫存本取息爲贍學錢兩府從之以聞王出內庫錢穀助之密直高世自以武人不肯出錢珦謂諸相曰夫子之道垂憲萬世臣忠於君子孝於父弟恭於兄是誰敎耶若曰我武人何苦出錢以養爾生徒則是無孔子也而可乎世聞之慚甚卽出錢珦又以餘貲付博士金文鼎等送中原畫先聖及七十子像并求祭器樂器六經諸子史以來且薦密直副使致仕李㥞典法判書李瑱爲經史敎授都監使於是禁內學館內侍三都監五庫願學之士及七管十二徒諸生橫經受業者動以數百計有諸生不禮先進珦怒將罰生謝罪珦誓曰吾視諸生猶吾子孫諸生何不体老夫意因引至家置酒諸生相謂曰公之待我以誠如此若不化服我爲人耶三十二年復以僉議中贊致仕卒年六十四謚文成及葬七管十二徒素服祭於路珦莊重安詳人皆畏敬在相府能謀善斷同列順承惟謹不敢爭常以興學養賢爲己任雖謝事家居未嘗忘于懷喜賓客好施爲文章淸勁可觀且有鑑識金怡白元恒未達時珦見之曰他日必皆貴顯又李齊賢李巽同年生俱有名珦召令賦詩曰齊賢必貴且壽巽則不年矣果皆驗晩年常掛晦庵先生眞以致景慕遂號晦軒蓄儒琴一張每遇士之可學者勸之忠肅六年議

以從祀又廟有謂珣雖建議置贍學錢豈可以此從祀其門生卒蔵力請竟從祀子于器忠烈朝登第累遷國學典酒右承旨陞密直副使忠宣以珣扈從入朝不久而還啣之將罪于器會赦免忠肅即位除密直副使兼大司憲亡何罷于器以元尹趙珝代之珝方爲忠宣所寵而于器有公望無內援識者惜之嘗出鎭合浦以廉幹稱十六年以檢校賛成事卒遺命薄葬子牧

牧登第忠肅時判典校寺事嘗出其妻元使禿萬館于家問其故牧具語之禿萬曰婦人髮長意短何足過耶諺云一女怨天六月降霜子其思之牧感其言遂爲夫婦如初累遷密直副使恭愍時封順興君卒謚文淑子元崇

薛公儉

薛公儉淳昌郡人父愼登第以吏幹稱官至樞密院副使愼母趙氏四乳而生八子三子登科封國大夫人公儉初調喬桐監務選補都兵馬錄事高宗末登第官累禮部郎中元宗朝拜軍器監從世子如元以功累遷右副承宣忠烈初進密直副使爲必闍赤歷監察大夫知僉議府事尋陞參理引年乞退加賛成事致仕又加中賛致仕卒年七十九謚文良性廉謹正直接物以恭持己以儉朝官六品以上有親喪雖素不知必素服往弔有造謁者無貴賤倒屣出迎嘗臥疾蔡洪哲往診之布被莞席蕭然若僧居出而嘆曰自吾輩望公所謂壤虫之與黃鶴配享忠烈廟子之冲賛成事

俞千遇

俞千遇字之一初名亮又改證長沙縣人高宗朝登第籍內侍尙書金敞器之薦于晉陽公崔怡怡曰貌雖不揚誠可人也置之政房遂爲門客累遷吏部侍郎崔沆欲令按察使徵誅流人田穀千遇曰今流民未集此令若行民必受病沆然之寢其事蒙兵來侵將徙三陟山城郡人重遷遺千遇銀瓶三十得不徙沆知之責千遇曰爾讀書知義理何貪汚至此配于島未幾宥還後以事又配島其母賂金承俊珍寶請召還承俊言于其兄仁俊曰今政房崔允愷摸稜少分辨其餘新進無可與論事者可召千遇仁俊聞于王召還千遇又厚賂寵宦復入政房爲兵部侍郎元宗初拜樞密院右副承宣尋加知奏事掌銓選引同年田文胤爲殿中侍御史崔牧爲

正言衛社諸功臣以爲千遇擢所親置臺省欲以相援於是始構隙功臣多倚仁俊請官其族千遇每以義抑之功臣皆怨有自就文者嘗於千遇門下登第娶內僚金衍女衍即仁俊舅也衍請仁俊以就文爲海陽府錄事仁俊許之千遇不聽大將軍吳壽山勇而暴亦爲其甥朱然求海陽府錄事千遇以然無才望乃用秘書郎崔冲若壽山道遇冲若鞭之冲若墮馬壽山欲躍馬蹋殺之太將軍朴琪救免冲若竟以恐怖得疾死壽山言於朝曰俞承宣擅政會當數其罪戮之約諸武人會禮賓省伺之或以告千遇千遇笑曰命也承俊呼壽山曰與奪之權不在主上乎若等敢辱承宣是不有主上與令公也而可乎令公指仁俊於是皆散千遇弟將軍元勣與郎將鄭守卿謀去仁俊事覺仁俊囚元勣召問千遇曰公弟欲殺我知之乎曰弟之所爲兄豈不知曰何不告我曰元勣嘗以語我問所與謀者曰某人也曰若與此輩作大事乎杖而逐之我知其必不能就且老母在恐傷其心人謂我食弟自免故未敢告耳衍曰公若言不知祗益人疑今以實告何責爲且吾固知公之愛母也昔吾弟享客公獨不啖柿問其故則將以遺母今言恐傷母心信然矣只罷其職殺元勣千遇久典機要多受四方饋遺遂致富馨其所畜作佛事於禪源寺爲仁俊祈福盖欲免懷璧之禍也歷知門下省事參知政事時林衍議廢立歷問宰樞皆莫敢對千遇曰此大事也請公反復思之況今世子在上國待其還亦未晚也衍竟不從及衍子惟茂議拒命千遇曰王與世子引上國兵以來閉城而拒豈臣子之義乎雖欲固守得乎惟茂大不悅會惟茂誅不及禍後忤達魯花赤流仁勿島語在柳璥傳未幾召還爲中書侍郎平章事忠烈即位革官制降授參文學事判版圖司事王將冊公主千遇名其殿爲元成伍允孚言於公主曰元成者顯王妃謚也用爲殿額不祥公主怒千遇因左右解之曰臣誠不知其然又安知公主非元成后再世耶遂諷王以謂帝女下降實爲罕古宜獻湯沐邑公主喜曰蒙古之法名非所諱遂不問千遇體短小聰敏耿介少與柳璥齊名然其德器不及璥遠甚性多機辯言與行違貌雖勤恪內實不然人謂其孝友信義但釣名耳其局量淺狹務勝於人有求不得輒慍見睚眦必報衣服第宅極侈麗嘗爲史官不

修史稾曰當時國家事皆晉陽公所爲吾蒙恩厚何敢傳其惡於後世卒年六十八謚文度無子外孫朴顗登第官至贊成事清簡自守信浮屠

趙仁規 瑞 璉 德裕 璘 延壽 瑋

趙仁規字去塵平壤府祥原郡人母夢日入懷因有身生而穎悟稍長就學略通文義國家選子弟通敏者習蒙古語仁規與是選以未能出儕輩閉戶三年晝夜不懈遂知名得補諸校累遷將軍忠烈時仁規使鹽下卒介三誘南京民八人爲獺戶民之逃賦者多附之歲納獺皮于敬成宮半入仁規家南京司錄李益邦囚介三仁規訴公主曰南京吏裂擲宮敎公主怒逮繫益邦及副使崔資壽遣將軍林庇鞫之庇具得其實以怒公主還民元籍流二人尋釋之有宰相奏鷹坊之害王怒欲請回回之見信於帝者分掌鷹坊令宰相不復言仁規力諫而止拜右承旨王上書中書省曰陪臣趙仁規曉蒙漢語譯朝廷詔勑文字無有違誤予昔侍天庭終始隨從又事公主恪勤朝夕請賜牌面充王京脫脫禾孫兼推考官頭目元以爲宣武將軍王京斷事官脫脫禾孫賜金牌王敎曰仁規當東征時能以國家事奏達宸所天子授寡人中書左丞相又賜群臣都元帥萬戶千戶金銀牌皆其功也宜別錄功賜田民子孫超等錄用王嘗御南門中贊金方慶醉騎而過仁規素與方慶權勢相逼至是乘機譖之乃囚方慶于巡馬所歷知密直司事僉議贊成事都評議錄事金溫妻夜竊娣家財被執娣夫與仁規爲姻婭仁規縛溫妻杖之人皆非之王欲拜中贊仁規曰君恩雖至重洪子藩以德望爲冢宰旣久臣遽處其上如衆議何固辭乃止未幾拜中贊尋爲左中贊宰樞條上時弊三事王怒仁規恐禍及已密告王曰前上三事非臣所知請鞫之王囚都評議錄事李紆巡馬所命萬戶高宗秀訊倡議者宗秀痛加栲掠紆誣以李混對混坐此罷二十四年加司徒侍中參知光政院事初仁規女爲忠宣王妃至是有人貼匿名書于宮門云趙仁規妻敎巫呪咀使王不愛公主而鍾愛已女公主下仁規及其妻于獄元遣使鞫仁規又鞫仁規妻極慘酷妻誣服遂執仁規及女壻崔冲紹朴瑄以歸皆籍其家輸使臣館元杖流仁規于安西冲紹于鞏昌後放還仁規王以帝命即除判都僉議司事

忠宣在元以仁規爲咨議都僉議司事平壤君開府置官屬賜宣忠翊戴輔祚功臣號遣承旨金之兼來啓曰趙仁規年高德邵爲國元老許朝會玉帶傾盖侍從贊拜不名劒履上殿國有大事僉議密直一人就家咨稟若有不聽仁規又中贊崔有渰約束者以違法論王從之三十四年卒年七十二謚貞肅仁規美風儀寡言笑涉獵傳記初國人雖學蒙古語未有善敷對者我使如京必令大寧惣管康守衡引入奏仁規嘗獻畫金磁器世祖問曰畫金欲其固耶對曰但施彩耳曰其金可復用耶對曰磁器易破金亦隨毁寧可復用世祖善其對命自今磁器毋畫金勿進獻又曰高麗人解國語如此何必使守衡譯之有王人與我國蓄憾欲改土風愬帝事叵測仁規單騎入覲敷奏明辨事遂寢西北二鄙復歸于我亦仁規專對之功王每有奏請必遣仁規凡奉使者三十頗著勤勞然起於微賤驟秉鈞軸爲人外似端莊怡正以故得幸常出入王臥內多聚田民致富加以國舅權傾一時子壻皆列將相人無敢比者及遘疾子壻迎醫診視仁規曰吾發跡行伍官至極品年踰七旬死生有命安用醫爲時諸子在元唯璉侍疾謂曰汝家兄弟姉妹且九人愼勿忿爭取笑於人待汝昆季來具訓之永爲家法子瑞璉瑚瑋瑞性英敏豪邁父夢大星墜其家遂生瑞故小字星來忠烈朝中第臨軒唱名賜犀帶忠宣爲世子時宴西原侯瑞與金光佐車元年皆以善歌與焉光佐以黍離栢舟閒歌雙燕曲閔漬以何彼穠矣補之自是內殿有宴必歌此曲瑞與光佐元年俱寵幸二人賤者不足道瑞以相門儒士與之爲伍時議鄙之除直寶文署累歷華要至右承旨及仁規以趙妃事被逮留元瑞從之一日車駕出瑞率諸弟謁道左帝顧問嘉之尋許仁規還累遷同知密直入賀千秋節帝授懷遠大將軍高麗國副元帥賜三珠虎符瑞女適元寵相也兒吉尼故有是命及還王亦拜檢校贊成事加壁上三韓三重大匡大司憲封平壤君瑞與都元帥金深上官用行省丞相儀仗人譏犯禮忠宣五年以三司使卒謚莊敏子宏千祺千祐

璉字溫仲以父任官累知密直司事忠肅朝拜僉議評理轉贊成事王如元見留曹頔與蔡河中等左右瀋王譖王萬端璉與弟延壽及金元祥等從臾織成璉受元命爲高麗王府

斷事官佩三珠虎符王嘗在元璉權省事者凡五年元使絡繹往來率使氣逞暴璉善辭以對怒輒解及卒國人皆泣然貳於瀋王臣節不完謚忠肅子德裕襲父爵爲王府斷事官性淸白不畏强禦不慕榮利雖親戚故舊至當國則絕不相往還官至版圖判書卒子煦璘靖恂浚涓浚自有傳

璘恭愍朝與安祐等擊走紅賊策勳爲一等累遷鷹揚軍上護軍倭寇喬桐璘又擊走之時辛旽當國人爭附璘未嘗一詣其門嘗詆旽爲老和尙與知都僉議吳仁澤班主尹承順等謀去旽事洩杖流南裔沒爲官奴後又與密直金精謀誅旽旽訴王請杖之遣其黨孫演殺之以病死聞及旽誅王乃召承順拜鷹揚上護軍承順還京謁璘母號慟以玄冠素服收葬璘骨聞者莫不嘆之王嘉承順信義仍遣承順祭璘墓曰惟爾祖貞肅公仁規相我先王功在社稷爾自妙年亦佑寡躬己亥以來靡役不從厥有成績世濟其美予嘉乃忠俾將府衛方且大用不圖賊旽憚爾義勇迸汝遐陬卒至隕命及旽伏辜知汝至此茲極慟悼賜爾一酌魂而不昧諒予致忱

琊後改延壽忠烈朝登第授都津令辭王怒命囚尋釋之累歷華要拜元尹忠肅時爲密直副使兼大司憲時全英甫弟僧山冏倚兄勢驕恣住大寺畜數妻延壽囚其妻鞫之黃州牧使李緝妻潘氏尙書永源女也緝嘗在任妻與衛身金南俊通殺緝讞部究理將置極刑潘氏族僧宏敏有寵於忠宣數下旨沮之尋有赦得免國人切齒延壽祝其髮置淨業院人皆差快累官至贊成事又爲三司左使先是元流魏王阿木哥于耽羅及召還延壽與行省郞中兀赤護行帝遣使命所在留魏王聽候使者到平壤延壽兀赤等懼亡匿使怒欲以逆命誅延壽等魏王力請得免後以貳於瀋王籍沒其家杖流于島既而以帝命赦之十二年卒延壽一門貴盛乘勢使氣其弟僧義璇奪占寺院贊成事朴虛中坐都堂斥其罪延壽右義璇虛中執不可延壽遂辱罵之高峯縣吏愁萬衣延壽勢避吏役與延壽家奴等强姦成均生周覬女覬告巡軍杖殺之延壽貪財好色嘗與密直白元恒私取行宮盤纏金銀苧布用之爲世所鄙子忠臣平壤君

瑋字季寶生九歲以父任權務昌禧宮五轉爲大護軍忠宣

朝拜密直代言忠肅時歷讞部摠部典書忠肅與瀋王搆釁或間瑋授元尹置之散地事定王知無他拜知密直後遷判密直俄陞僉議贊成事封平壤君屛跡日與親故讌集忠惠二年或誣瑋與客議國事王怒貶牧福州督遣不許一刻留瑋倉皇馳赴因得疾忠穆三年進封府院君明年卒年六十二忠肅倦勤委政宰相瑋務存大體不顧細瑣發言偘偘人服其公謂有父風

列傳卷第十八

列傳卷第十九　高麗史一百六

正憲大夫工曹判書集賢殿大提學知　經筵春秋館事兼成均大司成臣鄭麟趾奉
敎修

白文節　正顧

白文節字彬然藍浦郡人新羅諫官仲鶴之後高宗時登第入翰院累官至中書舍人歷吏部侍郎國子祭酒忠烈朝拜司議大夫時無功有世累者多補官郎舍不署告身王屢趣之不從有人銜之托左右以激王怒會承旨李尊庇將啓監察司狀王意僉議府狀大怒叱退尊庇命忽赤崔崇縶文節及司議金情給事中金之瑞典書崔守璜中舍郎李益培司諫李行儉李仁挺正言鄭文張碩等尊庇欲辨復進王疑救郎舍責止之卽罷文節等官尊庇厲聲曰王不察臣心臣何敢司出納請從此免歸李之氐進曰尊庇所白者監察司狀非僉議府狀也上不之察罪郎舍責尊庇且僉議府百官之長使一忽赤夜縛諸郎舍於國體何王取閱其狀悔遂釋之

俄遷國學大司成寶文閣學士八年卒文節文詞富贍下筆霈然爲一時所推不以才自負元宗復位如元林衍以其子惟幹及腹心扈行固要勿言廢立事王使文節撰表言以病辭位文節閣筆泣諫王感悟奏以實文節常若懶迂及是人知其有志節子頤正孝珠頤正天資純厚有公輔器事忠宣有志輔導忠宣不用其言累官僉議評理商議會議都監事後封上黨君時程朱之學始行中國未及東方頤正在元得而學之東還李齊賢朴忠佐首先師受孝珠官至大護軍

朴恒

朴恒字革之初名東甫春州吏聰慧美鬚髯高宗朝登第蒙兵陷春州恒時在京不知父母死所城下積屍如山貌肖者皆收瘞至三百餘人後聞母被虜在燕再往求之竟不得還補翰林院倅忠州政最徵拜右正言按慶尙全羅二道有聲績忠烈朝拜承宣掌銓注先是政房銓注時出宿其家干謁塡門恒始銓注訖乃出禁中後人遂以爲常以同知密直司事從王入朝平章哈伯使外郎問宰樞曰忻都云天子令高麗諸島民出陸高麗復使島居差勾當使有諸恒曰至元七年我國以帝命復都舊京其諸島民未有出陸之命但以三別抄叛據珍島耽羅招討使金方慶但令全羅慶尙近賊諸島出陸避擄掠陸處者不可不鎭撫所以差勾當使也曰島民乘舟成群往來如生事何恒曰島嶼之人以魚鼈爲衣食往來漁釣非官吏所當禁也且朝廷凡有命小邦者皆下帥府及達魯花赤忻都以元帥駐鹽州已久西海諸島如喬桐龍媒與帥府相望忻都何坐視而不使出陸耶其無朝命明矣哈伯不敢詰拜參文學事尋陞賛成事王欲依舊制覆親試新及第僧祖英得幸於王爲其姪吳子宜及親舊者欲令不限登第久近皆赴試王問柳璥璥對新舊及第及衣冠子弟披藍者宜悉赴時人謂璥之言爲其孫仁明孫壻權永也內官將軍李之氏言殿試之法自毅廟以來廢絕幾百餘年今國家多事正宜未遑又本國人譏構上國者多恐誣指殿試爲天場貢以僭越待制郭預亦嘗沮之王命展試期後祖英强王行之雖執政近臣不之知恒請依舊制試之王不允祖英將子宜等試藁達王因請拆糊封定科目取十五人以子宜爲首餘皆親舊王召恒云予不能遍考卿與祖英第高

下祖英恐事不濟與恒言曰者上見子宜詩賦業已定乙科何必改爲恒知祖英意遣中使白王與旋題員郭預揔郎崔守璜右正言李子芬等考定及牓出趙簡居首皆非祖英所定元世祖將征日本戰艦軍粮器仗令本國一切幹辦而遣元帥忻都右丞洪茶丘監督君臣拱手聽命力不能堪恒言於王具以狀奏帝授王左丞相行中書省事金方慶爲征東都元帥又有萬戶千戶百戶俱受宣命符信使忻都等不得自專其東征供億之策及軍機措置皆自恒出七年卒年五十五謚文懿富文章寬厚善接人孜孜奉公長於吏治時稱其能然臨事自用不恤人言所擢多其恩舊嘗考殿試中選者九人其五皆恒門生人謂白圭一玷子元浤後改光挺受金符爲副萬戶

郭預

郭預字先甲初名王府清州人高宗時擢第一人及第調全州司錄元宗初補詹事府錄事與洪汙賷和親牒如日本請還被擄人口預有才行無汲引者蹇滯不進爲史館所薦以禮賓注簿兼直翰林院忠烈王素聞其名及即位始擢用累遷版圖正郎寶文署待制知制誥爲必闍赤入參機務士林稱得人歷國子司業典法揔郎尉衛尹春宮侍講學士拜右副承旨建議禁宰牛馬爲同知貢擧辭以典法判書金惰位在己上請改命人多其謙讓會惰丁憂復以預掌試所取多知名士陞左承旨國子監大司成文翰學士十二年加知密直司事監察大夫如元賀聖節卒于道年五十五爲人平淡勁直謙遜樂易雖至貴顯如布衣時善屬文書法瘦勁成一家體當世効之翕然一變其在翰院每雨中跣足持傘獨至龍化池賞蓮後人高其風致多詠其事子雲龍鎭雲龍仕至都津長鎭登第爲校書郎後弃官爲僧

朱悅

朱悅字而和綾城縣人父慶餘以縣吏登恩賜科悅高宗中登第出爲南原判官選補國學學錄累遷監察御史歷宰羅靜二州昇天長興二府皆有聲績元宗朝以兵部郎中連按忠淸慶尙全羅威名日振人皆敬畏國有大事擇使命則必首擧之爲按廉時有內臣崔仲卿奉使至服美誇人悅疾之衣敝衣伸脚坐捫虱而談旁若無人仲卿慚赧悅嚴重不苟

細嘗宿一州夜半火發突隙燃寢席悅驚起邑吏大懼終不問有人告某邑宰受賂其宰乃中郎將也悅曰貪鄙武夫受些小賂如狗食不潔何足數也遂不罪入爲禮部侍郎忤林衍竄海島衍死召還爲東京留守未幾拜禮賓卿轉諫議大夫尋判少府東宮侍講學士元遣忽林赤將兵鎭合浦供億浩繁士卒徵求無厭小不滿意便侵暴一方騷然王以悅爲慶尙道安撫使悅至合浦減軍須冗費什七八士卒忿怒攘臂悅儼然不爲動面諭以義士卒斂退民賴以安陞判秘書省事忠烈即位重悅才名授翰林學士遷三司使時累經兵亂民多流亡遣悅于慶尙郭汝弼于全羅爲計點使招集之命勿役內庫處干悅等不從坐罷居無何拜版圖判書遷軍簿元征日本遣荊萬戶如合浦悅伴行荊萬戶杖接伴使柳陞所至陵暴聞悅名不敢肆進副知密直典法判書悅抗直不與世俯仰疾惡如讎必厲聲大罵苟非其人雖權貴不爲禮以故久淹滯不能無怏怏嘗以事至相府宰相與言悅坐聽貌甚倨宰相使吏語曰宰相有言宜伏地聽悅曰宰相之言伏地聽則君上之言將掘地聽乎終不屈尹秀李貞訴王曰悅輕辱吾輩罵及父請問之王曰悅天性然也不必問再言王使人問之對曰諺語可明也江都有養三岐嘗有無賴男子養三者橫行此岐故名焉聞養三是尹秀之父若李貞之父則不知爲誰焉得罵盖貞之父賤故云然王曰我知悅必出此語更不問十三年引年乞退以知都僉議府事致仕尋卒性豁達不事家産雖至達官自奉如寒士奉使四方公廉一節文章富贍筆法亦奇王常稱其賢悅貌醜鼻如爛橘齊國公主始至宴群臣悅起爲壽公主驚曰何遽令老醜鬼近前耶王曰此老貌醜如鬼心淸如水公主敬重擧觴而飮悅愛酒未嘗一日不飮嘗奉使至一縣時適禁酒渴甚索水令知悅嗜酒酌巨椀以進便默然飮令再進悅曰此子支離人也又飮倒臨死其妻進酒悅曰此餞杯也遂引滿而卒謚文節子印遠別有傳

李湊 行儉

李湊字浩然金馬郡人高宗時登第調富城縣尉入爲都兵馬錄事選直史館以事落職尙書金敞愛其才薦補校書郎累遷起居舍人元宗朝歷兵禮二部侍郎國子祭酒以左諫

議大夫上章乞退加尙書左僕射翰林學士承旨致仕忠烈四年卒年七十八性溫良能屬文工筆札平生不理生產家無擔石之儲子行儉

行儉中第調晉州司錄稍遷尙書都事兼直史館久之出知洪州事陷於三別抄之亂賊使掌選法及金方慶破賊以行儉爲其父孝印門生活之後守淸谷豐三州以廉簡稱忠烈時爲司諫與監察侍史金弘美等不署正郞林貞杞奉議郞高密告身密妻善釀酒每以酒媚權幸因以得官貞杞等托鷹坊以王命督署之不從王怒流行儉等于海島其族李尊庇言於上將軍廉承益曰行儉有母年八十日夜啼呼得疾瀕死公能使母子相見爲惠大矣承益以告王默然旣而曰行儉罪不可宥然聞尊庇之言使我惻然命釋之後爲典法郞貞和院妃有寵於王認民爲隷民訴典法司有旨督令斷與貞和判書金㥠與同僚欲斷爲隷行儉死執不可會疾作在告㥠等幸其亡即決之人有夢利劒自天而下斷典法官吏明日㥠疽背死同僚亦相繼而死行儉獨免累官至國學典酒寶文閣直學士致仕又加讞部典書致仕忠宣二年卒年八十六性恬靜寡言家貧不事產業手書佛經老益勤子稷崖稷登科官至成均大司成崖監察糾正女適散郞奇子敖封榮安王夫人是生順帝皇后崖子公遂自有傳

張鎰

張鎰字弛之初名敏昌寧郡吏性溫恭正直善屬文長於吏才高宗朝登第還家居十五年補昇平判官以政最聞及罷任又歸舊隱若將終身按察使王諧薦爲直史館累遷殿中侍御史元宗初與侍郞金祇錫迭爲全羅忠淸慶尙三道按察人以爲威重不及祇錫而決斷過之遷吏部郞中歷兵禮二部侍郞左諫議大夫三別抄叛據珍島以鎰得南民心授慶尙道水路防護使鎭撫之鎰前後八使上國不辱君命以判大府事有疾乞退王不允曰鎰從事賢勞尙稽大用超授簽書樞密院事翰林學士贊成事俞千遇賀詩云初似維摩方丈室終如均正狀元郞曹均正年老赴擧乞恩賜試官閔其文佳遂擢第一故用其事戲焉十四年出爲全羅道指揮使明年遷同知樞密院事忠烈即位加知僉議府事寶文署大學士修國史致仕尋卒年七十諡章簡無子

金坵

金坵字次山初名百鎰扶寧縣人自幼善屬詩文每夏課儕輩無居右者皆以狀元期之高宗朝擢第二人及第知貢擧金仁鏡恨不置第一以己亦爲第二人語和范傳衣故事慰藉之坵作長啓以謝騈儷精切出人意表補定遠府司錄同縣人黃閣寶挾憾摘世累訴有司權臣崔怡重其才營救不得改濟州判官時崔滋爲副使人有自京來報科場賦題云秦孝公據肴函之固囊括四海滋謂坵曰此題難賦試爲我著之坵談笑自如亡何索筆立著文無加點滋嘆服語其子曰此詩賦之準繩汝謹藏之以權直翰林充書狀官如元有北征錄行於世在翰院八年由堂後餘閤門祗候遷國學直講崔沆雕圓覺經令坵跋之坵作詩曰蜂歌蝶舞百花新惣是華藏藏裏珍終日啾啾說圓覺不如緘口過殘春沆怒曰謂我緘口耶遂左遷元宗四年拜右諫議大夫坵之祖僧也不宜在臺諫然以坵有才乃署告身累遷尙書左僕射歷樞密院副使政堂文學吏部尙書王嘗賀聖節達魯花赤率其屬立於右內豎上將軍康允紹阿附達魯花赤亦率其黨胡服直入自比客使見王不拜及王拜一時作胡拜王怒不能制有司亦莫敢詰坵劾之甚力達魯花赤怒曰允紹先開剃遵上國之禮而反劾耶將危之或以告坵曰吾寧獲譴豈可不劾此奴耶陞參知政事建言後生怠於著述表箋未合律格宜試參外文臣所製賞其能者王允之事竟不行進中書侍郎平章事忠烈即位改知僉議府事尋遷參文學事判版圖司事舌人率微賤庸劣傳語多不以實或懷姦濟私坵獻議置通文館令禁內學館參外年少者習漢語四年卒年六十八王曰坵曾拜平章事弔誄宜以平章書之官庇葬事諡文貞性悃愊無華寡言語至論國事切直無所避嘗撰神熙康三朝實錄掌詞命時上國徵詰殆無虛歲坵撰表章因事措辭皆中於理回詔至云辭語懇實理當兪允元翰林學士王鶚每見表詞必稱美恨不得見其面子汝盂官至奉翊大夫叔盂丞郎庶子承印大司成皆登第

李承休 衍宗

李承休字休休京山府嘉利縣人少孤力學高宗朝登第入頭陁山龜洞躬耕養母居十餘年安集使李深敦勸赴京李

藏用柳璥薦補慶興府書記入爲都兵馬錄事三別抄之叛陷賊中脫走王所元宗大悅承休因獻策曰待賊半過窄梁遣精銳橫斷賊船堅守江都則前者勢孤後者失據前後不相應賊可以破王令兩府議依違不行時軍須不給內外橫斂營繕大興民甚苦之承休上書極言其弊後以非罪見罷將歸老于鄉會王遣順安公悰如元賀冊皇后太子兩府薦承休爲書狀官辭以老王曰歲庚午書汝姓名于硯匣今猶在案上汝其勉哉仍賜白金三斤遣之帝既受賀仍錫宴賜衣承休進表謝詞語偉麗日與館伴翰林學士侯友賢唱和友賢五歲通五經帝徵爲學士稱神童見承休詩表心服輒誦之及還王大喜賜米三十石徵覽所著詩文嘉嘆之王薨又以書狀如元告哀傳遺命于世子承休以爲世子爲駙馬戎服將事已久其服禮章勢難自斷遂諷世子上言本國衣冠典禮始末帝命丞相敕曰卿既襲爵爲王往就國凡爾祖宗定制毋或墜失依舊行之還拜閤門祇候歷監察御史右正言王問時政得失承休條上十五事累遷右司諫出按楊廣忠淸二道劾贓吏七八籍其家由是怨讟頗興尋貶東州副使自號動安居士頃之徵拜殿中侍史條陳十事又上疏極論利害忤旨罷歸龜洞舊隱別構容安堂看佛書著帝王韻記內典錄居十年忠宣受禪下書曰孤聞人主勤於求賢逸於得人是以凡有一能一藝者必欲致之矧如卿者乎非止文才吏用當時罕比忠誠勁節能格君心之非遭時不遇脫跡臺閣廬老岩谷予嘗憫之今以涼德叨承內禪思與舊人共理萬幾令按察副使庾自偶敦諭爾其体予側席之意勿以年老爲辭又命其子權知校書郎林宗扶侍赴京承休上章辭以老病王復下書云寡人素聞卿名思欲共治今授卿詞林侍讀左諫議大夫充史館修撰官知制誥幸爲蒼生一起承休至王與語大悅因問民間利害時政得失從容聽納後數日承休進言殿下所以召老臣者非謂出奇計立大功但以直言無隱耳臣豈惜殘生孤負上恩適元使來詰王謂曰徵先生而會有此事如何對曰因亂致理自古而然天其或者將使殿下修省永享大平無甚憂勞俄判秘書事進同僉資政院事上言本朝之制未有年過七十而拜顯官者因徵臣改先王之制臣罪大矣請收恩命王笑曰先生非他

人比仍趣上承休强就職纔十數日復上書乞退甚切不得已從之以密直副使監察大夫詞林學士承旨致仕二十六年卒年七十七性正直無求於世酷好浮屠法子林宗衍宗林宗登科仕至讞部散郎以廉能稱謝官養母

衍宗登第累遷司憲糾正出爲全羅道察訪劾臨坡縣令林起貞寶城副使鄭雲貪汚籍其贓守令有畏威弃官者歷右司議軍簿判書忠定初爲監察大夫王宴元使雙哥忠惠公主南面王東面衍宗上書言其非禮因有譖之者下左右司責問引禮力辨終不屈恭愍在元拜爲密直使仍兼監察大夫王之還也迎謁金郊驛王曰聞卿名久貌尙未老努力善輔我衍宗劾論贊成事全允臧受人金被囚逃入元今扈駕而還超拜三宰但當賜錢以酬負紲之勞不宜擢置宰輔二相曹益淸受人馬又行淫祀請皆罪之王不允王用元制辮髮胡服坐殿上衍宗欲諫候于門外王使人問之曰願至前面陳旣入辟左右曰辮髮胡服非先王制願殿下勿效王悅即解辮髮賜衣及褥衍宗奸巧善揣摩伺候屢言時事或稱其鐵石肝腸王嘗夜召李齊賢咨訪國事因語之曰衍宗多詐人也時衍宗年已七十辭職不允初衍宗附趙日新得是職日新恃功專恣衍宗置不劾院使奇轍譏之曰此老罔聞知耶何不察是非衍宗曰近劾益淸允臧若彈李齊賢與日新則王誰與議事執義金玶持平郭忠秀乃劾日新日新請與臺官廷辨王命衍宗與政堂文學李公遂聽兩造于內廷衍宗手執彈章條問之玶曰公長憲司旣不彈擧罪人反問我輩耶衍宗慙恚玶忠秀又囚日新家奴于典法獄日新破獄出之反訴臺官命玶等勿仕初玶等以衍宗老而姦附日新其劾日新也不與議衍宗嗛之至是以王命坐臺恐糾正不庭迎坐司外遂劾玶忠秀及掌令慶千興然以日新被劾恐禍及己弃官歸田里

金晅 開物

金晅字用晦義城縣人元宗元年登第林衍之廢立也忠烈以世子在元帝議欲册爲東安公遣兵來討衍會晅以聖節使書狀如元上書言賊若聞世子受册爲公必諭國人曰上國已削王爵國當除矣莫如死守社稷則人皆信之如此難以歲月下非朝廷利也帝允之十一年出爲金州防禦密城

人殺其宰以叛移牒郡縣者隨風而靡晅出勝兵先斷賊路召慶州判官嚴守安至則相與勒兵告按廉使李淑眞爲討賊計淑眞恇怯喚術僧卜吉凶故爲遷延晅手劒擊其僧叔眞懼而從賊聞之斬渠魁以降三別抄叛欲分兵向慶尙而金在邊先受敵晅以計拒之賊不得入一道賴以安論其功陞本州爲金寧府拜晅禮部郎中仍爲都護以鎭之忠烈元年由揔郎出爲全羅道部夫使至菁好驛見全羅按察盧景綸驛輸內膳于京甚夥私膳居半取其私膳歸國庫景綸女壻金天緖適爲水原書記取以獻王景綸訴于王免晅官俄貶襄州副使累遷至左諫議大夫進拜密直學士多歷淸要忠宣以世子在元晅以春宮侍讀從之官至政堂文學被譖請還國告病不出仍致仕後就加賛成事三十一年卒年七十二性淸介疾惡如讐所至人憚之善隷書子瑞卿瑞廷瑞廷後改開物

開物字元龜屢擧不第忠宣爲世子時晅以二子見忠宣愛開物待之有加及嗣位擢監察史遷典符寺丞時內府令姜融有求於開物不獲怒歐之開物罵曰汝本奴隷敢辱士族耶融銜而譖之下巡軍鞫之時融爲千戶巡軍阿融意杖開物流松加島後授陝州開物辭不赴又流紫燕島連遭困躓處之怡然及放還家居客至則置酒鼓琴賦詩自娛殆十五年無復仕宦意忠肅十二年圖新庶政拜開物司憲持平强起之視事數月士林屬望時散員張世奪少尹林俊卿馬憲府究治之世亡匿搜捕逼其族世至開物第拔劒自刺大叫憲司下世獄遂詣闕請罪世妹壻王三錫從中沮不達杖擊開物又擅釋世翌日開物與掌令金元軾持平金永煦等復詣闕請世罪王先入三錫言怒歐啓事者憲司閉門不視事王遣近臣諭開物等曰待德陵事畢治三錫罪卿等宜視事若張世之罪聽本府科斷開物移病不出人惜其去十四年卒年五十五性剛正詩與字畫俱有家法與人交一以信子銛及第

鄭瑎 顥 誧 公權

鄭瑎字晦之初名玄繼大將軍顗之孫少孤力學登第補秘書校勘歷史翰忠烈時以大常錄事爲必闍赤與李混尹珤齊名從王如元以勞拜閤門祗候累遷左副承旨司議大夫

掌銓注執法不阿雖近倖稱旨干請亦不聽遷知申事進副知密直出爲南京留守廣陵府尹入知密直印侯之謀執韓希愈也悉召諸大臣大臣皆揣侯意莫往獨瑎不知而往輒還坐罷尋起爲密直使歷判三司事僉議參理時王惟紹宋邦英謀廢忠宣立瑞興侯琠瑎憤其所爲未得發邦英奉使如元兩府出餞邦英道遇瑎將揖馬上以奉使乘傳爲辭瑎怒其無禮佯不見徐下馬交禮訖責喝道不辟批其頰而還邦英慚瑎即日遘疾醫診之曰病由怒發久乃愈三十一年進贊成事知貢擧取張子贇等時稱得士政丞韓宗愈金永旽皆所取也學士宴王賜書簇瑎喜而展之其一聯云萬事不成身便死瑎色變坐客亦愕然知其爲不祥未幾舊疾作而卒謚章敬遺命薄葬年五十二嘗受宣命爲征東省郎中又爲儒學提擧美風儀鬚髯如畫內剛外和喜怒不形平居坦蕩遇事則精悍不可撓王所幸美人嘗與瑎私王知之亦不怒子愭怡愭性豁達無檢束不事生產以蔭累遷大護軍忠肅被讒留元愭時爲宮闕都監使聞王帑已罄乃備輕齎輸燕邸王甚嘉之還國授鷹揚軍上護軍尋判繕工疾作封淸河君怡版圖判書愭子頫誧

頫字思謙登第忠惠初爲監察掌令內人崔安桂譖曰頫謂王年少不諳政体王怒下理問所杖之累遷同知密直恭愍朝拜僉議評理封西原君賜推忠陳義輔理功臣號嘗受宣命提擧征東儒學及卒淸州人聞之曰一兒去矣謚文克

誧字仲孚年十八中第以藝文修撰奉表如元會忠肅東還誧道謁王愛之留以自從驟加左司誧忠惠朝由典理摠郎拜左司議大夫多所封駁執政惡之褫職家居或譖曰恐誧兄弟走上國夾輔大弟於是貶頫寧海誧蔚州誧在謫中吟嘯自若慨然有遊宦上國意嘗曰大丈夫安能鬱鬱一隅耶後遊燕都丞相別哥不花一見大愛將薦于帝會病卒年三十七有雪谷集行于世詩詞簡古筆蹟亦妙子公權

公權初名樞字公權後以字行恭愍初中第補藝文檢閱累遷左司議大夫十五年與正言李存吾極言辛旽誤國之罪王大怒召公權等面詰下巡軍命李春富金蘭李穡金達祥等鞫之問曰誘汝上疏者誰公權曰吾父子相繼爲諫大夫受國恩厚見上委政非人社稷將危人人憤恨故在言職不

得嘿嘿豈待人言且旽擅威福道路以目孰敢誘耶達祥令跪公權不屈使人捽其髮而蹴跪之問曰雖無誘者必有知之者曰典校令林樸右司議林顯前郡事金湊知之湊侍中金普妻姪也旽嘗譖普罷之春富等意湊挾其憾嗾公權等害旽即逮湊栲訊構公權等罪旽黨欲因此盡去異已凡有名望者必令公權等援引或謂曰若言慶千興元松壽嗾之可免死公權曰身爲諫官義當論國賊死生有命豈可誣人以求免耶顯及右獻納朴晉祿見公權等于獄晉祿曰我輩不入顯愕然曰是何言耶旽黨聲言上怒未霽公權等必死稽入見王無怒色乃知其妄旽黨必欲殺之稽言於春富得免貶東萊縣令自是宰相臺諫皆附旽言路絕矣二十年召還復徐左諫議後以成均大司成授書辛禑禑即位拜左代言歷簽書密直政堂文學賜輸誠翊祚功臣號常疾權奸用事憤惋不平八年疽發背卒謚文簡性恭儉謹厚居官以正時家廟制廢公權藏祭器別室祭必親滌奠物務蠲潔所著圓齋集行于世子揔拯擢持

趙簡

趙簡金堤縣人忠烈五年擢第一人及第補書籍店錄事明年王以詩賦親試文臣簡又居第一賜黃牌緋內侍累遷補闕丁父憂廬墓三年王嘉之特授起居注由僉議舍人出爲慶尙按廉忠宣即位拜刑曹侍郎右諫議大夫時內僚李之氏拜兩府官簡不署告身王召簡曰有一大官憾卿愼之及忠烈復位密請再三不得已乃署王命簡主選法固辭免陞右副承旨同知貢擧取士率新及第詣壽寧宮上謁王以簡爲殿試門生臨軒賜宴歷密直副使檢校僉議評理以贊成事卒謚文良簡旣老瘴疽肩項幾不辨有醫僧曰疽根於骨骨當半朽不刮去不理唯恐不能忍簡曰死等耳弟試之乃以利刃剸之骨果朽刮之傅藥絕而瞑者二日上洛君金恂簡牓第二人往問涕泣不已簡忽張目使人語曰不謂公之憫我如此豈心於喜而色於悲耶恂曰是何言四紀同年契烏得無情簡曰我死牓中無先公者恂收涕笑曰老子不死

沈諹

沈諹史失世系忠烈初爲公州副使有長城縣女言錦城大王降我云爾不爲錦城神堂巫必殺爾父母我懼而從之女

又與縣人孔允丘通作神語曰我將往上國必伴孔允丘行羅州官給傳馬一日郵吏急報都兵馬使曰錦城大王來矣使驚恠有羅人仕于朝者具神異諷王議欲迎待所過州縣守皆公服郊迓廚傳惟謹至公州諹不待巫怒傳神語曰我必禍諹退寓日新驛夜諹使人覘之女與允丘宿遂捕鞫之俱伏後拜監察侍史與雜端陳倜侍史文應殿中侍史李承休等言今國步多艱天旱民飢非遊田宴樂之時殿下何不恤民事耽于遊田耶且以未調之駿足馳不測之危途患生所忽雖悔可追如不得已只令將士逐獸平原登高臨觀不亦可乎又忽赤鷹坊爭設內宴剪金作花鬖絲爲鳳窮奢極侈不可形言與其縱一時之娛枉費無用孰若遵上國之法簡而易供聲樂則斥委巷之俚音進敎坊之法曲此一國之望也上將軍尹秀侍宴殿上登床戲舞犯禮不恭大禪師祖英淫穢無行出入臥內大駭觀聽請加黜責以警其餘且今中外多故人民困窮學士宴亦宜停罷王虛襟採納有意自新秀及祖英相與譖之王大怒命將軍林庇池允輔等鞫諹于崇文館問首發議者闌木索置碎瓦股間令人踏其上血迸流地諹終不言遂囚于巡馬所行路指木索血痕曰臺官血翼日流倜應于海島罷承休時王賦杜鵑花詩令詞臣和進白文節等因言曰殿下示天章命臣等賡載萬世之幸沈諹敢忤旨其罪重矣然亦儒者也乞賜寬貸以彰右文之美王曰諫諍省郎之任諹法吏也諫諍非其任又其言不遜欲問倡議者耳今爲卿等宥即命釋之尋又釋倜應等諹謇諤無他莅官中外皆有聲績及除侍史慨然以復振朝綱自任不幸一中讒說辱於狴犴祖宗以來未嘗有也自是言路遂塞

秋適 李仁挺 奠謁

秋適忠烈朝人性豁達無檢束登第調安東書記選直史館累遷左司諫閹人黃石良倚緣用事陞其鄉合德部曲爲縣適不肯署案石良與內豎石天補金光衍乘間譖之王怒即令械囚巡馬所押者謂適曰可由徑行適不可曰凡有罪者皆歸有司未有枷鏁于王所者吾當行通衢使國人見之諫官而枷榮亦足矣何必効兒女子掩面委巷乎官至民部尚書藝文館提學致仕適老尚善飯常言享客但軟炊白粒劑

鮮作羹可矣何必費百金致八珍耶同時有李仁挺蔡禑者仁挺爲正言與諸郞舍言近內竪微賤者皆以隨從之勞許通仕途雜廁朝班有乖祖宗之制請收成命王怒欲觀所爲陽許之旣而復收其狀郞舍不卽從王囚詔文主事柳興命仁挺勿視事竟取其狀批曰勿改成命後有投匿名書于達魯花赤曰正言李仁挺等百餘人謀殺達魯花赤達魯花赤枷鎖仁挺尋知其誣釋之仁挺性倔强凡拜官者必究其功過未嘗苟署告身人多怨者禑爲監察史監左倉頒祿有內竪傳命輸米若干斛給宮人禑曰今日所頒府衞將校之祿若輟與內人恐虧聖德固沮之王怒流海島

金有成 郭麟

金有成安城縣人父璬官至尙書左僕射有成年十五中第調德原府書記遷同文院錄事元宗朝元世祖遣秘書監趙良弼宣撫日本令我國道達有成選充書狀偕良弼往諭以順逆禍福日本承命遣使朝元以功累遷監察御史忠烈時世祖復遣僉院洪君祥招諭日本王以有成善於辭命陞太僕尹爲宣諭使時書狀闕人皆以計避郭麟者淸州人擢狀元直文翰署忠直有文章語衆曰事不辭難臣子之義何辭爲或以白宰相宰相喜充書狀陞授供驛署令婦翁崔謁欲謁宰相覆奏麟奮然曰死一也死國事不猶愈於死妻子之手乎遂行日本憾往歲之征皆留不還國家憐之遙授有成職歲祿其家至拜僉議評理又授麟官且賜淸之楸洞田二人存沒世不得聞後日本僧鉗公來言有成丁未七月五日病卒子于鎰判典校寺事麟亦竟死不歸子之泰仕至版圖正郞年踰七十哀慕益深不樂仕宦子忠秀慷慨有志氣敭歷臺諫有聲績官累通憲嘗構亭楸洞名曰永慕以寓東望之思

尹諧 澤

尹諧字康哉茂松縣吏登第調尙州司錄人有亂其妹繫獄者時久旱諧曰殺此人天乃雨長官不聽他日長官欲與諧飮溪上諧於道上引亂妹者數罪以石壓其首殺之天果大雨後籍內侍從忠烈如元掌行李供用及還歸其餘于國贏遷通禮門祗候出知長興府督造東征戰艦巡察使洪子藩薦爲興威衞長史轉殿中侍史淸白自守家貧饘粥不繼煎

豆充飢而已爲東界抄軍使時有康允明者殺事越守橫行州郡諸坐不能擒捕罷後累遷判秘書寺事免歸田里忠宣受禪有薦諸者即召爲田民辯正都監使旣而忠烈復位拜正獻大夫國學大司成文翰司學致仕卒年七十七性抗直不畏豪勢臨事果斷人不敢欺子守平守平子澤

澤字仲德三歲而孤七歲受書輒成誦諸每見警句泣曰與吾門者其汝乎稍長從姑夫尹宣佐讀書淹通尤長於左氏春秋常誦范文正公先天下之憂而憂後天下之樂而樂以謂大丈夫事可磔磔耶忠肅四年登第調京山府司錄入爲校勘遷檢閱年四十五官纔九品自視宰輔或以爲侮澤傲然處之不疑後王在燕邸澤單騎上謁王一見器重因有托孤之語意在恭愍也澤拜謝臣且老矣何能爲明年駐駕西京澤以檢閱權西京參軍供頓有制王每歎曰賢哉囘也以貌類回回故云有詔至王命澤讀之左右曰讀詔自有內外制王曰參軍爲兩制顧不在吾耶遂命權應教未幾欲擢爲西京府尹以資淺陞判官或有謗澤不遜者王曰尹生忠必汝罔也七年拜右副代言掌銓選王欲官其子護軍辭曰名器至重賢勞猶滯敢私臣子耶王愈重之轉右代言王寢疾復以燕邸所語語澤澤跪曰無煩聖慮忠穆初拜羅州牧王薨民望歸恭愍澤倡議與前密直李承老等獻書中書省言本國兄弟叔姪相繼之故少主不堪保釐之狀辭甚剴切忠定銜之及即位貶光陽監務恭愍初政入密直爲提學上疏建白王不允遂以開城尹致仕近臣有譏進鄉樂于元澤聞之上疏曰世祖已嘗却之今復進恐取譏又以節用上言王深納之僧普愚以讖說王曰都漢陽則三十六國朝王惑其說大築漢陽宮闕澤又言釋妙淸惑仁廟幾至覆國厥鑑不遠矧今四境有虞訓兵養士猶懼不給興工勞衆恐傷本根王嘗命寫無逸篇賜宰相召澤講澤因陳周公輔成王之勞曰願殿下法成王能聽周公之訓嚴恭寅畏王爲動容澤又以眞德秀大學衍義本朝崔承老上成宗書進講時王深味釋教超然有物外之想澤曰殿下上奉宗廟下保生靈奈何欲效匹夫廢絕倫理之事如聽臣言非孔子之道不可顧加聖意十年加政堂文學致仕言曰臣深荷毅陵之知無報萬一乞命工寫睟容以賜臣於村莊日夕瞻敬又曰近來饑饉

荐至加以師旅民病極矣前旣構南京之闕今又營白岳之宮民何以堪又曰用人爲政之本乞進賢退不肖又曰凡事得失上意雖灼知其然委之大臣未卽區處因仍之間其害已成救之莫及王賜酒澤一飲三巵神氣自若侍中洪彥博歎曰不謂尹公戇直如此吾所不及也澤雖致仕自以先朝顧托知無不言或切直王亦優容十二年又加贊成事致仕明年疾作乞歸錦州以山水自娛居七年卒年八十二謚文貞疾篤召子孫而訓之曰吾祖興寒地以淸白忠直名一時吾夙夜不克繼志是懼誤爲上知寵祿過望年逾八旬此皆先世之所遺也我死葬毋用浮屠法澤早孤不識父面時祭上冢必哭盡哀於方策見述父子之情未嘗不流涕常佩一囊得異味必盛以獻母嘗遊燕京道見遺金百兩守以待其主主泣謝而去平生布被弊席饔飧或缺晏如也自號栗亭恭愍手寫眞又書栗亭二大字以賜所著有栗亭集行於世子龜生鳳生東明龜生自有傳

李頲

李頲慶源郡人美鬚髯容儀閑雅博聞强記工草隷高宗中登第直翰林院累遷寶文閣待制常與學士金坵遊僧祖英方丈忠烈爲世子聞之賜製有隴西風月亦三千之句士林歆艶元宗朝拜右副承旨元宣撫使趙良弼一見恨相知之晚後寄詩云扶蘇山下李髯卿別後三年怎麼生兩遇使華無一字誰言人老愈鍾情見重如此忠烈卽位陞樞密院副使禮部尙書翰林學士承旨致仕四年卒

嚴守安

嚴守安寧越郡吏身長有膽氣國制吏有子三許一子從仕守安例補重房書吏元宗朝登第爲都兵馬錄事九年元遣使徵權臣金俊父子及弟冲赴京其黨懼謀殺使遷海島且曰王若不聽奉俊爲王議定令守安白兩府兩府皆變色莫敢言冲適移病在家守安往語之冲素信守安試問可否守安曰古者兵交使行其閒今無故而殺天子使將安之乎此非自全之計冲然之沮其謀是年林衍誅俊俊子柱聚六番都房諸軍謀拒之守安扣宮門告曰此輩不散恐爲變王卽遣朴成大等捕柱以功授郎將兼御史出爲東京判官十一年王自元請兵而來將復古都衍子惟茂欲拒之令夜別抄

四出諭人民入保海島山城別抄九人至金州守安告按廉崔儒曰不可聽權臣之言輕動百姓宜執別抄待變儒從之四別抄未幾惟茂誅一方晏然及三別抄叛據珍島傳檄州縣令民皆入珍島又聲言四別抄者罪之金州守李柱懼而逃守安權知州事慰安民心十二年密城人朴景純等殺其宰以叛按廉李淑眞聞變奔金州賊搜淑眞不獲號改國兵馬使移牒郡縣守安與金州守金晅謀勸兵挾淑眞爲討賊計賊聞之斬其魁以降秩滿除中郎將累遷典法摠郎出爲南京副留守會駕幸能辦供億左右皆譽之時人有剝民膏希君澤之譏忠烈十一年爲南京副使王幸南京守安與按廉崔伯與暴斂設宴極豐侈又勸王幸三角山文殊窟鑿開新道一方騷然王以守安爲能賜三品階歷忠淸西北二道指揮使西京留守所至有能聲以副知密直司事致仕二十四年卒子賛靖信賛以衣冠子弟入侍元朝

安戩

安戩竹州人少登第歷侍御史忠烈初爲全羅道按察使時廉坊與淑富等怙勢恣行戩與長興副使辛佐宣疾之不禮爲淑富等歸告王曰最佳二鶴死王問之對以戩佐宣不飼王怒欲配海島承宣朴恒力言不可王怒稍解止罷其職後戩托內僚李之氐入政房以大府將少尹爲必闍赤累遷至判秘書事尋拜左承旨王欲以參官授一內官戩執不可一日王謂戩曰此人服勤左右歲月已久卿强爲予與六品職命即除之戩不得已擬以郎將旣而辭曰臣以不才叨侍帷幄趨品銓注非臣所堪乞擇賢者代之言甚剴切王怒起入內戩隨之白曰臣罪當罷然內豎之除乞須後日王已踰閾厲聲曰可左右皆懼戩退徐曰殿下已許臣矣遂削除目人皆嘆服戩典銓注每守正不阿時稱鐵餻進副知密直司事尋加知密直司事後哈丹賊來侵軍務方殷戩歷慶尙忠淸西北三道都指揮使二十四年卒

崔守璜

崔守璜溟州人性正直勤儉家貧不能衣食不以介意高宗朝登第累歷起居舍人軍簿正郎忠烈時以左承旨同知貢擧取士守璜好佛學士宴略設具皆用素王旨別監林貞杞遺以白粒一舟守璜曰吾於王賜尙不受况民膏乎終不納

時議多之進副知密直司事累遷至僉議贊成事致仕二十七年卒嘗以國學學諭兼都兵馬錄事一日賚文案歷詣諸相家受署有相不冠與客坐守璜抱案進既又退跪相屢使前守璜故趑趄不進相乃竊起入冠而出自是名譽日播所至有廉直聲及登樞府年已老時人恨其晚子斯立能詩善書官至選部典書

朴褕

朴褕忠烈朝拜大府卿嘗云東方屬木木之生數三而成數八奇者陽偶者陰也我國之人男寡女衆理數然也遂上䟽曰我國本男少女多今尊卑止一妻無子者亦不敢畜妾異國人之來者則娶無定限恐人物皆將北流請許大小臣僚娶庶妻隨品降殺以至庶人得娶一妻一妾其庶妻所生子亦得比適子從仕如是則怨曠以消戶口以增矣婦女聞之莫不怨懼會燈夕褕扈駕行有一嫗指之曰請畜庶妻者彼老乞兒也聞者傳相指之巷陌之間紅指如束時宰相有畏其室者寢其議不行

洪奎 子戎

洪奎初名文系南陽人父縉同知樞密院事奎性恬淡寡欲倜儻不羈元宗朝拜御史中丞林衍死子惟茂繼執權奎惟茂姊夫也惟茂每事議於奎及宋松禮奎松禮面從心常憤惋王還自元惟茂欲拒之中外洶洶王遣李汾成密諭奎曰卿累葉衣冠當揆義度勢以利社稷無忝祖父奎再拜謂汾成曰明日待我府門外即與松禮謀集三別抄諭以大義擒惟茂斬于市遂謁王行宮從世子如元帝賜錦袍鞍馬以旌其功令授本國一品職於是拜左副承宣見國事日非同僚又阿意苟容恥與並列辭免陞樞密院副使又辭不就時年未四十忠烈與公主選良家女將獻帝奎女亦在選中賂權貴未得免謂韓謝奇曰吾欲剪女髮如何謝奇曰恐禍及公奎不聽遂剪公主聞之大怒囚奎酷刑籍其家又囚其女訊之女曰我自剪父實不知公主令捽地以鐵鞭亂箠身無完肌終不伏宰相言奎有大功於國不可以微罪置重典中贊金方慶亦扶病請之不聽流海島未幾洪子藩力請命還家產然怒未解以其女賜元使阿古大踰年召還加僉議侍郞贊成事判典理司事致仕王賜敎曰賊臣林衍擅權柄動搖

王室旋被天誅其子惟茂襲權構亂朕自上朝奉父王與官軍到鴨綠先勑百官出迎舊都惟茂結黨養士規拒王師卿奮忠義不顧死生與宋松禮金之氏剪除逆黨易如反掌社稷再定實萬世帶礪之功也父王擢任喉舌又置帷幄卿皆固辭屏居田墅二十餘年朕懷舊績命有司圖形壁上賜以鐵劵仍給田民然功大賞微常以慊然授卿判事卿請老彌切姑許懸車今又請避祿位予不敢不勉從且循上國賞功臣故事雖有大犯當悉原免宥及後世子孫後加中贊致仕尋判三司事守司徒領景靈宮事忠宣初封益城君又加僉議政丞益城君知益城府事忠肅三年以推誠陳力定安功臣南陽府院君商議僉議都監事卒謚匡定子戎女一即明德太后

戎忠肅時拜三司使繼室以萬戶黃元吉之女有姿色戎常閉閨房雖親戚不許相見戎於忠惠爲舅戎卒內豎崔和尙譽黃氏美忠惠夜至其家私焉賜金銀器綵帛紵布米豆黃氏亦邀王宴其家王餌熱藥所幸婦人多淋疾黃氏亦得是疾王命醫僧福山治之戎先娶密直羅裕之女生三子澍彥博彥猷黃氏生二子一彥脩一史失其名澍官至僉議商議三司右使南陽君忠惠後三年卒日沈醉不以產業名利介意彥博自有傳彥猷重大匡南陽君彥脩檢校參知門下府事

列傳卷第十九

列傳卷第二十　高麗史一百七

正憲大夫工曹判書集賢殿大提學知經筵春秋館事兼成均大司成臣鄭麟趾奉敎修

韓康

渥　脩　方信

韓康初名璟清州人性酷好浮屠法高宗時登第累遷監察御史出守金州前此田賦常不滿額守多坐罷康始至理屯田之廢者得穀二千餘石吏戢民安以最徵爲禮部郎中歷工部侍郎諫議大夫國子大司成翰林學士忠烈朝知密直司事轉判三司事時兩府議國事皆顧望莫有主者始置宰樞所司存以康爲之後以贊成事致仕又加中贊致仕王召康曰寡人在位已久今年換甲尤愼兢卿宜條陳可行事康請修宗廟備樂器以嚴時祀禁諸司抑買市物掩骼埋胔放生禁屠止遊田之樂節肥甘之奉於祁寒盛暑置漿粥以賑飢渴又言先王相地鉗而置塔廟後人多以私意廢舊創新至使佛像露在草間宜命有司重修舊剎自古君王皆信佛法以興國祚殿下尤崇法華經若常誦壽量品則實筭益延矣卒謚文惠子謝奇灃謝官至諫議大夫子永渥初謝奇以禿魯花挈家入元永幼長輦轂事仁宗皇帝官至河南府揔管以永貴贈謝奇翰林直學士高陽縣侯康僉太常禮儀院事高陽縣伯

渥忠宣時拜右代言忠肅立授選部典書知密直司事元詔王入朝渥從之時瀋王暠覬覦王位讒構百端渥以奇謀脫王于禍功在一等賜鐵券圖形壁上封上黨府院君賜宣力佐理功臣號累遷贊成事忠惠初進中贊及卒謚思肅後配享忠惠廟庭性勤愼有器局每事三思而行稍解蒙漢語子大淳公義仲禮方信大淳官至知都僉議司事忠定末貶爲機張監務公義封清城君謚平簡子脩仲禮官至政堂文學封繼城君

脩字孟雲年十五中第善草隸忠定王命爲政房必闍赤及王遜于江華脩從之由是名重一時恭愍王召復爲必闍赤累遷代言典銓選辛旽方得幸於王其跡甚秘脩知之密啓旽非正人恐致亂願上思之非臣誰敢言王方惑旽拜脩禮

議判書蓋諫之也旽敗王曰脩有先見之明授理部尙書修
文殿學士尋復拜右承宣知銓選卒禑立拜密直提學陞同
知密直尋以韓安之族流于外召還封上黨君賜輸忠贊化
功臣號封淸城君以判厚德府事卒年五十二人皆惜之諡
文敬官庀葬事學識行義爲世所重有柳巷集行於世子尙
桓尙質尙敬尙德
方信有將略登第恭愍時累遷樞密院直學士出爲東北面
兵馬使紅賊之亂與安祐等收復京城策勳爲一等陞政堂
文學元立德與君爲王發遼陽省兵納之方信以僉議評理
爲東北面都指揮使與金貴屯和州備東北時女眞亦寇邊
方信遣忽面兵馬使仝以道李熙李用藏等擊破之初北人
金方卦娶我
太祖女生三善及三介生長女眞膂力過人善騎射聚惡少
橫行北邊畏我
太祖不敢肆
太祖世長咸州恩威素積民仰之如父母女眞亦畏慕自戢
及德興君兵壓西北王遣我
太祖將精騎一千往援之三善三介詗其虛誘致女眞寇忽
面三撒王命交州道兵馬使成士達發精騎五百往擊之三
善三介陷咸州以道熙等弃軍走遻方信與貴進兵和州亦
潰退保鐵關和州以北皆沒時國家兩地受敵又方信等敗
衄將士喪氣日夜望
太祖至聞
太祖引軍至鐵關人心皆喜將士膽氣自倍方信分遣麾下
諸將往討之
太祖亦引兵來會與貴等三面進攻大破之悉復和咸等州
三善三介奔于女眞終不還王倚賴
太祖益重賜方信綵帛以旌其功及凱還賜宴內殿尋封西
原君元以平紅賊功授奉訓大夫秘書監丞後拜贊成事以
子安弑逆編配遠州辛禑遣体覆李英殺之子休安寧烈

元傅 忠顯 普之 松壽

元傅原州人九世祖克猷佐太祖有功號三韓功臣官至兵
部令傅登第直史館元宗朝拜樞密院副使累轉中書侍郎
平章事忠烈初改贊成事判軍簿修國史與柳璥金坵同修

高宗實錄得前樞密副使任睦史䕫開視乃空紙也修撰官
未悅請劾之傳與瑽沮不發以傳嘗直史館亦不納史藁故
也咸平府宣慰使遣知事李爲刷雙城人物仍獻馬爲將還
自王曰宣慰使獻馬今無酬荅恐非禮王曰曾下相府相府
之過遂大怒流傳及許珙洪子藩于海島然傳等實不知也
副知密直廉承益營救得免尋拜中贊傳嘗退食門生四五
輩來謁命之坐與語曰予濫首鈞衡才不逮志物論何如皆
莫敢對方于宣在下坐對曰人謂公之爲政如其姓傳大笑
曰吾法吾姓輪至於此汝法汝姓將至何地及卒謚文純子
瓘卿瓘官至贊成事子忠卿別有傳卿子善之

忠字正甫八歲蔭補東面都監判官十八被召事忠宣於燕
邸授禮賓內給事有龍陽之寵賜姓王氏改名鑄累轉右司
尹王欲拜代言忠辭曰年少無知驟登三品取譏多矣喉舌
之任願更擇人王怒下旨曰忠不體予意多所違忤宜追削
所賜性名貶知鐵州事後王自元還忠迎謁鴨江路遇如初
遂拜代言歷密直使僉議評理忠肅留元侍從大臣皆携貳
忠獨終始一節忠肅復位還國陞授贊成事賜推誠佐理功
臣號忠宣謂忠肅曰元忠世家舊臣盡忠輔翊且連外戚非
他臣比又謂忠曰永肩乃心輔爾主然自後漸見疎外閑居
五年忠惠初復爲贊成尋如元賀正忠肅復位忠落職因留
元受帝命帶虎符爲武德將軍兼提調征東都鎭撫司事後
五年東還卒性端慤無城府雖不學善處事子顒翊顗

顒年十八蔭補護軍席父勢狂縱累遷三司左使依德寧公
主鎭合浦恭愍時拜贊成事顒聞元討張士誠募將于我欲
避之求爲楊廣道都巡問使王不許封成安府院君遣之還
拜判三司事初顒欲代洪彥博秉權譖彥博有異志又譖韓
可貴貝榮儉等不追捕奇轍之黨於是下顒可貴榮儉獄對
置王素惡顒使李蒙古大即獄中椎殺之幷其黨郎將李連
孫屍于朱橋外

善之生七歲以父任爲西面都監判官官累左右衛護軍忠
宣在元召見驟拜右副代言知三司事又襲父職爲昭信校
尉征東都鎭撫時忠宣留燕邸殊無歸意善之與金深謀奉
王還國忤旨罷歸忠肅初貶知沔州後判繕工寺俄轉大司
憲判典儀寺忠宣竄吐蕃忠肅留元國人分曹流言者多善

之守正不撓士論多之累遷同知密直司事尋罷爲檢校僉議評理家居六年卒年五十爲人多能處事安詳書琴碁常劑藥活人丐者日踵門應對無惰容子龜壽松壽

松壽登第補春秋脩撰忠惠王御書筵安震言臣等備員兩府未可竟日侍講宜擇端士以備顧問遂薦松壽及閔湜判三司李齊賢等又進言玉之有瑕者必待良工雕琢然後成其寶器人君豈皆無失必待良臣啓沃然後能成其聖德因曰元松壽中贊傅之曾孫宰相善之之子臣等不參侍講之時宜令此人常在左右講劘道義王從之忠穆時拜獻納與獻納郭忠秀劾贊成事鄭天起告身未出而直入政房題品人物且弃其妻常在倡家王怒下松壽等鞫之宰相臺諫詣閤營救不得竟罷忠定三年出爲西海道按廉恭愍即位東還松壽迎謁于道風儀淸秀進退有度王知其非常人即擢爲內書舍人兼左副代言委以機密日見親信轉知奏事參銓注愼重名器不少私王嘗欲授僧職召之辭以疾又以尹澤有翊戴功命補其孫二人陵墎直松壽止注一人他日王問之對以闕少未能盡奉旨澤松壽座主也王由是益敬重見松壽至必起待之松壽嘗在妻服命出視事松壽奏曰承宣非獨臣且在服視事無古禮王然之十年王避紅賊南狩松壽扈從監察司以事劾睦仁吉仁吉與宦官譖于王欲令臺官分司京城以沮之松壽力言不可遂止賊平策扈從功爲一等松壽典機務八年常懷憂懼涕泣乞代王曰卿進如卿者可代乃擧李岡以代除簽書密直司事賜忠勤贊化功臣號十四年拜政堂文學未幾忤辛旽罷明年旽益用事憂慣成疾卒年四十三有宰相器國人惜之王命有司葬之加等謚文定子序庠

金連

金連字器之海陽縣人以富稱籍內侍補門下錄事累遷兵部侍郎以闕會失儀坐罷後歷樞密院副使刑部尚書忠烈初爲慶尙道都指揮使督修東征戰艦忽夢所佩金魚墜地自解曰身章已去不可久留遂引年乞退以知都僉議致仕又加僉議侍郎贊成事致仕卒年七十八諡良簡性淳厚凡慶弔人無閒親疏世以此多之

金富允

金富允初名用成兎山郡人隸左都知侍衛軍補校尉忠烈以世子如元富允從之雖値險艱執節不移世祖知其名授武德將軍征東行中書省理問所官忠烈即位錄侍從功賜鐵券曰歲己巳寡人歸自元朝至婆娑府聞林衍搆亂危社稷從臣震驚莫知所圖爾能敷陳利害夾輔寡躬還入天廷遂蒙帝眷請兵而東誅姦復國以迄于今予嘉乃功遵元朝之制功臣雖有罪十犯然後一論至子孫亦如之宜體朕意益竭心力訓爾子孫與國咸林累拜軍簿判書鷹揚軍上將軍歷賛政院副使知密直司事典理判書二十八年知都僉議司事明年以贊成事致仕卒性公正質樸無華嘗爲選軍別監處決得中子就起官至軍簿判書

鄭仁卿

鄭仁卿瑞州人高宗末蒙兵來侵屯稷山新昌仁卿從軍乘夜攻壘有功補諸校忠烈以世子如元仁卿從行世子還至婆娑府有告林衍變者時仁卿父臣保守麟州仁卿潛渡江就父具知衍逆狀來報世子欲還京師奏帝請兵來討之諸從臣皆思歸猶豫仁卿獨力勸世子從之累遷上將軍忠烈即位策侍從功爲二等陞其鄕富城縣爲瑞州郡十六年王請罷東寧府復歸于我仁卿敷奏甚悉帝聽納王嘉之以副知密直特授西北面都指揮使哈丹賊攻陷和登二州王避兵江華仁卿留守西京弃而逃來尋進同知密直司事時國家選良家處女方禁婚仁卿犯禁流海島二十五年判三司事俄遷都僉議贊成事後加中贊致仕賜號壁上三韓三重大匡推誠定策安社功臣又命圖形壁上賜錄券三十一年卒年六十九謚襄烈性謹直初以舌人知名所至有聲績嘗受帝命爲武德將軍征東省理問官子瑹信英信和信綏皆至顯官

權呾 溥 準 廉 謙 適 和 近

權呾字晦之樞密副使守平之孫嘗有遯世志父翰林學士韙强留之請於朝爲門下錄事傾家貲供其費呾不得已就職宰相柳璥謂曰子有文學不宜爲吏令赴擧果中第遷閤門祗候出爲禮昇孟价四州副使自是楊歷中外皆以廉勤精明稱留守東京舊有一庫賦民綾羅貯之名甲坊充貢獻贏餘甚多皆爲留守所私呾撤甲坊以一年所收支三年貢

司戶有盜民租者碎其腦于庭觀者股栗忠烈初徵拜典理摠郎所居里火延燒千餘家呾家在其中獨完人以爲愛民之報嘗按三道行文書但用鈴枚未嘗發一吏令行禁止其按慶尙也晉州副使白玄錫未之任先用州吏所賚銀幣到官重斂御衣對綾羅絲價私用之甫州副使張俊家在丹山與州近遣州人耕耨其田呾並劾之悛壯元及第玄錫會爲省郎同受汚名士林恥之轉國子祭酒左司議大夫晉州守崔昆所貢綾羅麤王命考問邑吏以呾爲按廉減折絲價對與昆並罷宰相言呾爲民革弊而罷孰有憂民者尋復其職遷判衛尉寺事掌試取士多知名士權漢功金元祥崔誠之蔡洪哲白頤正後皆爲名相呾耿介不苟合自除三品十年不遷久之乃拜承旨陞密直提學乞退甚篤以知僉議府事致仕後加贊成事致仕忠宣三年卒年八十四性淸儉謙遜酷信浮屠斷葷肉四十年子孫以時獻新衣則必解舊所服以與貧乏篋中常無餘衣自號夢菴居士江南僧紹瓊泛海而至呾欲出家師事之恐爲子溥所沮未果會溥不在遁入禪興社剃髮溥馳至大哭呾曰將復鬚髮我耶此予素志也得疾趺坐而逝孫準有寵於王特諡文淸

溥字齊萬初名永忠烈五年年十八登第明年又中殿試累遷僉議舍人忠宣受禪置詞林院溥與朴全之等俱爲學士寵幸無比尋拜右副承旨忠烈復位以溥及趙簡金台鉉金祐掌銓選密直學士累轉知都僉議司事忠宣復位拜贊成事判摠部事王命注七品以下武選忠肅朝拜僉議政丞判摠部事加領都僉議使司事永嘉府院君賜推誠翊祚同德輔理功臣號又嘗爲征東行省員外郞中王府斷事官溥性忠孝惠族姻睦僚友嗜讀書老不輟嘗以朱子四書集註建白刊行東方性理之學自溥倡註銀臺集二十卷又與子準裒集歷代孝子六十四人使壻李齊賢著贊名曰孝行錄行于世爲人無圭角久典銓衡鬻爵營産時人以爲視其父呾之淸懸遠也子準皐煦謙塤齊賢宗室璘珣皆封君子宗頂祝髮亦封廣福君世號一家九封君溥以冢宰退老準領門生稱壽時人榮之忠穆二年年八十五遘疾命左右扶起端坐而逝諡文正煦謙自有傳

準字平仲登第謁忠宣于燕邸擢爲代言自是恩寵愈隆賞

賜無筭奏帝拜武衛將軍合浦萬戶後授密直副使尋知司事命國贐都監以銀五十斤買中贊安珦第賜之又賜金盞元尹申汝桂妻金氏徙宅率婢僕行有惡少十餘人大呼擔金氏走汝桂奔告淑妃金氏妃之姨也使人追之至十里許弃之而散獲一人乃準家人也巡軍畏權氏勢莫敢究治忠肅嘗移御準第周覩屋宇之美歎曰非寡躬所敢當也王與瀋王暠相持群不逞多附瀋王準守義不變事定拜贊成事曹頔之變準閉門不出頔敗忠惠封吉昌府院君開府置僚屬納準外孫女是爲和妃王以殖貨爲事準進鈔一千錠忠穆薨準與耆舊大臣上書于元請立恭愍及即位準有疾醫問不絕卒年七十二王慟悼謚昌和性純重寡言笑儀表秀偉倚勢奪土田納賄賂以致鉅富子廉適

廉字士廉忠肅時授三司副使襲父爵爲宣武將軍合浦鎭邊萬戶後爲選軍別監授田有法人便之俄遷左常侍忠肅納其女爲壽妃封廉玄福君後拜僉議贊成與梁載有隙罷復封玄福君卒子鏞鋐鎬鈞鑄

鏞初名鎰嘗爲合浦萬戶割剝軍吏市金銀鑄器擅發傳騎輸私貨元顯代鎭合浦具鏞事移式目都監慶尙道察訪金漢丘牒監察司居民又訴之監察司庇不問恭愍引奉使者訪民疾苦得其狀下巡衛府命鄭桓鞫之桓亦依違不治王怒召石抹都事曰鏞族黨滿國人不敢治其罪汝能治之乎不能則直以告石抹慙赧良久曰鏞貪汚人也敢不窮治後爲密直副使雲岩寺僧言於都堂曰公等與王共理一國而國不理使人主獄而囚逃則誰任其咎鏞曰吾聞釋敎見性成道爾亦能見性乎僧曰見性與否聞言可知不必問也諸相以鏞爲失言後以子琩弑逆編配遠州辛禑遣人殺之

適爲忠惠嬖幸累遷判典客寺事元廢忠惠命忠肅復位囚適及上護軍金銳于巡軍杖流海島忠惠復位授密直代言賜推誠勁節功臣號歷判密直司事僉議參理封花山君恭愍初改封吉昌君拜贊成事紅賊陷西京適率僧兵赴征後賜端誠保節翊戴功臣號恭愍見弑適以權瑨近親罷卒謚原靖

臯未詳其遷歷初封文化君後封永嘉君位至檢校侍中年八十六卒謚忠靖臯嘗與其子正郎偲爭田召偲不至怒蹴

倮婁墮胎死監察司鞫之時有人曰阜本貪殘人也蹴殺子
讎非父也伲忤父意非子也子儼侃信信子和衷近遇
和辛禑時爲淸州牧使有固城妖民伊金自稱彌勒佛惑衆
云我能致釋迦佛凡禱祀神祇者食馬牛肉者不以貨財分
人者皆死若不信吾言至三月日月皆無光矣又云吾作用
則草發靑花木結穀實或一種再穫愚民信之施米帛金銀
恐後馬牛死則弃之不食有貨財者悉以與人又云吾勑遣
山川神倭賊可擒也巫覡尤加敬信撤城隍祠廟事伊金如
佛祈福利無賴輩從而和之自稱弟子相誣誑所至守令或
出迎館之及至淸州和誘致其黨縛其渠首五人囚之馳報
于朝都堂移牒諸道悉捕斬之判事楊元格信奉其說至是
逃匿搜獲之杖流道死累官至密直副使出牧全州兼元帥
斬倭二級以獻禑遣人賜酒帛自此以後入

本朝

近初名晉字可遠一字思叔少好學恭愍朝年十八登第唱
名入庭王怒曰彼少者亦登第耶同知貢擧李穡對曰將大
用不可少之也還補史翰爲王府必闍赤本國選文士應擧

京師近再中鄉試以年少不赴除成均直講藝文應教辛禑
時歷禮儀軍簿正郎典校副令拜左司議大夫與同僚上書
曰書云學于古訓時惟立事又云不學墻面涖事惟煩自古
聖賢之君未有不學而能理萬機之政者也殿下即位之初
有志于學首開書筵國人相慶以望大平近年以來或作或
輟人皆缺望願殿下不忘初志復開書筵或命大臣論議或
令左右講劘以通經學義理之宗以觀古今理亂之變非禮
勿視勿禮非聽勿禮勿言非禮勿動以副三韓臣民之望以
動四國觀聽之心則實萬世無窮之福也又上疏曰從諫如
流人君之美德責難於君臣子之忠義也書曰惟木從繩則
正后從諫則聖又曰股肱惟人良臣惟聖故爲人君者不可
以不從諫爲人臣者不可以不責難此臣等所以敢冒天威
仰瀆聰聽也古之人君深居九重躬攬萬幾日親賢士大夫
以守至正至於出入之際必有警蹕之節徐驅而行慮不及
軌前導後衛以辟行人故百姓但聞其聲不見其面君位以
尊民心以敬戴之如天畏之如神今者殿下專事逸豫興居
無節或晝或夜從以數騎馳騁道路百姓望見龍顏知之者

驚駭失望以爲殿下何至此極也不知者以爲無賴豪俠之徒指而侮笑此臣等所以夙夜痛心深爲殿下惜之也而況人君一身與宗社爲體不重其身是不重其宗社也馳騁之際馬或驚倒危懼甚矣不審殿下何不自重縱不自重其柰宗社何昔者漢文帝將馳下峻坂袁盎諫曰馬驚車敗陛下縱自輕柰高廟太后何文帝嘉納故後世皆稱文帝之德以爲賢君殿下天資英邁過於文帝豈宜此事獨出其下此臣等所以敢言不諱以冀殿下之從之也天之有晝夜猶人之有動息也人君奉若天道一動一靜皆當法乎天也易曰嚮晦入宴息傳曰人君動法於日出入有節言人君晝則動而爲政以法乎天之日出而爲晝也及嚮昏晦入居於內宴息其身以法乎天之日入而爲夜也古之聖王昧爽丕顯坐以待旦辨色視朝以聽庶政至于日中昃所以法乎天日也故天愛人君降之遐福今者殿下夜遊晏起其於法天法日之道何如矧今四方兵興饑饉荐臻民業蕩盡國勢將危此誠殿下夙夜憂勤勵精爲治之時也殿下不以爲意耽樂於內馳騁於外玩細娛忘遠慮一朝如有緩急將何以處之臣等

念此深爲痛心又況耽樂以蕩其志馳騁以勞其身誠非貽養精神以保天年之術殿下春秋鼎盛血氣未定此亦不可不戒也臣等愛君之心不能不爲殿下惜之也願自今無敢輕出馳騁道路方夜而寢及朝而興端居高拱親近大臣訪以時政得失問以古今理亂從容談笑涵養德性非法不道非禮不行日慎一日雖休勿休則殿下有從諫好善之美而無蕩志勞身之憂天位益尊聖德益昌宗社益重人民益附天命益新王業益永而隣國益慕之矣實我三韓萬世無疆之福也書上禑命更書以進又上疏曰嘗觀自古國家理亂興亡之故莫不由祖宗修德憂勤於創業之初從諫敬畏於守成之日以垂其統亦莫不由子孫驕淫侈肆於富貴之餘荒淫慢遊於危亂之際以墜其緒驕怠愈甚亂亡愈速千載之遠同一軌也昔者大禹勤儉而得天下其孫大康盤遊滅德黎民咸貳厥弟五人作歌以諷而不悟以失其國成湯寬仁而得天下其孫太甲縱欲敗度幾墜湯緒伊尹作書以諫然後悔過遷善爲商令王武王惇信明義而有天下其孫昭王巡遊無度而不返厲王驕侈拒諫而出奔宣王有志申甫

補闕而中興三代之後從諫好善之君莫如漢文帝唐太宗故漢唐之理於斯爲盛拒諫飾非肆志盤遊之君莫如秦二世隋煬帝故秦隋之末群盜並起雖以秦之强隋之富而亡不旋踵是知敬愼修德從諫改過理之本也驕淫拒諫荒怠慢遊亂之本也書曰與治同道罔不與與亂同事罔不亡爲人君者不可以不戒也我太祖憂勤垂統萬世列聖相承畏天勤民遵守憲度馴致大平祖宗數百年積累艱難之業傳至殿下付畀之任可謂重矣君位惟艱所係至重一念不謹或以貽四海之憂一日不謹或以致千百年之患雖在理平無事之時猶當兢畏儆戒以備不虞況當國家危急之際可不愼哉可不懼哉今水旱相仍饑疫荐至公無數月之儲民乏一夕之資老弱轉于溝壑餓殍偃於道路加以隣國屯兵近境侵我封疆誘我人民倭賊又深入爲寇州縣騷然弃爲賊藪守令不能禦將帥不能制自古危亂之極未有甚於此時者也積薪厝火不足喩其急剝床以膚不足踰其切也救時之急宜若奉漏沃焦猶恐不及此誠殿下恐懼修省夙夜憂勤奮發有爲之時也曩者臣等與憲府上書諫微行殿下英明果斷優容弗咈即賜俞允端居九重數月不出從諫之德改過之美光今邁古日月增輝群僚相與慶於朝百姓相與忭於野中外翕然以望理平者于玆有月矣今當危亂多艱之際不以修省戒懼爲念復事遊幸晝夜馳騁以人君之尊乘匹馬而行數離深宮之固馳驅委巷之中使衛之臣挾弓劒而守空宮公卿百僚不知殿下所在寧知盜賊之伺候內應者與夫反間刺客不在於國中乎萬有强暴之徒乘間竊發則倉卒之變甚可畏也此臣等所以夙夜痛心深爲殿下危之也自古人心難測禍亂無常危必生於所安變必生於所忽備患之道誠不可不嚴理安之日猶恐變生矧今多盜益爲寒心殿下承祖宗積累艱難之業縱不自重將柰宗社何知過而不從諫是益其疾也知危而不修政是促其亡也此聲若出聞于四方盜賊之欲乘釁者豈不自幸將帥之往敵愾者豈不失望民心豈不益離國勢豈不益危此臣等所以當夜不寐當食而嘆拊心痛念不能自止者也伏望遠稽歷代興亡之故深念祖宗付畀之重無敢逸豫以圖萬幾之政無敢遊幸以備非常之變從諫必行望或失信端居高

拱親近宰輔經國之謀制寇之策廣咨博訪夙夜憂勤厲精圖治修德行政以收民心信賞必罰以明國典則將士自奮盜賊自息而隣國不敢謀强暴不敢肆祖宗之業傳於無窮殿下從諫之德並美於大甲中興之功同符於宣王編諸信史後世稱聖明矣又上言今倭寇四侵反間刺客往來京城殿下以數騎馳騁道路終夜不返臣等深爲殿下危之禑曰我誠有此愆非卿輩忠誰肯言之後近又與獻納成石璘極諫禑醉甚欲射之遷判典校寺事執政擬近代言禑曰此人爲諫官使予不得遊幸何可近侍合令防倭耳取筆勾去拜成均大司成歷禮儀判書左代言陞密直副使辛昌立授厚德府尹轉簽書密直司事昌遣近及門下評理尹承順如京師請親朝近賫禮部責異姓爲王咨還中路私自拆視既至先詣昌舅李琳私第示之然後付都評議使司近上書論辨李崇仁罪諫官劾以黨比崇仁欺詐罔上流牛峯縣恭讓朝憲府上疏曰今以權近私拆咨文之故問尹承順承順言與近復命約明朝謁侍中李琳翌日將往琳第道遇近近曰吾已謁然旣相遇更與之進旣見琳予以病在家近將咨文藏聖旨筒置於其家開見後乃付都堂臣等謂此咨本國宗社存亡所關宜直付都堂會宰相同拆近累日私藏私自開拆隱密謀議漏洩天機陰謀難測不忠莫甚請更究問依律決罪王命勿問遠配寧海郎舍尹紹宗等上書復論私拆之罪請正典刑命杖一百徙流與海臺諫復交章請罪又移金海尹彝李初之獄起逮繫淸州尋以水災免歸漢陽又貶益州尋宥之歸忠州在謫著入學圖說及五經淺見錄自此以後入

本朝

閔漬 辨正

閔漬字龍涎驪興人平章事令謨五世孫也元宗朝擢魁科忠烈時由祇候遷殿中侍史累轉禮賓尹忠宣以世子如元漬與鄭可臣從之一日帝命公卿議征交趾詔與漬等同議對稱旨授翰林直學士朝列大夫後元欲復征日本令本國造戰艦王入朝欲陳東征不便漬以左副承旨從行漬偶閱杜氏通典及唐太宗征高麗魏徵諫曰高麗如石田得之無益乃示僉院洪君祥因語曰倭之於大元豈啻若唐之於高

麗乎況往歲之役本國民力竭矣今若不寢乃吾民何惟公圖之君祥曰君有命敢不從漬以君祥言議從臣欲罷造艦印侯張舜龍曰此朝廷大事豈以一僉院言止之乎漬曰後若有詰我自當之非諸君所知也遂白王罷之人以漬爲勁直世子諷王令西京留守安悅致仕欲以從臣代之漬以悅年未七十爲辭王乃止世子怒謂漬曰揚人之惡以釣其名卿有焉陞密直學士添設也尋罷王嘗遣內僚高汝舟令漬製詩漬饋汝舟白酒靑瓜汝舟白王曰漬雖宰相其貧無比王乃賜米一百碩久之授集賢殿大學士僉光政院事改同知密直司事監察大夫詞林學士承旨加判密直司事忠宣初以僉議政丞致仕忠肅八年起爲守政丞封驪興君十年漬與駕洛君許有全興寧君金賆如元表請召還忠宣漬自述其表略曰蕞爾小邦依于上國太祖皇帝龍興之際契丹遺種漏逃天網闌入我疆朝廷遣哈眞扎剌兩元帥討之我忠憲王遣陪臣趙冲等運粮助戰以滅之兩元帥與冲等盟曰今我二國約爲兄弟世世子孫無相忘也我忠敬王以世子入朝謁世祖皇帝回自南征將繼大統命我忠敬王還國襲爵忠烈王亦以世子入侍天庭世積忠勤釐降公主得生嗣子前王璋前王年十六承詔入侍世祖皇帝冊爲世子降詔云嗣惟汝嫡親實我甥自是留侍輦轂歷事五朝沉酣德澤貪戀寵光但期作善以盡忠不覺執迷而獲罪雖云遠謫是帝師興福之鄕若復尋思亦君父滌瑕之藥但在自新之遲速豈無如舊之恩憐臣等曾無匡救之能俾及顚隮之患又迫桑榆之晩景靡堪犬馬之戀懷旣難逃歲月之如流恐遂隔音容而入地故增深痛共切哀祈伏望矜我王失計而無他憐老物忘軀而到此賜籠鶴得還之翼令復舊巢指海鼇更戴之齡祝延聖筭又獻書都堂曰方今天下土地之廣人民之衆自有宇宙以來無與今日比者然未聞一夫不獲其所一物不得其宜者實由諸相公贊襄燮理之功伏惟前王以世祖之外甥歷事五朝凡三十餘載但以廣作勝緣祝延聖筭爲己任一旦不覺執迷獲戾於天遠謫西土者于今四年豈不痛哉小邦人民旣非木石誰無犬馬戀主之情然天遙地隔蚊虻之鳴上達無由但日夜呼泣而已況漬等曾被任用荷德費恩旣極名位年且耆耉豈不百倍于常情

乎然雷霆之威無所不震驚懼失措罔知所圖但仰望天日而趑趄海隅者久矣今諸相國閤下將使四海之內無一物不得其所若未達殘陽戀主之情忽先朝露以沒則可謂孤負盛代恨及黃泉由是忍病登途備嘗艱險幸存餘喘匍匐而來伏望諸相公哀我王遠謫殊方累經歲月憐老軀生度三千餘里欲申微願善爲敷奏導宣聖澤回我王萬里之行則瀆等雖老忘軀報德之心不後於龜蛇瀆等留元半歲餘爲瀋王黨所沮竟未達而還十三年卒年七十九謚文仁忠烈嘗命瀆增修鄭可臣所撰千秋金鏡錄國家多故未暇及焉後與權溥同校撰成名曰世代編年節要上自虎景大王迄于元王分爲七卷幷世係圖以進又撰本國編年綱目上起國祖文德大王下訖高宗書凡四十二卷其昭穆之論與編年節要不同瀆稍有文藻而多俗習心術不正諂事內人且不知性理之學其論有背於聖人至以朱子昭穆之議爲非所見之偏類此子祥正

祥正忠烈二十七年登第明年又中殿試歷宰碩州寶城江華又按西海楊廣所至有聲績其爲楊廣也聞有以貨賄輸權貴者驛遞過境即使吏搜取牒送國贐由是豪強屏氣無敢犯令忠肅時爲司憲掌令嘗以事被劾遇赦赴臺糾正再呼曰蒙赦掌令又內書舍人卜祺乘醉廷辱祥正曰風憲官蒙赦復職古所未聞君且休彈糾聞者笑之累轉知密直司事尹碩孫琦之獄起王在元遣祥正與趙炎輝蔣伯祥仁守等鞫之其黨有訴冤於上國者遣使覆問伯祥等皆以受賕、枉法論輸憲司祥正獨不染命長監察以榮之官至贊成事揔裁銓注減損官職以復古制恭愍元年卒年七十二稟性剛烈不能容人之過雖在骨肉不少假貸子濡琡璿琇賢濡登第官累代言祥正以濡不孝告監察司鞫之濡具服尋逃琡璿琇賢以罪流于島恣橫不入島杖之移配他所

列傳卷第二十

列傳卷第二十一 高麗史一百八

正憲大夫工曹判書集賢殿大提學知經筵春秋館事兼成均大司成臣鄭麟趾奉
敎修

閔宗儒 頔 思平 抃 壽

閔宗儒平章事令謨玄孫也年甫十一選爲王子始陽府學友十九闕淸道監務郡多大姓號難治宗儒不受請謁繩之以法以最聞秩滿補都兵馬錄事兪千遇時爲都兵馬使見而奇之妻以女未幾籍內侍忠烈時累遷三司右尹轉判通禮門事拜密直知申事知典理監察司事進密直副使改銓曹尙書崇福館使復爲密直副使刑曹判書尋罷久之起爲典法判書權授判密直司事監察大夫遙授贊成事忠宣元年以重大臣僉議贊成事判選部事致仕忠肅六年封福興君八年革異姓封君者宗儒例罷復以贊成事致仕明年王留元未歸權漢功等怨王欲請立瀋王上書中書省聚黨逼百官署名人皆畏勢迎合或有詭避者有人持紙諷署名宗儒叱曰臣爲君隱直在其中至如欺罔是可忍耶吾雖老不爲若輩遂卻之其人慚而退十一年卒年八十諡忠順天資莊重美風度明識典故優於吏幹不妄交遊篤於宗族未嘗干謁公退便杜門謝客洒掃庭堂淨如也性好馬聞人有良馬必購致之每繫堂下朝夕愛賞晚年喜絲竹廣植花卉以聲伎自娛子頔敍

頔字樂全生而姿相不凡外王父兪千遇見而奇之曰兒他日必貴姨夫故相金頲聞其言養于家國俗幼必從僧習句讀有面首者僧俗皆奉之號曰仙郞聚徒或至千百其風起自新羅頔十歲出就僧舍學性敏悟受書旋通其義眉宇如畫風儀秀雅見者皆愛之忠烈聞之召見宮中目爲國仙登第補東宮僚屬累轉僉議注書改秘書郞遷軍簿正郞賜銀緋以版圖正郞兼世子宮門郞賜金紫忠宣受禪除秘書少尹忠烈復位隨例免從忠宣在燕邸凡四年後爲羅州牧使及忠宣襲位召爲典儀副令改選部議郞知製敎陞密直承旨兼司憲執義尋以平壤尹罷閑居又四年賜俸祿如舊忠肅即位授選部典書寶文閣提學明年拜密直副使又爲大

司憲如元賀正時忠宣在都以頔舊僚待遇無比後封驪興君忠惠授密直司事進賢館大提學知春秋館事忠肅後四年卒年六十七謚文順居第置園林每花時召客置酒賦詩以爲樂好賢愛士待孤寒晚進尤致情禮子思平愉抃渙渙自有傳

思平字坦夫少有器局政丞金倫號知人以女妻之學日進試補散員別將不樂武資讀書益力忠肅朝登第調藝文春秋修撰歷藝文應敎成均大司成監察大夫封驪興君嘗從忠定朝于元及即位以勞拜僉議參理賜輸誠秉義協贊功臣號進賛成事商議會議都監事恭愍八年卒年六十五謚文溫性溫雅睦親姻善交遊居官處事不爲崖異常以詩書自娛所著及菴集行于世

抃登第忠惠時累遷左司議大夫忠定初拜密直代言恭愍朝封驪興君辛禑三年卒爲人嚴正無私一循繩矩子霽亮開

霽字仲晦性溫仁淸簡不喜華侈好讀書一覽輒記長於史學恭愍朝年十九登第補國子直學選爲春秋檢閱稍遷典理正郎知製敎歷成均司藝典校副令辛禑時官累判典儀事出知春州事有惠政召還判少府寺事再遷典工禮儀判書辛昌時拜開城尹商議密直司事恭讓元年除藝文館提學轉簽書密直司事禮曹判書霽自少以知禮聞故及升樞府常兼禮曹又惡異端淫祀使工圖僕隸制梃嗾犬逐僧巫狀於壁觀之一日王御經筵謂霽曰聞禮曹定服色省減佛事然乎對曰服色欲禁異土之物佛事春秋藏經外當悉罷之王曰不貴異物實是美德予亦衣縣布若佛事先王所爲予何敢擅罷復拜開城尹出爲漢陽府尹自此以後入
本朝

金之淑 仁沇

金之淑化平府人父鍊美風儀習容止莅事無斷而人稱爲長者官至叅知政事之淑元宗朝爲將軍三別抄之亂陷賊中無計得脫自投海隨波出沒賊以小艇追及取之至珍島將斬以徇承化侯溫救解之使當一面之淑密以賊狀再達于官軍及珍島敗王嘉其忠義賞以官忠烈朝累遷密直司事以判三司事如元賀聖節交趾人先入陳庭實之淑奏曰

我國雖小自太祖奮義之初首先臣服兄弟有盟甥舅有親願先設幣陳賀帝從之賜坐諸侯王列之淑禮貌詳閑觀者美之歷僉議參理同知光政院事參知機務尋改評理陞贊成事判監察司事時閭里吉思爲行省平章凡奴婢其父母一良者欲聽爲良宰相莫有止之者之淑謂曰世祖皇帝嘗遣帖帖兀來監國有趙石奇者訴良帖帖兀欲用上國法事聞世祖詔從本國舊俗此例具在不可變更閭里吉思不敢復言加中贊致仕忠宣二年卒年七十三性廉潔剛正歷仕中外皆有聲績子仁瑾仁沇二女以家貧未嫁爲尼仁沇忠肅朝爲護軍時王被譖留元仁沇與慶斯萬等請王還國瀋王暠之黨惡之囚巡軍後拜知申事尋除密直副使又加贊成事王蕘與征東省員外韓帖木兒不花前郎將盧英瑞等如元請忠惠襲位及元囚忠惠于刑部乃與金倫等繫于獄忠惠還國錄功爲一等封光山君忠穆爲元子在元以師傅朴仁幹卒手書招仁沇及府院君金永旽咸陽君朴忠佐等入侍宰樞不許故未赴恭愍即位追念侍從功贈謚錄子孫子元命續命自有傳

鄭僐

鄭僐字去非初名賢佐草溪人弘文公倍傑七世孫也元宗末擢魁科調全州司錄忠烈朝累遷吏兵二部摠郞歷宰三州皆有聲績後爲右常侍知內旨王以僐正直命管齋醮都監忠宣時以僉議評理致仕屛浮華日以閱釋典持戒爲事卒年七十五子光祖光緒光度光祖子琡珚字孟淳官至判開城封八川君爲人精曉音律且以知禮聞後進皆就學焉謚良獻

李混

李混字去華一字太初全義縣人元宗朝年十七登第調廣州參軍入補國學學正忠烈時累歷僉議舍人右副承旨陞副知密直司事文翰學士承旨加同知司事王嘗欲籍耽羅民戶隸內庫混極言不可王不悅時近幸多奉使擾民都堂言西北界人性暴悍不可以內旨擾之自今宜下都評議司司牒都指揮使亦可辨事驛吏逃散寔由傳遽之繁宜遣使整理近以內旨出使者相繼民受其弊宜經都評議司給驛然後行近幸者疾之訴于王王怒命巡馬官執堂吏李紆訊

其倡議者紆曰此事皆我所爲王益怒命萬戶高宗秀必欲得情痛加榜掠紆誣服指混下混獄遂罷起知密直司事世子元賓陞密直司使銓曹判書集賢殿大學士修國史尋罷復起判密直司事又罷王謂左右曰人臣之節漸不如舊昔李混尹珤主銓選寡人欲以混弟子和爲行首混辭曰殿下不以臣爲不肖待罪銓曹臣弟爲行首則人謂臣何又以珤子安庇爲權務珤亦曰臣子年少臣又掌銓選不敢受皆固辭再三今之主銓選者先以美官授親戚不令寡人知之況敢辭乎此所以廉恥日喪世道日降也王惟紹宋邦英旣誅忠宣得專國政以混爲僉議侍郞贊成事俄改中護忠宣在元以賀正使召之至則與議選法更定官制於是密直重房內侍三官五軍皆罷失職者多怨之混與崔鈞金元具權準賫忠宣所定官制及批判還自元時宰樞會慈雲寺有人投匿名書云中護李昆諂瀋陽王所議選法陞擢二子其餘所擧多親戚故舊誣上行私不宜任用混大慚及忠宣還國事皆令藝文館申奏故拜混大詞伯加壁上三韓未幾爲淑妃所搆貶淮州牧使又貶禮州牧使召還拜僉議政丞致仕混性寬厚嘗與鄭瑎尹珤在政房相推致一日語曰吾輩交歡久盍相告以過混謂混曰人謂君巧又謂珤曰人謂君好自尊宜改之瑎乃謂混曰人謂君不廉然乎混久典銓選性且不廉故其家富務踈散喜賓客好琴碁置別業于城南號曰福山莊數往來卒年六十一謚文莊詩文淸便長短句若干篇行於世嘗貶寧海得海浮查制爲舞鼓至今傳于樂府子異少穎悟登第仕至成均樂正先卒無子

崔誠之 文度

崔誠之字純夫凡五易名阜瑺琇賓誠之平章事甫淳四世孫也父毗一官至贊成事誠之未弱冠登第管記雞林入補史翰選爲春宮屬從忠宣如元執政畏惡忠宣百計誘之使去誠之笑曰窮達在天怵於利非士也忠宣定內亂擁立武宗誠之居左右多所贊襄拜知監察司事奉策命還國忠烈喜賜衣一襲銀三斤及忠烈薨忠宣自元奔喪率百官肆卽位儀賜誠之鞓帶常與權漢功等召見無時及葬慶陵誠之時爲執義舊例中丞署名封玄宮俗傳封陵者不吉是日執義李彥冲辭王命誠之押封且曰前程不在我乎驟遷同知

密直司事大司憲轉僉議評理進賛成事賜推誠亮節功臣號封光陽君忠肅七年元流忠宣于吐蕃撒思結之地去京師萬五千里時誠之從忠宣在元逃匿不見唯直寶文閣朴仁幹大護軍張元祉等十八人從至流所時人以爲誠之大臣也主辱忘恩全身引避君臣之義掃地矣時國人分黨相訴朝廷議立省比內地誠之與金廷美李齊賢等獻書都省陳說利害其議遂寢瀋王暠黨疏圖家得失將言於朝廷誠之不肯署名主謀者同坐府中令錄事請署誠之厲聲曰吾嘗備位宰相僉錄欲相脅耶衆沮喪十一年上書乞退以光陽君家居畜聲妓召賓客淸談雅笑不問人間事居七年卒年六十六謚文簡官庀葬事性剛直不妄語書法楷正詩醞籍可喜尤邃陰陽推步法忠宣留元見太史院精曆數賜誠之內帑金百斤求師受業盡得授時曆術東還遂傳其學至今遵用之

子文度字羲民以世家子宿衛元朝樂觀濂洛性理之書事親孝性溫良人未嘗見其卒怒而遽喜官至僉議參理謚良敬子思儉

蔡洪哲

蔡洪哲字無悶平康縣人忠烈朝登第補膺善府錄事稍遷通禮門祗候出守長興府有惠政已而弃官閑居凡十四年自號中菴居士以浮屠禪旨琴書劑和爲日用忠宣素知其名及卽位將大用强起之除司醫副正驟陞密直副使由前祗候八遷爲相士林榮之又加知司事忠肅元年始正經界量田制賦洪哲爲五道巡訪計定使明年陞僉議評理轉三司使尋遷賛成事巡訪一年五道田籍粗畢然新舊貢賦多不均民不聊生性又貪婪喜營私多取民田遂致鉅富王雖不直其所爲以有寵忠宣且與權漢功崔誠之善故未敢發至五年欲釐正之分遣臺官竟無糾擧者七年拜重大匡平康君子河中仕元秩五品以恩授洪哲奉議大夫大常禮儀院判官驍騎尉大輿縣子忠肅復位起爲賛成事時兩府以行邸用度不足科斂文武官布抽索富人財理問郞中蔣伯祥謂洪哲曰君爲老相强斂民財何也洪哲曰非吾過也今王在燕邸多所須用有旨徵錢府藏虛竭不能支用不斂何爲改封順天君進三重大匡賜純誠輔翊賛化功臣號命洪

哲及安珪掌試粱載者王之嬖幸也操弄政柄士大夫多出其門載以李潤屬洪哲曰走馬看錦恐迷日五色洪哲果取之王賜洪哲苧布五十四珪玉帶五綜布六百匹忠惠後元年卒年七十九爲人精巧於文章技藝皆盡其能尤好釋敎嘗於第北構栴檀園常養禪僧又施藥國人多賴之呼爲活人堂忠宣嘗幸其園施白金三十斤又於第南作堂號中和時邀永嘉君權溥以下國老八人爲耆英會製紫霞洞新曲今樂府有譜初金方慶鎭北界悅龍岡官婢生一女洪哲娶之生河中河老河中別傳

金怡

金怡字悅心一字隱之福州春陽縣人初名之琔後改廷美忠宣王賜名怡初母夢天爛赤日輪帶赤暈入懷中因有身怡生而貌魁梧早有大志安珦嘗見之曰後當貴年十餘爲都評議司掾吏事雖鄙不憚識者異之忠烈十四年怡年二十四偶宿華藏寺夢王御正殿群臣擁衛祥雲掩苒王唱一句云青雲紫氣知仙閣怡賡云綠髮淸談是貴人王嘉嘆解衣衣之以此預知貴顯之兆是年關長興府倅十六年哈丹入寇國家令州縣據險自保禁民出耕令出咸懼怡謂按廉姜就曰天兵制此小醜如几上肉耳何能到邊郡且食爲民天耕種有時時不可失請出耕就曰如違令被譴何怡退而嘆曰一夫不耕天下受飢從令不耕則餓死者衆不從而耕則受罪者我也令民出耕賊果至燕岐而滅他郡皆未稼唯此府大熟遠近賴之十八年秩滿召入內侍忠宣受禪尋遞位以前王在元見譖于王資用不繼欲賣寶帶怡曰世寶不可輕鬻遂貸錢以供頓三十年柳淸臣朴景亮等欲專國柄誣忠宣言本國都僉議使司世祖皇帝已陞爲二品且賜印以寵之今其官亦受帝命除拜之與朝廷爲一朝廷大臣不敢凌蔑是國家萬全之策忠宣深然之將表聞大寧君崔有渰密語怡曰若從二人言東國之業已矣政令自中國出幾何不爲其所幷也怡乘閒具陳忠宣乃止後王與忠宣俱在元王聽群小譖欲廢忠宣以瑞興侯琠爲子又以忠宣公主改嫁琠兩王之臣角立相傾怡懼禍將起密取忠宣受封詔冊潛帶腰間以他紙納空宣匣中緘封如故居數日宣匣果爲人所竊忠宣大驚怡密言曰臣恐不虞之變嘗取匣中書

藏之請勿驚月餘群小計垂成怡出所佩冊命以驗之事遂寢累遷版圖正郎三十四年王薨忠宣復位還國初忠宣在元資用闕乏衆議以爲就富豪借錢令本國償之怡曰本國素無蓄積近因父王赴都府藏罄盡且斂民間公私俱匱今官自稱貸而欲令民償之如小民何從之授民部議郎試內府令兼繕工副令都津長充開城少尹兼豐儲廣興倉義盈庫濟用司事凡錢穀出納皆委怡元年轉司憲執義陞右副承旨明年進密直副使五年王在元杖流金深李思溫于臨洮疑怡黨於深等使贊成事權漢功等來鞫怡及其子護軍文貴于巡軍貶怡爲機張監務流文貴于合浦籍其家忠肅受禪拜同知密直司事轉僉議評理賜輸誠保節功臣號懿妃薨于元喪具未備怡燒骨納函棺身自瘞之每當朔望備羊酒親奠終三年後王欲仍窆大都西山怡以百計止之不得貨術士以詭辭諭王曰安厝本國無後禍王從之還葬衍陵五年王遣司憲持平張元組于西北面問民疾苦元組才劣未有發擿獨擧怡橫斂皮弊事忠宣聞之以怡方扈從流元組引月島七年加贊成事慶山君八年以連權漢功蔡洪哲等繫于巡軍尋釋之時柳淸臣吳潛等謀立瀋王暠會英宗崩泰定帝登極淸臣等未遂其謀又請立行省罷國號帝然之遣平章政事闊兒察中書怯烈等于本國忠宣還自吐蕃聞之對怡歎曰我祖統三爲一立高麗號于今四百有餘年我忠憲王首先歸順忠敬王親朝釣魚山又謁世祖皇帝于汴梁蒙賜玉冊父忠烈王爲駙馬世承帝眷爲天下諸國榮觀何不幸及我以二三奸臣之謀遂墜我祖業乎祖宗何辜不復血食因泣下謂怡曰復高麗號卿有之昔皇慶初叛臣之裔洪重喜等訴于帝立行省削國號卿歷奏祖宗臣服之功奉帝旨遂罷行省今又宜盡力圖之怡乃與崔鹹之李齊賢等上書都堂爲陳利害都堂從之復拜贊成事十三年陞僉議政丞明年改中贊加賜推忠保節同德功臣號圖形功臣堂賜田及臧獲卒年六十三謚匡定性豁達有長者風久從忠宣有負絏之勞終始一節子文貴忠惠初以密直使掌銓注止護軍朴連白王曰近日銓注不公王命收還批判果有改注者乃杖流文貴于加羅山防禦所

李仁琪

李仁琪雞林人性寬厚美風儀習禮度以武勇顯爲護軍疾重房諸將怙勢使氣抗辱之諸將訴忠宣忠宣雖直仁琪以諸將皆土國婦寺黨不得已削仁琪職未幾超授知讞部事俄遷判中門事忠肅三年卒

洪彬

洪彬字文野南陽人其先世居燕彬宿衛內庭積其勞以長官薦授大都路覇州同知歷松江府判官都水監經歷大常禮儀院經歷忠肅被讒留元彬爲王出死力訟其屈而別白之及王復位東還彬從之王念彬功將留之奏授征東省理問所官拜都僉議贊成事判軍簿事忠肅薨遺命彬權征東省事時曹頔作亂率彬及省官等襲忠惠宮頔敗死餘黨皆繫巡軍獨宥彬及省官元聽頔黨訴遣使執忠惠及彬等以歸囚王于刑部又械彬等于獄使中書省樞密院御史臺宗正府翰林院雜訊之忠惠不能自明事殆矣彬曰頔王之奴奴而欲戕其主王法所不赦王罪當從末減彬以先王遺命權行省事事干邦憲者彬實當之王不當坐辭氣慷慨人皆爲彬危之彬曰吾王之子吾不直之何以見先王地下乎王復位策勳爲一等封唐城君開府仍奏彬爲行省郎中王被執如元彬與德城君奇轍權征東省與轍蔡河中等封內帑初代言印璫自元將封內帑急馳馹來馹騎至彬謂璫曰君之來國人皆謂復正三韓今但封府庫耶奮袂而出自後托疾不肯視事忠穆嗣位有許政者中原人也誣彬以爲印璫奉王命來彬擧手怫然曰皇帝使八歲童莅國國之安危可知因辭去二日不朝引蔡河中爲證事聞中書省遣人來鞫之二人言卒牴牾反抵罪彬曰吾不可久於此遂如元爲與國路揔管後還國恭愍即位拜右政丞賜推誠翊戴同德協義輔理功臣號封唐城府院君與洪彥博李公遂提調政房頃之辭職王遣內人起之彬杜門不出宰樞會其家請之乃出尋又辭卒年六十六謚康敬子壽山仕至通禮門副使

曹益清

曹益清昌寧人忠肅朝爲中郞將忠惠襲位在元政丞鄭方吉等交構王父子時益清自忠惠所來忠肅召謂曰王奪吾從臣職何也雖藩王屬爲王豈至如此吾欲如元奏帝何如益清力陳父子相傳之法言甚切至忠肅嘉納之累遷大護

軍與代言尹桓謀去忠惠所狎惡少輩執宋八郎洪莊等四之栲掠甚峻洪莊欲釋憾譖益清貶爲濟州安撫使後與李芸奇轍等在元上書中書省極言忠惠貪淫不道請立省以安百姓忠定時拜贊成事恭愍初益清家奴買宜城達魯花赤魯連祥馬及連祥叛諸相議欲起兵捕之益清獨不可曰一騎可呼何必起兵有人譖云益清受連祥馬監察司杖其奴鞫之奴不承監察司又劾益清行淫祀請罪之王不允後拜左政丞封夏城府院君賜純誠直節同德贊化功臣號二年卒謚襄平辛禑二年配享恭愍廟庭

裴廷芝

裴廷芝字瑞漢初名公允大丘縣人甫十歲屬禁衛爲都知元宗十一年還都舊京廷芝年十一負紲扈從以功補隊正忠烈時以別將從萬戶印侯擊哈丹于燕岐拔劍躍馬所向披靡流矢貫輔車裹瘡復戰俘馘甚衆超授中郎將侯携以如元帝召見曰勇士也賜白金五十兩後兩府擧以爲忠淸全羅兩道察訪挫奸猾撫孤獨一境安集忠宣受禪授護軍王謂富國莫先於農設典農司有備倉以廷芝幹其事忠肅五年耽羅賊魁金成等叛以廷芝爲存撫使討之旣還授密直副使八年黨獄起杖流竹林防護其子天慶請以身代不聽遂俱竄及還閉門謝病日以琴棊自娛明年卒年六十四爲人于思而皤體貌魁梧人皆服武略不知有吏能口不言利家無十金子成慶天慶成慶

孫守卿

孫守卿家世單微忠肅時爲大護軍忠惠被徵如元守卿侍從有勞錄功爲一等爵其父母妻子賜田及臧獲忠穆即位拜僉議參理進贊成事忠穆薨奉忠定如元及即位封義昌君屢召守卿謝病不就遂封推誠宣力翊戴定遠功臣判三司事義昌府院君尋拜都僉議政丞本國嘗受帝命使臣奉詔來則王出迎餘則否丑驢奉御香來申德鄰安吉祥等畏威使王出迎守卿爲相不能擧正有僧因訟奴婢辱丑驢亡匿丑驢怒取守卿辭一日丑驢道遇守卿以館穀之薄欲鞭之守卿走馬以免憲司劾以冢宰被辱時人譏之恭愍朝釋器之獄起守卿以辭連逮獄尋斬之

列傳卷第二十一

列傳卷第二十二　高麗史一百九

正憲大夫工曹判書集賢殿大提學知經筵春秋館事兼成均大司成臣鄭麟趾奉
敎修

朴全之

朴全之竹州人也父暉官至典法判書全之年未弱冠登第歷史翰忠烈五年元世祖詔選衣冠子弟入侍全之與焉因留元與中原名士遊商搉古今山川風土如指諸掌王重之元授征東省都事既還除吏兵二部侍郎以年少官高上章辭出守安東王愛其才召拜殿中尹知製敎時忠宣爲世子命令侍講多所輔導又從世子如元不憚艱險及世子受禪置詞林院以全之崔旵吳漢卿李瑱爲學士掌銓注命全之等撰即位敎賜綾絹紬苧布各十五匹倘乘鞍馬後又賜全之漢卿瑱權永紅鞓王常屛左右幸詞林院與全之等謀議政理手賜酒食後容盡日或至夜分賜宮燭送至其家寵幸無比尋拜三司左使詞林學士承旨遷密直副使爲中京留守忠烈復位以讒見罷忠宣復位以東宮舊僚封延興君忠肅八年守僉議贊成事致仕時瀋王之黨誣王以罪上書都省逼全之署名全之奮然曰狗奴敢汚我邪遂遣其子瑗聞于王所及王還國拜瑗右副代言任銓選起全之視事以老固辭乃授政丞致仕賜推誠贊化功臣號俸祿如故十二年卒年七十六謚文匡爲人溫和慈愛遇事少剛果幼在襁褓外王父李藏用見之曰此兒必克家好養之及長通經史究術數誨人不倦與人交不立崖岸藏用盡傳其家所寶書籍忠宣嘗召入內廣平江陵二君侍王令各自書名以示曰誰享國者全之不敢對王固要之良久避席曰觀兩君筆蹟亞君當璧矣不數月廣平卒江陵果爲嗣其識見如此子遠初名瑗登第仕至政堂文學有寵忠肅久典政柄性仁柔頗有簠簋之誚

吳詗

吳詗初名漢卿字月叟海州人元宗初中監試第一選爲東宮侍學登第調南京司錄轉中書注書忠烈朝由僉議舍人出守金寧府考滿拜軍簿摠郞除書未到詗以爲秩已滿不

可留遂行無何按廉劉顯在金寧爲賊所刺闔府被鞫詞獨
免官累左司議大夫詞林院學士踐歷華要至僉議贊成事
監春秋館事知選部事仍令致仕忠肅元年卒年七十三諡
文溫學問精博在朝雖無著績然寬簡無華知大體有長者
風子埏珽瓚

李瑱

李瑱字溫古初名方衍慶州人三韓功臣金書之後少好學
博通百家有能詩聲人或試以强韻援筆輒賦若宿構然尙
書李松縉一見奇之曰大器也登第調廣州司錄被選直翰
林院忠烈以詩賦親試文臣得九人瑱居第二歷起居中書
舍人出爲安東府使以祛民弊興學校爲務累轉軍簿摠郎
陞右司議大夫詞林院學士俄遷大司成密直承旨改典法
判書忠宣奉仁宗靖內難革本國積弊瑱上書略曰殿下樹
勳帝室睠遇日隆誠宜有功不伐居寵若驚又與朝臣和如
水乳且名器至重無功之人不可妄授況及族黨乎其詐稱
父王之賜竊府庫錢穀者人皆疾之不可不察其賜給土田
除有功外一切收之官冗員多糜費廩祿除六部尙書外餘
悉幷省比年旱荒民皆艱食宜罷不急之役王嘉納超拜政
堂文學商議都僉議司事進贊成事忠肅即位拜檢校政丞
臨海君七年子齊賢掌試領門生稱壽忠宣賜銀瓶二百米
五百石以供其費瑱及妻皆康强無恙當世榮之瑱嘗倚齊
賢勢多奪人臧獲哀訴者日踵門校勘崔洱縊於瑱門辨違
都監決還洱家八年卒年七十八諡文定爲人體貌魁梧局
量寬洪然在廟堂無所建白及解官居閑日與儒釋逍遙詩
酒閒子綰齊賢之正齊賢自有傳

尹莘傑 朴孝修

尹莘傑字伊之慶州杞溪縣人忠烈朝登第調南京司錄時
博士只占一經多非其人嚴其選必通五經然後爲之莘傑
被薦爲四門大學博士忠宣即位授右獻納江陵府翊善使
傳忠肅後忠宣惡莘傑有寵於忠肅貶知寧海府尋除選部
議郎及忠肅立拜右副代言寶文閣提學知製敎進密直副
使選部典書累遷知密直司事陞藝文太提學賜純誠輔理
功臣號以事忤王王杖辱之忠宣命莘傑李齊賢爲試官莘
傑以選部典政柄干請州郡聚錢財欲設學士宴王以命出

忠宣疑其貳於己即罷莘傑以朴孝修代之官至僉議評理封杞城君卒年七十二謚莊明無子爲人嚴重訥言歷仕兩朝久典銓選不以私輕重之時稱長者孝修素有淸操累官至代言及代莘傑取士王嘉其淸白賜銀瓶五十米五百石令辦學士宴孝修淸節益著後封延昌君卒

許有全

許有全初名安金海人元宗末登第忠烈時爲監察侍史王信嬖幸之讒囚巡馬所將杖于市無敢救者巡馬指諭高宗秀得幸出入臥內白王曰監察爲王耳目彈糾百官今以小人之讒而杖之人謂上爲何如主再三譬解乃得免遷國學司藝銓曹侍郎累轉都僉議參理知密直司事忠肅初封駕洛君賜端誠守節功臣號加守僉議贊成事致仕拜政丞復封駕洛君忠宣流吐蕃有全與閔漬等如元請召還有全時年八十一妻亦老病欲止之荅曰人皆有一死豈以妻病身考忘吾君而自逸乎屬其子榮侍疾遂永訣而去聞者歎之後九日妻沒有全至元留半歲爲瀋王黨所沮竟不能達而還

朴忠佐

朴忠佐字子華咸陽人祖之彬衛尉尹生四子皆登第長曰莊仕至軍簿摠郎生忠佐忠佐自幼嗜學登第忠肅朝按全羅嬖人朴連傳內旨認良民爲隷忠佐不許連譖曰按廉不敬王旨弃如弊紙王怒杖流海島召還除監察持平移病不出改藝文應敎命監慶尙鹽稅又不就尋遷內書舍人累轉密直提學開城尹忠穆時拜贊成事入侍書筵講貞觀政要因言燕昭王築黃金臺迎郭隗事賜鈔五十錠尋判三司事賜純誠輔德協贊功臣號封咸陽府院君忠定元年卒年六十三性溫厚儉約雖爲卿相居室衣服如布衣時好讀易老不輟子玿珽瓊璠璵

尹宣佐

尹宣佐字淳叟侍中瓘七世孫生而穎異七歲能屬文忠烈朝擢魁科由金海掌書記入補秘書郎直文翰署忠宣初授左正言再轉右思補累遷內書舍人選部議郎按全羅道以剛直聞陞都津令忠肅素聞其名及即位授成均祭酒命掌符印在左右轉監察執義與尹莘傑白元恒進講資治通鑑

尋以事罷復授執義時瀋王暠得幸英宗誣王以罪欲奪其位患得之徒皆附焉權漢功蔡洪哲等邀驪興君閔漬永陽君趙瑚等欲請立暠會百官慈雲寺督署呈省書人爭趍之宣佐獨曰吾不知吾君之非臣而訴君狗彘不爲唾之而去由是臺諫文翰得不署名事定中書以其書歸之王數其不署者而嘆曰非宣佐在憲司則其他未可知也時王留元五年財用匱乏暠黨知其然封府庫以沮輸運宣佐檄察官趙瑄督責主者輸運乃行王歸國除判典校俄以民部典書出尹漢陽旣而王及公主如龍山謂左右曰尹淸儉故使牧民汝曹愼勿擾溷忠惠元年引年致仕忠肅後四年親注守令至鷄林尹皺筆思曰朝臣盈廷無如尹尹即注之其見信於王類此明年拜僉議評理藝文館大提學監春秋館事仍令致仕忠惠四年得微疾呼子女而前曰今之兄弟多不相能者由有爭也命子粲書文契均分家業且戒之曰和而無爭以訓汝子孫言畢整衣冠而卒年七十九生平不治產性不飮酒未嘗戲謔歌舞愼交遊重然諾閑居常若待賓唯以經史自娛有質疑者輒據經以對老莊刑名之書靡不研窮故學者多歸之詞翰淸便一時表箋多出其手子棣粲瞻

李兆年 承慶

李兆年字元老京山府人父長庚本府吏恭僉有威鄕人嚴憚之老而家居府官出入聞喝道聲必下床伏地俟其聲不聞然後復坐兆年少懷志節有器局力學能文年未冠神彩秀發草溪鄭允宜使其府一見知爲異人以其子妻之忠烈二十年以鄕貢進士登第調安南書記累轉爲禮賓內給事出知陝州入爲秘書郎三十二年從王朝元王惟紹宋邦英離間王父子諸從臣皆懷疑縮縮走匿曹頔最先去惟兆年特無他進退惟謹例遠竄歸而居鄕者十三年未嘗一出言訟其非罪忠肅見留于元五年瀋王暠內懷覬覦左右多反覆兆年發憤獨如元獻書中書省訟王之直朝廷美之忠肅還國授監察掌令轉典理摠郎存撫關東召拜判典校事加軍簿判書忠惠王以世子入朝丞相燕帖木兒見之大悅視猶子因忠肅辭位奏帝錫王命時太保伯顔惡燕帖木兒專權待忠惠不禮忠肅復位忠惠宿衛于元時燕帖木兒已死伯顔待忠惠益薄忠惠與燕帖木兒子弟及回骨少年輩飮

酒爲謔因愛一回骨女或不上宿衛伯顏益惡之目曰撥皮俗謂豪俠者爲撥皮從臣皆觖望不敢言兆年進戒曰殿下事天子宜日慎一日何乃弃禮縱情以速咎乎然此非殿下之過殿下長於阿保之家所共遊者多無賴子其後朴仲仁李仁吉實左右之殿下孰從而聞正言見正事乎儒者雖朴拙皆能習經史識廉恥殿下目之爲沙箇里此何等語耶殿下能遠佞倖親儒雅改行自飭則可不然天威咫尺其嚴乎王不能堪其言踰墉而走曹頔之亂忠惠被徵至燕兆年從之伯顏蓄宿憾使王與頔黨辨兆年慷慨發憤謂李齊賢曰吾欲面訴丞相前其意可回列戟守門莫叫其閽幸其出田城南吾當上書道左碎首馬蹄下死明吾君吾子其把筆書吾書夜起沐浴鷄鳴將行伯顏適以是日敗書不果上然聞者莫不悚然曰膽大於身李公是已忠惠襲位還國錄功當得樞密王曰兆年老矣其志可嘉乃授政堂文學藝文大提學封星山君王嘗步自北宮彈雀于松岡兆年徑進跪曰殿下寧忘明夷之時乎今惡少假威略婦女攘財貨民不樂其生臣恐禍在朝夕此而不恤顧玩細娛乎殿下聽老臣言去便佞用賢良厲精圖治不復慢遊則老臣雖死瞑目於地下矣初商人林信女丹陽大君之婢也賣沙器爲業王見而幸之有寵授信大護軍一日信歐奇輪王右信親往毀輪家至是幷諫之且曰臣過蒙國恩位至政堂於臣足矣惟上所裁王盛怒不納旣而溫言謝遣之兆年旣歸第歎曰王年方强而肆欲吾旣老矣又無助不去必及於禍且數諫而不納責有所歸今兆年旣不能順其美適足以增其惡非臣所以愛主也不如去明日匹馬還鄉不交人閒事後兆年弟延慶見王王曰爾兄辱我延慶以耄狂對王喜賜米豆五十石布五百匹三年策侍從功爲一等賜誠勤翊贊勁節功臣號圖形壁上爵其父母妻子賜田及臧獲明年卒年七十五謚文烈爲人短小精悍志堅確敢言以嚴見憚每入見王聞履聲曰兆年來矣屛左右整容以俟所歷多有聲績恭愍朝議功贈星山侯配享忠惠王廟庭子褒官至檢校侍中性淳厚循循蹈禮褒子仁復仁任仁美仁立仁達仁敏仁復仁任自有傳仁美判書仁立同知密直司事仁達注薄仁敏門下評理兆年姪承慶

承慶蒙古名帖木不花入仕元朝歷御史廉訪諸路以能斷決聞累遷遼陽省參政恭愍六年奔母喪東還明年元遣遼陽省事塔海帖木兒召之承慶不赴王拜爲門下侍郎平章事八年紅賊陷遼都元帥李嵒懦不能軍遣承慶代之督諸軍九年承慶在生陽驛以諸將不盡力擊賊憤惋不食遂得疾還家不視事王對諸宰相稱賞承慶忠義不置賜忠勤勁節協謀威遠功臣號尋卒

李穀

李穀字中父初名芸白韓山郡吏自成子也自齠齔擧止異常稍長知讀書亹亹忘倦早喪父事母孝爲都評議使司椽吏忠肅四年中擧子科硏窮經史一時學者多就正焉七年登第調福州司錄參軍忠惠元年遷藝文檢閱忠肅後元年中征東省鄕試第一名遂擢制科前此本國人雖中制科率居下列穀所對策大爲讀卷官所賞置第二甲宰相奏授翰林國史院檢閱官穀與中朝文士交遊講劘所造益深爲文章操筆立成辭嚴義奧典雅高古不敢以外國人視也奉興學詔還國尋復如元本國授典儀副令元授徵政院管勾轉征東省行中書省左右司員外郞元屢求童女子本國穀言於御史臺請罷之代作疏曰古之聖王其治天下也一視而同仁雖人力所至文軌必同而其風土所宜人情所尙則不必變之以爲四方荒徼風俗各異苟使同之中國則情不順而勢不行也勢不行情不順而善治之雖堯舜不能矣昔我世祖皇帝臨御天下務得人心尤於遠方殊俗隨其習而順治之故普天率土歡欣鼓舞重譯來王猶恐或後堯舜之治蔑以加也高麗本在海外別作一國苟非中國有聖人邈然不與相通以唐太宗之威德再擧伐之無功而還國朝肇興首先臣服著勳王室世祖皇帝釐降公主仍賜詔書獎諭曰衣冠典禮無墜祖風故其俗至于今不變方今天下有君臣有民社惟三韓而已爲高麗計者當欽承明詔率祖攸行修明政敎朝聘以時與國咸休可也而乃使其婦寺之流根據中國寔繁有徒怙恩恃寵反撓本國至有冒干內旨爭馳傳遽歲取童女絡繹輩來夫其取人之女以媚于上爲己之利此雖高麗自取之也旣稱有旨豈不爲國朝之累乎古昔帝王發一號施一令天下顒顒望其德澤故稱詔旨曰德音今

屢降特旨奪人室女甚爲不可夫人之生子鞠之育之將以望其反哺也無尊卑之別華夷之間其爲天性一也抑彼風俗寧使男異居女則不出若爲秦之贅壻然凡致養于父母者有女之尸焉故其生女也恩斯勤斯日夜望其長能有以奉養而一朝奪之懷抱之中送之四千里外足一出門終身不返其爲情何如也今高麗婦女在后妃之列配王侯之貴而公卿大臣多出於高麗外甥者此其本國王族及閥閱豪富之家特蒙詔旨或情願自來且有媒聘之禮焉固非常事而好利者援以爲例凡今使其國者皆欲妻妾非但取童女而已夫使于四方將以宣布上恩詢咨民隱詩不云乎周爰咨詢周爰咨諏今乃使于外國貨色是黷不可不禁也側聞高麗之人生女者即秘之惟慮不密雖比隣不得見每有使臣至自中國便失色相顧曰胡爲乎來哉非取童女者耶非取妻妾者耶已而軍吏四出家搜戶捫若或匿之則繫累其隣里縛束其親族鞭撻困苦見而後已一遇使臣國中騷然雖雞犬不得寧焉及其聚而選之妍醜不同或啖其使臣而飽其欲雖美而舍之舍之而他求每取一女閱數百家唯使臣之爲聽莫或敢違何者稱有旨也如此者歲再焉或一焉間歲焉其數多者至四五十既在其選則父母宗族相聚哭泣日夜聲不絕及送于國門牽衣頓仆攔道呼號悲痛憤懣有投井而死者有自縊者有憂愁絕倒者有血泣喪明者如此之類不可殫記其取爲妻妾者雖不若此逆其情取其怨則無不同也書曰匹夫匹婦不獲自盡民主罔與成厥功恭惟國朝德化所及萬物咸遂高麗之人獨有何罪而受此苦乎昔東海有冤婦三年天旱今高麗有幾冤婦乎比年其國水旱相仍民之飢莩者甚衆豈其怨歎能傷和氣乎今以堂堂天朝豈不足於後庭而必取之外國乎雖承恩於朝夕猶懷父母鄉黨人之至情也而乃置之宮掖愆期虛老時或出之而歸之寺人終無享者十之五六其怨氣傷和又何如也事有小弊而爲國之利者容或有之然不若無弊之爲愈也況無益於國家取怨於遠人其爲弊不小者哉伏望渙發德音敢有冒于內旨上瀆聖聽下爲己利而取童女者及使于其國而取妻妾者明示條禁絕其後望以彰聖朝同仁之化以慰外國慕義之心消怨致和萬物育焉不勝幸甚帝納之

本國除判典校寺事忠惠後二年奉表如元因留居凡六年元授中瑞司典簿時本國官爵猥濫奴隷亦得軒冕殿中崔江求為正尹穀聞之寄詩云不妨正尹生前得猶勝中書死後加安就趙溟死後皆拜中書故云忠穆襲位還國穀寓宰相書曰惟吾三韓國之不國亦已久矣風俗敗壞刑政紊亂民不聊生如在塗炭幸今國王受命之國民之望之若太旱之望甘澍然國王以春秋之富謙恭沖默一國之政聽於諸公則其社稷安危人民利病士君子之進退皆出於諸公夫進君子則社稷安退君子則人民病此古今之常理也然則用人又為政之本也蓋用人則易知人則難不問邪正不論高下唯貨是視唯勢是依附我者雖姦謟而進之異己者雖廉謹而退之則其用人不旣易乎用人易故政日亂政亂故國家隨以危亡此不待遠求諸古實目前之明鑑也古之人知其然於一進退人之際而必察其所行所從來惟恐黷于貨而奪于勢也然猶朱紫相奪玉石相混其知人不旣難乎即今本國之俗以有財為有能有勢為有智至以朝衣儒冠為倡優雜劇之戲直言正論為閭里狂妄之談宜乎國之不國也穀之所以離親戚去鄉國久客於輦轂之下者正為此耳比聞諸公所以輔政更化者與前日甚不相遠名雖尚老而少者實主其柄名雖尚廉而貪者實執其權旣斥惡少而大者不悛其惡旣改舊臣而新者反附其舊知人不難用人甚易似非國王委任之意朝廷聞之得無不可乎或曰不必寓書諸公徒見其怒而無所益也穀應之曰社稷苟安人民苟利將具本末言之朝廷達之天子豈以諸公之怒而使含默耶是用敢貢狂瞽之說惟諸公之垂察焉順帝幸上都穀扈從本國拜密直副使累陞知司事進政堂文學封韓山君以頒朔還國與李齊賢等增修閔漬所撰編年綱目又修忠烈忠宣忠肅三朝實錄與陽川君許伯掌試取金仁琯等穀伯徇私多取世家不學子弟憲司彈之不出新及第依牒復還于元中書差監倉本國拜都僉議贊成事尋還國忠定即位穀以嘗請立恭愍不自安遊關東明年元授奉議大夫征東行中書省左右司郞中又明年卒年五十四謚文孝性端嚴剛直人皆敬之所著稼亭集二十卷行于世子穡自有傳

禹倬

禹倬丹山人父天珪鄉貢進士倬登科初調寧海司錄郡有妖神祠名八鈴民惑靈怪奉祀甚瀆倬至即碎之沉于海淫祀遂絕累陞監察糾正時忠宣烝淑昌院妃倬白衣持斧荷藁席詣闕上疏敢諫近臣展疏不敢讀倬厲聲曰卿爲近臣未能格非而逢惡至此卿知其罪耶左右震慄王有慚色後退老禮安縣忠肅嘉其忠義再召不起倬通經史尤深於易學卜筮無不中程傳初來東方無能知者倬乃閉門月餘參究乃解教授生徒理學始行官至成均祭酒致仕忠惠三年卒年八十一

安軸 宗源 輔

安軸字當之福州興寧縣人父碩以縣吏登第隱不仕軸生而穎悟力學工文中第調金州司錄選補史翰除司憲糾正忠肅十一年中元朝制科授遼陽路蓋州判官時忠肅被留于元軸謂同志曰主憂臣辱主辱臣死乃上書訟王無他王嘉之超授成均樂正蓋州守遣人禮請王方嚮用故不能去累遷右司議大夫忠惠即位命存撫江陵道有文集曰關東瓦注入判典校知典法事忠肅復位凡得幸忠惠者皆斥之或以軸爲所斥者親罷之既而起爲典法判書忤內豎用事者又罷忠惠復位又拜典法判書轉監察大夫自樂正至監察大夫皆帶館職表箋詞命多出其手以檢校評理出牧尙州時母在興寧軸往來以盡孝忠穆立召爲密直副使累陞僉議贊成事監春秋館事與李齊賢等增修閔漬所撰編年綱目又修忠烈忠宣忠肅三朝實錄執事者不喜儒罷封興寧君已而復職四年疾作乞致仕復封興寧君卒年六十二謚文貞處心公正持家勤儉嘗曰吾平生無可稱四爲士師凡民之屈抑爲奴者必理而良之碩早沒軸教二弟輔輯俱登第輔輯事之亦如父子宗基宗源

宗源字嗣淸年十七登第忠穆時選補史翰秩滿當遷同僚沈東老年高位下宗源讓之軸聞而喜曰讓德之先也我讓於人人誰捨我我家有人殆益昌乎後一年始調三司都事恭愍初授典法正郎時田民刑訟皆聚典法裁決平允人稱其明累遷侍御史出按楊廣道王避紅賊南幸宗源來謁於道先往忠州備供御左右譖曰按廉到忠州已踰嶺而遁矣王信之遣中使執以來使者至忠州見宗源在館辦供頓執

與俱來王知其誣釋不問王次陰竹吏民皆逃匿以宗源不
能供張下巡軍貶知淸風郡事後爲典法摠郞辛旽擅權士
大夫爭趨附之有執政者言吾等薦公於領相諫官可得宜
速往謁宗源辭曰我本疎懶趨勢非吾所能也執政慚反譖
之出爲江陵府使有惠政未久而代民立生祠以祀之閑居
七八年屛跡不出及旽誅起爲司憲侍史遷右司議大夫辛
禑即位與左司議柳珣門下舍人金濤起居舍人朴尙眞獻
納林孝先正言盧嵩閔由誼上書都堂曰宦者爲患趙高而
下班班可見我忠宣王吐蕃之辱忠惠王岳陽之禍皆由伯
顏禿古思龍普之所爲也至於前日萬生大逆極矣今主上
幼冲當親老成以養德性不可復令宦者朝夕狎昵壅蔽聰
明以至誤國至於魂殿既有都監敬供朝夕不可復令宦者
紛然聚會以基固寵之地伏惟諸相國爲國深慮擇其忠謹
者十餘人以備宮內掃除之役其別賜及祿俸毋得疊受以
費國用其餘徒黨各令從便毋使復爲國家之患時禑年幼
政出宰相故宗源等獻書冀其處置宰相不以爲慮歷成均
大司成右常侍進大司憲時執義金承得等希池奫意請誅

林樸宗源畏其勢莫敢言改判崇敬府事未幾封興寧君尋
以門下評理復兼大司憲賜純誠補祚功臣號與同僚上疏
言自古宦寺擅權必至誤國故我祖宗擇臣僚有德行者給
事左右宦官不過數人以備宮闈洒掃未嘗授以文武官爵
先王即位之初亦遵古制其後宦寺夤緣乘閒用事廣樹朋
黨卒有萬生之禍可勝嘆哉逮至殿下李得芬但以先代微
勞位至贊成招權納賄讒毁朝臣中外臣庶莫不切齒幸賴
睿斷遠竄于外然其徒黨尙多濫受官爵虛費祿俸無補國
家將來之禍實爲可慮請依祖宗舊制擇聰敏者不過十人
以備宮內使令餘悉罷黜又與掌令呂克禋尹就持平成石
瑚等上疏曰近來大明譴責我國每請謚承襲不降德音以
我國所不產金銀馬匹定爲歲貢厥數甚多雖抽斂文武官
以至散官尙未充額貪利無識者不顧大體利其販賣所持
私物於進獻數十常八九大明益不直我而輒拒使者不納
今又遣使大明安危係焉其私物宜差等定數數外雖一匹
布不得賫行擇遣淸白有威望者於西京安州等處與都巡
問使搜檢如有私賫金銀馬匹及數外布匹者置之極刑妻

孥家產沒入官其知情不禁者削職又一行有犯禁者使副亦皆科罪從之改封順興君加純誠翊戴輔理功臣號又拜政堂文學崔瑩誅權臣貪汚者以宗源淸謹擢門下贊成事提調銓選事辭不克恭讓朝判三司事進封興寧府院君仕本朝判門下府事卒年七十謚文簡性簡重風神淸朗勤謹安詳嘗作亭扁以雙淸客至必設酒不務豐侈惟以禮意欵洽子仲溫景良景恭景儉

輔字員之年十九登第調慶州司錄選補春秋脩撰累陞編修官忠穆元年中元朝制科授遼陽行中書省照磨兼承發架閣庫輔曰既受命不供職是不恭也况照磨惟收掌文書無他務吾當赴省既上官省官重其才皆禮貌之輔曰吾今足以塞吾責母老不歸養非孝也於是棄官東歸後拜右代言兼執義忠定時爲典法判書恭愍立知其賢授密直提學兼監察大夫提調銓選事一日夜將半王召輔入有所除授既而曰今日何日命取曆觀之曰猖鬼也姑止輔嘗惡陰陽拘忌則跪曰王者奉天時不在於此願殿下欲行則行猖鬼何害王變色四年拜政堂文學輔自謂遇知知無不言久而王以爲闊於事情輔亦以母老乞骸歸養爲東京留守以近興寧也六年卒年五十六謚文敬性剛直廉潔喜讀史漢爲文章去華取實達而已矣臨事務遵大體略不依違顧望且不事生產及歿家無擔石之儲無子

崔瀣

崔瀣字彥明父一字壽翁鷄林人文昌侯致遠之後父伯倫擢魁科官至民部議郞元授高麗王京儒學敎授瀣幼頴悟九歲能詩既長學日進大爲先輩所服登第補成均學官學論闕員瀣與李守者爭政丞崔有渰欲與守伯倫罵有渰語頗不遜配伯倫于孤蘭島瀣選藝文春秋檢閱以事貶長沙監務召授藝文春秋館注簿忠肅八年應擧于元中制科授遼陽路蓋州判官及東還藝文成均典校三館出迎于迎賓館遷藝文應敎始赴蓋州地僻職冗居五月移病東歸累官至檢校成均大司成瀣才奇志高讀書爲文辭不資師友超然自得不惑異端不溺習俗而務合於古人至論異同苟知其正雖老師宿儒爲時所宗者且詰且折確持不變延祐科興聞詔乃曰可試所學既而果中制科同年狀元宋本稱其

才屢形於詩自是名益著異己者益不喜而排之瀣又不善伺候放蕩敢言卒不大用然取友必端詩酒自娛嘗過東萊縣登海雲臺見合浦萬戶張瑄題詩松樹曰噫此樹有何厄遭此惡詩遂削去之塗以土行至安東瑄聞之怒命猛將三四追之得僅從一人歸械立門外瀣潛踰竹嶺還京大爲儒林所笑其恃才傲物類此生平不理家人生產業自號拙翁後居城南獅子山下自著猊山隱者傳曰隱者名夏屆或稱下遠蒼槐其氏也世爲龍伯國人本非覆姓至隱者因夷音之緩倂其名而易之隱者方孩提已似識天理及就學不滯於一隅纔得旨歸便無卒業其汎而不究也稍壯慨然有志於功名而世莫之許也是其性不善於伺候而又好酒數爵而後喜說人善惡凡從耳而入者口不鮮藏故不爲人所愛重輒擧輒斥而去雖親友惜其欲改或勸或責不能納中年頗自悔然人已待以非可牢籠未可用而隱者亦不復有意於斯世矣嘗自言吾所嘗往來者皆善人而其所不與者多欲得衆允難矣此其所短乃其所以爲長也晚從獅子岬寺僧借田而耕開園曰取足自號猊山農隱其銘座右曰爾田爾園三寶重恩取足奚自愼勿可誤隱者素不樂浮屠而卒爲其佃戶盖認夙志之爽以自戲耳忠惠後元年卒年五十四嘗選本國名賢詩文題其目曰東人之文凡二十五卷所著拙藁二卷行於世無子家又甚貧無以襄事朋友致賻乃克葬

張沆

張沆史失世系爲人廉正有文登第稍遷司憲糾正官累左司議大夫忠肅見譖留元五年未歸沆奮義忘身侍從有勞以功賜鐵券尋牧羅州入爲軍簿判書忠惠時拜密直提學權授僉議參理平壤尹封永山君忠穆初除政堂文學每進對常以敬寢園爲戒嘗致書都堂曰主上隆師向學樂聞善道而憸邪弄權欺天罔上使刑政不平害及無辜致傷和氣天降旱災餓莩載路烏鳶犬豕之所爭食不可忍視若悉掩埋且賑飢乏和氣可通豐稔可致也恭愍立以沆遂禮學命修正大廟禮樂器服及卒王曰今宰相寧有盡心宗廟如張訥齋者乎謚文顯

李晟

李晟潭陽人弱冠登第調溫水監務移水原司錄秩滿挈家歸竹溪村舍不求祿仕日以討墳典爲事後被薦補國子博士除閤門祗候年五十九拜左司補入直西省作詩云藥砌清風欺我老竹溪明月誘吾情昨宵已決歸田計雪盡江南四馬行翌日弃官歸田一時名儒會晟草堂設尊俎餞之忠宣在燕邸聞其名超授內書舍人遷典儀副令藝文應教轉選部議郞忠肅元年弃官南歸加民部典書致仕後爲化平府使未幾又辭卒年七十五無子爲人質素無華自少力學卷不釋手所至學者如雲時人謂之五經笥

趙廉 王伯

趙廉字魯直淳昌人忠肅朝登第又中元朝制科授遼陽等路揔管知府事爲典理佐郞論昭穆之制語在禮志忠惠初除正言與許邕鄭天濡等上書論崔安道子璟借述登第韓宗愈取士不公王欲下廉等獄嬖臣朴連進曰諫官不可罪乃立後拜左司議大夫時詔使入國誣王以不迎詔鞫兩府甚急兩府皆承廉與右司議王伯上疏言君臣一體禍福共之且臣爲君隱猶子爲父今兩府私軀命遺君父罪請論如法辭甚剴切王覽其疏義之與伯同拜密直副使由司議入樞府前此所無有也忠惠後四年卒年五十四嘗與中朝士大夫講明經史無不通伯初名汝舟江陵人本姓金新羅太宗五世孫周元之後遠祖乂佐太祖有功官內史令太祖納其女爲妃賜姓王伯忠烈朝登第忠肅時以糾正參銓注尋爲左司補嬖人李仁吉妾父西京郞將崔得和爲隨州守伯與右司補李菁等不署告身仁吉訴之杖伯等闕下流海島忠惠後二年乞骸骨歸老全州忠定二年卒年七十四無子伯與廉皆嘗與曹頔之亂語在頔傳

李伯謙

李伯謙平章事公升四世孫風儀端麗忠烈朝登第調南京司錄累轉右正言知內旨出爲公州副使勸農桑民以富饒入爲右司諫忠宣初授司憲執義陞右代言知選部事藝文館司伯累轉密直副使選部典書出牧濟海二州以最聞忠肅五年濟州賊魁使用金成等嘯聚兇徒逐星主王子以叛欲討之而難其人賊黨咸曰若得李伯謙宋英來撫吾豈敢叛乎乃遣伯謙及英招撫之未幾賊平其見愛畏如此八年

加同知密直司事卒年五十八子賁槼

申君平

申君平平州人登第忠肅朝爲臺官時賂權貴得官者幾百餘有崔琬者嘗匿父喪赴擧後中第爲水州參軍有穢聲爲國榜所斥倚權豪爲成均學錄君平皆不署告身又不署政丞姜融贊成蔡河中懷義君崔老星左代言曹莘卿元尹申時用持平尹賢告身以故見忤罷朝野惜之翌日掌令朴元桂署之人譏其怯恭愍元年授羅州牧使時母年九十嬰疾君平牢辭不赴四年拜左代言王命罷義成倉官全以道禹攸吉德泉倉官崔云固申天命未幾攸吉拜典客寺丞攸吉君平友壻也以道等頗有言君平惡之白王収除目抹攸吉名後王欲授僧職召君平方直宿辭以疾後拜御史大夫

列傳卷第二十二

列傳卷第二十三　高麗史一百十

正憲大夫工曹判書集賢殿大提學知　經筵春秋館事兼成均大司成臣鄭麟趾奉

敎修

崔有渰

崔有渰平章事滋之子性恬退不求名仕宦十年不遷忠烈久聞其名即位除監察雜端察侍丞上疏直言時事忤旨流大青島承旨趙仁規白王曰有渰剛節奉上不可輕弃固請再三王怒稍解召還復職侍史沈諹等上疏極諫王怒囚諹巡馬所流有渰海島仁規又曰有渰以病在告未嘗與聞由是得免累轉右副承旨進副知密直司事監察大夫歷右常侍判三司都僉議贊成事帝徵陪臣賢者有渰膺命如元時行省平章闊里吉思欲革本國奴婢之法有渰奏請仍舊俗帝從之以功賜錄劵王嘗欲廢忠宣以瑞興侯琠爲後有渰言於王曰殿下未嘗祭景靈殿乎太祖及親廟睟容具在若瑞興侯立追王其祖禰西原始陽二侯入祔則殿下親廟主

不容不遷殿下千歲後寧能信其不爾也高宗元宗臣及事之今老矣不忍一朝忽不祀臣若不諫無以見先王於地下王慘然動容者久之忠宣乃拜僉議中賛判典理監察司事時忠宣欲遵元法別軍民有渰諫止之忠烈薨忠宣自元還國賜有渰玉帶尋改守僉議政丞監春秋館事大寧君賜輸忠順義輔理功臣號初尚書李德守女選入元後爲寵臣妾與承旨蔡宗璘爭贓獲寵臣奏帝遣工部尚書哈剌台來囚宗璘兄弟于行省欲奪宗璘文券有渰固爭之言甚激烈哈剌台不能奪謄寫而去國人皆嘆曰眞宰相也王以有渰年高令五日一至都堂議軍國大事命柳淸臣治庶務尋以淸臣代之忠肅朝復起爲政丞判選部事大寧府院君如元賀正時元欲立省我國革世祿奴婢法有渰詣中書省力請止之及還國人擧手加額泣曰存我三韓者崔侍中也時年八十六忠惠元年卒年九十三謚忠憲歷仕四朝爲國元老朝野倚重子持

金台鉉 光載

金台鉉字不器光州人遠祖司空吉佐太祖有功父須膽略過人登第由御史出知靈光郡從將軍高汝霖討三別抄先登沒陳不還母高氏夢明星入懷中生台鉉十歲而孤勤學夙成風儀端雅眉目如畫嘗與儕輩受業先進家先進奇愛之屢引入餉之家有女新寡稍解詩一日從窗隙以詩投之曰馬上誰家白面生邇來三月不知名如今始識金台鉉細眼長眉暗入情台鉉自此絕不往叔父金周鼎見其詞賦異之曰大吾門者必汝也吾兄爲不亡矣忠烈元年年十五魁監試明年登第後又中殿試授左右衛參軍直文翰署爲左倉別監判鷹坊事印侯等搆以不給鷹坊人俸囚巡馬所累轉版圖摠郎與權溥趙簡典銓注遷右承旨進密直副使賀聖節如元至上都適帝幸甘肅詔天下進貢使皆至京師而止台鉉言於中書省曰下國自事大以來歲時朝貢未嘗有闕止於京師帝命也達於行在吾君命也吾寧獲罪於帝不敢廢吾君命省許之遂達行在帝嘉忠懇大加賞賚賜御饌以寵之遷同知司事文翰承旨知貢擧取士率新及第上謁王賜宴時元使李學士在席言於王曰天下無此事唯貴邦不墜古風往歲與張參政奉使適見之今又獲覩敢不拜賀

元授征東行中書省左右司郎中陞知僉議司事時奸臣分黨離間王父子情不相通台鉉周旋其間一以至公人無間言及忠宣奉仁宗靖內亂本國臣僚懷二者悉竄獨留台鉉復知密直司事尋爲咨議贊成事忠宣即位分遣大臣括諸道民戶台鉉爲楊廣水吉道計點使行水州牧使諸道報僉議司受指畫每回牒曰當依楊廣水吉道所爲行之故諸道皆取法以商議贊成事例罷閑居者十年忠肅八年起爲僉議評理尋判三司事忠宣竄吐蕃忠肅被留于元國中黨論起首相從王台鉉雖首居二府在下者秉權事多杆格然賴台鉉鎭定終不至誤國伯顏禿古思謀危忠宣其兄任瑞奪金之甲牌面淑妃令群臣上書中書省訴之台鉉先署名白元恒朴孝修皆托辭不署忠肅復莅政多所更改欲罷台鉉既而曰此老終始無他不宜去執政無替之者卒罷尋以僉議政丞致仕台鉉母年百歲歲賜廩三十碩及百二歲而卒後革官制改中贊致仕十七年忠惠以世子在元王請傳位元遣使來取國王印令台鉉權行省事使者還宰相以忠肅命召台鉉至則收省印囚台鉉及尹碩元忠等以鄭方吉權行省事於是台鉉挈家東遊金剛山蓋遠嫌也忠惠遣使責宰相擅收省印罷左右司官馹召台鉉復署省事是年卒謚文正年七十性廉直言動循禮晝不臥暑不袒待人以和事母孝教子孫有方不妄交人亦無爲仇怨者歷事三朝進退以義處煩劇裁決精敏人服其明言歷代典故如昨日事每國有大疑必就咨決嘗手集東人詩文號東國文鑑子光軾光轍光載光輅光軾登第官至摠部議郎光轍登第官累判密直封化平君光輅登第而夭光轍光載光輅繼室王氏出也王氏以三子登科食國廩歲二十碩

光載字子輿生而身長二尺餘父母異而絕愛之忠宣朝登第補成均學官從忠惠王如元以勞授司僕寺丞遷都官正郎曹頔作亂伏誅王被執如元光載曰吾君危矣吾忍獨免乎往從之王復爵東還除軍簿摠郎參銓選累遷判典校寺事王素憚光載嚴直左右群小又多忌之無所籍口乃曰金公愛靜仕進非其志王信之褫其職忠穆立拜右副代言轉知申事用事大臣惡不附己奏改版圖判書王尋悔除密直副使提調銓選陞知司事忠定即位開書筵以光載爲師固

僻拜僉議評理仍掌銓選時德寧公主頗干預政事王不能沮光載奮然而出公主再召竟不應俄遷三司右使白王曰文選吏曹主之武選兵曹主之揔于政房自權臣始非令典也請復舊制王從之然必欲用光載命兼典理判書恭愍立杜門不出凡十二年奉養其母朝夕盡禮母歿廬墓終制每祭必涕泣不止王聞而嘉之使人諭曰思與卿語可使得見乎光載時抱疾扶入見王曰年顔非甚衰也而有斯疾何耶歎惜久之命有司旌表所居曰靈昌坊孝子里復其里若干戶以奉事焉光載敦行孝悌居家不治生產左右琴書湛如也臨歿謂其妻曰男子不絕於婦人之手禮也可與衆婢退矣且戒母高聲疾言以擾我也謚文簡子興祖倜儻有志官至軍器監歷宰水原海州與金齊顔金精等謀誅辛旽事洩爲所害

金倫 敬直 希祖 承矩

金倫字無已參理賆之子忠烈時哈丹來寇國人入江華避之倫外舅許珙爲冢宰殿其後令倫挈家以先倫年十四指畫如成人一族賴之蔭補鹵簿判官累轉神虎衛護軍以洪子濬薦爲辨正都監副使有巨室與鄕民爭一女奴子孫百口倫閱其籍曰此某代某相某歲月與諸子立券者距今若干年矣齒女奴子若孫以較先後相懸而女奴之名一字僞偏必僞也某相諸子俱有後當家置籍一本盍取而考之巨室果詘後爲監察侍丞有甲乙二人爭家口乙曰先世嘗訟于臺知臺姓許者按分之甲所得物故無旨孼乙家幸得蕃息遺火亡其籍甲幸災誣乙爲兼幷爾倫默計歲月曰所謂許知臺必吾家文敬公也命吏檢當時印簿所分名數俱存以詰甲甲亦詘其精詳多類此內臣挾憾手歐五品郞殿門倫劾論甚峻兼劾證左言不以實爲內臣地者內臣方有寵證左亦達官大族斥倫左遷爲州官時大修宮室及佛廟驅民就役使者旁午皆憚倫非不得已莫敢入境州人賴以息肩倫嘗從忠烈入朝忠宣日候于邸從臣慕顧退縮倫身兼數任獨侍左右忠烈嘉其志忠宣亦待以禮忠肅留元五年瀋王暠得幸于帝群不逞誘脅國人上言願得瀋王爲主倫與弟元尹禑獨不署名成私於倫曰違衆自異若後悔何倫罵曰臣無二心職耳何後悔之有尋以慶尙全羅都巡問使

鎭合浦號令嚴明吏民安輯後加僉議評理商議會議都監
事三司右使曹頔構亂伏誅忠惠命倫訊其黨于巡軍府一
府嫉其從逆欲栲掠痛理倫曰此輩詿誤於頔耳何足責耶
若使傷肌膚毁筋骨必謂我枉法强服以欺朝廷乃弛其刑
囚感悅首罪無隱獄成驛聞丞相伯顏右頔黨顧奏徵忠惠
忠惠道召倫與偕倫年過六十聞命馳赴數日及之鴨綠江
至則伯顏奏下倫獄令五府官雜問頔黨多利口倫折以片
言辭理簡直五府官改容目之爲白鬚宰相忠惠東還論功
爲一等圖形壁上封彥陽君賜推誠贊理功臣號爵其父母
妻子賜田及臧獲後帝遣高龍普賜王衣酒繼遣朶赤執王
以歸倫時家居聞變遽起痛不及奔問詣龍普又知其不可
感以義退與宰相言所以乞哀朝廷者咸曰陪臣犯天威恐
有大譴故政丞姜莊曰帝意未測如之何如之何李凌幹曰
今天子聞王無道罪之若上書論奏是以天子之命爲非可
乎倫厲聲曰臣之於君子之於父妻之於夫當盡其恩義耳
其父被罪爲其子者忍不救乎其言帝意未測者何謂也諸
相皆默然倫又言今之呈省雖不蒙俞然救其主而得罪吾
知其必無也一坐皆然之遂決議上書令金海君李齊賢草
之國老多不署名竟未就倫終身憤憤形於言色忠穆初爲
贊成事尋陞左政丞未幾乞退封府院君號加輔理忠惠薨
久未謚王及德寧公主將請于元召倫問之對曰先王不返
徒以親近憸壬斂怨累德今禍首猶在必先正其罪以明先
王非辜然後可請遂與李齊賢朴忠佐等耆老上疏極言允
忠罪惡以爲聖武皇帝肇基朔方忠憲王慕義先服世祖皇
帝班師南國忠敬王冒險親朝賴及子孫世爲甥舅允忠屑
屑小人專權於國流毒於民至使先王存被譴訶歿稽贈謚
若不擧正此賊之罪無以追明先王之忠請詳憤憤之詞以
慰冥冥之恨王及大妃感悟轉呈于元授倫改正請謚二表
遣之倫謝曰臣桑榆之年七十又二恐顚隮道路以辱明命
然喘息尙存敢不黽勉退而理裝將如元忽得風疾十日不
飮水漿令左右扶起具衣冠端坐而逝謚貞烈倫仁於宗姻
信於故舊喜觀書多識典故人有問者響應無疑子可器敬
直淑明希祖承矩二人出家

敬直累官至密直忠定初以毁辱王杖流海島恭愍召拜僉

議評理陞贊成事進封彥陽府院君後拜守司徒上柱國彥陽伯紅賊退倭又寇楊廣諸縣京城戒嚴敬直詣王宮見宰樞博奕戲謔遽還家大息曰國家其將亡乎吾胸中如焦火矣時雖大平宰相不可戲謔今不恤兵革饑饉耽樂若是欲不亡得乎如吾父在聞之即欲死矣卒官檢校侍中

希祖登第累遷都官佐郎恭愍初轉軍簿判書改簽書樞密院事倭寇楊廣道京城戒嚴簽坊里丁爲兵亦令百官從軍國子學官上書言臣等常侍夫子廟庭學官從軍古無例侍中廉悌臣李嵒曰爾雖不侍孔子焉往希祖爭之不得後拜樞密院使紅賊逼京都從王南幸賊平與平章李公遂參政黃裳分守京城錄扈從功爲一等尋以事流順天府德興君之變諸州軍將赴西北面禦之屯京城東郊未發平澤軍謀亂伏誅宰樞議軍亂必由流貶宰相列姓名欲置極刑時李春富亦在貶中王曰金希祖李春富焉有是謀句去之

承矩恭愍朝授監察掌令尋以典儀令存撫江陵道未發與郎將康伯顏鬪毆之伯顏曾有隨從勞訴于王王怒繫巡軍宰相朴樹年請原之止罷其職後爲慶尙道按廉以病還道卒操行廉潔中年而夭人皆惜之

王煦 重貴

王煦初姓名權載蒙古名脫歡政丞溥子也其兄準受知忠宣王王問其兄弟聞載名則喜未及見授郎將俄遷三司判官王在元召之一見遂以爲子賜姓名王煦係屬籍王還國出入常同車由司僕副正轉司憲執義忠肅元年陞爲三重大匡雞林府院君三年加府院大君時稱王弟年二十餘忠宣還于元奏爲皇太子速古赤爵雞林郡公即都下買田宅以賜七年宦者伯顏禿古思構忠宣流于吐蕃煦欲以身代帝聞而憐之禿古思不能害煦與門客兩三人將詣吐蕃道見使者西去與語使者喜曰吾奉詔迎王來矣吾當巡諸路恐晚公宜先報因與驛三騎煦兼行至臨洮見王旣而使者適會遂陪至京師及忠宣薨服衰麻奉柩東還旣葬每朔望私祭陵下至歿身忠肅留元瀋王內懷覬覦詭計百端而王無所可否左右多反覆煦獨以義自將終始無閒言自忠宣薨垂二十年未有謚煦如元請謚幷請忠肅謚柄國者莫助煦自以爲己責所費無筭卒得請忠穆元年丁母憂起爲僉

議右政丞溥倘無恙强之再三不獲已視事首以選法歸之典理軍簿舊制官吏祿薄賜京畿田人若干畝謂之祿科權貴奪之幾盡諸領府尤受其害煦下令復之由是爲姦貪所惡而能以金永煦代之時人觖望明年溥卒踰月帝命煦脫衰入朝又明年煦與左政丞金永旽奉帝旨來告王曰帝問先王失德臣等奏先王初不若是但小人導之耳其徒尙在不去亦誤今王帝然之勑臣等曰汝其往治之太妃聞之泣下賜酒慰請永旽傳帝密旨曰可復以王煦爲政丞時右政丞盧頙在側慙赧而退稱疾不出於是置整治都監以煦及永旽贊成事安軸判密直金光轍爲判事鄭珚金玶等爲屬官分遣屬官量諸道田皆兼按廉玶爲楊廣道利川縣吏嘗以公田賂政丞蔡河中理問尹繼宗玶截吏耳徇于道內牒報都監錄事安吉祥懷繼宗舊恩不以吉煦永旽怒批其頰嗚鼓黜之元遣使賜煦永旽衣酒及鈔敦勸整治煦等以奇皇后族弟奇三萬倚勢奪人田恣行不法杖之下巡軍獄死行省理問所收都監官佐郞徐浩校勸田祿生訊問煦與永旽呈書于僉議府曰我等親奉帝命整治本國今行省理問所以三萬之死歸咎都監囚浩祿生理問河有源挾私枉問必欲誣服自今不能整治冀轉達中書省旣而煦與永旽欲親奏帝如元理問所累遣人追之悉囚都監官會帝遣中書省右司都事兀理不花等賜衣酒于王及煦永旽以賞整治煦永旽至洞仙驛遇之乃還不花以帝命問整治幾何理問所聞之釋浩等又因浩誣服囚都監官吳璟陳永緒安克仁李元具全成安于獄尋釋之復欲誣加其罪不服皆下獄元聞三萬死遣工部郞中阿魯刑部郞中王胡劉等來鞫之復遣直省舍人僧家奴杖整治官白文寶等十數人惟煦安軸以帝命原之光轍元具以病免杖帝仍降璽書復置整治都監令煦判事時永旽執已見煦恥與校帝詰之事皆委煦尋領都僉議司事四年復爲政丞京城大飢楊廣西海尤甚煦發廩賑濟所全活甚衆忠穆薨德寧公主命煦與府院君奇轍攝行征東省事煦等遣李齊賢如元上表請立嗣王忠定元年入賀聖節東還至昌義縣以疾卒遼東部使者傳歸其柩年五十四爲人剛正莊重魁顏脩幹望之毅然平生不妄言稍讀書通大義能言先賢事好接賓客雖下士必待之盡

禮再爲相以興利除害爲心及卒盧頙憾整治時究治已事沮官葬又令沿路諸驛禁置柩正廳驛吏望柩號泣迎入祭之如父母恭愍元年敎曰予十年于朝從臣終始一心功力尤著者頗已官賞政丞王煦不幸先歿予甚悼之宜加贈謚錄其子孫謚正獻後配享恭愍廟庭子重貴

重貴有宰相器度恭愍初爲左副代言奇轍伏誅以轍壻流外後拜同知密直司事忤辛旽見罷時元與本國有釁讒者誣重貴等洩國陰事于元流之未幾召拜監察大夫十八年瑞原君盧𡸇奉北元詔至黃州王遣大將軍宋光美執𡸇鞫其由𡸇誣服與重貴李壽林李明等謀行諜遂囚重貴等獄殺之梟首于市人皆惜其無辜辛禑二年贊成事池奫欲娶重貴妻奇氏數行媒不應一日奫率徒黨至其第婢僕走報曰願夫人避之奇曰我不可苟逃婢僕意其從之奇罵奫以酒奫自以爲事得諧遂欲入室奇捽奫胡批其頰曰宰相有如此强暴之行耶寧死從汝乎奫慚而退奇往告崔瑩曰奫以妾有華屋欲有之暴辱於妾公以淸直聞故來告耳乃移居國人義之子肅嚴道

韓宗愈

韓宗愈字師古漢陽人父英密直致仕忠烈三十年年十八擢第入史翰忠肅朝爲史官修撰魏王舘庭磚日照霜光粲爛成花草狀又僧元果獻怪草宗愈與內官等以爲聖德致此瑞也累遷藝文應敎王置政房以代言安珪掌銓注宗愈與右常侍林仲沇議郞曹光漢參之轉司僕副正時王留元瀋王暠覬覦王位惡本國多輸錢財于王所以帝命遣人徵其錢物令各倉司刷送所輸文字宗愈及義成倉提擧金仁衍獨不聽暠與王相持國人頗惑宗愈慨然爲王訟理迺與李兆年等連名爲書如元獻之王歸功擢爲代言遂陞知申事王又爲奸臣所誤謂宗愈曰吾欲表請于元禪位瀋王遂密以表授宗愈促令印之宗愈曰國家傳之祖宗豈宜廢嫡以與旁支乎固諫不得命旣退托以墜馬不起與兆年謀諸大臣執奸臣斥之事竟不行忠惠初進密直提學與右代言李君侅同掌試取周贇等崔安道子瑔借作中試諫官許邕趙廉鄭天濡等論宗愈等取士不公請令覆試曹頔之亂宗愈與政丞金倫理其黨獄成驛聞丞相伯顏不省顧奏徵忠

惠宗愈等從之至則俱繫獄事叵測會伯顏死得解王還國論功爲一等拜評理封漢陽君賜鐵劵圖形壁上爵其父母妻子賜田及臧獲俄改贊成事王有岳陽之行時忠於王者宗愈及兆年耳兆年已卒帝欲托元子召宗愈明年詔奉忠穆歸國輔政拜左政丞王嘗欲觀李白杜甫詩宗愈曰抽黃對白無補於政王命進之宗愈托以無典守者竟不進忠定立權倖用事宗愈以府院君退老其鄕非有事未嘗至京城恭愍元年與金承澤等入侍書筵王每加優禮復欲相之三年得疾謂子壻曰吾起布衣位冢宰死亦何恨後三日當與若等別至期果卒年六十八謚文節自幼瞻視異衆性厚重軀幹魁偉望之儼然知其公輔器自筮仕九轉爲三重大匡常典銓選處事接物皆有餘裕爲文章務去俗氣尤致意於詩又喜談笑樽俎間和氣油然可愛其未達也與一時名士相往還群飲無虛日號楊花徒宗愈醉輒起舞訶楊花辭曰待如晦滑風飛揚到黃閣中識者皆異之子伯淳仲明季祥

李齊賢 達尊 寶林

李齊賢字仲思初名之公檢校政丞瑱之子自幼嶷然如成人爲文已有作者氣忠烈二十七年年十五魁成均試又中丙科曰此小枝耳討論經籍益勤淹貫精研瑱喜曰天其或者益大吾門乎三十四年選入藝文春秋館忠宣元年擢糾正累遷成均樂正嘗任豐儲內府監斗斛校錙銖無難色人曰李公可謂不器君子忠宣佐仁宗定內亂迎立武宗寵遇無對遂請傳國于忠肅以大尉留燕邸構萬卷堂書史自娛因曰京師文學之士皆天下之選吾府中未有其人是吾羞也召齊賢至都時姚燧閻復元明善趙孟頫等咸游王門齊賢相從學益進燧等稱嘆不置遷成均祭酒奉使西蜀所至題詠膾炙人口驟陞選部典書忠宣之降香江南也齊賢與權漢功從之王每遇樓臺佳致寄興遣懷曰此間不可無李生也忠宣嘗問齊賢曰太祖時契丹遺槖駞令繫橋下不與芻豆餓而死槖馳雖不產中國中國亦未嘗不畜之國君有數十頭槖駞其弊不至傷民却之則已何至餓而殺之乎齊賢對曰創業垂統之主其見遠其慮深非後世所及也且宋太祖養猪禁中仁宗令放之後得妖人顧無所取血知太祖慮亦及此此亦未爲定論安知太祖養猪之意不有大於取

血者耶我太祖之所以爲此將以折戎人之譎計耶抑亦防後世之侈心耶盖必有微旨此在殿下恭默而思之力行而體之爾又問我國古稱文物侔於中華今其學者皆從釋子以習章句何耶齊賢對曰昔太祖經綸草昧日不暇給首興學校作成人材一幸西都遂命秀才廷鶚爲博士敎授六部生徒賜彩帛以勸頒廩祿以養可見用心之切矣光廟之後益修文敎內崇國學外列鄕校里庠黨序絃誦相聞所謂文物侔於中華非過論也不幸毅王季年武人變起玉石俱焚其脫身虎口者逃遯窮山蛻冠帶而蒙伽梨以終餘年若神駿悟生之類是也其後國家稍復文治雖有志學之士無所於學皆從此徒而講習之故臣謂學者從釋子學其源始此今殿下廣學校謹庠序尊六藝明五敎以闡先王之道孰有背眞儒從釋子哉忠宣嘉納遷知密直司事賜端誠翊賛功臣號又賜田及臧獲以賞燕吳侍從功奏授高麗王府斷事官後復如元柳淸臣吳潛上書都省請立省本國比內地齊賢爲書上都堂曰中庸曰凡爲天下國家有九經所以行之者一也繼絕世擧廢國理亂持危厚往薄來所以懷諸侯也說之者曰無後者續已滅者封使上下相安大小相恤天下皆竭其忠力以藩衛王室矣昔齊桓公遷邢而如歸封衛而忘亡所以糾合一匡爲五霸首也霸者猶知務此况居域中之大以四海爲家者哉竊惟小邦始祖王氏開國以來凡四百餘年臣服聖朝歲修職貢亦且百餘年有德於民不爲不深有功於朝廷不爲不厚歲在戊寅有遼民岂孼金山王子者驅掠中原之民東入島嶼陸梁自肆太祖聖武皇帝遣哈眞扎剌兩元帥討之會天大雪餽餉不通我忠憲王命趙冲金就礪供資粮助器仗擒戮狂賊疾如破竹於是兩元帥與趙冲等誓爲兄弟萬世無忘又世祖皇帝返旆江南我忠敬王知天命之有歸人心之攸服跋涉五千餘里迎謁梁楚之郊忠烈王亦躬修朝覲未嘗小懈征收日本則悉斂賦而爲前驅追討哈丹則助官軍而殲渠魁勤王之效不可枚擧故得釐降公主世篤甥舅之好而不更舊俗以保其宗祧社稷緊世皇詔旨是賴今聞朝廷擬於小邦立行省比諸路若其果然小邦之功且不論其如世祖詔旨何伏讀年前十一月新降詔條使邪正異途海宇康久以復中統至元之治聖上

發此德音實天下四海之福也獨於小邦之事不體世祖詔旨可乎中庸之書聖門所以垂訓後世非空言也觀其所言繼者吾且治之廢者吾且興之亂者治之危者安之也今無故將蕞爾之國四百年之業一朝而廢絕之使社稷無主宗祧乏祀以理揣之必不應爾更念小邦地不過千里山林川藪無用之地十分而七稅其地未周於漕運賦其民未支於俸祿於朝廷用度九牛之一毛耳加以地遠民愚言語與上國不同趨舍與中華絕異恐其聞此必生疑懼之心未可以家至戶諭而安之也又與倭民濱海相望萬一聞之無乃以我爲戒而自以爲得計耶伏望執事閣下追世祖念功之意記中庸訓世之言國其國人其人使修其政賦而爲之藩籬以奉我無疆之休豈惟三韓之民室家相慶歌詠盛德而已其宗祧社稷之靈將感泣於冥冥之間矣議遂寢忠宣被讒流吐蕃齊賢又與崔誠之獻書元郎中曰竊伏海濱歆芳名高下風爲日久矣思欲覩梧竹之標聞秋陽之論顧無紹介爲之先容因循歲月願莫之遂今忽焉披露肝膽以效於前交淺言深恐未足以感發尊聽然而敝邑於足下爲恭桑之地雖出幽遷喬泥蟠雲飛家中原仕上國墳墓親戚固在敝邑於僕等所欲言又焉得而無情哉今聖天子勵精圖治大丞相才略不世出言聽計從廟無遺筭有一夫不獲其所一物不得其平必振拔而安措之然後已而足下以端愨雄深之質文之以禮樂詩書高冠博帶優游東閣潤色伊周而彌縫房杜亦可謂得靑雲知己以行其道者矣竊惟敝邑事大以來百有餘年歲修職貢未嘗小弛往者遼民遺種金山王子者驅掠中原之民弄兵于海島朝廷遣哈眞扎剌師師討罪天寒雪深甬道不繼軍不得前却幾爲兇徒所笑我忠憲王命陪臣趙冲金就礪轉餉濟師掎角而滅之兩國之帥相與約爲兄弟誓萬世無相忘是則敝邑所以盡力於太祖皇帝時也世祖皇帝南征返旆將繼大統時有介弟扇變于朔方諸侯憂疑道路甚梗我忠敬王以世子率群臣拜迎于梁楚之郊天下於是覩遠人之悅服知天命之有歸是則敝邑所以盡忠於世祖皇帝者也忠敬王襲爵東歸忠烈王復以世子入侍輦轂世祖念其功嘉其義命尙公主以示殊恩屢頒詔旨毋改舊俗四海之內稱爲美談我老瀋王即公主子

而世祖親甥也自世祖之時以至于盛代歷事五朝旣親且舊但以功成不退變生所忽毀形易服遠竄吐蕃之地去故國萬餘里顚崖絶險十步九折層冰積雪四時一色嵐瘴薰蒸盜賊竊發革船渡河牛箱野宿間關半年方至其域飯麥麨處土屋辛苦萬狀不可殫記行路聞之尙爲之於邑況策名委質者哉閶闔阻排雲之叫廊廟絶蟠木之容雖含恤而憤泣大聲而疾呼孰聞而孰憐之耶此僕所以當食忘味已臥復起皇皇栖栖淚盡而血繼者也盖柔遠敦族先王之政也以功覆過春秋之法也足下何不從容爲丞相言之明往日之無他今日之自艾累世之忠勤不可負國人之思慕不可遏世祖肺腑之屬又不可以不錄於以入奏冕旒導霈金雞之澤賜環而東復見天日使聖天子之世無向隅而泣者則大丞相之德之美益著於遐邇而不忘本之義善救物之仁天下皆稱頌於足下豈惟敝邑君臣銘肌鏤骨圖報其萬一而已哉又上書丞相拜住曰小國下官敢以陋言仰瀆尊聽其爲狂僭大矣然而江河之量無所不容芻蕘之言必有可取伏望哀其迫切之意先寬其罪而小加憐察孟子曰禹思天下有溺者如己溺之稷思天下有飢者如己飢之也天下之溺與飢者非禹手拯之而稷過其哺也何其心斷然自以爲責而不辭歟天之降任于大人本欲使之濟斯人也苟視其困窮無告者恬不爲愧豈天之降任意耶此所以忘胼胝之苦親播植之勞宅九土粒蒸民左右堯舜而澤及後世者也設有一人焉不幸而陷濤瀨轉溝壑禹稷而見之將圖其須臾之活而已耶吾知必爲之計使之不復虞飢患溺然後已也恭惟丞相執事光輔聖天子不動聲色措天下於泰山之安玉燭清明年穀屢登戴白之叟以爲復覩中統至元之治人之生於此時亦可謂幸矣如此而有一人焉困窮之勢甚於飢溺執事其何以處之往歲我老瀋王遭天震怒措躬無所執事哀而憐之生死肉骨於雷霆之下得從輕典流宥遠方再造之恩有踰父母然其地甚遠且僻語音不通風氣絶異盜賊之不虞飢渴之相逼支体羸瘠頭髮盡白辛苦之態言之可謂流涕語其親則世祖之親甥也語其功則先帝之功臣也又其祖考爰自聖武龍興之際慕義先服世著勤王之效傳所謂猶將十世宥之者也竄謫以來已及四年

革心悔過亦已多矣伏惟執事旣嘗力救於始無忘終惠於後申奏黈聰導宣睿渥俾還本國以終天年其爲感幸豈止陷濤瀨者履坦途轉溝壑者飫美食而已哉若謂時未可也姑徐爲之日延月引而爲賢且有力者所先天下之士將謂執事見事獨遲小國之人將謂執事爲德不竟竊爲執事惜之旣而常命量移忠宣于朶思麻之地從拜住所奏也齊賢往謁忠宣謳吟道中忠憤藹然加密直司使賜推誠亮節功臣號再轉僉議評理政堂文學又封金海君忠肅薨曹頔構亂忠惠擊殺之然其黨在都者甚衆必欲抵王罪元遣使召王人心疑懼禍且不測齊賢奮不顧曰吾知吾君之子而已從之如京師事得辨析功在一等賜鐵券旣還群小益煽齊賢屛迹不出著櫟翁稗說忠惠被執于元宰相國老會旻天寺議上書請赦王罪齊賢草其書曰高麗國耆老衆官謹齋沐上書于征東省諸相公執事朝廷使臣朶赤等欽奉郊天大赦德音前來王京我寶塔實憐三引僚吏備儀仗出迎城外入于本省聽詔訖使臣等就執王上馬同去事出倉卒凡在陪臣措躬無所尙復奚言然念王年少不更事直情徑行所以致此原其本意蓋亦無他天日照臨胡可誣也又念小邦始祖王氏開國海隅四百二十六年子孫相繼二十八世歷宋遼金通使往來覊縻而已及我太祖聖武皇帝龍興之際有金山王子者驅掠中原之民圖復亡遼之業勢窮東走陸梁島嶼太祖命哈眞扎剌兩將帥討罪天寒雪深餉道不繼我忠憲王遣趙冲金就礪等助兵與粮一舉破賊於是兩國同盟萬世子孫無忘今日因分所虜生口爲信今小邦有契丹場是也世祖文武皇帝觀兵襄陽阿里孛哥扇變漠北諸侯虞疑各懷去取我忠敬王時爲世子蒙犯霜露直至汴梁以迎于道世祖望見驚喜曰高麗荒遠之邦今我北歸將繼大統彼其世子自來歸我天賛我也忠敬王旣當國陪臣林惟茂父子不喜內屬擅廢立阻兵江華世子忠烈王奔告朝廷世祖赫怒詔王復位乘馹入覲王及世子引兵東還擒戮逆黨去水而陸一心供職忠烈王之世世祖兩征日本王遣金方慶等修其戰艦每爲先鋒又乃顔之黨哈丹攻陷水達達女眞之地侵及我疆欲抗天威王出兵逆擊之隻輪無返者大德末益知禮不花王左右仁宗皇帝定亂淸宮奉迎

武宗皇帝爲一等功臣是則王氏忠於朝廷也久矣又念世祖皇帝釐降忽篤憐迷思公主是生益知禮不花王益知禮不花生阿納忒室利王阿納忒室利生寶塔實里王寶塔實里王雖疎且遠其於世祖實有肺腑之親焉又念皇后奇氏生自小邦上配至尊誕毓元良爲天下所慶顧朝廷之視小邦不應與諸蕃同焉又念小邦與日本隔海爲鄰我之蒙福彼則愧其歸化之遲我之獲戾彼則甘其執迷之陋勢之必然者也昔周執衞侯衎而卒今復位漢徵梁王武而亦使歸梁有以見王者之大度也況我朝廷自列聖以來好生之德萬萬過於周漢而今則親享南郊尊祖配天大禮旣成德音廣布外薄四海蹈舞歡呼苟有一物不被其仁澤者所宜痛心欽惟聖天子以宥過無大之仁儻回一念使我寶塔實里王免離罪罟游泳恩波且使王氏君臣社稷不替其名衣冠風俗並仍其制山海愚民獲安舊業則太祖世祖勤恤小邦之意豈不益明世祖釐降公主生子若孫以繫遠方之心其規模豈不益遠皇后誕毓元良天下之慶賴豈不益偉小邦勤王敵愾之志豈不益堅日本未服之民革其執迷樂於歸化其意豈不益篤四百二十六年二十八世血食之鬼豈不益感朝廷宥過無大好生之德豈不益播於天下後世哉伏惟執事俯察芻言達于天聰後欲署名呈省國老多不至事竟未就忠穆襲位進判三司事封府院君上書都堂曰今我國王殿下以古者元子入學之年承天子明命紹祖宗重業而當前王顚覆之後可不小心翼翼以敬以愼敬愼之實莫如修德修德之要莫如嚮學今祭酒田淑蒙已名爲師更擇賢儒二人與淑蒙講孝經語孟大學中庸以習格物致知誠意正心之道而選衣冠子弟正直謹厚好學愛禮者十輩爲侍學左右輔導四書旣熟六經以次講明驕奢淫佚聲色狗馬不使接于耳目習與性成德造罔覺此當務之莫急者也君臣義同一體元首股肱不親附可乎今宰相非宴會不相接非特召不得進此何理乎當請日坐便殿每與宰相論議政事或可分日進對雖無事不廢此禮不然則大臣日疎宦寺日親生民休戚宗社安危恐莫得而上聞也政房之名起于權臣之世非古制也當革政房歸之典理軍簿置考功司標其功過論其才否每年六月十二月受都目考政案用以

黜陟永爲恒規則可以絕請謁之徒杜僥倖之門今若因循不復古制深恐將來梁將祖倫朴仁壽高謙之輩蜂起而黑冊之謗不可遏也鷹坊內乘毒民尤甚者前已下令革罷後復遷延中外失望至使龍普馳出見責可不愧于心乎德寧寶興等庫凡非古制者一切釐革庶永不負聖旨勤恤之意刺史守令得其人則民受其福不得其人則民遭其害官高而降爲者偃肆不遵法年邁而求得者昏懦不任事或以請謁起壠畝垂金魚者又不足言也請如古制朝士之未入參者必經監務縣令至于四品例爲牧守而監察司按廉使必行褒貶爲之賞罰所謂官高者年邁者用請謁起壠畝者如不得已寧授京官勿與親民之任行之二十年流亡不復貢賦不足未之有也金銀錦繡不產我國前輩公卿被服只用素段子若紬布器皿只用鍮銅甆瓦德陵作一衣問直則重輟而不爲毅陵嘗責前王盤金之衣揷羽之笠非吾祖舊法有以見國家四百餘年能保社稷徒以儉德也近來風俗窮極奢侈民生困而國用匱職此而已請宰相今後不以錦繡爲服金玉爲器又不使袨服乘馬者擁其後各務儉約諷上而化下風俗可以歸厚也前者追徵暴斂之布便合歸於納者然恐官吏貪緣爲奸細民未蒙實惠故宜分付諸司以充來歲雜貢令其得免先納借貸之弊行省旣有文移當早施行三食邑旣立之後百僚俸祿不備夫以一國之主取群臣養廉之資以實私藏豈不貽譏後世請聞諸兩宮罷食邑還屬廣興倉充其俸祿京畿土田除祖業口分餘皆折給爲祿科田行之近五十年邇者權豪之門奪占略盡中間屢議釐革輒以危言脅欺上聽卒莫能行此大臣不固執之所致也果能釐革悅者甚衆不悅者權豪數十輩而已何憚而不果爲哉州郡遠年貢賦之逋欠者有司百計追徵十分莫得其一祇是斂怨而已望下令自至正三年已前逋欠貢賦一切蠲免前此數年窮民有因暴斂典賣男女請令諸道存撫安撫使出榜許其來京自告因以宮財量給贖還其買者亦令自首若不自首後有告者不與其直勒還父母甚者治罪後與安軸李穀安震李仁復增修閔漬所撰編年綱目又修忠烈忠宣忠肅三朝實錄恭愍即位未至國命齊賢攝政丞權斷征東省事齊賢上書于王曰伏聞聖旨國王丞相一時受

命上自德慶府下至小民踊躍歡忭不可勝言又奉王旨凡一國緊要利民利國勾當悉皆行下見聞者莫不有更生之望但臣才微年邁萬事皆不如人忽承重命爲權省政丞感激之情上有天日恐不勝任措躬無地惟望印寶既至妙選賢能以備庶官早上新命尋拜都僉議政丞齊賢下理問裴佺及朴守明于行省獄流直城君盧英瑞于可德島賛成事尹時遇于角山貶賛成事鄭天起爲濟州牧使知都僉議韓大淳爲機張監務時王在元國空虛齊賢措置得宜人賴以安嘗於拜表陞陛上行禮儀衞與王無異人譏之趙日新挾負紲之功暴橫驕恣以齊賢居右深忌之相詰齊賢白王曰臣不敢居具瞻之地固辭不允又因墮馬傷足上箋辭王不允加推誠亮節同德協義賛化功臣號齊賢又上三箋牢讓不已遂致仕日新聚群不逞夜入宮害所忌縱兵誅殺齊賢以辭位得免日新伏誅起齊賢爲右政丞賜純誠直節同德賛化功臣號明年辭以府院君知貢擧取李穡等復爲右政丞辭封金海侯改門下侍中又辭不允六年乞以本職致仕從之國制封君致仕頒祿有差既老而猶受厚祿於義不安故有是請朝論以爲本職致仕非所以敬大臣也復封雞林府院君奇轍等伏誅王以轍等衣服綵帛賜官寺及兩府齊賢辭以無功不受又上箋請老仍致仕撰國史於其第史官及三館皆會焉王嘗命齊賢議定昭穆之次語在禮志王又以修築京城訪大臣耆老齊賢上言曰三代而上不可知三代而下立都而無城郭未之聞也我太祖東征西討削平僭亂統三爲一之後七年而薨用瘡痍之民起土木之役所不忍也故不城松京非不爲也勢不可也其後因循至於顯王之初契丹蹂躪京邑燒毁宮室顯王蒼黃南狩當時若有城郭之固契丹未必蹂躪燒毁若此其甚且易也顯王二十年始命李可道築開京城郭後金山王子引兵而來西海道忠清道沙平津北無處不至不得入京都餘古車羅大屯兵黃橋又不能入京都以有城郭也城郭之當修無智愚皆知之矣若修之則農時不可奪糇粮之賚板築之材不可不備起役之後大衆一聚宮城及城門必令守備可也既定此議雖有陰陽忌諱確然不改然後可就也紅巾之亂王南幸齊賢謁于尙州嘗揮涕嘆曰今日播遷何異玄宗祿山之亂及賊

退又與洪彥博言曰古人稱壯哉山河此魏國之寶也初若設險守隘制勝可必恨不早圖也賊若野戰則我軍必敗但因雨雪乘賊不虞故勝之此賴宗社山河之祐也十六年卒年八十一謚文忠天資厚重輔以學問其發於議論措諸事業者俱有可觀初齊賢讀史至則天紀曰那將周餘分續我唐日月後得朱子綱目自驗其學之正人有片善稱譽惟恐不聞先輩遺事雖細以爲難及平生未嘗疾言遽色又及穢語晚年閑居對客置酒商推古今亹亹不倦崔瀣嘗歎曰士別三日刮目相待吾於益齋見之矣齊賢務遵古法不喜更張曰吾志豈不如古但吾才不及今人耳齊賢之孫連姻奇氏齊賢忌其盛滿及拜平章恭愍勑兩制賦詩以賀且命齊賢敍其事齊賢辭不爲恭愍之寵辛旽也齊賢白王曰臣嘗一見旽其骨法類古之凶人必貽後患請上勿近旽深銜之毀之百端以其老不得加害乃謂王曰儒者稱座主門生布列中外互相干請恣其所欲如李齊賢門生門下見門生遂爲滿國之盜儒者之爲害如此及旽之敗王曰益齋先見之明不可及已自少儕輩不敢斥名必稱益齋及爲宰相人無貴賤皆稱益齋其見重於世如此然不樂性理之學無定力空談孔孟心術不端作事未甚合理爲識者所短後配享恭愍廟庭所著亂藁十卷行於世齊賢嘗病國史不備與白文寶李達忠作紀年傳志齊賢起太祖至肅宗文寶達忠撰睿宗以下文寶僅草睿仁二朝達忠未就藁南遷時皆散逸唯齊賢太祖紀年在三子瑞種達尊彰路瑞種子寶林

達尊字天覺工文詞初以蔭補別將忠肅朝登第賜紅帶由思補陞獻納尋遷監察掌令典儀副令忠惠如元與其父從之王復位授典理摠郎東還道卒年二十八子德林壽林寶林爲人嚴毅方正有政事才嘗知南原府新置濟用財以支供費民無橫斂又宰京山府道聞婦人哭曰哭聲不哀若有喜者執訊之果與奸夫謀殺夫者也有人訟隣人割我牛舌隣人不服寶林渴其牛會里人和醬于水令曰以次飲牛牛欲飲即止里人如令至所訟人則牛駭走訊之果服牛食我禾故斷其舌又有人馬逸食人麥苗殆盡麥主將訴之馬主曰我有麥田稔與汝勿訴麥主訴之及夏麥再苗猶可收馬主曰汝麥亦稔不與麥主訴寶林命馬主坐麥主立曰俱走

不及者罰馬主不及詰之曰彼立我坐其能及乎寶林曰麥亦然牧而後苗其及稔乎汝逸馬食麥罪一也乞介不告罪二也違約不與罪三也亂法之民不可不懲遂杖之以麥歸告者爲政嚴明類此辛禑初判安東府事以治最擢拜大司憲時林樸不署呈北元書寶林阿仁任意劾流之人譏其無雅操尋遷密直副使濟州進羖攊分畜諸州多物故不孳介贖其價宰相欲分其餘畜之寶林與權仲和言民贖價而吾輩分之於義何如遂止官至政堂文學封雞林君卒謚文肅無子

李凌幹

李凌幹南原居寧縣人忠宣王嘗以所幸二姬賜凌幹及白文擧獨凌幹置別室莫敢近王義之又從王在元爲盤纏別監同事者皆致富凌幹獨清苦自勵冬月破衫單袴不私一錢及王竄吐蕃凌幹懷金潛附驛吏獻王王及從臣賴以不乏王薨奉梓宮東歸號呼跋涉勤苦備至忠肅朝由密直副使遷知司事右常侍元嘗欲立省本國凌幹與金怡全英甫等奏請于帝議遂寢論功爲一等爵其父母妻子賜田及臧獲後爲監察大夫陞僉議參理拜政丞曹頔之亂侍從忠惠功在第一賜鐵券尋封寧川府院君及王被執如元宰相國老議欲上書請赦王罪凌幹曰天子聞王無道罪之若上書論奏是以天子之命爲非而可乎恭愍朝爲左政丞領都僉議事六年以門下侍中致仕卒官庀事以葬

列傳卷第二十三

列傳卷第二十四

高麗史一百十一

正憲大夫工曹判書集賢殿大提學知經筵春秋館事兼成均大司成臣鄭麟趾奉
敎修

廉悌臣

廉悌臣字愷叔小字佛奴中贊承益之孫少孤長于姑夫元平章末吉家泰定帝自晉邸入繼統末吉率悌臣迓駕于和林帝一見奇之命宿衛禁中賊臣御史大夫帖失誅以女弟賜之悌臣曰臣雖無知不願近逆黨帝益重之居數歲以久不省母乞告帝命降香金剛山還授尙衣使又請歸養授征東省郞中同僚頗弄威福悌臣力爭之多所裁抑田民詞訟悉還攸司忠肅歎曰廉郞中淸簡矣左右司請署文移必曰吾郞中署乎有則行無則止元召授翊正司丞後奉使江浙省會計中政院錢貨官吏多行賂求媚悌臣一切却之丞相別哥不花待以殊禮及入相薦於順帝曰老臣在江浙知廉佛奴淸白具以事白帝將用之悌臣以母病力請東歸忠穆朝拜二司右使賜輸誠翊戴功臣號轉都僉議評理進贊成事征東省官以事欲問臺臣時李公遂爲大夫悌臣曰臺綱非所當撓李大夫一時之傑其可辱乎事得寢恭愍初拜左政丞賜端誠守義同德輔理功臣號蔡河中在元謀復相會元南征求勇士河中密說太師脫脫請還國出兵助征仍薦悌臣有勇略悌臣知之上疏自退王亦逼脫脫勢以河中爲政丞罷悌臣封曲城府院君與柳濯等赴征將士爭奪人馬行省牓禁不止民閒嗷嗷悌臣羅英傑孫佛永獨不然行至鴨江康允忠謀於衆曰吾輩離親戚左墳墓以就死地何日旋歸欲以精騎五十馳還京城斬始謀發兵者以告悌臣悌臣曰非計也吾君天也天可逃乎忠臣義士豈有反側之言聞道疾行旣至都王遣使請還悌臣帝以爲高麗大臣賜宴徽政院遣之王誅奇氏畏元有譴以悌臣爲西北面都元帥賜貂裘金帶授節鉞曰卿行之後吾不北顧矣其治軍政務糧爲先城堡次之器械次之拜守門下侍中再三辭不允上疏論軍務曰食爲民天兵藏於農令軍士有事則操兵無事則屯田庶轉餉省而軍食足矣師之强弱在於儲偫今師興

有日而輓輸之路阻脩如還精强分屯要害移其餘卒就食安州等處觀變而動則輓粟之勞减矣戍邊之法以時而代今軍士盛夏北來淹至冬月無衣無褐何以禦寒設使驅而納諸矢石之間豈肯盡力請率以半年相代軍卒遭喪不免行伍人子之情在所不忍請自今凡遭喪者許人代之如無代者計日給暇後以盛滿辭復起爲右政丞紅賊之亂悌臣馱妻孥財賄車馬甚盛弃母而去臺諫論以不孝拜相逾月不署告身會金鏞誅以鏞姻婭寵旣而母沒大斂而葬明年領都僉議司事時辛旽用事惡悌臣不附己譖於王王命其子壻諭以不可絶旽之意悌臣終不變兀剌之役悌臣爲西北面都統使節度諸將師還封曲城伯親圖形賜之復爲門下侍中幸臣金興慶多所請謁悌臣不假貸興慶有怨言王曰侍中學於中原性高潔非他廷臣比且大臣用心非汝所知也興慶不敢復言辛禑立以悌臣領三司事尋領門下府事禑喪畢御正殿宰相上壽悌臣首陳爲君難爲臣不易親賢遠佞等語禑爲之改容加賜忠誠守義同德論道輔理功臣號北元遣使拜將作院使悌臣旣老國有大疑必與議盡言無隱位冢宰凡二十九年及疾禑遣中官賜宮醞藥餌悌臣具衣冠受之謂曰公善爲老臣言上之所以念及老臣者徒以臣嘗左右先君也臣今殆矣願上日愼一日惟永終是圖卒年七十九謚忠敬遺命三日而葬子國寶與邦廷秀皆登第與邦自有傳國寶封瑞城君廷秀官至大司憲俱與與邦伏誅

李嵒 岡

李嵒字古雲初名君侅祖尊庇初名仁成早孤學於其舅白文節善屬文工隷書元宗初登第籍內侍遷國學博士直翰林院累轉吏部侍郎忠烈朝歷尙書右丞司議大夫拜左承旨時左副承旨金周鼎建議新置必闍赤委機務尊庇正直初不與其議故不在選中左右以爲不宜斥之卒以爲必闍赤進密直副使歲辛巳征日本尊庇爲慶尙忠淸全羅道都巡問使調兵糧戰艦措置得宜民不見擾以判密直司事監察大夫世子元賓卒世子聞之泣嘆曰尊庇正直何天如是父瑀鐵原君嵒鬐齔異凡兒忠宣時年十七登第忠肅愛其才命典符印除秘省校勘累遷都官正郞忠惠初擢密直代

言兼監察執義忠肅復位以嵒爲忠惠嬖幸杖流海島罷瑀歸田里忠惠復位授知申事進同知樞密院事轉政堂文學僉議評理王以武人韓用規爲典校副令嵒執不可王不聽忠穆即位拜贊成事與提學鄭思度提調政房宦者高龍普以銓注不公白王流嵒于密城思度于光陽旣而免之忠穆薨奉忠定如元及嗣位命嵒聽斷國務還國命提調政房賜推誠守義同德贊化功臣復除贊成事拜左政丞閱戰艦于江還帶弓矢從者三十餘騎二騎前導觀者以爲僭恭愍初封鐵原君乞骸入清平山王徵還守門下侍中紅賊入寇嵒爲西北面都元帥領兵二千行有朴居士者自言有祕術能破賊以惑人嵒執送于京旣而以嵒懦不能軍遣平章事李承慶代之紅賊逼京城從王南幸賊平錄扈從功爲一等封鐵城府院君賜推誠守義同德贊化翊祚功臣號十三年卒年六十八命有司以禮葬之謚文貞嵒謹守繩墨居家不問有無以圖書自娛書法妙一時嘗手寫大甲篇獻王語其子岡曰汝志之吾旣老矣無官守無言責當以格君心爲務耳辛禑元年配享忠定廟庭子寅崇蔭岡寅辛禑十年以固城君卒蔭與諸將平紅賊以功拜上將軍戰沒

岡字思卑少好學年十五登第忠定時選充侍讀及王遜于江都岡從之恭愍即位召見奇之授典儀注簿掌符璽常在左右愈久愈謹爲吏部郎中嘗遷岡奏曰臣執筆注臣名臣實不敢王益重之出爲慶尙道按廉使王之南幸也迎候盡禮供億甚盛旣還以元松壽薦代松壽爲知申事掌銓選時方邊報絡繹上下維持岡之功居多然惟務承迎識者譏之拜密直副使卒年三十六王悼甚賜重賻樞密例不得謚特謚文敬子原

洪彥博 師禹 柳淵

洪彥博字仲容南陽府院君奎之孫少好讀書善屬文忠肅十七年登第王賜廐馬一匹忠穆四年授密直提學俄遷知申事恭愍元年拜僉議贊成事賜推誠亮節佐理功臣號封南陽君時定六寺判事階奉翊省郎不署依牒王怒囚右司議宋天鳳將罪之彥博與洪彬營救得免三年拜左政丞遷右政丞加端誠亮節輔理安社功臣號尋封南陽侯錄誅奇轍功爲一等十年改門下侍中紅賊逼京城衆議欲避之彥

博獨以爲先王基緒不可墜也勸王自將與民効死俄而西兵告敗王南幸彥博從之明年收復京城制勝方略多彥博指畫判密直事宋卿言於彥博曰蒼生望公復相久矣今爲首相何無一事協輿望乎去歲播遷宗社陷賊主上蒙塵取天下笑公之不早圖也今公子握府兵壻長憲司富貴已極何不憂國家彥博憚之罷卿時彥博壻柳淵爲監察大夫故卿云然行宮所需金銀乏少王之用度無節彥博白曰內帑之儲何如在都時經費宜加裁省王藐視不應彥博退曰言不見從是何訑訑也李齊賢聞之曰吾爲相時每言事若此吾未嘗不爲王惜也王欲遷都江華命卜於開泰寺太祖眞殿人民洶洶太后洪氏彥博姑也面責彥博曰爾以外戚巨室位冢宰中外之望咸屬焉今王欲遷都而國人皆不欲爾盍諫止之彥博以告於王王曰予非决遷欲知吉凶耳卜果不吉國人大悅時訛言紅賊復來議選大帥以彥博不恤國事命左政丞柳濯爲都統使彥博與柳淑同掌貢擧宰樞盛設筵以慰彥博勳戚首相淑帷幄寵臣雖嘗播越之時群臣所以傾待者如此十二年王將還都遷延不發彥博曰供頓已備若淹此期防農害事民受其弊王從之南遷後祀典隳缺文宣王朔望奠亦廢成均十二徒請復行彥博以中外多事寢之與王之變子師範遣人走報令避之時尙早彥博方與妾臥聞之自若曰不可不食而赴難令作粥賊遣其黨趣彥博所舍門客急告曰賊將至而猶不起耶俄而賊至曰出迎帝命家人報曰賊在門宜速避彥博曰吾見賊問其故終不避子及妻勸避猶不肯曰安有爲首相而逃死者乎徐整衣冠出戶曰爾乃賊也何稱帝旨賊斮之血濺屋椽年五十五賊在興王者聞之皆呼萬歲贈諡文正以禮葬之子師普師範師禹師瑗師普官至判閤門事以子寬弑逆被誅師範知密直司事如京師賀平蜀還至海中許山遭風溺死恭愍悼之特賜諡師禹恭愍時爲慶尙道都巡問使鎭合浦淸謹自守吏民畏愛倭寇龜山縣三日浦師禹往擊之賊潰走乘勝奮擊賊登山師禹麾兵四面攻之斬獲二百餘溺水死者以千數奪被虜者十人兵仗不可勝紀後爲全羅道都巡問使以子倫弑逆遣人鞫之杖流遠州尋遣崔仁哲縊殺師禹及子彝于陝州當刑彝泣謂仁哲曰請誅彝釋吾父師禹曰

吾已老矣願誅老夫釋吾子仍歎曰吾嘗斬獲倭賊甚多功何在耶父子相携而死人皆惜之全羅慶尙之民至有流涕者師瑗典書柳淵晉州人三司左使之淀子也以公廉才幹稱執事必恪居官稱職屢爲將帥頗得衆心辛禑二年以贊成事商議卒年四十九中外惜之謚貞靖子龍生

柳濯

柳濯字春卿高興府院君淸臣之孫有膽略善武藝早以門蔭入元宿衛還拜監門衛大護軍不數年三轉封高興君元授合浦萬戶忠定朝拜都僉議參理賜推誠亮節翊祚功臣號進贊成事恭愍初出爲全羅道萬戶持軍整肅不擾州縣與士卒同甘苦王下敎褒奬賜衣酒勞之倭寇萬德社殺掠而去濯以輕騎追捕悉還其俘終濯在鎭寇不復犯自製長生浦等曲傳樂府召復爲贊成事未幾拜左政丞罷封高興府院君賜輸誠亮節翊祚輔理功臣號元將南征紅巾等賊求勇士蔡河中薦濯及廉悌臣等四十餘人有勇略元遣使召之濯等率兵數千如元從太師脫脫征高郵賊張士誠連戰頗有功復舊官制拜門下侍郎同中書門下平章事尋以事流外起封高興侯王避紅賊南幸以濯爲慶尙道都巡問兼兵馬使復拜左政丞錄興王定難功爲一等又定辛丑扈從功臣以濯濟師有勞又爲一等改侍中與評理崔瑩密直副使吳仁澤提調政房崔吳方有寵一日除官濯曰宜先擇臺省瑩率爾曰我擇之厲聲呼吏曰將于達赤名籍來濯惡其不讓辭色方厲仁澤曰臺省豈可於于達赤擇之須先擇儒士與有名望者二人專恣旁若無人濯辭疾不與魯國公主薨王惑浮屠說欲火葬以問濯不可乃止賜推忠秉義同德輔理翊祚功臣號舊制僉議樞密監察重房夕直者供給甚盛亂後始廢兩府欲復之久未定都僉議司吏金富等怒稽緩大書錄事朴允龍孫國英名倒帖柱曰誓不出二人告身允龍國英時掌錢穀者濯聞之怒下富等獄鞫之曰右司議崔安穎左正言金存誠所爲事聞罷安穎等初公主薨設四都監十三色以掌喪事濯多繆擧安穎坐府中譏議濯嘯之至是罷人皆非之有詔使來擧止甚峻頗傲於王見宰相不肯與坐及見濯禮貌甚恭簽書李穡謂同列曰侍中動容中禮見重宜矣監察司四都評議錄事家奴濯見執義崔元

祐請放元祐旣許退又囚一奴瓘曰囚錄事家奴是囚我奴也怒不朝宰樞囚元祐獄罷之元祐嘆曰臺中事必會議而行豈獨老夫但老夫無用固宜貶黜有巫自稱天帝釋妖言惑衆杖之元使大都驢謂瓘曰古安有刑婦人者瓘無學不能對累乞退不允王大營公主影殿于馬岩瓘謂同知密直安克仁簽書密直鄭思道曰馬岩之役非但勞民傷財術家有言築室于玆異姓王矣瓘濫首百官食君之祿豈可腹非而成君上之過貽譏後世耶寧死不可不諫克仁等從之上書曰今歲大旱五穀不登民將無食乞停中外土木之役王大怒曰是沮吾影殿之役也下瓘思道獄以克仁定妃父勒歸私第瓘持重美風度動止可觀同列服之及下獄皆驚歎太后使人諭王曰是祇以彰君之過而見宰相之賢也可釋瓘等王不聽卽以李春富代瓘爲侍中命李穡等鞫以魯國之薨闕祭三日其葬降用永和公主例瓘曰公主國母也賓天之初臣等哀慟罔知所爲遂致闕祭辛丑之亂禮文皆失故葬禮以臣等所知爲例耳非有他也以開王怒甚辛旽出曰侍中當死矣王欲殺瓘命穡製諭衆文穡對以瓘無死罪不敢爲辭力爭王又大怒下穡獄穡泣曰臣非畏死恐王以無罪殺大臣耳王皆釋之翌日瓘等謝王賜酒慰之曰予失於怒辱卿等數日毋恠也語在穡傳後王又以正陵無職祭爲瓘所定下獄免爲庶人籍其家都堂言諸陵皆無職祭請釋之王怒解還告身及家財辛旽旣誅憲司奏瓘爲首相嘗欲專占全羅軍民依妹壻也先帖木兒設萬戶府成軍目靑冊納樞密院又公主昇遐之初闕殯奠葬用薄禮又黨逆賊辛旽賄以奴婢錢財相與結援李伯修告旽逆謀瓘知而不首乞置典刑以正不敬不忠之罪王從之太后使宦者沙顏不花請宥之王怒囚沙顏不花遂縊殺瓘于靑郊年六十一國人有涕泣者時議以爲王憾瓘諫止影殿之役也後我太祖夢瓘祈爵其子濕異之贈瓘特進輔國高興伯謚忠靖授濕官子雲濕澪

慶復興

慶復興初名千興淸州人父斯萬性質素娶明德太后姪女以故昵侍禁掖與宦寺無異人譏之官至右代言嘗受命醮摩利山塹城聞空中若有呼慶代言不幸短命者再還謂友

人曰吾不久於世矣未幾果卒復興性清直累遷監察掌令恭愍初拜軍簿判書歷判樞密院事參知門下政事陞知政事商議時議築京城復興與鄭世雲柳淑言今四方兵起瘡痍飢饉若築城民將不堪王命罷其役錄誅奇轍功爲一等改參知中書省事御史臺劾黃裳楊伯淵姦判密直辛貴妻康氏復興言康之失節以夫在流不能防閑也自丙申以來流竄者寔繁室家怨曠多失節請皆放還鄉里從之紅賊入寇以復興爲西北面元帥尋爲副元帥率兵千餘屯安州畏賊不敢戰王怒欲論以軍法洪彥博言復興公廉謹篤然不閑將略是用者過也王怒解賊退賜盡忠同德協輔功臣號尋拜平章事守門下侍中錄己亥擊走紅賊辛丑扈從功俱爲一等崔濡在元譖于帝廢王立德興君發遼陽省兵納之遣李家奴來收王印章王以復興爲西北面都元帥屯安州李珣爲都體察使屯泥城禹磾朴椿爲都兵馬使分屯江界禿魯江等處安遇慶李龜壽洪瑄池龍壽分屯諸州皆受復興節度以密直副使丁贇爲西北面都安撫使椿聞家奴將至收兵得卒數千甲士二百餘人生獲二獐詣家奴所舍曰椿某處萬戶管下千戶也王令椿防倭故到此今有廢立之言然乎椿將爲我王死也因泣下殺獐餽之家奴嘆息且有懼心椿又從間道以所領兵送珣屯所令珣遇家奴亦如之贇遣麾下兵馬使睦忠將兵屯要害忠乃宰相仁吉從弟也依勢不從贇節度贇不能制忠怨贇誣構贇與德興通謀議乃弃屯所逼贇營欲襲殺之贇大懼弃軍奔復興營明其誣王遣使繫致巡軍召忠對置事無驗憂憤而卒贇性寬博有武藝時人惜之復興移檄德興君從者曰本國父老子弟或以功名或以朝覲用賓中國久近不同老於旅食豈無東意道里云遠盜賊蜂起歲月愈深歸計愈疎父母妻子夜夢晝思言及淚下貌同敬他握粟出卜妄喜且悲曷月曷日予還歸哉柰何今又自貽伊阻聽人謌言僞主云從至爲防身弓矢甲刃旁招殘賊妄謂羽翼野宿風飧靡所定居憾惘遷延不進則退謀所不謀爲所不爲乃臆以諧吾事儻濟以是欲見三族欲榮一己夸耀里閭拜掃松楸何異緣木求魚理舟涉山祇自勞苦斃於狂妄緣木求魚理舟涉山已云狂妄猶無後災如爾之災未容口頰尙我主上至仁以慈欲爾改修

存爾三族雖法吏議刑還軍革田亦堅執不許姑待須臾且如年前邊將負勇不備紅賊賊逼都城乃於蒼黃主上自令鰥寡孤獨無保持者先出遠害毋犯賊鋒及至南幸惠養如子肆爾三族得保首領又不窮乏今猶昔也爾尙不知委質報德誤從白家之息自納簒逆之罟必使之夷三族潑墳墓瀦宅舍沒田口然後已乎豈惟國人施爾顯戮抑亦祉鬼丕降陰誅爾何悖理至於如斯然而體思爾心亦不得已不得已說茲復不贅聊以招懷國中之人孰非故舊有位之士孰非姻親冀復面目實無異志爾勿爲胡越爾勿爲鬼蜮且彼蘇武牧羊猶持使節管仲射鉤終相桓公二人之事其審克之主上宰臣協謀成言苟能來者仍其僞授不降一級爵之命之嗚呼四山雪滿大野風鳴覆氈車下仰視星斗於斯時也鄉思幾何越鳥南枝狐貉首丘爾可以人不如禽獸書到爾部不出三日戒爾徒旅勤爾跋涉如魚得水如鳥歸林嗚呼此厥不聽與爾永訣珣又移書諭崔濡羅英傑柳仁雨黃順洪法華等曰本朝自太祖統三以來聖子神孫繼繼相承迄于今日非王氏不得爲王爾等所共知也乃何以異姓白家之子欲立爲王反攻父母之邦耶爾等離鄉土辭親戚苦身憔思千里而從人者無乃欲富貴其身而顯榮於鄉黨親戚乎今若率兵欲入則爾之三族無遺類矣然則雖能得入誰與爲榮且爲人子未免亂賊之名則何面目立乎天地之閒宜各挺身渡江而來來則罪輕不則罪重可不愼哉濡奉德與渡鴨綠江崔瑩安遇慶等諸將擊敗之濡渡江而走復興遣錄事金南貴獻捷王賜南貴銀一錠遣人賜復興酒拜左侍中凱還王命有司如迎駕儀令百官宴于國淸寺南郊慰之賜諸將賊臣田宅貲產辛旽用事復興雖在相位不得與聞政事爲旽所擠罷封淸原府院君後與吳仁澤等謀除旽事洩杖流興州沒爲奴籍其家旽誅召還復拜左侍中提調政房王見弑復興欲立宗室仁任乃立辛禑禑始開書筵翼日稱疾欲停講復興曰聖賢書雖不讀常在手亦自有益禑乃講有韓略者口給無才行初爲司憲令史登明經科以禑外戚超授官又托乳媪宦寺求爲持平禑一日用小帖擬略臺官金瑄重房韓忠典法下政房瑄忠亦禑外戚也復興言注授已訖不可更改禑曰有紙墨改之何難復興又言古

者外戚不除言官請授他職禑曰何不從命强之復興力爭終不授復興與仁任瑩池奫同注擬奫曰當先軍功復興曰此則都目宜後軍功久未定時池李擅權擧國趨附復興廉潔自守雖惡其貪饕知不可救日以醉酒爲事及其銓注輒薦賢以抑行賄之輩然扼二人不能行已意或先出不與都堂將議呈省書復興醉不至瑩呼堂吏曰可撤禁酒榜首相乃如是耶諸相遂詣復興第復興赧然曰吾因飮藥而醉未能進也嘗與親舊夜飮聯句典客令金七霖曰予近自外來民之憔悴莫甚此豈唱和爲樂之時耶復興默然又嘗與瑩率私兵大獵東郊時方旱蝗識者譏之六年國家聞遼東欲攻納哈出慮其掠我界遣人覘之還言遼東摠兵已出師都堂亟會議復興醉又不至仁任林堅味忌復興淸直訴以嗜酒不視事流淸州又流門下評理薛師德密直副使表德麟判事鄭龍壽裴吉李乙卿王伯上護軍薛懷摠郎薛群薛拳中郎將羅興俊等皆復興酒徒也師德乙卿道死復興卒于貶所諡貞烈辛昌立賜祭曰嗚呼我先祖恭愍王有周宣中興之志有漢祖知人之明即位之初側席求賢旰食圖理擢卿百寮之中置之憲司引入御寢咨訪達旦潛邸元從莫有知者凡百姓苦樂士大夫忠姦亶聰灼知興利除害進賢不肖遂能內誅奇轍外殲紅賊文德武烈聞於天下元季東南割據若方國珍張士誠輩皆遣使款獻我先祖中興之烈有光于祖宗卿有力焉迨至癸卯賊臣崔濡夤緣轍黨推奉孼醜德興請兵元朝突入鴨綠我先祖授卿節鉞與崔瑩等擊走以存我社稷功在帶礪賜劵圖形及逆旽以左道惑我先祖領僉議事三韓卿大夫望塵趨拜昏夜走謁惟恐不及其門湯沸旽亦歆卿淸忠狷慨欲屈卿而致之門倚以爲重屢遣私人通慇懃之意於卿而卿不一進其門旽乃譖卿而我先祖方委政於旽難違其言卿於是有明夷之行三韓之人知與不知莫不泣下旽謀既覺而誅我先祖悔甚即日召卿復卿左相及我上王嗣位賊臣李仁任乘閒專恣鬻官貨獄敗我先祖嚴恭抑畏事大之禮尙賴卿之在朝五六載之閒社稷粗安而仁任憚卿不能縱其溪壑之欲朝夕側目但以我王母明德妃信卿之深未敢發也及明德昇遐仁任嗾群兇而逐卿於是仁任窮兇極惡籠山川以爲田認良民而爲

隷寃塞覆載醜聞上國遂致天子欲立衞於鐵嶺社稷幾顚而崔瑩奮忠廓清群兇上王命予小子乃權國事一新庶政予惟汲黯在漢而淮南之謀不得行孔父在宋而華督之惡不敢作卿在上王朝身佩王室安危朝廷輕重卿誠唐之郭汾陽裴晉公之儔也嗚呼卿位極人臣而無一畝於京甸無斗粟於家瓶簞食水飲敝裘瘦馬求之千載如卿者幾何卿之忠清義烈足以範三韓而聳萬世今遣密直副使柳爰廷往奠卿墓英靈有知歆玆異數諒予至懷永佑我王家子補臻儀

金續命

金續命中贊之淑之孫性清直敢言恭愍初拜監察執義與大夫元顗持平洪元老協心彈糾執法不阿凡拜官者有疵累輒不署告身於是內人宦竪惡之遂皆見罷累遷左副代言王避紅賊南幸續命扈從策功爲二等賜土田臧獲轉監察大夫辭不允王以灾異求言續命與獻納黃瑾等上言書云元首明哉股肱良哉庶事康哉元首叢脞哉股肱惰哉萬事墮哉殿下氣禀沉重春秋鼎盛即位日久備諳國事智出萬全多不信人宦官僧徒雜類之言有時信聽雖大臣議一事出一言必候上旨承順施行以故謟諛成風直言路絕此德政之最失者也地者臣道也今賞罰不明故大小之臣怠弛曠官又因軍功白丁隷拜卿相皂隷濫處朝班臣道淆亂以致地震請自今信賞必罰重惜名器古者選軍給之土田故兵皆足食不憚征役近豪勢兼幷至千百結曾無一畝及於軍夫及其徵發赴敵之際率皆解體況望敵愾乎請復選軍給田之法左右前後皆正人也君誰與爲不正刑餘陰類殿下日與相狎樂聞鄙俚無稽之言夜分不寢日中乃興疎遠大臣嘉謀讜議無自而入冬雷地震咎實在玆自今三殿宦者只留十人餘悉汰去正人端士常令侍側治國之道布在經史未聞以佛書致治者也殿下過信佛法群髡緣此干謁濟私願自今斷絕緇流出入禁闥復開經筵日訪治道常觀聖賢之書勿雜異端之說女謁爲政之大害今針線娘子內寮之女亦有封翁主宅主者僭擬踰分殊失尊卑之體自今除宗室勳舊外勿許封爵已封者請奪之田里咸休在於守令今雖有臺省政曹保擧之令皆徇面情其所薦擧至有

不識字者願自今臨軒引見核其名實擧非其人必罰擧主傳曰無赦之國其政必平養稂莠者害嘉穀惠姦宄者賊良民感召水旱在於數赦願自今毋赦有罪以長姦惡王召臺諫詰之臺諫面爭益切王怒甚知都僉議柳淑進曰旣求直言而怒言者可乎王怒爲之小解遷知密直司事出爲慶尙道都巡問使倭賊三千餘人入寇鎭海縣續命帥兵急擊之賊倉皇不暇乘船乃登縣之北山斫木爲鹿角柵守之續命復進擊大敗之遂獻所獲兵仗王喜遣中使賜衣酒金帶爵戰士有差未幾拜三司左使賜端誠揆義輔理功臣號轉僉議評理後爲大司憲以論崔瑩罷辛禑時改三司右使時募全羅道兵屯守東江贊成睦仁吉欲以其兵行畿甸諸島捕倭禑許之續命不可曰今無門庭之寇天寒氷合募卒遠來疲弊戰艦未完且大臣不可輕出不聽續命以太后外戚專揔宮中之事剛直不撓人皆畏忌執政至有欲殺者出爲楊廣慶尙道都安撫使盖斥之也太后欲留之召柳實問之實曰今北有邊警大臣不可出外太后遂遣中使止之時李仁任池奫林堅味等專權用事貪黷無厭唯憚續命不敢肆續

命嘗移病在第慶復興仁任奫問疾續命曰古制兩府省五樞七而已今一日所除宰樞至五十人如物議何復興曰不得已爾續命曰今宰樞竊祿尸位而心不正者無我若也仁任曰公不正誰爲正乎續命曰予伴食都堂凡署事心非口是心不正誰如我乎池李深銜之奫使其妻交結禑乳媼出入宮禁招權納賄續命譏之奫聞而益惡會般若事起兩府臺諫耆老集興國寺辨之密直權仲和以書筵進講獨不至續命謂堂吏曰王母未定宜速辨以解國人之疑何用書筵爲旣而嘆曰天下未辨其父者容或有之未辨其母者我未聞也於是仁任等嗾司議許時金濤等劾之曰爲人臣止於敬天下古今之常典也臣而不敬罪莫大焉近集議興國寺續命發口不可道之言不敬孰甚請鞫治疏再上太后力救乃流文義縣遂罷柳實以朴林宗代之實續命所薦林宗仁任姻親也續命旣竄太后如失左右手時人惜之十二年卒謚忠簡恭讓初左常侍尹紹宗等言辛禑旣立辛吨婢妾般若自言君母仁任等詐以禑爲玄陵所幸故宮人所出求其名氏未定金續命以爲天下未辨其父者容或有之豈有未

辨其母者乎仁任欲殺之賴明德太后之救僅得流竄身雖已沒忠義感人乞追加褒謚弔祭其墓錄其子孫以慰忠魂從之

李子松

李子松靑陽人恭愍朝拜典法判書德興君之變子松與洪淳在元帝令高麗人皆從德興之國金添壽柳仁雨康之衍黃順安福從文益漸奇叔倫等皆附之唯子松淳黃大豆等匿不從久居燕錢粮匱竭終始不貳旣還王嘉其節義各賜米豆三十碩授子松密直副使賜端誠輔祚功臣號久之出爲東北面存撫使倭寇安邊等地掠婦女奪倉米萬餘石坐罷歸田里辛禑時以三司左使爲巡衛府上萬戶祭酒方旬竊三司左尹金鼎暉妾鼎暉欲訴于官旬乞哀乃止旬反告巡衛府曰鼎暉盜殺內乘馬又殺其奴子松聞之大怒捕鼎暉鞫之開城少尹韓興壽亦訴鼎暉强姦已妾鼎暉依勢免止流于外進拜守門下侍中禑遷都漢陽命子松留守子松自松京來謁禑賜酒慰之曰留守松都庶事惟繁卿獨處之豈不難乎禑墜馬傷子松與洪永通言殿下醉輒馳馬臣等心常危懼今果顚蹶致傷尊體願自今端居九重戒遊畋愼酒色毋或輕動禑默然不悅未幾罷封公山府院君崔瑩勸禑攻遼子松詣瑩第力言不可瑩白禑托以黨附林堅味杖百七擬流全羅道內廂尋殺之或云妬妓燕雙飛也子松淸廉國人注意復相及聞其死莫不悲之

趙暾 仁沃

趙暾初名祐雙城摠管暉之孫也世居龍津未弱冠事忠肅王時吏民逋入女眞洪肯三撒禿魯兀海陽等地王遣暾至海陽刷六十餘戶還授監門衛郎將後復至海陽刷百餘戶來王嘉之賜廐馬綾段尋除左右衛護軍王薨暾還龍津初暉以雙城等地叛入元恭愍五年欲收復舊地以密直副使柳仁雨爲東北面兵馬使大護軍貢天甫宗簿令金元鳳爲副使與江陵道存撫使李仁任往擊之仁雨牽兵過鐵嶺次登州去雙城二百餘里留十餘日不進雙城摠管趙小生暾從子也聞變與千戶卓都卿召暾暾至小生擧兵爲拒守計却暾曰今事急矣叔父仕高麗爲累朝所寵待今日叔父南向高麗則雙城之地十二城誰肯從我乃與都卿選腹心曉

健者三十人衛暾實拘之也仁任說仁雨曰暾雖小生叔父
心在朝廷必不與逆豎同叛今以王命諭之必來暾來雙城
可傳檄而定逆豎之首不足血也仁雨然之遂以蠟書遣暾
暾見書秘之伺閒未得暾少時見雙城人趙都赤英俠與之
交遊深結懽心及是都赤以百戶爲小生謀主暾諭都赤曰
今兩豎所以拒朝命者以汝爲腹心也汝本高麗人爾祖與
吾祖皆自漢陽來今背本國從逆豎獨何心哉弃逆從順去
危就安功名富貴此其時也汝其圖之都赤泫然泣下擧手
指天曰叔父活我矣公且先吾從之暾喜與弟天柱挺身馳
出至三岐江乘舟已中流追騎百餘及岸而返暾至龍津謂
家人曰從夫人浮海會我于登州率子仁璧仁瓊仁珪仁沃
一夜馳二百里黎明詣仁雨營謂仁雨曰二豎勢窮將北走
雙城人皆竄山谷今大軍遽至必駭不下淸野無食爲公計
莫若先遣吾子仁璧招諭之仁雨然之乃使仁璧及知通州
事張天翮徇雙城雙城人聞仁璧至喜相告曰趙別將來吾
屬更生矣相率來降犒迎官軍曰高麗王眞我主也初我
桓祖以雙城等處千戶來朝王迎謂曰撫綏頑民不亦勞乎
時有人密告奇轍潛通雙城叛民爲黨援謀逆王諭
桓祖曰卿宜歸鎭吾民脫有變當如吾命至是王聞仁雨逗
遛授
桓祖小府尹遣兵馬判官丁臣桂諭
桓祖內應
桓祖聞命即銜枚就行與仁雨合兵攻破雙城摠管府小生
都卿弃妻子逃入伊板嶺北立石之地於是按地圖收復和
登定長預高文宜州及宣德元興寧仁耀德靜邊等鎭盖咸
州以比哈闌洪獻三撒之地本爲我疆自陣等叛沒于元凡
九十九年今皆復之臣桂領兵過伊板與女眞戰大捷斬其
魁帖木兒傳首于京仁雨之初至也端州以北千數百里靡
然南向仁雨貪財殺戮及都赤來見王授護軍賜金符爲東
北面千戶使往撫女眞仁雨忌而殺之天翮隷仁雨麾下濫
殺無辜掠牛馬財產奪人妻妾凡九人遂沮北人歸附之心
暾深以爲恨暾還王大喜超授禮賓卿賜第于京六年遷太
僕卿小生都卿竄女眞境勢窮欲降見都赤降而被害欲見
璽書乃降八年王遣暾賚璽書往諭暾至登州浮海舟行半

月至海陽賜璽書小生等欲從暾入朝復懷異志夷甲而待暾即登舟而還紅賊陷西京以知兵馬事隸安祐麾下擊走之九年拜判司農寺事十年轉工部尙書從王南幸王命暾及陸仁吉分領福州兵宿衛行宮十一年出牧海州居母憂踰年起復爲禮儀判書尋檢校密直副使錄擊走紅賊功爲一等二十一年乞骸退居牛峯縣辛禑元年封龍城君五年歸老龍津仁沃欲從行暾力止之曰吾家遭時危疑先祀之存僅如毫髮過蒙玄陵眷顧一門以全位至封君汝兄弟官皆顯達百無所報若等無以老夫爲念致力王室猶在吾側也明年卒年七十三仁璧屢立戰功官至三司左使仁沃累遷判典儀寺事我
太祖回軍尹紹宗懷霍光傳以獻
太祖令仁沃讀而聽之仁沃因極陳復立王氏之議拜典法判書辛昌立仁沃與固列上疏由佛氏之教以淸淨寡欲離世絕俗爲宗非所以治天下國家之道也近世以來僧徒不顧其師寡欲之教土田之租奴婢之傭不以供佛僧而自富其身出入寡婦之家汚染風俗賄賂權勢之門希求巨刹其於淸淨絕俗之教何願自今選有道行者住諸寺院其田租奴婢之傭令所在官收之載諸公案計僧徒之數而給之禁住持竊用凡僧留宿人家者以姦論充軍籍其主家亦論罪貴賤婦女雖父母喪毋得詣寺違者以失節論敢祝婦人髮者加以重罪其爲尼者亦論以失節州縣吏驛吏及公私奴婢勿許爲僧尼從之遷密直代言恭讓時錄回軍功賜鐵劵土田尋以事罷起爲吏曹判書自此以後入　本朝

崔宰

崔宰字宰之完山人父得枰廉正自守人敬憚之官至選部典書宰忠肅朝登第累遷中部令出知瑞州事以母憂不赴明年汰冗官有薦宰者王以有父風即除監察持平宰不獲已就職忠惠即位乃褫其職王被執如元凡王所設置悉皆更革立都監以宰爲判官宰嘆曰王之失德非王自爲乃左右逢之耳逢之於前楊之於後吾實恥之稱疾不出忠穆時轉典法正郎出知興州事爲印承旦所忌罷遷典客副令忠定時知襄州有使者降香凌辱存撫使宰曰將及我矣弃官歸執政喜白王除監察掌令恭愍初陞執義改尙書右丞後

爲尙州牧使王避紅賊南幸駐蹕于尙宰盡心供辦然不饋遺左右左右短之遂罷起爲監察大夫尋封完山君移典理判書辛禑三年拜密直副使商議固辭乞退復封完山君四年卒性剛直不撓見重於世子思美德成有慶

宋天逢

宋天逢金海人擢魁科歷正言獻納起居郎忠穆時爲監察掌令劾評理全允臧身爲輔相席寵恣橫不供其職交結嬖人潛竊御膳閔祥正訴先王于帝以爲不可君國而允臧黨於祥正罪莫甚焉請加罷黜允臧譖之出爲草島勾當臺官皆辭職監察等詣闕請召天逢還政丞王煦救之不得不視事政堂文學辛孟判密直李公遂力請之改光陽監務恭愍初召拜監察執義與判典校金君發薦文行之士許應麟俞思廉尹守常等又掌監試取韓達漢等王召達漢及最少者五人令賦牧丹詩多不工一人曳素王怒收其榜責天逢曰考藝不精何至是耶天逢慚恧無以對辛禑初以大司憲與同列上跪曰竊見宦者判崇敬府事尹忠佐順州鄙人濫荷至恩秩同宰相擅權用事蒙蔽上聰沮遏下情曾在先王之前發忿拔刀手翦其髮狠戾悖逆無君之心已著又於賓天之後佯稱耳聾拱手觀變其心叵測徒以姦佞便媚得見任用且順州咀呪之鄉以其鄉人置之左右尤爲不可疏奏罷遣忠佐就舍天逢等復疏曰自古宦者之禍昭然可考在本國伯顏禿古思得幸元朝誣譖忠宣竄之吐蕃高龍普陰訴忠惠以致岳陽之禍前日萬生敢行大逆神人所共憤今忠佐不忠不敬之罪已具前疏固不容誅且擅權受賂汲引庸人除授官職廣占土田誤國害民今止免官國人觖望乞收告身籍沒家產鞫問決罪以戒後求命削官收田諫官亦上疏曰殿下卽位之初固宜舍己從人容受直言以收輿意近者宋天逢等上言請除宦官祿俸又劾前上護軍李美忠前典工摠郎徐陵俊盜用內帑之罪殿下不允自古人主之失拒諫爲大以殿下天資之美決不如此而此輩欲圖專橫甘言詭辭蠱惑宸衷陷殿下於拒諫之失此臣等夙夜拊心疾首爲殿下深痛者也宦官尹忠佐憸邪凶險善爲逢迎指嗾黨與陰弄權柄與金師幸尹祥同惡相濟師幸祥已皆竄逐而忠佐獨蒙再造之恩至受爵命又與狡宦黃中吉結爲父

子蒙蔽聖聰罪不容誅宜從天逢之言以正忠佐中吉之罪且美忠陵俊當先王時諂事逆臣辛旽金興慶掌內帑恣其出納使倉庫虛耗其所盜竊不可勝數乞依天逢所申幷正其罪禑命中吉美忠陵俊除名不敍臺諫復請下美忠陵俊典法獄美忠行賄權貴移囚巡軍國人嘆曰二賊賂何人移繫輕獄天逢後拜簽書密直司事封金海君卒年八十一謚文貞

洪仲宣

洪仲宣初名仲元忠惠朝登第累遷內府副令恭愍初出爲漢陽府尹以釋器黨杖之辛禑初判開城府事轉政堂文學侍中李仁任等請釋宦官流竄者仲宣謂金續命曰閹寺用事先朝以階禍亂放竄宜矣近者諫官屢以直言見斥一無召還今乃反釋此輩何以爲國陞門下贊成事商議禑開書筵以仲宣權仲和爲師傅仁任林堅味等與仲宣同在政房惡其分權以仲宣爲啓稟使時納哈出率兵向遼東路梗仲宣不即行諫官徐鈞衡等素與仲宣有怨且希仁任意遂劾奏仲宣在先王朝潛懷異志敗露被罪又附辛旽得至密直濫蒙殿下之恩驟拜贊成擢爲師傅宜其盡忠奉公今擬仲宣等四人爲啓稟使仲宣欲自免乃言曰四人同時入朝則必拘留其半以惑衆聽復議遣二人仲宣不免則又言曰四人當同往不顧大體以圖自便不忠莫甚乞鞫問遠流不敍乃流宜寧縣楊伯淵之獄起辭連仲宣乃遣版圖判書表德麟典法判書柳蕃等殺之籍其家國人冤之仲宣聞德麟等至知不免仰天誓曰予實無罪子死天必動威及死天果大雷電以風邑人異之

金濤

金濤字長源延安府人恭愍朝登第補全州司錄五遷爲正言言事罷中洪武四年制科勑授東昌府丘縣丞濤亂以不解華語且親老願還本國詔許之及還王謂左右曰我國之人登制科者固罕況此人既登科又蒙勑授名揚一時使天下知我國有人恨不早知其來而禮迎之遂擢右司諫藝文應敎累遷成均司藝王手書金濤長源蘿葍山人八字賜之辛禑時拜右司議承李仁任池奫指嗾劾三司右使金續命流之轉左副代言陞知申

事拜密直提學濤附洪仲宣論議人物仁任惡之適濤家奴竊延慶宮舊基之石臺吏執之仁任嗾臺官劾以不敬鞫之宦官李得芬與濤有故白禑止令免官憲司復請遠配得芬又留其狀楊伯淵之獄起濤逮繫被榜掠絕復蘇者三遂誣服殺之梟首于市籍其家濤初對獄官曰我死不足惜殺一無辜反受其殃獄官皆惕然知其寃及死門生進士十餘人隨至門外護屍有李悰者抱屍入川洗其血解衣衣之裹以簞網其首而懸之再拜而去時人義之子自知汝知致知學知

林樸

林樸字元質安東府吉安縣人恭愍九年登第調開城參軍明年紅賊陷京元帥金得培以樸精曉兵法置幕下與之籌畫南遷時春秋史籍典校祭享儀軌掘地以藏及賊平發之軍卒多慢棄不收樸與柳珣李玖以爲國典不可使湮滅監檢收括得十之二十二年以書狀官從李公遂如元時德興君譖奏帝曰高麗王薨於紅賊帝以德興爲王樸與公遂奏曰吾王破紅賊今尙無恙帝令樸等奉德興之國樸等復奏曰臣等若從僭王無異於婦人之背其夫也帝曰任從汝志德興謂樸曰爾若不從我死且無益除典理摠郎以誘之樸不受曰寧死誓不從德興將東行請詩於樸樸書其屛曰棄本滔滔逐末行泰山還似一毫輕投鞭直欲橫江去嗜餅徒勞畫地成得瓮舞時誰識破吹竽混處謾求榮莫將繪事迷人目我愛天然古石屛學士危素見而嘆曰今亦有忠節之士樸還王謂曰德興誘以華秩汝不從吾亦以華秩褒之乃除中書舍人樸疏上正心論相二十條王益重之又除典儀副令王命陳時政得失復上十餘事王嘉納尋陞爲令河南王使郭永錫來樸爲館伴永錫曰嘗聞高麗山水之異尙有箕子之風願觀地圖禮樂官制樸曰欲知我國山水靈異方今上有皇后太子豈非鍾其秀氣耶永錫拊膝高吟曰遂令天下父母心不重生男重生女左右慚赧十六年爲濟州宣撫使樸至州謂其萬戶曰達達牧子喜反側君宜盡心撫綏勿令生事又謂星主王子曰君輩乃神人之後入新羅爲星主入本朝爲王子服事歷代歷代之待君輩亦甚厚君輩宜各一心服事勿與牧子扇變於是星主王子及軍民皆俯伏

曰敢不唯命先是宣撫者率皆貪暴恣其侵漁民甚苦之牧胡因誘以數叛樸行至羅州取水盛瓮而歸雖茶湯不入口民大悅相謂曰聖人來也王官皆如林宣撫我輩何至叛乎然州人或有譏其載水者轉成均祭酒上書始分五經田書齋科舉一依中朝搜檢通考之法陞大司成判典校事初成石璘爲劄子房知印不阿附辛旽旽譖于王以樸代之樸性好詭異倜儻敢言又喜立名常自言但知奉公未嘗干謁然每夜敝衣徒行出入旽第爲旽畫計蹤迹詭秘旽嘗往平壤樸佩刀從行無愧色每譽旽爲盛德故旽說之及爲知印手執班簿品第高下親舊之人則皆不薦引宦官宮妾咸得所欲善伺候王意又揣旽好惡唯務迎合於是眷遇日密權在代言之上慶復興李仁任等深忌其專樸嘗語旽曰公摠國政宜整田民爭訟之冤者旽遂白王立推整都監命旽爲提調樸爲使樸多所平决然旽之偏聽者不爲之辨故冤屈頗多二十三年拜代言王薨翼日樸在殯側露齒笑殯殿都監判官柳爰廷性鯁直敢言嘗侍王講讀大爲器重是日見樸笑責之曰先王嘗稱子爲社稷臣今子忘哀而笑是非忠臣及樸秉政惡而不用然樸喪玄陵素帶三年辛禑初仁任倡議與百官爲書將呈比元中書省樸與朴尙衷鄭道傳不署名大司憲李寶林阿仁任意劾樸廢爲庶人流吉安縣初禮安人附池奫藏禑胎于其縣陞爲郡又與安東爭地樸在吉安相其地曰不吉安東人告於朝曰禮安不宜藏胎實以樸言奫由是惡樸奫黨執義金承得知申事金允升謂奫曰林樸不署呈省書必有迎立瀋王之志是可罪也承得遂率臺官上書曰林樸本系庸人嘗附逆賊辛旽爲其腹心多行譎詐及旽伏誅又附金興慶殿下即位之初乃與朴尙衷輩結爲黨援蔑視都堂違忤衆心以悖理之事誘令上書罪固不細元朝聞叛賊金義之言議立瀋王於是本朝耆老百官呈省辨明樸陰懷異志獨不署名請誅之以正典刑允升從中下其書遣體覆孫慶生鎖致典法杖百流務安中路踢殺之子稼

文益漸

文益漸晉州江城縣人恭愍朝登第累遷正言奉使如元因留附德興君及德興敗乃還得木緜種歸屬其舅鄭天益種

之初不曉培養之術幾槁止一莖在北三年遂大蕃衍其取子車繰絲車皆天益創之辛昌立以左司議侍學上書論爲學之道時諫官李竴等以私田不可復上書爭之益漸附李穡李琳禹玄寶移病不署名翌日徑赴書筵大司憲趙浚劾曰益漸本以遺逸躬耕晉鄙殿下以賢良徵拜諫大夫置之左右以資淸問誠宜進蓋忠言敷陳治道以補聖治而乃日侍經帷依阿苟容以飾忠直之狀承順逢迎而無諫諍之節傴僂束手唯唯諾諾頃者同舍郎吳思忠李舒各自上疏極言時事益漸持祿患失無一語及之又同舍郎聯名上疏極論田制益漸依阿權勢稱疾不仕不與其議規避衆謗自以爲得計上累殿下知人之明下負士林期待之意是宜削其爵位放歸田野以爲有言責而不言者之戒乃罷之子中庸中誠中實中晉中啓

列傳卷第二十四

列傳卷第二十五　高麗史一百十二

正憲大夫工曹判書集賢殿大提學知經筵春秋館事兼成均大司成臣鄭麟趾奉
敎修

李公遂

李公遂益州人諫部典書行儉之孫以監察糾正擢魁科授典儀注簿累遷典校副令忠穆朝歷知申事監察大夫有金用謙者性暴戾因姪宦者龍藏驟拜代言龍藏姪郭允正亦籍其勢拜大卿用謙忌之說龍藏罷之又奪龍藏所給資產允正訴監察司劾之八關會王觀樂命用謙入侍公遂奏用謙被彈不可齒朝列代言等請姑留王曰寧少一代言不欲拒諫錄事金龍起爲陰竹別監厚斂民財盜用事覺憲司鞫之龍起謂持平崔安沼曰爾昔在陰竹斂民尤甚安有以盜治盜者王命釋龍起公遂曰龍起國蠹也今釋之是勸人以盜也不聽恭愍時拜僉議評理進贊成事授行省都事辭封益山府院君紅寇旣平復拜贊成事領分司百官留守京都

甫經兵亂庶事草創公遂盡心區畫朝無廢政時補諸陵殿直命留都宰相薦之多擧親屬公遂獨不擧一人曰國家有命豈爲吾等子孫弟姪耶元廢王立德興君公遂適奉使如元至西京謁太祖原廟誓曰吾君不復位臣死不復還公遂奇后內兄也旣至都后及太子遣人郊勞帝在興慶宮召見后設饌慰曰卿盡心孝吾母是吾親兄也敢不以親兄待之公遂曰周姜嫄任姒育聖基化及其中衰姜后待罪宣王以興褒妲呂武覆宗絕祀美惡昭然千載龜鑑本國於大朝戎臣旣結兄弟太子又定甥舅魚水相得百有餘年矧今后即周之妊姒三韓之幸也今王勤王敵愾爲國樹勳當行賞示四方以激將帥奈何逞私憾廢公義乎丙申之禍實我家不戒盛滿之致然耳非王之罪也不知反咎而廢有功之主他日必爲天下笑願善奏于帝復吾王逐姦臣后感其言然怒猶未已令公遂奉德興東歸時國人在燕京者皆受僞官東歸公遂獨不肯后及太子强之公遂曰老臣縱不能以頸血濺德興之轅其忍從耶辭疾請留皇后不敢强尋拜大常禮儀院使辭曰臣生長荒陬不慣華語不習華禮何敢冒寵取譏況今將帥布列于外獲功者未賞臣恐天下有以議陛下也不允適大享宗廟公遂爲大常卿蹈禮不違觀者敬之太子以帝命召公遂上萬壽山廣寒殿太子問殿額仁智之義公遂曰愛民之謂仁辨物之謂智帝王用此御世則可致大平矣指殿金玉柱曰老人曾見乎曰帝王發政施仁則所居屋雖朽木堅於金石不然金玉反不如朽木也太子彈瑟未成曲曰久不習忘之矣公遂跪曰第不忘憂民之心耳瑟上一二調忘之何害帝在大液池舟上太子以公遂言奏帝曰朕固知此老賢汝外家唯此一人耳一日后問兄轍禍敗所由公遂曰貪財聚怨鮮有免者勢激而然非王之心也宦官朴不花密告后曰公遂但爲其主豈念其親后由是久不召見德興至遼陽崔濡曰李公遂在都其心莫測事或中變悔無及矣重賂禿魯帖木兒朴不花必欲得公遂以歸公遂知之謂書狀官林樸曰吾旣無父母又無後位亦極矣豈復有一毫顧籍意耶當祝髮入山決不從彼也禿魯帖木兒等入奏帝不從本國拜左政丞未幾譯語李得春妄言德興署公遂爲右政丞乃罷之德興旣敗公遂與洪淳許綱李子松金

庾黃大豆張子溫林樸等爲書納竹杖中潛遣傔從鄭良宋元衣藍縷爲乞人狀從閒道報崔濡復謀起大兵而東願勿謂德興已敗謹備之本國始知得春安拜公遂領都僉議賜推忠守義同德贊化功臣號以旌之會孛羅帖木兒引兵入都黜丞相代其位與御史大夫禿堅帖木兒平章老的沙言曰高麗王有功無罪爲小人所陷盍先申理帝降詔復王位械濡以遣公遂亦辭職東還忠義聞天下出燕京齊化門令蒼頭吹笛曰天下之樂復有加於此者乎中途馬困蒼頭以矢買束菽飼之公遂曰何故奪窮民食乎截縣布償之閭山站無人粟積于野從者又取飼馬公遂問粟一束直布幾尺如其言書布兩端置粟積中從者曰人必取去何益不如不償曰吾固知之然必如是吾心得安既還時方修國學公遂喜即解帝所賜金帶助其費辛旽當國忌公遂名望公遂亦以盛滿自戒杜門不出未嘗一日坐廟堂行事人頗恨之旽竟罷公遂封益山府院君十五年卒年五十九王哀悼命官庀葬事謚文忠公遂精明謹慎一毫不妄取與臨事剛毅不爲形勢所奪風流閑雅蕭然有山野之趣置別墅德水縣自稱南村先生幅巾藜杖逍遙自適早喪母長於姊夫全公義家既顯事公義如父姊如母公遂遘疾親屬謂妻金氏曰盍禱于佛金曰公平生未嘗佞佛安敢背其道以欺耶辛禑二年配享恭愍廟庭無子

柳淑 實

柳淑字純夫瑞州人忠惠後元年登第調安東司錄恭愍以王弟入侍元朝淑從之居四年忠穆即位恭愍僚佐多不守節淑獨不變選補春秋脩撰轉三司都事弃官如元忠穆薨耆老百官上書中書省請立恭愍命將下淑聞母病即日請歸或止之淑曰忠臣孝子名異實同本末則有序況事君日長事親日短萬一不諱悔之何益遂東歸母見淑喜病即愈尋又如元恭愍即位還國至遼陽拜淑左副代言陞右代言左司議大夫參典機務然非有召未嘗詣內爲趙日新所構罷屏居田莊王錄燕邸侍從功爲一等日新誅淑方居母憂起復爲代言尋判典校王事皆咨訪淑不欲昵近屢辭以疾一日使宦者再召不至王怒下巡軍歷版圖典理判書樞密院直學士累陞知院事錄誅奇轍功賜安社功臣鐵券淑謂

諸功臣曰功勞即罪案也願相勉保終始又曰君子不黨吾決不黨於人願諸公同心奉王室無私黨紅賊入黃州勢甚逼淑曰國所恃者城池與糧餉也今城未完倉無儲將何以守遂決策南幸進樞密院使翰林學士承旨同修國史賊平論賞將士判事金貴抗言於淑曰黃裳金琳冒受高官貴獨何人功大賞微淑怡然曰公不要忙因以俚語慰之曰安知先之羨不爲後之羨也安祐等殺揔兵官鄭世雲曰今既殺揔兵官奚柳淑居中每出奇謀可畏也盍去之淑知之告于王曰衆怒難犯今諸將忌臣者徒以在殿下左右耳殿下如逐臣則臣一布衣耳誰復置齒牙間耶於是出爲東京留守未幾召知都僉議賜忠勤節義贊化功臣號遷評理王以手敎賜嬖人公州倉米按廉李之泰曰王命必由兩府而下且兵糧不可虛以與人不奉命其人訴于王王怒罪且不測淑固執不可王怒甚曰事皆由卿等耶目淑曰出淑趨出王復召之淑具以之泰語白王且曰殿下怒不已臣恐後世以爲口實王怒解置不問他日淑謝曰臣受恩既久而無纖芥之效反以口舌妄觸天威罪在不赦上賜黃金以慰之且曰賞

卿之言也淑以盛滿乞骸骨封瑞寧君興王之變王避于密室聞賊相語曰何故來遲曰殺洪彥博柳淑故遲既而諸將率兵入討淑隨之入王曰謂卿已死不復再見及見卿面疑其思成聞卿之語疑始釋矣乃拜政堂文學兼監察大夫策功爲一等又策辛丑扈從功亦爲一等進拜僉議贊成事商議會議都監事藝文館大提學知春秋館事忤辛旽罷復封瑞寧君淑見王多猜忌功臣少有全者屢乞退王不許淑告病不朝不通賓客者數月初旽出入禁闥淑稍抑之及旽用作威福中傷大臣氣焰可畏每招淑淑不往旽深銜之且惡淑忠直讒毁百端王稍信之召淑執手嘆曰予倚卿永作股肱何其衰耗乃爾卿其言志無隱唯卿所欲淑乞退田里許之將相大臣門生故吏咸餞于郊車騎塞路觀者咨嗟淑賦詩其末聯云不是忠衰誠意薄大名之下久居難人皆嘉其明哲淑既去旽勢日熾無所忌憚後王猶不忘淑稱之不已旽恐淑復用必欲加害陰求淑罪有人爲旽誦淑詩旽譖于王曰淑之乞退有深意上知之乎曰何意耶旽曰淑以勾踐比上范蠡自比故其乞退甚懇范蠡爲勾踐將伐吳勝之取

與王妃西施載船而去曰烏鵲魚腮食人之相大名之下難以久居淑以上比勾踐罪莫大焉王曰何以聞之旽曰淑將行賦詩其一聯云云此其驗也今淑在瑞州近海若效范蠡乘舟而去則必向燕都謀立德興不如早除以絕後患王問諸左右曰淑去時作詩否有舉末聯以對者王愈疑之旽欲殺淑王重違旽意乃命杖之除名籍沒旽遂縊殺于黨光淑之屏居也聞國事異於平日未嘗不涕泗交下及禍作家人以淑平日之言送龍腦又謂不如走乃送良馬淑曰君父天也天可逃乎且死生有命固當順受亡將何之就死顏色如平時人皆爲之流涕子實與厚亦皆流竄家人收骨藁葬及旽誅王始知其然悼甚有旨雪其寃謚文信召還實厚又命以禮葬之辛禑二年配享恭愍廟庭

實頗驍勇善騎射恭愍朝累遷禮儀摠郎錄辛丑扈從與王定亂功俱二等辛禑時拜版圖判書出爲全羅道兵馬使倭賊二十餘艘寇林州實與知益州事金密力戰却之倭又寇朗山豐堤等縣實與元帥柳濚力戰射殪三十餘人奪所掠牛馬二百餘還其禑主喜厚加賞賜倭三百餘騎又寇古阜泰山等縣焚官廨實追擊之副令金玄伯舍人閔中行戰死實退屯賊乘夜圍之士卒驚潰實僅脫身走賊遂陷全州實與戰不利賊退屯歸信寺實擊却之賊陷臨坡縣撤橋自固實潛使士卒作橋都指揮使邊安烈率兵得渡令按廉李士穎設伏橋畔賊望見逆擊之我軍敗憲司上疏曰兵馬使柳實當倭寇泰山失機致敗又不能收復全州元帥柳濚不念閫寄日玩聲色致賊乘勝肆暴及陷全州詐稱墜馬擁兵逗遛罪俱大矣然實於全州悉力擊却與濚罪似有重輕請科等治罪於是奪濚告身配海島削實奉翊以上官遠流尋釋之後以密直副使商議卒子惠剛惠和

李仁復

李仁復字克禮星山君兆年之孫生而狀貌魁偉稍長舉止如老成力學善屬文兆年每撫背曰大吾門者汝乎忠肅朝年十九登第調福州司錄選補春秋供奉忠惠時除起居舍人中元朝制科授大寧路錦州判官東還遷起居注忠穆即位以仁復中制科有名望四轉爲右副代言進密直提學命進講書筵仁復貌嚴辭氣簡重王每謂左右曰吾見李公不

覺竦然累遷三司左使元授征東行省都事恭愍初趙日新作亂號令中外朝臣洶懼禁無一言王密召仁復曰事已至此何爲則可對曰人臣倡亂固有常刑況今天朝堂堂法令彰明如其猶豫臣恐累及於上王决意誅日新王素重仁復及是對益重之遂拜政堂文學兼監察大夫尋封星山君元授征東省員外郎元下詔赦誅奇氏及犯邊之罪當遣使謝王以仁復知大體守節義遣之平章事李承慶仁復諸父也言於王曰臣以李仁復爲姦王曰何謂也曰仁復平生所學經濟之術何不一陳於王乎改尚書左僕射御史大夫謂李穡曰予不才長憲臺者再三未嘗振紀綱自念瑣碎不足煩上聽大事又在廟堂不可中撓也轉參知中書政事歷判開城府事僉議評理進賛成事賜端誠佐理功臣號王遣仁復如元謝復位時孛羅帖木兒引兵入燕京黜丞相代其位仁復入見辭簡貌重孛羅帖木兒屢目之仁復退謂從者曰就之不見所畏其斯人乎王奏授奉議大夫征東行中書省左右司郎中忤辛旽罷封興安府院君尋判三司事王大設文殊會率兩府禮佛唯仁復與李穡至拜時輒出不拜二十二年以檢校侍中居父憂在京山王遣判典校寺事林樸弔慰明年疽發背自度不起具衣冠北面稽顙若辭違之狀臨歿弟仁任勸念佛曰吾平生不佞佛今不可自欺進藥又却之謂仁任曰宰臣歿官庀葬事國家厚恩願吾平日未有絲毫補死且有愧爲我辭焉言訖命加朝服於身而卒年六十七王悼甚素膳遣使致祭以禮葬之謚文忠仁復剛直有守聞人善雖小必喜一事失當必怒形于色然不發於口人謂口吃自言吾性褊急恐失言以忍爲守爲文章辭嚴義奧操筆點綴極苦敘事賦物語多譏諷嘗修閔漬編年綱目忠烈忠宣忠肅三朝實錄及古今金鏡二錄仁復密啓旽非端人他日必有變請遠之不聽及旽誅王歎其先見之明仁復惡弟仁任仁敏之爲人曰敗國亡宗者必二弟也後果敗其孫存性亦連坐辛禑元年配享忠定廟庭子向容

白文寶

白文寶字和父稷山縣人忠肅朝登第補春秋檢閱累遷右常侍恭愍初轉典理判書上書請設十科以擧士拜密直提學兵火之餘史局所藏史藁實錄僅餘數篋王在清州遣供

奉郭樞移置海印寺文寶時留都與金希祖議曰今寇亂甫定不可遽移國史駭人視聽留樞待後命後上疏言事曰國家世守東社文物禮樂有古遺風不意寇患屢作紅巾陷京乘輿南狩言之可謂痛心今當喪亂之後民不聊生宜霈寬恩以惠遺黎且天數循環周而復始七百年爲一小元積三千六百年爲一大周元此皇帝王覇理亂與衰之期吾東方自檀君至今已三千六百年乃爲周元之會宜遵堯舜六經之道不行功利禍福之說如是則上天純祐陰陽順時國祚延長願念睿廟置淸燕寶文閣故事講究天人道德之說以明聖學且鄉曲皆正則國家可理唐鄉置大中正國初亦置事審今宜大小州郡復置事審糾察非違新羅始崇佛法民喜出家鄉驛之吏悉逃徭賦士夫有一子亦皆祝髮自今官給度牒始得出家三丁不足者並不聽初王還都權置廟主于彌陁寺設還安都監文寶與平陽伯金敬直主其事稽緩踰月王怒督之對以無典籍可稽遣史官南永伸詣海印史庫取三禮圖杜祐通典至文寶倣通典又採寢園老給事朴忠語爲儀制忠不識字多出於臆計辛禑爲大君就學王命文寶及田祿生鄭樞爲師官至政堂文學封稷山君二十三年卒謚忠簡性廉潔正直不惑異端善屬文無子

田祿生

田祿生字孟耕潭陽人忠惠時登第補濟州司錄入爲典校校勘中征東鄉試祿生嘗爲整治官究治權豪忤其意以故沮之未得應擧有姜瓚寶者行不潔爲儕輩所斥不錄禁中題名記祿生與瓚寶父昌富爲隣家貧受昌富惠多請同僚錄名同僚不從祿生竟書之恭愍朝授起居舍人與諫議李穡司諫李寶林鄭樞等上書論鹽鐵別監之弊王召臺諫宰相問利害穡寶林稱疾祿生樞固執前議不變遷殿中侍御史出按全羅道奏曰自有倭寇以來一道置戍多至十八所軍將虐州郡以立威役戍卒以濟私遂使凋弊逃散及寇至更徵州郡兵謂之烟戶軍未見禦寇祇以害民不若罷諸戍令州郡謹烽燧嚴斥候以應變如不得已當審其要害省其戍所則民力舒而軍餉節矣紅賊之亂扈駕南幸錄功爲二等累轉左常侍拜監察大夫王以公主娠彌月赦祿生與掌令李茂芳擇情不可原者復囚之前此糾正宋綱與大護軍

韓仲賓爭路由是重房憲司有隙至是倖宦尹祥爲上護軍重房嗾前事使祥譖于王王大怒將下祿生獄侍中慶千興諫乃止尋改密直提學歷大司憲政堂文學官至門下評理賜推忠贊化輔理功臣號辛禑初諫官李詹金伯英請誅李仁任池奫禑下詹伯英獄辭連祿生及朴尙衷杖流俱道死

李存吾

李存吾字順卿慶州人姿相端潔簡重寡言早孤力學忼慨有志節年十餘肄十二徒賦江漲詩云大野皆爲沒高山獨不降識者異之恭愍九年登第調水原書記選補史翰與鄭夢周朴尙衷李崇仁鄭道傳金九容金齊顏相友善講論無虛日大爲人稱賞累授監察糾正十五年爲正言辛旽當國淩僭不法無敢言者存吾奮不顧身將論之袖疏藁赴省示同列曰妖物誤國不可不去諸郎畏縮無敢應者左司議大夫鄭樞存吾姻親也謂曰兄不當如是樞從之遂上疏曰臣等伏値三月十八日於殿內設文殊會領都僉議辛旽不坐宰臣之列敢與殿下並坐間不數尺國人驚駭罔不洶洶夫禮所以辨上下定民志苟無禮焉何以爲君臣何以爲父子何以爲國家乎聖人制禮嚴上下之分謀深而慮遠也竊見旽過蒙上恩專國政而有無君之心當初領都僉議判監察命下之日法當朝服進謝而半月不出及進闕庭膝不少屈常騎馬出入紅門與殿下並據胡床在其家宰相拜庭下皆坐待之雖崔沆金仁俊林衍之所爲亦未有如此者也昔爲沙門當置之度外不必責其無禮今爲宰相名位已定而敢失禮毀常若此原究其由必托以師傅之名然兪升旦高王之師鄭可臣德陵之傅臣等未聞彼二人者敢若此也李資謙仁王之外祖仁王謙讓欲以祖孫之禮相見畏公論而不敢蓋君臣之分素定故也是禮也自有君臣以來亘萬古而不易非旽與殿下之所得私也旽是何人敢自尊若此乎洪範曰惟辟作福惟辟作威惟辟玉食臣而有作福作威玉食必害于家凶于國人用側頗僻民用僭忒是謂臣而僭上之權則有位者皆不安其分小民化之亦踰越其常也旽作福作威又與殿下抗禮是國有兩君也陵僭之至驕慢成習則有位者不安其分小民踰越其常可不畏哉宋司馬光曰紀綱不立奸雄生心然則禮不可不嚴習不可不愼若殿下必

敬此人而民無災禍則髡其頭緇其服削其官置之寺院而敬之必用此人而國家平康則裁抑其權嚴上下之禮以使之民志定矣國難紓矣且殿下以旽爲賢自旽用事以來陰陽失時冬月而雷黃霧四塞彌旬日黑子夜赤祲天狗墜地木冰太甚淸明之後雨雹寒風乾文屢變山禽野獸白日飛走於城中旽之論道燮理功臣之號果合於天地祖宗之意乎臣等職在諫院惜殿下相非其人將取笑於四方見譏於萬世故不得嘿嘿庶免不言之責旣以言矣敬聽所裁疏上命代言權仲和讀之讀未半王大怒遽命焚之召樞存吾面責時旽與王對床存吾目旽叱之曰老僧何得無禮如此旽惶駭不覺下床王愈怒下巡軍獄命贊成事李春富密直副使金蘭僉書密直李穡同知密直金達祥鞫之乃謂左右曰予畏存吾怒目也春富等問存吾曰爾乳臭童子何能自知必有老狐陰嗾者其無隱曰國家不以童子無知置之言官敢不言以負國家耶時年二十五旽黨必欲殺之穡謂春富曰二人狂妄固可罪矣然我太祖以來五百年間未嘗殺一諫官今因令公殺諫官恐惡聲遠播且小儒之言於大人何損不如白令公勿殺春富等然之得免貶爲長沙監務國人稱之曰眞正言也退臥公州之石灘旽勢益熾存吾憂憤成疾二十年疾革令左右扶起曰旽尙熾乎左右曰然還臥曰旽亡吾乃亡返席未安而卒年三十一歿三月而旽誅王思其忠贈成均大司成子來年十歲王手書諫臣存吾之子安國下政房授掌車直長安國來少字存吾性孝友兄養吾嘗出爲賊所殺幷其三奴存吾累月乃得聞即奔赴將收葬屍已成骸不可辨存吾曰吾兄異常手有六指驗之乃得以葬請于官盡獲其賊

李達衷

李達衷慶州人父蒨登第官至僉議參理封月城君達衷忠肅朝登第累官成均祭酒恭愍元年拜典理判書轉監察大夫八年遷戶部尙書八關會有司設盥洗幕于僕射廳南豎樊限內外達衷與刑部尙書李挺坐廳上令撤其樊王在儀鳳樓見之大怒命繫獄左右請之止囚家奴御史臺又劾之挺嘗提調內佛堂特原之十五年王以達衷名儒擢爲密直提學時辛旽方用事達衷嘗於廣坐謂旽曰人謂相公好酒

色吨不悅未幾見罷及吨伏誅作詩云天地生成品彙煩誰干洪造擅寒暄歡情浹洽藏春塢怒氣陰凝蔽日雲雉屢鷹鳩猶足恠龍魚鼠虎豈容言可憐老木風吹倒蘿蔦離披失所援聘恠馳妖老野狐那知有手競張弧威能假虎熊羆慴媚或爲男婦女趨黃狗蒼鷹尤所忌烏雞白馬是何辜曾聞汝死必丘首今見城東官道隅吨性畏畋犬惡射獵且縱淫常殺烏雞白馬以助陽道時人謂吨爲老狐精故云後拜雞林府尹上箋辭不允辛禑十一年以雞林君卒謚文靖性剛直不撓有鑑識嘗爲東北面都巡問使及還我

桓祖餞于野

太祖立

桓祖後

桓祖行酒達衷立飲

太祖行酒乃跪飲

桓祖恠問之曰此子誠異人非公所及公之家業此子必能大之因以子孫屬之所著霽亭集行于世其詩文大爲李齊賢所稱賞子竴竱[illegible]竑

偰遜 長壽

偰遜初名百遼遜回鶻人以世居偰輦河因以偰爲氏自高祖嶽璘帖穆爾歸于元世仕元父哲篤官至江西行省右丞遜順帝時中進士歷翰林應奉文字宣政院斷事官選爲端本堂正字授皇太子經爲丞相哈麻所忌出守單州居父憂寓居大寧紅賊逼大寧恭愍七年避兵東來王之在元也侍從皇太子于端本堂與遜有舊由是待之甚厚賜第封高昌伯改封富原侯賜田富原九年卒所著有近思齋逸藁行于世子長壽延壽福壽慶壽眉壽

長壽字天民恭愍時以慶順府舍人居父憂王以色目人特命脫衰赴試遂登第官累判典農寺事上書曰臣本羈旅賤愚於世無補謬荷深仁嘗守晉陽周歲之間頗知民瘼倭寇防戍最爲緊急竊計賊船出沒無有定時民庶安危朝夕靡測而沿海防戍雖有其名無益於事盖鎭戍兵卒悉皆烏合之衆素無敎鍊之嚴器械甲冑未爲堅利又無營壘以爲保障不過草屋薪蘺僅庇風雨而已故一有寇至則望風奔潰雖使頗牧爲將亦不能號令之也其防戍之處遠者相去五

六十里近者不下二三十里賊可由此入寇而濱海郡縣村落之民或踈或密四散而居彼賊多則千百成群小則什伍爲隊妖謀詭計言所難窮淸明之晝則尙可覘其來蹤驗其多少以爲警備昏晦之夜則候望難遠故往往出我不意肆其陸梁多則虛張聲勢指西向東俟我兵勢互分潛爲襲擣或弃防戍而直趨居民或捨居民而先襲防戍少則預遣間諜伺其富實之家潛爲剽劫比官兵得知而追逐賊已飽載而遙遁於是加發男丁則民已殘而盜已去及其放遣則民才去而盜復來故民無得息之時兵無可用之勢至若淸野之策其弊尤深大抵濱海之地頗多膏腴而小民各懷其土本欲利之反以爲害之且深遠之處田亦有限而土着之民恃以爲生若使養客戶則彼亦凋廢由是被遷之民懷怨而流移深陸之民受殃而失業此臣所以痛心切齒於平昔者也且入保之令始則限以一息程途今賊之所至往往過六七十里以是較之雖百里亦無益也臣愚以爲沿海百里之閒刷已徙及見在之民方三十里或五十里膏腴可耕之地擇形勢平易有薪水處計戶數衆寡築城堡以二三百家爲率設官守以居之俾接屋連墻僅容其衆除屋舍外止留轂場其園圃俱於城外給之凡城塹高深上置樓櫓門置釣橋其餘守具隨宜布置城塹之閒多掘品字小坑樹鹿角以遏往來嚴更鼓謹烽烟及耕耘之時則遠者不過二十餘里晨出暮入往來無難禾熟則隨刈隨輸毋使稽緩設有賊至則少壯登城老弱供食分方面以堅拒守之志通烽燧以招隣救之兵隣城有急擇精騎以赴之其知而不相赴救者罪及所統之官夫賊之往來恃潮水爲期非欲攻城略地以謀久長特以寇抄爲心而已旣無所得勢必還退於是乘釁以襲之多方以誤之使其勇無所施衆無所用掠則靡獲攻則不能進有腹背受敵之憂退有首尾衝决之患以我之逸待彼之勞則不戰而屈人兵盜可制而民可息矣若循習故弊徒設防戍之虛文則所謂揖讓救焚從容拯溺無益於事取侮於人也至若兩江京師之脣齒陽川貢賦之會同亦不可不慮也臣之所言於事似難以臣愚料之始難而後當易也下都堂議竟不行辛禑時拜知密直事再轉政堂文學賫禑遜位表如京師我

太祖定策立恭讓長壽參謀議王賜中興功臣鐵劵封忠義君下敎褒奬曰廼者僞主辛禑頑兇狂悖傷敗彝倫妄興師旅潛圖猾夏尙賴祖宗之靈啓迪於上忠義之臣憤激于下擧義旋師當此之時人情恟懼國論紛紜卿入覲天庭敷奏詳明天子嘉之授以丁寧之訓卿乃常懷匡復之心以待事機之變乃與侍中李太祖舊諱等上奉天子之命下徇臣民之情推戴寡躬剗除異姓使九廟之主有所依歸三韓之人得以永賴肆命有司追贈三代宥及永世立閣圖形鐫碑紀績錫之奴婢土田又賜銀錠馬匹進賛成事賜定亂功臣號遷判三司事憲府劾附鄭夢周罷之復上疏請除名遠流王不得已從之自此以後入本朝

韓復

韓復元朝人本名拜住順帝至正元年擢進士第一名官至樞密院副使恭愍十九年我太祖擊兀剌山城城降聞壞垣中有哭聲使人視之有人祼立掩泣執以問乃曰我元朝壯元拜住也貴國李仁復吾同年也太祖聞其語即解衣衣之與馬騎之遂與俱來王厚加待遇拜判司農寺事賜姓名韓復王欲幸籍田先命辛旽往觀之復初欲偕往見旽以女樂自隨惡其僭乃止復事太祖甚謹又與仁復李穡相從唱和擧子多以程文取正累遷至大匡西原君進賢館大提學

李茂方

李茂方字釋之光陽人忠穆時登第補典校校勘恭愍初出知淳昌郡有求土物於郡者茂方解所佩筆鞘及帶與吏曰朋友私請不可以公物應之以此易所求與之請者愧而去後爲獻納時金鏞執國柄屢求見茂方辭不往鏞曰朝官無不求見我茂方獨不來吾親往亦不來簡我也轉掌令國制陵隧必使執義署封世謂封陵者多不達及封正陵執義洪原哲惑於拘忌規避之茂方代署惟謹王嘉之曰掌令淸白忠直寡人所知達與不達不在我乎原哲懼遂祝髮避嫌居母憂起復判典校寺事固辭不允遷民部尙書改司憲府大司憲賜推忠佐命功臣號陞密直學士王以旱命茂方禱雨

于康安殿茂方燃臂以禱王聞之曰愛民如是可爲首相尋出爲雞林府尹初府大饑及茂方至適歲稔茂方因民之便販魚鹽置義倉以備賑貸崔瑩巡察六道法甚峻守令多貶黜者至雞林境內肅然瑩大喜召判開城府事加賜礪節功臣號王以茂方淸寒賜米五十碩茂方以爲大臣不可虛受賜不受拜政堂文學王每稱政堂國耳忘家不畏權勢雖古人無以過之辛禑立開書筵以茂方爲師恭愍所畜鳩在禁中禑常愛玩茂方書旅獒篇進講仍言鳩亦珍禽也願勿畜禑乃命左右去之茂方嘗責侍中慶復興不籍韓方信盧稹家忤意罷封光陽君俄拜門下評理辛昌立拜檢校門下侍中恭讓宴群臣茂方侍宴年八十一上壽起舞風儀可觀王稱嘆賜推忠礪節贊化功臣號入　本朝封光陽府院君卒謚文簡以禮葬之

鄭習仁

鄭習仁字顯叔草溪人有志氣使酒敢言恭愍朝登第補成均學官出知榮州將視事吏以故事請詣消災圖焚香習仁曰人臣不蹈非彝灾何由生若其無妄順受而已命吏撤去州有塔名曰無信習仁曰異哉惡木不息盜泉不飮惡其名也烏有巍然其形爲一邑所瞻視而以無信表之者命刻日夷之用其甎修賓館辛旽聞而怒繫雞林獄閱數月移繫典法困苦之旽必欲置死地廷臣憐之營救得免廢爲庶人令就州復構其塔旽誅起知梁州又知密城所至抑豪强禁淫祀辛禑時授典校令日本來聘命習仁報聘日本使佛者也聞習仁名乃曰斥佛者吾輩所不與請易之不果行習仁居父母憂皆廬墓終制治喪一用朱子家禮恭讓即位除右散騎常侍王自南京還松都日官涓吉日王以其日不利於妃欲緩其期將由迂路入都習仁與左散騎陳義貴言其不可王不悅謂習仁曰汝非宰相所薦我自用之毋多言習仁囁嚅而退尋以不署尹龜澤告身流于外語在金宗衍傳子悛

河允源

河允源晉州人父楫贊成事致仕封晉川君卒子僧元珪火葬謚元正允源忠惠末登第補典校校勘恭愍朝以典理摠郞從諸將克復京城策功爲二等嘗出按慶尙西海楊廣交州四道牧原尙二州所至有聲績辛旽用事允源不諂附辛

禑初擢拜大司憲封晉山君書知非誤斷皇天降罰八字於柱每赴臺必掛之然後視事居母憂廬墓禑下書徵之曰三年行喪雖古今之通制百日即吉因時勢以從宜可移孝以爲忠其抑哀而赴召書未至卒子有宗自宗啓宗

朴尙衷

朴尙衷字誠夫羅州潘南縣人恭愍朝登第累遷禮曹正郎凡享祀禮儀司悉掌之舊無文簿屢致錯誤尙衷參證古禮序次條貫手寫之以爲祀典後之繼是任者得有所據丁母憂授典校令時士夫服父母喪百日即除尙衷欲終三年不得遂就職然不食肉終制辛禑初金義殺　朝廷使臣奔北元及義從者來李仁任安師琦待之厚尙衷上疏曰金義殺使之罪在所當問宰相待其從者甚厚是師琦嗾義殺使其迹已見今若不正其罪社稷之禍自此始矣太后下其疏都堂斬師琦梟首于市仁任等又與宗親耆老百官連名爲書將呈北元中書省獨尙衷與林樸鄭道傳等以爲先王旣決策事南今不當事北不署名尋判典校寺事北元使來尙衷又上疏請却之曰臣備員侍從有年矣侍從而得言古之制也比來事之可言者不爲少而臣不敢言豈職非諫諍而侵官爲慮乎又豈近名爲嫌而含默者乎今者大開言路宰相百執事無不得言者蓋欲聞便民之策也臣愚以爲便民之策多矣而國之大勢有不安則雖欲便民不可得矣當今之勢正所謂厝火於積薪之下而寢其上火未及然謂之安者也有識之士孰不痛心先王初薨未葬

大明使臣猶在境而遽興事北之議使人心眩惑者何人擅殺定遼衞所遣人者何人倡訛言使定遼軍人之欲迎使臣者遁去而不恤者何人先王所命護送使臣者不惟金義而大臣受先王命至安州自還者何人欲以西北軍擊定遼衞者何人裂金義之書以滅口而所謂擅殺人生事者及叛賊母黨置而不問者何哉義叛踰月而不欲達之朝廷何哉崔源之奉使果皆出於大臣之意乎今又聞北方使人與金義同叛者偕來叛賊而自回其謂已有罪而本國不問乎然則義之叛其必有使之然者此乃危急存亡之一大機也事勢如此雖至愚者且知其利害是非之所在今之言者略不及此畏禍之甚者也以理而言則惠迪吉從逆凶以勢而言則

南强北弱人之所共知者也夫弃信而從逆天下之不義也背强而向弱今日之非計也爲臣子而反先王事大之意至使殺天子之使而奪其馬罪惡孰甚焉而一二臣心懷不忠規賣國以自利欲以其罪惡嫁禍於國家必欲使宗社夷滅生民糜爛而後已可不痛哉事勢至此而殿下不與二三大臣之忠直者早辨而處之則將如宗社何將如生民何且夫趨利避害好生惡死人之同情也臣豈病風者哉今乃自納於不測之誅而敢言者忠憤之至不恤其蹈害況於近名乎況於侵官乎儻殿下曲察臣言有以處之使宗社安生民永賴則臣之一身萬死無恨矣復上疏曰小之事大免於罪責斯可矣今有不免之大罪四以臣之愚尙能知之豈以大臣而不知乎然一有恐見詰之心而不顧義理則凡可以避患者無不爲之故心有所蔽雖有過人之知反不如愚者之見臣請數其罪以陳免之之術可乎委曲從順服事
大明者先王之志也先王晏駕之日遂倡事此之議爲臣子而反君父使殿下得罪於上國此其罪一也吳季南之鎭北也擅殺定遼人造言以駭其軍乃掩護其罪黨惡招禍以危國家其罪二也金義殺使奪進獻馬以叛天下之大惡人人之所願誅者也今義之同叛者來不即究問使其罪延及國家雖至滅宗社殄生民而不恤其罪三也義叛逾月而不肯聞于朝廷又於崔源之行敢違王命使不出境因循累月使大國愈疑其罪四也四罪而有其一足以爲戮況有此四罪而不能罪之欲同受其禍何哉殿下誠能與大臣之忠直者議而辨之則其罪必有所歸矣既得其罪人則繫囚之使大臣奉表達之
天子以待其察則聰明之下安有不辨之理乎宗社生民之安危在此一擧一失此機噬臍何及諫官李詹全伯英亦疏論仁任之罪下詹等獄鞫之尙衷辭連逮獄杖流道死年四十四性沈默寡言慷慨有大志博該經史善屬文燕居但觀書言不及產業兼通星命卜人吉凶多中居家孝友莅官勤謹視人不義富貴蔑如也嘗寄詩代言林樸云忠臣義士世相傳宗社生靈五百年那料奸人能賣國坐令逆黨得安眠樸不荅專事摸稜子旹

朴宜中

朴宜中字子虛初名實密城人父仁杞版圖摠郎宜中恭愍
朝擢魁科授典儀直長累轉獻納司藝辛禑時除門下舍人
陞左司議大夫與鄭釐上疏曰近日憲司所申數事允合公
論而殿下未盡俞允玆竭愚衷輒冒言之書曰明王奉若天
道樹后王群公承以大夫師長不惟逸豫惟以亂民是以古
之人君無輕民事而惟難無安厥位而惟危怵惕惟厲中夜
以興坐以待旦自朝至于日中昃不遑暇食用咸和萬民奚
暇爲逸豫哉我國家自祖聖創業已來列聖相承持盈守成
殿下以明睿之資幼冲嗣位亦克持守九年于玆比年以來
倭賊日熾深入爲寇殺掠天民焚毀廬舍州郡凋弊田野荒
蕪加之水旱饑饉荐臻而餓殍相望倉廩虛耗而用度不足
又草賊竊發私相屠戮人民離散父子不保禍亂之極莫此
爲甚矧惟上國不許通好屯兵近境窺伺釁隙又況天災人
妖地怪與夫鳥獸泉魚之異疊見譴告一國人民大小戰慄
罔不憂懼殿下誠宜兢兢業業無敢逸豫廣延衆論以圖治
安以消變異不可一日之或怠一事之或忽況可爲不急之
務縱耳目之娛恣心志之欲而盤樂怠傲哉昔在有夏大康
尸位以逸豫滅厥德厥弟五人述大禹之戒以作歌曰訓有
之內作色荒外作禽荒甘酒嗜音峻宇雕墻有一於此靡或
不亡大禹之訓如是其嚴而大康乃盤遊無度罔有悛心卒
以不保商之大甲欲敗度縱敗禮伊尹訓之曰敢有恒舞于
宮酣歌于室時謂巫風敢有殉于貨色恒于遊畋時謂淫風
敢有侮聖言逆忠直遠耆德比頑童時謂亂風惟玆三風十
愆卿士有一于身家必喪邦君有一于身國必亡大甲以是
爲戒而克終允德爲商之令王夫大甲大康之所以有間者
顧訓之行與不行耳先儒謂以此二訓揭之座隅銘之楹席
若古聖人儼臨乎前則保國之金湯全生之藥石也伏望殿
下以大甲爲法大康爲戒日以二訓三省于身輟酒色歌舞
之樂絕鷹犬遊畋之戲無侮聖言無逆忠直無遠耆德無比
頑童崇素儉戒逸豫遠讒聽諫任賢去邪夙夜孜孜小心翼
翼常以敬天勤民爲務則可以荅上天立君之意可以勝祖
考付托之重可以慰臣民期望之心而盈成之業可永保矣
不報遷成均大司成拜密直提學如京師請還鐵嶺迤北自
恭愍朝奉使者多賫金銀土產市彩帛輕貨雖有識者迫於

權貴所托私裝居貢獻十分之九中國以爲高麗人假事大貪貿易來耳及林廉用事其弊尤甚宜中不賫一物遼東護送鎭撫徐顯索布宜中傾橐示之解所著紵衣與之顯嘆其淸白以告禮部官

天子引見待之有加顯出語人曰偰宰相而下吾所見高麗使臣多矣至尊禮待未有如朴宰相者帝又命禮部官享宜中于會同館坐之前元平章院使上遂寢鐵嶺立衛之議時張子溫死於錦衣衞其從行二人尙未東還帝附宜中遣之行數日遼東以崔瑩擧兵聞宜中到遼海從者恐爲遼東所執中路皆逃宜中單騎到遼東略無懼色辛昌立賜推誠補祚功臣號恭讓時爲同知經筵一日王御經筵謂侍講官曰予年齒已暮雖讀聖經恐無益也宜中曰昔晉平公謂師曠曰吾年已七十欲學恐年耄矣師曠曰何不炳燭乎平公曰安有爲人臣而戲其君者乎師曠曰盲臣安敢戲其君乎吾聞之少而好學如日出之陽壯而好學如日中之光老而好學如炳燭之明炳燭之明孰與昧行乎公然之今殿下春秋尙富學未晩也王嘉納書雲觀上疏曰道詵密記有地理衰旺之說宜幸漢陽以休松都地德王謂宜中曰卿以遷都爲何如對曰古昔人君以讖緯術數保其國家臣未之聞況今下民多疑有書來自上國則曰必有事西北界有報牒急騎則曰天兵將至禁宮門闌入則曰是必有以也民心旣如是又動衆以遷則下民尤惑矣供億之費搔擾之弊不可勝言書曰匹夫匹婦不獲自盡人主罔與成厥功願殿下察焉王曰吾非不知其樊陰陽之說豈盡誣也不聽尋拜藝文館提學兼成均大司成入 本朝爲檢校參賛議政府事卒年六十七天資明敏學問篤實廉淸慷慨夷險一節爲文章精深典雅子景賓景武景文

趙云仡

趙云仡漢陽府豐壤縣人恭愍六年登第調安東書記累轉閤門舍人十年授刑部員外郞紅賊之亂從王南幸錄功爲二等明年遷國子直講歷全羅西海楊廣三道按廉使其在全羅評理廉之范妻兄與其黨盜太山人金彥龍馬云仡按驗具服徵布殺爲首者會金允珵代云仡聽之范屬反徵彥龍布五百匹還之令吏將獄辭押彥龍及盜詣法司辨之盜

中路竊獄辭亡匿之范家彥龍跡而得之告憲司憲司劾之
范以宰相庇盜捕之之范逃杖允琯除名二十三年以典法
揔郞辭職居尙州露陰山下自號石磵棲霞翁佯狂自晦出
入必騎牛著騎牛圖賛石磵歌以見意與慈恩僧宗林爲方
外交超然有世外之想辛禑三年起授左諫議大夫與同列
上䟽曰自古人君未有不由學而能治天下國家者也爲學
之要無他讀書窮理誠意正心而已是以先考聖王置講官
侍學使之講明道學蒙以養正其慮深矣近來書筵講學或
作或輟臣等竊爲殿下惜也願奉先考之遺訓復設書筵俾
正直之士日近左右萬機之暇講習經史樂聞善道涵養德
性以臻至理再轉判典校寺事六年乞退居廣州古垣江村
重營板橋沙平兩院自稱院主敝衣草屨與役徒同其勞過
者不知爲達官也十四年復起爲典理判書遷密直提學時
議按廉秩卑不能擧職選兩府有威望者爲都觀察黜陟使
授敎書鈇鉞以遣云仡爲西海道都觀察使將行上書曰臣
聞芳餌之下必有巨魚重賞之下必有良將又曰行虛惠而
受實福斯言至矣凡爲國者當家給人足內外無患之時猶
且思危况我本朝水近倭島陸連胡地不可不虞國界自西
海至楊廣全羅至慶尙海道幾二千餘里有水中可居之洲
曰大靑小靑喬桐江華珍島絕影南海巨濟等大島二十小
島不可勝數皆有沃壤魚鹽之利今廢而不資爲可嘆已宜
於五軍將帥八道軍官各給虎符金牌其千戶百戶授以牌
面仍以大小海島爲其食邑傳諸子孫則不惟將帥一身之
富子孫萬世衣食有餘矣人人誰不各自爲戰乎人人各自
爲戰則戰艦自備兵糧自賫而爲遊兵因出其不意擊之則
賊不敢窺覦民得以富庶烟火相望雞犬相聞民獲魚鹽之
利國無漕轉之虞祖宗土地復全於今日矣願與大臣咨議
施行禑下其書都堂云仡觀察州郡頓綱振紀抑强扶弱有
犯法者毫髮不貸部內大治辛昌元年召拜簽書密直司事
俄陞同知恭讓二年出爲雞林府尹入　本朝授江陵大都
護府使尋以病辭歸于廣州別墅又拜檢校政堂文學檢校
例受祿云仡辭不受爲人立志奇古跌宕瑰偉徑情直行不
肯隨時俯仰將終自述墓誌曰趙云仡本豐壤人高麗太祖
臣平章事趙孟三十代孫恭愍代興安君李仁復門下登科

歷仕中外佩印五州觀風四道雖大無聲績亦無塵陋年七十三病終廣州古垣城無後以日月爲珠璣以淸風明月爲奠而葬于古楊州峩嵯山南摩訶耶孔子杏壇上釋迦雙樹下古今聖賢豈有獨存者咄咄人生事畢

列傳卷第二十五

列傳卷第二十六　高麗史一百十三

正憲大夫工曹判書集賢殿大提學知　經筵春秋館事兼成均大司成臣鄭麟趾奉　敎修

安祐　金得培　李芳實

安祐小字扳都耽津縣人金得培尙州人李芳實咸安縣人祐恭愍元年拜軍簿判書鷹揚軍上護軍累歷知樞密院事參知中書政事得培父祿仕至判典醫初州吏金祚有女曰萬宮生七歲祚避丹賊趣曰華城追兵近蒼黃棄萬宮于道旣三日得之林下萬宮言夜有物來抱晝則去人皆驚異跡之乃虎也及長適州吏金鎰生祿得培登第補藝文檢閱累遷典客副令從恭愍入元宿衛及王即位授右副代言六年爲西北面紅頭倭賊防禦都指揮使尋拜樞密院直學士仍爲西北面都巡問使兼西京尹上萬戶芳實從忠穆入元侍從有勞及即位補中郎將遷護軍賜由百結恭愍三年轉大護軍宣城達魯花赤魯連祥叛芳實以龍州兵潛渡江直入

連祥家刺殺父子傳首于京七年祐爲安州軍民萬戶府萬戶金元鳳副之慶千興爲西京軍民萬戶府萬戶得培副之芳實以偏裨行宰樞設祖都門外祐醉臥日午不起麾下觖望明年紅頭賊移文曰慨念生民久陷於胡倡義擧兵恢復中原東踰齊魯西出函秦南過閩廣北抵幽燕悉皆款附如飢者之得膏粱病者之遇藥石今令諸將戒嚴士卒毋得擾民民之歸化者撫之執迷旅拒者罪之賊魁僞平章毛居敬等衆號四萬氷渡鴨綠江陷義州殺副使朱永世及州民千餘又陷靜麟州殺都指揮使金元鳳遂據麟州祐率兵進擊賊奔潰追斬三十餘級賊入鐵州祐將七十餘騎行戰地登山息馬猝値賊帥毛貴揚兵大出將士皆懼失色祐談笑自若便旋盥漱從容跨馬引兵直前阻淸江而陣賊數騎登橋麾矟賈勇兵馬判官丁贇奮劒大呼先登橋斬賊將一人賊稍却祐與芳實將軍李蔭李仁祐等奮擊大破之賊退屯麟靜等州事聞王遣使賜祐金帶宣州支縣民聞賊近皆潰賊遣兵千餘取其穀祐得培領步騎一千逐之賊擔負不能走追至賊屯賊盡銳迎擊之祐等敗千戶吳仲興將軍李仁祐

死士馬物故者多退屯定州賊遂陷西京又明年芳實遇賊于鐵化斬百餘級諸軍次生陽驛摠二萬時天寒士卒手足凍皴顚仆甚衆賊知我軍將戰殺所虜人以萬計積尸如丘我軍進攻西京步兵先入蹦死者千餘賊兵死者無慮數千人賊退屯龍岡咸從王以祐爲安州軍民萬戶府都萬戶芳實爲上萬戶金於珍爲副萬戶祐等進軍咸從賊乘我軍未陣突擊之我軍敗走賊以精騎躡之祐芳實於珍大將軍李珣等殿以拒之賊不得逼會東北面千戶丁臣桂引兵一千而至與賊殊死戰斬數十級賊追至五十里而止我步兵登山以免其被殺掠者千餘賊四百餘人屯肅州山谷間聞其黨敗於西京還趣義州中郞將柳塘郞將金景在義州修城門聞之召州千戶張倫發龍州等處兵擊之賊入保靜州城塘等進攻殲之我軍又戰于咸從判開城府事辛富將軍李堅死諸軍力戰賊勢窮入柵自保我步兵入柵擊之騎兵環柵亂射殺二萬級擒僞元帥沈刺黃志善賊退保甑山縣芳實以精騎一千追至延州江祐得培於珍亦率精騎繼至賊窘渡江氷陷死者殆數千賊登岸作隊爲抗拒狀我軍疑窮

寇死戰斂兵不追是夜賊遁芳實蓐食追之賊徒飢困安鐵數州之間死者相枕芳實追至古宣州以輕騎蹙之殺數百賊死戰芳實以人馬困憊斂兵而止餘賊三百餘一日一夜至義州渡鴨江而走芳實祐等追不及而還祐等初從鴨綠抵西京又自咸從還至鴨綠凡九戰祐得培與慶千興遣李珣金仁彦告捷王勞諭召還命泥城萬戶金璡守鴨綠夏防祐等上牋賀曰紅衣之爲寇鷙悍狠貪雖白額當前狐狳兎狡所欲必得險阻所遇莫不屠殘虐焰俱焚望之膽破臭風如廻動則心悲以吾久玩大平之民當彼敢行死拒之賊誠亦難哉淸江安州之役不利雖臣輩之無良西京咸從之戰見功是社稷之有德原野積屍之累萬關津突騎則遼千所欠漏厥兇魁而以爲遺恨然繩木自盡者多則其窖勿問抑夫妻相刎者半則所計巳窮度彼中心無復東意雖然在賊中便弓馬稍多本朝之人比年間作罪辜儻是宣城之孽如不芟薙惡當更虞將來殿下念臣等久於水草之勞斂於死亡之辱允納凱歸之報明垂召入之言不覺蛟泣之沾膺欣瞻龍顏則揹脾所有邊事悉歸夏防然而顧一方之形容假

數年則蘇息糟糠得接於口亦尙幸焉酒肉將求於民不可忍也使華往返宴飮費需除朝夕粥飯外宜一切禁之驛館綠于道塗驛吏出於州縣州驛相去更日而行供給次番盡月而代除安州以南外嘉定隨郭宣鐵龍麟之人宜不出本州以待賓客姑寢其驛館人民不得巳而奴辱於虜軍官無乃何而逃竄於山勢非苟然力不贍爾除謀故外宜先數其愆而第宥之使恩威並行而不悖平民奴婢良家子孫將士自爲功或有在於俘獲主帥雖出令安能究於倉皇除漢兒男女外亦宜令所司體察督還本元臣等昨者在行陣間往往事有可訊獲以今月初吉離軍上赴天朝謹奉牋陳進以聞王批答云窮寇之來肆毒有如蜂蠆義兵所至定威奚啻雷霆當其奏凱而還嘉乃馳牋而賀師旣旋大璽將士拜祐推忠節義定亂功臣中書平章政事得培輸忠保節定遠功臣政堂文學芳實推誠協輔功臣樞密院副使紅賊七十艘又寇西海道遣芳實邀擊于豐州斬三十餘級賊乘舟遁去王宴群臣賜芳實玉帶玉纓公主曰何不愛至寶輕以與人王曰使我宗社不爲兵墟百姓不爲魚肉皆芳實功也予雖

割肌膚以與之倘不能報况此物乎十年紅賊僞平章潘誠沙劉關先生朱元帥以龍鳳紀元率衆二十萬渡鴨綠江寇朔州泥城祐爲上元帥得培爲都兵馬使芳實爲都指揮使知肅州康呂火民戶而逃賊屯撫州芳實以彼衆我寡按兵不進請移殷順成三州陽岩樹德江東三登祥原五縣民及粟于岊嶺柵從之芳實遣判司農事趙天柱左丞柳繼祖大將軍崔準等擊賊于博州敗之禮部尙書李珣邀擊于泰州斬七級芳實與指揮使金景磾至价州擊斬百五十餘級祐遣趙天柱鄭履張臣補李元桂洪瑄鄭詵等以步騎四百至博州擊斬百餘級芳實又以百騎擊斬二十級于延州祐領諸軍進屯安州獻捷曰丁贇王安德金仁彥許子麟朴壽年金琦鄭元甫俞之晢邊安烈權長壽趙麟趙仁璧等皆力戰有功乞加賞以作士氣王命祐爲都元帥曰閫外之事將軍制之爾其賞罰用命不用命賊襲安州我軍敗上將軍李蔭趙天柱死賊獲景磾爲其元帥移文曰將兵百十萬而東其速迎降王遣密直提學鄭思道金琠守岊嶺柵賊夜伏兵萬餘於柵旁鷄鳴以鐵騎五千攻破柵門我軍大潰祐得培等單騎奔還祐行收兵與摠兵官金鏞等屯金郊驛鏞遣左常侍崔瑩請遣京兵王知事急遂謀避亂使京城婦女老弱先出城人心洶洶賊先鋒至興義驛王及公主將南行鏞祐芳實等馳至以爲京城不可不守瑩尤痛憤大叫曰願上小留募丁壯守宗社宰臣相顧默然駕幸旻天寺遣近臣往通衢大呼招集義兵都人皆散應者纔數人祐等無如之何白王曰臣等留此禦賊請王行王遂南幸出崇仁門老幼顚仆子母相弃躪藉滿野哭聲動天地後數日賊陷京城留屯數月殺牛馬張皮爲城灌水成氷人不得緣上又屠炙男女或燔孕婦乳食之恣其殘虐王在福州以鄭世雲爲摠兵官督諸軍十一年祐芳實得培黃裳韓方信李餘慶安遇慶李龜壽崔瑩率兵二十萬屯東郊天壽寺前世雲督令進軍諸將圍京城世雲退屯兜率院時方雨雪賊弛備餘慶當崇仁門麾下護軍權僖諷知之曰賊之精銳皆聚於此出其不意攻之可克翌日昧爽僖率數十騎突入鼓譟奮擊賊衆驚駭諸將乘之四面急擊我

太祖以麾下親兵二千人先登大敗之日晡時斬賊魁沙劉

關先生等賊徒自相蹈藉僵屍滿城斬首凡一十餘萬獲元
帝玉璽二金寶一玉印三金銀銅印金銀器牌面等物諸將
咸曰窮寇不可盡也乃開崇仁炭峴二門餘黨破頭潘等十
餘萬奔渡鴨綠江而走賊遂平攻城之日賊雖窮蹙築壘固
守諸軍進圍逼之
太祖止路旁家夜半賊闌圍而走
太祖馳至東門賊及我軍爭門雜遝不可出有後至賊以槍
刺
太祖右耳後勢急
太祖拔劒斫前七八人躍馬踰城馬不跌人皆神之鏞素與
世雲爭寵又恐祐得培芳實等成大功爲王所重欲使祐等
殺世雲因以爲罪而盡殺之乃矯旨爲書使其姪前工部尙
書金琳密諭祐等令圖世雲且曰世雲素忌卿等破賊之後
必不免禍盍先圖之祐芳實就得培牙帳曰今世雲畏賊不
進鏞書如此不可不從得培曰今甫平賊豈宜自相剪滅昔
穰苴擅誅莊賈衛靑不殺蘇建古今明鑑不可不愼若不獲
已執政闕下聽上區處不亦可乎祐芳實乃退及夜復來言
曰誅世雲君命也我輩成功而不奉命其如後患何得培堅
執不可祐等强之於是置酒使人邀世雲旣至祐等目壯士
於坐擊殺之王聞變遣直門下金瑱頒赦令諸將赴行在以
安其心旣而福州守朴之英言于宰相曰芳實獨殺世雲祐
等亦遇害王恐生他變卽召瑱還將調兵討之判事金賢士
將軍洪師禹來獻諸將論世雲書王大悅賜賢金銀布帛復
遣瑱頒赦召之英責曰汝何妄言予念其老不置於法止令
罷歸鄕里又遣知奏事元松壽賜諸將衣酒祐至咸昌縣王
擇大臣有計畫者往迎之以備非常乃遣侍中柳濯濯至跪
進酒請元帥立飮祐不敢濯曰今公收復三韓僕敢以爵位
爲一柸之後豈復請立飮耶因泣下明日祐凱還詣行宮上
謁鏞令睦仁吉引至中門使門者捽其首祐辭色不變王叩
所佩囊大呼曰幸小緩願至上前獻囊書就戮王未及聞捽
者更擊殺之曳下庭王不知其死傳旨曰汝等擅殺鄭世雲
身首異處今不斬汝以有大功也囊書卽鏞給祐等殺世雲
書也鏞恐琳洩其謀先斬之遂白王曰祐等擅殺主將是不
有殿下也罪不可赦王聞祐死其幼子裸立道旁哀之召留

禁中問其所歸遣之麾下士驚潰王召賜酒食勞之鏞與洪彥博柳濯廉悌臣李岩尹桓黃裳李春富金希祖稟旨揭榜云祐等不忠擅殺世雲祐已伏辜有能捕得培芳實者超三級錄用分遣大將軍吳仁澤御史中丞鄭之祥萬戶朴椿金庾等捕之是日芳實赴行在至龍宮縣王命芳實舅右散騎辛珣按廉成元揆往迎椿至稱有旨芳實下庭跪仁澤拔劒擊之即仆絕良久復蘇踰垣走椿追執之芳實欲扱椿劒之祥等從後擊殺之得培至基州聞變率數騎逃匿山陽縣先塋側流其弟得齊于花山囚得培妻拏鞫之其壻直講趙云仡謂妻母曰直言之母受苦楚妻母隱忍久之乃告庾椿之祥元揆等捕斬之梟首尙州年五十一觀者莫不嗟悼得培門生直翰林鄭夢周請王收屍爲文以祭曰嗚呼皇天我罪伊何嗚呼皇天此何人哉蓋聞福善禍淫者天也賞善罰惡者人也天人雖殊其理則一古人有言曰天定勝人人衆勝天天定勝人果何理也人衆勝天亦何理也往者紅寇闌入乘輿播越國家之命危如懸綫惟公首倡大義遠近嚮應身出萬死之計克復三韓之業凡今之人食於斯寢於斯伊誰之功歟雖有其罪以功掩之可也罪重於功必使歸服其罪然後誅之可也柰何汗馬未乾凱歌未罷遂使泰山之功轉爲鋒刃之血歟此吾所以泣血而問於天者也吾知其忠魂壯魄千秋萬歲必飮泣於九泉之下嗚呼命也如之何如之何芳實子中文祐子年甫十餘遊市街人爭以物饋之曰今我輩獲安寢食三元帥之功也至有垂涕者

鄭世雲

鄭世雲光州長澤縣人從恭愍入元宿衛累官大護軍王即位錄其功爲一等與金鏞有寵於王楊廣道按廉金南得笞辱忽赤中郎將鄭谷谷同僚權石和等訴於王世雲鏞與南得善請王杖流石和等于海島又與鏞忌密直副使任君輔有寵譖以詐傳王旨流濟州歷軍簿判書知門下省事錄誅奇轍功爲一等八年紅賊陷西京以世雲爲西北面都巡察使自黃州還言賊入西京積柴修城無進逼計願勿驚擾以安衆心轉叅知政事倭寇楊廣道京城戒嚴令百官從軍諫官詣王宮辭世雲曰諫官從軍古所未聞如國體何命免之十年紅賊陷京城王幸福州世雲以樞密兼鷹揚軍上將軍

從行性忠淸日夜憂憤以播賊恢復自任王亦倚信世雲屢請亟下哀痛之敎以慰民心遣使督諸道兵討賊王遂以世雲爲摠兵官敎曰天下安注意相天下危注意將惟時與勢輕重在人可不愼哉恭惟太祖肇創鴻業列聖相承休養生民逮于寡人狃于宴安軍旅之事廢而不講以致紅賊侵犯播越而南每念宗祏痛楚何堪今分遣諸將合兵攻賊乃授鄭世雲節鉞往董厥師賞罰用命不用命其各處軍官軍人敢有故違節制及隔越馳聞者聽以軍法從事於戲師出以律有國之所當先國耳忘家爲臣之所當急惟爾士衆體予至懷世雲詣都堂憤然揚言曰吾甚寒微如吾爲相國家宜亂竹嶺以南居人扈駕者不給糧幷從軍此議已定今何不然紀綱乃爾安能制難謂柳淑曰吾明日出師公其往簽軍淑曰諸軍已到竹嶺大院矣世雲曰軍若後期公亦不得免責淑卽往督之又謂鏞曰今兩相玩寇如此孰不効耶若不殲賊縱竄匿山谷可得而生可得而國乎守侍中李嵒曰今寇賊闌入君臣播遷爲天下之笑三韓之恥而公首倡大義仗鉞行師社稷之再安王業之中興在此一擧惟公勉之吾君臣日夜望公之凱還也世雲行擢授中書平章事位二相三宰之間王遣于達赤權天祐賜衣酒世雲附奏曰諸將有報獲賊者勿先論賞臣雖捕獲不敢數馳報以煩驛騎大戰之後具狀上聞西京人高敬至軍前言府民脫賊者無慮萬人請遣將鎭撫世雲大悅遣禮部尙書李珣往撫之督赴京城十一年世雲督諸將圍京城自退屯兜率院賊平遣大將軍金漢貴中郎將金景奉露布詣行在曰嘗軫濟世之心旁求後彥敬承分閫之命恐累聖明竊聞興衰有數理亂無窮安民之要禦寇爲難大王去邠未能防狄人之逼明皇幸蜀不得制猲狗之侵播赤眉而劉漢重興破黃巾而曹魏繼統悉惟時運匪獨人爲當去歲之仲冬値滔天之勍敵論其肆毒雖豺虎之莫如觀其行兵亦孫吳之難抗日將自恣世無誰何乘勝長驅旣橫行於天下遠引直入遂大振於海東怒鋒不可當望風皆自潰百萬精甲奄屯住於都城億兆斯民蕩流離於道路嗟哉黎烝甚於塗炭況乘輿之遠狩實將相之深憂肆擧雲合之兵遂攻蟻聚之虜士卒得建瓴之勢赴敵何難頑囂爲破竹之魂迎刃輒解制天下所不能制誅一

世所不能誅魚可息於鼎中兎難脫於網外田單一奇何足法葛亮八陣可爲師凌雪入城李愬取蔡州之地背水爲陣韓信拔趙壁之旗事雖不同義則允合昔蒐兵於己亥冐掃賊於朝鮮再克寇侵之强皆非臣等之績玆盖伏遇殿下勇智天錫聖敬日躋遠播休風遵禮樂於三代誕敷文德舞干羽于兩階梟獍之所以馴犬羊之所以伏無不關於聖化亦皆囿於至仁理之自然否則復泰斯乃重興之際實是更始之初臣等敢不競奮鷹揚之勇致淸明於會朝載伸鶩抃之誠佇瞻望於行在王喜賜漢貴黃金二十五兩帛二匹景帛二匹即遣內詹事李大豆里賜世雲衣酒大后公主亦賜衣酒尋爲安祐等所害洪彥博聞其死曰揔兵之出師也言貌甚傲其及宜矣贈僉議政丞葬以禮又追錄扈從及收復之功俱爲一等

安遇慶

安遇慶世系履歷未詳恭愍八年從安祐等擊走紅賊後與祐等收復京都錄功俱一等又討興王賊錄功亦一等元以平紅賊功遣使授奉訓大夫廣文監丞元立德興君爲王納之遇慶以贊成事爲都指揮使屯義州移書婆娑府脫脫禾孫曰本國自太祖神聖大王創業垂統正嫡承襲四百餘年元王始事朝廷世祖皇帝命不改土風元王嫡子忠烈王尙公主生忠宣王忠宣王亦尙公主生忠肅王義爲君臣親爲甥舅今我國王忠肅王之嫡子入侍天庭十有餘年頗著功績尙公主爲駙馬承正統涖下國事大之禮恪謹一心不幸紅賊橫行天下剝殘天民所指火烈天威難制越己亥冬僞名毛平章黃院判等賊十餘萬闌入東國至于西京我軍大發一掃無餘又於辛丑年沙劉潘平章關先生等賊三十餘萬深入王京吾王赫怒諸將奮勇盡殲其衆社稷獲安人民受賜兩度破賊之事旣以具呈中書省矣東民以謂上國必當厚賞引頸北望豈慮本國人崔濡等挾其仇怨貝錦誣詞簧惑天聽使我主上至于失職以忠宣棄妾孽子搭思帖木兒爲王三千里外遠勞天民夫崔濡等事我先王阿諛逢迎陷於不義癸未年閒南行不返崔濡惡輩實使之也本國人言及於此未嘗不痛哭流涕今濡等又以笙簧之口掩我大功廢吾王而使本土無辜之民不遑寧居此本國之罪人也

吾王使宰相李公遂柳仁雨許綱洪淳等賀正矣謝恩矣賀
聖節矣又賀千秋矣且啓稟矣濡等互相壅蔽奪其方物表
箋使不得達拘留使价唯己之從且世祖皇帝命不改土風
正嫡承襲其來遠矣濡等冒弄朝廷立孽庶爲王改易土風
而使世祖皇帝詔旨墜於空虛此天下之罪人也本國人搥
胷切齒曰亂臣賊子人得而誅之古有常憲如濡之輩罪不
容誅雖剖心腹必無朝廷之議大小奮惱雷然一辭必擧大
兵往討濡等惡輩食肉寢皮然後已物議洶湧不可止遏今
以精兵百萬往討高麗逆黨約已定矣師之所過荊棘生焉
大軍一擧馬首指北雖加禁厲人心憤怒氣炎如火所觸必
焚天下無辜忍受其禍本職所管各都人物即宜收帶家口
早入山寨遠避軍鋒又區別崔濡等高麗逆黨毋使諸色軍
馬濫及於禍有能捕濡等惡輩傳首納款不唯本國釋怒上
國亦知濡等欺天亂法正伏其辜將有厚賞本職參詳即便
施行又當飛報行樞密院同知施行初遇慶令兵馬使金之
瑞玉天柱分守要害宋芬碩守義州弓庫門護軍金得和將
十餘騎候鴨綠江邊夜半報賊到楸島遇慶遣人告急於都
巡察使李龜壽都兵馬使洪瑄巡撫使池龍壽時士卒凍餒
不能與黎明賊渡江遇慶將官屬七十餘騎登城望之賊圍
弓庫門遇慶引軍趣之賊已踰城入殺守門卒芬碩尙未知
也遇慶身先士卒與邦天奉咸石柱金得和玄奴价崔黑驢
羅成等七戰却之賊登山覘我軍寡且無援分步騎爲七隊
鼓噪齊進我軍不能支奔還入門黑驢下馬執槊立門外賊
不得逼遲我軍畢入上馬徐驅而入龜壽瑄龍壽等不意賊
奄至各將十餘騎至我軍屢與戰不利瑄馬蹶爲賊所擒我
軍大敗走保安州賊入據宣州王命贊成事崔瑩爲都巡慰
使又命我
太祖自東北面率精騎一千赴之泥城都體察使李珣都兵
馬使禹磾朴椿等引軍來會我軍復振賊候騎至定州遇慶
將精騎三百掩擊敗之虜其將宋臣吉剖以徇賊奪氣於是
遇慶龜壽龍壽都兵馬使羅世爲左翼珣磾椿我
太祖爲右翼瑩爲中軍行至定州
太祖見諸將退北言其劫懦不力戰諸將忌之時賊已屯隨
州之㺚川諸將謂

太祖曰明日之戰君獨當之太祖知諸將忌之稍有憂色明日賊分爲三隊太祖居中手下老將二人爲左右各當其一隊奮擊之太祖所乘馬陷泥濘甚危馬奮躍而出衆皆驚異太祖射賊將數人賊乃潰去二人拔劒亂擊之賊已奔崩唯塵埃蔽空而已倭屠喬桐京城大震王命遇慶與龍壽珣領三十三兵馬使分屯東西江昇天府以補之未幾賜推誠亮節宣力翊贊功臣號與吳仁澤等謀除辛旽事洩杖流南原沒爲奴籍其家旽誅復召爲贊成事出爲西京都萬戶與珣往擊五老山城克之虜元樞密院副使哈剌不花還

崔瑩

崔瑩平章事惟淸五世孫也父元直仕至司憲糾正瑩風姿魁偉膂力過人初隷楊廣道都巡問使麾下屢擒倭賊以武勇聞補于達赤恭愍元年趙日新作亂瑩與安祐崔源等協力盡誅授護軍三年拜大護軍與柳濯從元丞相脫脫等征高郵前後二十七戰城將陷脫脫被讒師罷明年禦賊淮安路累戰于八里莊又泗和等州賊八千餘艘圍淮安城晝夜力戰却之賊復至瑩身被數槍奮擊殺獲殆盡旣還國與印璫攻破鴨綠江以西八站六年出爲西海平壤泥城江界體覆使明年倭四百餘艘寇吾乂浦瑩設伏與戰克之又明年爲西北面兵馬使紅賊入西京瑩與諸將戰于生陽鐵和西京咸從之閒頗有功又明年拜平壤尹兼西北面巡問使時瘡痍未復餓莩相繼瑩廣置賑濟場給粮種勸耕稼瘞戰死者骸轉左散騎常侍十一年與安祐李芳實等收復京都錄勳爲一等圖形壁上賜土田臧獲爵其父母妻除典理判書十二年金鏞謀亂遣其黨犯興王行宮瑩聞變與禹磾安遇慶金長壽等率兵馳赴擊賊盡殺之策勳一等又賜土田臧獲進判密直司事賜盡忠奮義佐命功臣號轉評理有人得鏞所畜猫兒眼精珠獻都堂一座傳玩瑩獨不顧曰鏞之志此等物喪之諸公何玩耶尋陞贊成事十三年賊臣崔濡奉德興君渡鴨綠江我師與戰敗績賊乘勝長驅入據宣州中外洶懼命瑩爲都巡慰使將精卒急趣安州節度諸軍瑩聞命即行率麾將卒誓必滅敵朝野恃以無恐瑩道遇亡卒輒斬以徇宣令始肅與諸將分軍擊賊于獺川大敗之遣兵馬

副使安柱報揵王喜賜柱馬一匹銀二錠東寧路萬戶朴伯
也大入寇延州瑩遣其將擊却之後王命豐儲倉使丁得年
賜閣人米得年以命不由兩府不奉旨王怒欲杖流之瑩曰
責在臣等非得年之罪也乃釋之十四年倭寇喬桐江華瑩
以東西江都指揮使率兵鎭東江瑩嘗責密直金蘭以女與
辛旽旽疾之至是瑩獵高峯縣旽譖于王王遣李珣讓之曰
倭入昌陵取世祖眞卿爲東西江都指揮使而不知以金續
命代卿而卿猶領其兵田獵無時何也予雖不言臺諫其不
論乎今以卿尹鷄林可丞之任瑩聞命向闕歎曰今之得罪
者鮮克保全吾得尹鷄林聖恩厚矣遂行旽復誣以瑩與李
龜壽等交結內官離間上下遣其黨李得林鞫訊瑩誣服曰
請速即刑乃削三品以土爵籍其曰民流之得林之鞫瑩也
必欲殺之鄭思道時鎭合浦死執以爲不可得林訴旽幷罷
之二十年召還復拜贊成事二十二年爲六道都巡察使籍
軍戶造戰艦黜陟將帥守令有罪者專斷人謂瑩素不識朝
士賢否故黜陟未精又令年七十以上者斂米有差補軍需
民多亡命怨讟大與二十三年爲慶尙全羅楊廣都巡問使
憲司言瑩嘗爲都巡察使六道騷動不可復爲巡問瑩泣訴
曰臣赤心徇國今乃致謗如此請罷臣職王雖直瑩猶令臺
諫都堂薦可代者尋以論瑩罷大司憲金續命貶持平崔元
濡爲延安府使賜瑩盡忠奮義宣威佐命定亂功臣號
太祖高皇帝遣林密等令我取濟州馬二千匹以進哈赤石
迭里必思肖古禿不花觀音保等只送三百匹密等怒王遂
議伐濟洲七月以瑩爲楊廣全羅慶尙道都統使廉興邦爲
都兵馬使李希泌邊安烈爲楊廣道元帥睦仁吉林堅味爲
全羅道元帥池奫羅世爲慶尙道元帥金庾爲三道助戰元
帥兼西海交州道都巡問使領戰艦三百十四艘士卒二萬
五千六百人討之敎曰耽羅元屬本朝世修職貢垂五百載
近牧胡石迭里必思肖古禿不花觀音保等殺我使臣奴我
百姓罪惡貫盈今授瑩節鉞往征其督諸軍尅期殄殲賞罰
用命不用命無憚大吏宰樞會餞諸帥皆泣下瑩與安烈獨
自若八月師至羅州瑩閱兵于榮山與諸將條約曰諸道船
不可相混宜各樹幟檣上以識之船置頭目官勿亂行船既
發各整伍樵汲以時若遇倭寇左右夾擊能擒獲者大加爵

賞既至濟州各率戰艦同時俱進毋或失次軍士各占信地通烟相報諸軍動靜聽都統使角聲毋或有違攻城之日民有黨哈赤不順命者縱兵悉誅降者勿迓賊魁家產悉輸官且得公私契劵金銀牌印信馬籍亦皆輸官得者有賞守佛宇道殿神祠者勿擾貪貨寶不力戰者罰得貨寶先回船逃者論以軍法又曰王命臣伐叛吾言即王言從吾命則事可濟諸將皆免冠謝行至黔山串諸將曰發船既久風又漸高宜速行師瑩曰今日風不利西海戰艦以百計亦未至豈可先去諸將憤懣至普吉泊瑩又以無風欲留諸將曰兵機貴速淹留不進後如有議咎將誰執瑩不應與邦曰諸將之言不可不聽瑩從之日巳午尙猶豫未發安烈麾下士先發船瑩大怒懸檣竿以徇既而諸道船颺帆齊發瑩不得已令擧碇放船西海船亦至中途遇大風諸船四散日晚將抵楸子島忽風雨大作船觸崖石多絶纜失櫂翼日至濟州瑩部署諸將四面分攻石迭里必思肖古禿不花觀音保等以三千餘騎拒於明月浦瑩遣前濟州牧使朴允淸以書諭之曰今與兵問罪勢不得已除賊魁外星主王子土官軍民宜悉按堵如故雖黨賊者降附則亦從寬典如或違逆大兵一臨玉石俱焚悔無及矣與諸將下岸師逡巡不進乃斬一裨將以徇於是大軍齊進左右奮擊大破之乘勝逐北至三十里暮還明月浦沿涯爲營賊殺安撫使李下生諸將屯漢拏山下休兵時我師多獲賊馬悉爲騎兵矣賊魁三人來挑戰陽敗而走將誘致曉星五音之野以騎兵踏之瑩知其謀命銳卒急逐賊魁遁走入山南虎島瑩遣前副令鄭龍領輕艦四十艘圍之自率精兵繼進石迭里必思率妻子與其黨數十人乃出於是肖古禿不花觀音保知不免投崖而死瑩腰斬石迭里必思幷其三子又斬肖古禿不花觀音保首遣知兵馬使安柱以獻東道哈赤石多時萬趙莊忽古孫等猶率數百人據城不下瑩率諸將攻之賊潰走追獲之搜捕餘黨盡殺之死者相枕得金牌九銀牌十印信三十馬一千匹印信付萬戶安撫使星主王子馬分養于諸州卒有殺馬牛食者或斬首或斷臂以徇士卒股慄秋毫無敢犯者十月瑩與諸將班師王已薨復命于梓宮痛哭失聲辛禑元年判三司事二年都堂以禑命欲宥在貶康舜龍鄭思道廉興邦成大庸鄭

寫尹虎鄭夢周等議已定瑩出獵不與其議及還錄事請署其案瑩怒曰國家大事必大臣合議然後行何不預告遽取署耶遂不署瑩姪女壻判事安德麟擅殺人楊廣道按廉楊以時械送憲司時瑩判瑩衛府事都堂以瑩故欲輕德麟罪移繫巡衛府瑩怒曰德麟殺無罪人憲司可斷決況我在巡衛豈宜推鞫遂還憲司倭屠連山開泰寺元帥朴仁桂敗死瑩聞之自請擊之禑以老止之瑩曰蕞爾倭寇肆暴如此今不制後必難圖若遣他將未必制勝兵不素鍊亦不可用臣雖老志則不衰但欲安宗社衛王室耳願亟率麾下往擊請之再三禑許之瑩不宿而行時賊使老弱乘舟示若將還潛遣勇銳數百深入寇掠所過望風無敢當者至鴻山大肆殺虜勢甚盛瑩與楊廣道都巡問使崔公哲助戰元帥康永兵馬使朴壽年等趣鴻山將戰瑩先據險隘三面皆絕壁唯一路可通諸將畏怯不進瑩身先士卒盡銳突進賊披靡有一賊隱林薄射瑩中脣血淋漓神色自若射賊應弦而倒乃扳所中矢瑩益力遂大破之俘斬殆盡遣判事朴承吉獻捷禑大喜賜承吉白金五十兩遣三司右使石文成賜瑩衣酒鞍馬又遣醫魚伯評齎藥治創瑩凱還禑命宰樞郊迎具雜戲儀衛如迎詔禮及入見禑賜酒問曰賊衆幾何對曰未能的知其數然不多諸相又問曰賊若多此老幾不生矣論功擬拜侍中瑩固辭曰爲侍中則不可輕出於外待倭寇平然後可乃封鐵原府院君論賞將士有差柳榮瑩妻之姪瑩愛榮朝廷欲悅其意超拜榮密直副使商議榮即遂也後瑩麾下進鴻山破陣圖禑命李穡製贊三年瑩與李仁任誅池奫判書文天式將聘于元丞相納哈出瑩謂天式曰丞相若問奫死宜以病歿對天式曰願諸公勿使復有如此之亂瑩慚服尋以老病辭禑不聽倭乘夜入寇窄梁焚戰艦五十餘艘海明如晝死者千餘人萬戶孫光裕中流矢乘劍船僅免瑩嘗戒光裕曰耀兵窄梁江口愼勿出海是日光裕繞出窄梁大醉熟眠賊突至遂見敗賊又寇江華府萬戶金之瑞府使郭彥龍遁入摩利山賊大掠虜之瑞妻而去禑遣羅世李元桂康永朴壽年趙思敏等擊賊于江華瑩爲都統使次昇天府以備之賊弃江華退寇守安通津童城等縣所過一空至童城語曰無人呵禁誠樂土也瑩與慶復興仁任等次海天議

備禦之策瑩歎曰倭寇肆虐如此元帥擧何顏乎遂泣然泣下元帥石文成但問歌妓來否觀者歎崔石憂樂不同瑩又曰光裕違吾節度使賊跳梁至此賊初寇江華阻江安集使安報賊退使我緩不及擊若官軍早報則賊如檻中虎耳乃囚安集于巡衛府之瑞遣人告瑩曰賊已載婦女玉帛置德積島復以三十七艘來寇請遣援兵瑩不聽曰汝府有騎兵千餘何所用哉賊取汝妻曾不奮擊坐視江華陸沈今又請兵欲以與賊乎又謂諸相曰遠道元帥提不腆之兵暫失期會尙置軍法況在畿甸領巨艦五十戰士千餘不戰而敗走者乎賊入江華遽弃兵渡江使一府蕭然赤地者乎釋此不誅何以號令吾欲斷罪第嫌專殺耳遂請禑治之乃下光裕之瑞彥龍于獄以李希椿爲江華萬戶金仁貴爲府使時有童子自賊中逃還諸將召問賊狀曰賊常言所可畏者唯白首崔萬戶耳鴻山之戰崔萬戶至則士卒爭先躍馬蹴踏之甚可畏也瑩言喬桐江華實要害之地豪强爭占土田軍資不繼請罷私田充軍食禑然之乃徙喬桐老幼於內地留壯者治農桑又令諸元帥出麾下士各十人又發愛馬宮司倉庫人爲兵使戍江華瑩點閱怒部伍不整遣人請曰臣願斬隊伍長禑曰都統使無乃已殺乎重則杖之輕則原之一日禑教巡衛府曰孫光裕金之瑞郭彥龍之罪當以軍法論然方大旱其並減死籍其家流遠先是金縝爲慶尙道元帥大集一道名妓與麾下士晝夜酣飮縝嗜燒酒軍中號曰燒酒徒卒伍偏裨少忤其意輒鞭辱衆忿怨及倭焚掠合浦營衆曰可使燒酒徒擊賊我輩焉能戰却立不進縝單騎遁走遂大敗於是廢縝爲民流昌寧縣尋徙嘉德島斬合浦都千戶李東槫金元穀至是瑩見下教歎曰金縝孫光裕等皆敗軍宜殺以徇向曲法原縝今又釋光裕等政刑如此何以爲國禑又賜縝衣馬召還瑩不可曰縝不撫士卒見賊逗遛以至敗軍得保首領幸矣今返厚賜召還後有樹功者何以待之賞罰人主大柄不可顚倒禑乃止時以旱雩且遍禱諸寺瑩颺言於都堂曰今政刑紊亂有功不賞有罪不刑天豈雨哉又僧徒以端午施食通衢士女坌集瑩見之詰僧曰若施食鬼神當依山野淨處今方夏月設食臭穢衢路是汝欲聚美婦誨淫耳將繫獄僧徒懼四散以京都濱海畏倭寇欲遷內

地議可否衆慮後禍皆欲遷瑩獨陳徽師固守之策禑不聽命築宮城于鐵原瑩曰今遷都非特防農擾民且啓海寇覬覦之心國將日蹙非計也請奉太后徙居鐵原殿下留此鎭之禑曰太后徙居子豈可獨留瑩曰太后年齒已暮脫有不虞起居尤難禑然之事遂寢瑩又曰京城大廣雖有十萬兵未易守也請築內城備不虞睦仁吉曰不可動土禑曰以拘忌廢築城可乎捨此欲都何處宜及農隙興工役四年倭船大集窄梁入昇天府聲言將寇京城中外大震戒嚴禑分命諸軍屯東西江兵衛列於宮門以待賊至發坊里兵登城候望瑩督諸軍軍于海豐贊成事楊伯淵副之賊覘知之以爲得破瑩軍則京城可窺乃經諸屯捨不與角趣海豐直向中軍瑩曰社稷存亡決此一戰遂與伯淵擊之賊逐瑩瑩奔我太祖率精騎直進與伯淵合擊大破之瑩見賊披靡率麾下從旁擊之賊殆盡餘黨夜遁夜城中聞瑩奔益洶洶莫知所之禑欲出避百官裝束累重會宮門以待之及諸元帥使人來獻捷京城解嚴百官畢賀朝廷以爲瑩功賜安社功臣號五年新定君馬坰秀與其子占匿良民事覺繫獄會因災變

慮囚諸相欲釋之瑩曰坰秀奴使良人至三十廣占土田遍百頃鄕愿莫甚豈宜得生仁任使堂吏成牒曰凡匿民役使及犯死罪者其田並屬軍須吏以告瑩瑩厲聲叱之曰此事已有定法而不能遵必欲曲法宥匿民者又爭占犯罪者土田何用牒爲仁任慚覛瑩坐司平鞫坰秀罪報都堂都堂稽留不決瑩怒不出者數日竟杖坰秀一百七并杖其子致遠希遠皆流之坰秀道死慶復興黃裳禹仁烈詣瑩第時鄭地與倭戰于順天兆陽敗績瑩謂復興等曰諸相何不憂國倭寇陸梁至此一鄭地雖勇其如衆寇何諸相有慙色禑遣諸將擊倭瑩曰臣無家累關心雖死於賊無所悔恨但臣之名稍聞他邦若死於賊恐傷國體然倭寇侵暴如此臣不忍坐覩生靈之魚肉國之安危在臣一舉請率麾下士出征都堂餞諸帥瑩獨不赴曰近門下府請禁迎餞豈可以宰相先犯令乎俄而烽火再舉禑曰不可重外而輕內命瑩勿往瑩麾下士李仁茂朴衛等三十餘人訴云昇天府西海道之戰有功未受爵賞瑩以爲謊悉囚司平府禑命原之瑩執不可禑曰吾欲原之卿何强耶瑩不獲已釋之政堂文學許完同知

密直尹邦晏使其妻依禑乳媼張氏譖內宰權林堅味都吉敷請去之禑命堅味等歸私第禁出入堅味等奔告瑩及復興仁任曰完等欲殺吾二人以及諸公禍將作矣夜完等矯旨召瑩者再三瑩恐禍及已率麾下兵與復興仁任等會興國寺大陳甲兵集兩府百官耆老議請鞫張氏禑趣召瑩瑩辭曰今有擧國觖望事上若從衆意臣將入見禑曰卿被疾累日不朝思一見之且欲聞觖望事瑩欲入諸相止之曰奸宄在內不可輕進公去則此軍必亂軍亂國不靜矣瑩從之兩府臺諫詣闕請下張氏按治禑不聽瑩等囚張氏族黨康侑權元順元甫等鞫之禑怒以爲宮中事非兩府臺諫所知必因宦寺而洩下宦者鄭鸞鳳獄李得芬金實勤歸私第令瑩罷兵曰卿欲禦何賊擁兵不來耶卿嘗自謂累代忠臣忠心安在瑩曰臣若赴召兵士必從引兵詣闕則臣罪當誅且臣豈不欲進死闕下恐非上意故不敢爾臣身雖微所繫甚大若死於姦人之手國家危矣禑默然有閒召復興仁吉入禑泣曰此女養我即吾母也子之於親豈不欲其生也卿等旣以我爲君我獨不能救一乳媼乎其釋勿治復興亦垂淚無如之何禑使人問太后曰古亦有黜乳母者乎太后曰豈可論古今有無當因時制宜耳復興仁吉對亦如太后言禑不聽臺省百官請鞫張氏又不聽密使人語大司憲禹玄寶曰可率百官以退玄寶曰臣雖退百官必不從請速下張氏百官具張氏罪奏太后太后曰豈可以一女之故令擧國觖望乎趣張氏出張氏入禑前不出禑亦不忍太后謂禑曰我欲徙別宮不聞此事遂命鞫將出禑意解乃送張氏于仁任家諭令不殺削國大夫人爵瑩詣闕謝曰殿下去邪不疑臣敢不喜獨責臣爲不忠臣實觖望禑曰事急不覺失言深悔之門下評理金庾謂瑩曰以臣抗君無乃不可乎瑩怒白禑下庾獄流合浦臺諫重房上疏力爭乃流張氏斬完邦晏侑權順甫及張氏養女壻上護軍孫元美杖流元美兄知春州事元迪尋斬張氏六年瑩兼海道都統使白禑曰臣任事旣多今又都統海道恐不能堪且戰艦纔百艘戍卒僅三千臣若行師當用兵萬餘倉廩匱竭何以供億禑曰備禦事劇不獲已以卿兼之其無固辭且以今日軍需餉萬餘兵誠難矣請卿用三千使一當百瑩曰臣已老不得以時上謁今幸進

見請陳一言願殿下操心惕厲無或豫怠百姓安危皆繫上心如何瑩與諸將出屯東西江以備倭瑩得疾諸將曰公之疾劇矣瑩曰將軍將兵出外豈可以疾爲念醫進藥却之曰吾旣老死生有命何必服藥求生禑欲以陪僕賤者爲近臣以問瑩瑩曰小人得官必縱恣不可授乃止時　大明督進歲貢金銀馬匹細布侍中尹桓等議自宰相至庶人出布有差以辨瑩曰今士民多故生業不遂又令出布其弊不貲且徵求無厭豈能盡從宜先遣使請減貢額不得已然後爲之禑錄瑩功賜鐵券敎曰盖聞武王即位肇頒報功之典太公受封即有賞功之語矧又功疑惟重堯舜之理所以爲後世之不可及歟惟卿實我世臣卿之祖先事我先王文章政事咸有可觀卿高爽之資剛毅之氣卓冠一時有光前烈故其武功無與爲比庚寅以來水陸禦賊始以智勇聞于中外我先考選充侍衛日見親信超授護軍逆賊趙日新作亂卿扞禦有功及天子詔先考募勇士卿上體先考之心血戰江淮之間名聞中國顯揚國美紅賊闌入西鄙卿爲先鋒克捷有功又與諸將收復京都復安社稷先考以興王寺爲行宮逆賊金鏞潛令金守夜半入宮殺害臣僚卿忘身奮忠悉除兇黨逆賊崔濡誣奏天子奉德興君廢先考領兵入界卿承命往督諸將克成大功耽羅哈赤殺官吏以叛卿奉命徂征殲厥巨魁秋毫不犯民獲按堵及予即位以來倭賊益張民之多難甚於前日卿躬先赴敵破賊鴻山燒船西海挫敵立威所向無前昇天府之戰密邇京邑宗社安危在於呼吸卿節度諸軍賊雖下岸跬步即潰城中安焉不知有賊楊伯淵洪仲元潛謀結黨欲危社稷卿奮義一掃逆類其功之重可勝言哉觀今將帥之中戰多而功大惟卿一人而已又况盡忠奮義尊主庇民宰相中眞宰相矣田民賞賜通例也然卿之淸白出於天性必固辭不受故但賜鐵券以玉爲軸表異數也嗚呼功大而賞微予實歉焉卿或有犯雖至於九終不之罪至於十犯亦當末減子孫亦如之後之君臣尙體予意七年拜守侍中贈其父純忠雅亮廉儉輔世翊贊功臣壁上三韓三重大匡判門下事領藝文春秋館事上護軍東原府院君母智氏爲三韓國大夫人禑欲出遊瑩諫曰今饑饉荐臻民不聊生農務方興不可盤遊無度以病民也禑曰先祖忠

肅王亦好遊豫予之出遊獨不可乎瑩曰先王之時民安歲登猶可遊豫今日則臣知其不可禑遊龍首山乘醉馳馬而墜瑩泣諫曰忠惠王好色然必以夜不令人見忠肅王好遊然必以時不令民怨今殿下遊戲無度墜馬傷體臣備位宰相不能匡救何面目見人禑曰自今改之京城物價踴貴商賈爭錐刀利瑩疾之凡市物先令京市署定其價識以稅印始許買賣無印識者將鉤脊筋殺之於是懸大鉤於市以示之市人震慄事竟不行時議遷都漢陽瑩曰讖書所載往事皆驗不可不信當速移都人皆重遷議遂寢城門都監發五部丁夫修都城未幾頹壞瑩怒曰都監員多不能監檢若此耶遂劾尹順等罷遣丁夫禑賜瑩田敎曰往歲倭賊深寇楊廣全羅卿能指揮諸將焚賊舡於鎭浦復有雲峯之捷功大如山帶礪難忘嘗屢賜土田卿皆弃不收稅今賜父墓傍近高陽縣田二百三十結長源亭田五十餘結八年有投匿名書於李仁任壻姜筮家云王之即位不無嫌疑且甚無道曹敏修林堅味廉興邦都吉敷文達漢等謀去李仁任崔瑩立定昌君瑤爲王前判事金克恭聞以語人其人以告堅味堅味意克恭所爲執而鞫之克恭不勝捶楚誣服獄官令克恭寫字與匿名書筆畫頓殊仁任頗疑之堅味必欲罪克恭獄官不敢辨白瑩曰克恭造虛事驚惑國家謀害大臣罪不容誅判事張子忠聞克恭言不告於國私告定昌君典校副令鄭矩爲克恭壻亦知而不告克恭則宜戮及妻孥矩子忠可杖流使宦者金寶白禑曰今欲族克恭願上勿禁定昌君亦不宜在朝請幷流之於是轘克恭以徇籍其家沒妻子爲奴婢流矩子忠于遠地慶尙江陵全羅三道因倭寇失業民多餓死瑩令諸道置施與塲擇慈良者主之出官米作糜粥賑之麥熟然後已瑩欲造戰艦發諸道軍又募僧徒召語僧錄曰僧亦欲禦侮乎曰僧所以安以國家無虞也國有變僧何獨安瑩曰吾昔爲六道都統使大作戰艦八百餘艘欲掃淸海寇不圖李海等冒請先王分領其船卒以敗功孫光裕領江口船艦一遇倭賊燒毁殆盡今欲改造然方農月不可使民欲役以僧徒唐太宗征本國本國發僧軍三萬擊破之今若造戰艦禦寇功豈細哉使司宰令李光甫造戰艦督役甚急人多怨咨不踰年造巨艦百三十餘艘分守要害自後倭

寇稍息民反喜之瑩辭職尋領三司事禑移都漢陽瑩曰遷
都欲以安國願殿下毋輕忽夙夜恐懼不墜先業十年判門
下府事禑嘗賜田瑩辭以倉廩虛竭不受乃自出米二百碩
補軍餉至是復出穀八十碩以補之乞退乃拜門下侍中謝
病不起上都統使印乞釋兵柄禑遣知申事廉廷秀慰諭勉
令視事瑩赴都堂極言諸相侵奪兼幷之害遂具禁約共署
之目諸相曰後復有如前日者乎又曰予旣老矣昧於事理
所行有不合義者請勿含默以警老人禑畋遊夜深乃還瑩
聞之淚盈睫瑩嘗與李成林李子松廉興邦等爲造成都監
判事營壽昌宮及宮成瑩等賀禑使宦者李匡言曰大廈五
年而成何以報卿等瑩因告曰今倭寇蠶食田制日紊民生
困悴喪邦無日不與大臣圖議國政昵比群小遊田無度臣
將安仰以盡臣職乎匡入告禑赧然曰謹聞敎矣復判門下
府事十一年禑與瑩畋于郊外賜鞍馬又畋于海州瑩從之
自京城至海上轉輸供頓絡繹百里寺人內豎恃寵縱暴折
辱按廉守令西海吏民皆不堪苦散走按廉李須喪馬徒行
泥淖中一道嗟怨禑樂而忘返瑩面爭極言其弊禑然之還
至白州欲觀魚于延安府大池瑩立馬前諫曰臣麾下士數
千餘人馬斃者多況供頓未辦遠幸湫隘之邑民害可勝言
耶禑乃止一日禑至鄭夢周第夢周方宴耆老瑩奉觴以進
禑曰予非爲飮酒來聞父王時老相皆會如見父王來又曰
木從繩則直君聽諫則明卿何不陳利害也飮酒誠非好事
瑩免冠謝曰殿下此言國家之福也願殿下念而不忘且臣
昨所獻書在乞賜擧行禑曰夢與卿對敵戰勝視吾所乘馬
乃驢也此何祥耶尹桓李仁任洪永通曹敏修李成林李穡
等稽首曰昔元世祖以夢驢爲吉常繫殿庭欲夢而不得今
殿下夢之何吉如之大平之業可立待也但臣等老恐不及
見禑大悅痛飮賜瑩弓曰欲與卿平定四方耳時瑩及我
太祖威名聞于
上國朝廷使臣張溥周倬等至境問我
太祖及李穡禑令出瑩屯于郊以我
太祖爲東北面都元帥不令溥等見之瑩尋復領三司事十
二年禑畋于西海道知鳳州事柳璠因供頓多歛民財瑩惡
其害民杖之十三年張方平等至遼東不得入而還左侍中

潘益淳謂瑩曰公先王所倚重三韓所屬望今國家危矣盍
力圖之瑩嘆曰執政嗜利積惡自速禍敗老夫將若之何時
有人自遼東逃來告都堂曰
帝將求處女秀才及宦者各一千牛馬各一千都堂憂之瑩
曰如此則興兵擊之可也十四年禑與瑩密議誅林堅味廉
興邦復拜瑩侍中瑩與我
太祖入政房欲盡黜林廉所用
太祖曰林廉執政日久凡士大夫皆其所擧今但問才之賢
否耳惡咎其旣往瑩不聽
太祖又遣人謂瑩曰罪魁已族兇徒已除自今宜止刑殺布
德惠瑩又不聽楊廣道安撫使崔有慶捕誅林廉家奴八人
遣人報都堂瑩以獄辭不明且誅殺不盡大怒欲斬其使太
祖固止之禑欲納瑩女使人諭之瑩不可曰臣女鄙陋且非
醮婦所生常置側室不可配至尊殿下必欲納之老臣剃髮
入山矣泣且固拒麾下鄭承可安沼等逢迎禑意遂納之翼
日至瑩第賜馬瑩獻鞍馬衣襨封其女爲寧妃禑嘗憚瑩正
直不往其第自此寵愛寧妃屢往焉先是西北面都安撫使
崔元沚報云遼東都司遣承差李思敬等到鴨綠江張榜曰
戶部承
聖旨鐵嶺迤北迤東迤西元屬開原所管軍人漢人女眞達
達高麗仍屬遼東瑩與諸相議攻定遼衛及請和諸相皆欲
請和趙琳又至遼東不得入而還瑩集百官議獻鐵嶺迤北
可否百官皆曰不可禑獨與瑩密議攻遼瑩勸之公山府院
君李子松詣瑩第力言不可瑩托以黨附堅味杖流尋殺之
元沚又報遼東都司遣指揮二人以兵千餘來至江界將立
鐵嶺衛
帝已設官置站禑泣曰群臣不聽吾攻遼之計使至於此遂
徵八道兵瑩閱兵于東郊俄而後軍都督府遣遼東百戶王
得明來告立鐵嶺衛瑩告禑令殺遼東旗軍持榜文至兩界
者二十一人只留思敬等五人令所在羈管禑托以西獵遂
與寧妃及瑩往西海道次鳳州召瑩及我
太祖曰欲攻遼陽卿等宜盡力
太祖反覆極陳其不可禑頗然之夜瑩復入曰願毋納他言
禑次平壤督徵諸道兵作浮橋于鴨綠江使大護軍裴矩督

之船運林廉等家財于西京以備軍賞又發中外僧徒爲兵
於是加瑩八道都統使敏修爲左軍都統使
太祖右軍都統使與諸將發平壤瑩曰今大軍在途若淹旬
月大事不成臣請往督禑曰卿行則誰與爲政瑩固請禑曰
卿往寡人亦往矣有人自泥城來告遼東兵悉赴征胡城中
但有一指揮耳若大軍至不戰而下瑩大喜厚賜其人有僧
稱道詵讖曰設文殊會則敵兵自屈瑩信之乃設會于穴洞
瑩再三請曰殿下還京老臣在此指揮諸將禑曰先王遇害
以卿南征也予何敢一日不與卿共處乎師次威化島左右
軍都統使上書請班師瑩曰二都統使在可自來奏退師之
語我不敢出諸口禑亦不聽督令進兵時亡元餘孽遁逃沙
漠徒立虛號瑩遣裵厚約與爲援夾攻遼東其慮事粗略擧
措狂妄類此左右軍都統使復遣人詣瑩請速許班師瑩不
以爲意我
太祖擧大義諭諸將回軍禑與瑩奔還京諸軍進屯近郊上
書請去瑩禑不聽削敏修等爵以瑩爲左侍中諸軍遂入城
瑩拒戰令安沼等率精兵禦之望風即潰瑩勢窮走花園不
勝憤怒以槊洞刺守門者乃入諸軍圍花園數百重大呼請
禑出瑩瑩在八角殿不肯出諸軍一時毁垣闌入于庭郭忠
輔等三四人直入殿中索瑩禑執瑩手泣別瑩再拜隨忠輔
而出
太祖謂瑩曰若此事變非吾本心然攻遼之擧非唯逆大義
國家危殆人民勞苦寃怨至天故不得已焉好去好去相對
而泣遂流于高峯初瑩欲囚赴征諸將妻子事迫竟不行贊
成事宋光美密直副使趙珪安沼鄭承可等逃匿沼承可被
執囚巡軍諸將會議移配瑩合浦幷流光美于原州沼于安
邊承可于寧海判密直印原寶于咸昌同知密直安柱于鳳
州知密直鄭熙啓于陰竹皆瑩所親信者也辛昌立復執瑩
囚巡軍令王安德鄭地柳曼殊鄭夢周成石璘趙浚鞫瑩及
內願堂僧玄麟等玄麟始與瑩謀發僧兵及回軍又與瑩拒
戰者遂流瑩于忠州杖流趙珪于角山密直使趙琳于豐州
斬承可沼光美原寶于流所後復執瑩囚巡軍典法判書趙
仁沃李濟等上疏曰崔瑩事我玄陵定亂與王顒僧北鄙逮
奉上王却倭寇於昇天以存社稷遏群兇於今春以濟生民

功則大矣然闇於大體不顧群議決策攻遼獲罪
天子幾至覆國所謂功不掩罪者也願殿下念事大畏天之
意明正其罪以告祖宗之靈以解
天子之怒以開三韓萬世之太平門下府郎舍許應等上疏
曰崔瑩以開國功臣之後遇知玄陵奮其忠義歲癸卯德興
將以孽代宗瑩出萬死以正國統至上王朝海寇猝犯畿甸
瑩督諸軍力戰却之以安社稷林堅味等濁亂朝政斲喪王
室天怒於上民怨於下瑩奮忠義而廓淸之誠社稷之臣也
然不學無術加以老耄昧於事大之禮勸上西幸立威脅衆
獨斷自用遂發攻遼之師得罪天子流毒生民幾覆社稷前
功盡弃以瑩之功不幸有此叛逆之罪誠一國所不忍然在
天下之議所謂人得而誅之者也願殿下斷以大義亟命決
罪以謝
天子昌從之遂斬瑩年七十三臨刑辭色不變死之日都人
罷市遠近聞之街童巷婦皆爲流涕屍在道傍行者下馬都
堂賻以米豆布紙瑩剛直忠淸臨陣對敵神氣安閑矢石交
於左右略無懼色莅軍嚴峻期以必勝戰士却一步便斬之

以故大小百戰所向有功未嘗一敗初瑩年十六父臨終戒
之曰汝當見金如石瑩佩服不事產業居第甚隘陋處之怡
然服食儉素屢至空匱見乘肥衣輕者不啻如犬豕雖身都
將相久典兵權關節不到世服其淸務持大體不究細理終
身將兵麾下士卒所識面者不過數十在鞍馬間往往賦詠
爲樂一夕與諸相飲聯句慶復興唱云天是古天人不古瑩
對云月爲明月相無明見人不義必深惡痛斥仁任堅味提
調政房專權自恣安烈等同心用事有人求官瑩曰汝學工
商自可得官盖譏秉政者用行賄輩也入政房必擇有功能
者用之如無可擧者輒退不與諸相或有謀產業爭田民狥
私墮紀綱者瑩皆欲矯之嘗謂仁任曰國家多難公爲首相
何不憂慮但以家產爲念仁任默然每赴都堂正色直言不
少隱左右無應者獨自歔欷而已嘗語人曰吾於國事中夜
思之詰朝語同列則諸相無與我同心者不如致仕閑居性
少戇且無學術事皆斷以己意喜殺立威罪不至死亦多不
免諫大夫尹紹宗論瑩曰功盖一國罪滿天下世以爲名言
謚武愍子潭大護軍

鄭地

鄭地初名准提羅州人形貌魁偉性寬厚幼有大志好讀書通大義與人解說豁如也出入常以書籍自隨恭愍二十三年檢校中郎將李禧上書請習水戰王慨然曰禧草野之臣尙獻策如此百官衞士中曾無一人如禧者耶衞士柳爰廷進曰中郎將鄭准提嘗草平寇策第未獻耳地以速古赤適侍殿陛王顧問地即取諸囊中以獻王覽之大悅以地爲全羅道安撫使禧爲楊廣道安撫使並兼倭人追捕萬戶崔臣吉朴德茂等亦上書如李鄭策以德茂爲京畿倭人追捕副使謂宰相曰今爵禧等卿等勿以爲異冀其成功激人心耳他日無功亦當不赦又授地麾下士八十五人禧麾下士六十七人添設職令密直司給地禧千戶空名牒二十百戶牒二百時地與禧再三上疏凡數十條其略以爲深陸之民不閑舟楫難以禦倭但發生長海島及自請水戰者令臣等將之期以五年可淸海道若都巡問使則徒費軍餉擾民生乞罷之王召巡察使崔瑩議之瑩初巡察六道造戰艦二千艘欲令諸道軍捕倭民皆厭苦破家逃散者十之五六至是以地等建白事遂寢辛禑三年夏倭寇順天樂安等處地以禮儀判書爲順天道兵馬使擊之斬十八級擒三人遣判事鄭良奇獻捷禑喜賜良奇白金五十兩其母米十碩地鞍馬羅絹冬又擊倭斬四十餘級擒二人遣判事鄭龍獻捷禑賜龍布二百五十匹馬一匹四年倭寇靈光光州同福等處地與都巡問使池湧奇助戰元帥李琳韓邦彥等追及王果縣賊入彌羅寺我軍圍而火之遂縱擊賊自焚死殆盡獲馬百餘匹是戰地之功居多捷至賜地及湧奇銀各五十兩倭又寇潭陽縣地與湧奇擊之斬十七級尋爲全羅道巡問使八年爲海道元帥倭船五十艘入鎭浦地擊走之追至群山島獲四艘九年又與倭戰大破之禑賜金帶一腰白金五十兩時方春疾疫大興舟師物故大半有死海上者輒出陸以葬士卒無不感咽地有疾禑遣散騎河忠國賫酒問慰地帥戰艦四十七艘次羅州木浦賊以大船百二十艘來慶尙道沿海州郡大震合浦元帥柳曼殊告急地日夜督行或自櫂櫂卒益盡力到蟾津徵集合浦士卒賊已至南海之觀音浦使覘之以爲我軍怯懦適有雨地遣人禱智異山神祠曰國之存

亡在此一舉冀相予無作神羞雨果止賊旗幟蔽空劍戟耀海四圍而前地叩頭拜天俄而風利中流擧帆船疾如飛至朴頭洋賊以大船二十艘爲先鋒艘置勁卒百四十人地進攻先敗之浮屍蔽海又射餘賊應弦輒倒遂大敗之發火炮焚賊船十七艘兵馬使尹松中箭死地謂將佐曰吾嘗汗馬破賊多矣未有如今日之快也捷音至禑大喜遣李克明安沼連賜宮醞以勞之軍器尹房之用奉使日本還道遇倭賊被獲鎖頸置船底及是戰賊曰若不勝必先斬之戰罷賊徒盡殲而之用乃免地以病辭未幾知門下府事請造戰艦于諸道以備倭從之尋爲海道都元帥楊廣全羅慶尙江陵道都指揮處置使十年拜門下評理禑遣宦者金實責地曰都統使崔瑩造戰艦備水戰加以火炮其慮周矣卿爲海道元帥比來倭寇侵擾州郡未能掃平罪實在卿地頓首謝十三年地上書自請東征曰近中國聲言征倭若並我境分泊戰艦則非惟支待爲艱亦恐覘我虛實倭非擧國爲盜其叛民據對馬一歧諸島近我東鄙入寇無時若聲罪大擧先攻諸島覆其巢穴又移書日本盡刷漏賊使之歸順則倭患可以永除中國之兵亦無因而至矣今之水軍皆善水戰非辛巳東征蒙漢兵不習舟楫之比若順時候風而動則易以成功但船久則朽師老則疲且今船卒困於傜賦日思逃散宜乘此機決策蕩平不可遲疑十四年禑遣我

太祖攻遼地以安州道都元帥隷焉遂從

太祖回軍時倭寇三道自夏至秋屠燒州郡將帥守令莫有禦者以地威名讋倭寇命爲楊廣全羅慶尙道都指揮使與諸將往擊之倭自咸陽踰雲峯八羅峴至南原地帥都巡問使崔雲海副元帥金宗衍助戰元帥金伯興陳元瑞全州牧使金用鈞楊廣道上元帥都興副元帥李承源等奮擊大破之斬五十八級獲馬六十餘匹賊夜遁地以諸軍無食不能追時人謂非此戰則三道民幾盡矣禑賜宮醞段絹恭讓元年爲楊廣全羅慶尙道節制體察使兼總招討營田繕城事金佇與邊安烈等謀迎辛禑事覺地以辭連流于外二年遣左獻納咸傅霖鞫地于雞林臺諫抗疏請論以法乃徙橫川臺諫復論駁不已又徙遠地事具安烈傳尹彝李初之獄起地逮繫清州栲訊不服曰

李侍中仗義回軍吾以伊霍故事諷侍中深有意爾復何黨彝初歟言必誓天辭旨感慨有足動人者獄官不能取辭地退謂人曰人生會有一死生何足惜但王氏復國而死非其罪是可痛也明日將峻刑鞫之以水災免三年錄回軍功爲二等賜錄劵及田五十結臺省刑曹議奏曰地以黨安烈坐罪實爲誣枉遂釋之退居光州別業召判開城未赴病卒年四十五謚景烈子耕

尹可觀

尹可觀海平府院君碩之曾孫有武略善騎射恭愍晚年令韓安洪倫等强辱諸妃嬪可觀亦昵侍左右王令通益妃可觀以死固拒王大怒棒之廢爲庶人辛禑時拜密直副使出爲慶尙道副元帥倭寇比屋義城等縣賊衆我寡屢戰不利可觀與戰于安東禮安等處敗績矢集右臂仍爲本道都巡問使鎭合浦倭賊百餘寇咸陽郡可觀晉與州牧使朴子安擊之斬十八級奪本國被擄二十餘人幷獲器仗初倭賊皆由丑山島入寇可觀聞于朝爲置船卒自後倭患稍息銷兵器弊弃者爲農器開屯田以贍軍食性淸儉秋毫不取不近聲妓及還鞍勒破缺以麻繩補之後以判密直事卒

金長壽

金長壽鹽州人紅賊陷京城所在充斥長壽以檢校中郎將家居自稱萬戶率州人殺遊弈百四十四人奪其榜文遣州人崔英起吳永卿馳報行在王嘉之超授上將軍兼萬戶賜紫金魚袋英起西海道安撫使永卿郞將賊犯興王行宮長壽從崔瑩自城中率兵馳詣行宮將入門諸相曰當審視賊所在乃入長壽厲聲曰賊在內何謂審視毁門拔劒而入斬一人賊以劒斫其額血流被面冒刃又殺二人衆從而入長壽爲賊所害亂定論功爲一等

列傳卷第二十六

列傳卷第二十七　高麗史一百十四

正憲大夫工曹判書集賢殿大提學知經筵春秋館事兼成均大司成臣鄭麟趾奉
教修

尹桓

尹桓軍簿判書秀之孫也忠肅時拜護軍忠惠立授代言忠肅在元復位黨獄起囚桓于巡軍奪告身杖流海島逐亡入元桓嘗與曹益清執忠惠所狎宋八郎洪莊等囚巡軍莊挾前憾譖之放桓于漆原忠惠復位授同知密直元授行省員外郎曹頔之亂侍從有勞賜輸誠亮節輔理功臣號除贊成事元授行省郎中王起新宮于三峴欲以奴婢實之命近臣各獻有姿色一兩婢桓與康允忠孫守卿等不得已皆曰唯命蔡河中適至王顧桓曰卿等所議可語政丞桓愧不能言王促之再桓具以告河中曰王雖不命臣等議已有日況有命敢不奉承退謂人曰君上請奴婢於臣庶古所未聞王嘗通桓妻柳氏出桓爲江陵交州道都巡問使忠定初封漆原府院君賜輸誠亮節宣力保理功臣號王嘗宴群臣桓請政房提調郭珚以受賂事珚不應桓攘臂敺珚左右止之不得恭愍朝復爲贊成事尋判三司事賜輸忠協義同德翊贊功臣號拜左政丞改門下侍中尋以罪流後召還封漆原侯改封漆原伯復拜侍中賜推誠秉義同德燮理翊贊功臣號桓本武人王命監春秋館事賜玉頂兒玉纓笠未幾罷辛禑三年北元遣使授平章事六年復爲門下侍中尋以病辭不允十二年卒年八十餘桓美鬚長大風儀秀偉歷事五朝三爲首相家鉅富嘗乞告歸漆原歲大饑人相食散家財以賑之取貧民稱貸契券悉燒之時方久旱水湧桓田浸及人田大熟慶尙之民稱之不已謚忠孝無子以孽女嫁南佐時佐時封宜城君辛禑十三年卒

李成瑞

李成瑞雞林府人忠定朝拜密直副使恭愍即位陞同知司事改尙書右僕射王避紅賊南遷命爲楊廣道都巡問兼兵馬使發兵有功與王之變從崔瑩擊賊又有功俱策爲一等又錄己亥擊走紅賊功爲一等陞贊成事尋以罪流于外明

年召還後如元賀正元授大尉監大卿王起正陵以雲菴寺爲願刹給寺僧米月三十石凡所供給無不至寺僧又詣都堂請給餉客之需宰樞重違其請議給轉輸都監米五十石成瑞在告吏奉牒請署之成瑞嘆曰我年十三始仕二十九入宰府今五十一年歷己亥之旱辛丑之賊凶荒亂離其變極矣未聞有倉廩罄竭而俸祿不給也今頒祿不給而於雲菴僧惟其所欲請養居僧則與之請食役夫則與之又給餉客之費以有限之財供無已之求國焉得不匱予備員宰相不可不言遂不署初成瑞竊元翰林學士承旨奇田龍妾爲憲司劾免王召憲官還其劾狀封月城君辛禑五年卒諡恭簡妻朴氏初與辛旽通配徒役及成瑞卒又奔于鄭天鳳憲司鞫而竄之竟不悛恣行無忌

李壽山 恬

李壽山遂安郡人忠惠時拜密直副使賜推誠翊戴佐命功臣號封春城君恭愍元年趙日新將作亂忌壽山遣其黨欲害之壽山匿免後與蔡河中比拜僉議評理尋陞贊成事又爲行省郎中諸奇敗以黨流于外召封壽春君出爲東北面都巡問使定女眞疆域再遷三司右使判三司事加推忠保節翊戴佐理功臣號蒙古伶人梁濟率其徒詣都堂奏樂壽山曰有樂不可無歌乃呼漢女唱歌與諸相極歡判事許佺竊檜山府院君黃裳嬖妾惑之所爲錯亂壽山與諸宰相會殿庭言其狀相與笑噱聲徹御座王聞之曰李三司老矣許論女色今可休矣都元帥慶千興却德興兵凱還宰樞置酒慰之壽山被酒自擊檀板以板拍諸相以爲戲拍右侍中柳濯濯正色不言其輕率無儀類此爲辛旽所譖罷尋復職朝廷使臣林密蔡斌謁文廟諸生揖林密荅禮蔡斌不答竢更揖諸生皆入舍斌怒壽山即詭曰我國之禮於尊長不敢一時並揖斌悅壽山密令人促諸生更揖王見弒太后及慶復興欲立宗親李仁任欲立辛禑猶豫未決都堂相視莫敢發言壽山曰今日之計當在宗室仁任竟立禑禑二年卒諡恭良恭讓立左常侍尹紹宗等上疏曰有功必賞有罪必罰堯舜所以致治也玄陵無嗣晏駕李仁任欲立辛禑大臣無敢有異議故判三司事壽山獨請立宗室身雖已沒忠義感人乞追加褒諡弔祭其墓錄其子孫以慰忠魂從之子恬

恬恭愍朝登第累遷判典儀寺事辛禑時歷禮儀典工判書陞密直副使改簽書密直司事恭讓時進知司事八關會重房不禮於密直司遂構隙交章相訟王皆留中不下恬心嗛之一日王宴群臣夜分乃罷將入內恬醉引王裾曰殿下不念定昌君時歟國事將日非矣何信豎兒而輕大臣乎遂脫帽投地曰願還王此帽以手壞之王怒蹴其帽厲聲曰恬使酒乃爾耶宦官姜仁富大護軍金鼎卿執退之命下巡軍鞫之恬謂萬戶柳曼殊曰爾爲宰相負不孝不友之名臺省再論汝矣何鞫我歟敢諫非罪亦非使酒既而萬戶裴克廉等至恬迎謂曰曼殊幾殺我今見公輩吾得生矣克廉等鞫問恬尙以謂諫君當如是克廉等白王曰恬實使酒王怒四千戶金龜聯提控鄭之度罷克廉曼殊等萬戶以趙浚安翊柳珣金士衡代之召散騎金震陽執義鄭熈曰恬予之潛邸交遊也雖自擬於朱雲子陵固不如恬之頑率也命震陽熈同巡軍鞫之恬曰密直十三人上章請罪重房而左右皆重房故不聽信豎兒輕大臣國將不國謂此也震陽等言李恬之發狂也備身扶策之人不能捍禦請令有司明斷其罪王下上護軍權維盧弼大護軍洪恕洪原誠等于巡軍諫官又上疏請置於法我

太祖白王曰恬實有罪然其言出於狂直請貸其死王杖恬一百流合浦笞維等九人尋以恬爲慶尙道都節制使自此後入 本朝

李承老 云牧

李承老陝州人忠穆朝以密直掌銓注坐受賄貶守寧海恭愍時知密直司事遷政堂文學以事貶于泰安王遣中使餞之未幾召還封江陽伯弟云牧與辛旽比隣其女有姿色已適高漢雨云牧邀旽于家使女行酒旽悅而淫焉遂以云牧爲鷹揚上護軍漢雨大護軍承老復爲政堂文學承老嘗私妻弟生子詐稱遺弃兒養之承老妻恐事覺汚家聲不形言色者二十餘年雖親近未之知也監察大夫金漢貴執承老妻及弟訊之皆服流承老于中牟籍其家以妻弟爲承老所暴免之倭寇喬桐云牧與將軍李崇古大追捕坐怯懦不戰繫巡軍云牧詭曰若不殲賊請受顯戮乃復遣之齎糧四千餘石以行議者料其無成果未獲一級有妖巫自提州來自

稱天帝釋妄言人禍福遠近奉之猶恐不及所至貨財山積至天壽寺曰吾入京年豐兵息國家太平若上不出迎我必昇天都人皆惑歸之如市云牧率騎卒與臺吏執巫斷其髮四街徇獄杖而逐之官至典理判書以旽黨伏誅

黃裳

黃裳義昌縣人父石奇檜山君裳忠惠時授護軍恭愍初拜密直副使賜推忠翊贊功臣號陞知樞密院事王嘗召兩府曰聞卿等皆畜鷹犬然乎侍中廉悌臣對曰臣素不好且未聞兩府有畜之者王怒曰今四方兵起民生甚艱卿等何不憂國而縱犬鷹蹂禾稼子裳慶千興元顗皆好鷹犬故慚赧再轉判樞密院事錄誅奇轍功爲一等御史臺劾裳通判密直辛貴妻康氏敗亂風俗請鞫之王愛裳勇驍且以有功只免官王避紅賊南幸裳從之爲交州江陵道都萬戶與安祐等收復京都策扈從收復功俱爲一等拜參知門下政事賜推忠奮義翊贊功臣號尋陞贊成事罷封檜城府院君元以平紅賊功授奉訓大夫經正監丞復拜贊成事加賜推忠奮義輔理翊贊功臣號辛禑時與諸將屢禦倭有勞裳於父忌日娶元氏元氏亦以世家女夫死未期無媒嫁裳憲司劾之請杖流遠州禑不許止流元氏裳以善射聞於天下元順帝嘗親引其臂觀之卒謚恭靖子允瑞

池龍壽

池龍壽史失世系忠穆朝補顯陵直恭愍時從安祐等擊走紅賊又與祐等收復京城錄功俱一等授判典客寺事轉典工判書賜揆義宣力功臣號與安遇慶等却德興兵加賜推誠揆義宣力功臣號拜同知密直司事累遷僉議評理改知門下省事尋出爲西北面上元帥兼平壤尹初奇賽因帖木兒仕元爲平章元亡與遼瀋官吏平章金伯顏等據東寧府憾其父轍誅將欲寇邊王遣龍壽及西北面副元帥楊伯顏安州上萬戶林堅味與我
太祖往擊之以侍中李仁任爲都統使屯安州師至義州令萬戶鄭元庇崔奕成金用珍等造浮橋於鴨綠江可並三四馬我
太祖與堅味先渡諸軍以次渡士卒爭橋有溺死者凡三日畢濟是夕雷雨暴作衆皆疑懼兵馬使李玖曰吉兆何疑諸

將問其故玖曰龍之動必有雷雨今土元帥龍其名而渡江之日有雷雨戰勝之兆也衆心稍安師至螺匠堵去遼城二日程留輜重賫七日糧以行告諭遼瀋人曰遼瀋是吾國界民是吾民今擧義兵撫安之如有逃隱山寨者恐爲各枝軍馬所害即詣軍前告情使裨將洪仁桂崔公招等領輕騎三千進襲彼見我師少易之與戰大軍繼至城中望見落膽其將處明恃驍勇猶拒戰

太祖使李原景喩之曰殺汝甚易但欲活汝收用其速降不從原景曰汝不知我將之才汝若不降一矢洞貫矣猶不降

太祖故射拂其兜牟又使原景諭之不從

太祖又射其脚處明中箭退走既而復來欲戰又使原景諭之曰汝若不降則射汝面處明遂下馬叩頭而降有一人登城呼曰我輩聞大軍來皆欲降守將勒令拒戰若力攻城可取也城甚高峻矢下如雨又雜以木石我步兵冒矢石薄城急攻遂拔之賽因帖木兒遁虜金伯顏是夕退師城東張榜諭納哈出也先不花等曰奇賽因帖木兒本國微臣昵近天庭過蒙殊恩位至一品義同休戚天子蒙塵于外義當左右先後效死勿去爾乃背恩忘義竄身東寧府以其父轍伏誅挾讐本國潛圖不軌年前國家遣兵追襲逃不血刃又不赴行在退保東寧城與平章金伯顏等結爲心腹松甫里法禿河阿尙介等處團結軍馬又欲侵害本國罪在不原今擧義兵以問又與金伯顏等誘脅小民堅壁拒命哨馬前鋒生獲金伯顏外哈剌波豆德左不花高達魯花赤摠管頭目盡行勦捕賽因帖木兒又逃不首罪其所投各寨即捕獲飛報如有隱匿者鑑在東京又榜金復州等處曰本國與堯並立周武王封箕子于朝鮮而賜之履西至于遼河世守疆域元朝一統釐降公主遼瀋地面以爲湯沐因置分省叔季失德天子蒙塵于外遼瀋頭目官等罔聞不赴又不修禮於本國即與本國罪人奇賽因帖木兒結爲腹心嘯聚虐民不忠之罪不可逭也今擧義兵以問賽因帖木兒等據東寧城恃强方命大軍所至玉石俱焚噬臍何及凡遼河以東本國疆內之民大小頭目等速自來朝共享爵祿如有不庭鑑在東京翼日師次城西十里是夜有赤氣射營燄如火日官盧乙俊曰異氣臨營移屯大吉時萬戶裵彥等擊高家奴于石城未還

欲留待以乙俊言班師初城陷我軍火倉廩殆盡由是軍中乏食諸將請由直路龍壽不從欲觀兵循海邊還師士卒大飢殺牛馬而食軍不得成列衆皆尤之遂取徑而還恐有追兵野宿必令士卒各作溷厠馬廐納哈出果躡後行二日曰作厠與廐師行整齊不可襲也乃還三日師至松站鎭撫羅夫瑞得穀數百石以餉之師遂以濟是役也風雪冱寒道途冰滑士馬多物故者金伯顔者其父本國僧也姦通濟院婢生伯顔仕本國爲郞將入元歷臺省至平章師還至安州伯顔有不遜言斬之

羅世

羅世本元人也恭愍朝與諸將擊走紅賊錄功爲二等累轉版圖判書爲喬桐萬戶倭入寇世逃還王怒命巡衞府辛禑初爲全羅道上元帥兼都安撫使倭五十餘艘來泊熊淵踰狄峴寇扶寧縣毁東津橋使我兵不得進世與邊安烈趙思敏等夜築橋分兵擊之賊步騎千餘登幸安山我兵四面攻之賊徒奔潰遂大破之尋判開城府事時倭寇江華世上書曰臣非有文章可以華國又非衣冠之後得處肉食之列常思效死以報萬一請提兵入江華擊走倭賊禑壯其志賜內廐馬二匹又賜十匹分與麾下世與思敏李元桂康永朴壽年等擊却之倭五十艘復寇江華殺府使金仁貴虜千餘人又寇水原世與元帥楊伯淵率戰艦五十艘擊走之世過江華境有一婦匿水滸指示一家曰賊謀入彼世疾趨圍而火之殺賊二十九人倭四十五艘寇信州瓮津文化等縣世與元帥趙仁璧沈德符等擊之斬數級不克而退報于朝曰賊勢甚强我師疲弱難以制勝請遣軍助之倭又寇信州文化安岳鳳州世與德符梁伯益朴普老擊之敗績封延安君爲海道元帥倭寇延安府世與金海君金庾以戰艦五十餘艘往擊之又與庾擊倭于龍岡縣木串浦獲二艘盡殺之又與德符崔茂宣等領戰艦百艘追捕倭賊時賊五百艘入鎭浦口維船分兵守之登岸散入州郡恣行焚掠屍蔽山野轉穀于其船米弃地厚尺世等至鎭浦用茂宣所製火炮焚其船烟焰漲天賊守船者燒死殆盡赴海死者亦衆世等遣鎭撫庾捷禑喜賜鎭撫銀各五十兩百官陳賀及還大設雜戲迎之賜世等金各五十兩裨將鄭龍尹松崔七夕等銀各五

十兩後拜門下評理倭寇丑山島禑命世往擊之世不即行禑怒繫廣州獄尋釋之

金先致

金先致得培之弟以郎將從全羅道都巡問使柳濯擊倭手殺數十人累轉戶部郎中恭愍時從都元帥李嵒禦紅賊至西京賊勢甚盛嵒欲令賊無資糧使先致焚府庫先致曰若焚府庫賊乏資猝入國中非計也嵒怒責之安祐在傍徐曰先致言是嵒從之賊平錄功為一等圖形壁上賜土田臧獲還吏部侍郎出按楊廣道宰相欲壞南京宮室移營白岳先致將行奏曰前營南京人畜疲弊今復壞之恐百姓觖望王驚曰予實不知乃宰相自為耳即命勿壞紅賊陷京從諸將收復官累密直副使出為雞林府尹時强盜繫獄連坐者百餘人久未決先致辨理全活甚衆封尙城君賜推誠翊衛功臣號陞同知密直為全羅道都巡問使辛禑初倭藤經光率其徒來聲言將入寇恐愒之因索粮朝議分處順天燕岐等處官給資糧尋遣密直副使金世祐諭先致誘殺先致大具酒食欲因餉殺之謀洩經光率其衆浮海而去僅捕殺三人先致懼罪詐報斬七十餘人事覺編配戍卒前此倭寇州郡不殺人畜自是每入寇婦女嬰孩屠殺無遺全羅楊廣濱海州郡蕭然一空由先致激怒之也後封洛城君加賜推忠保節贊化功臣號退居尙州卒年八十一子銼銓鈞

全以道

全以道從恭愍入元宿衛及王即位東還授郎將錄侍從功為一等除義成倉使王幸廣明寺飯僧以不能供億杖罷尋復職後以禮部侍郎為慶尙道賑濟使還奏曰守令職在牧民苟非其人民必受病先王知其然守令必用登科士流今監務縣令皆出胥徒侵漁百端剝割生民敢望勸農桑修政敎乎臣巡視義城縣有舊堤若加堰築雖暵旱可灌漑縣令不修築臣奉旨已杖之願自今凡守令專用士流王然之卒不能用累轉判典農事王之南幸福州也以道扈從王命以道發兵于洪州道又從諸將收復京城策扈從收復功皆賜錄券三善三介寇東北面以道為知兵馬事從都指揮使韓方信禦之以道將兵六千守忽面忽面山谿險阻糧運不繼數請退守三關方信恐違朝旨不從三善三介遏忽面以道

望風走時德興兵已據宜州與東北界隔一嶺若踰嶺則忽面已在賊後故方信不責奔敗使守三關三善三介又逼三關以道不能守和州以北皆沒及三善三介退方信復使以道守忽面以道銜之以道性褊急每語人曰三善三介之深入主將退亦故也吾欲爲國家死守忽面重違王將節度退守三關爲賊所乘監察司聞之欲按方信罪王召監察大夫崔宰諭方信無罪事寢

具榮儉

具榮儉初名貞綾城人居沔州性强狠喜殖貨官累典理判書嘗以私忿懷人廬舍肆侵暴繫行省獄對省官言又倨傲省官杖之恭愍朝封沔城君初康允忠訪宰臣趙碩堅與語碩堅妻張氏窺而美之及碩堅卒使婢請允忠允忠不應婢三反乃往通焉後復有醜聲允忠弃之榮儉初娶安珪之女生二子又娶金子章之女生二子五女會金氏亡張固邀榮儉私之因以爲夫榮儉與柳濯等征高郵張又多穢行榮儉還而絶之張怨之及奇轍等伏誅元顥譖榮儉與左使韓可貴不捕轍等支黨王命下二人巡軍張舅判事金成與安祐申靑等又訴于王矯命斬之王知之遣人止之使者到巡軍已梟首于市矣遂籍其家尋許收二人屍還其財產張又通大護軍李仇祝爲御史臺所鞫榮儉子偉與信義

吳仁澤

吳仁澤恭愍朝從安祐等擊走紅賊錄功爲二等累遷上將軍又從祐等收復京城又與崔瑩討興王賊錄功俱一等賜端誠亮節功臣號後判密直司事與密直副使金達祥有寵於王擅機密號爲內相時國家連年興師帑藏匱竭德興兵又至有功者皆賞以官仁澤達祥首建議添設文武官遂典銓注赴征將士皆得超遷人樂從軍然請謁大盛賄賂公行工匠賤隷無不除授官爵大濫宰相有勸王南巡避難者王頗然之仁澤田紅賊之難南幸而能収復者以其彼實猾賊故人人懷憤雲合致死而殲之德興非紅賊比所過皆爲其民大駕一南都城以北誰從殿下者今日之策親征爲上議遂寢王召瑩柳濯慶千興曰吳仁澤金達祥濫典銓注遺弃賢良進用親姻不記功勞惟視賄賂工匠之賤布列中外傷和召災罔不由此予甚悼之當屏諸遠方以荅天意時仁澤

達祥方在都堂遣中使宣旨流仁澤于淸風達祥于沃州國人大悅仁澤子前軍簿判書英柱三司判官英佐與其母卜於盲人石天祿曰崔瑩李龜壽何時見斥天祿曰不久矣言洩乃流英柱于杞溪英佐于川寧幷杖流天祿辛旽當國召拜知都僉義仁澤與千興等謀去旽事洩繫巡軍杖流尙州又杖流英佐于水原皆沒爲奴後仁澤聞旽必欲殺巳與英柱英佐逃旽遣使楊廣全羅慶尙道搜捕又繫仁澤妻子判事玉天桂養仁澤少子旽疑與仁澤同謀繫巡軍栲掠殺之尋獲仁澤杖配思利城烽卒

金普

金普金海府人忠定朝拜知密直恭愍初轉僉議評理錄燕邸侍從功爲一等賜忠勤亮節匡輔功臣號提調義成德泉倉有倉奴附倉官欲納布受信州租稅普許之吏具牒詣料正鄭暉請署暉問之吏曰欲省陸運價錢耳暉閱信州去京遠近吏紿曰七八日程也暉乃署之後知爲吏欺收其牒倉官共疾之他日暉又見庫外別置米五碩詰之吏以羨餘爲解暉意倉官竊用告于臺普由是積不平訴暉於王繫巡軍尋釋之王遂罷義成德泉官及監檢料正稱內房庫別設提擧以掌之未幾召臺官諭曰聞卿等以革倉官欲劾金普予將復置勿彈諸道按廉期滿皆遞有李資者曾附普按楊廣道至是又附普請勿遞普白王下旨曰今農月不可煩驛騎但遞江陵道存撫普妻兄金隨新除江陵存撫故也資仍按楊廣普適居母憂時人語曰李資此行爲金相賻喪也金鏞等忌普擅權謀斥之察訪崔淵希鏞意又惡資廉問資賄普物多少遣人勾取文書繫從吏逼令解去鏞恐普復職誘人上書請行三年喪矯旨下都評議司普因此久不復職旣而封金寧府院君奇轍等伏誅普以黨與逮捕杖流加羅山辛旽用事引爲都僉議贊成事尋拜左侍中賜忠勤亮節同德輔理功臣號普屢毁旽於王旽譖普復罷之

邊光秀 李善

邊光秀恭愍時爲兵馬使國家以全羅軍須漕運阻倭不得通選東北界武士刷喬桐江華東西江戰艦八十餘艘命光秀及兵馬使李善分將往護之至代島有內浦民被虜者逃來告曰賊伏兵伊作島不可輕進善不聽鼓譟先進賊以二

艘逆之佯退光秀等追之俄而賊五十餘艘圍之兵馬判官李芬孫中郎將李和尙等先與戰盡爲賊所殺諸船兵望見喪魄投海死者十八九光秀善等觀望不戰而退戰卒大呼曰兵馬使何弃士卒而退耶願小駐爲國破賊光秀等終不救士卒無所恃氣益沮喪由是大敗唯副使朴成龍力戰身中數矢所乘船僅全兵馬判官全承遠與判官金鉉散員李天生殊死戰賊追之不敢近賊船二艘忽從西橫擊士卒不能支皆投水獨承遠力戰中數槍亦投水然善泅故得不死登船有一卒中矢亦投水援舷不能上承遠引登船晝夜手權三日得到南陽府戰艦還者唯光秀善等船二十艘而已喬桐江華東西江哭聲相聞光秀等竟不坐國人恨之後辛旽譖光秀流三陟

鄭之祥

鄭之祥河東郡人因其妹往來于元値恭愍入侍隨從有勞及王即位驟遷至監察持平不諳事理爲全羅道按廉入境遇勢家所使輒榜掠徇示諸郡一道寒心埜思不花本國人也入元有寵於順帝其兄徐臣桂爲六宰弟應呂爲上護軍依勢作威禍國人畏之不花降香至本國所至縱暴存撫按廉多被辱罵莫敢違忤至全州之祥迎候恭謹不花待遇甚倨接伴使洪元哲有求於之祥之祥不聽元哲激怒不花曰之祥慢天使不花縶縛辱之之祥忿恚大叫紿州吏曰國家已誅諸奇不復事元命宰相金敬直爲元帥守鴨江此使者易制耳若等何畏而不我救將見爾州降爲小縣也邑吏呼噪而入解縛扶出之祥遂率衆執不花元哲等囚之奪不花所佩金牌馳還京過公州執應呂以鐵椎撾之數日而死之祥來白王王驚愕下巡軍命行省員外鄭暉逮捕全州牧使崔英起及邑吏等又遣車蒲溫賚內醞慰不花還其牌元遣斷事官買往來鞫之祥王誅諸奇釋之祥爲巡軍提控再轉戶部侍郎御史中丞官至判事卒性嚴酷凡戮死罪必遣之之祥妻寡居潭陽爲倭賊所害辛昌時子從爲典理佐郎上復讎策自請爲召募別監得兵百餘人隨朴葳擊對馬島後改渾

任君輔

任君輔豐州人恭愍初拜密直知申事與大護軍卓五十四

爭寵罷尋復職進密直副使宦者金伯顏帖木兒詐傳王旨以君輔爲內乘提調事覺杖伯顏帖木兒流君輔于秦安郡又以君輔遲留移配濟州牧子旣而召還奇轍等伏誅追捕其黨君輔祝髮匿三角山捕獲杖于市辛旽始用事引君輔復拜密直副使遂與金蘭睦仁吉掌庶務于宮中寵幸無比陞知司事賜誠勤翊贊功臣號又陞判司事君輔雖因旽復相內懷慚愧嘗白王曰崔瑩李龜壽等皆癸卯定亂功臣將宥十世何罪貶黜且師傅本僧也雖國朝乏人豈可使賤僧爲政取笑天下王不聽君輔退謂人曰予以累葉衣冠幸蒙上恩承乏政府使無識僧得肆其姦後世其謂我何金普亦屢言於王旽讒普罷相欲幷斥君輔王曰普與君輔同時復進今復無故盡逐人謂我與卿進退太輕不如緩之自是君輔雖在政府不復與聞國事及鄭樞李存吾以論旽見逐君輔營救旽益嫉之會旽譖睦仁吉竄全州君輔言仁吉舊人不可以小失去旽因譖曰奇田龍之還燕君輔有密言王信之遂竄于驪興子巨敬

羅興儒

羅興儒羅州人骨貌輕儇善詼諧頗涉書史屢擧不第開塾舍以訓童蒙恭愍朝補中郎將爲影殿都監判官須鬢皓白督丁夫運石手執旗竿登石上麾而呼之王悅累遷禮儀摠郎以王命監造木蟠龍爲殿門飾遂以技巧稱陞司宰令遷司農少卿撰中原及本國地圖敍開闢以來帝王興廢疆理離合之迹曰好古博雅君子覽之胷臆間一天地也遂進于王王見而嘉之興儒能言前代故事王愛幸常目爲老生朝夕在左右或命賦詩或戲語時賜御膳至手調羹予之興儒輒夸語於人寫所賦命題詩送史館曰老臣獲紆上知類太公之遇文王賜膳給札賦詩同太白之遇玄宗豈無秉周柱董狐之筆者乎其自飾要名類此憲司劾興儒盜用影殿之材免其官辛禑初判典客寺事上書請行成日本遂以通信使遣之自辛巳東征之後日本與我絕交好興儒初至疑諜者囚之有良柔者本我國僧也見興儒遂請釋之時興儒年僅六旬紿曰吾今百有五十矣倭人騈闐聚觀至有畫像作讃而贈之者

睦仁吉

睦仁吉泗州人恭愍入元宿衛仁吉以中郞將侍從及王即位錄功爲一等又錄誅奇轍功爲一等累遷兵部尙書王避紅賊南幸仁吉從行轉知密直司事仁吉素與典法判書李子松有憾子松奉使如元都堂餞之仁吉使酒扼子松吭而罵之監察司劾之仁吉訴臺官于王典法司再劾之王不聽諫官田祿生等上疏曰仁吉暗險麤暴起自微賤位至宰輔挾功驕恣肆其狂暴陵辱子松憲司劾之曾不知愧欲蓋其愆反訴臺臣是恃殿下之恩而蔽殿下之耳目也殿下豈可以負絏微勞輕左右耳目之司乎非所以示公道也王不得已罷封泗城君僉議監察典法復請乃罷歸田里王遣人賜彩段二匹興王之變衛士皆散無一人侍衛者難定王謂左右曰人皆謂睦仁吉禹磾爲愚癡然二人在必不逃難遂召仁吉還故事爲商議者雖與議國政不得署文移一日會議諸相曰商議亦相也同議而不署可乎商議金貴位在仁吉下先署之旣而仁吉至嫌其先已乃不署評理崔瑩怒白王令署之仁吉竟不從其恃寵倨傲如此策己亥平賊辛丑扈從功俱爲一等拜僉議評理仁吉嘗夜徼巡有人走入曾國公主從兄哈剌不花第索之甚急哈剌不花訴于王王怒辛旽恐仁吉白其兒詐乘王怒譖之竄全州後與吳仁澤謀除旽事洩杖流淸州爲官奴籍其家起拜贊成事辛禑時仁吉與李竴李竴爭田有隙欲中傷之及池奫伏誅仁吉誣構爲奫黨繫巡軍獄尋釋之仁吉嘗在都堂揚言曰倭賊肆侵掠吾輩在此飽食略不愧恥可謂有人乎仁任怒其言逼已乃遣仁吉擊倭于全羅道六年大司憲禹玄寶等誣劾仁吉陰畜異志削職遠流籍其家尋卒于貶所

金庾

金庾金海人恭愍朝與諸將平紅賊收復京都錄功爲二等又策與王定亂功爲一等元之立德興也庾奉使在元國人在元者皆從之庾執節不貳及還拜密直副使賜推誠翊祚功臣號以旌之累遷知門下事辛禑時授判開城封金海君轉門下評理乳媼張氏之獄起庾責崔瑩抗君瑩怒白禑杖流合浦未幾釋之久之陞贊成事與李子庸洪尙載等奉使如
京師先是我使入朝由遼東輒不達故令庾等航海而往海

道險惡不及期
帝責庾等稽緩且曰向者汝國殺朕使臣又弑汝君其權臣爲誰嚴加栲問庾以李仁任對
帝引庾于內誘之曰汝先國王無子朕所知今王誰之子庾不之辨明日本國宦者崔安至興聖寺紿庾從者叚得春曰汝主所出庾昨已奏汝何諱耶得春曰庾言妄矣得春退至鍾山寧國寺以語譯者鄭連仁任家奴亦在行中聞之
帝流庾等于大理距天竺二千餘里明年放還且許通朝聘庾等至謁賜酒勞之曰卿等奉使　天朝竄于絕域跋涉二萬八千餘里三年乃得生還予甚憫焉各賜鞍馬仁任家奴以所聞得春語告仁任仁任白禑令贊成事禹玄寶密直姜淮伯鞫之流庾于淸州連于漢陽時人以爲庾之還多賫錦綺紗羅不賂仁任故獲罪尙載在海被倭寇囊槖一空故免於禍尋許庾從便十二年復下庾獄杖流順天府籍其家仁任戒押行吏往還限五日庾遂死敬天驛

楊伯淵

楊伯淵性便捷喜容飾貪財好色恭愍朝累轉判閣門事奸判密直辛貴妻康氏康氏贊成允成女也憲司劾之罷職禁錮後爲上護軍從崔瑩定興王之亂策功一等驟遷密直副使陞判司事出爲西北面元帥擊倭于宣州斬五十餘級又從我
太祖擊東寧府辛禑初拜門下評理時有邊報瀋王暠叛賊金義來伯淵爲安州上元帥與諸將往備之遼瀋草賊吳連李英寶崔奴介等聞我國兵悉赴禦倭北境單虛遂率百餘人渡江入寇伯淵捕斬連等四十餘人擒奴介以獻時鴨綠江北屢有賊變國家疑金義引胡兵來至是始知非瀋王兵乃草賊也尋進贊成事提調政房時倭寇充斥以韓邦彥金用輝慶儀爲楊廣全羅慶尙道助戰元帥使伯淵督戰知密直洪仁桂副之民閒聞伯淵等來語曰寧逢倭寇勿逢元帥倭賊騎七百步二千寇晉州伯淵與慶尙道上元帥禹仁烈都巡問使裵克廉邦彥用輝儀仁桂等戰于班城縣大破之斬十三級餘黨悉竄山谷遣判事金南貴中郎將全五惇獻捷禑喜賜南貴等白金各五十兩五惇辭以無功不受都堂曰君賜不可辭五惇曰然則旣爲吾物請納都堂時議多之

賜伯淵金五十兩羅絹鞍馬宮醞仁烈等六人銀各五十兩紗絹宮醞及還命兩府迎于天壽寺伯淵以功微賞重辭所賜金禑不聽曰賞猶未稱其功更命都堂宴慰之伯淵恃功頗驕矜李仁任林堅味等惡之嗾憲司劾伯淵潛通妻弟又奪前判事李仁壽妾又夜遣數十騎圍故密直成大庸母家强奸大庸側室爲尼守節者遂削職流陜州是夕宦者林甫韓軫矯旨召還使者爲巡綽官所捕瑩白禑曰上護軍全天吉嘗語臣云伯淵謀害兩侍中欲自爲首相請按治黨與禑命瑩朴普老李元紘張夏梁伯益都興等與臺省典法會巡軍雜治乃囚天吉軫甫前提學金濤等于獄訊之天吉軫甫皆服曰伯淵欲自爲左侍中以瑩守侍中成石璘兼大司憲甫爲班主唯濤不服被榜掠絶復蘇者三至更栲問乃曰辭與天吉等同復鞫天吉辭連石璘及知門下尹承順判密直金用輝同知密直柳曼殊等即下四人獄禑謂瑩曰毋以堅人妄語枉害諸相囚伯淵弟三司左尹仲淵上護軍季淵密直副使子淵及其親舊密直副使任毅辛廉典法判書安得禧判事金南貴曹淑卿李貴前直門下洪琳前少府尹趙希甫等鞫之辭連洪仲宣遣版圖判書表德麟典法判書柳蕃殺伯淵仲宣于流所又殺濤季淵軫南貴琳甫淑卿梟首于市幷籍伯淵仲宣濤軫家沒子女爲奴婢杖石璘承順曼殊毅貴希甫有差配戍卒子淵仲淵廉得禧放歸田里天吉斃獄中用輝伯淵之妻兄也嘗與伯淵爭田民有隙瑩等以爲必不與謀釋不問瑩之斷此獄刑戮過重時人冤之

池湧奇

池湧奇忠州人恭愍朝累除三司右尹辛禑初轉禮儀判書拜密直副使陞同知司事賜輸誠奮義功臣號出爲全羅道都巡問使倭寇長興府湧奇遣卓思淸與戰于會寧縣擒斬九人遷知密直司事又爲全羅道元帥禑責湧奇不能禦倭杖其都鎭撫尋進密直使罷起爲楊廣全羅慶尙道助戰元帥倭寇潘南縣湧奇與元帥李乙珍進戰却之獲一艘焚之斬九級賊投水死者亦多後以門下評理爲全羅道都元帥尋改本道都巡問使擊倭斬八級以獻又與倭戰于應嶺驛力戰中矢從我

太祖定策立恭讓擢門下贊成事賜中興功臣錄券封忠義

君致曰卿以英邁之資雄偉之器常懷郭李之忠實兼關張之勇撫軍則有拊循之效臨陣則有敵愾之功自玄陵賓天姦猾用事禑昌父子夤緣竊位濁亂紀綱傷敗彝倫九廟震驚卿與侍中

李太祖舊諱奮不顧身決義定策以子於王氏最親俾承正統旣墜之緒得以復續已絶之祀得以血食其視平勃之安劉漢狄張之復李唐爲有光焉嘗命有司崇爵以封祖考立閣以圖形像嫡長襲忠義之號支庶蒙永世之宥錫之土田兼及臧獲尙慮功鉅賞微不足勸後今賜卿銀錠馬匹絹帛俄判三司事彝初之獄起憲司以湧奇爲金宗衍黨劾流三陟幷邑民王仲明子益富湧奇妻族也出入湧奇家自謂忠宣王孽曾孫定陽君瑀知之以告遂捕之大司憲金士衡等言池湧奇與於功臣之列誠宜盡忠輔佐反以妻之再從兄弟王益富爲忠宣王曾孫陰養於家不忠莫甚願殿下族益富收湧奇告身及功臣錄券明正其罪於是下司平府鞫之絞益富與弟得富及其族十三人幸僧神照肅善湧奇密白王曰援立之功專在湧奇王信之右湧奇甚力只收告身功券郎舍陳義貴等又言池湧奇本系庸人寵遇旣極顧乃懷姦挾詐潛通宗衍反逆之謀以忠烈王賤妾之後王益富謂之宗孫將欲倚賴覬覦非分情見事白今只收職牒願斷以大義明正典刑王曰湧奇雖姦詐不忠然已於祖眞前盟以宥及永世不忍加誅義貴等復上疏極論憲司又言湧奇以王氏餘孽潛匿家中愛養尊奉中興之初稍有不道之言殿下即位之後又不首告安知乘時竊發戴以爲君而逞其不軌之謀也王召鄭夢周趙浚議命杖百遠流籍家產四年許外方從便尋卒于貶所子有容

河乙沚

河乙沚晉州人忠惠朝擢第一人及第恭愍時爲江華萬戶倭船集東西江寇陽川遂至漢陽府燒廬舍殺掠人民王責乙沚及漢陽尹辛廉不能禦並杖配烽卒辛禑初爲全羅道元帥兼都安撫使乙沚無才行又有簠簋之誚賂權貴得任閫寄士林鄙之乙沚捕倭一艘禑賜衣酒時乙沚簽軍於定額外又簽煙戶軍及別軍民頗失業體覆使郭璇還奏之即罷新簽二軍柳濚代乙沚爲元帥未至乙沚輒歸晉州田莊

倭賊二十餘艘乘閒來寇羅州焚兵船又燒營舍民戶大肆剽掠禑怒命繫致乙沚于巡衞府杖百流河東縣尋釋之起爲雞林元帥初日本大內義弘謂其先出於百濟以我爲宗國嘗欲禁諸島倭侵擾我疆會本國使韓國柱如九州請禁賊義弘遣麾下朴居士以其兵一百八十六人與之偕謂國柱曰以我軍爲先鋒貴國師繼之海賊不足平也至是倭寇雞林居士率兵與戰乙沚逗遛不救居士軍大敗得脫者纔五十餘人

禹仁烈

禹仁烈丹陽人恭愍朝累遷判繕工寺事辛禑時拜鷹揚軍上護軍出爲慶尙道元帥兼合浦都巡問使倭人寇仁烈飛報偵卒言賊自對馬島蔽海而來帆檣相望已遣兵分守要害然賊勢方張防戍處多以一道兵分軍而戍勢甚孤弱請遣助戰元帥時江華之賊逼近京都備禦不暇雖得此報罔知所爲倭寇蔚州仁烈擊之斬九級又寇密陽仁烈與戰敗績典客副令崔方雨等數人死賊至靈山據險自固仁烈及副元帥裵克廉進擊不利又戰于栗浦斬賊將又斬十餘級獲馬六十餘匹我軍死傷亦多仁烈每戰獲賊馬兵仗輒分與有功士卒爭死戰然賊倍於我故不能敵請濟師禑遣我太祖及三司右使金得齊知密直李琳密直副使柳曼殊爲助戰元帥仁烈與賊戰于太山新驛賊退仁烈夜遣精騎五百擊賊于沙弗郎松旨賊潰爭舟墜水中矢者亦多我太祖素得人心又士卒精銳戰無不克故州郡望若雲霓邏卒言賊船隱見海島不知多少我太祖行未至人心恂懼仁烈飛報繼至太祖幷日而行遇賊于智異山下相距二百許步有一賊背立負身手叩其臀示無畏以辱之太祖用片箭射之一矢而倒於是賊驚懼氣奪即大破之賊衆狼狽登山臨絕崖露刃垂槊如蝟毛官軍不得上太祖遣裨將率衆攻之裨將還白巖高峻馬不得上太祖叱之又使恭靖王分麾下勇士與之偕行恭靖王還白亦如裨將言太祖曰然則我當親往見之乃謂麾下士曰我馬先登則汝

等要當隨之遂鞭馬互馳覩其地勢即拔劒用刃背打馬時
日方中劒光如電馬一躍而登軍士或推或攀而隨之於是
奮擊之賊墜崖死者大半遂擊餘賊殲焉未幾仁烈以病辭
又出爲慶尙楊廣全羅三道都體察使與倭戰中矢力戰破
之遣人獻捷禑賜酒及鞍馬尋知門下出爲慶尙道上元帥
兼都巡問使倭寇合浦仁烈與戰却之斬四級仁烈中流矢
我軍死傷者八十餘人禑又賜衣酒倭寇蔚州淸道密陽慈
仁彥陽等地仁烈與克廉河乙沚吳彥戰于蔚州斬十級獲
船七艘賊入蔚州刈禾爲糧侵及機張仁烈募兵夜戰于東
萊斬七級又與克廉朴修敬彥擊倭于泗州大破之殺獲百
四十餘人禑遣典理判書鄭南晉賜仁烈等諸將酒是戰也
有韓加勿者力戰斬五級遂沒於陣都堂賻其妻子米十五
碩布百五十匹倭又寇班城縣登確山頂樹柵自保仁烈與
修敬彥合圍攻之斬三十四級進賛成事商議恭讓即位金
佇獄起辭連仁烈臺諫疏論請置極刑王不允但免官尋以
仁烈爲雞林府尹命趣之官仁烈曰臺諫交章劾臣請竄臣
一方以保餘生王曰若自求貶黜是實其罪也臺諫交章論
劾不已乃流淸風郡又辭連彝初繫獄竟釋之自此以後入
本朝

文達漢

文達漢平章事克謙六世孫也辛禑時授大護軍累遷同知
密直司事賜推誠翊祚功臣號進知門下事轉評理出爲楊
廣慶尙道都體察使禑命之曰往察將帥勤怠士卒强弱其
有逗遛不進者元帥則囚以待命餘皆直斷時倭賊千餘人
陷沃州保寧等縣遂入開泰寺據雞龍山達漢與王安德都
興進攻之賊弃馬登山公州牧使崔有慶判官宋子浩與戰
于仇岾子浩敗死達漢又與安德與金斯革安慶朴壽年等
戰于公州盤龍寺斬八級後禑如元中浦至一水渚水方漲
莫測淺深禑躍馬欲濟達漢曰水之淺深未可知也豈宜遽
入俄有一人渡而射獸禑望見大怒曰若果水深彼人飛渡
耶文評理其誣我乎即令達漢歸第禁其出入尋削職久之
崔瑩使密直副使崔鄲白禑曰達漢以愚直忤旨在家欝悒
乞許出入禑許之瑩在政房復達漢職禑見達漢名曰曩者
鄲使金實請宥達漢今已得免予取筆勾去又削鄲實職遂

下鄆實巡軍尋起達漢拜評理加賜推忠翊戴輔祚功臣號陞贊成事憲司劾達漢憑籍外戚縱肆貪婪流合浦都堂乞置近地移鐵原尋拜三司右使恭讓即位臺諫交章以爲達漢以李琳妹壻居中用事恣行不義琳之族屬皆已流竄而達漢獨在輦下請収告身斥黜乃流于外四年封順平君卒子繼宗孝宗

金湊

金湊樂安郡人登第恭愍朝累遷成均直講諫官鄭樞等上書論辛旽王怒下獄鞫之辭連湊杖流于卿尋宥許從便拜祕書監丞辛禑時除司憲執義累轉知申事遷密直提學恭讓初進門下評理兼大司憲與同僚上書曰孟子曰天時不如地利三里之城七里之郭環而攻之必有得天時者矣然而不勝者是天時不如地利也夫彼衆我寡戰於平原曠野則勝敗存亡在於呼吸若堅壁固守則雖四面圍之曠日持久而不能下庚寅以來倭奴肆虐侵陵郡邑剽掠人民郡縣無城堡雖以固守望風奔潰使賊如入無人之境以致四十年生民之患自修築城堡之後倭寇不能侵掠生民免於俘獲此目前之明效也夫人之一身腹心爲重而肢體次之以一國言之則都城腹心也郡縣肢體也肢體雖完而腹心苟虛則受病無日矣今郡縣雖有城郭而都城頹圮非所以爲社稷長遠之計也乞於農隙集諸道丁夫更廣內城舊基修築之王納之復上䟽曰頃陳修城之策即賜俞允然只仍羅城舊基陜隘太甚徒勞無益萬有一朝不虞之變則王畿之民不知所止流移四散必矣願命攸司因舊基廣之今者諸郡民聞殿下修城之令受國廩至京都者亦多竊聞有還放之議是則失信於民也乞督攸司及期修築且停中外土木之役以專其事王以役巨命待後年又言世子朝見之時侍御僕從當用正人司僕副正邊伐介在僞朝多行不義再被竄逐中興之後全軀足矣又求爲內乘官從世子入朝請奪告身明正其罪命削內乘職又論漢陽府尹柳爰廷媒子自娶以亂風俗之罪流之然湊亦不能齊家妻女皆有醜聲自此以後入　本朝

崔雲海

崔雲海字浩甫通川郡人父祿護軍有功於高郵之戰恭愍

王追念其功授雲海忠勇衛散員累轉典工摠郞辛禑時出爲忠州兵馬使斬倭六級獲兵仗以獻又爲順興榮州等處助戰兵馬使兼慶尙道兵船都管領事屢擊倭必捷遂除順興府使賜馬綵帛兵器遣之時倭賊據客舘侵掠無虛日雲海日與戰獲牛馬財貨輒與士卒及州民又於一處聚境內人民作粥賑恤民不餓死咸稱慕之賊退超授典法判書倭寇原忠丹陽提川雲海爲助戰都兵馬使屢戰獲首級以獻賜馬綵帛授忠州牧使倭寇全羅道移全州牧使尋拜密直副使賜忠勤佐命功臣號又爲楊廣道廣州等處節制使兼判廣州牧事擊倭于新昌走之雲海妻權氏性妬悍在廣州妬傷雲海面裂其衣折良弓拔劒刺馬擊犬斃又追雲海欲擊之雲海走免即去之然猶未絕嫁永興君環門下府牒憲司鞫之自此以後入　本朝

列傳卷第二十七

列傳卷第二十八　高麗史一百十五

正憲大夫工曹判書集賢殿大提學知經筵春秋館事兼成均大司成臣鄭麟趾奉
教修

李穡

李穡字穎叔贊成事穀之子生而聰慧異常讀書輒誦年十四中成均試已有聲穀仕元爲中瑞司典簿穡以朝官子補國子監生員在學三年穀在本國卒自元奔喪恭愍元年穡服中上書曰草土臣穡言臣聞當國家無事之時公卿之言輕於鴻毛及國家有事之後匹夫之言重於太山臣以匹夫之賤冒進敢言狂妄之罪宜在不宥然涓埃之微高深所資蒭蕘之言聖人所取儻蒙殿下曲賜採擇宗廟幸甚社稷幸甚臣聞經界之正井地之均治人之先務也洪惟我祖宗創垂之制持守之規無所不至四百餘年末流之弊豈盡無有而田制尤甚經界不正豪强兼幷鵲之巢而鳩之居者皆是也有司雖以公文朱筆先後定其賓主甲若有力乙便無理

而況公文朱筆又多魚目混珍者乎然此受田之家皆王之臣陳力之餘所以代耕彼雖失之此乃得之是猶楚人失弓楚人得弓猶之可也至於民之所天者唯在於田數畝之田終歲勤勤父母妻子之養猶且未贍而收租者已至若其田之主一則幸矣或有三四家者或有七八家者苟力焉而相牟勢焉而相敵孰肯讓哉以是供其租而不足則又稱貸而益之於何而養其父母於何而育其妻子民之窮困職此之由詩不云乎哿矣富人哀此惸獨殿下即位之初首以田制爲務繼降宥旨拳拳於此深謀遠慮出自聖心猗歟偉哉愚以爲羨魚不如結網膠柱何能調瑟不更其法難去其弊乞以甲寅柱案爲主參以公文朱筆爭奪者因而正之新墾者從而量之稅新墾之地減濫賜之田則國入增正爭奪之田安耕種之民則人心悅人心之悅國入之增爲理之君所太欲也殿下何憚而不爲或曰富人之田難以亟奪積年之弊難以遽革此則庸君所行非所望於殿下也若其施爲之方潤色之事輔相大臣必有運籌者矣豈新進小生所能妄議然其行與不行唯在殿下誠與不誠耳近年倭寇侵疆至貽聖上宵旰之憂世臣老德相與謀猷其所以處之之方俱得其要然臣以父憂居濱海之地謀於野者熟矣今之爲計不過有二曰陸守曰海戰車不可濟川舟不可行陸人性亦猶是也胡貉之人其性耐寒楊粵之人其性耐暑今夫平居之民不習水故足未蹈船而精神已昏一遇風波則左顚右倒相與枕籍乎舟中之不暇欲其坐作進退以與敵人賈勇難矣臣以爲陸守則發平居之民利其器械屯其要害盛軍容謹烽火以眩倭人之目此則按廉郡守足任之都巡問使何所用之折辱守令糜費供億如是而已海戰之術則臣以爲本國三邊控海島居之民無慮百萬方之泳之是其長技其人又不以耕桑爲事而以漁鹽爲利比因此賊離其居失其利怨之之心比之陸居豈止十倍馳一騎奉條畫沿江召募必其賞賚數千之衆一朝可得以其所長之技敵其所怨之人其有不勝者乎況殺敵得賞不猶愈於魚鹽之利乎又以追捕使領之常在船上則州郡得便盜賊可敗矣二者禦寇之要道也蓋陸守而不海戰則彼以我爲怯其來未可量也海戰而不陸守則彼或出其不意而其害有不小矣故陸守

所以固我也海戰所以威彼也如此則不兩得乎文武不可偏廢文經武緯天地之道也唐虞三代遐哉邈乎且以兩漢言之高祖之與楚角也有如蕭何者運籌而無汗馬之功此文也有如韓信者分兵而有攻戰之勞此武也光武中興之時投戈講藝息馬論道則其文武並用經緯俱張而爲後世之不可及也由是觀之雖當戰鬪之時不廢講論之道況當昇平之時可忘戰守之備乎是以先王知其然立官設職崇文重武未嘗擧此而遺彼焉我國家熙洽漸磨加以東漸昇平百年民不知兵萬戶之府係皇朝所立旣是虛額諸衛之職爲膏粱所占又且無軍以今准古雖曰重武而無用武之實矣近以倭賊中外騷然幾不土著又聞中原之民頗染賊腥尙賴皇天眷顧我元之深意吾皇涵養生民之洪恩今且宴安不至顚沛然居安思危則雖滿不溢思患預防何蔓難圖苟或因循一朝有緩急將何以備之乎楚國失猿禍延林木城門失火殃及池魚其可安然坐視乎況我國東有日本北有女眞南通江浙之船止有朝天之路西走燕山倭賊之來旣已倉皇失措至請甲兵江浙之賊萬一帆船而來女眞之人萬一南靡其騎則荷未之民其遽爲干城之卒歟若變起倉卒人皆跆躓無以衛社稷扶君王矣每慮及此竊自寒心臣願設武擧之科令充諸衛之士試以武勇而習其藝賜以爵祿而作其氣國足精兵人樂爲用庶幾無他日噬臍之患矣昔賈誼當文帝無事之時大息痛哭況今薪火已然猶寢其上乎寧使微臣獲妖言之罪不使聖朝有無備之譏臣之願也孔子之道大以遠非臣所能贊揚古今崇奉廟學規模亦非臣之所能悉論國家內立成均十二徒東西學堂外薄州郡亦各有學規模宏遠節目緻密觀祖宗之意所以崇重儒道者深且切矣盖國學乃風化之源人材是政敎之本不有以培之其本未必固不有以濬之其源未必清古之帝王有令名於天下者亦致意於斯耳殿下以生知之資夙慕聖人之道痛學校之廢遂下修葺之令非惟吾儒之幸實生民之福也然其朋徒解散齋舍傾頹有由然矣臣請言之古之學者將以作聖今之學者將以干祿誦詩讀書嗜道未深而繁華之戰已勝彫章琢句用心大過而誠正之功安在或變而之他誇其投筆或老而無成嘆其誤身其中英邁傑出

爲儒之宗匠爲國之柱石者幾何人哉詩云愷悌君子何不作人作人之妙實在王化士流之弊如此則在上之人庸得辭其責乎又況登仕者不必及第及第者不必由國學孰肯弃捷徑而趨岐途哉朋徒解散齋舍傾頽良以此夫臣伏乞明降條制外而鄕校內而學堂考其材而陞諸十二徒十二徒又揔而考之陞之成均限以日月程其德藝貢之禮部中者依例與官不中者亦給出身之階除在官而求擧者其餘非國學生不得與試則昔之招不來者今則麾不去矣臣將見人才輩出殿下用之不竭矣佛氏入中國王公士庶尊而事之自漢迄今日新月盛肆我太祖化家爲國佛刹民居參伍錯綜中世以降其徒益繁五敎兩宗爲利之窟川傍山曲無處非寺不惟浮屠之徒浸以卑陋亦是國家之民多於遊食識者每痛心焉佛大聖人也好惡必與人同安知已逝之靈不恥其徒之如此也哉臣伏乞明降條禁已爲僧者亦與度牒而無度牒者即充軍伍新創之寺並令撤去而不撤者即罪守令庶使良民不盡髠緇臣聞殿下奉事之誠尤篤於列聖其所以祈永國祚者甚盛甚休然以臣之愚竊惟佛者至聖至公奉之極美不以爲喜待之甚薄不以爲怒况其經中分明有說布施功德不及持經聽政之餘怡神之暇注目方等留心頓法無所不可但爲上者人所則效虛費者財所耗竭防微杜漸不可不愼孔子曰敬鬼神而遠之臣願於佛亦宜如此臣亦知逆鱗必至於碎首但恐濫觴或至於滔天故冒萬死不惜一言臣又復思惟盛衰相因理之必然我國家再世幼冲陪臣執權紀綱失墜人思其治殿下以聰明寬毅可以有爲之資當亂極思治可以有爲之時宜渴於用賢矣未見束帛戔戔宜急於聽政矣而未見庭燎晣晣賢能豈盡登庸姦邪豈盡屛退未聞一政之行徒觖百姓之望如此而望其治成是猶却步而圖前南轅而適燕臣甚爲殿下恥之易曰天行健君子以自强不息修心之要出治之方無過於此惟殿下留心焉二年擢魁科授肅雍府丞中征東省鄕試第一名充書狀官如元應擧明年赴廷試讀卷官參知政事杜秉彝翰林承旨歐陽玄見穡對策大加稱賞遂擢第二甲第二名勑授應奉翰林文字承仕郎同知制誥兼國史院編修官尋還國王授典理正郞藝文應敎四年陞內書舍人

又如元禮任翰林院權經歷五年以母老弃官東歸上書言時政八事其一罷政房復吏兵部選也王嘉納遂以穡爲吏部侍郎兼兵部郎中以掌文武之選六年試國子祭酒遷右諫議大夫請行三年喪從之七年以言事忤權貴一時諫官皆左遷擬穡尙州其夜命以穡爲樞密院右副承宣翰林學士謂宰相曰李穡才德出衆非他人比用舍不如此無以伏人心自是參掌機密凡七年十年紅賊陷京王南幸扈從錄功爲一等十一年王聽佛護寺僧言賜田會穡奉御寶印監試榜王遣宦官命幷印賜僧牌穡白曰此事宜議諸大臣不可輕易王怒甚穡恐即印牌王怒猶未解命停印榜知都僉議柳淑諫曰僧以非理干瀆聖政穡爭之誠是殿下聽非理而罪爭臣於理何王怒稍霽乃印榜穡上箋辭職曰臨事徑情反激怒雷霆之下撫躬對影若難容天地之閒王不允十二年元授征東行中書省儒學提舉本國授密直提學同知春秋館事賜端誠保理功臣號自是與國政雖在罷閑有大政則必就問焉十四年僉書密直司事十六年重營成均館以穡判開城府事兼成均大司成增置生員擇經術之士金九容鄭夢周朴尙衷朴宜中李崇仁皆以他官兼敎官先是館生不過數十穡更定學式每日坐明倫堂分經授業講畢相與論難忘倦於是學者坌集相與觀感程朱性理之學始興元授征東行中書省左右司郎中十七年侍中柳濯等上書諫馬岩影殿之役王大怒下濯等獄使穡鞫之王欲以事誅濯命穡制諭衆文穡請濯罪名王曰久爲首相多行不義致天大旱一也奪演福寺田二也公主之薨三日闕祭三也其葬降用永和公主之例四也不忠不義孰大於此穡曰此皆既往事也近日濯等請寢影殿之役雖以四事歸罪國人皆以爲上書之故且此四事皆非可殺之罪願更思之王益怒趣益急穡伏俯曰臣寧得罪安敢爲文以成其罪且上書之事非獨濯領都僉議亦知之矣時辛旽爲領都僉議方在王側不得已乃曰老夫亦知之但以上怒不敢告耳王命侍中李春富封御寶春富俛伏不敢進旽曰宜令言者封之乃命穡穡恐王益怒乃封之書曰臣穡謹封王曰以予否德不從予言持此去求有德者事之我太祖初豈王孫哉予避位矣乃移御定妃宮不許進膳翼日旽欲解王怒啓王下穡獄

使贊成事李仁任知都僉議柳淵訊之坐以不從王命穡曰
臣自布衣謬蒙上知不有戰功不經吏職但以文墨小才驟
至宰相上恩深重圖報無由嘗謂苟可以有益上德者不惜
身命力言之以報萬一今柳侍中在縲絏穡爲問事官而敢
盡言者欲王動心省悟不濫殺大臣也因泣曰穡之泣非爲
見恤於獄官非敢望達於上聰又非畏死也但恐因此一失
主上之名不美於天下後世也仁任等以聞王遂感悟放濯
等命穡曰沐浴而朝予將與之言明日穡進謝王曰毋嫌前
怒宜更盡心十八年改三司右使二十年拜政堂文學加文
忠保節贊化功臣號我
太祖爲知門下府事王謂近臣曰近日物議何如對曰皆言
國家得人王笑曰文武皆用第一流以爲宰相誰敢議之王
每召見穡及李仁復必令左右洒掃焚香幸僧神照白王曰
君見臣何必致敬如此王曰爾何知此二公道德非庸儒且
穡學問舍肌膚而得骨髓雖中國亦罕比烏敢慢哉尋丁母
憂起復仍舊職二十二年辭免封韓山君辛禑三年加推忠
保節同德贊化功臣號禑以穡爲師傅穡追父穀志成大藏
經禑聞之命知申事盧嵩降香八年判三司事稱病不視事
明年復封韓山君尋復判三司事十年以病辭進封韓山府
院君
帝遣張溥周倬等來溥等至境問穡安否禑以穡稱爲判三
司事出迎詔命十一年上書乞退禑不聽尋檢校門下侍中
十二年知貢擧以舊例享禑于花園禑以師傅敬重之親執
手引入欲對榻坐穡固辭禑親牽內廐馬賜之命作詩穡書
云聖主開興運愚臣荷異恩科場命分桂卑食特羅尊當面
山光滴臨身日色温經筵參小技茂渥似乾坤是試穡嚴立
禁防擧子年未滿二十不許赴試判門下府事曹敏修子赴
試不中同知貢擧廉興邦欲取之力請於穡穡不聽十三年
禑修西普通塔命穡作記其略曰我太祖創業垂統弘揚佛
法以保子孫者非前世帝王之所可及先王能體太祖之心
歸崇三寶今殿下修塔如此殿下之心上合於太祖又可知
矣嗚呼周雖舊邦其命維新將不在於今日乎識者譏其諂
主佞佛一日穡稱病不出曰侍中李成林生長矮屋及爲宰
相廣占田民一時並起三第左使廉興邦亦以取歛爲事誤

國家者必此二人也十四年我
太祖回軍欲擇立宗室曹敏修謀立昌以穡爲時名儒欲藉
其言密問於穡穡亦欲立昌乃曰當立前王之子遂立昌昌
起穡拜門下侍中賜推忠保節同德贊化輔理號賜馬一匹
王大妃亦遣宦官饋酒果自恭愍薨
帝每徵執政大臣入朝皆畏懼不敢行及穡爲相曰今國家
有釁非王及執政親朝無以辨之王幼不能行是老臣之責
也即自請入朝我
太祖稱之曰慷慨哉是翁昌及國人皆以穡老且病固止之
穡曰臣以布衣位至極品常欲以死報之今得死所矣設死
道路以屍將命苟得達國命於
天子雖死猶生遂與李崇仁金士安如京師賀正且請王官
監國穡以我
太祖威德日盛中外歸心恐其未還乃有變請一子從行
太祖以我
太宗爲書狀官及入朝道有一官人語穡曰汝國崔瑩將精
兵十萬

李(太祖舊諱)執之易如捕蠅汝國之民
李(太祖舊諱)罔極之德何以報之
帝素聞穡名引見數四禮待甚厚從容賜語曰汝在元朝爲
翰林應解漢語穡乃以漢語遽對曰請親朝
帝未曉曰說甚麽禮部官傳奏之穡久不入朝語頗艱澁
帝笑曰汝之漢語正似納哈出回至渤海與二客船同行及
半洋山颶風大作二客船皆沒我
太宗所乘船亦幾不救人皆驚懼顚仆
太宗神色自若穡還語人曰今
皇帝心無所主之主也我意
帝必問此事則
帝不之問
帝之所問皆非我意也時論譏之曰
大聖人度量俗儒可得而議乎時田制大壞我
太祖與大司憲趙浚欲革私田都評議使司議田制穡以爲
不可輕改舊法持其議不從穡謁禑于黃驪府未幾乞解職
擧李琳自代昌以穡爲判門下府事穡嘗與洪永通李茂方

等設白蓮會於南神寺佛者以穡藉口益肆其說又久典文衡以其子種學再掌試種學素不能文士林頗譏穡私其子昌將親朝穡曰遼野寒甚宜早行旣而昌母李氏憫昌年幼言於都堂寢其行昌命穡琳及我

太祖劍履上殿賛拜不名各賜銀五十兩彩段十匹馬一匹下敎奬諭初崇仁副穡赴京至是崇仁以買賣事被劾流竄穡不自安上牋乞退昌不聽命中官賜酒慰諭猶不出昌趣令視事又命賛成事禹仁烈賜酒于第穡又上牋辭昌不聽盖穡嘗愛崇仁文章其再上牋意欲救之也穡遂歸長湍別業昌遣中使李匡存問又遣知申事李行賜酒敦諭請還穡不起恭讓卽位穡自長湍還詣闕賀王召入內下床而待乃曰平生閑遊不意今日得此也願卿補之復以爲判門下府事王親祼大廟告卽位將事之夕有司請撤禑母神主穡曰此事未保其終姑徐之左司議吳思忠門下舍人趙璞等上疏曰判門下李穡事我玄陵以儒宗位輔相及玄陵薨無嗣權臣李仁任自欲擅權貪立幼主而穡助議立禑諸將回軍議立王氏之際大將曹敏修以仁任姻親欲立子昌以繼其邪謀問計於穡穡亦嘗以昌爲心遂定議立之其子種學宣言於外戚曰群臣議立宗室卒立世子吾父之力也穡之回自京師也與李崇仁金士安等相期謁禑於驪興而穡先期獨見其獨見之際所言公歟私歟是未可知也及

天子有命曰雖假王氏以異姓爲之非三韓世守之良謀忠臣義士議復立王氏以遵

天子之命而賊臣邊安烈欲立奇功以要富貴與穡及禑舅李琳及金佇鄭得厚等謀迎辛禑以沮復立王氏之議若以爲旣已十五年委質爲臣而不可復有他心則何負於五百年之王氏而忠於十五年之辛氏哉穡世仕王氏受恭愍罔極之恩附仁任則立辛禑而絕王氏諸將議立王氏則附敏修黜禑而立昌忠臣義士議復王氏則附安烈黜昌而迎禑其在禑昌亦爲反側之臣矣然此不足論也世爲王氏之臣諂附賊臣使王氏之宗祀永絕其爲罪惡天地宗社之所不容也嗚呼王莽簒漢成於張禹者非禹與其謀而效其力也但以禹爲儒宗素有重望者而附於莽則莽無所忌憚國人亦且信從而不附於莽者反爲罪人然不能自解於朱雲之

請斬不能自逃於後世之公論穡附禑昌爲國人倡罪反有重於禹也且穡爲仁任所重保其富貴而仁任與其黨堅味輿邦忝行貪欲鬻官賣獄賄賂公行奪占田民怨積罪盈卒致敗亡而穡不言其非爲禑師傅屢受賞賜乳臭子弟咸擢高科布列要職見禑肆其暴虐殺戮無辜而穡不正其過見禑妄興師旅將犯上國之境以基東方無窮之禍而穡又不言之國家以私田瘠公家而害民生興辭訟而毁風俗議欲革之以正田法而穡爲上相固執不可使其子種學揚言於人以倡巨室怨謗之端李琳貪墨孱劣國人所知穡又欲納交外戚以圖保全薦琳自代又以儒宗佞佛印成藏經擧國爭效惟恐不及以誤風俗使子弟言於人曰非吾父意追祖穀之志耳是則陷父於異端而不之恤也又以奉昌朝見迎立辛禑之計未遂托李崇仁被劾歸于長湍覩望事變及殿下即位公然而來受判門下之職立於百官之上了無怍色曲學阿世飾詐釣名請下攸司論穡父子及敏修之罪以戒後世爲人臣而不忠者王命罷穡種學奪敏修告身思忠等復上疏論劾流穡于長湍種學于順天遣糾正田時鞫敏修于昌寧時欲以敏修立昌之謀出於穡取辭敏修不服曰立昌之罪予固獨當穡實無與焉累日逼之乃服二年憲司上疏請治穡敏修立昌又欲迎禑之罪諫官又上疏請下穡敏修于憲司嚴加鞫問置之極刑命削穡職與敏修徙遠地左常侍尹紹宗以穡門生不署名臺諫復請穡罪王遣思忠時及執義李阜鞫穡于長湍命之曰毋令穡驚動若不服當更稟旨穡果不服曰倡立辛昌非穡所知穡若妄言上天監臨請與敏修對辨思忠遣時以聞王命加栲訊時還宣旨使獄卒執杖立左右竟日通夜逼之且示敏修昌寧獄辭穡曰囘軍議立之際敏修問穡宗親與子昌孰當時敏修以主將領兵還且與昌外祖李琳爲族同心穡不敢違以禑立已久當立子昌爲對無首勸擅立之語去年朝

京師到禮部尙書李原明曰汝國逐父立子天下安有是理王與崔瑩皆被拘囚是何義耶予應之曰崔瑩欲王謀犯遼陽將軍曹敏修與

李(太祖舊諱)以爲不可到義州不敢發瑩數趣之不獲已囘兵繫瑩獄於是王怒欲害諸將故太后廢王置于江華去開京二

十餘里舊都勝地怡養性情無如此地且宰相侍衛儀仗器
物朝夕膳奉皆如平昔何放之有及還謂侍中
李(太祖舊諱)曰原明之言耳可得聞口不可道驪興遠地迎置近
地可免放君之名但此語而已固無迎立之議思忠等取辭
乃還穡嘗語人曰昔晉元帝入繼大統致堂胡氏以爲元帝
姓牛而冒續晉宗東晉君臣何以安之而不革也必以胡羯
交侵江左微弱若不憑依舊業安能係屬人心舍而創造難
易絕矣此亦乘勢就事不得已而爲之者也穡於立辛氏不
敢有異議者亦此意也臺諫再論穡敏修罪不報交章復論
遂移穡于咸昌臺諫又論穡琳王欲與宰相議知申事李行
曰臺諫之論安知非功臣意耶手書疏尾曰依申以穡爲座
主令右代言趙仁沃代署名臺諫劾行黨附座主專事蒙蔽
又劾仁沃侵官王不得已皆罷之我
太祖及功臣七人上書以爲臺諫論列非臣等所知人以此
歸咎臣等禑昌之黨疾臣等造言興謗臣等請避位弭謗以
保性命遂皆杜門大司憲成石璘聞之亦上書辭職臺諫論
執愈堅王素未信李穡謀亂且禹洪壽馹馬成範之父故怒
臺諫彈劾不已不進膳臺諫伏閤請命王曰琳穡等皆已流
竄勿更論請王以功臣等不視事命許理裴克廉署事都堂
大提學安宗源左使權仲和等白王曰都堂庶事至繁如兩
侍中不可一日無也速令九功臣就職王曰卿等其圖之對
曰古者一相辭職都堂皆改批今亦宜改九功臣批令出視
事王從之九功臣詣闕拜謝王召入內殿賜酒慰之乃出視
事臺諫以言不聽辭皆左遷爲守令流行于清州王昉趙胖
還自京師白王曰禮部召臣等曰爾國人有坡平君尹彝中
郎將李初者來訴于
帝言高麗
李侍中立王瑤爲主瑤非宗室乃
李侍中姻親也瑤與
李侍中謀動兵將犯　上國宰相李穡等以爲不可郎將李
穡曹敏修李琳邊安烈權仲和張夏李崇仁權近李種學李
貴生等殺害將禹玄寶禹仁烈鄭地金宗衍尹有麟洪仁桂
陳乙瑞慶補李仁敏等遠流其在貶宰相等潛遣我等來告
天子仍請親王動天下兵來討乃出彝初所記穡敏修等姓

名以示之胖與彝等對辨曰本國事大以誠安有是乎因問
彝曰爾位至封君頗知我乎彝愕然失色禮部官曰
天子聖明亦知其誣矣爾速還國語王及宰相將彝書內人
等鞫問來報於是臺諫相繼上疏請鞫彝初之黨留中不下
會宗衍逃遂下玄寶仲和補夏仁桂有麟于巡軍大獄遽起
令臺省刑曹雜治之先鞫有麟峻急辭連崔公哲崔七夕曹
彥趙瓊公義韓成金忠安杜郭璇鄭丹鳳朴義龍等幷下獄
初有麟從弟思康素無行嘗爲僧犯贓亡入
上國改名彝有麟家臣丁夫介從胖赴
京師知而不言及還先往有麟家言其狀有麟在獄憂憤不
食而死梟首于市籍其家囚夫介逮繫穡琳仁烈仁敏地崇
仁近種學貴生等于清州獄遣門下評理尹虎密直副使朴
經右司議李擴刑曹佐郎申孝昌田時與楊廣道都觀察使
柳珣鞫之虎等在清州鞫諸囚皆不服忽雷雨大作前川暴
漲毀城南門直衝北門城中水深丈餘漂沒官舍民居殆盡
獄官蒼黃攀樹木以免故老謂自有州以來未有水災如此
其甚者王以水災下敎釋之仍安置咸昌尋宥穡許從便三
年憲府請復治穡種學不從憲府復論穡罪王勉從之流于
咸昌諫官又論種學流遠地俄許京外從便穡上書謝曰臣
以不才幸遇殿下入繼正統即於初政叨受判門下事滿溢
是懼愈增兢惕未浹旬日遽被彈劾連章累牘請置極刑閱
歲三改益峻不衰臣之性命在於朝夕苟非殿下好生之德
與天同功臣豈能得至今日以沐聖上作解之澤哉臣聞命
之日急於謝恩即離貶所踰嶺而北蒙犯風雪忠驪之閒宿
疾發動難於跋涉致此淹留未得逕造闕庭伏望憐臣衰憊
永示好生之德王覽書即命驛召穡及崇仁種學穡還京謁
我
太祖于私第
太祖驚喜迎之上座跪進酒請穡立飲穡不讓人皆非之極
歡而罷王聞之曰此二公疇昔之情好也王嘗謂左右曰向
者省憲數上疏請誅穡子以爲穡嘗事玄陵言事忤旨雖怒
甚猶待以禮又爲僞朝奉使　大明
帝寵待優渥召待便殿屢賜宴慰天下想望其爲人以玄陵
之睿鑑

皇帝之威靈禮貌如彼况如寡人其敢害之居數日穡與崇仁種學詣闕謝恩召入內殿賜酒慰之命還告身復封韓山府院君領藝文春秋館事四年宴群臣于壽昌宮穡醉發聲大笑侍近大護軍金鼎卿止之穡惶恐趨出鄭夢周柳曼殊等醉輒喧呼是日稍戢盖懲於李恬使酒得罪也誅夢周鞫諫官金震陽等辭連穡種學種善流穡種學種善于外王使謂穡曰卿之二子得罪於朝卿其去矣兩江之外惟卿所適穡憮然曰臣顧無田宅果安歸乎遂貶衿川尋徙驪興入本朝封韓山伯卒年六十九賜祭賻禮葬之謚文靖穡天資明敏博覽群書爲詩文操筆即書略無凝滯勉進後學以興起斯文爲己任學者皆仰慕掌國文翰數十年屢見稱中國平生無疾言遽色不露圭角不治生產雖至屢空不以爲意然志節不固無大建白學問不純崇信佛法爲世所譏有牧隱集五十五卷行于世子種德種學種善種德官至同知密直司事種學簽書密直司事

禹玄寶

禹玄寶字原功丹陽郡人父吉生赤城君玄寶恭愍朝登第補春秋檢閱累遷執義拜左司議大夫時正言尹紹宗草疏將請去金興慶斬金師幸罷影殿役玄寶知之託以紹宗贖職劾去之與同僚金允升徐鈞衡崔積善盧嵩等上疏曰事貴變通言要切時不通乎變事難有成不切於時多言何補臣等承乏言責未有一言能副聖慮散不磬竭衷懷思有以補聖德之萬一國家自庚寅年以來倭賊爲寇連兵追捕未能擒制近年以來狂暴尤甚殺害將帥擄掠人民沿海州郡遠近騷然至於再犯京畿無所畏忌將來之患固難測量將相大臣恬不爲意制禦之方未有成筭如或群賊乘閒突至將何以處之凡事預定則有備無患倉卒則智者難謀願殿下謀及宰相謀及將帥謀及朝臣問以計策豈無方略可施者乎早定規畫毋失事機議者以謂賊善舟楫不可以水戰若造船艦是重困吾民是不然水賊不可以陸攻其勢明甚且攘賊禁暴本欲爲民其可念小弊於民而貽大患於國乎今東西江並置防守賊泛海揚揚而來我軍臨岸拱手而已雖精兵百萬其如水何哉宜作舟艦嚴備器仗順流長驅塞其要衝賊雖善水安能飛渡倘得勢便擒撻掃蕩亦可必也

不敎民戰是謂弃之況戰者危事一勝一負存亡關焉不可不愼國家素無預備民不知戰一旦有變搶攘顚倒方始驅聚以充卒伍兵刃未交望風披靡以此而戰烏乎有成雖孫吳爲將亦無能爲矣宜預先將帥蒐卒鍊兵敎而習之使人人耳熟金鼓目慣旌旗皆以戰爭不爲驚駭之事則雖遇勁敵皆能敢鬪豈有狼狽失次者乎用兵之道專在於將良將之才自古爲難宜擇子弟有器識者並令學兵法習武藝常加敎閱訓養精銳待其成才而用之良將何難得而用兵其有失律之患哉古有兵書取人之科即此意也食者民天不可不重孔子言兵先言足食食如不足兵雖衆將焉用哉國家用兵已多年矣未有蓄積以備不虞況今雨澤愆期豐歉難知宜廣儲偫以贍軍食人事動於下天變應於上天人相與之際休咎之徵不可誣矣邇來乾文示警地道與怪非一而再安得不謂之異乎古者有以祥而致灾以灾而反祥者在人主戒謹與否耳願殿下益加修省以弭天變殿下臨御以來勵精圖理屢下德音頒示條令其於憂國愛民慮甚遠也法悉備也然而理効無著敎化未孚其故無他但有司者以爲文具循舊弊耳願取丙申以後累降條畫申勑有司擧行無遺使民之道不出乎此王下都評議使司然竟不行辛禑初授密直代言陞提學轉同知司事兼大司憲禑乳媪張氏將祭松岳禑使宦者鄭鸞鳳言於玄寶曰今禁酒令嚴乳媪欲祭松岳何如玄寶曰酒祀神之物若受司醞帖則可矣進政堂文學仍兼大司憲久之拜門下贊成事提調政房改三司左使尋復爲贊成事賜純忠翊戴佐理功臣號我
太祖回軍禑削諸將職以玄寶爲右侍中纔數日而罷封丹陽府院君恭讓即位金佇獄起辭連玄寶郎舍上疏請置極刑不報復上疏請正典刑籍沒家產又不允郎舍伏閤待命王以玄寶於佇辭證不相干只免官郎舍更疏請不聽尋判三司事逮繫彝初獄以灾異得免憲府言不可輕赦又不聽大司憲金士衡等上疏言罪涉彝初者已皆遠竄而唯禹玄寶權仲和張夏慶補等留在京城不宜罪同罰異請一切逐之王以情狀未明事在赦前不允翼日又請皆不報於是士衡與執義安景儉崔遠掌令許周崔兢持平趙庸以言不聽辭職不允令視事又皆稱疾不出刑曹又上疏請竄玄寶等

王下都堂都堂請從刑憲之請王不得已流于遠地尋宥許從便憲司上書請李穡罪而不及玄寶糾正朴子良等相與譏議時玄寶子洪得爲執義赴衙子良等不庭迎大司憲金湊言子良等不迎執義又譏憲官爲曠職以下陵長請罪之下子良等于巡軍鞫之子良曰沮王氏議立昌者穡也謀迎禑欲使王氏不立者玄寶也二人之罪同一律也本府論穡而不論玄寶其以子洪得爲執義也洪得論穡罪是即論其父也與同列論父之黨而不即辭去是不有其父也其父謀絕王氏知而不諫是不有王氏也是無父無君之人也何以迎爲頃者命省憲刑曹議玄寶等罪乃以罪疑惟輕論然謀迎禑以絕王氏送彝初於上國將害本國罪之大者省憲刑曹不能糾治反從輕論故曰曠職萬戶柳曼殊曰所司論玄寶等罪密封以聞若等何由知之子良曰聞諸糾正安升慶乃囚升慶鞫之升慶曰前此詣鄭道傳第問曰聞公上書言事甚切然乎道傳曰然具言書中之事予聞之遂不迎洪得又見道傳問曰近者省憲刑曹論禑昌彝初之黨具密封以聞見乎道傳曰若等以禑昌彝初之黨爲大惡然其事已矣吾所聞止此爾於是杖子良升慶配水軍改洪得爲典校令省憲刑曹上疏劾流道傳于奉化縣臺省交章論玄寶罪請削職遠流疏再上王以其孫成範爲駙馬故皆留中召臺諫曰玄寶罪狀雖或明白予必救之況罪狀未明曾被流放又在赦前其勿復論臺諫退上疏又請不允知申事成石瑢代言柳廷顯等曰事關大體不可不聽王仰而思之臺諫復面請王勉從之命玄寶曰今有司强請卿罪卿宜歸所安處乃流鐵原尋宥之封丹山府院君鄭夢周誅鞫諫官金震陽等辭連玄寶王以成範故釋不問都評議司執玄寶與其子知密直洪壽典醫副令洪富判事洪康上護軍洪得禮曹正郎洪命及宗室南平君和壽延君珪寧原君琦益山君敍福原君諮順寧君聃保寧君福門下贊成事安翊判開城府事金南得密直使崔乙義前淸州節制使王承貴前密直副使都興知申事安瑗左代言柳廷顯右代言許應判事朴興澤前延安府使安俊內府令申元弼兵曹摠郎崔咸宦官姜仁富流遠地使經歷張至和白王曰玄寶等屢干罪犯過蒙寬宥猶不改心乃更謀亂禍機急迫未及上聞將玄寶等分配于

外臣等聞亂臣賊子人得而誅之敢用先發後聞又上䟽曰
賞罰人主之大柄也賞罰不明則善惡混淆紀綱紊亂而危
亡隨之伏見禹玄寶洪壽父子本以邪媚之行依阿取容竊
位苟祿但知其家不知有國無一念及於生民無一言及於
公道頃在僞朝黨於林廉廣行賄賂占奪民田免於戊辰之
誅幸也而玄寶則參於金佇得厚之謀洪壽則與於迎立辛
禑之議屢被彈劾窺免己罪陰遣彝初造飾大言訴於
上國請親王動天下兵謀害本國此實萬世不赦之罪近年
以來臺省抗䟽論罪者數矣但賴殿下寬慈幸蒙原免誠宜
改行易慮以報聖恩顧乃深銜向之論己者擬欲報仇朋比
夢周援引私昵諂佞之徒布列攸司又與宗親等無時聚謀
誣陷忠良擾亂國家罪不容誅臣等備員相府以社稷大計
不可坐視而不言故於前日將罪魁玄寶及其子洪壽等五
人黨與南平君和等二十人已皆迸斥于外而罪惡貫盈未
厭衆心伏望明正其罪籍沒家產以明國家罰惡之典王命
流玄寶于雞林省削職遠流憲府上䟽曰殿下即位以來變
故相仍朝廷不睦此無他賞罰不明恩義不分之致然也禹
玄寶素無節義阿世取容位至宰相洪壽姦回諂媚一無可
稱貪緣戚里寵待優渥並宜恭謹守職以補王室也旣與安
烈逆謀又與夢周陰謀構亂所犯屢著罪在難宥特殿下數
宥之恩忽社稷安危之計曾無戒懼日益驕矜謀去忠臣惟
事報復遂使中外相疑臣隣不輯竊爲殿下痛甚法者國家
之大柄不可以私撓也今都評議使司上䟽論列而殿下屈
法寬貸以缺衆心伏望殿下計以社稷斷以大義明正其罪
垂戒萬世郎舍亦上䟽請一依都堂所啓皆不報憲府復上
䟽曰天祐聖神以復王室而殿下勵精圖理幾至昇平實三
韓万世之幸也而禹玄寶父子前日所犯皆關國體法不當
宥賴上寬仁獲全性命而乃懷報復之志日肆姦邪之計朋
比夢周速結宗親陰圖構亂貽患國家是誠宗社之罪人恐
殿下不得而私也竊念殿下即位以來禍亂相繼迨今不解
無非此人之爲也薄昭文帝之親舅也一犯法而文帝不小
暇貸以存漢法楊妃玄宗之寵姬也一有變而玄宗割愛正
法以安衆心蓋不得已也願殿下深思熟慮斷以大義永絕
禍階郎舍金子粹等言禹玄寶構釁生事之罪在所不赦輔

臣憲臣上章請罪而殿下不以大義處之務從寬典是愛克厥威流於姑息而大有乖於從諫之美意也願明示威斷一依前日所奏以快衆心王命永不敍臺諫復交章請罪留中不下伏閤力爭王曰玄寶父子罪雖重予本惡殺不忍加誅且予既從臺諫之言已遠流矣臺諫宜亦從予言毋强言也臺諫又言震陽等獄辭云洪壽洪富指嗾上䟽請明正其罪於是更流洪壽洪寶遠地永不敍玄寶入　本朝封丹陽伯卒年六十八輟朝三日賜賻致祭官庀葬事謚忠靖

李崇仁

李崇仁字子安京山府人恭愍朝登第授肅雍府丞累遷長興庫使兼進德博士本國選文士應擧
京師崇仁爲首選以年未二十五不遣歷禮儀散郞藝文應敎門下舍人辛禑時除典理摠郞與金九容鄭道傳等請却北元使坐流削職尋釋之起拜成均司成轉右司議大夫與同僚上䟽曰從諫人君之美德故書曰惟木從繩則正后從諫則聖殿下春秋鼎盛國家多故正當勵精求理之時也近日憲司請開書筵即賜兪允群臣喜慶以爲聖學日進當日與老成大臣講論治道終始惟一不可怠忽先王克謹天戒不敢遑寧故詩曰敬天之怒無敢戲豫敬天之渝無敢馳驅又曰無曰高高在上日監在茲竊聞近日書雲觀上言乾文有變是天仁愛殿下而譴告也宜減膳徹樂恐懼修省上以荅上天仁愛之心下以慰群臣顒望之情守令民之司命苟非其人民受其害民之憔悴莫甚此時乞令兩府臺諫六曹各擧所知擧非其人罪及擧主近來遷代大速雖得其人未見其效須倣三載考績之法滿三年方許遞代令按廉殿最以聞如有政績尤著者不次擢用興師動衆必有其弊故遣將帥宜有節制國家已於各道置三元帥一道之任宜專委三元帥近來一有小寇三元帥外別遣諸元帥諸兵馬使非惟委任不專卒無成功往返之閒民受其苦乞自今本道之任專委三元帥隨其成敗以明賞罰仍乞各道元帥依六道都巡察使軍目統率本道軍官毋得奪占以致紛擾設官分職各有攸當故先王置內侍府以侍中官是爲令典不可改也乞復置此官將中官之小心謹愼者隨品轉用毋與朝官設險守國先王之制故孟子曰天時不如地利近來海寇大

熾侵至畿甸中外城郭頹圮不修民無所據流移莫禁盜益深入乞內自都城外至沿邊州郡各令有司以時修築務要堅固使民安業且有功而賞人必相勸無功而賞人必不服國家土田之賜本以待有功近來冒受賜牌占田太多者有之乞令有司根究推刷其不盡與南幸與王癸卯三等功者收其田雖在三等之例其所占過其數者收其贏數以充軍須功臣之號除有功外亦宜重惜近因倭寇諸道貢賦大半未納百官之俸歲減一歲崇敬府倘瑞寺及興福崇福典寶三都監已無所職但糜廩祿乞皆革罷近來官爵員添相雜其謝牒但有堂後署而無印信恐後日必有假濫乞東班則典理司西班則軍簿司印信署給尋拜密直提學與政堂文學鄭夢周纂實錄崇仁夢周會權門燕飲不勤編摩時議譏之轉同知司事以李仁任姻族杖流通州召還簽書密直司事與李穡金士安如　京師賀正還拜藝文館提學辛昌時與朴天祥河崙等辨永興君環眞僞坐誣憲司請置極刑崇仁逃獄卒反接崇仁子次若索之鞭背流血過梨峴適遇我

太祖獄卒匿次若路傍家次若大呼曰願令公活我

太祖驚問之謂獄卒曰豈可責子索父耶即命釋之令從者一人歸次若于家乃與侍中李琳白昌曰即位之初宜布寬仁請宥天祥等且崇仁侍講書筵啓沃有日乞令供職於是流天祥等于遠地崇仁乃出赴書筵憲司劾之崇仁辭不允諫官具成佑吳思忠南在沈仁鳳李堂等上䟽劾崇仁曰傳曰爲人臣止於敬爲人子止於孝此天下古今之常典也苟爲臣子而不孝不敬罪莫大焉臣等竊惟崇仁性稟姦貪言行邪佞才無經國慮不及遠但以文墨末藝出身盜名久居樞要往者仁任用事旣爲黨比堅昧盜國又爲腹心頗張威福恣行不法父母之喪未滿三年不得掌試國家之制也而崇仁爲散騎常侍當母憂求爲監試試官而不可以朝服試之故以常侍高官降求上護軍以掌其試且母死纔踰百日啗肉自若以毁人紀是不孝也比來上國以群兒貪饕絕我國矣而群兒伏誅聖上中興侍中李穡以天下名望力疾入朝而崇仁從行不改本心身親買賣有同商賈以浼我侍中之行而使中國之人唾我三韓士大夫之面雖詩成七步口

誦堯舜之言曾犬豕之不若眞所謂小人儒也豈可以爲侍讀而置諸左右乎至于近日肆其姦謀誣陷宗親欲敗父子兄弟夫婦之大倫而情見辭窮違命隱匿殿下以侍讀之故命赦勿問又降宣麻優禮待之而崇仁不知天地包容之恩遲留旬月不即進謝其無上毁禮之意甚矣其爲不敬孰大於此敗常亂俗帝王所不宥願令憲司案罪痛理遠竄四裔以懲不孝不敬與夫辱國之罪以正人倫以勵士節昌下其疏于憲司令究問是夜憲司使臺卒守崇仁家崇仁穴墻逃遯之上疏劾流京山府又劾前秘書監朴敦之嘗蒸妻母今又從李穡入朝親自買賣幷流遠州敦之即啓陽也與崇仁素善故及簽書密直司事權近上疏論救崇仁曰近日臺省論執崇仁罪狀殿下優容復其爵位而論者愈堅指爲不忠不孝殿下重違諫憲擯黜崇仁以示至公然有君如殿下之明有臣如崇仁之賢而反以大惡得罪以累聖明甚可惜也不得不辨夫謂崇仁爲不孝者以其母歿三年之內爲試員也然當是時其父元具旣老且病命在朝夕恤恤然欲及其生得見其子掌試之榮也國家重崇仁之才憫元具之志俾

掌監試若崇仁苟辭則是知有死母而不知有生父也欲免其身後之謗而不恤其父當時之志也故雖內不自安而黽勉就職是雖有過孔子所謂觀過知仁者也誠是孝子之不幸不可謂之不孝也今之仕者或有父母俱歿三年之內冒干口傳赴試登第者或有踐華要坐府司刑人殺人不以爲愧者不審此人父母俱歿爲誰榮乎爲自己也爲父忍母猶爲不孝爲自己忘父母得爲眞孝乎況我國人能行三年喪者萬或有一國家又設起復之法以奪其情若罪崇仁必求能行三年喪者用之則是弃萬得一臣恐殿下不能得人而用之也不察崇仁愛父之情累以不孝之名豈不甚可惜乎夫謂崇仁爲不忠者以其推辨永興眞僞之事旣稟上命宜即自詣遷延不進以至隱避也然崇仁大臣永興眞僞之辨言語之小失也以國家舊法處之不過送一公緘問之而已又況前日憲司上書以爲大臣犯法不使就吏戮辱殿下然之定爲判格故崇仁恃國家之舊法信殿下之判旨不即就辨及至憲司發怒推致然後知舊法之不足恃判旨之不足信勢窮事迫至於隱避是雖怯弱亦由處之失道使之驚懼

非是崇仁心懷不忠敢拒上命也其涉永與眞僞之事盖其
天性慈祥篤愛朋友適與可與輩比隣相從得聞其言非是
崇仁誕妄倡爲此言也及復爵位不即進謝者誠畏憲司亦
非不敬上命也若夫奉使中國身親買賣之事其致謗有由
焉指揮姓陳者其妻即崇仁妻之宗族也因往其家經過市
巷又欲遊觀行于道上有與崇仁不協者因爲此言以誣毁
之聽者不察以爲實然若果買賣以辱國家則臣之奉使適
在崇仁使還之後當得聞之臣在中國未嘗一聞崇仁買賣
辱命之事不審議者其足未嘗躡中國之境其耳何得聞此
事乎謗者果能賢於崇仁者乎徒信謗者之言而不信崇仁
之行又何偏也惟我國家臣事
大明以來表箋詞命多出崇仁之手恭愍得謚上王襲爵皆
崇仁文章之力也得免歲貢金銀馬布亦崇仁之力也
皇帝屢稱文章之美謂我國有人物者亦是崇仁之功也崇
仁文章簡潔高古閒世挺生中國罕有國家詞命不可不使
此人掌之也議者不此之察反信小人陰毁之言敢以大惡
加之豈不甚可惜乎親親尊賢二者爲天下國家之大經也
殿下親重宗室欲雪其恥特命所司以明永與眞僞之由親
親之道可謂得矣崇仁久爲侍講之官殿下所受敎之臣也
纔有疑謗不爲辨理即命放黜尊賢之道有未至焉臣竊爲
殿下惜之也亦宜爲之特命所司推明其謗自出之由謗者
果能不買中國一毫之物者乎崇仁行貨必不能神轉而鬼
輸用車幾兩馱馬幾匹其車果皆崇仁之貨乎其馬果倍他
人之例乎一一推明謗者眞無一毫之買車皆崇仁之貨馬
倍他人之例然後明正崇仁之罪則崇仁自服而萬世稱殿
下之公矣若謗者亦有販買之物其車非盡崇仁之貨其馬
非倍他人之例則謗者眞誣陷君子之小人宜正謗者誣陷
之罪以雪賢臣受屈之辱則尊賢之道亦得而萬世皆稱殿
下之明矣議者又以爲崇仁讀書通理素有重名難同其他
無知之人所犯雖小宜置極刑又何不思之甚也不識義理
無補國家者有所犯則以爲不足數恒容而保之能通文章
有益邦家者小有疑則以爲不可赦必推而陷之則是後進
之士皆欲爲苟免無耻之人誰肯苦心極力窮經通理得虛
名而取實禍乎其毁人心術隳士風而誤後學也甚矣自古

有議賢議能議功之法賢者能者或有所失議其賢能從以末減所以使人人皆勉於賢能也今之議者反重賢能之罪是沮後人爲善之志也假使崇仁誠爲有罪若議文章之功特加赦宥後進之士皆勉於爲學矣况今崇仁之罪如臣所陳皆有可議者乎伏望殿下下臣此書于都評議使門下府司憲司推詰謗者明其曲直以雪其恥以褒其賢以尊師儒以勸後學公道幸甚昔周公孔子皆大聖也周公未免於有過孔子未免於被毀微孟子之辨則匡章未免爲不孝無同舍之歸則不疑未免爲盜金古之聖賢不幸被謗亦多有之願殿下不以被謗而輕崇仁也殿下若以臣言爲可擧而施之以爲不可宜付有司以正臣朋比罔上之罪臣寧欲與崇仁同被重責雖死無恨不欲坐見崇仁以誣得罪而貪位長戚苟容緘默也大司憲趙浚時起復故以父母俱歿三年內踐華要坐府司等語爲已發也深銜之崇仁雖有才然行已則所失固多近之論救亦不可謂至公近嘗言穡之入朝也士安偕從商人白巨麻多賫金銀以行崇仁令減其數巨麻恨之構虛事昌下近書于都評議使司令議使司移門下府

門下府牒憲府問崇仁伴行通事宋希正希正云崇仁賫白金苧麻布入市買彩段十六匹絹二十餘匹木緜五匹色絲五六斤又鞫私隷白仁者亦如希正言諫官上疏論近曰臣等上疏論崇仁罪殿下命憲司鞫之崇仁逃匿簽書密直權近上疏極言崇仁無罪且揚其賢請鞫論崇仁者臣等不得不辨乞賜垂察惟我先王上法三代以立喪制及國家多故權從唐宋之制奪情起復然其起之也甚謹必使禮部奉旨牒中書中書牒諫院諫院牒憲司憲司復牒禮部督起視事故名卿大儒固有不得已而起復者盖急於用人才非所以榮其人也是以宗廟大享正至誕節與夫八關燃燈凡諸朝會則不與焉此國家成法也雖頑愚之人至於吉禮皆曰吾父母三年之內不敢與焉况冠帶而掌國試乎崇仁讀書登第盜名一世斬焉在衰絰之中諂附林廉求爲常侍而處華省又掌國試夫常侍諫官也不可以公然毀禮故降求上護軍爲監試試官以吉服入文宣王廟坐明倫堂啗肉自若揚揚然榮耀於人以禽獸之行導三韓後學之輩臣等誠恐以不正之學累殿下惟新之理故不得不追論之也權近反以

其掌試爲孝父是欺殿下而毀人倫也近非不知崇仁之犯法毀禮爲有罪而臣等之論劾爲有理也但阿私所好飾詐文非蒙蔽上聰欲害所司耳且崇仁誣陷宗親詐窮獄成乃逃殿下以侍讀之故命赦之臣等再論其罪而又逃其爲不敬孰大於此而近反謂之賢以臣等爲誣陷君子請加推鞫是欲使諫官杜口而開殿下拒諫之漸也所謂一言喪邦者也其買賣之事一行朱希正及白仁等明白納辭而近黨比崇仁欲害所司敢以妄言欺罔上聰其罪莫甚乞下憲司收其職牒與希正白仁等對鞫以正其罪下都評議使司議之郎舍復上疏曰崇仁誣陷宗親欲毀人之大倫其罪一也母喪三年之內吉服掌試啗肉自若以毀風俗其罪二也奉使上國身親買賣與市人爭利失使臣之節其罪三也所司法官奉王命辨宗親眞僞而逆命逃匿其罪四也所司劾奏殿下赦勿問又降宣麻優禮待之而不即進謝其罪四也崇仁之罪如此而權近朋比飾詐欲以掩庇謀害所司其罪有甚於崇仁固不在赦不宜付相府而更議也且案罪定法非宰相之事也乞下憲司收其職牒明正其罪昌命勿鞫奪告身流牛峯縣起居舍人孟思誠以嘗受業於近不署名於疏恭讓時諫官論崇仁與河崙前爲仁任腹心後徇禑姦計以督辛昌朝見而欲立辛禑以絕王氏之血食徙流他郡彝初獄起逮繫淸州以水災免未幾許從便召還給告身除知密直司事同知春秋館事又以鄭夢周黨削職遠流尋卒崇仁天資英銳文辭典雅穡每歎賞曰此子文章求之中國世不多得

高皇帝嘗覽崇仁所撰表嘉之曰表辭誠功中原士大夫觀其著述亦莫不歎服有陶隱集行于世子次點次若次騫次參

列傳卷第二十八

列傳卷第二十九　高麗史一百十六

正憲大夫工曹判書集賢殿大提學知經筵春秋館事兼成均大司成臣鄭麟趾奉
敎修

沈德符

沈德符字得之靑海府靑鳧縣人父龍吏曹正郎德符忠肅末蔭補司醞直長同正恭愍朝累遷判衛尉寺事辛禑初除右常侍陞禮儀判書拜密直副使商議會議都監事出爲西海道元帥進知密直司事賜推誠協贊功臣號尋判司事轉知門下事復爲西海道元帥與羅世等擊倭于鎭浦獻捷禑厚加賞賜久之拜贊成事時遣使如
京師獻歲貢命德符檢方物于平壤府禁私挾金銀者押物禹堅犯令斬以徇又出爲東北面上元帥遇倭賊于北靑咸州之境要外平斬先鋒五十級倭又寇端州德符與戰敗績倭百五十艘又寇咸州洪原北靑哈蘭北等處殺虜人民殆盡德符與知密直洪徵密直副使安柱靑州上萬戶黃希碩大護軍鄭承可等與戰于洪原之大門嶺北諸將皆敗先遁唯德符突陳獨入中槊而墮賊欲復刺麾下劉訶郞哈馳入射之遂連斃三人奪賊馬以授德符轉戰出陣於是德符軍亦大敗賊勢益熾我
太祖請往擊之至咸州部署諸將營中有松在七十步許
太祖召軍士謂曰我射第幾枝第幾箇松子汝等觀之卽以柳葉箭射之七發七中皆如所命軍中皆蹈舞歡呼明日直指賊所屯兎兒洞伏兵於洞之左右賊衆先據洞內東西山遙聞螺聲大驚曰此
李(太祖舊諱)硨磲螺也
太祖率上護軍李豆蘭散員高呂判衛尉寺事趙英珪安宗儉韓那海金天崔景李玄景河石柱李柔全世韓思友李都景等百餘騎按轡徐行過其間賊見兵少行緩不測所爲不敢擊東賊就西賊爲一屯
太祖登東賊所屯處據胡床令軍士解鞍息馬久之將上馬百步許有枯槎
太祖連射三矢皆正中之賊相顧驚服

太祖令解倭語者呼謂曰今主將即
李(太祖舊諱)萬戶也汝其速降否則悔無及矣賊酋對曰唯命是
從方與其下議降未定
太祖曰當因其怠而擊之遂上馬使豆蘭呂英珪等引致之
賊先鋒數百追來
太祖陽北自爲殿退入伏中遂回兵親射賊二十餘人皆應
弦而斃與豆蘭宗儉等馳擊之伏兵又起於是
太祖身先士卒單騎衝突賊後所向披靡出而復入者數四
手斃賊無算所射洞徹重甲或有一矢而人馬俱徹者賊徒
奔潰官軍乘之呼聲動天地僵尸蔽野塞川無一人得脫者
是戰也女眞軍乘勝縱殺
太祖令曰賊窮可哀勿殺生擒之餘賊入千佛山亦盡擒之
禑攻遼德符以西京都元帥行從我
太祖回軍辛昌立拜判三司事我
太祖與德符池湧奇鄭夢周偰長壽成石璘趙浚朴葳鄭道
傳議曰禑昌本非王氏不可奉宗祀又有
天子之命當廢假立眞奉定妃敎放昌于江華迎立定昌府
院君瑤是爲恭讓王即位之夕王壻姜淮季父蓍入謂王曰
諸將相立殿下者只欲圖免已禍非爲王氏也殿下愼勿親
信思所以自保王壻禹成範侍側聞之告其母尹氏尹氏從
兄紹宗聞之以告九功臣九功臣言於王曰殿下甫即位讒
言遽入臣等惶懼無已殿下若信讒言即罪臣等若以臣等
黜僞姓復立王氏爲有功於宗社請罪讒人使上下無間焉
王顧左右默然九功臣俯伏良久而退尋賜忠勤亮節翊贊
佐命功臣號拜壁上三韓三重大匡門下侍中判都評議使
司事吏曹尙瑞司事領孝思觀事兼八衛上護軍領經筵事
封靑城郡忠義伯賜中興功臣錄券敎曰有德者尊之以官
有功者勸之以賞若稽古典自有成規卿秉志忠勤飭躬廉
簡用舍隨時安危注意適時通變善應兵機人用樂從惟其
所令乃能諭群帥於危疑之際回大軍於險阻之中而使權
姦摧沮狂謀
中國復修舊好尹承順回自
京師
帝責本國以君位絕祀雖假王氏以異姓爲之亦非三韓世

守之良謀於是守門下侍中
李(太祖舊諱) 與卿共謀相與徇義忘身坐定大議天命所在人心
亦隨朝市不驚兵革不用異姓之禍不日而除邦國之基旣
傾而再平王氏之祀已絕而復續在昔平勃之安劉漢狄張
之復李唐雖時異而勢殊諒志同而氣合功在社稷澤及生
民余惟仰成嘉乃丕績位上卿而極備恩數告祖廟而指誓
山河立閣圖形鐫碑頌德崇加三代祖考宥及永世子孫錫
之土田副以臧獲仍賜銀一錠馬一匹卿其永肩乃心以輔
予德王將幸長湍觀戰艦臺諫上疏諫止之王遣人問德符
曰今日之擧將如何對曰人君行止非臺諫所能止也王決
意將行臺諫猶不退成石璘直入奏曰臺諫之言不可拒王
勉從之又下敎錄回軍功賜田西京千戶尹龜澤告我
太祖曰金宗衍與侍中沈德符判三司池湧奇等謀將害
侍中判繕工事趙裕又謂子曰沈侍中令其鎭撫前密直副
使曹彥郭璇前判書金兆府前判事魏种張翼與裕等勒麾
下兵將害
侍中我
太祖以其言密告德符裕德符族姪且麾下鎭撫也德符怒
下裕獄語在宗衍傳
太祖白王曰臣與德符同心奉國本無猜貳趙裕之事必虛
妄請勿鞫令我二臣終始保全王將釋之德符聞之大驚泣
請曰裕辭連於臣今若不問則臣之不與謀何以辨之請與
裕對鞫王召德符入德符不顧而出步至巡軍自請繫獄王
命知申事閔開召之德符乃進謝王命釋裕憲府上疏請將
裕龜澤對置王命評理朴葳同臺諫鞫治裕初不服葳欲先
拷訊龜澤執義柳廷顯曰先鞫告者何義也葳變色默然乃
拷訊裕裕服絞殺籍其家憲府又劾德符遂囚彥璇兆府种
翼于獄皆杖百遠流罷德符又流湧奇等臺諫交章曰德符
爲國首相乃令趙裕金兆府等姦兇之輩掌其兵權以致禍
萌欲掩裕罪輕自就獄取笑於人又不從判旨累日擁兵不
放無人臣之禮今麾下皆已服罪德符尙在國中人相疑忌
禍不可測願殿下竄之遠方以絕國人之疑以杜禍亂之萌
連日伏閤固請乃流德符于兔山明年起封靑城郡忠義伯
復拜侍中從世子如京師諫官以德符獲罪未久上疏止之

不聽加賜安社功臣號後與守侍中裴克廉等上疏請罷諸
道觀察使復按廉使罷節制使經歷都事復掌務錄事罷新
定監務諸驛丞諸道儒學敎授官資贍楮貨庫人物推辨都
監東西遞運所水站及戶口成籍牛馬烙印州郡鄉社里長
等法又諸司有受稟事皆直報都堂勿隷六曹尋辭職改判
門下府事自此以後入 本朝

李琳

李琳固城縣人父嶠監察大夫琳恭愍朝累官密直副使辛
禑時陞判司事禑納琳女冊爲謹妃封琳爲鐵城府院君琳
母李氏爲三韓國大夫人妻洪氏爲卞韓國大夫人琳好佛
嘗欲往慶尙道四佛山寺禑以國舅不可輕出止之華藏寺
僧覺然自稱得道雖達官亦惑之婦女坌集醜聲流聞憲司
鞫之素敬信者皆惜之琳尤痛立門外大叫曰此僧有何罪
耶辛昌時拜門下侍中命劒履上殿贊拜不名琳乞解職不
聽恭讓即位金佇邊安烈之獄起辭連琳及子貴生流遠地
遣執義南在等鞫之諫官尹紹宗等上疏曰今見慶尙道都
觀察使金湊執義南在判事孫興宗獻納咸傅霖等同鞫李
貴生獄詞云去歲十月禹仁烈先到邊安烈家貴生隨父琳
繼至安烈謂琳曰令李乙珍李庚道郭忠輔等害侍中
李(太祖舊諱)然後仁烈與王安德禹洪壽等往驪興迎辛禑計已
定矣仁烈不言微笑其情固當鞫問貴生之言明白與臣等
前所論奏金佇之言如出一口仁烈安德洪壽等黨於安烈
欲立辛禑絕我王氏之罪天地所不容祖宗所不宥而王氏
臣子不共戴天之讎也殿下旣不私安烈而誅之仁烈等三
人尙未就誅反側之禍甚可畏也請將仁烈安德洪壽明正
典刑以慰祖宗在天之靈以懲萬世亂賊之黨疏上留中不
下臺諫交章上疏曰伏覩
宣諭聖旨高麗國中爲陪臣者忠逆混淆雖假王氏以異姓
爲之亦非三韓世守之良謀此則
皇帝以剛明果斷之資信賞必罰能一天下而明睿所照知
我外國之事如見肺肝其天下之人稱明見萬里者信矣其
懷諸侯繼絕世之義亦至矣今侍中
李(太祖舊諱)素蘊忠義常腐心於僞朝而不敢發及辛禑狂妄日
甚遂有攻遼之擧崔瑩主之侍中

李太祖舊諱力沮不得行至鴨江擧義回軍退禑黜璧而議立宗
親主將曹敏修以李仁任李琳之親謀於李穡立禑子昌則
李太祖舊諱之忠憤益切矣及見
宣諭之語慨然有反正之志出萬死計倡大義定大策奉殿
下而復正統宗廟得以血食臣等以爲此
天子所謂忠也仁任欲專政固寵詐以辛吨之子禑爲玄陵
所御宮人所出而立之以其族弟李琳之女妻之其後曹敏
修李穡共立子昌邊安烈李琳李貴生鄭地禹仁烈王安德
禹洪壽元庠等又謀害侍中
李太祖舊諱欲絶我王氏之祀幸賴宗社之靈兇謀不遂向使安
烈之計得行豈惟侍中
李太祖舊諱不得免禍王氏宗親亦無遺類而殿下之大事去矣
臣等以爲此
天子所謂逆也安烈雖伏誅而其餘逆黨未正鈇鑕故臣等
上䟽請罪殿下不唯不允反加褒奬書再上而又不下忠逆
混淆大爲中興初政之累也古今人主優柔不斷以致禍亂
者甚多臣等大爲殿下惜之臣等所言只爲社稷殿下所重
未知何事殿下儻有此輩恐三韓之人以姻婭之私窺殿下
也又恐
天子謂忠逆混淆亦如前日也伏望殿下斷以公義將李琳
貴生鄭地仁烈安德洪壽元庠乙珍庚道等明正其罪則忠
逆分辨朝廷清明亂臣賊子知所戒矣不報臺諫復䟽曰法
者天下古今所公共非一人所得而私也是故願理之君有
罪者雖至親必罰有功者雖仇怨必賞周之管叔成王之叔
父也將危周公而見誅漢之上官安昭帝之親舅也以謀霍
光而赤族是皆以公滅私爲國不顧家者也假使周公霍光
見疑於成王昭帝則周漢歷年之久亦未可期唐之張柬之
等五人忠義社稷之臣也中宗以其推戴之力入紹正統灼
知武三思之罪逆而牽於私意優柔不斷卒使忠義功臣柬
之等五王皆不得保其首領尋亦不自免此以私滅公知有
家而不知有國者也千載之下惜中宗之不斷恨五王之失
計也我玄陵初政之美殿下所親見也及其末年遠忠直近
憸邪而賞罰失當遂使功臣無一得全卒致十六年異姓之
禍今

天子剛明果斷信賞必罰能一天下而以一驛丞之故拔盡
親王之髮以謝天下
天子之尊而不得赦其子者誠以法者非一人之所得私也
戊辰回軍之後諸將議立王氏曹敏修以主將沮衆議謀於
李穡李琳而立昌李穡旣與敏修李琳共謀立昌又謀迎禑
此二人者世爲王氏之臣而又爲大將大儒宜其首倡大義
以圖興復顧乃沮衆議而立異姓則其爲祖宗之罪人三韓
之世讎而謀逆之罪明甚矣權近賫
天子復立王氏咨中路私拆預知密旨不付都堂先示李琳
則其欺
天子負王氏黨附異姓陰謀不軌得罪於祖宗亦大矣李琳
李貴生李乙珍鄭地禹仁烈李庚道王安德禹洪壽元庠等
與逆賊邊安烈謀害社稷大臣以迎辛禑凡謀殺大臣者尙
且不宥況擁立異姓使我列聖之靈永不血食者乎倘使逆
謀得遂則殿下何以成中興之業祖宗何以享孝孫之祀然
則此逆黨者非列聖子孫所共戴天非王氏臣子所共立於
三韓之地上者也願殿下爲三韓社稷慮爲萬世子孫計斷
以大義明正其罪王我召
太祖及沈德符曰臺諫所論敏修權近旣已罪之卿等宜諭
臺諫更不論執遂徙琳于鐵原穡于咸昌地于橫川貴生于
固城流仁烈于淸風杖乙珍庚道謂安德洪壽有功庠但聞
安烈言皆原之臺諫復請曰罪莫大於反逆天下萬世所不
可赦者也邊安烈潛圖不軌欲殺大臣迎辛禑以逞其欲臣
等上疏請鞫其黨殿下命申孝昌朴爲生鞫李乙珍乙珍云
李琳李貴生鄭地李庚道元庠實與其謀又命臺省巡軍鞫
之貴生明言琳逆之狀問李琳則亦與貴生同而殿下皆宥
之或反褒之或止杖之遠竄者或徙近邑或有削爵而置近
境者或有不削爵者等爲逆黨而罰之不同有如是大失刑
政之公矣將見紀綱不振讒佞日盛兇逆得志爭臣杜口忠
良觖望而危亂將至中興之大業瓦解矣琳貴生與逆魁安
烈潛圖不軌其狀已著禹仁烈與琳貴生往安烈第其同謀
之狀明矣安烈欲使仁烈王安德禹洪壽迎辛禑人固多矣
而必使三人迎禑則其與謀也必矣仁烈素無節行阿附仁
任安德夤緣軍功並至將相殿下反以此二人爲有功而加

爵賞何哉洪壽於辛禑時參掌機密頗有不廉之誚惟承家蔭驟至卿相乙珍庚道頑愚無知拔身行伍濫稱軍功以盜爵祿今皆爲逆魁之腹心首居刺客之列豈可杖之而已乎權近私拆天朝復立王氏之咨先示逆黨以趣逆謀罪固不容誅矣曹敏修秉主將之權沮衆議立異姓李穡爲世儒宗於復立王氏之議固當悅而從之乃反沮之者王氏祖宗之罪人也鄭地元庠與謀之狀乙珍已明言之亦豈可不辨而遽捨之乎願殿下深慮萬世子孫之計明正其罪以副三韓臣庶之望命配琳貴生敏修穡仁烈地近乙珍庚道安德洪壽庠等于外諫官再上疏力爭不聽臺諫復交章曰向者邊安烈畜憤於革私田及至禮部咨文之來欲盡滅王氏以固辛氏乃與李琳禹仁烈王安德禹洪壽李貴生等潛謀不軌以李乙珍李庚道爲刺客欲害忠良以謀亂國家若其計得行則王氏之中興其可望乎今反加逆黨以官職而寵異之是勸萬世大逆不軌之黨也侍中

李太祖舊諱　才兼將相心在社稷隣敵畏其威中原慕其名國之存亡實繫是人若非是人殿下何以成中興之大業太祖列聖三十一代在天之靈何以享殿下之孝祀乎今若不去逆黨漸使得志則臣等恐社稷之忠臣必爲唐室之五王未免逆黨之中傷矣柰何殿下以姻婭之故曲法赦之乎乞明正典刑以戒後來不聽臺諫復上疏曰大逆天地之所不容人倫之所不赦故仲尼作春秋而誅亂討賊必先誅未發之禍心況其已著之大逆乎殿下旣爲太祖之神孫則安烈之黨殿下之世讎也國人明知其罪而殿下宥之則殿下亦祖宗之罪人矣柰何以姻婭之故聽信讒言宥此逆黨遂使憸邪之輩得志於內忠義之臣解體於外乎凡謀逆者先植黨與而後敢於爲惡未知殿下以謂安烈無黨與而獨謀乎伏願殿下割恩正法明置琳等典刑又不允彝初獄起繫琳淸州尋以水灾免憲司又言不可輕赦不聽尋宥琳及貴生郎舍許應等上疏曰殿下即位之初以李琳姜仁裕王興申雅等常在僞朝憑恃女寵毁法亂紀悉皆流竄尋蒙恩宥完聚京都無所懲戒請下憲司屏諸遠方王從之流琳于忠州仁裕豐州興淸州雅全州琳病死貶所子貴生茂生

王康

王康宗室疏屬恭愍二十年應擧中會試康於儕輩年最少王召見謂曰判官曹崇禮進士閔安仁老成儒者尙未中第況此少者乎必假手也使寫會試策題不克王怒停殿試命自今年未十五歲者毋得赴試踰數月覆試賜同進士第補成均直學累遷江寧府丞辛禑立授典理摠郞遷成均祭酒尋爲西北面安撫使安集郡縣流離人物恭讓朝拜判典農寺事出爲楊廣全羅慶尙道水軍體察使兼防禦鹽鐵使尋轉禮曹判書陞密直副使兼楊廣全羅慶尙道水軍都體察使鹽鐵漕轉招討營田繕城事敎曰國家中遭否運僞主昏淫權臣貪暴紀綱大壞加以倭寇陸梁州郡凋瘵漕轉不通倉庾虛竭撥亂之後思得才能以革舊弊堂臣薦卿以任海道不數年間果有成效簡鍊戎兵而島吏遠道轉輸糧餉而國用不竭予嘉乃功今委以三道都體察使以摠水陸之事其軍吏有功者具名以聞予將擢用奉翊以上申請科罪三品以下聽卿專斷康屢運三道軍須稅貢都堂必設宴勞之康以利國爲己任務盡魚鹽之利錢貨之入鉅萬計國家賴之康侵牟海道民多怨咨時謂康爲聚斂之臣康獻議曰楊廣道泰安瑞州之境有炭浦從南流至興仁橋百八十餘里倉浦自北流至蕁堤城下七十里二浦間古有浚渠處深鑿者十餘里其未鑿者不過七里若畢鑿使海水流通則每歲漕運不涉安興梁四百餘里之險請始役於七月終於八月於是發丁夫浚之石在水底且海潮往來隨鑿隨塞未易施功事竟無成康嘗擧前牧使呂稱爲副使將代己任人以劉晏之徒目之

朴葳

朴葳密陽人初補于達赤辛禑時爲金海府使擊倭于黃山江斬二十九級賊投江死者亦衆又倭賊五十艘至金海南浦牓示後來賊曰吾輩乘風利泝黃山江直擣密城葳偵知之設伏兩岸將舟師三十艘以待之賊見牓一艘先入江口伏發葳亦突至遮擊賊狼狽自刃投水死殆盡時江州元帥裴克廉又與倭戰賊魁霸家臺萬戶著大鐵兜鍪至手足皆甲介步卒翼左右躍馬而前馬旋濘而止我軍迎擊斬之報至褒賞葳克廉甚厚後爲慶尙道都巡問使斬倭十四級禑攻遼葳以元帥行從我

太祖回軍復爲慶尙道都巡問使與安東元帥崔鄲擊倭于尙州中牟縣破之賜弓矢綵叚又擊倭于高靈縣斬三十五級又以戰艦百艘擊對馬島燒倭船三百艘及傍岸廬舍殆盡元帥金宗衍崔七夕朴子安等繼至搜本國被虜男女百餘人以還辛昌下敎奬諭曰我朝昇平日久武備稍弛肆致島倭恣爲寇掠迄今四紀擾我三陲國家唯務守禦將帥尙稽徂征而卿發憤于懷仗義而往凌不測之鯨波覆積年之蟻穴室廬船艦盡爲煨燼俘虜人民得還卿閭足以雪國家之恥足以復臣民之讎捷報初來予心寔喜今遣門下評理徐鈞衡賜卿衣領鞍馬銀錠等物葳上箋謝時人以爲葳但燒廬舍舟楫實無俘獲尋改都節制使捕倭船一艘斬三十二級後以判慈惠府事從我

太祖定策立恭讓拜知門下府事封忠義君賜功臣錄劵及廐馬一匹白金五十兩帛絹五端敎曰卿以寬弘之度豁達之資逢時展才委身鞅掌其處事之敏衛上之忠玄陵稱之四爲守令三鎭南服寇戢民安蔚有聲績才超耿賈之儔勇在關張之右城于州而金湯之利始驗斂其船而海道之警悉除載惟對馬之役有光辛巳之征

天子責立異姓爲王卿與守門下侍中

李太祖舊諱首倡大義推戴寡躬以安邦家之基以定君臣之分嘉乃丕績曰篤不忘追崇祖考之號仍加世宥之恩錫之土田副以臧獲卿其膺此異數益勵忠誠金宗衍之獄起辭連葳流豐州尋錄回軍功賜錄劵及田自此以後入　本朝

李豆蘭

李豆蘭初名豆蘭帖木兒女直金牌千戶阿羅不花之子襲世職爲千戶恭愍時豆蘭遣其百戶甫介以一百戶來投仍居北靑州事我

太祖麾下辛禑時遼瀋草賊四十餘騎侵掠端州豆蘭與端州上萬戶陸麗靑州上萬戶黃希碩等追至西州衛海陽等處斬渠魁六人餘皆遁胡拔都來寇端州副萬戶金同不花內應盡以貨財故後陽被執麗希碩等累戰皆敗時豆蘭以母喪在靑州

太祖使人召謂之曰國家事急子不可持服在家其脫衰從我豆蘭乃脫衰拜哭告天佩弓箭從行與胡拔都遇於吉州

平豆蘭爲前鋒先與戰大敗而遁
太祖尋至胡拔都恭厚鎧三重襲紅褐衣乘黑牝馬檻陣待
之意輕
太祖留其士卒拔劍挺身馳出
太祖亦單騎拔劍馳進揮劍相擊兩皆閃過不能中胡拔都
未及勒馬
太祖急回騎引弓射其背鎧厚箭未深入即又射其馬洞貫
馬倒而墜
太祖又欲射之其麾下大至共救之我軍亦至
太祖縱兵大破之胡拔都僅以身遁時判書金世德妻尹氏
寡居數年有穢行其母以嫁前洪州牧使徐義纔數日尹氏
惡義而出之憲司劾之遣卒守其家李仁任等受尹氏厚賂
謀欲寢之謂豆蘭屢立邊功以尹氏妻之拜禮儀判書又從
太祖大敗倭賊于咸州兔兒洞賜宣力佐命功臣號拜密直
副使攻遼之舉從
太祖回軍尋商議同知密直司事會議都監事辛昌立授知
司事恭讓即位錄回軍功賜錄券上田陞密直使與張思吉
擊倭于西海道進知門下府事司判都評議使同事自此以
後入　本朝

南誾

南誾宜寧縣人性豪邁無檢束自幼好奇計辛禑時補社稷
壇直時倭寇大熾三陟郡城小且危國家難其守誾自薦知
郡事既到郡賊猝至誾率十餘騎開門突擊之賊敗走召授
司僕正禑攻遼從我
太祖至威化島與趙仁沃等獻回軍之議且密謀推戴以
太祖嚴謹不敢發言既還密白
太宗太宗戒以勿言轉三司右尹監門衛上護軍恭讓朝拜
鷹揚軍上護軍兼軍簿判書錄回軍功賜土田錄券陞開城
尹遷密直副使上書曰從諫如流人君之德責難於君臣子
之恭昔高宗命傅說曰朝夕納誨以輔台德說復于王曰惟
木從繩則正后從諫則聖古之君臣更相勉勵如此後之人
君可不鑑哉近殿下坐正殿進百官以天之譴告與夫八事
之弊自責下敎求言然其直言極諫者非一而優游不斷臣
恐內多欲而外施仁義也昔賈誼上書以爲有痛哭者一流

涕者二長大息者三夫以文帝之時內外晏然紀綱備擧誼之言尙爾矧當今日可言者多矣臣以庸劣荷殿下之重恩受殿下之厚祿凡所見聞不以上達是不忠也故以數語不避群邪切齒陰中之禍敢冒聰聽自甲寅以來忠臣義士常腐心於僞姓而不敢發辛禑之狂妄日熾遂有戊辰政遼之擧諸將仗義回軍退辛禑而黜崔瑩議立宗室之賢主將曹敏修不顧萬世之法力沮衆議謀於一大儒立禑子昌則忠臣義士之憤益深切矣及見尹承順權近賫來
聖旨曰高麗國中多事爲陪臣者忠逆混淆雖假異姓爲之亦非三韓世守之良謀於是九功臣慨然有撥亂反正之志出有死無生之計倡大義定大策而推戴殿下爲恭愍王後以奉王氏之祀此實祖宗在天之靈有以啓迪之也逆臣邊安烈因權近之私拆預知密旨黨附外戚反欲迎禑永絕王氏幾使
聖天子存亡繼絕之恩不得行其爲逆謀實金佇鄭得厚所明言官吏國人所共聞故臺諫交章論執而安烈伏辜餘黨免於鈇鑕國人靡不觖望向使安烈之計得行則殿下之大事去矣金宗衍潛結奸黨同惡相濟以圖不軌令尹彝李初流言
上國請親王動天下之兵遂啓
聖天子疑我之心罪莫大於此者而使臣王昉趙胖之還辭證明白何置而不問乎使臣鄭道傳韓尙質等欽奉
宣諭聖旨曰高麗有多小地方也有賢的也有愚的自要小見識使那小人來則其爲不軌之迹明矣始謀之黨見矣誠宜命有司推鞫其狀明示重典聞于
天子可也而罪同罰異或誅或免何哉向使宗衍之黨之計得行而
天子不得明見萬里則三韓之民無遺類矣趙裕之言一也或遠竄或近流或有杖之者或有誅之者或有召還京師慰而安之者是亦何心哉向使趙裕之黨之計遂行則忠義社稷之功臣不得保全矣戊辰回軍之際池湧奇乃曰有親王之子孫在焉其言果驗於王益富之事也然則湧奇之扶擁益富而潛圖之迹甚明矣殿下殺益富而赤其族活湧奇而全其首領則殊失用刑之公矣益富之死也爲有罪則湧奇

之生也何幸歟湧奇之生也爲無罪則益富之族奚罪歟向使湧奇之計得行則殿下之享國未必保也大逆不忠之黨皇天后土之所不容三韓臣子所不共戴天之讎也殿下烏得而私之管叔成王之叔父也將危周公而就戮上官安昭帝之親舅也以謀霍光而赤族假使周公霍光見疑於成昭則周漢歷年之久未可期也殿下不以王法爲念牽於姑息之仁臺諫論劾而反見斥逐群邪保全而反見任用是勸不忠不義於將來也忘祖宗五百年之社稷也然則其於皇天眷命殿下之意何其於

天子復立王氏之意何其於祖宗扶佑殿下之念何其於臣民共戴殿下之心何臣恐三韓之人以姻婭之故有以窺殿下之私心也臣之所言公則請將安烈宗衍趙裕之黨與夫湧奇等即下憲司明正其罪布告中外以快人神之憤以懲亂賊之徒可也好惡出於一時是非公於萬世臣何惜一朝之命不顧萬世之法乎臣之所以極言不諱者寧得罪於殿下寘不獲罪於祖宗也又念君子陽類磊磊落落無所回互用之則升其國於明昌而衆臣和於朝萬物和於野簫韶九成鳳凰來儀小人陰類唯唯諾諾變亂是非用之則降其國於昏暗而日月薄食水泉沸騰山谷易處霜降不節此必然之理也伏惟殿下親君子訪以時政得失問以古今亂理從容談笑涵養德性無言不聽靡事不擧非法不道非禮勿行絕宦官遠小人斥異端存天理而滅人欲則可以共新於理化可以仰答於天心天災消地道寧賞罰明禮樂興陰陽和而風雨時天命益新人心益附隣國益慕之矣願殿下深思之熟慮之道傳以罪配羅州誾力不能救且自上書後怨讟旁興王亦忌之故稱疾自免諫官金震陽等劾論削職流遠地尋召拜同知密直司事時右侍中裴克廉等奉王大妃敎將廢王事旣定乃白我

太祖太祖怒曰廢之而將立誰耶誾對曰我等必得明主願勿憂遂廢王王將出誾跪曰禹玄寶父子謀迎辛禑又黨於金宗衍欲危社稷於是大臣省憲以宗社大計請罪玄寶父子上以姻婭之故優游不斷曾未知五百年三韓之業在禹氏之生死也昔商王大甲欲敗度縱敗禮伊尹放之桐宮旣而大甲處仁遷義伊尹迎大甲復紹成湯之業今上若能遷

善改過則不待朝夕而復矣王曰予本不欲君爾等也而群臣强立之且予不敏未諳事機豈無忤群下之情乎因泣下曰禹氏於我爲仇讎矣遂行自此以後入　本朝

列傳卷第二十九

列傳卷第三十　高麗史一百十七

正憲大夫工曹判書集賢殿大提學知　經筵春秋館事兼成均大司成臣鄭麟趾奉
敎修

鄭夢周

鄭夢周字達可知奏事襲明之後母李氏有娠夢抱蘭盆忽墮驚寤而生因名夢蘭生而秀異肩上有黑子七列如北斗年至九歲母晝夢黑龍升園中梨樹驚覺出視乃夢蘭也因改夢龍旣冠改今名恭愍九年應擧連魁三場遂擢第一人十一年選補藝文檢閱十三年從我
太祖擊三善三介于和州累遷典農寺丞時喪制紊弛士大夫皆百日即吉夢周於父母喪獨廬墓哀禮俱盡命旌表其閭十六年以禮曹正郞兼成均博士時經書至東方者唯朱子集註耳夢周講說發越超出人意聞者頗疑及得胡炳文四書通無不脗合諸儒尤加嘆服李穡亟稱之曰夢周論理橫說竪說無非當理推爲東方理學之祖十七年轉成均司

藝二十年改大常少卿俄遷成均司成二十一年以書狀從
洪師範如京師賀平蜀還至海中許山遭颶風船敗漂抵岩
島師範溺死其得免者纔什二夢周瀕死乃生剖韂而食者
十三日事聞
帝具舟楫取還厚加恩恤遣還辛禑元年拜右司議大夫移
成均大司成初
皇明肇興夢周力請于朝首先歸附至是恭愍被弑金義殺
使國人恟恟不敢通使
朝廷夢周又陳大義以謂邇來變故當早詳奏使
上國釋然無惑豈可先自疑貳構禍生靈於是始遣使告哀
且辨釋金義事時北元遣使賜詔權臣李仁任池奫欲復事
元議迎其使夢周與文臣十數人上書曰爲天下國家者必
先定大計大計未定則人心疑貳人心之疑百事之禍也念
吾東方僻在海外自我太祖起於唐季禮事中國其事之也
視天下之義主而已頃者元氏自取播遷
大明龍興奄有四海我上昇王灼知天命奉表稱臣
皇帝嘉之封以王爵錫貢相望者六年于玆矣今上即位之
初賊臣金義因禮送天使中路擅殺叛入北元與元氏遺孽
謀納瀋王既殺天使又背其君惡逆甚矣誠宜正名其罪上
告天子下告方伯請討而殺之然後已也國家不唯不問金
義之罪反使宰相金湑奉貢北方吳季南封疆之臣也擅殺
定遼衛三人張子溫等金義一行之人也不達定遼衛公然
還國又置而不問今北使之來議遣大臣禮接境上乃曰不
欲激怒北方以緩師也夫元氏失國遠來求食僅得一飽以
延須臾之命名爲納君實自利也絕之則示我之强事之則
反驕其志其欲緩師實速之也竊聞其詔加我以大逆之罪
因以赦之我本無罪又何赦焉國家若禮待其使而送之則
是舉國臣民無其實而自蒙大逆之名不可使聞於四方爲
臣子者其可忍乎又況
朝廷初聞金義之事固已疑我矣又聞與元氏相通而不問
金義之罪則必謂我殺使與敵無疑也若與問罪之師水陸
並進國家其將何辭以對之乎其欲緩小敵之師實動天下
之兵也此理甚明人所易曉廟堂之上若不能言者其故不
難知也蓋以前日群小之變當時宰執恐被

朝廷責詰實有與金義通謀欲以絶上國安師琦情見自刎
是也師琦既死宜速定計以快衆憤而至今未有聞也人情
洶洶恐生他變伏惟殿下斷自宸衷執元使收元詔縛吳季
南張子溫幷金義帶行之人送至
京師則曖昧之罪不辨自明乃約與定遼衛養兵待變聲言
向北則元氏遺種斂迹遠遁而國家之福無窮期矣池李深
忌之貶流彥陽二年許任便居住時倭寇充斥濱海州郡蕭
然一空國家患之嘗遣羅興儒使覇家臺說和親其主將拘
囚興儒幾餓死僅得生還三年權臣嗛前事擧夢周報聘于
覇家臺請禁賊人皆危之夢周略無難色及至極陳古今交
隣利害主將敬服館待甚厚倭僧有求詩者援筆立就緇徒
坌集日擔肩輿請觀奇勝及歸與九州節度使所遣周孟仁
偕來且刷還俘尹明安遇世等數百人且禁三島侵掠倭人
久稱慕不已後聞夢周卒莫不嗟惋至有齋僧薦福者夢周
憫倭賊奴我良家子弟乃謀贖歸力勸諸相各出私貲若干
且爲書授尹明以遣賊魁見書辭懇惻還俘百餘人自是每
明之往必得俘歸四年拜右散騎常侍歷典工禮儀典法版

圖判書六年從我
太祖擊倭雲峯還拜密直提學明年簽書司事十年拜政堂
文學本國與
朝廷多釁
帝怒將加兵于我增定歲貢乃以五歲貢不如約杖流使臣
洪尙載金寶生李子庸等于遠地至是當遣使賀
聖節人皆憚行規避最後乃擬遣密直副使陳平仲平仲以
臧獲數十口賂林堅味遂辭疾堅味即擧夢周禑召面諭曰
邇來我國見責
朝廷皆大臣過也卿博通古今且悉予意今平仲疾不能行
乃代以卿卿意何如對曰君父之命水火尙不避況朝天乎
然我國去南京凡八千里除候風渤海實九十日程今去聖
節纔六旬脫候風旬浹則餘日僅五十此臣恨也禑曰何日
就道對曰安敢留宿遂行晨夜倍道及節日進表
帝覽表畫日曰爾國陪臣必相托故不肯來日迫乃遣爾也
爾得非往者以賀平蜀來者乎夢周悉陳其時船敗狀
帝曰然則應解華語特賜慰撫勑禮部優禮以送遂放還尙

載等十一年同知貢擧取士故事每試一場輒考較出榜初
場不合格者不得入中場終場亦如之懿妃弟盧龜山童騃
無學中場不入格禑大怒欲罷試李成林廉興邦等諂龜山
父英壽第請使龜山赴終場英壽辭以不可獨入於是并試
不合格者十數人竟取龜山德昌府行首文允慶本官官李
匡從者竊書其友策夢周黜之知貢擧廉國寶乃取之崔瑩
戲語人曰前月監試學士尹就弃寒士取昏童致天大雹盡
殺我麻今東堂學士復致何等天變耶十二年如
京師請冠服又請蠲免歲貢夢周奏對詳明得除五年貢未
納者及增定歲貢常數及還禑喜甚賜衣帶鞍馬拜門下評
理明年請解職封永原君與河崙廉廷秀姜淮伯李崇仁建
議革胡服襲華制十四年拜三司左使辛昌元年改爲藝文
館大提學從我
太祖定策立恭讓拜門下贊成事同判都評議使司事戶曹
尙瑞司事進賢館大提學知經筵春秋館事兼成均大司成
領書雲觀事封益陽郡忠義君賜純忠論道佐命功臣號敎
曰撥亂反正誠社稷之忠臣崇德報功實國家之令典惟卿
天人之學王佐之才射策而連擢魁科廬墓而克伸孝志惟
根本培植於內者確乎不拔故英粹發越於外者煥乎有文
先王任用而俾掌絲綸後生景慕而如仰山斗倡鳴濂洛之
道排斥佛老之言講論惟精深得聖賢之奧敎誨不倦蔚有
人材之興德望由是而益崇聲名以之而大振
聖明勃興之伊始國家歸附之最先愼簡臣僚擧充書狀航
滄海而乃往因颶風之所漂僅脫萬死以旋歸優荷九重之
眷顧迨玄陵賓天之後當金義奔胡之初有權臣執狐疑之
心謂庶官憚駿奔之役莫肯遣使於上國將欲嫁禍於生靈
卿與鄭道傳等力言以爲邇來變故之相仍盍具事情而申
達苟獲罪於
天子難延祚於邦家故有使介之行以明臣子之分顧東方
之寧謐繇卿輩之謹猷厥後胡使之來書辭不順當時郊迓
之議大小皆然率李詹伯英之徒極陳不可忤仁任池奫之
輩未得見容竄逐嶺南者數年往還日本者經歲由小邦覲
聘之緩致
天朝譴責之嚴國步危疑人心洶懼跋履山川親瞻天日始

通王覲之途終滅歲貢之額惟自昔罔愆事大之禮肆至今克有保民之休粤自甲寅以至己巳不幸有禑昌僭竊之禍居常懷狄張興復之忠天實臨於爾心事竟成於有志洪武二十二年十月門下評理尹承順等回自
京師欽奉
聖旨高麗君位絕嗣雖假王氏以異姓爲之亦非三韓世守之良謀是年十一月十五日卿等定策宣
天子之命稟太妃之言推戴寡躬俾承正統續十六年旣絕之祀延千萬世無疆之休於是整頓紀綱修明禮樂正田法而息爭訟汰冗官而舉賢良廊廟施爲實堯君舜民之志經筵啓沃皆伊訓說命之言奇材允協於股肱𤇆烈難忘於帶礪苟無褒崇之異數何以勸勵於將來是用立閣圖形勒碑紀績追贈三代祖考宥及永世子孫錫之土田副以臧獲仍賜白金五十兩廐馬一匹於戲予惟襲艱大之業思免厥愆卿益輸弼亮之誠以永終譽王御經筵夢周進言曰儒者之道皆日用平常之事飮食男女人所同也至理存焉堯舜之道亦不外此動靜語默之得其正即是堯舜之道初非甚高難行彼佛氏之敎則不然辭親戚絕男女獨坐巖穴草衣木食觀空寂滅爲崇豈是平常之道時王欲迎僧粲英爲師故夢周講及此然王方惑佛不納彝初獄起臺諫論其黨甚力夢周請因封崇四代大赦臺諫猶論執不已王下都堂議夢周以爲罪狀不白今又經赦不宜復論刑曹劾夢周右彝初黨夢周再上牋辭皆不允召夢周宴慰之尋拜壁上三韓三重大匡守門下侍中判都評議使司兵曹尙瑞寺事領景靈殿事右文館大提學監春秋館事經筵事益陽郡忠義伯三年王謂經筵官曰今人知中國故事而不知本朝之事可乎夢周對曰近代史皆未修先代實錄亦不詳悉請置編修官依通鑑綱目修撰以備省覽王納之卽命李穡李崇仁等修實錄不果行成均博士金貂上書毀佛王怒欲抵以死罪兵曹佐郎鄭擢上疏曰竊聞金貂排斥異端極言不諱上以其破毀先王成典將置極刑臣竊爲殿下惜之書曰監于先王成憲其永無愆所謂先王成憲者不過三綱五常而佛氏皆背之非貂毀先王成典乃殿下自毀之也願赦貂任直之罪代言等畏王怒不敢啓夢周與同列上疏曰信者人君之大

寶也國保於民民保於信近日殿下下敎求言曰言之者無
罪於是人皆抗疏極論政事之得失民生之休戚眞所謂不
諱之朝也有國子博士生員等亦以排斥異端上書陳說言
語不謹觸犯天威在朝之臣不勝恐懼臣等以爲斥詆佛氏
儒者之常事自古君王置而不論况以殿下寬大之量蕞爾
狂生在所優容乞霈寬恩一皆原宥示信國人王從之貂等
得免又疏曰賞罰國之大典賞一人而千萬人勸罰一人而
千萬人懼非至公至明不足以得其中而服一國之人心也
自殿下踐祚以來省憲法司交章擧劾以爲某人乃沮立王
氏之議扶立子昌者某人與於逆賊金宗衍之謀於行在所
爲內應者某人於諸將承
天子之命以辛禑父子爲非王氏議復王氏之時謀迎辛禑
永絕王氏者某人送彝初於上國請親王動天下兵者某人
陰養先王孽孫潛謀不軌者章疏屢上雖勞聖慮之勤至今
未見明白必於其間有罪者曲蒙肆宥無辜者未能昭雪其
於公道似乎兩失是以言者紛紛至今不已臣等以謂宜令
省憲法司共議商搉將連涉人等獄詞文案更加詳覆某人
罪在不宥宜置于法某人情在可疑宜從輕典某人無罪被
誣宜令辨釋獄章既上殿下坐朝門召宰輔臣僚親臨審錄
使無冤抑然後加以罪黜施以肆宥則人心服而公道行矣
從之於是省憲刑曹論列五罪曰沮立王氏之議扶立子昌
者曹敏修李穡也與於金宗衍之課爲內應者朴可興池湧
奇李茂鄭熙啓李彬尹師德陳乙瑞朴葳李沃李仲華陳元
瑞金軾李龜哲也但湧奇葳茂熙啓彬師德乙瑞元瑞沃仲
華等皆不問流貶又無供辭情在可疑然湧奇葳名在功臣
之列位至將相宜盡心輔佐而多聚軍官使宗衍有所依賴
欲遂其謀其情難測軾龜哲等雖有供辭辭不分明情亦可
疑謀迎辛禑永絕王氏者邊安烈李乙珍李庚道元庠李貴
生鄭地禹玄寶禹洪壽王安德禹仁烈及穡熙啓也大逆安
烈雖無供辭既已伏誅然不籍產擧國觖望乙珍與安烈同
謀擾亂國家供辭明白今據乙珍之辭則庚道之與謀亦無
疑矣且以安烈腹心爲其都鎭撫豈有安烈謀事而庚道不
知者乎宜與乙珍同處較問庠貴生知情不首且據李琳父
子供辭則洪壽雖涉迎禑而無供辭其情可疑以鄭地供辭

觀之地之無罪被誣明矣以朴義龍供辭觀之則穡之謀迎辛禑固可罪也玄寶安德仁烈熙啓等已皆免職分配于外皆無供辭故問其時問事巡軍官皆云玄寶等之與謀金佇已明言矣然不以其時與佇對辨又無供辭情在可疑而仁烈則以委官坐巡軍不明取佇之供辭安德則都屯串敗軍後往見禑於驪興累日之程其閒難測又觀李琳父子供辭則安烈之欲使仁烈安德迎禑明矣其見於彛初書者邊安烈金宗衍已伏誅李琳曹敏修病死禹仁烈鄭地李崇仁權近李貴生禹玄寶權仲和張夏李種學慶補已承服李穡陳乙瑞李仁敏韓俊鄭龍仇天富李大卿皆無供辭其不在彛初書中而見於洪仁桂供辭者崔公哲已杖死崔七夕安柱公義郭宣鄭丹鳳曹彥王承貴張忠立已承服趙卿病死陰養先王孽孫者亦池湧奇也湧奇陰養益富事狀明白其罪不可赦也王御正殿召夢周及判三司事裴克廉兼大司憲金湊門下評理柳曼殊左常侍許應右常侍全五倫諫議朴子文全伯英獻納權軫正言柳沂金汝知掌令崔咸金畝持平李元紘李作刑曹判書具成祐摠郞成溥正郞何係宗佐郞朴猗等議定五罪王曰自寡人即位以來臺諫每以五罪交章上疏然罪狀不白難可罪之不唯予之軫念臺諫因此或落職或左遷紛紛不已即今宜以明辨其有罪者不可以私赦被誣者亦不可不赦卿等毋面從退有後言乃問立昌迎禑之事欲寬李穡曰戊辰年諸將回軍議立王氏問計於穡而曹敏修以辛昌外戚爲時大將穡實怯懦故曰父廢子立有國之常乃立昌襲位罪可恕也夢周對曰然但穡無節操耳何有罪乎湊駁曰當殿下龍潛之日僞辛稱玄陵之後穡知其非王氏而倡立子昌曰父廢子立是成辛氏爲君也成辛氏爲君則殿下以辛氏之臣而簒辛氏之位矣穡爲世大儒就斷國論貪生忘義罪可恕乎當時大將如

諸軍事可不恃賴而固畏敏修乎諸郞舍但唯唯汝知獨希旨曰臣亦以謂穡等無罪也王又欲原禹玄寶朴可與湊又曰殿下似有私意王勃然變色曰卿以予私耶遂釋穡玄寶等以無供辭而但有金佇鄭得厚之言也王命敏修安烈籍其家湧奇可與依舊付處仁烈安德竄外方從便餘皆京外從便初安德亦在京外從便中湊曰安德藍浦之役專軍覆

沒其還也必道驪興而謁辛禑議迎立謂之罪狀未白可乎
外方從便其賜亦大矣王從之夢周啓王著令曰今後如有
論上項人等罪者以誣告論尋賜夢周安社功臣號四年夢
周取　大明律至正條格本朝法令參酌刪定撰新律以進
夢周忌我
太祖威德日盛中外歸心又知趙浚南誾鄭道傳等有推戴
之謀嘗欲乘機圖之及世子奭朝見而還
太祖出迎黃州遂畋于海州墜馬
體甚不平夢周聞之有喜色遣人嗾臺諫曰
李(太祖舊諱)今墜馬病篤宜先剪羽翼趙浚等然後可圖也遂劾
浚道傳誾及素所歸心者五六人將殺之以及
太祖
太祖還至碧瀾渡將宿
太宗馳至告曰夢周必陷我家
太祖不荅又告不可留宿於此
太祖不許固請然後力疾遂以肩輿夜還于邸夢周憂不濟
事不食已三日

太祖又白曰勢已急矣將若何
太祖曰死生有命但當順受而已
太宗與
太祖弟和壻李濟等議於麾下士曰李氏之忠於王室國人
所知今爲夢周所陷加以惡名後世誰能辨之乃謀去夢周
太祖兄元桂之壻卞仲良洩其謀於夢周夢周詣
太祖邸欲觀變
太祖待之如初
太宗曰時不可失及夢周還乃遣趙英珪等四五人要於路
擊殺之年五十六
太宗入告
太祖震怒力疾而輿謂
太宗曰汝等擅殺大臣國人以我爲不知乎吾家素以忠孝
聞汝等敢爲不孝乃爾
太宗對曰夢周等將陷我家豈可坐而待亡此乃所以爲孝
也宜召麾下士備不虞
太祖不得已使黃希碩白王曰夢周等黨庇罪人陰誘臺諫

誣陷忠良今已伏罪請召浚誾等與臺諫辨明於是鞫臺諫流之并流其黨梟夢周首于市揭榜曰飾虛事誘臺諫謀害大臣擾亂國家

太祖麾下士又上䟽籍其家夢周天分至高豪邁絶倫有忠孝大節少好學不倦硏窮性理深有所得

太祖素器重每分閫必引與之偕屢加薦擢同升爲相時國家多故機務浩繁夢周處大事決大疑不動聲色左酬右答咸適其宜時俗喪祭專尙桑門法夢周始令士庶倣朱子家禮立家廟奉先祀又以守令雜用參外吏胥秩卑人劣始選用參官有淸望者嚴其黜陟又以金穀出納都評議司錄事白牒施行事多猥濫始置經歷都事籍其出納又內建五部學堂外設鄉校以興儒術其他如立義倉賑窮乏設水站便漕運皆其畫也所著詩文豪放峻潔有圃隱集行于世

本朝贈大匡輔國崇祿大夫領議政府事修文殿大提學兼藝文春秋館事益陽府院君謚文忠子宗誠宗本

金震陽

金震陽字子靜雞林府人性慷慨不群少孤力學恭愍朝登第調藝文檢閱十不年歟歷華要出爲西海道按廉有聲績由門下舍人陞左司議恭讓時彛初獄起震陽語同僚曰彛初之事三歲小童亦知其誣憲司劾以輕論大逆以沮正論請削職遠流不敍王止罷其職起爲右散騎常侍尋轉左常侍與右常侍李擴右司議李來左獻納李敢右獻納權弘左正言柳沂等論三司左使趙浚前政堂文學鄭道傳前密直副使南誾前判書尹紹宗前判事南在淸州牧使趙璞等曰鄭道傳起身賤地竊位堂司欲掩賤根謀去本主無由獨擧織成妻斐之罪連坐衆多之人趙浚於一二卿相開偶起讎嫌與道傳同心相扇變亂賣弄權勢誘脅諸人於是患失乾沒之輩希旨生事之徒響應而作其中南誾南在等爲扇亂之羽翼尹紹宗趙璞等爲造言之喉舌唱和而起廣張罪網施刑於不可刑之人求罪於本無罪之地衆心危懼咸怨咨嗟一以傷天地生物之和二以傷殿下好生之德歲庚午淸州大水辛未城市乘桴天災荐至年穀不登豈非所召也殿下若曰浚爲功臣雖有罪當恕臣等又竊聞去年戊辰

開國伯立殿下之心已發於回軍之日而浚不在軍中其不

參其議明矣至己巳
開國伯立殿下之策已定矣浚則却之而言他賴
開國伯不許之故殿下得以立焉執此論之浚前不參謀於
始議之日後欲沮其既定之策謂之殿下之功臣可乎浚若
曰吾嘗無此言不唯左右諸相聞之天高聽卑昭然可畏焉
能廋哉至哉
開國伯之忠也遏僞朝猾夏之擧而活斯民也如彼拒趙浚
立他之謀而立殿下也如此其忠之至可謂貫乎日月矣向
若行兵萬里挑戰上國則斯民之衣食於斯含飽鼓腹於壽
域之中其可得乎況
天子特遣使介錫以內帑之珍寵遇世子序於諸侯之上又
可得乎若浚也者其言如彼其心可知然則不惟不得爲功
臣實爲大不忠之臣也夤緣僥倖反得功臣之名齒於功臣
之列寫容垂耀與大功臣無異超資受職與眞功臣十倍而
榮莫大焉曾不思遷善掩罪猶復陰與羽翼喉舌之輩無時
聚謀豈徒然哉臣等竊畏必有不遂其所圖而又有不忠之
論不如早爲之所無使滋蔓也又臣等聞浚於上前乍泣乍
哀外示遷善之狀內要寬罪之計此乃僞悔也殿下天性正
直以爲實然臣切恨之浚當姦計方肆之初天誘其衷遂悟
昨非而悔之如是則其悔也眞矣厥今其同惡唱亂之輩幾
乎垂翅而衆怒群猜極矣安得不如是而免其罪乎此實不
得已而然也非僞悔而何哉若他日幸復乘勢其生變有甚
於前必矣伏望殿下毋恃而早圖之可也又臣等聞誾嘗陳
言曰殿下內多慾而外施仁義此言何謂也且誾於國家別
無殊功驟登台府殿下之賜大矣乃希合浚與道傳之意曾
無感恩知足之心敢發輕辱不敬之言所以激上意而逞其
欲也其用意姦惡如此誠可畏哉盖此人輩厥罪惟均殿下
若因循不斷不唯天怒人怨恐有不可及之後悔也臣等本
非故欲害人者也安敢效彼輩私讎未報勞心忉忉者爲哉
但以公義如此事勢如此故不敢不請也此言如飾皇天上
帝實先誅臣等可不畏哉可不畏哉伏望殿下收浚誾在紹
宗璞等職牒功劵鞫問其罪明正典刑道傳仍於貶所典刑
垂戒後來疏上留中不下震陽之疏雖尊
太祖其實將欲危之也震陽等牒憲司發吏卒守浚誾于家

浚讀書不輟曰吾爲社稷耳又何憂乎明日震陽等伏閤更
請王召侍中沈德符鄭夢周議遂依申流浚遠地削誾紹宗
在璞職亦流遠地道傳亦在流中而知申事李詹遺忘不錄
震陽等據依申遣人于奉化執道傳囚于甫州司憲府大司
憲姜淮伯執義鄭熙掌令金畝徐甄持平李作李申又上疏
請浚等罪幷劾判典校寺事吳思忠罪與紹宗同乞幷究理
命削職遠流震陽等又言古人曰去草不去根終當復生去
惡不去根其惡長浚道傳惡之根也誾紹宗在璞養其根而
滋蔓者也昨臣等上章請誅而惟道傳特蒙允許餘止貶外
罪同罰異請將浚等並置極刑王愕然曰我初無誅道傳之
語命移流道傳于光州浚于泥山誾在璞紹宗思忠皆聚水
原遣巡衞府千戶金龜聯刑曹正郎李蟠與楊廣道觀察使
姜隱同鞫未行我太祖自海州輿疾夜還于邸鄭夢周李穡
禹玄寶等以謂若劾浚誾置極刑則璞紹宗思忠之輩不足
制也陰誘臺諫連日交章伏閤廷諍請誅浚道傳等王命先
鞫誾等諸人辭連浚道傳然後可並鞫之及夢周誅我
太宗與
太祖弟和議令
恭靖王啓曰若不問夢周之黨請罪臣等王不得已下臺諫
于巡軍且曰流之於外可矣不必問也翌日兩府詣闕請鞫
命判三司事裴克廉門下評理金湊同巡軍提調金士衡等
治之臺官曰據門下府移牒爲之非吾等本意也震陽曰鄭
夢周李穡禹玄寶使李崇仁李種學趙瑚謂臣等曰判門下
李太祖舊諱恃功專擅今墜馬病篤宜先翦羽翼趙浚等然後可
圖也於是囚崇仁瑚種學與其弟種善夢周弟禮曹判書過
司宰令蹈及其黨鄭寓李堂鞫之皆服乃召浚還思忠在璞
並復職宥道傳誾紹宗流震陽擴來敢弘熙畝甄作申崇仁
瑚種學種善寓過蹈堂于遠地按律者言震陽等罪當斬
太祖曰予不好殺久矣震陽等承夢周指嗾耳豈可濫刑曰
然則宜痛杖之
太祖曰旣已寬之何杖之有震陽等由是得免玄寶孫成範
淮伯弟淮季皆王愛壻故玄寶之黨及淮伯皆不坐沂亦以
病免又流詹及代言李士穎于外
太祖麾下柳曼殊尹虎黃希碩等上書請籍夢周家幷治其

黨王從之奪震陽擴崇仁瑚種學種善告身臺諫交章曰金震陽輩搆釁生事以致禍亂者其謀非一日其黨非一人今又因仍姑息置而不問則臣等恐群疑無自而釋衆心無自而安變故之生姦邪之作將不弭矣願殿下令巡軍萬戶府將震陽等究問情狀隨其輕重以明其罪以斷厲階王命更勿鞫訊但據前日獄辭分其輕重以聞於是杖震陽一百徙流遠地尋卒

姜淮伯

姜淮伯晉州人父蓍門下賛成事淮伯辛禑初登第累遷成均祭酒歷密直提學副使簽書司事賜推忠協輔功臣號恭讓即位以淮伯趙浚徐鈞衡李至爲世子師淮伯以年少無學固辭陞判密直司事兼吏曹判書上疏曰吉凶非自外至禍福惟人所召安有憑佛致信術數以冀福利之理乎佛氏之道淸淨寡欲爲第一義若窮竭民力造佛造塔則反得罪於佛氏而殃禍隨至矣近日演福之役民有破產失業是乃傷仁政之大端也天時地利不如人和一治一亂自然之理安有地氣衰王而國祚有盛衰乎開國以來四百餘年何嘗巡住三京而朝三十六國乎辛禑信圖讖而移都南京矣未知何國朝於漢江乎災異之出實惟上天仁愛人君正當恐懼修省日愼一日檢身節用時使薄斂則上答天譴下慰民心何必遷都漢陽盡驅農民以供營繕之役科斂徵發使失耕穫之時以搖邦本而傷和氣乎宴安邪侈斲喪良心之斤斧也今殿下於宮中構新亭植花卉以爲宴安之所臣恐侈心自此而生矣又御衣襨令倉庫買賣供進一匹之絹價或倍蓰謀利之徒坐取重利乞令倉庫奴隷習織綾絹以供內用王納之出爲交州江陵道都觀察黜陟使召還拜政堂文學兼大司憲與同列言人事乖於下天變應於上今星失其躔月有食旣又當農月耕播之時寒冰未解候如隆冬必有召致不可不慮願殿下恐懼修省明其政刑恪勤天戒以荅天心乃勑京外不急土木之役一皆停罷以弭怨氣王從之諫官金震陽等承鄭夢周指嗾劾趙浚鄭道傳等罪淮伯亦率臺官上疏論劾浚等及夢周誅震陽等皆杖流淮伯以王壻淮季兄得不坐遂稱疾辭職左常侍金子粹等上疏曰姜淮伯等羅織無辜欺罔宸聽而殿下命一二大臣窮問得情

覺陽鄭熙等十人皆服厥辜遠竄于外獨淮伯與柳沂苟免在家若不與於其議者罪同罰異願殿下斷以大義削淮伯沂職流遠地以正邦憲王不得已從之流淮伯于晉陽入本朝爲東北面都巡問使卒年四十六子宗德友德進德碩德順德、

李詹

李詹洪州人恭愍王幸九齋試經義賜詹等七人及第授詹藝文檢閱三轉爲正言上䟽曰史典之法尙矣古者諸侯無私史邦國之志藏於王室而已及其三史繼作列國皆有史官掌記時事本朝自統三以來褒貶可記之事常多史官筆不停書易世而後乃編摩然其所載只陰晴日歷耳若其先王行事之跡與夫國家黜陟之典官或失之其故何歟大抵事之形迹雖已著明已之耳目皆不可信史臣非不欲見聞於闕下書生辭色拙訥人亦不以情狀告之故退而瞞不知何事嘉言善行至於再傳而狃於私見然後掇拾以爲實錄是非混淆世莫能矯是豈獨天地之罪人抑殿下之罪人也然亦非史臣之罪遠史臣之過也傳曰君擧必書此言君之言動左右史皆得以書之也伏望殿下親近史臣言動施爲令悉書之又令諸司具事以報而錄之則紀載必不差謬此乃殿下觀感修省之機也臣又聞古之帝王未有宴安而能致治者文王不遑暇食宣王常設庭燎二君用心於民如此其勤故垂統之功莫不緜遠中興之業益有光明終始成周而爲有道之長後世人主之所當取法也殿下即位之初勵精圖理御殿聽政自宰相至于群有司咸得進言各以其職聞奏故民情上達事無壅塞幾致昇平及其涉歷萬機自有私見以謂臣下之言莫能予智賞罰廢置斷自宸衷無所咨諏故國之理亂政之得失庶官無敢言者誠可嘆也願殿下親臨庶政自宰相至于大司憲六部尙書諫議大夫皆得以言事之得失則昇平之理庶幾可復若計較小功糾擿細過有司之任非殿下所當爲也殿下近値冬雷之變以爲此百職懈位政刑不明之應乃令諸司日書坐目具劄子以聞此誠殿下畏天勤民之美意也然以身敎者從以言敎者訟若殿下昧爽夙興平旦視朝以示百官誰敢曠官尸祿以自安乎苟不然則必將托以疾病事故誣殿下者多矣焉能人人

而誅之臣計以爲使考功考各司勤怠凡在官者日出而聚日午而散其有不如法者憲司糾理伏惟殿下法文宣之成憲無安於位無倦于政以達輿情王從之令每月六衙日六部臺省官親奏事又令史官近侍全羅道都巡問使李金剛貪財喜酒色奪羅州牧使河乙沚玉頂兒又漕運後期致漂沒憲府將劾之知申事廉興邦聞之曰金剛賄賂絡繹憲府何能爲金剛果以賄免罪後拜四宰諫官不署告身辛旽謂詹曰何不署金剛告身詹曰何可署也吾父若祖俱令同正吾得爲正言足矣旽默然後貶知通州事召復爲正言辛禑初陞獻納與正言全伯英上疏請誅李仁任池奫貶知春州事伯英榮州事尋杖流河東蒙宥從便累歷門下舍人典理摠郎辛昌立拜司憲執義書唐太宗帝範以進曰王者高居深宮虧聽阻明恐有過而不聞有闕而莫補所以設鞀樹木思獻替之謀傾耳虛心佇忠正之說故忠者瀝其心知者盡其策臣無隔情君無偏照昏主則不然自聖而拒諫故大臣惜祿而莫諫小臣畏誅而不言肆其荒暴自以爲德兼三皇功過五帝至於身亡國滅豈不悲哉臣嘗得是書而讀之人主飭躬闡化之道求賢納諫之方去邪誡盈之訓備載其中臣今承乏言責雖使臣觸冒天威抗辭極諫豈出於是書之外哉伏惟萬機之暇幸垂睿覽恭讓即位轉成均大司成改右常侍經筵講讀官歷工禮二曹判書尋拜密直代言時成均博士金貂上書曰人事動於下則天變應於上災異固不虛生德必未孚於帝心政必未協於輿望刑賞必戾於正任用必失其宜寃抑必有所未伸財用必有所妄費此無他以好恠也好恠則失中失中則不和此天地之氣所以未順也所謂恠者釋氏也釋氏潔身亂倫逃入山林此亦一道也然其禍福之說妖妄尤甚其曰張皇梵采能厭妖異而降香絡繹供億浩廣未見天災地恠之消弭也其曰我以祈福能使人壽而不惜萬錢俾之祝壽未見百齡之驗也其曰賴我接引破地獄生樂土然死無復生者其見樂土與地獄者誰歟其曰地鉗之應置金剎寶塔以鎭之然三代以上未有釋氏不知何物以鎭之而致雍熙之治歟且其法曰禁而相生養之道以求所謂淸淨寂滅者然其徒寄食吾民無所愧恥可笑之甚也嗚呼爲此道者閉口居山與禽獸同群然後可也

雜處民開毀傷風俗亦獨何哉殿下中興雖在先王之法猶有所損益之者况此誤世之大恠尤舒而不黜之可乎柰何造塔之役農民勞憊禪僧之養錢穀虛耗上所好者下必有甚焉恐斯民駸駸然入于釋氏弃恒產而背君父矣昔梁武帝三捨身於同泰寺殫府庫以事浮屠卒之淨居呵呵之聲爲千古所笑也我玄陵師懶翁惑辛旽深尙是敎終未獲福此則殿下之所親見也淫祀又恠之甚者也孔子曰非其鬼而祭之諂也三代以後正道不行天下之人相懼以神相惑以妖家爲巫史民瀆于祀弃父母之神於草莽而諂事無名之鬼嗚呼神不享非禮其能使之有以感格乎如是而欲合帝心弭天災其可得歟故邪氣凝而陰陽失道夏霜殺草日食星變風雹氷旱無歲無之天之示警至矣此皆人心風俗不正而好恠之所致也臣願回天聽驅出家之輩還歸本業破五敎兩宗以補軍營中外寺社悉屬所在官司奴婢財用亦皆分屬放巫覡於遠地不令在京都使人人設家廟以安父母之神絕淫祀以塞無名之費而嚴立禁令剃髮者殺無赦淫祀者殺無赦議者謂此二弊根深蔕固不可遽革然殿下中興一新法制豈可因循若能革之堯舜之治可及也若委任微臣不聽讒言聽以便宜痛禁則不出數年庶乎其盡革也王覽疏不悅會貂以陵辱長官下巡軍罪當笞王指貂名曰此人嘗上書詆毀佛法者也欲殺之而不得罪名詹曰自我太祖以來歷代崇信佛法今貂斥之是破毀先王成典以此罪之不患無辭王然之命刑曹按律刑曹以貂罪輕遲留不決王益怒賴鄭夢周論救只坐陵辱長官罪一日王御經筵講貞觀政要至唐大宗欲再伐高麗房玄齡上表諫之之語詹曰我國自古能守臣節昔梁武帝爲侯景所逼而我遣使往朝至則朝市鞠爲茂草使者見而泣侯景執之以問荅曰不如古昔盛時是以泣侯景義而釋之唐玄宗避祿山之禍西幸蜀我使至玄宗喜親製詩十韻賜之此皆載在簡編昭然可觀至若元末北遷上都而奔問猶謹此臣等所親見也故固守臣節他國莫及况今堂堂

天朝安敢稍違臣節知門下金士衡亦曰我國僻在遐陬山川險阻若能謹守侯度誰敢侮之王深納其言詹進九規一曰養德三代之時人君必有師傅保之官師導之敎訓傅傅

之德義保保其身體故書曰立大師大傅大保茲惟三公論道經邦燮理陰陽易曰果行育德又曰愼言語節飮食盖事之至近而所係至重者莫過於飮食言語而已在身爲言語於天下則凡命令政敎出於身者皆是愼之則必當而無失在身爲飮食於天下則凡貨財賫用養於人者皆是節之則適宜而無傷推養身之道而養德養天下莫不然也後世作事無本知求理而不知正君知規過而不知養德殿下旣以經筵官爲師當委以傅保之任凡宮中言動服食皆使經筵官知之戱言過擧應時諫止隨事箴規則可以涵養氣質薰陶德性矣二曰慮事臣聞幾者動之微善惡之所由分也盖動於人心之微則天理固當發見而人欲亦萌動乎其間矣書曰惟幾惟康又曰勑天之命惟時惟幾易曰作事謀始又曰惟幾也故能成天下之務夫事有先後而慮者處事精詳之謂也事物之來有以應接而於獨知之地尤加省察然後事得其序物得其和禮樂興焉鬼神感焉不然則反是矣嗚呼不慮胡獲伊尹告大甲慮善以動傅說戒高宗今茲小臣所陳亦不爲無據伏惟殿下裁之三曰改過易益卦象曰君子以見善則遷有過則改夫人孰無過過而能改善莫大焉昔成湯改過不吝孔子曰過則勿憚改人主居萬民之上享一國之榮驕奢溢至淫佚易來此或不察必至於過差矣出一言而大臣不可則當察之委身而順之若黽勉順之而曰姑且如是事終不爾則是吝之也行一事而省憲不可則當察之捨己而從之若隱忍從之而曰業已爲之不宜中止則是憚之也人莫難於知過莫甚難於改過孟子曰古之君子過則改之今之君子過則順之豈徒順之又從而爲之辭子夏曰小人之過也必文若有一毫吝憚之心必至文過遂非之地矣伏惟殿下愼其所存而已四曰敦本天爲萬物之本而物亦各自有本論一己則身爲理天下之本論五常則孝悌爲行仁之本論爲天下國家則誠爲九經之本且民爲邦本農爲養民之本也有子曰君子務本本立而道生正謂此耳夫禮失之奢喪失之易而其本則儉戚而已仁流於姑息孝敗於狎褻而其本則愛敬而已是故人君必敦本抑末而後民不偷薄矣恭惟殿下立法袪弊以布初政而有司以省徭役禁淫祀獻議且請行三年之喪以敦愼終之義而其儉

戚之風則殊未之見也頃者殿下憫囚徒之寃滯數布寬恩且令中外始置家廟以勸追遠之道而其愛敬之實則抑未可知也法制之類此者率多臣竊思之夫上所以使下者信也故曰信者人君之大寶也今玆國大妃尙康强無恙殿下誠能夙夜問安以行文王之孝則民化而敬矣常時供御務令裁損遂罷無名之費仍停不急之務則寧儉之風興矣竊惟孝愼之殿遺像儼然陟降左右顧瞻而興哀則寧戚之化行矣儉戚愛敬乃喪禮仁孝之本信之一字所以行儉戚愛敬之本也其法制之未盡行者當躬行以率之堅如金石信如四時務敦本之敎行抑末之令則浮靡之俗可變而淆訛之風可弭也伏惟殿下留意焉五曰謙己天道虧盈而益謙人道惡盈而好謙故聖人序卦大有之後受之以謙古之明君卑以自牧虛以受物故高而不危滿而不溢以致國祚之綿長也不然則反是矣今殿下每出言必先曰予不敏且不讀書不更事何足以知之臣愚以爲是乃自知明而無矜己誇人之失也人亦孰不樂告以善哉一言可以興邦是心足以王矣臣猶記在玄陵朝爲正言以臨報平近史官具疏以聞時方興土木役民於影殿故疏未拆而臆以爲必是事也怒氣甚盛及拆而視之乃他事也則反曰吾固知竪儒淺近言耳當時雖勉强從之逆料物情而不中不嗜善言而自足是乃驕吝之心也臣願殿下秉心無驕行己謙抑終始不渝則謙而又謙自不知其入於道矣六曰施仁仁者天地生物之心而人所得以生者也論其體則五常之一論其用則愛之理論其施之之方則自親親而仁民而愛物自有等殺不可混施也殿下常自謂予之過固在於仁慈臣愚以爲此誠天地生物之心生民永賴之本非過失也但有優游與果斷之異耳譬之仁慈路頭也優游果斷二岐也從仁慈而出於果斷則應機酬酢事無執迷之惑矣入於優游則臨事罔知所措終爲倒行逆施之擧矣殿下旣有仁慈之美意當兼行制事之義節文之禮是非之智一日萬機惟斷乃成則民安物阜開壽域於四方矣昔帝堯克明峻德以親九族平章百姓以致時雍是乃施仁之序也齊宣王功不至於百姓而不忍過堂之一牛是乃仁之失序也大本已失豈可謂之仁哉伏惟殿下法帝堯而戒齊宣捨優游而取果斷施仁之序不

紊慈仁之路不差可以入德矣七曰比類臣竊見殿下嘗有意於貞觀之理讀政要者于今二年矣凡物必有其類比而同之則未有大相遠者竊惟太宗之爲燉煌公即殿下之爲定昌君時也貞觀元年即殿下即位之始年也比古死刑除其大半即殿下之仁慈也上畏皇天下憚群臣即殿下之謙己也引諸學士講論文籍即殿下之經筵也呑蝗數枚即殿下之憂旱也樂聞諫諍即殿下之求言也群臣之罄竭心力知無不爲如玄齡者有之轉籌帷幄坐安社稷如如晦者有之處繁理劇如戴冑者有之以諫諍爲己任如魏徵者有之激濁揚清嫉惡如讎如王珪者有之矣然太宗自武德以前經略四方戰勝攻取則與殿下潛邸時異矣除隋之亂草創唐室則與殿下一姓再興異矣貞觀中終歲斷死刑纔二十九人則今日之罹刑者多矣弘文之講論或至夜分而今日之經筵或作或徹矣殿下之謙己果以未副天意人望爲念乎殿下之憂旱果能如忘物之成疾乎太宗末年諫者頗有忤旨殿下之求言果不如是乎群臣之陳事千里如對面語果如玄齡乎勸行仁義綽有成效果如魏徵乎犯顏執諫果如戴冑乎一言而感人主果如王珪乎今既比類而同之而其異者不可不慮也太宗末年魏徵上疏論比貞觀初漸不克終者凡十條今日即貞觀之初也今日以後即不克終之幾也詩曰靡不有初鮮克有終伏惟殿下自謂與太宗孰愈以太宗之英明而魏徵之說如是之切也臣竊比焉伏惟殿下裁之八曰明政賞罰國之大柄也賞當功則千萬人勸罰當罪則千萬人懼苟或僭濫民無所措乎足矣古先哲王爵人於朝刑人於市皆與衆共之故賞者不德君罰者不怨上以其功罪之收當也後世公道日昧爲善者不必蒙賞爲惡者不必獲戾混於所施變亂是非良可嘆已伏惟殿下鑑古今之得失秉心平直如持權衡無有此伍彼昂之殊則賞之者如庶草之過春陽自生自長而造化自若也罰之者如衆卉之値秋霜自凋自瘁而玄天幽嘿也故賞曰天命刑曰天討言天以賞罰之柄付之人君爲人君者代天而行耳今殿下之賞善罰惡未盡出於天道之無爲抑有說乎今人謂事之無大得失者曰可東可西臣竊以爲甚無謂也此必求售其所欲者說闊大以瞞人耳夫天下之理公私而已耳天下

之道善惡而已耳其兩立而不相容如薰蕕氷炭之相反也泛指而通稱之可乎有議人者曰某人雖有某功可賞然有某罪可罰也則人主罔知所施若其功輕罪重罰之可也罪輕功重賞之可也功罪相等較其錙銖斷之可也殿下當於賞善罰惡之時心無二致務要果斷則可東可西之說自不行矣伏惟殿下防其害源開其利本顯罰以威之明賞以化之則威立而惡者懼化行而善者勸矣九曰保業國家重器也得之至難守之至艱要在夙夜兢惕修德行仁以保先王之業而已夫保業之術無他如守巨室今人有巨室於此將以傳之子孫爲無窮之規則必固其堂基壯其柱石彊其棟樑厚其茨盖高其垣墉嚴其關鍵旣成又擇子孫之良者使謹守之日省而月視敧者扶之弊者補之如是雖千百年無頹毁也夫民者國之堂基也禮法者柱石也大臣者棟樑也百吏者茨盖也將帥者垣墉也甲兵者關鍵也是六者不可不朝念而夕思也夫人君謹守祖宗之成法苟不聽之以逸欲敗之以讒諂則世世相承無有窮期若逸豫以聽之讒諂以敗之則神怒民怨遂至顚沛而不振矣臣不敢遠引古昔請以僞朝之事言之僞辛以猜忍狂暴之資當王氏不弔之時竊我重器恣行無度又不量力師出無名至使生靈於大國罪盈惡積以底滅亡向使僞辛小心恭己謹守法度而不借大臣回軍之力定策之功則天命未可知也殿下之今日亦未可期也詩曰殷鑑不遠在夏后之世伏惟殿下遵聖祖之成憲戒僞朝之覆轍以保中興之業以固後世之基則人道順於下而天變弭於上矣陞知申事以事流于桂城未幾釋之任使居住自此以後入　本朝

成石璘

成石璘字自修昌寧縣人父汝完昌寧府院君石璘恭愍朝登第選補史館累遷典醫注簿王見而器之命爲劄字房必闍赤歷典理佐郎典校副令王曰石璘善書且諳鍊陞爲知印遷典理摠郎不阿附辛旽旽惡之譖于王出爲海州牧使召還爲成均司成擢密直代言陞知申事辛禑初拜密直提學倭賊大至入昇天府石璘爲助戰元帥隷元帥楊伯淵將戰諸將欲退度橋石璘曰若度橋人心貳矣安能力戰不若背橋而戰諸將從之人皆殊死戰賊果敗賜輸誠佐理功臣

號進同知司事伯淵之獄起辭連石璘杖百七配咸安戍卒蒙宥從便封昌原君賜端誠翊祚佐理功臣號拜政堂文學出爲楊廣道都觀察使時適饑荒石璘請置州郡義倉從之仍令諸道皆置義倉召拜門下評理從我太祖定策立恭讓俄兼司憲府大司憲與同僚上疏曰僞主所除官爵不可混於聖朝請皆收奪其以軍功都目除拜者吏兵曹覈其眞僞移牒尙瑞司俟其改授方許帶銜雖素負名望衆所信服者亦令臺省具聞改授其有冒妄者痛行糾理並以詐僞論王難之下都堂議又上疏曰臺諫職專諫爭宜近禁中今在蹕外事無大小必具疏聞不唯煩冗下情亦不能盡達殿下即位之初尤宜開廣聰明豈可深居安逸以虧中興之業願自今事有可言者使得面啓其大者只令疏聞從之賜中興功臣錄券封昌城郡忠義君下敎褒美曰卿端愨之資慷慨之志早通鄒魯之書遠繼鍾王之筆荷玄陵簡注之深將爲大用以逆旽忌憚之甚遂致左遷不阿世而取容唯樂天而知命嘗被憲司之薦乃有觀察之行予在潛邸悉聞高風辛禑盜據王位旣流毒于生靈又得罪於上國守門下侍中李(太祖舊諱)首倡大義卿贊佐決策推戴寡躬載惟功烈增光簡冊若不褒嘉何以勸勵爰命勒碑紀德立閣圖形錫之土田副以臧獲後昆襲忠義之號永世蒙赦宥之恩仍賜白金五十兩廐馬一匹卿其膺此異數諒我至懷賜端誠保節贊化功臣號遷三司左使請減官祿王止罷月俸尋以疾辭不允加賜定祚功臣號轉藝文館大提學拜門下贊成事以李穡禹玄寶之黨與弟石瑢流于外自此以後入　本朝

列傳卷第三十

列傳卷第三十一　　高麗史一百十八

正憲大夫工曹判書集賢殿大提學知經筵春秋館事兼成均大司成臣鄭麟趾奉
教修

趙浚

趙浚字明仲侍中仁規之曾孫自幼倜儻有大志恭愍王在壽德宮望見浚挾書過宮前召見奇之問其家世即命屬寶馬陪指諭王使洪倫輩强辱諸妃浚嘆曰人道滅矣復奚言哉且王以威福與奪常與群小謀而不及君子今日之勢岌岌乎殆哉母吳氏嘗見新及第綴行呵喝嘆曰吾子雖多未有登第者何用哉浚聞之跪泣指天誓曰予所不第者有如天自是勤學遂登第辛禑初以通禮門副使出按江原道威惠並行至旌善郡有詩云滌蕩東溟當有日居民洗眼待澄淸識者知其有大志召拜司憲掌令轉監門衛大護軍知製敎撰祈禳疏云踈正直忠信之人狎諂佞讒邪之徒知申事金濤代言朴晉祿金湊曰王若問正直忠信而踈者何人諂佞讒邪而狎者何人則何以對令浚改撰遂白禑誥院所撰宜令書題宰臣監申然後判可禑從之累遷典法判書時倭奴充斥慶尙道陷爲賊藪州郡騷然民皆奔竄山谷國無紀綱將帥玩寇環視不戰賊勢日盛都統使崔瑩擧浚爲體覆使浚至召都巡問使李居仁數其逗遛之罪斬兵馬使兪益桓居仁及諸將股慄曰寧死敵莫犯趙公威咸力戰告捷一道賴安浚又上書都堂旌表孝子烈女之死賊者擢密直提學商議會議都監事禑召浚曰楊廣慶尙道倭賊大熾元帥都巡問使愞怯不戰卿其往察軍機浚曰臣母年踰八十又罹沉痾乞遣他人禑曰卿正直無私且有威望無以易卿浚曰殿下若命臣全制兩道其將帥逗遛敗績者聽臣區處則臣謹奉命不然元帥都巡問使位在臣上豈畏臣就死地乎將帥族黨忌之白禑止之倭寇江陵交州道以浚爲都檢察使賜宣威佐命功臣號禑荒淫無度權姦當國忌浚亢直不阿浚杜門不出以經史自娛者四年瑩誅林廉浚方居母憂起爲簽書密直司事浚辭不起浚嘗憤王氏絕嗣與尹紹宗許錦趙仁沃柳爰廷鄭地白君寧結爲友密誓有興復之志我

太祖見浚器宇不凡與論事大悅待之如舊識及回軍擧爲知密直司事兼大司憲事無大小悉咨之浚亦以經濟爲己任知無不言先是田制大壞兼幷之家奪占土田毒痛日深民皆怨咨我

太祖與浚鄭道傳議革私田浚與同列上疏辛昌極論之語在食貨志舊家世族交相謗毀執之愈固都堂議利害侍中李穡以爲不可輕改舊法持其議不從李琳禹玄寶邊安烈及權近柳伯濡附穡議道傳紹宗附浚議鄭夢周依違兩間又令百官議議者五十三人欲革者十八九其不欲者皆巨室子弟也太祖卒用浚議革之未幾世臣巨室動浮言欲復之浚又上疏論之諫官吳思忠李舒李蹲等亦以爲不可復上書固爭從之浚又率同列條陳時務曰謹按周禮天官冢宰以卿一人掌邦之六典以佐王治邦國其司徒以下各以其職聽屬焉而六卿之屬又有三百六十是則三百六十之屬統於六卿而六卿又統於冢宰也官職之增損名義之沿革代有不同大義不出乎此六部也洪惟我太祖開國之初設官分職置宰相以統六部置監寺倉庫以承六部甚盛制也法久而弊爲典理者不知選擧而流品濫爲軍簿者不典兵額而武備弛至於戶口之盈縮錢穀之多寡獄訟之無章盜賊之不理爲版圖典法者漫不知爲何事禮儀之禮典工之工果能各擧其職乎盖六部百官之本而政事之所出也本亂而末治者未之有也於是百僚庶司渙散無統不務庶績名存而實亡雖君相憂勤而政事之修擧其亦難矣臣等願以六典之事歸之六部以各司分屬乎六部宰臣自侍中已下以次判司事密直又以次兼判書提綱於上以奉翊爲六部判書領諸郞及所屬收司各以其職聽命於下大事則六部郞小事則六色掌以時奉承行移如是則簡以制繁卑以聽尊上下相維大小相統如綱擧而目張領挈而裘順君相優游於上而百職奔走於下敎令易行政事易擧也人主之職論相而已宰相之職進君子退小人以正百官而已相得其人則天下理矣況一國之政乎周召太公文武成康之相也蕭曹房杜漢祖唐宗之相也本朝之制中書則曰令曰侍中曰平章曰參政曰政堂五者法天之五星也樞密之七則法天之北斗也宰臣樞密之合坐始於事元之初至于近

代坐都堂與國政者至六七十人官職之濫古未有也願自今非論道經邦燮理陰陽正己以正百官者非淸白忠直疾惡好賢國爾忘家者非戰勝攻取勇冠三軍威加殊俗者不許兩府漢之光武以天下之廣四海之富減損吏員十置其一以致中興之理凡不急之官雜冗之吏一皆汰去以復祖宗代天設官之成憲以示盛朝惟新之化六寺七監本無判事近來又階通憲奉翊不親視事曠官廢職坐費天祿願自今陞通憲奉翊之階者如有材幹者降其階使親其職新授者不許階奉翊通憲春秋書天王使仍叔之子來聘夫子蓋傷夫周家以父兄之故官其幼弱之子弟尸天祿而曠天工也我文廟三十有八年之理蔚有太平之盛者以其所用皆老成之人也願自今公卿士大夫幼弱子弟不許拜東班九品以上官其有冒受者罪其父兄糾正職察百官爲人主之耳目凡祭祀朝會以至錢穀出納悉皆監檢秩卑而責重願自今令臺諫薦擧以授其職陞其秩於正言之次以振紀綱守令近民之職不可不重近日所除守令頗有士林所不知者願自今非經顯秩有名望者非歷試中外有聲績者不許除授其田獵宴飮之事一皆痛禁監務縣令職又近民近世仕出多門人恥爲之乃以府史胥吏不學墻面之輩以毒于民願自今以臺諫六曹所擧有才幹者遣之陞階叅官以重其任諸安集一切罷之其府史胥吏之徒只除權務之職其公私奴隷州驛吏工商雜類冒受官職者請許憲司不論官品皆奪其職供驛署專掌八道之驛近年不坐公廳而在私家行移文牒凡以權勢豪强之托親戚朋友之請乘馹騎而率鄕吏者絡繹不絶驛卒凋殘職此之由願自今以供驛署屬軍簿司凡馬匹驛卒據都堂文字方許發遣司僕掌乘輿之馬政周之伯冏之任也親近左右其選最重近代別立內乘內豎之徒專擅其職日者縱暴尤甚其収芻藁也刼奪萬端輸轉入城也農牛瘡仆殘破幾縣毒流諸郡一州之內穀草之價布幾至九百匹州郡皆是而又驅其貢戶名爲驅史至千百人不付公籍私置農莊而役使之若奴隷然害民病國甚可哀痛願自今以尙乘屬之司僕寺不許內豎除授謹擇廉幹者任之吏日入直凡其芻豆身親量給畿內芻藁計馬定數分月而供日使糾正監檢每一番置獸醫五人驅史

三十八餘皆罷之屬之府兵凡都監有事則置無事則罷例
也造成都監初因宮闕之作而置後以繕工之職歸之使管
一國材鐵之用遣官吏而煩驛騎竭民財而盡其力一木之
曳至費十牛一爐之冶至廢十農一束之麻一把之葛至費
十布取之於民也剝膚槌髓用之於私也如泥如沙願罷都
監屬繕工寺幷罷防禦火桶都監屬之軍器寺愼揀廉正者
官之且使糾正監檢以壺串宮闕之材瓦被罪籍沒之居室
兩江之材諸窯之瓦供諸營造凡斫木陶瓦之役且停三年
以休民力都城根本之地風化之所先其民衛王室而已近
來敎養無法奸詐相習力役煩重日就凋弊願罷都摠都監
將五部屬之開城府每一里擇耆老有學者爲社長依黨庠
之法敎養子弟其賤人及工商子弟各事所業毋使群戲街
巷以長浮薄之風違者罪社長及父兄其都官宮司倉庫奴
婢及近日誅流人祖業新得奴婢令辨正都監皆計口成籍
毋使遺漏每有土木營繕之役賓客佛神之供皆以役之其
於坊里雜役一皆除去以安其生以衛王室李仁任專擅威
福踰二十年罪盈惡積幸天殛之願削官爵不賜謚誄以懲
爲惡之人貞烈公慶復興淸白自守爲仁任等所逐卒於貶
所願賜敎書弔祭其墓侍中李子松廉謹守節死非其罪國
人惜之願賜謚誄厚恤其家祖宗衣冠禮樂悉遵唐制迨至
元朝壓於時王之制變華從戎上下不辨民志不定我玄陵
憤上下之無等赫然有志於用夏變夷追復祖宗之盛上表
天朝請革胡服未幾上賓上王繼志得請中爲執政所改殿
下即位親服華制與一國臣民渙然更始而尙猶不順其品
制以梗惟新之政願令憲司定日立法其不從令者一皆糾
理近年奸凶相次執政隨賄厚薄高下其官視其從違殺活
其人士風一變朝夕奔走於權門虛曠天工願令攸司各以
斷獄決訟之事當兩衙日上之各司日坐本司視事其有奔
走權門不供其職者停職徵祿刑無定法內外官司出入由
已今典校一官皆文學之臣無他所掌願委刪定刑書以惠
萬世又中外官司相接之節文書相通之格亦使刪定頒行
古者風淳俗厚詐僞不生百官謝牒堂後宮署之世道日降
奸詐日滋近來上將軍已下令軍薄司印之奉翊已下典理
司印之防詐冐也今都評議使移文中外官司者皆出納錢

穀殺生威福發號施令等事所係至重而使一錄事署名非通變防奸之道也願依印朝謝之例凡都堂文牒必令印之舊制下王牌於諸倉庫宮司必印以行信寶今內竪獨署其名亦非所以防奸也願凡所內用令都評議使供之毋下三牌以塞內竪盜竊之源士大夫於聽訟決事之官出納錢穀之司交通私書顚倒是非耗竊官物其弊彌甚願一切禁止如有違者其請與聽者以不廉論各司各成衆愛馬之求索外官之贈遺一切禁止如有違者亦以不廉論古者民年十六爲丁始服國役六十爲老而免役州郡每歲計口籍民貢于按廉按廉貢于戶部朝廷之徵兵調役如指諸掌近來此法一毀守令不知其州之戶口按廉不知一道之戶口當徵兵調役之際而鄕吏欺蔽招納賄賂富壯免而貧弱行貧弱之戶不堪其苦而逃則富壯之戶代受其苦亦貧弱而逃矣其任徵發者憤鄕吏之欺蔽痛加酷刑刵耳劓鼻無所不至鄕吏亦不堪其苦而逃矣鄕吏百姓流亡四散州郡空虛者戶口不籍之流禍也願今當量田審其所耕之田以田多寡籍其戶爲上中下又戶分良賤守令貢于按廉按廉貢于版圖朝廷凡徵兵調役有所憑依及時發遣而守令按廉如有違者輒繩以理諸道魚鹽畜牧之蕃國家之不可無者也我神聖之未平新羅百濟也先治水軍親駕樓船下錦城而有之諸島之利皆屬國家資其財力遂一三韓自鴨綠以南大抵皆山肥膏之田在於濱海沃野數千里陷于倭奴蒹葭際天國家既失魚鹽畜牧之利又失沃野良田之入願用漢氏募民實塞下防凶奴故事許於亡邑荒地開墾者限二十年不稅其田不役其民專屬水軍萬戶府修立城堡屯聚老弱遠斥候謹烽火居無事時耕耘魚鹽鑄冶而食以時造船寇至淸野入堡而水軍擊之自合浦以至義州皆如此則不出數年流亡盡還鄕邑而邊境州郡既實諸島漸次而充戰艦多而水軍習海寇遁而邊郡寧漕轉易而倉廩實矣水軍萬戶諸道元帥能置屯田修戰艦結人心施號令滅賊安邊者賜之島田世食其入傳之子孫其失一城堡亡一州郡者處以軍法毋得輕有以示勸懲全羅慶尙楊廣三道貢賦之所出國家之腹心也今倭奴橫行攻陷我州郡蹂踐我禾稼殺戮我老弱奴婢我丁壯而擁旌節者嬰城竄伏莫有鬪志賊

勢日熾願令大舉及時掃清西北一面國之藩屛頃者奸兇擅國廣置私人元帥萬戶加於舊額州郡供額不貲民不堪命相與流亡願自今擇文武兼備威望風著者每一道元帥一人上副萬戶各二人餘皆罷之商賈之徒競托權門以千千戶之任侵漁棓克靡所不至願自今令其道元帥擇威惠爲民服信者除授之毋數易置權勢之家競爲互市貂皮松子人參蜂蜜黃蠟米豆之類無不徵斂民甚苦之扶老携幼渡江而西可爲痛哭願自今抑買者一切禁止如有違者痛繩以法前此被罪奸兇之徒抑買之貨其在民間未畢收者宜令刷括以充官用其鷹鷂貂皮之曲獻乞皆痛禁禾尺才人不事耕種坐食民租無恒產而無恒心相聚山谷詐稱倭賊其勢可畏不可不早圖之願自今所居州郡課其生口以成其籍使不得流移授以曠地俾勤耕種與平民同其有違者所在官司繩之以法昌下其書都堂又上書陳時務曰古之爲國者必先立紀綱國之有紀綱猶身之有血脈也身無血脈氣有所不通國無紀綱令有所不行法令不行國非其國矣殿下即位大開言路相臣憲臣各陳時務然舊弊甫革新法不行怨讟方興紀綱紊亂病自血脈達于膏肓雖有扁鵲卒難治也願自今判付法制刊板施行堅如金石信如四時敢有犯法觸禁者一委憲司治之謹按寢園置禮文凡與祭者不飲酒不茹葷凡四日是謂散齋或在於本司或在於尙書省齋明端坐致其誠敬凡三日是謂致齋今則不然諸執事者自散齋至于致齋之日各於其家或與婦女押處且不習禮文故其祼獻登陟贊謁奠徹皆不合度甚不敬也其於殿下報本追遠之意爲如何哉願自今凡與祭者散齋四日在於其家則令糾正監之正順已下令錄事察之致齋三日則集於公所以習禮文以致誠敬違者以不敬論本朝樂節凡宴饗賓客必用唐樂繼以鄉樂今娼妓歌舞聲音之節終不合於中和殊失禮樂之本謹按朝廷儀注其視朝宴饗只使伶人按樂而娼妓不與焉願遵此法宮中宴饗只奏唐樂毋令娼妓近前南州之民近因兵亂板蕩失業又因水災禾穀耗損咸不聊生誠宜培養邦本俾不搖動各道既有節制使又有觀察使徵兵調役紛擾如雲民不堪苦其節制觀察使外諸奉使者一皆召還士大夫之仕宦于朝者既已委

賢從仕克勤乃職固其分也今則不然顯官任職者託以覲親上冢冒干口傳便歸鄉曲淹延歲月曠官癈職非事君致身之義願自今父母奔喪外不許出關外其事有不獲已者必辭職然後乃行違者痛理州縣之吏在京都典掌其鄉之事曰其人法久弊生分隷各處役之如奴隷不堪其苦至有逋亡者主司督京邸主人曰徵贖布人一匹稱貸於人而不能償之直趨州縣倍數督徵縱暴侵掠州郡凋弊亦或由此頃者繕工寺曰徵其人贖布以供無名之費至不仁也旣不能當其任以供其州之事又不能用其人之力以供國役徒剝民膏而用如泥沙斵喪邦本殊失殿下憂民之心也願自今一切罷去使還鄉里其各殿之役以近日革罷倉庫奴婢代之各司之役使者亦以辨正都監所屬奴婢充之司設幕士注選之屬亦皆革罷以安民生尋知門下府事仍兼大司憲賜推忠勵節佐命功臣號從我

太祖定策立恭讓與同列上疏曰賞罰國之大柄也有功而不賞則人無以勸有罪而不罰則人無以懲守文之主猶然況殿下中興之初政乎我國家自太祖統三以來聖子神孫繼繼相承至于玄陵不幸絕嗣祖宗艱大之業歸于辛氏國統中絕王氏之廟不得血食者十有六年民怨於下神怒於上守侍中

李（太祖舊諱） 出萬死之計奮其忠義與一二大臣定大策戴殿下入承大統克紹前烈三綱九疇旣斁而復敍天命人心旣去而復留雖平勃之安劉氏張狄之復唐室豈能加於此乎誠宜特加殊禮賜劒履上殿贊拜不名錫之茅土宥及十世立閣圖形以報大功則後之爲善者知所勸矣魯國大長公主玄陵之配也而以僞后韓氏爲配以忝宗廟宜亟撤之且韓氏之懿陵禑昌之胎藏亦宜掘破以雪神人之憤其勢是憑濫加官號若沔城黃驪固城禮安諸郡一皆降從本號其妃曰謹曰懿曰淑曰憲曰安曰寧曰靖曰賢曰善諸妃及諸翁主無論貴賤以一時之寵愛皆封爵賜印內帑珍寶錫與無筭願令攸司收印章徵其珍寶以還內府其有係公私之賤者各還本役諸妃翁主之父母兄弟濫入樞省或至府院君封國大夫人翁主宅主者亦當收其爵牒其中憑勢逞惡者流竄遠方則後之爲惡者知所懲矣苟賞罰不明則紀綱不

立而無以與善理矣王皆允之又上疏曰東方自朝鮮之季離爲七十合爲三韓干戈爛熳而相尋生民之肝腦塗地者歷兩漢三國六朝隋唐迄于五代而未息我太祖受命起而拯之躬擐甲冑櫛風沐雨南征北旆始成一統垂五百年于玆矣閒者僞辛盜國宗廟絕祀殿下新紹三十一代中絕之統三韓億兆之民懽欣拭目以望殿下中興之理殿下一身皇天上帝之所眷命太祖列聖之所付托山川鬼神之所依歸百萬生靈之所寄命崇高之極有甚於萬仞負荷之艱有萬於泰山一言之出如雷霆之動於天而三韓莫不聞一事之行如日月之出於天而三韓莫不覩敬之一字帝王所以作聖之基公之一字帝王所以致治之本願殿下上畏皇天之鑑臨下畏億兆之瞻仰賞一人則恐不合於上帝福善之心罰一人則恐不合於上帝禍淫之鑒衆悅而後賞衆弃而後刑嚬袴必藏一笑必惜命一官則曰斯人也果君子而可以理天工可以養天民而天不罪我乎潛邸之舊畏上帝而不敢私以賞戚里之親畏上帝而不敢私以爵勤咨訪以廣其聰明好學問以崇其德業接群下以禮奉母后以孝去邪勿疑令出必行處九重則念吾民之不庇於風雨御八珍則念吾民之不足於糟糠服輕煖則念蠶婦之赤立而法大禹之惡衣臨宴享則念農夫之餓莩而體隋文之一肉崇儉戒奢節用愛民樂直言而惡面從親君子而遠小人夫極言不諱面折廷爭無小回互知有社稷不知有其家者君子也殿下親之信之則堯舜之理可坐而致太祖之業可繼而興矣姻亞必欲進恩怨必欲報閒百姓之疾苦則泰然曰何與於吾身見人主之過失則默然曰口是禍門也唯行諂佞以盜富貴知有其家而不知有社稷者小人也殿下悅而庸之則桀紂之亡可立待而太祖之烈不旋踵而敗矣二帝三王莫不由學精一執中堯舜之學建中建極湯武之學也願殿下擇鴻儒之通經史正心術者更日入直討論經史商搉治道以成緝熙光明之學且令史官更迭侍側左言右事無不悉書以詔萬世又爲世子開書筵以當世大儒爲師傅經明行脩之士爲僚佐朝夕與居講明經籍以明端本澄源之學且府兵領於八衛八衛統於軍簿四十二都府之兵十有二萬而隊有正伍有尉以至上將以相統屬所以嚴禁衛禦外侮

也自事元以來昇平日久文恬武嬉禁衛無人乃於近侍忠勇皆設護軍以下等官以代禁衛之任而祿之於是祖宗八衛之制皆爲虛設徒費天祿而其子達赤速古赤別保等各愛馬寒暑夙夜勤勞甚矣而不得食斗升之祿而食四十二都府五員十將尉正之祿者非幼弱子弟即工商賤隷或食其祿而曠其職或勤於王事而不得食豈祖宗忠信重祿之意哉伏願殿下併近侍於左右衛併司門於監門衛併司楯於備巡衛併忠勇於神虎衛其餘各愛馬以類併於諸衛使之輪日入直考其勤怠各以其衛內護軍以下至於尉正之職隨品錄用使食其祿而勤其職則人樂仕而國祿省禁衛嚴而武備張矣司幕古之尙舍而今之司設也司饔古之尙食而今之司膳也今則司設食其祿而廢其職司幕勤其事而不食祿司饔以下之職亦然願以司幕司饔等愛馬併於六局以復先王之舊以革近代之弊則名實相稱而職事立矣非有功不侯我朝之法也金侍中富軾削除僭亂平定西都進封樂浪侯金政丞方慶伐叛耽羅問罪東倭得封上洛公願自今宰相非安社定遠功臣毋得封君宦官自國初至慶陵朝不得參官近來以宮中傳命之任得與論道經邦之列非所以尊朝廷也願自今宦官除授遵慶陵之制不許拜朝官又軍器繕工務劇員少請以上大將軍郎別將爲兼判事注簿等官如此則祿不費而事功舉矣其務煩寺監倣此兼攝庶便於公學校風化之源國家理亂政治得失莫不由斯近因兵興學校廢弛鞠爲茂草鄉愿之托儒名避軍役者至五六月間集童子讀唐宋人絶句至五十日乃罷謂之夏課爲守令者視之泛然曾不介意如此欲得經明行修之士以補國家之盛理其可得乎願自今以勤敏博學者爲敎授官分遣五道各一人周行郡縣其馬匹供億並委鄉校主之又以州郡閑居業儒者爲本官敎導而令子弟常讀四書五經不許讀詞章而敎授官巡視一道嚴立課程身自論難考其通否登名書籍誘掖奬勸以成實材其人材衆多有成效者擢以不次若不能敎誨而無成效者亦將論罰孟子曰不孝有三無後爲大以其絶祀也故古者父母終旣葬於野虞而安神廟而祀之此事亡如事存之道也吾東方家廟之法久而廢弛今也國都至于郡縣凡有家者必立神祠謂之衛

護是家廟之遺法也嗚呼委父母之屍於地下不爲家廟而祀之不知父母之靈何所依乎甚非人子之心也但習以爲常未嘗致思耳願自今一用朱子家禮大夫已上祭三世六品已上祭二世七品已下至於庶人止祭其父母擇淨室一間各爲一龕以藏其神主以西爲上朔望必奠出入必告食新必薦忌日必祭當忌日不許騎馬出行對賓客如居喪禮每歲三令節寒食上墳之禮許從俗禮以厚追遠之風違者以不孝論傳曰忠信重祿所以勸士也是以古者上自公卿下至胥徒莫不重祿凡仕於朝者未嘗涉意於營私專心乎公務自豪强兼併以來租稅日減祿秩歲縮先王制祿之數徒爲文具宜令有司參酌古制豐其祿秩則士有恒心而廉恥可興矣京畿八縣徭役甚煩然非正宮之所統觀察之所理又無守令之宣化故科欲不均賦役無藝民不聊生無所控告願自今依各道例縣置五六品官使開城府考績以明黜陟近年以來將兵之任不問其才但位宰相則率命遣之節制失宜賊勢益張以致侵掠郡縣蕭然古人謂君不擇將以其國與敵將不知兵以其主與敵擇將制倭誠今日之急務也願令都評議使臺諫各擧威德夙著者命爲將帥以申軍政且軍政多門則號令不肅今一道三節制殊非古制願自今東西北面外每一道只遣一節制餘皆罷去兵者民之司命國之大政所以衛王室而消禍亂也本朝五軍四十二都府盖漢之南北軍唐之府衛兵也遼金氏接壤兩界立晉帝而子之虎視天下求好於我而我太祖絶之虜遼宋三帝威振四海而莫敢旁窺式至于今者以祖宗之軍政得其律令也近世兵制大毁用兵三十餘年軍政無統以無術之將戰不敎之民望風奔潰千里暴骨蕞爾倭奴爲國之病可不爲痛心哉願自今閑散四品以上屬之三軍軍置將佐五品以下屬之府衛而統于軍簿使上下相維體統相聯軍政出于一衆心統于一然後申明軍令訓鍊士卒則百萬之衆如身之使臂臂之使指何守不固何攻不取哉近世奸臣亂政材非將帥者布列重房百戰勤勞者方除添設賞罰無章軍士解體所至無功願自今其有摧堅陷敵之功斬將搴旗之勇百戰勤勞之效者大則上護軍次則護軍中郎將以至別將散員皆受眞差以奬破賊之功則人皆親其上而死其長

矣且近日擧義撥亂之時從事于軍者亦加官賞以勸後人國家選觀察使擇任守令撫綏五道獨東西北面尙循舊習未霑王化願自今依諸道例置觀察使巡行郡縣黜陟軍民之官近來驛戶凋廢凡鋪馬傳遞知路指路之役州郡代受其苦以至流亡欲使州郡復業當先恤驛戶國家雖置程驛別監安集諸驛而一人不能獨理每驛置私屬以爲耳目然非都堂所遣人人得以侵侮不能安集願自今每驛置五六品丞一人其薦擧如守令例且給半印而遣其有能致驛戶般富馹騎蕃盛者觀察使報都堂以補守令之闕且授京官以示褒賞邊遠驛丞令觀察使擧補常平義倉之法救荒之長策耿壽昌義倉之奏長孫平社倉之議其法盖出於周官委人之職有國家者所當先務也去歲盛夏興師加以倭寇耕種愆期收穫失候今年又被水災東南州郡蕭然赤立救荒之策不可不慮也國家旣革私田所至皆有蓄積願自今郡縣皆置常平倉其豐凶斂散之法一依近日都評議使所奏竊聞楊廣道已置常平倉宜令諸道依此施行守令有不如法者罰之食爲民天穀由牛出是以本國有禁殺都監所以重農事厚民生也韃靼禾尺以屠牛代耕食西北面尤甚州郡各站皆宰牛饋客而莫之禁宜令禁殺都監及州郡守令申行禁令其有捕獲告官者以本人家產充賞犯者以殺人論州郡因朔膳使客供支等事雖當盛農驅集農民馳騁荊棘旬月弋獵農失其時民不足食職此之由若夫鷄豚之畜則取之牢中不擾於民願自今京畿築鷄豚場二所一令典廐署主之以奉宗廟祭祀之用一令司宰寺主之以供御庖賓客之須至於州郡各驛皆令畜之撙節愛養不害胎卵則不出數年而供上祭祀賓客之奉充吾民養生之用足而無弋獵廢農之患矣司饔每歲遣人於諸道監造內用甆器一年爲次憑公營私侵漁萬端而一道馱載至八九十牛所過騷然及至京都進獻者皆百分之一餘皆私之弊莫甚焉又有羽筋箭竹等差遣擾民非一願自今各司愛民差遣外方者一切禁之凡係此等事皆令呈都堂都堂下觀察使觀察使分布所在州縣據案直納則庶便於民士卒與倭奴戰而所得馬匹器仗與凡民殺賊所得之物所在軍民官傳牒境內鞫如盜賊悉輸京都以希重賞罔上毒民莫甚於此故

士卒解體賊勢益張甚非計也願自今諸道將帥破賊者獻馘而已軍民所得倭物勿使推鞫著爲令典則人樂其利而勇於戰矣犯者內而憲司外而觀察使以不廉論宰相人君之貳也所與共天位代天工者也其尊莫有倫比不幸有罪廢之可也退之可也賜之死亦可也乃令下吏縲絏枷鎖梟首露體弃而不葬甚矣漢文帝時賈誼上疏謂刑不上大夫帝深納之自是大臣有罪皆賜死無加戮辱以禮遇下故當時士大夫恥言人之過失以成漢家四百年之禮俗願自今兩府大臣雖有死罪其大逆不道外法文帝故事無加顯戮以成國家重大臣之盛典書曰罰不及嗣傳曰罪人不孥故舜殛鯀而相禹武王誅紂而封武庚即天地生物之心也至於近世殺人如飮食滅人之族猶恐其有後不仁甚矣願自今凡有罪者法三代盛王之制妻子無隨坐以示盛朝不忍之政庶獄庶愼文王罔敢知于玆此成周之致理陳平不知錢穀之數君子謂知宰相體以其不侵官也本朝之制都堂揔百揆頒號令憲司察百官糾風俗典法都官辨曲直决獄訟其職也近者僥幸貪利之徒欺罔大內冒弄都堂訟牒雲委行移之間因循苟且不勝其煩非設官分職之本意也願自今令訟者各詣攸司其直達大內都堂者一切禁之以尊大內以嚴都堂凡公私滋息一本一利耳比來貨殖之徒惟利是視一本之利或至十倍貸假之徒鬻妻賣子終不能償故國家已有禁令今供辦都監寶米滋息無窮至使貸者喪家失業非國家恤民之意也願自今一本一利毋得剩取三司及六部官以時親到所屬諸司將其所報勾校文書會計點考毋致陵夷如有不奉法者使憲司科理大罪降等別敍除名不敍隨罪論之小罪下牒巡軍笞杖還職凡京外大小官吏除目既下累日不即上官赴任以致公務稽遲其文書錢穀皆爲奸吏所容匿此則弊之大者而又非臣子誠心事君之道也願自今除臺省政曹官外其京官大小員吏自下批之後京官限三日外官限十日進闕謝恩即行上官赴任稱權知行事新舊相對將文書錢穀明立契券手相交付以憑考課謝後即具有不如法者京中憲司外方觀察使痛繩以法比年以來紀綱陵夷州縣之吏或稱軍功冒受官職或憑雜科謀避本役或托權勢濫陞官秩者不可勝記州郡一

至八道凋弊願自今雖三丁、一子三四代免鄉而無的實文
契者軍功免鄉而無特立奇功受功牌者雜科非成均典校
典法典醫出身者自添設奉翊眞差三品以下勒令從本以
實州郡自今以後州郡吏不許明經雜科出身免役以爲恒
式王在潛邸廣植田園嘗惡革私田至是欲復之浚又上書
爭之語在食貨志浚在憲司前後論列累數萬言皆砭切時
病弊政一革進評理兼判尙瑞寺事掌銓選賜中興功臣錄
券封朝鮮郡忠義君敎曰卿曾祖貞肅公從我忠烈王入覲
元朝誅權姦以正名復都邑以定國本深末茂舃奕蕃衍以
至于卿卿幼有大志克肖前人玄陵念卿世勳知卿偉器引
置扆從尤加眷顧及玄陵薨無嗣李仁任立辛禑卿傷祖宗
之絕嗣誓天日以興復及禑得罪於
天子
李太祖舊諱 議立王氏曹敏修以仁任之黨立禑子昌而自爲冢
宰
李太祖舊諱 以絳侯梁公之忠始與國政寄卿憲綱卿方在母憂
不少辭而就職是卿誠以爲非
李太祖舊諱 無可與圖興復之功於是彈敏修以貪婪撓法而遂
之請追停仁任賜謚弔祭之典盖痛仁任之立異姓而絕宗
祀也卿爲億兆而忘一身忤巨室而任衆怒革私田而復三
韓建議遣使黜陟將帥守令而民安寇戢令百官陳得失臺
吏禁奔競省冗官興學校置家廟禁火葬厚官祿給圭田兩
府非登三科者不除百司皆屬六曹大夫無加刑工商收告
身陞御史階置館驛丞宦者不與朝官非有功不封君弱子
弟不授官諸道省元帥八縣置守令覆試定律籍丁口置常
平軍吏受眞職水軍食島田私膳私書雜使別遣俱有常刑
罪不及孥訟毋直達監務皆遣參官守令專理本郡凡所陳
列益時救弊之術頓綱振紀之法化民成俗之方豐財足兵
之政結人心而收人望者至矣及昌請入朝而禮部責以異
姓爲王時昌舅李琳爲冢宰秘不發兇謀不測王氏之孤危
甚於累卵卿冒萬死與薨周道傳贊
李太祖舊諱 而定大策以寡人承玄陵之正統不刑一人不動聲
色而除十有六年南面之辛氏太祖列聖絕祀而復享使
天下知三韓之有人卿有力焉今錫之土田臧獲嫡長襲爵

誓以帶礪宥及永世卿其夾輔寡躬以永終譽尋陞贊成事判禮曹事夢周嘗密白王曰定策之日浚不欲立殿下且浚爲大司憲論禹玄寶禹氏之黨皆疾之王右禹氏由是惡浚時奉使 朝廷者多不見禮故遣浚賀 聖節王聞其還曰予又見浚面尋判尙瑞蓋疎之也加賜忠勤勵節佐命定祚功臣號移三司左使爲金震陽所劾繫水原獄召還復爲贊成事尋判三司事自此以後入 本朝

列傳卷第三十一

列傳卷第三十二 高麗史一百十九

正憲大夫工曹判書集賢殿大提學知 經筵春秋館事兼成均大司成臣鄭麟趾奉
教修

鄭道傳

鄭道傳字宗之檢校密直提學云敬之子恭愍朝登第調忠州司錄累轉通禮門祗候連喪父母廬墓終制召授大常博士王親享宗廟命道傳按圖製樂器歷禮儀正郎藝文應敎成均司藝以文學見稱王甚愛之辛禑初北元使來李仁任池奫欲迎之道傳與金九容李崇仁權近上書都堂以爲不可迎仁任慶復興却其書不受命道傳迎元使道傳詣復興第曰我當斬使首以來不爾縛送于
明復興怒曰如此則與叛臣金義何異道傳備陳利害辭頗不遜又白太后以爲不可迎復興益怒與仁任不視事乃流道傳會津縣臺省侍從官送至東郊廉興邦遣裴尙度曰吾已言於侍中怒稍解姑徐待之道傳方飲酒奮然曰道傳之

言侍中之怒各執所見皆爲國也今王有命豈以公言止乎遂上馬去宰相聞之以爲猶不悛欲遣人杖之會有釋器之亂乃止尋宥任便居住結廬三角山下講書學者多從之常以訓後生闢異端爲己任固城妖民伊金自稱彌勒惑衆曰若不信吾言至三月日月皆無光僧粲英曰伊金所言皆荒唐無稽其言日月無光尤爲可笑國人何信之如此道傳曰伊金釋迦其言無異但釋迦遠言他生事人不知其妄伊金近言三月事虛妄立見耳僧嘿然起除典儀副令陞成均祭酒乞郡出守南陽府我
太祖薦之召拜成均大司成屢獻計辛昌立充書筵侍讀未幾擢密直副使從我
太祖定策立恭讓封忠義君賜推忠論道佐命功臣號拜三司右使敎曰卿學通天人識貫古今早捷科第遂躋膴仕居父母憂克終聖制敎誨幼弟俾克樹立臧獲强壯悉與弟妹自取老弱孝友之性然也玄陵選置胄庠仍掌制誥倡鳴濂洛之道排斥異端之說敎誨不倦作成人才一洗我東方詞章之習

聖明龍興我玄陵先天下奉正朔
天子嘉之賜祭服樂器王於是躬祼大室卿爲大常協音律定制度尤爲玄陵所重玄陵賓天權臣議立辛禑卿謂許錦柳伯濡曰勢已成矣難以去之欲請王大妃臨朝計未遂與伯濡嘆曰今日之擧無一介忠臣矣先是金義偕
帝使赴遼東聞玄陵訃音遽生異圖殺使奔胡卿與鄭夢周林樸朴尙衷白執政曰先王不幸　天使不返不早達　朝廷社稷危矣執政藉口以爲人皆畏難莫敢欲行卿與夢周等論崔源入覲遂使東人免罪於
天朝權臣以禑稱玄陵後報于胡欲固其位書成卿與尙衷樸不肯署名其事遂寢卿之有狄張平勃興復之忠於此可見旣而胡太子遣使稱詔以來書辭甚逆權臣欲率國人以迎卿乃力言以謂苟爲玄陵臣子者不可迎此使執政黽勉從之然忤其意被斥南荒凡歷七年殊無難色非信道篤者疇克如是哉後金庾洪尙載金九容等入朝皆被拘留朝聘道絕卿與夢周入賀
聖節倍日兼行

帝乃嘉之遣還庚尙載等我國不失事大之禮宗社生靈之永賴惟卿與夢周之力也及平東歸將欲大拜乃求外補意有以也南陽之民感卿惠政至今稱之禑昌父子將繼僭號殄絕我宗祀害虐我蒸民神人怨恫者凡十六載及
天子責異姓爲王而卿與諸大臣定策以予於神廟正派最親且長俾承宗祀一日之內克復社稷以延萬世之洪休豐功偉烈求之古今罕有倫比卿展所蘊行所學革去弊政修明禮樂眞所謂王佐之才也是用圖形紀功追贈祖考宥及永世嫡長世襲仍錫土田臧獲銀帛其服休命益勵忠誠時有獻大虎者道傳曰諸道出獻却之便否則請付有司以備國用如大虎道路昇擧至數十人且其肉不登俎豆將安用之王以爲然貢獻悉付有司王御經筵謂道傳曰今欲罷僞朝添設職其術何由對曰古之用人之法有四曰文學曰武科曰吏科曰門蔭以此四科擧之當則用之否則舍之其誰有怨又問秩高者處之何如對曰昔宋時爲散官設大丹館福源宮或授提調或授提擧今亦効此別置宮城宿衛府而位秩直奉翊者爲提調宮城宿衛事三四品提擧宮城宿衛事然則政得其宜體統嚴矣又問居外者處之何如對曰在京城者處之如此則在外者爭來赴衛王室矣然後以秩高下或爲提調或爲提擧王從之置宮城宿衛府道傳又言唐用人之法條目有五一曰教養成其才德二曰選擧取其秀出三曰銓注當其職任四曰考課覈其功過五曰黜陟示其懲勸條目中又各有條目博學經史通曉律令肄習射御三者教養之條目也文學才幹武藝門蔭四者選擧之條目也有德望識量者爲相有智略威勇者爲將敢言不諱者爲臺諫明察平恕者爲刑官通習筭數者主錢穀巧思精敏者主工匠此六者銓注之條目也公耳忘私勤其職任爲公瘠公肥私曠官廢職爲過此二者考課之條目也進職秩加俸祿爲陟削官職竄貶爲黜此二者黜陟之條目也本朝用人之法大毁欲教養則師道不明欲選擧則以私蔽公欲銓注則賢愚雜進欲考課則請謁煩盛欲黜陟則賄賂公行五者皆廢何從得人乎近分遣五道黜陟使是不揣其本而齊其末也王深然之令經筵檢討官韓尙敬書其言以進金星貫月王謂道傳曰將有何災道傳曰咎在上國不關我朝時議非

之憲府劾檢討官申元弼矯世子旨王爲罷其職旣而怒言者欲罪之道傳曰元弼乃殿下潛邸舊臣若宥其罪言者必謂殿下喜怒出於私非初政美事也王怒稍解拜政堂文學同判都評議使司事兼成均大司成王命撰積慶園中興碑賜衣一襲厩馬一匹省五軍爲三軍都摠制府以道傳爲右軍摠制使道傳辭曰三軍之作臣在中朝憲司所建白臣不知也然罷元帥爲三軍以臣爲摠制使則諸帥失職者必怏怏曰道傳革元帥自爲摠制怨刺並興臣又不便弓馬不敢當且革私田改冠服等事皆非臣所爲也左右皆目臣臣又冒處是任則讒言日至臣其危乎願更命他人王曰大國三軍古制也中爲權臣所廢宰相各稱元帥一民莫非其有今革元帥立三軍此復古之機也摠制寔重任議諸兩侍中以卿爲之卿毋辭道傳曰儻有讒言請勿納永保微臣遂不辭王悅王自南京還都次檜巖寺以誕辰禮佛飯僧道傳曰誕辰飯僧雖非古典但出於臣子則可矣未聞人君自祈福利不聽王欲營演福寺塔殿令京畿楊廣民輸木五千株牛盡斃民甚怨之道傳極言其害尋以病乞退不允王下教求言道傳上疏曰臣伏讀教書上以謹天文之變下以求臣庶之言而以八事自責臣讀之再三不勝感嘆殿下以天之譴告引而歸之於已開廣言路冀聞過失雖古哲王未之或過也臣待罪宰相無所匡輔以貽君父之憂至煩教諭之丁寧臣實赧焉嘗謂君爲元首臣爲股肱比之人身實一體也故君倡則臣和臣言則君聽或曰可或曰不可期於致治而已然則天之譴告由臣所致也古者有災異三公策免爲大臣者亦避位而讓之請免臣職以弭災異然念古之大臣當請退之時必有陳戒之辭况今獲奉教書安敢不效一得仰備採擇之萬一伏讀教書曰涼德未修而不孚於帝心歟政令有闕而未協於輿望歟臣愚以謂德者得也得於心也政者正也正其身也然所謂德者有得於稟賦之初者有得於修爲之後者殿下大度寬洪天性慈仁得於稟賦之初者然也殿下平日未嘗讀書以考聖賢之成法未嘗處事以知當世之通務安敢保德之必修而政之無闕歟漢成帝臨朝淵默有人君之度無補漢室之亡梁武帝臨死刑涕泣不食有慈仁之聞不救江南之亂徒有天質之美而無德政之修故也伏

望殿下毋以稟賦之善自恃而以修爲之未至者爲戒則德修而政擧矣伏讀敎書曰任用之人或徇於私歟賞罰之道有戾於正歟臣愚以爲任用之人出於公私在殿下自知之耳臣何足知之然除目旣下外人目而議之曰某也故舊也某也外戚也外議如此臣恐徇於私者雜之也賞者勸有功也刑者懲有罪也賞曰天命刑曰天討言天以賞刑之柄付之人君爲人君者代天而行之耳賞刑雖曰出於人君固非人君所得私而出入之也殿下卽位以來蒙賞受刑之人有事同而施異者金佇之言一也有置于極刑者有加擢用者金宗衍在獄致逃一也其監守官吏一誅一用其在逃謀亂一也同謀容隱之人或生或死臣愚不知刑誅而死者爲有罪邪則擢用而生者獨何幸歟擢用而生者爲無罪邪則刑誅而死者獨何辜歟禑昌竊我王氏之位實祖宗之罪人而爲王氏子孫臣庶所共讎也其族姻黨與不加刑誅則屛諸四裔而後快於人神之心昔武才人以高宗之后奪其子中宗之位五王擧義退武氏復立中宗武氏母也中宗子也以母之親奪子之位胡氏尙譏五王不能斷大義誅其罪而滅其宗况禑昌之於王氏無武氏之親有武氏之罪則族姻及其黨與奚啻武氏之宗也頃者臺諫上言逐之於外縱不能明示天誅庶幾小雪祖宗臣民之憤也曾未數月俱承寵召聚會京城出入無禁今雖以諫官之言放其數人殿下黽勉從之有遲留顧惜之意不知此擧果何義也諸將回軍議立王氏此上天悔禍祖宗陰相王氏復興之機也有沮其議卒立子昌使王氏不復興者有謀迎辛禑永絕王氏者其爲亂賊之黨王法所不容也殿下旣全其生置之遠方可也今皆召還于家慰而安之若以其罪爲誣也其沮王氏而立僞昌者諸將之所共知也親自招服明有辭證其迎辛禑而絕王氏者金佇鄭得厚言之於前李琳李貴生招承於後辭證甚明此而謂之誣也天下安有亂臣賊子之可討者也大抵人之所爲不合於公義則必有合於私情殿下此擧以爲合於公義則禑昌之黨皆祖宗之罪人也以爲合於私情則留禑昌之黨以遺後日之患如尹彝李初之請親王動天下兵亦何便於人情哉若曰有罪者赦之恩莫大焉他日必得其力人心自安而禍亂自止矣臣愚以爲刑法所以禁亂也人君

所恃以尊安者也刑法一搖禁亂之具先毀力未得而禍先至心未安而亂不止矣請以中宗三思之事明之武氏之黨最用事者三思中宗以母之親姪誅討不加待遇甚厚自今觀之五王既立武氏之子爲帝故三思得免其机上之肉則五王不惟有功於中宗於三思亦有天地再造之恩也彼三思曾不是思自疑其罪爲世所不與日夜譖五王曰權重恃功以惑中宗之心中宗以三思愛己而親之以五王爲權重而忌之五王日踈三思日密卒之五王戮而中宗弑使中宗謬計不過曰不能保全功臣而已豈知親見弑於三思之手乎以親則母之姪也以恩則活其生也不得其力而得其禍讒人之難保也如此讒人之謀其初不過自保其身而已爲惡不止則馴致其道至於亡人之身滅人家國以底自敗而後已如三思者豈有古今之殊也天人之際間不容髮吉凶灾祥各以類應今內則百官受職庶民安業外則上國和通島夷讋服亂何由生讒人交構於下則虞憂之象著於上客星孛于紫微臣恐三思之在於側也火曜入于輿鬼臣恐終有三思之禍也臣等雖遭五王之害無足恤也爲王氏已成之業惜之也若曰保無此事言之者妄也彼中宗之心豈不爲保也卒貽後人之笑臣恐後之笑今猶今之笑古也董子曰天心仁愛人君先出灾異以譴告之欲其恐懼修省之也伏望殿下當用人刑人之際不論其親踈貴賤一視其功罪之有無處之各當其可使不相陵則任用公而賞罰正人事得而天道順矣伏讀教書曰民弊未盡除而財用妄費歟下情未盡達而冤抑未伸歟茂異之才未擧者誰歟讒佞之徒未斥者誰歟臣聞三司會計佛神之用居多焉財用之妄費者莫斯若也然佛神之害自古難辨也爲其徒者曰此好事也善事也歸我者國可富也民可壽也爲人君者聞是說而樂之殫其財力諂事佛神人有言之者則以爲我事佛而彼非之我善而彼惡也我道而彼魔也我之事佛神爲富國也爲壽民也非爲我也持是說以固其心而人之言莫得而入也殿下即位以來道場高峙於宮禁法席常設於佛宇道殿之醮無時巫堂之祀煩瀆此殿下以爲善事而不知其實非善事以爲富國而不知國實瘠以爲壽民而不知民實窮雖有言之者擧皆不納不自以爲咈諫是臣所謂爲善福壽之

說先入之也昔梁武帝屈萬乘之尊三舍身爲寺家奴殫江南之財力大起佛塔其心豈以爲非利而苟爲之也匹夫作亂身遭羈辱子孫不保而國家隨之佛氏所謂修善得福者果安在哉此猶異代也玄陵崇尙佛敎親執弟子之禮於髡禿之人宮中之百高座演福之文殊會無歲無之雲菴之金碧輝映山谷影殿之棟宇聳于雲漢財殫力竭怨讟並興而皆不恤事佛可謂至矣卒不獲福豈非明鑑乎周末神降于有莘太史過曰國家將興聽於人國家將亡聽於神周果以亡由是言之事佛事神無利而有害可知矣伏望殿下申明有司除祀典所載外凡淫怪謟瀆之擧一皆禁斷則財用節而無所妄費矣殿下卽位以來人或犯罪有不問者有放免者疑若無寃抑之未伸者也然赦者奸人之幸良善之賊也則其數赦乃寃抑之所在也近者臺諫以宗社大計上書論執皆遭放逐臣恐寃抑之未伸茂才之未擧者此其時也至於讒佞之人蹤跡詭秘言語隱密難可得而料也大抵君有過則明爭之人有罪則面折之落落不合矯矯獨立不畏他人之議者正士也秘其蹤迹惟懼人知在衆不言獨對浸潤者讒佞之人也殿下於外而士大夫內而小臣宦寺試以臣言觀之則讒佞之情得矣人雖至愚皆知自愛至於妻子之計孰無是心昔漢成帝時日有食之言者皆以爲外戚用事之象成帝疑之問於張禹禹以身老而子孫微弱恐得禍於外戚不明言其故卒使王莽移漢鼎谷永輩直攻成帝略無忌憚至於王氏之用事畏避不言漢室卒以亡亦爲妻子計而不暇及漢室也臣雖狂妄不至病風敢不自恤乎臣以一身孤立於群怨之中非不知言出而禍至殿下以不諱問臣敢不以切直對此臣所以寧得禍而不恤切言而不諱者也伏望殿下留神採擇以白臣忘身徇公之意萬死無憾仍徵辭箋以進不允當時上書者甚衆而道傳對爲第一王每稱之然以盡言不諱忤旨且以武三思比禹玄寶黨玄寶孫成範爲駙馬故王不悅道傳而玄寶及李穡之黨亦惡道傳道傳又上書都堂請誅穡玄寶曰宰相之職百責所萃也故石介甫曰上則調和陰陽下則撫安黎庶爵賞刑罰之所由關政化敎令之所自出愚以爲宰相之任莫重於此四者而尤莫重於賞刑也所謂調和陰陽者非謂無其事而陰陽自調

自和也賞而當其功則爲善者勸刑而當其罪則爲惡者懲矣竊謂刑之大者莫甚於簒逆其沮王氏而立子昌迎辛禑而絕王氏者簒逆之尤亂賊之魁也苟免天誅今已數年矣又飾其容色盛其徒從出入中外略無忌憚而其子弟甥姪布列要職莫敢誰何則今居宰相之任守賞刑之柄者無所辭其責矣宜當具論罪狀啓于殿下與國人告于大廟數其罪而討之然後在天之靈慰矣臣民之忿雪矣天地之經立矣宰相之責塞矣若曰人之罪惡非我所知也生殺廢置之權人主所司也宰相何與焉則董狐豈以趙盾不討弑君之賊加惡名乎春秋之時晉趙穿弑君直史董狐書曰趙盾弑其君盾曰弑君者非我也史曰子爲正卿亡不越境返不討賊弑君者非子而何孔子曰董狐良史也趙盾良大夫也爲法受惡夫盾以正卿不討弑君之賊受弑逆之名而不辭然後討賊之義嚴而亂賊之黨無所容於天地之閒矣故曰爲人君父而不通於春秋之義必蒙首惡之名爲人臣子而不通於春秋之義必陷於簒弑之罪此之謂也愚雖不才得從宰相之後與聞國政敢不以良史之譏自懼乎若曰所謂罪

人有儒宗焉有連婚王室者焉其法有難議者也則昔林衍廢元王立母弟淐衍先定其謀而後告侍中李藏用藏用不知所爲但曰唯唯而已後元王反正以藏用位居上相不能寢其謀禁其亂廢爲庶人今李穡之爲儒宗孰與藏用其首唱邪謀沮王氏而立子昌者孰與藏用但唯林衍之謀而已胡氏曰昔文姜與弑魯桓哀姜與弑二君聖人例以遜書若其去而不返以深絕之所以著恩輕而義重也夫弑桓者襄公也弑二君者慶父也文姜哀姜疑若無罪焉聖人以二夫人與聞乎故深絕而痛誅之如此夫嗣君夫人所出也不以子母之私恩廢君臣之大義況其下者乎或曰穡之言曰禑雖旽子玄陵稱爲己子封江寧大君又受

天子誥命其爲君成矣又旣已爲臣矣而逐之大不可也此其說不亦是乎則曰王位太祖之位也社稷太祖之社稷也玄陵固不得而私之也昔燕子之與燕少子噲或曰燕可伐歟孟子曰不可子之不得與人燕子噲不得受燕於子之聖賢之心以爲土地人民受之先君者也時君不得私與人也又周惠王以愛易世子齊桓公率諸侯會王世子于首止以

定其位當是時嫡庶之分雖殊其爲惠王之子一也且以天
王之尊不得私與其愛子以諸侯之卑率諸侯之衆上抗天
子之命聖人義之未聞世子拒父命桓公抗君命誠以天下
之義大也玄陵豈以太祖之位之民而私與逆旽之子乎又
天子誥命一時權臣以爲玄陵之子欺而得之也後
天子有命曰高麗君位絶嗣雖假王氏以異姓爲之亦非三
韓世守之良謀又曰果有賢智陪臣定君臣之位則前命之
誤
天子亦知而申之矣安敢以誥命藉口乎其爲臣之說抑有
辨焉綱目前書審食其爲帝大傅周勃陳平爲丞相後書漢
大臣等誅子弘迎代王恒即皇帝位其書曰帝曰丞相者非
爲臣之辭乎曰大臣曰誅子弘者非討賊之辭乎不獨此耳
武才人稱帝已久狄仁傑薦張柬之爲宰相柬之廢武才人
迎立中宗其薦爲宰相者豈非爲臣也廢武才人者亦討其
爲賊也百世之下稱周陳安劉張柬之復唐之功未聞罪數
公爲臣而廢舊主也穡與玄寶雖仁義未足皆讀書通古之
士豈不聞此說乎其執迷不悟倡爲邪說以惑衆聽於此可

見先王之法造言惑衆者在所當誅況敢倡邪說以濟亂賊
之罪者乎或曰其謀迎辛禑者正子昌在位之時雖無辛禑
之迎王氏安得復興乎其曰迎辛禑而絶王氏以罪加之之
辭也當是時忠臣義士奉
天子之命議黜異姓以復王氏僞辛之黨先得禮部咨知
天子之有命忠臣之有議謂子昌幼弱謀立其父以濟其私
此非謀迎辛禑而絶王氏乎或曰穡與玄寶於行爲前輩有
斯文之雅故舊之情子力攻之如此無乃薄乎昔蘇軾於朱
文公爲前輩文公以軾敢爲異論滅禮樂壞名敎深訶力詆
無少假借乃曰非敢攻訶古人成湯曰予畏上帝不敢不正
予亦畏上帝故不敢不論夫軾之罪至於立異論滅禮法耳
以朱子之仁恕攻之至以成湯誅桀之辭並稱之況黨異姓
而沮王氏者祖宗之罪人而名敎之賊魁也豈以前輩之故
而貸之也況彼之言曰戊辰年廢立之時斯文有異議所謂
異議者議立王氏也又倡言於衆曰諸將議立王氏吾父沮
之吾父之功大矣此言流聞於禑昌之耳者深矣使禑昌得
志斯文與諸將果得保其首領乎其自處之薄爲何如也自

以立王氏爲異議沮王氏爲己功今以立僞辛爲異議沮王氏爲重罪不亦可乎或曰子已上牋辭免獻書殿下論執罪人又告廟堂無乃已甚乎必若是言昔齊陳恒弑其君孔子沐浴而朝曰陳恒弑其君請討之又告三子曰陳恒弑其君請討之弑君者在齊疑若無與於魯也孔子時已告老疑若無與於魯之政也既已請於君疑若不必告於三子也且以聖人宏大謙容入而請於君出而告於三子必欲討其罪人而後已誠以弑逆之賊人人之所得誅而天下之惡一也且在魯而不忍在齊之賊況在一國而忍一國之賊乎從大夫之後而不忍隣國之政況在功臣之列而忍王室之賊乎春秋書衛人殺州吁胡氏曰人衆辭其殺州吁石碏謀之使右宰醜莅也變文稱人是人皆有討賊之心亦人人之所得誅也故曰衆辭也且亂臣賊子人人之所得誅也而宰相不行誅討之舉可乎況石碏以州吁之故并殺其子厚君子曰石碏純臣也大義滅親以此言之亂賊之人不論親踈貴賤皆在誅絶也或曰陳恒州吁身行弑逆者也禑與玄寶未嘗弑也比而同之不亦過乎又安知誣其罪而誤蒙也則不有胡氏之說乎弑君立君宗廟猶未亡也移其宗廟改其國姓是滅之也豈不重於弑也今黨異姓而廢王氏之宗祀者實胡氏所謂移其宗廟而滅同姓也其罪亦不止於弑也又古之大臣人有告其罪者囚服請罪如漢霍光以武帝顧命大臣擁立昭帝功德至大人有上書告其罪者不敢入禁中而待罪於外以此觀之苟有告罪者則當涕泣切請躬對有司辨明其罪然後其心安焉豈有誘妻子上書假托疾病就醫於外不與明辨乎是則自知有罪辭屈難辨必矣春秋討賊之法雖其蹤迹未著尙探其意而誅之況蹤迹已著如此者乎昔高宗封武才人爲后褚遂良許敬宗同爲宰相遂良力言不可卒至戮死敬宗順高宗之旨曰此陛下之家事耳非宰相所得知也高宗用敬宗之言卒立武后敬宗終享富貴五王同議反正同受戮死無一異焉自今觀之敬宗之計得而遂良與五王爲失矣然敬宗一時之富貴欻爾若飄風過耳泯然無迹遂良五王之英聲義烈輝映簡策貫宇宙而同存愚雖鄙拙恥敬宗而慕遂良傳曰始與之同謀終與之同死旣不以愚拙弃之得參反正之議安敢畏奸黨之禍默然無

言以苟免乎伏望法春秋討賊之法以孔子石碏之心爲心
則宗社幸甚又上箋辭曰臣之得謗雖可悉陳請以殿下之
所明知者言之殿下以臣充三軍都摠制府右軍摠制使臣
面請曰諸將用軍士爲私屬其來尙矣一日革之舊家世族
無其役而食其田久矣一日名屬軍籍役加於身臣恐大小
歸怨於臣也殿下曰將帥之革憲司言之三軍之設斷自予
心卿何與焉保無此謗也臣復曰臣若得謗必達於聰聞則
殿下亦知臣無其事而得其謗者此類也而臣之他謗亦明
豈非幸之中者乎臣受命後果有謗之者曰道傳回自中原
而三軍之府遽設此以五軍都督之法而爲之也舊家世族
自此皆服賤役矣萬口一談牢不可破戶口成籍堂臣言之
殿下可之其事出於臣在中原之時也刷盲人巫師之子充
樂工典儀寺奉殿下之命而行之者也無籍冒名之徒怨戶
籍之不便於己者曰道傳之所爲也盲人巫師以此議爲出
於臣而詛之革私田之議臣初以爲皆屬公家厚國用而足
兵食祿士夫而廩軍役俾上下無匱乏之憂臣之志也而志
竟不行尋請殿下免提調官久矣而分田不均之怨皆歸於
臣然此小事也殿下之所明知臣不得辨焉況事之大而怨
之深者雖非臣之所知臣何自而免也臣死於崔源之遣則
內以正先君之終上以不欺於
天子矣死於不肯署名之事則足以明僞辛非玄陵之後矣
死於胡使之却則上以脫君父之惡名下以免一國臣民與
弑之罪矣臣身雖死有不死者存豈非榮乎若夫陷於讒謗
之口則上以遺君父不能保全功臣之累下以招不能明哲
保身之議臣甚懼焉願殿下解臣見職以保餘生諫官言道
傳功在社稷上箋辭職累日不荅待功臣不可如此其薄乃
復爲政堂文學臺省交章請玄寶罪王以成範故不聽使人
於我
太祖請禁臺省論奏
太祖嘆曰王曾謂我指揮臺省乎時王忌
太祖功高得衆心又舊家世族怨革私田多方誣毀禑昌之
黨連姻王室朝夕譖訴王信讒言日夜與左右潛圖除之
太祖困於讒說謂道傳南誾趙仁沃等曰吾與卿等戮力王
室而讒言屢騰恐吾輩不得容吾當東歸以避之先令家人

趣裝將行道傳等曰
公之一身宗社生靈之所係豈可輕其去就不如留相王室
進賢退不肖以振紀綱如此則王庶幾有悟而讒言自息矣
今若退居一隅彼讒者必誣以蓄異心禍且不測矣
太祖曰昔者子房從赤松子遊高祖不之罪我心無他王豈
罪我哉相與論議未決都鎭撫黃希碩因家臣金之景白夫
人康氏曰道傳誾等勸
公東歸事將非矣不如去此數人康氏信之告于
太宗曰道傳誾等皆不可保對曰
公困於讒說有引去之志道傳誾等力陳利害以止其行者
也乃責之景曰數人與
公同休戚者也汝勿更言王召道傳道傳辭疾不赴遣代言
安瑗敦諭乃至王問稽玄寶罪道傳對如疏意語若縣河王
曰稽罪狀稍著玄寶罪猶未白道傳曰稽罪已著宜置極刑
以示不忠若玄寶者罪狀未白故臺諫交章請流遠地臣亦
以爲宜使淑慝異處王曰稽玄寶事寢之已久今有抗疏者
必卿疏爲之階也卿近不見寡人者亦以此也道傳曰君臣
之義情同父子譬如父責子不孝而明日又愛之如初者天
理之不掩也殿下今雖責臣後若推誠任臣敢不奮勵今當
農月天久不雨殿下召臣面議天乃雨昔靈霖禾穀不茂殿
下召臣議政事陰雨霽殿下以爲何如脫有奸黨矯旨罪臣
臣請面啓然後伏罪王不悅憲司劾糾正朴子良等不迎執
義禹洪得下獄鞫之辭連道傳出爲平壤府尹省憲刑曹上
疏劾道傳陰誘糾正非毁臺諫請置極刑王以功臣宥之復
論道傳濫居功臣之列内懷奸惡外施忠直染汚國政請加
其罪王放歸其鄉奉化縣臺省交章曰道傳家風不正派系
未明濫受大職混淆朝廷請收告身及功臣錄劵明正其罪
王只收職牒錄劵移配羅州大司憲金湊等上疏論其子典
農正津宗簿副令澹廢爲庶人尋量移道傳于奉化縣鄭夢
周嗾諫官金震陽等上疏曰鄭道傳起身賤地竊位堂司欲
掩賤根謀去本主無由獨擧織成萋斐之罪連坐衆多之人
請於貶所典刑垂戒後來初玄寶族人金戩嘗爲僧私其奴
樹伊妻生一女人皆以爲樹伊女戩獨以爲己女密加愛護
以嫁士人禹延生女女適云敬生道傳故云後夢周誅召還

賜米豆百石給其子告身復封忠義君自此以後入 本朝

列傳卷第三十二

列傳卷第三十三　高麗史一百二十

正憲大夫工曹判書集賢殿大提學知經筵春秋館事兼成均大司成臣鄭麟趾奉
教修

尹紹宗 會宗

尹紹宗字憲叔贊成事致仕澤之孫恭愍朝擢魁科選補史官累轉爲正言草疏陳時事曰皇天生民而不能使之各得其所必命聖人爲之君以代治之故位曰天位民曰天民而設官分職則代天工也本朝之制中書則有令侍中平章參政政堂五者法天之五星也樞密則天之北斗也至於百官莫不皆然雖郎官之微亦皆上應列宿故名器官爵非人君之自有乃天之所有而人君代設之者也人君不可以名器爲己之私有而妄與之而人臣亦不可不量其才德而敢居之也自昔帝王分天下之民爲四等曰士農工商農工商各世其業以供上惟士無所事也而入學讀書修身正家事君治民之道皆得學焉而後官之是以公卿大夫未有不盡其

職而人君代天之政成仲尼曰名器君之所司也不可以假人政亡則國家從之而亡盖名器旣輕則朝廷不嚴而王室卑王室卑則小人生陵慢之心民志不定上下不辨而社稷危矣我祖宗非能則不使在職非賢則不使在位有罪必誅無功不賞是以愚不肖者不得在官而百官正矣慶陵之入朝也中官李大順有寵於世祖請授其兄別將慶陵曰汝兄伍尉也越散員授別將非祖宗法也大順言於世祖曰願諭我王帝曰官人有法制國有君朕何與焉汝其自請之則我祖宗之重名器古未有也自辛丑癸卯以來國用不足以官爵爲賞功之物於是小人濫冒軍功因緣賄賂不次超授其源一開至于今日商賈工匠公私奴隸皆得爲官羊頭狗尾布列中外褻慢名器汚穢天工人人視朝廷官爵如土芥皆欲俯拾至有中郎將掃牛下奉翊眞一匹之諺盖言名器之甚賤也由是雖以五尉而至散員散員而爲中郎將亦不喜也平時如此萬有危急之難殿下復將何物以賞之而勸以立功耶願自今非有軍功才德則雖近侍者不妄授以官使工匠商賈各安其業毋使賤人汚穢朝廷則民志有定上下有辨朝廷有嚴而王室尊矣臣聞諸葛孔明有言曰親賢臣遠小人先漢所以興隆也親小人遠賢臣後漢所以傾頹也自古及今治亂興亡之分決於人主所親信之得失耳殿下當天下危亂國家厄會之時深居九重或一月不聽政親近頑童群小而罕接宰相耆德彼頑童群小唯知逢迎上意承順顏色其所事者不過鷹犬飲食男女之間而已殿下樂其和順而日與之親豈不大爲盛德之累乎宮禁嚴肅非雜類所得而窺也今也群小出入自恣大內不嚴大內旣不嚴則主上安得而獨尊哉代言金興慶不學墻面唯唯諾諾非獻替啓沃之資也殿下悅其敏給阿順使出納敎命進退士大夫一國之事皆先關白興慶然後得達宸聰夫偏聽生姦獨任成亂安知他日不有李斯趙高之禍哉伏見三月朔日有食之近年賊旽用事而七月日食七月者三陰之月也而且有旽不測之謀今三月五陽之月也陽甚盛而一陰獨存能勝大陽此非小變也臣下必有蔽惑主上者君子道清白小人道長矣願殿下畏天變而收興慶之權不使與國政黜群小之在內者毋深居九重毋日晏不起毋獨任一臣日接宰

祐者德忠直之士力行祖宗之仁政則社稷之福也臣聞養天民者興殘天民者亡是以人主受天命而立天位則必上順天心以養天民如父母之愛赤子然後民心附而天命固焉太祖當泰封奢虐之際奉天討罪誅除群兇愛養民生衣服取其禦寒暑宮室期於庇風雨深仁厚澤涵育元元列祖相承咸以儉德養民爲心景靈殿孝思觀顯毅二陵其制度儉小不爲奢麗此皆子孫之所當法也殿下即位于今二十有三年適當厄會國步多難賊旽用事包藏異心蔽惑聖聰斲喪國脉遂使殿下興仁熙殿之役搥百姓之髓朘百姓之膏輸材鼓冶供給之費日以萬計辦事之吏暴於猛虎督責之令疾於風雨中外之民困於力役三農失時老弱失養而父母妻子不相自保倉廩無半月之儲百姓無十日之糧五道兩界積年所儲之軍須俱竭於供給而亦不足矣三韓嗷嗷歸怨賊旽六年之閒大水大旱百萬生靈如在湯水之中而畏旽之威不敢出諸其口垂頭拱手號訴于天地曰是役也皆賊旽及中官廣大從臾而爲之也旽旣伏誅役猶未已民又怨之曰是役也旽雖首唱實廣大欲固富貴而力贊之

三韓之民之怨廣大也甚於賊旽矣國家自庚寅以來東禦倭寇丙申以後北禦韃靼己亥辛丑之戰吾民死亡者大半不三年又有癸卯之亂死亡又倍於辛丑矣己亥以至于今十五年閒水旱相仍餓莩相望民之存者僅十之一羅慶二道連歲大饑而今年尤甚三月大寒四月不雨麥不成穗而種不入土吾民將何以生乎民者王之天食者民之天也民無食則死矣王者無民則奚以獨守國哉今京中倉庾空竭而兩界五道又饑饉不幸有辛丑癸卯之變則將何以備軍餉乎百姓困於土木困於賦歛寃怨通天不可遽解雖有急難誰復有爲殿下効死哉嗚呼景靈殿太祖皇考之別廟孝思觀太祖之眞之所在顯毅二陵太祖皇考之墓也而其制度比之仁熙殿正陵則百分不及一矣吾東方天下號爲禮義之邦而子孫后妃陵殿反過祖宗天下後世以爲何如也殿下奈何以一后之故取天下後世之笑乎且預凶事非禮也而廣大欲興事固寵冒安殿下預作石室聞者憤歎以爲大不祥也而不忍言之今災異荐臻百姓饑饉又非人主玩花卉之時也而廣大乃作花園虧損殿下之德而離散民心

其罪固可斬也願殿下正廣大之罪斬于都市罷陵殿石室之役壞花園以解天怒以弭民怨疏未上獻納金允升知之與司議禹玄寶托以紹宗累月在告曠職劾罷之辛禑初授典校寺丞轉成均司藝改典儀副令藝文應敎紹宗不顧産業家甚貧知申事李存性白禑賜米十碩移典校副令我
太祖回軍紹宗詣軍前因鄭地求見懷霍光傳以獻其意欲復立王氏也辛昌立陞典校令與同僚奏本朝舊制凡圜丘宗廟社稷山陵眞殿神祠祭享祝文道殿佛宇詞疏本寺官一人每月輪直淸齋寫進上齋沐親押天地宗社則必親祀佛宇道殿神祠則或命大臣攝行近以祈禳猥多或命正字小臣代押其源一開今唯四時大享親押其餘則皆代押甚違誠敬之義願遵祖宗舊制祝文詞疏齋沐親押圜丘社稷宗廟籍田大享必皆親祀朔望奠及凡祈禳擇大臣攝行御正殿親授祝文詞疏昌從之又奏殿下旣允臣等親祀之請今大享宗廟乃以大臣充大尉是殿下不欲親享也以謂禮文未備奠物未具耶則苟有明信澗溪沼沚之毛可薦於神明豈以文之未備物之未具而幷棄其誠也哉以謂權署國事不敢主祀耶則舜之受終禹之受命皆攝政也而率百官親格于文祖神宗之廟舜禹天下之大聖萬世帝王之所當法也殿下不法之臣等竊爲殿下惜之今殿下之不親享有三不可焉吾不與祭如不祭則是不誠也無疾病大故而燕居九重使臣攝行則是不敬也旣許親祀下之兩府播之百姓未幾而有攝祭之命是示國人以不信也夫誠敬信三字人君之大寶也捨是三者能有其國者未之有也禮將祭散齋四日致齋三日今殿下端拱日御經筵聞正道近正人則散齋固無嫌矣願自今日致齋思誠格于大廟躬服袞冕以告卽位以申孝思昌下都堂議俄拜右司議大夫極論李仁任罪又與同舍許應閔開等復疏論仁任日暮不得上會疽發背請告應等寢其書紹宗遷大司成赴書筵以前疏進仁任族黨疾之至有欲殺者語在仁任傳紹宗在書筵上書曰易曰蒙以養正聖功也天命之性本善無惡人與堯舜初無小異古之聖王固稟胎敎及在襁褓有保以保其身體而適起居之宜有畏愼之心有傅以傅之德義而節嗜好之過防聞見之非特選端士與之出入起居所見必正事所聞必正

言外物之誘無自入天性之眞得其養方寸之間受敎之地澄淨無蔽故皆可以爲堯舜矣臣竊見殿下受讀論語今十有三月矣每日所新知者多不過三四字而已尙或難讀以殿下明睿之資得於天禀其於受學非不能也但由殿下暫御書筵須臾入內狎於近習心繫外物而不在於書故也至於近日怠學之端形於外師傅未退訓音未通輒讀輒起俄稱御膳失時輒入於內聖學何由而進聖德何由而明乎上王初立聰明向學而姦臣爲盜國之計即罷經筵誤我上王幾覆宗社殿下即位之初大臣以前朝爲戒首開經帷以勸聖學以堯舜之聖望殿下矣如或怠學則奈宗廟何奈生靈何今孟秋吉傷穀風作害國家生民之大命上天之譴莫大焉洪範云曰聖時風若曰蒙恒風若殿下怠學之端見而咎徵之風應之天之以蒙徵戒殿下豈不明甚哉古之時八歲而入小學十歲而出就外傳居焉昔魯襄公年纔六歲而出從天下諸侯之會同何嘗御膳必於深宮之中乎昔程子爲講官而上言曰人主一日之內親寺人宮妾之時少接賢士大夫之時多則自然氣質變化德器成就願殿下每朝問安慈闈之後出便殿進御膳命諸講官館閣學士常侍左右從容宴語開說道理至於日昃至於夜分天命之去留人心之向背稼穡之艱難征戍之勞苦治亂之源興亡之迹古今禮樂人物賢否日陳於前則上聽積久自然通達習與性成堯舜同德比之常在深宮之中熏染婦寺之邪化聖爲蒙其益豈不甚大哉嬖便近習之褻慢實害聖德之莨莠賢士大夫之薰陶乃養聖德之雨露凡宮人內臣亦用程子經筵之奏並選年四十五十已上厚重之人以備左右其年少者不使進於左右以絕其導上邪私之原凡服御器用以紂之象著玉盃爲戒以禹之惡衣服爲法侈麗之物不進於前淺俗之言不接於聽今領書筵知書筵古之大師大傅也侍讀古之小師小傅也願自今正殿受讀之際知書筵進則必爲之起避席受經退則亦爲之起侍讀進退亦爲之避席改容以致尊師重傅之意此所謂湯之於伊尹必學焉而後臣之故不勞而王桓公之於管仲必學焉而後臣之故不勞而覇者也養成聖德莫急於此願殿下上念太祖五百年之垂統下念三韓億兆之向望不罪微臣懇懇之言察納修省以開千萬

年之大平侍讀鄭道傳見之曰議論切至深得告君之體恭
讓即位以大同憲趙浚薦爲左常侍經筵講讀官浚嘗從紹
宗學故有恩憐之舊凡有章疏紹宗皆具藁初紹宗嫉李崇
仁才高又忌李穡譽崇仁而不譽已及永興君獄起紹宗譏
崇仁於浚欲殺之紹宗與同列請誅邊安烈疏六上從之王
欲覽貞觀政要命鄭夢周講之紹宗進曰殿下中興當以二
帝三王爲法唐太宗不足取也請講大學衍義以闡帝王之
治王然之初禑之移江陵也門下評理尹虎柳曼殊簽書密
直禹洪壽同知密直俞光祐等押行又廢昌之日商議門下
府事崔元沚密直副使柳龍生守宮門判慈惠府事鄭熙啓
慈惠府尹
李恭靖王諱 密直副使金仁贊知申事李行等守傳國寶密直
使姜淮伯知密直尹師德封府庫王論其功賜虎等爲功臣
紹宗言賞罰國之大柄不可濫也我太祖征伐四十年稱功
臣者止六人金樂金哲代太祖而死尚不與六功臣之列今
殿下旣以
和寧伯等九人告廟行賞虎等之功人所未聞請削之不聽
復上疏爭之竟不從王遣吏曹摠郎李混迎曹溪僧粲英爲
師紹宗與兼大司憲成石璘等伏閤諫石璘曰釋氏以淸淨
寂滅爲宗無補國家昔成湯師伊尹文王師太公以致商周
大平之治未聞以釋氏爲師也紹宗曰殿下如欲求師有元
老大臣在何用僧爲遂退交章論奏曰綱常天下國家之大
本堯舜三代享國長久以臻至理由此道也自漢明帝崇佛
以來亂亡相繼至于梁氏惑佛太甚宗廟以麵爲犧牲綵帛
禁織鳥獸之形卒致侯景之亂餓死臺城唐憲宗迎佛骨于
禁中刑部侍郎韓愈極言以爲自佛氏入中國以來事之愈
謹年代尤促憲宗不聽未幾暴殂我太祖深懲積弊禁後代
君臣私作佛刹是時太師崔凝請除佛法太祖以爲新羅之
季佛氏之說入人骨髓人人以爲死生禍福悉佛所爲今三
韓甫一人心未定若遽去佛法必生反側乃作訓曰宜鑑新
羅多作佛事以至於亡聖祖所以拔誕妄之源本期後王之
繼述者至甚切矣臣等竊聞殿下將迎曹溪僧粲英于太內
尊爲王師臣等爲殿下惜之三代帝王以論道經邦變理陰
陽者爲師故湯師伊尹伐夏救民以開六百祀之商武王師

太公鷹揚誅紂以開八百年之周姚秦以胡僧鳩摩羅什爲師不旋踵而亡前元以蕃僧婆羅跋蹄爲師及其季世以天子之尊奴事指空巽其福壽卒致應昌之敗佛之爲敎無父無君姚秦前元以五胡北狄之俗不法帝王之治以毁綱常得罪於天以速亂亡今殿下中興方將作法垂範爲聖子神孫億萬世之所遵今乃復襲胡狄之失乃以胡敎爲師有國家者立政立事循其名當責其實所謂師者師其道也釋氏以臣子背君父逃入山林寂滅爲樂若師其法必髡三韓之民必絕九廟之祀然後稱其名耳願殿下勿以無君父者爲師尊堯舜孔孟之道以開三韓太平之業疏上王勉從之英至崇仁門臺省遣吏逐之不得入而還王罷臺省面啓之法紹宗與同列上疏曰堯舜咨四岳闢四門明四目達四聰嘉言罔攸伏尙慮下情之或鬱而不達乃曰予違汝弼汝無面從退有後言又曰汝亦昌言三代聖王率由是道咨于芻蕘工執藝事以諫有誹謗之木有進善之旌匹夫匹婦之言皆達于上上下交而爲泰及周之衰謗者使監以止之遂朱文武之天下秦以忠諫者爲妖言而禁之至有指鹿爲馬而莫有言者故得天下二世而亡自漢迄元言路開則治且安言路閉則亂且亡自異姓竊國以來臺諫緘口至於戊辰攻遼之擧而無一人言者此殿下之所親見也殿下卽位以來五日一視朝令臺諫面啓時政得失三韓蹈舞想望太平而今者乃令臺諫勿復面啓豈不大爲中興之累乎一言喪邦此之謂也願殿下更命臺諫面啓其餘各司亦令各以其職進言以廣聰明以臻至理又上疏曰臺諫人主之耳目不可頃刻而離左右也日者以辛禑父子事關大體殿下命臺諫往驗其狀此所以重宗社一時之權宜也因此遂分遣臺諫於外以虧殿下耳目之任甚非中興之美法也願自今毋令臺省出外以委繩愆責難之任從之王將幸長湍紹宗與石璘等上疏云傳曰君擧必書書而不法後嗣何觀伏聞殿下將幸長湍閱戰艦此誠安不忘花之意然自異姓竊國以觀逸遊田毒痡生靈惡聲聞于上國今賴天祐興復舊物宜以遊田爲戒乃何卽位之初不修德政復徇僞朝之覆轍乎東作方興大駕之行千乘萬騎道路供億之費弊不可言若以緩急爲言則郊天拜陵耕籍田謁文廟在所當先願殿下姑停

此擧以解國人之惑不允又上䟽曰竊觀祖宗之制凡有所
犯者不給田以礪士行自異姓竊國以來姦兇得志賣官鬻
獄盡毁祖宗之法士大夫以土田臧獲自成契券賂姦兇受
官職以敗禮義廉恥之俗殿下中興革私田以安民生給圭
田以優仕者意甚盛也反正之初宜崇節義戒貪邪一新士
習請令辨正都監收諸人所賂田民及所鬻告身以礪風俗
䟽留不下遷紹宗爲禮儀判書其餘臺諫亦遷他官以其彈
劾不已也紹宗嘗謂上護軍宋文中曰今
李侍中不能進君子退小人若一朝墮於小人之計悔何及
哉沈德符等聞之告于王王怒欲罪紹宗我
太祖請曰廷臣直言者惟紹宗耳不可罪之代言李士渭亦
曰紹宗屢上書皆不聽今遽罪之外議必謂殿下惡直臣也
王曰予旣除紹宗高官人惡得而言哉
李侍中功在社稷紹宗等敢辱之其可不罪歟遂放于錦州
初紹宗與友壻崔乙義爭臧獲未決托辛禑嬖臣潘福海得
之及爲常侍喜論駁王甚惡之每擧托潘事訾之至是見竄
後錄回軍功賜田宥其罪諫官承鄭夢周指嗾上䟽論劾削
職遠流及夢周誅乃宥入本朝拜兵曹典書修文殿學士同
知春秋館事卒子淮弟會宗辛禑時登第累官至司宰副令
恭讓即位上䟽曰玄陵上賓之後權臣李仁任等以逆旽之
子禑嗣我王氏九廟絶祀者十有六年幸賴天祐王室旣亡
而復興殿下宜深思明斷以辛禑父子告于祖廟而斬于都
市然後得以慰九廟之靈荅臣民之望而杜禍亂之源矣夫
管叔兄也周公弟也管叔與武庚流言倡亂周公誅而王室
安焉王莽簒位天下思漢長安中有自稱成帝子子輿者莽
殺之邯鄲卜者王郎詐稱眞子輿而稱帝天下響應衆至數
百萬光武困於滹沱幾塡於餓虎之喙然後能克而斬之以
中興帝室曹操盜漢家四百年之天下及其子丕稱帝改元
以據中夏諸葛亮相昭烈以圖興漢其言曰漢賊不兩立當
奬率三軍北定中原攘除姦兇復興漢室其志將欲繫頸曹
丕告于高祖光武之廟而斬之然後足以小謝天下也當是
時天下皆爲魏有而昭烈所據之地唯蕞爾之蜀耳作史者
皆書曹丕之年以帝魏矣獨朱文公修綱目黜曹丕之年而
特書昭烈皇帝章武元年以正漢家之統唐之則天后廢中

宗而自立爲帝改國號曰周欲傳天下於武氏唐已亡矣張柬之等擧兵復中宗之位誅張易之張昌宗遷則天於上陽宮復國號曰唐後之君子責柬之等不能以大義處非常之變而討唐室之罪人乃曰以武后至大廟數其九罪廢爲庶人賜之死而滅其宗中宗不得而與焉則足以慰在天之靈雪臣民之憤而天地之常經立矣此言深切而著明矣初二張之伏誅也洛州長史薛季昶謂柬之等曰二凶雖誅產祿猶在去草不去根終當復生柬之曰大事已定彼猶机上肉耳夫何能爲季昶歎曰吾不知死所矣謂賊武三思尙在故也旣而中宗與韋后復信用三思柬之等五王果爲武三思所殺天下悲之彼辛禑父子盜據王位十有六年姻親豪右布列中外萬一姦兇之徒推擁而出則臣恐噬臍無及而殿下之大事去矣周公之於管叔至親也而猶爲天下誅之則天中宗之母也君子以不誅爲責況今賊臣之子孫非有管叔則天之親今旣反正有何所疑猶廩養而不誅以啓群邪之心乎其於祖宗十六年絕祀之意何如其於季昶去草之說何如夫天下之變常起於所忽終至於不可得而制也其於殿下社稷之大計可不爲深慮乎今在廷之臣孰不欲言之其不言者恐其言之不行而有後悔也經曰君不密則失臣臣不密則失身幾事不密則害成願殿下與大臣謀於禁中以禑父子告于大廟而誅之明示中外毋令再亂王室再毒生民以垂萬世之統王從之會宗臣事禑昌職非言官而上書請誅人有議者轉刑曹摠郞又上疏曰國家運祚之長在乎人君積德累仁培養邦本而已夫豈恃都城地勢之旺氣哉盤庚之去耿以有河決之害大王之去邠以有狄人之侵平王之東遷以有犬戎之亂今無此數事而欲遷都漢陽物議驚駭胥動訛言是殿下以江水赤沸太白晝見乃信讖緯不經之言欲移蹕以避之殿下如欲弭災惟當避殿減膳兢業小心下罪已之令以求直言明其政刑愛養黎元而已僞禑惑邪臣之言徙居漢陽貪殘之徒恣意誅求楊廣一道爲之騷然今若移幸則修宮室備供儲將家抽戶斂侍從百司宿衛臣庶將傾城以赴之朝夕餱粻之不繼風霜雨露之無庇辛勤旅次可勝言乎況今禾穀被野萬騎所至踐蹂且盡漢陽吏民失其家室奔竄山谷披荊棘刈蓬藋秋耕秋収

又失其時臣恐民之受患甚於禑時也又惑浮屠法猊之說重修演福寺盡壞旁近人戶臣爲殿下不取願罷移都黜法猊以副輿望昔晉惠帝時雨血太白晝見太子與皇后見殺自是宗室相殘天下大亂懷愍二帝終爲劉聰所虜夷狄亂華者數百年唐高祖時太白晝見經天秦王殺太子及齊王元吉太宗季年太白屢晝見而則天廢中宗自立革唐稱周大殺唐之宗室社稷幾亡天之垂戒豈偶然哉今春夏之交太白屢晝見今又晝見經天者月餘天之所以戒殿下者至矣殿下列花卉於宮中而日翫之又欲遊幸漢陽臣恐祇懼之心有未至也願以堯舜三王之心爲心以周公孔子之道爲道不爲邪議之所惑務於實德則天意可回而邦本可固矣

吳思忠

吳思忠初名思正其先迎日縣人後徙寧遠鎭登第累遷監察糾正歷獻納執義辛昌時爲司議大夫上䟽論復私田之弊從之又與同列上書曰往者群姦秉權援引朋黨用含顚倒骨鯁忠直之士指爲迂闊排而斥之貪邪諂諛之徒號稱賢能崇而陟之絕塞言路蒙蔽聰明邦家殄瘁幸賴天地宗社之靈群兇伏誅朝野廓淸殿下初即大寶旁搜賢俊布列庶官大開言路芻蕘必採其禮樂制度之宜救時拯民之策臺省交章申奏殿下聽而行之然法雖立而民未見效革私田正經界之論巨室之所大忌有志之士勁直之言邪黨之所深疾胥動浮言以惑衆聽中外嘵嘵此扇亂之漸也況天變屢見星纏失度霜降之餘迅雷不收立冬之後蒸霧發洩此二氣有乖之驗也臣等竊謂殿下當克謹天戒好學從諫修省於上群臣當各供其職無敢怠荒恐懼於下然後天變可消人釁不作能保無窮之業今也大臣每用樂宴飮供費十千實非敬天勤民憂災恤變之道願自今迎餞上國使臣及勞慰有功將帥外凡中外公私宴飮用樂痛行禁斷以謹天戒以節國用以厚民生昌納之恭讓初與舍人趙璞等上䟽極論李穡曹敏修之罪又曰李仁任擁立辛禑之罪亦殿下之所親見也請委諸憲司斬棺瀦宅以聲其罪又曰三司右使金續命倡爲未辨其母之說見黜而死公山府院君李子松諫禑興師遂爲大戮請命攸司祭其墓錄其子孫以慰

忠魂命罷穡父子廢敏修爲庶人又與璞等上疏曰今殿下
上承
天子之命下應臣民之望拔亂反正紹我祖聖旣絕之大統廢辛禑父子爲庶人此則正名分定民志以開萬世大平之時也昔衞君待孔子爲政孔子欲先正名曰名不正則民無所措手足矣漢呂后取宮妾子弘爲惠帝嗣大尉周勃以弘非惠帝子而誅之迎立代王以定民志以開四百年之大平唐則天后廢其子中宗欲立異姓武三思爲太子丞相張柬之誅則天之黨張易之昌宗等復立中宗留三思以待中宗自誅之薛季昶等謂柬之曰去草不去根後必復生三凶雖誅三思尙存公輩終無葬地矣若不早圖噬臍無及柬之等不從曰大事已定彼一三思猶机上肉耳後三思果殺柬之等而中宗亦遇弑矣君子論之曰則天旣得罪於唐之宗廟中宗亦不得私於其母柬之等旣立中宗以則天賜死而中宗以大義不與其議則可以解祖宗之怒而天地之常經立矣亦孔子正名之義也今一二大臣推戴殿下以繼恭愍王後以正辛禑非恭愍王之子布告中外三韓億兆之民相謂曰吾生復見太祖之孫矣往者洪倫之亂之源及禑母般若之言之死亦殿下之所明知也聖天子之所已聞也今李穡心亦知其非於仁任擁立辛氏之際曾無一言敏修立昌之時首倡定策今年又欲復立辛禑其罪前疏未盡之矣今殿下旣紹正統李種學獨倡言於人曰玄陵旣以禑封江寧君而立府矣而又
天子爵命禑矣
李(太祖舊諱)何人敢違玄陵之命廢我驪興王乎今殿下不正禑父子之罪以告大廟以定民志又不正穡父子附禑昌之罪以絕群小之陰謀則殿下亦不得一日安天位也或曰辛氏父子
天子所知不可不待明降而正其罪是大不然
天子旣責三韓陪臣以異姓爲君矣又安有二命乎且或上國欲存辛禑則未審殿下亦可存而不定民志乎春秋之法亂臣賊子人得而誅之先發後聞可也又何待於明降乎仁任推戴辛氏之罪乃太祖列聖在天之靈所共誅者也乃何不從臣等之請此而不誅則是開萬世亂賊之門也宜令有

司斬棺瀦宅籍沒家產穡種學父子止於停職屬散則萬世奸賊何所懲乎宜下攸司明正其罪李崇仁河崙前爲仁任腹心後徇穡奸計以督辛昌朝見而欲立辛禑以永絕列聖之血食罪不容誅者也亦令攸司論罪又稱學以立昌爲父之功言於宦官李芬芬言於李琳之女黨附李琳欲遂奸計願下芬于攸司鞫其情狀以正其罪權近私拆

聖旨先示李琳又示李穡其心不在王氏明矣旣而托以崇仁事上書被劾其閒亦未可知上流遠方不正其罪則何以懲後世不忠之臣乎前漢陽尹文達漢以琳姻戚居中用事恣行不義琳之族屬已皆流竄而獨在輦下請收職牒斥去外方於是瀦仁任宅流穡父子崇仁崙芬達漢又上疏曰宦寺本以宮內掃除爲職無與外事至秦毀古制以趙高爲中車府令而二世死於其手西漢以弘恭爲中書令殺劉忠良而王莽簒曹節等用事而東漢亡唐以仇士良爲中尉廢置人主宋以童貫爲將帥陷二帝于女眞前元院使用事遂失天下古今之明鑑也在我祖宗之制宦寺無官文廟之世時號大平我朝賢聖之君也而宦寺給事不過十數人亦未嘗食祿忠烈王朝亦不許參官至于玄陵使宦寺得與兩府入衛之列卒致萬生之變亦殿下之所親見也殿下即位復立內侍府階三品是殿下以中興之主復蹈亡國之轍也願自今宮中宦官給事者只給衣食罷內侍府不聽遷成均大司成以其彈劾不已奪其言職也尋判典校寺事諫官承鄭夢周指嗾論趙浚尹紹宗等請置極刑憲府乃劾思忠罪與紹宗同乞幷究理命削職遠流及夢周誅召還任轉左常侍自此以後入　本朝

金子粹

金子粹字純仲雞林府人恭愍末擢魁科授德寧府注簿辛禑初爲正言時慶尙道都巡問使曹敏修擊倭于密城斬數十級禑賜衣酒及馬敏修上箋謝命子粹製回敎子粹辭曰敏修摠一道兵金海大丘之戰怯懦敗沒多殺士卒密城小捷功不掩罪衣酒廐馬賞已過矣又何回敎且回敎錄功績今敏修無功可紀不敢奉命禑怒下子粹巡衛府命池奫及大司憲河允源鞫之奫等欲坐以違旨子粹曰先王置諫官所以補君之失也自古王言有不可諫官諍之願諸公察國

家置諫官之意齋大怒欲杖流議于都堂諸相畏之無敢出言密直副使李寶林曰子粹雖小儒諫官也且所謂違旨者蓋如置人于東擅移于西者也子粹之罪恐不得以此論都堂是其言只請流之禑曰巡衛府已議其罪今復可輕耶遂不聽右使金續命入白太后曰臣武人不曉事然文臣皆言諫官雖忤旨不罪者所以開言路也今子粹罪小不宜重論太后乃謂禑曰予老經事多未聞杖辱諫官若爾人皆杜口國事將日非矣於是免杖流于全羅道突山戍齋等意子粹必與郎舍議又流諫議大夫鄭寓于慶尙道竹林戍踰年許從便給告身久之拜典校副令累遷判司宰寺事恭讓朝除成均大司成世子左輔德上書曰伏覩敎書以天文示異責己甚切訪求直言謹條狂妄之言殿下潛德著聞人心推戴廓除異姓之禍光復祖宗之業皆奉玄陵大妃之命而行之其主盟定策之功實殿下之所由與三韓之所共賴故即位之始即封王大妃以正位號獻冊寶甚盛典也殿下事之之禮當厚於所生者自去年南幸之時以至今日其於國大妃之殿親幸非一奉養亦至獨於王大妃之殿曾不一詣是狃於生育之恩忽於承祧之重其可乎傳曰爲之後者爲之子此古今之大義也王大妃萬世之後亮陰之禮固所自盡生事之禮其可不盡心乎願自今歲時伏臘必先詣王大妃殿以奉寒暄然後詣國大妃殿以明大義近日設封崇都監以冊王世子臣不能無惑焉殿下未受宣命而世子先受冊寶之禮其可乎傳曰子雖齊聖不先父食言先後之序不可亂也待殿下親朝

帝所受命而後徐議而行未爲晚也况今朝廷使臣來徵良馬萬匹百司疲於奔命當此之時强欲行封崇之禮恐未合於輿論也唐韓愈言於憲宗曰自黃帝堯舜至于三代皆享壽考百姓安樂當此之時未有佛法自漢永平始有佛法其後亂亡相繼運祚不長宋齊梁陳元魏以降事佛漸謹年代尤促此非韓子之臆說考之史冊瞭然可見殿下即位之始修廣演福寺塔破民家三四十戶今又大起浮屠興土木之役厥今農務方劇而交州一道斫木輸材人畜盡悴曾不小恤欲以徼未可必得之冥福以貽現在生靈之實禍爲民父母其可若是乎乞申降明勑以寢其役以寬民力或者以

爲役遊手之髡徒無害也髡徒果枵腹而趨役乎糜費國用莫甚於此歛怨于民亦莫甚於此殿下即位以來其於大廟諸陵未聞有修葺營繕之擧而急於起塔是報本追遠之誠反不逮於求福利生之念矣豈非足爲盛德之一欠乎昔宋景有君人之言而熒惑退舍成王惑流言之譏而雷電以風由是觀之人君一心之得足以感天心一行之失足以召天變願殿下存心以居對越上帝雖居幽暗之中常若有臨之者及其應接之際尤謹其念慮之萌視聽言動必以禮出入起居罔不敬而其處事不蔽於私欲不流於姑息則此心之敬足以感天心而消變異斡敎化而興邦國矣又何必崇奉浮屠大起塔廟而後國祚靈長也哉況無若新羅多作佛事以至於亡神聖垂訓其可違耶浮屠之說猶不可信況恠誕荒幼之巫覡乎國中設立巫堂既爲不經所謂別祈恩之處又不下十餘所四時之祭以至無時別祭一年糜費不可殫記當祭之時雖禁酒之令方嚴諸巫作隊托稱國行有司莫敢詰焉故崇飲自若九街之上鼓吹歌舞靡所不爲風俗不美斯爲甚矣乞明勑有司除祀典所載外一禁淫祀痛斷諸巫出入宮掖以絕妖妄以正風俗近日下敎求言甚切然臣嘗見臺省有言事者遽見天威或奪其見任或黜之外寄或抑之下官臣恐求言之敎雖切而拒諫之念猶在也乞前日落職之臣一皆擧用所言之事一皆施行以勸將來則有志之士孰不爲殿下盡言乎成均生員朴礎等亦上疏曰伏惟國家自聖祖創業以來金枝玉葉繼繼承承無墜厥緒者幾五百年于玆矣中遭否運異姓之禍口不忍言惟我殿下以神聖之資應天順人掃除凶竪不勞兵刃誕受厥命克復宗祉飛龍之初三韓億兆懽欣拭目想望太平此正復古中興以致雍熙之秋也臣等獲逢明時齒于胄學徒費廩祿踰蒙聖恩慨然有志於堯舜君民排斥異端者有日矣然無路而不得行無位而不得達懷憤欝抑竊議私嘆得通上聽一悟聖心雖被妖言之罪無所悔焉況今殿下發德音下明旨開廣言路求言如渴臣等安敢嘿嘿以負平生之志伏惟殿下更加優容不使盛朝有讜言而受戮者乃國家之幸也臣等竊聞有天地然後有萬物有萬物然後有男女有男女然後有夫婦有夫婦然後有父子有父子然後有君臣有君臣然

後有上下有上下然後禮義有所措此天下之達道古今之常經不可須臾離也苟或廢焉者則覆載所不容日月所不照鬼神所共殛天下萬世公論之所共誅也彼佛何人也以世嫡而叛其父絕父子之親以匹夫而抗天子滅君臣之義以男女居室爲非道以男耕女織爲不義絕生生之道塞衣食之源欲以其道思以易天下信如此焉則百年之後人類絕矣天行乎上地載乎下其所以生育於其閒者惟草木禽獸魚鼈龍蛇而止爾三綱五常之道竟何寓其於閒哉夫佛本夷狄之人與中國言語不類衣服殊制口不言先王之法言身不服先王之法服不知夫婦父子君臣之倫僞啓三途謬張六道遂使愚迷妄求功德不憚科禁輕犯憲章且生死壽夭由於自然威福刑德關之人主貧富貴賤功業所招而愚僧矯詐皆云由佛竊人主之權擅造化之力塗生民之耳目溺天下於汚濁醉生夢死不自覺也是以築樓殿宮閣以事之飾土木銅鐵以形之髡良人男女以居之雖桀之璇宮象廊紂之傾宮鹿臺楚靈之章華呂政之阿房不加也是豈不出乎百姓之財力歟嗚呼痛哉其誰正之必也上之人德修於己敎成於下以明禮義使斯民知天理之所在然後可以正之矣洪惟我東方自新羅之季奉浮屠之法至於閭里比其塔廟佛氏之說洋洋乎盈耳淪於肌膚浹於骨髓未可以義理曉也亦未可以口舌辨也惟我太祖統三之初深懲積弊禁後代君臣私立願刹於是大師崔凝請除佛法太祖以爲新羅之季佛氏之說入人骨髓人人以爲死生禍福悉佛所爲今三韓甫一人心未定若遽革佛氏必生駭心乃作訓曰宜鑑新羅多作佛事以至於亡然則太祖之垂訓於後世者至深切矣歷代君臣不能體聖祖之遺意因循苟且營菴立塔無代無之式至于今其弊滋甚爲人心世道計者可不痛心哉傳曰一夫不耕或受之飢一婦不蠶或受之寒彼佛氏之徒不耕而飲食充不蠶而衣裳具安居自養者不知其幾千百萬由是而凍餓者不知幾何人矣彼雖飮風吸露巢居野處爲國家者所當斥之者也況坐華屋食精饌遊手而揖君親者其可一日容於天地之閒乎誠不共戴天者也奈何殿下以英明之資惑於浮屠讖緯之說往遷于南以國君之尊親幸檜菴以倡無父無君之敎以成不忠不孝之俗

以毀我三綱五常之典臣等爲殿下中興之美惜也且誕降之辰殿下宜率百官上壽太妃以示殿下中興孝理之盛德於三韓臣庶也此之不爲反遵胡敎區區於拜僧供佛以沮臣庶中興至理之望可乎至若窮人之方歛人之怨演福塔廟之役中外嗷嗷士民觖望臣等未知所營之木鬼輸神轉歟所用之財天降地湧歟欲求福於冥冥之中反貽患於昭昭之際臣等意一旦風塵再擾霜雹荐臻沙彌不能操干戈塔廟不能禳飢饉昔後周壞經像而修甲兵齊崇塔廟而弛刑政一朝合戰周興齊滅然則佛氏之不能作禍福於人世者亦可知矣伏惟殿下法堯舜三代之所以興鑑齊陳梁蕭之所以亡上繼聖祖之遺意下副吾儒之素望使彼佛者勒還其鄉人其人以充兵賦廬其居以增戶口焚其書以永絕其根本所給之田使軍資主之以贍軍餉所屬奴婢使都官掌之以分各司各官其銅像銅器屬於軍器寺以修甲兵其所用器皿屬於禮賓寺以分各司各官然後敎之以禮義養之以道德不數年間民志定而敎化行倉廩實而國用周然則向之背君父毀人倫逆天理者將去其舊染之汚以發其秉彝之良心知父子君臣之倫知夫夫婦婦之道男耕女織以生其生含哺鼓腹以樂其樂致理之豐可以肩三代而軼漢唐矣且今佞臣金琠以不肖之資無知之見阿意順旨變亂是非欲與無父無君之敎以廢古今聖賢之道以爲太祖開國皆蒙佛力指闢佛者爲太祖之罪人太祖聖德神功順乎天而應乎人心同堯舜行法湯武三韓之民其畏威也如雷霆其懷德也如父母雖盡誅境內沙門如元魏盡鑄佛像爲錢如周世宗彼佛者安能使太祖不能成統合三韓之功乎我國家自庚寅癸巳而上通儒名士多於中國故唐家以爲君子之國宋朝以爲文物禮樂之邦題本國使臣下馬所曰小中華之館自庚癸之後不死兵亂則逃入山林通儒名士百無一二存者彼學佛者始倡邪說上誣群臣下誑愚民仍作太祖九世之像曰太祖前身某生爲某院主某生作某塔某生造某經至曰某生太祖爲某寺之牛至某生乃得王位上賓之後今爲某菩薩成書開板藏于深山以欺萬世玄陵見之深加敬信於是內佛堂之法席演福寺之文殊會講經飯僧至屈千乘之尊拜髡爲師親執弟子之禮至于甲寅

未蒙事佛之福臣等未知太祖九世像釋迦達摩復生於東方親見太祖於天堂佛刹而作此像歟太祖前身爲牛爲院主之時親見者何僧歟彼之邪說誣上以太祖爲牛此豈聖子神孫之所可開口者也嗚呼正學不明人心不正不修德而惟福之是求不知道而惟怪之欲聞豈不痛哉豈不惜哉自孟子闢楊墨尊孔氏以來漢之董子唐之韓子宋朝之程朱子皆扶斯道闢異端爲天下萬世之君子也王安石張天覺等與佛教易風俗而爲天下萬世之小人也若董韓程朱之輩安石天覺之徒並生於今日則殿下用董韓程朱爲天下萬世之法歟用安石天覺倡夷狄禽獸之教歟臣等未敢知也殿下若遵安石天覺之所好髡三韓之民弃國弃家弊屣王位入山求佛則納金琠之言可也若遵董韓程朱之學以正人心明人倫去民之蟊賊以興堯舜三代之理以光中興與天無疆之業則彼金琠者當轘諸都市以示三韓萬世中興大聖人之不惑於邪說可也殿下以金琠爲忠於國家之臣則禑昌父子絕我太祖列聖三十一代之祀之時彼琠者能立興復王氏之策乎兼大司成鄭道傳發揮天人性命之淵源倡鳴孔孟程朱之道學闢浮屠百代之誑誘開三韓千古之迷惑斥異端息邪說明天理而正人心吾東方眞儒一人而已是上天授殿下以皐陶伊傅之佐以興堯舜三代之盛於中興之日也殿下以道傳闢佛之策爲祖宗之罪人歟金琠奉佛之說爲殿下之忠臣歟臣等亦未敢知也殿下疑道傳之正學信金琠之邪說則豈不取笑於天下見譏於萬世哉此臣等所以敢言也爲理之本捨正人心所以哉盖人心之趨向不正則其本亡矣雖有屑屑於事爲之末皆苟而已未有源未潔而流淸者也亦未有本未固而末茂者也故臣等獨以闢異端爲正人心之本獻焉伏惟殿下萬機之暇特留宸念擧而行之非特當今之幸抑亦永有辭于萬世矣若殿下以臣等之言勿以爲迂採而納之臣等更爲殿下陳理道之萬一疏上王大怒初司藝柳伯淳知礎等將上疏招諸生止之曰天下旣廣雖有異端何害吾道生員尹向曰天下安有二道伯淳曰諸生之志則大矣雖上書王必不聽何補於治向曰孟子云吾君不能謂之賊吾輩雖不才安敢背前賢之格言受賊君之名哉伯淳竟不能禁唯礎向及韓

皐許遲金絿李子撰等十五人上書餘皆不從伯淳又言於
知申事成石瑢曰礎等疏請勿上聞礎等知之議欲不受業
子粹等惡其無禮博士金貂金租學正鄭包學錄黃喜等以
生員徐復禮不署名於疏鳴鼓黜之子粹等又怒貂等不告
長官擅黜生員囚貂等家奴召復禮還入學及子粹赴衙貂
等不庭迎子粹上箋辭職略曰臣斗筲淺量樗櫟微材曾忝
言官旋竄邊陲之遠暫爲郡守遽罹縲紲之拘每因事而徑
情反招尤而速禍叨緣驟貴超拜大司成榮幸逾涯又兼左
輔德既尸素而曠職宜引退而避賢况爲下官之侵陵能不
中心之羞愧君子貴於見幾小臣安於知止伏望賜以俞音
遂其愚抱不允下貂等于巡軍尋釋之未幾判典校寺事轉
左常侍與同列上疏曰年前
朝廷所遣宦官十八皆是本國之人乃有僥倖冒進之徒或
依倡妓或聯親戚邀請官爵殿下一皆曲從員差添設動以
百數名器之濫廉恥之喪一至於此乞付攸司盡奪其職以
儆後來又三司官數至十五署祿牌外無餘事自今凡中外
錢穀出納先報都評議使司使司移文三司使精核會計量
入爲出則庶幾財用有所撙節且無曠官之請矣王從之尋
拜刑曹判書自此以後入 本朝

列傳卷第三十三

列傳卷第三十四　高麗史一百二十一

正憲大夫工曹判書集賢殿大提學知　經筵春秋館事兼成均大司成臣鄭麟趾奉
敎修

良吏

高麗太祖初定三韓事尙草創未遑置州縣官成宗始分十道定郡縣置守令自是厥後遣廉問黜陟之使屢下勸農蠲租之詔宜若良吏輩出而今見於史者惟庾碩以下數人豈史逸而不傳耶此數人者或以淸愼律己或以仁厚撫民俱有遺愛可謂不愧於古之良吏矣作良吏傳

庾碩

庾碩平章事弼曾孫高宗初擢魁科籍內侍累遷閤門通事舍人歷忠淸全羅二道按察東南道都指揮副使皆有聲績後爲安東都護副使時巡問使宋國瞻移牒於碩令修山城又牒與判官申著同議著素貪汚碩恥與共事所牒事皆委著日與儒士嘯咏而已著嗛之訴于崔怡曰修城大事也副使不留意狄兵若來必敗怡流碩于岩墮島將行老幼遮道號哭曰天乎我公何罪公去我何生爲攀挽使不得行押送別抄呵叱路得開妻携子女以行私馬只三匹或有徒行者邑人泣請留一日不得出騶從護送妻辭曰家公流配妻子皆罪人也何煩人馬邑人固請竟不許邑人嘆曰非夫人豈得配我公復起爲東北面兵馬使先是有一兵馬使始以江瑤柱餽怡遂爲常例江瑤柱海物出龍津縣捕之甚艱邑民五十餘戶因之失業逃散幾盡碩一禁絶之流亡盡還時守令爭事侵漁以媚權貴碩移牒禁之有忌碩者取牒示怡怡曰碩不餽我足矣何苦禁道內東北人感碩淸德呼爲父母秩滿當還請借三年召拜禮賓卿爲蒙古使館伴譯者以失禮告怡乃配蓮花島崔沆襲權欲收人望召知刑部事有上將軍金寶鼎欲奪人奴婢訟之碩立辨其僞寶鼎怨之又大將軍李輔與一進士爭奴婢誣告進士辱罵我碩訊知其妄不問輔恚曰尙書右同風一小儒不顧重房三品官乎碩曰若謂我護一儒士者大將軍可盡護一國軍卒乎輔深銜之二人交訴于沆貶安北都護副使碩季女稍解書獻詩于沆

乞留父沆懇論之因與穀帛碩至安北數月而卒性剛直清白不阿權貴屢以微過見斥執節不小屈後朴惟氐守安東自謂爲政不下於碩嘗獨坐郡齋見一小吏賢愼者語曰咫尺之地障以藩籬耳目莫得見聞況處一堂欲察四境之內不亦難哉今得無姦吏弄法窮民飮恨者乎小吏曰自官之來民不見吏吏之弄法有不及知民之飮恨未之聞也惟氐又語曰民以我何如庾使君小吏曰民稱庾使君有間然後語亦及之惟氐慙服碩曾祖母睿宗後宮出也睿宗嘗幸西都平州吏女在道左觀之姿甚艶睿宗召入生女遂嫁碩以國庶之後不得踐臺諫政曹

王諧

王諧父惟禮賓卿諧少登第累遷監察御史守法不撓高宗朝由少府少監出按慶尙激揚清濁一道畏服崔怡子僧萬宗全蓄米五十餘萬石取息於民分遣門徒催徵甚酷民盡輸所有租稅屢闕諧令曰民未納稅先督私債者罪之於是二僧之徒不敢肆租稅得以時輸後爲晉州副使吏畏民懷及遷東都留守晉民涕泣願留遂懇乞于朝曰借我王君一年乃復舊任諧沈毅剛正清白有大節凡所計畫無不便民三十三年卒聞者驚歎曰國之重寶去矣

金之錫

金之錫未詳其世係高宗末爲濟州副使州俗男年十五以上歲貢豆一斛衙吏數百人各歲貢馬一匹副使判官分受之以故守宰雖貧者皆致富有井奇李著二人嘗守是州俱坐贓免之錫到州日即蠲貢豆馬選廉吏十人以充衙吏政清如水吏民懷服先是有慶世封者守濟州亦以清白稱州人曰前有世封後有之錫

崔碩

崔碩忠烈朝人登第累遷昇平府使秩滿入爲秘書郎昇平故事每太守替還必贈馬八匹倅七匹法曹六匹惟所擇及碩替還邑人進馬請擇良碩笑曰馬能到京足矣何擇爲至家歸其馬邑人不受碩曰吾守汝邑有馬生駒帶來是我之貪也汝今不受豈知我之貪而爲貌辭耶幷其駒授之自是其弊遂絕邑人頌德立石號八馬碑

鄭云敬

鄭云敬奉化縣人忠肅朝登第補尙州司錄有誣告龍宮監務贓者按廉遣云敬鞫之云敬至龍宮見監務不問而還曰吏之貪汚雖曰惡德非才足以弄法威足以畏人者不能今監務老且不勝任誰肯賂乎按廉果知其誣嘆曰近官吏尙苛酷司錄誠長者也州有宦者得幸天子奉使來欲加以非禮云敬即弃官去宦者慚懼夜追至龍宮謝之乃還入爲典校校勘累遷弘福都監判官忠惠時出知密城時密人有貸宰相趙永暉布者永暉託御香使安祐移牒徵之云敬寢不行祐馳入金海府以不及郊迎笞府使密之候吏奔告邑人皆危之祐至問前有移牒何如云敬曰密人貸布者趙自徵之非公所宜問祐怒令左右辱之云敬正色曰今已郊迎天子之命將何以罪我公不布德音惠遠民敢爲是耶祐屈而止遷福州判官州吏權援嘗與云敬同遊鄉學至是持酒肴求謁云敬召與飮謂曰今與若飮不忘舊也明日犯法吾判官不汝貸也州有僧於瓮川驛路爲賊所捶垂死驛吏問其故曰予持布若干匹行見餉糞田者又見耘田者俄有人自後厲聲曰我耘田者呼與語汝何不應未及對即擊之奪布去未幾僧死吏執耘田者告于州鞫之獄已成云敬自外還曰殺僧者恐非此人牧使曰已服矣曰愚民不忍鞫訊之苦恐怖失辭耳牧使令云敬更鞫之即召糞田主問曰汝餉糞田人時有言及僧者毋隱田主曰有一人言僧所持布可充酒價於是拘其人置外先鞫其妻曰吾聞某月某日而夫遺汝布若干何處得之妻曰夫以布歸曰貸布者還之即詰夫誰貸汝布者夫辭屈自服牧使驚問之云敬曰凡盜賊秘其迹惟畏人知其曰我耘田者詐也邑人皆服忠穆時以書雲副正充書狀官賀正如元時奇后專寵中貴多東人來饋頗倨傲云敬正色曰今日之饋爲舊主也中貴愕然曰秀才敎我矣歷按楊廣交州道轉典法摠郞恭愍即位以云敬與佐郞徐浩守法不爲權貴所撓召入內殿賜酒尙書玄慶言曰兩宮寢殿地禁甚嚴今外人出入無制宮殿司門宦寺之職今使忽赤守之視事之時陛衛宜謹今左右如市奏事未了已洩於外掌刑之官不可昵近今鄭云敬徐浩賜酒寢殿皆戾古制王然之尋出牧全州有僧娶妻家居者一日出外爲人所殺其妻訴于官無證久不決云敬視事其妻又來訴即

問其妻有所私者妻曰無但隣有一男常戲曰老僧死則事諸矣於是執其男置外先鞫其母曰某月日而子在家耶出外耶母曰是日男自外來言與友人飲酒醉困即問其男所與飲者誰即自服時有元使盧某暴横所至凌辱守令疾馳入州欲罪以不及郊迎云敬引禮不屈即日棄去父老呼哭盧亦愧服留之不得召拜兵部侍郎存撫江陵朔方入知刑部有訟事自都堂下云敬謂宰相曰式序百官能者進之不能者退之宰相事也至於法守各有司存事事皆由廟堂是侵官也未幾拜刑部尙書後以檢校密直提學謝病歸榮州卒子道傳道尊道復道傳自有傳

忠義

孟子曰生亦我所欲也義亦我所欲也二者不可得兼舍生取義者也夫人孰不惡死哉而忠臣義士一遇變故雖鼎鑊在前刀鉅在後而不辟者以所欲有甚於生故也高麗自仁宗以降王室多難而伏節死義之士亦不乏人今敍次其事作忠義傳

洪灌

洪灌字無黨唐城郡人登第歷御史中丞文德寶文二學士睿宗嘗覽編年通載命灌撰集三韓以來事跡以進又與李軌許之奇朴昇中金富脩尹諧等論辨陰陽書仁宗朝拜守司空尙書左僕射李資謙之亂灌直宿都省聞變歎曰主辱臣死吾可自安詣西華門叩扉請入自內縋上之遂入侍王側及宮闕連燒資謙逼王出御延德宮灌老病不能步在後至西華門外爲拓俊京所害亂定賜子壻爵一級灌力學善書效新羅金生筆法後以死節贈推誠報國功臣三重大匡開府儀同三司守太尉門下侍郎同中書門下平章事判禮部事上柱國諡忠平

高甫俊

高甫俊仁宗時人李資謙拓俊京謀不軌同知樞密院事智祿延與上將軍吳卓甫俊兄大將軍碩等謀誅不克資謙殺卓碩甫俊與卓子子升奔匿北山資謙使其黨朴永追捕之甫俊等登高岩罵永曰資謙俊京竊寵擅權流毒生民甚於豺狼將覆社稷汝輩皆姦諂以事之曾奴隷之不若吾儕舉義以謝吾民而不克者命也義士豈死於汝庸奴手乎乃呼

天卽俱投岩下而死

鄭顗

鄭顗淸州人初名俊儒高宗四年顗以臺吏分司西京契丹兵入寇詔西京兵馬使上將軍崔俞恭判官禮部郎中金成等率西京兵令援五軍擊之時俞恭好侵漁士卒離叛有卒崔光秀不肯行竪纛召集軍士還向西京俞恭倉黃失措成醉臥不省光秀遂據城作亂自稱高勾麗興復兵馬使金吾衛攝上將軍署置僚佐召募精銳傳檄北界諸城將擧大事禱諸神祠顗素與光秀同里閈相善乃憤其所爲率校尉金億白濡畢玄甫申竹等十餘人袖斧就光秀所與語因斫殺之誅其黨八人餘置不問城中遂安王大喜超授顗攝中郎將仍屬內侍賜衣冠鞍馬加億儒別將其餘賞爵有差顗累官將軍侍郎拜大將軍二十年玄甫以西京叛大臣議招安以玄甫嘗爲顗用卽擧顗馳傳宣諭旣至大同江從者請無遽入顗奮然曰受命以出敢少稽乎死固分也旣見玄甫玄甫喜得顗欲以爲主且誘且脅顗竟不屈遇害子儇仕至監察御史儇子瑎自有傳

文大

文大高宗十八年以郎將在瑞昌縣爲蒙古兵所虜蒙古兵至鐵州城下令文大呼諭州人曰眞蒙古兵來矣可速出降文大乃呼曰假蒙古兵也且勿降蒙古人欲斬之使更呼復如前遂斬之蒙古攻城甚急城中糧盡不克守將陷判官李希績聚城中婦女小兒納倉中火之率丁壯自刎而死

曹孝立

曹孝立高宗四十年以文學在春州蒙古兵圍城數重樹柵二重坑塹丈餘累日攻之城中井泉皆渴刺牛馬血飮之士卒困甚孝立知城不守與妻赴火死按察使朴天器計窮力盡先燒城中錢谷率敢死卒壞柵突圍遇塹不得出無一人脫者遂屠其城

鄭文鑑

鄭文鑑登第補直學元宗十一年三別抄叛僞署文鑑爲承宣使秉政文鑑曰與其富貴於賊無寧潔身於泉下卽投水死其妻邊氏見文鑑死亦投于水邊氏西海按察使胤之女也

孝友

孝友人之恒性也自世敎衰民失其性者多矣然則有竭力於是者可不表而奬之乎高麗五百年閒以孝友書於史冊見於旌表者十餘人作孝友傳

文忠

文忠未詳世系事母至孝居五冠山靈通寺之洞去京都三十里爲養祿仕朝出夕返告面定省不少衰嘆其母老作木鷄歌名曰五冠山曲傳于樂譜

釋珠

釋珠文宗時人早孤無托剃髮爲僧刻木爲父母形加繪飾晨昏定省奉養之禮悉如平日有司奏之王曰丁蘭之孝無以加焉命厚賞之

崔婁伯

崔婁伯水原吏尙翥之子尙翥獵爲虎所害婁伯時年十五欲捕虎母止之婁伯曰父讎可不報乎即荷斧跡虎虎既食飽臥婁伯直前叱曰汝食吾父吾當食汝虎乃掉尾俛伏遽斫而刳其腹盛虎肉於甕埋川中取父骸肉安於器遂葬弘法山西廬墓一日假寐尙翥來詠詩云披榛到孝子廬情多感淚無窮負土日加塚上知音明月淸風生則養死則守誰謂孝無始終詠訖遂不見服闋取虎肉盡食之登第毅宗朝累遷起居舍人國子司業翰林學士

尉貂

尉貂本契丹人明宗朝爲散員同正父永成患惡疾醫云用子肉可治貂即割股肉雜置餛飩中饋之病稍閒王聞之詔曰貂之孝冠絶古今傳云孝者百行之源又曰求忠臣於孝子之門則貂之孝在所必賞命宰相議加襃賞韓文俊文克謙等奏曰唐安豐縣民李興父被惡疾興自封股肉假他物以饋父病甚不能啖經宿而死刺史上其事旌表其閭里今貂契丹遺種不解書乃能不愛其身殘肌饋父及沒又廬墓三年不懈可謂能盡其孝宜表里門書諸史策垂示無窮制可

徐稜

徐稜長城縣人高宗時養母不仕母發項疽請醫胗之醫曰若不得生蛙難愈稜曰時方沍寒生蛙可得乎母之病必不

愈號泣不已醫曰雖無生蛙姑合藥試之乃炒藥于樹下忽有物從樹上墮鼎中乃生蛙也醫曰子之孝誠感于天天乃賜之子之母必生矣合藥傳之果愈同縣人大將軍徐曦每說此事必泫然泣下

金遷

金遷溟州吏小字海莊高宗末蒙古兵來侵母與弟德麟被虜時遷年十五晝夜號泣聞被虜者多道死服衰終制後十四年有百戶習成自元來呼溟州人於市三日適旌善人金純應之成曰有女金氏在東京云我本溟州人有子海莊托我以寄書汝識海莊否曰吾友也受書持以與遷書云予生到某州某里某家爲婢飢不食寒不衣晝鋤夜舂備經辛苦誰知我死生遷見書痛哭每臨食嗚咽不下欲往贖母家貧無貲貸人白金至京請往尋母朝議不可乃還至忠烈王入朝又求往朝議如初遷久留京衣敝糧罄鬱悒無聊道遇鄉僧孝緣涕泣求哀孝緣曰吾兄千戶孝至今往東京汝可隨去即囑之或謂遷曰汝得母書已六載安知其存沒且不幸中途遇賊徒喪身失實耳遷曰寧往不得見豈惜軀命遂隨孝至入東京與本國譯語別將孔明歸北州天老寨尋訪之母在至軍卒要左家有一嫗出拜衣懸鶉蓬髮垢面遷見之不知其爲母也明曰汝是何如人曰予本溟州戶長金子陵女同產進士金龍聞已登第予嫁戶長金宗衍生子二曰海莊德麟德麟隨我到此已十九年今在西隣百戶天老家爲奴何圖今日復見本國人遷聞之下拜涕泣母握遷手泣曰汝眞吾子耶吾謂汝爲死矣要左適不在遷不得贖乃還東京依別將守龍家居一月與守龍復往要左家請贖要左不聽遷哀乞以白金五十五兩贖之騎以其馬徒步而從德麟送至東京泣曰好歸好歸今雖不得從如天之福必有相見之期母子相掩泣不能語會中贊金方慶回自元至東京召見遷母子稱嘆不已言於摠管府給引廚傳以送將至溟州宗衍聞之迎于珍富驛夫婦相見而喜遷舉酒以進退而痛哭一座莫不潸然子陵年七十九見女喜劇倒地後六年天老之子携德麟來遷以白金八十六兩贖之未數歲盡償前後所貸白金與弟德麟終身盡孝

黃守

黃守世居平壤府忠肅時爲本府雜材署丞父母年俱七十餘有弟曰賢曰仲連曰季連又有姉妹二人同爨而食日三時具甘旨先奉父母退而共食二十餘年子孫服習無小怠贊成姜融判密直金資親訪其第父母皆皓首出迎于庭止之使坐融垂涕歎曰今世士大夫間亦所罕聞豈意此城中有此孝子之門令府人具狀以聞里閭聳觀

鄭愈

鄭愈晉州人知善州事任德之子恭愍二十一年與弟愻從父戍河東郡倭寇乘夜猝至衆皆遁任德病不能騎馬愈與愻扶擁而走賊追及之愈騎馬射殺數人賊不敢前有一賊奮劒突進刺任德愻自以身蔽之且斬四人力戰却之任德得免愻竟歿於賊事聞授愈宗簿寺丞時又有民兄弟偕行弟得黃金二錠以其一與兄至陽川江同舟而濟弟忽投金於水兄怪而問之答曰吾平日愛兄甚篤今而分金忽萌忌兄之心此乃不祥之物也不若投諸江而忘之兄曰汝之言誠是矣亦投金於水時同舟者皆愚民故無有問其姓名邑里云

曹希參

曹希參守城人也累官軍器少尹嘗避倭寇扶其母將往京山府城行至加利縣東江無船不得渡賊追及之母謂希參曰吾老且病死無悔汝其走馬以免希參曰母在予何往遂與母匿田間賊獲之以槊刺希參又將害其母希參盡以弓馬貲産與賊以身蔽母云願殺我勿害我母賊以劒擊希參殺之舍其母而去辛禑時體覆使趙浚馳書聞于朝遂立石紀事旌表之

鄭臣祐女

鄭氏于達赤臣祐女也父以罪謫海州疾篤寄書其家母得書痛哭鄭時年十七在室謂母曰父死在朝夕我欲往見母曰汝父得罪於國豈許汝往見耶曰我且請諸朝即馳至京具狀告都堂不受鄭立門外候諸相出前執侍中馬轡曰妾父臣祐罪非反逆遠竄異鄉今又疾革請許妾往見諸相感泣即白辛禑放臣祐歸田里

孫宥

孫宥清州吏也每因公幹出入村落一毫不取時稱清白吏

辛禑四年倭寇所居里兒女攬衣號泣宥不顧徑走母家負而匿得免州人敬服

權居義 盧俊恭

權居義白州人官累副令辛禑時喪母哀毁廬墓三年又光州人盧俊恭亦廬墓三年時喪制廢壞皆服百日而除二人獨能出於流俗故國家嘉之並旌表門閭

辛斯蕆女

辛氏靈山人郞將斯蕆女也辛禑八年倭賊五十餘騎寇靈山斯蕆挈家避亂至篾浦乘舟其子息及悅推挽之會夏潦水駛纜絕船著岸賊追及之殺舟中人殆盡斯蕆亦被害有一賊執辛氏下船辛不肯賊露刃擬之辛大罵曰賊奴殺則殺汝既殺吾父吾之讎也寧死不汝從遂扼賊吭蹴而倒之賊怒遂害之時年十六體覆使趙浚上其事遂立石以於

尹龜生

尹龜生贊成事澤之子累官判典農寺事退居錦州立祠宇以朔望四仲俗節祭三代冬至祭始祖立春祭先祖一用朱文公家禮考妣祖考妣墓立石誌其忌日又於考墓立碑墓南作齋室刻高曾以下忌日于石俾後世不忘恭讓三年全羅道都觀察使盧嵩移牒錦州曰今國家下令立家廟無一人行之者龜生自未令前立廟修祀敬事祖考其孝實爲衆人之標準先王之政旌別淑慝樹之風聲今宜旌表門閭立孝子碑給復其家以勸諸人子昌宗紹宗會宗紹宗別傳

潘腆

潘腆安陰縣人以散員居鄕里辛禑十四年倭賊猝至執其父歸腆以銀錠銀帶赴賊中乞哀請買父賊義而許之

君萬

君萬優人也恭讓元年其父夜被虎攫君萬號天持弓矢入山虎食之盡負嵎視君萬哮吼而前吐所食支節君萬一箭殪之遂拔劒剖其腹盡收遺骸焚而葬之

烈女

古者女子生而有傅姆之敎長有彤史之訓故在家爲賢女適人爲賢婦遭變故而爲烈婦後世婦訓不及於閨房其卓然自立至臨亂冒白刃不以死生易其操者嗚呼可謂難矣作烈女傳

胡壽妻兪氏

胡壽妻俞氏未詳其世系高宗四十四年壽出守孟州時孟避兵僑寓海中蒙古兵陷神威島壽遇害俞恐爲賊所汚投水而死

玄文奕妻

玄文奕妻史失其姓氏元宗十一年三別抄在江華叛文奕逃奔舊京賊船四五艘翼而追之文奕獨射之矢相接妻在側抽矢授之賊不敢近文奕船膠于淺賊追及射之中臂仆舟中妻曰吾義不爲鼠輩所辱遂携二女投水而死賊執文奕惜其勇不殺旣而文奕逃還舊京

洪義妻

洪義妻史失姓氏恭愍朝義爲上護軍趙日新作亂遣人害義于其家拔劒將斬義妻遽以身蔽之號呼攀援挺刃交加面目肢節多折傷幾至死義得不死

安天儉妻

安天儉妻史失姓氏天儉恭愍朝爲郎將家夜失火天儉適醉臥妻冒火入扶之以出力不勝以身覆天儉遂俱焚

江華三女

三女者江華府吏之處子也辛禑三年倭寇江華恣殺掠三女遇賊義不辱相携赴江而死

鄭滿妻崔氏

崔氏靈巖郡士人仁祐之女適晉州戶長鄭滿生子女四人其季在襁褓辛禑五年倭寇晉州時滿如京賊闌入所居里崔携諸子避匿山中崔年方三十餘貌且美賊得而欲汚之露刃以脅崔抱樹拒奮罵曰死等耳與其見汚而生寧死義罵不絕口賊遂害之斃二子以去子習甫六歲啼號屍側襁褓兒猶匍匐就乳血淋漓入口尋死後十年都觀察使張夏以事聞乃命旌表其閭蠲習吏役

李東郊妻裴氏

裴氏京山府八莒縣人三司左尹仲善女也適郎將李東郊辛禑六年倭賊逼京山闔境擾攘無敢禦者東郊時赴合浦帥幕未還賊騎突入裴氏所居里裴負其兒至所耶江江水方漲度不能脫投水賊至岸持滿注矢曰而來可免死裴顧罵賊曰何不速殺我我書生女嘗聞烈女不更二夫我豈汚

賊者耶賊射之中其兒引滿又語如前竟不出遇害體覆使趙浚具事以聞遂旌表里門

康好文妻文氏

文氏光州甲鄉人既笄歸判典校寺事康好文辛禑十四年倭賊突入州兵倉卒不得制文氏有二兒負幼携長將走匿忽被虜欲自絕不肯行賊繫其頸逼令前行又逼弃所負兒文氏知不免裹幼兒置樹陰謂長兒曰汝且在此將有收護者兒強從之行至夢佛山極樂菴畔有石崖高可千尺餘上有路如線文氏謂同被虜隣女曰汚賊求生不如潔身就死奮身而墜賊不及止之罵極口殺其兒而去崖下有蘿蔓蒲草又密得不死折右臂久而復蘇適里中人先在崖竄見而哀之饘粥以養居三日聞賊退乃還鄉里莫不驚嘆

金彥卿妻金氏

金氏書雲正金彥卿妻也居光州辛禑十三年倭寇剽掠猝至其家家人四竄金與彥卿奔匿林莽間賊獲金繫頸以去欲汚之金仆地罵賊大叫曰汝即殺我義不辱賊恚遂害之

景德宜妻安氏

安氏昌平人判事邦彥之女適典醫正景德宜居井邑縣辛禑十三年倭賊闌入安氏所居里德宜時在京安蒼黃携二子與婢三人匿後園土宇賊得之欲汚之安罵且拒賊捽其髮拔劒脅之安極口罵曰寧死不從汝賊遂殺之虜其一子一婢而去

李得仁妻李氏

李氏古阜郡吏碩女也適郎將李得仁居井邑縣辛禑十三年倭賊至執李欲汚之李以死固拒遂爲賊所殺

權金妻

淮陽府民權金夜被虎搏家有丁壯七八人懼不敢出妻抱權金腰據門限大聲叫號虎舍之攫牸牛而去明日權金死恭讓二年交州道觀察使報都堂旌表其閭

列傳卷第三十四

列傳卷第三十五　高麗史一百二十二

正憲大夫工曹判書集賢殿大提學知 經筵春秋館事兼成均大司成臣鄭麟趾奉
敎修

方技

蓋以一藝名雖君子所恥然亦有國者不可無也自遷史立日者龜策倉扁傳而後之作史者皆述方技傳豈非是意耶作方技傳

金謂磾

金謂磾肅宗元年爲衛尉丞同正新羅末有僧道詵入唐學一行地理之法而還作秘記以傳謂磾學其術上書請遷都南京曰道詵記云高麗之地有三京松嶽爲中京木覓壤爲南京平壤爲西京十一十二正二月住中京三四五六月住南京七八九十月住西京則三十六國朝天又云開國後百六十餘年都木覓壤臣謂今時正是巡駐新京之期臣又竊觀道詵踏山歌曰松城落後向何處三冬日出有平壤後代賢士開大井漢江魚龍四海通三冬日出者仲冬節日出巽方木覓在松京東南故云然也又曰松嶽山爲辰馬主嗚呼誰代知始終花根細劣枝葉然纔百年期何不罷爾後欲覓新花勢出渡陽江空往還四海神魚朝漢江國泰人安致大平故漢江之陽基業長遠四海朝來王族昌盛實爲大明堂之地也又曰後代賢士認人壽不越漢江萬代風若渡其江作帝京一席中裂隔漢江又三角山明堂記曰擧目回頭審山貌背壬向丙是仙蹤陰陽花發三四重親祖負山臨守護案前朝山五六重姑叔父母山聳聳內外門犬各三爾常侍龍顏勿餘心靑白相登勿是非內外商客各獻珍賣名隣客如子來輔國匡君皆一心壬子年中若開土丁巳之歲得聖子憑三角山作帝京第九之年四海朝故此明王盛德之地也又神誌祕詞曰如秤錘極器秤幹扶踈樑錘者五德地極器百牙岡朝降七十國賴德護神精首尾均平位與邦保大平若廢三諭地王業有衰傾此以秤諭三京也極器者首也錘者尾也秤幹者提綱之處也松嶽爲扶踈以諭秤幹西京爲白牙岡以諭秤首三角山南爲五德丘以諭秤錘五德者

中有面嶽爲圓形土德也北有紺嶽爲曲形水德也南有冠嶽尖銳火德也東有楊州南行山直形木德也西有樹州北嶽方形金德也此亦合於道詵三京之意也今國家有中京西京而南京闕焉伏望於三角山南木覔北平建立都城以時巡駐此實關社稷與衰臣干冒忌諱謹錄申奏於是日者文象從而和之睿宗時殷元中亦以道詵說上書言之

李寧

李寧全州人少以畫知名仁宗朝隨樞密使李資德入宋徽宗命翰林待詔王可訓陳德之田宗仁趙守宗等從寧學畫且勅寧畫本國禮成江圖既進徽宗嗟賞曰比來高麗畫工隨使至者多矣唯寧爲妙手賜酒食錦綺綾絹寧少師內殿崇班李俊異俊異妬後進有能畫者少推許仁宗召俊異示寧所畫山水俊愕然曰此畫如在異國臣必以千金購之又宋商獻圖畫仁宗以爲中華奇品悅之召寧誇示寧曰是臣筆也仁宗不信寧取圖拆粧背果有姓名王益愛幸及毅宗時內閣繪事悉主之子光弼亦以畫見寵於明宗王命文臣賦瀟湘八景仍寫爲圖王精於圖畫尤工山水與光弼高惟訪等繪畫物像終日忘倦軍國事慢不加意近臣希旨凡奏事以簡爲尚光弼子以西征功補隊正正言崔基厚議曰此子年甫二十在西征方十歲矣豈有十歲童子能從軍者堅執不署王召基厚責曰爾獨不念光弼榮吾國耶微光弼三韓圖畫殆絕矣基厚乃署之

李商老

李商老中書舍人仲孚之子仲孚坐與妙清善流清州商老隨之及壯放浪逐酒徒有異僧授以醫方商老因業醫後至京有達官患疽商老治之驗毅宗患足疾不痊聞其名召鍼之立愈賜綾帛超授良醞令屬內侍眷待厚不數年遷至郎官明宗朝拜大府少卿時算業及第彭之緒譖承宣宋知仁進士秦公緒陰與南賊石令史謀作亂王命內侍李存章郎將車若松等鞫之逮繫甚多更命內侍尹民瞻上將軍崔世輔按驗勿分眞僞皆流海島又閉城門大索其黨商老亦以讒連逮配島百官雖知其寃然恐怖無敢言者尋召還復職籍內侍後拜吏部尙書商老無學術識者譏其不稱

伍允孚

伍允孚復興郡人世爲太史局官忠烈朝累遷判觀候署事允孚精於占候竟夕不寐雖祁寒盛暑非疾病不廢一夕有星犯天樽曰當有飮者奉使來有星犯女林曰當有使臣來還童女皆驗又善卜筮元世祖召試之益有名允孚言國家嘗以春秋仲月遠戊日爲社按宋舊曆及元朝今曆皆以近戊日爲社自今請用近戊日從之王親祫于大廟上謚册公主亦欲與祭允孚曰大廟祖宗神靈所在可畏公主懼而止允孚又言於公主曰天變屢見加以亢旱請弛營繕修德弭災後如有悔恐被不言之罪故言之公主將如元臨發召宰樞令卜日作宮室允孚曰今年興土功不利於人主臣不敢卜公主怒將奪官笞之柳璥諫止之宰樞遣人白公主曰寢殿材瓦已備日官伍允孚以土功不利於王公主世子不肯卜日乞令屬從日官文昌裕卜日降旨公主怒欲流允孚王不得已免其官後王以允孚不早卜日杖之允孚曰卜日者欲避凶就吉也脅而涓之不如勿涓臣寧就戮不敢阿旨火星食月允孚與昌裕泣白王曰火星食月非常之變豈飯僧事佛所能禳乎願愼厥施爲以消災變於是求直言罷造成役徒允孚語典法摠郎朴仁澍曰司中事何稽滯之多也仁澍曰內敎判旨如雨安得不滯允孚以告王王使語仁澍曰我非偏聽右其人凡有告者欲令有司早剖決故命之耳豈爲私耶仁澍對曰若不下判旨內敎而臣等容私聽理則罪當死矣一日龍化院池魚死浮出莫知其數允孚言歲甲戌東池有此怪而宮車晏駕請王修省順昌宮災王召允孚昌裕曰卿等嘗言當有火災何以知其然也對曰天譴章章此火猶爲小災也允孚又言天變可畏請設消災道場王曰天漸寒今將往南京還當行之世祖親征乃顔王率兵助征行至平壤先遣柳庇旣行使允孚卜之對曰某日庇必還而殿下亦自此返旆矣至期登聖容殿後岡北望久之戲謂允孚曰汝卜得無謬乎使左右執之允孚進曰今日尙未昏可小待有頃驛騎揚塵而來果庇也庇至曰帝平乃顔罷諸道兵王益信之允孚因星變白王曰星變不利於王公主王問所以禳之對曰百姓無怨可以禳之不若罷全羅慶尙二道王旨別監及公主食邑王只罷公主食邑以其布帛歸左倉充百官俸允孚性切直每因災異言甚懇至時政有可言卽入

諫不聽涕泣固爭期於必從王憚之常告朔于奉恩寺且拜且泣曰太祖太祖君之國事日非矣因嗚咽不自勝其誠懇類此爲人貌醜寡言笑公主嘗謂王曰何故數引見此人王曰允孚吾之崔浩貌雖醜不可棄也後公主頗改容禮之嘗自圖天文以獻日者皆取法焉官至僉議贊成事致仕卒

薛景成

薛景成雞林人自言弘儒侯聰之後世業醫精其術初補尙藥醫佐累遷軍簿惣郎驟陞同知密直司事轉知都僉議司事致仕忠烈每遘疾必使景成治之由是有名元世祖不豫遣使求醫安平公主賜裝錢及衣二襲遣之用藥有効世祖喜賜館廩勑門者時得出入至使圍棊於前親臨觀之留二年告歸世祖賞賜甚厚且曰得無念室家耶汝歸挈家以來景成還欲與妻行妻不可乃止未幾世祖召之自是數往還世祖遇之益厚前後所賜不可勝紀成宗寢疾又召之因留元忠宣受禪韓國公主姤趙妃誣妃父仁規罪元遣使鞫問以景成副之景成不與用事者通特加贊成事致仕卒年七十七景成身長美風儀性謹厚雖見知天子蒙幸國王未嘗爲子孫求恩澤亦不治產業子文遇登第官至成均大司成

宦者

高麗閹人其本系非氓則賤隷也高麗不用腐刑在襁褓爲狗所啗者皆是然但備宮闈永巷之任而已不得拜參官其慮深遠矣毅宗時鄭諴白善淵始用事然諴之爲祗候宰相臺諫固爭而不奉旨蓋猶有先王之遺風焉齊國公主嘗獻數人於元世祖頗得執侍闈闥出納帑藏有奉詔來使復其家官其族恩寵至厚於是殘忍僥倖之徒轉相慕效父宮其子兄宮其弟又其强暴者小有憤怨輒自割勢不數十年閒刀鋸之輩甚多元政漸紊閹人用事此輩或官至大司徒者遙授平章政事者其次皆爲院使司卿姻婭弟姪並受朝命第宅車服僭擬卿相富貴光榮漢南閹人所不及國家每有奏請必賴其力故忠烈之世已有封君者忠宣久留于元數出入三宮此輩因與相狎多有請謁王擇其尤近倖者皆封君賜爵餘皆拜檢校僉議密直由是舊典盡壞而熏腐未燥者亦輕視本國如伯顏禿古思方臣祐李大順禹山節李三眞高龍普等皆反吠其主讒譖構禍言之可謂痛心恭愍在

位日久猜忌大臣以群小爲耳目倚任閹寺至列於經邦論
道之位坐廟堂議國政而麗之社稷亦不久矣可不戒哉作
宦者傳

鄭諴

鄭諴仁宗時爲內侍西頭供奉官以毅宗乳媪爲妻毅宗即
位賜甲第一區授內殿崇班王封德興宮主設曲宴右諫議
王軾見諴帶犀譏臺員曰此而不彈臺官無目者也御史雜
端李綽升作色曰君安知不彈耶即令臺吏李份取其帶諴
以賜物不肯與份強取之諴訴于王王大怒命內侍李成允
執份份走入臺門乃執他吏閔孝旌以來中禁抄奴等歐縛
之囚宮城所王不悅罷宴解所御犀帶賜諴下孝旌刑部獄
臺官知王怒未霽還其帶于內侍院內侍執事韓儒功曰汝
既取矣何用還爲遂却之往來再三而後受之臺諫伏閤論
成允等王不聽臺諫杜門不出王黜成允儒功等五人諫官
不出臺官出視事尋以諴權知閤門祗候臺官以宦者參朝
官無古制爭之不聽臺官又不出王召諭之曰已收諴祗候
制矣臺官拜謝而退諴怨之密誘人誣告臺省及份等推覈

大寧侯暻爲王按問不驗宰相諫官伏閤奏諴以私怨謀陷
臺諫罪不可赦論請不已乃罷其職黜之尋召還復充內侍
郎將崔淑淸密謂左僕射權正鈞曰鄭諴與承宣直門下省
李元膺等乘勢弄權吾欲誅之何如正鈞即以聞流淑淸于
遠島未幾復諴權知閤門祗候王命右承宣左諫議大夫李
公升督門下省署諴告身宰臣及諫官論執不可公升往來
再三王曰卿等不聽朕言朕食不甘味寢不安席平章事崔
允儀右諫議崔應淸元膺公升等不得已署之給事中李知
深司諫崔祐甫崔景義獨不署伏閤力爭左遷知深爲國子
司業祐甫尙舍奉御景義殿中內給事諴自是得列搢紳權
寵日盛多樹親黨引官奴王光就白子端爲羽翼蔽王耳目
交構讒訴陵轢朝臣侵漁閭巷宰相臺諫畏威脅勢含嘿不
言諴第在闕東南三十步許廊廡凡二百餘間樓閣崢嶸金
碧交輝僭擬宮禁宦寺亂法莫盛於斯王召知御史臺事李
公升等督署諴告身公升不奉旨知門下省事申淑率諫官
上疏曰鄭諴之先在聖祖開創之時逆命不臣錮充奴隷區
別種類使不得列於朝廷今授諴顯任以太祖功臣之裔反

僕役於不臣之類有乖太祖立法垂統之意請削誠職凡與誠結黨者亦降爲庶人王大怒還其䟽諫官伏閤二日竟不得達左正言許勢修揮淚太息弃官而去復召臺諫督署之公升又不奉旨淑上䟽力爭王不得已降制削誠職布告中外頃之復其職誠嘗饗王仍獻衣允儀元膺等侍宴樂聲聞外聞者莫不嘆息曰權在內竪矣

白善淵

白善淵本南京官奴毅宗嘗幸南京見而悅之號爲養子宮人無比亦官婢也嬖於王善淵狎之頗有醜聲善淵與王光就常出入王卧內專擅威福胥吏秦得文事二人如奴隷得拜寶城判官以竹造几案及鏇獻之王悅召爲內侍內侍金獻璜亦諂事善淵者也御史臺劾奏削其籍廣州書記金鏐斂民財買珍玩器皿重賂宦者於是善淵王肅恭薦屬內侍禮成江人賂善淵肅恭榮儀請以禮成爲縣善淵等勸王遊幸於江江人斂民白金三百餘斤爲奇技淫巧王欲觀水戲命內侍朴懷俊等以五十餘舟皆掛彩帆載樂伎綵棚及漁獵之具張戲於前有一人作鬼戲含火吐之誤焚一船王大噱善淵嘗准王行年鑄銅佛四十畫觀音四十以佛生日點燈祝釐於別院王乘夜微行觀之又於萬春亭構延興殿靈德亭壽樂堂鮮碧齋玉竿亭沿澗植松竹花草王每汎舟南浦爲流連之樂皆善淵懷俊劉莊等從臾而成之也

崔世延

崔世延怒其妻悍妬自宮爲閹宦者陶成器方得幸於忠烈及公主世延附之得入宮闈寵幸過成器不數年與成器俱拜將軍二人倚勢橫恣王嘗幸奉恩寺還世延馳馬出人仗前上將軍李貞止之不聽監察司畏不敢劾中軍都領乃西班要職必歷諸軍都領而後得補世延超授其兄世安諸軍都領指諭等白王爭之王亦不能改也世延買賛成趙仁規家嫌其隘陋更起樓於後洞樓近闕公主望見謂世延曰此忌方不宜犯之世延不從公主怒曰仁規宰相不以爲陋汝一小竪耳不聽予言益廣其居耶命左右批其頰枷脰囚巡馬所尋釋之世延擅權用事多受賄賂臣僚升黜多出其口雖宗室宰輔不敢逆其意郎將金弘秀與張良庇訟奴婢于典法良庇度自屈盡以其奴婢四十餘口贈世延世延遇弘

秀慢罵之弘秀亦慢罵世延譖王下弘秀典法獄佐郞沈愉阿世延意盡奪弘秀奴婢流海島弘秀面叱愉曰爾爲法官阿附小人乃流無罪之人而奪奴婢耶愉慚屈世延又奪內侍朴樞奴婢二十餘口又誘良民康柱爲奴柱不肯世延托以盜鈔十錠徵銀瓶十口柱貸銀瓶四口納之匿上將軍車信家世延謂信曰君何匿康柱信曰柱苦爾徵督貸我銀瓶四口償之十錠鈔價已足復欲徵乎世延白王請以巡馬軍搜捕王許之遂與世安到信家捕之急信詣王宮具言其故時忠宣爲世子大怒數之曰汝奪弘秀及樞奴婢流弘秀罪一也多畜猘犬噬殺壽興宮婢宮主請汝毋畜猘犬汝厲聲曰宮主餘生幾許禁我畜犬至使宮主泣下罪二也盜內府財物罪三也雜以銀銅私鑄瓶罪四也欲奴康柱侵擾車信家罪五也此特大者耳餘不勝數世延抗辨辭頗不遜世子白王曰世延多行不義流毒一國宜竄逐以懲其惡世延常父事印侯玉納侯言有難色世子泣固請侯怨世子世子叱侯曰宰相腹大如甕者世延酒肉充之耳汝與世延同惡相濟此奴誰當置一鑽世延知不免詭言曰願一言於公主而死盖欲訴王陰事以圖免也且曰我則已有罪成器有甚於我公主大怒杖成器幷世延囚巡馬所成器疑駭無知姦不如世延成器謂世延曰我嘗薦汝今反譖耶諺曰畜犬反嚙汝之謂也於是籍沒成器奴婢田庄資産銀瓶至七十餘口世延以侯故不籍産唯弘秀奴婢屬妙蓮社樞奴婢屬內房庫世延盡以財寶與侯曰願免我配島侯以爲若受賂不能救恐世延復用有異圖遂白王流世延成器于遠島未幾俱召還世延從王在元日令衞士拾馬矢以備行厨爨柴人皆笑之宮人無比泰山郡人柴氏女選入宮王之往來都羅山必從之爲留連之樂人號爲都羅山寵幸方隆其附托者縱暴中外世子甚疾之自元來奔公主喪白王曰殿下知公主所以致疾乎必內寵妬娟者所爲請鞫之王曰且待服闋世子使左右捕無比及其黨世延成器將軍尹吉孫李茂少尹柳琚指諭承時用宋臣且內僚金仁鏡文玩張祐中郞將金瑾閹人全淑方宗氏宮人伯也眞囚之鞫無比巫蠱事巫女術僧皆服稍得呪詛狀斬成器世延淑宗氏瑾無比伯也眞流其黨四十餘人國人震慴時宦者寵盛人皆歆慕多自宮

者監察司錄事崔咸爲宮所訾辱遂發忿自宮又昌寧縣民爲造成都監役徒被徵銀不堪其苦至世延家前亦自宮

李淑

李淑小字福壽平章郡人母大白山巫女淑有寵於忠烈封壁上三韓正匡平章君選入元爲太監王有所奏請淑有功王待甚厚嘗奉御香來請以愛妓子鄭承桂爲內乘別監王旣許猶不用以淑將往金剛山設宴邀之淑怒不至王更許之乃至後與王惟紹謀廢忠宣王立瑞興侯琠事在惟紹傳

任伯顏禿古思

任伯顏禿古思尙書朱冕家奴也自宮爲閹忠宣時封庇仁君貪緣事元仁宗於藩邸佞險多不法忠宣深嫉之伯顏禿古思知之思有以中傷以仁宗及皇太后待之厚不得發嘗無禮於忠宣忠宣請皇太后杖之又以皇太后命刷其所奪人土田臧獲歸其主怨恨益深及仁宗崩皇太后亦退居別宮伯顏禿古思益無所畏厚啗八思吉百計誣譖之英宗遣使復給田民竄王于吐蕃伯顏禿古思讒訴不已禍幾不測賴丞相拜住營救得免忠肅十年伏誅其兄瑞初名于文伊以弟故嘗爲密直副使至是聞其誅懼而逃乃籍其家

方臣祐

方臣祐小字小公尙州中牟人忠烈時給事宮中從安平公主如元謁裕聖皇后因留之賜名忙古台宣宗授掌謁丞加泉府大卿武宗朝事壽元皇太后與聖宮改將作院使進平章政事忠宣時遼陽行省右丞洪重喜誣訴王不奉法恣暴等事于中書省請與廷辨中書省以奏王甚憂之臣祐白壽元皇太后曰重喜高麗逋民也敢肆誣妄謀覆宗國罪已可誅顧令與王對辨耶皇太后悟言於帝勑中書毋令對辨杖重喜長流潮州元遣臣祐來監書金字藏經皇太后送金薄六十餘錠臣祐聚僧俗三百人寫之開城判官李光時以其女妻焉臣祐轉藏經于神孝寺爲皇太后祈福令攸司放囚繫攸司知臣祐挾私不肯放强之再三乃放初臣祐入國境郡縣守宰皆被罵辱至有受杖者其降香諸道也提察守令抽斂民財贈遺甚厚全羅提察使李仲丘贈以紙臣祐不受因折辱之王封中牟君臣祐又事泰定皇后有寵除太子詹事改徽政院使後加儲慶司使朔方藩王八驢迷思率衆歸

元元將處之鴨綠東臣祐奏高麗地陜多山無所田牧北俗必不樂居徒令東民驚動耳帝然其言而止又嘗欲立省于本國臣祐白壽元皇后事遂止由是忠肅亦厚遇之封上洛府院君賜推誠敎信亮節功臣號其父得世本中牟縣吏也以其子故起家爲管城縣令不數年拜尙州牧使妹壻朴侶以田夫暴貴驟陞至僉議評理侶子之貞驟遷摠郞典書貪婪不法人皆嫉之臣祐事元七朝二太后參掌機密累賜貂裘珠衣冒金玉七寶腰帶江南腴田四千畝黃白金寶鈔不可勝計忠肅十七年乞退東歸修禪興寺極其壯麗忠惠後三年召還于元明年死

李大順

李大順蘇泰縣人入元得幸用事忠宣陞蘇泰爲泰安郡封大順泰安府院君嘗娶韋得儒女與永平宮爭奴婢白于帝下制令讞部决之時典書金士元散郞李光時主其案不與韋氏大順怒使八扎等稱制杖流士元等郞將白應丘奉使全羅道奪大順所占人戶大順又使李三眞稱制問之囚應丘于行省其恣橫類此其弟公世仕本國爲元帥又判三司事初忠烈如元大順請于帝詔王以公世爲別將帝曰官人有法制國有君朕何與焉賜大官羊上尊酒令大順自白于王王曰汝兄校尉耳越散員而授別將非舊例也大順不敢復言後聞帝言乃授之公甫亦其弟也以田夫暴貴至僉議評理封泰安君方臣祐嘗奉帝命來與宰樞會旻天寺酒酣公甫及臣祐妹壻朴侶皆起舞臣祐謂公甫曰能爲我爲若故戲乎公甫即爲扶耒耕田狀一坐大笑三眞亦得幸于元遙授平章忠宣封淮陰君恃勢縱暴其降香諸道守令微有過輒杖之嘗謁淑妃妃宴慰甚厚賜銀瓶二十口令買其父第

禹山節

禹山節忠肅時封豐山君忠宣除其父碩春州府使令養賢庫資贍司及諸宮司出銀有差以贐之山節嘗娶金牧卿女牧卿爲密城副使察訪別監朴淑貞劾牧卿貪暴寵之牧卿憑山節勢干謁兩府復之任

高龍普

高龍普入元有寵拜資政院使忠惠封完山君以帝命來賜

王衣酒月餘元遣朶赤別失哥等托以頒郊赦詔來王欲托疾不迎龍普曰帝常謂王不敬若不出迎帝疑滋甚王率百官聽詔于征東省朶赤等蹴王縛之王急呼高院使龍普叱之朶赤等執王馳去令龍普整理國事龍普遣人捕王之侍從郡小朴良衍林信崔安義金善莊承信等十餘人四之宋明理趙成杜尹元祐姜贇等素與龍普善故免龍普與省官奇轍等封內帑旣而如元忠穆即位賜十二字功臣號龍普在帝側用事天下疾之御史臺奏曰龍普高麗煤場人席寵怙勢作威作福親王丞相望風趨拜招納貨賄金帛山積權傾天下恐漢之曹節侯覽唐之仇士良楊復恭復起於今日請誅之以快天下之心帝放于金剛山尋召還後復還國龍普嘗殺無辜典法司欲治之龍普乃辛裔妹壻佐郎崔仲淵裔之門生正郎姜君寶裔之同年友以故竦放之趙日新之亂逃匿免死遂爲僧在伽耶山海印寺恭愍遣御史中丞鄭之祥斬之世傳忠惠之執龍普爲內應故有是刑

金玄

金玄恭愍時紅賊入寇從刑部尚書金縉率數百騎自祥原郡從閒道擊賊于西京猝遇賊三百餘人殊死戰斬百餘級錄功爲二等宦者數十人同署狀要賞名多僞署玄實首謀王察其姦欲杖之時宦官勢盛相與力救得免尋封延城府院君錄扈從收復與王侍衞功俱爲一等玄貪汚巧詐外飾勤恪善爲承迎辛禑立益見寵幸且爲明德太后所信任悉管機務用事于中女謁公行每銓注玄輒至禑前予奪無忌嘗在禑側踞傲近臣啓事禑未及言玄先擅斷決一日禑視事玄喧閧禑罵曰汝是家奴何不敬乃爾玄默然及般若獄起大司憲安宗源等上疏曰玄專惣內事不能防禁使般若直入宮闈驚動太后以駭觀聽乞下攸司鞫問科罪乃流玄于懷德縣

安都赤

安都赤恭愍十二年賊犯行宮與王寺斬守門者徑至寢殿殺宦者姜元吉宿衞皆奔竄宦者李剛達負王從牖出走都赤貌類王欲以身代王遂臥寢內賊認爲王而殺之

申小鳳

申小鳳從恭愍入元宿衞凡十一年及王即位除大護軍錄

隨從功爲一等遷上護軍後封寧原府院君魯國公主薨小鳳守陵喪畢賞其勞賜忠勤節義翊衛功臣號拜密直使商議會議都監事命百官迎于迎賓館是日松嶽崩時議以爲祖宗之法宦者不得受參官今毁舊法置之巖廊國鎭之崩未必不由是也轉僉議評理卒官庀葬事特賜謚忠禧

李得芬

李得芬有寵於辛禑位至賛成事貪饕納賄多行不義與同知密直睦忠讒毁李仁任崔瑩宰樞臺省會議白禑曰得芬嘗提調普源庫收田稅入其家又奪養賢庫田使不得養士多斂人財奪土田又嘗迎侍元子於其家私改乳母以結私黨是非人臣所得爲也僭亂之禍自此萌矣禑然之流得芬于雞林籍其家黜假子宦者鄭鸞鳳等二十人又流忠于安東先是睦仁吉奪養賢田庫在延安府者百餘結仁吉死得芬又奪之至是成均館上疏請復屬養賢庫從之

金師幸

金師幸初名廣大得幸恭愍累遷判內府事性傾巧逢迎王意大起正陵影殿之役極其侈麗由是財力耗竭民不聊生王薨論以媚惑先王興工役沒爲益州官奴籍其家辛禑立釋其罪給告身恭讓朝判內侍府事王欲御經筵師幸止之曰日月多矣一日不講無害於政又以佛敎導王曰佛氏之敎不可誣也均是人也或爲天下主或爲一國主至於庶人貴賤不同者無他前世修善有厚薄故也憲司奏宦官金師幸金完嘗以巧侈得幸玄陵流毒生民不宜在左右請黜之諫官又上疏論之皆不聽自此以後入　本朝

酷吏

古者任人而不任法中世始專任法法令滋章而酷吏出焉有論其害比之猛虎者豈過論乎高麗以寬厚爲治刑無慘酷及其中葉多故以來倚用辨事之吏而殘酷之風始興舊史逸而不備今得二人作酷吏傳

宋吉儒

宋吉儒性貪酷便佞起於卒伍高宗時諂事崔沆爲夜別抄指諭每鞫囚必縛兩手母指懸梁架又合繫兩足母指縋以大石去地尺餘熾炭其下使兩人立左右交杖腰膂囚不勝毒輒誣服累遷將軍尋拜御史中丞有司以系賤不署告身

沈强逼乃署加大將軍爲慶尙道水路防護別監率夜別抄巡州縣督民入保海島有不從令者必撲殺之或以長繩連編人頸令別抄等曳投水中幾死乃出稍蘇復如之又慮民愛財重遷火其廬舍錢穀死者十八九又奪人土田財物朘削無厭按察使宋彥庠劾報都兵馬使其黨金俊等私謂大司成柳璥待制柳能曰吉儒吾所善聞按察劾書已至都堂若遽發勢難營救吾將乘閒白令公庶可免願圖之令公指崔竩也璥等以俊兄弟昵於竩不得已陰戒堂吏停稟竩舅巨成元拔聞之以告竩怒流吉儒于楸子島罵璥能俊等曰吾以爾輩爲腹心何專擅若是耶皆俯伏待罪及俊誅竩吉儒訴彥庠於俊謀害之王以彥庠嘗有功命赦之吉儒官至尙書右丞暴得足瘡潰爛而死

沈于慶

沈于慶宜寧縣人性深刻辛禑時爲雞林判官晉州人中郞將鄭覃無子養州牧事李仁敏兒爲子年六歲墮井死仁敏意覃族人所爲遂訟于雞林于慶繫覃姪汝諧希範鞫之割足灌以油加炮烙極慘酷府尹尹承順謂于慶曰此輩栲訊踰年尙不承當更鞫之汝諧希範聞之曰吾輩死乎遂亡去獄吏捕之于慶曰汝若無辜何用逃爲汝必殺此兒復鞫之尤慘汝諧希範誣服曰從姊姜乙恭妻實知之于慶執乙恭妻訊之又酷或盛石革囊亂擊口耳牙齒皆折落于慶謂承順曰吾今得情矣乃殺乙恭妻又密直朴天常嘗過雞林承順置酒慰之有進士李桂芬等二人見賓校環列譏之曰鄕徒宴也承順門士以告承順怒囚桂芬等及見代以其事屬于慶于慶裂足炮烙二人尋死承順聞之慘然盡逐其門士國俗結契燒香名曰香徒相與輪設宴會男女少長序坐共飮謂之香徒宴

列傳卷第三十五

列傳卷第三十六　高麗史一百二十三

正憲大夫工曹判書集賢殿大提學知　經筵春秋館事兼成均大司成臣鄭麟趾奉
敎修

嬖幸一

自古小人伺人主之所好逢而長之或以諛佞或以聲色或以鷹犬或以聚斂或以土木或以技術皆有以投其所好而求中之也高麗有國旣久憸佞嬖幸之臣亦多今據舊錄作嬖幸傳

庾行簡

庾行簡父亶廉衛尉少卿行簡姿美麗穆宗嬖愛有龍陽之寵驟遷閤門舍人每宣旨必先問行簡然後行由是怙寵驕蹇輕蔑百僚頤指氣使近侍視之如王知銀臺事左司郎中劉忠正本渤海人無他技能亦甚寵於王王嘗以水房人吏分屬二人出入驕從僭擬無極王不豫行簡忠正並直宿於內宰臣請入寢問疾行簡傳旨曰體氣漸平取別日召見宰相再請不許王欲迎大良院君爲後行簡不欲迎立王慮事洩戒蔡忠順勿令行簡知之及康兆作亂殺行簡等七人

榮儀

榮儀卜者也父司天監尙嘗配島娶島內逆民之後生儀形貌怪異性姦猾毅宗初充內侍使令常自言曰國家基業之遠近人君壽命之脩短在禳禬勤怠巡御疏數王頗惑之御史中丞高瑩夫侍御史韓惟靖崔均深等伏閤三日請黜之不聽十一年元日風自乾來太史占奏曰國有憂王懼儀因進禳禬之說王信之命於靈通敬天等五寺終歲作佛事以禳之儀每伺王憂懼輒奏云某年某月恐有禍災若依某法禳之則無患矣於是置司祈禳幸而無事儀卽曰咸我力也又奏曰如欲延壽須事天帝釋觀音菩薩王多畫其像分送中外寺院廣設梵采號曰祝聖法會發州郡倉廩以支其費儀乘傳巡視守令僧徒皆畏苛酷爭遺賄賂又於安和寺塑置帝釋觀音須菩提聚僧晝夜連聲唱諸菩薩名號稱爲連聲法席儀陽示勤苦終霄禮拜王時幸觀之特加褒賞又信儀言遍祀遠近神祠使者絡繹或取閭巷名第以爲離宮別

館或營山齋野墅巡幸無時又於大小佛寺皆張法會至有千日萬日爲限者京外府庫空竭人皆怨之又奏闕東新成翼闕則可以延基王奪弟翼陽第創離宮又奏來歲國有災宜修古寺以禳之王率日官幸海安寺相風水後正言文克謙數儀罪請黜之充牧子不聽儀以逆民之後限其職王嘉祝釐之功令有司據遠近戶籍政案注脚改錄施行鄭仲夫之亂與嬖宦白子端王光就倖臣劉方義等被殺梟首于市

金存中

金存中龍宮郡人性聰慧有詩名仁宗時爲春坊侍學登第補詹事府錄事與宦官鄭諴相善毅宗即位以春坊舊恩屬內侍特被寵幸累遷刑部郎中起居注寶文閣同提舉及知奏事鄭襲明卒王欲得有名望者代之諴力薦擢爲右承宣自是出入禁中圖議國政勢傾朝野存中與內侍郎中鄭敍有隙以敍交結大寧侯暻與諴等交構嗾其族左諫議王軾起居注李元膺等上疏論之流敍于東萊敍既流存中益寵幸嘗密白王曰太子幼宗親盛恐致覬覦宜選兩府宰相以爲東宮師傅以効周公霍光故事王然之以庾弼爲太師崔允義爲太傅居無何弼卒存中代爲少保王命宗室宰相文武百僚就賀其第守門者皆衣紫佩劔存中與諴相結用事大張威福附己者進異己者斥久典銓注賣官鬻爵財累鉅萬甲第至數四兄弟親戚恃勢驕恣十年背疽遣醫問疾絡繹於道及卒王悼甚贈輸忠內輔同德功臣吏部尙書政堂文學修文殿大學士

鄭世臣

鄭世臣世系未詳高宗末爲右副承宣王不豫移御閔脩第遣世臣設法席于穴口寺世臣還奏其狀王曰予夢有老比丘勸念法華經及大日經頌今聞卿言實符所夢且予在潛邸嘗遊穴口聞文殊鳥聲卿亦聞之乎世臣對曰神怪所當諱臣未敢先奏臣詣法席誠如上所夢怳有一老比丘在側誦經更視則不見俄而復來臣恐其去不敢正視又有鳥來鳴其聲云文殊師利摩訶薩世臣與同僚李應韶皆輕薄人也王疾彌留國家多故二人不以爲慮百官奏啓皆抑而不納每直宿與脩脫冠帶閉門圍碁擁妓酣飮時議憤之

白勝賢

台勝賢業風水高宗末補郎將王在江都嘗問延基之地勝賢曰願幸穴口寺談揚法華經又刱闕于三郞城以試其驗王命兩府合坐令勝賢與景瑜判司天事安邦悅等論難利害勝賢以數馬馱道籙佛書陰陽圖讖左抽右取詭辨無窮景瑜等不能折其談鋒兩府曰如之何景瑜等不得已曰勝賢之言雖不可信姑試之於是命營假闕于三郞城及神泥洞元宗五年蒙古徵王入朝勝賢又因金俊奏曰若於摩利山塹城親醮又於三郞城神泥洞造假闕親設大佛頂五星道場則未八月必有應而可寢親朝三韓變爲震旦大國來朝矣王信之命勝賢及內侍大將軍趙文柱國子祭酒金坵將軍宋松禮等刱假闕禮部侍郞金軌謂右僕射朴松庇曰穴口凶山也勝賢以爲大日王常住處嘗奏高宗作穴口寺以安御衣帶未幾昇遐今又敢作浮言奏營假闕且請於穴口親設大日王道場是不可信也請公禁之松庇以告俊俊深惑勝賢之言欲斬軌乃止勝賢又奏曰圖讖有姬龍之後重興之說宜以周康王諱釗字改御押從之旣而忌高勾麗王釗不得其死乃復舊諱

康允紹

康允紹本新安公之家奴解蒙古語以姦黠得幸於元宗累使于元以功許通宦路累遷將軍林衍之誅金俊也首與其謀稱一等功臣加大將軍衍逼王遷于龍巖宮王問將軍李汾成曰允紹何如對曰允紹已貳於王矣及王復位朝于元衍以允紹爲己腹心使扈駕及還又加上將軍然以前事常不自安及世子率衣冠子弟入侍于元允紹不在選中不告于王遂行開剃而還自比客使見王不拜王怒不能制有司莫敢詰其在元也附洪茶丘妄言本國多畜軍粮茶丘以告中書省於是遣使來督軍粮忠烈王元年拜軍簿判書鷹揚軍上將軍時群臣以新官制改銜唯允紹系賤爲監察司所論未改允紹自出視事復爲監察司所劾免尋轉密直副使與大將軍金子廷詐稱賜牌多占民田事覺沒其田于新興倉九年加判三司事致仕鄭子琠亦譯者也本靈光郡押海人初爲僧歸俗補譯語都監錄事因習蒙古語累入元以勞轉官至知僉議府事

廉承益

廉承益初名惟直政堂文學信若之後嘗得惡疾念浮屠神
祝穿掌貫索精勤疾愈遂以禳人疾病爲事爲李之氐所薦
得幸忠烈王王嘗暴得疾承益侍及移御天孝寺公主以從
者少忿恚遂與王詬擊承益進曰王賴佛力疾愈今主怒若
有魔障開之公主怒解李熠曰廉郎中無實之言時有可用
元求術士王進承益王女有疾承益白王令僧天其治疾天
其言病不瘳當盡焚經像裂袈裟覆之精勤終日是夕王女
死拜承旨律學助教全子公嘗爲東安法曹坐受賄見罷賂
承益復職邑人權文卓疏子公罪令婢壻蠻商告僉議府起
居舍人李仁挺語承益籍王命囚文卓及蠻商竟殺商以滅
口承益權傾一國臺諫莫敢問嘗私役其人五十構第畏公
主譴請獻爲大藏寫經所許之王數遊田承益勸以浮屠法
由是遊田稍踈李英柱括民戶告王曰聚逋民者廉承益爲
首將鞫之承益及諸嬖人皆怒衆謗紛然事遂寢時鷹坊怯
怜口及內竪賤者皆受賜田多至數百結誘齊民爲佃凡民
田在旁近者並收租州縣賦稅無所入守令有繩以法者誣
譖抵罪承益及尹秀李貞朴義元卿高宗秀李之氐鄭承伍
朴卿等尤甚典理佐郎尹敦郎將吳淑富等相言用事臣廉
承益可斬護軍曹允通聞以告王命流之籍田民分賜宰樞
後陞副知密直東寧府千戶韓愼崔坦玄孝哲執千戶桂文
庇管下人等誣謂欲與宰相廉承益同謀欲殺我輩遣人告
遼東按察府元遣使與遼東按察使來訊王遣承益及金周
鼎趙仁規柳庇偕元使往東寧府辨詰愼等伏其誣拜僉議
評理尋知都僉議司事公主將入朝命承益印侯等選良家
女承益等使巡軍忽赤搜索人家或夜突入密室或縛拷奴
婢無女者亦驚擾怨號遍閭巷洪子藩時爲首相趙仁規爲
亞相承益次之承益得幸兩宮常居禁中希至都堂一日子
藩先出仁規語承益曰國人謂洪公眞宰相謂我爲老譯謂
公爲老呪我等不預眞宰相之目唯當勤朝衙夕直耳承益
即日辭免十七年判版圖事尋判監察司事密城人趙㑺與
郡人謀殺按廉事覺獲免附承益拜典理佐郎監察侍史金
有成不署告身承益以王命督之有成固執不可承益怒罵
曰爾豈賢於㑺耶何不從吾言且爾年老遠謫汝其安乎承
益尋以病免未幾丁母憂公主病命脫衰入內設法席穿掌

祈佛二十八年以與法佐理功臣都僉議中贊致仕祝髮爲僧被袈裟置炭火掌上焚香念佛顏色不變時人謂承益不足責名器可惜是年卒諡忠靖子世忠仕至安南副使其妻中贊趙仁規女與驅奴裴三通醜聲流播子悌臣自有傳

李汾禧 槢

李汾禧鹽州人父大將軍松爲崔沆門客汾禧與弟槢事金俊爲腹心汾禧補行首指諭拜將軍爲元宗所寵及林衍誅俊疑汾禧欲收其心除大將軍直門下俄轉上將軍忠烈即位授樞密院副使固辭拜知奏事陞知密直司事韋得儒盧進義之誣告金方慶也忻都茶丘鞫理甚劇舉國洶洶槢謂王曰此自方慶事上若欲辨是非茶丘必謂以私方慶也宜勿與知汾禧亦夜詣茶丘議事人謂汾禧兄弟有二心及王如元汾禧從之會張舜龍等還自元謁王曰帝勑方慶父子得儒進義等從王入朝對置王駐白金灘欲召方慶父子議可否于從行宰樞汾禧槢曰忻都茶丘本不欲辨此事今雖有帝命彼必以無勑書不聽不如入朝更奏召之餘皆曰帥府豈敢違聖旨不聽乎我則有辭矣乃遣舜龍召方慶至是國人益信汾禧兄弟貳於茶丘金周鼎朴球廉承益屢陳汾禧兄弟過惡金深證之及王還國周鼎等因內僚諷王王召方慶密議流汾禧于白翎島槢于祖忽島籍其家或謂若茶丘聞之必告都省究問不如殺之乃遣人皆沉于海未幾茶丘果訴帝遣速魯哥來問速魯哥欲率方慶許珙以歸公主曰王既入朝國方空虛方慶珙非有帝命不可以歸速魯哥欲從之金甫成不聽甫成本北界人其父叛入遼陽爲茶丘腹心與汾禧槢甚厚聞其死從速魯哥來凡詰責我者皆其謀也王謁帝帝使樞密孛刺諭王曰金方慶官高權重多行不法每爲汾禧兄弟所沮諷王殺之是否對曰在江都時汾禧之父事權臣金俊後與林衍謀殺俊衍之廢立危社稷皆汾禧導之及臣襲位汾禧兄弟每違臣命懲其罪以戒後爾速魯哥茶丘甫成在傍茶丘進曰汾禧兄弟有二功於朝廷何可擅殺我言若妄罪當死孛刺再問茶丘曰汾禧有何二功曰歲庚午帝命復都古京林衍子惟茂拒命汾禧與鄭子璵先入江華討之奉王妃率國人來松京明年予領屯田軍駐京南奴軍功德崇謙等潛謀作亂汾禧執其黨一人以告

王與達魯花赤掩捕誅戮以安百姓此二功也王曰茶丘前言吾若妄言罪當死今所言皆妄也庚午之事禿輦哥請遣使江都諭以官軍壓境於是以汾禧與惟茂交借鄭子璵往說之大將軍宋松禮將軍洪文系將誅惟茂召汾禧計事汾禧杜門不出松禮等旣誅惟茂奉社稷來松京以待吾父子汾禧踵後乃至吾與松禮等入奏帝賜松禮等鞍馬賞其功汾禧果有功豈不與於此賞也功德崇謙之亂人有告者汾禧適入直故引告者言於達魯花赤汾禧何功之有茶丘曰然則何以得至宰相曰先王常語予云汾禧兄弟佞猾多機變若黜其爵位祇速禍亂故循資授職以觀其變罪旣貫盈稟聖旨誅之我國之事何與於汝茶丘無以對

槢初名汾成娶高宗宮妾之女號國壻得幸元宗累遷尙書右丞忠烈卽位兼知御史臺事以國壻爲憲官人皆譏之遷上將軍拜承宣陞知申事鷹坊吳淑富等嘗譖全羅按察使安戩長與副使辛佐宣罷之槢言吳淑富多行不法安戩辛佐宣不從其欲故譖之聽其言而罪二人豈不累聖德乎王曰予固疑之姑待戩來言耳召新按察盧景綸曰毋以安戩故懼如有籍宣旨爲不法者輒以聞因問槢曰官吏皆欲抗我命何也對曰今僧徒僕隷有所欲皆托左右受宣旨官吏若不問是非而從之民弊可勝言哉且人臣豈欲抗其主人主而屈於臣所以爲盛德王然之舊制凡命令徵求必下宣旨王自卽位以來宣旨數下州郡疲於迎命槢建白小事不足煩宣旨宣旨所至必焚香迎命請令承宣奉王旨爲書署名紙尾謂之宣傳消息於是消息蜂午州郡苦之王謂槢曰予聞諸武臣言軍旅之事則委之我輩至如按察守令臨民之任只用東班我輩不得無憾今欲交差何如對曰武人有吏才知民事者蓋寡如有才兼文武寬猛相濟者宜勿限東西以授王納之槢言於辭朴卿曰養鷹者日殺人家雞犬宜移養遠地鄕語鷹坊李貞曰大家以鷹鶻故多取衆謗盍養之他所貞許諾令尹秀養于安南一日王與達魯花赤觀獵槢語人曰始謂尹秀輩以鷹鶻市寵今乃知王自篤好也生拔鶻鴿腹背毛而放之縱鶻啄食觀以爲樂此非篤好其忍視耶有散員田裕訴王曰臣昨捕鶻過安東司錄金琔曰鷹坊已罷何爲到此待之甚薄疑宰相移書諸道以禁鷹鶻王

怒謂槢曰何損於宰相而禁之乎必使按廉罷琁任對曰裕
籍捕鷂侵擾百姓聞殿下解縱鷹鷂自恐得罪言此以試上
意耳王然之乳媼子內侍郎將黃元吉以其科田磽薄白王
易郎將韓貞甫科田槢言元吉雖無此田不至貧乏貞甫惟
祿是資豈宜奪彼與此請各復其舊從之槢上時務十餘條
王覽畢援而擲之槢耿介恃王寵任政令有不合者必爭之
多所裨益內僚請謁一皆杜絕內僚常切齒遂譖王殺之年
三十九槢臨死曰吾以兄故死人皆惜之

權宜　蔡謨　李德孫

權宜忠烈時人性險佞每依內僚求使四方酷刑厚斂民甚
苦之與承旨廉承益善承益薦爲慶尙道按廉使宜依勢無
所顧忌奪晉州人鄭延愛妓延有勇力走及奔馬直入宜寢
所負妓而逃宜繫其母延自詣獄宜殺之元使也速達因征
日本往慶尙還謂宰相曰南民糶貴皆有菜色貴國多遣別
監專尙苛暴枉刑重贖民多死者民即天子之民可令至此
耶中贊金方慶告王王曰程驛別監李英柱嘗言朝廷以拷
掠爲不法又禁贖銅誰肯從令也速達之言豈指此輩耶方
慶曰按廉權宜暴斂酷刑請罪之以紓民怨內僚劉福和素
與宜結爲兄弟請王傳旨曰宜遞期已近其徐之承益佯若
不與交親曰宜之橫暴如此也誰薦爲按廉宰樞皆默然不
對宰樞復以也速達言告王令監察侍史閔萱代宜郎將金
義光代英柱命諸道按廉毋得酷刑後宜拜正郎殺延事覺
僉議府劾流海島罷晉州副使徐寧十三年爲全羅道王旨
別監以能辦供進授版圖揔郎賜紅鞓一腰白金十五斤米
十五斛時忠宣以世子如元宜獻銀四十斤虎皮二十張爲
行李之資忠宣曰此物皆剝民斂怨非吾所欲遣還其主宜
又與按廉李熙有隙以熙不謹供進譖王罷之有蔡謨者平
康人累遷侍御史忠烈因東征如合浦時慶尙道因軍旅飢
饉民不聊生謨爲王旨別監厚斂於民饋遺扈從權貴又以
油蜜遺內豎梁善大善大不受執其人以徇由左承旨進知
申事歷副知密直僉議參理二十八年以僉議侍郎贊成事
致仕謨嘗爲慶尙道勸農使多斂細麻布以獻又賂左右權
貴市私恩李德孫代謨稍增其數後薛仁永又倍尺數布極
細密民甚苦王聞之禁獻細布德孫僕射淳牧之子累歷監

察雜端按慶尙全羅忠淸三道掊克作威吏民畏之忠烈朝拜東京留守王因東征道過東京以德孫能辦供億加府尹後爲慶尙道王旨使用別監剝民膏血以市寵超授衛尉尹近侍別監金龍劔題驛壁云慶尙州道殘民血染出德孫三品職德孫訴王流之歷官至知都僉議司事年六十一以疾乞退拜贊成事致仕十六年卒謚莊淑子偰官累贊成事初偰妹壻宋璘黨於王惟紹離間王父子偰寄璘書曰願努力使王父子如初毋怵人邪說以自誤璘伏誅忠宣得其書嘉忠直授密直副使

林貞杞

林貞杞元宗朝登第昧學術有吏能爲長興副使値其父允蕤大祥當至京恐失職依內僚請在任行祭尋以娶盧進義之女爲貳妻坐免忠烈時除正郎監察侍史金弘美左司諫李行儉等不署告身貞杞附鷹房以王命督署弘美等不從貞杞訴王流海島未幾爲全羅道王旨使用別監務苛暴聚斂事權貴欲悅衆彊謗令新島句當使韓允宜漕運豪家田租與內庫米並到禮成江凡八十餘艘其奸狡如此由是譽言日至寵幸益隆時慶尙道按廉閔萱專擅啓事以媚於王人謂內按廉王同日賜貞杞及萱帶紅人語曰如今邑宰紆朱紱盡是生靈血染成指兩人也以王旨使用別監仍爲全羅按廉時權瑞精按慶尙黃守命忠淸崔崇西海鄭良佐交州金仁琬安集東界貞杞姦瑞精暴良佐愚而貪崇佞而㔉仁琬浮虛少實守命枉直相半時之任用如此貞杞進橘二株用十二牛曳入宮中路遠累日而至桐葉皆枯貞杞亦知不可用但欲媚王獻之貞杞以白粒一舟遺承旨崔守璜不受貞杞慚怒以其米賂權貴卽代守璜爲承旨時人鄙之嘗掌監試取士命賦題曰太宗好堯舜之道如魚依水不可暫無以好堯舜道不可暫無爲韻諸生曰韻中六字皆則音貞杞慚改曰堯舜之道如魚依水諸生又曰韻中五字皆平音貞杞大慚又改曰好堯舜道如魚依水貞杞初爲試官享王珍膳花果豐侈無比酒酣貞杞起舞王歡甚故事掌試者放榜後宴賀客三日厥後先試期享王謂之品呈蓋以宴品先呈于王也後遂爲例十三年拜副知密直明年加監察大夫卒時有宰相洪休女寡爲尼喜言人短公主欲聞外事令出

入臥內公主聞貞杞死愴然尼曰貞杞之死不足怪也以血成身其死宜速謂剝民血以立其身也公主變色萓平章事令謨四世孫累轉衛尉尹爲全羅道指揮使承旨缺萓及李德孫權宜皆附內僚求之王難於取舍手書籌令三人探之萓得焉遂拜右承旨進副知密直司事遷都僉議參理改知都僉議事王欲改嫁忠宣妃韓國公主遣萓賫表如元萓告中書省曰東京人金天錫久留本國多行不義姦詐回譎離間王父子於是中書省移咨征東省勒還東京天錫遂與萓有隙一日王坐行省天錫厲聲曰閔萓以宰相構虛事交亂彼此離間王父子莫此爲甚天錫作何等事使我殿下父子不和耶其言辭擧止甚倨傲無復君臣之禮萓復拜參理陞咨議都僉議贊成事後忠宣以萓進改嫁表流之忠宣二年卒萓起於刀筆與世俯仰

朱印遠

朱印遠悅子也忠烈朝登第累遷慶尙道按廉使時正郎宋洪少尹辛需亦按諸道宰樞以皆非人望駁之王怒不聽印遠貢細黃麻布二籠王開緘令左右爭取以爲戲宰相言朱印遠重斂諂事左右又惡聞烏鵲聲常令人操弓矢嚇之一聞其聲輒徵銀瓶民甚苦之宜罷其職王欲以金貂代之宰相曰貂曾爲龍山別監侵漁百姓及爲安東判官坐贓流海島若以貂代印遠是以暴易暴甚不可也今又令諸道貢二十升黃麻布紡績於女工最難村婦安能細織必求諸京價貴難買民將不堪且帝諭曰事体有未便民情有未安堵其審圖之請亟罷王納之旣而以貂爲忠淸道按廉印遠竟不罷細布貢如舊時有內僚從容白王聞諸道路曰宰臣朱悅無子天道無知豈不信然王曰不有印遠乎對曰悅淸直絕倫印遠貪邪無比故云然王大笑尋爲其道勸農使宰樞言印遠虐民不可用宦者李信嘗降香慶尙具知印遠貪汚以聞至是命信與左承旨趙簡宦官柳允珪往都堂與印遠辨詰信曰印遠嘗待我甚厚感恩則有之然供億之費皆民膏血又吾歸自開骨山道見民扶老携幼往東界者絡繹問之則皆曰避朱按廉暴虐也允珪又列印遠所賂物於前曰此亦君之所橫斂也印遠俛首不能對官至三司左尹子暉時有太僕少尹李桂材者暴斂類印遠以旌善別監兼東界安

集使務侵漁以市私恩東界多產崖蜜桂材不時徵斂瀝取無遺蜜蜂無以自養蔽天飛去墮海而死

李英柱

李英柱父應公英柱初爲僧後歸俗娶良家女生一子爲管城縣令忠烈爲世子聞鞋工金淮提之妻美納之時有身已數月及生女養於宮中如已出英柱弃其妻娶之時稱國壻及忠烈卽位以內園丞超拜郎將出入宮禁權勢日熾多行不義流毒中外人謂之英柱難爲人物推考別監白王曰大臣及內僚多置田莊爲逋逃淵藪乞徵銀布以充國用且疏姓名以進王大怒命侍史權宜將鞫之英柱又言聚逋民者廉承益爲首於是承益與諸嬖皆怒衆謗紛然王由是惡英柱遂寢其事爲忠淸道安集使選官婢有姿色者五人以進又聞忠州民丁香多畜銀酷刑督納香悉所有不足又貸三十餘斤以充之又爲忠淸道脫脫禾孫侵割驛吏寧越縣令李恂亦貪暴不法民甚怨之有民康允明乘衆怨作亂詐稱新皇帝使者招集無賴驛吏十餘輩乘傳橫行殺恂及縣吏一人又將殺英柱英柱知而掩捕之累轉軍簿判書鷹揚軍上將軍英柱性貪汚苛暴奪占田民家人嘗運米到江英柱親往載輸爲路人所辱其無恥類此金州民大文者族黨近百人英柱倚勢欲壓而爲奴都官佐郎李舜臣性諂曲阿英柱意舞文爲賤大文訴王府斷事官趙仁規仁規考其案具陳英柱姦僞王囚舜臣罷英柱職僧日英誣告英柱與韓希愈謀反鞫之英柱誣服流海島未幾召還語在希愈傳二十六年拜密直副使

李之氐 高宗秀 金儒

李之氐禮安縣人以內僚進忠烈嘗獵于馬堤山樂而忘返之氐與文昌裕言獵騎踐蹂禾稼民多怨咨請亟還從之王又取民間家鴿納宮中之氐與車得珪以爲不可遂還之元將征日本之氐時爲將軍欲避赴征遂乞免時內僚皆受賜田之氐尤多又請加賜忠宣爲世子謂之氐曰汝雖無田亦不乏之氐慙而退舊制受王旨者必先關承旨酌可否奏而行之至是內僚皆先白王承旨但署押而已尋除大將軍有金義光者亦以內僚拜將軍銓選甚濫時議譏之進同知密直元授合浦等處鎭邊萬戶府副萬戶行中書省副鎭撫賜

虎符歷資政院使知都僉議事加贊成事出鎮合浦忠宣即位拜檢校僉議政丞王以爲式目都監掌邦國重事乃授之氏爲商議式目都監事封禮安君改封承安君忠肅四年卒子實恃父勢狂暴甚於豺犬嘗有國學諸生過其門實令小奴呼之至則持挺逐之有李悅者後實擊其頷仆地從而蹴踏諸生欲告之氏實當門揮劒曰當殺汝輩數人諸生詣世子告之以之氏故不問公主聞之囚實巡馬所謂王曰小豎驕橫至此王何不禁尋命釋之義光忠州官奴父壯附崔怡義光遂爲其府內豎官累密直副使高宗秀金儒亦內僚也宗秀忠烈朝以善吹笛得幸用事官至三司左使王表請于帝授武略將軍巡馬千戶賜金牌後加王京等處管軍萬戶府萬戶賜三珠虎符儒性貪婪傾狡忠宣惡之祝髮置八顚寺及忠烈復位儒髮而拜將軍爲慶尙全羅揚廣採訪使務爲漁奪湜欲固寵民聞其來莫不痛憤歷典理摠郎親從護軍儒告護軍朴圭郎將吳仁贊嘗使外潛備船艦資粮必有異謀王命宰樞鞫之具踈謀亂狀王大怒手裂其踈旣而悔之後元使塔察兒令行省鞫之圭等具伏王遣密直高世于瀋陽括人物儒時爲大護軍與護軍高汝舟潛以書達忠宣事覺王怒杖之

印侯 承旦

印侯本蒙古人初名忽刺歹齊國公主怯怜口怯怜口華言私屬人也與三哥車古歹從公主來補中郎將忠烈欲拜將軍令易名忽刺歹語大將軍印公秀曰吾與爾善盍借爾姓遂改姓名爲印侯與張舜龍車信爭起第極其奢僭王嘗如元至虎平縣縣令將宴王侯以不先饋己恚曰爾用幾羊欲以此宴乎又川州達魯花赤宴王王欲賜物侯曰川州小邑可勿與王怒命李之氏賜之之氏畏侯竟不與後有人牽牛而過者侯家奴奪而槌之牛主畏其勢不敢告又有都將校金希迪者托侯勢暴橫白晝擊殺判事金碩家奴流海島侯即放還侯之專恣如此元於金州等處置鎮邊萬戶府以侯爲昭勇大將軍鎮邊萬戶賜虎符及印出鎮合浦全羅慶尙之民多受其害有吳仲侯者宰密城謟事王旨別監蔡謨决守山縣古陂爲田欲以賂權貴侯如合浦仲侯盛張妓樂宴舟中侯與仲侯巵酒氈頭仲侯戴氈頭起舞失脚墮水死王

嘗謂宰樞曰國小民貧旱災滋甚欲罷鷹坊侯曰鷹坊請於帝而置之豈宜遽罷忠淸道按廉黃守命稍不廉然頗恤民侯挾撼譖以盜官米罷之十二年授副知密直賜籍昇平郡王聞乃顔大王叛遣柳庇請擧兵助征宰樞或云請待帝命侯曰父母家有變奚暇待命王從之練兵將親征以侯爲中軍萬戶侯白王令赴征士卒見人家及道路有馬則取之士卒爭劫奪千戶高宗秀請王禁之道聞帝擒乃顔還陞判密直進知都僉議辭職尋拜贊成事哈丹之侵王召宰樞議備禦侯曰上親將出東界以斷賊路賊如闌入近境上入江華令臣等將兵禦之王曰民惟邦本予豈先避以撓民心賊雖長驅而至予爲三軍之殿以全社稷遣侯禦之追至燕岐與韓希愈金忻擊破之告捷獻俘帝以侯爲鎭邊萬戶府達魯花赤賜玉帶一腰銀一錠鞍一面賞之王嘗在元司徒撒里蠻謂世子曰帝有命諸王駙馬各還國盖欲鎭安軍民然後來赴大會今世子與父王直欲赴上都父王縱未遽還世子宜先往鎭撫之世子曰已遣忽刺歹等矣司徒曰忽刺歹君家一老奴耳其能鎭百姓乎世子不荅二十四年改官制拜光政使參知機務尋改重大匡僉議侍郎贊成事判兵曹監察司事初韓希愈鎭合浦侯奉使至與爭席希愈扼其項踣其腹久之乃釋侯還白公主請加希愈罪公主曰希愈有功齒且長非希愈誰敢侮汝其勿復言侯與金忻元卿謀傾軋之及公主薨王相希愈侯等畏莫敢發會僧日英構誣語謂郎將李承祐曰希愈等謀不軌承祐以告侯忻侯忻等發兵執希愈及上將軍李英柱千戶石天補及其弟天卿將軍李茂朴松堅元冲甲韓大莊俞守大前中郎將白瑞卿別將裴仁儉等十餘人告行省左丞哈散曰希愈等將殺侯忻挾王竄海島事急不先圖禍且不測今已被執左丞其圖之哈散曰王亦知否曰王豈不知哈散密令其子往候王宮仍謂曰王若知之必嚴警備汝見王曰吾父聞有變恐懼無兵衛故遣我借兵其子黎明往王宮宮中闃然衛士皆臥不起及上謁王趣召見賜弓劒其子還告哈散曰前言乃妄也然業已執希愈等詣王宮請訊之王與哈散鞫之不服囚巡馬所日英逃王與哈散又鞫希愈等于興國寺凡五日惟英柱仁儉誣伏又鞫希愈等三日竟不伏侯忻卿與其黨上將軍姜祏

大將軍金七貂將軍桓貞李瑀少尹閔頔等以日英逃希愈等不伏將如元訴帝王使承旨金深留之不從王謂宰樞曰侯等之去西北面都指揮使尹琺飲食之罪一也不拘留罪二也給貞頔驛騎罪三也宜罪之中贊洪子藩唯唯知都僉議崔有渰曰殿下且不得留侯琺安得止之宰相入朝者指揮使其能不飲食之耶驛騎貞等擅騎非琺給之也宰相非人乃致此事不罪宰相而罪琺可乎議寢然琺竟坐罷王流希愈英柱于海島餘皆杖之哈散還帝問希愈事對曰希愈本無異謀但忽刺歹欲爲益知禮普化王地耳王亦遣判三司鄭仁卿判通禮柳琚如元辨侯誣妄元遣塔海闊闊不花等來執希愈英柱元卿及判密直柳庇都評議錄事宋之罕以歸庇乃哈散鞫希愈時譯者之罕主文案者也庇還王疑與侯同心欲罪之庇逃乃罷其職又罷侯職奪侯所佩萬戶符與王惟紹希愈復相有寵侯憚之因留元不敢還及希愈死惟紹伏誅侯拜咨議都僉議司事平陽君復佩萬戶符忠烈薨忠宣嗣位入朝侯始東還王命僉議密直出迎于國門外後加檢校政丞賜忠勤輔佑功臣號三年卒年六十二性狂縱貪婪但善於將命忠烈與公主數入朝侯未嘗不從凡有事奏聞必遣侯以行辨金方慶誣得解復平壤隷本國侯與有功焉賜券一等侯初甚貧窶及得幸屢被賞賜家貲鉅萬又憑籍勢力多受賄賂奪人土田奴婢無有紀極人多怨之及死至有相賀者謚莊惠子承光庶子承旦侯慕科第之榮令承光赴擧張舜龍亦令其子瑄赴擧承光瑄俱不學無才試官阿侯等意取之承光仕至護軍

承旦筮仕遷歷未詳元執忠惠以歸遇誕日承旦獨與鄭天起詣德寧府賀百官無一人至者忠穆元年拜左政丞恭愍初封延安府院君時權豪奪畿縣公田承旦所占尤多辨整都監收其田仍徵累歲之租承旦惡之一日入侍經筵請罷都監王不應但曰穿窬夜行惡月之明尋復爲左政丞百官罷朝賀當詣王后宮監察大夫元顗執義慶千興以王后戚屬故先詣宮賀承旦欲令式目劾之議於同列四宰李公遂以爲不可承旦怒不視事時監察司不署承旦政丞告身承旦嗛之後罷封延安伯未幾以事流于保安居四年召還卒葬不以禮有婢妾子完護軍

張舜龍 車信 盧英

張舜龍本回回人初名三哥父卿事元世祖爲必闍赤舜龍以齊國公主怯怜口來授郎將累遷將軍改今姓名忠烈獵于馬堤山時設道場于壽康宮大集緇徒舜龍曰王奉佛飯僧又射獵如此有何功德元授宣武將軍鎭邊管軍摠管征東行中書省都鎭撫王遣舜龍如元獻女求買公主眞珠衣帝賜舜龍雙珠金牌進副知密直王與公主曲宴內人迭起獻壽贊成事趙仁規佯醉不飮舜龍曰何不飮無乃詐耶仁規怒曰汝輩詐我則否王與公主入內二人詰不止舜龍弟三哥欲右其兄仁規歐且批其頰三哥攘臂而進左右解之二十三年以僉議參理卒年四十四舜龍與印侯車信爭權競爲奢靡起第宅極侈麗以瓦礫築外垣狀花草以爲文時稱張家墻其第與起居郎吳良遇家隣比舜龍欲奪之不得夜率無賴人壞其垣墻子將軍芸豪奢不檢嘗於八關會直上五鳳樓手取案上橘柚因而失儀者多王不悅乃罷車信盧英亦怯怜口也信初名車忽解本國人嘗沒入于元居燕京其母夤緣得乳公主及公主釐降遂爲媵臣累遷上將軍官至贊成事初興王寺婢年未五十者托信求免役寺別監李源執不可信毆源源詣宮門訴之王怒召信數之曰別監吾所命也汝何毆耶顧謂信母及印侯舜龍曰汝輩之言吾皆勉從今汝不法何至此遂囚信于街衢所英初名式篤兒河西國人官至將軍嘗以事如元未還而死性温厚聰敏頗知書非印侯舜龍之比

曹允通

曹允通耽津縣人以碁知名又善玄鶴琴所製別調行於世元世祖召與南人善碁者試之允通輒勝帝許乘傳隨意往來忠烈時遣使召允通挈家入朝帝問曰世傳人參產汝國者嘉汝能爲朕致乎對曰臣若管其事歲可得數百斤帝賜傳遣之自是允通歲巡州郡發民採之或小有朽敗或非地產未及期者輒徵銀幣以營私利民甚苦之王遣張舜龍奏曰曹允通奉聖旨採人參人參唯產東北界允通强令諸道民就產處採納臣請隨所產處以時採貢帝又命允通管東界鷹坊王亦賜紅鞓官至贊成事致仕卒

列傳卷第三十六

列傳卷第三十七　高麗史一百二十四

正憲大夫工曹判書集賢殿大提學知經筵春秋館事兼成均大司成臣鄭麟趾奉教修

嬖幸二

尹秀 吉甫

尹秀漆原縣人父養三爲無賴行弃市江都因號其地爲養三岐秀元宗朝拜親從將軍時同知樞密趙璈夜召秀謀誅林衍秀諾璈遷延不發秀懼以其謀告衍衍殺璈初秀舅隊正宋義隨使如蒙古知蒙古將加兵于我逃還以告得遷都江華以功累遷樞密副使致仕至是復都舊京義懼蒙古詰前事秀亦懼追理殺璈之故二人相與謀挈家投頭輦哥叛入蒙古忠烈之在蒙古爲禿魯花也秀以鷹犬得幸及即位秀自瀋陽挈家還管鷹坊恃勢縱惡人以禽獸目之嘗如元獻鷂還言帝以鷹坊子五十八處之羅州凡屬鷹坊者勿使侵擾且令朴義掌之□秀自請也未幾帝遣鷹坊子郎哥歹等二十八人往慶尙道河陽永州之地以秀及元卿伴行又以秀爲全羅道鷹坊使卿義李貞爲慶尙忠淸西海道王旨使用別監初秀等分管諸道鷹坊招集逋民稱爲伊里干伊里干華言聚落也按察及州郡牧守小忤其意必譖而罪之故伊里干人肆毒良民無敢誰何都兵馬使屢請罷鷹坊秀等恐王聽之諷王奏帝各受聖旨鷹坊牢不可破又假使別監之名其權益重自後秀貞卿義每分遣其屬稱捉鷹別監者不可勝數所至擊鮮飼鷹民間雞犬殆盡秀官至軍簿判書鷹揚軍上護軍一日三角山僧夢一老父邀至其家謂曰我龍也昨日吾兒化爲鵠遊大澤中尹秀射殺之僧寤而異之告南京留守王昐昐詣秀問之果其日獲縞鵠其大異常尋暴得疾起立奮拳撞墻壁大叫曰狐兎麋鹿胡噉我肉遂死子吉孫吉甫吉甫善擊毬元仁宗爲太子吉甫因宦者伯顔禿古思得出入東宮由是忠宣亦寵遇之授中郎將言無不從時淑妃得幸于王順妃之女伯顔忽篤入侍太子謀辱淑妃訴太子令淑妃赴都王患之吉甫白太子乃止王喜謂吉甫曰汝宜繼乃父爲班主吉甫辭曰臣年少請授臣兄乃拜

吉孫鷹揚軍上護軍吉甫大護軍後吉甫忤伯顏禿古思失職東還尋貶務安監務起爲合浦鎭邊使子桓自有傳宋義子和義之叛入也和泣諫不聽至中路逃歸義告頭輩哥追還之和少習騎馬擊毬弄杖妙絕古今帝甚歎賞謂左右曰若非神助則是幻術康守衡曰致高麗入都江華抗拒王師義之所爲也今高麗出陸義懼罪來耳由是義貧困失所和忿怨其父請帝挈妻東還元宗喜擢爲御牽龍行首至中禁指諭以其母賤限職三品後義亦還

李貞 金文庇 李玢

李貞本賤隸也常屠狗爲業以勇力聞見愛於金俊子柱及柱敗逃免爲忠烈乳媼女壻遂有寵管鷹坊多聚無賴之徒流毒郡縣國人皆惡之累遷將軍貞自元還謂王曰帝問國王馳馬放鷹熟乎貞欲使王數遊田故有是言尋辭職避日本之役國制佮官限七品貞愛佮官金大直女諷王授大直祇候賜犀帶王幸壽康宮貞設宴迎于道先散栗林閒手自拾煨以獻王悅官至副知密直司事貞以鷹犬得幸不數年躐登樞密賤隸之濫授大官未有如貞者子郎將琨張舜龍之壻與宮人無比私事覺將殺之以舜龍故流海島有金文庇者家世單微以勇力聞爲夜別抄指諭忠烈時積官至軍簿判書初趙文柱欲誅林衍召文庇議久未發文庇懼謀洩及禍乃告衍衍殺文柱文庇常燎狗破竹刮毛而食之及得疾遍體皆瘙使人以竹刮其身至死李玢張公李平者亦忠烈時人玢好勇善騎射官至將軍常以養鷹遊獵爲事生捕鳥雀去其毛嚼以飼鷹或割生鷄留其半而飼之王之好獵皆玢導之及死如鳥鵲狀者遍體公平以鷹犬得幸王使公平養鷹于宮園日必再至公平殺民閒雞狗無算直史館秋適嘗候平聞苫裏有聲發視之生狗割一脚矣

元卿

元卿傅子也性豪奢好射御不喜儒忠烈朝累遷中郎將爲三道人物推考別監忤公主旨公主怒杖之全羅道巡撫使幕僚李贇道見驛馬馱物如京者詰之乃鷹坊人私物也贇繫其人輸其物國庫卿譖王曰李贇見進鷂者罵曰安用此爲撲殺其鷂王怒流贇海島未幾尹秀白王釋之王置鷹坊都監卿與朴義爲副使由將軍轉大將軍印侯以公主怯怜

口驍登宰輔權傾中外卿欲籍侯勢以子善長娶侯女自是黨於侯好生事爲國害進右副承旨陞副知密直司事時卿兄翊位在卿下卿白王曰兄弟同爲宰相弟居兄右心所未安乃改卿爲三司使翊爲副知密直後拜中京留守果毅軍都指揮使以同知密直司事卒卿幼習蒙語屢從王入朝世祖常呼之曰納麟哈剌以其應對詳敏舉止便捷故曰納麟鬚髯美黑故曰哈剌嘗受元命爲武略將軍征東行中書省都鎭撫帶金符

朴義

朴義密陽人以鷹犬嬖於忠烈累遷將軍先是密城人趙阡殺守應賊降密城爲歸化部曲義賂左右白王曰密城大郡貢賦甚夥降爲部曲無鎭撫者恐其民流散乃置蘇復別監義常養一鵠郎哥歹曰鵠尾羽十二者罕此鵠十四若獻帝必厚賞義隨郎哥歹如元獻之及還自言帝有命以己爲大將軍王猶于安南義獲一鵠以進王大悅賜衣忠宣爲世子嘗謂義曰每以鷹犬從臾吾君者此老狗也義慚赧後忤公主旨流海島籍沒家產未幾拜右副承旨歷左僕射副知密直同知資政院事忠宣即位加僉議贊成事封密陽君忠肅八年卒義富而吝初欲以黃金二十錠銀三十斤爲忠宣施佛寺義死子正尹惟正私用之忠宣囚惟正于巡軍徵金二十兩銀七十斤銀瓶六百布千匹奴婢三十口田二十結

朴景亮

朴景亮初名瑄抄奴祿大之子忠宣趙妃姊妹之壻韓國公主妬趙妃專寵譖于元元遣使治之景亮亦被執如元遂籍其家後累歷軍簿判書權授密直副使忠宣賜景亮鞓帶又敎曰大德七年春奸臣侫堅至行在香水園謀不利於孤朴景亮劉福和洪詵許有全李連松姜融李珍李蕆趙通等奮義忘生力沮奸謀忠勤特異宜別錄功用之景亮親子及堂兄弟姊妹至于子孫並爲良又以其族抄奴金泰補南海縣令泰元嬖宦李淑友壻也國人言自今抄之路開矣遷僉議評理從王如元李思溫金深以爲王之久留京師實由景亮等爲之腹心言於徽政院繫獄語在深傳忠肅時封興禮君忠宣奉香江南景亮與遂安君李連松等從之行至金山寺元遣使急召王令騎士擁逼以行侍從臣僚知伯顏禿古思

用事恐忠宣不免皆奔竄景亮連松皆仰藥死

全英甫

全英甫本帝釋院奴治金薄爲生元變宦李淑之妻兄也淑嘗黨於王惟紹謀廢忠宣及忠宣誅惟紹乃籍英甫家流遠島初忠烈授英甫郎將諫官不署告身及忠宣復位二年拜大護軍卽署之時人語曰聞者人言小王立政必公今旣免英甫罪又授大官何私昵如此英甫嘗爲資贍司使多竊銀幣王以白元恒嘗知識部監選軍有能名命勾較諸司契卷元恒究問英甫不置英甫甚怨之會元恒杖殺司僕令史英甫訴王流元恒靈興島忠肅時授密直副使累轉知司事兼大司憲臺宮閉門不署告身後改評理陞贊成事又拜三司使忠肅之留元也瀋王暠謀奪王位奸臣交構王遣朴仁平謂宰相曰昔有小廣大隨大廣大渡水無船謂諸大廣大曰我短小難知深淺君輩身長宜先測水咸曰然入水皆溺獨小廣大免今有二小廣大在吾國全英甫朴虛中是也置我禍網晏然坐視何以異此國語假面爲戲者謂之廣大英甫嘗壓良人一百六十八人爲賤事覺整治都監決還本籍忠穆四年死

康允忠

康允忠本賤隷始事忠肅拜護軍嘗強淫郎將白儒妻監察司鞫問具服請罪之不允監察僉議典法交章極論留中不下監察司累日不視事乃杖流海島曹頔之亂侍從忠惠有勞錄勞爲一等授密直副使時王求四件奴婢甚急允忠與閔渙主之遷僉議評理出爲楊廣全羅慶尙三道問民疾苦使閔渙分遣惡少諸道誅求無厭允忠執送惡少四巡軍忠穆朝拜贊成事初趙得球從王煦如元煦與得球議整治事得球曰允忠在幼主之側納君於邪苟欲整治宜先去之允忠聞而啣之及煦與金永旽以奇三萬死不克整治欲如元奏帝允忠恐得球圖已誘王貶于耽羅時德寧公主盛年居中允忠與裴佺出入得幸秉政權作威福有人貼匿名榜于監行領云贊成事康允忠以一宦者一侍女通媒君毋烝行淫亂得寵于內與河有源沮整治都監若誅此兩人國無患矣密直印瑺贊成權謙李壽山言於院使高龍普曰允忠通乎君毋罪惡貫盈今允忠聞院使來白王曰龍普謀陷先王

薨于岳陽今得罪而來王何必待以厚禮龍普聞而憾之謂允忠曰爾爲內臣恣行無禮何哉自今毋昵于內允忠懼謝病不出數日賂龍普毋以請龍普對允忠語瑺等曰今欲辨康贊成事公等毋隱前言瑺等相視默然龍普陽詰之顧謂允忠田公宜復視事會王率百官迎詔允忠遂扈從金倫李齊賢朴忠佐等上疏曰孟子曰不仁者可與言哉安其危而利其災樂其所以亡者不仁而可與言則何亡國敗家之有其有欺君罔民不憚天下之公論不畏天下之大法則不仕之大者也與之言尚不可况信之任之乎竊見康允忠起自賤隷得幸先王奸諂荒淫旣經杖斷宜畏法以退藏猶匿過名復貪榮而冐進百端逞欲一代肆凶先王所以詔獄就徵岳陽反葬允忠一賊實是根株閔渙九人只爲枝葉積釁專歸於上狡謀獨免其身斯則一國之痛心而疾首者也臣倫等俱抱願忠之志不勝疾惡之心謹疏其罪以聞盖允忠者强姦金南寶之妻又姦白儒之妻累經杖斷身帶瘢痕冐受征東員外仍兼僉議贊成豪横不法現有王妻又娶故密直趙石堅服喪妻據有石堅家產又至正六年天子命王脫歡

金那海整治本國弊政脫歡因言前代之事允忠實爲禍根當先黜退可以整治允忠恐懼潛用譎謀紿那海抑脫歡以誤整治之事歹至正七年天子復命脫歡等整治殿下召脫歡等宰臣耆老議所以奉行者耆老以爲聽斷田民之訟只爲整治之一事必先整治選法中外之官各得其人令監察舉劾非違然後可以上副帝意允忠方爲政房提調恐失其利且怒王脫歡前言作色拂袖而起不以衆論入白尋用所親安子由等不諳民事之人爲整治都監官陞脫歡爲領都僉議實奪其權焉能整治脫歡不能舉行卜事者實允忠所沮也宗廟之事國之大事子由攝行大廟擅以犧牛與願堂僧使血祀有闕監察劾論其罪以其壻李浥爲允忠門客百計營救反陞子由爲贊成事諫官宋天鳳李芳實安元龍不署子由謝牒允忠矯王命召芳實等勒令請暇尋奪其職且允忠監傳之奴安知流品淸濁乃爲政房提調擅銓選之權與奪由已賄賂公行門戶如市專權於國流毒於民至使先王存被譴訶歿稽贈謚若不舉正此賊之罪無以追明先王之忠伏乞轉呈上國以明前代之事非先王之過皆允忠所

爲加此賊兩觀之誅雪先王萬世之恥王及太妃感悟轉呈于元恭愍三年復爲贊成事尋判三司事五年護軍林仲甫欲奉忠惠孽子釋器潛圖不軌繫治巡軍辭連允忠貶爲東萊縣令八年殺之

裴佺

裴佺興海郡人其母宮婢佺爲忠惠嬖幸累轉護軍委以機務歷官軍簿判書曹頔之亂侍從有勞錄功爲一等封興海君佺嘗在元王夜幸佺第淫其妻與其婦金珸妻佺與康允忠得幸德寧公主居中用事有人作匿名狀錄佺罪惡貼版圖門公主召諸宰相謂曰自今裴佺勿復近侍忠定時爲行省理問元以佺及中郞金永煦員外郞李元弼等受賕放倭賊囚鞫之會赦免佺猶在公主宮中用事如舊時都僉議尹時遇在王側弄權人目之曰尹王干謁者不因時遇則必托佺及李齊賢爲權省下佺于行省獄恭愍宥之時人憤其曲貸元惡居十年卒子侚絅侚度侚志侚恭

閔渙

閔渙密直事頔子也爲忠惠倖臣官累代言又以禧妃之舅怙勢恣橫人皆疾之嬖人寗夫金使江陵道索人參參貴所得少懼王罪已擅徵職稅還說王曰臣往江陵見朝士退居鄉里病民者衆臣徵其職稅藏州郡以待上命朝士居外者非獨江陵五道皆然若從臣計有利於國王納其言渙從旁從臾分遣嬖人諸道徵職稅六品以上布百五十匹七品以下百匹散職十五匹人聞令下或挈家登山或乘舟而遁於是焚山澤而索之禍及其族政丞蔡河中等請罷職稅王欲從渙又勸之徵稅益急慶尙道有散員同正者貧甚賣盡資產不充額其女痛父受苦斷髮貿布以納與父皆縊死又徵船稅雖無舟者亦被其害後東界存撫使崔昌義白王罷五道職稅盡還其主渙又建白求取人四件婢奴甚急曰寄上曰投屬曰先王所嘗賜與曰人相貿易者王使渙及康允忠等主之於是諸豪富家婢有姿色者皆奪而置之北殿使紡績如平人家權準奉天祐權適家尤被其害唯賂渙者得免渙又分遣惡少諸道或収山海稅或徵巫匠業中貢布民不堪苦康允忠爲問民疾苦使執送惡少囚巡軍王怒黜渙未幾召之復得幸焉王嘗使渙及朴良衍金善莊等監督新宮

役王怒稽緩杖渙等於是人家寺院材瓦礎砌靡不撤取及王被執于元印璫以檻車載渙等九人如元流渙于辰州路後還國拜同知密直司事紅賊之亂渙爲元帥以殺揔兵官鄭世雲與李芳實等伏誅子輻軾

尹碩

尹碩善州海平縣人父萬庇官至副知密直司事碩忠宣時爲別將元使至以盞人立王前元使傳帝旨令兩王子入侍碩聞之默自念吾當從弟歸告其父父曰兒計失矣所以從王子者爲後日計兄在而弟先有國乎碩曰吾亦知其然然吾見少則敬心生見長則否此所以決吾策也遂從之長早亡少即忠肅也及忠肅即位授護軍爲王嬖幸累遷代言僧松戒嘗有穢行見黜於其徒以其妹與碩碩薦於王由是與碩俱見寵出入無禁碩巧言令色善逢迎妬賢嫉能顚倒是非忠宣恐其誤國諭王斥之貶于金海後與孫琦附曹頔蔡河中覬望生事爲國害官累同知密直司事元欲立省于本國碩與金怡李凌幹等奏于帝議遂寢論功爲一等轉僉議評理封海平府院君拜政丞王有疾不親除授碩與代言奉天祐等銓注於其第碩性急數罵辱嬖人嬖人多怨之贊成事林仲沇與碩有違言碩以馬策抶之嬖人白王王怒下碩巡軍杖之忠惠初改中贊加壁上三韓十字功臣號忠肅復位在元遣閔祥正趙炎輝蔣伯祥仁守等下碩及宰相孫琦金之鏡上護軍裴佺吳子淳康庶朴連代言李君侅尹桓大護軍丘天祐護軍崔安壽金天佑郎將盧英瑞等于巡軍皆忠惠嬖幸也伯祥鞫碩以四事曰王之朝元也汝勸止行邸錢粮前王與小人亂政汝爲相不言又與前王謀叛上國又與內豎朴連等交構王父子乃囚其子之彪之賢奮之彪告身杖流海島又流孫琦等二十餘人後數月頔黨有訴寃於元者元遣客省大史都赤來囚伯祥仁守祥正炎輝于行省釋碩等囚召還琦等忠惠復位又拜左政丞曹頔之亂侍從有功賜鐵券忠穆時御史崔濡強淫碩婦碩訴于元托元嬖宦高龍普受鎭國上將軍高麗都元帥御史臺彈之發還元籍流于海平卒葬以庶人之彪官至知門下省事封海平君謚忠簡性寬厚不立崖岸略通蒙古語子寶大護軍寶子可觀自有傳

孫琦

孫琦本商人爲忠肅倖臣累遷大護軍以侍從勞賜田及臧獲由捴部典書陞知密直司事賜推誠協輔功臣號王見譏留元奸臣附瀋王謀竊王位琦能忘身辨理王復位還國賜鐵券加推誠守義佐理功臣號拜僉議評理進贊成事後王還自元次平壤琦與萬戶曹頔政堂文學朴遠大司成張公允等泝大同江携妓縱樂王命衛士執琦等反接囚巡軍恭愍以王弟入朝琦從之及即位封平海府院君尋以政丞致仕

鄭方吉 林仲沇 姜融

鄭方吉登第累官判典校事轉成均大司成入密直司忠肅見留于元方吉與韓宗愈等會百官旻天寺爲書請還王又請執送誣訴本國者後拜僉議政丞時盜發金馬郡馬韓祖武康王陵捕繫典法司盜逸方吉欲劾典法官贊成事林仲沇沮之曰賊繫獄二年無現贓死者多矣方吉曰吾固知發塚人多金且云潛用巨濟田租者誰屢罵辱之仲沇慚恚移病人以方吉言爲是時方吉年七十六王賜以杖代金台鉉權行省事忠惠在元襲位忠肅將如元至海州方吉與贊成事姜融前評理金元祥白忠肅曰今王之位殿下與之宜誠心事殿下反如仇讎殿下之臣皆褫職唯以義成倉屬殿下供億不給辱莫大焉又與龍山元子不友勢不可兩存請殿下與元子入朝曹益淸力陳不可忠肅嘉納之然以方吉言猶未能自安仲沇嘗與議郎曹光漢應教韓宗愈參銓注官至贊成事嘗與蔣伯祥攝征東省事忠肅嘗謂仲沇曰卿亂我之政人目曰林權有鄭權者會典銓選多受賄賂故王比之融本姓名康莊其祖晉州官奴融忠宣時拜內府令妹爲巫食松岳祠大護軍金直邦以其所善巫代之融不可直邦罵融曰汝是官奴何驕乃爾忠肅賜端誠協戴功臣號累陞贊成事封晉寧府院君忠定元年卒子千裕婢妾出也恭愍以其妹爲元丞相脫脫寵姬命密直金敬直以其子妻之千裕後封河城府院君

申青 朴青

申青一名松多仁縣伐里驛吏嘗入元爲瀋王暠從者得幸及忠肅如元館於瀋邸青得見由前散員授護軍累遷上護

軍及忠肅倦勤青假威用事勢傾一國無忌憚與朴青李青齊名時號三青忠肅每言忠惠過失從臣曹益淸尹桓謀去忠惠所狎惡少輩以上護軍吳子淳大護軍洪瑞與青善遣二人與青共圖之時青爲巡軍千戶稱奉旨執其惡少之尤者宋八郞洪莊等四之栲掠甚嚴忠惠欲其跣放屢召青不至忠惠憾不置忠肅薨忠惠立令權省洪彬囚青于理問所命耆老府院君權溥等疏青罪告行省曰木有蠹不除則萎國有盜不去則危故孔子爲政七日誅少正卯所以除國害而安民心也今有內竪申青者起自微賤冒受官爵擅權自恣不畏朝廷之制本國之法鬻官賣獄中外憤怨望加責罰不幸先王弃世嗣王居憂若不陳告省府衆情鬱抑無處可申伏望亟正其罪以一戒百青本驛戶變名逃役冒受大職罪一也青將遠近親屬除免站役又影占八戶聚作莊舍私其貢役罪二也本國風俗無問尊卑大忌家長方位如有犯動必致病疾青今年正月就先國王宮裏暗堀大樹正値先王行年方位因而不懌以致大故先王嬰疾二十餘日青居中沮遏他人莫得近前又不報公主及嗣王其意難測罪三也青矯先王旨勒取人金不與其直又盜德泉庫布一千八百匹義成倉布二千四百五十匹寺社田二百六十餘結自餘取人田民不可勝記罪四也令親屬擅乘驛騎械繫多仁縣吏黃仁贊奪其奴婢一十七口恐嚇檢校裵尙書別將宋仝令同正朴得侯李均吳天世等逼淫其女其餘難以盡數罪五也令親屬率二百餘人執金化郡吏文世益守等五十餘人壓良爲奴婢毆殺文世及丁延妻典法判書安軸監察執義尹奕持平李敏等守正不聽其言青矯旨囚巡軍百計侵擾罪六也家起大樓金畫其壁朱髹其楹奢僭類此罪七也凡其所犯或在赦前恣行不悛迄至于今不敢不告行省錄其書授金永煦呈中書省永煦妹壻別哥不花時爲平章於王兩姨兄弟故賜永煦鈔一百錠綾一十五匹紵布三十匹遣之移囚青巡軍遣宋明理宋八郞以糞塗青口旣而籍沒青家撤其樓輸材瓦於崇敎池恭愍時授平壤道巡問使官累工部尙書樞密院副使朴青一名松素微賤以養鷹得幸忠肅累遷上護軍以罪收賜田屬興善宮後爲密直司使其妻嘗與族父李臣桂通青則兩人告監察司鞫之

王三錫 梁載 曹莘卿 崔老星 尹賢 安珪

王三錫本南蠻人性狙詐輕躁無才術嘗隨商舶至燕糊口於人忠肅在元三錫因幸臣求見王悅之遂從王東還以醫術媚王得近幸寵眷無比稱爲師傅妬賢嫉能賣官鬻獄至於庭辱臺官王不悟三錫以陰陽幻術勸王幸漢陽富原龍山久留公主在龍山生元子而薨時有飛書云禪師祖倫師傅王三錫誘王久留龍山濱海下濕之地使公主免身氈幕遘疾不救若達帝聰二人之罪在所不赦三錫嘗爲儒學提擧欲塑文宣王像成均館閉大成殿不納三錫譖之四博士李暄學錄申謂於理問所並罷其職其專恣如此梁載初名將燕南人附三錫夤緣用事朝野疾之三錫死載還燕及忠肅如元載又與蔣伯祥構兇謀不克遂諂事王左右得幸封佑文君與郎將曹莘卿掌銓注交結宦寺竊弄政柄請謁盈門賄賂公行士大夫多出其門以莘卿爲左代言崔老星懷義君申時用大匡元尹尹賢持平行錢得官者幾至百餘王不之覺載又以所善李閏屬蔡洪哲安珪中第時商賈雜類競依載以載舅王天祐與宰相李偰金元軾爭奴婢摠郎尹奕瞻依違久未決載奪奕瞻以賢代之賢即斷與天祐僉議司會署告身蔡河中見載所用漢人告身遂裂去三四紙莘卿嘗爲僧相風水賣術爲生亦因載以進同掌選遂以代言帶提學士林觖望嘗矯旨令楊廣道貢物別監申淑獻熊掌豹胎淑督索州郡事聞王怒罷淑職莘卿陽若不知老星色目富商本名黨黑廝亦因載得封君載嫌物議詭書批目云百四歲老人崔老星賢尙州人以典法掾爲時用家臣得拜典法佐郎賣獄受布百五十匹事覺憲司劾其罪時批目下已二日賢與宦官謀寢其劾収批入內抹持平李孫寶名改注賢不用印臺官不署告身賢昏夜乞哀又托權豪宦寺促署之珪忠肅潛邸時侍學也家世本平微無他技性柔訥善逢迎忠肅薦於忠宣權補典校校勘忠肅自元還國百官班迎忠肅目珪笑之數引見忠宣俾擇謹愼者爲王府知印忠肅乃以珪爲選部散郎委以銓注時議非之後拜代言仍掌選累遷政堂文學卒

崔安道 李宜風 金之鏡 李仁吉

崔安道小字那海其先海州人徙居龍州安道母宮婢以內

僚事忠宣於燕邸遂通蒙漢語後爲忠肅僚屬錄其勞賜田及臧獲與李宜風俱爲忠肅嬖臣曹頔與許慶爭財安道與宜風右慶譖頔頔方得幸忠宣譖安道杖流海島未幾復見幸與宜風常在王側專事報復忠肅被譖留元以安道侍從有勞加賜田民王留燕五年憂悸傷性及還國常居深殿忽忽不樂不親政事安道與金之鏡申時用曺祖倫等擅權柄賣官鬻獄無所不至臺諫章䟽中沮不啓時元欲立省本國安道與金怡等力辨乃止以功又賜田民累轉上護軍元使買驢來安道之鏡自以專恣恐禍及已日夜憂懼及買驢還喜益驕王遣安道于平壤餽買驢金銀綾羅紵布買驢不受安道私用之又與金之鏡李仁吉辛貞李仲陽裴佺李吉祥鄭都赤不花等收內乘馬三百匹于江華多所侵暴民不堪苦流散殆盡王獵于平州安道詣行在騶從甚衆王望見意元使來驚駭及至怒流于島安道留旬餘乃行其傔從尙多不入配所遊遍揚廣道時按廉馬季良貪婪嗜牛肚民譏之曰馬食牛及安道至季良及州郡爭勞慰待遇稍薄安道輒加鞭撻忠惠初召拜監察大夫祭酒金右鏐掌監試安道子

璟年纔十餘不學得中試提學韓宗愈代言李君侅掌貢擧璟又中獻納許邕正言趙廉鄭天濡等上書言安道濫居風憲子璟乳臭中第請罪之不從以其書示安道臺官以璟借述登第祖母又賤不署依牒凡九年王督省官署之改同知密直司事賜協謀同德功臣號元授征東行省左右司員外郎既而入元宿衛元授中尙監丞轉太府太監尋奉詔還國有南氏者忠肅所幸女也安道與之鏡通焉忠惠後元年卒年四十七子濡源淑臣文丘源即璟也忠定時爲代言轉版圖判書恭愍朝倭焚喬桐甲山倉源與戰獲二艘拜密直副使賜陳力協謀功臣號趙日新伏誅源益有寵常侍左右嘗因事杖公主殿饔人八思不花八思不花訴曰源捶我致公主驚墮胎大不敬王下巡軍命賛成柳濯嚴加訊鞫不服貶爲光陽監務時謂宰相金普妬寵而構之也元將討高郵賊召募將卒王召源還封龍城君遣之時南賊日盛我軍陷六合移防淮安路源與李權等六八戰死濡自有傳宜風本元人善射御爲忠肅嬖臣朝夕出入禁闥年十五補散員嘗從王獵鹿走駕前一箭殪之王悅授別將行首驟拜摠部典書

累陞密直副使性奇巧惟務媚悅招權納賄恣行威福愛晉陽妓月娥貪緣得官者甚衆祖倫亦諂事宜風遂近幸頗與朝政還私撓法之鏡亦忠肅嬖臣也累遷密直副使王幸白州元使完者來之鏡白王曰完者族黨在本國完者將欲官之王命之鏡及高用賢奉天祐掌銓注申時用至政房罵之鏡曰今日除授爲使臣也爾輩鷹官何不官吾子孫耶時失職者皆在庭時用顧曰若等無錢又誰怨耶求官者雲集之鏡等夜匿村舍注擬上護軍申丁求官未得罵之鏡天祐曰爾何壅蔽聰明專擅除授也又大呼曰無錢者毋求官之鏡等不能對批成李仁吉擅改于其第及批目下用事者爭相塗竄朱墨至不可辨時有童謠云用綜布作都目政事眞黑冊我欲油之今年麻子少噫不得初之鏡誘王辭位立忠惠自以爲功忠惠不用之鏡快快忠肅復位以之鏡背恩囚巡軍憂恚瘦死仁吉一名成柱本商人亦忠肅嬖臣也累官密直副使與護軍李安爭奴婢毆安又毆其妻傷胎監察司囚仁吉家奴仁吉至監察司門伺臺官出罵辱之仁吉又以姦諂幸於忠惠忠肅嘗見忠惠衣冠太侈訓戒之且謂仁吉曰汝眞犬豕也杖流于島忠惠中止之

盧英瑞 朴良衍 宋明理

盧英瑞忠惠嬖臣也嘗從王如元舍於回回家竊其妻杖之遣還有宦者父與英瑞同名者除瑞州英瑞自謂得之卽之任事覺杖之王憐而爲幸授內乘別監曹頔之亂元徵王四刑部又繫英瑞等獄及王復位還國錄侍從功爲一等封直城君爵其父母妻子賜田及臧獲王嘗欲褫人官授宮人親戚英瑞白王曰臣亦欲以是官授人王問爲誰曰有嘗遺我屋材者王笑許之忠穆初豐儲倉副使李仁壽丞李汝就竊倉貨監察司囚鞫之仁壽英瑞姻婭也以王命沮之尋以仁壽爲軍簿正郎諷執義趙淵爲水原府使後德寧公主流英瑞于光陽及李齊賢爲權省流加德島朴良衍宋明理亦忠惠嬖臣也良衍嘗以親從護軍管內乘潛易良馬八匹事覺徵布八百匹流之累遷大護軍明理歷官上護軍每從王微行王嘗作儺戲命明理主之賜布二百匹役百工奪市中物以供其費市鋪皆閉又勸王起樓崇敎寺蓮池旁爲遇宴之所王命良衍植花木王又起新宮于三峴命良衍及金善莊

閔渙等督役書雲副正閔瑊季以陰陽拘忌言其不利王怒毆之良衎求媚於王大加營度點西江人戶輸甓瓦又令惡少輩奪人牛馬以輸又發近京諸郡丁夫伐材浮江而下人馬絡繹州郡騷然農者輟耕時京城民訛言王將取民家小兒數十埋新宮礎下家家驚駭多抱兒逃竄者惡少乘閒恣行剽竊王怒營宮稽緩責善莊良衎等曰若不斷手十月必受重刑且徵賜物及工費善莊等晝夜督役不少懈又張榜曰自宰相至權務輸材不及期者徵布五百匹分配海島於是輦材絡繹新宮殿宇門戶皆飾鍮銅乃命百官下至胥吏每二人給五綜布一匹徵鍮銅二斤人皆苦之又斂諸道銅鐵鑄鼎鑊錡釜納之新宮民間農器盡括無餘王猶怒其稽緩親杖善莊良衎渙於是人家寺院材瓦礎砌靡不撤取其宮室制度不類王居及王被執如元高龍普捕良衎善莊等十餘人囚之明理以與龍普善故免印璫檻載良衎等如元元流良衎于杭州路

金興慶

金興慶侍中就礪之曾孫聰慧便佞恭愍朝選補于達赤王見而悅之以爲內速古赤有龍陽之寵常侍內寢未嘗一夕許休沐數月閒超遷至三司左尹轉左右衛上護軍寵愛日深嘗入直據胡床王見之怒使上護軍盧瑺拳毆幾斃後王又以事咎興慶興慶怒毆內侍宋良哲復矯命杖之拜代言有上護軍金用輝諂附興慶嘗奸高家奴妻當坐興慶因誕辰請王赦遂得免王寘子弟衛以洪倫韓安權瑨洪寬盧瑄屬焉興慶揔之王强使興慶倫安等通益妃興慶寵倖旣極勢傾中外嘗以事銜典法揔郎楊允發矯旨召之允發辭以疾命巡衛府執致宮中時方隆冬裸其身終夜侵辱郞將張龍本判事張海奴也諂事賛成安師琦不禮於海海怒捶之龍訴師琦師琦告興慶興慶白王令巡衛府捕海幷取契券海知之携劵逃繫其處女巡衛府又興慶從者遇糾正姜隱金南生柳沄等不下馬隱等叱下之從者訴興慶乃囚隱等令憲府罪之興慶請以母積善翁主柳氏爲交州江陵楊廣三道祈恩使傳騎至十餘匹按部守令競行苞苴柳壽封辰韓國大夫人柳受俸廣興倉米布麤惡興慶怒杖倉官于闕外王以體覆使李傑生輕決河乙沚等罪殺之傑生臨刑談

笑自若人謂傑生剛直敢言嘗忤興慶故及興慶愛倡妓小斤莊恐人竊之日使其黨崔仁哲伺之見李成林宿其家以告明日興慶戲之曰宰相宿倡家可乎成林變色曰無之由是交惡白王出成林爲楊廣道都巡問使適禦倭軍敗都巡察使崔瑩希興慶意欲殺之成林巽父弟廉興邦亦有寵於王力救免死杖配烽卒斬其都鎭撫池深興慶當直使判典校林樸代之又與安師琦等張樂宴禁中其無忌憚類此每出入騶從之盛與辛旽無異及王被弑辛禑立右司議安宗源門下舍人金濤補闕林孝先正言盧嵩閔由誼等上言古人云大姦似忠大詐似信金興慶不更事無知惟以年少儉利荷先王寵眷超擢高官得任喉舌朝夕昵侍怙權陵僭蒙蔽聰明專擅威福縱肆貪婪王旨擅傳而不奏御膳先已而後進刑政自任賄賂盛行用公府之財爲己物取內廏之馬爲已畜奪人之妻陽令離異受人之奴陰許扶援慢罵宰相縛辱郎吏以普通佛舍作其馬坊役七站人馬輸其私米誘扇群小恣行不法虧君德斂人怨遠近莫不痛憤畏威莫敢指斥使上恩不得下究下情不得上達馴致堅冰之勢釀成前日之禍盖起禍者萬生也而媒禍者興慶也昔趙高專於秦而卒成望夷之禍朱异專於梁而俄有臺城之變今在惟新之朝宜先正興慶誤國陷君之罪以快一國臣民之憤迄至今日略無譴訶興慶曾不自悔所在群聚謀自安之術驚駭視聽沸騰物議且興慶之縱惡至此者亦由王伯安沼鄭龍壽爲其腹心相濟爲之耳請令憲司明正其罪以誡後來禑留中不下臺省請至再三禑乃流興慶于彥陽除名籍其家餘皆免官初吳獻聞洪倫等謀以告興慶興慶以倫等有寵於王恐王不信反爲所害猶豫未發及亂作獻具告崔瑩瑩遣獻于興慶貶所對辨興慶謂獻曰汝尙乳臭吾薦汝先王汝反欲噬我耶獻曰吾以倫等逆謀告公乃所以報公德也興慶無以對遂誅之

潘福海

潘福海巨濟人爲辛禑嬖幸累遷密直承旨嘗直禁中與知申事李存性戲褫知印尙書高士褧衣相與誼鬧禑聞而問之福海存性對曰士褧使酒臣等不能禁禑怒罷士褧職後福海陞密直副使禑畋于西海道福海從之至瓮津禑射

豕豕突觸馬禑驚墜福海躍馬直前一箭殪之禑得免自是寵遇日隆賜姓王爲子擢門下贊成事賜推忠亮節翊戴佐命輔理功臣號超拜其父門下評理益淳爲右侍中以福海旣爲禑子同入政府不相避禑賜福海敎曰遇急遽倉卒之難然後知出衆之眞才立光明儁偉之功然後稀世之至寵此古賢臣碩輔所以富貴不離其身而聲名流於萬世者也乃祖阜奉使節而通日本提文衡而取英材代有聞人立于朝著餘慶浸漬久而大振其在卿乎卿材兼文武立志堅確移孝爲忠主耳忘身丙寅西狩封豕奔來我前左右變色不知所爲我之安危在於呼吸之頃卿躍馬而來一箭洞其腹應弦而斃是卿迓續我命于天也此雖宗社山川之靈默誘卿衷然非卿所蘊之忠所禀之勇予末小子何由奉宗社山川於今日乎若稽典故錫卿王姓爲義子陞卿贊成事所以異其恩數勸其忠勇也拜父侍中所以勸其忠義也福海嘗從禑田墜馬禑以所乘馬與之福海娶林堅味女後又娶典儀注簿柳芬女堅味不敢禁但嘘唏而已趙胖事起禑下堅味廉與邦獄以福海爲子故不疑使領兵與崔瑩等宿衛福海陰懷異志夜以突騎數十詐稱徼巡馳入瑩軍瑩方被甲踞胡床指揮偏裨目不交睫福海不得害而還翌日禑欲試福海意問曰何以處堅味福海不對復問曰唯爾言是從對曰若宥臣舅臣當以死報禑應曰諾旣而下福海獄誅之籍其家事在堅味傳

申元弼

申元弼門地單微恭讓在潛邸時常賜衣食與之學登第累遷部令罷歸久居鄉曲王即位七日特遣使召之授弘福都監判官經筵檢討官一日王謂元弼曰余久居深宮脚膝痠疼對曰每夜宮中宜拜天拜佛以養氣王從之置仁王佛於別殿朝暮禮拜遇災異輒祈禳命給田都監賜元弼田仍趣成案給之元弼矯世子旨憲司劾之王命罷其職旣而悔之欲罪言者知申事李行密白世子諫止之王不聽左使鄭道傳又諫之怒稍解王御經筵代言成石璘論刑制之紊曰往者趙胖枉受酷刑然且不死命也元弼在側曰胖嘗奉釋敎其得免死實由果報也禮成江水赤沸三日王有憂色元弼曰安知其不爲祥也元弼每進諛言且以異端之說蠱惑王

心出入房闥與宦寺同流恣爲邪媚士林鄙之驟遷禮曹摠郎轉內府令者帶經筵經筵官更日侍講唯元弼日侍左右以諂佞得幸士大夫多趨附者後以禹玄寶黨流遠地

列傳卷第三十七

高麗史一百二十五

列傳卷第三十八

正憲大夫工曹判書集賢殿大提學知經筵春秋館事兼成均大司成臣鄭麟趾奉教修

姦臣一

世未嘗無姦臣也惟人主明以照之而馭之得其道故不得騁其術苟人主一陷其術則鮮不至於危亡高麗自仁宗以後姦臣相繼而出竊弄權柄蠹民敗國其事皆足以爲後世戒作姦臣傳

文公仁

文公仁初名公美南平縣人父翼官至散騎常侍公仁雅麗柔曼侍中崔思諏以女妻之中第直史館家世單寒以連姻貴族恣爲豪奢嘗以戶部員外郎奉使如遼私贈儐者白銅螺鈿器及書畫屏扇等奇玩自是遼人每於行李必援公仁徵索無厭遂爲鉅弊轉樞密院右副承宣副王字之使宋字之亦富奢二人誇詡飭粧務相繁縟仁宗初拜樞密院副使

與韓安仁爲李資謙所忌流于忠州語在安仁傳資謙敗召還歷禮吏部尙書累進門下侍郎同中書門下平章事時西京僧妙淸與白壽翰唱妖言鄭知常等交譽公仁亦和之及妙淸叛壽翰子淸自西京賫親舊招壽翰書來壽翰奏之王以書示公仁公仁曰是事可疑難究眞僞姑閟之西人斬妙淸遣尹瞻請降元帥金富軾移書兩府曰宜厚對瞻以開自新之路公仁不聽奏下瞻獄困辱之由是西人復叛至踰年乃克諫官彈奏公仁薦用妙淸以至誤國流毒生靈左遷守大尉判國子監事卒謚忠懿

朴昇中

朴昇中字子千羅州務安縣人曾祖暹事顯宗爲南幸扈從功臣昇中好學善屬文登第補常安府錄事轉中書注書睿宗朝除翰林侍讀學士與李載朴景綽金黃元崔璿李德羽等爲詳定官定禮儀遷國子祭酒翰林學士左諫議大夫坐譏淸讌閣侍臣語侵王左遷判將作監後復爲翰林學士知禮部事一日藏經行香與洪瓘李璹綴侍臣班笑語聲徹王所爲臺官所劾免尋授翰林學士承旨是時久旱王御淸讌閣命昇中講洪範其日偶大雨或有以爲講經之效者仁宗即位拜樞密院使李資謙當國用事勢傾朝野昇中與許載崔湜朋附王嘗遣昇中于資謙第賜詔令釋衰赴朝資謙表請終制昇中欲媚資謙意上劄子曰臣伏蒙宣差至太師私第傳詔近淫雨過旬不霽以行禮爲慮及其日禺中陰雲忽卷天日淸明傳宣拜詔並無失儀而觀者無不嗟異苟非咸有一德克享天心則孰能如此乎臣始至其第太師縞冠出迎詔與瞻望其顏頗有感慘之色初太師丁憂卒哭祭畢陛下凡軍國重事皆咨問然後行之爰命有司稽古制以聞有司謂尊卑異序禮亦從宜太師爲王室尊行宜據諸侯旣葬除服之制從吉視事而太師抗表辭免至于三四非知人卽哲大孝慕親則又孰能如此乎願陛下以所賜詔札及太師所上表章宜付史館以彰陛下親親賢賢之意大臣至誠行孝之節與其神天幽贊聖賢之德從之又奏加資謙中書令封朝鮮國公又請依王太子禮敎立府置寮屬遂令中外進牋獻方物時又追封資謙祖考昇中建議請以竹冊封崇焚黃日賜敎坊樂又令禮司定資謙生日號禮司不從昇中自

號爲仁壽節其諛佞無恥類此驟陞參知政事進守太尉中書侍郞平章事資謙敗諫官論奏流于蔚珍後以昇中仕累代有文名量移務安縣卒許歸葬子深造深道深逢深通深造屬內侍資謙之亂自宮溷中出衣上矢汁淋漓徑至資謙第告宮中事狀資謙贈衣冠勞慰之有司論以謀叛長流東鄙深道從父死貶所

崔弘宰

崔弘宰字令如稷山縣人本將家子少尙氣喜馳騁蔭補閤門祗候睿宗朝從尹瓘伐東女眞頗有功累歷淸要出爲西北面兵馬使與元帥金仁存收復抱州又築義州城以功拜同知樞密院事仁宗初叅知政事黨附李資謙構韓安仁殺之語在安仁傳尋拜門下侍郞平章事善射御屢從軍及貴顯擅威福衆心懾服權勢日熾資謙自知爲人所惡常畏人圖已頗疑弘宰有武人權因者知其意語資謙曰弘宰與將軍鄭旗叔李神義陰謀將不利於公資謙以問拓俊京俊京言弘宰爲人難測不可保其不然資謙乃密奏流昇州緡地島又流其子翊溫端僧道休于遠地及資謙敗凡爲資謙所斥者悉召還弘宰以殺安仁爲諫官所論駁最後召拜平章事判吏兵部事賜佐理功臣號自言竄逐家產蕩盡乃納貨賣官諫官崔惟淸等上䟽以爲貪邪在位亂法蠹國遂致旱蝗之災宜加貶黜以荅天戒乃左遷守司空右僕射未幾復拜平章事致仕卒謚襄肅

崔褒偁

崔褒偁毅宗初爲御史雜端累歷直門下省尙書右丞殿中監拜右承宣轉同知樞密院事遷左散騎常侍尋知樞密院事判三司事性强狠貪墨旣掌樞要勢傾中外有不附己者必中傷之子壻連結勢家無所顧忌左正言文克謙上䟽極言請罷黜不聽官至中書侍郞同中書門下平章事守太保判尙書吏部事以病致仕遇害於鄭仲夫之亂時有吳中正者起吏胥累補外寄爲人嚴酷不恤孤窮要結貴近能爲禍福但以言貌備歷要途與褒偁同爲省郞脂韋依阿恩讎必報人皆側目及褒偁秉政薦爲御史中丞視事一日而死

朴暄

朴暄初名文秀公州人也中第爲崔怡家臣機警善辭辨屢

中怡意遂見寵任不數年歷楊華要入政房與金敞宋國瞻齋名頗作威福勢傾朝野嘗爲史館修撰虛誇怡功業編至五六卷獻于怡官累刑部尙書論崔沆事流黑山島後怡以無可與議者召暄還未至而怡死沆遣人投海中暄嘗獻議建新興倉備凶荒民賴以活爲之語曰微朴公吾其死矣

宋玢

宋玢礪良縣人中贊致仕貞烈公松禮之子松禮之誅林惟茂玢爲衛士長與有功官累尙書左丞忠烈五年拜知申事時權貴受賜牌多占畿縣田玢田居多都兵馬使建議不論賜牌並量給職田王許之尋聽玢等請命賜田在京畿八縣者勿幷充給進同知密直累轉知都僉議哈丹之入寇王避于江華命玢留守王京玢逃奔江華十七年元授宣武將軍鎭邊萬戶賜金牌出爲慶尙道都指揮使務聚斂大興功役又令邊卒運米與女眞互市爲東界安集使所劾免尋起爲贊成事時選處女禁昏嫁玢犯禁流海島後復拜贊成進中贊俄改知都僉議乞退二十六年拜右中贊賜推誠贊化安社功臣號又賜几杖判密直柳庇嘗有憾於玢告行省平章闊里吉思曰頃者長史張漢烈以皇太后崩告玢玢曰辟比思此華言報喜之辭玢何人敢如是耶我與金深金延壽共聞不敢不告闊里吉思囚玢庇深延壽漢烈鄭眞李安雨等于行省獄令對辨又囚玢子右副承旨璘郎將琛將軍瑞姪左副承旨邦英將軍臣旦于巡馬所尋釋庇深延壽眞漢烈安雨等吉思專權黷貨好惡不公自宰輔以下稍忤意不問曲直或杖或囚人無不行賂元遣塔察兒王泰亨等來與王鞫玢于行省漢烈服其誣二十八年加壁上三韓三重大匡賜爵樂浪公玢謀欲廢忠宣改嫁公主恐事不濟以帝乳母子爲季女壻壻送餞享王宰樞俱會琛行酒中贊洪子藩辭以醉不飮琛出不遜語子藩恚遂出琛厲聲曰復相子藩豈帝所知乎宰相白王囚之子藩怒數日不視事初子藩免玢代爲首相將遣使外郡求子藩過失子藩知而沮之由是二人不相能三十三年忠宣在元誅璘邦英王惟紹等遣金文衍囚玢等三十六人籍其家流之以玢寄書于璘勸成姦計也語在邦英惟紹傳忠肅五年卒諡良毅子瑨璘琛瑞瑨官至右副承旨有寵於忠烈居中用事時人目之璘知申事瑞

都僉議政丞

王惟紹

王惟紹父昭官至贊成事惟紹忠烈朝補郎將以弓箭陪如元惟紹妻上將軍宋琰女也貌美惟紹以禿魯花入元宦官金呂私之遂密納于內呂由是得幸惟紹累遷密直副使左常侍三十一年知都僉議司事尋加贊成事初王復位忠宣以前王在元至是王如元惟紹及高世金文衍宋邦英宋璘韓愼李伯超吳演秦良弼等從行明年王寓前王邸左右聲言王欲與前王俱東還惟紹邦英愼璘使其黨宋均金忠義白王曰前王不自安而怨殿下者有年殿下雖慈愛適足買禍耳且殿下獨不念丁酉年事乎時寶塔公主失愛於前王徙居祇候司一日王欲更衣出仆地折齒數日不能食惟紹等因勸王移寓公主所自謂得計托乳媼及宦者李福壽譖前王於皇后又譖於左丞相阿忽台平章八都馬辛曰前王素失子道又不與公主諧故我王疾之欲以禿魯花瑞興侯琠爲後者非一日前王誠宜悔過自新以供子職昨我王舍於其邸不謹奉侍至使折齒我王欲勿怒得乎蓋前王顧爲僧省官不許今聽其祝髮令琠繼尙公主可副我王之志阿忽台八馬辛許之惟紹等見右丞相荅剌罕以王言譖前王荅剌罕曰益知禮普化王世祖之甥寶塔公主亦宗室女也廢嫡改嫁於理安乎惟紹復譖如告阿忽台荅剌罕曰瑞興侯亦王之子耶曰否曰誰出惟紹不能對退問崔有渰有渰曰子亦宗姓宜自知之惟紹等謀旣洩洪子藩等五人詣中書言惟紹等離間王父子逆理亂常罪莫甚焉省官召王父子面詰已執囚惟紹等四人未幾世文衍良弼白王曰臣等負羈從之爲日已久無所報効但願奉殿下東出齊化門王曰我聞前王遣人涯頭驛要我度河而沉之吾雖老獨不畏死耶世等乃與從臣七十八人上書中書省極論惟紹等罪且請奉王還省官奏於是設宴餞王又累進驛騎趣行王無以爲計乃飮藥發痢自夏至秋不起潛遣人詣行在請與公主俱還阿忽台以奏皇后曰翁與婦偕行可乎如不得已我且還都備儀以送亦未晩也公主聞惟紹等被囚怒甚召文衍杖之又使人守門禁出入王所告狀者諸從臣皆離散又明年前王奉太子旨捕惟紹及其黨囚於邸有崔涓者匿公主

所李成柱直入臥內於櫝中得之於是前王遷王于慶壽寺
自後王拱手國政歸於前王乃以從臣權漢功崔實主銓選
王所任使者悉斥罷以其所親信者代之除授皆出於請謁
漢功等齎批判啓王行印而已遂遣文衍于本國逮捕惟紹
之黨及其有宿憾者宋玢等三十六人籍其家流之其餘或
杖或流者數十人先是惟紹等賂內豎金洪守崔涓妻仁明
殿婢權舍謀進毒前王洪守以毒授舍舍又與侍婢無老之
謀而未得進有勸前王幸無老之者旣幸而無老之以情告
遂執舍搜得懷中毒藥令無老之告省官省官欲下舍等宗
正府究問難其事而寢乃斬洪守舍裴賫者善蒙語性狂縱
數與宰相柳庇言不遜惟紹之被執也左右幷收賫前王曰
惟紹等之譖我正由此人之喙我必殺之使人急栲掠賫以
蒙語乞哀前王謂左右曰此人善譯遂宥之斬惟紹邦英愼
璘均忠義涓於文明門外籍其家父子兄弟皆沒爲奴愼子
用盃等三人充驛戶又承旨吳演嘗黨惟紹及惟紹誅着道
士服亡匿前王獲之囚於邸欲殺之演念佛經甚勤哀之乃
流于島

宋邦英

宋邦英上將軍琰之子忠烈朝累官至左副承旨進密直副
使初忠宣以前王在元王用洪子藩言請還前王邦英與從
弟承旨宋璘素惡前王璘勸王如元沮前王還國又請以公
主改嫁瑞興侯琠王從之行至西京帝不許入朝乃還帝遣
刑部尙書塔察兒翰林學士王約來執璘囚行省獄數之曰
汝勸王朝覲擾百姓一也汝父玢曾禁錮帝之所知乃敢詐
冒濫受朝命二也因謂王曰人有疾得藥必愈今我之來誠
王良藥也遂與王至壽康宮入香閣謂宰相金延壽曰聞有
倖臣金元桂者誰耶時元桂在王側跪見塔察兒曰入國境
有告云元桂奪人已媒之妻又奪軍官虎符以與妻之兄弟
遂流元桂而釋璘邦英及璘嘗說王作畏兀兒字書獻帝沮
前王還國用金寶以印白紙十二幅授宋均托入朝至京師
凡可以沮毁前王者作書獻帝會帝不許入朝均計不得行
藏其紙于宦者李福壽家而還後郞將李承雨賫其紙東還
會塔察兒歸道遇取之與承雨二幅曰持此示汝國宰相乃
以餘紙上中書省具言均謀曰吳祁石天補外亦有如此行

訐者乎承雨還以告宰樞白王囚均于巡軍尋命釋之宰樞
不肯王使衛士召均至宮門乃釋未幾帝遣兵部尙書伯伯
劉學士來王迎入行省伯伯傳聖旨問曰王嘗上表請還前
王乎曰然曰以畏兀字書請沮之乎曰不知伯伯顧屬宰相
爲證令具書王言爲咨文遂問均曰汝用紙十二幅欲爲何
等事均曰王使均請入覲惟此一事耳又問誰書畏兀字曰
護軍田惠以問惠惠不敢隱伯伯乃曰中書省欲奏請還前
王表中有畏兀字書無押無印省官疑之不奏王還宮邦英
璘等入說王遣承旨金子與賫畏兀字書草示使臣語之曰
我倉卒承問輒以不知對今得此書箱篋中實我所知但忘
之耳邦英等又恐子與傳之不悉遣其黨韓愼偕往伯伯怒
問子與曰王授汝書草時誰在王側曰邦英璘愼在左右伯
伯使子與書其言爲契又問宰相等曰王嘗於行省與吾有
言聞乎曰然伯伯又書爲契乃與王鞫邦英等于行省王出
言若將救者伯伯曰有姦如此不治後將益甚遂出畏兀書
草問璘曰書此者誰曰邦英鞫邦英不承被縛乃服均本合
德官奴屬內僚官至護軍得幸於王嘗與石胄爭寵胄譖之

還本役乃剃髮亡入元投福壽福壽白王復其職惠其先入
居遼陽依內僚石天卿起家至護軍喜生事誤國伯伯將還
百官與書曰邦英等志在患失欺罔君父無臣子之義請歸
奏天子亟正其罪使前王及公主東還國人之望也於是伯
伯劉學士乃與王議令大護軍夜先旦中郞將金章押邦英
璘等送于元時帝寢疾政在中宮福壽得幸用事與帝乳媪
爲之營救邦英等得免與福壽弟上護軍李宏還時韓希愈
崔崇吳濱等入內議事號曰別廳邦英璘亦與焉三十年同
知密直明年又知密直王如元邦英璘等欲從行曹頔白王
曰二人得罪上國不宜扈駕必欲變二人者請入奏召之邦
英等謂頔曰王不許從行豈有沮之者耶頔曰我實沮之邦
英等至義州固請頔白王曰二人遠來難遣還可異路而行
王許之至京師伏誅語在王惟紹傳蔡宗璘者與璘有姻好
亦見逮會赦得免

吳潛 石胄

吳潛初名祁同福縣人父璿官至贊成事潛忠烈朝登第累
官至承旨王狎昵群小好宴樂潛與金元祥內僚石天補天

卿等爲嬖倖務以聲色容悅謂管絃坊大樂才人不足分遣
倖臣選諸道妓有色藝者又選京都巫及官婢善歌舞者籍
置宮中衣羅綺戴馬尾笠別作一隊稱男粧敎以新聲其詞
云三藏寺裏點燈去有社主兮執吾手儻此言兮出寺外謂
上座兮是汝語又云有蛇含龍尾聞過大山岑萬人各一語
斛酌在兩心高低緩急皆中節簇王之幸壽康宮也天補等
張幕宮側各私名妓日夜歌舞褻慢無復君臣之禮供億賜
予之費不可勝紀轉知申事進知密直司事歷監察大夫知
都僉議司事潛以讒佞得幸離間王父子陷害忠良人皆功
齒畏禍莫有言者會元使斷事官帖木兒不花翰林李學士
等爲執石冑父子來前護軍元冲甲等五十人欲以潛事吉
帖木兒不花先白王王止之又令護軍曹頔諭之冲甲等不
從遂爲書告曰大德五年四月帝遣塔察兒王泰亨諭王曰
威福予奪當自己出凡事体有不便民情有未安者其審圖
之又戒臣僚曰悉心奉正各修乃職敢有蹈襲前非專恣不
法王雖爾容朕必不貸臣僚等祗承聖訓日夜兢兢猶恐不
逮今有臣吳潛者實爲元惡無才無功徒以奸諂得進以嘗

得罪前王竊免後患日夜讒構離間王父子自以爲樹立大
功竊弄威福援引昆季並參機密數年之閒皆至將相凡本
國臣僚無問尊卑少有嫌隙輒陷以罪無辜罷黜者徧於一
國至於各道按廉守令以一己愛憎進退予奪背弃聖訓罪
不容誅今有聖旨亦不疑懼謀欲沮之天使還朝之後必有
異圖伏望廣咨國人制子未亂東國蒼生骨而再肉也帖木
兒不花等得其書言於王曰冲甲所言雖非吾等所斷亦不
可不問宜將冲甲與潛赴京對辨又尹萬庇鄭僐金禧尹諧
吳永丘李舟李儇宣宗桂高延洪承緒等以書告元使曰自
大德五年四月聖旨訓戒以來君臣戰懼不敢違越今有奸
臣吳潛素無才識交結中貴以姦佞得幸因竊國柄專恣不
法又以巧言離閒國王父子毀斥忠良崇進奸邪賣官割民
無所不至今奉聖旨擧國懽喜獨潛恐其失權潛謀沮之壅
遏帝澤不畏皇威不去此人必生禍亂殃及無辜伏望𢌞奏
天聰去此大惡小邦之福也又洪子藩金琿閔萱閔漬鄭瑎
權永金台鉉高世金文衍李混元璡許評申靖金延壽趙文
簡金元祥朴光廷尹吉孫吳玄良金由祉等告元使曰佞臣

吳潛賣官割民專恣不法愚等當恐穢聲聞于上國今又有
聖旨潛宜生疑懼小革其心乃恐失勢謀欲稽滯聖恩愚等
各懷憤惱未敢發言今元冲甲等乘其衆怒已具言之所言
罪惡無非是實伏望無復致疑除此元惡小邦之幸也子藩
又言吳潛雖與吾連姻請以公義言之本國之法出納王命
內有中貴三四人謂之辭外有近臣四人謂之承宣非此雖
宰相不敢與焉潛今已拜相猶且出入王宮與承宣無異所
陳皆爲邪謀金琿繼言潛罪元使默然致仕宰相蔡仁揆等
二十八人萬戶金深等軍官一百五十八人又詣元使請罪潛
王召版圖判書致仕崔謁曰聞卿等亦將訴吳潛于使臣有
諸姑徐之謁不從乃與朴全之等七十餘人又詣元使請罪
潛皆不聽帖木兒不花等還贊成事安珦等餞于郊李學士
唱曰白酒紅人面嚼珦和之珦遲留李自和之曰黃金黑吏
心蓋諷帖木兒不花受潛賂緩其罪也金深率三軍詣闕請
宿衛禦亂王不允王亦知潛斂怨傳旨曰當復金深及軍官
等職子藩疑潛害已防備甚嚴潛亦疑懼不離王側子藩深
等率三軍將士及冲甲等圍王宮請出潛王不許請至再三
不得已將出之潛勢窘但叩頭請留護軍吳賢良直入王所
執潛以出使護軍崔淑千押送于元元遣刑部尙書塔察兒
等四潛兄弟三司右尹蔵承旨演正郞珩少尹連姝壻中郞
將趙深後帝杖流潛于安西忠宣時拜藝文大提學改僉議
評理商議會議都監事忠肅時轉三司使進僉議贊成事龜
城君與柳淸臣等黨於瀋王暠讒毁本國語在淸臣傳卒謚
文齊子僖官至贊成事

石胄不知何許人官至密直子天補天卿俱得幸忠烈天補
爲左僕射扈從奉恩寺領班而行人指之曰內僚得意之秋
又與天卿群飲川上酒酣投秘書尹鄭珩于水衣冠盡濕珩
無愧色胄倚勢驕橫嘗以事惡侍史金必爲一日道遇毆辱
之有金世者告中書省曰石胄之黨盧前王害已謀奉國王
將竄海島密令濟州等處造船畜粮於是帝遣帖木兒不花
等來收管胄及天補天卿天琪與世赴京對辨杖流天補兄
弟于安西前王在元以胄及天琪黨於王惟紹籍胄家流之
又杖流天琪

金元祥

金元祥忠烈朝登第稍遷注簿有妓謫仙來得幸於王元祥與內侍朴允材俱爲妓同里閈相往來元祥製新調大平曲令妓習一日內宴歌之王訝且變色曰此非能文者不能誰所爲耶對曰妾兄弟元祥允材所製王喜曰有才如此不可不用以元祥爲通禮門祗候允材爲權務官累秘書尹知監察司事轉右副承旨以事罷未幾命復職主銓注謂曰汝强銳果敢所以致譏毀今宜省之遷知申事與洪子藩等數吳潛罪告元使帖木兒不花王聽讚譖命同知密直金台鉉承旨宋璘行省左右司官捕元祥元祥亡不獲尋拜左承旨復爲知申事時王惟紹宋邦英輩離閒王父子王用元使塔察兒及洪子藩言欲與前王如初元祥以爲如此則前王從臣皆當復職用事得無怒我耶乃以計讓銓選于右承旨金珆珆固辭國人皆知元祥之姦進密直副使忠宣即位拜檢校評理尋貶懷州牧使忠肅七年遷三司使陞政堂文學曹頔蔡河中等左右瀋王暠謀奪王位交構萬端元祥亦陰附其黨從與織成後王論其罪下元祥等于巡軍籍沒其家杖流于島元祥初爲巡軍萬戶造械重百斤至是首自及無何帝命赦之後八年以判三司事卒元祥嘗與吳潛石天補天卿等諂諛忠烈導以荒淫吳石旋及於禍元祥以佞獨免

柳淸臣

柳淸臣初名庇長興府高伊部曲人其先皆爲部曲吏國制部曲吏雖有功不得過五品淸臣幼開悟有膽氣習蒙語屢奉使于元善應對由是爲忠烈寵任補郎將敎曰淸臣隨趙仁規盡力立功雖其家世當限五品且於其身許通三品又陞高伊部曲爲高興縣趙遷將軍王聞乃顏王叛欲親擧兵助討遣淸臣如元淸臣還言賊平車駕還燕京罷兵命王乘傳入賀節日王喜加大將軍轉密直承旨陞同知密直監察大夫忠宣受禪拜光政副使累轉判密直司事忠烈復位授贊成事忠宣復立拜僉議政丞封高興府院君賜玉帶忠肅聞淸臣吳潛譖已于忠宣頗疑之二人請與白元恒辨忠肅問元恒元恒指鄭方吉及僧祖倫祖倫指前執義徐謹謹指直郎鄭琛乃杖琛流海島從忠肅如元見瀋王暠窺覦王位遂與曹頔等背王附暠詭謀萬端又與吳潛上書都省請立省本國比內地元通事舍人王觀上書丞相曰夫事忘矜細

其遺患有不可勝言者矣故智者深懼而庸人忽焉蓋常人之情狃近利而昧遠圖是以缺斤折鉏或起於句萌浸尋流民或成於蟻溜易曰履霜堅冰至由辨之不早辨也又曰天與水違行訟君子以作事謀始伏聞朝廷建立征東行省欲義同內地恐論者不察以致崇虛名而受實弊何則高麗慕向化歸順聖朝百餘年矣世世相承不失臣節世祖皇帝嘉其忠懇妻以帝女位同親王寵錫之隆莫與爲比其在本國禮樂刑政聽從本俗不復以朝廷典章拘制故國家常有事於東方本國未嘗不出兵以佐行役自遼水以東瀕海萬里賴以鎭靜爲國東藩世著顯效累葉尙主遂爲故事此蓋高麗之忠勤祖宗之遺訓也今一朝採無稽之言以隳舊典恐與世祖皇帝聖謀神筭似有不同其不可一也本國去京師數千里之遠風土旣殊習俗亦異刑罰爵賞婚姻獄訟與中國不同今以中國之法治之必有捍格枝梧不勝之患其不可二也三韓地薄民貧皆依山阻海星散居止無郡縣井邑之饒今立行省勢須抄籍戶口科定賦稅島夷遠人罕見此事必驚擾逃避互相扇動脫致不虞深繫利害其不可三也各省官吏俸祿例於本省差發科程今征東省大小官吏月俸及一切公用所費每歲大較不下萬有餘錠本國旣無供上賦稅上項俸給必仰朝廷輸送則行省之設未有一民尺土之益坐耗國家經費之重其不可四也江南諸省旣同一體例須軍兵鎭守少留兵則不足彈壓東方諸國多留兵則供給倍煩民不堪命又況國家自禁衛以及畿甸屯住軍額已有定制固非常人所敢論然不知征東鎭兵果於何處簽發其不可五也古者集大事則博謀於衆防壅蔽也竊聞首獻立省之策二人乃其國之故相以讒閒得罪於其主懷毒自疑遂謀覆其宗國以圖自安迹其本心初非獻忠於聖朝也由是觀之梟獍犬豕之不若當明正典刑以戒人臣之不忠者昔唐太宗伐高麗至安市城攻之不下師還以束帛賜其城主以勉事君夫太宗之與高麗敵國也以天下之力攻一小城不能拔不以喪敗爲恥仍以忠義相勉書之史策以爲美談況聖朝之於本國義則君臣親則甥舅安危休戚靡不同之奈何反聽二人欺誑之言賣主自售果得遂其奸計有累政化可勝旣乎其不可六也觀聞孔子曰不在其位不

謀其政未信而諫人以爲謗己也覬自惟草茅賤士其於朝廷政事不宜妄有論列然目覩盛世爲姦人所欺不勝忠憤所激輒肆狂斐以逸淸聽僭越之誅無所逃命爲朝廷惜舉措耳李齊賢亦上書都堂立省之議乃寢初淸臣與潛詣中書省誣王盲聾喑啞不親政事遂訴云忠宣王奏仁宗以暠爲王暠爲世子已有定命至英宗時暠與伯顏禿古思謀令金怡說忠宣王奪暠世子印又奪忠宣所賜暠田宅及陪臣淸臣潛等百四十人田宅於是帝遣平章買驢舍人亦忒迷失不花來頔及興禮君朴仲仁趙雲卿上護軍高子英等從之皆瀋王黨也買驢見王禮容嚴肅條辨甚悉曰帝所以遣臣來者察王疾也以今所見向者之訴皆誣也頔等惶懼無言及王復位淸臣潛等懼不敢還淸臣留元九年而卒不學無知有機變恃勢弄權爲國害時有猫部曲人仕朝則國亡之讖俗稱猫曰高伊子攸基官至判密直事攸基子濯自有傳

權漢功

權漢功安東人父頙官至僉議評理漢功忠烈朝登第直史館王與忠宣俱在元王惟紹等離間王父子政歸忠宣漢功以從臣在忠宣邸與崔誠之主選法及王薨忠宣還國賜鞓帶常出入禁闥召見無時拜密直副使驟陞僉議評理時王久留于元從臣皆思歸漢功誠之同掌銓注利其賂遺無意東還李思溫金深言於徽政院繫漢功等獄王怒白太后釋漢功等流思溫深王喜遣漢功來宴其父頙誠之父玭一及諸宰相忠肅初轉三司使敎曰漢功誠之朴景亮等侍從父王夷險一節金深李思溫輩積歲蓄謀圖國危主而三人共竭心力夾輔終始有司擧行賞典又元贈三王時漢功與正尹洪瀹掌文字論其功賜錄券轉贊成事忠宣奉御香南遊江浙至寶陁山漢功與李齊賢從之初忠宣在元凡國家事遙傳旨以行漢功與誠之李光逢等扈從京邸招權納賄親戚故舊濫授朱紫忠肅頗懷不平及帝流忠宣于吐蕃王下漢功光逢及金廷美蔡洪哲裴廷芝于巡軍命贊成吳潛代言金千寶鞫漢功于理問所漢功自厠竇逃捕而囚之籍漢功洪哲家釋廷美命三司使金恂密直使白元恒密直副使尹碩全英甫大護軍李仁吉與監察讞部官杖漢功洪哲光

逢廷芝流遠島臨海君李瑱餞于郊漢功曰天下雖廣大一身藏處難瑱曰厠竄好漢功大慚漢功洪哲光逢等不入海島皆聚洪州界擾民閒不可勝紀未幾洪哲子前正尹河中偕元使金家奴來自元以帝命赦漢功洪哲而召之後漢功洪哲光逢等怨王乃邀驪興君閔漬永陽君李瑚等欲請立瀋王暠會百官慈雲寺上書中書省曰小邦厚蒙聖澤民安其業奸臣在王左右流毒內外百姓無辜不堪其苦素聞瀋王暠禀性慈善望之如渴是亦忠烈王之嫡孫也頃者白元恒朴孝修等隨王入都留滯令國人上書乞王還歸陪臣會議數月未就代言慶斯萬護軍金仁沇等以王命督之不獲已署名斯萬潛授金之鏡等呈于上省冐弄都堂伏乞詳照漢功等復會慈雲寺招百官督署呈省書署未半天忽大雨雹監察執義尹宣佐曰吾不知吾君之非臣而訴君狗彘不爲唾之而去於是臺諫史翰及賛成事閔宗儒彥陽君金倫等皆不署漢功河中等承瀋王旨囚斯萬仁沇之鏡于巡軍漢功等又招百官署名忽震雷以雹大如李梅四角如蒺藜漢功等使民部議郎趙湜賷書如元呈中書省不受呈翰林院亦不受漢功素爲忠宣所重忠宣在吐番寄漢功詩云瘴烟蕃地舊聞名未識離都幾萬程夢裏備嘗艱險了思君況乃不勝情忠惠聞漢功二室康氏有姿色使護軍朴伊刺赤納之宮中伊刺赤先奸事覺王怒皆撲殺之及忠惠被執如元宰相國老會旻天寺議上書請赦王罪漢功曰昔殷太甲不明于德伊尹放諸桐三年然後悛心改行復于君位又有一國介於要衝之地殺其朝覲諸侯及天子之使於是天子遣人誅之又有一國之臣使於他國及其還天子之使斬其君首而去其臣詣屍所陳祭而哭亦令斬之今王無道天子誅之何得而救乎語在金倫傳漢功官至都僉議政丞醴泉府院君嘗受元命爲太子左賛善忠定元年卒謚文坦子仲達孼子仲和

蔡河中

蔡河中蒙古名哈刺帖木兒順天君洪哲之孼子忠肅時拜護軍與曹頔謟事瀋王暠窺覦國釁謀奪王位譖構萬端及王如元見留收國印河中偕元使金家奴來言帝以暠爲國王百官詣暠母安妃賀頔之護軍李漣來言國王萬福宰樞

召河中漣面質始知河中之妄河中嘗恨辨達都監取其父及權漢功田民斷與於人至是召都監官謂曰從汝惡王命决耶尋復如元從瀋王後帝復賜王印章還國河中頔等又令留都無賴子弟二千餘人連名呈省復訴王不已累遷密直使轉贊成事臺官申君平不署告身久之進拜政丞曹頔之亂侍從忠惠策功一等賜鐵券及忠惠被執如元宰樞議不給惡少輩祿張松等詣河中第鼠伏哀乞河中諾知密直韓松大言曰陷君者皆此輩政丞何諾也忠穆初與司空姜好禮政堂文學鄭乙輔同知密直金上琦薛玄固密直提學張沆參議國政改右政丞恭愍三年復爲右政丞尋領都僉議封平康府院君河中在元謀復爲相會元南征紅巾等賊旁求勇士河中請還國出兵助征乃薦政丞柳濯廉悌臣等有勇略遂與李壽山來傳丞相脫脫言云兩國相好已久今漢賊大起吾受命南征王宜遣勇銳以助之壽山宣帝旨於王曰河中諳練可使河中亦傳旨曰壽山穎悟可使王其用之旣而復爲政丞尋改侍中監察司不署告身累月乃署河中議罷科正監諸倉庫王默然復領都僉議五年流于順天明年僧達禪自河中所訪全贇曰蔡相欲與公謀大事語泄繫達禪及贇于巡軍按問逮捕河中與其壻上將軍洪尙載及判事盧成按廉全祐祥判三司事康允成判官康允暉淸州牧使鄭珚命李仁復等鞫之栲掠累旬河中誣服自縊斬于市仁復嘆曰知人無辜不能申理而獄成吾其無後乎全贇在獄死斬首梟于街杖配珚祐祥尙載辛貴趙暉趙萬通洪開道李稱康贇于諸道烽卒達禪自死薛玄固鄭光祖皆河中同母姊妹之壻珚光祖子也玄固子暶師德

辛裔 田淑蒙

辛裔靈山人登第忠惠朝累遷左正言驟陞知申事轉僉議評理元使朶赤乃住之執王也裔與其妹壻宦者高龍普謀伏兵禦外以助之時人以爲龍普小人不足論裔儒者何至此耶裔嘗受元命主檢帖都監時姜居正尹衡爲有備倉官以王命收寺院田檢帖田亦見收檢帖都監牒有備倉令還田居正等曰寺田曾以王命屬本倉不可擅還都監訴于裔執居正等以不從聖旨取辭衡乃承居正竟不屈裔益怒囚居正于行省獄忠穆初裔與盧英瑞穿紫靴戴椶帽踞胡床

于宮門內見上洛君金永旽來不爲禮永旽呼使前曰僕聞上襲位東還復正三韓蹈舞來賀公等何不革前代惡少奢靡冠服此豈移風易俗之道乎裔等慚退尋封鷲城府院君時雖去此殿群少裔及田淑蒙等相繼用事不數月閒親姻故舊布列卿相代言鄭思度依阿進用久在政房中外輻湊時人目之曰辛王初陝州吏李績避本役托裔求官裔奪人官授之失官者訴監察司囚績裔深啣之罵辱監察大夫李公遂令一中郎將執掌令宋球以來不得裔怒使其弟貴毆中郎將盖倚寵普勢也裔母奪人奴婢其主乞哀反毆之主訴整理都監遣吏捕其家人又毆之都監囚裔弟大護軍珣杖之恭愍四年卒淑蒙嘗侍學忠穆稱師傅累遷祭酒王嘗押祝板問淑蒙曰何不用紙淑蒙曰用板崇儉德也王然之押數板裔止之曰恐勞聖體王從之自是除太祖眞殿外餘皆代押時王習千字文安震曰要詳音義淑蒙曰殿下但習音不尋其義殿下雖不識字於臣何傷然恐不可王曰師傅比來不講其義故不習耳淑蒙曰殿下不習而反咎臣非臣不講也爲代言忤德寧公主貶流東萊中郎將金煥慶允和提控張安世等以謂淑蒙雖有罪然侍講日久不宜流與判事李元龍等百餘人上䟽請召還不允忠定時拜監察大夫糾正申翼之取惡少輩馬付司僕寺淑蒙使人奪其馬以歸

李春富

李春富陽城縣人祖梴陽城君父那海僉議評理美容儀心如其貌有寵於英宗皇帝除直省舍人春富歷三司左尹密直代言恭愍朝累拜判樞密院事紅賊陷京城以春富爲全羅道都巡問兼兵馬使賜輸誠保節功臣號轉都僉議評理賊平以簽兵有勞錄功爲一等以事罷附辛旽爲贊成事王觀擊毬宮門外旽騎過都評議司帳幕春富與密直金蘭就立馬前拱手而語若奴隸然春富無才望以柔順諂事旽又務迎合王心遂拜侍中賜忠勤節義同德贊化功臣號常與蘭爲旽腹心每朝二人必先謁旽私第然後赴衙一日王欲除拜時池龍壽等擊東寧府師未還春富曰今將士暴露于外破敵成功不行論賞而在廷之臣先受官爵武臣必觖望王從之軍中聞之大悅旽與其黨奇顯等謀逆事覺流于水原春富蘭洪永通金璜詣宮門言臣等與旽同事久今旽流

而臣等獨免如國論何王曰且歸視事初高仁器泄旽逆謀春富與蘭先白王以故寬其罪憲司奏曰春富金蘭與旽同是宰輔名位相等趍走庭下曲意承奉養成無君之心其罪大矣旽惡未著人不及知春富獨先知之情固可疑旣知其謀非唯不禁互相比周姦狀已著且奇顯等謀擧大事必有倚恃春富不究治趣令殺之同時事旽者並受重刑春富當惶懼自退俟罪不暇乃畏人發姦不離宮省蒙蔽天聰兇詐益甚豈可以曖昧微功枉稽天誅請置於法王不聽止罷其職憲司又奏曰春富旣知旽逆謀宜卽上聞反與賊旽商摧數日至不得已乃聞非但無功罪惡反重及旽敗露上自親問不唯庇旽其黨所爲亦皆掩護爲旽謀主情迹暴著宜正典刑垂戒後世命誅之下敎暴其罪春富弟元富爲鷹揚軍上將軍光富爲承宣兄弟三人皆據權要宗族多居顯列春富誅元富光富亦以旽黨流于外春富子沃賓裔漸黴並沒爲奴分隷州郡沃隷江陵倭寇東界我軍望風奔潰沃素以勇聞按廉授兵使擊賊沃力戰却之江陵一境賴以免事聞賜鞍馬免其役後辛禑給春富告身

金元命

金元命中贊之淑之孫恭愍朝爲監察執義上臺糾正庭迎從後譏之元命怒還家監察司劾糾正許少游罷之元命移病王命視事元命上臺糾正聯署條錄過失又不庭迎王囚少游朴德方都弘慶等鞫之杖流有差遷上將軍錄誅奇轍及辛丑扈從功爲二等收復京城功爲一等拜密直副使素與贊成李龜壽爲刎頸交龜壽過元命家置酒見妾與妻同席曰君今爲相家且不齊何以正國叱下其妾不飮而出再遷密直使賜輸誠奮義功臣號初辛旽爲僧依元命見王及旽得幸以元命爲三司左使鷹揚軍上護軍掌八衛四十二都府兵元命率徒兵修旻天寺舊池鑿渠堰石徑市北街引流達于巡軍北橋自言將以壓朝廷也術家曰徑市鑿溝武盛文衰元命黨於旽恐臺諫文臣發其姦用術家語以壓之後與吳仁澤等謀除旽旽知之訴于王繫巡軍鞫之杖流盈德沒爲奴籍其家久之旽遣其黨孫演杖殺之元命女爲郎將朴東朝妻東朝死私典校令申仁甫辛禑時憲司劾仁甫冒稱三品官又奸東朝妻請罪之仁甫素諂附權貴且元命

之女爲恭愍外戚故寢其事仁甫止坐冒職杖配長巖戌

金鋐

金鋐義城縣人初事忠惠免居羅州以豪右奪占田民貧產饒富恭愍時倭寇羅州鋐率木浦人擊走之以功復職輸貨權門屢爲全羅道捕倭使頗有戰功紅賊陷京鋐從諸將收復錄功爲一等出爲全羅道都巡禦使時全羅饑重以兵革民不聊生鋐割剝無所不至減軍粮用其半稅諸州漕船皆輸于家一方嗷嗷大護軍宋芬死其妻服未闋鋐以事鉤致白晝强淫因以爲妾領漕船至內浦與倭遇戰敗士卒死者過半嬖幸受鋐賂反譽之王遣中使賜宮醞迎勞國人憤恨後以辛旽黨流復起爲同知密直出鎭全羅憲司劾不能沮鋐又附幸臣金興慶寵宦金師幸移慶尙道都巡問使鎭合浦貪殘如全羅時按廉柳珣劾鋐不法鋐亦捃摭珣過報于朝倭寇合浦燒軍營士卒死者五千餘人王遣趙琳誅之支解以徇諸道其子承濵奔喪王曰擬遣益謙鋐內不平仁任奫崔瑩等會復興第議久不决奫厲聲曰判三司公可往瑩怒曰吾既分管楊廣道豈可之他乎奫前語仁任曰侍中謀事此而未决侍中可往奫又托攻遼以撓其議曰倭賊但擾邊不足憂脫大軍根據定遼衛後必難圖莫若移師攻遼侍中之計雖善非今日謀國之長策仁任勃然曰三宰敢爾君既善謀國吾當讓避吾以爲全州國之襟喉今賊闌入暴骨原野脣亡齒寒不可不救爲是拳拳耳三宰抗此議則吾何能爲遂徑出復興走追挽其袖泣止之奫頓首謝及仁任移病在家奫過門不謁人始知二人有隙有人帖匿名書於仁任之門曰池奫門客金允升等七八人嗾門下舍人鄭穆欲劾去仁任以奫爲侍中事迫矣其速圖之其末又云吾職判事吾姓李吾名十一畫仁任秘不發大護軍具成老又得其書以示仁任仁任密示奫曰公與吾交分甚篤是得汝父之罪非大逆也喪畢就職

池奫

池奫忠州人其母巫女發跡行伍屢從軍有功恭愍朝累遷判崇敬府事辛旽誅奫盡取其服玩而有之辛禑時拜門下贊成事判版圖司事有姜乙成者納金版圖未受償以罪誅奫取其妻爲妾得償布千五百匹宰臣辛順誅奫以其子益

謙妻順女遂出順所沒第宅貲産與之齋與李仁任林堅味專權貪黷憚金續命淸直謀傾軋之齋適禑乳媼張氏其妻亦與張善出入禁中續命譏之曰宰相之妻無故出入宮禁可乎齋聞而深銜之及般若事起齋嗾諫官劾續命流之語在續命傳持平宋齊岱欲劾齋交結乳媼齋門客執義金承得密以告齋齋乃出齊岱知泰安郡事齋用事干內承得及知申事金允升爲羽翼齋之殺林樸仁任慶復興皆不與聞遂惡焉先是倭寇全州都堂議擇元帥而難其人無聞吾二人歟齋曰此內府令金賞所書也賞仁任族姪也時承得允升判典校寺事李悅左常侍華之元黨附齋以希遷擢自謂池門四傑仁任欲剪齋黨未得閒會之元承得聚悅家言曰厚待元使不用洪武年號而行宣光七年無乃速乎仁任廉得之遂下悅之元承得巡衛府齋時爲巡軍副萬戶故仁任托以誹謗朝政痛鞫之近日若等會悅家云云作何等文書晝日月乎對曰天下方亂

朱氏與大元戰爭未息先王決策臣事

朱氏今不遵先志遽用宣光紀年不已速乎但議之耳非因文書而發是言也韓略亦以齋黨繫獄又鞫賞曰汝嘗爲掌令不署穆告身以妓之釁乎世累乎賞穆嘗共姦一妓故云賞曰以其身有過也然則誰發其議賞曰寧我受罪臺議豈可洩乎於是杖流悅之元略以承得嘗封順靜王后玄宮故免杖而流之又流賞其不及允升者蓋仁任欲慰安齋危疑之心且冀其發之不暴也齋大懼誓謂仁任曰予若謀公天必誅之使益謙請救於瑩不得曰崔公亦黨於仁任矣乃嚴兵自衛掌令姜隱見齋權稍弛阿附仁任劾允升等結爲朋黨沉湎酒色是夜允升往見齋曰之元承得悅皆已見竄公之羽翼既除今又劾我禍將及公宜早圖之齋遂與允升謀曰明日我將請王命子視事又令復興仁任入政房子便告王曰是政轉動也侍中不欲詣願上親下批目即矯制召我我入罷復興仁任職彼必各還其第我又白王云復興仁任乃逆臣洪倫之族見上誅夷其族欲圖大事請亟發兵收捕既定約使益謙言於族黨睦仁吉曰仁任謀害吾父父亡則及我我亡則族父繼之請潛遣睦忠波演等勇士期以詰朝會宮門仁吉佯應曰諾因問曰所謀止仁任乎益謙歷數復

與瑩李希泌李琳都吉敷等仁吉卽馳告仁任等令避宿以觀變益謙陰引交州道兵二十餘人密伺仁任動靜明日禑至都堂謂復興仁任曰允升今爲同知貢擧而被臺劾若代以他人取士遲緩必涉農月可令視事復興欲乘禑出與瑩謀去之乃陽言曰公可自詣闕白王禑遂至闕矯旨召臺諫趣令允升視事適持平李吉祚等上疏曰禑廣植黨與擅行威福謀殺冢宰允升爲禑腹心必知其謀請下獄鞫之疏將上禑以約允升之語白禑不許禑色變又使人請仁任入政房仁任復興瑩等知其謀與希泌邊安烈吉敷朴林宗曹敏修楊伯淵堅味仁吉等直至禑前命召禑入禑使其黨賓天翊等二十餘人吏甲帶劒聚闕下伺仁任等出將擊之復興仁任等使仁吉白禑曰老臣聞不測之變不以聞臣亦有罪昨禑使益謙請甲士於臣其情叵測禑厲聲曰有之復與仁任琳乃洪倫妻族希泌倫之妻父忌臣欲誅逆黨將殺臣故請甲士以備之耳視瑩佩刀張目膝行而前若將奪之瑩執力鞘以身蔽禑謂禑曰臣而無禮於君邦有常刑且爾止欲殺弼侍中耶禑曰奚止侍中而已歷數在座諸相抗語不已禑趣禑出禑曰上何故先退臣禑曰諸卿可以次出禑振袂突出及門將上馬中郎將桓天祐擊禑僕奪其馬堅味執禑以待巡衞官禑顧左右索劒不得遂下禑允升于巡軍獄益謙逃禑謂堅味曰與君有平昔之雅幸亟殺之我死君亦繼之旣囚禑黨宮禁戒嚴初允升等屢夜飮謀以禑爲首相密謂禑曰公爲冢宰何如禑曰有仁任在况予命數在戊午運乃吉允升曰苟有命何待戊午第聽吾計遂謀變曰黃裳摸稜宜爲左侍中公守侍中益謙膺揚軍上護軍之元大司憲允升政堂文學承得簽書密直及鞫禑禑曰悔聽允升計以至於此下益謙母妻及其黨天翊判事高如意判書崔奕成典客令黃淑眞金履金密秦金剛洪子安李龍吉李宗彥李乙和李匡張德賢金宗李陽眞安思祖等于獄翼日益謙聞母被繫自就獄瑩鞫禑允升益謙聚兵闕門謀害大臣三人皆服遂誅之幷斬天翊奕成如意等二十餘人流禑妾十二人益謙妾七人允升妾二人杖流密金剛龍吉宗彥乙和德賢金得守等七人流履思祖宋臣起等餘皆釋之如意奕成皆爲禑卜吉凶者也又遺體覆使崔仁哲鞫承得之元悅子

清州之元首服曰𤨏及允升謀殺大臣我實與聞悅曰前日匿名書實吾所爲吾名乃十一畫也請原之仁哲栲問之元曰悅亦與聞否之元曰有之悅不服及鞫訊甚慘遂服承得被榜掠垂死猶不服然之元悅證驗明甚乃服仁哲報于都堂仁任謂復興瑩曰旣誅其魁可釋此輩復杖流何如況罪不可再加乎復興曰𤨏愚人也從此輩從臾耳非𤨏首謀也瑩亦曰前日杖流以其議朝政也今日之誅以其害大臣也皆罪之重者豈宜釋之仁任曰何以處悅若無悅書吾儕其得有今日乎瑩曰果悅所爲當𤨏在時可以言矣見竄之後猶不言是誣我也宜幷誅之仁哲遂斬承得之元悅傳首于京𤨏遇知玄陵位至宰輔通謁乳媪或賂宮妾夤緣有寵恣其跋扈多植門客附己者用之異己者斥之允升贈𤨏奴婢遂爲𤨏親信與承得之元悅更相汲引𤨏倚爲腹心分置臺諫大張威福多列姬妾幾三十人唯取富者不以色立門戶者十有二人貪淫譎詐賣官鬻獄得人贓獲不可勝紀又濫授官爵代受祿俸朝野側目及誅人皆快之益謙目不知書嘗憑父勢以上護軍爲侍學爲世所嗤

列傳卷第三十八

列傳卷第三十九　高麗史一百二十六

正憲大夫工曹判書集賢殿大提學知經筵春秋館事兼成均大司成臣鄭麟趾奉
敎修

姦臣二

李仁任

李仁任星山君兆年之孫蔭補典客寺丞累遷典法摠郎恭愍七年拜左副承宣八年紅賊陷義州王命仁任爲西京存撫使以備之賊平策功爲二等十一年與諸將收復京都又策功爲一等明年元將納德興君仁任爲西北面都巡問使兼平壤尹調兵食德興君屯遼東候騎屢到鴨綠江中外震懼國家慮邊將或生變凡用兵方略皆從中遙授是以將帥自危莫敢專制頗失機會且士卒夏月赴征徂冬未代糧餉又絶凍餒顚仆唯將吏官屬人馬稍彊然輕兵渡江屢襲遼瀋掠居民以邀官賞故未一交鋒先自罷歛王命都元帥慶復興留守西北令安遇慶等諸將渡江擊之仁任謂都元帥府鎭撫河乙沚曰我軍飢寒日夜思歸豈無異心但畏法不敢耳近都巡察使李龜壽行至鳳州軍卒謀叛伏誅此一驗也渡江之擧可爲寒心都元帥性多疑必不能斷我欲假他事請元帥遣子稟事於王子其圖之即以龜壽軍卒叛書授乙沚以遣曰子往上必引見第獻此書愼勿他語上悟必命旋師乙沚倍道馳詣京見王王覽書果大驚不暇具文牒口喩復興勿渡江乙沚還仁任曰師將渡江元帥若以無文牒爲辭猶豫不決柰何我姑先見極陳利害然後子可入乃見復興從容語曰公曾牧尙州上官時民心何如解官時復興曰解官時民心不如初仁任曰今日之事殆類此主上舊君德興新主愚民但知安飽之爲樂豈知邪正之所在況我師暴露已久皆思歸一朝渡江其變難測莫若歛軍還營固守鴨綠遏賊渡江上策也復興悚然曰業已如此柰何且乙沚何時還乎國家必有處分頃之乙沚入傳王命復興悅立召諸將還十四年拜三司右使轉都僉議贊成事賜純誠同德輔理功臣號進左侍中二十三年罷復爲守侍中封廣平府院君王見弑太后及復興欲立宗親復興宣太后旨於仁任

仁任貪立幼主謀竊國柄欲立辛禑議未決李壽山曰今日
之計當在宗室密直王安德永寧君瑜等希仁任意大言曰
王以大君禑爲後捨此何求仁任率百官遂立禑或謂仁任
曰自古國君見弑爲宰相者先受其罪
帝若聞先王之故興師問罪公必不免莫若與元和親仁任
然之及
帝使蔡斌等還仁任遣贊成事安師琦陽言餞行密諭金義
中路殺斌等以滅口義遂殺斌奔北元由是人心疑懼未敢
通使
朝廷辛禑元年典校令朴尙衷司藝鄭道傳等謂宰相曰宜
速遣使告喪仁任曰人皆畏憚誰可行者尙衷等謂判宗簿
事崔源曰王被弑而不告喪
帝必疑之如或問罪一國皆受其禍宰相莫以爲意卿能爲
社稷行乎源曰社稷苟安何惜一死尙衷等以告仁任不得
已從之時有邊報北元將以兵納瀋王暠孫脫脫不花仁任
率百官詣孝思館盟于太祖眞曰本國無賴之徒挾瀋王之
孫來寓北鄙窺覦王位凡我同盟戮力固拒翊戴嗣王上報
先王之德下保父母妻子有渝此盟非惟國家明正其罪天
地宗社山川之神必降陰誅義從者來仁任師琦待之厚尙
衷上疏言宰相不問金義殺使之罪而待其從者厚是師琦
嗾義殺使其跡巳具乞明正其罪會判事朴思敬自北元還
白太后曰納哈出謂臣言爾國宰相遣金義請云王薨無嗣
願奉瀋王爲主故帝封爲爾主若前王有子朝廷必不遺瀋
王也太后召仁任曰予聞宰相遣金義如元久矣卿等獨不
知乎遂下尙衷疏于都堂禑下師琦巡衞府師琦亡入人家
追者急師琦知不免拔佩刀自刎仍斬之梟首于市仁任以
爲遣義如元者乃贊成康舜龍知密直趙希古同知密直成
大庸等所爲並流遠地蓋以舜龍等嘗仕元朝故也仁任與
宗親耆老文武百官連名爲書呈北元中書省曰本國自世
祖皇帝龍興之時我忠敬王首先朝覲欽蒙聖恩得比聖朝
諸王駙馬世襲之例授以王爵釐降公主忠烈王爲駙馬生
忠宣王忠宣王生忠肅王皆襲王位自英宗皇帝時有江陽
君滋子完澤禿瀋王暠本國支派相別妄爭王位蒙朝廷區
別不能爭奪先王伯顏帖木兒是忠肅王親子襲位二十四

年遺旨令親男元子禑襲位謹遣判密直金湑申達訃音前赴朝廷今來乃知完澤禿藩王孫脫脫不花實非釐降公主流派妄生異心欲要爭襲甚違世祖皇帝定制乞賜禁約既而北元遣使來曰伯顏帖木兒王背我歸
明故赦爾國弒王之罪仁任與池奫欲迎之三司左尹金九容典理摠郎李崇仁典儀副令鄭道傳三司判官權近上書都堂以爲不可迎仁任復興却其書不受令道傳迎元使道傳詣復興第備陳利害辭頗不遜仁任復興怒不視事乃流道傳禑及太后再慰諭之仁任復興乃出右獻納李詹左正言全伯英上疏曰守侍中李仁任陰與金義謀殺天使幸而獲免此國人所以切齒痛心者也吳季南擅殺定遼衛之人張子溫不以金義之殺使告定遼衛罪當推鞫仁任置而不問罪一也近贊成事池奫出鎭西北得金義書不以上達密附仁任及殿下累索然後乃聞托以不惑民聽罪二也胡書之來池奫寫其書削其言之要者以獻殿下付其書仁任仁任不卽上聞罪三也與百官同盟以示專事殿下之意與胡通欲樹功藩王以免他日之禍反復姦詐罪四也仁任奫脣齒煽變將然之禍不可測請誅仁任與奫又正季南子溫之罪又遣使聞于天子書上貶詹知春州事伯英知榮州事於是鷹揚軍上護軍禹仁烈親從護軍韓理阿仁任意上書以爲諫官論宰相非細故也諫官是則宰相有罪宰相無罪則諫官非矣不可不辨遂下詹伯英獄使瑩奫等鞫之辭連尙衷田祿生瑩杖鞫祿生尙衷甚慘仁任曰不須殺此輩乃流之皆道死杖詹伯英及方旬閔中行朴尙眞流之又以九容崇仁鄭夢周林孝先廉廷秀廉興邦朴形鄭思道李成林尹虎崔乙義趙文信等謀害已並流之時仁任奫堅昧提調政房顓權植黨舉國趍附銓注之際視人賄賂多少伺候勤怠以爲升黜官或不足則添設無限或累旬不下批以待貨賄之來一日除官宰樞至五十九臺諫將帥守令皆其親舊至於市井工匠無不叨緣除拜時人謂之烟戶政其論賞鴻山戰功不從軍得官者甚衆三年以京城濱海畏倭寇欲遷都內地議可否崔瑩以爲不可遷陳徵師固守之策仁任曰今亦地千里農夫輟耕望雲霓而又徵師使失農業非爲國之謀也後仁任坐都堂議遷都曰今倭謀寇京都忠州去海遠

四方道路適均宜預遷太祖眞于忠州以松都爲防戍之地
禑錄仁任復興功敎曰卿以功臣之後在先王時赤心素節
歷仕中外丙申己亥辛丑壬寅癸卯年間社稷傾危之際奮
不顧身克著功績迨先王奄弃之初悉捕兇徒以正典刑俾
予幼冲不墜祖宗之緖再安社稷以迄于今帶礪難忘若不
旌異何以勵後今賜田各二百結奴婢各十五口雖有過愆
犯不至十悉皆原宥卿等其益懋乃心匡救不逮與國咸休
南原府使盧成達日與倡妓縱飮不恤民事及倭寇南原成
達火其倉盜米百三十石紙二百卷憲司請治其罪成達逃
仁任曲法庇之竟不罪有裴中倫者遺仁任妾奴婢五口拜
典客寺丞與判事金允堅爭奴婢允堅亦以奴婢十口遺仁
任二人皆附仁任訟都官允堅得之仁任右中倫召罵都官
吏還取其案允堅更訟之知典法李釋之曰汝可訟於侍中
時凡爭訟者必先以田民金帛道仁任然後得理臺諫彈劾
法司斷决亦皆先陰稟之六年文牒錄事王禕馬弱仁任與
之駿馬七年因倭寇漕路不通宰相之俸不過數斛仁任不
受曰以予之祿頒諸尉正仁任縱肆貪饕瘠公肥私致祿俸

不給顧行小惠以釣虛名時人譏之旣而辭職不允八年判
書雲觀事張補之副正吳思忠等上書言道詵密記有三京
巡御之說今變恠屢現野獸入城群鳥飛集宮中井沸魚鬪
請移都避災禑下其書于都堂仁任執不可曰今勍敵在境
覘我虛實不可徙深地示弱况又年饑倉廩罄竭而使行者
羸糧居者失所其可乎且乘輿所至供億甚繁遷都之擧徒
取民怨非久安之計也事遂寢慶尙道都巡問使南秩不能
禦倭憲司劾之仁任與秩善止令安置宜寧禑荒淫遊戲無
度一日至仁任第適不在乃還仁任聞之獻良馬自後禑常
至其第禑初稍志于學仁任與堅味不喜儒競以鷹犬導之
仁任辭職不允授領門下府事尋領三司事禑遷都漢陽仁
任及禑舅李琳堅味廉興邦都吉敷李存性崔濂等扈從各
遣傔從所在成群奪民田廬無有紀極吉敷以仁任姻親拜
代言諸司章疏不能口讀驟陞五宰黨於仁任堅味與邦久
執政柄受人賄賂用捨顚倒九年有人書于吉敷門曰池佛
陪爲大司憲邊伐介爲掌令二人本系庸賤生長市井姦貪
諂諛未嘗齒於縉紳故書以諷之十年仁任獻其婢鳳加伊

於禑禑寵愛之屢宿其第仁任避居別墅禑稱仁任爲父妻朴氏爲母仁任待禑如畜壻國無旬日之儲而田園奴婢遍中外將相皆出其門爭効之奪人田民不恤國事時人目之曰提調奴婢禑嘗惡堅味貪饕屢諷其子徼堅味托疾乞退仁任亦乞退以觀禑志禑不允仍以仁任領三司事又領重房司憲開城府事副令張演妻典工判書金克恭季女也與護軍金瑋私演執瑋告憲司妻逃入仁任家仁任令憲司勿問十二年代堅味爲侍中明年以老病辭十四年誅林廉安置仁任于京山府竄其弟前評理仁敏于雞林配烽卒杖流孽子大護軍巘孽女壻知申事權執經姪右代言稷姻族簽書密直河崙李崇仁密直副使朴可興誅從孫三司右使存性存性初効仁任所爲後頗悔其尹西京治爲第一民追慕之初仁任逢迎恭愍贊成影殿之役及王薨無嗣援立辛禑一國威福在其掌握欲多樹親黨務以柔佞悅人門客滿庭各自以爲待己尤厚誣陷忠良殺戮無辜時人比之李猫林廉之誅仁任將有所言詣瑩第瑩辭不見然瑩德仁任右己白禑曰仁任决謀事大鎭定國家功可掩過遂幷其子弟皆宥之國人嘆曰林廉之黨渠魁漏網又曰正直崔公私活老賊辛昌立左侍中曹敏修白昌召仁任時仁任已死矣國人初聞被召恐其復亂國政開田民攘奪之門尋聞其死皆喜躍曰人不能誅天乃殛之昌賜敎曰終始哀榮君無憾矣左右輔弼予何望焉人皆笑之敏修請禮葬遣使弔誄贈謚典儀官難之皆謝病不出副令孔俯慨然曰吾而不謚廣平誰敢爲之獨至典儀議謚曰荒繆崇仁河崙姜淮伯等折辱之俯以詼諧對其後臺諫疏論仁任罪亦自俯發之右司議大夫尹紹宗與同列上疏曰竊見李仁任以柔媚之資挾其詐慝夤緣父兄事我玄陵竊位宰相影殿之役中外嗷嗷侍中柳濯請候農隙忤旨見罷而仁任遂代其位當國秉政迎合面諛竭民財力毒痛三韓卒致甲寅之禍是仁任實知民怨而反逢長之也上王幼沖嗣位仁任專制國柄乃謀一身百年之富貴不顧三韓萬世之社稷殺忠勛而竄大臣罷書筵而進頑童蔽上聰明導上聲色娛上遊畋使上王不暇親政宦官宮妾饕夫內豎爵祿以悅之饋遺以結之使爲耳目日夜稱譽於上甘言小惠愚弄國人皆得懽心以林堅味廉興

邦爲腹心雄唱雌和貨官市獄門如沸湯苞苴附托者爲賢才節行廉恥者爲不肖鍾鼎出於一笑刀鋸起於一嚬兩府百司藩鎭守令咸出其門言官要職列其私親溪壑之欲不知紀極田園遍於諸道金帛充於列屋富家之翁咯以封君姻亞乳臭工商賤隷坐耗天祿宿衞之臣百戰之士未食斗粟於是一國之人以奔競爲德行賄賂爲功狀群寮曠職知有私門不知有王室矣四境多虞軍旅方殷而仁任不以爲念敗軍之將納賄則不問破賊之帥非賂則不賞境內丁壯咸托兇黨免於戎行戍兵羸弱倭奴橫行前無結草濱海沃野五六千里暴骨荒墟而內地州郡蕩爲戰場八道蕭然者由仁任之壞軍政也長養林廉群兇之黨奪人土田奪人奴婢賊害無告殘虐生靈惡聲達于上國而仁任自疑不敢入朝其金銀馬布之貢輕薄譎詐之責鐵嶺立衛之議實仁任召之也盧氏宮妾也崔氏院婢也探旨封妃以配正宮倚其內助以固其權猶慮其計之未周也乃納家婢藏爲小君俯伏稱臣滅我列聖五百年正家之法敗我東方數千載秉禮之俗汚穢王室羞辱祖宗播醜天下天子以爲三韓無人開國以來其姦其罪未有倫比林廉之惡皆仁任所醞釀也群兇旣族而仁任乃保其首領以死但削其爵而其家得全是勸來世之姦賊也天子豈不以臣等爲黨惡而不能聞於殿下以正其罪耶其爲中興更化之累莫大焉願殿下奮乾剛之明斷數仁任之罪斬棺瀦宅以解天地祖宗之怒以快臣鄰億兆之憤其家舍奴婢財物一皆籍沒其子孫遠竄禁錮使國人曉然知奸賊誤國之罪雖其身已死不得逃於天誅則爲惡者懼爲善者勸人心正而國祚長矣林廉之族誅誠社稷之福也今殿下憫其罪及無罪還其家產誠天地生物之心也然其支黨假群兇之威福病國毒民所畜聚者豈在無辜之列乎不問有罪無罪一切還之豈不有戾於聖王懲惡勸善之政乎豈不有戾於天道福善禍淫之理乎願命憲司堅昧以下諸姦並不還一錢外其支黨奴婢家財明覈其罪之輕重雖在還給之限止給其祖先相傳文卷明白者其他橫得者一切不許還給以充雜貢疏上命禁錮子孫明年紹宗又與同舍許應閔開等疏論仁任適紹宗病應等寢不上及紹宗遷大司成昌乃許葬仁任其壻姜筮往京山府葬

之紹宗赴書筵以疏進昌命權近讀之疏曰臣等前日論仁任罪惡請斬棺瀦宅而殿下記其人所不知餉軍出奇制勝授立事大之功而宥其三韓所知殘民賊君誤國滔天之罪誠國人之所失望爲惡者之所喜幸爲善者之所沮喪一代人心之所以不正而臣等所以爲殿下懼開萬世禍亂之原於中興之初政也夫以四百餘年聖繼神承之國家至我玄陵仁儉勤政歷年之所積畜者果如亡秦兵火之餘關中之匱竭而仁任有蕭何給軍食之功乎以我玄陵之明得人之多曾謂仁任得專良平淮陰出奇制勝之功哉丙申己亥辛丑癸卯之難廟堂帷幄則有洪彥博諸公干城折衝則有李承慶安祐李芳實金得培崔瑩諸將相功名卓卓在百姓耳目而今也謂仁任一身兼三傑之功者臣等所未知也三韓之人無智愚皆指仁任爲林廉群賊之魁而犬豕之矣罵詈之矣而不知仁任有尺寸之功假令仁任雖小有勞果足以掩其當國十四年賣官而靑紫如泥鬻獄而姦究得志毁軍政而州郡爲墟鑄群兇而斲喪邦本之罪乎

大明龍興續中原之正統玄陵先天下而奉正朔將請衣冠而變胡服下令國中禁人剃頭昇遐不日仁任以侍中剃玄陵所長之髮於是國人知仁任有無君之心無事大之志矣上王無他兄弟明德太后以五朝三韓之母太任太姒之聖擁立上王於膝下謂仁任有援立之功臣等所未知也玄陵之薨上王之嗣王人之不返三者皆國之大事也宜每事各遣一使亟奏而仁任乃遲回經涉數月方遣一介微臣崔源以行遂啓天子疑我之心被我以不道大惡之名可謂能盡事大之禮乎仁任當國逆天子徵執政之命不肯入朝凡遣使臣輒見拘囚推鞫竄逐上下阻隔人情疑懼訛言屢興國幾於亡能盡事大之禮者固如是乎夫治國莫先於正人心人心既正則敎易入而令易行姦不生而亂不作仁任當國徇私情而害公義窮人欲而滅天理生有罪而殺無辜賞無功而誅有功貴貪黑而賤淸白好姦回而惡正直進小人而退君子溺人心於汚濁三韓之人以禮義廉恥爲貧賤禍敗之檻穽而惟恐或陷於其中民焦虛焰國幾顚覆尙賴天地之相祖宗之靈啓我上王廓淸群兇再安社稷人心一正然臣瑩不知春秋討賊之大法上戾天心下違人望釋首惡而

不誅於是國人見賊魁之得全則又翻然而改其心曰彼林廉之敗者姦之未熟耳姦之熟則人不得而罪也天不得而禍也爲惡誠無害也夫人之情誰不樂富貴哉誰不厭貧賤哉若不忠不義窮凶極惡而得保富貴以遺其子孫而無後災則誰復有爲忠爲義以遺其貧賤於子孫哉今殿下私賊魁而全其家則三韓之人父勉其子妻勸其夫使學賊魁之深姦弃忠弃義惑世誣民人人皆欲賣殿下之社稷而求富貴矣仁任之逆命不朝與崔瑩攻遼之計其罪一也若原其情則瑩之攻遼不忍坐視祖宗封疆之削也仁任不朝只爲苟安待死之謀耳瑩之清白將相三十餘年不取民之一毫績癸卯已絕之國統扶昇天幾覆之社稷掃群兇於戊辰拯億兆於湯火一攻遼之謬擧殿下既斷以大義而不敢私矣至於仁任敗國逆命之罪乃何必欲保全以勸萬世之不忠不義乎願殿下一依前疏所言下憲司施行以懲爲惡以正人心恭讓即位諫官吳思忠等又上疏請斬棺瀦宅籍沒家產於是命瀦其宅

林堅味

林堅味平澤人父彥修以堅味故暴貴封平城府院君堅味恭愍朝屬于達赤以勞補中郎將王避紅賊南幸堅味從之至慶安驛堅味言於宰樞曰賊已入京都臨津以北非我有也請徵諸道兵討之宰樞不應堅味涕泣白王王曰其如倉卒何賊平策扈從功爲一等累遷密直副使辛禑時知門下省事轉評理禑始選置內宰樞掌出納於是堅味及洪永通曹敏修爲之常在禁中事無大小皆先關白然後行堅味舅評理致仕公永張死葬具皆官府所庀禑嘗使人召堅味辭以疾再召乃至其驕蹇如此進守門下侍中與都吉敷禹玄寶李存性提調政房故事侍中掌銓選堅味顓權自恣永通敏修雖爲侍中不得與焉堅味姻族成守恒知平州剝民營私無所不至秩滿還家累重屬路又爲鐵原府使又李祥原者以堅味子檄爲養子得拜樞密禑惡堅味貪饕屢諷檄堅味托疾乞退許之封平原府院君遣知申事廉廷秀賜宮醞慰之尋復爲侍中又與李成林等提調實錄編脩遼東都司遣百戶程與來問北靑州萬戶金得卿擊殺官軍之故禑待與極厚堅味成林皆設宴私第厚慰之贈細布遂執得卿歸

于京師將行都堂諭之曰北靑州之事汝任其咎勿以累國得卿曰我但奉行都堂牒耳上國有問豈敢終諱堅味憂懼無以爲計密直提學河崙密謂曰事貴從權當今倭寇充斥豈無遇賊而死者乎堅味大喜得卿行至鐵州中夜盜殺之以遇倭聞于
帝彥修卒及葬歛柩奠至二十餘所成林玄寶廉興邦李仁敏等請謚曰忠貞禑起復堅味爲門下侍中遣知門下事安沼賜衣一襲堅味詣闕謝禑曰今以國事委卿愁哉又賜鞍馬衣服禑調馬花園謂左右曰將水精木公文來予將制此馬又戲謂檄曰爾父好用水精木公文時堅味仁任興邦縱其惡奴有良田者率以水精木杖而奪之其主雖有公家文券莫敢與辨時人謂之水精木公文禑聞而惡之故每言及之尋領三司事興邦家奴李光奪前密直副使趙胖白州之田胖乞哀於興邦興邦歸其田光復奪其田凌辱胖胖詣光哀請光傲胖益縱虐胖不勝憤以數十騎圍而斬之火其家欲白興邦馳入京興邦聞斬光大怒誣胖謀叛令巡軍執胖母妻遣四百餘騎至白州捕胖騎至碧瀾渡州人云胖率五騎已馳入京興邦等勸禑下令購捕甚急交州道元帥鄭子喬使其壻中郎將安承慶捕胖于孝思觀松岡繫巡軍興邦時爲上萬戶吉敷爲副萬戶與堅味女壻都萬戶王福海及副萬戶李光甫委官尹珍姜淮伯臺諫典法雜訊胖曰六七貪婪宰相縱奴四方奪人田民戕虐百姓是大賊也胖今斬光者唯以輔國家除民賊耳何云謀叛拷掠竟日不服興邦欲胖誣服治極慘酷胖辱罵不小屈曰我欲斬汝國賊汝與我相訟者也何鞫我爲興邦怒益蹙使人亂擊其口福海陽不聞假睡餘人無敢如何獨左司議大夫金若采以爲不可而止之後數日禑如瑩第與語良久議胖獄是日興邦復欲鞫胖赴巡軍請獄官及臺諫皆不至禑遣醫賜胖藥尋命釋胖及其母妻又賜醫藥與裘時當頒祿禑下令曰宰相旣富可不頒其先頒隊伍之無食者遂下興邦于巡軍國人皆喜曰吾君明矣禑召胖七歲兒問其父所爲對曰吾父但拔劒試之云欲斬貪婪六七宰相以快吾志否則妻孥必至飢寒禑賜兒笠禑命瑩及我
太祖陳兵宿衛下堅味吉敷獄使者至堅味第堅味拒命厲

聲謂使者曰七日頒祿古制也今主上無故不頒豈爲君之道乎自古人主之非臣下有正之者遂欲爲亂使人奔告其黨甲騎已遮路不可出其人歸以告堅味堅味家在男山北既而仰見男山甲騎成列膽落就擒歎曰廣平君誤我矣先是堅味興邦忌瑩淸直且握重兵常欲加害仁任固止之故云巡軍鞫堅味興邦等罪不窮治以聞禑大怒以前評理王安德爲都萬戶知門下李居仁爲上萬戶我

恭靖王爲副萬戶命更鞫之

恭靖王時知密直檄自總角昵侍禑遊戲出入動必相隨累遷密直副使常直禁中至是勒歸其家尋下檄福海成林興邦興邦弟大司憲廷秀堅味女壻知密直金永珍等巡軍獄分遣諸道察訪刷堅味興邦所奪田民還其主遂誅堅味成林福海興邦吉敷廷秀永珍檄又斬福海養父門下賛成事金用輝成林壻存性成林友壻前原州牧使徐信堅味弟判開城齊味興邦妹壻密直洪徵任獻典法判書李竦獻子公緯公約公縝福海兄德海妹壻開城尹鄭慤朴仁貴李希蕃等福海被繫用輝有異謀帶劍入闕故先斬之仁貴希蕃托附堅味者獄官籍獻家無擔石之儲欲免之瑩以獻籍興邦勢爲大司憲未嘗發一直言遂斬之時人悲之又斬福海父右侍中益淳堅味姪女壻右司議大夫辛權吉敷女壻大護軍辛鳳生堅味族子執義李美生判官閔中達徵子尙淵尙濱尙溥判內府寺事金萬興等萬興堅味家臣專惣田民之簿貪暴奸黠爲腹心者又斬興邦兄瑞城君國寶國寶子同知密直致中女壻知部安祖同興邦女壻成均祭酒尹琠護軍崔遲福海妹壻大護軍金涵族典法判書金乙鼎掌令金肇齊味子孟陽吉敷族前江陵府使都希慶都衎都云達及被誅者族黨前知密直全彬密直副使安思祖密直提學朴仲容辛靖司僕正甘成旦宦者趙元吉等五十餘人籍沒堅味等貲產流吉敷子進士俞于邊地俞禹仁烈女壻瑩與仁烈善免置田民辨正都監考覈堅味等所奪占田民分遣安撫使于諸道收捕堅味等家臣惡奴誅之凡千餘人並沒財產杖仲容父前賛成形一百流角山戍巡軍勾撿堅味益淳興邦吉敷財產栲掠其妻皆死獄中盡收殺被誅者子孫雖在襁褓皆投之江匿免者無幾沒被誅人妻女爲官婢凡三

十餘人投成林福海存性永珍檄權孫仲興及檄六歲子于臨津又斬成林黨前判書戍仲庸徐規亦成林黨也在利川安集李安生捜捕之規逃其妻故宰相成士達之女安生見而悅之遂私焉其妻誘規至執殺之事覺殺安生沒規妻爲典客寺婢堅味性猜忌陰兇有口才世比之李林甫仁任久竊國柄支黨根據堅味爲其腹心疾惡文臣放逐甚衆興邦亦在逐中後堅味以興邦世家大族請與昏姻興邦亦懲前日流貶欲保其身惟仁任堅味言是從於是以興邦異父兄成林爲侍中權奸親黨布列兩府中外要職無非私人專權自恣賣官鬻爵奪人土田籠山絡野奪人奴婢千百爲群以至陵寢宮庫州縣津驛之田靡不據占背主之隷逃賦之民聚如淵藪廉使守令莫敢徵發由是民散寇熾公私匱竭中外切齒瑩及

太祖憤其所爲同心協力導禑除之國人大悅道路歌舞

廉興邦

廉興邦曲城府院君悌臣之子恭愍朝擢魁科累遷左代言辭罷王欲與儒術重營國學于崇文館舊址興邦主其事令文臣隨品出布典校郎尹商拔賣衣得布五十端以助其費興邦責不出布者曰商拔寒儒祿不足以度朝夕尙賣衣助費公等可出商拔下乎旬日間得布至萬端時影殿役大興倉庾虛竭而不仰公廪得營國學尋陞知申事與諸將平紅賊收復京都策功爲二等拜密直副使轉提學辛禑時忤李仁任流于外尋封瑞城君有裴元龍者素稱能吏附興邦爲養父贈以宅舍爲雞林府尹侵漁百姓至載鐵杷歸之家鄕人目爲鐵文魚府尹文魚即八梢魚鐵杷之狀似之故云除三司左使禑不親政興邦與弟廷秀及禹玄寶專秉國務皆決於口或有不啓而行者時擬遣知門下事安慶爲進奉使如

大明興邦受慶賂以前門下評理洪尙載代之一日將大閱于毬庭大司憲任獻興邦妹壻也遣臺吏告都堂曰此庭非惟先王大朝會行禮之所密邇景靈殿太祖列聖神御在豈可縱軍士馳騁於其間乎興邦曰玄陵嘗閱五軍於此取其閑曠也獻執不可興邦怒曰講武之事非惟都堂亦憲司所宜深慮也玄寶亦謂臺吏曰姑且休矣興邦家奴李琳女壻

判密直崔濂家奴居富平恃勢恣橫府使周彥邦遣吏簽軍奴等率民四十餘人毆其吏濱死彥邦自持四道都指揮使發軍牒至其家奴輩又毆彥邦且毆二傔人折其齒都堂以聞禑遣巡軍提控辛龜生往捕奴輩不復究問悉斬之與邦嘗與異父兄李成林上家而還騶騎滿路有人爲優戲極勢家奴隸剝民収租之狀成林忸怩與邦樂觀不之覺也後與林堅味伏誅事在堅味傳

曹敏修

曹敏修昌寧縣人恭愍時出知順州紅賊入寇敏修與諸將擊走之錄功爲二等累轉典理判書進同知密直司事賜忠勤輔理功臣號辛禑初爲慶尙道都巡問使倭寇金海恣殺掠焚官廨城門敏修與戰敗又戰于大丘亦敗安集盧處中死士卒死者甚衆倭數十艘自金海沂黃山江將寇密城敏修邀擊之斬數十級禑遣中使賜衣酒及馬倭又寇晉州敏修戰于清水驛斬十三級以獻禑遣人賜酒遷知門下府事爲西北面都體察使定遼衛都事高家奴聞納哈出與北元屢遣修交好於我遣卒二百餘來渡鴨江行商覘我敏修曰聞有
聖旨禁斷私商汝何犯令擾我疆耶其卒還渡江去轉評理拜守侍中上書乞退禑不聽敏修與諸宰相建議軍國之需不贍凡賜給田及口分田寺社田租並公収之以補經費禑不從罷封昌城府院君尋判門下府事禑攻遼敏修爲左軍都統使事在禑傳我
太祖於回軍時與敏修議復立王氏之後敏修亦以爲然及禑廢
太祖欲擇立王氏之後敏修念李仁任薦拔之恩謀立仁任外兄弟李琳女謹妃之子昌恐諸將違己意立王氏以韓山君李穡爲時名儒欲籍其言密問於穡穡亦欲立昌乃曰當立前王之子
太祖謂敏修曰其如回軍時所言何敏修作色曰元子之立韓山君已定策何可違也遂立昌敏修請于昌召仁任李崇仁等仁任已死矣昌以敏修爲楊廣全羅慶尙西海交州道都統使賜忠勤亮節宣威同德安社功臣號林廉誅敏修恐禍及己所嘗攘奪田民悉還其主至是稍稍復奪肆其貪婪

又沮革私田之議踵仁任所爲趙浚上疏劾之流于昌寧并流其鎭撫南成理于公州許珥于鳳州昌使左代言權近賜敏修酒曰卿雖有罪然功可相掩不宜流竄但在卽位之初諫臣之言不可不聽耳昌以生日宥罪放敏修歸田里恭讓卽位諫官吳思忠趙璞等上疏以爲諸將回軍議立王氏之際曹敏修以李仁任姻親欲立昌問計於穡遂定議立之請下攸司論罪王命削職復遣司憲糾正田時鞫之郎舍尹紹宗等上書略曰敏修黨於賊臣李仁任位至冢宰縱其貪暴大敗風俗又以主將沮立王氏之議而立昌欲使我宗廟永不血食權近私拆聖旨黨附辛氏先示李琳二人逆謀皆天地所不容祖宗所不赦請下攸司明正典刑王以敏修回軍有大功不宜重論止令遠配近亦杖流憲司上疏請治敏修穡議立辛昌又欲迎還辛禑之罪諫官復上疏請置極刑削穡職與敏修皆徙邊地臺諫再論奏不報又交章上疏王命我
太祖及沈德符曰敏修旣已加罪卿等宜論臺諫更不論執玉錄回軍功下敎褒奬賜功臣號臺諫上疏以爲曹敏修沮衆議立異姓是乃王氏祖宗之罪人也乞明正其罪不允尋卒于昌寧省憲刑曹言敏修沮王氏而立昌其罪固不容誅幸免刑戮得終天年保全其家無以示後擧國觖望王召鄭夢周裴克廉等同省憲刑曹更議籍敏修家子取貴嘗爲辛旽所愛金與慶譖于王王謁陽陵取貴不扈駕杖殺之

邊安烈

邊安烈本瀋陽人因元季兵亂從恭愍王來賜鄕原州從安祐擊走紅賊錄其功爲二等累遷判少府監事又與祐等收復京都錄功爲一等尋除禮儀判書賜推誠輔祚功臣號陞密直副使再轉知司事宰樞嘗會宴于郊安烈與林堅味廉興邦等拍戲較勝負拜判密直司事與崔瑩征濟州還改知門下府事轉評理辛禑初賜推忠亮節宣威翊贊功臣號出爲楊廣全羅道都指揮使兼助戰元帥倭寇扶寧登幸安山安烈與羅世趙思敏柳實督兵進攻大破之斬獲甚多獻捷禑賜白金一錠鞍馬衣服凱還都堂出天水寺設儺戲迎之進門下贊成事倭賊五百艘入鎭浦口以巨絙相維分兵守之遂登岸散入州郡焚掠羅世沈德符等至鎭浦用火炮焚

其船賊守船者燒溺殆盡賊窮怒益盛盡殺所俘子女山積
所過波血唯三百三十餘人自拔而來守船賊脫死者趣沃
州與登岸賊合焚利山永同縣殺永同監務又焚黃澗禦侮
二縣又寇中牟化寧功城青利等縣焚尙州留七日置酒至
羅道元帥池湧奇麾下裴儉自募請往覘賊諸元帥許之儉
至賊欲殺之儉曰天下無殺使之國我國諸將領精兵無筭
戰則必克然盡殲汝等何益汝等宜占居一邑賊曰是紿我
也汝國誠欲活我豈奪我舟楫耶吾亦計之熟矣飮儉以酒
遂以鐵騎衛送賊掠得二三歲女兒剃髮剖腹淨洗兼奠米
酒祭天分左右張樂羅拜祭畢擲分其米而食飮酒三鍾焚
其兒槍柄忽折卜者曰吾等留此必敗即引軍趣善州遂焚
善州又侵京山府三道沿海州郡蕭然一空自有倭患未有
如此之比禑以我
太祖爲楊廣全羅慶尙道都巡察使安烈爲都體察使以副
之王福命禹仁烈都吉敷朴林宗洪仁桂林成味及
太祖庶兄元桂爲元帥皆受
太祖節度各賜馬二匹師出至長湍有白虹貫日占者以爲
戰勝之兆倭駐沙斤乃驛元帥裴克廉金明輝池湧奇吳彦
鄭地朴修敬裴彦都興河乙沚擊之敗績修敬裴彦死士卒
死者五百餘人賊遂屠咸陽又攻南原山城不克退焚雲峰
縣屯印月驛聲言將穀馬于光之金城北上中外大震
太祖見僵尸相接惻然不能寢息與安烈等至南原克廉等
來謁于道莫不懽悅
太祖休馬一日將以厥明戰諸將咸曰賊負險不若俟其出
與戰
太祖慨然曰興師敵愾猶恐不見賊今遇賊不擊可乎遂部
署諸將詰朝誓而東踰雲峯距賊數十里至荒山西北登鼎
山峯
太祖見道右險徑曰賊必出此襲我後矣我當趣之諸將皆
由坦道進望見賊鋒銳甚不戰而却時日已昃
太祖既入險賊奇銳果突出
太祖以大羽箭二十射之繼以柳葉箭射之五十餘發皆中
其面莫不應弦而斃凡三遇屢戰殲之其地泥濘彼我俱陷
相顚仆及出死者皆賊我軍不傷一人賊據山自固

太祖指揮士卒分據要害使麾下李大中等十餘人挑之
太祖仰攻之賊出死力衝突我軍奔北而下
太祖顧謂將士曰堅控轡勿使馬蹶旣而
太祖復使吹螺整兵蟻附而上衝賊陣有賊將引槊直趨
太祖後甚急偏將李豆蘭躍馬大呼曰
令公視後令公視後
太祖未及見豆蘭遂射殪之
太祖馬中矢而仆易乘又中仆又易乘飛矢中
太祖左脚
太祖抽矢氣益壯戰益急軍士莫知
太祖傷賊圍
太祖數重
太祖與數騎突圍而出賊又衝突
太祖前
太祖立殪八人賊不敢前
太祖誓指天日麾左右曰怯者退我且死賊將士感厲勇氣
百倍人人殊死戰賊植立不動有一賊將年纔十五六骨貌
端麗驍勇無比乘白馬舞槊馳突所向披靡莫敢當我軍稱
阿只拔都爭避之
太祖惜其勇銳命豆蘭生擒之豆蘭白曰不殺必傷人其將
身被堅甲又帶銅面具無隙可射
太祖曰我射兜牟頂子兜牟落汝便射之遂躍馬射之正中
頂子兜牟纓絕而側其將急整之
太祖卽射之又中頂子兜牟遂落豆蘭便射殺之於是賊挫
氣
太祖挺身奮擊賊銳鋒盡斃賊痛哭聲如萬牛棄馬登山諸
軍乘勝馳上鼓譟震地四面崩之遂大破之川流盡赤六七
日色不變人不得飲皆盛器候澄久乃得飲獲馬一千六百
餘匹兵仗無筭遣知印金鞠報捷禑喜遣密直使印元寶賜
宮醞慰之授鞠郞將賜馬一匹初賊十倍於我唯七十餘人
奔智異山
太祖曰天下未有殲敵之國遂不窮追退而大作軍樂陳儺
戲軍士皆呼萬歲獻首級山積諸將懼治不戰之罪叩頭流
血乞生

太祖曰在朝廷處分又曰賊之勇者殆盡矣笑謂諸將曰擊
賊固當如是諸將咸服時被虜者自賊中還言阿只拔都望
見
太祖置陣整齊謂其衆曰觀此兵勢殊非往日諸將比今日
之事爾輩宜各愼之初阿只拔都在其島欲不來衆賊服其
勇銳固請而來諸賊會每進見必趨蹌軍中號令悉主之是
行也軍士帳幕柱皆易以竹
太祖謂曰竹輕於木便於致遠然亦民家所植也且非吾裝
齎舊物不失舊而還足矣軍士敬服咸弃之
太祖所至不犯秋毫皆類此東寧之役
太祖獲其將處明不殺處明感恩每見矢痕必嗚咽流涕常
隨侍左右是戰也處明居馬前力戰立功時人稱之
太祖振旅而還崔瑩率百官設綵棚雜戲迎天壽寺門前
太祖望見下馬趨進再拜瑩亦再拜前執
太祖手揮涕曰非公孰能爾耶
太祖頓首謝曰謹奉明公指揮幸而得捷予何功焉此賊勢
已挫矣儻若復肆吾當受責瑩曰
公乎公乎三韓再造在此一擧微
公國將何恃
太祖讓不敢當禑賜
太祖及安烈金各五十兩禑命以下諸將銀各五十兩皆辭
曰將帥殺賊職爾臣何敢受
太祖威名益著倭賊虜國人必問
李(太祖舊諱)萬戶今在何處乎不敢近
太祖之軍必伺閒乃入寇安烈與堅味李仁任提調政房同
欲相濟凡工匠及有財者必先用之倭寇丹陽郡安烈與韓
邦彥等擊破之斬八十餘級獲馬二百餘匹又與邦彥等擊
倭于安東斬三十餘級獲馬六十匹封原川府院君尋判三
司事恭讓初領三司事金佇獄起佇言與安烈李琳禹玄寶
禹仁烈王安德禹洪壽共謀迎驪興王爲內應郎舍尹紹宗
李詹吳思忠等上疏曰安烈欲迎立辛禑永絕王氏之祀實
金佇之所明言國人之所共知請下憲司明正典刑籍沒家
產王乃以事在赦前但罷其職翌日疏又上只削職流漢陽
初禑歸江陵謂人曰誤我者安烈問佇不服以刀裂足掌數

寸許熨以火隨問皆服遂成獄詞安烈亦坐罪紹宗等又言洪永通禹玄寶三安德禹仁烈鄭熙啓等實與安烈逆謀王氏臣子不共戴天之讎願置安烈永通玄寶仁烈安德等極刑不報紹宗等又言洪永通黨附仁任堅味與邦同惡相濟群兇就戮而永通獨以禑姻戚得保首領禹玄寶位至上相患失乾沒姦邪傾諂毀我禮俗王安德托名將帥每致敗北藍浦之役全軍覆沒大損國威在軍法所當誅禹仁烈出身刀筆夤緣權勢致位政府功德斯民盖所未聞鄭熙啓連姻興邦恣爲不義又因禑妻崔天儉之女幸免戊辰之誅此五人罪惡貫盈在所必誅況與安烈之謀欲戴辛禑是皆天地所不容非殿下所得私也願殿下斷以大義下攸司鞫治不允諫官伏閤待命日中不退王乃召德符及我

太祖議之下旨曰安烈已削職流之永通玄寶熙啓等於佇辭證並不相干安德當回軍時協謀定策仁烈嘗與偰長壽入朝奏禑狂悖之狀於佇謀必不與焉只罷其職潛遣密直副使柳龍生語永通等曰我在卿等毋恐是日狐出壽昌宮西門走入孝恩觀西岡郞舍復上疏曰狐陰類而穴居者也小人托附權勢之象也故傳論小人之難去曰穴墉之狐不可灌也墉以比權勢狐以比小人今臣等伏閤請去小人而妖狐乃見是小人未盡去之象也天之譴告明矣古人曰執狐疑之心者來讒賊之口願殿下上畏皇天之戒次念祖宗之業正安烈等六人之罪以謝祖宗則天譴可弭矣不聽大司憲成石璘又上疏請誅安烈時有强盜劫人於門外紹宗等面啓曰唐憲宗朝吳元濟以蔡州叛丞相武元衡中丞裴度請討之李師道以藩鎭聲勢相倚故遣賊殺元衡傷度首而去群臣議赦元濟以安藩鎭憲宗不聽以度爲丞相卒平元濟以安天下今賊近在京城又在漢陽劫盜之發實由此輩不可不慮也退上疏曰臣等前以安烈大逆五上疏請治罪殿下寬宥只今安置漢陽別業國人觖望願明正其罪以懲亂賊王下其疏憲司曰就貶所勿更鞫誅之憲司夜遣錄事孫元提移牒漢陽府尹金伯興誅安烈都評議使司奏曰大臣不可不問其故便置極刑王命左司議吳思忠執義南在往鞫之思忠等行至碧蹄驛遇元提只誅安烈而還安烈臨刑歎曰謀迎辛禑豈獨我哉欲有所言伯興不問命吏出

外斬之紹宗等言自古亂臣賊子未有無黨而敢爲惡者竊聞逆臣安烈臨刑自言臣死固當同謀者衆獨臣死耶漢陽府尹金伯興不問而誅之安烈腹心部將通山君李乙珍必與其謀不可不鞫伯興黨逆掩覆之罪不可不懲乃罷伯興職遣司平提控朴爲生司憲糾正申孝昌鞫乙珍于淸州栲掠甚酷辭連李琳及子貴生及定州牧使李庚道鄭地元庠庠安烈之妻族命臺諫同巡軍鞫庠庠曰但怨革私田欲迎立辛禑以沮其事耳乃遣思忠及掌令權湛鞫庚道于安州在及左獻納咸傅霖鞫琳于全州地及貴生于雞林又命臺諫同巡軍鞫問伯興庠伯興死獄中王疑獄官酷刑致死乃曰罪不及妻孥宜免安烈妻族遂釋庠尋下敎錄安烈囘軍功尋以辭連彝初削功臣籍沒家產子顯顧預

王安德

王安德鄉貫世系未詳恭愍朝從安祐等平紅賊錄功爲二等累遷密直副使恭愍薨安德倡議立辛禑陞判司事轉門下評理北元使來安德爲館伴有宰相奉宮醞至館立而飮使臣跪飮安德使臣怒曰以汝君之酒立飮天朝使跪飮陪臣禮乎時君弱大臣用事人皆趨附求合故積習至此出爲楊廣道都元帥倭寇餘美縣安德擊之賊登山趣沔州安德追擊斬一級賊入加耶寺禑遣體覆使崔仁哲責安德不能捕倭倭自江華攻陷楊廣濱海州郡初賊船僅二十二艘奪我戰艦多至五十艘見者誤以爲我軍不避被殺傷者不可勝計賊又寇慶陽遂入安城郡安德望見賊勢怯懦不進乃召副元帥印海陽川元帥洪仁桂退次加川驛欲邀擊歸路賊知之由他路引去安德率銳卒擊之不克身被創銳卒死者四人安德號天慟哭擒賊諜訊之諜曰吾等議若侵楊廣諸州崔瑩必帥師而下於是乘虛直擣京城可圖也初賊入安城伏兵麻田使被虜三四人田于隴上若農夫然以紿之水原府使朴承直聞三元帥至亦率兵來問田者曰賊退否三元帥何在對曰賊旣退三元帥追之矣承直信之直趨官廨賊伏發圍之承直單騎突圍脫走士卒多被殺虜自水原至陽城安城蕭然無復人烟遣贊成事楊伯淵評理邊安烈林堅味助戰會仁哲還朝妄言臣督安德仁桂海擊倭于稷山縣斬五十餘級賊奔潰禑信之賜仁哲廐馬白金安德等

厩馬衣酒召伯淵等還倭屠燒洪州殺牧使池得淸妻虜判官妻子安德與戰于盧峴敗績翌日賊又寇温水縣焚伊山營海等戰于薪橋夜賊四圍士卒驚潰多死賊又自鎭浦入韓州安德請遣將助戰禑命商山君金得齊密直副使睦忠王賓副之賊又寇寧州牙州安德與仁桂海得齊忠賓等戰于牙州走之擒三人獲兵仗及馬百七十餘匹禑賜酒以慰之又擊倭于槐州斬三級倭賊二百餘騎寇槐州長延縣安德與金斯革都興擊之斬三級拜贊成事倭賊屯古庇仁境安德與廣州節制使崔雲海楊廣道都節制使李承源追至九十里與戰于都屯串大敗安德墜馬僅免士卒死者四十餘人恭讓朝判三司事金佇邊安烈之獄起辭連安德及禹仁烈禹洪壽等臺諫屢上疏請置極刑不允封安德爲江原君王召獻納咸傅霖曰予命臺諫刑曹毋論王安德禹仁烈禹洪壽等汝知否傅霖對曰臣知之王曰汝已知之何論執不已予雖否德旣已爲君汝等不從我命可乎對曰賞罰不當則臺諫論駁固其職也王曰汝等不從我命當罪之對曰自古人君不罪言者王曰玄陵之世諫官得罪者多矣對曰玄陵何足法乎卽位之初有仁心仁聞稍稱賢君厥後頗自爲聖蔑視群下雖有言者不以爲意猜忌日深大臣臺諫皆受其禍言路蔽塞馴致甲寅之變今殿下膺臣民之推戴紹復大業三韓欣然以爲復見太祖之世若止以玄陵爲法豈臣民之望乎王曰洪壽爲功臣安德有回軍之功仁烈嘗入朝奏禑不道豈欲迎立哉對曰戊辰回軍權在李侍中安德在麾下安敢有異議仁烈之入朝迫於國命豈得已乎洪壽之爲功臣臺諫已言其濫大抵反側小人權利所在則從之請斷以大義王不悅臺諫交章復論安烈之黨流安德于豐州洪壽于仁州元庠于光州又流李乙珍李庚道于遠地踰月召還郞舍許應等言偰辛之黨其罪一也憲司近劾李穡寘逐鄕里而王安德李穜學李乙珍李庚道等尙在京城請奪職遠流王以安德有功且罪狀未著止流穜學乙珍庚道于外未幾定迎禑之罪外方從便尋許任便居住卒謚貞襄

列傳卷第三十九

列傳卷第四十　高麗史一百二十七

正憲大夫工曹判書集賢殿大提學知經筵春秋館事兼成均大司成臣鄭麟趾奉

叛逆一

孔子作春秋尤嚴於亂臣賊子及據地以叛者其誅死者而不貸所以戒生者於後也夫人臣忠順則榮其身保其宗而美名流於後叛逆者未有不脂潤鼎鑊赤其族而覆其祀者可不戒哉作叛逆傳

桓宣吉

桓宣吉與其弟香寔俱事太祖有翊戴功太祖拜宣吉馬軍將軍委以腹心常令率精銳宿衞其妻謂曰子才力過人士卒服從又有大功而政柄在人可不懊乎宣吉心然之遂陰結兵士欲伺隙爲變馬軍將卜智謙知之密告太祖以跡未形不納一日太祖坐殿與學士數人商略國政宣吉與其徒五十餘人持兵自東廂突入內庭直欲犯之太祖策杖立厲聲叱之曰朕雖以汝輩之力至此豈非天乎天命已定汝敢爾耶宣吉見太祖辭色自若疑有伏甲與衆走出衞士追及毬庭盡擒殺之香寔後至知事敗亦亡追兵殺之又徇軍吏林春吉者靑州人與州人裵忩規季川人康吉阿次昧谷人景琮謀反欲逃歸靑州智謙以聞太祖使人執訊之皆服並令禁錮唯忩規知謀洩乃逃於是欲盡誅其黨靑州人玄律奏景琮姉乃昧谷城主龔直妻也其城甚固難以攻拔且隣賊境若或誅琮龔直必反不如宥以懷之太祖欲從之馬軍大將軍廉湘進曰臣聞景琮嘗語馬軍箕達曰姉之幼子今在京師思其離散不堪傷情況觀時事亂靡有定會當伺隙與之逃歸琮謀今果驗矣太祖大悟便令誅之

伊昕巖

伊昕巖業弓馬無他才識見利躁求事弓裔以鉤距得見任用弓裔末年將兵襲取熊州因鎭之聞太祖即位潛懷禍心不召自至士卒多亡熊州復爲百濟所有韓粲守義刑臺令閻萇與昕巖比隣萇知其陰謀具奏太祖曰昕巖弃鎭自來以喪邊疆罪實難原然與我並肩事主情分有素不忍加誅

且其反形未露彼必有辭萇請密令伺之太祖遣內人至萇家從帳中候之昕巖妻桓氏至厠謂其無人旋已長吁曰吾夫事若不諧吾受禍矣言訖而入內人以狀聞遂下獄具服令百僚議其罪皆曰當誅太祖親讓之曰汝素蓄兇心自陷刑辟法者天下之公不可私撓昕巖流涕而已令斬於市籍其家不問黨與

王規

王規廣州人事太祖爲大匡太祖納規二女一爲第十五妃一爲第十六妃十六妃生一子曰廣州院君惠宗二年規譖王弟堯及昭有異圖惠宗知其誣恩遇愈厚司天供奉崔知夢奏流星犯紫微國必有賊惠宗意規謀害堯昭之應乃以長公主妻昭用强其族規不得行其謀規又欲立廣州院君嘗夜伺王睡熟遣其黨潛入臥內將行大逆惠宗覺之一拳斃之令左右曳出不復問一日惠宗違豫在神德殿知夢又奏近將有變宜以時移御惠宗潛徙重光殿規夜率其黨穴壁而入寢已空矣規見知夢拔劒罵之曰上之移寢必汝謀也知夢竟無言規乃退惠宗雖知規所爲亦不罪之規嘗惡大匡朴述熙及惠宗薨矯定宗命殺之初惠宗疾篤定宗知規有異志密與西京大匡式廉謀應變及規將作亂式廉引兵入衛規不敢動乃竄于甲串遣人追斬之誅其黨三百餘人

金致陽

金致陽洞州人千秋太后皇甫氏外族性姦巧陰能闗輪嘗詐祝髮出入千秋宮頗有醜聲成宗認之杖配遠地穆宗即位召授閤門通事舍人不數年貴寵無比驟遷至右僕射兼三司事百官與奪皆出其手親黨布列勢傾中外賄賂公行起第至三百餘間臺榭園池窮極美麗日夜與太后遊戲無所忌又役農民立祠洞州額曰星宿寺又於宮城西北隅立十王寺其圖像奇怪難狀潛懷異志以求陰助凡器皿皆銘其意鍾銘曰當生東國之時同修善種後往西方之日共證菩提穆宗常欲黜之恐傷母志不敢也後太后生子是私致陽所生也致陽與太后謀爲王後忌大良君逼令爲僧屢欲害之乘王寢疾欲謀變劉忠正上書告變王召蔡忠順密議令亟迎大良君致陽知之無如之何首鼠數日及康兆廢立

遣兵殺致陽幷其兒流其黨于海島有長淵縣人文仁渭者悃愊無華久爲千秋宮使及致陽誅宮僚多連坐誅竄獨仁渭以兆之庇獲免官至尙書左僕射

康兆

康兆穆宗時累官中樞使右常侍出爲西北面都巡檢使穆宗寢疾知金致陽謀變遣皇甫俞義往迎顯宗又知殿中監李周楨附致陽權授西北面都巡檢副使即日發遣仍徵兆入衛兆聞命行至洞州龍川驛內史主書魏從正安北都護掌書記崔昌會坐事被黜深怨朝廷常欲構亂二人俱謁兆給言主上疾篤命在頃刻太后與致陽謀奪社稷以公在外手握重兵恐或不從矯命徵召足下當速還本道大擧義兵保國全身時不可失兆深然之以爲王已薨朝廷悉被致陽詿誤便歸本營太后忌兆來遣內臣守岊嶺使遏行人兆父患之爲書納竹杖中介奴剃髮爲僧詭言妙香山僧報兆云王已賓天姦兇用事可擧兵來以靖國難奴晝夜急走至兆處氣竭而斃兆探得杖書愈信王薨遂與副使吏部侍郞李鉉雲等領甲卒五千至平州知王未薨兆喪氣垂頭良久諸將曰業已來矣不可止兆曰然遂決意廢立不知王已迎顯宗乃遣分司監察金應仁率兵往迎先奏王曰上疾彌留國本未定姦黨窺覦又偏信庾行簡等讒諛賞罰不明致此危亂今欲定分以係人心除惡以快衆憤已迎大良君詣闕恐聖情驚動請出御龍興歸法寺即掃盪姦黨然後迎入王曰已知所奏是日應仁與俞義到神穴寺奉顯宗還翼日鉉雲率兵入迎秋門大譟穆宗驚懼訊行簡送兆所給事中卓思政郞中河拱辰皆奔于兆兆至大初門據胡床崔沆出自省兆起揖沆曰古有如此事乎兆不應於是兵士闌入穆宗知不免與太后仰天號泣率宮人小竪及蔡忠順劉忠正等出御法王寺兆坐乾德殿御榻下軍士呼萬歲兆驚起跪曰嗣君未至是何聲耶俄而俞義等奉顯宗而至遂即位於延寵殿兆廢穆宗爲讓國公使閤門通事舍人傅巖等守之遣兵殺致陽父子及行簡等七人流其黨及太后親屬周禎等三十餘人于海島穆宗使沆請馬於兆送一匹又於人家取一匹穆宗及太后乘之出自宣仁門向忠州行至積城縣兆遣尙藥直長金光甫進毒穆宗不肯飮光甫謂隨從中禁安覇

等曰兆言若不能進毒可令中禁軍士行大事報以自刃不爾吾與若等俱族矣夜彌等弑之以自刎聞取門扇爲棺權厝于館兆使人以縣倉米作飯祭之顯宗以兆爲中臺使鉉雲爲副使尋授兆吏部尙書參知政事元年五月契丹主以兆弑君欲發兵問罪王聞之以兆爲行營都統使鉉雲及兵部侍郞張延祐副之起居舍人郭元侍御史尹徵古都官員外郞盧戩爲判官右拾遺乘里仁西京掌書記崔冲並爲修製官檢校尙書右僕射上將軍安紹光爲行營都兵馬使御史中丞盧頲副之兵部郞中金爵賢及皇甫俞義爲判官少府監崔賢敏爲左軍兵馬使少府少監崔輔成副之興威衞錄事高幹大樂丞金在鎔爲判官刑部侍郞李昉爲右軍兵馬使刑部郞中金丁夢副之內謁者柳莊爲判官禮賓卿朴忠淑爲中軍兵馬使禮賓少卿李良弼副之尙書都事高延慶司宰注簿庾伯符爲判官刑部尙書崔士威爲統軍使戶部侍郞宋隣副之左司員外郞皇甫申試兵部員外郞元穎爲判官率兵三十萬軍于通州以備之十一月契丹主自將步騎四十萬號義軍天兵渡鴨綠江圍興化鎭兆引兵出通州城南分軍爲三隔水而陣一營于州西據三水之會兆居其中一營于近州之山一附城而營兆以劍車排陣契丹兵入則劍車合攻之無不摧靡契丹兵屢却兆遂有輕敵之心與人彈棊契丹先鋒耶律盆奴率詳穩耶律敵魯擊破三水砦鎭主告契丹兵至兆不信曰如口中之食少則不可宜使多入再告曰契丹兵已多入兆驚起曰信乎恍惚若見穆宗立于其後叱之曰汝奴休矣天伐詎可逃耶兆卽脫鍪牟長跪曰死罪死罪言未訖契丹兵已至縛兆褁以氈載之而去鉉雲亦被執契丹主解兆縛問曰汝爲我臣乎對曰我是高麗人何更爲汝臣乎再問對如初又剮而問對亦如初問鉉雲對曰兩眼已瞻新日月一心何憶舊山川兆怒蹴鉉雲曰汝是高麗人何有此言契丹遂誅兆

李資義

李資義中書令子淵之孫侍中頲之子宣宗朝累遷戶部尙書獻宗元年拜中樞院使初宣宗納尙書李碩女爲后生王又納資義妹元信宮主生漢山侯昀王幼弱有疾不能聽決母后專國事左右依違其閒資義貪冒貨財集無賴勇士以

騎射爲事常曰主上有疾朝夕難保外邸有窺覦者汝輩宜盡力奉漢山侯勿令神器歸于他人聚兵禁中欲擧大事時肅宗爲雞林公在明福宮密知之諭平章事邵台輔曰國家安危繫宰相今事急公其圖之台輔使上將軍王國髦領兵入衛國髦先令壯士高義和斬資義於宣政門內誅其黨閤門祗候張仲中樞院堂後官崔忠伯等于宣政門外分遣兵士捕資義子注簿綽與王寺大師智炤將軍崇列澤春中郎將郭希別將成甫成國校尉盧占隊正裴信等十七人皆殺之流平章事李子威少卿金義英司天少監黃忠現奉御黃榮少監徐晃侍御史王台紹祗候李資訓錄事李景泌崔淵注簿仝寵王綰判官李滋令金彪司辰黃玩殿前承旨廉正將軍李甫吳昌郎將仇賢良玠別將安鱗珍奇散員惟寵崔幸林自成侯善金錢李玄孟康希白鄭貞佐等五十餘人于南裔沒賊黨妻子爲兩界州鎭奴婢肅宗初御史臺奏賊臣李資義等私畜米穀數至鉅萬是皆剝民所聚請並沒官從之

李資謙

李資謙中書令子淵之孫慶源伯顥之子以門蔭進爲閤門祗候女弟爲順宗妃順宗薨與宮奴通資謙坐免官睿宗納資謙第二女爲妃由是驟貴至參知政事尙書左僕射柱國進開府儀同三司守司徒中書侍郎同中書門下平章事尋加守大尉賜翼聖功臣號封其母金氏通義國大夫人妻崔氏朝鮮國大夫人同日降三勑于其第累加同德推誠佐理功臣邵城郡開國伯食邑二千三百戶食實封三百戶諸子並進爵王薨太子幼諸弟頗覬覦資謙奉太子卽位是爲仁宗拜資謙協謀安社功臣守太師中書令邵城侯食邑五千戶食實封七百戶下詔欲異其禮數群臣請書表不稱臣宴會不與百官庭賀待制金富軾以爲不可從之尋冊爲漢陽公以母喪去位母平章事廷俊之女性貪吝抑買市人財物或全不與直又縱奴婢橫暴及死市人相賀王遣樞密院使朴昇中詔諭資謙曰君之於臣不名者蓋所以表明功德優禮親賢成王之於周公旦章帝之於東平王是也歷代以爲故事況公先王之所付托冲人之所尊親任大實深功崇德重不可與群僚同其稱謂自今所降書詔不稱名不稱卿此

雖異數亦率舊章仍趣釋服赴朝賜衣帶鞍馬金銀幣帛甚
多資謙上表陳謝請終制王又遣使冊爲亮節翼命功臣中
書令領門下尙書都省事判吏兵部西京留守事朝鮮國公
食邑八千戶食實封二千戶府號崇德置僚屬宮曰懿親崇
德本逆臣金致陽西宅號後乃知之妻封辰韓國大夫人子
之美爲祕書監樞密院副使公儀尙書刑部侍郎之彥尙書
工部郎中兼御史雜端之甫尙書戶部郎中知茶房事之允
殿中內給事之元閤門祗候子僧義莊爲首座王出乾德殿
門外親傳詔書百官詣殿庭賀次進資謙第賀資謙釋服上
官坐中書省宰樞文武常參以上階上七品以下階下綴行
陳賀是日大雨雷電市道水深一丈資謙恐他姓爲妃權寵
有所分强請納第三女于王王不得已從之是日大風飛瓦
拔木後又納其第四女又大風雨王旣冊資謙推恩赦二罪
以下其日中外所獻悉歸資謙第命有司脩葺資謙祖先所
居開明宅功旣訖改號重興宅令資謙入處遣參知政事李
壽同知樞密院事許載下詔賜衣襨金帛鞍馬土田奴婢仍
幸其第置酒用家人禮夜艾而還以之美試禮部尙書同知
樞密院事公儀衛尉卿諸子弟姻婭拜官有差資謙私遣其
府注簿蘇世清入宋上表進土物自稱知軍國事資謙權寵
日盛有不附已者百計中傷竄王弟帶方公俌于京山府流
平章事韓安仁于海島殺之又流崔弘宰文公美李永鄭克
永等五十餘人以其族屬布列要職賣官鬻爵多樹黨與自
爲國公禮數視王太子號其生日仁壽節內外賀謝稱箋諸
子爭起第宅連亘街陌勢焰益熾賄賂公行四方饋遺輻湊
腐肉常數萬斤强奪人土田縱其僕隷掠車馬輸己物小民
皆毀車賣牛馬道路騷然又欲知軍國事請王幸其第授策
勒定時日事雖未就王頗惡之內侍金粲安甫鱗常侍左右
揣知王意乃與同知樞密智祿延欲捕資謙流遠地召上將
軍崔卓吳卓大將軍權秀將軍高碩等圖之時之元妻父拓
俊京與其弟俊臣頗用事卓等素疾俊臣自下位擢爲兵部
尙書居已上故許之約旣定至初夜率兵入宮先殺俊臣及
俊京子內侍純祗候金鼎芬錄事田其上崔英等投尸於宮
城外內直旗頭學文踰城因中郞將池顥告資謙資謙罔知
所爲郞中王毅又踰城奔告其詳資謙與俊京及之美等相

願戰恐召集宰樞百寮于其第使之美往復議問皆莫知所對俊京曰事急矣不可坐待乃與侍郞崔湜祗候李候進錄事尹翰等率數十人至朱雀門不得入使翰踰城折鑰開關入至神鳳門外呼譟聲殷地祿延卓等謂外兵大集膽落皆不能出資謙使人火崔卓吳卓秀碩等家四其妻子奴僕平明俊京見俊臣輩屍恐不免與之甫湜候進翰金鼎黃曹舜擧文仲經等召聚軍卒授軍器庫兵仗進國昇平門義莊自玄化寺率僧三百餘人至宮城外在宮內者無敢出但持弓矢分守子城門上王御神鳳門張黃繖俊京軍卒望見羅拜懽呼萬歲王使問汝輩何爲操兵而至對曰聞有賊入禁中欲衛社耳玉曰無之朕亦無恙汝等可釋甲散去遂縋下內帑銀幣賜軍卒令侍御史李仲起居舍人胡宗旦宣諭軍士解甲投兵俊京怒拔劒逐仲等令軍卒復擐甲執兵大呼或有流矢及御前以楯蔽之義莊之徒以斧所神鳳門柱有自樓上射斫之者中其頭即斃資謙使閤門祗候崔學鸞都兵馬錄事邵億至宮門奏曰請出禁中作亂者不爾恐驚動禁中言甚不遜王默然俊京遣億謂資謙曰今日向晚恐賊乘

夜竊發及其未發焚宮門索擒何如資謙使之美問平章事李壽等壽曰宮宇相比延燒不可撲滅甚不可也俊京不待報取少府監責灰木將作監木橦積東華門廊火之風焰煽熾須臾延及內寢宮人皆驚駭走匿及晚俊京之甫被甲上馬率兵百餘人至春德門守門內侍李叔晨開門納之俊京入左掖門前禁衛別將李作將軍宋幸忠拔劒逐之俊京奔退作手闔門扉俊京使人守諸門令曰有自內出者即殺之夜王步至山呼亭侍從皆散惟近臣林景淸等十餘人在王恐被害作書請禪位於資謙資謙畏兩府議未敢發言壽颺言於座曰上雖有詔李公豈敢如是資謙意遂沮涕泣還書曰臣無二心惟聖鑑諒之有洪立功者將軍劉漢卿下中郎將也資謙以漢卿入內即以立功爲借將軍帥兵聽俊京指揮俊京使立功領卒六十餘人擔柴至都省南路立功密語卒曰我與若等皆王臣也而負薪燒宮非臣子之義遂釋擔從宣義門竇入見羅拜王驚問爾爲誰立功前自陳王甚悅賜酒食自是宿衛不離黎明王以火焰將逼欲出會資謙遣承宣金珦請出御南宮王步至景靈殿命內侍白思淸奉祖

宗眞納諸內帝釋院眢井中乃出西華門乘馬至延德宮吳卓導前俊京使郎將張成拔劒突入執卓斬之又殺左僕射洪灌分遣人執崔卓秀碩作甫麟幸忠大將軍尹成韓景將軍朴英宋仁史惟挺吳挺臣漢卿郎將李儒內侍崔箴員外郎朴元實等皆殺之其餘軍士死者不可勝計內侍奉御王覩大將軍尹先郎將丁寵珍別將張成好從王在南宮資謙請出之再三王不得已從之使人請勿殺之甫皆殺之資謙又與俊京議亂作日直宿者無貴賤皆殺之壽執不可乃止將軍李祿千金旦金彥逃免後彥自出流南裔是日宮禁焚蕩惟山呼賞春賞花三亭及內帝釋院廊廡數十間僅存百官狼狽奔散資謙殺祿延及吳卓子子升碩弟甫俊流粲于遠地沒祿延粲妻子爲奴婢粲後改安資謙請王幸重興宅西院王去仗衛從閒道及院門大卿金義元崔滋盛以重興宅執事出迎郎將池錫崇散員權正均隊正吳含自山呼亭至南宮不離左右至是錫崇等扶王將入北門資謙俊京欲殺之使郎將李積善牽出錫崇手執御衣疾呼請救王顧叱積善蹴其胷猶不釋御衣爲之裂幞頭亦觸楣而破之美之甫在門望見王不下階崔湜獨出拜罵積善曰有聖旨汝何敢爾積善遂釋之錫崇等尙恐懼不能出時宦者趙寧詒事資謙王召湜寧曰錫崇等三人至誠愛君更無他心爾等爲我請勿令殺俊京從之流遠地王升堂資謙與其妻拍手拊地大哭曰自皇后入宮願生太子及聖人誕生祈天永命無所不至天地鬼神鑒吾至誠不圖今日反信賊臣欲害骨肉王羞赧無言王自居西院左右皆資謙黨國事不自聽斷動止飮食皆不自由百寮移寓旁近寺館備員而已資謙俊京威勢益煽其所施爲無敢誰何贈俊臣守司空鼎芬純戶部員外郎其上英閤門祗候厚賻之從資謙之意也又出資謙所惡者內侍二十五人自是外家益橫宰相朴昇中許載以下皆諂諛附托威虐可畏王密與內醫崔思全謀諭俊京令効力王室俊京心然之王賜俊京詔曰惟朕不明致兇徒生事使大臣憂勞皆寡人之罪是用省躬悔過指天誓心冀與臣民惟新厥德卿其更勵厥脩無念既往盡心夾輔俾無後艱會之彥奴罵俊京奴曰汝主射宁位火宮禁罪當死汝亦當沒爲官奴豈得辱我哉俊京聞之大怒走詣資謙第解衣

免冠曰吾罪大矣當詣所司自辨徑出不復顧有人止之乃歸臥其家資謙遣之美公儀請和俊京罵曰前日之亂皆爾等所爲也何獨謂我罪當死乎卒不與見因宣言欲歸老吾鄉王聞之遣知樞密院事金富佾趣令視事賜鞍馬資謙從王詣安和寺百官拜馬前資謙視之自若未幾王移御延慶宮資謙寓居宮南鑿北垣以通宮內取軍器庫甲兵藏之家王嘗獨往北垣仰天慟哭移時資謙因十八子之讖欲圖不軌置毒餅中以進王妃密白于王以餅投烏烏斃又送毒藥令妃進于王妃奉椀陽蹶覆之妃即資謙第四女也俊京既與資謙構隙思全又乘閒說之俊京乃決策附奏云願自効王使謂俊京曰國公雖僭亂反狀未著朕若先擧親親之意謂何徐俟其變應之未晚常使中人伺之一日俊京在兵部注擬武職王手書小紙密遣宦者趙毅示俊京曰今日崇德府軍將持兵至殿北若將入寢門朕若遇害實否德所致所可痛者太祖刱業列聖相繼以至寡躬若爲異姓所易非獨朕罪實輔相大臣所深恥也惟卿圖之俊京乃以御筆示尙書金珦珦跪號天泣曰有旨如此義當死事公其可安乎俊京與珦率上衛將校七人寮吏僕隸二十餘人出北門倉卒無所持各取柵木爲棒自金吾衛南橋入宮毅延呼曰事急矣趣入遂閉廣華門李公壽隨至王命開一扉納之公壽即壽也巡檢都領鄭惟晃率百餘人入軍器監分授兵甲向延慶宮路見資謙黨少卿柳元湜其言不順即殺之俊京擐甲冑急入宮王出天福殿門遲之俊京奉王以出資謙之黨射之俊京拔劍一呼無敢動者王入御軍器監嚴兵衛俊京使承宣康侯顯召資謙資謙服素而至俊京與公壽議囚資謙及妻子于八關寶斬其將軍康好高珍守等皆資謙所指使者也分遣人逮捕支黨王出御廣華門使告於衆曰禍起蕭墻大逆不道賴忠臣義士擧義除害衆皆稱萬歲懽呼抃躍至有流涕者之美聞變率百餘人至廣華門不得入徘徊往返與李資德及金仁揆入兵部猶未知資謙被囚及晚巡檢至兵部執之美囚檢點所資德等驚駭散去王還御延慶宮近侍先入清宮義莊匿內寢執送八關寶流資謙及妻崔氏子之允于靈光之美于陝州公儀于珍島之彥于巨濟之甫于三陟義莊于金州之元于咸從閤門祗候朴彪文仲經直

長朴永太史令梁麟冬官正梁獮李叔晨李芬大將軍金好將軍池顥池福臣郎將崔思琰別將位好散員宋用中等三十餘人及官私奴凡九十餘人分配遠地彪最姦黠謟媚資謙常出入臥內凡聚斂附益皆其所爲故射利干祿者競賂之遂致臣富朝廷尤疾之中路殺之沉于水又執射神鳳門者一人及之彥家臣大樂丞金冲枷于市三日流遠島其親黨資德仁揆義元王毅禮賓卿李資元殿中少監朴孝廉祗候李存晳貶爲守令又流朴昇中于蔚珍資謙尋死于靈光後三年召還其妻久之下詔曰昔鄭莊公寘姜氏于城潁誓曰不及黃泉無相見也既而悔之復爲母子如初秦皇迎遷母於雍而入咸陽復居甘泉此二君忘母氏之舊惡致人子之孝意朕甚慕焉今外舅雖沒而親親之意終不可忘可贈檢校太師漢陽公妻崔氏可封卞韓國大夫人

拓俊京

拓俊京谷州人其先本州吏家貧不能學問與無賴輩遊求爲胥吏不得肅宗爲雞林公就其府爲從者遂補樞密院別駕肅宗九年從平章事林幹伐東女眞師敗俊京請兵器介馬於幹入賊陣斬其將一人奪所俘二人遂與校尉俊旻德麟各射殪一人賊少却俊京將退賊以百騎追之又與大相仁占射殺賊將二人賊不敢前我軍得入城授千牛衞錄事參軍事睿宗二年以中軍兵馬錄事從尹瓘伐東女眞戰于石城英州大捷瓘承制拜閤門祗候又戰于吉州有功事聞授工部員外郎語在瓘傳王以俊京屢有戰功召見其父檢校大將軍謂恭于內殿從容勞問賜酒食及銀一錠米十碩俊京累遷衞尉卿直門下省仁宗初由吏部尙書參知政事拜開府儀同三司檢校司徒守司空中書侍郎平章事未幾自歸其鄉谷州王遣侍郎崔湜奉御李侯追及於牛峯郡諭之乃還轉門下侍郎平章事四年二月與李資謙舉兵犯闕王諭以効力王室會俊京與資謙有隙五月執資謙流之語在資謙傳以功拜門下侍中俊京辭以越次不受乃拜推忠靖國協謀同德衞社功臣三重大匡開府儀同三司檢校太師守太保門下侍郎同中書門下平章事判戶部事兼西京留守使上柱國妻黃氏爲齊安郡大夫人賜衣服金銀器布帛鞍馬奴婢一十口田三十結圖形壁上明年左正言鄭知

常以俊京旣去賓讙恃功跋扈且知王忌俊京遂上䟽曰丙午春二月俊京與崔湜等犯闕上御神鳳門樓諭旨軍士皆免甲懽呼獨俊京不奉詔脅軍前進至有飛矢過黃屋者又引軍突入披門焚宮禁翼日移御南宮凡侍左右者皆執而殺之自古亂臣罕有若此誠天下之大惡也五月之事一時之功也二月之事萬世之罪也陛下雖有不忍人之心豈以一時之功掩萬世之罪乎請下吏罪之乃流巖墮島又明年量移谷州八年詔曰俊京犯闕之罪雖重然其功亦不細令妻子完聚給還其子職田尋集三品以上及臺諫侍臣于都省籍李拓之黨及子孫之罪藏諸所司二十二年詔曰拓俊京雖失爲臣之節亦有衛社之功可授朝奉大夫檢校戶部尙書數旬疽發背死于谷州

妙淸

妙淸西京僧後改淨心仁宗六年日者白壽翰以檢校少監分司西京謂妙淸爲師二人托陰陽秘術以惑衆鄭知常亦西京人深信其說以爲上京基業已衰宮闕燒盡無餘西京有王氣宜移御爲上京乃與近臣內侍郎中金安謀曰吾等若奉主上移御西都爲上京當爲中興功臣非獨富貴一身亦爲子孫無窮之福遂騰口交譽近臣洪彝敍李仲孚及大臣文公仁林景淸從而和之遂奏妙淸聖人也白壽翰亦其次也國家之事一一咨問而後行其所陳請無不容受則政成事遂而國家可保也乃歷請諸官署名平章事金富軾參知政事任元敳承宣李之氐獨不署書奏王雖持疑以衆口力言不得不信於是妙淸等上言臣等觀西京林原驛地是陰陽家所謂大華勢若立宮闕御之則可幷天下金國執贄自降二十六國皆爲臣妾王遂幸西京命從行宰樞與妙淸壽翰相林原驛地命金安營宮闕督役甚急時方寒冱民甚怨咨七年新宮成王又幸西京妙淸之徒或上表勸王稱帝建元或請約劉齊挾攻金滅之識者皆以爲不可妙淸之徒喋喋不已王終不聽王御新宮乾龍殿受羣臣賀妙淸壽翰知常等言方上坐殿聞空中有樂聲此豈非御新闕之瑞乎遂草賀表請宰樞署名宰樞不從曰吾儕雖老耳尙未聾空中之樂曾所未聞人可欺天不可欺也知常怒曰此非常嘉瑞宜書靑史昭示後來而大臣如此深可嘆也表竟不得上

明年西京重興寺塔災或問妙淸曰師之請幸西都爲鎭災也何故有此大災妙淸慚赧不能荅俛首良久抽拳擧顏曰上若在上京則災變有大於此今移幸於此故災發於外而聖躬安妥信妙淸者曰如是豈可不信也又明年金安奏請以所奏天地人三庭事宜狀傳示侍從官書三本一付省一付臺一付諸司知制誥令各論奏妙淸又說王築林原宮城置八聖堂于宮中八聖一曰護國白頭嶽太白仙人實德文殊師利菩薩二曰龍圍嶽六通尊者實德釋迦佛三曰月城嶽天仙實德大辨天神四曰駒麗平壤仙人實德燃燈佛五曰駒麗木覓仙人實德毗婆尸佛六曰松嶽震主居士實德金剛索菩薩七曰甑城嶽神人實德勒叉天王八曰頭嶽天女實德不動優婆夷皆繪像安仲孚知常等以爲此聖人之法利國延基之術安等又奏請祭八聖知常撰其文曰不疾而速不行而至是名得一之靈即無而有即實而虛蓋謂本來之佛惟天命可以制萬物惟土德可以王四方肆於平壤之中卜此大華之勢創開宮闕祗若陰陽妥八仙於其間奉白頭而爲始想耿光之如在欲妙用之現前恍矣至眞雖不可象靜惟實德即是如來命繪事以莊嚴叩玄關而祈嚮其飾誣說如此有武人崔逢深與知常密契師事妙淸嘗上言陛下欲平治三韓則舍西京三聖人無與共之即指妙淸壽翰知常也十年始修宮闕平章事崔弘宰及公仁景淸董其役及開基妙淸使弘宰等及勾當役事員吏皆公服序立將軍四人甲而劒立四方卒百二十人槍三百人炬二十八燭而環立妙淸在中以白麻繩四條長三百六十步四引作法自言此太一玉帳步法禪師道詵傳之康靖和靖和傳之於我臨老得白壽翰傳之非衆人所知也妙淸壽翰又奏上京地勢衰故天降災孽宮闕焚蕩須數御西京禳災集禧以享無窮之業王問諸日官皆曰不可知常安及大臣等曰妙淸所言即聖人之法不可違也乃以妙淸爲隨駕福田壽翰入內侍幸西京行至金巖驛風雨暴作晝忽晦冥衛士顚沛王執轡迷路或陷泥濘或觸枺石侍從失王所之宮人或有哭泣者及晚雨雪寒甚人馬駱駞死者多妙淸曰我曾知是日有風雨勑雨師風伯曰乘輿上道勿作風雨旣許之而食言如此可憎之甚西京父老檢校太師致仕李齊梴等五十人

希妙清知常旨上表請稱尊號建元知常等因說王曰大同江有瑞氣此神龍吐涎千載罕逢請上應天心下順人望以厭金國王以問之氐對曰金國强敵不可輕也況兩府大臣留守上都不可偏聽一兩人之言以決大議王乃止妙清壽翰等嘗密作大餅空其中穿一孔盛熟油沉于大同江油漸出浮水面望之若五色因言曰神龍吐涎作五色雲此嘉瑞也請百官表賀王遣公仁及參知政事李俊陽等審視之時有業油轄者言熟油浮水則有異色使善泅者索得大餅乃知其詐元敳上書曰妙清白壽翰等肆其姦謀以恠誕之說誑惑衆心一二大臣及近侍之人深信其言上惑天聽臣恐將有不測之患請戮妙清等於市以絕禍萌不報妙清又言主上宜長御大華闕否則遣近臣備禮儀設御座置御衣致敬如在則福慶與親御無異王遣公仁仲孚奉御衣如西京行法事十一年直門下省李仲侍御史文公裕等上疏曰妙清白壽翰皆妖人也其言怪誕不可信近臣金安鄭知常李仲孚宦者庾開結爲腹心屢相論薦指爲聖人又有大臣從而信之是以主上不以爲疑正人直士皆疾之如讐願速斥遠言甚切直不報仲等退而待罪十二年王以妙清爲三重大統知漏刻院事賜紫初妙清屢請巡御西京而災異荐至其黨欺誣以爲無害至是固請西幸欲濟逆謀王以大臣諫官言不聽右正言黃周瞻阿妙清知常意又奏請稱帝建元不報十三年妙清與分司侍郎趙匡兵部尙書柳旵司宰少卿趙昌言安仲榮等據西京反矯制執副留守崔梓監軍事李寵林御史安至宗等囚之又遣僞承宣金信執西北面兵馬使李仲并諸僚佐及列城守臣皆囚西京鹽庫凡上京人在西都者無貴賤僧俗皆拘之遣兵斷岊嶺道又遣人刼發諸城兵掠近道牧馬皆入城國號大爲建元天開號其軍曰天遣忠義署官屬自兩府至州郡守並以西人爲之僞批下見者竊笑匡仲榮從旁叱之初仲榮以佛事招集徒衆與妙清柳浩等結爲黨與西人因之陰令擧事事集殺之妙清與匡等率城中文武會觀風殿號令諸軍欲分數道直趨上京壽翰親舊在西京者爲書招壽翰曰西京已反可抽身以來壽翰子淸持遺壽翰壽翰以書奏之王召示公仁公仁曰是事可疑難究眞僞姑秘之有卒崔彥韓善貞等來奏曰臣等

以事歸本鄉黃州見西人率兵至洞仙驛執司錄高甫正又取驛馬送西京禁人往來京城者吾等晝伏夜行從間道來王乃召宰樞議之命富軾元敳及承宣金正純會兵部治兵爲討賊計遂以富軾爲元帥往征之遣內侍柳景深曹晉若黃文裳往西京宣諭戢兵西人開城門引入觀風殿旵匡坐東妙淸坐西其餘文武集殿庭皆戎服景深等至殿門旵等下庭拜問聖體饋酒食遣還云當奉表奏聞倉卒未果請先以此歸奏付書一封云伏望主上移御此都不然必有變辭甚不遜繼遣檢校詹事崔京上表曰陛下信陰陽之至言考圖讖之秘說創大華之宮闕象鈞天之帝都臣等同婁敬之矣謀望盤庚之遷邑豈期臣下不體宸衷非徒懷土以重遷抑亦防功而害事人心可畏衆怒難防車駕若臨兵戈可戢表至咸曰以臣召君可斬其使王欲息兵乃賜京酒食幣帛命爲分司戶部員外郎慰諭遣還召問兩府大臣將以是日出師富軾等諸將詣闕俟命安等謀緩兵期以圖不軌乃奏引見金使受詔而後移御大明宮遣將猶未晚也或告安等潛聚兵仗私相偶語陰謀不測富軾謂諸相曰西都之反知常安壽翰與其謀不去此輩西都未可得平密諭正純使勇士曳出三人斬於宮門外乃奏之流妙淸黨陰仲寅李純茂吳元師崔逢深于遠島西人至成州矯制執防禦官僚散入人家飲食州人知其僞擊殺五六人囚二十餘人馳聞王獎諭賜官僚藥各一銀合將吏幣帛有差漣州吏康安世中郎將金仁鑑捕僞兵馬副使李子奇將軍李英及卒六百餘人王又獎諭賜錦二段綵帛八匹諸城聞之擒殺西賊一千二百餘人富軾大軍至列城震懼富軾遣僚掾于西京曉諭至七八匡等知不可抗欲出降猶豫未決會金淳夫賚詔入城西人遂斬妙淸旵及旵子浩首遣尹瞻等偕淳夫獻之且自請罪於是梟三人首于市下瞻獄匡意不免復反富軾以城險不急攻列營持久城中糧盡驅出老弱者富軾知可取狀築土山設砲機爲攻具十四年選銳卒萬餘分三道進攻賊兵大潰匡不知所爲闔家自焚死西都平妙淸壽翰知常旵匡等妻子並沒爲奴婢知常初名之元少聰悟有能詩聲擢魁科歷官至起居注人言富軾素與知常齊名於文字間積不平至是托以內應殺之知常爲詩得晚唐體尤工絕句詞

語淸華韻格豪逸自成一家法

列傳卷第四十

列傳卷第四十一　高麗史一百二十八

正憲大夫工曹判書集賢殿大提學知經筵春秋館事兼成均大司成臣鄭麟趾奉
敎修

叛逆二

鄭仲夫　李光挺　宋有仁

鄭仲夫海州人容貌雄偉方瞳廣顙白晳美鬚髯身長七尺餘望之可畏初州上軍籍封其臂送京宰相崔弘宰選軍見而異之解其封慰勉充控鶴禁軍仁宗朝始補牽龍隊正除夕設儺禮呈雜技王臨視內侍茶房牽龍等交相騰躍爲樂內侍金敦中年少氣銳以燭燃仲夫鬚仲夫搏辱之敦中父富軾怒白王欲栲仲夫王允之然異仲夫爲人密令逃免仲夫由是慊敦中後仲夫復進昵侍左右毅宗初爲校尉御史臺奉詔鎖壽昌宮北門禁群少出入仲夫與散員史直哉擅開出入自恣御史臺請下吏王不聽累轉上將軍時王荒淫不恤政事遊幸無度每至佳境輒駐輦吟賞風月十八年王

移御仁智齋法泉寺僧覺倪迎駕于獺嶺院王與諸學士唱和未已仲夫以下諸將疲困憤惋始有不軌之心左副承宣林宗植起居注韓賴無遠度怙寵傲物視武辨蔑如衆怒益甚二十四年王幸和平齋又與近幸文臣觴詠忘返扈從將士飢甚仲夫出旋牽龍行首散員李義方李高從之密語仲夫曰文臣得意醉飽武臣皆飢困是可忍乎仲夫口有燃鬚之憾乃曰然遂構兇謀後王自延福亭如興王寺仲夫謂義方高曰今可擧事然王若便還宮可且隱忍如又移幸普賢院無失此機翌日王將幸普賢院至五門前召侍臣行酒酒酣顧左右曰壯哉此地可以肄兵命武臣爲五兵手搏戲盖知武臣觖望欲因以厚賜慰之也賴恐武臣見寵遂懷猜忌大將軍李紹膺雖武人貌瘦力羸與一人搏不勝而走賴遽前批紹膺頰卽墜階下王與群臣撫掌大笑林宗植李復基亦罵紹膺於是仲夫金光美梁肅陳俊等失色相目仲夫厲聲詰賴曰紹膺雖武夫官爲三品何辱之甚王執仲夫手慰解之高拔刃目仲夫仲夫止之至昏駕近普賢院高義方先行矯旨集巡檢軍王幾入門群臣將退高等手殺宗植復基

于門賴依所親宦官潛匿御床下王大驚使宦者王光就禁之仲夫曰禍根韓賴尙在王側請出誅之內侍裵允才亦入奏賴挽王衣不出高拔刃脅之乃出卽殺之指諭金錫才謂義方曰高敢於御前拔刃耶義方瞋目叱之錫才不復言於是承宣李世通內侍李唐柱御史雜端金起莘祗候柳益謙司天監金子期太史令許子端等凡扈從文官及大小臣僚宦寺皆遇害積尸如山初仲夫義方等約曰吾曹袒右去幞頭否者皆殺之故武人不去幞頭者亦多被殺王大懼欲慰安其意賜諸將劒武臣益驕橫先是童謠云何處是普賢刹隨此畫同刀殺或告仲夫義方曰金敦中先知而逃仲夫等驚曰若敦中入城奉太子閉城固拒奏捕亂首則事甚危矣如之何義方曰若爾我不南投江海則北投丹狄以避之遂遣疾足者抵京刺探疾足者夜至敦中家候之寂無人聲問承宣安在荅以扈駕不還卽回報仲夫義方等喜曰事已濟矣乃留其黨守行宮高義方紹膺等選驍勇直走京城至街衢所殺別監金守藏等入闕執樞密院副使梁純精司天監陰仲寅大府少卿朴甫均監察御史崔東軾內侍祗候金光

等內直員僚皆殺之又率巡檢軍夜抵太子宮殺行宮別監金居實員外郎李仁甫等又入泉洞宅殺別常員十餘人使人呼於道曰凡戴文冠者雖胥吏殺無遺種卒伍蜂起搜殺判吏部事致仕崔褒偁判吏部事許洪材同知樞密院事徐醇知樞密院事崔溫尙書右丞金敦時國子監大司成李知深秘書監金光中吏部侍郎尹敦信尉衛少卿趙文貴大府少卿崔允諝侍郎趙文振內侍少卿陳玄光侍御史朴允恭兵部郎中康處約都省郎中康處均奉御田致儒祇候裴縉裴衍等五十餘人王益懼召仲夫謀弭亂仲夫唯唯不對王卽拜高義方鷹揚龍虎軍中郎將其餘武人上將軍加守司空僕射大將軍加上將軍仲夫等以王還宮宦者王光就謀聚儕輩討仲夫等韓淑泄其謀仲夫等又索隨駕內侍十餘宦官十人殺之仲夫逼遷王于軍器監太子于迎恩館遂放王于巨濟縣太子于珍島縣殺幼少太孫王之愛姬無比逃匿靑郊驛仲夫欲殺之太后固請乃免從王而行兵部侍郎趙冬曦以相延基地往西海道聞變將往東界擧兵討賊至鐵嶺猛虎當道不得過追騎及而捕之仲夫以冬曦嘗有平耽羅之功議流遠地守者遽殺之投尸于水仲夫等又殺內侍少卿崔偎流少卿崔偆員外郎崔値又欲撤所殺文臣家陳俊止之曰吾輩所嫉怨者李復基韓賴等四五人今殺無辜亦已甚矣若盡撤其家其妻子將何寄生義方等不聽遂縱兵毀之是後武人習以爲常若有讎怨者輒毀其家仲夫義方高等領兵迎王弟翼陽公晧卽王位仲夫等又殺嬖宦光就白子端倖臣榮儀劉方義等梟首于市其他宦寺及怙寵驕恣者戮之幾盡初毅宗構三私第曰館北宅曰泉洞宅曰藿井洞宅聚斂財貨以巨萬計至是仲夫義方高皆分占焉仲夫以西海道郡縣陞貫鄕海州義方陞外鄕金溝爲縣令明宗旣立以仲夫參知政事尋進中書侍郎平章事又加門下平章策功爲第一圖形閣上時諸武臣會重房悉召文臣之遺者高欲盡殺之仲夫止之先是創壽星祠兵部郎中陳允升督役凡軍卒輸石必枰而納之軍卒怨至是有軍士至允升家紿曰有旨先詣闕者拜承宣允升出軍士殺之抱以大石二年仲夫爲西北面兵馬判行營兵馬兼中軍兵馬判事初東北面兵馬使諫議大夫金甫當有膽氣仲夫義方

等忌之明年甫當欲討仲夫義方復立毅宗與錄事李敬直及張純錫謀以純錫及柳寅俊爲南路兵馬使裴允材爲西海道兵馬使使發兵乃與東北面知兵馬事韓彥國舉兵應之純錫寅俊等至巨濟奉毅宗出居雞林仲夫義方聞之使將軍李義旼散員朴存蕆領兵趣南路又遣兵西海道以圖之安北都護府執甫當敬直等送于京義方鞫殺之於市初甫當之謀起兵也內侍陳義光裴允材知之甫當臨死誣曰凡其文臣孰不與謀於是一切誅戮或投江水旬日間文士戮且盡中外洶洶莫保朝夕承宣李俊義及陳俊自知無道乃請義方止殺戮郎將金富亦謂仲夫義方曰天意未可知人心不可測恃力不揆義獮薙衣冠世寧少金甫當乎吾輩有子女者通婚文吏以安其心可久之道也衆從之自是禍稍止義旼等至雞林弑毅宗又明年仲夫拜門下侍中先是義方惡李高蔡元逼已殺之仲夫慮禍及已欲辭位杜門不出義方兄弟携酒詣其家致欵仲夫迎入以實告之義方等相與約誓結爲父子言甚切至仲夫乃安仲夫子知兵馬事上將軍筠密誘僧宗旵欲殺義方兄弟宗旵推筠爲謀主使親近於王出入後庭無忌遂拜承宣仲夫性本貪鄙殖貨無厭及爲侍中廣殖田園家僮門客依勢橫恣中外苦之五年仲夫重修普濟寺設落成會請王臨幸有司諫止之仲夫陰令僧錄司奏請親幸仲夫具盛饌以進王不欲從容留飮乃命兩府宰樞承宣諸司侍臣同時赴宴時仲夫年已七十不欲去權位郎中張忠義阿意說之曰宰相賜几杖則雖七十不致仕仲夫悅諷禮官依漢孔光故事賜几杖國事皆關決時坐重房議人罪百僚詣門賀六年仲夫以病請免諸領軍士揭匿名榜云侍中鄭仲夫及子承宣筠女壻僕射宋有仁擅權橫恣南賊之起其源繇此若發兵討之必先去此輩然後可筠聞之懼乞解職累日不出八年仲夫致仕家奴嘗犯禁服紫羅衫臺吏令所由脫之奴毆所由而走吏憤甚囑路人捕之翌日中丞宋詝御史晉光仁縛問之仲夫怒欲率兵士至臺毆詝等筠止之仲夫遂白王欲罪之會旗頭祿佾告仲夫曰大將軍張博仁前將軍趙存夫等潛結失職輩期以暮夜犯公家仲夫信之請繫詔獄王命內侍將軍吳光陟等按問無狀又旗頭告同領旗頭八十人會酒家飮謀出博仁

於獄仲夫潛遣家僮捕繫鞫問亦無驗竟竄博仁于海島餘悉流南裔又旗頭康實誣告樞密崔忠烈謀害仲夫仲夫請按鞫由是獄事連起不暇治訏等王慮仲夫憤未快罷訏職左遷光仁工部員外郎廣德里舊有太后別宮因火災不御筠請買爲私第太后命却其直與之筠大興工役營葺時王在壽昌宮侍太后疾其地距宮不百步又於歲行爲太后忌方王深惡之屢欲詔止其役憚筠不果筠久知兵部掌注西班請謁輻湊頗厭之屢求免不允九年筠單騎往天神寺以避之王命內侍郎將柳得義諭還使者絡繹筠乃還改知都省事筠嘗誘尙書金貽永之女爲妻踈弃舊妻縱欲無節將軍慶大升素憤仲夫所爲且筠潛圖尙公主王亦患之大升銳意討之旣殺筠因發禁軍分捕仲夫及有仁有仁子將軍群秀仲夫等聞變逃匿民舍悉捕斬之梟首于市中外大悅紹膺官至叅知政事貪戀祿位年過七十尙不致仕李光挺起自行伍仲夫之殺毅宗光挺與其謀由是拜大將軍明宗初授樞密院知奏事累陞院使時內侍郎將兼兵部員外郎莊甫性剛正不阿權貴嘗面責內侍將軍鄭存實驕傲重房聞之劾甫陵辱長官欲貶巨濟縣令甫忿怒詣樞密院謂光挺及副使崔忠烈曰聞公等欲貶我海上我有何罪辭色俱厲光挺等怒即配遠島陰使人擠水中聞者惜之九年光挺叅知政事嘗以事囑京市署令王寵夫寵夫不聽光挺遣電吏誘至中書省呵叱之寵夫據義不屈光挺怒罵曳下庭奪其衣冠囚之尋釋之一日熒惑犯歲星光挺以災變再乞解職不允加太子太傅判兵部事光挺頑貪無識銓注甚濫進門下侍郎平章事十三年冢宰閔令謨欲告老以年未七十未決光挺規代其職先自上表乞退盖趣令謨致仕也尋代令謨守太傅判吏部事十四年八月以太白犯上將執法又許上表辭職俄而太白退舍復就職十一月八關會王觀樂于毬庭光挺上壽王曰卿已老惜哉光挺抆淚嗚咽盖恐以老褫職人皆笑之明日上表乞退舊例乞退皆以其年十月光挺貪戀爵位至是乃乞二十四年卒存實嘗買紅鞓工彥光家約以白金三十五斤但輸二十三斤給曰待汝徙家畢償彥光曰雖未輸一二斤尙不可況十二斤乎遂不徙存實怒誣告街衢曰我家人將白金十二斤過市彥光成群掠奪

請治之街衢使雖知其誣畏存實暴戾囚彥光及妻又繫其隣里四十餘人栲問彥光窘計無所出賂存實銀十二斤得釋有民流路作舍存實托路隘欲毀之民納賂乃止貪暴類此累官至守司空有仁仁宗時以其父衛社亡身授散員尋爲太子府指諭拜衛將軍太子偏愛之厚加寵賜初娶宋商徐德彥之妻妻本賤者貲財巨萬以白金四十斤賂宦者求三品毅宗末轉大將軍頗與文官交通武官常疾之時仲夫用事有仁自知孤危恐禍及已逐其妻于海島求仲夫女爲妻明宗初出爲西北面兵馬使自庚寅之後北人橫恣昌州人殺其守愛妓置之衙門成州人議滅三登縣有不從者殺數十人鐵州人議殺其長格鬪而死有仁不能制稱疾乞代乃以金吾衛大將軍于學儒代之有仁後拜樞密院副使兵部尙書驟登樞府大張禍福進退人物皆出其口進叅知政事舊例宰相奉使如金其傔從有定額要市利者賂使銀數斤然後得行內侍郎中崔貞爲生日回謝使有仁囑一奴令帶去時貞以貨得者已滿數不能補奴恃主勢遂行金人檢還之貞還坐免大學博士盧寶璵爲蔚州防禦副使有仁以爲外官文武交差有成法今見任蔚州判官亦文吏不宜又除寶璵不署告身時溟州副使管城縣令皆文吏吏部又以文吏爲判官尉省已署過寶璵援例告有仁有仁怒然前已誤署勢不得自省中奏乃誘重房駁奏寶璵及溟州判官管城尉皆不得赴任八關會王遣內侍大府少卿鄭國儉例賜花酒于省宰時少晚有仁怒不受王遣承宣敦諭乃受國儉被劾削內侍籍後附有仁復籍初仲夫爲冢宰在中書省有仁以親嫌未登相位在樞密累年潛托內人拜守司空尙書僕射及仲夫致仕乃拜門下侍郎平章事時閔令謨先爲中書侍郎平章事王以有仁武人使氣又爲仲夫壻心憚之班令謨上有仁固讓又以令謨爲門下侍郎平章事班有仁上有仁請壽德宮居之富貴華侈擬於王室子群秀年少頑黠多行不義席父勢驟拜高官嘗爲全羅道按察使升黜徇好惡不問政績然以權門之子無敢議者同中書門下平章事判兵部事樞密使文克謙副使韓文俊俱名儒王倚重有仁疾之文俊嘗爲一卒抵書有仁求官又親請之有仁怒曰公樞機大臣敢以私事伺候執政之門有虧公輔之望劾之會

克謙有服不從法駕有仁以爲失近臣之體并劾奏之王重違其奏且以二人非罪依違數日有仁論執愈堅王命右承宣文章弼至其家密諭曰文俊則固可罪矣若有服不扈從國典也以此罪克謙柰禮何有仁猶不奉詔杜門數日克謙等密奏曰聖慈至渥然不允則臣等必有不測之患願從所奏以快其心王不得已下制並左遷宰相以下屛氣累足側目而視慶大升因衆怒遂誅之有仁家臣中書省令史石球欲爲報仇造妖言惑衆謀作亂事覺流于海島

李義方

李義方全州人毅宗末以散員爲牽龍行首與鄭仲夫李高等作亂王懼即拜義方鷹揚龍虎軍中郎將兄俊儀爲承宣明宗立授大將軍殿中監兼執奏册爲壁上功臣圖形閣上元年大將軍韓順將軍韓恭申大譽史直哉車仲規等相與言李義方李高等擅殺朝臣害又忠良非義也義方等聞而殺之惟仲規素與義方親免死流外高有非望之志陰結惡少及法雲寺僧修惠開國寺僧玄素等日夜宴飲因謂曰大事若成汝等皆登峻班遂作僞制及太子加元服王將宴于麗正宮高爲宣花使當與宴陰令玄素招致惡少聚法雲寺修惠房斬馬饗之使各袖刃隱于墻屛間將作亂有校尉金大用子爲高驅使聞其謀以告大用大用與內侍將軍蔡元善遂告之義方素惡高逼已至是與元候高等至宮門外卽以鐵椎擊殺之令巡檢軍分捕高母及黨與皆誅之其父嘗惡高不肖不以爲子故獨配流元陰謀欲盡殺朝臣事泄義方又忌元遂殺于朝并捕門客群少皆殺之三年封王女爲宮主近臣上壽夜分未罷義方携妓入重房與諸將縱飲喧噪擊鼓聲聞于內略無畏忌尋轉衛尉卿與威衛攝大將軍知兵部事明年歸法寺僧百餘人犯城北門殺宣諭僧錄彥宣義方率兵千餘擊殺數十僧餘皆散去兵卒死傷者亦多翌日重光弘護歸法弘化諸寺僧二千餘人集城東門門閉乃燒城外人家欲延燒崇仁門入殺義方兄弟義方知之徵集府兵逐之斬僧百餘府兵亦多死者令府兵分守城門禁僧出入義方又遣府兵毁重光弘護歸法龍興妙智福興等寺俊儀止之義方怒曰若從爾言事不成矣遂焚之取貨財器皿以歸僧徒要擊於路還奪之府兵死者甚衆俊儀罵義

方曰汝有三大惡放君而弑之取其第宅姬妾一也脅奸太后女弟二也專擅國政三也義方大怒拔劒欲殺之文克謙止之曰以弟殺兄惡莫大焉何面目見人乎若吾言不可聽請先殺我義方與克謙善且其弟隣爲克謙女壻故從其言俊儀走出西門義方自引劒割其胷而臥仲夫曰兄弟鬪宮中何理耶欲執俊儀殺之仲夫妻聞之使人謂曰義方兄弟之事於卿何與由是俊儀得免然交舊莫敢往見門客亦散俊儀往謝義方義方亦潛往謝之義方拜左承宣納其女爲太子妃時西京留守趙位寵起兵謀討義方仲夫元帥尹鱗瞻禦之敗還位寵兵向京都來屯京西權有路上義方怒甚執西京人尙書尹仁美大將軍金德臣將軍金錫才等無貴賤悉誅之梟首于市領兵而出先遣崔淑等數十騎突陣擊殺數人諸軍乘之西兵驚亂大敗而走義方乘勝逐北至大同江位寵收散兵復守城義方屯兵城外留月餘苦寒不能戰復爲西兵所敗乃還義方自納女東宮益擅威福濁亂朝政衆心憤怨鱗瞻將復討位寵治兵西郊僧徒亦從軍義方偶出宣義門外仲夫子筠密誘僧宗旵等托有求訴隨義方後伺隙斬之分捕俊儀兄弟及其黨高得元柳允元等皆殺之僧徒以爲賊臣之女不可配東宮奏黜之六年義方門客將軍李永齡別將高得時隊正敎章等欲爲義方報仇謀殺仲夫事泄重房捕永齡等竄遠島一時武臣皆義方麾下相謂曰軍國權柄屬之重房者實由義方之力遂配宗旵等十餘僧于海島

李義旼

李義旼慶州人父善以販鹽鬻篩爲業母延日縣玉靈寺婢也義旼少時善夢見義旼衣靑衣登黃龍寺九層塔以爲此兒必大貴及壯身長八尺膂力絕人與兄二人橫於鄉曲爲人患按廉使金子陽收掠栲問二兄瘦死獄中獨義旼不死子陽壯其爲人選補京軍乃携妻負戴至京會日暮城門已閉投宿城南延壽寺夢有長梯自城門至闕歷梯而登覺而異之義旼善手搏毅宗愛之以隊正遷別將鄭使夫之亂義旼所殺居多拜中郎將俄遷將軍明宗三年金甫當起兵以張純錫柳寅俊爲南路兵馬使純錫寅俊等至巨濟奉毅宗出居雞林仲夫李義方聞之使義旼及散員朴存威領兵趣

南路義旼等至雞林有人遮說曰前王來此非州人意乃由純錫寅俊等爾其徒不過數百皆烏合之衆去其魁則餘悉潰走請少留吾歸圖之第願勿加罪州人義旼曰我在勿憂其人遂入州謀諸衆曰純錫輩非今王所遣殺之何害夜以兵圍而攻之斬數百人列其首於路之左右以待義旼幽毅宗于客舍使人守之乃引義旼等入城出毅宗至坤元寺北淵上獻酒數盃義旼拉脊骨應手有聲便大笑存威裹以褥合兩釜投之淵中忽旋風大起塵沙飛揚人皆呼噪而散寺僧有善泅者取釜棄屍屍出水涘有日魚鼈烏鳶不敢傷前副戶長弼仁等密具棺瘞水濱義旼自以爲功拜大將軍明年趙位寵起兵義方以義旼爲征東大將軍知兵馬事義旼將兵赴戰有流矢中目進軍鐵嶺四面鼓噪急擊大破之方攻漣州有興化道逆賊數千來屯北川救之義旼領兵出拒冒刃入其屯斬一騎將賊兵退是後賊聞義旼兵至輒奔遁不敢敵以功拜上將軍七年位寵餘兵復聚保香山義旼領八將軍往擊之斬三百餘人告捷九年慶大升誅仲夫朝士詣闕賀大升曰弑君者尙在焉用賀爲義旼聞之大懼聚勇士于家以備之又聞天升都房人謀害所忌益懼乃於里巷樹大門以警夜號爲閭門京城坊里皆效而樹之十一年拜刑部尙書上將軍初大升之誅許升也義旼以兵馬使出鎭北塞有人謬傳國家誅大升義旼聞之大喜曰吾欲殺大升未果是誰之謀歟先我着鞭矣大升聞而銜之義旼還懼不自安稱疾歸其鄉王屢召不至及大升卒猶不至王懼爲亂授上部尙書遣中使敦諭乃至引見便殿王內實畏忌外加恩慰中外嘆王柔懦尋加守司空左僕射二十年同中書門下平章事判兵部事時宰相多武人知樞密院事金永存副使孫碩同在院相詬罵如兩虎哮吼同列畏縮稍稍引去唯副使王度從容誘解一日義旼與杜景升同坐中書誇曰某人自矜勇力吾擊仆之如此遂用拳擋柱椽桷爲之動景升曰某時之事吾以空拳奮擊衆皆奔潰遂擋之拳陷於壁後義旼與景升坐省議事相失奮拳擊柱曰爾有何功位在吾上時人語曰掖垣李杜密院孫金或作詩嘲之曰吾畏李與杜屹然眞宰輔黃閣三四年拳風一萬古二十三年南賊蜂起其劇者金沙彌據雲門孝心據草田嘯聚亡命剽掠州縣

王聞而患之遣大將軍全存傑率將軍李至純李公靖金陟侯金慶夫盧植等討之至純義旼子也義旼嘗夢紅霓起兩腋間頗負之又聞古讖有龍孫十二盡更有十八子之語十八子乃李字因懷非望稍損貪鄙收用名士以釣虛譽自以籍出慶州潛有興復新羅之志與賊沙彌孝心等通賊亦贈遺鉅萬至純亦貪婪無厭聞賊多財物欲鉤致之陰與交通資以衣糧鞋韈賊亦遺以金寶由是軍中動靜輒泄以至屢敗存傑嘗以智勇名至是忿恚曰若以法治至純其父必害我否則賊益熾罪將誰歸至基陽縣仰藥而死二十四年王冊義旼爲功臣兩府文武群臣皆就第賀義旼擅銓注政以貨成支黨連結廷臣莫敢誰何多占民居大起第宅奪人土田肆其貪虐中外震慴嘗自駱駝橋至猪橋築堤高數尺挾提種柳人稱爲新道宰相義旼妻崔氏兇悍因妬格殺家婢且與奴私義旼殺奴逐妻多引良家女子有姿色者爲婚旋復弃之諸子倚父肆橫至榮至光尤甚世謂之雙刀子至榮嘗爲朔州分道將軍舊例將軍必承兵馬指揮然後巡行道內至榮專擅出入略無畏忌監倉使閤門祗候崔莘尹奉使到朔州至榮不迎命以褻服同食公館忽手捽莘尹欲毆殺之力困少休莘尹得逃至榮取莘尹衣物火之麾下螺匠一人凡忤意者輒殺之聞人有美室闞其夫出必脅亂之路遇美婦人輒使從者擁去汚而後已嘗與牽龍朴公襲爭妓花園玉有憾拔劒逐公襲于宮門義旼請罪至榮王不許請流花園玉王遣內侍李德宇囚妓至榮突入獄逐德宇出其妓又逼淫王嬖姬王不得罪之朝野痛憤義旼女爲承宣李賢弼妻淫縱與母同賢弼醜之不與同居賢弼之子晉玉拜別將亦甚狂狡至純諫其父曰公以孤寒位將相宜有效方以守富貴今子孫橫暴怨結於人禍必不旋踵矣二十六年至榮爲將軍奪崔忠粹家鵓鴿忠粹怒遂告兄忠獻欲誅義旼父子忠獻然之義旼適在彌陀山別墅忠獻等往殺之梟首于市時至純爲大將軍至光爲將軍聞變率家僮戰于路至純見忠獻等多助自揣不勝與至光遁走至榮以碧瀾江普達院爲願刹欲跨江作橋携妓往安西都護府令吏民助其費吏民畏禍抽斂白金七十斤與之民不堪其弊忠獻遣將軍韓休往捕之休侵夜入府至榮方與太守許大元宴戴

花把酒休斬之傳首于京安西民喜曰至榮死吾屬無患矣忠獻等又請遣祗候韓光衍于慶州夷義旼三族分遣使諸州誅其奴隷及黨附者流賢弼于原州至純至光詣仁恩館乞罪忠獻曰此禍本也不可貸斬之義旼不會文字專信巫覡慶州有木魅土人呼爲豆豆乙義旼起堂於家邀置之日祀祈福忽一日堂中有哭聲義旼恠問之魅曰吾守護汝家久矣今天將降禍吾無所依故哭未幾敗有司奏請去壁上圖形詔削之

鄭方義

鄭方義晉州吏也神宗三年晉州公私奴隷群聚作亂屠燒州吏家五十餘延爇方義家州吏告牧官追捕之方義手弓矢入謁司錄全守龍守龍詰曰何爲持弓矢拜乎方義曰欲捕賊魁他人已擒敢入賀耳守龍曰不然汝持弓矢亦必作亂也即栲問方義欵無他釋之太守李淳中聞之曰方義正欲作亂司錄放之非也遂枷鎖方義下獄翌日欲更鞫方義弟昌大突入庭脫去枷鎖扶出因嘯聚群不逞隳突州里殺素所仇怨者牽連被殺至六千四百人於是淳中等懼閉閤不出方義脅令視事多斂邑內銀瓶欲賂朝中權貴以自免按察副使孫公禮行部至晉按問之吏民畏方義皆曰無罪淳中竟坐流草島王遣少府監趙通中郎將唐績安撫晉州方義鍊兵擅生殺虐焰甚熾通等至但拱手而已時陝州賊光明計勃亦豪橫爲一方巨害晉之與方義有隙者二十餘人往投陝州賊黨之居奴兀部曲者請兵欲擊方義賊從之方義出擊走之乘勝至奴兀部曲盡殺其黨明年晉人討方義殺之昌大率二百餘人登城州人攻之昌大遁去其黨亦散晉州平

曹元正 石麟

曹元正玉工之子母及祖母皆官妓也初限職七品鄭仲夫之亂助李義方遂歷郎將將軍明宗時爲工部尙書轉樞密院副使東宮牽龍指諭缺元正請以其子補之王令中官諭曰已用尙書史正儒子矣元正勃然奮罵中使曰何正儒子可而元正子獨不可耶聞者莫不痛憤元正怯貪暴嘗請爲於將作注簿李長同長同不許罵曰多奪人田富有錢穀猶以爲不足又求官物耶何貪之甚也元正聞之怒諷重房以

他事論奏流南方嘗爲東北面兵馬使奪人貲貨不可勝計至斂馬衣送其家見長髮者必剪其髮以爲髢多至二馱十七年七月元正又奪中書省公廨田租平章事文克謙崔世輔文章弼杜景升左常侍李知命直門下金純給事中文迪等請治其罪章凡五上乃左遷工部尙書致仕其子英植英迪應倫女壻李杜等貪暴尤甚而在近密重房亦奏黜之是月晦日夜二皷有賊七十餘人踰墻入壽昌宮殺樞密使梁翼京內侍郎中李揆李粲等殺傷甚衆宿衛皆走匿賊出內侍院燭照之所至輒殺至御所揚言曰高令文俊白等已除惡徒當復衛社王曰誰爲汝主帥賊詭言宰相杜景升給事中文迪等也左承宣權節平知賊徒無繼潛出到街衢召兵至宮門外讙譟動地賊懼走出西門中郎將高安祐聞變馳至市樓橋邊見一僧詐爲病乞兒臥糞壤中即捕之有紅燭跋在腰間收繫鞫問乃元正怨文克謙欲去之與石隣石冲石夫朱迪等謀遣其家臣高令文林椿幹俊白等作亂也王命刑部尙書白任至大將軍朴純內侍將軍李文中等按問數日令文俊白等俱服遂發兵捕得元正隣等衆心稍安臺省刑部會市街先斬令文椿幹等又斬元正等十餘人於保定門外幷其黨三十餘人籍其家者凡百七十餘戶隣本微賤世居倉傍拾米以生補禁軍庚寅亂從李義方除郎將明宗時從杜景升討趙位寵有功累陞上將軍歷東西北面兵馬使嘗受所管驛吏銀二十斤屬其事於西海道按察使康用儒不從隣憾之誣訴用儒請免其職王不聽隣忿怒瞋目張拳厲聲曰吾不復仕矣遂解帶投地而出王遣內竪留之再三不從又命兵部尙書梁翼京留之翼京挽袖譬解之乃入內殿王溫言慰諭與之飮詔罷用儒以解其怒隣退還收其詔隣數日不起王屢遣人使就職隣猶偃蹇不朝國人皆傷王之弱而憤隣橫也

列傳卷第四十一

列傳卷第四十二　高麗史一百二十九

正憲大夫工曹判書集賢殿大提學知經筵春秋館事兼成均大司成臣鄭麟趾奉敎修

叛逆三

崔忠獻 怡 沆 竩

崔忠獻初名鸞牛峯人父元浩上將軍忠獻蔭補良醞令明宗四年元帥奇卓誠擊趙位寵聞忠獻勇敢選補別抄都令以勞累遷攝將軍弟忠粹爲東部錄事性猜險勇悍二十六年李義旼子將軍至榮奪忠粹家鵓鴿忠粹請還言甚悖至榮怒令家僮縛之忠粹曰非將軍手縛誰敢縛我至榮壯而釋之忠粹即告忠獻曰義旼四父子實爲國賊我欲斬之何如忠獻難之忠粹曰吾志已決不可中止忠獻乃然之會王幸普濟寺義旼稱疾不扈從潛往彌陁山別墅忠獻與忠粹及其甥隊正朴晉材族人盧碩崇等袖刃至別墅門外候之義旼將還出門欲跨馬忠粹突入擊之不中忠獻直前斬之從者數十人股弁皆潰使碩崇持首馳入京梟于市觀者驚噪聲振都下扈從者聞變潛遁王亦趣駕還宮忠獻忠粹馳馬露刃至十字街見監行領將軍白存儒告以故存儒樂從之召集將士忠獻忠粹率兵詣宮門奏曰賊臣義旼曾負弑逆之罪虐害生民窺覘大寶臣等疾視久矣今爲國家討之但恐事泄不敢請命死罪死罪王慰諭之仍請與大將軍李景儒崔文淸等討餘黨遂與之坐市街召募壯士響應於是諸衛將卒亦皆畢集膝行聽命莫敢仰視乃閉城門分捕支黨悉獲之忠獻忠粹與文淸景儒會仁恩館議事有人告云平章事權節平孫碩上將軍吉仁等謀擧兵又告景儒等有異謀忠獻即召節平子將軍準碩子將軍洪胤與之飮言笑自若俄而目左右皆拉殺之又斬景儒於坐以文淸老且直釋不殺忠獻等坐市幕分捕節平碩及將軍權允柳森相御史中丞崔赫尹等殺之時吉仁在壽昌宮聞變急即與將軍兪光朴公襲等擅出武庫兵仗以授禁軍及宦官奴隸凡千餘人諭曰今忠獻作亂多殺無辜禍將及汝宜各戮力以立大功乃率衆出宮門踰沙嶺向市街忠獻等勒兵迎戰以敢

死者十餘人爲先鋒揮劒大呼突陣而前仁衆望而四潰仁光公襲馳入壽昌宮閉門拒守忠獻等率衆圍之存儒欲以火攻之仁懼踰垣而遁王使人開門召忠獻忠粹忠獻等疑仁在內使郎將崔允匡入奏賊臣義旼跋扈臣擧兵誅之其黨忌臣反欲加害然上天不助兇徒自潰尙有餘黨潛側於內請入宮搜捕王許之遂使允匡縱兵闌入隨遇輒殺僵屍狼藉光與公襲自刎王左右皆散走唯小君及宮姬數人侍側垂泣而已忠獻等引兵還仁恩館捕參知政事李仁成上將軍康濟文得呂左承宣文迪右承宣崔光裕大司成李純祐大僕卿潘就正起居郎崔衡郎中文洪賁等三十六人四于館仁至北山剃髮被緇墮巖下死忠獻又殺上將軍周光美大將軍金愈信權衍等有僧告吉仁欲率王輪寺僧徒擧事請備之忠獻大怒遂殺所囚仁成等三十六人遣人至王輪寺覘之僧皆方食在堂帖然無變忠獻知其誣欲收斬告者已遁矣文迪妻崔氏就積屍閒覓夫屍戴之而去觀者流涕忠獻聞之曰烈女也令收葬之忠獻又流判衛尉事崔光遠少卿權信將軍權湜杜應龍郎將崔斐于南裔忠獻多殺

朝臣人心洶懼遣使諸道慰安之忠獻與忠粹上封事曰伏見賊臣義旼性鷙忍慢上陵下謀搖神器禍焰熾然民不聊生臣等賴陛下威靈一擧蕩滅願陛下革舊圖新一遵太祖正法光啓中興謹條十事以奏昔祖聖統一三韓卜神京於松嶽郡於明堂位作宮闕爲子孫君王萬世所御頃者宮室災又從而新之一何壯麗而信拘忌之說久違臨御安知有負於陰陽耶惟陛下以吉日入御承天永命本朝官制計以祿數比乃差舛兩府及庶位閒有剩置廩祿不足爲弊甚鉅惟陛下準古減省量宜除授先王制土田除公田外其賜臣民各有差在位者貪鄙奪公私田兼有之一家膏沃彌州跨郡使邦賦削而軍士缺惟陛下勅有司會驗公文凡所見奪悉以還本公私租賦皆由民出民苟困竭顧安所取足吏或不良惟利之從動輒侵損又勢家奴皁爭徵田租民皆嗷然愁痛惟陛下擇良能以補外寄毋令勢家破民產國家分遣使統兩界察五道欲吏姦抑民瘼沮而已今諸道使等應察不察但誅求以供進爲名勞郵以輸或充私費惟陛下禁諸道使供進專以聚問爲職今一二浮圖山人也常徘徊王宮

而入臥內陛下惑佛每優容之浮圖者旣胃寵屢以事干禨聖德而陛下勑內臣勾當三寶以穀取息於民其弊不細惟陛下斥群髡使不跡于宮毋得息穀比聞郡國吏多逞貪廉耻道息諸道使置不問焉設有仁而淸者亦不之知使其惡肆而淸無益柰戒勸何惟陛下勑兩界都統五道按察使按吏能否具以狀聞能者擢之否者懲之今之廷臣並不節儉修第宅理服玩飾以珍寶而夸異之風俗傷敗亡無日矣惟陛下具訓于百僚禁華侈尙儉嗇在祖聖代必以山川順逆創浮圖祠隨地以安後代將相群臣無賴僧尼等無問山川吉凶營立佛宇名爲願堂損傷地脉災變屢作惟陛下使陰陽官檢討凡裨補外輒削去勿留無爲後人觀望省臺之臣主言事故上或不逮則有敢諫雖干鈇逆鼎所甘心焉今者婾婀低昂以苟合爲心惟陛下擇其人而後使直言在庭臨事或折衝奏王嘉納之忠獻以內侍戶部侍郞李尙郭軍器少監李芬祗候元倩等五十八皆以勢冒進不應爲內侍奏黜之又以王子僧小君洪機洪樞洪規洪鈞洪覺洪貽等在內干政奏還本寺又以嬖僧雲美存道出入王宮朝臣多附

并黜之是年拜左承宣尋知御史臺事明年制曰左承宣崔忠獻大將軍崔忠粹疾惡如讎手斷義旼以安宗社可賜忠獻忠誠佐理功臣忠粹輸忠贊化功臣贈其父元浩奉議贊德功臣守太尉門下侍郞並圖形閣上一日忠獻欲往興王寺慶成佛像有人投匿名書云興王寺僧統寥一與中書令杜景升謀害忠獻乃止忠獻忠粹欲廢王設醮告天是夕大雷電雨雹暴風拔木墻屋多頹後七日又大雷電忠粹與晉材往謀於忠獻曰今上在位二十八載老而倦勤諸小君常在上側竊弄恩威以亂國政上又寵愛群小多賜金帛府庫虛竭不可以主臣民且太子璹嬖群婢生子九人各投小君祝髮爲弟子性又闇弱不宜爲儲副司空縝博通經史聰明有度量若立爲王國可中興矣縝婢爲忠粹所嬖故欲立之忠獻曰平凉公旼上之母弟宏略大度有帝王之量且其子淵聰明好學宜爲儲副議未决晉材曰縝與旼皆可爲君然金不知有縝若立縝彼必以爲簒不如立旼如毅宗故事以弟及告之則無患矣議乃定忠獻忠粹與晉材碩崇及其族人金躍珍等勒兵市街爲中軍分諸衛兵爲左右前後軍屯

于四街又遣將卒閉諸城門召杜景升流紫燕島又流樞密院副使柳得義將軍高安祐大將軍白富公親從將軍周元迪將軍石城柱侍郞李尙敦郞中宋𨐌廉克髦御史申光漢等十二人及大禪師淵湛等十餘僧于嶺南又配洪機等小君十餘人于海島忠獻忠粹遣人入闕逼王以單騎出向成門幽于昌樂宮使中禁指諭鄭允侯守之時太子𤩪在內園北宮使人督之與妃步出宮門冒雨乘驛騎放于江華島迎平涼公旼卽位于大觀殿是爲神宗以子淵爲太子忠獻忠粹擁兵入樞密院令諸衛將軍屯于毬庭忠獻奏黜內侍閔湜等七十餘人又以俗傳王欽炟艾井則宦者用事乃毁之以廣明寺井爲御水俚語藤梨謂之炟艾王以忠獻爲靖國功臣三韓大匡大中大夫上將軍柱國忠粹爲輸誠濟亂功臣三韓正匡中大夫鷹揚軍大將軍衛尉卿知都省事柱國晉材爲刑部侍郞贈元浩英烈佑聖功臣三重大匡門下侍中忠獻又流樞密院使崔𧀉于昇州初太子娶昌化伯祐女爲妃至是忠粹欲以女配太子固請于王王不悅忠粹佯謂內人曰上已出太子妃否內人以告王不得已出之妃嗚咽不自勝王后亦流涕宮中莫不垂淚妃遂微服出外忠粹卽定期聚工大備裝具忠獻聞之携酒至忠粹家從容與飮酒酣忠獻曰聞君欲納女東宮有諸對曰有之忠獻曉譬之曰今我兄弟雖勢傾一國然系本寒微若以女配東宮得無譏乎況夫婦之閒恩義有素太子配耦有年一朝離之於人情何古人曰前車覆後車戒向者李義方以女配太子卒死人手今欲踵其覆轍可乎忠粹仰天太息良久曰兄言有理敢不從遂罷遣工匠旣而翻然改圖曰大丈夫行事當自斷耳復集工人督辦如舊其母謂之曰汝從兄言予實喜之又何如此耶忠粹怒曰非婦人所知以手推之仆地忠獻聞之曰罪莫大於不孝今辱母如此況於我乎必不可以言語諭之明朝當令吾衆候廣化門拒其女不納人以告忠粹忠粹亦謂其徒曰人於吾行止莫敢誰何兄獨欲制我者恃其有衆也詰旦吾當掃除其徒爾等努力人又告忠獻忠獻泣謂其衆曰忠粹欲以女配東宮者無他欲以圖不軌也明朝欲掃吾徒事已急矣計將安出衆曰請與朴晉材謀忠獻卽召晉材及躍珍碩崇告之晉材曰公兄弟均吾舅也有何厚薄然

國家安危係此一擧與其助弟而爲逆孰若右兄而從順且大義滅親我當與羅珍碩崇等率衆助之忠獻大悅夜三鼓忠獻率兵千餘由高達坂至廣化門告門者曰忠粹明朝欲作亂吾將衛社稷敢以此達王所門者以聞王大驚即命開門納之使屯於毬庭又發武庫兵仗授禁軍以備諸衛將軍亦率兵爭赴忠粹聞之懼謂其衆曰以弟攻兄是謂悖德吾欲奉母入毬庭見兄乞罪汝等宜各遁去將軍吳淑庇俊存深朴挺夫等曰僕等所以遊公之門者以公有盖世之氣今反怯懦如此是族僕等也請一戰以決雌雄忠粹許之黎明率兵千餘人屯十字街約曰戮力以戰苟殺彼黨者當授所殺者職忠粹軍聞諸將皆歸忠獻自知寡助稍稍遁去忠獻出廣化門向市街而下忠粹向廣化門而上遇於興國寺南交戰晉材羅珍碩崇各率徒衆一踰泥峴一踰沙峴一踰高達坂首尾相應腹背攻之忠獻以御廐大角弩縱射矢下如雨忠粹之徒取步廊扉板爲楯禦之不克遂大潰忠粹曰今日之敗天也兄居臨津以北我居臨津以南即與淑庇存深等馳至保定門斬關而出渡長湍至坡平縣金剛寺追者斬之傳首于京忠獻哭之謂追者曰我欲擒耳何遽殺耶乃遣人收葬之王論功詔有司圖形加父母爵號陞知奏事知御史臺事元年私僮萬積等六人樵北山招集公私奴隷謀曰國家自庚癸以來朱紫多起於賤隷將相寧有種乎時來則可爲也吾輩安能勞筋骨困於捶楚之下諸奴皆然之剪黃紙數千皆鈒丁字爲識約曰吾輩自興國寺步廊至毬庭一時群集鼓譟則在內宦者必應之官奴等誅鋤於內吾徒蜂起城中先殺崔忠獻等仍各格殺其主焚賤籍使三韓無賤人則公卿將相吾輩皆得爲之矣及期皆集以衆不滿數百恐不濟事更約會普濟寺令曰事不密則不成愼勿泄律學博士韓忠愈家奴順貞告變於忠愈忠愈告忠獻遂捕萬積等百餘人投之江授忠愈閤門祇候賜順貞白金八十兩免爲良以餘黨不可悉誅詔不問明年以兵部尚書知吏部事朝往兵部晝入吏部注擬文武官又出入禁闥以兵自衛先是忠獻疑金俊琚兄弟有異志貶俊琚黃州牧守弟俊光尚州牧守俊琚不恤民事募勇士恒事遊畋晉材門客無慮數百有神騎指諭李勣中者最親昵勣中密召俊琚欲作亂時

俊光移守安邊府俊琚陰與通謀乃率黃州民驍勇者潛入京俊琚妻父郎將金純永告忠獻忠獻遣門卒捕俊琚斬之分捕其黨或殺或流悉籍妻子爲奴婢俊琚父平章事永存以老免死配黃驪縣遣御史中丞康純義內侍丁公弼等捕俊光于安邊俊光到白嶺驛聞事敗乃還公弼詐稱祈恩別監至安邊俊光備公服出迎公弼令抄奴縛之以來栲問不服殺之勳中逃匿後被執見殺純永以功拜將軍公弼等五人皆拜官有差尋加忠獻開府儀同三司又明年又加三重大匡守太尉上柱國趙準者忠粹女壻也忠獻欲官淸要除戶部侍郎右諫議大夫忠獻自知縱恣恐其變生不測凡文武官閑良軍卒强有力者皆招致分爲六番更日直宿其家號都房其出入合番擁衛如赴戰陣焉四年拜樞密使吏兵部尙書御史大夫五年忠獻始在私第與內侍吏部員外郎盧琯注擬文武官以奏王頷之二部判事坐政堂但檢閱而已忠獻獨專政柄或因左右所托或納賂稱意者皆得拜官營會賓設宴使重房有力者手搏勝者即授校尉隊正以賞之琯忠獻外親起市井性巧黠善承迎忠獻甚寵愛由是不

數年驟遷吏部郎中車馬輻湊氣勢日熾親戚皆顯賄賂公行後出補安西都護府使以琴儀代之忠州判官崔孝基因忠獻嬖妾月符賂犀帶忠獻悅特徵還屬內侍龍虎軍卒仲美詐稱忠獻所遣持兵刃往鳳州日與倉侵割百姓斂銀帛驛輸于家有人執以告忠獻付街衢所按問梟市三日仍禁內外挾持兵刃者忠獻女壻任孝明登第王即屬內侍下宣旨權補閤門祗候晉材爲設賀宴盛陳羅綺忠獻引賓客赴之新及第過者輒邀致杯盤極侈又自高達坂至加造里連亘結彩棚大張伎樂雜戲觀者如堵慶州反忠獻會文武三品以上於其第議之皆曰遣使諭之然後可出兵乃遣兵部郎中宋孝成刑部員外郎朴仁碩諭之賊不從忠獻以大將軍金陟侯等爲兵馬使往討之陟侯等引兵發忠獻與子怡晉材登路傍樓觀之大陳兵衛以示威武加守太傅參知政事吏兵部尙書判御史臺事六年進中書侍郎平章事吏部尙書太子少師諸家僮因樵蘇分隊習戰於東郊忠獻聞之遣人捕之皆遁只獲五十餘人掠問投于江春州舊隸安邊州人以道途艱險厚賂忠獻乃陞春州爲安陽都護府忠獻

一日詣王宮御史臺官迎候於麗景門雜端琴儀立語馬前
人譏其諂諛七年有衆三十餘人會給事同正池龜壽家謀
殺忠獻事覺龜壽逃人執其弟龜永告忠獻忠獻鞫之龜永
曰將軍李光實爲謀主忠獻捕詰之曰吾素知爾不肖但以
故舊授將軍何敢爾耶光實不能對乃流海島熙宗立進壁
上三韓三重大匡開府儀同三司守太師門下侍郞同中書
門下平章事上將軍上柱國判兵部御史臺事太子太師王
以忠獻有擁立功待以殊禮常呼爲恩門相國楊廣道按察
使郭公儀貪鄙民多怨之有司執其從吏鞫之公儀嘗以博
奕善忠獻故止咎其吏元年賜忠獻內莊田一百結又授特
進訏謀逸德安社濟世功臣門下侍中晉康郡開國侯食邑
三千戶食實封三百戶忠獻作茅亭于男山里第旁蒔雙松
及第崔顒賦雙松詩兩制文士皆和忠獻招耆儒白光臣等
使第之及第鄭公贇詩爲第一忠獻奏其詩王召公贇屬內
侍二年詔曰門下侍中晉康侯忠獻當先君卽政之時及寡
人繼統之初以至于今竭誠夾輔有大功業可立府以崇賞
典命禮司及樞密院立都監遣使冊忠獻爲晉康侯立府曰
興寧置僚屬以興德宮屬之忠獻迎命于男山第諸王皆詣
其門禮畢宴冊使贈犀帶白金綾絹鞍馬甚厚其餘讀冊以
下諸執事亦贈白金綾絹有差夜更宴諸王因奏留使副其
帳具花果絲竹聲伎之盛自三韓以來人臣之家所未有也
自後忠獻出入宮禁便服張蓋侍從門客殆三千人時以譯
語內殿崇班于光儒權知閤門祗候省郞議光儒南班員今
拜參職非舊例不署告身數月忠獻謂省郞曰光儒頃者待
北朝使有專對之能故授參職何堅執常制耶省郞卽署之
王加忠獻中書令晉康公忠獻辭不拜明年復以爲中書令
晉康公忠獻曰公者五等之首中書令人臣之極遂辭不拜
先是有人帖匿名牓云將軍朴晉材謀去舅崔忠獻由是兩
家構隙至是晉材爲大將軍門客幾於忠獻而率皆勇悍晉
材恨門客除官者少常怏怏不平酒酣輒言忠獻無狀且自
謂若無忠獻可專國柄欲圖之流言曰舅氏有無君心每語
門客曰寧無一日之榮乎忠獻知其必害己召晉材晉材謁
於階下忠獻呼使前曰汝何欲害我遂命左右縛之斷其脚
筋流白翎鎭居數月病死分配門客勇悍者于遠島四年王

移御怡第忠獻迎駕獻壽于闕洞私第諸王宰樞皆侍宴翼日乃罷錦繡綵棚胡漢雜戲窮極侈異後數月王宴宰樞觀擊毬賜忠獻玉帶一腰通天犀帶一腰南鋌十五斤盛香金鏤銀盤二五年青郊驛吏三人謀殺忠獻父子詐爲公牒召募諸寺僧徒牒至歸法寺僧執賫牒者告忠獻即置獄定別監于迎恩館閉城門大索其黨青郊人誣構右僕射韓琦忠獻殺琦及三子又殺將軍金南寶等九人分配從者于遠島明年有人投匿名書于忠獻家曰直長同正元謂與宰相于承慶謀殺忠獻忠獻捕謂問之謂仰天嘆曰此必我仇人庾益謙所爲也益謙嘗貸我銀瓶二事積年未償亡去予屢責妻子取其家此必益謙所爲也忠獻遣人搜益謙家果得書草乃流于島忠獻嘗營第于闕洞毀人家百餘務爲宏麗延袤數里擬於禁掖北臨市廛構別堂號十字閣土木役劇國內嗷嗷訛言密捕童男女衣以五色埋四隅以禳土木氣凡有兒者皆深匿之至有抱負遠遁或無賴輩詐捕小兒其父母驚懼賂以厚幣乃弃去忠獻令御史臺榜市街曰人命至重豈有埋地禬禳之理有捕兒者執以告自後妖言稍息忠獻權傾人主威振中外人有違忤即見誅戮故皆鉗口不言盧仁祐大將軍俊之子也以其姻戚昵居左右佯狂屢直語忠獻惡之謫守仁州秩滿還朝忠獻營三第多藏金玉錢穀謂左右曰除府庫所藏外金銀珍寶欲獻王府以助國用何如衆皆曰善仁祐曰未若留爲經費更不斂民之爲愈也忠獻慚赧一日忠獻以事詣壽昌宮謁王有頃王入內中官給忠獻從者曰有旨賜酒食乃引深入廊廡間俄有僧俗十餘人持兵突至擊從者數人忠獻知有變倉皇奏曰願上救臣王默然閉戶不納忠獻無以爲計匿於知奏事房紙障間有一僧三索竟不獲躍珍及怡舅知奏鄭叔瞻在重房聞事急即入扶忠獻以出忠獻黨指諭申宣胄奇允偉等與僧徒相格鬪忠獻都房六番皆集宮城外不知忠獻生死有茶擣盧永儀者初隨忠獻入內登屋大呼曰吾公無恙於是都房爭入救之僧徒敗走躍珍謂忠獻曰我將率兵入宮盡殺宮中人且行大事忠獻曰若爾國將何如恐爲後世口實汝毋輕往使上將軍鄭邦輔等捕司鑰鄭允時及中官四于仁恩館鞫之乃內侍郎中王濬明爲謀主參政于承慶樞密史弘績

將軍王翊等皆知其謀忠獻怨王㬢之遷江華尋遷紫燕島放太子祉于仁州德陽侯恕于喬桐始寧侯禕于白翎遣怡及平章事任濡奉漢南公貞于私第即位於康安殿是爲康宗流濬明及承慶弘績翊等于外王改忠獻興寧府爲晉康府賜文經武緯嚮理措安功臣號高宗元年封忠獻妻任氏爲綏成宅主王氏爲靜和宅主任氏本將軍孫洪胤妻也忠獻殺洪胤聞其美私之王氏康宗庶女也忠獻移入別第斂戢兵衛彌滿數里朝士追隨者甚衆前此無宰相隨之者至是簽書樞密院事琴儀樞密院副使鄭邦輔始從之行時人鄙之忠獻遣將軍李光裕遷熙宗于喬桐光裕還言王驚愕失措且供頓闕乏止有米六石忠獻變色厲聲曰非我仁恕王父子得保首領以至今日乎追思濬明事使我毛髮盡竪三年端午忠獻設鞦韆戲于栢井洞宮宴文武四品以上三日忠獻時有出入重房將軍房必結綵棚以迎大設宴會其還亦如之忠獻嘗自謂國富兵强每有邊報輒罵曰何以小事煩驛騎驚朝廷輒流告者邊將解体曰必待敵兵陷兩三城然後乃可飛報至是契丹兵入寇京城無備人情恟懼皆怨忠獻初李至榮爲朔州分道將軍楊水尺多居興化雲中道至榮謂曰汝等本無賦役可屬吾妓紫雲仙遂籍其名徵貢不已至榮死忠獻又以紫雲仙爲妾計口徵貢滋甚楊水尺等大怨及契丹兵至迎降鄕導故悉知山川要害道路遠近楊水尺太祖攻百濟時所難制者遺種也素無貫籍賦役好逐水草遷徙無常唯事畋獵編柳器販鬻爲業凡妓種本出於柳器匠家後楊水尺等帖匿名書云我等非故反逆也不堪妓家侵奪故投契丹賊爲鄕導若朝廷殺妓輩及順天寺主則可倒戈輔國矣忠獻聞之乃歸其妓紫雲仙上林紅于其鄕順天寺主亦恃勢自恣與妓爲亂者也聞之亡去時遣將禦契丹兵驍勇者皆忠獻父子門客官軍羸弱不可用忠獻閱家兵自左梗里至右梗里作隊數重連亘二三里槍竿懸銀瓶或三或四誇示國人以募兵怡兵自選地橋至崇仁門用旗鼓習戰門客有請從官軍者即流遠島忠獻閱戰于其家門階高峻馬不得上以人作蹬狀進退相戰又假作契丹將軍佩金牌形擒斬之奏凱班師又令群妓作蓬萊仙女來賀狀忠獻樂甚賞以銀瓶紬布侍御史金周鼎着黃背

衫入卒伍中踴躍進退識者鄙之平州擒送契丹軍二人其人云我軍約以今月晦日將犯京城忠獻聞之使宣胄允偉等勒兵市街忠獻父子擁兵數萬以自衛怡耀兵于宣義門外四年忠獻父子在其第盛陳兵甲戒嚴時契丹兵逼近令百官守城又毁城底人家開鑿隍塹興王弘圓景福王輪安養修理等寺僧之從軍者謀殺忠獻佯若奔潰者曉至宣義門急呼曰契丹兵已至矣門者拒不納僧徒鼓噪斬關而入殺門者五六人有郎將金德明嘗以陰陽之說媚忠獻官至知太史局事所進新曆皆變舊怯日官及臺諫心知其非畏忠獻莫敢言者又數興工役侵耗諸寺故僧徒怨之先毁其家然後向忠獻家纔至市街爲巡檢軍所逐奔至新倉館與戰忠獻遣家兵挾擊之僧魁中流矢仆其徒奔至宣義門懸門下不得出遂皆散走忠獻軍追斬三百餘僧擒其黨鞫之辭連中軍元帥鄭叔瞻明日忠獻閉城門大索僧之逃者皆殺之會大雨流血成川又斬僧三百餘人於南溪川邊前後所斬幾八百餘積屍如山人不得過者數月發大倉給家兵及留京五領軍五日粮晝夜戒嚴天甚寒士卒斫路傍柳又竊公家材木爇以自溫契丹兵追至宣義門焚黃橋而退朔野大振先是德明告忠獻曰顯宗葬安宗以致庚戌契丹兵今葬厚陵於其側契丹兵又來恐風水使然宜速改葬忠獻然之欲改葬令卜日司天臺持疑不即卜日乃流判事崔季良于高鸞島後又流大將軍李孚于島孚有智勇善射御得士卒心可屬大事聞者惜之王賜忠獻子將軍珦及宣胄允偉朴世通崔俊文等五領軍米人一石布一匹忠獻集諸軍賜之允偉軍卒無故呼噉忠獻擅令停賜舊例都目政在歲抄忠獻以兵禍人無行貨求官者乃託賊遷延至明年正月始開都目多受人賂托以戰功不次除官雖有功非賂終不得職尋以年滿七十陽欲告老致政王知其意命有司備禮儀賜几杖令出視事忠獻使怡巡閱城廓兵器以私卒自衛帶甲者連亘數里忠獻欲得武士心以郎將大集成等五人爲借將軍集成以無本領不問僧徒奴隷許爲屬卒中外大擾家家杜門至有不得樵牧者忠獻聞之怒奪其職六年王賜忠獻姓王時趙冲破契丹兵凱還忠獻忌功停迎迓禮私宴將帥于竹坂宮斂銀百官以供其費初冲欲留西京第其

軍功忠獻恐生變飛書趣還及論軍功忠獻主之有功者無賞人多怨之校尉孫永等十八醵飲於市酒酣嘆曰頃與契丹戰有功以無路不得官坐中人告忠獻忠獻遣家兵捕之幷其同類百餘人斬於保定門外郎將奇仁甫謀誅忠獻不克見殺忠獻有疾上表辭職還几杖又請還賜姓悉放內外囚以至配島者時月犯熒惑日官奏貴人死忠獻召集樂工數十奏樂竟日至夜三鼓樂未闋果死年七十一謚景成百官縞素會葬秘器羽葆鼓吹旗常擬於王者忠獻初娶上將軍宋清女生怡珦任氏生瑊王氏生球珦娶宗室壽春侯沆女封寶城伯瑊後改㻩尙熙宗女齒宗室親迎日諸王宰樞百官具公服以從初封永嘉伯後進封爲侯子該封宜春侯高宗四十五年㻩死中書省奏㻩以父勢强尙公主不可葬以諸王制可球官至守司空柱國忠獻死降授球工部侍郎宋清弟洪烈藉忠獻拜樞密副使恃勢驕橫凡有求忠獻者必因洪烈乃成由是諸王貴戚爭先交結性又滑稽每至諸王第見珍玩必丐奪而後已故諸王聞洪烈至則趣左右收珍寶乃出迎

怡初名瑀累遷樞密院副使高宗六年忠獻有疾密謂怡曰病將不瘳恐有蕭墻之患汝勿復來怡遂稱疾不就令其女壻將軍金若先侍疾忠獻婢桐花貌美里人多通忠獻亦私之一日戲曰汝以誰爲夫耶婢以興海貢生崔俊文對忠獻即召俊文留於家奴使之補隊正至大將軍日見寵任請謁者皆附之俊文於忠獻家側大營私第交結勇士與上將軍池允深將軍柳松節郎將金德明爲忠獻羽翼及忠獻病四人謀曰公弃世吾輩必爲怡所虀粉季子珦膽氣過人可屬大事因瞯怡候疾欲除之遣人報怡曰令公病篤欲見公報至再三怡愈疑不至德明反以其謀告怡怡慰諭留之俄而俊文允深等至曰公疾革宜速往候怡即擒二人幷松節分配遠島道殺俊文忠獻死怡以其所畜金銀珍玩獻王明年又以忠獻占奪公私田民各還其主且多拔寒士以收人望初忠獻授人爵視賂多少時求八品者甚衆而官制少於是陞五部錄事爲八品又以史官翰林之祿過於五部錄事亦陞爲八品怡以爲先王增史翰之祿所以崇儒祿已增矣何必改官制遂復以史翰五部錄事並爲權務官流其弟珦珦

婦翁壽春侯沆沆子司空琮承宣申宣胄及忠獻家臣崔思諫婢桐花成春獅子等于諸島尋召還沆及琮量移珦于洪州珦勇而猜暴自流洪州心常怏怏大營室宇多行不義侵擾居民闔境苦之怡及州官禁之不聽後珦聚群不逞作亂召其州副使柳文桓判官全兩才法曹李宗等兩才病不就文桓宗至珦即面縛懸於樹尋殺之又率其衆至兩才所引出斬之登客舍門樓擊鼓呼譟州人皆會震慄失措珦以書召在貶前將軍柳松節于南海金壽迎于禮山又召朴文梓傳檄旁近州郡令發兵爲援使家僮發倉粟給軍有一卒殺其僮於是州中恟恟國家聞變遣兵馬使蔡松年知兵馬事王猷副使金毅烈率十領兵討之珦與數十人逃上北山州人引兵圍之珦曰吾兄累年不召又不請州官護待州官蔑視不聽吾言以故蓄憤嘗詣神祠三擲杯珓得吉卜乃聽左右言輕躁作亂雖悔何及日沒珦從者皆亡去珦不知所之墜巖崖匿石窟追兵至自剄佯死兵執而囚之死獄中按察使全懿獲壽迎文梓又移文捕松節等皆殺之怡聞而喜使懿窮捕餘黨懿希怡意誣以禮山結城麗陽大興等七縣監務始與珦通謀及事敗欲自免反捕傳檄者乃拘縣吏等鞫之俱誣服七縣監務皆死又洪州人常往來於珦者無問輕重悉誅之重房劾懿擅殺壽迎等流海島承宣車倜無才能唯以令色媚人嘗附忠獻用事權傾中外怡疾之流于羅州後怡密爲書召還授樞密院副使御史大夫厚饋遺又與所愛名妓玉肌香以慰藉之八年封晉陽侯怡固辭尋參知政事吏兵部尙書判御史臺事東北面兵馬使報蒙古使這可等至都護府城外怡曰前來使尙未暇應接況後來者乎宜令兵馬使慰諭遣還時人以爲蒙古之釁始於此矣怡會宰樞其第議發南道州郡精勇保勝軍城宜州和州鐵關等要害處以備蒙古知奏事金仲龜曰比來州郡被契丹兵侵掠民皆流亡今無警急遽又徵發以勞其力則邦本不固將若之何怡竟不聽十年怡修隍羅城以家兵爲役徒出銀瓶三百米二千餘石以支其費又出黃金二百斤造十三層塔及花瓶置興王寺上將軍崔兪恭嘗與樞密副使吳壽祺將軍金季鳳郎將高壽謙等邀宴重房諸將於其家謀欲盡殺文臣以報私怨事覺貶壽祺爲白翎鎭將尋遣人殺之兪恭

爲巨濟縣令季鳳爲溟州副使配守謙海島明年愈恭與季鳳及大將軍李克仁謀殺怡怡知之殺愈恭克仁季鳳散員朴希道李公允等流其黨五十餘人于島又鞫其黨辭連樞密副使金仲龜一將軍咸延壽李茂功大將軍朴文備皆流遠島十二年百官詣怡第上政簿怡坐廳事受之六品以下官再拜堂下伏地不敢仰視怡自此置政房于私第選文士屬之號曰必闍赤擬百官銓注書批目以進王但下之而已嘗拜私奴之子安碩貞爲御史中丞人皆憤之至有上䟽言者怡又以爲前遊馬將校乃御前近衛者遂召集私第選之鞍馬服飾極其侈美倍於往日又奏本朝文物禮樂請一遵華制其自宋來投者許於臺省政曹隨材擢用慶尙道按察使權應經圖倭形以獻怡問其故曰異國之人容貌奇怪欲令參政知之耳怡知其媚笑之十三年怡患癰自兩府至掾吏爭祈禱設齋作䟽都下爲之紙貴諸醫不能理閤門祗候林靖妻本醫家女貼引毒膏有効王特除靖工部郎中以慰怡意王賜怡匡辟翊戴功臣號十四年怡令敎定都監牒禁內六官各擧登科未官有才行者初忠獻置敎定都監掌庶

事怡因之怡門客多當代名儒分爲三番遞宿書房森溪縣人崔山甫曉陰陽術數剃髮爲僧住金剛寺與姪倉正光孝等奪掠爲事光孝盜宰人牛縣官捕之光孝逃山甫亦變姓名曰周演之後至京以占術惑人怡與語稱賞日益親信事皆咨之聲勢日盛能禍福人人皆畏之爭賂遺遂致巨富以術僧道一爲弟子與相密謀自言察聲觀色能辨人貧富壽天多引婦人之美者淫焉醜聲流聞畏威莫有言者一日演之密白怡今王有失位相公有王侯相命之所在其可避乎怡以語腹心將軍金希磾希磾問演之曰果有此說乎演之愕然詣怡謂曰前日密語洩恐禍及怡謂演之侮已會有人譖怡曰頃者公有疾上將軍盧之正大將軍琴輝金希磾會演之家謀欲害公奉熙宗復位怡信之流演之于南海之正及輝亦配諸州籍演之家得熙宗與演之書有誓同生死父事之語怡即遣將軍曹時著等遷熙宗于江華又遷于喬桐沈演之于海夷其族捕道一鞫之乃服又捕之正輝希磾及中郎將牙允偉別將申作楨並沈于海妻子兄弟分配遠地又沈希磾子三人有文大淳者嘗流紫燕島有僧犯罪亦配

是島與大淳相惡密遣人譖怡曰大淳等潛謀作亂發近邑兵將赴京怡遣郎將李蕡執大淳等五人不問而殺之朝野稱寃南京人仁傑勇悍過人屬神騎爲賊魁剽掠南北一日入京邏卒覺之告怡怡遣十餘騎捕之仁傑徐行無懼容騎不知爲仁傑問賊安在仁傑紿曰在某處飮酒可速往捕騎馳去仁傑自馬後騰上捽曳下奪其馬以走餘騎追不及仁傑匿利川發卒捕殺之仁傑臨刑曰吾平生多行不義受誅何悔但六軍在前出入敵陣斬將搴旗吾志也不得一試死於人手爲可恨耳十五年加鼇戴鎭國功臣懷音鎭別將告西都有謀反者兵馬使移牒西都索之不得押送告者于京怡欲因以收北人之心賞告者良馬錦衣金帶綾羅絹五十匹紬紵布各十匹米三十石令驛輸其家又請王褒異賜廐馬一匹綾羅絹四十匹紬百匹布二百匹又以私田七百餘結屬諸衛散員及校尉房以市恩及第朴寅聘日本賚和親牒還怡給銀瓶五事叚子六十匹布五百匹米豆幷五十石鞍馬琴以賞之有僧將營慈惠院伐材于江陰縣監務朴奉時禁之沒其材僧托大將軍大集成貽書以請奉時不從集成請怡移敎定所牒又不從集成慚恚訴怡乃流奉時于遠地臨陂縣令田承雨疾上將軍金鉉甫廣植田園悉收其租入官又以其田與民鉉甫托按察使崔宗裕徵還其租承雨忿恚償以官銀器報法司法司劾鉉甫宗裕怡奪其狀止之國學博士金挺立白良弼惡學錄廉守臧直學景瑜譖以譏謗時政怡怒囚街衢獄尋配守臧于神草島瑜于巨濟十六年怡占奪隣舍百餘區築毬場東西數百步平坦如碁局每擊毬必使里人灌水浥塵後又壞人家廣之前後占奪無慮數百家日聚都房馬別抄令擊毬或弄槊騎射怡邀宴宰樞耆老臨毬庭觀之或至五六日能者立加爵賞於是都房別抄鞍馬衣服弓矢効韃靼風俗競以美麗相誇都下子弟亦爭事豪侈妻多以貧見弃且分五軍習戰人馬多顚仆死傷者於其終習田獵縣絡循環怡悅之饗以酒食毬庭舊有樓三間怡又增三間日晩起役至詰朝畢怡奏今年大旱禾稼不登請遣使五道審檢損實從之初國家授宋商人布令買水牛角來至是宋商買綵叚以來國家責違約宋商曰我國聞汝國求水牛角造弓勑禁買賣是以不得買來怡囚都綱

等妻取所買綵段剪裁還與之後宋商獻水牛四頭怡給人蔘五十斤布三百匹怡私造御輦以進輦飾金銀錦繡覆以五色氈窮極侈麗王嘆賞不已賜監造大集成鞍馬衣服紅鞓王以輦駕水牛道路爭觀十七年大倉八廩地庫皆災怡及若先皆擁家兵自衛無一人往救者火徹夜不滅十八年怡妻鄭氏死王命官庀葬事用順德王后例賻以大府綵段七十匹怡辭不受唯受大小斂所用一十匹三殿及諸王宰樞承宣以下爭設奠務爲侈美市價踴貴及葬贈卞韓國大夫人謚敬惠百官諸領府皆會葬至以金銀錦繡飾龕室左右列紅燭連亘數里石室極奇巧是年蒙古大擧入侵王遣三軍禦之馬山草賊魁自降詣怡曰請以精兵五千助擊怡大喜賞賜甚厚造戎冠金環子許着慰之怡又遣人往廣州冠岳山草賊屯所誘致賊魁五人精銳五十八厚賞以充右軍忠州奴軍賊魁令史池光守僧牛本來怡褒賞以光守補校尉牛本爲忠州大院寺主加三重蒙古兵至禮成江京都洶懼怡與若先以家兵自衛守城者皆老弱怡遣御史閔曦內侍郎中宋國瞻犒慰蒙古兵昇天府副使尹繗錄事朴文檥潜置家屬于江華乃說怡曰江華可以避亂怡信之使人往審之中道爲蒙古兵所拘明年蒙古河西元帥遣使寄書送金線二匹其書稱令公盖指怡也怡不受曰我非令公以歸淮安公侹侹亦不受往復久之怡竟使學士李奎報製侹荅書以還怡使江華勸農別監申之甫迎熙宗於紫燕島王后薨怡獻棺槨皆飾金銀王見而嘆賞怡聞大集成女新寡而艶娶以爲後室時集成爲後軍陣主雖敗軍恃怡無恐大氏欲歸謁父母怡令軍器別監李資敬索十品銀瓶二十資敬奪五店公私瓶以充之怡欲遷都江華會宰樞其第議之皆畏縮不敢言夜別抄指揮金世冲排門入詰曰松京自太祖以來歷代持守凡二百餘年城堅而兵食足固當戮力死守社稷捨此將安都乎怡問守城策世冲不能對集成謂怡曰世冲効兒女之言欲沮大議請斬之以示中外金鉉甫希集成意亦言之遂引世冲斬之怡遂請王亟下殿幸江華王猶豫未決怡奪祿轉車百餘兩輸家財于江華令有司刻日發遣五部人戶牓曰不及期登途者以軍法論又遣使諸道徙民山城海島發二領軍營宮闕于江華遂遷都時霖雨彌

甸泥濘沒脛人馬僵仆達官及良家婦女至有跣足負戴餜
寡孤獨失所號哭者不可勝計二十一年王論怡遷都功欲
封侯立府百官皆賀于第怡辭以迎詔禮物不備於是州郡
爭致饋遺遂封爲晉陽侯怡營私第役都房及四領軍輸舊
京材木又多取松栢植園中悉以船輸人多溺死者其園林
延袤數十里怡於西山發民私藏冰民甚厭苦又安養山去
江華數日程怡使門客將軍朴承賁等取其栢樹植之時方
冱寒役徒有凍死者沿路郡縣弃家登山以避之有人膀昇
平門云人與栢孰重又爲崔宗俊構第二日而成奪路人馬
輸材死時托怡而輸私物者亦如之行路嗟怨二十二年怡
與宰樞議徵州郡一品軍加築江華沿江堤岸二十九年加
食邑進爵爲公三十年校尉趙甫壽譖其表兄大將軍宋白
恭於怡怡投白恭於江拜甫壽爲郎將左倉納晉陽稅王以
晉陽已爲怡食邑命黜倉別監王仲宣有司又請論仲宣及
倉官怡奏曰臣重違上命雖已受封今年稅請依舊納倉赦
仲宣等罪王從之怡修國學納米三百斛于養賢庫又遣大
司成宋國瞻諫議洪鈞相安南地欲鑿渠通海不可乃止東

海中有島名蔚陵地膏沃多珍木海錯以水程遠絕往來者
久怡遣人視之有屋基破礎宛然於是移東郡民實之後以
風濤險惡人多溺死罷其居民三十一年怡以郎將申着爲
按察使正言李儒上書劾之怡怒貶儒延州副使督令之任
大卿任景純子岠善書怡愛之養以爲子改姓崔授將軍岠
性貪鄙恃勢恣橫怡嘗以私織全幅黃綾粧康安殿後壁障
子令岠寫無逸篇王見而嘉之賞賜甚多三十二年四月八
日怡燃燈結彩棚陳伎樂百戲徹夜爲樂都人士女觀者如
堵五月宴宗室司空以上及宰樞結綵棚爲山張繡幕羅幃
中結鞦韆飾以文繡綵花設大盆四盛冰峯盆皆銀釦貝鈿
大尊四揷名花十餘品眩奪人目陳伎樂百戲八坊廂工人
一千三百五十餘人皆盛飾入庭奏樂絃歌鼓吹轟震天地
怡給八坊廂白金各三斤又給伶官兩部伎女才人金帛其
費鉅萬三十三年怡享王設六案陳七寶器膳饌極豐侈怡
自詡謝曰復有如今日者乎怡好燕樂聚飲無度或宴三品
以上于其第或宴宰樞及文武四品以上歌吹連日或至夜
分而罷嘗會宰樞及諸將軍等四十六人宴酒酣御史中丞

將軍林宰執巵作倡優舞見者鄙之又燕兩府及諸將軍極歡使伶人奏唐樂天忽雷電怡懼止之三十六年死輟朝三日謚匡烈及葬儀衛甚盛後配享康宗廟庭怡無適子嬖妓瑞蓮房生二男萬宗萬全初怡欲傳兵柄於若先恐二男爲亂皆送松廣社剃髮並授禪師萬宗住斷俗萬全住雙峰皆聚無賴僧爲門徒惟以殖貨爲事金帛鉅萬計慶尙道所畜米五十餘萬石貸與取息秋稼始熟催徵甚酷民無餘粟租稅屢闕門徒分據名寺倚勢橫行鞍馬服飾皆效韃靼相稱爲官人或强淫人妻或擅乘驛騎陵轢州縣官吏其他僧徒乘肥衣輕者詐稱弟子所至侵擾州縣畏縮莫敢誰何刑部尙書朴暄言於怡曰今北兵連年入寇民心疑貳撫以恩信猶恐生變今兩禪師門徒割剝民產斂怨實多南方騷擾若北兵猝至恐相應爲變矣怡聞之猶豫會慶尙道巡問使宋國瞻亦寄書言之怡謂暄曰若之何暄曰公若召還兩禪師令巡問按察使囚其無賴僧徒以慰民心可無變矣怡然之即遣御史吳贇行首周永珪于雙峯斷俗發錢穀悉還其主焚契券囚門徒之爲惡者中外相慶萬宗萬全詣京與其妹宋㥠妻泣訴怡曰尊公在時侵逼尙爾百歲之後吾兄弟不知死所矣怡乃悔之反謂暄離間父子流黑山島貶國瞻東京副留守悉釋其門徒令萬全歸俗改名沆

沆初拜左右衞上護軍戶部尙書諸王宰樞皆詣門賀怡使待制任翊授書侍郞權韙習禮遷樞密院知奏事怡分與家兵五百餘人及怡病沆領兵入府聞病殆即還其家怡死知吏部事上將軍周肅領夜別抄及內外都房欲復政于王猶豫未決殿前李公柱崔良伯金俊等七十餘人歸于沆肅亦附焉合番擁衛沆服喪二日而除及葬杜門不出蒸其父諸妾王拜沆銀青光祿大夫樞密院副使吏兵部尙書御史大夫太子賓客尋兼東西北面兵馬使又以爲敎定別監沆忌知樞密閔曦樞密副使金慶孫得衆心流海島又流左承宣崔峘將軍金安指諭鄭洪裕及怡侍妾三十八人王下制曰自皇考御宇寡人即祚以來晉陽公怡左右輔弼故三韓如仰父母今忽棄世無所倚賴子樞密院副使沆繼世鎭定可超授相位明年王贈沆母靜安宅主沆黜巫覡于城外又以敎定別監牒鐲淸州雪緜安東圜絲京山黃麻布海陽白紵布

諸別貢及金洪州等處魚梁船稅又徵還諸道數定收獲員委其任於按察使以收人望初怡以羅得璜河公敍李瓊崔甫侯爲宣旨使用別監分遣諸道爭剝割誅求民不堪苦沆欲干譽皆罷之不數年復用人皆憤嘆王下制以怡食邑晉州祿轉稅布徭貢直納沆家沆辭不受一日沆衷甲領兵自長峯宅馳馬移于見子山晉陽府由東偏戶入盖畏人也沆前娶大卿崔昷女以有疾弃之改娶左承宣趙季珣女王命牽龍中禁都知巡撿白甲內侍茶房衛送賜御座肩輿燈燭又賜黃金鏡奩粧具諸王宰樞皆贈金帛致賀王命移忠獻眞于昌福寺怡眞于禪源社參上參外別監及文武官各二十員導從如移太祖眞儀沆爲僧時與甫州副使趙廉右道康監務朴長源有憾及用事乃流于島侍御史李儒素與二人善及按慶尙道至固城召二人宴縣令權信由亦與焉後有僧譖信由於沆曰儒與信由潛召廉右等謀亂沆投儒等四人于江時人哀之王以築中城功拜門下侍中封晉陽侯開府讓不受一日月犯房上相司天臺奏月犯上相占云主有憂上相誅有亂臣臣代其主時王將迎蒙古使幸梯浦宮

故司天欲王修省停幸沆見實封惡之嗾御史臺劾司天妄奏星變罷判臺事崔允旦太史丞吳安矩沆嘗以繼母大氏助若先子敉不右已深怨之乃奪大氏宅主爵收其財產令夜別抄皇甫俊昌等投大氏前夫子將軍吳承績于海會夜黑潮退承績得不死祝髮潛入皆骨山寄書于母家奴至密城洩於人副使李舒聞之以報沆沆大怒獲承績投之江斬俊昌等六人流大氏于海島尋毒殺之大氏族黨及諸奴婢或殺或流凡七十餘人舒以功超拜軍器監沆信譖凡有私憾者輒誣告謀亂以邀賞及鞫無驗沆又遣將軍宋吉儒沈金慶孫于海以承績姻親也分遣人沈殺南道編配者過半周肅初名永賚性浮夸爲怡友壻怡寄以腹心每聞讒訴必委肅治之肅阿其意無問曲直皆殺之又使肅監選校尉視賄賂多少爲次朝野切齒怡死沆以肅先附已待甚厚事皆咨問沆嘗徙見子山第不令肅知之始相疑忌沆遣郎將林庚押肅流島至熊川沈殺之肅意將軍金孝精構之臨死語庚曰孝精與吾謀欲復政于王庚還以告沆沆流孝精于島尋殺之又流肅女壻將軍崔宗弼羅州副使李昀是年王命

封侯立府沆又讓不受三十九年李峴奉使如蒙古沆謂峴曰彼若問出陸宜荅以今年六月乃出峴未至蒙古東京官人阿母偘通事洪福源等請發兵伐之帝已許之及峴至帝問爾國出陸否對如沆言帝又問留爾等別遣使審示否則如何對曰臣正月就道已於昇天府白馬山營宮室城郭臣敢妄對帝乃留峴遂遣多可土等密勑曰汝到彼國王迎于陸則雖百姓未出猶可也不然則速回待汝來當發兵致討峴書狀張鎰隨多可來密知之具白王王以問沆對曰大駕不宜輕出江外公卿皆希沆意執不可王從之遣新安公佺出江迎多可等請入梯浦館王乃出見宴未罷多可等怒王不從帝命還昇天館識者曰沆以淺智誤國大事蒙古必至矣未幾果至屠滅州郡所過皆爲煨燼四十年拜門下侍中判吏部御史臺事沆在家遙謝下制曰朕臨莅三韓四十有一載自丙子辛卯以來隣敵侵擾禍亂相仍專賴晉陽公崔怡輸誠衛社轉籌制變至於躬奉乘輿涉水遷都功業所致社稷安寧萬世子孫帶礪難忘嗣子門下侍中崔沆承襲家業應時而起尊主庇民一新令條佐致中興功勳莫大宜垂異恩覃及內外其赦斬絞以下加怡爵號沆封侯立府先妣加封爵沆刱九曜堂于闕西及成王幸觀之許沆親侍二十人初入仕丘史二十人眞拜把領二十人初入仕監督官上將軍朴成梓子一人眞拜把領工匠賞功有差自遷都後蒙古督令出陸縱兵侵掠永寧公綧在蒙古軍貽書沆曰去年秋皇帝怒大駕不渡江迎使發兵問罪吾無計沮之白皇帝曰臣願將帝命諭本國令復都舊京子孫萬世永脩蕃職皇帝勑臣曰汝與本國宰臣歸到汝國諭以朕命使之出陸吾於六月初吉到也窟大王處具告之勒令隨軍一時同發今也窟等十七大王太子各領兵馬抄蒙古漢兒女兒高麗人屯田南北界以蒙古精兵分攻水內山城且帝命大官人曰國王若出迎即當退兵今國之安危在此一擧若不出迎須令太子若安慶公出迎必退兵社稷延基萬民按堵公亦長享富貴此上策也如此而兵若不退族予一門願除狐疑善圖不失今時後無悔恨峴亦隨蒙古軍而來貽書云吾二年見留觀其行事殊異前聞不嗜殺人愛惜物命去今年賜詔條件固非難事何不出迎皇帝怒曰爾國不知朕愛護之意

故發兵問罪國家如欲延其基業何惜遣一二人出降今東宮若安慶公出迎陳乞庶可退兵願公善圖翼日宰樞會議皆曰出迎便沆曰春秋貢奉不絕前遣三次使价三百人未還而猶若是今雖出迎恐爲無益萬一執東宮若安慶公至城下邀降何以處之皆曰侍中議是出迎議寢四十一年宴宰樞于其第觀擊毬戲馬別抄有以黃金飾障泥金葉羅花揷馬首尾者沆嘗分日宴諸王宰樞承宣文武四品以上自是宴會無常明年王詔曰旦奭相周蕭曹佐漢君臣相資古今一揆晉陽公崔怡當聖考登極之日寡人即祚以來推誠衛社同德佐理越辛卯邊將失守蒙兵闌入神謀獨决截斷群議躬奉乘輿卜地遷都不數年閒宮闕官廨悉皆營構憲章復振再造三韓且歷代所傳鎭兵大藏經板盡爲狄兵所焚國家多故未暇重新別立都監傾納私財彫板幾半福利邦家功業難忘嗣子侍中沆遹追家業匡君制難大藏經板施財督役告成慶讃中外受福水路要害備設兵船又於江外營建宮闕且築江都中城金湯益固萬世永賴況今大廟草刱未備實乖奉先之意朕心未安又令門客朴成梓爲督役使凡百之費皆出私儲不日功畢制度得宜誠罕世大功朕甚嘉歎其令有司開府益封食邑加贈考妣進秩二子成梓以下至工匠亦皆賞賜有差沆辭不受尋進中書令監修國史新及第郭王府等謁沆沆登樓與花酒四十三年賜濟衆康民功臣號前西海道蘇復別監宋克儇斂貰實三百八斛賂沆即拜御史人號爲貰實御史前學錄鄭珹譖於沆曰河東監務盧成與鄉人李珪李昌結爲兄弟招集陝州副使薛仁儉南海縣令鄭皐及第俞汝諧僧明就等常置酒爲樂誹謗國政當宴會書天子之門諸賓莫入八字帖諸門以防外客各陳懷唱和有賢士梲智日倡雛得意秋之句沆怒斬成珪昌于市配仁儉皐等于海島時人指珹爲食人者四十四年沆病篤王爲放獄囚沆扶病登後園小亭賦詩云桃花香裏幾千家錦幄氤氳十里斜無賴狂風吹好事亂驅紅雨過長河吟畢還寢暴死追贈晉平公沆初爲僧通宋偦婢生竩適妻無子以竩爲嗣竩美容貌兩手微有金色性沈默多羞澁沆使景淋師芮起敎詩筆權韙任翊敎政事鄭世臣敎禮王以竩爲殿中內給事賜紅鞓沆嘗以竩屬宣仁烈柳能

曰若輔導成就獲承家業則君等之賜也及沆病召仁烈能執手曰君等保護此子吾死無恨矣沆死殿前崔良白秘不發喪按劒叱侍婢勿哭與仁烈謀以沆言傳于門客大將軍崔瑛蔡楨及能等會夜別抄神義軍書房三番都房三十六番擁衛乃發喪王即授竩借將軍又命爲敎定別監百官皆詣門弔賀沆嬖妾心鏡美麗慧黠竩嘗私之沆死之日納之後房沆本妓出竩又母賤故時人讀簿書至倡妓賤隷之言輒諱之人有仇怨則譖以訾公所出微賤竩盡殺之竩發倉賑飢民又給諸領府各三十斛王以竩爲樞密院副使判吏兵部御史臺事讓不受竩復歸延安宅及靖平宮于王府納其家米二千五百七十餘石于內莊宅布帛油蜜于大府寺又以年饑發私廩賑權務隊正遞仗左右衛神虎衛校尉以下及坊里人尋拜樞密院副使又辭不受改授右副承宣有閔偁者自蒙古逃還以所佩金牌獻竩且曰在蒙古時聞大臣密議今後不復東伐竩悅與第舍米穀衣服拜爲散員四十五年竩以將軍邊軾郎將安洪敏散員鄭漢珪爲江華收獲使恣其攘奪百姓嗷嗷舊制奴婢雖有大功賞以錢帛不授官爵沆始除其奴李公柱崔良伯金仁俊爲別將聶長守爲校尉金承俊爲隊正奴等白竩曰公柱身事三世年老有功請加參職乃授郎將奴隷拜參自此始竩年少暗劣不禮遇賢士所與親信者如柳能良伯之輩皆庸隷輕躁其舅巨成元拔及心鏡內行譖訴外施威福黷貨無厭時又遭歲飢饉不發粟賑貸由是大失人望及吉儒之貶又與柳璥柳能金仁俊兄弟等交惡不相接見神義軍都領郎將朴希實指諭郎將李延紹密謂璥仁俊承俊公柱將軍朴松庇都領郎將林衍隊正朴天湜別將同正車松祐郎將金洪就仁俊子大材用材式材等曰竩親近憸小信讒多忌不早爲之所吾曹恐亦不免遂定計約以四月八日因觀燈擧事中郎將李柱聞之與牽龍行首崔文本散員庾泰校尉朴瑄隊正俞甫等密爲書通竩良伯大材之妻父也大材以希實等謀告良伯良伯佯應以告竩竩急召柳能計議時日已暮能曰暮夜無能爲請以書諭夜別抄指諭韓宗軌暹明召李日休等勒兵討仁俊未晚也竩然之大材妻在側聞之以告大材大材告仁俊曰事急矣不如早圖旣昏仁俊率子弟趨神義軍見

希實紹云事洩不可猶豫乃召集向所與謀者及別將白永貞隊正徐挺李梯林衍使衍及指諭趙文柱吳壽山捕宗軌殺之又召指諭徐均漢等會三別抄于射廳使人呼於道曰今公死矣聞者皆集璥與松庇等亦至仁俊曰如此大事不可無主者可推大臣有威望者以領衆即召樞密使崔昷昷至又邀朴成梓議之仁俊召良伯未及升堂別抄兵以炬燒口遂斬之衍又斬日休于其家仁俊令竩門卒不報更籌分隊伍於廣場燃松明如晝衆人呼噪適大霧竩家兵無一人知者黎明夜別抄等壞竩家壁而入元拔壯士也聞難驚起拔劒當戶兵不得前元拔自度不勝欲擒竩走避以竩肥重未能乃扶上屋藉又自當戶壽山突入擊元拔中額踰垣走別抄追斬于江岸又索竩及能皆殺之璥仁俊昷詣闕百官俱會泰定門外兩府及璥仁俊入謁便殿復政于王發竩倉穀分賜有差太子府二千斛諸王宰樞文武百官以至胥吏軍卒皂隸坊里人小不下三斛又賜諸王宰樞至權務隊正布帛有差又以所畜馬賜文武四品以上又加賜三品遣郎將朴承蓋于慶尙道內侍全琮于全羅道籍沒竩及萬宗奴婢田莊銀帛米穀宰樞奏崔忠獻罪盈惡積崔怡專權擅命宜削去圖形罷廟庭配享從之

列傳卷第四十二

列傳卷第四十三　　高麗史一百三十

正憲大夫工曹判書集賢殿大提學知經筵春秋館事兼成均大司成臣鄭麟趾奉
敎修

叛逆四

韓恂 多智

韓恂多智皆義州戍卒恂爲別將智爲郎將高宗六年二人反殺其防戍將軍趙宣及其守李棣自稱元帥署置監倉使及臺官擅發國倉諸城響應遣將軍趙廉卿郎中李公老招撫之恂智黨五十餘人至嘉州客舍曰兵馬使趙冲金君綏丁公壽等淸白愛民餘皆貪殘厚斂於民剝膚椎髓不堪其苦乃至於此耳崔怡聞其言以安永麟柳庇俊弼李貞壽崔守雄李世芬高世霖洪文敍李允恭崔孝全宋自恭李元美崔謐等嘗諂事忠獻或爲按察或爲分道分臺監倉使或求巨邑侵漁無厭分配諸島先是朔州分道將軍黃龍弼性貪暴用刑慘酷州人知龍弼意在求貨賂以官藏銀器龍弼巡至安北都護府恂智黨來攻其府齊聲唱曰朔州銀器宜速還之龍弼慚憤自刎時北界諸城多爲恂智所陷於是命三軍往討明年恂智等以淸川江爲界投東眞潛引金元帥于哥下令屯義州自領諸城兵屯博州相爲聲援中軍知兵馬事金君綏與宣撫使李公老議遣義州人郎將尹忠孝朴洪輔寄書于哥下開陳本末諭以禍福責其違盟于哥下悟佯怒即囚忠孝等遣義州郎將郭允昌召恂智恂智擁兵六百赴之于哥下宴慰幷及諸城賊魁慰藉甚厚因疏其姓名翼日伏兵設宴酒酣伏發捕恂智及其黨尹大明韓存烈等悉誅之于哥下遣忠孝移牒幷函恂智首送于京國家分配其黨于海島後皆遇赦還鄕九年恂智黨復引東眞兵萬餘入靜州遂侵義州防守將軍守延與戰敗績麟州人謀與賊通爲內應防守將軍知之出屯城外以解其謀勒兵掩襲東眞兵斬二百餘級王遣中軍兵馬使李迪儒右軍兵馬使趙廉卿後軍兵馬使金淑龍發西京兵追捕之又有振威縣人令同正李將大直長同正李唐必者乘契丹之亂與同縣人別將同正金禮謀不軌嘯聚徒衆劫奪縣令符印發倉賑貸村

落飢民多附之移牒旁郡自稱靖國兵馬使號義兵至宗德河陽二倉發粟悉人所取將寇廣州王遣郞將權得才散員金光啓等與按察使崔博發廣水二州兵討之不克更徵忠淸楊州道兵攻之獲唐必禮賊徒潰散將大奔尙州被擒按察使械送于京皆伏誅

洪福源

洪福源初名福良本唐城人其先徙居麟州父大純爲麟州都領高宗五年元遣哈眞扎剌攻契丹兵于江東城大純迎降十八年撒禮塔大擧入侵福源又迎降于軍二十年福源爲西京郞將與畢賢甫殺宣諭使大將軍鄭毅朴祿全據城反崔怡遣家兵三千與北界兵馬使閔曦討之獲賢甫送京腰斬于市福源逃入元於是擒其父大純及女子弟百壽悉徙餘民于海島西京遂爲丘墟福源在元爲東京摠管領高麗軍民凡降附四十餘城民皆屬焉讒構本國隨兵往來怡患之欲悅其心官大純爲大將軍百壽時爲僧髮之爲郞將以張暐爲福源女壻賄賂不絕福源感之讒構稍弛然自是元兵歲至攻陷州郡皆福源導之也三十七年元徵大純入朝永寧公綧之入質也寓於福源福源待之甚厚久乃生釁綧積不平四十五年福源密令巫作木偶人縛手釘頭埋地或沉井呪詛校尉李綢嘗逃入元依綧覘知之以奏帝遣使驗之福源曰兒子病虐故用以厭之耳非有他也因謂綧曰公受恩於我久矣何反使讒賊陷我耶所謂所養之犬反噬主也綧妻蒙古女也聞其語聲甚厲不遜呼譯者具問大怒呵福源伏於前切責曰汝在爾國爲何等人曰邊城人又問我公爲何等人曰王族曰然則眞乃主也汝實爲犬反以公爲犬噬主何哉我皇族也帝以公爲高麗王族而嫁之妾以是朝夕恪勤無貳心公若犬也安有人而與犬同處者乎吾當奏帝遂詣帝所福源號泣叩頭乞罪綧追止之不及福源傾產備賄貨與綧倍道追之中途遇勑使勑使即令壯士數十人蹴殺福源籍沒家產械其妻及子茶丘君祥等以歸福源諸子憾父之死謀陷本國無所不至元宗二年茶丘雪父冤帝詔曰汝父方加寵用誤詿刑章故於已廢之中庸霈維新之澤可就帶元降虎符襲父職管領歸附高麗軍民摠管十二年茶丘奉詔來見王不拜以中書省牒索其叔父百壽

王拜百書樞密副使致仕將遣之茶丘故爲遷延竟不偕去蓋欲激帝怒恐動之也時官奴崇謙功德等反謀殺達魯花赤事覺捕鞫之茶丘欲使崇謙等辭連本國因起兵襲取京城密引達魯花赤脫朶兒議之蒙古法凡議事意合則脫冠以示其從茶丘等皆脫冠脫朶兒不脫爲之明辨故免茶丘討三別抄于珍島其族屬及無賴之徒多從之明年倭船泊金州慶尙道安撫使曹子一恐元責交通密令還去茶丘聞之嚴鞫子一鍛鍊以奏曰高麗與倭相通王遣張暐請釋子一四一日茶丘遽還元人莫知其故王慰諭之十五年帝將征日本以茶丘爲監督造船官軍民惣管茶丘刻期催督甚急分遣部夫使徵集工匠諸道騷然帝又命茶丘提點高麗農事又命爲東征副元帥茶丘以忠淸道梢工水手不及期杖部夫使大將軍崔沔以大府卿朴暉代之茶丘與忽敦金方慶等征日本忠烈三年帝欲復征日本以茶丘爲征東都元帥時韋得儒等誣構方慶大獄起茶丘在東京聞之奏帝來問欲令方慶誣服嫁禍於國栲訊極慘酷未幾帝召還語在方慶傳茶丘常怨本國君祥以爲寧怨永寧公不敢負國

爲本國興利除害無不力焉十八年帝又欲征日本令本國造船君祥進言曰軍事至大宜先遣使問諸高麗然後行之帝然之遣君祥來問王曰臣旣隣不庭之俗庶當躬自致討以効微勞明年元遣君祥兄熊三子波豆兒來管造船事波豆兒望王宮下馬流涕曰雖云衣錦還鄕職是勞民可愧也禮遇宰相甚恭二十年帝崩君祥白丞相完澤寢東征二十一年王嘉君祥功封三韓壁上功臣三重大匡益城侯尋封都僉議中贊修文殿大學士監修國史世子師臨安公國制非出身科第不得爲文翰官崔怡擅政自爲監修國史猶不得兼修文殿君祥時爲元朝集賢大學士故得拜焉百壽子詵官累僉議評理忠宣初拜贊成事尋封麟城君改封江寧君忠肅五年卒子綏鐸翊孽子明理和尙貪暴驕橫其妹適元寵臣亦刺赤明理和尙隨之遂爲亦刺赤所愛嘗奉御香來强奸評理洪順女女從兄洪承衍面辱之明理和尙訴行省四承衍暐與海人位至中贊致仕卒年八十一謚純靖無他功能以君祥等仕元有功本國故凡遣使入朝多以暐副之遂至極品子碩登第至判密直司事有柳宗者初附崔沆

爲江華判官及金俊謀誅沆子㳇宗與文璜欲殺俊事洩流海島嘗與寡妹宿一房虎穿壁攫其妹嚙斷宗一臂後又附茶丘好說國家陰事得罪沒其家

李峴

李峴高宗時人性貪婪好傷人嘗爲選軍別監多受賂銀人號銀尙書轉官至樞密副使使于蒙古被留二年說也窟曰我國都介于海島貢賦皆出州郡若於秋前奄襲州郡都人必窘遂受金牌導也窟而來隨蒙古兵諭降諸城至楊根天龍二城脅之曰椋山東州春州等城並以不降見屠宜速出降若守將不許即斬以來二城降自爲達魯花赤率二城降民攻忠州城七十餘日不下及蒙古軍還不得隨去乃來其軍中所獲婦女財寶盡爲己有銀釵至滿一筒宰樞會議曰峴以宰相犯叛逆宜赤族於是弃市籍其家有人蹴其口曰喫盡幾人銀帛耶沉其子之瑞之松之壽之栢永年于海妻及姊妹女壻並流于島

趙叔昌

趙叔昌平章事冲之子高宗十八年以防戍將軍在咸新鎭蒙古元帥撒禮塔來圍鎭曰我是蒙古將也汝可速降否則屠之副使全僩懼與叔昌謀曰若出降城中之人猶可免死叔昌然之遂以城降謂蒙古人曰我趙元帥冲之子吾父曾與貴國元帥約爲兄弟僩發倉餉蒙古軍叔昌爲書諭朔州宣德鎭使迎降蒙古人所之介叔昌先呼曰眞蒙古也宜亟出降至鐵州城蒙古攻之愈急判官李希績死之蒙古遂屠其城未幾咸新鎭報于朝曰國家若遣舟楫當盡殺蒙古人小尾生等卷城如京乃命金永時等三十人具舟楫以往果殺蒙古人幾盡小尾生先覺亡去僩率吏民入保薪島後挈家乘舟還京溺死叔昌官至上將軍畢賢甫之反辭連斬于市

趙暉

趙暉本漢陽府人後徙居龍津縣高宗四十五年蒙古兵大至高和定長宜文等十五州人入保猪島東北面兵馬使愼執平以猪島城大人少守之甚難遂以十五州人徙竹島島狹隘無井泉人皆不欲執平强驅納之人多逃散入者十二三糧儲乏少執平分遣別抄請粟於朝催運他道守備稍懈

暉與定州人卓靑及登文州諸城人合謀引蒙古兵乘虛殺執平及登州副使朴仁起和州副使金宣甫京別抄等遂攻高城焚燒廬舍殺掠人民以和州迆北附于蒙古蒙古乃置雙城摠管府于和州以暉爲摠管靑爲千戶明年暉黨自稱官人引蒙古兵來攻寒溪城防護別監安洪敏率夜別抄出擊盡殲之王使郞將金器成別將郭貞有賫國贐如蒙古屯所慰之器成等至文州暉黨在寶龍驛與蒙古兵三十餘人殺器成等幷傔從十三人掠國贐而去暉黨又引東眞國兵屯春州泉谷村有神義軍五人詐稱蒙古將軍羅大使者馳入其屯曰解爾弓劒聽元帥敎命高麗太子將入朝汝何殺高麗使者奪國贐乎爾罪當死皆伏地股栗於是揮鞭召別抄四面攻之無一脫者遂得國贐及器成等衣物而還元宗十二年襄州民張世金世等以蒙古將有所鞫謀殺守令吏士將逃匿遠地事覺伏誅其餘黨天瑞等八人潛投暉請兵暉給四百餘人猝入襄州執縛知州事兩班等誣以謀率人民徙居海島遂欲脅遷于和州王請達魯花赤遣人往諭天瑞不聽驅掠知州及吏民一千餘人而去王奏于蒙古請治天瑞等罪帝遣只必哥來問之時只必哥在西京暉自蒙古還謂只必哥曰我奏襄州人實自納欵上朝非我驅迫其民帝卽以詔授我使勿問只必哥遂不問子良琪襲摠管孫暾自有傳

金俊

金俊初名仁俊父允成本賤隷背其主投崔忠獻爲奴生俊及承俊俊狀貌魁岸性寬厚謙恭下人又善射好施與以得衆心日與遊俠子弟群飮家無所儲有術僧見之曰此人後必當國朴松庇宋吉儒等譽於崔怡怡遂倚信每出入必使俊扶持授殿前承旨俊通怡嬖妾安心配固城數年乃還怡之召沆爲後俊有力焉及沆襲權補別將益親信沆死竩獨任崔良伯柳能而疎俊俊心不平及吉儒之敗益相疑貳高宗四十五年與柳璥松庇等誅竩復政于王俊進曰竩不恤生民坐視餓死而不賑貸臣等擧義誅之請發粟賑饑以慰人望卽授將軍賜衛社功臣號策勳爲第二尋拜右副承宣初有權施者娶怡妓妾女得拜僕射子守鈞拜將軍守鈞女壻文璜亦拜少卿及施父子以事罷竩又被誅璜心常怏怏

欲殺俊爲瑱報仇璸子光旦英旦與隊正崔注錄事柳宗植李秀之校尉玄君壽等交結一日璸密諭注秀之謀殺俊二人許諾因招君壽議之君壽猶豫秀之以告宗植宗植許之乃與璸父子會密室屏左右謀之將各引所親勇士擧事宗植往別將金仁問家見壁上有弓劒取而撫之曰君丈夫也當此時可以此物取卿相安能効兒女子碌碌乎仁問異其言而不對宗植去仁問恐禍及己遂語指諭白永貞告俊逮捕宗植問之果服俊以爲宗植素狂其言戲耳譴而放之君壽聞宗植被鞫奔夜別抄營告璸等謀俊聞之鞫璸注光旦英旦秀之等殺之流守鈞父子宗植于島籍璸守鈞家產以與仁問君壽又以盲僧伯良卜其吉凶投海籍其家宦者金仁宣性溫雅王甚愛之俊啓事仁宣出入傳旨相與比附俊妻又仁宣姪女也仁宣年六十官亦極于南班七品俊力請除參職王亦欲授之恐成後例竟不許元宗元年改策功以俊爲第一進樞密院副使御史大夫柱國太子賓客翼陽郡開國伯食邑一千戶食實封一百戶一日往水州廣因院施酒食於行路從者如雲皆着戎服四年守太尉參知政事判御史臺事太子少師明年蒙古徵王入朝俊爲王設百高座於大觀殿講仁王經王謂俊有忠誠賜從者爵有差又命爲校定別監料察國家非違王如蒙古命俊監國俊以別抄三十八晝夜衛其家王還國欲封侯立府下制曰參政金俊事我先王誅戮權臣復政王室扶立寡躬奉承宗祀功業之盛夐出千古頃者北朝責令親朝以無舊例依違未决大兵連歲來侵國勢日危又北使來督親朝朝議紛紛罔知所從俊爲國深謀奏留使臣督辦方物盤纏俾不違約與使偕行果蒙天眷錫與便蕃不日還國社稷復安厥功重大宜荅以殊恩有司其議以聞六年拜侍中尋冊爲海陽侯一依晉陽公故事俊嘗以事囑忠淸道按察使邊保保不聽俊白王流之以夜別抄指諭金革精代之又募射士多出銀器許中者取之時能射者以百數未有中者有一人中之即授散員俊令四品以上出銀有差以充國贐又遣使購富民金銀法苛峻民多愁怨舊制八關閱樂日堂後門下二人盛設宴近因兵荒廢之已久俊以閱樂不可無宴乃置廣庭宴禮都監移牒州郡備供具民甚苦之後送寢俊家臣高耳別監文成柱倚

俊勢剝民無所不至有人帖匿名書于御史臺訴之俊寢不問九年蒙古帝遣使徵兵勑俊父子及其弟冲皆赴京師冲即承俊也俊聽將軍車松佑言謀欲殺使深入海中再白王王不聽俊謂松佑曰上固拒奈何松佑等曰龍孫不但今上諸王固多況太祖亦以將軍擧事何有疑慮俊深然之遂決謀欲殺使令都兵馬錄事嚴守安告冲守安詣其第極言不可冲信之遂沮其謀然俊益拒蒙古命王甚怏怏俊恐蒙古責不入朝大會五教沙門於其第供佛祈福初俊子承宣皚家奴與龍山別監李碩有憾聞碩載內膳二艘泊于江訴碩於皚皚以告俊遣夜別抄奪之入其家分與夜別抄未幾俊見王王以碩所上膳狀示俊俊變色退還收以獻王却之曰旣奪而復獻於義可乎是皆寡人祭醮之須碩久稽不進見奪於俊是碩罪也流于島遂以內侍權仁紀代之尋召碩還由是王益惡俊國子學諭洪惟敍嘗以書狀伴蒙古使入朝與金裕說俊密事有申百川者素爲惟敍所侮聞其言以語俊俊殺惟敍俊自言嘗誅權臣發畜積活人多矣雖臥市街誰敢害我由是聞人惡言不以爲意列置農庄以家臣文成柱管全羅池濬管忠清二人爭事聚斂給民稻種一斗例收米一碩諸子効之競聚無賴怙勢恣橫侵奪人田怨讟甚多俊嘗欲邀王于其家撤隣家以廣其家窮冬盛夏晝夜督役屋高數丈庭廣百步其妻尙嫌曰丈夫眼孔亦爾小耶及封宅主每入見宮主拜乎上俊旣封侯効宗室右奉翊每曰平生所未慣有時左奉人譏之時有淫巫號鶴房出入俊家俊惑其言國家事皆占吉凶時號鶴夫人俊每於蒙古使來輒不迎待使若徵詰輒言可殺樞副林衍嘗與俊子爭田俊曰我在尙爾況死乎吾寧忍視此人耶又衍妻嘗手殺其奴俊曰此婦性惡當遠流衍聞之益銜郎將康允紹得幸於王且與衍相善知王忌俊又知衍俊有隙屢言於王曰諸功臣皆與俊善惟林衍不附又謂衍曰國勢危殆將若之何衍曰王如有命臣豈惜死允紹以奏王曰眞忠臣也一日衍謂宦者崔瑥曰國事至此子盍告王瑥佯許內懷恇怯遷延數日衍又謂曰言出我口入君之耳萬一或洩命在朝夕奈何猶豫瑥即與宦者金鏡入奏王曰果若所言何幸如之衍遂制大梃盛樻若膳物然預置宮中約日擧事會王出餞蒙古使俊

黨皆不扈從故未果王恐事泄終夜不寢宣言有疾分遣中使禱諸神祠佛宇詰朝俊不赴衙鏡等以王命召之俊急趨朝俊妻族宦者朴文琪知其謀奔詣俊家遇諸道以左右擁衛不能告冲聞俊赴衙亦至朝堂璁傳旨引俊至便殿前稱王不豫引入政堂令抄金尙挺擊之俊大呼遂斬之又引冲入內冲見血痕欲走出宦者金子廷使其弟子厚殺之俊從者欲入救子廷當門稱旨却之曰今俊兄弟已皆誅戮汝等入內何爲其各同心衛社遂推而出之衍分遣夜別抄捕俊諸子及其黨皆斬之俊子柱聚其徒謀拒之夜別抄指諭高汝霖等至柱謂汝霖來助己且喜且懼慰以好言汝霖等持疑未決將軍曹子一亦率介士繼至不卽前有校尉徐靖射柱誤中屋角柱走入門子一等麾其衆使退柱踰垣而走追騎及斬之前數日柱夢有一紫衣人來坐廳上使人執俊諸子以針線貫之最後及柱針者曰此亦貫乎紫衣曰何獨赦也遂貫之柱果後誅俊子柱及碩材大材皚祺靖碩材大材早死柱初名用材同知樞密院事皚祺靖後妻之出皚嘗赴擧平章金之岱掌試難其第擬以乙科四人王擢第三初拜閤門祗候至右副承宣皚母常與俊謀欲以皚爲嗣凡皚事每右之營其宅多壞人家樑棟楹桷必以紋木異材雖遠必致金碧相輝壯麗無比園囿花卉皆取奇品祺靖皆將軍冲清介自守見其兄與諸姪所爲常切責俊與諸子皆憚之冲臨刑嘆曰予無所知人皆惜之又誅俊黨大將軍崔暉將軍車松祐康保忠玄壽朴承益郎將方仲山池濬文成柱指諭葛甫資家奴誅者不可勝紀又流俊妻及將軍崔公義上將軍金洪就于海島將軍李悌孫元慶自刎死初俊流固城縣人朴琪頗有恩俊以爲養子累授承宣及俊誅琪怏怏不食肉夜則潛泣衍聞之白王殺之李宗器者永州吏逃入京以勇力稱從俊誅誼累遷大將軍衍亦殺之及死嘆曰若知至此當早殺衍群臣表賀誅俊松庇初以德原吏籍軍伍以誅誼功累官至參知政事性寬洪不與人爭功忠烈四年卒子成大

林衍 惟茂

林衍初名承柱其父不知何許人僑寓鎭州娶州吏女生衍遂以鎭州爲貫衍蜂目豺聲捷而有力能倒身臂行或投蓋

于屋梁爲大將軍宋彥祥廝養卒後歸其鄉蒙古兵適至衍與鄉人逐之遂補隊正有林孝侯者通衍妻衍知之誘孝侯妻通焉孝侯告有司有司欲治衍罪金俊壯其爲人力救得免又薦爲郎將故衍常呼俊爲父冲爲叔父衍與俊誅竩爲衛社功臣累遷樞密副使及俊當國專擅威福元宗忌之衍又與俊有隙遂與金鏡崔瑥等誅之又忌鏡瑥勢逼已遣夜別抄捕鏡瑥及其弟琪斬之梟市御史大夫張季烈善騎擊毬性恬淡有禮爲王所親信常出入臥內大將軍奇蘊爲王庶妹壻參典機密又籍俊家財以珍寶賂鏡瑥衍惡之並流于島集三別抄六番都房于毬庭與宰相議曰我爲王室除權臣王乃與金鏡等謀欲殺我不可坐而受戮我欲行大事不爾竄之海島如之何宰樞莫敢對衍歷問之侍中李藏用乃以遜位爲言參知政事俞千遇力言不可衍未決而罷翼日夜衍囚前將軍權守鈞大卿李敍將軍金信祐歷數其罪曰守鈞以賤口濫受大職敍淫其妻前夫女信祐奸父之妾遂皆斬之以恐衆心衍擐甲率三別抄六番都房詣安慶公淐第會文武百僚奉淐呼萬歲入本闕即王位宗室百官朝賀忽風雨暴作拔木飛瓦賀畢衍率然下階拜藏用蓋喜遜位之策也時王在辰巖宮衍使左副承宣李昌慶逼出之左右皆散王冒雨步出昌慶進所乘馬又使兵從者五人分侍王妃遷于別宮尋又遷王于金暟舊第盜內帑珍寶初衍謀廢立司空李應烈曰龍孫非一何必今王至是應烈呼噓踴躍喜形於色應烈衍子惟茂婦翁也淐以衍爲校定別監衍移入金俊舊第淐遣六番都房衛之時世子自燕京還至婆娑府靜州官奴丁五孚潛渡江告變曰林衍既廢立恐東宮聞亂不入國使夜別抄二十人伏境上以待請毋入境世子聞之疑慮彷徨大將軍鄭子璵等曰彼豎子何敢爾耶無根之說詎可信乎羅裕策馬進曰事未可知觀變而入猶未晚也毋爲賊臣所紿武德將軍金富允亦言之諸校鄭仁卿麟州守臣保子也潛渡江就父探問具以狀還白五孚亦曰告奏使郭汝弼亦在靈州請使人見之世子使同來蒙古使者七人執汝弼于靈州又執義州防護譯語鄭庇問知其實然後世子痛哭欲還入蒙古諸臣皆猶豫不肯從獨仁卿力勸乃行衍擅廢立自謂莫敢誰何及聞世子北還日夜憂懼將

軍俞元績與郎將鄭守卿欲誅衍復王位言於將軍尹秀秀陽諸奔告于衍衍捕鞫之守卿不服元績服遂殺之籍其家蒙古遣使責廢立衍誣王以病遜位對蒙古又遣兵部侍郞黑的詔徵王與淐及衍問之衍懼會宰樞其第議荅詔書衍嘆曰我欲正國家而後朝于帝所今徵詰如此其急將如之何因泣下宴黑的賂珍寶甚多又令三四品各以空名實封陳荅詔便宜復宴黑的于其第黑的言宜復王位衍不得已會宰樞議廢淐復立王同知樞密趙璥居常恭遜頗得衆心衍之廢立也璥病不與及衍擅權朝野歸心於璥將軍金文庇欲誅衍與璥子將軍允璠已定約使告璥璥不從文庇知事不集反告於衍衍流璥于黑山島殺允璠及璥女壻秘書郞張顥等七人籍其家又流璥子允溫璥力能圖衍而恇怯速禍時人惜之一日有人見慈恩寺設齋樹幡告衍子惟幹云亂作官旗已竪矣惟幹奔告衍閭門驚駭王如蒙古衍恐王泄廢立事使惟幹及腹心扈從王至京師惟幹因康和尙緇縫其事奏之帝勑云世子與李藏用已具陳朕所詳知汝父擅廢王信乎惟幹奏此李藏用所爲請問之帝以問藏用及申思佺元傅各以實對帝頷之惟幹復奏帝止之曰汝之所言皆妄也遂繫其頸命中書省牒衍曰汝之子有來奏臣僚亦有來奏朕意未詳汝於此時宜即入朝明辨衍欲拒命遣夜別抄于諸道督民入居諸島衍憂懣疽發背而死天陰旬餘至是開霽時順安侯琮監國惟茂請贈參知政事謚莊烈琮又以惟茂爲校定別監惟茂集都監六番自衛其家使惟烟領書房三番衛惟幹家爲外援惟茂忌童謠讖說盛行令曰有能捕童謠及說圖讖者賞以爵貨召日官伍允孚等問以鎭國之策允孚曰如病深而求醫末如之何帝使頭輦哥國王趙平章等護王東還王先遣鄭子璵諭國中臣僚出都舊京惟茂意欲不從恐衆議不合使致仕宰樞三品以上顯官四品以下及臺省各以實封議可否皆曰君命也敢不從乎惟茂忿怒莫知所爲分遣諸道水路防護使及山城別監聚保人民以拒命又使金文庇領夜別抄戍喬桐以防北軍衍所遣夜別抄至慶尙道督民入保諸島按察使崔淍與東京副留守朱悅判官嚴守安謀執夜別抄囚金州以待王還及王入境從間道赴行在全羅道按察使權坦忠淸道按

察使崔有渰見王傳諭帝旨皆感泣即曉諭州郡西海道按察使邊亮聞王還奔詣行在惟茂聞之遣人追之不及惟茂以童穉繼執父權罔知所裁每事決於應烈與樞副致仕宋君斐等姊夫御史中丞洪文系及直門下省宋松禮外雖面從心常憤惋惟茂將拒命中外洶洶文系謀於松禮松禮子琰及玢俱爲衛士長松禮文系集三別抄諭以大義謀執惟茂惟茂聞變擁兵以待三別抄壞其家東門突入亂射衆乃潰擒惟茂及姊夫大將軍崔宗紹欲流于島以蒙古使在館恐生他變皆斬于市流應烈君斐及族父宋邦乂李成老外弟李黃綬等乃罷書房三番及造成色朝野大悅咸謂更生應烈剃髮而逃追者獲之至毬庭有少年輩數其罪爭拳之惟梱自刭未殊蒙古使見之扼其喉而殺之惟茂母李氏性妬險凡拒命殺戮多其敎也及敗盛服懷珍寶欲逃趙璥妻子至門伺之捽髮批頰又里有宿怨者爭聚裂脫其衣觀者如堵不得匿遂入芹田兒童爭以瓦礫擲之後幷其子惟幹惟柜惟提等執送蒙古

趙彝 金裕 樞

趙彝初名藺如咸安人嘗爲僧歸俗學擧子業中進士後反入元稱秀才能解諸國語出入帝所譖曰高麗與日本隣好元遣使日本令本國鄕導元宗遣宋君斐偕元使如日本至巨濟因波險乃還王遣君斐如元奏曰日本大洋萬里風濤險惡且小邦未嘗通好帝大怒詰責於是王遣潘阜如日本又遣安慶公淐如元奏之帝以彝譖怒不解責淐甚嚴淐還彝矯旨勒留中路淐復入告中書省乃得還淐遂憂憤成疾至東京東京人又拘傔從刼奪馬價然後放之彝常以讒毁爲事竟不得志而死有金裕李樞者亦反人也裕登第永寧公綧之入質也樞副韓就選弓箭陪卒裕作詩求行就愛其詩置選中裕既入朝背本國常欲奉使還以逞其欲乃語丞相安童曰海東三山有藥物若遣我可得安童信之遂遣裕及申百川來裕矜其戎服略無愧色傳安童書曰聞王國土產藥品可備倘醫用者今遣金裕等往採可給人力令收以歸其藥品海東三山液藥方大嶺山香栢子六十斤智靈洞全蜜四十斤有体人參合用造酒方永同郡香麴子五十斤南海島失母松五十斤服藥後膳方金剛山石茸六十斤大

嶺山南榧子五十斤松膏餠三十斤沐浴方觀音松上水風眠松葉二百斤及裕等還王遣譯語郎將康禧荅書曰伏承鈞旨諭以小邦所產藥品令採進就問裕等一依名數採進但觀音松上水未審所在問諸裕等則云在洛山上卽欲遣人與裕等索之反云多得風眠松葉則松上水無亦不妨此曾啓都堂稟旨而來便不往索若觀音松上水本無之物也松膏餠則取松白皮熟鍊灰水百杵和蜜汁粘糯乃作餠裕以爲自生於松上皆誑言也樞上將軍應公之子初名唐古嘗反入元妄奏金漆靑藤八郎虫榧木奴台木烏梅華梨藤席等物產於本國帝信之遣必闍赤黑狗及樞等來索之王報中書省曰今奉省旨云王國未平聖慮憐憫今歲朝幣不須進奉所用金漆良多今遣必闍赤往取竊念小邦所儲金漆就陸時散盡且其所產南方海島比爲逆賊往來之所當更乘閒往取奉獻先將十缸以進其瀝汁之匠當就產地徵來起遣又黑狗口宣榧木土人謂之白木問其產地於樞則云昇天郡之今要島也其靑藤八郎虫亦出於此又於珍島南海等處皆產焉其榧實桐栢實亦產此地距王京千餘里難以立致樞不自往見而返玆與達魯花赤遣人視其有無待還具奏先以榧木若干片奉獻八郎虫則樞初言產於喬桐郡今使人往取則無有也又云出於今要島當復使人就審其奴台木海竹冬栢竹簟輒隨所有以進烏梅華梨藤席元非所產昔於西宋商船粗得若干並此進奉元又遣樞來索大木樞因侵擾不已王欲悅其意拜將軍樞伐大木載以十艘幷載其奴婢貨財而去未幾元遣樞又索材木樞欲入蔚陵島斫木王以大將軍姜渭輔爲伴行樞以三品秩卑言曰三品如狗耳吾不可與同行乃以簽書樞密事許珙代之王請于元遂罷之

韓洪甫

韓洪甫楊城人嘗怨其兄洪弼反入蒙古也速達愛之如子一日紿也速達云吾在本國窖藏白金人莫知之且吾兄家產頗饒聞今已死請往收兄財及吾藏銀而來也速達許之仍遣二人伴行洪甫至金郊驛自計以爲若偕二人入京不可獨留託語二人曰今吾失冠請還尋之取他人鞍馬匿草莽乃後二人而來言於朝曰我之投蒙古以吾兄故本非背

國不勝懷土之情以來未幾也速達牒云檻城人韓洪甫投入已有年矣向者請取本郡大井寺窖藏銀物而來我令二人伴行及到金郊驛逃竄不還兩國和好之約不固者實由此等姦人語言也請捕送時洪甫歸其鄕久矣遣別抄追捕之也速達又遣阿介等來詰曰洪甫尹椿閔偁張升才郭汝益松山六人何不遣還曰松山升才已死洪甫今猶未獲閔偁尹椿流遠島汝益無恙阿介曰死者已矣若洪甫尹椿之輩可率以還曰流者路遠水深不可計日而致亡命者潛匿幽險亦難速得阿介曰雖幽險亦國地何不可得於是召還偁并洪甫執送于也速達尹椿嘗爲陽根城防護別監蒙古兵圍城椿率衆出降蒙古兵還城中精銳六百使椿領之留其兵三百鎭之刈禾備糧餉椿修書春州防護別監鄭至麟諭降至麟不聽城守益固蒙古兵解圍去後椿自虜中還言諸將勸車羅大退屯西京車羅大辭以無詔乃曰吾寧死於此豈可退兵殊無歸意車羅大嘗將舟師七十艘盛陳旗幟欲攻押海使吾與一官人乘別船督戰押海人置二砲於大艦待之兩軍相持未戰車羅大臨岸望之召吾等曰我船受砲必虀碎不可當也更令移船攻之押海人隨處備砲故蒙古人遂罷水攻之具今莫若屯田島內且耕且守淸野以待此策之上也崔沆然之給椿家一區米二百斛豆一百斛超授親從將軍

于琔

于琔鎭州人元宗朝以譯語累遷郎將嘗使蒙古因留不返與叛人陸子讓請帝以聖旨取家屬王上表曰在昔春秋之義尙不容三叛人况今皇帝之時何反受二賊子琔又與叛人金守磾俱剃髮在也速達營訴曰高麗有急必遷濟州今言復都舊京非實也速達信之及太子自蒙古還至也速達營也速達欲令琔等對辨太子曰何信叛人之言吾寧祝髮被拘於此豈可與叛人辨哉也速達愧而遣還只留樞密使金寶鼎指揮金大材譯語李松茂等後琔東還娶林惟栶妻蔡氏中書省以爲朝廷嘗督取林衍惟栶家屬赴京蔡氏不遵朝命漏網獨留而琔娶之罪莫大焉遂移文達魯花赤誅琔蔡氏父樞密使仁揆亦坐流靈興島琔兄弟三人登科其母例當受廩有司議曰凡祿三子登第者母爲其生文章輔

弼也今琁母雖有登第三子一爲逆臣不宜與祿遂止

崔坦

崔坦西北面兵馬使營吏也元宗十年林衍廢王立安慶公淐坦與營吏韓愼三和縣人校尉李延齡定遠都護郎將桂文庇延州人玄孝哲等以誅衍爲名嘯聚龍岡咸從三和人殺咸從縣令崔元夜入椵島營殺分司御史沈元濬監倉朴守奕京別抄等初平章事洪鈞再鎭西北人懷其惠稱爲父淐恐北方生變以鈞子祿遒代李信孫爲兵馬使祿遒至營十日而亂作祿遒踰垣走欲投海死分道黃宗諝止之曰吾欲偵變待吾還而死亦未晚也宗諝良久不來祿遒以爲見害俄聞有人呼莫殺營主祿遒乃還坦使人言於祿遒曰前王再朝上國以安東方民受其賜林衍鎭州一兵卒耳有何功德操弄國柄擅廢吾王耶朝無忠臣吾等奮激欲誅首惡復戴吾王耳先平章再鎭北方活我民命尙書今又再來安撫有先公之風吾等不忍背德祿遒曰君等不忘吾先延及後人何感如之請釋分道及隨使電吏坦從之祿遒等遂還京時閤門祇候韓景胤退老中和縣使其子及弟旦具坦等反狀奔告于朝以國子祭酒張鎰爲兵馬使率兵遣之以安撫使李君伯畏賊不得入而還削其職復遣前侍御史朴烋代之烋請備儀而去烋至大同江張蓋踞胡床俟賊出迎賊忽擊鼓而出列騎江邊使數人挐舟來言曰當今無主宜諭使誰所遣乎義無迎命惟載從者一人而去數林衍之罪坦殺西京留守崔年判官柳粲司錄曹英紱龍州守庾希亮靈州守睦德昌鐵州守金鼎和宣州守金義慈州守金潤其餘諸城員吏皆沒於賊成州守崔群爲其下所殺鼎和之妻大卿李德材女也初入境特其色不障面人皆知其美至是賊縛鼎和於柱淫之於前金義爲人慷慨賊使行酒憤恚自縊而死義州副使金孝巨出獵于野靜州戶長尹般甫聞變馳告曰西京人殺諸城守欲投蒙古孝巨使郎將康用圭跡之用圭至靈州界奔還曰崔坦韓愼等所爲也俄而坦等率三十餘人至大富城時蒙古使脫朶兒來在此城問其故坦等詭言曰高麗卷土將深入海島盡殺北界諸城人故吾等殺諸城守欲入告上國脫朶兒曰近處諸城官吏多在何不殺之坦曰欲稟於公殺之脫朶兒曰可執義麟靜三城守以來

餘皆殺之於是孝巨及麟州守鄭臣保靜州守韓奮等至脫朶兒曰非我召之實坦也可往見之孝巨曰官人前日累獵弊境予每蒙護恤感戴何言第國法不得越境故不敢謁耳今幸承喚顚倒而來請先謁官人乃許之孝巨因進酒從容言曰今三城守獲謁大官雖死無恨彼諸城守無辜見殺誠可憐憫請遣使止之脫朶兒乃遣麾下二人止之獲免者頗多於是孝巨等二十二人被執歸于蒙古明年坦馳奏蒙古帝云京兵欲侵我等請遣天兵三千來鎭西京帝賜坦及延齡金牌孝哲愼銀牌詔令內屬改號東寧府畫慈悲嶺爲界以坦等爲惣管忠烈四年王與公主如元至西京公主召延齡愼問其謀反始末皆伏地背汗不敢仰對十一年坦愼孝哲等執文庇管下人誣以此輩與宰相廉承益謀殺我等遣人告遼東宣慰使按察府宣慰使遣東京安撫惣管來鞫之明年王遣承益及金周鼎趙仁規柳庇等偕來使往東寧府辨之坦等服其誣十六年帝罷東寧府悉歸西北諸城王拜愼文庇爲大將軍玄元烈爲大僕尹羅公彥李翰爲將軍十八年世子在元帝以愼等付之命曰比人雖叛爾國向朝廷有分毫心爾勿大責三十一年愼拜同知密直司事從王如元黨王惟紹譏毀忠宣三十三年與惟紹伏誅籍家產父子兄弟皆沒爲奴愼子方固用孟等三人充驛戶方固用和皆登第至是削名籍忠肅十六年方固用孟皆許通方冋出守梁州用孟拜成均學諭

裴仲孫

裴仲孫元宗朝積官至將軍十一年復都開京榜示畫日趣令悉還三別抄有異心不從王遣將軍金之氐入江華罷三別抄取其名籍還三別抄恐以名籍聞于蒙古益懷反心仲孫與夜別抄指諭盧永禧等作亂使人呼於國中曰蒙古兵大至殺戮人民凡欲輔國者皆會毬庭須臾國人大會或奔走四散爭舟渡江多溺死者三別抄禁人出入巡江大呼曰凡兩班在舟不下者悉斬之聞者皆懼而下其或發船欲向開京者賊乘小艇追射之皆不敢動城中人驚駭散匿林藪童稚婦女哭聲滿路賊發金剛庫兵器分與軍卒嬰城固守仲孫永禧領三別抄會市廊逼承化侯溫爲王署置官府以大將軍劉存奕尙書左丞李信孫爲左右承宣初賊謀作亂

將軍李白起不應至是斬白起及蒙古所遣回回於街中將軍玄文奕妻直學鄭文鑑及其妻皆死之參知政事蔡楨樞密副使金錬都兵馬錄事康之紹逃亂出橋浦賊騎追不及江華守卒多亡出陸賊度不能守乃聚船艦悉載公私財貨及子女南下自仇浦至缸破江舳艫相接無慮千餘艘時百官咸出迎王其妻孥皆爲賊所掠痛哭聲振天地前中書舍人李淑眞郞將尹吉甫聚奴隷尾擊餘賊于仇浦斬五人至浮落山臨海耀兵賊望見恟懼以爲蒙古兵已至遂遁淑眞與郞中田文胤等封府庫使人守之無賴者不得盜賊入據珍島剽掠州郡王命金方慶往討之明年方慶與蒙古元帥忻都等率三軍擊破之賊皆弃妻子遁賊將金通精率餘衆竄入耽羅初守司空致仕李甫判太史局事安邦悅上將軍池桂芳大將軍姜渭輔將軍金之淑大將軍致仕宋肅少卿任宏皆陷賊中及賊敗甫桂芳被殺渭輔之淑肅宏得免歸朝信孫隨賊欲向耽羅中路而還邦悅當還都時卜于奉恩寺太祖眞得半存半亡之兆以謂亡者出陸者也存者隨三別抄入海者也乃隨賊南下說賊曰龍孫十二盡向南作帝京之讖於此驗矣遂爲謀主及賊敗抽身將謁方慶兵士擊殺之存奕據南海縣剽掠沿海聞賊遁入耽羅亦以八十餘艘從之賊旣入耽羅築內外城時出剽竊橫行州郡殺守宰瀕海蕭然王遣通精姪金贊及吳仁節等六人招諭之通精留贊餘皆殺之十四年又命方慶討之方慶與忻都等進攻之賊大潰通精率七十餘人遁入山中縊死耽羅遂平

列傳卷第四十三

列傳卷第四十四　高麗史一百三十一

正憲大夫工曹判書集賢殿大提學知經筵春秋館事兼成均大司成臣鄭麟趾奉教修

叛逆五

曹頔

曹頔不知所出或云義與郡驛吏忠烈時夤緣內官權傾中外忠宣即位益見親昵累轉右常侍忠肅朝入密直遷選部典書頔嘗娶廉承益孼女與承益外孫定安君許慶爭財訴于王嬖臣崔安道李宜風爲慶譖頔王以頔得幸忠宣右之頔與萬戶洪綏譖安道下巡軍杖流海島未幾安道復幸於王頔懼密與護軍高子英郞將金良柱謀逃入元比蔡河中等謟事瀋王暠窺覦國釁謀奪王位語在河中傳驟陞僉議贊成事進拜左政丞忠肅薨忠惠逼慶華公主蒸焉主恥之欲還于元時頔稱疾不出公主召之具道見暴狀頔與洪彬及省官詣忠惠宮群小當門不得入乃還忠惠追召不聽至永安宮招集百官聲言逐去群小而除爲瀋王地忠惠率萬戶印承旦全英甫等二十餘騎至永安宮門閉不得入乃使尹繼宗丘天祐召頔又不出頔以前護軍李安張彥吳雲爲巡軍首領官收國印置永安宮令前軍簿摠郞柳衍左思補李達衷軍簿佐郞成元度藝文檢閱金得培守之會金注莊來自元詐言帝許忠惠襲位忠惠大喜賜馬二匹頔黨聞之稍稍逃去忠惠傍諭云頔等不畏朝廷佩執弓刀脅聚國人謀逆罪莫大焉百官有能歸正者宥使前判書李兆年召省官及諸宰相曰曹頔久爲瀋王臣僕潛畜異志諸君胡爲助之頔聞之曰我爲政丞見王荒淫無道之行若不聞于朝廷罪在我身王雖欲殺我我不懼遂使閔珝連車綴宮門外以備之頔又與彬申伯黃謙白文擧王伯洪晟趙廉全思義朱柱等及省官令珝雲安趙炎輝李休李英富韓昇張巨才裴成景等點軍千餘剪紅綃貼衣爲識皆執刀杖夜五鼓進襲忠惠宮忠惠率幸臣數騎出射之頔軍敗走追至巡軍南橋安射王中臂頔使人設布帳於連車上以防流矢先鋒攻破連車而入頔勢窮走入永安宮有親舊諭以出亡頔不聽入

公主殿王軍追入射殺之尸于巡軍南橋下執安謙杜昇文擧炎輝巨才等繫巡軍獨宥彬及省官後王使嬖人金敎化執元度謂曰昔曹頔構亂汝亦與謀又作賛頔詩何哉對曰百官脅從臣亦無他且不作詩王命賦詩使與校副令蘇敬夫解之元度嘗因婦翁賛成尹繼宗爲掌令繼宗如元敬夫因評理盧英瑞代元度職及繼宗還白王還授元度以故元度敬夫有隙至是敬夫詭解詩意王怒毆元度且曰誰與汝掌令官非予所知枷囚巡軍遂罷其職以敬夫代之內豎朴仁平亦頔黨也性最姦猾得幸忠肅拜大護軍王嘗命賛成金士元獻禽于大廟仁平竊之代以其家瘠肉王知而不能斥尋以罪囚巡軍仁平以金賂王左右遂免竄逐火者楊安吉頔養子也時在帝側用事其妹適人已久王欲求援安吉黜其夫以嫁仁平仁平反與頔潛結王欲罪之仁平知之逃至瀋王所與頔安吉相爲脣齒遂背王以國家陰事訴瀋王又引誘柳淸臣吳潛與之比趙璉趙延壽金元祥等陰附之於是王之侍從皆離畔莫適所從時人曰仁平人猫誤王者必此人也

趙日新

趙日新從恭愍入元宿衛及王即位授參理還國拜賛成事錄功爲一等日新挾負紲之功暴横驕恣請王曰元朝權倖欲官其族者旣請於殿下又囑臣今使典理軍簿掌銓選恐有司拘文法多阻滯請復政房從中除授王曰復舊制未幾又變必爲人笑卿以所托告我我諭選司誰敢不從日新憤然曰不從臣言何面目復見元朝士大夫遂辭職憲司嘗劾日新不法日新請與臺官辨憲司又囚日新家奴日新毁獄出之一日王於殿內設火山陳雜戲觀之日新與王同倚欄檻巡軍府以事囚理問裵佺家奴日新領卒五十餘人立馬府門外呼吏令釋之吏不聽乃毆之囑萬戶洪裕竟釋之宰相議以五軍錄事掌都評議司案牘都評議錄事即以案牘傳付之皆弃去日新聽五軍錄事譏鞫都評議錄事金德麟等皆除名不敍錮子孫王知其不可不得已從之於是都評議錄事皆缺以五軍錄事及進士學生充之國人畏其勢莫敢言其弄權自專類此尋判三司事賜輸忠奮義同德佐理功臣號日新召其黨前賛成事鄭天起及崔和尙張升亮高

忠節林沒輪張降注韓範孫奴介朴西磴廉伯顏帖木兒李松景郭允正聚于其家募閭里惡少謀去奇轍奇輪奇轅高龍普朴都羅大李壽山等乘夜遣人殺之唯轅見殺餘皆逃時王在星入洞離宮日新率其黨圍離宮殺直宿判密直司事崔德林上護軍鄭桓護軍鄭乙祥等衛士驚駭日新曰毋恐但除惡黨耳遂刼王開御寶自除爲右政丞天起爲左政丞李權判三司羅英傑判密直升亮鷹揚軍上護軍官其黨有差又除裴天平壤道存撫使張元碩江陵道存撫使劉廣大鐵嶺防護使李壽長義州防禦使封義成德泉二倉與忠節和尙等刼金逸逢安震黃順李濟使之從已相與謀議令忽赤巡軍大索轍等捕其母妻逮繫滿獄斂戟盈路王與公主移御泉洞離宮侍衛皆賊黨國人危之日新欲歸罪其黨以自免夜與和尙入直離宮至曉徐謂和尙曰公所佩劒甚良請觀之和尙曰此劒多殺人與之日新以其劒斬和尙遂勸王出討賊王疑不許日新固請曰安有無頭而濟事者乎王不得已帶劒幸十字街百官始聚斬升亮等八九人梟首于市下天起獄斬其子前揔郞明道日新自爲左政丞加賛化安社功臣號授忠節同知密直乙輔賛成事洪開道密直副使李君常朴曦代言王移御丹陽大君第日新獻觴于馬上於大妃公主亦如之王用李仁復言決意誅之幸行省會耆老大臣密議翼日復幸行省命金添壽執日新引出門外斬之四乙輔英傑權忠節君常曦李宗蔡河老等二十八人賊黨趙波廻聞老母繫獄自來遂斬之是時連日陰霾及斬日新天曰開霽耆老上書都僉議司曰竊見趙日新心懷僭踰巧言便給陵轢尊長自伐其能陰結兇殘爲其黨援凡所欲爲略無忌憚頃者監察執義金玔持平郭忠秀擧劾其罪日新居閒廢格反罪言官國人皆切齒自度罪盈爲衆指目夜募其黨鄭天起崔和尙等大備兵刃闌入王所殺衛士迫脅左右擅開御寶署置官職自爲右政丞天起爲左政丞機要之地皆委其黨分遣兇徒恣行殺戮奪攘無厭衆心恟恟日新恐姦謀敗露斬其徒和尙扶王上馬反害其黨揚言已功大加名號陽退爲左政丞居王左右露刃使氣人莫不寒心曰自我肇邦四百有餘年人臣敗逆未有如此者况歸附聖元以來世尙公主義爲君臣親爲甥舅寵錫便蕃固非他

國之比雖有元惡大憝畏聖元德威不敢小有侮慢但自某王至某王或氣銳年幼爲政有所未至今我王天資粹美稟性仁明臣民愛戴如父母日新狂妄一小孺敢稱亂如此幸今伏辜人心皆快然其黨多是某年開惡輩聖德寛洪猶保性命罔有悛心其惡逆又至此原火不可不盡滅蔓草不可不早除伏望仰告天庭承稟明斷以懲後來百官上書征東省曰誘衆弄兵人臣之大逆制刑討罪天下之通規事係安危理當申達竊惟本國歸附皇元于今八十餘載仰荷懷綏之德恭承制禦之威黎民按堵邦國底寧人知犯分則必誅豈有干名僭踰謀爲逆亂者乎不意有賊臣趙日新潛圖不軌擅自起兵謀去奇氏攻破其家參政逃匿院使見害闌入王宮殺害左右恣行暴虐自知罪不容誅又恐姦謀敗露反殺同黨崔和尙等滅口自爭扶王上馬又捕其黨揚言爲功自爲政丞居王左右常露刃使氣人莫不寒心夫日新者潛畜異謀多結黨援親戚厮養宴繁有徒方其作亂捕之若急禍不可測賴我王默幹神機假以辭色以伺其變不勞兵刃而日新就戮當其肆虐百姓凜凜若崩厥角今既伏辜人民寧息若非我王含弘之德英斷之謨焉能一朝剪除兇醜易於反掌伏望聞于宸聽明正典刑以懲後來元遣宗正府常判梁烈帖木兒吏部尙書不花帖木兒來鞫執送日新孼子丑厮在燕都者又遣宗正府斷事官哈兒章兵部郎中剛升等來斬天起忠節廉伯顏帖木兒允正君常李龜龍籍其家流君常三子希右希慶配烽卒又斬西磴陳英瑞等十四人杖廣大英傑壽長等十七人震濟以年老免杖贖銅順以子也先帖木兒有寵於帝得免貶洪鐸檜原縣令乙輔光陽監務權濟州牧使流仇天祐元碩閔桓朴良衍孫襲于外鐸日新妻父也元又以日新妻子給奇天麟爲奴婢後皇后免其妻

金鏞

金鏞安城人性陰譎有機檻多詐忌克恭愍以元子入元宿衞鏞侍從有勞累遷大護軍及卽位授鷹揚軍上護軍奏爲行省員外郎元丞相脫脫遣使戒王勿用憸人贊成事趙日新知申事崔德林要其使言班主金鏞承旨柳淑金得培等居中用事使者白王罷淑得培鏞方寵幸得不罷時行省官多徵求州郡宣使嚴淑到永州河陽收公廨田稅又斂綜布

六百匹驛輸于京王聞之召鏞責曰省吏出外其禁已久何玩法擾民下淑巡軍獄尋釋之錄鏞侍從功爲一等賜土田奴婢拜密直副使賜輸忠奮義功臣號趙日新作亂犯行宮多殺宿衛者鏞直宿于內獨免又不捍禦物議紛紜王亦疑之杖流海島元將討張士誠遣使募名將王封鏞安城君遣之明年東還拜知都僉議司事鏞鄭世雲洪義與贊成事金普爭權幸普丁母憂密諭行省都事崔介上書請令百官行三年喪鏞等矯旨下其書都評議司遍令施行王悉知其狀流鏞于濟州遂能三年喪召拜僉議評理尋改中書門下侍郎平章事判密直辛貴貶在外妻康氏獨居淫穢無忌大臣多私之鏞亦通焉貴母告御史臺鞫之鏞以權倖獨免鏞爲巡軍萬戶招集無賴隷巡軍近千人常以自隨八關會忽赤巡軍分隊扈衛巡軍與忽赤爭路挺擊忽赤將軍忽赤訴于王置不問鏞素與世雲爭寵及世雲與安祐金得培李芳實平紅賊鏞矯旨密令祐等殺世雲因以爲罪而殺祐等語在祐傳改贊成事初紅賊招降楊廣諸州水原府先降降爲郡削其四部曲隷安城至是鏞納水原人賂復陞爲府還其部曲鏞嘗遇諫議大夫金漢龍曰賀公將拜奉翊漢龍喜叩頭謝鏞之弄權如此賊金守曹連等五十餘人夜至行宮興王寺斬門者直入相呼爲宰臣稱

帝旨殺侍衛漢龍及僉議評理王梓文睿府左司尹金台權宦者姜元吉衛士七八人徑至寢殿宦者李剛達負王匿太后密室賊入寢殿宦者安都赤貌類王代王臥於寢內賊認爲王殺之踴躍呼萬歲旣而知王尙在佯言於衆曰愼勿驚動乘輿以其黨四十餘人監宮內諸務促膳夫進膳欲王不疑而出也賊分遣其黨入城殺留都宰相會諸相以祝釐在妙蓮寺聞變將如巡軍集兵討賊賊先騎已至妙蓮洞口政丞柳濯等馳馬由間道至巡軍鏞獨不赴妙蓮先至巡軍集衆陽言討賊謂諸相曰諸公領此兵先詣行在予亦收散卒繼進濯揣鏞有異志留以觀變鏞與其門客巡軍提控華之元相目凡賊被執來者不訊輒殺以滅口亂定以討賊爲鏞功策爲一等時廉悌臣新拜政丞宰樞往賀鏞酒酣謂悌臣曰三患去矣不樂何爲人莫知所指或謂洪彥博死是謂一患去賊黨盡殲二患去自是百姓無憂三患去或云彥博世

雲三元帥也彥博以勳戚爲首相鏞雖執權不得自逞故云然與王賊黨逮捕者九十餘人鏞一不鞫訊人皆疑之王召鏞曰欲下汝巡軍按問情狀但念前功姑從末減即流密城郡令巡軍提控表德麟押行窮其黨之元及大護軍高忳等數人于外自是月初日月無光無雲而陰及鏞之去天氣淸明尋遣大護軍林堅味護軍金斗移繫雞林府與按廉李寶林鞫之鏞曰予以八年三宰無欲不遂豈有犯上之心乎但欲去洪侍中耳堅味等詰云何以殺安都赤乎鏞無以對遂支解徇于諸道傳首京師梟于市籍其家潴之斬其黨十餘人杖流者亦數十人斗初至密城拜於樓下鏞顚倒下接之自以罪重見斗褫魄飮於樓上猶未知斗爲何人也酒三行乃悟曰君是金將軍耶鏞旣誅王追念不已爲之泣下再嘆曰誰可恃者命巡軍勿復問鏞黨

奇轍

奇轍蒙古名伯顏不花幸州人高祖允肅性侈靡事豪俠附崔忠獻驟拜上將軍歷踐兩省嘗以黃衣喝道往來倡家行路指笑官至門下侍郞平章事謚康靖父子敖蔭補散員累遷惣部散郞出守宣州年六十三卒娶典書李行儉女生軾轍轅轔輪軾早死季女選入元順帝後宮封第二皇后生皇太子愛猷識理達臘忠惠時帝遣資政院使高龍普太監朴帖木兒不花追贈子敖秉德承和毓慶功臣封榮安王謚莊獻制翰林學士歐陽玄撰墓碑賜之妻李氏爲榮安王大夫人表其門曰貞節數遣使來錫衣酒又以轍爲行省參知政事轅爲翰林學士本國拜轍政丞封德城府院君轅德陽君轍轅轔輪倚后勢縱恣其親黨亦貪緣驕橫轅嘗會宗族宴其母器皿珍羞窮極侈麗見者以爲東韓以來罕有也內侍田子由妻李氏奇氏族也王幸其家强淫之未幾子由與妻遁輪與田麻頗毆內僚燈燭翟王怒親至麻頗及輪家索麻頗不得又幸輪家牽輪還置酒遣惡少輩又索麻頗於輪家竟不得廉敦紹轍妹壻也其家奴恃勢頗張威福與其黨五六人謀奪人妻矯王命强迎以歸經三宿夫家始知訴之王怒下巡軍鞫訊皆服杖流遠島轉肆暴中外苦之忠穆立置整治都監轉知其罪亡命楊廣道按廉金玶捕送都監杖之轍族弟三萬亦倚勢恣行不法奪人土田整治都監杖下巡

軍逾兩旬死其妻訴行省理問所囚都監官徐浩等判都監事政丞金永旽白王曰殿下何囚整治官王曰三萬奪人田五結何至於死永旽曰三萬恃勢稔惡奚止奪五結田元聞三萬死遣工部郞中阿魯刑部郞中王胡劉等來鞫之阿魯等坐行省欲訊浩鎖項而來三萬弟善財罵浩曰我兄幾姦汝妻懷恨杖殺乎浩曰我妻士族寧有是耶若婢妾必有穢行善財母賤故云然元復遣直省舍人僧家奴杖浩等王甍德寧公主命轍王煦攝征東省事恭愍將幸行省賀聖節轅欲並馬而語王命衛士分衛前後使不得近趙日新謀除諸奇分遣人殺之轅被殺轍亡匿免王與公主屢幸李氏第宴王表請于元曰小邦爰自祖宗之代獲叨甥舅之榮土風雖愧於中原天幸多逢於上國玆者榮安王大夫人李氏衣冠奕葉禮義名家毓德坤元曾踐黃金之屋儲祥震索當開碧縷之門竊聞皇朝之法有所謂孛兒扎者合姻亞之懽爲子孫之慶古既如是今胡不然若蒙陛下爲大夫人李氏擧盛禮之優優示殊恩之衎衎則九族感睦親之義誓永世而不忘一邦殫歸美之誠祝後天而難老帝遣樹樹太子定安平

章等賜孛兒扎宴王與公主幸延慶宮公主太子南面王坐西李氏坐東王行酒先跪獻太子太子立飮太子行酒獻李氏次王公主宴將闌使者傔人升坐西階衛士東階置肉爭噉較勝否爲樂食多而先已者爲勝宴罷皆下庭連袂立使者在西轍權謙等在東各奏胡歌蹈舞而進俱會庭心以紵絲一匹連執環立歌舞旋回者數四斷其所執段段而分之是宴剪布作花凡五千一百四十匹他物稱是由此物價騰湧禁公私宴及齋筵油蜜果自是遣使錫宴無虛歲本國置李氏府曰慶昌元遣直省舍人忙哥授轍遼陽省平章兼賜衣酒王以事杖流監察糾正轍白王曰糾正雖有罪恐爲後世口實王即釋之元錫王功臣號轍適自遼陽來覲母作詩賀王不稱臣元遣轅子完者不花改冊榮安王爲敬王又追封三代爲王授轍大司徒時權謙盧頙俱納女于元有寵轍與謙等聲勢相倚知天下亂自念積惡斂怨恐一朝勢去難保預謀自安以親戚腹心布列權要陰樹黨援將圖大逆閱諸道兵器詐爲詔使扇動訛言密諭期會約以擧事上先知之托以曲宴令宰樞皆會宮庭遣判密直洪義宰臣裴天慶

等召轍頭謙及轍子賛成事有傑姪完者不花謙子萬戶恒
舍人和尙頭子行省郎中濟等轍謙先赴密直慶千興黃石
奇判事申靑等密白王曰二人已至其餘子姪及盧頭父子
未至若事洩變起不虞不如早圖王然之卽令密直姜仲卿
大護軍睦仁吉于達赤李蒙大等伏壯士出其不意推擊轍
應手而仆謙走避追及于紫門殺之血濺宮門遂殺轍從者
二人尸于朱橋義爲兵所害奇權麾下狼狽四散禁衛四番
軍士一時俱發劒稍交於路仲卿等率兵至頭家捕殺之尸
于北泉洞路上有傑僭天慶詣闕道聞變走匿完者不花濟
恒和尙等及支黨皆逃竄命中外搜捕沒入三家奴婢于義
成德泉有備諸倉無賴之徒多乘亂攘奪宮城戒嚴自宰執
至胥徒備兵仗宿衛王敎曰我太祖創業垂統設官立法上
下相保式至于今我忠憲王歸欵元朝世祖許其不改舊俗
以存恤之我國亦恪修職貢未嘗小違臣節今有奇轍盧頭
權謙等不念元朝存恤之意先王創垂之法席勢以陵君肆
威以毒民罔有紀極予以連姻帝室於其所言一皆勉從猶
爲不足潛圖不軌欲危社稷幸賴天地祖宗之靈轍等俱已

伏辜兇黨之在逃者奇有傑完者不花盧濟權恒和尙等罪
在不原韓可貴具貞等不從國令故縱反者是用俱置典刑
有能捕告反者以本人家貲量功充賞餘人所犯一切除之
轍等奪占人口土田都僉議司立都監許人申告各還本主
尋捕有傑完者不花濟和尙斬之恒獨以素不挾勢免死流
濟州有傑之死也觀者如堵莫有哀者其弟上護軍世傑平
章賽因帖木兒時在元得免轍妻金氏逃難祝髮爲尼獲之
四巡軍幼子賽因亦薙髮匿興王寺捕殺之流其黨金寧君
金普密直副使李也先帖木兒行省員外趙萬通同僉洪翊
賛成黃河衍評理李壽山密直王重貴代言黃河晏護軍黃
河湜前代言洪開道前右尹田霖繕工令金義烈宦者大護
軍鄭龍莊杖前密直任君輔前廣興倉使林仁起前護軍金
南得前郎將盧之卿尋殺龍莊翊河衍籍三家財產官賣之
大廟令張天翮主之天翮密令其僕納布十七匹買錦衾以
歸衆曰此錦匪直十七匹何緣得之共追之僕曰我和賣官
天翮奴也御史臺請罪之其弟大護軍天志有寵於王特宥
之止免官轍等誅李氏以憂病時國家遣將西北以備元春

秋貢獻竊靡而已故晉問頗阻皇太子遣金剛吉思迎李氏李氏固辭使者三返太子遣詹事院僉丞保童餽衣酒金剛吉思因留奉養李氏卒官備葬事賻米二百碩布二千五百匹世傑妻房氏評理彥暉女也奇氏既滅金鏞脅誘彥暉私房氏以某有夫不敢自恣乃與其門客正言崔守雌爲妻及鏞流三繫彥暉守雌于巡軍杖之鏞誅國人奪房氏後世傑迎歸于元元亡賽因帖木兒與遼瀋官吏平章金伯顏右丞哈剌波豆叅政德左不花等招集亡元遺衆割據東寧府慽其父誅將寇我北鄙報仇王命池龍壽楊伯顏往擊之賽因帖木兒遁語在龍壽傳

盧頙

盧頙交河縣人娶平陽公昡女慶寧翁主以故驟貴忠穆時拜左政丞封慶陽府院大君特許帶王張蓋以寵之頙性貪好奪人臧獲整治都監究治之錄事曹光乙掌其事頙恨之欲除名錄事籍乃不署五軍都目狀俟除光乙名然後署之人多譏議恭愍朝以女納于元帝拜集賢殿學士後與奇權謀逆伏誅子濟穦嵩瑛濟嘗爲行省郎中本國封瑞原君及頙誅濟亡匿後詣闕自訴無罪王欲原之下巡軍竟斬于市穦封昌城君頙誅逮獄流于外久之召還判密直司事其子瑄與洪倫犯逆伏誅穦亦杖流壽與子楨及鈞俱被誅籍其家恭讓在潛邸娶穦女及即位封順妃追贈穦爲齊孝公嵩封慶原君仕元爲兵部尙書恭愍十八年自漠北奉元詔來至黃州王遣大將軍宋光美執嵩鞫其來故嵩誣服與前監察大夫王重貴樞密院使李壽林及李明等通謀行誅於是并其一行十八人殺之王嘗求龍腦於和義翁主奇氏不得至是託以與北元通謀下巡衛府又囚重貴等及前佐郎方得珠獄未幾殺重貴壽林明梟于市髡奇氏置之尼院皆奇后之族時人憐其無辜得珠附辛旽免

權謙

權謙政丞溥之子忠肅初拜司僕副正累遷代言轉民部典書從王如元留燕五年侍從有勞王還國錄功爲二等尋陞同知密直司事謙嘗爲合浦萬戶及忠肅復位屢求爲萬戶王不聽謙如元依勢家代李俊爲巡軍萬戶忠穆襲位東還謙奉璽詣行宮拜贊成尋判三司事恭愍初以福安府院君

如元納女于皇太子得拜太府監太監謙家奴奪忽只朴元桂妻及李佛臣女置謙家强淫之典法司捕鞫榜暴其罪並其黨三人杖之謙後與奇盧謀亂伏誅

崔濡

崔濡蒙古名帖木兒不花同知密直安道之子忠惠朝累遷軍簿判書曹頔之亂侍從有勞錄功爲一等仕元爲御史初宰臣趙芬妻馬氏新寡服未闋濡强淫之芬弟宦者院使伯顏不花在元聞之訴中政院帝遣怯薛旦驢女等鞫問以豪富獲免止杖五十後又强淫海平府院君尹碩婦其横恣如此轉知都僉議以事罷奉忠定如元及忠定即位封鷲城君賜誠勤翊戴協贊保定功臣號尋拜參理王宴元使裴佺謂濡曰爾爲參理我所薦也濡勃然曰吾顧因爾力乎遂拳毆之濡又言於王曰援立之功無出臣右然由知都僉議纔陞參理尹時遇有何功以密直副使拜三宰其父莘係叔父安淑亦皆嘗爲三宰豈彼傳家之職乎閔思平叱曰汝抄人之後六宰於汝極矣何不知足濡怒毆思平王怒濡而未能斥監察司劾之遣所由執濡家婢來濡遣奴毆所由奪婢而去都僉議司亦劾之時濡弟版圖判書源怨王有不遜語王下源于獄命右政丞孫守卿鞫之源不肯就獄强致之令跪源不服曰政丞曾不知皇帝勅辭固不可罵辱亦不可鞫問耶罵辱自有邦憲拂袂而出濡遂與源率其弟有龍奔于元恭愍在元還國濡扈駕至遼陽逃還入元與金元之帖木兒等謀擾本國奏請徵征南兵十萬于我帝乃遣濡徵兵時國人之在元者咸奏曰高麗褊小方被倭患且地遠不可徵兵帝然之召濡等還帝將征高郵徵兵于我濡爲元中尙監承奉詔來督軍且求檜材王拜濡三司使又封龍城府院君初諸奇敗皇后謂太子曰爾年已長何不爲我報讎會濡在元詔事丞相搠思監及后宮宦者本國人朴不花爲將作同知又爲同知樞密院事知后怨王又恃金鏞殺安祐等諸將而爲內應遂與群不逞說后謀廢王立德興君妄奏紅賊之難高麗失國印擅鑄新印用之元立德興君爲王以奇三寶奴爲元子金鏞判三司事濡自爲左政丞凡國人之在都者咸署僞官且請發遼陽省兵以來時王不以失位廢貢獻屢遣使陳請冀悟帝心濡與朴不花等奪所獻禮物表牋使不得達

王無如之何遣慶千與安遇慶等屯西北面以備之濡以元
兵一萬奉德興君渡鴨綠江圍義州我軍敗退保安州濡入
據宣州王命崔瑩節度諸軍戰于隨州之㺚川濡軍大敗初
濡紿蒙漢軍以利曰高麗王威脅將士使守西北聞新王來
則不戰而散事定賞以高麗宰相妻妾資產衆皆信之及渡
江我軍堅拒無一人降者蒙漢軍疑我誘致深入設伏以待
及㺚川之敗乃知墮於濡計夜詐爲我軍狀呼噪驚動濡軍
遂焚其營渡江走我軍追至江不及柳仁雨康之衍安福從
扈千奇等罷憊在後執而殺之濡軍還燕京者纔十七騎濡
又托權勢謀起大兵而東且請于帝曰如得還國盡發丁壯
以充天子衛兵又獻糧餉及女子歲以爲常且於慶尙全羅
置倭人萬戶府招誘倭人授金符使爲上國之援監察御史
紐憐等言修文德而服遠人乃前聖之明訓斥姦諛以淸朝
政尤臺憲之當爲夫遠人服則干戈屛息讒人遠而是非益
明比聞高麗之爲國也地處遐陬威行海嶠歷代征之而弗
克號令獨施於一方惟我太祖皇帝肇基北土世祖皇帝混
一南服恩威所至率衆臣服於是授以征東丞相之職妻以

公主之榮錫印主國貢賦歲修旣爲和親永洽國典其國王
卜顏帖木兒傳嫡嗣位恪恭乃職方貢不匱海隅咸服比闢
賊之陸梁殘上京於咫尺煨燼宮闕刼掠璽符深入高麗欲
殘邊境其國王卜顏帖木兒仗義興師誓殄厥寇爰出奇策
屠戮殆絕所獲璽章寶貨等物遣使來納究其功勳不爲不
重豈期伊庶叔塔失帖木兒旣已爲僧復圖異慮駿奔京闕
夤緣群奸朦朧啓奏重授印章俾代其位分撥將卒防送入
國行未及境班師西歸故繁纓猶惜其妄加而名器豈宜以
復授致生邊釁有由然矣察其妄誕之謀率皆奸臣樞密院
同知崔帖木兒不花之所致也謹按帖木兒不花狡猾其心
犬彘斯穢本係高麗仕居中土罔知國家之大體實爲阿諛
之小人論其才非職任之可加考其行無尺寸之報效詭妄
造釁誣廢忠良似玆所爲孰不切齒迹其斯人之詭詐揆諸
典憲而難容蓋惡不懲何以勸天下之善邪不去無以彰忠
義之心事雖在於赦前職難存於革後罪幸遇原理合糾正
如蒙准言卽宜遣使詣彼明諭卜顏帖木兒復還其職安彼
遐方以酬前烈收奪塔失帖木兒印章制命斥還帖木兒不

花于本土庶幾息邊塵之復起雪忠義之至冤帝允之收塔失帖木兒印章置永平府械瀋送還伏誅

洪倫

洪倫南陽人侍中彥博之孫恭愍王選年少貌美者寘子弟衞倫與韓安權瑨洪寬盧瑄等皆屬焉以淫穢得幸倫等常直禁中或終歲不得休沐皆懷怨懟王使倫等通諸妃嬪冀生子以爲嗣益妃有身宦者崔萬生嘗從王如厠密告曰臣詣益妃殿妃曰有身已五月矣王喜曰予嘗慮影殿無所托妃既有身吾何憂乎少選問與誰合萬生曰妃言洪倫也王曰明日謁昌陵佯使酒殺倫輩以滅口汝知此謀亦當不免萬生懼與倫安瑨寬瑄等謀是夜三更入寢殿乘王大醉萬生手劍擊之頭髓濺壁瑨寬瑄安等遂亂擊金興慶尹瑄尹可觀因呼曰賊自外至矣衞士股栗莫敢動宰相百執事聞變無一人至者宦者李剛達先入寢殿見血流滿房詭言上未寧鎖門禁出入黎明太后至祕不發喪百官侍衞如舊剛達以王命召慶復興李仁任安師琦等密議討賊仁任以僧神照常在禁中有膂力多詭計疑與瀋王子脫脫帖木兒通謀作亂下神照獄既而見屛幛及萬生衣上有血痕囚萬生巡衞府鞫之悉得其狀繫倫等訊之皆服唯安瑨終不服然倫等辭證明白即繫安父贊成事方信瑄父密直積瑨父密直副使鏞寬父判閤門事師普于巡衞府倫父師禹時出鎭全羅繫倫兄彝百官會于市轘倫萬生斬安瑨寬瑄及其諸子皆梟首籍家產妻妾沒爲官婢杖方信積鏞師禹師普編配遠州親叔姪堂兄弟皆杖流辛禑二年政堂文學李茂芳詣復興第曰何不籍韓方信盧積家復興曰以韓安盧瑄不伏罪而死也茂芳曰二賊自知大惡至死不伏然情狀著見論以弑逆則其父豈免連坐復興作色不應茂芳言愈切復興不獲已並籍方信積家執義金承得獻納安定等交章請誅萬生倫父母妻子兄弟其親叔姪堂兄弟削職遠流永不敍且大逆非特萬生倫也其洪寬權瑨韓安盧瑄等並宜一體施行禑皆從之仁任贊成睦仁吉評理邊安烈政堂文學洪仲宣判密直王安德密直副使禹仁烈等以爲賊臣父兄皆已遠流請免其死禑曰今臺諫之言固是如之何不從仁吉曰臣從先王在元朝十有一年未聞以夫罪而戮妻子罪

而劉母也若論弒逆則雖舉國受戮尚無憾焉臣等亦豈得保首領況彼婦人焉能知言甚切至禑許之時萬生妻已死倫妻臨刑得免命誅師禹彝方信鏞稹師普及安兄休弟寧烈瑨兄定住瑄兄楨弟鈞寬弟憲流倫族洪師瑗洪彥猷彥修韓蕆柳龍生瑨族權鎬權適權鑄權潾權湛安族韓脩韓理等遠州以萬生倫首惡并流姨子姑子時池奫利其逆黨田民貲產倫萬生之族假法悉誅初師禹知倫不肖欲殺之未果及倫嬖幸寵傾群豎師禹白王曰倫人面獸心願無畜宮中王不聽其在全羅寄彝書令戒倫縱恣倫反訴於王曰臣兄彝疾臣官居已右譏臣於父欲罪臣彝臨刑曰倫之惡倫之惡素知滅吾門不忍早除以至今日烈曰吾於甲寅之變年方九歲豈得與聞不肯署名刑書既而曰若是則違王命也遂就死

金文鉉

金文鉉善州人父達祥官至同知密直司事與吳仁澤典政柄鬻官瀆貨又恃寵以口舌陵人爲世所惡文鉉登第恭愍朝累遷成均祭酒兄君鼎有愛妾當直遽還家覺妾房中有人欲執之人拔劍擊君鼎欲突出君鼎大叫僕隷坌集人匿床下逮曉視之乃文鉉也由是達祥甚疾之文鉉嘗在善州州人林永和與弟寶劍從李芳實擊紅賊及芳實誅文鉉利永和家產率二十餘人夜至其家矯旨稱芳實之黨皆置極刑乃執永和兄弟斬之盡奪其財及馬九匹以歸又與署令朴瑀善瑀死遂姦其妻又竊宰相金鋐妾達祥禁之不能得懼憲司按治請辛旽曰文鉉不肖在京必將不孝願置于外旽曰何罪達祥不忍斥言但云狂惑文鉉聞之怨恨又忌其兄依旽門客陳允儉謁旽曰文鉉不幸爲父兄所疾願公哀矜不置死地旽曰汝父兄何疾汝耶文鉉曰我有何罪第畏吾口耳旽曰何畏也文鉉若不忍言者旽疑之密謂文鉉曰汝父兄有何所爲文鉉又若不忍言者旽益疑佯怒曰汝若不言繫巡軍鞫之文鉉曰吾父兄談公不德曰將必亡國予適聞之顧畏吾泄此言也旽信之譖王黜達祥君鼎必欲殺之王重違旽意乃命杖之除名籍沒旽遂擅殺之文鉉嘗以事貶在外至是依旽還京進退旽門旽誅諫官李寶林張夏等言金文鉉黨附逆旽譖殺父兄其交構誣陷之事辛旽李

春富之所常說一國臣民之所共知其父臨死亦言爲文鉉所陷有寃痛之聲此亦人之所共聞也此正天地所不容王法所必誅若置不問天理滅矣人道絕矣請加典刑以示後世王不允諫官復爭之不得憲府又請誅之文鉉逃辛禑四年典法司言金文鉉殺父與兄天下大逆而由蒙恩宥得保首領沉湎酒色無所忌憚此而不懲何以爲國請依律處刑周示四方禑杖流全義縣十四年縊殺于伊山營子士清

金義

金義胡人本名也列哥恭愍末拜密直副使陞同知司事朝廷使臣林密蔡斌等還命義護行斌酗酒每欲殺義義不能堪欲害之李仁任亦恐朝廷問恭愍之故遣安師琦密諭義殺斌等以滅口至開州站義遂殺斌及其子執密以甲士三百人進獻馬二百匹奔于納哈出辛禑下義母妻于巡軍將殺之憲司言義雖叛逆婦女何知請勿殺乃沒爲尙州官婢籍其貲產又繫義兄前判事彥彥踰獄逃後權近入朝遇義於儀眞州舟上自言歸大明爲指揮征南蠻捷還時義母在問之無慼容

列傳卷第四十四

列傳卷第四十五　高麗史一百三十二

正憲大夫工曹判書集賢殿大提學知經筵春秋館事兼成均大司成臣鄭麟趾奉教修

叛逆六

辛旽

辛旽靈山人母桂城縣玉川寺婢也幼爲僧名遍照字耀空以母賤不見齒於其類常處山房恭愍王夢人拔劒刺己有僧救之得免明日以告太后會金元命以旽見其貌惟肖王大異之與語聰慧辨給自謂得道詭爲大言輒中旨王素信佛又感夢由是屢密召入內與之談空旽目不知書常遊京都勸緣誑誘諸寡婦售其奸淫自見王務矯飾枯槁其形雖盛夏隆冬常衣一破衲王益重之凡饋衣服飲食必潔淨至於足襪必頂戴致敬饋之李承慶見之曰亂國家者必此髡也鄭世雲以爲妖僧欲殺之王密令避之承慶世雲死髮而爲頭陀復來謁王始入內用事賜號清閑居士稱爲師傅咨訪國政言無不從人多附之士大夫之妻以爲神僧聽法求福而至旽輒私焉十四年旽主密直金蘭家蘭有城府好毀譽人以二處女與之崔瑩責蘭旽嫉之譖貶雞林尹又罷贊成事李仁復密直赴希古洪師範崔孟孫等引所善蘭及金普李春富任君輔朴曦代之又譖流贊成李龜壽評理梁伯益判密直朴椿芮城君石文成宦者府院君李寧金壽萬等分遣其黨上護軍李得霖巡軍經歷吳季南鞫瑩龜壽等以交結壽萬離間上下斥去賢良大不忠羅織成獄瑩等皆誣服曰請速即刑遂削瑩等三品以上爵除壽萬名爲民並籍其田民又流陽川君許猷典工判書邊光秀判事洪仁桂猷子典理判書瑞僉議評理金貴上護軍梁濟大護軍李仁壽護軍洪承老凡謗已者輒中傷虛熖董灼大臣以下皆畏之旽尋祝龜壽貴椿髮置山寺遣白絢李元具杖之復遣王安德裴仁吉沉于海旽當注擬自稱擧賢良及除目下所擢授者皆其所善也王封旽爲眞平侯自是日加崇重尋授守正履順論道燮理保世功臣壁上三韓二重大匡領都僉議使司事判重房監察司事鷲城府院君提調僧錄司事兼判書

雲觀事始改名旽初王在位久宰相多不稱志嘗以爲世臣
大族親黨根連互爲掩蔽草野新進矯情飾行以釣名及貴
顯恥門地單寒連姻大族盡弃其初儒生桑懦少剛又稱門
生座主同年黨比徇情三者皆不足用思得離世獨立之人
大用之以革因循之弊及見旽以爲得道寡欲且賤微無親
比任以大事則必徑情無所顧籍遂拔於髡緇授國政而不
疑請旽以屈行救世旽陽不肯以堅王意王强之旽曰嘗聞
王與大臣多信讒間願勿如是可福利世間也王乃手寫盟
辭曰師救我我救師死生以之無惑人言佛天證明於是與
議國政用事三旬讒毁大臣罷逐領都僉議李公遂侍中慶
千與判三司事李壽山贊成事宋卿密直韓公義政堂元松
壽同知密直王重貴等冢宰臺諫皆出其口領都僉議久虛
其位至是自領之始出禁中寓奇顯家百官詣門議事旽以
辰巳聖人出之讖揚言曰所謂聖人豈非我歟以元命兼鷹
揚軍上護軍掌八衛四十二都府兵元命蘭皆以旽故大用
初顯後妻寡居旽爲僧通焉後歸顯及旽貴主顯家又通焉
以顯妻主中饋旽貪淫日甚貨賂輻湊居家飲酒啗肉恣意

聲色謁王則淸談齕菜果茗飲密直提學李達衷嘗於廣坐
謂旽曰人謂公酒色過度旽不悅罷之十五年旽以四月八
日大燃燈于其第京城爭效之貧戶至乞丐以辦諫官鄭樞
李存吾上疏極論旽罪惡皆見貶逐語在存吾傳自是旽之
桀驁尤甚宰相臺諫皆附旽而言路塞矣王以無嗣欲納妃
親選德豐君王義散騎安克仁正郎鄭寓判官鄭良生女于
內庭旽與王並據胡床觀之旽旣以計盡逐勳舊僉議評理
睦仁吉雖潛邸舊臣以武人不識字不爲忌及其皃詐益露
恐仁吉白王因事譖之任君輔言仁吉舊人不可以小失去
旽銜之又聞樞之見逐君輔營救益嫉之遂譖王幷仁吉同
日竄之旽以黃裳李壽山韓方信安遇祥李金剛池龍壽楊
伯淵金達祥李云牧張必禮李善等禁衛提調官於是內外
之權悉揔於旽旽與宰樞迎廣州天王寺舍利于王輪寺王
率百官往觀百官冠帶立庭旽著半臂手圓扇並御床坐袖
緣化文立授王令押王受之愈謹居數日旽率僧徒還舍利
贊成李仁任從旽步至天壽寺送之後兩府祭正陵旽不拜
坐對公主神座侑食王謁諸陵百官皆隨王拜旽獨立不拜

王嘗御假樓觀擊毬雜戲都堂帳幕在樓東旽騎馬至幕前諸相皆起立旽馬而與語至樓下乃下馬與王坐樓上侍中柳濯進饌旽坐受旽服飾一如王見者不能辨王又幸高羅里觀擊毬旽於帳殿前乘馬侍中以下起立旽騎過垂鞭自若又與侍中尹桓侍王宴桓行酒旽以飲餘授桓桓飲之無愧色王一日步幸旽第旽與王並踞如儕輩無復君臣之禮每出入騎從百餘儀衛擬於乘輿旽請置田民辨整都監自爲判事榜諭中外曰比來紀綱大壞貪墨成風宗廟學校倉庫寺社祿轉軍須田及國人世業田民豪强之家奪占幾盡或已決仍執或認民爲隸州縣驛吏官奴百姓之逃役者悉皆漏隱大置農莊病民瘠國感召水旱癘疫不息今設都監俾之推整京中限十五日諸道四十日其知非自改者勿問過限事覺者糾治妄訴者反坐令出權豪多以所奪田民還其主中外忻然旽間一日至都監仁任春富以下聽決焉旽外假公義欲市恩於人凡賤隸訴良者一皆良之於是奴隸背主者蜂起曰聖人出矣婦人訟者貌美旽外示哀矜誘致其家輒淫焉訟必得伸由是女謁盛行士人切齒判事張海家奴爲郎將遇海高揖不下馬海怒鞭之奴訴旽旽囚海及其女于巡軍其欲収群小心以濟姦慝類此百官嘗會旽家車馬塡街而宮門寂然識者寒心是日地大震時公卿舊臣皆被竄逐旽惟憚太后讒間百計王憂無嗣形于辭色或至泣下旽說王曰開文殊會則君臣和協佛天歡喜必誕元良王從之設會於宮中凡七日欣然有得子之望前會一日別建淨殿覆以白茅爲道場吹螺擊鼓如三軍鼓角聲振城中都人初聞以爲宮中有變皆驚駭久之乃定會罷旽乃出緇黃雜流塡咽宮掖令諸君宰樞及各司逐日設齋糜費不貲王幸旽願刹洛山寺左右爭言今歲大稔王跪佛前曰自不穀莅國十有五年水旱爲災今歲之稔實由僉議變理王敬旽常稱僉議而不名王上壽太后益妃定妃侍宴旽亦與焉一日柳濯享王二妃在東旽坐西謂王曰二妃年少而愚王曰不愚旽又戲曰聖體不已勞乎王曰勞矣哉密直許綱妻金氏上洛君永煦孫也綱死旽慕其門閥欲娶之金聞之曰我公平生未嘗睨粉黛妾何忍背耶必欲汚我當自刎遂斷髮爲尼旽聞而止十六年元以旽爲榮祿大夫集賢殿大學

士賜衣酒旽受宣置座傍曰安用此物爲但他所與不可弃也王惑旽言冀生子又大設文殊會於演福寺中佛殿結彩帛爲須彌山環山燃大燭又環佛殿燃燭燭大如柱高丈餘負以獅象夜明如晝備列珍羞凡五行絲花彩鳳炫耀人目幣用彩帛十六束又以金銀作假山置于庭幢幡葆蓋五色曄日選僧三百遶須彌山作法梵唄震天隨喜執事者無慮八千人王與旽坐須彌山東率兩府禮佛旽白王曰善男女願從上結文殊勝因請許諸婦女上殿聽法於是士女雜遝寡婦至有爲旽冶容者旽以餅果散於婦女咸喜曰僉議乃文殊後身也士女飫珍羞或弃地一會所費至鉅萬王命忽赤忠勇衛二百五十人晝夜衛旽演福寺僧達玫嘗以讖說旽曰寺有三池九井三池澄淨扶蘇山映池心則君臣心正致大平九井者九龍所在堙塞久不可不開將設會旽令李云牧役府兵開三池九井是會凡七日暴風三日大霜三日始會暴風終日黃埃漲天御床爲人所觸而碎王又親設文殊會於演福寺有氣如烟出佛殿三日旽白王曰佛放光旽以道詵祕記松都氣衰之說勸王遷都王命旽往平壤相地

春富達祥宦者禮儀判書尹忠佐等從之典校令林樸內書舍人金麟知製敎金禧皆佩劒以行麟監察大夫漢貴之子禧漢貴姪也漢貴嘗詐稱旽戚屬故從之及旽還四日猶不朝謁王以久不見悵然不樂使人請見旽曰吾今疲矣明日乃進王命營成均館旽與翟李穡會崇文館相舊址旽免冠扣頭誓先聖曰盡心重營左右皆曰少損舊制可易成旽曰文宣王天下萬世之師也可斬小費虧前代之規乎有僧禪顯千禧皆旽所善者也千禧自言入江浙傳達磨法王親訪于佛腹藏尋封國師又邀禪顯于康安殿封王師王九拜禪顯立受百官朝服就班旽獨戎服立殿上每王一拜輒嘖嘖稱嘆私語宦者曰主上禮容天下稀有其陰媚取寵如此史官尹紹宗在傍旽顧謂曰毋妄書國事吾將取觀之初禪顯之未封也紹宗族僧夫目謂紹宗曰旽之貪暴犬豕不若必誤國家禪顯附之吾不忍見遂逃入山元使乞徹至問曰聞爾國有權王何在時中國謂旽爲權王故云旽在奇顯家由奉先寺松岡出入王宮岡西南有隙地旽白王曰幸就此構小房則庶便老僕進退王許之旽分其黨督役不日而成宏

敞深邃又於北園作別室重門深幽明窻淨几焚香獨坐蕭然若無欲者惟許顯妻及二婢出入凡訴寃者求官者必遣妻妾先賂顯妻內謁顯妻謂其人曰別室甚狹不可著表衣又不可率從者以入其妻妾着短衫賫貨賄獨入陳所欲旽獨與相對醜聲流聞判事朴普安三宰姜碩嘗以事遣其妻謁旽旽欲汚之眥厲聲固拒顯與妻事旽朝夕不離側若老奴婢然知都僉議吳仁澤與千興仁吉元命三司右使安遇慶前密直副使趙希古判開城李希泌評理韓暉鷹揚上護軍趙璘上護軍尹承順等密議曰辛旽姦佞陰狡好讒毀人斥逐勳舊殺戮無辜黨與日盛道誅密記有非僧非俗亂政亡國之語必是此人將爲國家大患宜白王早除之判少府寺事姜元甫與判書辛貴善會貴遣人借器於元甫元甫曰欲何用曰將以饋旽元甫曰何用饋我與某某將除之其人歸告貴貴馳往告旽旽夜令其徒備弓劍以衞詣王告變曰旽山水間一衲也上勸令至此旽不敢違命思欲去姦惡用賢良使三韓百姓粗得平康然後將一衣一鉢還向山林今國人將殺旽願上哀矜王驚問之旽具以貴語對乃命繫仁澤等于巡軍又囚貴元甫鞫之杖流仁澤希古千興元命遇慶仁吉及仁澤子英佐于南裔沒爲官奴籍其家又流暉希泌璘承順元甫大護軍柳仁梓韓德卿又以郎將田永貴朴世元私議千興等無罪幷流之獄方興旽赴西普通法席三品以下皆帶弓劍以衞旽以其黨李元具爲慶尙江陵道察訪使金鼎爲楊廣全羅道察訪使高漢甯爲西海平壤交州道察訪使元具素與旽相善及旽得志來謁尋求去旽曰國家欲選賢良君何去也俄授大護軍爲察訪凡旽之讎怨皆爲之報累遷判大僕事又監察大夫孫湧日詣旽家事皆告稟旽坐堂上湧每出入俯伏堂下玄風人郭儀每遇俗節備酒饌往靈山奠旽父墳令守者達旽旽以素不相識驚喜召之尋除正言十七年日本遣僧梵盪等來聘梵盪等至行省諸相皆立旽獨南向坐不爲禮梵盪等怒詰之旽忿甚欲毆之館待甚薄至闕其饔餼仁任私餉之王聞甚慚旽終無愧悔旽燃燈設火山邀王幸其第與云牧顯知申事廉興邦鷹揚軍上護軍李得霖等率文武數百人爲左右隊督之燈以百萬計極其奇巧又盛陳雜戲王賜布百匹得霖本隊尉貟

緣附旽驟顯貪縱不法嘗爲全羅道按廉未行憲府劾得霖盜廣州貢紬王命臺官勿問督令之任及爲班主縛毆內侍別監憲府又劾之王亦不問後旽以得霖盜影殿材殺之旽始有寵李齊賢白王曰旽骨法類古之凶人請勿近旽深銜之以老不得加害乃謂王曰儒者稱座主門生互相干請如李齊賢門生門下見門生遂爲滿國之盜科擧之害有如此時藝文館請行科擧王素疑署科或濫且重違旽意不許旣而聞典校寺書疏祝者惟一人乃幸九齊取李詹等七人旽惡柳淑譖王殺之又聽金文鉉讒殺文鉉父達祥及其兄君鼎語在淑文鉉傳前密直副使金精與金興祖趙思恭俞思義金齊顔金龜寶李元林尹希宗等謀誅旽思恭洩謀於所善前洪州牧使鄭暉暉與提學韓蕆告春富春富入白王命繫巡軍獄鞫之杖流有差旽追遣私人於中路皆縊殺之又以璘元命嘗與思義通書皆杖殺之凡爲旽所殺者妻子不敢訴冤廷臣無敢言之旽又欲盡殺流人訴於王遣孫演于慶尙全羅道其黨洪永通謂旽曰多殺人何益佛氏罪福報應之說亦可畏願更思之旽悟更白王召演還十八年以公主忌晨設會于演福寺僧尼改千施布八百匹時水原道饑流民聞會坌集旽以餘布分與流民以千譽旽欲自爲五道都事審官令三司上書請復之王曰我皇考忠肅王値旱災焚香告天罷此官天乃雨寡人可忘先王之意乎焚其書後旽賫諸道州縣事審奏目詣王王戲曰五道都事審僉議可自爲之又曰大盜莫若諸州事審事遂寢旽密令春富請移都忠州王怒旽托言松京濱海海寇可畏以解之王乃下令將巡駐三蘇發民除道又於平壤忠州皆作離宮及公主魂殿峙供頓民甚苦之然畏旽無敢言者判司天監陳永緒等上書以爲近者太白晝見又年饑靜吉動凶王曰何晩奏耶明日謂左右曰國事大臣不可不與聞與旽議罷之旽於八關會攝王受群臣朝于儀鳳樓王性猜忍雖腹心大臣及其權盛必忌而誅之旽自知踸張太甚恐王忌之密謀不軌僧釋溫初附旽以辛丑戰功封輔理君後被罪逃髮而改姓名高仁器拜判少府監事洩旽逆謀旽因自辨於王復祝仁器髮放于金剛山實庇之十九年

帝遣使來錫王命幷賜旽綵帛璽書稱相國辛旽王因諫官

言令六部臺省官每月六衙日親奏事旽言六衙日聽政則聽訟官五日內未能窮治請於初二十六兩日視事從之二十年旽傔人享旽于穿坂王出涼廳望之自侍中以下有爵者皆與凡二百餘人都人聚觀謂之僉議餞浂權適又大享旽設火山臺旽不敢自安乃移涼廳請王觀之旽初以僧行見信於王旣納蘭女又畜妾無算卿大夫妻貌美者必密招私之凡在朝者皆希恩畏威爭獻臧獲寶器王猶以不受祿不近色不置田園信重之旽恣行威福恩讎必復世家大族誅殺殆盡人視若虎狠至使仕者夜直其第論賚授官出則侍中以下擁前後道路爲之塡塞市不開貨奇顯崔思遠爲腹心春富蘭爲羽翼黨與滿朝王亦有不自安之意稱領相而不敢官王謁憲景二陵旽分遣其黨設伏道傍約行大事及王還宮旽謂其黨曰何不如約其黨曰見上儀衛甚盛不忍犯也旽怒且罵曰爾輩誠怯懦無用者也自是日夜聚謀更剋日擧事時求官者悉附旽選部議郞李靭亦爲旽門客備知兇謀陰籍記之事迫乃匿姓名稱爲寒林居士爲晝夜投宰相金續命第即微服亡去續命以其書聞王命巡衛府收捕旽黨顯思遠仁器前少尹鄭龜漢將軍陳允儉顯子前正郞仲脩韓乙松等鞫之王始疑靭誣構不之信及訊其黨皆服乃誅顯思遠龜漢允儉仲脩仁器乙松等流云牧辛貴辛修翼日旽以小兒生辰飯僧廣明寺王命承宣權仲和降香賜蟒龍衣旽遂謁正陵王命仁任與邦及頭裏速古赤從之後二日流旽于水原命李成林王安德押行理部憲司請族顯等王曰門下重房何無狀疏都評議司奏曰旽本庸僧過蒙恩幸乃詭謀竊權陰結黨與圖爲不軌幸賴天佑剪除其黨旽以逆首只竄于外尙保首領宜置極刑幷誅遺孽同產及其黨顯思遠等子餘黨亦悉窮治門下省奏曰大逆天下萬世之所不容辛旽本一微僧濫遇上知位極人臣進退百官頤指氣使廣植兇徒覬覦非分幸賴祖宗之靈殿下先見之明兇謀發覺乃用寬典止於流放三韓缺望且旽之黨與不但顯思遠等七八而已伏望斷以大義置旽極刑籍沒家產幷夷其黨以快衆心憲府又請誅旽流其親黨籍產豬宅王曰法者天下萬世之公予不得私撓宜如所奏遣察訪使林樸体覆使金玔于水原誅旽即召還旽所逐千興瑩希

泌承順等初王與旽春富等同盟至是授樸盟書使示旽數罪曰爾嘗謂近婦女所以導引養氣非敢私之今聞至生兒息是在盟書者歟城中造甲第至七是在盟書者歟如是者數事數罪訖可焚此書樸至水原使人詐報宣召旽喜曰今日召還盖爲阿只思我也阿只方言小兒之稱旽婢妾般若生牟尼奴王以爲己子是爲禑阿只指牟尼奴也水原府使朴東生泣旽前陳其情欵成林叱退之旽嘗刑束手乞哀於樸曰願公見阿只活我乃斬之支解徇諸道梟首京城東門初樸與上將軍李美冲王王月美冲曰汝知阿只事矣對曰臣已知樸恠之出以問美冲美冲曰上嘗鑄金錢授臣往旽家賜阿只阿只大喜旽謂予曰上數幸吾家非爲我也予具以聞故上有是言至是旽誅樸謂史官閔由誼李至曰誅辛旽國家大慶乂有大慶君等知予上幸宮人生子今已七歲旽潛養之不使國人知是亦當誅史官宜知之又斬旽二歲兒及旽異父弟判事姜成乙誅春富蘭云牧其子沒爲官奴又誅旽黨大護軍李伯修護軍白絢孫演金斗達金元萬僧天正哲觀奇顯子仲齊淑倫仲平林熙載辛純辛貴林世崔津林仁茂林端沒蘭從弟大護軍千寶端弟郎將桂爲奴皆伏劒自死杖流湧永通金鋐許完前承旨金續春富弟光富元富上將軍金重源大護軍宋蘭孫湊金安石蘭金鼎吳仲華民部尙書成俊德成汝完禮部直郞吳一鶚大常少卿趙思謙柳濬郞將朴千祐前軍簿正郞柳賁澤尹德方韓休楊天式羅松金陣西辛兀之金良劒高敏等有差思謙後爲判事論通其妻父之妾又附旽多受賄賂廢爲庶人流遠州一鶚嘗爲政房少卿冒受中郞將河永洪俸祿監察司論劾除名不敍附旽得官至是敗三司右尹李遇龍亦以旽黨免官旽及逆黨妻妾皆沒爲官婢旽後以功驟遷至政堂文學旽性畏畋犬惡射獵且縱淫常殺烏雞白馬以助陽道時人謂旽爲老狐精

列傳卷第四十五

列傳卷第四十六　高麗史一百三十三

正憲大夫工曹判書集賢殿大提學知經筵春秋館事兼成均大司成臣鄭麟趾奉
教修

辛禑一

辛禑小字牟尼奴旽婢妾般若之出也或云初般若有身滿
月旽令就友僧能祐母家產能祐母養之未期年兒死能祐
恐旽讓旁求貌類者竊取隣家隊李兒置諸他所告旽曰兒
有疾請移養旽諾居一年旽取養于家以同知密直金鋐所
賂婢金莊爲乳媪般若亦未知爲非其兒也恭愍王常憂無
嗣一日微行至旽家旽指其兒曰願殿下爲養子以立後王
睨而笑不荅然心許之旽密令其黨吳一鶚爲書祈洛山觀
音云願令弟子分身牟尼奴福壽住國及旽流水原王語近
臣曰予嘗至旽家幸其婢生子毋令驚動善保護之旽旣誅
王召牟尼奴納明德太后殿謂守侍中李仁任曰元子在吾
無憂矣因言有美婦在旽家聞其宜子遂幸之乃有此兒後
王欲以牟尼奴爲嗣請就學太后不欲曰稍長就學未晚王
命知申事權仲和往前政堂李穡第會文臣議改牟尼奴名
乃書八字以進王以禑命之仍召侍中慶復興密直提學廉
興邦政堂文學白文寶議封禑江寧府院大君使文寶及田
祿生鄭樞等傅之二十三年九月王冒稱禑故宮人韓氏出
追贈韓氏三代及其外祖甲申崔萬生洪倫等弑王太后率
禑入內祕不發喪丙戌殯于寶房禑與宰樞發喪舉哀翼日
太后及復興欲立宗親仁任欲立禑議未決都堂相視莫敢
發言判三司事李壽山曰今日之計當在宗室永寧君瑜及
密直王安德等阿仁任意大言曰王以大君爲後捨此何求
仁任率百官遂立禑年十歲十月癸巳朕告喪于大廟壬寅
雷雨雹丁未下書宥境內曰不幸天不佑我國家先考奄棄
群下痛不容言宦者崔萬生及洪倫權瑨洪寬韓安盧瑄等
與近臣金興慶妬寵宿怨乘釁肆毒幸賴祖宗在天之靈捕
獲萬生等已正典刑原其致亂流與慶于外於洪武七年九
月二十五日國之宗親曁大小臣僚以先考遺命承王大母
旨俾予繼位予方幼冲在衰絰之中固辭至再至三遂不獲

巳以至於此於戲凡爾內外大小臣庶各盡乃心恪守先王
成憲弼予于理以安社稷宥辛旽黨甲寅大霧二日庚申葬
玄陵是日虹圍日日傍又有大小二日十一月己巳攝事于
太廟是日大雨雷電地大震鵬鳴于大室追謚韓氏爲順靜
王后遣密直使張子溫典工判書閔伯萱如　京師告訃請
賜謚承襲請謚表曰帝王之道雖遠不忘人子之心惟親是
顯竊念臣父先臣顓早承舊服爰處遐方幸逢聖人之興灼
見天命之集旣委質於事上亦盡心而治民若稽成規宜請
殊號伏望同仁夷夏施澤幽明察先臣篤於忠貞哀孤臣迫
於痛悼擧易名之典副向化之誠則臣謹當宣孝治於一方
祝聖壽於萬歲承襲表曰居高惟在聽卑承國宜先稟命輒
陳哀懇仰瀆聰聞伏念臣禍惡運旣深先臣奄逝年齡甚弱
方居衰經之廬政事惟繁難曠蕃宣之職玆當呼籲罙切兢
惶伏望推無外之洪恩降由中之明詔俾小國得遵舊典許
孤臣仍守遺基則臣謹當永堅保釐之心上答生成之造設
八關會以國恤不受賀移安仁德太后眞于光巖寺納哈出
遣其子文哈剌不花來獻駱駞二頭馬四匹　大明使林密

蔡斌等還至開州站護送官金義殺斌及其子執密遂奔北
元張子溫閔伯萱還十二月以三司左使李希泌爲西北面
上元帥遣判密直司事金湑如北元告喪倭寇密城焚官廨
虜掠人物元年正月禑如普濟寺設百齋釋服遣判宗簿寺
事崔源如　京師告喪請謚及承襲禑始置書筵以田祿生
李茂方爲師傅倭焚掠密城以萬戶不能禦遣將軍崔仁哲
往按之令百官各陳便民策納哈出遣使來問曰前王無子
今誰嗣位耶時北元以恭愍無嗣乃封瀋王暠孫脫脫不花
爲王故有是問二月以同知密直韓邦彥爲楊廣道副元帥
兼都巡問使禑下書曰予以幼冲承先王之業處臣民之上
罔知所爲以致乾道失常地灾屢現顧惟眇昧其何以堪豈
政刑之失宜民不得所而致然歟於戲凡爾內外大小臣僚
各盡乃心毋事虛文務求實效以底豐平之理遣判典客寺
事羅興儒聘日本戊甲日有黑子己酉亦如之禑以疾放囚
三月遣判事孫天用如　京師獻貢馬一百匹禑祭慈明仁
和兩殿倭寇慶陽縣楊廣道都巡問使韓邦彥與戰敗績以
年饑禁酒甲申雨雹大如彈丸四月以判密直李子松爲西

北面都巡問使兼平壤尹贊成事池奫爲西北面都元帥門
下評理柳淵爲東北面都元帥徵諸道兵以備北元尋得邊
報平安乃止以判密直司事李成林爲西北面宣慰使密直
副使趙思敏爲東北面宣慰使戊申雨雹己酉祔忠定王于
大廟以密直副使崔公哲爲泥城上元帥耽羅獻金帶三腰
及銀器五月禑有疾設消灾道場于書筵廳以李寶林爲司
憲府大司憲禑謂書筵官曰前日大司憲來悔不引見遂召
寶林與之酒曰憲府國家耳目敬哉北元遣使來以贊成事
黃裳爲西北面都體察使左副代言成石璘爲體察使如江
界慰遣之遣判典儀寺事全甫如
京師獻歲貢馬六月倭公昌等十六人來降大明人張來與
等被俘于倭逃還遣孫君祐押送　京師七月己未朔日食
八月倭寇樂安寶城改定都城五部戶數慶尙道副元帥尹
承順斬倭二十六級書雲觀言近者天文示異災變屢興宜
移御避灾禑議遷都判三司事崔瑩等議曰今無大故不可
遽弃舊都乃止泥城萬戶飛報瀋王母子率金義及進奉使
金湑已到信州中外洶懼以知門下府事林堅味爲西京上
元帥密直副使商議慶補兼都巡問使門下評理商議楊伯
淵爲安州上元帥同知密直李元桂爲元帥贊成事池奫爲
西北面都體察使密直副使羅世爲西海道上元帥兼都巡
問使密直副使朴普老爲副元帥兼都體察使密直副使趙
仁璧爲東北面元帥門下評理邊安烈爲副元帥又徵諸道
兵九月泥城元帥崔公哲麾下二百餘人叛殺軍民渡江去
倭船大集德積紫燕二島時將卒悉赴北征乃發坊里丁及
諸陵戶爲兵又徵楊廣全羅慶尙諸道兵以我太祖及判三
司事崔瑩領之耀兵東西江以備之尋放還諸道兵禑以知
仁州事田秀妻有乳保恩與布七百匹米二十石西北面都
體察使池奫請又發兵爲後援命三司左使李希泌爲都指
揮使率兵赴之徵諸寺住持僧戰馬各一匹又取諸寺田租
以充軍須以密直副使李琳爲西北面宣慰使往察事變迎
桐華寺釋迦佛骨置神孝寺作佛事倭寇寧州木州瑞州結
城十月我
太祖射虎以進禑賜襦衣一領曰惡獸可除然亦危事後其
愼之閱諸道所募兵放還老弱禑欲召書筵官講書宦者金

玄曰每月暇日宜停講禑曰讀書非視事何可廢也遂出講
憲府劾楊廣道安撫使鄭庇巡問使韓邦彥不能禦倭編配
戍卒禮儀判書朴仁桂爲楊廣道安撫使以天變屢見釋杖
罪以下囚以河允源爲司憲府大司憲十一月以河乙沚爲
全羅道元帥楊廣道安撫使朴仁桂稜倭賊二艘殲之濟州
人車玄有等焚官廨殺安撫使林完牧使朴允淸馬畜使金
桂生等以叛州人文臣輔星主高實開鎭撫林彥千戶高德
羽等起兵盡誅禑遣使如　京師奏之十二月丙戌大霧禑
出書筵讀大學問右副代言尹邦彥曰詩云穆穆文王於緝
熙敬止何義也邦彥不能對禑曰予嘗謂儒者能通經書今
乃爾耶時禑昵近宦官宮妾不親士大夫識者憂之倭寇楊
廣道濱海州縣以判典儀寺事金仕寶爲兵馬使禦之遣密
直副使金寶生如　京師賀正阻風還泊喬桐戊戌雷癸丑
霧二年正月復遣金寶生如　京師攝事于大廟上尊號以
添設職賞軍士自奉翊通憲至七八品無算二月遣李之富
如定遼衛通好仍察事變又遣李原實聘于納哈出判事安
德麟擅殺人繫獄鞫治僉議評理洪淳卒三月以朴普老爲
西北面元帥兼都巡問使遣簽書密直司事鄭公權安胎于
禮安縣般若夜潛入太后宮啼號曰我實生主上何母韓氏
耶太后黜之仁任下般若獄臺諫巡衛府雜治之般若指新
創中門號曰天若知吾寃此門必頹司議許時纔入門門自
頹時僅免人頗異之竟投般若于臨津斬其族判事龍居實
遣判事金龍如定遼衛通好四月以郭璇爲楊廣全羅道體
察使察將帥守令備禦勤怠官軍久留西北面民多飢乏以
李淑林爲完護使賫布千五百匹賑之禑曲宴禁中宰相請
奏樂禑以國恤不許營敬孝大王影殿于王輪寺西懶翁設
文殊會于楊州檜巖寺中外士女無貴賤賫布帛果餌施與
恐不及寺門嗔咽憲府遣吏禁斥婦女都堂又令閉關尙不
能禁放于慶尙道密城郡行至驪興神勒寺死五月遣知印
尹思禮賫布千五百匹分與西北面各站以六曹印小改鑄
之濟州萬戶金仲光捕斬逆賊哈赤姜伯顏等十三人分配
妻子于光羅二州庚午地大震鵠巖吼禑出北園習騎馬又
觀弄杖戲北元人吳抄兒志來禑待之厚取及第鄭摠等六
月代言李元紘封雩祭香忘其祝板久而請押禑怒曰祀事

不可不愼爾何慢耶以大旱禁酒禑謂宰相曰宮中亦不宜用酒宰相以爲不可禑曰予性不好酒自今不復飲以柳濚爲全羅道元帥兼都巡問使柳實爲全州道兵馬使放輕繫量移諸流配人有差判事金龍自定遼衛賫高家奴書還其書曰僕自洪武五年歸降　朝廷數年之間深蒙厚恩非筆舌一言能盡玆因本國不知怎生廢了普顏帖木兒王上頭主人疑惑况又將差去官蔡大使等亦廢了因此不通王命這三二年倭又與納哈出通音前後不一然人在天地閒豈不知順逆循環的道理今次差使臣金龍來好生的好爭柰南雄侯大人回京又恐倭那裏心上不安俺這裏與兩箇守方面的官人商量了且交他每回去即自捴兵官靖海侯余都督李平章三箇大官人到牛家莊下岸總統大軍轉運大糧至遼陽海州瀋陽開原等處堅守城池交倭知會我想著前元時分與王普顏帖木兒共同策應殺沙劉二破頭潘那其閒王京官人每多信從我來今日前日何異未敢以不至誠待人切思無知哈納哈出孤兵深入所部將士未戰自敗從然僥倖到金山子百無一二然又接王保保輩况彼幾戰敗將何足爲論旦夕我國家大軍四面雲集至彼如勁風之掃敗葉臨時雖悔何及若原來使臣金龍至專望列位相國當以四海八方靡不來臣之心爲意作急差經濟老臣或奉上之馬幷總兵官靖海侯等大官人處來說話趂此之機不可失期更有遼陽先前避兵之民端冀列位相國早爲發付前來不惟民之思即實報國家善政之一端也果允所禱先將己未起男婦備細手本將來與總兵官大人看况東寧等處來歸之民遼陽如市去使詳知原差蔡大使取的馬如達可作急差人來解與我國家添力一般若今次不來顯知我也說謊倭再如何說話克日大軍殄滅納哈出等後倭便將無萬的馬來何用都堂見書喜給龍銀五十兩以太后不豫宥二罪以下倭焚掠固城縣書雲觀請依道詵密記凡制度一循土俗禁斷異國之風七月倭賊二十餘艘寇全羅道元帥營又寇榮山焚戰艦判密直司事金湑自納哈出營逃還先是僧小英托緣化遣其徒數人于北方潛寄書瀋王曰今國家臣弑其君主諛臣諂國柄專在權臣若引兵來大事可成湑見其書來告下小英獄鞫之果服乃沉于碧瀾渡全羅

道元帥柳濚擊倭于靈巖倭寇扶餘至公州牧使金斯革戰于鼎峴敗績賊遂陷公州揚廣道元帥朴仁桂以屬縣懷德監務徐天富不赴救斬之賊又寇石城趣連山縣開泰寺仁桂迎戰墮馬被殺賊屠開泰寺仁桂素得民心時號賢將都堂奏倭寇方興唯防禦都監造軍器恐或不足請令各司各愛馬諸都監各以其司錢物剋期繕造以備緩急從之以梁伯益爲西海道元帥以太后誕日宥二罪以下遷喬桐縣民于近地以避倭寇東萊安集魚承漢貪暴憲府劾之倭寇朗山豐堤等縣元帥柳濚兵馬使柳實力戰却之禑遣人與綵叚訛言倭將寇都城夜半發坊里軍守城又聞賊欲先登松嶽發僧爲軍分守要害諫議李悅製疏文以進禑問代言李元紘曰此疏用於何日對曰在今夕曰然則當復何時寫之而受押又以藝文檢閱金爾音不豫令作疏囚巡軍獄宰樞睦仁吉等請釋禑曰命令大輕未可遽釋仁吉等再請乃釋之庚辰震漢川君王畯及其妻朴氏與孺子俗傳蓄震家之物可致富以故都人坌集爭取牛馬財帛器皿木石瓦甓畯及朴氣猶未絕至剝其支體而去畯家須臾變爲丘墟都堂令巡軍典法推其財產悉還其族八月銀鑄定妃印及乳媪辰韓國大夫人張氏印張即金莊也以金縝爲慶尙道元帥兼都體察使金用輝爲泥城元帥有人自定遼衛逃還言定遼衛將乘秋來侵遣使諸道點兵九月以慶補爲西北面都體察使倭寇古阜泰山興德等地焚官廨又寇保安仁義金堤長城等縣禑造等身佛聚僧徒點眼于禁中以天變宥二罪以下禑習馳馬放鷹以韓邦彥爲安州副元帥金得齊爲義州元帥趙思敏爲全羅道副元帥兼都巡問使睦忠爲助戰兵馬使密直副使孫光裕爲海道上元帥憲府論劾判事趙思謙奸其妻父李培中妾又嘗諂附辛旽多受賄賂禑命收職牒流外以邊安烈爲楊廣全羅道都指揮使兼助戰元帥西北面蝗閏月因倭寇水路阻梗罷漕運爲全羅楊廣慶尙沿海州郡俻賦有差以羅世爲全羅道上元帥兼都安撫使奉安敬孝大王眞于王輪寺影殿號曰惠明戊申葬順靜王后韓氏于懿陵時明經及第韓略言我韓氏宗人也初韓氏卒我與韓氏族故僧能祐火其屍收骨厝于奉恩寺松林乃於寺之北岡發燒骨一缸備儀物移葬顯陵之西轜車至

十川橋祖奠將撤燒魂錢延及柩幄幷爇儀物惟柩賴救得免時人異之或云天火追上玄陵尊號仁文義武勇智明烈敬孝大王韓氏宣明齊淑敬懿順靜王后配享惠明殿昚國公主祭于別室十月羅興儒還自日本日本遣僧良柔來報聘獻彩段畫屛長劔鍍金龍頭酒器等物其國僧周佐寄書曰惟我西海道一路九州亂臣割據不納貢賦且二十餘年矣西邊海道頑民觀釁出寇非我所爲是故朝廷遣將征討深入其地兩陣交鋒日以相戰庶幾克復九州則誓天指日禁約海寇以密直副使沈德符爲東江元帥北元遣兵部尙書孛哥帖木兒來都摠兵河南王中書右丞相擴廓帖木兒貽書曰往者予與令先君獲承往來甚厚厥後令先君爲小人所譖方在危疑遣价來告予亦周旋以定其事大駕東巡予惟舊交之故期於宣力國家不意早世未展慰問每惟高麗事我朝自世祖爰降貴主建爲東藩今所存者非舅甥即姻婭也去歲或傳令先君無嗣朝廷以爾邦久未有君必致危亂是以遴爾族世往承其祀詔使旣行彼則有梗當此之時朝廷非乏樹立之策失問罪之擧也特念天戈一臨不無玉石俱焚是以脫脫不花暫館遼西不令一卒一馬渡江以俟彼之覺悟玆者所遣抄兒志至深陳彼情以爲寔不悖德又知伯顏帖木兒王有子牟尼奴在國人見推領務夫朝廷之於爾國義則君臣恩則婚媾當其命王之意正欲安全爾家豈有偏於彼此然令先君去世今已二年脫脫不花近在境上北邇大朝南隣朱寇王子雖爲衆所服從未有朝廷之命竊料彼中人心向背亦各有半而乃冥然莫醒則謀事者可謂未爲得計矣且小之事大必得所恃乃可立國如令先君往年以大駕北狩必暫餌朱寇以安境內然朝廷在近加以故主義重甥舅恩厚而可悖哉今料彼設若不歸大朝亦當南事朱寇則呑噬無厭汝雖盡其事之之禮則彼之親汝安汝未必能如汝心掊爾財力遷爾人民改爾社稷不知其何所不至矣聖天子寬容待物忘過記功方且延攬四方忠義以爲恢復之計王子誠能改圖以副上命厲兵秣馬共成掎角庸贊我國家中興之業則於爾祖歸國之功不尤有光歟爰念令先君交契之厚故備言之書到可善審利害輕重速令使來朝廷必有處也納哈出亦遣右丞九住來歸我行

人文天式倭寇鎭浦以洪仁桂爲楊廣道都巡問使倭寇江華府焚戰艦倭寇韓州崔公哲擊之斬百餘級禑與酒鞍馬戊辰雷翼日亦如之設消灾道場于外院寺遣密直副使孫彥如北元百官呈省書曰本國世世相承保有東土至忠敬王首先歸順世祖皇帝仍襲王爵其子忠烈王尙世祖皇帝親女忽篤怯烈迷思公主生子忠宣王忠宣王生子忠肅王忠肅王生子伯顏帖木兒王伯顏帖木兒王生子牟尼奴見今襲位以侯明降具載往歲申達之文不期金也烈哥附托不干本國王派瀋王完澤禿之孫脫脫不花結構兇黨上誑朝廷欲亂國統今來參詳國家之統父子相傳古今天下一定之理不可紊亂如蒙准呈將亂統生事之徒發還本國究理允合公道又遣開城尹黃淑卿于納哈出以報九住之來納哈出曰我本非與高麗戰伯顏帖木兒王遣年少

李將軍擊我幾不免

李將軍無恙乎年少而用兵如神眞天才也將任大事於爾國矣壬申憲府上疏曰往者瀋王之變宰相協謀決機諸將仗義奮忠輒率偏師晝夜倍道逆戰却逐使朝野寧謐而賞典不舉無以勸後請第功行賞從之十一月辛巳祔敬孝大王于大廟大雨震電不克祔倭寇晉州溟珍縣又焚掠咸安東萊梁州彥陽機張固城永善等處丙戌霧雨雹震電倭寇晉州班城縣又寇蔚州會原義昌等縣焚掠殆盡己亥祔敬孝大王于大廟以忠惠王母弟同一室祔以韓氏倭寇密城郡及東萊縣十二月納哈出遣使遺白金及羊倭焚合浦營屠燒梁蔚二州及義昌會原咸安鎭海固城班城東平東萊機張等縣北青千戶金仁贊獻海東青禑賜白金五十兩以池奫爲門下贊成事尹邦彥密直提學鄭良生大司憲金濤左副代言金承得右副代言以禹仁烈爲慶尙道都巡問使裴克廉晉州道元帥憲府劾論判事金禧嘗附辛旽稱爲姻婭多行不義又不告父忌乃削職歸田里三年正月倭盜會原倉以池湧奇爲楊廣道副元帥納哈出遣使遺羊馬以印海爲楊廣道副元帥二月倭寇新平縣楊廣道都巡問使洪仁桂擊之北元遣翰林承旨孛刺的賫冊命及御酒海青來詔曰上天眷命皇帝聖旨諭牟尼奴粤惟我國家受天景命統承萬方世祖皇帝聖德神功澤被四表惟時高麗雖介在

海隅能仰德執義率先來臣以順以忠帝用嘉之爰降貴主俾爾祖啓壤三韓作我東藩百年于茲前歲伯顏帖木兒沒爾衆以繼襲之典上章有司而不言有子國家恤彼宗祀廢殄乃簡爾族之良用承厥世是以有脫脫不花之命今者來言伯顏帖木兒有嗣牟尼奴在故遣使往問而祖母洪氏請章偕至夫父死子繼古今之通誼也在理苟安何難改作今以牟尼奴爲征東省左丞相高麗國王於戲稽古象賢期於爲治而已牟尼奴其益懋廼心保乂我民毋替若祖爲我國藩輔之義則忠孝之道於是在矣往敬之哉益光寵命又授尹桓等六人平章事納哈出遣文哈剌不花來北元遣豆亇達來祭敬孝大王始行北元宣光年號倭寇慶陽遂入平澤縣楊廣道副元帥印海與戰不克禑令召募良家子弟善射御及郡縣吏有膂力者使防倭諸司員吏告歸田里久不還者削職取其田給有戰功者以知密直司事趙希古爲全羅道都兵馬使與衣馬各道要衝皆置防護以遏流民修築沿海州郡山城令中外決獄一遵至正條格三月池奫伏誅遣三司左使李子松如北元謝冊命表曰天地無私廣施生成之造侯藩有慶優承寵渥之恩萬姓懽呼四方聳聽伏念臣才年總角材乏經邦權世職而守封深懷兢惕効臣順而嚮化常切嶄傾第緣道阻於朝宗易致讒興於萋斐惟哀懇必期於奏達顧臣庶冒昧而籲呼睿謀克灼其群情霈澤仍從於寬典遂令陋質獲被耿光爵旣襲於眞王秩又升於在相賜以仙壺之醞侑以錦毛之禽顧無科涉之勞豈意褒崇之賞爲榮過厚揆分難堪玆蓋陛下志在固存仁敦綏遠敷虞文德兩階之舞雍容復漢官儀十行之詔密勿天下之勢離必合太平之期適當今謂孤臣爲世皇之外孫謂小邑爲太后之故國眷顧特殊於他姓光華夐越於常倫臣敢不益殫不二之心恪遵侯度恒貢由中之信永祝皇齡且獻禮物皇帝白金七錠紵布八十一匹皇后白黃紅紵布各九匹二皇后白紵布九匹黃紵布五匹紅紵布四匹中書省太師闊闊帖木兒太保哈剌章大尉蠻子各白紵布八匹黑麻布七匹鞍子一面平章參政臺大夫下至內官小臣皆遺紵麻布有差遺禮儀判書文天式報聘于納哈出仍遺麻布各十五匹鞍子一面胡床豹皮屛風等物娘子姐姐至麾下官人各遺

紵麻布有差又送納哈出宴餞回禮白紵布八十匹以納哈出翁主文哈剌不花豆亇大等嘗遙受本國官爵皆遺祿俸布納哈出五百匹翁主文哈剌不花俱三百匹豆亇大五十匹宥境內惟洪倫親族及池奫黨不原憲府以水旱兵革請禁酒從之倭寇西鄙以海州湏彌寺爲日本脉設文殊道場以禳之倭寇窄梁又寇江華京城大震以崔瑩爲六道都統使三司左使李希泌爲東江都元帥睦仁吉林堅味等十一人副之受守城都統使慶復興節度義昌君黃裳爲西江都元帥我

太祖與楊伯淵邊安烈等十人副之受京畿都統使李仁任節度募徵諸道僧徒作戰艦京山三百人楊廣道一千人交州西海平壤道各五百人遂下令僧徒如有苟避者以軍法論四月倭寇蔚州雞林以睦仁吉洪仲宣爲門下贊成事睦忠嗣知密直王賓密直副使遣判軍器監事李光甫造戰艦于龍津倭寇蔚州梁州密城等處焚掠殆盡以旱災兵革禁公私宴飲以知密直李琳爲慶尙道助戰元帥倭焚彥陽縣雞林府尹尹承順斬倭四級以王賓爲安東道副元帥瑞城君崔公哲爲江陵道元帥倭賊入西江崔瑩邊安烈出師却之禑下書都堂曰今星變旱乾災異可畏宜釋徒流以荅天譴所釋者唯宦者金玄以密直副使慶儀爲西京都巡問使兼西北面副元帥取及第成石珚等近臣金虔中第禑喜與鞍馬丙子暴雨雹是月旱五月以旱宥二罪以下倭寇密城侵掠村落取麥載船若蹈無人之境安東助戰元帥王賓擊却之癸未雩且遍禱諸寺以京城濱海倭寇不測欲遷都內地會耆老尹桓等書動止二字議可否衆雖心不肯恐後有變禍將及己皆占動字書名唯崔瑩否慶復興瑩等詣太祖眞殿卜之得止字禑曰倭寇密邇可從卜耶遣政堂文學權仲和相宅于鐵原瑩諫之事遂寢我

太祖擊倭于智異山大敗之庚寅大雨雹禑以洪仲宣權仲和爲師傅倭賊百餘騎寇南陽安城宗德等縣新作市廛東廊倭復寇江華烽火自江華晝擧不絕京城戒嚴遣諸元帥分戍東西江召募勇士皆賞以官先給布人五十匹丁酉以德寧公主祔于神孝寺忠惠王眞殿倭又寇江華大肆殺掠慶尙道都巡問使禹仁烈以病辭以裴克廉代之六月文天

式還自北元獻玉帶及琉璃盃憲府劾奏崔仁哲本賤人冒受官爵承命出使擅自還朝妄獻倭㨗欺瞞國家濫受賞賜請置于法以懲後來遂收賜銀杖流永州道死庚戌禱雨禑歎曰五月二十九日祖聖忌日也水旱無災祖聖之願故當此日雨暘不失其期者四百餘年今乃不雨以予幼冲否德未厭天心乎抑有寃枉耶遂徹膳謂宰相曰旱災太甚豈無故哉必是寃怨所召肆予欲悅人心屢下恩宥卿等因循不肯行得無不可於是宥二罪以下唯金續命不原倭寇西海道安州金公世等三人擊斬四級與布人五十匹倭又寇長澤縣元帥池湧奇擊走之禑下書都堂曰今聞邊民被虜於賊幸而逃還皆指爲賊諜輒殺之甚不可也夫思鄉懷土人情之常況有父母妻子者孰不思還特畏死從賊耳自今凡逃還者必加褒賞雖實諜者毋得殺戮官給資粮以遂其生如有斬倭還者賞之加等其令邊郡張榜以示遠者罪之乙卯大雨以知門下朴普老爲西海道助戰元帥謝恩使李子松還自北元元朝臣僚見子松朝服行禮皆泣曰自我播遷困於行間不圖今日復見禮儀待之甚厚以密直副使李仁立爲西京副元帥判密直韓邦彥爲安州元帥遣判典客寺事安吉祥于日本請禁賊書曰本國與貴邦爲隣雖隔大海或時通好歲自庚寅海盜始發擾我島民各有損傷甚可憐愍因此丙午年間差萬戶金龍等報事意即蒙征夷大將軍禁約稍得寧息近自甲寅以來其盜又肆猖獗差判典客寺事羅興儒賫咨再達兩國之間海寇方釁實爲不祥事意去後據羅興儒賫來貴國回文言稱此寇因我西海一路九州亂臣割據西島頑然作寇實非我所爲未敢即許禁約得此參詳治民禁盜國之常典前項海寇但肯禁約理無不從兩國通好海道安靜在於貴國處之如何耳倭賊二百餘艘寇濟州全羅道水軍都萬戶鄭龍尹仁祐等率兵候之獲一船殲之禑與龍等衣一襲倭寇西海道永康長淵等縣三元帥擊之倭寇豐州安岳禑下書都堂曰今困於兵革加以飢饉不可以土木之役重困吾民自今中外營繕一皆停罷倭寇咸從三和江西等縣禑謂宰相曰倭雖賊其屍亦當瘞之況我江華西海之民死於賊暴露甚衆豈可忍視其出內帑錢布以資掩埋野城君金寶一妾朴與寶一適孫金孜爭田誣

告孜奸某妹憲府具朴罪縊殺之先是遣使于下三道抄閑散子弟至有襁子易馬者名雖抄閑散半是農民私隸也至是都堂覈其實皆放還七月以歲旱國用虛竭除生日進馬遣崇敬府尹陳永世相宅于漣州永世還曰漣州五逆之地不可建都北元遣宣徽院使徹里帖木兒來請挾攻定遼衛禑贈金帶鞍馬不受倭寇豐州西海道上元帥朴普老進擊之副使趙天玉等十餘人死遣使諸道修築山城八月遣啓稟使晉川君姜仁裕如北元以贊成事梁伯益爲西海道元帥戊午雨雹倭寇信州文化安岳鳳州元帥梁伯益羅世朴普老都巡問使沈德符等擊之敗績請遣將助戰於是以我太祖及林堅味邊安烈密直副使柳曼殊洪徵爲助戰元帥赴之

太祖與諸元帥擊賊于海州安烈堅味等奔潰

太祖將戰置兜鍪於百數十步外試射之以卜勝否遂三發皆洞貫曰今日之事可知戰於州之東亭子戰方酣遇泥濘之地丈餘

太祖之馬一踴而過從者皆不得度

太祖以大羽箭射賊十七發皆斃之乃縱兵乘之遂大破之

太祖口不言功堅味等諱其敗自以爲己功要取爵賞是戰也

太祖初御大羽箭二十及戰罷餘三矢謂左右曰吾皆射左目皆汝往觀之往觀之果盡驗餘賊阻險積柴自固

太祖下馬據胡牀張樂僧神照割肉進酒命士卒焚柴烟焰漲天賊勢窮出死力衝突矢中座前瓶

太祖安坐不起命金思訓魯玄受李萬中等擊之幾殲日本國遣僧信弘來報聘書云草竊之賊是逋逃輩不遵我令未易禁焉以三司右使崔公哲爲義州元帥倭寇海州九月倭寇靈光長沙牟平咸豐等地倭又寇海平二州禑授崔瑩鉞使與元帥李希泌金得齊楊伯淵邊安烈禹仁烈朴壽年趙思敏康永柳濚柳實朴修敬等擊走之以密直副使裴彥爲和寧府尹姜仁裕在北元遣人來告曰平章文典成大參政張海馬與丞相納哈出鍊兵秣馬待高麗軍來欲攻定遼衛時我不應攻遼之請故又督之遣軍簿判書文天式告以天寒草枯不可出師倭寇岳陽縣元帥李琳擊之獲二艘遣前

大司成鄭夢周報聘于日本且請禁賊書曰竊念本國北連
大元西接　大明常鍊軍官以充守禦迺於海寇只令沿海
州郡把截防禦賊徒偵候乘閒入侵燒毁民廬奪掠人口及
覩官軍隨即騎船逃匿爲害不小今蒙大將軍言及諄諄又
於弘長老備諳厚意其益圖之十月始置火㷁都監從判事
崔茂宣之言也茂宣與元焰焇匠李元同里閈善遇之竊問
其術令家僮數人習而試之遂建白置之修京城倭賊四十
艘寇東萊縣庚申雷倭寇咸悅縣政堂文學權仲和侍書筵
講貞觀政要至魏徵對太宗曰喜怒之情賢愚皆同賢者能
節之不使過度愚者縱之多至失所陛下常能自制以克厥
終則萬代永賴禑曰美哉言乎卿其法魏徵以教我對曰但
殿下容受臣言臣敢不罄竭心力以贊成事楊伯淵爲安州
上元帥十一月遣前開城尹黃淑卿如北元賀節日下印海
于淸州獄治伊山敗軍罪丁亥霧塞己丑以月食停八關會
禑與乳媪張氏書曰念昔先后不幸奄弃予方幼弱惟爾小
心保護以著勤勞式至今休曰篤不忘賜田百結奴婢十口
雖有過愆犯不至十悉皆原宥與長寧公主及張氏各米豆
幷六十碩知申事楊以時四十碩倭寇扶餘定山鴻山又倭
百三十艘寇金海義昌都巡問使裵克廉與戰敗績倭寇守
安童城通津等縣以星變月食宥二罪以下命韓山君李穡
註唐太宗百字碑以進十二月遣順興君王昇如北元賀正
中郞將池遇淵與判書閔伯萱爭田訴于版圖正郞李養中
詰遇淵嘗在合浦盜官物遇淵銜之誣告養中爲都官正郞
受人賂下巡軍鞫之遇淵逃捕得誅之
帝放還我國人丁彥等三百五十八人有僧達明者遊歷安
州等處自稱忠肅王母弟德興君之子潛圖不軌遣判開城
府事慶補執之以來鞫問本善州民王加勿也幷其黨五人
斬之三司左使李希泌卒贈諡忠靖納哈出遣使遺羊一百
六十頭毛牛三首四年正月都評議使率百官相地于新京
倭寇延安府二月倭寇安山仁州富平衿州以年荒停燃燈
以知杆城郡事田光富貪墨害民柵市三日杖流之黜五部
坊里軍壬申地震江華府屢被倭寇民失其業給穀三百石
賑之三月倭寇富平又寇泰安郡遣判繕工寺事柳藩如
京師謝恩禮儀判書周誼請謚承襲謝恩表曰

帝德天臨萬邦咸仰臣疑冰釋一國更生事久乃明恩深莫報伏念臣爰從弱歲遽喪嚴君敢稽告訃以易名輒望哀孤而錫命馬取諸耽羅以遞送人到於定遼而被留亟期行李之必通乃敢浮海而復年華之屢易尙未回舟罔知事變之所由徒切籲呼而無已忽此還家而團聚餘三百人故其向闕以斯傾惟億萬歲歡聲競沸喜氣悉均共言曖昧之已明益荷恩憐之必至玆蓋

陛下舞干体舜弛罟蹐湯綏斯來動斯和華夏蠻貊之率俾道以德齊以禮典章文物之修明乃令海邦獲瞻天日臣謹當率循先人之業永有依歸對越上帝於心恒申頌禱請謚表曰節惠賜謚固帝王之大公請命顯親尤人子之至願冐陳愚懇庸浼宣聰伏念臣父先臣顓當聖人之作興以小邦而歸附斯克勤於侯度嘗効薄勞柰不永於天年奄辭昭代若稽諸古必易其名敢訃告之後時仍陳乞之併瀆今荐更於歲律益翹佇於德音降監在玆兢惶無已伏望敦勸忠之典推恤孤之恩特令貞魂獲蒙寵命則臣謹當恒述藩宣之職深殫頌禱之誠請承襲表曰建邦樹屏帝命斯彰繼世襲封臣鄰攸慶玆當再瀆尤切三思伏念臣猥以幼冲適丁憂恤粤從先考權國事者數年顒望

上恩對天威於咫尺措躬無地惟簡在心伏望施字小之恩降纘考之命而令庸品獲被耿光則臣謹當永觀苗裔之存願爲漢輔共祝康寧之嚮恒效箕疇贊成事睦仁吉判密直趙仁璧帥師放火炮習水戰倭寇南陽遂焚掠水原府府使愼仁道僅以身免元帥王賓與戰敗績請濟師命密直副使朴修敬赴之倭又寇林韓二州修京城以密直副使趙希古爲漢陽道助戰都兵馬使四月倭寇德豐合德等縣火都巡問使營倭船大集窄梁入昇天府中外大震我

太祖與楊伯淵合擊大破之五月以旱宥二罪以下倭寇西州庇仁縣又寇水原龍駒等處戶長李富擒獲十餘人以評理商議崔公哲爲楊廣道都元帥六月倭寇淸州賊鋒甚銳我軍望風而遁賊四出攻掠我師復乘閒襲之斬十餘級日本九州節度使源了浚使僧信弘率其軍六十九人來捕倭賊倭又寇木州寧州溫水縣平壤君趙思敏卒

帝放還我行人崔源全甫李之富以禹仁烈爲慶尙楊廣全

羅三道都體察使倭寇宗德松莊永新等縣元帥崔公哲王賓朴修敬等擊却之七月鄭夢周還自日本九州道節度使源了浚遣周孟仁偕來丁丑以生辰放囚北元使來告其主豆叱仇帖木兒即位禑欲托疾不迎使强之禑出迎行省倭寇牙州入東林寺崔公哲王賓朴修敬等進擊斬三級獲馬二十餘匹日本僧信弘與倭寇戰于兆陽浦獲一艘盡斬之放還被虜婦女二十餘人八月慶尙道元帥裵克廉擊倭于欲知島斬五十級虎入京城多害人物我
太祖射殪之倭寇延安府及海州遣判崇寧府事羅世判密直沈德符領戰艦大索倭賊于諸島周誼柳藩還自　京師
禮部尙書朱夢炎錄
帝旨以示我國人曰朕起寒微實膺天命代元治世君主中國當即位之初法古哲王之道飛報四夷酋長使知中國之有君當是時不過通好而已不期高麗王王顓即稱臣入貢斯非力也心悅也其王精誠數年乃爲臣所弑今又幾年矣彼中人來請爲王顓諡號朕思限山隔海似難聲敎當聽彼自然不干名爵前者弑其君而詭殺行人今豈遵法律篤守憲章者乎好禮來者歸爾大臣勿與彼中事如勅施行憲府上言近來州郡屢經倭寇凋弊已甚而守令每爲賓客多張宴樂耗費錢穀侵漁細民爲按察者若罔聞知其弊日甚自今請令按廉條啓民瘼及守令得失以憑黜陟倭寇衿州陽川九月宰樞等詣奉恩寺太祖眞殿卜遷都不吉事遂寢倭寇瑞州憲府劾崔源在　京師
帝問金義殺使先王被弑事源不遵使旨不諱國惡請治其罪乃下源獄鞫之不服竟殺之倭寇鐵州復行洪武年號以密直副使林成味爲西京都巡問使倭寇連山尼山公州以門下評理韓邦彦判密直李琳爲楊廣全羅道助戰元帥倭寇益州全州十月倭寇沃州珍同懷德青山林州楊廣道元帥韓邦彦擊之斬二級獲馬十匹倭屠燒全州遣版圖判書李子庸前司宰令韓國柱如日本請禁賊遣九州節度使源了浚金銀酒器人參席子虎豹皮等物以成汝完爲政堂文學商議王承貴金光厚崔準金漢碑安翊張夏睦子安爲密直副使遣判密直司事沈德符如　京師賀正版圖判書金寶生謝放還崔源等謝恩表曰神機廣運德洽四方賤价畢

來歡騰一國嫌疑攸釋壅塞必通伏念臣猥以冲資叨逢盛旦嘗馳一二之行李歲月荐更忽值三百之歸來室家交慶矧當源等之旣至其慰禍心之曷勝玆蓋

陛下推字小之仁廓包荒之度諒微臣畏天之敬憐殊俗懷土之思悉皆放還令其完聚臣謹當恪恭藩職恒輸事上之忠倍祝天齡永沐漸東之化十一月以門下評理朴普老爲安州上元帥兼西北面都体察使倭寇益州禑嘗召左使洪仲宣政堂文學權仲和等曰京城控海慮有不虞之患且地氣有衰旺而定都已久宜擇地徙都之其道考讖書以聞仲宣仲和及韓山君李穡右代言朴晉祿與書雲觀會議前揔郞閔中理上言詵密記所載北蘇箕達者即峽溪可以遷都遣仲和及判書雲觀及張補之中郞將金祐等往相之仲和還曰得北蘇宮闕舊基凡百八十間於是設北蘇造成都監朝議尋以峽溪僻在山谷漕舶不通遂寢以冬寒放四覇家臺倭使來泊蔚州信弘言彼若見我必歸告其國遂紿曰高麗將拘汝使懼逃歸辛巳地震賜裴克廉鞍馬衣酒賞捕倭功以地震宥二罪以下信弘與倭賊戰于固城郡赤田浦不克遂還其國以前密直副使黃淑卿爲東北面都巡問使兼和寧府尹有李安仁者剃妻髮稱爲家婢賣之不得欲殺之妻逃安仁與妻父母詰欲拔劒刺之典法司論殺之十二月倭寇河東晉州都巡問使裵克廉與兵馬使兪益桓夾攻斬十九級追擊于泗州斬二級丙午雷罷左蘇造成都監時議欲遷都國史有左蘇白岳山右蘇白馬山北蘇箕達山等三所創建宮闕之文故有是役高家奴以兵四萬來投江界遣柳曼殊于東北面吳季南于全羅道安翊于楊廣道南佐時于江陵道王安德于西海道慶補于交州道計點戶口依西北例置左右翼軍惟慶尙道令都巡問使裵克廉掌之後憲府上䟽罷之憲府上䟽曰諸道山城國家往往遣使修築多發軍丁不日畢功旋致崩壞其弊甚巨請自今不復遣使令守令徵發旁郡軍丁農隙修葺若未畢則停待明年以爲年例功臣之號必待有功近年以來自兩府至六曹判事添設奉翊無寸功者濫授功臣號如有樹立大勳者何以爲賞請重惜名器毋得妄與古者非有功不侯今封君甚衆近因倭寇漕運不通倉廩虛竭除省宰封君外其餘封君請勿頒祿

無冰

列傳卷第四十六

列傳卷第四十七　高麗史一百三十四

正憲大夫工曹判書集賢殿大提學知經筵春秋館事兼成均大司成臣鄭麟趾奉
教修

辛禑二

五年正月乙亥遼東都指揮司遣鎭撫任誠來索被虜人及逃軍咨曰洪武三年十一月高麗軍所虜遼陽官民男婦千餘人及各衛軍人逃往彼處者悉發解送時遼東人傳言高麗遣兵助北元故托以遣誠來覘虛實以密直副使安翊爲楊廣道計點使諫官上言民惟邦本本固邦寧近因倭寇水旱之災百姓饑饉宜加存恤勸課農桑而今者後蘇左蘇土木之役方興不已民困力政將轉于壑非惟失農又不能拾橡栗以自資請即停罷至秋始役禑不聽以災變慮囚二月日本國遣僧法印來報聘獻土物以年荒停燃燈罷移都左蘇丙辰雨雹倭寇順天兆陽珍原等處鄭地與戰敗績丁卯雨雹沔州人前判書崔有龍匿民口八十事覺計點使安翊

斬之三月以知門下事禹仁烈爲慶尙道上元帥密直副使睦子安爲全羅道副元帥並兼都巡問使沈德符金寶生回自　京師

帝賜手詔曰爾來者承姦之詐不得已而來詐今命爾歸爾當謂高麗禍首言朕所云其殺無罪使者之讎非執政大臣來朝及歲貢如約則不能免他日取使者之兵豈不知滄海與吾共之若不信吾命則以舳艫數千精兵數十萬揚帆東泊特問使者安在雖不盡滅其黨豈不俘囚太半果敢輕視乎禮部尙書朱夢炎錄

帝旨以示國人曰自高麗國王王顓奉表入貢稱臣其表云子孫世世願爲臣妾何期數年之後王被姦臣所弑弑後疊差人來來文皆言嗣王之使爲未知王之端的拘使詢由又三年矣朕不忍使者父母妻子懸望特勑歸還未幾復差使至却之不納使彼自爲人回不逾數月止稱賀正貢馬爲由而又使至稱臣措表皆嗣王之稱如此者五次矣若却之不納其表皆云嗣王之所爲也然朕觀高麗之於中國自漢至今其國君臣多不懷恩但廣詐交而構禍在昔漢時高氏失爵光武復其王號旋即寇邊大爲漢兵所敗唐有天下亦嘗錫封隨復背叛以致父子受俘族姓遂絕迨宋之興王氏當國逼於契丹女眞甘爲奴虜元世祖入中原嘗救本國於垂亡而乃妄懷疑貳盜殺信使屢降屢叛是以數遭兵禍今王顓被弑姦臣竊命將欲爲之首構讎怨於我納之何益以春秋論之亂臣賊子人人得而誅之又何言哉乃何前後五次皆云嗣王之爲陪臣奉之爾中書差人詣彼問嗣王之何如政令之安在若政令如前嗣王不被羈囚則當仍依前王所言今歲貢馬一千差執政陪臣以半來朝明年貢金一百斤銀一萬兩良馬百匹細布一萬匹歲以爲常仍將所拘遼東之民無問數萬悉送回還方乃王位眞而政令行朕無惑也設若否此必弑君之賊爲之將後多詐並生必肆侮於我邊陲構大禍於高麗之生民也朕觀此姦之量必恃滄海以環疆負重山固險意在逞兇頑以跳梁視我朝調兵如漢唐且漢唐之將長騎射短舟楫故涉海艱辛兵行委曲朕自平華夏攘胡虜水陸通征騎射舟師諸將豈比漢唐之爲然且遣使往觀問嗣王安否如勑施行乃使奏差邵壘趙振隨德符

等來二人至甜水站傳聞本國遣文天式與季南使北元乃曰昔殺行人今又懷二心吾與其死於高麗寧死於我土遂不至而還倭寇道康縣高城君柳濚卒遣前典工判書李演護軍任彥忠如遼東修好于揔兵潘敬葉旺演等至遼東不得入而還以印原寶爲西北面體察使以太后不豫慮囚倭寇谷城又寇南原殺判官留三日又寇順天府遼東移咨督令發還同知李元魯思帖木兒等三十三人又令刷還黃城等處移來人民四月遣萬戶鄭龍尹松以戰艦二十艘追捕倭賊以密直副使安翊爲楊廣道都巡問使甲辰地震護軍周謙至自　京師曰

帝令周姐姐見我又問伱國王是前王子耶謙對曰前王正妃魯國公主無後今王乃宮人所出也辛亥雨雹倭寇安山郡禑納判開城府事李琳女冊爲謹妃置府曰厚德以琳爲鐵城府院君慮囚五月倭焚掠豐川殺知州事柳滋按廉金侃火官廨民舍虜六十餘人而去元帥沈德符以業精江千戶任堅李吉生不赴救斬之幷杖文化安集凡永富禑以端午登市街樓觀擊毬火炮雜戲乙亥雨雹戊寅太白晝見凡二十五日韓國柱還自日本大內殿義弘遣朴居士率其軍一百八十六人偕來乙酉以旱命判典醫楊宗眞行醮求雨宗眞號碧雲本閩中道士也倭寇信州鐵原君崔孟孫卒宦者金實諫曰殿下何學射御擊毬乎若學射親征伐則國不國矣自古稱聖君者必言堯舜稱庸君者必言桀紂願以堯舜爲法桀紂爲戒用賢去邪以興至治閏月安州元帥崔元沚擊倭于永淸縣敗之遣檢校禮儀判書尹思忠報聘于日本禑以封妃宥杖八十以下罪倭寇蔚州雞林府六月倭寇淸道郡元帥禹仁烈擊走之

帝遣還耽羅飄風人洪仁隆等十三人倭賊自雞林向江陵道以趙仁璧爲江陵道元帥朴修敬爲安東道元帥兼府尹癸未太白晝見北元遣僉院甫非告郊祀改元天元納哈出亦遣文哈剌不花來及還禑曰丞相與吾先君稱兄弟吾以父事之遣苧麻布各一百五十匹倭寇龍州義州萬戶張侶擊却之庚寅太白晝見辛卯如之七月倭寇樂安郡遣永寧君王彬如北元賀郊祀改元前判三司事洪洪亮卒贈謚靖平李子庸還自日本九州節度使源了俊歸被虜人二百三

十餘口獻槍劒及馬倭入武陵島留半月而去八月倭寇餘美縣又寇隨郭二州以前雞林尹金光富爲合浦都巡問使遼東都司移咨都評議使司曰近聞納哈出遣人經由哈剌雙城潛往高麗行禮胡主帝古思台帖木兒亦遣使馳驛前往高麗會議公務切詳本國累嘗遣使賓貢我朝臣禮既施異謀難畜納哈出等雖差人潛往本國豈意復與交通可將胡使差人押送以表忠誠不然則姦宄自昭後悔無及以知密直司事池湧奇爲全羅道元帥九月流乳媪張氏于砥平縣時政堂文學許完同知密直尹邦晏托張謀去內宰權林堅味等事敗張常在禁中公受賄賂多行不法禑嘗數往妃所張曰禮君王必擇日御妃嬪今何如野狗綏綏乎至是臺諫幷劾不敬之罪流之斬完邦晏等語在崔瑩傳辛卯雨雹九月倭寇丹溪居昌冶爐等縣至嘉樹縣都巡問使金光富與戰敗死移置海印寺所藏歷代實錄及經史諸書于善州得益寺以李乙珍爲忠州丹陽道兵馬使張伯淵爲淸州兵馬使分領諸將卒以備倭寇倭寇山陰晉州泗州咸陽遣使西海楊廣等道簽水軍備倭寇以前崇敬尹李元瑨爲楊廣道上元帥十月梨花戊辰大霧己巳雨木冰禑移居梨峴新闕本柳芳係家也禑出花園視花木內宰樞具先王所乘輅請乘禑曰吾聞學乘馬未聞學乘車遂却之詣太后殿上壽曰予今幼沖國家粗安惟太后德是賴以楸洞闕遠太后殿故罷之徙居于此如蒙訓誨敢不敬聽遣門下評理李茂方判密直裴彥如京師進歲貢上陳情表曰臣生十歲臣父臣顓暴薨祖母洪即命臣居喪次主喪事臣但知哀號不知所爲未幾群臣奉祖母之命請臣權署國事臣雖欲辭避其道無由群臣具表文請臣署名入奏

天子乞賜先臣謚號幷臣爵命歲月逾邁迄今未蒙明降臣雖愚蒙豈不恐懼私心自念亡父能知天命所歸擧國內附降年不永奄爾淪逝叛臣金義盜殺使臣奔于北方祖母旣老臣又幼弱時之多艱未有若是之甚者不賴

聖天子保全之惠將何以圖存哉此所以奉表瞻望日俟德音之至也陪臣德符回自　京師欽奉

聖旨伏讀流汗跼天蹐地若無所容祖母洪謂群臣曰吾孫年幼必不能別白事宜群臣又難自達妾當上表敷奏是用

差陪臣李茂方裴彥等齎擎祖母表文并管領金三十一斤四兩銀一千兩白細布五百匹黑細布五百匹雜色馬二百匹赴京伏望

陛下錄先臣歸附之功察祖母窮迫之情賜先臣謚命臣襲爵歲貢之物亦容小邦不拘定數隨力所辦以獻則先臣含笑地下迪我子孫世爲　聖朝藩輔臣之至願也臣之至幸也伏惟　聖鑑採納王太后表曰故高麗國王王顓母太妃妾𢆯聞自古帝王臨御海內外萬邦蒼生共惟臣妾男爲臣女爲妾其類雖殊其性則同其勢雖殊其情則親故曰匹夫匹婦不獲自盡民主罔與成厥功今妾勢窘事迫不過號天而已

陛下即天也而視聽自我民天不言而

陛下代之言此妾之所以觸冒天威而罄竭所蘊也妾生十六歲事先臣王燾生二子長曰禎次曰顓禎之子曰昕曰眡相次襲位而皆早夭無後顓最後立事妾盡孝道國人悉知之天地悉鑑之及

陛下即位顓能知天命有歸樂於內附

陛下亦知其忠矣不幸短命暴亡致疑傳言失眞聞于天聰

陛下怒之誠是矣雖然其亡也暴故致人疑耳非有他故也若其殺使之賊金義在途聞顓之薨即生姦計欲立瀋王爲王逃入胡地至今不敢還國則本國之不與也明矣妾又聞興滅國繼絕世聖人之大政也況國未至於滅世未至於絕乎今禑以顓遺孤權署國事表請贈謚襲位已有年矣妾與國人無大無小日夜瞻望以竢德音而猶未降也

陛下爲天地於天地之間洋洋乎發育萬物各得其性而獨小邦不霑王化妾實痛之妾實痛之又念小國濱海隣於倭國日與爲敵故其執政者爲將帥居中者少以牢入朝恐致疎虞儻或倭賊得志豈非小邦之不幸□朝廷之所慮哉小國地薄不產金銀中國之所知也馬有二種曰胡馬者從北方來者也曰鄉馬者國中之所出也國馬如驢無從而得良焉胡馬居百之一二亦中國之所知也近因倭寇損傷殆盡布匹雖出於國中然數至於萬誠難充辦遼東流移民戶見行出榜招集妾自少未嘗妄言況敢欺天乎妾生於大德戊戌行年八十又二朝暮當辭盛代誠不忍亡兒顓一心向化

之美泯而不彰煢煢孤孫無以立於世是以犯禮法披心腹以冀
陛下一悟
陛下哀之恕之賜先臣之謚降世爵之命收歲貢之詔使小邦私圖其宜時節獻土物永永遵守則妾當安心待盡而亡兒顓亦當圖所以報恩於冥冥之間矣妾以婦人享其二子三孫相繼榮養一旦遇急難不能有所別白於　聖明之世將何以見先臣於地下乎今人有十金之產尙欲傳之子孫無所墜失況一國乎況老牛舐犢之情乎妾臨表涕泣不知所云遣贊成事睦仁吉密直副使睦子安梁濟捕倭于全羅道戊子雷三司左使權仲和門下評理曹敏修相宅于檜巖以晉雲觀言道詵所謂左蘇即此地故也壬辰大霧凡七日十一月禑獵于新京以慶尙道元帥禹仁烈爲合浦都巡問使十二月杖宗簿副令李義流于楊廣道內廂流贊成事商議梁伯益于昌寧以義與張氏謀事伯益知而不告也乙亥雷地震以同知密直慶儀爲西京元帥禑宴李琳及琳母李氏妻洪氏于禁中賜洪氏卞韓國大夫人印琳等旣出禑與宦官張樂極歡尋正色曰古人有言人惟求舊衣必求新今臣寮在予左右言予得失交修啓沃雖有讒說予不信也向者張氏誑我撻我有國以來困辱妖物之手莫我若也幸賴憲府糾摘妖物遠竄宮中稍安外有耆年碩德圖議庶政內與爾等酣酒以樂亦何妨乎納哈出遣人遺鷹及羊憲府上疏曰張氏本侍婢冒稱乳媼濫干恩寵嘗與池奫交通謀亂又與楊伯淵洪仲宣金濤等相應情跡暴露餘悉伏辜張氏幸免今又送腹心元順于許完尹邦晏通謀事覺完等已就與刑獨張氏流外今聞李義俞甫相與結黨欲令張氏還京乞誅張氏以絕禍根六年正月癸巳朔放朝賀斬張氏傳首于京以右常侍朴永忠爲公州道兵馬使禮儀判書皇甫琳爲全羅道兵馬使以安東元帥朴修敬爲慶尙道都巡問使永寧君王彬賫詔還自北元禑馳馬于男山二月李茂方裴彥至登州而還茂方等至遼東都司奏省府臺官欽奉
聖旨所貢旣不如約陪臣不至爾中書差人詣彼發遣來使回還須如前約方許來貢北元遣禮部尙書時剌問直省舍人大都閭冊禑爲大尉禑率百官郊迎倭寇永善縣有人自

遼東來言遼東訓兵欲攻納哈出乃遣判事崔鄲副正安天吉于西北面覘之門下評理朴普老卒贈謚敬烈倭寇寶城郡入富有縣以洪仁桂爲江界元帥崔元沚爲泥城安撫使三月倭寇順天松廣寺禑獵于城東翼日又獵于伯顏郊崔瑩等驅獸而前禑射中之以韓邦彥爲安州道元帥遣密直副使文天式如北元賀節日謝冊命倭寇光州及綾城和順二縣遣元帥崔公哲金用輝李元桂金斯革鄭地吳彥閔伯萱王承寶都興禦倭于全羅道以尹桓爲門下侍中四月遣崇敬尹周誼如遼東咨曰小邦事大之禮不曾有缺欽蒙
聖慮憂恤特降
詔旨許以三年一聘近年以來朝不通蓋因孫內侍身故金義叛逆事孫內侍本國若害之則當及延院使一行豈止此官金義逃入胡地不敢還國則本國之不干衆所共知向使沈德符等同來使臣到來觀察曲直自照使臣亦旣不至李茂方半塗而回如此事情不能上達負屈莫伸竊見都司見處東藩重任黨若　朝廷必使小邦受罪豈不可憐乞加詳察特爲辨明俾小邦復遵原奉
詔旨許容陪臣入朝始終欽蒙
聖恩世世子孫永爲臣妾誼至遼東都司飛報　朝廷
帝命執誼至　京師以柳玽爲漢陽道都兵馬使兼漢陽尹崔瑩兼海道都統使三司左使趙仁璧爲江陵道上元帥五月禑欲觀石戰戲知申事李存性諫曰此非上所當觀禑不悅使小豎毆存性存性趨出禑取彈丸射之國俗於端午無賴之徒群聚通衢分左右隊手瓦礫相擊或雜以短梃以決勝負謂之石戰倭賊百餘艘寇結城洪州右代言徐鈞衡掌國子監試禑欲觀詩賦題鈞衡不從曰場屋試題不可外洩禑醉遊花園結綵棚張樂領三司事崔瑩領諸元帥出屯東西江備倭刑巫蠱者六人禑以賊退與崔瑩酒召還憲府上疏曰我祖宗皆設書筵講論理道涵養氣質薰陶德性以爲理國之本上昇王遵祖宗之法當殿下之在潛邸也命二大臣以爲師傅朝夕講習其慮深遠及殿下即位之初日開書筵舉國欣懽近來全廢講讀中外臣民莫不觖望願殿下復開書筵日與老成大臣講論理國安民之道報平之禮所以聽政布令實祖宗成憲先代君王奉行惟謹近代停廢不行

非徒有虧祖宗之良法亦使軍國機務多所淹滯願自今勿廢報平之禮禑納之取及第李文和等禑賜乙科三人馬又以文和李琳之孫女壻賜紅鞓以不能禦倭杖流全羅道助戰元帥崔公哲楊廣道都巡問使安翊斬其都鎭撫二人以典理判書金斯革爲楊廣道都巡問使六月禑微行至冶家取鍛具置冶禁中其主奔告崔瑩瑩囚之乃詣闕請勿置冶禑怒命近臣毆其主以吳彥爲楊廣道助戰元帥彥嘗奪人財穀送于其家凡五十駄時之爲帥者貪汚多若是倭寇井邑縣元帥池湧奇擊之禑始出報平廳聽政謂諸相曰凡爲王者必受命天子者當之今予猶未受命委政者舊聽其所爲然予默察其政雜然無統甚孤予委任之意自今以後每月初二日十六日各司之長親啓所職予當課其能否

帝以五月初四日雷震謹身殿頒詔赦天下三司右使石文成卒禑率林堅味子儆等小竪馳馬于男山禑移居開城尹權鎬第是月京城饑布一匹直米五升七月辛卯太白晝見經天癸巳亦如之典獄署令金德生僞造檢校告身十五通事覺杖之乙未以生辰宥二罪以下信州監務申英乙嘗爲國贐錄事盜官物事覺杖之屬典法爲隷全羅道元帥池湧奇與倭戰于鳴良鄕奪所俘百餘人以典法判書權季容爲楊廣全羅道察理使前判典農寺事黃希碩爲體覆使禑遣宦者李得芬讓崔瑩曰有民社然後爲國今使倭寇侵掠至此何也我當親征瑩曰臣請往擊之倭寇西州又寇扶餘定山雲梯高山儒城等縣遂入雞龍山婦女嬰兒避賊登山者多被殺獲楊廣道元帥金斯革擊走之倭掠青陽新豐鴻山而去北元遣使頒赦紬哈出使人亦來倭寇錦沃二州又寇咸悅豐堤等縣奉如恩縣陽山寺太祖眞移安于順興避倭寇也甲寅隕霜禑令小竪坑坎後苑給知申事李存性陷之日以此等戲爲樂禑欲出獵李仁任崔瑩等止之禑曰吾素不好鷹犬諸相實導之也且卿等好遊畋能飛過不蹂禾稼耶八月遣海道元帥羅世沈德符崔茂宣以戰艦百艘追捕倭賊禑獵于城南凡五日以宦者李得芬金實爲守城元帥身佩弓矢臂鷹而出使宦官小竪胡歌胡笛彈琴擊鼓以從知申事李存性獨不弓矢禑怒罰之禑又欲如木村之野李仁任諫曰若向木村必過玄陵過而不奠可乎所奠之物豈

可猝辨且奠當禮服將如之何禑以問崔瑩瑩對亦然乃止乙丑謹妃生子命名昌宥一罪以下禑登殿戲有窺者輒執而杖之倭寇公州金斯革擊斬四級羅世沈德符崔茂宣等擊倭于鎭浦克之奪所虜二百三十四人金斯革追捕餘賊于林川斬四十六級禑出遊里巷射狗自是射殺雞犬日以爲常城中雞犬幾盡倭焚黃澗禦侮中牟化寧功城靑利等縣遂焚尙善二州昌城君成士達卒遣使徵兵于楊廣西海道啓稟使周誼在　京師寄書都堂曰誼五月初四日到遼陽遼陽飛報

朝廷遂致誼七月初五日入見

帝命縛誼幽于天界寺數日中官本國人尙寶監丞崔安至訊其事由誼對曰凡

朝廷所需不如約者盖我小邦地僻民稀物產尠少未易辦耳今

聖恩海涵春育萬邦咸寧如不憐我小邦雖誅一誼亦何濟哉中官遂以誼言入奏明日帝召誼御札示誼曰彼東夷易施輕詐往來肆毒果是求安者耶必欲根禍於將來者歟誼再拜扣頭對曰小邦豈敢肆毒其貢不如約者非忠誠不至實民貧而物不備也

帝震怒復示誼曰曩者弑其主中國已與絕交有勑諭高麗限山隔海似難聲敎使彼自爲爾乃詭詐多端數來願聽統屬及至約以効貢姑定常貢之例以爲驗却乃弗從果願統屬者歟抑姦詐現然歟於是命校尉將誼而出仍使監之又明日復遣崔安謂誼曰爾既來此必不得歸爾令通事先往取貢如前約復諭誼前所需馬一千已貢若干今再取轃作一千明年金一百斤銀五千兩布五千匹馬一百以爲常貢之例則赦爾東夷殺使及內使之罪

帝命如是誼敢傳達惟諸相國量之倭侵京山府薪谷部曲禑出後苑命放群馬令左右捕之輒賜捕者倭屠咸陽九月禑率群少馳馬後苑或手自飛索以繙馬無所不爲禑升殿上手瓦礫擊人又入後苑與上護軍文達漢知申事李存性習射取存性笠爲的以密直副使裵克廉爲慶尙道都巡問使倭焚雲峯縣禑與內竪夜至密直使柳遂第索其室女遂曰臣之有女國人所知若行聘禮臣敢不從是夜禑五至其

第竟不得遂即榮也我太祖與諸將擊倭于雲峯大破之餘
賊奔智異山以子昌有疾釋四十月周誼還自
京師以密直副使閔伯萱爲西京道副元帥禑率林檄等持
竿黏雀于閭巷炙于墻下而啖之禑不視事日與群少馳騁
閭里擊殺雞犬宰相諫官莫有規諫者辛未雷電壬申雷丙
子霧禑率林檄等擊雞犬于閭里里人不知而罵之禑走避
又獵于佛日寺之野倭焚金海府十一月左司議白君寧等
上疏曰殿下年甫十歲嗣承大統先王遽棄群臣南北多虞
人心動搖朝夕莫保社稷之危甚於累卵殿下能以幼冲之
年遵奉太后之訓謹守法度尊師好問日與將相大臣開經
筵講論修身理國之道至於威儀動作之間不失尺寸四方
之使莫不嗟嘆歸語其國曰聰明英偉他日太平主也由是
覬覦之徒不敢生心父老懽忻以望維新之化天地祖宗實
知實監佑我殿下早降元子以紹祖宗之緒實三韓萬世之
福也殿下於此安可不爲子孫萬世計耶自今年正月以來
道路流言殿下頗與兒輩留心鷹犬馳馬後苑臣等始聞之
以爲殿下即位之初年方幼冲尙不如此況今春秋已長宮
闈已備惟當作爲大經大法明示萬世豈容如此萬一有之
皆兒輩所爲耳近者殿下日與頑童捨儀衛出遊閭巷宿衛
之士但守空闕而已路人見龍顏不知以爲無賴少年至有
犯淸塵者三韓之人無貴賤老少莫不觖望相告曰主上何
爲至於此哉大臣百官皆仰屋竊嘆但畏天威不敢開口夫
人主一身生民之休戚社稷之存亡繫焉故言則左史書之
動則右史書之一言之非取笑四方一動之失貽患萬世可
不愼哉以殿下聰明豈不知今日所爲不合於先王之道也
其不顧天下之非笑而爲之者必非殿下之意也由小人之
輩進言曰今當國家多難之日雖以人主之尊不可不習武
也以此邪說上惑聖聽殿下不察以爲此輩眞愛我也遂乃
深信而行之夫以堂堂盛朝將相士卒各奮忠義凡有所向
靡不摧挫豈必殿下親自馳馬試勇然後能保社稷哉躍馬
撫劒匹夫之勇也好之不已必至於敗身殿下何學焉昔漢
昌邑王馳騁田獵王吉諫而不聽及至爲帝不改其行輕出
無節時方久陰夏侯勝諫曰皇之不極厥罰常陰又不聽終
致傾覆爲天下笑殿下受太祖四百六十餘年之社稷三韓

億兆之命懸於殿下之一身萬一馬逸顛蹶其於宗廟社稷何洪範有之曰狂恒雨若今自孟冬以來連月淫雨天之眷眷於殿下而欲其改過遷善者明白切至矣伏望殿下上念天心下察輿情爲社稷萬世計放黜頑童無復輕擧親御報平廳聽斷萬機日開經筵詳延老成講論治道成就聖學如有行幸則一遵祖宗故事必待中嚴外辦百官序立天仗整齊淸道而後行禑不聽禑與承旨徐鈞衡馬一匹辛卯霧禑欲學鑄鏡召鏡匠禁賊使安吉祥病死日本押物中郞將房之用還探題將軍五郞兵衛等使偕來獻土物十二月禑遊黃丙沙洞遇美女携入民家淫之又嘗奪密直李穜德妓妾梅花淫于路傍人家尋納宮中禑遊戲晝夜聞人有女輒突入奪之遣門下贊成事權仲和禮儀判書李海如　京師貢金三百兩銀一千兩馬四百五十匹布四千五百匹請謚承襲請謚表曰聖君恤典易名示終孝子至情顯親爲重肆當呼籲罙極凌兢伏念臣否運之逢嚴顔奄棄上表請謚瞻企今爲七年對影撫躬悲傷則如一日玆殫悃愊益切悚惶伏望陛下察外夷布列之雖多如先臣歸附者有幾特頒茂渥以慰貞魂臣謹當與祖考爲一心幸奮箕域傳後昆於萬世永作漢藩請承襲表曰天臨在上敷施生物之仁情動乎中顒望分茅之命玆當呼籲罙切兢惶伏念臣爰從弱齡已値否運徘徊對影恨末由兄友弟恭怵惕存心庶無墜父作子述故再陳襲爵之請而上達向化之誠自始至今益勤無怠歲律已七周之久星軺無一介之來瞻企未涯敷陳以表志願所在神明共知伏望

陛下記先臣歸附之初愍小國危疑之際不責旣往而許自新特頒綸綍之音俾守箕裘之業臣謹當旣飽以德保釐靑社之群生永終是圖拜獻華封之三祝禑以李仁任生日至其第張樂酣飮至夜乃罷與馬二匹憲府上疏曰惟我先王宵衣旰食惕厲寅畏日與大臣講論理道出入起居罔敢或輕必諏日擇方整備儀衛然後行近年以來倭寇侵陵國家多難大元近居北鄙　大明屯兵遼瀋朝夕覘我事情將然之患不可測正殿下兢畏勵精非禮勿動之時也而日率群少輕出遊戲閭巷險隘無所不至恐有顚蹶之虞不測之變也禑覽疏頗慙悔欲讀書令進通鑑一部七年正月丁亥朔

放朝賀禑畋于東郊又登殿屋上二月以朴林宗爲西京都巡問使禑畋于西郊以李仁任爲門下侍中崔瑩守侍中禑移居院使金光壽第以南秩爲慶尙道都巡問使倭焚寧海府癸未日有黑子遣使賑慶尙全羅道饑禑畋于長湍三月禑火獵于東郊次壺串放群馬手飛索以絹之權仲和等至遼東都司以歲貢不滿定額却之乃還以門下評理羅世爲東江都元帥贊成事黃裳爲西江都元帥沿江要衝皆置元帥以備海寇凡十五所倭寇江陵道遣簽書密直南佐時密直副使權玄龍擊之時是道大饑備禦甚疎遣同知密直李崇率交州道兵以助之戊戌大雪二日全羅道饑民多餓死諸戍卒及人民逃散過半崔瑩請蠲濱海州郡三年租稅從之復營壽昌宮倭寇松生蔚珍三陟平海寧海盈德等地焚三陟縣江陵道副元帥南佐時報倭入三陟蔚珍欲取吾斤沓谷兩倉之穀不克而退今徵聚飢民守之爲難請發倉賑饑至秋還之江陵道助戰元帥報交州道簽兵皆羸弱不可用其步兵今已放遣請除烟戶軍先簽閑散官且令朔方道騎兵二百來助從之四月攝事于諸陵獻官闕以堂後柳謙錄事鄭修遺忘不告都堂也都人以釋迦生日張燈禑欲微服徒行觀燈下馬僕人牽退少遲禑手策馬踶傷其面憲府以內乘別監邊伐介等掌廐馬不能調習而又非時進馬至使上驚動請罪之乃杖流伐介等五人己巳雨雹倭自知異山逃入無等山樹柵圭峯寺巖石間三面峭絕唯小逕緣崖僅通一人全羅道都巡問使李乙珍募敢死士百人乘高下石以火箭焚其柵賊窘墜崖死者甚衆餘賊走海竊小船而遁前少尹羅公彥以快船追及盡殺之擒十三人以旱慮囚五月倭寇伊山戍楊廣道都巡問使吳彥戰却之斬八級擒一人海道萬戶崔七夕私放軍三十餘人以其糧送于家事覺下獄雞林元帥尹虎斬倭十一級遣判典農事李龜哲于西北面刺探定遼衛事變京都有一尼自稱彌勒人皆信之爭施米布憲司杖流之宥二罪以下書雲觀言旱旣太甚請禁屠殺罷土木之役安東兵馬使鄭南晉擊倭斬十六級倭寇寧海府遣密直提學張夏及判事楊宗眞禱雨于開城大井是日雨與夏廐馬三司右使柳遂卒慶尙道高靈郡饑棄兒滿路餓死者不可勝計六月憲府言僧徒多依近幸受上

押願文横行中外願自今如有貪緣受押者罪之且州郡吏
苟避鄕役者多請除中科擧立軍功外勿許免鄕禑納之倭
寇庇仁縣以密直鄭地爲海道元帥安東兵馬使鄭南晉體
覆使黃希碩捕倭禑與酒及馬禑畋于延福亭倭焚永州倭
船五十艘至金海府闉山城元帥南秩擊却之秩又戰于寧
海蔚州梁州彥陽等處凡五合斬八級以前密直使池湧奇
爲楊廣全羅慶尙道助戰元帥海道元帥鄭地病以門下評
理商議沈德符代之禑奪騎人馬出遊時內乘畏憲府不敢
非時進馬故禑頻奪人馬於是詣闕者皆匿其馬知門下府
事商議李懃卒贈謚翼孝倭寇蔚珍縣權玄龍與戰中槊遂
奮擊敗之斬二十級獲馬七十匹禑奪騎人馬出遊手執鐵
杖遇狗擊殺之一日所殺或至二十餘料物庫及諸倉庫告
罄因倭寇與旱災未納貢賦故也禑乘醉馳馬于龍首山墮
馬輿還七月寇寇金海府慶尙道按廉報倭入丑山島欲寇
安東等處甫州普門社所藏史籍請移內地遣史官移置忠
州開天寺庚寅以禑生辰宥一罪以下禑集群妓宮中爲長
夜之樂自是殆無虛日倭寇固城縣南秩與戰斬八級濟州

人飄泊上國境時
大明疑我從北元見囊中書有紀洪武年號喜厚慰遣還遣
前判事李希椿于楊廣交州道監造戰艦遣副正鄭連于定
遼衞以探事變辛亥大雨八月禑令群妓奏樂與布一百五
十匹抄坊里人及京畿丁夫修城門頒祿未贍自七品以下
皆給以布宦者朴元常導禑作十六天魔樂憲司上疏斥之
禑畋于新京書雲觀請移都於是議徙漢陽九月倭寇永州
瑞州禑獵于郊聚牧馬手飛索以縶之以中外官印制無等
改鑄之南秩擊智異山餘倭斬四級幷獲馬十六匹十月壬
子朔日食憲府言變恠屢見禍患可畏請夙興夜寐恐懼修
省不聽禑畋于江陰縣宴樂達曙賜奏樂人布一百匹辛酉
大霧豐儲倉告匱禑率宦官二三人夜二鼓踰宮墻而出直
宿諸臣不知所之大驚俄而禑還倭寇臨河縣壬申彗見于
氐長丈餘十五日乃滅遣門下評理金庾如 京師賀正禑
畋于江陰縣令女妓樂師奏樂徹夜與布百匹十一月癸未
雷丙戌震電雨雹遣密直使李海如 京師獻馬九百三十
三匹以前典工判書崔賢進爲水原富平道兵馬使海陽萬

戶土音不花遣人獻鷹禑悅倭寇保寧縣靜州吏丘閑石元益李松壽等叛入遼瀋境誘民屯聚爲賊入寇昌州倭寇密城郡知兵馬事李興富斬三級禑夜遊閭里路遇徼巡官追射之自是日與倡妓宦竪遊戲無度連宵不寐晝寢日暮乃與十二月壬戌以謹妃生日宥二罪以下延山府人任加勿爭財殺其兄軍器少尹鳳起及妻孥乃囚加勿于獄禑納謹妃宮人釋婢寵愛之書雲副正盧英壽之女也英壽威遠縣人初爲長寧公主媵臣金庾李海至遼東不納乃還八年正月門下評理成元揆卒贈謚簡憲性姦以能稱遼東胡拔都率兵一千潛渡鴨江突至義州圍上萬戶張侶家侶與其子思吉思冲力拒之侶被創二子俱中矢胡拔都奪侶財產及馬十五匹以去副萬戶崔元沚追擊斬二十餘級侶本化寧人入鎭爲義州站吏能射御賂權貴得拜萬戶性貪而無知人心不附遂爲賊所輕禑謁玄陵正陵遂畋于開城賑慶尙江陵全羅道饑二月以門下評理韓邦彥爲西北面都體察使兼安州道上元帥前知門下事商議金用輝爲都安撫使兼副元帥以備定遼衛兵判書雲觀事張補之等上書以變恠屢見請遷都避災禑下其書都堂李仁任執不可遂寢以德城君吳季南爲慶尙道都安撫使封釋婢爲毅妃父盧英壽爲大護軍母爲福安宅主倭寇林州都巡問使吳彥擊之不克罷盤纒色令大小文武官吏出馬匹及紵麻布有差以備歲貢禑給毅妃印以義順庫爲妃私藏禑以子昌病宥二罪以下甲戌日有黑子大如雞卵凡三日有私奴無敵自稱彌勒化身伏誅海陽萬戶金同不花遣其子夫耶介爲質閏月倭寇林州扶餘石城禑畋于南郊禑與閹竪內乘惡少輩馳騖閭閻擊殺雞犬奪人鞍馬金同不花遣人獻鷹禑與衣服禑獵于東郊禑嘗曰吾聞史官記吾過失若見則吾必殺之由是史官不敢近倭寇平海郡金同不花以所管人民來投處之禿魯兀之地日本歸被虜男女百五十人無麥苗三月倭寇三陟蔚珍羽溪等縣立毅妃府曰德昌拜盧英壽爲密直使時毅妃寵傾後宮衣服器皿奢麗之物過於謹妃由是其父亦榮顯不日封君氣焰熏赫倭寇寧越禮安榮州順興甫州安東四月憲府劾慶尙道都巡問使南秩不能禦倭事下都堂李仁任與秩善止令安置宜寧縣禑夜出觀燈禾

尺群聚詐爲倭賊侵寧海郡焚公廨民戶遣判密直林成味同知密直安沼密直副使皇甫琳前密直副使姜筮等追捕之成味等獻所獲男女五十餘人馬二百餘匹禾尺卽楊水尺遣門下贊成事金庾門下評理洪尙載知密直金寶生同知密直鄭夢周密直副使李海典工判書裴行儉等如　京師進歲貢金一百斤銀一萬兩布一萬匹馬一千匹禑畋于江陰江陵道上元帥趙仁壁副元帥權玄龍與倭戰斬三十級西海道按廉使李茂獻所獲禾尺三十餘人馬百匹諸道廉守令各獻所獲下巡軍鞫之斬其首謀者沒入妻孥馬匹餘皆釋之都評議使司牒諸道按廉分置諸州比平民差役有不從令者斬之以密直副使李居仁爲慶尙道都巡問使密直副使尹有麟爲全羅道都巡問使倭踰竹嶺寇丹陽郡元帥邊安烈韓邦彥等擊敗之五月慶尙道陝州有一私奴自稱劔大將軍其徒一人稱抄軍將軍一人稱散軍將軍聚徒衆群行剽掠將殺其主及守令以作亂按廉使安景恭遣州軍捕斬之取及第柳亮等倭寇永春縣丁卯太白晝見倭寇淮陽府六月宥二罪以下禑如尙乘閑馬如惠妃殿如盧英壽家自是尙乘及英壽李仁任家無日不至或一日九至設宴其他所往不可勝紀金庾等至遼東不納乃還倭寇慶山大丘花園雞林等處又寇通溝縣遣典法判書趙浚爲慶尙道體覆使以李仁任領門下府事崔瑩領三司事洪永通爲門下侍中李子松守門下侍中諫官鄭釐等上疏曰人主一身萬化之源宗社之安危生民之休戚係焉古之人君克愼威儀非禮勿動有所行幸必備儀衛動必以時出必端門行必黃道殿下但率一二僕從晝夜馳騁閭巷竊念鑾車在前屬車在後猶恐有銜橛之虞況以一二僕從不限晨夜馳鶩街曲萬有驚蹶之患其可悔乎矧今南國屯兵近境倭賊深入州縣又有草賊竊發其反間者竊覘京都屢見獲焉由此觀之安知不有姦人刺客之變耶此擧國臣民所共寒心也伏惟殿下深慮動必以禮出入有節宗社幸甚禑不聽七月以張夏爲各道山城巡審使我

太祖以門下贊成事爲東北面都指揮使時胡拔都虜掠東北面人民而去以

太祖世管其道軍務威信素著遣以慰撫

帝平定雲南發遣梁王家屬安置濟州禑遣密直司使柳藩
如　京師賀表曰大春秋之一統運啓中邦整雷霆之六師
威加南極捷音遠播喜氣旁騰竊以虞書載有苗之征漢史
記交趾之擊盖其執迷而干紀故乃聲罪而致討蕞爾雲南
濱於海徼妄謂險遠之足恃敢肆跳梁而不恭爰出睿謀偉
矣萬全之舉克平獷俗赫然一怒而安息馬投戈超今邁古
玆盖
陛下重華協德光武同符告厥成功混車書寰宇之內屈此
群醜置俘虜海島之中是宜氛祲之消益慰神人之望伏念
臣幸逢昭代欣聞凱歌攝政藩東雖阻駿奔之列陳詩美上
聊申燕賀之誠八月戊子太白晝見彗星見太微東藩長丈
餘議定遷都漢陽諫官上疏止之不聽有鄭賡者入定妃殿
潛通侍女杖流延安府杖侍女黜之禑出正殿視事禑獵于
新京九月白州守洪順上書曰南京鎭三角山火山也木性
之國不宜爲都禑不聽賜宮女理裝布五千餘匹命守侍中
李子松留守癸酉禑至漢陽十月禑畋于郊倭寇南原慶尙
道助戰元帥知兵馬事沈于老斬倭三級禑被酒馳騁閭里
墜馬傷面十一月大司憲盧嵩等上疏曰近日殿下出遊入
直辭內府令李德時不以告百官有司內乘金天守等進不
調習之馬以致顚蹶請鞫其罪從之禑如鷹揚軍上護軍存
性第曰予少好馳馬今尙不能自已存性曰地方冰凍恐馬
顚躓願爲宗社自重禑不悅遣同知密直司事鄭夢周版圖
判書趙胖如　京師賀正仍進陳情請謚承襲表陳情表曰
歲貢下之奉上天聰高而聽卑力或未周情在必達臣禑少
而孤苦加以愚蒙處朝鮮山海之閒壤地褊小値日本干戈
之際財賦凋殘雖懷事大之忠未徹燭微之鑑歲月逝矣日
夕惕然伏望
陛下記先臣翼翼之心憐孤臣煢煢之疚示敎條之寬大通
行李之往來則臣謹當保一方之人民罔愆于度爲萬世之
臣妾永觀厥成請謚表曰丕視功載雖舊不遺永言孝思惟
親是顯玆殫悃愊庸洩高明竊以禮莫重於示終德莫加於
懷遠此帝王之懿範而古今之恒規先臣顓於洪武七年薨
逝之後累次上表請謚未蒙明降歲律悲於九更天聰敢於
再瀆伏望

陛下特頒恤典以慰貞魂則臣謹當率先考以移忠與東人而祝壽承襲表曰茅土之封帝王所以樹屏箕裘之業人子所以承家冒貢愚衷敢干聰聽伏念臣年方十歲喪我先臣對影無依悼歲月之徂逝撫躬自幸蒙天地之生成第錫命之倘稽肆傾心之益切伏望

陛下以九經懷柔之道擧萬國封建之權俾臣之徽纘父之服則臣謹當嘉與父老祝皇齡之萬年以至子孫修侯服於百世以天變屢見放輕繫十二月命曹敏修守松京禑畋于郊至暮不返群臣失禑所之夜深乃還

列傳卷第四十七

列傳卷第四十八　高麗史一百三十五

正憲大夫工曹判書集賢殿大提學知經筵春秋館事兼成均大司成臣鄭麟趾奉
教修

辛禑三

九年正月癸丑納哈出遣文哈剌不花請尋舊好禑如謹妃殿作儺戲翼日禑以妓樂出遊時寒風甚烈禑手自吹笛謂妓輩曰手凍吹笛甚苦鄭夢周等至遼東都司稱有勑不納止納進獻禮物勑曰天覆地載日月所臨爲烝民之主封疆雖大小之殊治民之道莫不亦然其盡大地之民亘古至今豈一主而善周育者也前者三韓酋長爲臣所弑弑後壘來奏朕臣貢如常却之再三不止特以歲貢難之必止今不止而固請乃以前數年零碎之貢合而爲數而暗爲愚侮然三韓之域奠於中國之東滄海之外朕觀我中國之書其方之人不懷恩而好構禍縱使暫臣亦何益哉爾守遼諸將固守我疆毋與較徵今以數年之物合而爲一稱爲如勑其意未

誠符到之日仍前阻歸不許入境止許自爲聲歎胡拔都來掠泥城中流失走門下府上書請還松京丁巳禑徒行如謹妃殿禑出遊百官侍衛禑忌之馳馬還遼東都司移文曰高麗臣事　大明不宜與納哈出通好今聞納哈出遣文哈剌不花請好高麗厚禮以慰之其於臣事　大明之意如何如欲免罪莫若檻送文哈剌不花以効其誠不然雖有後患悔之何及二月戊寅禑帶弓矢馳馬于郊翼日又畋于郊以僧混修爲國師粲英爲王師禑觀打魚于楊州禑發漢陽時軍民甚苦暴露及行火其廬幕以冀不復來也賜楊廣道按廉柳克恕交州道按廉崔資廐馬各一匹克恕資皆姦慧諂諛善伺候人意當禑之南遷剝民膏血窮極珍羞賂遺權貴以取媚悅故賜之己丑禑還松京以宰臣朴原鏡第爲時坐宮設彩棚雜戲以迎成均學生獻歌謠禑曰學生何其少耶廉興邦對曰往者養賢庫充羨能養諸生故人爭入學今匱乏不能養故少禑曰其給豐儲倉米養之禑宴群臣于花園夜分乃罷以柳曼殊爲慶尙道元帥兼合浦都巡問使羅世爲海道元帥三月己酉禑馳馬於市有人走避禑追及以鐵如意擊之遂如惠妃殿典理摠郎裴仲倫妻與族僧云珪通逃至延安府捕鞫之杖仲倫妻沒爲官婢云珪斃獄中禑率林檄等十餘騎如惠妃殿又如盧英壽第馳馬射狗又如安逸院院尼寺也以旱禁酒前副正禹吉逢殺妻逃捕鞫之慶尙道按廉呂克諲言河陽永州報令化令河東等處有閑曠地請屯田以助軍餉從之於是克諲奪人祖業田或奪耕牛民失其業怨讟旁興禑如李仁任第前郎將鄭元庯嘗詐稱川寧安集繫獄逃又稱居昌安集赴任營私伏誅以曹敏修爲門下侍中林堅味守門下侍中以林堅味及都吉敷禹玄寶李存性提調政房禑臂鷹畋于郊四月禑封崇國師王師出花園遙禮之三司右使林成味卒贈謚忠簡以旱宥二罪以下竹城君安克仁卒贈謚文定取及第金漢老等我
太宗擢丙科第七人禑馳馬于東郊遊于佛日野禑觀石戰戲五月禑令成均館進四書讀論語數章仰輟禑如寶源庫祈雨壇親自擊鼓以禱禑冒雨出遊前判事韓仲寶嘗安撫濟州矯旨縱欲下巡軍獄其弟上護軍仲良素與仲寶不友至是喜仲寶得罪疏其過惡投匿名書于李存性第幷下仲

良獄並杖流邊地陜城君朴原鏡卒慶尙道按廉報晉州等處麥穗三四岐禑潛至壺串觀牧馬宿衞者皆失所之知門下商議閔伯萱卒有私婢一產三男賜米二十碩前判事趙瑚與宦者爭田宦者訴禑杖瑚流遂安郡六月密直使金寶生卒禑畋于延福亭三日交州江陵道禾尺才人等詐爲倭賊寇掠平昌原州榮州順興橫川等處元帥金立堅體察使崔公哲捕斬五十餘人分配妻子于州郡臺諫交章上言曰自我太祖統一三韓子孫相繼事必師古乘輿出入必因宗廟會同賓客等事未有無事而妄行者至于永陵不遵祖宗之法不從諫臣之言日與群小嬉遊閭里聲聞上國終有岳陽之行貽我無窮之恥今殿下遊幸無節從以數騎馳騁無方臣民缺望願上畏天命下法祖宗出入有節侍衞有儀無或輕出以慰臣民之望以永宗社之福倭寇慶尙道吉安安康杞溪永州新寧長守義興義城善州等處禑宴宰相于花園倭寇丹陽堤州酒泉平昌橫川榮州順興等處以王安德爲楊廣道助戰元帥遣典儀令禹夏于慶尙道督察元帥禦倭勳息闍入金剛欲娶皇甫加之不果托以他事訴于禑囚

巡軍以羅世爲慶尙道助戰元帥以倭寇闌入內地移忠州開天寺所藏史籍于竹州七長寺戊戌禑以盧英壽生日宴于花園七月漢陽府尹張夏捕倭反間三人以倭寇方興令在外閑散奉翊通憲皆赴征禹夏督諸兵馬使擊倭于義城斬三級知順州事黃安信營監運軍糧盜用米七十五石事覺有司將置於法以戚連毅妃止令削職倭寇大丘京山善州仁同知禮金山等處禑賜安東府使李忠富廐馬曰戮力防禦以保胎室以尹可觀爲慶尙道助戰元帥禹夏督諸兵馬使與倭戰于禮安斬八級又戰于順興斬六級遼瀋草賊四十餘騎侵掠端州端州萬戶陸麗靑州萬戶黃希碩千戶李豆蘭等追至西州衞海陽等處斬渠魁六人餘皆遁去交州江陵道都體察使崔公哲遝倭于芳林驛斬八級奪其兵仗及馬五十九匹八月壬申朔書雲觀丞池巨源告日食不果食重房請治其罪乃杖七十以門下贊成事趙仁璧爲東北面都體察使判開城府事韓邦彥爲上元帥門下贊成事金用輝爲西北面都巡察使前版圖判書安思祖爲江界萬戶時

大明責事大不誠屢侵邊境故備之禑如定妃殿遂如林堅味第馳馬閭巷倭陷居寧長水等縣分兵欲寇全州全州副元帥皇甫琳戰于礪峴却之以門下評理文達漢爲楊廣道都察理使知門下事安慶爲都安撫使保安君朴壽年爲都巡慰使倭賊一千三百餘人寇春陽寧越旌善等處壬午禑奪騎林檄馬如盧英壽第檄及宦官皆步從遂如定妃殿萬頃安集金瑞元鎭撫韓福押漕轉托以漂沒竊米布四鞫之癸未禑如定妃殿夜又至不克入左司議權近等上書戒逸遊禑嘗馳騁閭里然猶忌臺諫宦竪等進說曰臺諫皆上所除如有忤旨替之何難自是禑益輕臺諫無復忌憚遊戲畋獵無度近又與同僚極諫禑醉甚欲射之倭寇任實縣我太祖大破胡拔都于吉州遣門下贊成事金湊賀聖節請謚承襲陳情密直副使李子庸賀千秋節請謚表曰節惠易名是皇王之恤典顯親歸美惟人子之孝忱竊念臣父先臣顓早襲世封邈居藩服際昌辰之肇啓知景命之有歸慕義一朝率先款附輸忠七載罔或怠荒奈不弔於昊天而奄辭於盛代願以委質而至此謂應賜謚而示終歲律已屆於十更

天語未蒙於一降肆陳愚懇再瀆聖聰伏望　陛下憫先臣之誠哀孤臣之志特賜殊號以旌貞魂則臣謹當率考攸行恒無替於厥服順帝之則用永保於斯民承襲表曰錫命推恩仰惟聖君之典踐位行禮實爲孝子之心敢此籲呼冞增惶懼臣聞詩歌纘考宣王所以待韓侯傳稱揚名仲尼所以語曾子以斯爲美終古則然欽惟

陛下体舜舞干師湯弛罟分茅胙土措天下於泰山歛福錫民躋一世於壽域遂致多方之面內而無匹夫之向隅如臣者方在弱齡即喪嚴父對影海曲哀吾生之曷歸翹首雲霄望俞音之益切伏望

陛下憐臣移孝爲忠之至願諒臣以小事大之微誠特霈洪私俾承先業則臣謹當之屛之翰永保箕封曰壽曰康恒申華祝陳情表曰高高在上降監孔昭斷斷無他敷奏則瀆冞切兢惕輒覬允俞伏念蕞爾小邦際於興運天休滋至非遠人之與京國步斯頻奄先臣之不祿肆嬰多故已至十年洪武十一年差陪臣沈德符等進獻馬匹金銀器皿等物四還賚奉

詔旨節該今歲貢馬一千差執政陪臣以半來朝明年貢金
一百斤銀一萬兩良馬一百匹細布一萬匹歲以爲常欽此
祗承敎條靡遑啓處但金銀之不產遐邇所知而馬匹之未
敷褊小攸致每被都司之阻尙稽天府之充洪武十五年再
行儘力措辦金銀布匹馬匹轃足原奉之數差陪臣金庾洪
尙載金寶生鄭夢周李海裴行儉管押前赴　朝廷到於遼
東甜水站聽候聞蒙都司差來徐千戶錄示
聖旨節該歲貢以數年之物合而爲一其意未誠仍前阻歸
不許入境欽此金庾等欽遵回還當年六月再差陪臣周謙
前去懇告亦蒙阻回八月差陪臣柳藩賫擎表文進賀平定
雲南亦蒙阻回十一月差陪臣鄭夢周賫擎表箋進賀洪武
十六年正旦亦蒙阻回即目欽遇　聖節千秋節例合進呈
表箋誠恐仍前阻回臣與一國臣民進退無憑驚惶失措所
願微誠之必達雖加嚴譴而何辭謹遣陪臣重大匡門下贊
成事金庾等謹奉表箋赴　朝廷進賀伏望
陛下憫先臣方進忠而未終哀孤臣欲繼志而弗獲特頒
詔旨俾詣趨蹌則臣謹當不二不三謹修侯度時萬時億恒
祝皇齡先是我使行由遼東輒不得達故令庾等航海而往
我
太祖獻安邊之策曰北界與女眞達達遼瀋之境相連實爲
國家要害之地雖於無事之時必當儲糧養兵以備不虞今
其居民每與彼俗互市日相親狎至結婚姻而其族屬在彼
誘引而去又爲鄉導入寇不已脣亡齒寒非止東北一面之
虞也且兵之勝否在於地利之得失彼兵所據近我西北舍
而不圖乃以重利遠啗我吾邑草甲州海陽之民以誘致之
今又突入端州禿魯兀之地驅掠人物以此觀之我之要害
地利形勢彼固知之矣臣受任方面不可坐視謹籌邊策以
聞禦寇之方在於鍊兵齊舉今也以不敎之兵散處遠地及
寇之至倉皇招集比其至也寇已虜掠而退雖及與戰其如
不熟旗鼓不習擊刺何願自今鍊兵訓卒嚴立約束申明號
令待變而作無失事機又師旅之命繫於糧餉雖百萬之師
有一日之糧方爲一日之師有一月之糧方爲一月之師是
不可一日無食也此道之兵昔運慶尙江陵交州之穀以給
之今以道內地稅代之比因水旱公私俱竭加以遊手之僧

無賴之人托爲佛事冒受權勢書狀干謁州郡借民斗米尺布斂以甔石尋丈號曰反同徵如逋債民以飢寒又諸衙門諸元帥所遣之人群行傳食剝膚椎髓民不忍苦失所流亡十常八九軍之糧餉無從而出乞皆禁斷以安百姓又道內州郡介於山海地狹且脊今其收稅不問耕田多寡唯視戶之大小和寧於道內地廣以饒皆爲吏民地祿而其地稅官不得收取民不均餉軍不足今後道內諸州及和寧一以耕田多寡科稅以便公私又軍民非有統屬緩急難以相保是以先王丙申之敎以三家爲一戶統以百戶統主隷於帥營無事則三家番上有事則俱出事急則悉發家丁誠爲良法近來法廢無所維繫每至徵發散居之民逃竄山谷難以招集今又旱饑民心益離彼用錢谷餌以招納潛師以來虜掠而歸一界窮民旣無恒心又皆雜類彼此觀望惟利之從實爲難保乞依丙申之敎更定軍戶使有統屬固結其心又民之休戚繫於守令軍之勇怯在於將帥今之爲郡縣者出於權幸之門恃其勢力不謹其職以致軍缺其須民失其業戶口消耗府庫虛竭乞自今公選廉勤正直者俾之臨民字撫鰥寡又擇堪爲將帥者俾之惣戎捍禦國家倭陷沃州報寧等縣禑常置妓女于宮中惡其誨淫黜之未幾復召納之金斯革擊倭于木州黑站斬二十級禑畋于長湍縣三日以門下評理池湧奇爲全羅道都元帥九月壬寅禑如前典工判書王興第時興以其女妻邊安烈子顯期在明日禑曰聞汝將嫁女其俟予命嫁之令出其女興伏於庭曰臣女幼騃且其母被疾避寓無方何心納壻禑瞋目叱曰小豎欺我耶翼日召興曰毋嫁汝女汝不從命罪及妻孥侍中曹敏修等曰安烈爲國名將厥功甚懋今奪其婦將臣孰不觖望臣等爲殿下痛心乞許成婚不聽至暮幸興第興已空其家而避之禑大怒興不得已對曰惟命以知門下事李乙珍爲江陵道元帥憲府劾入直辭韓福卿及各成衆愛馬薛里別監皆不侍從致使上獨遊閭里禑不悅甲辰禑令王福命擇嘉禮吉日福命曰臣之孫女得疾避居未知所在禑曰我旣與王興約卿何方命乎日本國歸被虜男女一百十二人以大護軍鄭承可爲五道體覆使檢察軍容盧賓戰守勤怠憲府論官者禮儀判書曹恂導禑荒淫流于全羅道內廂倭寇江陵府

屬縣倭陷淮陽府設鎭兵法席于重興寺命判書雲觀事崔
融踣徐師旻所立碑盖以立碑之後兵革不息水旱相仍故
也倭寇金化縣陷平康縣京城戒嚴徵平壤西海道精兵入
衛遣前政堂商議南佐時知密直安紹密直商議王承貴王
承寶鄭獮啓印海開城君王福命判開城府事郭璇等往擊
之禑如尙乘及林堅味盧英壽第遂馳騁閭里遇典理摠郎
朴德祥撻之奪其馬侵夜遊戲侍從皆失所之道遇人輒自
杖之至有斃者倭陷洪川縣元帥金立堅李乙珍與戰斬五
級大設鎭兵法席于中外佛宇共一百五十一所供費不可
勝計赴防軍士自備糗糧南佐時等擊倭于金化縣敗績王
承貴中矢禑如李仁任盧英壽李琳第琳適宴族屬禑旣醉
遂率琳及族屬而還置酒極歡十月都體察使崔公哲至狠
川倭突出掩擊擒公哲子乙亥大雨震電丙子亦如之禑冒
雨馳騁里巷捕雞刺狗四至尙乘三至盧英壽家張樂達曙
體覆使鄭承可與倭戰于楊口敗績退屯春州賊追至春州
陷之遂侵加平縣元帥朴忠幹與戰逐之斬六級賊入據淸
平山以贊成事商議禹仁烈爲都體察使前密直林大臣爲

助戰元帥往擊之泥城萬戶曹敏修遣兵馬使朴伯顏覘遼
東伯顏還言鞍山百戶鄭松云遼東摠兵官奏帝曰韃韃遣
文哈剌不花於高麗欲與攻遼請遣兵救之帝命孫都督等
領戰艦八千九百艘征高麗孫都督到遼東又三分遼東軍
發船向高麗會韃韃擊渾河口子盡殺官軍屯兵渾河都督
兵與戰不克還禑聞之命都堂議備邊交州道按廉使鄭符
道遇倭賊百餘騎賊急擊之符脫入林閒從吏輜重印章皆
被奪掠以倉庫奴隸因収田租侵漁百姓分遣田民都監官
于諸道癸未禑率數騎放鷹于橐駞橋畔捕雀夜率巡綽官
如定妃殿乙酉以毅妃生日宴宰樞耆老于禁中丙戌早出
遊百官衙會失禑所之遂罷朝臺省交章諫曰從諫弗咈爲
君之美德敬事而信爲國之急務諫不聽則君德虧而過失
彰信不立則民心乖而政令廢殿下即位以來言官所啓一
皆聽從從諫之美一國擧欣近來隣國有警海寇深入往來
反閒事變可畏殿下不擇晝夜單騎馳騁臣等憂危諫至再
三輒賜俞允而宦官內豎衛士圉人逢迎諛說導上非禮反
使殿下出入無時失信於國不忠不道莫此爲甚其內乘別

監及速古赤宦官內竪之執事者請加鞫問以鑑後來且辭
者出納王命其任匪輕是以古者必擇正直謹愼者二人以
充其任今加置二人而反有所不逮殿下出入不以告百官
請依古制擇置二人汰去其餘䟽啓禑杖宦官金吉逢充泥
山營卒黜內竪徐良守還隷都官內乘別監金千用逃令索
之倭寇安邊府歙谷縣四出虜掠如蹈無人之境以密直提
學商議趙浚爲江陵交州道都檢察使李乙珍及副元帥權
玄龍兵馬使郭忠輔擊倭于洞山縣斬二十餘級獲馬七十
二匹賊收餘衆退泊高城浦遣鎭撫金光美獻捷禑賜乙珍
玄龍忠輔白金各五十兩軍士之力戰者三人銀盂各一事
光美馬一匹十一月以全羅道都元帥池湧奇仍爲都巡問
使李乙珍馳報高城浦倭賊晝乘舟夜登岸虜掠而道內兵
少食乏未易與戰相持日久民甚苦之請濟師戊申禑如定
妃殿翼日亦如之譯者張伯還自　京師曰
帝以進賀使金庾李子庸過期而至下法司禮部咨曰奉
聖旨高麗遠自東鄙曩者來奏願聽約束其中懷詐多端視
主隙如尋常朕所不納止許目爲聲教向後數來請命朕將
以爲誠意至極所以限定歲貢用表彼誠去後貢不如約五
年矣今又以慶禮來誠則誠矣然非期節而至豈不侮之甚
歟雖然以發使之事論之則非高麗國王陪臣之非乃使者
故爲侮慢過期而至今高麗既全臣妾永守事大之誠來使
既非朝禮當送法司如律令其所進禮物既不依節而至勿
納更與高麗文書必然願聽約束前五年未進歲貢馬五千
匹金五百斤銀五萬兩布五萬匹一發將來乃爲誠意方免
他日取使者之兵至彼欽此已將進獻禮物不動原封盡數
責令原差來人裴仲倫等收領於水路回還今再令差來人
崔涓等四名齎文陸路回還賜密直周誼母尹氏米二十碩
豆十碩戊午禑如定妃殿倭寇淸風郡都巡察使韓邦彥與
戰于金谷村斬八級遣門下評理洪尙載典工判書周謙如
　京師賀正知門下府事鄭地請造戰艦于諸道以備倭寇
從之分遣護軍陳汝宜惣郎申雲秀前判事宋文禮前少尹
黃成吉于楊廣西海全羅慶尙道監造戰艦戊辰禑如定妃
殿聞中常里人家火馳馬救之十二月癸酉太白晝見甲戌
禑如定妃殿又率宮女遊男山禑令兩府百官議歲貢皆以

一遷
帝旨爲對於是置進獻盤纏色以知密直都與爲楊廣道都
巡問使禑與宮女並轡遊閭里以慶尙道副元帥密直副使
尹可觀仍爲都巡問使鄭地爲海道都元帥楊廣全羅慶尙
江陵道都指揮處置使禑如盧贇第贇英壽之弟禑嘗至英
壽第見贇妻之美自是屢往焉丙申禑如定妃殿不克入十
年正月宰樞以禑狂妄日甚不似人爲祭于惠明殿及玄陵
以禱之辛丑夜禑如定妃殿不克入癸卯禑如惠妃殿又如
盧英壽及盧贇第又如妓龍屯家自是屢至龍屯家又如潘
福海第以前南陽府使安俊爲全羅忠淸慶尙三道體察使
問民疾苦遼東兵百餘騎侵江界虜別差金吉甫百戶洪丁
以歸癸亥禑如盧英壽第百官侍從禑召禮務佐郞李汝良
曰汝等慮予單騎出遊令百官扈從禮則然矣予深居九重
忽忽無聊是用出遊以遣寂寥耳若城外則扈從宜矣安可
每從街陌遊乎且臺省各司公務浩繁宜各治事毋致稽滯
遂馳上男山百官又從之又召汝良曰何不從命敢如是乎
自今無復我從是日九至英壽第判事池得淸强奸卒知門
下事閔伯萱之妾四子巡軍都評議使司移咨遼東遣還被
倭劫掠逃來登州人王才甫等二名二月己巳禑畋于壺串
百官侍從命止之自是無日不畋于郊庚午禑如定妃殿瞽
者金哲善吹蕭常出入盧英壽第禑至輒召樂以安倦哲從
與爲非長禑之惡國人惡而欲去之至是哲矯旨事覺杖流
錦州甲戌禑率宦竪洗馬于東池與之馳騁禑手吹笛令宦
竪爲雜戲使金元吉作唐人戲元吉辭以墜馬傷脚禑怒杖
之垂死怒猶未解下巡軍獄尋釋之禑令諸道流竄者騎船
捕倭以贖罪倭入鎭浦還所虜婦女二十五人三月密直安
仲溫卒判門下府事崔瑩出穀八十碩補軍饟鈴平君尹陟
卒己酉雨雹禑習射于馬巖丙寅禑畋于元中浦四日乃還
禁酒四月甲戌雨雹禑以釋迦生日與諸嬖如花園觀燈宴
樂迎送錄事李崑適以聽候內旨近其側禑見之曰黑笠者
誰遂執而親杖之崑痛不可忍執其杖禑怒甚蹴其面使巡
軍鞫之流驪興郡丙子地震前開城尹洪壽老之妻因妬取
木板毆壽老腰折以死典法司執其妻鞫之死獄中癸巳夜
禑如定妃殿甲午禑如甘露寺遂畋于元中浦時北方有警

遣判密直姜筮唐山君洪徵前密直柳源鄭夢周等于東北
面刺探事變五月遣判宗簿寺事金進宜如遼東進歲貢馬
一千匹以金銀非本國所產遣司僕正崔涓奏請減其數禑
觀石戰戲于鵾巖召其能者數人與酒又與杖使盡其技乙
巳禑如金湊第戊申地震夜禑率閹入歌妓縱遊衢路戊午
夜禑率宮女數隊如紫霞洞遂如廉興邦第翼日又率宮女
如紫霞洞同浴而戲夜遊道遇判事金允珍命囚尋釋之六
月庚午禑率閹竪倡妓過市梃擊市人以爲樂人皆奔匿失
貨者甚衆遣前判宗簿寺事張方平如　京師獻歲貢馬二
千匹癸未禑微行遊東郊至歸法寺南川與宮女同浴淫褻
無所不至翼日亦如之禑率宮女至演福寺手擊鐘鼓以禱
雨初趙英吉爲李仁任婢壻生女曰鳳加伊禑如仁任第淫
焉寵傾後宮賜英吉馬除典農副正乙未禑宿仁任第自是
屢宿其第七月癸卯夜禑率宮女宦者縱遊委巷歌吹載路
時禑喜着白草笠奴隷之惡少者效之亦戴此笠詐稱王夜
行閭里殺雞狗或因以刼掠事覺伏誅倭陷求禮縣禑觀魚
于東江倭寇永同朱溪茂豐等縣遣政堂文學鄭夢周如

京師賀
聖節請承襲及謚右常侍李天禑賀　千秋節承襲表曰天
聰孔邇民欲是從子職所先父業之嗣再殫悃愊庸瀆高明
伏念臣禑積釁之加嚴親云沒繼猶判渙常存恐懼之心奉
以周旋久佇恩憐之澤旣星霜之屢換而雨露之尙稽益切
顒呼冀蒙俞允伏望
陛下體綏遠之道垂恤孤之仁遂令孱資獲被寵命則臣謹
當率徇祖考宣八條於箕封嘉與臣民効三呼於嵩嶽請謚
表曰賜謚所以勸忠顯親所以致孝俯擴危懇仰瀆聰聞伏
念先臣學自遭逢迄于薨逝職貢不愆於侯度精誠至形於
聖謨爰從訃告之初而望旌褒之久未獲曰俞之命敢申無
已之求伏望
陛下同視華夷推恩存沒遂令貞魄得荷殊稱則臣謹當思
前烈而益虔祝皇齡於罔極壬戌禑觀魚于壺串都堂復令
各司扈從如儀癸亥禑欲畋于郊至城南門借馬于侍中曹
敏修敏修辭以無馬遂如東江觀魚夜還宿于李仁任第乙
丑禑觀魚于歸法寺南川崔涓至遼東都司延安侯靜寧侯

遣使馳奏曰一高麗進馬五千匹數足來使合無朝見奉
聖旨着他來一高麗進貢金銀不敷願將馬匹准數合無准
他奉
聖旨准他每銀三百兩准馬一匹金五十兩准馬一匹涓乃
還八月倭寇梁山縣戊辰禑畋于南郊百司會藥院侍衛失
其所之奔走東西至暮禑冒雨還翌日又馳馬如新京侍從
皆不及禑乘舟泝㳂于江百司出竢于郊至曙禑乃還濟州
萬戶金仲光貢馬一百四匹禑選留良馬三十九匹餘皆賜
嬖幸閹竪庚午禑如定妃殿倭寇銀川所永同青山安邑等
縣又寇全羅道安城所所川驛乙亥禑畋于郊夜還笙歌鼓
舞爲巫覡戲歎曰人生世間有如草露泫然流涕倭又寇天
蠶所禑冒大雨欲畋于東郊憚百司扈從至城東門即還却
出城南門遊畋至暮還判三司李成林等不知禑已還會城
東門樓至夜猶待禑率鳳加伊出城北門至東郊川泛木栰
爲舟自挽以戲至夜還尋又欲往郊外左右曰夜已深天又
大雨將安之禑曰第欲呼鷹耳遂出南郊至曙乃還又畋于
東郊手秉畫角鳳加伊水精初生等衣男服臂弓腰箭以從

馳往新京遂至海豐郡娛戲百端乃與諸嬖日中野合時禑
出遊無虛日內廐馬瘦乏所過奪人馬以載宮女宦者人爭
避匿道路爲空禑如定妃殿禑至進獻盤纏色取良馬騎之
畋于壺串及還馳突市肆人皆辟易失其貨物者多日本國
遣使歸所虜女男九十二人倭寇西海道蘆島焚軍船二艘
西北面都巡問使金用輝進鷹時禑好田獵諸道元帥爭進
鷹犬以取悅禑與李仁任妻朴氏如仁任別墅極歡夜偕朴
氏還遣禮儀判書金進宜如遼東獻歲貢馬一千匹禑畋于
東郊命百司毋復扈從九月庚子禑如李仁任第是日凡三
至翼日亦如之禑畋于永安城禑如禮成江以同知密直尹
有鱗爲全羅道都巡問使禑如李仁任第聞其隣同知密直
權季容家有笛聲使人召吹者季容疑矯旨罵之使者還誣
以被毆禑怒遣人執季容以來蹴其面囚巡軍尋釋之禑佩
弓矢射雞狗于閭里遂馳入進獻盤纏色取良馬五匹歸諸
內廐戊午禑如李仁任盧英壽第酗酒荒淫敬孝王忌日也
禑如定妃殿以崔瑩爲門下侍中李成林守門下侍中李仁
任判門下府事宦者金實爲門下贊成事商議十月乙丑實

赴都堂署事前判事金鼎侯毆殺其妻憲府劾治之倭寇西海道館梁癸酉雷電定遼衛奉帝命欲渡鴨綠江互市許留義州互市禁用金銀牛馬戊寅震電禑畋于海豐郡日暮還北元遣使來至和寧府遣護軍任彥忠慰諭遣還以道梗留半歲而去閏月禑畋于南郊還登花園墻爲戲壽昌宮成遣連山君李元紘如　京師獻歲貢表曰　人御極克廣德心萬國來庭畢獻方物玆當執壤乃敢籲天竊念小邦獲逢昭代惟先考既勤於述職而孤臣尤切於輸忠洪武十二年間

欽奉

聖旨約定歲貢欽此自從承命之初願遵約束以至歷年之久未及經營盖緣財力之窮實非精誠之薄洪武十六年十一月間陪臣崔涓張伯等回自　京師賫到禮部咨文欽奉

聖旨節該前五年未進歲貢馬五千匹金五百觔銀五萬兩布五萬匹一發將來欽此臣與一國臣民罙增戰懼自責稽遲遂即辦以多方僅能充於定數伏望

陛下諒臣役志於享上憐臣誓心而靡他滌除既往之愆昭示有容之德則臣謹當恪守侯度永觀玉帛之朝恒祝皇齡竊効岡陵之頌都評議使司申禮部曰原奉五年歲貢金五百斤數內見解送九十六斤一十四兩其未辦四百三斤二兩折准馬一百二十九匹銀五萬兩數內見解送一萬九千兩未辦三萬一千兩折准馬一百四匹布五萬匹數內見解送白苧布四千三百匹黑麻布二萬四千四百匹白麻官布二萬一千三百匹馬五千匹數內已解送四千匹遼東都司收訖今見解送一千匹元紘拜辭禑手賜酒曰國家安危繫卿此行卿其愼之無爲國家羞又遣銀川君趙琳賀正時

上國尙懷疑阻奉使朝聘者皆憚之附勢求免元紘琳俱以散職而行倭寇長淵縣西海道上元帥王承寶與戰敗績狼川君李邦直卒禑畋于南郊還至龍德家龍德一名加也只毅妃禑自是日至其家禑又至龍德家手自理馬遂畋西郊通濟院婢書雲正崔天儉妾出也初以毅妃宮人見幸寵踰禑如定妃殿禑如李仁任盧英壽第遂馳射犬于閭巷墜馬入龍德家倭寇清河縣禑畋于南郊還至龍德家翼日又至其家宦者金實李匡等言於都堂曰龍德家隘陋非至尊所幸且膳夫奔馳道路可爲國家羞願置龍德近闕地乃修判

審李誠中第十一月甲子朔禑畋于南郊前日崔瑩李成林使人謂金實曰先王之時一月六衙日今但二衙日每不視朝至使百官未知班次明日衙會須啓視朝實以告禑不報遂如龍德家宿焉質明百官皆會禑自龍德家出畋實自宮馳告請必視朝禑曰宰相圖議國事良是予猶有童心遊戲無節爲可愧也爾其持酒慰諭實詣都堂言之諸相曰雖未成朝禮今聞上言亦可爲喜以密直副使曹敬修爲全羅道助戰元帥禑畋于郊率龍德宿李誠中第自是常宿是第禑親執斧斤斲木爲戲惡人觀聽杖衛士三人各四百辛未禑遊戲市肆遂如李仁任及龍德家翼日亦如之夜奏胡樂巡遊里巷倭寇同福縣都巡問使尹有麟光州牧使金準長與府使柳宗與戰斬九級己卯封龍德爲淑妃以其父崔天儉爲密直使母爲明善翁主又以其兄孩兒夫鄭熙啓判密直司事禑寵鳳加伊數至李仁任第龍德妬之譖曰評理都吉敷嘗通鳳加伊禑出吉敷爲西北面都體察使以崔瑩判門下府事林堅味爲門下侍中禑夜宴淑妃宮禑常在是宮歌舞徹夜毅妃寵衰斥在花園放輕繫禑如定妃殿倭寇水原

工二鄉府使許操擒賊諜三人遼東都司遣女眞千戶白把把山率七十餘騎奄至北靑州萬戶金得卿引兵陽避之乘夜焚其營擊斬四十八人把把山遁歸初李元紘等至遼東知都司將遣兵至哈剌雙城邀截胡使密遣人來報都堂即移牒使得卿豫爲之備云崔天儉奪柳惠剛家十二月以全羅道都巡問使尹有麟禦倭有功遣護軍宋繼性賜酒禑如盧英壽第賜馬一匹以我

太祖爲東北面都元帥門下贊成事沈德符爲上元帥知密直洪徵爲副元帥向北靑州以備遼東兵禑命

太祖曰東方軍民之事專付于卿及聞金得卿擊走把把山乃還海道萬戶尹之哲遇倭于德積島擊走之獲二艘殲之得所虜男女八十人置推徵色以徵郡縣逋欠貢賦判呂德府事魚伯評卒贈諡良安伯評以醫術媚權貴致位兩府縉紳恥之禑遣宦者賜矢人宋夫介酒及緜五斤繼至其家悅其工於矢遂命名曰安自是百工之家無所不至輒劾其所爲甚精禑畋于南郊驛吏疲於供頓罵之曰彼獨夫曷喪偕覺然寓華藏寺妄稱得道招集婦女頗有醜聲憲府論劾杖

流龍門山禑如盧英壽第淫其家婢新月禑畋于南郊還至崔天儉家庭跪見天儉時天儉暴貴賂遺布帛牛馬奴婢者頗多市井浮薄卑賤之徒夤緣出入禁闥無所忌憚禑之所與亦不可勝計以典法判書權和爲東北面安撫使十一年正月癸亥朔黎明禑自淑妃宮如盧英壽家晩還淑妃宮行賀正禮受群臣朝還宿英壽家禑在淑妃宮疾作不出者二日禑聞前判三司事姜仁裕納女壻先期馳至奪其女以歸置于定妃宮日晏不興停八日朝賀時有女者懼見奪皆未備婚禮潛納壻護軍宋千祐娶知門下都吉逢女揚言曾失節然畏其勢不敢去海道副元帥前開城尹曹彦擊倭于汝走島獲一艘擒三人禑賜白金五十兩禑宴姜仁裕妻于定妃宮至曙乃罷禑率崔瑩畋于會賓門外賜瑩鞍馬禑如定妃殿以姜氏故常宿是殿宦者金實棄妻欲更娶士族女至期請休沐禑曰見女於我然後可娶實因淑妃以請禑許之實得娶之禑銜之托他事下實巡軍獄欲殺之實逃大索下當直千戶柳克恕于獄禑賜姜仁裕鞍馬安東元帥皇甫琳斬倭二級大閱于毬庭禑馳至巡軍罵柳克恕曰汝若不獲金實當以其罪罪之遂取雜戲具而出禑觀講武于馬巖以不能敎戰鞭武藝都監使成仲庸李竇請軍鼓譟習戰傷者頗多慶尙道按廉李文和報曰道內已無盜賊饑饉疾疫之災時議譏其謟禑觀講武于馬巖親騎射酗酒暮還定妃宮使知申事廉庭秀賜酒于武藝都監仍諭之曰往者罪李竇成仲庸是國家大事非私怒也卿等勉之禑出畋與宮女菊花並鞍行二月甲午宮女祭松嶽還禑往迎之射狗以歸以王安德爲楊廣道都元帥丙申禑如王興第納其女翼日賜興馬二匹自是常宿其第遼東都司遣百戶程與來問金得卿擊殺官軍之故庚子禑夜遊閭巷過漢陽尹張子溫奪其鞍馬丙午禑出遊市井夜如定妃謹妃懿妃淑妃諸殿乃還王興第庚戌禑畋于壺串夜還至巡軍獄親枷囚人倭寇西海道皮串萬戶金乙寶强奸金千玉之妻憲司鞫之庚申禑畋于海州崔瑩成琳等從之禑臂鷹與新月鳳加伊並轡而馳執金得卿歸于　京師禑與林堅味李成琳待程與極厚潛使張子溫賂與金五十兩傔從三人銀各五十兩三月禑至海州與諸嬖遊戲鵲川至古新平縣射鹿墜馬絕而復蘇

時自京城至海上供給之車絡繹不絕寺人內豎恃寵縱暴折辱按廉守令西海吏民不堪荼毒皆散走禑樂而忘返禑至延安府大雨扈從者暴露牛馬道死相望倭寇永康縣己卯禑射殺雞犬于市街遂畋于郊夜還王興第姜仁裕與妻祭松嶽禑親吹笛張樂迎于賞春亭沉醉夜還路逢前郎將全成吉樸殺之奪禮儀佐郎金漢老馬令宮女騎還宿王興第癸未禑遊戲市井選宿定妃宮姜仁裕進衣禑賜仁裕鞍子甲申禑如定妃宮路逢私僮奪其馬親縛之囚巡軍禑如崔天儉第遂至火桶都監發火數梢夜還王興第厚德府行首李富潤過諸道以爲惡少不避禑怒下獄笞之四月壬辰朔大雨雹大如拳數日乃消禑畋于南郊遂至東江觀魚禑率新月鳳加伊出遊東郊前書雲副正方洽郞將李文桂以僞造印伏誅其黨鄭安進在獄死遼東遣人買農牛於是置點牛色聽西北面民互市得牛五百頭都巡問使烙印以送遼東以爲帶印牛乃公家所獻不與直故尋罷之

帝放還金庾洪尙載李子庸周謙黃陶裴仲倫等許通朝聘子庸道死倭寇交州道以趙仁璧爲四道都指揮使取及第禹洪命等禑如廉國寶第翼日國寶設學士宴禑又往禑如鄭夢周第以賛成事沈德符爲東北面上元帥知密直洪徵副之判德昌府事金立堅爲交州道副元帥禑如鄭夢周第夢周方宴耆老禑痛飮執巵跪進李穡曰師傅亦樂觀女樂耶遂率座中妓奪馬於路載而還倭寇襄州五月遣門下評理尹虎密直副使趙胖如　京師謝恩且請謚承襲謝恩表曰聖澤旁施卑情上達撫躬知感擧國騰懽竊念臣禑幸遭

聖明之朝庸謹歲時之禮顧所稟之愚魯而輒罹於愆尤畏

天之威無地可措何圖睿鑑灼見危悰旣容菲薄之儀又貸稽遲之責示訓謨之明著通朝聘之往來喜與愧幷涕隨言出玆蓋

陛下至仁柔遠大智燭幽察臣無他之心許臣自新之路遂令遐裔得荷洪私臣敢不修侯度而益虔祝皇齡於罔極請謚表曰賜謚寶勸忠之方顯親爲致孝之本玆陳危懇庸瀆

聽聞竊念臣父先臣顓當聖上之勃興先諸藩而歸附欽遵

正朔謹守封疆不弔昊天奄辭昭代若稽示終之典敢請節惠之名伏望

陛下垂日月之明廓乾坤之度特頒殊寵以慰貞魂則臣謹
當效先臣之精誠祈一人之壽考承襲表曰建侯所以綏遠
襲爵所以紹先此帝王之常規而人子之至願竊念臣禑爰
從弱齒遽喪嚴顏念歲月之云徂撫霜露以增感第以藩宣
之難曠玆用呼籲之益勤伏望
陛下大度包荒同仁無外優垂景命被及微躬則臣謹當保
民庶於一方祝聖人之萬壽倭船二十八艘泊丑山島以金
斯革爲楊廣道上元帥李和安柱爲交州朔方江陵道助戰
元帥禑馳馬於郊暮還花園讀論孟數篇終夜書大字近所
未有禑與妓改成並轡馳至宋安家禑畋于壺串賜密直潘
福海馬命宦豎奪路人馬載妓後以爲常禑畋于壺串賜宦
者二十餘人馬各一匹道過乳牛所見賣牛瘦弱憐之命膳
夫勿進牛酪豎率妓十餘遊畋至海豐郡乃還憲府上疏曰
判事孫用珍奉使　大明天朝疑我國事鞫之用珍爲國忘
身至死不服忠義可賞請贈爵賜謚官其子孫以示後人從
之禑出遊市井暮還花園與群妓內豎歌吹戲謔盛水于筒
注妓服如浴群妓皆笑一妓不笑撻之禑起樓于壺串作樓

船極其侈大名曰奉天船以淑妃生日放囚禑率群妓畋南
郊還花園夜爲水火戲失火延爇屋簷禑脫衣濡水滅之六
月禑率群妓並轡遊畋東郊及暮還歌吹喧咽馬上自舞以
寵妓改成嬖李仁任林堅味給米仁任與米豆各五石堅味
與米豆各十石丙申太白經天戊戌大白晝見禑畋于壺串
夜還花園爲處容戲司僕副正邊伐介白禑曰日奪路人馬
載妓人皆怨之請取諸島牧馬以供遊畋禑然之遣伐介取
島馬三十餘匹禑如李仁任第欲與仁任妻朴氏往多也岾
別墅朴氏辭以無馬禑奪路人馬遂與俱往率群妓縱淫樂
仁任又與改成穀二十斛衆妓內豎各二斛遣密直使安翊
密直副使張方平如　京師賀
聖節左司議大夫李至等上疏諫遊畋禑使知申事廉廷秀
釋其文義遽大怒曰時方危亂此輩不欲吾習馬不忠孰甚
當痛懲之以絕言者宰相相視無一言後禑悉書諫官名以
藏曰此輩可使防倭由是諫官多謝病禑率妓至歸法寺川
同浴夜還至前開　尹吳忠佐第忠佐妻本丹陽大君珦家
婢沒入義順庫有女三人忠佐規免賤役私事宦寺納其中

女自是屢至其第倭寇瓮津麒麟島海道萬戶鄭龍追擊之
獲三人遼東遣桑麟來推還元季流民李朶里不歹等四十
七人禑如壹串賜新樓監役官李希椿等五人馬各一匹倭
寇平海府江陵道都體察使睦子安擊却之斬且級壬申太
白經天海道萬戶鄭龍尹之哲等領戰艦入海島搜捕倭賊
乙亥太白晝見二日禑宿壹串新樓禑率妓如東江乘奉天
船張水戲後以爲常戊寅地震聲如陣馬之奔墻屋頹圮人
皆出避松嶽西嶺石崩禑曰此地震無乃天欲陷遼東耶
帝放還金庾一行人前典工摠郎宣之哲等三十八人禑賜
笠及布其死不返者令所在官給其妻孥穀己卯地震三日
禑率妓如壹串四日不返宦者鄭鸞鳳詣壹串白禑曰殿下
不恤國事甚非爲君之道且都堂未得取旨事多壅滯請還
視事禑乃還尋又如壹串八月以子昌生辰宥二罪以下以
同知密直崔元沚爲西北面都安撫使禑如多也岾李仁任
別墅倭寇端州禑召廣興倉官語曰聞密城稅米多耗欠可
徵本官勿徵其押吏改成本密城妓押吏托以請之全羅道
海道元帥陳元瑞捕倭二十餘人九月譯者郭海龍還自
京師言
帝遣詔書使國子監學錄張溥行人段祐諭冊使國子監典
薄周倬行人雒英來禑喜賜海龍銀帶一腰廐馬一匹以我
太祖爲東北面都元帥知密直洪徵爲副元帥張溥段祐等
來賜詔曰自有元之失御兵爭華夏者列若星陳至於擅土
宇異聲教豈殊乎瓜分虐黔黎專生殺不外乎五胡若此者
將及二紀治在人思眷從天至朕本寒微君位中原撫諸夷
於八極相安於彼此他無肆侮於邊陲未嘗妄興九伐之師
涉水陸之艱以患吾民爾高麗大造東夷地設險遠朕意不
司簡生釁隙使各安生何數請隸而永堅况群臣諫納是以
一視同仁不分化外今允虔誠命承前爵儀從本俗法守舊
章嗚呼盡夷夏之咸安必上天之昭鑑既從朕命勿萌釁隙
以遂生周倬雒英等來冊禑爲國王制曰爾高麗地有三韓
生齒且庶國祖朝鮮其來遐矣典章文物豈同諸夷今者臣
服來賓願遵聲敎奏襲如前然繼世之道列聖相承薄海內
外凡諸有衆德被無疵古先哲王所以嘉尙由是茅土奠安
襲封累世爾王禑自國王王顓逝後幼守基邦今幾年矣爾

方束髮智可臨民朕命吏部如勑召中書精筆朕言欽天命爾弗敢禮違仍前高麗國王世守三韓命使賫摯如國以授爾其仰觀俯察必遂群情嗚呼國無大小授必上穹當斯要任豈不厥位艱哉自襲之後毋逸豫以怠政毋由獵以殃民潔祀境內以格神明精烝嘗之羞奉爾祖考循朕之訓福壽三韓永矣爾其敬哉賜謚制曰皇天授命宰士馭民者非勤政無逸曷以達天爾高麗國王王顓生前怠政務在逸勤致使身遭凶隕天命就淪歲月云徂嗚呼恃險居安而致此歟抑閑誠心附人而致是歟嗚呼言險在德非險可恃言誠在爾非誠必有所歸天道好還未有不然者也今年秋七月爾陪臣李成林等表辭懇切請謚爾以昭列代命嗣王撫育於黔黎今者釋彼臣非允其所請謚爾恭愍以彰人世爵爾王封英靈於幽壤嗚呼不昧而有知則逢災而禦靈聰而必覺遇患而捍防吉爾邦家朕其爾誥允聽宜哉禑專事馳騁不閑禮度國人憂之至是動止稍中節人皆喜悅溥等亦曰所聞異於所見倭寇咸州洪原北靑哈蘭北等處我太祖自請往擊與戰于咸州之兔兒洞大敗之禑喜賜白金

五十兩段絹各五匹鞍馬又加定遠十字功臣號張溥等問徐師昊所立碑乃命復立溥等往觀之欲徙南郊更相地竟不果禑焚黃于大廟遣同知密直崔乙義致膰于張溥溥躬迎以受密直副使具鴻致膰于周倬會倬方食鴻不告置廚而還倬大怒曰王以禑天子之命告廟焚黃禮也祭訖致膰使臣亦禮也膰肉至則以天子之尊尙盛服躬迎況其他乎吾當躬迎如禮何不我告而置諸廚乎其罪有三不敬慢天子之命一也忽國王之敎二也輕祖宗之賜三也不誅而何張子溫曰鴻位雖密直武人也未知禮倬曰如此化外之人不足筭也但責之使知耳溥等謁文廟召生員孟思誠講詩時以朴宜中爲大司成鄭揔閔霽爲司藝權近爲直講霽近皆以前判事假充周倬等求見我國祀典乃書社稷籍田風雲以示倬加以忠臣烈士孝子順孫義夫節婦使幷祭之倬嘗對館伴河崙云洪武十六年間遍詔天下於皇太子箋文稱臣汝國進箋亦當欽依自是箋文始稱臣禑謁玄陵宣讀誥命張溥等往觀社稷壇責其不營齋廬又欲觀城隍朝議以爲不可登高遍瞰國都紿以淨事色爲城隍以示之淨

事色乃醮星所張溥等欲覩籍田朝議沮之張溥等欲詣闕
禑方在淑妃宮未還館人以故遲留不進馬溥等大怒欲徒
行康興邦進曰王不豫未得梳沐今天使奄至恐王不及禮
待請小留溥等然之及禑還乃邀宴慰以前知門下事李乙
珍爲江陵道元帥捕倭賊十月以贊成事趙仁璧爲交州道
元帥張溥叚祐等還翼日周倬雒英等還禑餞于西普通院
執卮酒謂倬曰不穀權署東藩十有餘年未得受命惟恨下
情不能上達今許臣承襲又錫先考謚不勝感激言未旣有
淚盈睫倬嘆之極歡而罷禑贐溥等衣服鞍馬白金苧麻布
四人皆辭曰敢不拜賜然今身不受寒且不徒行受將何用
唯受朝臣贈行詩覽而嘆曰東方有人矣禑如王興第又如
前判事申雅第使雅出其女而見之上護軍林樕奉觴以進
禑曰汝何得乃爾對曰此臣之族也禑曰予爲汝族矣賜樕
馬一匹遣判門下府事曹敏修贊成事張自溫禹玄寶簽書
密直司事河崙如
京師謝恩且請曆日符驗仍納前元給付本國鋪馬蒙古文
字八道謝　詔表曰睿恩覃及無閒華夷聖訓誕頒曲全終

始對揚惟謹感激實深伏念臣學未知方才非經國猥承訓
諭以啓愚蒙守舊則許以儀章遂生則戒以釁隙懷柔至比
古昔所稀玆蓋
陛下乃聖乃神允文允武謂四海之兼濟當一視而同仁特
遣星軺俾宣天語臣謹當永銘心而無斁勤述職以益虔謝
謚表曰皇華忽臨恤典斯擧九原知感一國與榮竊念臣先
父國王臣王顓僻處遠邦幸逢昭代欽承天命委質爲臣懷
保民生盡心以理奄爾不祿于玆有年豈謂俞音特垂睿澤
玆蓋
陛下功著上下仁敦始終念先臣納欵之誠憐孤臣顯親之
願遂令貞魄亦被耿光臣謹當繼先志而益勤祝皇齡於有
永謝承襲表曰恩深眷佑世襲保釐居寵若驚誓心知感臣
資材愚魯學術謬迂第紹先在於承家而事上重於述職屢
陳卑懇冀蒙俞音使華鼎來明命益著玆蓋
陛下體書敷德法易建侯特降綸言俾承緒業臣謹當率由
聖訓祗畏天威守靑社以遂生効華封而祝壽禑如申雅第
納其女自是屢宿其第遣門下贊成事沈德符密直提學任

獻如　京師賀正忠州兵馬使崔雲海斬倭六級并獲兵仗戊申地震知門下事金斯革卒贈諡忠節左代言尹就以崔天儉家奴無禮抶之淑妃訴禑禑怒下就巡軍獄廢爲庶人十一月禑畋于元中浦五日文天柱本微賤者以毅妃戚得爲江華萬戶侵漁百姓貪暴無比邑人宦者金碩具所犯訴之乃下巡軍獄杖流之令國人隨官品出馬以充歲貢禑宴群臣鷄林府尹裴元龍斬倭四級海道元帥朴子安斬倭二級以門下賛成事商議禹仁烈爲西北面都巡問使知門下事安沼爲東北面都巡問使同知密直池湧奇爲楊廣道都巡問使十二月威城府院君盧英壽卒禑率術者相葬地于南郊贈諡良孝禑如盧英壽第夜如前副令崔時窪家納其女翌日又如時窪家遣密直副使姜淮伯如

京師進歲貢馬一千匹布一萬匹及金銀折准馬六十六匹

安翊張方平等回自

京師欽奉

宣諭曰天下到處亂的時節我出來了收捕了天下着恁四夷知道的上頭差這里的人呵不的當所以原朝行來的火者他鄉中有親戚爺娘到那里呵我這里的句當甚麼不說爲那般上頭差幾介火者去了來恁那先王至誠呈表來後頭凡百不至誠的上頭不交恁來往來後頭差將人呵皇太子生日也赶不上九月十八日我的生日也赶不上洪尙載進年表來呵又正月裏來的上頭不得無罪貶的雲南去了來歲貢如約的上頭病死的死了有的都着回去了來今番開去的詔書呵不曾着秀才每做都我親自做來的到那里看不曾移改恁風俗自依恁那里行今番將來的馬呵那里有我騎的口說至誠心不至誠直甚麼事至誠呵甚麼里顯至誠以物顯至誠有事不得人何能事鬼神歲貢呵預前一發搽辦將來時節恁路上艱難俺這里收呵也不便當一年一年家將來說與恁那宰相每好生整理百姓恁這使臣每呵我這里說的言語到那里件件說不到乍麼筭使臣又奉

宣諭曰恁那里倭賊定害那不定害我待將軍船搶解倭賊海島去徑直過海到那里不知他那里水脉金州裝粮過恁地境著知路人指路到那里搶解了呵回來他來的口子裏咋營守禦封姜仁裕女爲安妃鳳加伊爲肅寧翁主妓七點

仙爲寧善翁主以私婢官妓封翁主者古所未聞國人驚駭七點仙本密直南秩妾也初禑召之秩令托疾不見都堂四秩家奴十八秩不得已出之丁巳除夜禑與鳳加伊宿李仁任第

列傳卷第四十八

列傳卷第四十九　高麗史一百三十六

正憲大夫工曹判書集賢殿大提學知經筵春秋館事兼成均大司成臣鄭麟趾奉教修

辛禑四

十二年正月禑在李仁任第仁任妻進大爵曰今日三元謹上壽禑進爵仍戲曰吾一則爲孫一則爲婢壻今乃對飲得無失禮耶乃冒處容假面作戲以悅之禑欲與肅寧翁主珠玉粧召寶源庫別監黃補問珠玉之數補對以無禑大怒即囚于巡軍又囚提調朴天常徐鈞衡李還儉家奴各十八修典工判書權鑄第爲肅寧翁主宮以爲時座所林堅味李成林廉興邦等進賀興邦復與諸宰相率觴稱壽自後兩府百官啓事皆詣肅寧宮寵冠後宮肅寧之移居是第也禑率道流等前導後衞而來判德昌府事權玄龍卒玄龍膂力絕倫所向無前時號萬人敵李仁任之女壻姜筮妻死禑親率畫師寫其眞其母朴氏痛哭禑手酌大杯前跪曰大母輟哭然後

予將倒此遂裂素自帶使宦者皆帶之保安君朴壽年卒壽
年驍健善戰所向有功時稱勇將然使酒難近以修肅寧宮
遲緩杖流造成都監判官高汝霖二月奪洛川君金漢碑家
爲安妃殿遣政堂文學鄭夢周如　京師請便服及群臣朝
服便服仍乞蠲減歲貢請衣冠表曰議禮制度大開華夏之
明慕義嚮風庶變要荒之陋敢攄愚抱庸瀆聰聞竊觀聖人
之興必有一代之法上衣下裳之作蓋取象於乾坤殷冔周
冕之名皆因時而損益以新耳目之習而致風俗之同欽惟
陛下挺神武之資撫亨嘉之運文物備矣聿超三代之隆
德教霈然覃及四方之廣雖命小邦之從本俗旣賜祭服以
至陪臣豈容其餘尙襲其舊在盛世之典固無所虧但遠人
之心深以爲歉伏望　陛下憐臣以小事大許臣用夏變夷
遂降綸言俾從華制臣謹當終始惟一益殫補袞之誠億萬
斯年永被垂衣之化請減歲貢表曰天高而無不覆蠢人窮
則必至籲呼玆竭卑忱用干聰聽洪武十二年三月開陪臣
沈德符回自　京師欽賫
手詔及錄　旨節該今歲貢馬一千匹明年貢金一百觔銀
一萬兩良馬一百匹細布一萬匹歲以爲常欽此節次施行
開又准禮部咨文欽奉
聖旨節該前五年未進歲貢馬五千匹金五百觔銀五萬兩
布五萬匹一發將來欽此爲金銀本國不產蒙遼東都司聞
奏高麗進貢金銀不敷願將馬匹准數欽奉
聖旨每銀三百兩准馬一匹金五十兩准馬一匹欽此差陪
臣門下評理李元紘通行管領馬五千匹布五萬匹及金銀
折准馬匹前赴　朝廷貢納訖措辦到洪武十七年歲貢馬
一千匹布一萬匹及金銀折准馬六十六匹已差陪臣密直
副使姜淮伯等管領前去進貢顧遠方境壤褊小而比年海
寇侵陵民生孔艱物產悉耗金銀固已非土之所出馬布恐
難充數於將來兢惶實深進退惟谷伏望　陛下以乾坤之
大度父母之至恩許隨力分之宜優示蠲減之命臣謹當述
侯職於永世祝聖壽於齊天以鄭地爲海道元帥四道都指
揮處置使趙琳爲漢陽道元帥兼漢陽府尹淑妃寵衰獨居
花園嘗使侍者彈琴適禑至而止之禑大怒謂侍者曰及予
之至不彈何也欲抶之淑妃抱禑腰曰妾今寵衰無聊又抶

侍者妾將奈何禑拳毆其臉肅寧翁主誣譖淑妃與其母挾
媚道爲蠱禑大怒卽黜淑妃歸其父崔天儉家囚淑妃宮人
于巡軍嚴加鞫訊逮繫甚衆又下天儉及其妻于獄籍其家
戊戌禑畋于西海道肅寧翁主及宮女等皆以男服從行禑
與肅寧並轡馳驅原野內豎韓富忽遇山阿不及下馬肅寧
之馬已馳過矣肅寧自以素賤意富輕已譖殺之是行也禑
自吹笛婦寺唱歌晝夜不輟供費鉅萬西海州郡騷然都巡
問使王安德按廉使裵矩海州牧使李淑林延安府使安俊
等大具酒食饗禑皆賜廐馬凡二十五日而還三月乙亥禑
如姜仁裕第遂畋于南郊庚辰禑出遊有一人馳過禑下馬
親執其人裸縛繫馬鬣緣道馳騁血流被體竄淑妃及天儉
于全州以敎媚道縊殺淑妃母及族兄孩兒幷侍女四人林
堅味李成林廉興邦等惜其寃欲救不得有一人臨刑曰必
報殺我者辭色如常棄尸于市後數日禑往觀之使守尸者
復張其尸于車上以爛之腐臭滿路人不敢近謝恩使曹敏
修禹玄寶張子溫何崙進奉使沈德符任獻金子盎等賫歷
日及船馬符驗八道還自　京師四月丙戌朔雨雹禑觀魚
于海豐郡重房池裸而捕魚癸巳禑與毅妃如花園觀燈綵
棚雜戲窮奢極侈歌吹達曙丙申霜禑畋于壺串命群小刼
奪行人馬載妓雖兩府皆拱手被奪癸卯禑如妓細柳枝家
乙巳禑冒雨出遊暮與宦者五人爭馳馬于市辛亥禑觀石
戰戲于郭沙洞又畋于壺串五月丁巳禑如毬庭親自調馬
取及第孟思誠等癸亥禑率群小擊毬于市街又冒雨畋于
壺串都評議使司以禑常在東江分宰樞爲四番侍衛時禑
喜與宦官及妓裸而走水又魚日以爲常賜同戲人布三百
匹宰樞饗禑于壺串禑乘醉不脫衣冠騎馬入水以成均祭
酒王康爲西北面安撫使安集流離人民六月下廣興倉使
羅英烈副使田思理分臺糾正權幹于巡軍時英烈等領祿
于東江倉禑如東江使宦者安琚語英烈等賜從行又魚及
養馬冶工等三十一人米各一石英烈等對曰此倉先王所
以祿百官也不可用以濫賜禑大怒命琚發倉與之囚英烈
等三日釋之遣門下評理安翊如　京師賀　聖節密直副
使柳和賀　千秋時每奉使人還執政視賂多少高下其官
或不如欲必中傷之以故奉使者規免其禍不得不貨市翊

流涕太息曰吾嘗以爲遣宰相朝聘者爲國家耳今日乃知
爲權門營產也以安琚忤志流于竹山島禑如肅寧翁主宮
翁主告曰今臣民皆云上每殺無罪之人上何至如此禑曰
汝亦安知將加汝何等罪耶七月鄭夢周還自　京師欽奉
宣諭聖旨曰倭那裏人在前漢唐時節到中國來因做買賣
打細又好匠人也買將去近年以來悄悄的做買賣也不好
意思再來依舊悄悄的買賣呵拿着不饒你如今俺這裏也
拿些箇布匹絹子段子等物往那耽羅地面買馬呵倭那裏
休禁者倭那裏人也明白將路引來做買賣呵不問水路旱
路放你做買賣不問遼陽山東金城大倉直到陝西四川做
買賣也不當這話倭每記者到倭那國王衆宰相根前說知
一禮部咨曰奉
聖旨天覆地載帝命宰民者孰知其數焉王有能知造化者
守帝命之分或限山或隔海毋生釁隙修禮睦隣體上帝好
生之德各保生民未有國祚不緜遠者也設若否此輕施譎
詐肆侮隣邦未有不構兵禍以殃民前者恭愍在時入貢使
至朕嘗歎之朕起草萊王顓之爲王於三韓始顓祖弒君至
於斯時四百六十七年乃三韓王子王孫今普貢於我卽推
誠以待所以凡使三韓者必士人閹者行朕意正在推誠豈
期恭愍膺弒君之愆難逃好還之道則弒矣弒者不度意在
掩己之逆故殺我行人旣後數請約束朕數不允正爲守分
也請之不已朕强從之所以索歲貢知三韓之誠彼聽命矣
不一二年違約又不三年如約又不二年詐難嗚呼朕觀四
海之內隣於中國者三韓之邦非下下之國徑一二千里豈
無人焉何正性不常且歲貢之設中國豈倚此而爲富不過
知三韓之誠詐耳今誠詐分明表至云及用夏變夷變夷之
制在彼君臣力行如何耳表至謂歲貢云及生民孔艱使者
歸朕再與之約削去歲貢三年一朝貢良驥五十匹以資鍾
山之陽牧野之郡永相保守諭今歲歲終以此約爲驗後至
洪武二十四年正旦方進如始朕言不二未審彼中從平日
本覇家臺歸所虜一百五十人遣典醫副正李行大護軍陳
汝義于耽羅時朝廷欲取耽羅馬且此島屢叛故遣行等招
誘子弟至明年四月行乃率星主高臣傑子鳳禮以還耽羅
歸順始此八月林堅味罷以李仁任爲左侍中加封肅寧翁

主爲憲妃立府曰肅寧以趙英吉爲密直副使右侍中李成林率百官陳賀于憲妃宮禑令都堂進木緜布百匹賜憲妃五十四諸妓三十四丙午以熒惑入南斗設消災道場于禁中禑手擊鼓燃僧頭臂遣贊成事尹珍密直副使李希蕃如
京師謝蠲減歲貢密直副使李竱再請衣冠謝恩表曰眷
恩汪濊寶訓丁寧擧國均歡撫躬知感竊念爲臣之職當修
奉上之儀但土地之崎嶇而人物之鮮少冒陳卑抱干瀆高
明渙發德音曲加蠲免玆蓋
陛下柔遠能邇厚往薄來視四海猶一家保萬姓如赤子遂令僻陋得與生成臣謹當祗服敷言恭承嘉惠永守藩於東土恒祝筭於南山請衣冠表曰聖人之制惟在大同臣子之情必期上達敢申再三之瀆庶冀萬一之從先臣恭愍王顓於洪武二年閒准中書省咨該欽奉
聖旨頒降冕服及遠遊冠絳紗袍幷陪臣祭祀冠服比中朝臣下九等遞降二等竊惟小邦爰自先父欽承命服益仰華風頗舊制猶未悉更於愚心寧不知愧冒進封章之奏顒俟
寵錫之加未蒙允俞祗增兢惕伏望
陛下擴兼容之量推一視之仁遂使夷裔之民得爲冠帶之俗臣謹當服之無斁願賡安吉之歌奉以周旋恭上康寧之祝九月禑如慣習都監遣門下評理金湊同知密直司事李崇仁如　京師賀正密直副使張方平獻歲貢雄馬十五匹雌馬三十五匹十月壬辰雷禑出遊親自吹角禑畋于西海道至魁淵謂知門下安沼曰爾謹侍從予乃嘉之從今爾無我詐我無爾虞雖有讒言予不信聽沼拜謝酌觴進之初沼被讒出使和寧故有是言凡十六日而還十一月禑如慣習都監丁卯設八關會禑率妓及宮女登憲府北山觀之是會巡軍與近侍爭路雜沓近侍多爲衆所傷安翊柳和等還自
京師宣諭
聖旨曰我要和買馬五千匹你回到高麗先對衆宰相說都商量定了之後却對國王說知肯不肯時便動將文書來我這裏運將一萬匹段子四萬匹緜布去宰相的馬一匹價錢段子二匹緜布四匹宮馬幷百姓的馬一匹段子一匹緜布二匹和買你休忘了十二月癸未日食陰雲不見禑以盧英壽小祥齋如雲巖寺畜馬別監邊伐介至濟州多受人馬又

奪人臧獲盜用倘乘田租憲府劾流遠方禑使妓燕雙飛佩
弓吹笛衣繡龍衣並轡而行丁酉震雷地震木冰昏霧四塞
咫尺不辨人遣典客令郭海龍如　京師奏曰小邦所產馬
匹不多且又矮小何敢受價今來欽奉聖旨容當盡力措辦
伏候明降
帝遣指揮僉事高家奴徐質來刷己亥年避寇東來瀋陽軍
民四萬餘戶因前元瀋陽路達魯花赤咬住等之誣告也又
索買馬三千匹每一匹給大縣布八匹叚子二匹各官差家
人送馬到遼陽取價回還十三年正月壬子朔禑如壽昌宮
率百官賀
帝正仍宴高家奴徐質禑令寶源庫進綺絹百匹別監版圖
摠郞李蔓實以庫匱不即進禑怒杖二百以廣興倉告匱減
百官俸倭寇江華都統使崔瑩出屯海豐二月高家奴徐質
還遣知密直事偰長壽如　京師陳情表曰天無不覆曲遂
生成人有所窮必至呼籲玆陳危懇庸瀆聰聞竊念小邦遭
逢盛代時罔愆於職貢地已入於版圖旣無遐邇之殊均是
撫綏之內洪武十八年六月間有遼東都指揮使司據草河
千戶焦得原告務文取發李朶里不歹等四十七名將金原
貴銀得顯等連家小發回去訖洪武十九年十二月日准左
軍都督府咨據前瀋陽路達魯花赤咬住等告己亥年間本
路軍民四萬餘戶前去高麗避兵除金原貴等家小取回外
有李朶里不歹等未曾復業奏奉
聖旨節該敎指揮僉事高家奴徐質取去欽此切詳前元當
己亥辛丑之歲賊兵入遼東瀋陽之間俘掠一空分離四散
或有一二之來寓安能四萬之得多見有李朶里不歹等前
來寄居除將本人等連家小三百五十八名欽依發遣外惟
土人之還歸實舊業之是復臣會驗到聖朝戶律內一款節
該凡民戶逃往隣境州縣躱避差役者其在洪武七年十月
以前流移他郡曾經附籍當差者勿論欽此又會到洪武十
八年九月十六日欽奉詔書爲臣襲爵事節該一視同仁不
分化外欽此幸叅緣得霑聲敎雖流徙亦在範圍況彼所陳
過於其實伏望明垂日月度擴乾坤察迫切之情降寬大之
澤遂令遠俗得安其生臣謹當常懷一視之仁倍祝萬年之
壽時禑在東江有司請還京率百官拜表右侍中李成林知

禑不樂入京告曰拜表之禮臣等攝行殿下不必躬親禑悅
自東江李仁任別墅率妓十餘騎吹角與燕雙飛並驅入京
奪人笠於道爲的而馳射之禑又率燕雙飛並轡如多也岾
日以爲常時燕雙飛衣冠與禑無異路人望之未辨鄭海龍
還自 京師禮部咨曰奉
聖旨朕嘗與諸蕃國王懋以誠信相孚與高麗來使云將段
布疋馬五千今使者來乃言邦微產寡物不敢進財不敢受
願進五千嗚呼高麗不能體朕之至意以朕倣前代以逼人
若此者朕所不爲爾禮部速報國王知仍前以物互市凡匹
馬布八匹段二匹不分官民永爲交易之道禮部移咨曰欽
奉
聖旨高麗隔海限江風殊俗異以夷夏論之本等東夷實非
中國所治天造地設三面負海以爲險餘者憑山以爲固從
古至今人民蕃息凡王於是方主宰生齒者必上帝有所命
方乃妥焉曩者中國歷代數曾統馭然與彼當時之人皆有
始無終得失載於方冊朕所見焉所以前者命絕往來使自
爲聲教以妥三韓彼中陪臣强請約束朕姑從之云何量彼

必有始而無終若往來之久釁隙由是而生其根民之禍莫
甚於此去歲金通事泛海潛入浙民間今年任通事密通京
師瞽者探聽事情噫此計此量豈是彼此相安之道且昔所
需歲貢艱不如約方如約即訴難朕推誠准其難悉去之徵
需馬種以固其誠其數五十比前之貢二十分之一以金銀
布匹共論之止該百分之一耳今以一分之物至覩美惡以
驗其誠則物見人心矣若此之爲必欲取信相安於攸久宗
見其美也莫若令彼自爲聲教不必往來彼中君臣同心奉
天勤民以安黔黎於三韓豈不悅上帝之心福及於將來不
必强往來致生釁隙爾禮部移咨高麗國王必如朕命無疵
矣三月前郎將慶弘詐稱龍潭安集事覺伏誅禑率群妓出
遊西江又畋于西海道取進獻馬四十匹以行丁丑日有黑
子遣典工判書李美冲押初運馬一千匹如遼東其老病矮
少者皆退還四月禑聞徐質復來自西海道馳還入京從者
皆不及又率群妓遊歸法川乙未隕霜禑親點妓隊其後至
者六十餘人贖布百五十匹徐質來督進獻馬禑令都評議
使司進苧麻布一千五百匹分賜憲妃宮侍女閹人五月禑

覲石戰戲於鳶巖翼日亦如之偰長壽還自　京師欽奉
宣諭聖旨曰伱那高麗的事也有些不停當不知伱那里古
典如何我這中國古典裏看起來件件都是他自取的當初
我即位之後便差那裏士人元朝火者官人每去勸問王只
想他是伱士人我這裏匙大椀小都知道交仔細說與伱不
想把一箇火者殺了後頭王又弑了爲這上不要來往問甚
三綱五常有無教他自理會幾年家却只管要臣屬疊疊的
來纏去聲這箇意也有甚難見只想道這一枝軍馬別處都定
體了必來征伐也伱都差猜了我的意是實實的意我的手
詔恰便是說誓的一般說道若非肆侮于邊陲朕安敢違上
天之命云云伱後頭只管來纏我便道既要聽我的約束比
似俺中原地面各有歲貢因此敎每年進一千馬金銀布匹
却使不如約了中國豈少這些但試他耶心臨了艱艱澁澁
辨了五千馬前後也該六千至誠處却也有了隨後便來訴
難我與他一發都除去了只教三年進五十匹馬表誠是一
百分中只取他一分伱便至至誠誠將些好的來敎百姓看
了也道是高麗來進的馬且休問中騎不中騎伱怎看那樣
子爲那上我惱了教再來絶交與將文書去了伱曾見歷高
麗自古出名馬近間來進的馬都恰好只伯顏帖木兒王有
時進了些好馬來與我那馬却是好我今番爲征進用着些
馬想那裏也缺少些段匹爲這般教和買些馬去伱便教各
官家人送馬到遼陽要將段子絲布做些襖子衣服穿却不
至誠伱便使將兩箇小廝來說不敢受價便是不誠處這般
是我欺伱問再乾要馬這箇意思如何先番幾箇通事小廝
每來那裏說的明白伱却是故家子孫不比別箇來的宰相
每伱的言語我知道我的言語伱知道以此說與伱伱把我
這意思對管事宰相每說大槩則要至誠倒不要許多小計
量伱那裏合做的勾當打緊是倭子倒不要別疑慮只兀那
鴨綠江一帶沿海密匝匝的多築些城子調些軍馬守住了
一壁廂多造些軍船隄備著百姓些福至至誠誠的做著行
呵雖百萬兵也難近伱大抵人呵容易欺神天難欺有伱說
與那宰相每他每喫的是百姓的穿的是百姓的享榮華富
貴交他也思量與百姓造福保守那三韓一方之地誰似恁
快和休只管小計量明日神怒人怨呵不好也我這中國的

事只做買賣來的人也儘可以知得何必則管差使臣來今日也弔筆頭明日也弔筆頭一箇來說一團上聲有甚好處你只依著三年一遍家差人進貢我若怪你三年一遍來便是朝廷的不是我如何肯怪你你是故家我所以仔細和你說你記著者當初雲南王他若依本分守著他那一陁地面我也不征他他却不守分我這裏的逃軍他招誘將去了罪人他藏匿了只管生邊釁因此我敎征伐他都平定了大抵不生事呵有甚話說耽羅我也本待買些馬用來再尋思不中不必買了爲甚麽假如我這裏海船到那裏有些高高低低生起事來又不得不理論例也不必買了耽羅原屬原朝來的馬敎我區處我却不肯我若要取勘呵頭裏便使人去了我若取勘了又少不的敎人去管旣人去管便有高高低低又生出事來我決然不肯那耽羅近恁地面則合恁管我不肯取勘他恁回去說與他管事的宰相每大剛只要至誠保守你那一方休來侮我我明日差人往遼陽爲馬價的事去也我的言語你記著說到老又

宣諭聖旨曰我前日和你說的話你記得麽長壽奏大剛的

聖意臣不敢忘了只怕仔細的話記不全這箇都是敎道將去的

聖旨臣一發領一道錄 旨去

聖旨我的言語這里冊兒上都寫着有大抵我的話緊則要他至誠那里豈無賢人君子必知這意也你對那宰相每說他只是占田土占奴婢享富貴快活也合尋思敎百姓安寧至至誠誠的做些好勾當密匝匝的似兀那羅州一帶築起城子多造些軍船敎倭子害不得便好你却沿海三五十里家無人烟耕種又說倭子在恁那一箇甚麽海島子裏經年家住也不回去恁却近不得他這的有甚難處着軍船圍了困也困殺那廝這等都是合做的事你說與他你是舊是宰相家子孫必是聰明這等話與我說道者昨日爲馬價的事差人遼陽去了敎看來的馬直兩箇叚子八箇緜本的或不直這个價錢的一个个分揀着務要與各官送馬來的家人回去耽羅我也想敎些船去不要一時拋在那里只離那里二十或三十里往來周回槍着逐一箇拋者買了便回來我又尋思不便當恐又生出事來不免又動刀兵以此不買去

了原朝放來的馬只恁管我不差人我要差人時一頭得了
大都便差人管去了大槩人不才的多若差一箇不才的人
到那里那廝倚著朝廷的勢力倚恃著朝廷的兵威無所不
爲起來便是激的不好了我決然不差人却也地面近恁那
里和羅州廝對著從來恁管只合恁管我常相漢光武時四
夷請官光武不許蓋是光武從小多在軍旅中知道許多弊
病所以不許他這是光武識見高處後來的君王多差了便
如高麗也都分爲郡縣設置官守後頭也是那不才之人恃
倚朝廷威勢做的不好都激變了却因朝廷事多就不暇整
理他了則今番兀都那雲南我本不征伐他他却如常生邊
釁以此無乃何去征他調了二十二萬軍馬和餘丁二十七
萬平定之後帶戰亡逃病折了我五萬兵一萬里遠接連著
吐番一帶用熱多軍馬去守又無益於中國征伐之事蓋出
於不得已你囘去疊疊的說與他交至誠保守那一方之地
休哭侮我這中國有甚話說若不至誠不愛百姓生邊釁這
等所爲呵我却難饒你我若征你不胡亂去一程程築起城
子來慢慢的做也你是故家我所以對你仔細說休忘了與

他每說道這意思者長壽叩頭
聖旨如何你有甚說話麼長壽奏臣別無甚奏的句當但本
國爲衣冠事兩次上表未蒙允許王與陪臣好生兢惶想著
臣事　上位二十年了國王朝服祭服陪臣祭服都分著等
第賜將去了只有便服不曾改舊樣子有官的雖戴笠兒百
姓都戴著了原朝時一般有纓兒的帽子這些个心下不安
穩
聖旨這个却也無傷趙武靈王胡服騎射不害其爲賢君我
這里當初也只要依原朝樣帶帽子來後頭尋思了我旣趕
出他去了中國却蹈襲他這些个樣子久後秀才每文書裏
不好看以此改了如今却也少不得帽子遮日頭遮風雨便
當伯顏帖木兒王有時我曾與將朝服祭服去如今恁那里
旣要這般劈流撲刺做起來自願戴有官的紗帽百姓頭巾
戴起來便是何必只管我根前說長壽奏臣來時王使一个
姓柳的陪臣直趕到鴨綠江對臣說如今請衣冠的陪臣囘
來了又未明降好生兢惶你到　朝廷苦苦的奏若聖旨裏
可憐見呵你從京城便戴著紗帽穿著團領囘來俺也一時

都戴臣合無從京城戴去
聖旨你到遼陽從那里便戴將去長壽服　帝所賜紗帽團
領而來國人始知冠服之制以旱禁酒遼東漕船漂泊西海
諸島時有人自宣義門馳入而呼曰唐船軍人盡下岸將襲
京城已至門矣都城大駭執其人訊之乃訛言也遣判司僕
寺事任壽判典客寺事柳克恕典工判書金承貴押二三四
運馬三千匹相繼如遼東六月依　大明之制定百官冠服
百官服之以見徐質質歎曰不圖高麗復襲中國冠帶天子
聞之豈不嘉賞禑與宦者及幸臣獨不服李沃以左常侍胡
服呼鷹從禑馳射李元吉自定遼衛逃來曰定遼衛點兵將
向我國禑聞之載兵甲如壼串禑在壼串都堂遣知申事權
執經請還面送徐質禑怒囚兩侍中及內宰樞家奴各三十
人遣判司宰寺事朴之介押五運馬一千匹幷退還改換馬
如遼東都司延安侯定元侯武定侯同押馬官點選分爲三
等上等給價叚二匹布八匹中等叚一匹布六匹下等叚一
匹布四匹徐質將還禑在東江質謂館伴宰樞曰我欲親見
國王辭歸兩府再請禑不來及質詣闕乃稱王病莫能興慰
遣之乙巳太白晝見閏月遣門下賛成事張子溫如　京師
謝許改冠服表曰聖謨孔彰兢惶駢集睿恩覃被佩服深
伏念臣稟性愚蒙托身遐徼幸遭逢於昭代旣荷生成實欽
仰於華風再勤陳請庶幾變魯而用從周何圖訓誨之加俾
新威儀之制人民相慶草木增輝玆蓋
陛下運啓同文仁敦柔遠推赤心置人腹以四海爲一家令
小邦而有章進微臣以遷善臣謹當與父老而蹈舞永祝皇
齡傳子孫而率由罔愆侯度子溫至　京以進馬賚下四子
溫錦衣衞遣門下評理偰長壽如　京師賀　聖節密直副
使尹就賀　千秋七月召還淑妃于全州禑在壼串觀雜戲
賜雜戲人五綜布五百匹禑率淑妃還京尋復往壼串八月
禑令各司及成衆官宿衛壼串李仁任以老病辭以李成林
爲左侍中潘益淳右侍中崔天儉川陽府院君潘福海門下
賛成事申雅王興同知密直司事吳忠佐密直副使盧龜山
右副代言天儉恃勢多奪人田人莫敢言龜山年未二十國
人皆以爲不稱於是宦竪商賈漁獵之徒無不官矣禑自壼
串如毅妃淑妃宮遂還壼串呼鷹牽狗吹笛吹角長歌縵舞

前後導從絡繹于道都堂謁定妃妃垂簾引見語以玄陵盛
事與禑之失道仍賜酒禑以中秋徵六道倡優陳百戲于東
江竭帑藏以供費宰執臺諫不能匡救至有作奇技以逢迎
者禑許義成德泉兩庫胥吏著高頂笠年老者除六品以官
官曹恂之請也禑裸水中馬交群妓天大雷電以雨禑自壺
串還如定妃殿禑爲淑妃以黃金鑄佛九月改封憲妃爲德
妃前判事金希仁因內人納女于禑江陵道元帥李乙珍欲
奸楊口縣人楊富室女領卒十餘人圍其家不獲遂强奸富
妻時富死未百日憲府劾之廢爲庶人杖一百流懷德縣乙
珍在江陵輒取人女爲妾其麾下效之持兵搜索閭里强奸
人女者頗多禑自壺串如金希仁家遂東來市屯田牛五千
七百頭禑以玄陵忌日謁陵不與祭以宦者壽寧府尹曹恂
爲巡軍鎭撫上護軍全琛爲千戶遣知門下府事張方平如
京師賀納哈出降附表曰天命用集帝圖方隆師律以臧
戎醜自屈捷奏星轉頌聲海騰欽惟
陛下挺聖武之資撫亨嘉之運昧爽丕顯端拱九重之中志
氣如神決勝萬里之外熊羆之旅纔出犬羊之群悉平大哉
功業之光赫然古今之冠伏念臣叨守藩職欣聞凱歌干舞
兩階莫贊苗征之擧德洽四國載賡虎拜之詩禑還自壺串
巡行閭里吹螺前導群妓隨之夜宿毅妃殿遣宦者李匡諭
都堂曰自今服　大明衣冠宜誠心事之左右侍中皆稱賀
禑尋以胡服馳騁於路前判事朴英茂濫乘傳騎又影占良
民十一戶事覺都巡問使王承寶鞫之英茂死獄中十月庚
戌雷旌其閭辛亥雷電禑巡行街路遂如壽昌宮與林樧等
爲鞦韆戲又閱妓樂于花園以樂不中意令徵爲首者布二
百五十匹遣門下評理李玖知密直李種德如　京師賀正
禑與淑妃毅妃宴于花園禑在花園始服冠帶俄而去之是
日不出遊都人咸冀翼日復出馳騁禑命巡軍禁僞傳內旨
時嬖寵權勢之家使奴隷收田租亦奉旨以行眞僞混淆莫
之能辨有詐傳王旨者金奉僞作王牌者金仲奇等八人並
斬之公州牧使高懽犯贓事覺逃來邀禑於家納女倭寇林
韓西三州及鴻山縣都巡問使王承寶與戰敗績禑率倡妓
宴于定妃殿宴未終遂如高懽家又率妓十餘人巡行街路
如高懽及金希仁家遂如定妃殿又率妓出遊街路與林樧

或先或後爭射雞犬十一月以密直副使金賞爲全羅道助
戰元帥禑率崔瑩王福海等獵于海豐全州元帥權和斬倭
二人禑賜酒及帛絹禑如高憸家遂如定妃殿暮又如定妃
殿禑數至妃殿頗有醜聲禑如崔瑩第賜酒仍求利劒又率
群妓如細柳枝家禑如金鼻回回家索其女不得賜回回子
鞍馬仍令編髮侍從後又取其女著男服隨之禑欲以安淑
老女爲妃命有司備嘉禮用幣布七千五百匹白金一千五
百兩他物稱是時淑老女在定妃殿外人謂禑先淫後行嘉
禮以遼東細作橫行賜西北面都巡問使鄭熙啓都安撫使
崔元沚及泥城江界義州萬戶叚子人一匹命收私田半租
以備軍餉又令諸道按廉使考將帥能否守令殿最月季報
都堂禑率密直林檄代言盧龜山等嬖倖數十騎遊行閭里
四至定妃殿前判事孫慶生盜用其鄉密城貢布二百五十
匹事覺憲府論劾籍沒家産慶生逃乃囚其妻鞫之張方平
等行至甜水站都司使千戶王成欽錄
聖旨以示之曰今後高麗國使臣來者於一百里外止回不
許入境亦不許送赴　京師不揀指以諸等時節行禮等項
不必數來其國執政之臣輕薄譎詐之徒難以信憑自許往
來至今凡百期約非過則不及未嘗誠意相孚可以絕交不
可與之往來若欲求進示勅使錄而還方平等遂還李成林
謂李玖曰公以大臣奉使怯懦不入定遼無狀碌碌之人徒
費國廩耳玖熟視不對禑在定妃殿夜半聞有呼譟聲禑驚
動以爲亂作命左右被甲宿衛禑以子昌不學鞭之取版圖
司黃金一錠賜之都評議使司亦進白金一錠于昌耆老會
議築漢陽山城修戰艦遣門下評理商議禹仁烈判密直洪
徵于漢陽府審視重興山城形勢星山君李原珣卒禑令內
乘飼馬三百匹於忠州界內豎因緣侵暴州郡苦之十二月
宜城君南佐時卒遣永原君鄭夢周如　京師請通朝聘禑
以善妃生日命內官曹恂宴其第賜馬二匹苧布四匹叚子
一匹倭寇井邑縣禑以王興生日詣其第賜馬一匹以淑妃
疾宥二罪以下命僧禱殿內立淑妃府曰懿惠命依崇敬府
例禑如判事崔時霔家淫其女禑諭都堂凡奪占諸倉庫宮
司田民者具名以聞都堂自嫌遂閣不行禑聞申雅奪人臧
獲土田大怒命囚其子孝溫壻前三司左尹朴保寧孝溫逃

命巡軍圍雅家大索獲之下獄皆杖流角山俞仁吉李仁寬
等冒稱內乘乘馹傳食州郡斬之徇諸道祭牲自死

列傳卷第四十九

列傳卷第五十　高麗史一百三十七

正憲大夫工曹判書集賢殿大提學知經筵春秋館事兼成均大司成臣鄭麟趾奉
敎修

辛禑五 昌

十四年正月鄭夢周至遼東不得入而還停頒宰相祿下三司左使廉興邦領三司事林堅味贊成事都吉敷右侍中李成林贊成事潘福海太司憲廉廷秀知密直金永珍密直副使林㦸等于獄并其族黨誅之語在堅味傳禑以宦者金亮金完爲京畿左右道察訪兼諸倉庫田民使賜劒遣之禑賜都統使崔瑩倭劒二十把庚寅禑四至定妃殿暮還花園以崔瑩爲門下侍中我

太祖守門下侍中李穡判三司事禹玄寶尹珍安宗源門下贊成事文達漢宋光美安沼門下評理成石璘政堂文學王興知門下事印原寶判密直司事遣密直司使趙琳如　京師請通朝覲表曰聰明作后訓戒孔昭視聽自民幽微必達

玆當冒昧敢以控陳臣性資愚蒙學術鹵莽不幸幼年之弧苦惟賴洪造之生成先父荷易名之恩小臣霑襲爵之寵同仁一視渙頒綸綍之言用夏變夷許新冠服之制揆分踰望圖報矢心庶以歲事之往來少伸臣衷之萬一忽承勑諭之降有嚴譴責之加實咫尺之不違而手足之罔措爰馳賤介冀達卑忱又蒙阻回倍增恐懼臣竊忖度蓋因年幼署事之初任用陪臣林堅味李成林廉興邦潘福海都吉敷李存性等委以國政欲圖治效不期蒙蔽用事恣行不法以致於斯已將上項人等明正典刑旣已除其姦慝突自切於籲呼伏望陛下推父母保子之心體乾坤生物之德特賜兪允俾通朝宗臣謹當守侯度而益虔祝皇齡於有永璘至遼東不得入而還禑閱妓樂于壽昌宮日以爲常始頒百官祿禑出花園張妓樂宦者李匡諫止之令宗室耆老臺諫六曹擧文武賢良禑畋于南郊安置廣平府院君李仁任于京山府竄前門下評理李仁敏于雞林府以不能禦倭四江排萬戶金辛寶于巡軍辛寶逃斬巡軍令史二月禑閱林堅味廉興邦等樂器于花園鐘鼓絲竹之聲晝夜不輟封安淑老女爲賢妃妓小梅香和順翁主燕雙飛明順翁主禑如東江乘奉天船縱奏音樂留宿賜燕雙飛馬二匹又賜妓十五各一匹從燕雙飛請也禑如壼串竟日泛舟爲樂夜乘醉拔劒欲刺左右左右皆散蒿工二人獨在船禑欲刺之劒墜地不及害翼日還吹螺道前妓二十餘人隨之禑以金永珍家及金銀器賜小梅香以林廉等家財賜嬖幸無筭庚申燃燈禑如奉恩寺偰長壽還自　京師口宣聖旨曰高麗願聽朕約束朕令歲貢馬所進馬不中用而又訴難我令勿進只令三年進種馬五十匹所進馬又不中用後買五千匹又皆弱小以我一匹價可買彼兩三馬今又以改衣冠謝恩進馬粗踏腫腿旣是來獻何至於此是必使臣行至西京貿換而來耳巳囚張子溫于錦衣衛使經年罪之爾歸以告執政大臣朕旣許通商矣彼反不肯明白通牒使來貿易乃陰令人來大倉覷覘我興師造艦與否重賞我人之去洩消息者是街中小兒之見也自今愼勿如此又毋得遣使來鐵嶺迤北元屬元朝並令歸之遼東其餘開元瀋陽信州等處軍民聽從復業

帝以徐質歸言禑有疾賜藥材禑命修五道城遣諸元帥于

西北鄙以備不虞禑如東江泰州郡事李眞盜官錢事覺鞫之禑自東江還馬驚射殺之禑與崔瑩密議攻遼發京城坊里軍修漢陽重興城禑取潘福海駿馬騎之曰無乃善驚乎版圖判書宋贇進曰福海所難馭也禑怒曰汝以予取賊馬耶遂殺贇禑遣政堂文學郭樞如　京師謝賜藥材表曰大德天施生成庶類睿恩波及浹洽微軀銘佩實深粉糜難報伏念臣素因氣稟之弱劣動有疢病之侵尋惟良藥不產於小邦致陪臣爲求於上國何圖瑣末獲達高明出醫局之珍藏附賤介以寵錫玆蓋陛下法易育物體書好生推惠澤以曲加俾纖豚而有喜臣謹當益盡心於蕃翰恒祝釐於壽康大明欲建鐵嶺衛禑遣密直提學朴宜中表請曰昊天廣大覆育無遺帝王作興疆理必正玆殫卑懇仰瀆聰聞粤惟弊邦僻在遐壤褊小實同於墨誌磽磽何異於石田況從東隅以至北鄙介居山海形勢甚偏傳自祖宗區域有定切照鐵嶺迤北歷文高和定咸等諸州以至公嶮鎭自來係是本國之地至遼乾統七年有東女眞等作亂奪據咸州迤北之地睿王告遼請討遣兵克復就築咸州及公嶮鎭等城及至元初戊午年間蒙古散吉大王普只官人等領兵收附女眞之時有本國定州叛民卓靑龍津縣人趙暉以和州迤北之地迎降聞知金朝遼東咸州路附近瀋州有雙城縣因本國咸州近處和州有舊築小城二坐曚矓奏請遂將和州冒稱雙城以趙暉爲雙城摠管卓靑爲千戶管轄人民至至正十六年間申達元朝將上項摠管千戶等職革罷仕和州迤北還屬本國至今除授州縣官員管轄人民由叛賊而侵削控大邦以復歸今欽見奉鐵嶺迤北迤東迤西元屬開元所管軍民仍屬遼東欽此鐵嶺之山距王京僅三百里公嶮之鎭限邊界非一二年其在先臣幸逢昭代職罔愆於侯度地旣入於版圖還及微軀優蒙睿澤特下十行之詔俾同一視之仁伏望

陛下度擴包容德敦撫綏遂使數州之地仍爲下國之疆臣謹當益感再造之恩恒祝萬年之壽三月乙亥朔禑在壼串乘麒麟奉天等船恣爲雜戲按劒辟左右獨坐舟中通宵不寐曰父王夜寢爲人所弑吾甚戒之禑納崔瑩女爲妃以尙衣進衣遲緩斬別監厚德府少尹元允海判事康義禑如崔

瑩第遂與瑩宴于崔氏宮斬延安府使柳克恕官者金實克
恕林堅味之門客且聽李存性言潛逸實囚也封崔氏爲寧
妃立府曰寧惠又封申雅女爲正妃王興女爲善妃自李謹
妃而下崔寧妃盧毅妃崔淑妃姜安妃申正妃趙德妃王善
妃安賢妃及小梅香燕雙飛七點仙等三翁主諸殿供上之
物甚夥常滿庫之布一月用三千九百匹諸倉庫俱竭乃豫
收三年貢物猶不足又加徵斂殺公山府院君李子松以子
松嘗止崔瑩攻遼也西北面都安撫使崔元沚報遼東都司
遣指揮二人以兵千餘來至江界將立鐵嶺衛
帝豫設本衛鎭撫等官皆至遼東自遼東至鐵嶺置七十站
站置百戶禑自東江還馬上泣曰群臣不聽吾攻遼之計使
至於此遂徵八道精兵下令曰明日欲西幸臣僚宜皆著大
元冠服我
太祖及諸宰樞言　大明使將至今西幸則民心動搖請待
大明使還禑從之國人皆喜時城中人編髮胡服者已多
憲府以　大明使將至禁之禑如定妃殿　大明後軍都督
府遣遼東百戶王得明來告立鐵嶺衛禑稱疾命百官郊迎

判三司事李穡領百官詣王得明乞歸敷奏得明曰在
天子處分非我得專禑將出畋點群妓有一妓不及怒殺之
再如定妃殿遊行閭里夜至花園使唱胡歌宴樂王得明還
庚子宥境內遂如西海道寧妃及崔瑩從之命門下贊成事
禹玄寶留守京城發五部丁夫爲兵名爲西獵海州白沙亭
實欲攻遼也禑徙世子昌及定妃謹妃以下諸妃于漢陽山
城是時全羅慶尙二道爲倭寇巢穴東西北面方憂劇地京
畿交州楊廣三道困於修城西海平壤二道迎候西獵加以
徵兵八道騷然民失農業中外之怨甚於仁任林廉時矣四
月乙巳朔禑至鳳州初禑獨與瑩決策攻遼未敢顯言是日
召瑩及我
太祖曰寡人欲攻遼陽卿等宜盡力
太祖曰今者出師有四不可以小逆大一不可夏月發兵二
不可擧國遠征倭乘其虛三不可時方暑雨弓弩膠解大軍
疾疫四不可禑頗然之
太祖退謂瑩曰明日宜以此言復啓瑩曰諾夜瑩復入啓願
毋納他言明日禑召

太祖曰業已興師不可中止
太祖復啓曰殿下必欲成大計宜駐駕西京待秋出師禾穀被野大軍食足可鼓行而進矣今出師非時雖拔遼東一城雨水方降軍不得前却師老糧匱祗速禍耳禑曰卿不見李子松耶
太祖對曰子松雖死美名垂於後世臣等雖生已失計矣何用哉禑不聽
太祖退而涕泣麾下士曰　公何慟之甚也太祖曰生民之禍自此始矣丁未禑次平壤督徵諸道兵作浮橋于鴨綠江使大護軍裴矩督之船運林廉等家財于西京欲充軍賞又發中外僧徒爲兵抄京畿兵屯東西江以備倭加崔瑩八道都統使以昌城府院君曹敏修爲左軍都統使以西京都元帥沈德符副元帥李茂楊廣道都元帥王安德副元帥李承源慶尙道上元帥朴葳全羅道副元帥崔雲海雞林元帥慶儀安東元帥崔鄆助戰元帥崔公哲八道都統使助戰元帥趙希古安慶王賓屬焉以我
太祖爲右軍都統使以安州道都元帥鄭地上元帥池湧奇副元帥皇甫琳東北面副元帥李彬江原道副元帥具成老助戰元帥尹虎裴克廉朴永忠李和李豆蘭金賞尹師德慶補八道都統使助戰元帥李元桂李乙珍金天莊屬焉左右軍共三萬八千八百三十八傔一萬一千六百三十四人馬二萬一千六百八十二匹遣右代言李種學行助兵六丁神醮禮命奉天船都元帥同知密直李光甫還屯開京西江以備倭禑如大同江陳百戲奏胡樂竟日有巡軍萬戶府知印矯禑命放卒十人斬以徇辛酉左右軍都統使將出師禑醉日晏不興不得拜辭禑酒醒泛舟石浦至夕乃還飮諸元帥酒賜衣鎧弓劍馬有差奏胡樂達曉壬戌左右軍發平壤衆號十萬禑如大同江張胡樂于浮碧樓自吹胡笛有圉人裸而洗馬于江禑見之以爲慢我命斬之自是常至大同江樂而忘返乙丑停洪武年號令國人復胡服倭入椒島時京城丁壯皆從軍唯餘老弱每夜烽火屢擧京城單虛人情危懼莫保朝夕禑將出畋進一馬而斬之曰此馬數驚我也又道見亡卒二人即命斬之禑淫樂殺戮日甚戊辰太白晝見辛未遣文達漢金宗衍鄭承可宦者曹恂金完賜左右都統使

及諸將金銀酒器至都鎭撫皆賜衣襨如大同江泛舟使奏胡樂禑自吹胡笛且爲胡舞五月甲戌朔日食禑縱樂于大同江至夜乃還禑每出遊輒奏胡樂令倡優呈百戲崔瑩曰領軍士出入吹笛君臣荒淫百姓怨咨全羅道按廉使柳亮報倭船八十餘艘來泊鎭浦寇旁近州郡禑遣上護軍陳汝宜于全羅楊廣道凡托疾不赴北征而令子弟奴隷代行者悉發禦倭其隱避者斷以軍法籍沒其產禑以宦者金剛少忤意斬之與寧妃如浮碧樓或射或擊毬欲殺圉人崔瑩請勿殺禑曰翁嗜殺人何禁我耶瑩曰臣之殺人不得已也禑目左右遂斬之以倭寇寖盛遣元帥金立堅于漢陽以衞世子及諸妃庚辰左右軍渡鴨綠江屯威化島亡卒絡繹於道禑令所在斬之不能止禑如風月樓殺宦者大護軍金吉祥護軍金吉逢人莫知其故甲申泥城元帥洪仁桂江界元帥李薿先入遼東境殺掠而還禑喜賜金頂兒文綺絹禑夜殺宦者一人丙戌左右都統使上言臣等乘桴過鴨江前有大川因雨水漲第一灘漂溺者數百第二灘益深留屯洲中徒費糧餉自此至遼東城其間多有巨川似難利涉近日條錄不便事狀付都評議使司知印朴淳以聞未蒙俞允誠惶誠懼然當大事有可言者而不言是不忠也安敢避鈇鉞而嘿嘿乎以小事大保國之道我國家統三以來事大以勤玄陵於洪武二年服事　大明其表云子孫萬世永爲臣妾其誠至矣殿下繼志歲貢之物一依

詔旨於是特降

誥命賜玄陵之謚冊殿下之爵此宗社之福而殿下之盛德也今聞劉指揮領軍立衞之言使密直提學朴宜中奉表啓稟策甚善也今不俟命遽犯大邦非宗社生民之福也況今暑雨弓解甲重士馬俱憊驅而赴之堅城之下戰不可必勝攻不可必取當此之時糧餉不給進退維谷將何以處之伏惟殿下特命班師以荅三韓之望禑與瑩不聽禑如大同江賜宦寺細布有差以宦者金完爲過涉察理使賫金帛馬匹分賜左右都統使及諸元帥督令進兵軍中留完不遣楊廣道按廉田理馳報倭寇四十餘郡留兵罷弱如蹈無人之境乃遣元帥都興金湊趙浚郭璇金宗衍等禦之令諸妃在漢陽者皆還開城乙未禑至成州溫泉作胡樂徹夜左右都統

使遣人告崔瑩曰軍多餓死水深難以行軍請速許班師瑩
不以爲意是日軍中訛言
太祖率麾下親兵向東北面已上馬矣軍中洶洶曹敏修罔
知所措單騎馳詣
太祖涕泣曰公去吾儕安往
太祖曰予何去矣公勿如是遂諭諸將曰若犯上國之境獲
罪
天子宗社生民之禍立至矣予以逆順上書請還師王不省
瑩又老耄不聽盍與卿等見王親陳禍福除君側之惡以安
生靈乎諸將皆曰吾東方社稷安危在
公一身敢不惟命於是回軍渡鴨綠江
太祖乘白馬御彤弓白羽箭立於岸遲軍畢渡軍中望見相
謂曰古今來世安有如此人乎時霖潦數日水不漲師既渡
大水驟至全島墊沒人皆神之時童謠有木子得國之語軍
民無老少歌之丁酉漕轉使崔有慶以回軍奔告于禑是夜
我
恭靖王與兄芳雨及李豆蘭子和尙上護軍柳龍生崔高時

帖木兒自成州禑所奔于軍前道遇支應守令盡奪其馬以
行禑日午猶未知戊戌禑聞大軍已至安州馳還夜至慈州
泥城下令曰赴征諸將擅自回軍惟爾大小軍民盡心以禦
必大加賞賚回軍諸將請急追之
太祖曰速行必戰多殺人矣每戒軍士汝輩若犯乘輿予不
爾赦奪民一瓜亦當抵罪沿途射獵故緩師行己亥禑至平
壤収貨寶渡大同江夜至中和郡辛丑禑於道上聞諸軍已
近從間道疾馳至岐灘詰朝還京入花園從者纔五十餘騎
自西京至京城從禑臣僚及人民以酒漿迎謁大軍者絡繹
不絕瑩欲拒戰命百官以兵仗侍衛六日癸卯朔諸軍來屯
近郊爲書授金完以啓曰我玄陵至誠事大
天子未嘗有加兵於我之志今瑩爲冢宰不念祖宗以來事
大之意先舉大兵將犯上國盛夏動衆三韓失農倭奴乘虛
深入爲寇殺我人民燔我府庫加以遷都漢陽中外騷然今
不去瑩必覆宗社甲辰禑遣前密直副使陳平仲以書諭諸
將曰受命出疆既違節制稱兵向闕又犯綱常致此釁端良
由眇末然君臣之大義實古今之通規卿好讀書豈不知此

况復疆域受於祖宗豈可易以與人不如興兵拒之故我謀之於衆衆皆曰可今胡敢違雖指崔瑩爲辭瑩之捍衛我躬卿等所知勤勞我家亦卿等所知敎書到日毋執迷毋吝改共保富貴以圖始終予實望之不審卿等以爲如何又遣偰長壽往軍前賜諸將酒欲知其意諸將進屯都門外東北面人民及女眞之素不從軍者聞
太祖回軍爭奮相聚晝夜星奔而至者千餘人禑乃發府庫金帛募兵得數十餘人皆倉庫奴隷市井之徒徵兵諸道入援聚車塞巷口分軍守四大門削敏修等官爵以崔瑩爲門下左侍中禹玄寶右侍中宋光美贊成事安沼評理禹洪壽司憲府大司憲鄭承可鷹揚軍上護軍趙珪密直副使金若采知申事牓于大市曰執敏修等諸將者勿論官私奴隷大加爵賞己巳我
太祖屯崇仁門外山臺巖遣知門下事柳曼殊入自崇仁門左軍入自宣義門瑩逆戰皆却之曼殊初行
太祖謂左右曰曼殊目大無光膽小人也往必北走果然時
太祖解鞍放馬及曼殊奔還左右以白
太祖不應堅臥帳中左右再三白之然後徐起進膳命鞁馬整兵將發有矮松在百步許
太祖欲卜勝兆以一衆心遂射松株一矢立斷乃曰再甚麽諸軍士皆賀鎭撫李彥出跪曰陪我
令公往何處不可行乎
太祖由崇仁門入與左軍掎角而進守城之軍莫有拒者都人男女爭持酒漿迎勞軍士曳車開路老弱登城望之歡呼踴躍敏修建黑大旗至永義署橋爲瑩軍所奔俄而
太祖建黃龍大旗由善竹橋登男山塵埃漲天鼓聲震地瑩麾下安沼率精兵先據男山望旗奔潰瑩知勢窮奔還花園
太祖遂登巖房寺北嶺使吹大螺一通於是諸軍圍花園數百重大呼請出瑩每征討諸將不用螺獨
太祖於馬前吹螺故都人聞螺聲皆喜
太祖之軍已至矣禑與寧妃及瑩在八角殿瑩不肯出吹螺赤宋安登墻吹螺一通諸軍一時毁垣闌入于庭郭忠輔等三四人直入殿中索瑩禑執瑩手泣別瑩再拜隨忠輔而出
太祖謂瑩曰若此事變非吾本心然非惟逆大義國家未寧

人民勞困寃怨至天故不得已焉好去好去相對而泣遂流瑩于高峯縣李仁任嘗言曰李判三司須爲國主瑩聞之甚怒而不敢言至是嘆曰仁任之言誠是矣光美沼珪承可等逃匿兩都統及三十六元帥詣闕拜謝還軍門外先是童謠曰西京城外火色安州城外烟光往來其閒李元帥願言救濟黔蒼丙午復行洪武年號襲　大明衣冠禁胡服罷禹玄賓以曹敏修爲左侍中我
太祖右侍中趙浚簽書密直司事兼大司憲諸將皆復職時
　大明聞禑擧兵將征之
帝欲親卜于宗廟方致齋及聞還軍即罷齋諸將入城會議興國寺罷諸道築城及徵兵執安沼鄭承可囚巡軍並流之司憲府論宦者曹恂曹福善尹祥前知申事金若采之罪皆流遠州是夜禑與宦豎八十餘人擐甲馳至我
太祖及曹敏修邊安烈之第以皆屯軍門外不在家故不得害而還己酉諸將會議崇仁門使李和趙仁璧沈德符王安德詣闕請悉出宮中兵仗鞍馬庚戌諸將請出寧妃禑曰若出此妃我當偕出於是諸元帥領兵守闕請禑如江華禑不得已乃出執鞭據鞍曰今日已暮矣左右俯伏泣下無應之者遂與寧妃及燕雙飛出會賓門向江華百官奉傳國寶置定妃殿
太祖欲擇立王氏後曹敏修念李仁任薦拔之恩欲立昌恐諸將違己以李穡爲時名儒欲籍其言密問之穡曰當立前王之子辛亥敏修以定妃敎立昌年九歲敎曰恭惟我太祖肇一三韓列聖相承罔不事大以禮撫下以仁以保宗祏人民四百餘年于玆矣我先恭愍王寅恭小心畏天敬祖任賢聽言以明政敎其功光祖考澤在生民至矣及遇
皇明灼知天命率先諸國奉表稱臣
天子嘉之封以王爵賜以金章以爲宗祏生民之永賴不幸
先王薨逝卿父嗣位事大撫下罔有所愆不圖爲崔瑩所惑進鷹犬以導田獵敎刑戮以逞威虐乃至興師動衆構釁中國幾爲宗祏生民之禍言之可爲痛心幸賴祖宗陰隲之佑崔瑩黜退王亦悔過自遜其位以宗祏之祀生民之命付之於卿厥責重矣咨爾世子夙興夜寐小心敬畏禮大臣尊師傅勤學好問從善納諫毋遠耆德毋邇頑童去聲色絕遊畋

毋嗜酒以亂神心毋聽讒以害忠良于以修己德于以立國
政庶可以上不負
天子下不負宗社有一不謹天命人心可不畏歟嗚呼爲君
不易懋敬之哉是日貸尊謹妃李氏爲王大妃毅淑安正善
德六妃寧善和惠兩翁主皆歸私第絕其洪上流諸妃之父
姜仁裕崔天儉趙英吉串雅王興吳忠佐等于遠地以曹敏
修爲楊廣全羅慶尙西海交州道都使我
太祖爲東北面朔方江陵道都統使朴宜中還自　京師禮
部咨曰本部欽奉
聖旨高麗表云鐵嶺人戶事祖宗以來其文和高定等州本
隸高麗以王所言其他合隸高麗以理勢言之其數州之地
舊爲元統今合隸遼東高麗所言未可輕信必待詳察然後
已且高麗隔大海限鴨綠始古自爲聲教然數被中國累朝
征伐者蓋爲能生釁端共者逆臣弒君朕命絕交彼遣人請
聽約束數番不允數請不已然後索歲貢以表誠方許交往
彼雖稱貢歲幣連歲皆不如約未幾遣人訴難准其訴難將
前貢刪去只許歲貢種馬五十匹决以諸色務純以此貢比

前貢萬百分之一耳及其進也皆非奉上之物盡皆駑下之
獸此侮之一也表稱謝恩以馬爲禮及其至也皆爛班雜色
雖行商亦不以爲用者侮之二也時或遣人諳說台杭紹蘇
之民密覘事勢致令發露侮之三也朕嘗諭諸來使毋作是
姦休禁民生理聽民水陸往來明白興販何事不成何機不
得暗生姦詐誘引下民致彼誑賺金帛妄言事勢公然被小
人之誣是其愚哉侮之四也洪武二十年春朕以匹帛置遼
左與高麗易馬伐胡彼陪臣等皆以駑來易以價較之本國
一馬之價可得二三今二三馬價易一不堪駑馬終不爲朕
用侮之五也噫高麗地三面環海一面負山周數千里其中
豈無賢智哉凡所交往此以誠交彼以詐合將以罷交彼又
卑辭若此之爲朕不知其何心且朕觀累朝征伐高麗者漢
伐四次爲其數寇邊境故滅之魏伐二次爲其陰懷二心與
吳通好故屠其所都晉伐一次爲其侮慢無禮故焚其宮室
俘男女五萬口奴之隋伐二次爲其寇遼西闕蕃禮故討降
之唐伐四次爲其弒君并兄弟爭立故平其地置爲九都督
府遼伐四次爲其弒君并反覆寇亂故焚其宮室斬亂臣康

兆等數萬人金伐一次爲其殺使臣故屠其民元伐五次爲
其納逋逃殺使者及朝廷所置官故興師往討其王竄耽羅
捕殺之原其興端皆高麗自取之也非中國帝王好呑幷而
欲土地者也今鐵嶺之地王國有辭其耽羅之島昔元世祖
牧馬之場今元子孫來歸甚衆朕必不絕元嗣措諸王於島
上戍兵數萬以衛之兩浙發糧以贍之以存元之後嗣使元
子孫復優游於海中豈不然乎賜曹敏修及我
太祖忠勤亮節宣威同德安社功臣號
太祖以
穆祖諱辭以張思吉爲密直副使義州地接遼東往來相繼
而思吉以土人代父侶爲萬戶悉諳情勢特加褒奬以慰邊
民誅死人等妻流外者皆許從便倭寇全州焚官廨又寇金
提萬頃仁義等縣我
太祖以疾辭職不聽以僧混修爲國師贊英爲王師昌下書
曰龔惟我上王請命于王太后諭予小子曰若稽我忠烈王
忠宣王忠肅王三代故事傳位于汝予將就居江都以頤養
汝其母逸遊毋驕慠親近忠良斥去憸佞遵守祖宗成憲以

底于治惟予小子年方幼冲不堪負荷辭至再三不獲俞允
乃告于宗廟越翌日辛亥遂即王位爰當更始之初宜布惟
新之典二罪以下咸宥除之其崔瑩專擅國柄殺戮無辜妄
興師旅獲罪上等見今申達　朝廷瑩及因貶一千人等未
敢輕有於戲愼終于始致忘警戒之心發政施仁庶致豐平
之理七月己卯都堂以禑生日遣三司左使趙仁璧同知密
直具成老于江華獻衣襨昌奉大妃李氏徙居壽寧宮即壽
昌宮也避名改之倭陷光州命楊廣全羅慶尙道都體察使
皇甫琳楊廣道副元帥都興全羅道副元帥金宗衍慶尙道
副元帥具成老等救之日本國使妙葩關西省探題源了俊
遣人來獻方物歸被虜二百五十人仍求藏經鴨綠江迆西
草賊寇義州靑水口子遣門下贊成事禹仁烈政堂文學偰
長壽如　京師告禑遜位請昌襲封兼奏崔瑩興師攻遼之
罪禑表曰臣在蒙幼先臣恭愍王顚蘉逝惟賴祖母洪氏訓
誨又不幸而祖母亡有兵馬都統使崔瑩進鷹犬導田獵罷
去書筵臣由是無所聞知近瑩因誅權臣林堅味等遂爲門
下侍中擅執軍國之柄恣行誅殺從臾興師將攻遼陽諸將

皆以爲不可臣竊自念璧之至此實由臣致慚懼殞越無所措躬况臣素嬰疾病國事且繁情願閑居頤養謹依臣高祖忠烈王昛曾祖忠宣王璋祖忠肅王燾三代退位於子故事於洪武二十一年六月初八日令臣男昌權行勾當伏望陛下恕臣妄作諒臣悃衷俾臣男昌獲霑恩命襲臣名爵不勝幸甚長壽齎領崔瑩所拘李思敬等以行流曹敏修于昌寧八月以李穡爲門下侍中我
太祖守侍中開書筵以李穡領書筵事門下評理鄭夢周知書筵事左代言權近左副代言柳琰成均大司成鄭道傳並充書筵侍讀又令司憲府重房史官各一人更日入侍密直李光甫本市井無賴人也禑樂遊東江遊戲忘返光甫逢迎所欲必中禑大悅朝夕不離側至是下獄杖死都評議使司議定田制左司議大夫李行等上疏曰名器國家所以養賢而待士也設官分職自有定制銓選擢用已有成法故必待奇材茂績而登庸之自權臣擅政以來多開驟進之門窮鄉晩進嘗途少年恥不若人則藉蒼赤以賂之用田宅以賄之又求珍玩以充之飼犬馬以足之相勝以力相高以言得先指占批敎未下而某爲某官道路喧傳名分混淆祖宗崇賢重祿之意安在近來添設之多車不勝載田翁樵子亦賤之若泥沙然由是士無忘軀犯顏之節兵乏殉義守死之心乞
殿下清淨爲心以公滅私當注擬遷擢之際恐或有惡德私昵之及與一二大臣考其功績察其德行然後授之則便佞阿諛之徒無所容其足矣且添設勢在不得已而用之除軍功外一皆禁斷百僚各有職事其無職事者一皆汰去義成德泉諸倉庫錢穀所在乞依豐儲料物例復設使副丞注簿至如省府察院殿下所與共理天職者不可不慎簡也宜遵
祖宗成規以新一代之理昌下都評議使司司憲府請禁奔競戊申以昌生日放囚趙英吉申雅姜仁裕吳忠佐及曹敏修鄭熙啓安柱許贇孫光裕梁顥亦皆放歸田里給毅淑德安善五妃米月三十石以倭寇大熾遣慈惠府尹曹彥密直副使崔七夕張思吉和寧尹鄭曜禦之倭寇巨濟鎭撫韓元哲獲一艘斬十八級評理尹虎奔競權門坐免改諸道按廉使爲都觀察黜陟使楊廣道政堂文學成石璘慶尙道前平壤尹張夏全羅道前密直副使崔有慶交州江陵道前密直

商議金士衡西海道密直提學趙云仡皆用臺諫之薦令各擧副使判官改量土田下書曰予以幼冲叨居臣民之上任大責重惟不克負荷是懼輔臣憲臣交章以爲近權姦用事好惡由己賞罰無章有功不賞有罪不罰法毀弊生民受其害宜分遣大臣巡行方鎭州郡以申黜陟予聞是言良用惕然命卿等爲諸道都觀察黜陟使授鉞以遣嗚呼賞罰國家之大柄所以勸有功懲有罪也凡大小軍民官苟能禦寇制勝施惠安民戎功政跡最殊者在所當勸具狀以聞其或失律喪師望敵畏避州郡陷沒不及赴救者贓汚不法惰慢不任方命虐民者在所當懲兩府以上監禁聽候奉翊以下以其所犯輕重直斷之卿等之行猶予親往當體至懷敬哉倭寇連山縣開泰寺又寇淸州儒城鎭岑都堂以秋夕遣知密直李彬等獻禑衣襨酒果倭寇樂安郡高興豐安等縣屠燒民戶又寇晉州牧使李贇戰死以我
太祖都摠中外諸軍事以陸麗爲東北面元帥鄭曜爲都巡問使兼和寧尹慶尙道副元帥具成老斬倭五級倭寇沃州黃澗永同等縣九月遣王安德享禑于江華安德言將遷王于驪興禑喜賜安德馬一匹都堂獻禑衣服鞍馬給侍女內豎宦者冬衣禑自江華遷驪興郡以其郡兵宿衛收稅供奉遣三司左使趙仁璧贊成事池湧奇同知密直禹洪壽密直副使柳濬等享禑于通津以軍器少尹高鳳禮爲濟州畜馬兼安撫別監遣之己丑雨雹雉集壽寧宮設金經道場以禳之遣門下評理徐鈞衡密直副使兪光祐如　京師賀平定胡人獲寶璽表曰天戈攸指聖謨如神寶玉是俘胡種自屈懽均萬姓功冠百王欽惟
陛下性稟剛明資兼勇智聲敎同朔南之被車書臻混一之期蕞爾虜酋阻于荒裔方聞師旅之出討已見部落之來投景命惟新貞符益永伏念臣生遭熙運權守弊封告厥成功莫詣駿奔之列矢其文德聊申虎拜之詞十月以李穡我
太祖及文達漢安宗源兼判尙瑞寺事右副代言李行兼尙瑞尹大司成李至兼尙瑞少尹趙浚知門下府事兼大司憲取及第李致等遣門下侍中李穡簽書密直司事李崇仁同知密直金士安如　京師賀正且請王官監國子弟入學請監國表曰保國在於事大綏遠在於置監玆殫卑忱肅瀆聰

聽竊惟小邑邈處邊陲雖蒙聲敎之漸尙昧禮義之習冀王
官之來莅惟聖化之是宣伏望
陛下度擴兼容仁推一視命設員吏俾安要荒臣謹當守侯
度以罔愆祝皇齡於有永請入學表曰帝王作人以隆至治
子弟入學是慕華風仰瀆高明俯增兢惕竊念臣祖恭愍王
臣顓於洪武五年閒上表請子弟入學欽蒙俞允先祖奄辭
於昭代生徒未赴於上庠伏望
陛下諒臣向化之誠許臣繼先之志遂令蒙幼之輩得齒俊
秀之倫臣謹當獲罄一視之仁永祝萬年之壽十一月趙英
吉潛入京獲之杖百復流于順天丙戌大霧倭寇求禮等處
以金宗衍爲元帥遣密直使姜淮伯副使李芳雨如　京師
請朝見表曰禮莫重於朝覲心用切於籲呼惟先臣恭愍之
時値中國聖神之作奉表內附稱臣東藩第在遐陬仍遭多
故雖勤歲時之進貢尙阻天日之親瞻以臣之微承父之命
玆權署於小邑當述職於帝庭伏望
陛下度擴兼容仁推一視遂令孱質獲覲耿光臣謹當參萬
國之會同祝一人之富壽諫官上疏劾知密直李茂李彬曰
往者趙英吉擅離貶所潛入京城其跡詭秘事涉可疑英吉
之來也茂彬等悉知其情不卽具聞罪固不細矣猶握重任
在於左右使人情洶洶若不早除安危之勢未可知也宜付
憲司痛行推鞫以安反側疏上止罷其職又上疏曰茂彬黨
於姦臣李仁任位至宰相頗張威福以氣陵人幸蒙聖慈以
保其位誠宜小心翼翼以補維新之政乃與英吉反側之謀
茂借馬招致彬比隣相從圖濟姦謀罪莫大焉止令罷職爲
惡者無所懲艾乞令憲司收其職牒嚴加鞫問乃流茂于谷
州彬于安邊十二月憲司以惠愼定賢四妃俱非正嫡請依
忠惠王慶妃故事罷供上給歲祿
帝遣前元院使喜山大卿金麗普化等來求馬及閹人喜山
等皆我國人也禮畢下庭稽首四拜昌立受之喜山等又傳
聖旨云征北歸順來的達達親王等八十餘戶都要敎他耽
羅住去恁去高麗說知敎差人那里淨便去處打落了房兒
一同來回報於是遣典理判書李希椿于濟州修葺新舊可
居房舍八十五所誅崔瑩元年正月藝文春秋館典校寺上
言藝文掌詞命春秋掌記事典校掌祝典而修祝文此三者

皆重事也是以先王置官禁中仍號禁內而今館寺在外非
先王設官之意也願自今以史翰二人典校一人正字一人
入直于內以復舊制從之二月遣同知密直司事尹師德如
京師奏誅崔瑩慶尙道元帥朴葳擊對馬島三月憲府劾閔
中理嘗爲晉州牧使弃父喪載魚肉以行又托姨父李穡除
版圖判書不待起復之命視事受祿流之初憲府不署中理
告身持平金瞻私署與之又有富商家女殺孕婦瞻故脫其
罪及瞻赴衙糾正等不庭迎憲府劾李仁任黨李養中全子
忠歷良爲賤削職流之丁亥姜淮伯等還自　京師禮部奉
聖旨回咨曰高麗限山負海風殊俗異雖與中國相通離合
不常今臣子逐其父立其子請欲來朝盖爲彝倫大壞君道
專無不臣之逆大彰論使者歸童子不必來朝立亦在彼廢
亦在彼中國不與相干史官崔蠲等上書曰史官之任君上
之言行政事百官之是非得失皆得直書以示後世而垂勸
戒故自古有國家者莫不以史職爲重是以本朝設藝文春
秋館選有文行者八人同任史翰之職又置兼官以領之所
以重其任也近年以來史翰歧而爲二兼官亦不供職但以

供奉以下四人當之員少秩卑故九重之事廟堂之議至於
闕得失垂勸戒者皆不能備記實非國家置史之本意也願
自今以史翰八人同其職任各修史草二本秩滿當遷一納
于館一藏于家以備後考兼官充修撰以下各據聞見錄爲
史草悉送史館又本館直牒京外大小衙門凡所施爲之事
一一報館以憑記錄永爲恒式四月李穡等還自　京師
宣諭聖旨我這裏有幾箇孩兒恁高麗有根脚好人家女孩
兒與將來敎做親乙巳隕霜全州元帥陳乙瑞獻倭捷昌賜
帛馬匹以旱宥五月憲府以前判事表營壓異母弟爲賤劾
論之乙亥雨雹六月遣門下評理尹承順簽書密直司事權
近如　京師請親朝且稟處女事以沈德符判三司事安宗
源門下賛成事鄭夢周藝文館大提學丁令孫李舒源並密
直副使遣安宗源如　京師賀
聖節密直使皇甫琳賀千秋節慮囚宥二罪以下京畿沿海
節制使朴子安與倭戰擒斬三十餘級七月判慈惠府事安
慶卒癸酉以禑生日放輕繫我
太祖與判三司事沈德符判開城府事裴克廉門下評理鄭

地等享禍于黃驪府前判事金一貴妻與典獄鏁匠金都赤
通憲府劾論之憲府以前知永州事李斯芳阿林堅味意認
良爲賤劾流順天倭寇咸陽晉州節制使金賞往救之與戰
敗北官軍不救賞棄馬走膓爛而死遺體覆別監李雍鞫之
以副鎭撫河致東陪吏波豆等嘗不救李贇之死今又不救
斬之都鎭撫河就東等十三人各杖一百全羅道都節制使
金宗衍獻倭捷以李穡判門下府事李琳門下侍中洪永通
領三司事八月典農副正金摯上書請禁金銀帶以從儉約
琉球國中山王察度遣玉之奉表長稱臣歸我被倭賊虜掠
人口獻方物硫黃三百斤蘇木六百斤胡椒三百斤甲二十
部初全羅道都觀察使報琉球國王聞我國伐對馬島遣使
到順天府都堂以前代所不來難其接待昌曰遠人來貢待
之薄則無乃不可乎使之入京慰送可也以前判事陳義貴
爲迎接使壬寅以昌生日宥二罪以下始置義倉昌以琉球
國所獻蘇木胡椒將用諸宮中判內府寺事柳伯濡諫曰昔
忠肅王置醢瓮宮中史書之傳以爲笑不從以鄭地爲楊廣
全羅慶尙道都節制體察使兼總招討營田繕城事遣典客
令金允厚副令金仁用報聘于琉球國荅書曰高麗權署國
事王昌端肅復書琉球國中山王殿下我國與貴國隔海萬
里未嘗往來竊聞芳譽景慕久矣今者專使辱書副以嘉貺
仍將本國被虜人口送還感喜之情難以言盡但以館待來
使不克如禮良用慊然今差典客令金允厚等聊致菲義幸
照亮來書云被虜人口來年皆許回鄕益增感喜乞於允厚
等回刷送令其父母妻子宗聚幸甚禮物鞍子二銀鉼匙筯
各二銀盞盃各一黑麻布二十匹虎皮二領豹皮一領滿花
席四張箭一百枚畫屛一副畫簇一雙司宰副令文允慶蒸
其父妾又盜官物法司劾奏絞允慶及妾以徇于市九月昌
將親朝以領三司事洪永通判門下府事李穡判三司事沈
德符門下評理偰長壽厚德府尹李稀學爲從行官旣而昌
母李氏憫其年幼言於都堂寢其行雞林兵馬節制使朴可
實擊倭獻捷給田都監啓分掌宗室諸君於宗簿同文班於
典理司武班於軍簿司前銜各品於開城府令擇其可受科
田者以憑考核命李穡李琳及我
太祖劒履上殿贊拜不名各賜銀五十兩彩段十匹馬一匹

從鄭夢周之請也下敎曰尊師重傳所以爲斯道崇德報功所以勸將來褒惟我列廟在位時則有若侍中貞肅公趙仁規功在社稷德在生民特令劍履上殿贊拜不名事載國史予甚慕焉韓山府院君李穡早遊中原高捷制科學通天人識貫今古事我先祖恭愍王大爲所重從容啓沃協贊政機潤色討論顯揚國美至使人知濂洛之學俗變鄒魯之風實卿之力及至上王起卿視事屢以疾辭然而國家大計必就而咨裨益弘多自我在東宮之日以至踐祚之初訓誨弼亮厥功尤著是用陞之左揆倚以仰成自崔瑩構逆之後人心虞疑卿以六十之年疾病之餘慨然自請肩輿就道入覲

天子奏對詳明

天子嘉納上下之情以通宗社之計以定比之先正益有光焉門下侍中李琳爰自先世爲國重臣積德之久寔生聖善配我上王以助內理予在襁褓而多疾病卿乃盡心保佑式至于今日臨御有衆功莫大焉夫以元舅之親居冢宰之位非予私之實公論所歸也守門下侍中

李(太祖舊諱)以文武之略將帥之才遇知先祖逮事上王入參鼎鉉出將戎兵自己亥用兵以來三十年間大小幾戰所至必捷其大焉者歲辛丑關賊犯京國家播遷卿佐大將克殲兇醜以復京都胡人納哈出犯我東北鄙諸將敗走乘勝奄至高州之境卿卷甲兼行逐出疆外癸卯庶孼德興君擧兵入西鄙卿率輕騎挫其鋒銳丁巳倭寇海州諸將奔潰卿獨身先士卒擊之幾盡庚申倭自鎭浦下岸橫行楊廣慶尙全羅之境焚蕩郡邑殺掠士女三道騷然元帥裵彥朴修敬等皆敗死國家憂之遣卿及九元帥諸將逗遛不進卿獨奮然率其麾下鏖戰引月之驛捕獲無遺民賴以安其行師也勤遵紀律秋毫無犯軍畏其威民懷其德雖古名將無以加焉卿之豐功偉烈在人耳目者赫赫如此而不自矜伐歉然退托國人益以倚重及崔瑩妄興師旅以圖猾夏禍在朝夕在朝之臣畏瑩之威無敢言者卿以宗社生靈之大計請命上王執退崔瑩事大益虔再安社稷予實嘉之處以端揆仍惣軍政卿性行淑均局量寬洪讀書不倦事必師古置書筵勸我進學開言路致我從諫遣大臣黜陟守令而民生安還勇將扞禦要害而邊警息用人材則搜揚茂異施政敎則振起紀

綱正經界而均田法禁奔競而美士風匡救不逮期至中興之理所謂社稷之臣也載惟幼冲荷此艱大若涉淵水苟非師傅之訓誨元舅之保祐元勛之匡救曷其能濟其令卿等欽履上殿贊拜不名宥十罪以及子孫於戲卿其祗服休命益勵忠誠以勗我冲人追配于先王卿其永有辭於後世以張夏成石璘爲門下評理趙云仡金士衡崔有慶同知密直司事權鑄密直提學閔霽開城尹李行知申事李懃左副代言吳思忠南在左右司議趙璞門下舍人權湛司憲掌令金爾音崔士威持平取及第金汝知竺尹承順權近還自 京師禮部奉

聖旨移咨都評議使司曰洪武二十二年八月初八日本部尙書李原明等官於奉天門欽奉

聖旨高麗國中多事爲陪臣者忠逆混淆所爲皆非良謀君位自王氏被弒絕嗣後雖假王氏以異姓爲之亦非三韓世守之良法古有弒君之賊由君惡貫盈凡弒君者雖在亂臣賊子亦有發政施仁以回天意以安有衆今高麗陪臣陰謀疊詐至今未寧設使以逆得之以逆守之可乎若以逆爲常則逆臣繼踵而事之皆首逆者致之又何怨哉禮部移文前去董子不必赴京果有賢智陪臣在位定君臣之分於上造妥民之計於國雖數十歲不朝亦何患哉連歲來朝又何厭哉又命勿送處女憲府以前知春州事徐彥盜用官物請鞫問從之十月丙申霧丁酉大雨震電庚子雷電丙午霧典法司劾判密直司事吳仲華爲官馬色提調將官馬輕價自買至五六匹且謗訕法官罷其職諫官請書筵除宦官入侍不從遣門下贊成事裵克廉密直副使朴經如 京師賀正癸丑霧三日永寧君瑜卒甲子霧舊例登第者雖叅上皆分三館知申事李行聽李種學之請以新及第文蹊爲內侍城上員金汝知安純安允宜金後柳漢姜淮季並不分館皆勢家子弟也十一月全羅道節制使朴子安擊倭獻俘己巳霧甲戌地震乙亥雷前太護軍金佇前副令鄭得厚潛往黃驪謁見禑佇崔瑩甥也隨瑩日久頗用事得厚亦瑩族黨禑泣謂曰不堪鬱鬱居此欲手就死但得一力士害

李侍中吾志可濟也吾素善禮儀判書郭忠輔汝往見圖之仍遺一劍于忠輔曰今八關日可舉事事成妻以妃妹富貴

共之佇來告忠輔忠輔陽諾奔告
太祖戊寅八關小會
太祖在邸不與會佇得厚夜詣
太祖邸爲門客所執得厚自刎死囚佇巡軍獄與臺諫雜治
辭連前判書趙方興幷下獄佇曰邊安烈李琳禹玄寶禹仁
烈王安德禹洪壽共謀迎驪興王爲內應於是遷禑于江陵
放昌于江華廢爲庶人十二月恭讓王遣政堂文學徐鈞衡
誅禑藝文館大提學柳珣誅昌寧妃崔氏大哭曰妾之至此
吾父之過也十餘日不食日夜哭泣夜必抱禑屍而宿得粒
輒精春供奠時人憐之

列傳卷第五十

刊高麗史例言正誤

	誤	正
第二項第一行	高麗世宗	朝鮮世宗
第三項第一行	高麗太祖	朝鮮太祖